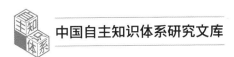

中国自主知识体系研究文库

# 和合学
## 21世纪文化战略的构想
（下卷）

张立文　著

中国人民大学出版社
·北京·

# "中国自主知识体系研究文库"编委会

# 目　录

下卷

# 第十一章　和合学原理之用

在世纪之交，中国文化面临着三方面的挑战：一是人类所共同面对的五大冲突和危机（人与自然的冲突和生态危机，人与社会的冲突和人文危机，人与人的冲突和道德危机，人的心灵的冲突和信仰危机，不同文明间的冲突和价值危机）的挑战，二是西方文化的挑战，三是现代化的挑战。化解此三大挑战的文化方式和价值合理性的选择，便是和合学。

## 一、从战略构想到战略预测

融突而和合，对化解人类所共同面临的五大冲突和危机具有巨大的魅力，对回应西方文化的挑战具有强大的生命力，对传统文化的现代转换具有内驱的动力。

### （一）现代三大挑战的回应

中国在三方面挑战下，如何做出化解？中国曾经历了痛苦而悲壮的历程。从"师夷长技以制夷"到"中学为体，西学为用"，再到"西体中用""中西互为体用""中西为体，中西为用""中西即体即用，中西非体非用"等，这是就中西文化的体用而言的；就如何继承传统文化而言，有抽象继承、具体继承、选择继承、宏观继承、批判的继承与创造的发展等；就传统文化如何创新来说，有现代解释、客观解释、创造性理解、创造性转化、综合创新、分析地扬弃与综合地创造等；还有复兴儒学论、儒家文化第三期发展论、返本开新论等，莫衷一是。但以上均有其提出的时代与文化背景，有其合理的内涵和学术价值。

然而，尽管提出这些传统文化走向现代化的种种主张，且人们出于忧国忧民的忧患意识，对此亦十分热心和关注，但为什么中国仍然未能走向现代化？其中有政治的、制度的、经济的种种复杂问题，也有价值观念、文化素质、思维方式方面的问题。就这些主张的本身来说，都属于如何和怎样走向或实现现代化的方法、手段问题。这个问题很重要，但总令人感觉有未能落到实处之嫌。

为什么会给人这样一种感觉？一个重要的原因，就是这些如何和怎样走向或实现现代化的方法、手段，说到底其背后是价值观的问题，即价值标准、价值评价、价值理想等。譬如：应当批判或抛弃什么？应当继承或选择什么？中学或西学应当何者以及为什么为体？西学或中学应当何者以及为什么为用？选择的标准是什么？解释和理解应当以什么为标准？创造性转化应当如何转化和转化出什么？综合创新以什么为新？新之何以为新？复兴儒学应当复兴什么？如何以及应怎样返本？返什么本，开什么新？等等。

价值是关系的概念，是指客体（自然、社会、他人和某种客体形式的意识形态的作用、变化）与主体需要之间的一种特定（肯定与否定、冲突与融合）的关系。它不仅是从人对待满足人的需要的外界物的关系中产生，而且标志着主体的需要和外物的关系。这就是说，人把自己生存于其中的外部世界，作为满足自身生存需要和发展的对象，外部世界亦具有满足人的需要和发展的可能，这种客体世界与人的主体需要的关系，称为价值关系。① 价值标准是指主体的客观需要和利益在人的价值关系和价值活动中，具有尺度的性质和功能。② 价值评价是指人在评价活动中所确定并应用于评价对象的评价尺度和界限。人在价值评价中，一般是通过对"应然"与"实然"的比较，而做出"应该"与"不应该"、"应当"与"不应当"的选择。

价值评价标准，取决于诸多因素，基本上有以下三个：一是人的需要和利益，它以各种方式表现在人对待事物的态度中，成为评价标准的一个内容；二是客体现实情境的可能与不可能的形式，决定人的"应该"与"不应该"的界限，这表现为不同时代对待不同事物的不同态度中的内容；三是价值理想的合理与不合理形式，决定人的"应该"与"不应该的"的界限。此三者的统一，便是价值评价标准的基础。

价值评价标准受不同历史时代、不同民族、不同国家、不同思维方式的制约。这就是说，不同历史时代、不同民族、不同国家、不同思维方式的人的利益与需要，以及对客体可能形式、价值合理形式的理解都不相同，因此，判断什么是"应该"肯定的、继承的、有价值的精华，什么是"应该"否定的、批判的、无价值的糟粕，都会随历史时代、民族、国家、思维方式的变化而变化。比如宋明理学家朱熹、王阳明都认为"灭人欲"是应该肯定的、有价值的；戴震却认为"体情遂欲"，情欲是应该肯定的、有价值的，否定并批判"灭人欲"。同时，朱、王又认为"存天理"是应该肯定的、最有价值的精华；戴震却认为是"以理杀人"，即天理是应该

---

① 参见拙著：《朱熹与退溪思想比较研究》，352～353 页，台北，文津出版社，1995。
② 参见李德顺：《价值论》，282 页。

批判的，只有负价值。①

这种种截然不同的价值评价，说明好与坏、肯定与否定、正价值与负价值、精华与糟粕的区分。一言以蔽之，即应该否定什么、继承什么、肯定什么、批判什么、创什么新、弃什么旧等均受不同价值观念的制约。

当代中国文化的转型，从方法和手段而言，与唐宋时期有相似之处。唐宋时面临着外来印度佛教文化的挑战，以及中国本土道教文化的挑战，出现了释盛儒衰的情境。宋代还面临唐末五代十国社会大动乱之后，人与人、人与社会、人与心灵的冲突的挑战。当时曾对儒、释、道三教采取兼容并蓄的方法和手段，试图在兼容并蓄中使传统经学儒学与当时社会的生存和发展的需要和利益相适应。然而，从唐到宋初的兼容并蓄的方法和手段，亦遇到应当容什么、蓄什么与不应当容什么、蓄什么等的价值评价问题。因此，在400多年间，中国传统文化并没有对外来印度佛教文化的挑战做出回应，未能复兴儒学，以致韩愈提出"人其人，火其书，庐其居"（《韩昌黎集·原道》）的肤浅而简单化的做法，反衬出在佛、道文化挑战的威胁下的儒学的危机。

宋初，虽然仍然实行兼容并蓄的方法，但一些学者对佛、道采取激烈批判的态度。孙复说：

> 汉魏而下，则又甚焉。佛老之徒，横于中国，彼以死生祸福虚无报应为事……于是其教与儒齐驱并驾，峙而为三。吁！可怪也。去君臣之礼，绝父子之戚，灭夫妇之义。儒者不以仁义礼乐为心则已，若以为心，得不鸣鼓而攻之乎！（《宋元学案·泰山学案·儒辱》）

---

① 参见拙著：《宋明理学研究》，第五章《朱子学——朱熹的道学思想》、第七章《阳明学——王守仁的心学思想》；《朱熹思想研究》；《戴震》。

孙氏重在伦理道德上批判佛、道所造成的君臣、父子、夫妇以及仁义礼乐等方面的破坏、失序和危机。李觏则从富国强兵方面批判佛、道。他说："缁黄存则其害有十，缁黄去则其利有十。"① 所谓"十害"，是指男女不知耕蚕，男旷女怨，坐逃徭役，民财殚、国用耗，亲老莫养，跨山据田，岁营缮而夺农时，市价腾涌，器用华而门堂饬，惰子吏猾以庸役等。"去十害而取十利，民人乐业，国家富强，万世之策也。"② 但他们的批判并没有创造出新的学说和观念，并未使兼容并蓄的方法得以落实或融合儒、释、道。

直到程颢，"吾学虽有所受，天理二字却是自家体贴出来"③。这一体贴使儒、释、道三教的兼容并蓄的手段和方法落到了实处，即朱熹所说的有一个安顿处、挂搭处，并回答了容什么、蓄什么的问题，开创了理学的新时代。

宋代理学的产生，标志着中国文化对外来印度佛教文化的挑战做出了成功的回应，佛学和道学（包括道教）均被融摄在理学之中，凸显了中国文化能经受各方的激烈冲击，具有强大的生命力；亦凸显了中国传统文化能够以开放的姿态，吸收各方面精华智慧，改变自己的理论形态，以适应当时社会的新环境的需要。用现代的话说，即从传统文化走向现代。尽管当时的统治集团以及一些人并不理解这一点，甚至到了南宋朱熹时亦未被理解，而把朱熹和与朱熹志同道合者以及程朱学派打成"伪学""逆党"，并订立《伪学逆党籍》。有人上书"乞斩（朱）熹已绝伪学"（《续资治通鉴》卷一五四）。朱熹的高足蔡元定被流放，并死于流放途中。朱熹死后的送葬活动，也以"妄谈时人短长"和"谬议时政得失"④，受到监视和

①②　《富国策策五》，见《李觏集》卷十六，141 页，北京，中华书局，1981。
③　《河南程氏外书》卷十二，见《二程集》，424 页。
④　《道学崇黜》，见《宋史纪事本末》卷八十，877 页，北京，中华书局，1977。

限制①。宋理宗时，世人才逐渐理解到程朱思想的价值，程朱理学才慢慢被奉为统治思想的理论基础。

今天，中国文化所面临的挑战的内涵、性质、特征以及情境、氛围等，虽与唐宋时大异，但就所面临的文化挑战的形势来看，与宋有相似之处。作为如何和怎样走向现代化的方法、手段，诸如抽绎继承、选择继承、中体西用、西体中用、创造性转化、综合创新等，与兼容并蓄的方法、手段之名虽异，但作为文化整合的方法、手段，其实则同。

当前，中国传统文化的现代化，不能只停留在怎样或如何现代化的方法、手段的论争上，虽然方法、手段还可以再提出很多种，但并不能解决现实现代化的问题，而应该落到实处。笔者提出和合学，就是试图思考中国文化在人类所面临五大冲突、危机和西方文化、现代化的挑战下，如何做出一种回应，以适应中国实现现代化、走向 21 世纪的利益和需要。②

### （二）文化战略构想的基点

从理论建构上看，和合学是关于 21 世纪文化发展战略的构想，它有这样一些立论的基点：

1. 立足于民族文化的世界性发展，把握人类文化冲突、融合的历史趋势。由来已久的"中西之辩"，尽管历时一个世纪有余，但是至今仍辩而不明，论而不决。究其原因，除上述价值观的差异之外，也在于辩论的各方诸派缺少一种立足全人类的战略眼光，未能贯彻和合的人文精神。

"中"与"西"都是地域性概念，用"中西"标志并区分民族文化，杂染着较浓的地缘政治色彩。因此，无论主张"中体西用""西之中化"，还是主张"西体中用""中之西化"，都承诺了一个非人文化的政治前

---

① 参见拙著：《朱熹思想研究》（修订本），53～54 页。
② 参见拙作：《中国文化的和合精神与 21 世纪》，载《学术月刊》，1995（9）。

提——一种文化优于另一种文化，优势文化应当奴役、统摄并同化劣势文化。百有余年的"中西之辩"，辩来辩去，焦点是比较优劣，核心是优胜劣汰。

从和合学的人学角度和人文立场来考察，文化是标志人类生存样式、意义规范和可能发展方向及道路的整体性范畴。每个民族都有自己独到的文化形态（类型），都有与全人类息息相关的人文精神。各民族的文化类型及其人文精神虽千差万别，但却是彼此平等的，都是人类文化和合体中的有机构成元素、因素。只要坚持这种全人类的人文战略立场，贯彻这种和合人文精神，那么，关于中西文化的优劣比较和取舍选择，不仅不利于民族文化的世界性发展，而且有悖于人类文化不断融合的历史取向。

滤去"中西之辩"中的政治前提和地缘色彩，从人文精神的高度来思考，"中西之辩"关涉的主要问题是东西方民族文化的交流中的冲突、融合问题。按照和合学的原理来看，东西方文化作为存相，为对待两端，本身存在着冲突融合的潜能。这种对待冲突融合的潜能，在这两种文化未发生交流、对话、碰撞等形式的关系之前，并没有发挥出来而各行其是，犹如阴阳对待两极，在未交合之前，阴是阴，阳是阳，阴阳交合、"交感"、"交通"，才有冲突、融合。在这里冲突意味着融合，融合亦意味着冲突。由于冲突、融合不断进行，才诞生一个新事物，即新的和合体。这个文化和合体，不是一次冲突、融合就能完成的，而是无数次的持续冲突、融合的取向。

东西方民族文化的交流与国际政治现阶段的交流、对话活动有所区别，这就是文化交流、对话更应该摆脱政治权力、意图的干扰，不应该扮演政治奴婢或经济附庸的角色，而应该是平等的、互动的、互补的；同样，文化的融合与政治上的殖民、吞并亦有本质上的区分，文化融合是人类文化发展、提升的过程。中西文化交流、对话的冲突、融合的过程，就是人类文化这一跨地域、超民族的文化和合体的诞生。

和合学以中华民族文化的世界化发展为空间性的战略基点,力求通过对各民族文化的人文精神的和合诠释,把握人类文化历史性冲突、融合的理路、脉络和取向。

2. 立足现代文化的科技化发展,促成传统文化的创新转换。时起时落的"古今之辩",从秦始皇以来,已延续 2 000 多年。近代中国学人又伴随着"中西之辩"走过了艰辛的理论道路和学术历程。由于价值观念上的极端化偏向,或偏向颂古讽今一极,或偏向是今非古一极,结果人为地制造了一个传统文化与现代文化的冲突对立。

从和合学的实践方式和思维方式来考察,传统文化与现代文化是民族文化和合体历史演进的两个历史阶段、两种历史形态。它们彼此相继,前后承接,按照文化进步的时间之矢定向转换。中国传统文化与现代化在近代演化为"文化冲突"的大问题,实际上是东西方政治性的、经济性的冲突在中国文化系统内的射影。人们简单地以为西方文化是现代文化,中国文化是传统文化,将地域性的政治对抗转换为民族性的文化冲突,进而转换投射为文化系统内的时间性观念冲突。这便给人们这样一个印象:中国传统文化的现代化发展,根本上不是创造性转换,而是取舍式的西化!

清除"古今之辩"中的政治射影和西化取向,我们不难发现,"古今之辩"涉及的主要问题是两个创造性转换:一是变革生存世界中的活动方式,实现实践手段的技术化革命;二是变革可能世界中的思维方式,实现认知工具的科学化革命。

这两个创造性转换中的"不易之理",就是意义世界中的和合人文精神及其人学价值原则。因此,传统文化的创新性转换,其最本真的战略意义,就是在坚持和弘扬中国文化和合精神的前提下,通过对认知工具和实践手段的科学技术革命,使中华民族跻身于现代文明之前列。

3. 立足 20 世纪文化发展的现实状况,预见 21 世纪文化进步的逻辑进程。20 世纪人类文化的发展，集中体现为科学技术的进步这一维度之上。科学技术是 20 世纪人类文化的现实基础和集中代表。尽管人类对科学技术的滥用导致了一系列的问题和危机，但有一点是可以肯定的：21 世纪的文化进步，只能是现代科技基础上的新发展、新完善。这样，在 20 世纪里，那些科技欠发展或落后的民族和地区，在 21 世纪将面临更严峻的挑战和生存及发展的考验。

按照和合学的理论原理，元素、因素在和合体的结构地位和功能作用，取决于该元素、因素的实力状况、能量级别以及它对和合体的贡献水平。

在这一战略基点上，和合学批判那种不切实际的文化保守主义、盲目的科技乐观主义和颓废的科技悲观主义。保守主义不符合文化进步的历史趋势，乐观主义和悲观主义看不到人的创造智能。"人能弘道，非道弘人。"中国文化走向 21 世纪的和合之道，在战略上是积极进取的，不是消极保守的；是理智抉择的，不是盲目冲动的。

后两个战略基点是时间性的，它们的共同宗旨在于，通过对民族文化内在人文精神的和合创新，驱动全民族的创造智能，牵引中国文化快速转入科技发展与社会进步的高速公路，结束科技欠发达的现状，在 21 世纪获得新的生机和活力，成为人类文化和合体内最夺目、最辉煌的部分。

### （三）范畴逻辑结构三定律

从逻辑结构上看[①]，和合学揭示了人类文化历史发展和无限进步的内在机制。这一内在机制，是通过和合学独特的范畴系统的三大定律体现出来的。

---

① 参见拙著：《中国哲学逻辑结构论》（修订本），1～103 页。

1. 整体贯通律。① 和合学的范畴系统，是结构与功能相互耦合、彼此贯通的和合整体。

从结构系统看功能，和合学的 48 组范畴都是功能高度差分化的结构单元。它们分界、分维展示和合人文精神的三个世界、八种状态，并通过一系列的转换中介，使结构单元融贯一体，生化流通。

从功能系统看结构，和合学的诸范畴又是结构高度差分化的功能单位。它们分层、分序模拟和合人文精神的六个层面、四对序偶，并通过信息的反演流行，使功能单位渐次优化，综合日新。

正是通过范畴系统结构与功能的对偶化和合，和合学真实地再现了人文精神的"生生之道"与"日新之德"，逻辑地说明了人类文化的整体特性和贯通方式。

2. 纵横互补律。② 和合学对文化系统自身的历史进步和彼此的交流发展，是通过范畴逻辑结构的纵横互补律来加以概括和阐述的。

第一，文化系统自身的历史进步，表现在范畴逻辑结构上，是一个纵向互补、依时序串行的和合过程。通过文化系统内在的遗传机制，标志文化传统的前趋因素与体现文化创新的后继因素纵向互补，依序串行，使该文化系统的人文精神血脉相承、生生不息，构成源远流长、日新盛德的生机流行。

第二，文化系统彼此的交流发展，表现在范畴逻辑结构上，是一个横向互补、依位序并行的和合过程。通过文化系统外化的交换机制，一种文化的优质元素与另一种文化的优质元素横向互补、依序并行，使各自的人文精神遥相呼应、息息沟通，构成百川汇海、交相辉映的生意大化。

依时序串行与依位序并行，纵向的进步性互补与横向的交流式互补，

---

① 参见拙著：《传统学引论——中国传统文化的多维反思》，58~60 页。
② 同上书，56~58 页。

真实而全面地展示出人类文化的融合趋势和进步必然，说明了人文精神的和合实质。

3. 浑沌对应律。[①] 按照和合学建构的范畴系统及其逻辑结构，文化系统的可比性和差异性是相对的、相关的、特征上的，文化系统的对应性和等价性是绝对的、本质上的。

就局部状况来考察，文化系统内部具有时态化的特征，可分离出进步水平、开化程度有别的历史阶段；文化系统之间具有区位化的特征，可划分为价值取向、审美情趣差异的交流类型。就整体精神而言，贯通于不同文化历史阶段的、无差别的本质是和合的民族精神；渗透在不同文化交流类型中的、无分殊的根据是和合的人类精神。它们都是和合人文精神的等价形式，彼此之间绝无优劣之分。

和合人文精神是不同形态、不同类型文化系统的契合点。它至真无假，尽善尽美，不分优劣，小大无间，形成文化系统内部诸方面、诸阶段之间的诸类型的浑沌对应关系。其实，精神就是最浑沌的范畴。

浑沌对应律揭示了文化人文精神的对等关系和一致倾向，是文化比较研究的基本准则。根据和合学的浑沌对应律，传统文化与现代文化虽有时态上先后之别，中西文化虽有类型上重科技、崇道德之分，但在人文精神上无高下、优劣之辨，是浑沌对应的。换言之，中国传统文化的儒家仁义道德并不比西方现代文化的科学技术文明更高明或更优越，西方的神学化伦理并不比东方的人学化伦理更美好或更超越。那种根据文化类型的特征上差异断言某种文化更高明、更优越的随意性分析，从根本上违背了文化发展的和合精神，是对人类文化和合体的人为割裂和机械对照。

和合学范畴逻辑结构及其三大定律，将和合学的战略构想及其基本点

---

① 拙著《传统学引论——中国传统文化的多维反思》称"浑沌对应律"，"浑沌"有模糊之意。

理论化、系统化，使其深化为文化系统的内在进步机制和相互交流规律，上升为文化历史观、文化价值观和文化比较观，成为涵摄面最广、概括度最大的跨世纪的文化价值哲学。因此，和合学顺利地实现了从战略构想经逻辑结构而达到战略预测的学术目的。

## 二、和合学的价值观与方法论

和合学对 21 世纪中国文化和人类文化发展前景的战略预测，既是和合学原理合乎逻辑规则的实践运用，又是和合人文精神合乎价值准则的理论选择。它的主题是：弘扬中华民族文化传统中的人文和合精神，光大中国传统哲学文化中的人文和合理想，瞻望人类文化智能化、和合化和信息化的和合前景。实现这三个宏大的主题，和合学必须转换自己的功能角色，实现从文化价值观到文化方法论的转换。

### （一）价值度量与智能创造

和合学能否成为一种严谨的文化价值理论，进而升华为文化价值哲学、一般价值观与方法论，从元理论与元逻辑角度讲，主要取决于和合学能否为自己铺垫一块坚固的理论基石，凝结一个踏实的逻辑核心。笔者认为，和合哲学的理论基石或生长点，逻辑核心或枢纽工程，当是与中国哲学逻辑结构论[①]整体对应、学理阶进、血脉相承的中国文化和合价值学。

和合学的立言宗旨、创学标的，是为了化解 20 世纪人类文化系统内的价值危机和冲突，进而设计 21 世纪人类文化发展的战略之道。因此需探索文化价值和合这一跨世纪的全球性问题。和合学的理论源泉、精神沃

---

① 参见拙著：《中国哲学逻辑结构论》，59～103 页。

壤，是中国文化价值系统中根深蒂固、源远流长的人文和合精神。

中国文化价值系统，是和合学永远得以滋润和哺育的源头活水之一。依据现代学术通行的逻辑惯例梳理中国文化系统的价值和合，并对其进行创新转生，和合学理论开拓才能获得一个逻辑支点。和合学要化解的人类所共同面临的五大冲突（危机），实际上亦是价值危机的表现形式。人与自然的冲突是与人类掠夺和征服自然生态系统这一价值观念的危机相联系；人与社会的冲突、人际冲突、心灵冲突、文明冲突，都与价值危机与冲突相关联。和合学能否化解五大危机和冲突，就在于和合学能否创立一种全新的价值观和方法论，并据此理论地解决人类文化价值系统日趋严重的危机和日益激化的冲突。笔者在上卷提出和生、和处、和立、和达、和爱五大中心价值，就是创立这种价值观的尝试。

从论证陈述的角度讲，从逻辑结构论到价值和合学，可能需要两个必要的理论过渡环节，即价值度量理论和智能创造道路。

1. 价值度量理论。价值和合中的悖论，在二元分化的定性水平上是无法消除的。除非承诺一种尽善尽美的绝对本体和一个全智全能的无限主体，才能保证为善去恶的价值选择是当然而必然的，否则就会陷入善恶无限冲突。价值和合中的悖论，只能在多元分维的定量水平上得到解决。

从度量理论出发，价值范畴本是量化概念，如"作价多少""量值多少"等。其首先是价值的标量测度，然后才是价值量的分类定性。比如汰劣与择优中提出的公平、正义、合理和真实、完善、优美等价值观念，都具有量化特征，都是可度量化的。道德行为不都是要么善，要么恶；而是完善程度有高有低。完善程度高的道德行为，更接近至善理想；反之，更接近邪恶极端。传统的价值观念过分强化了价值的定性特征，结果导致了在价值的两个极端点上手舞足蹈、二难抉择的逻辑假相，或称价值不相容冲突假相。

和合从度量理论考察，意蕴着价值量的代数运算，类似于算术中的加和法、数学中的集合法以及分析理论中的积分方法。和合是度量化价值空间中的思维逻辑演算，是范畴逻辑结构的工具化、流行化。善恶作为道德行为的两个价值度量值，区别仅在于标值的性向相反，是完全可以和合演算的。例如，依据某种价值度量标准，某人一生中所有行为的道德价值分量为：善值为（+100），恶值为（-30），那么，他的道德价值和合量为 $(+100)\oplus(-30)\Rightarrow(+70)$，即和合为善值。

在价值领域引入度量化处理技巧，建立和合化逻辑演算，理论上有其长处：

第一，对以往哲学而言，和合学的价值度量理论有效地批判和克服了传统价值哲学对价值绝对化、实体化、极端化理解的偏颇和人为制造的价值二元对待、不相容选择的假相，恢复价值范畴可度量化、可和合化的本来特征，为价值观念的创新铺好逻辑道路。

第二，对和合哲学自身而论，价值度量理论能够有效地解决和消除和合学中的一些悖论，使和合学的理论化水平、逻辑化程度得以提高。比如优劣和合悖论的产生原因，在于将优劣完全实体化，误以为优质与劣质是两种性质不同的实体元素、因素。其实，优劣在某种情境下是同一实体元素、因素的两种相容的度量特征。同一实体元素、因素对于低级标准而言，会是优质的；但相对于高级标准而言，则可能是劣质的。又如同异和合悖论的产生原因，在于将同异关系单一化、绝对化。两种实体元素、因素的同异关系，取决于甄别同异的尺度之大小。小尺度上的同质关系，在大尺度上是异质的；大尺度上的同质关系，在小尺度上可能是异质的。如以社会文化为尺度，人类与动植物殊异，无等价交流关系，难以平等地和合为一体；如以细胞单元为尺度，人类与禽兽草木无异（皆属细胞和合体），可以等价交换，利用遗传工程杂交和合；如以原子结构为尺度，人类与万物平等，没有任何尊贵性可言。《庄子》与名家学派深谙同异关系上的大小度量道理，如庄子的"万物齐一"与"肝胆楚越"，惠施的"大同异"与"小同异"，《墨经》的"同异"说，等等。

2. 智能创造道路。价值空间的危机或阻碍，意义世界的悖论或冲突，真正得以解决，在价值度量理论中是难以彻底实现的。根据"人是会自我创造的和合存在"（包括价值与意义的创造）的公理化约定，只有通过智能创造道路，人类才能消除价值危机和意义冲突，达到和合境界。

人类的创造本质，就目前的理解水平，可以归结为智能创造，现代人工智能技术充分体现了这一点。事实上，原典佛学最重智能创造。儒家孔子的"仁且智"（仁为"克己复礼"的行为能力，"克"可训为"能"）；孟子的"良知（智）"与"良能"；荀子的"知有所合谓之智""能有所合谓之能"[1]；《易传》的"乾以易知（智），坤以简能"[2]；《中庸》的"三达德"，"知仁勇三者，天下之达德也"（《中庸章句·第二十章》），仁勇属能，知即智，都注重人类智能的创造性品德及其文化开发。宇宙本来没有价值空间，自然本身不存在意义世界。价值空间与意义世界，是人类智能创造活动的文化结晶。只有在这里，和合效应才是基本的。价值可无限加和，意义可无穷叠合。价值加和与意义叠合，又是在智能创造实践中实现的。

对于智能创造道路，要注意保证价值空间内的加和效应沿正则方向连续增益，防止价值空间的加和效应反变、顿断或减损、停滞；要注意确保意义世界中的叠合效应沿生成方向无限连通，防止意义叠合中的阻碍、坏死、荒诞、虚无等现象发生。

智能创造道路是依逻辑结构、构成价值和合的关键思维路线和实践途径延伸的。逻辑结构是智能创造的蓝本，价值和合是智能创造的目标，两者通过智能创造道路连通、融合为一。

---

① 《正名》，见《荀子新注》，367 页。
② 《系辞上》，见《周易本义》卷三，56 页。

智能创造道路将创造功能限定在人类价值空间和意义世界内，以防神灵创世论、自然创生论等泛创世论，使人类智能创造范畴人文化、价值化、科学化。

### （二）文化价值与四级开拓

价值度量理论和智能创造道路，构成了从逻辑结构论到价值和合学有序过渡的两个必要环节。借助这两个环节，不仅逻辑结构论得以充实和提升，而且价值和合学也将获得更充实的理论基础和更合理的逻辑证明。其关系图式如图 11－1。

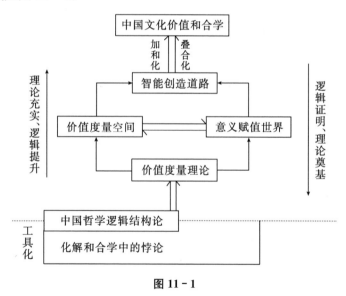

**图 11－1**

价值度量理论和智能创造道路，是从中国哲学逻辑结构论到中国文化价值和合学的过渡桥梁。沿此桥梁前进，经由从中国文化价值和合学到和合学的四级开拓，便形成了理解与接受和合学的逻辑阶梯。建构通达和合学理论堂奥的这些过渡桥梁与逻辑阶梯，是为了使和合学走出书斋，走向社会，走向生活，以超越学科、国别、地域和时代的限制。除了完成两个环节的内涵转换外，尚需完成四个层级的外延开拓。这四级开拓的逻辑流程如图 11-2。

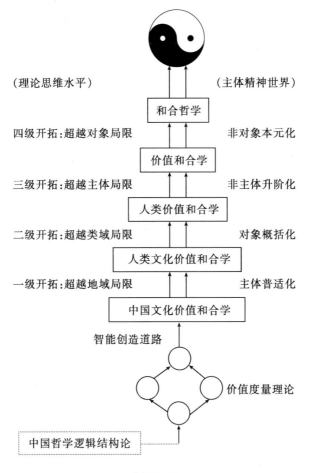

**图 11-2**

经由四级开拓，理论思维不断提高自己的意境水平，不断超越内外限定，达到和合哲学的价值观和方法论的完善、优美水准。与此同时，主体精神不断净化自我的气象意蕴，不断完善创造智能，最终逼近无我无物的本元状态，趋于和合可能世界。

四级开拓是理解、领会和接受和合学原理精神和方法应用的渐修之路，是引导人们领略、体验和合学理论意蕴与逻辑韵味的阶梯。它与和合学理论体系的"三界""六层""八维""四偶"的建构并非冲突。和合学理论体系是和合学的中枢系统,此"两个环节""四级开拓"是理解和合精神,进入中枢系统的辅助性操作系统。两者璧合,体用一源,方能使和合学走向实践。所谓"极高明而道中庸",由"中庸之道"通达"高明之境",这亦是我们教学活动的循序渐进的原理。和合学被人们所体悟亦是这样。

### (三) 人学主体的理论视角

作为价值学的和合学与作为方法论的和合学,其值相同。从人学主体论的理论视角来考察,和合学是广义的人学体系。将人看作是一切价值性活动的主体,是和合学人学方法论的最基本的理论视角。

就其人学特征而言,和合学认为,人是一切文化活动的智能源泉,是所有意义规范的价值尺度,是无限可能状态的范畴造化。换言之,"人"始终是价值判断的主词、价值推理的枢纽。在文化价值哲学中,"人"是不能定义的基始概念。人的本质、人生的意义以及人道的目标,是以人为自变项的和合函项。它们依人而生,因人而成,随人而移,共同构成人类生存、发展和完善的人学论题。

和合学的主体理论,包括三个依次递进的逻辑层次:

1. 人是自我意识活动的主体。"匹夫不可夺志也"[①]。意念、思维、志向、情趣等精神性的文化活动,其主体只能是个体性的人。振作精神,"自作主宰",自重、自立、自得、自成,弘扬的正是这种个性化的主体精神。

2. 人是人际交往活动的主体。"仁者爱人","智者知人"。道义、仁爱、理智、礼节、信用等规范化的道德活动,其主体只能是自觉性的人。

---

① 《子罕》,见《论语集注》卷四,39 页。

"己所不欲，勿施于人""己欲立而立人，己欲达而达人"，倡导的便是一种互动化、互补化的主体精神。

3. 人是天人沟通活动的主体。天地合气而生人，人类法地而顺天。天时、地利、人和、政清、道顺等最优化的价值活动，其主体只能是和合性的人类和合体。"天人合一""知行合一""诚明合一""内外合一""有无合一"，是追求一种和合化的主体精神。

个性化、互动化、和合化，是和合主体理论的三个层次，也是和合学人文主体精神的三重境界。

人学特征与主体理论的融突，是和合学方法论特有的理论视角。

人在文化价值领域中的主体地位和精神境界，是人文化、价值化的自我规范。人类通过对自己文化本性与历史使命的不断自觉，不断地规范自己的生存方式、价值意向和思维模式，使其朝着更真实、更完善和更优美的和合道路进化。因此，人文价值论的规范立场，是和合学理论建设的前提条件和实践运用的目标归宿。

"先天而天弗违，后天而奉天时"，是和合学人文价值论的基本规范。人类的价值活动是目的性活动，具有先天的趋势和超越的倾向，旨在创造出自然所不曾进化出来的文化产品和价值形态。这种先天而行的价值创造活动，只要能将自然因果性与文化目的性和合为一体，就不会违逆天然的生态法则，就会使文化创生与自然化生和谐一致。人类的文化历程是次生性的自觉活动，具有后天的地位和承继的作用，旨在使原生性的自然更真实、更完善、更优美。这种后天而行的人文化成活动，只要能将天然本然与人文使命和合起来，就能承奉天时、参赞化育，使天地万物与人类万事协调运行。这便是和合学"天人合一"的方法论精髓。

分合并进论的实践方式。和合学的人文价值规范是人类生活实践的最高准则。它所要求的实践方式,既非片面的天人相分、彼此裂二,又非含混的天人相合、本根归一,而是天人相与、分合并进。

第一,自然孕育生命,天地生养人类,是结构差分化的功能整合过程。自然生成智能生物,人类与自然相对分离,是宇宙演化、生态进化的不可逆转的方向和道路。天人相分有际,是天人相合无间的自然前提。传统的"天人合一"是倒行逆施的复归,是一种反时间方向、非进化原理的还原主义。因此,这种"天人合一",只是本根论意义上的抽象思辨,对人类生活实践未能产生相称的影响。

第二,人类创造文化,自然日趋文明,是功能差分化的结构整合过程。天人功能分化,道用相异,是唐代思想家刘禹锡的伟大发现。"天之能,人固不能也;人之能,天亦有所不能也。"① 天人功能上的道路分化,集中表现为人类制定各种规范,确定是非标准,创造人文价值;天地按自然法则生生化育,按进化法则新陈代谢,依质能关系转换强弱。"天与人交相胜矣。"② 天人交错综合,各显其胜,构成天人和合系统结构,达成和合无间的人文归致。

天人结构上的特异性差分化并行着功能上的整体性和合,功能上的特异性差分化又并行着结构上的交错融合,分合并进,连锁对偶,形成天人关联互动的和合实践方式。

分合并进的和合实践方式,是对传统分合交替串行方式的批判超越。传统观念认为,天人关系经历了一个合→分→合的圆圈运动。差分与融合,彼此间隔,随时流转,仿佛因果轮回,是人类无法把握的预定命运。这种分合交替串行方式,是对分合并进关系的片面理解和理念抽象。它对人类文化的发展,产生过消极的影响。事实上,以人为主体的任一和合实

---

① 《天论上》,见《刘禹锡集》卷五,67~68 页。

② 同上书,70 页。

践活动，都具有结构与功能对偶、差分与融合并进的双螺旋机制。其图式
如图 11 - 3。

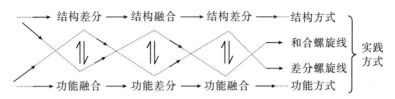

图 11 - 3

人类文化系统内的劳动专业分工与社会合作，生产资料的所有权分化
与经营权整合，科学技术的学科高度分化与跨学科高度综合，等等，都具
有分合并进、对偶关联的实践方式。套用《三国演义》的话说，就是"话
说文化理势，分中有合，合中有分"。

关系整体论的思维方式。和合学的思维方式是一种关系整体论。它由
两种基本的思维方法和合而成，是富有创造性的思维方式。

（1）综合性创造思维——思维的拓广道路。

元素差分→关系网络→结构融合→整体贯通。

（2）分析性创造思维——思维的深化道路。

整体贯通→结构差分→关系殊化→元素和合。

元素、因素通过结构的有无变换形成整体的可能运动，关系通过功能
的显微转化体现属性的和谐变化。元素与整体、关系与属性、结构与功
能、差分与融合，共同构成可能世界的范畴逻辑运动，完成和合创新的思
维职责，并不断将概念世界推向更优美的逻辑结构。

关系整体论与大脑处理信息的认知机制是相契合的。

和合学方法与科学方法论。和合学方法是高度综合、特异分化的现代
科学方法——文化价值哲学方法。

从一个方面看，和合学方法从人学特征和人文精神的高度，综合了系

统方法、结构方法、功能方法、信息方法等现代科学技术的新方法论思想；从另一个方面看，和合学方法又不是一般的科学方法论，而是专门解决人文价值问题的文化方法论，它既是范畴逻辑运动的思维方式，又是规范价值尺度的实践方式，还是指导智能生存活动的行为准则。

和合学的四条方法论原则是一个整体，不可截然分割。从理论视角到规范立场，从实践方式到思维方式，其中"一以贯之"的活的灵魂是和合人文精神。人学主体论与人文价值论、分合并进论与关系整体论，都不过是这种和合精神的实现方式。

## 三、和合学视野中的科学技术

科技史上的综合与分化并行构成内在和合机制，科技与人文的和合历史及其现代危机，引起了人们的重视。古代科技家对宇宙的探索，对人生意义的理解，对理论和方法创新的重视，既取得了科技新成果，也为人文精神的发展和提升提供了源泉。科技内在的和合精神是最高水平的人文精神新生态。传统人文精神必须在科技革命中涅槃化转生，更新媒体。

### （一）和合是科技发展的内在机制

和合学对 20 世纪的科学技术，有两个基本的看法：一是和合是现代科学技术发展的内在机制和人文特征，二是现代科学技术是和合人文精神向更真、更善、更美水平发展的全新基础和既成前提。

古代科学技术，是东西古代人文实践和合的文明结晶。欧几里得的几何学，综合了古埃及的土地测量技术思想、三角运演方法，以及古希腊的自然哲学、概念辩证法。欧氏几何公理的普遍有效性支撑了西方古典哲学本质研究。非欧几何出现后，便否定了欧氏公理的绝对性，使现象背后唯一绝对本质发生了动摇。这样，现象后面并不存在一个不变的永恒本质。

每一个现象都得自己确立自己背后的本质。

托勒密的天文学综合了古埃及、古巴比伦和古希腊的天文观察资料、历法编制技巧，于公元140年前后的《天文学大成》中系统地、定量化地提出了地心说宇宙模型。他巧妙地运用本轮-均轮体系，获得与当时观测一致的计算结果和宇宙论哲学假设。然而，到了中世纪，托勒密的地心体系被教会用来作为上帝创造世界的理论支柱。

中国的《九章算术》集秦汉以前丈量、测度、运筹、方程等思想和算法之大成。九章即：方田——土地测量；粟米——计算粟、米、饭的比例等；衰分——各比例计算，如劳役、租税、产品如何按比例分配；少广——面积计算；商功——体积算法；均输——如何公平征税；盈不足；方程——生活中的方程算法；勾股。古代伟大数学家刘徽对《九章算术》作了注解。现代一些人总认为中国古代数学已经消亡。数学家吴文俊认为，从历史角度看，总结性、存在性、程序化的算法体系占主导，古希腊演绎的、逻辑的方法只在一段时间内占主导。21世纪的数学，中国古代《九章算术》的机械化数学将有超越《几何原本》的逻辑演绎的趋势。机械化数学的原理具有预测性，将在各个领域得到运用。

中国作为农业社会，对天文历法特别重视。据《史记》记载："盖黄帝考定星历"（《史记·历书》）。《索隐》引《系本》和《律历志》："黄帝使羲和占日，常仪占月，臾区占星气，伶纶造律吕，大桡作甲子，隶首作算数，容成综此六术而著《调历》也"（同上书）。黄帝组织了占日、占月、占星气、律吕、算数以及造历，容成综合这些观测天文的资料，以算数的成果而制定了《调历》（可能是《黄帝历》）。《汉书》记载：先秦有六历，"《黄帝》、《颛顼》、《夏》、《殷》、《周》及《鲁历》"[1]。秦统一中国后，

---

① 《律历志》，见《汉书》卷二十一上，973页。

曾采用《颛顼历》。

中西古代天文、历法、算数方面的科技成果，都是中西古代人文实践活动的科技珍品。

近代科学技术是近代人文解放运动的历史产儿。文艺复兴运动推动了近代自然科学的发展。对人文主义的弘扬，解放了人的创造智慧与发明才能。牛顿经典力学和瓦特等人的蒸汽机技术，都是高度综合的产物。比如牛顿是在伽利略、笛卡儿、开普勒、哥白尼等人研究的基础上，提出了运动三定律及万有引力原理。运动三定律的外力推动的机械运动性质比较明显；万有引力原理后扩展为对天体运行动力与运动轨道形成的研究，科学家运用此原理，并通过比较方法，测量诸天体的质量及相互间引力大小；有科学家还证明了以数学表达方式出现的万有引力的普适性，以及推测地球的两极是扁平的，后人测得地球扁率为 1/334，与牛顿理论推算近似。[①]人文主义与近代科技，是西方近代文化进步的两个冲突融合难分的方面。

中国近代文化人文启蒙思潮的流产，以及近代科技在中国的失落，从反面史证了科学技术与人文精神的冲突融合的关联。

现代科学技术是现代人文和平发展的强大动力。20 世纪两次世界大战的爆发，有政治的、经济的、军事的、观念的、民族的原因等，错综复杂。就狭义的文化原因而言，是地缘政治论、人种优势论和文化中心一元论，以及殖民主义观念，等等。伴随两次世界大战的现代科学技术革命，是消除战争、保卫和平、克服落后、共同发展的人文文化的努力结果。尽管从局部的动机、暂时的情况看，似乎现代科技是战争的帮凶，是先进剥削、压迫落后的手段；但从整体的趋势、长久的效果看，现代科技的不断革命和不断跨国界的发展，已将各民族、各国家、各地

① 参见萧焜焘：《自然哲学》，198 页。

区联结成为一个生死与共、荣辱相关的利益和合体，使全球性战争和倒行式的衰落得到一些遏制，并终将被彻底消除。

生态、粮食、人口、资源、环境等全球性危机，与其说是科技引起的，不如说是科技发现的。事实上，人类活动即使在生产水平低下的农耕文化时期，亦已引发了土壤沙漠化、植被森林破坏、动物群落退化等地域性、局部性的生态危机。粮食危机、人口危机、能源危机都见于史书记载。将全球性的生存危机完全归咎于现代科技，理由是不充分的。导致当前各种危机的原因是很复杂的，它与人类由来已久的传统价值观念、实践方式和思维方式不无关系。人类依赖自己的创造，发明了高科技，创造了史无前例的丰富的物质文明，也导致了释放负面效应的各种危机。化解各种危机，也只有依靠人类自我创造。只有通过现代科技，并从根本上转换人们的错误价值观念、不宜的实践方式和思维方式，才能从根本上实现人类和自然的和平共处与协调发展。这是因为，要使人类与自然和生、和处、和立、和达、和爱，就必须真实而系统地把握人类与自然相互作用的实践法则，把握自然生态平衡的约束条件和人类文化进步的可能道路。没有高度发展的现代科学理论和高度完备的现代技术手段，就不会有人文精神的更真实、更完善、更优美的和平发展。

科学技术既是人类文化实践活动的形式，又是这一活动形式的和合产物。科学技术的地位和作用，是人文精神价值规范和行为选择的结果。科学技术的滥用，显示了人文精神的分裂和病态。对科学技术的厌倦、反感、担忧、悲观，甚至愤怒、仇恨，亦反映出人文精神的虚弱、幼稚、不健康和不完善。

科学技术发展的内在冲突融合而和合机制，有两个必要的方面：一是科学技术理论的诸原理、诸学说和诸规程合乎逻辑的创造性和合，二是科学技术活动的诸要素、诸方面和诸规范合乎价值的创新性和合。

在现代科学技术发展中，这两个方面是不平衡的。当务之急，尤其是对于人文学者来说，是完成第二个方面的创新性和合。相反，杞人忧天式的忧患，是人文学者无能的、不负责任的表现。

### （二）科技是和合精神的现代体现

人文精神生生不息，但其媒体历经历史更替。宗教神学、伦理道德为人文和合精神的古代形态；科学理论、技术工程为其现代形态；中间以近代宗教改革、道德启蒙为联系环节和发展枢纽。

在不同的历史时代，和合人文精神会有不同的表现方式。古代的人文精神是通过哲学、宗教神学或伦理道德表现出来的。在古希腊人看来，在具体现象后面有一个抽象的存在，比如桌子、人的后面有一个抽象的桌子和一般的人。桌子、人是具体项，如各门具体科学理论。在各门具体科学之上，应有一个统摄各类现象的东西，即一切理念的理念、一切科学的科学，这就是形而上学，即"物理学"之后或具体学科之上的科学。对形而上学作理性理解的是哲学，作超理性理解的是神学。哲学与神学的互补，构成了西方的宇宙观和人文精神。

在中国被奉为六经之首的《周易》说："是故形而上者谓之道，形而下者谓之器"。朱熹诠释说："卦爻阴阳，皆形而下者，其理则道也"①。卦爻阴阳是形器的现象层面，形器现象的后面是所以为形器的形而上之道或理。然而，儒、道、墨、名、法、阴阳各家各派以及佛教，各有其道。各家各派冲突、融合，构成了中国的宇宙观和人文精神。

近代的人文精神，是通过宗教革命与人学启蒙来解放自己的。西方文艺复兴与宗教改革冲突互补，人文主义得以发扬。人文主义者继承古希

---

① 《系辞上》，见《周易本义》卷三，63 页。

腊、罗马思想家关于发展人的才能思想，发展世俗化的人文科学，以便取代宗教神学。他们在语法、修辞、诗学、历史、道德、哲学等方面宣传和发展人道精神，表达新兴市民阶层的愿望和利益；他们以个人主义和世俗主义反对宗教禁欲主义和来世哲学；以人性、人道主义与神性、神道主义相抗衡；高扬以人为中心的革命，歌颂、赞美人，以针对宗教神学。18世纪启蒙时代的人文主义，有两种类型：一是以英、法、俄和德国费尔巴哈为代表的人文主义，属经验型的人道主义；二是以德国、荷兰的思想家为代表的理性型的人道主义。但两者均以人性、人道主义反对神性、神道主义，倡导自由、平等、博爱、权利、尊严、价值等。

现代的和合人文精神，是通过科学理论革命和技术工程革命来自我批判、自我完善和自我发展的。20世纪的和合人文精神，渗透在现代科学技术革命之中。从思维方式上看，它集中表现为相对论的宇宙观、量子论的结构观与系统科学的关系学说。从实践方式上看，它主要体现为遗传学的生命工程、信息论的知识工程与智能科学的智力模拟。离开现代科学技术革命而别谈所谓"人文精神"，只能是对时代精神的复古化的亵渎或空想式的指斥。

正因为现代科学技术是和合人文精神的现代体现，和合学原理的实践运用，便集中探究和合自然科学、和合伦理学、和合人类学、和合技术科学、和合经济学、和合美学、和合管理学以及和合决策学等领域中的人文化和合方式及其发展趋势。

## （三）人文精神的科技奠基和发展

中国传统文化的人文精神，长期被囚禁在"经学"之中，而不能开放，开放也不能转生。转换新的媒体，落实到现实生活，用现代科技为其奠基，这是中国和合人文精神健康发展的必要条件。和合学原理实践运用的现实使命：一是尽显现代科学技术内在的和合精神及其人文价值；二是转生中国传统文化的人文和合理想，使其健康发展。

在 20 与 21 世纪之交，人类文化处于转折时代。传统文化作为历史的文化形态，其文化价值观念，是与宗教神学的教条和道德形上学的准则分不开的，有的就是它们演绎下来的直言命令、绝对理念、真如本体。从形式上看，传统文化的价值系统是绝对的、永恒的，以及"万古不易"的"天理"、"良知"或"律令"。实质上是将人异化，使人成为价值理念表现自己的工具，异化成为天命义理施展权威的场所。

现代文化是传统文化的发展和取向，它是现实感性生活中的世俗文化。它以现实的、活生生的人的生命生存、发展和完善为自己的立论基础和价值使命。它将现实人的安身立命牢固地确立在大地之上，并通过科学技术的进步和社会文化的发展，不断增益人生的快乐和幸福，不断减损人世的痛苦和烦恼。换言之，现代文化将和合人文精神奠基在现代科学技术之上。只有如此，才能使人文精神脚踏实地、落到实处，避免虚幻无力与苍白无色；才能使科学技术服务于人类，避免盲目滥用与本质异化。这样，人文精神与科学技术就能融突而和合，人类社会才能化解各种危机，而开拓为和合的人文世界。

科学技术是人类生命活动的现实表现，是现代人类社会活动的内在实质。人的主体的生命活动一部分客体化为智能机，客体化的智能机又转化为主体的生命活动，在这互动中，便把人的创造性的人文活动推向一个更完善的阶段。从和合学的视野来考察，这种互动，便是和合人文精神优美化的现实基础和进一步发展的真正动力。

# 第十二章　形上和合与和合自然科学

　　和合人文精神内在地蕴涵在现代科学技术之中，现代科学技术亦集中体现了现时代的人文价值和合，这可以成为和合学原理从体到用的转换的基调。中国的一些人文学者有一种传统的，使自然科学家、技术工程师、管理决策者产生一些不必要的误解的观念，即人文价值是现代科学技术所缺少的、必须由人文学者予以"灌输"的血脉与灵魂。现代科学技术是没有人文价值灵魂的手段和工具，人文价值则是科学技术追求的、外在的目的和归宿。

　　这种观念，是非和合的二元对立思想。它忽视了现代科学技术是一个纵贯古今、横跨世界的宏大的人文运动，是文艺复兴以来的人文主义和科学主义互补和合的人文结晶。哥白尼（Nicolaus Copernicus，1473—1543）的日心学说，是为了追求一种"完美的形式"和合，为人所惊叹的以太阳为中心的宇宙模型；爱因斯坦（Albert Einstein，1879—1955）的广义相对论，实现了数学上的优美与逻辑上的统一；诺贝尔（Alfred Bernhard Nobel，1833—1896）的专利发明和居里夫人（Marie Curie，1867—1934）

的放射性技术，主要是为了人类的福利；现代分子生物学与人工智能技术，更是为了人类的真正解放和全面自由。若看不到这种状况，而将传统的某种价值观念安插到现代科学技术这一和合体中，人为地制造出所谓的"现代科学技术与人文价值的矛盾冲突"，就使思维理路发生混乱。

从潜意识的层面来分析，这种混乱的思维理路，是哲学领导科学、政治役使技术的等级观念在作祟。殊不知，哲学也是广义科学园地里的普通一员，没有任何天赋的"领袖"特权；政治也仅是社会管理技术之一，没有任何绝对统治使命。换句话说，所谓的"人文与现代科技的冲突"，归根结底是等级价值观念在人文学者头脑里的自相冲突：既要安享现代科学技术的恩惠，又要维护"帝王之师"的"九五"尊位。

和合学将自然科学、技术科学、人文科学等放在三个和合世界中分层分维解析，揭示其中"一以贯之"的和合精神，有助于消除人为的混乱或人造的对抗，有助于构成融突论的和合科学体系。

## 一、自然科学的和合人学前提

在和合学体系中，自然是和合生存世界的"元境"。所谓自然，一般有广义和狭义之分。广义是指具有无限多样性的一切存在物，它与宇宙、存在、物质等范畴有相似的含义；狭义是指与人类社会相区别的自然世界或物质世界，是自然物质系统的总和。[①] 和合学的自然，是从狭义上使用的。

### （一）人类与自然的和合关系

自然是和合学形上和合的基层，是各种科学活动和各类生活实践的前

---

① 《中国大百科全书·哲学卷》，1253 页。

提。要探析自然科学的和合实质，应当全面而系统地把握人类与自然的和合关系。

1. 自然这一范畴本身是多重元素的和合体。依据它与人类的关系，可以从静态的方面差分为三种类型：

第一，天然自然，是元始的自然状态。

它是未与人类文化活动发生直接关系的自然，包括生命系统和非生命系统。非生命系统诸如基本粒子、原子、分子以及各种天体等。现代自然科学已认知到，非生命系统的各种结构、性质和运动法则都是由引力、电磁、弱、强四种相互作用决定的。

生命系统包括团聚体（微球体）、细胞、植物、动物以及人体。它们具有自我组织、自我调节、自我复制以及对体内外环境作选择性反应的能力等，构成普遍联系和不断发展的天然自然系统。①

天然自然的元始自然状态，包括人类未产生之前的"形上"自然，与人类智能目前没有涉及的"自在"自然。天然自然与人类知行的关系是潜在的、可能的。天然自然世界的演化机制，是通过自组织进行的。② 所谓自组织，是指系统自行产生组织性的行为。在天然自然的个体发展中，自组织是一种自我更新、自我反馈、自我参照和自我引导的功能；在整体发展中，自组织呈现为宏观自然和微观自然的协同进化。进化蕴涵着创造性，它是在所有层次上的自我超越，跨出天然自然系统的性质、结构的界限，面向新的自由度的构成；进化蕴涵着开放，它决定着自己动态发展的速度、规模和方向。③

天然自然的演化形式：一是渐变形式，二是突变形式。突变论、协同

① 《中国大百科全书·哲学卷》，1253 页。
② 参见［美］E. 靳特西：《自组织的宇宙》，伯克利，加利福尼亚大学出版社，1979。
③ 参见黄顺基等主编：《科学技术哲学引论》，第一章。

学和非平衡态热力学，揭示了天然自然突变演化现象。天然自然系统在内外原因的作用下，其状态可能发生一些小的起伏涨落。涨落是一种破坏结构稳定和对有序的干扰，能使系统由不稳定状态跃进到新的稳定有序状态。由渐变到突变的演化，即是由低到高、由线性到非线性的螺旋上升或自我超越的方式。

第二，人的自然系统或本真自然状态，是指与人类本身直接同一的自然。

组成人体的化学元素和生理构造，禀受于自然的人类天性及生命活动的自然法则。人的自然，是人的"气质之性"的自然层次，是人之所以为人的自然基础。它与人类知行的关系是定在的、现实的。

人的自然系统，具有天然自然的一般特征。人作为有生命的机体，是一种持续不断地吸进和排出能量、物质和信息的开放系统，它使自然人在多变的环境中保持他们特定的结构，在环境、条件发生变化时，具有自身修复、自身调整的功能，维持自身活力和发展。

人的自然系统，确切地说是一种封闭的开放系统。封闭性是指人的生命有机体的任何变化不可以超越它的确定的界限。诸如人不能与动物杂交而产生新生命，以便保持人的固有的特征、属性等。自然作为有生命的现象，是平衡与非平衡的和合，生命过程并不趋于平衡，而是远离平衡，只有当生命有机体死亡才趋向平衡。生命有机体的大分子结构上的对称性的破缺，是生命世界多样性的依据，它使分子排列越来越有效能。

第三，人工自然环境或文化自然状态，是指已经与人类文化活动发生物质的、能量的、信息的相互作用的自然。

它包括人类日常活动于其中的自然环境，人所创造的自然产品，以及各种人文化成的自然形式。人工自然与人类知行的关系是共在的、历史的。

人工自然是天然自然的发展，是对象化自然，即人化自然。它需要遵循自然过程、法则、原理，才能实现人的目的性和改变天然自然的形态，因而，人工自然仍然具有自然性特征；也具有社会性，因为人工自然是人的社会劳动的产物，它的内涵、性质、形式都受社会文化背景的制约；亦具有历史性，它随人类的发生、发展而发生、发展。

人工自然是指人的本质、目的和人的力量，通过人的劳动活动而外部化或对象化。劳动的实践活动贯穿于人工自然各个方面、层次和领域，诸如劳动工具的、思维工具的人工自然之中。它是主体人的能动的、本质的力量通过活动而转化为物质存在形式。一言以蔽之，人工自然就是人的放大。

人工自然是人的体力、脑力劳动的成果。人的四肢器官是生产工具的操作者，人的自然力是产生动力的能源，人的大脑、神经系统和生物信息是控制系统。人的脑力劳动，创造抽象的、以符号表达的物质成果。现代许多科学发现、发明，先是由逻辑上的符号系统推论、表达出来，然后，依循其逻辑寻求客观验证和创造实在成果。它通过一系列的概念、判断、推理，把人类的思维成果对象性地再现出来。

符号系统是人与自然相互作用的中介。符号可表现对象世界的关系、行为和劳动活动的程序、规则；符号可描述外部对象世界的状态、发展过程，以保证决策的合理性；它以观念的形态使人达到某种目的，而创造人工自然物。

这种中介性表现为人工自然是人与天然自然之间起中间联系作用的环节。人工自然一方面是天然自然无限发展序列中的一个环节，人通过劳动实现活动，把死的自在之物转换为为我之物，即天然自然以人工自然这种特殊形式推进了自己的组织和创造过程；另一方面，人工自然的中介性质表现为人改变自身特质，衣食住行每一生活资料的获得和改善，都改变了人自身的自然性，并不断改变人自身的特质。人工自然与人类知行的关系是共在的、历史的。

2. 自然和合体与人类及其文化活动的关系是随时变易的。从动态的角度来分析，人类与自然的和合关系，经历了三种历史形态：

第一，生育关系形态。

人类是天然自然长期孕育、艰难进化的产物。人类文化状态是从元始自然状态中差分出来的次生形态。从这个意义上讲，自然是先在的、形上的，是生生之道体。这个道体是一个浑沌，"有物混成，先天地生。寂兮寥兮！独立不改"（《老子》第二十五章）。浑沌多义，在这里可理解为原始未分的状态，它无声无形，是一浑沌状态。① 老子所说的混成，王弼注曰："混然不可得而知，而万物由之以成，故曰混成也"②。天地万物未构成的浑沌状态，可解释为原始大气或原始能量，它们的浑沌性就在于它们的非周期的不规则性。浑沌是在相空间（系统的独立运动变量构成的空间）中，"奇异吸引子"活动把系统运动吸引到某一特定区域的现象。浑沌不全是混乱、杂乱无章，它具有某种微观结构和有机联系，即具有整全性，是一个尚未分化的整全体。这种整全体的浑沌状态，具有组分的确定性，性质的还原性，能量的多样性，反应系统的开放性等特性。③ 前两个特性是原始大气和能量的统一性和整全性，是各元素的有机融合和各种关系的协调发展；后两个特性是原始大气和能量的差分性和多样性，是生命现象不断更新和生生不息的表征。

"有物混成"的浑沌态，是宇宙初开，地球形成前，前生物有机体出现前，无机物向有机物转换的剧烈震荡的状态。前生物有机单体，是原始

---

① 《浑沌》，3～21 页，东京，东京大学出版会，1991。
② 《老子道德经注》上篇，见《王弼集校释》，63 页。
③ 萧焜焘：《自然哲学》，229～235 页。

地球条件下无机物向有机物转换而生成的。有机单体经漫长的化学演化而聚合成"生物大分子"。尽管关于生命起源的学说见仁见智，或"原基因"说，或"原细胞"说，等等。即使是"原细胞"说，亦有原生质理论、"团聚体"多分子理论和微球体理论等。但可以肯定的是，生物大分子的形成是与"随机涨落"相联系，并向生命现象转换。

从人类生命现象的演化过程来看，人类的出现是宇宙自然物质系统中的各种因素、要素和各种能量、力量在适宜的生态环境、条件和时空中融突和合而成。[①] 这就是说，人类及其文化是后有的、形下的，是所生的器质。

人和自然的和合关系，首先是形上和合，是道器之间生生融突和合关系。《易传》的天地纲缊和男女构精而生万物及子女，王充的天地合气和夫妇合气分别生万物和人，张载的乾父坤母思想，朱熹的理气和合生人，以及达尔文的进化论等，都是对和合生育关系的哲学猜测或科学推论。这就是和合学以形上和合为逻辑起点的根据所在。

第二，协同（协调）关系形态。

人类有了知行自觉以后，与自然的关系发生了第一次质的变革和层次的跃进。就人的生理活动和生命的自然过程而言，人类不过是天然自然内动物中的一个种属，永远顺从于饥食饱逸、生老病死的因果律；与自然的关系仍然是生成养育关系，是自然母亲、乾坤父母的孩子。然而，即使"食色性也"，人的动物的自然属性与其他动物亦有差分。从细胞裂殖到无性生殖，从无性生殖到有性生殖，复杂性呈现增长倾向。一般动物的性行

---

① 法国天文物理学家达马里和兰贝在 1994 年 12 月出版的《人类起源》一书中，提出了与当代存在主义不同的观点。存在主义把人类一切现象看成是荒谬的，人出现于宇宙是偶然现象，人类与太空互不相关。他们认为整个大宇宙并非浑沌盲目，相反，正是为了生命，大宇宙才被特别塑造，这便是大爆炸。宇宙非但不荒谬，而且是紧密连贯的结构体。从宏观到微观，宇宙呈现为一个不断复杂演进的系统（载《参考消息》，1995－05－02）。

为多出于繁衍本能，人类避孕，已不是为了繁衍，而是为了满足性欲，获得快感的"乐"。

又如饮食，并不是为了饱，而蕴涵着文化的成分。孔子主张"食不厌精，脍不厌细"[①]，不到该食的时候，不吃；不按一定方法切割的肉，不吃；调味的酱醋不合适，不吃，这便进到美食的水平。食还讲求一定的礼仪，"乡人饮酒，杖者出，斯出矣"[②]，不能越礼。这种吃不单纯是为了满足饥食的生理需求，而是追求一种精神上的满足和愉悦。

从心理活动与生命的社会过程来看，人类开始有了自己的独立意志，有了自己的心灵自由，有了自己的文化活动和意义世界、逻辑世界等精神追求。人类已不再是生物学意义上的"动物"，而是自己事务的主宰，是天地的主体。"人者，天地万物之心也；心者，天地万物之主也"（《王文成公全书·答季明德》）。心灵的自觉自知与行为的自由自主，使人成为自然乃至宇宙的价值主体。

人与自然的关系增益为元始意义上的生育关系和价值意义上的变易关系。自然无私地、自在地生育着人类；人类有我地、自为地变易着自然，使自然服务于人的目的，体现人的意义。这种层次化的差分，使人和自然的关系二重化。怎样使人类知行活动与自然生育活动协调一致，共同发展，便成了人类与自然和合关系的第二种历史形态，即协同关系。

在和合协同关系上，人类既取得了文化的长足发展，又受到了自然母亲的严厉惩罚。长足发展之所以能够取得，是在于人类的认知活动借助自然科学的理论，明确了自然环境中的各种物化原理。人类的践行活动凭借自然科学的技术手段，变易了自然事物的结构形态，使其依照自然物理之

---

①② 《乡党》，见《论语集注》卷五，42页。

道达到人类的经济目的。

自然的严厉惩罚之所以使人类蒙受再三，根据在于人类的知行活动对自然的理解是物理的，态度是机械的，看不到自然在物理规律之上有更高的生态规律需要人类认知和遵循，在机械方式之上有更严格的生命方式需要人类适应和把握。认知的愚昧和片面，行为的盲目和自利，是人类被自然频繁惩罚的总根源。

人类与自然的和合人文关系至今未能完全实现，这与人类文化系统两种极端化的价值态度有关。一种态度是盲目的人文主义，即陶醉于文化活动的文明成就和人类对自然的暂时胜利，幻想彻底消除自然对人类的和合生育关系，使自然成为人类征服与改造的、单纯的客观对象；一种态度是消极的自然主义，即漠视一切文化活动及其文明成果，永远仰赖于自然母亲的恩赐，安逸地躺在大自然的怀抱中，过着无知、无欲、无为的自然生活，幻想彻底绝弃人类对自然的融突和合变易关系。

如果说西方文化系统自文艺复兴以来，主要持盲目的人文主义的偏极态度，那么，中国道家文化系统在鸦片战争以前，主要抱消极的自然主义的偏极立场。因而，两种文化系统都有陷入危机之患。中国传统的"天人合一"，没有科技基础，虚无缥缈，难落实处。西方的"人定胜天"，缺少人文的制约，为非作歹，难以调适。

在自然环境已遭破坏的条件下，在生态状况已经陷入危机的情境下，保护生态环境的战略决策已晚了一步。因为所保护的是已陷入危机的生态和已恶化的环境。究竟如何协调人与自然生态的关系？有一种观点认为，生态环境的恶化和危机，是经济技术发展的必然结果。人类只有放弃经济和技术的发展，把经济"零增长"看作克服已出现和将出现的危机形势和恢复"全球均衡"的主要方法和出路。[①] 这种"经济原点发展""技术原

---

① 参见［美］D. 梅多斯等：《增长的极限》，213 页，北京，商务印书馆，1984。

点发展"的思想，提倡人类应回到大自然，回到原始的农牧时代，过田园式的生活，不要干预生物圈和扰乱生态环境。这是把经济发展与维护生态环境两极化的思维方式。人类为追求自身更好的生存和发展，既要不断地改造已有的自然生态结构，又要使这种改造有利于新的生态经济结构和自然生态的自我调节与复制。

和合学认为，自然生态环境构成了人类社会经济活动的基础，人作为社会经济活动的主体，对自然生态环境应负有责任：应该自觉调节人类自身发展过程，即控制人口数量的增长，提高人口的素质；合理地、有节制地利用自然资源和治理环境，把改善自然生态环境作为人对自然承担道德责任的行为规范。这是获取自然生态、社会经济综合效益和实现人与自然协同发展的重要路径。

和合学还认为，要从根本上协调人类与自然的关系，必须高屋建瓴，及时从和合协同关系进入和合化成关系，实现人类与自然和合关系的第二次质的变革和层次的跃进，形成人与自然的三重和合关系网络。

第三，化成关系状态。

这是继生育关系、协同关系之后的第三种历史形态。人类与自然的化成关系不仅包容着前两种和合关系，而且主要通过人文对自然的化成，使人类与自然、文化与生态的关系真正达到真实、完善和优美的双向立体和谐，真正实现人类与自然的和生、和处、和立、和达、和爱，真正实现人与自然的共同生存、互相完善、协调发展的良性循环。

和合化成关系以自然环境为人类的家园、安宅、广居，通过人类自觉的、有组织的文化建设活动完善生态系统，美化自然环境，创造人类生活活动的最优化的生态环境。

"天地之大德曰生"，人文之大道曰化。自然生育人类，人类化成自然，"文质"互济，和合不二。人类的植树造林、修渠建湖的活动和绿化、美化环境的行为，体现出来的就是人类与自然的和合化成关系。从历史发展的角度来看，和合化成关系将是 21 世纪人类与自然生态相互协调、和谐的基本关系。

天地以德生人类，人文以道化自然，天人的和合关系从形上和合转换为道德和合。因此，化成关系既是形上和合的最和谐的状态，又是道德和合的最起码的要求；既是自然科学的理想道路，又是伦理科学的现实基础。

综上所述，人类与自然的形上和合关系的结构式如下：

第一，层级结构式如图 12-1。

第二，统摄结构式如图 12-2。

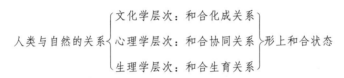

图 12-1

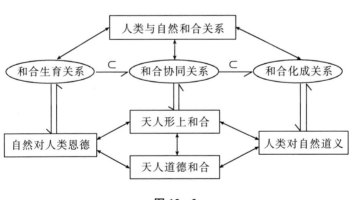

图 12-2

## （二）自然科学的对象与原理

"科学"一词源于拉丁文 scientia，英文 science、德文 Wissenschaft、

法文 scientia 都是从拉丁文衍生或借用而来，原意为"学问""知识"。所谓自然科学，是指以自然为研究对象，以实践为基础，并经实践验证，具有逻辑论证的自然各领域的事物现象的本质、关系、运动法则的知识体系。[①]

自然科学作为科学是人类的特有现象，是人在与自然进行物质、能量、信息、价值交往的实践活动中，认知、把握、改造自然世界的经验的、理性的系统化、理论化的总结和概括。

自然科学是由各自然学科的概念群所表达的知识，它以定理、定律、公式、法则的形式，描述、解释、运演、预见自然世界。这些定理、定律、公式、法则是经过一定方式验证的自然世界事物的真相。因而，它具有客观性、稳定性、真理性和继承性。它既不随经济基础、社会制度的消亡而消逝，也不因阶级的、集团的利益和需要的不同而不同。

自然科学的定理、定律、公式、法则的客观性，是指其为客观自然世界真相的反映，而不是主观的臆测、幻想，既不为尧存，亦不为桀亡；稳定性，即"天行有常"的常往性，因其为自然世界真相所反映的运动规律的概括，在一定的环境、条件下，具有相对的恒常性；真理性，是指主体对客体自然世界的真相的真实的认知；继承性，是指后来的自然科学一般总要继承先在于它的科学一切有用的、有价值的因素，而容纳于自己的体系之中。它表现为科学进化的渐进性继承和科学革命的突变性继承（如相对论对经典力学）等形式。

---

① 有规定为："关于无机自然界和包括人的生物属性在内的有机自然界的各门科学的总称。"（《中国大百科全书·哲学卷》，1259页）关于科学或科学学的定义，科学学的奠基人 J. D. 贝尔纳（J. D. Bernal，1901—1971）在《在通向科学学的道路上》一文中开宗明义："《道德经》这部描述中国人对自然与社会运动看法的中国古典优秀著作，一开始就明确告诫人们，过于刻板的定义有使精神实质被阉割的危险：'道可道，非常道；名可名，非常名。'道就是在一定的结构内永无休止的变化。对于科学或科学学，我们也无须下一个严格的定义，因为科学或科学学正是此类性质的活动。"（见《科学的社会功能》，13页，北京，商务印书馆，1982）

　　自然科学由力学、数学、物理学、化学、生物学、地学、天文学等基础学科群构成。它们是相互交叉、彼此渗透、多级分支、边缘综合的科学理论结构体系与工程技术应用的文化和合体。其中有4 000多门具体的自然科学学科。[①]

　　从差分化的视角来观，每门自然科学学科都专门研究自然环境的某些方面，或自然结构的某一层次，或自然过程的某一时段，或人文与自然相互作用的某些机制。其对象是高度分化的，其原理是具体多样的。

　　从和合化的角度来观，所有的自然科学学科，都是围绕人类与自然的和合关系这一课题而展开的，彼此之间交叉重叠，渗透综合，构成和合自然科学系统结构（如图12-3)[②]，它既是自然科学学科内在逻辑结构的体现，亦是自然世界层次结构、运动形式相互关系的呈现。

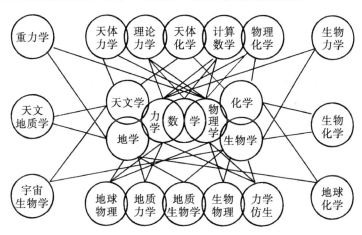

**图 12-3**

　　和合自然科学系统结构，形式上呈网状结构。自然世界的一切事物与现象，都是在融突关系中存在，既有纵向、横向关系，又有斜向、纵横交

　　①　徐纪敏：《科学学纲要》，78页，长沙，湖南人民出版社，1986。
　　②　李继宗、戚进勤：《自然科学基础》，21页，上海，复旦大学出版社，1987。

叉关系，是一多向网状结构，不是单向序列。自然科学间的这种网状结构，是现代自然科学和合的需要和发展。这就是网式模式，而非传统的树式模式。网式模式并不排斥核心辐射，而是对其肯定。

从实质上看，现代自然科学是高度差分化基础上的和合科学，其突出表现为以研究整体自然环境和生态平衡规律为宗旨的大批综合学科的不断诞生。如横断学科，以许多物质结构和运动形式中共性为研究对象，其学科内容渗透许多学科，其科学定律适用于许多领域的融突和合趋势的强化。亦有两门学科或两门以上学科融突和合而产生新学科，如生物化学、宇宙生物学、地质力学、量子生物化学、土壤生物热力学、水文地质化学等，以及环境科学、能源科学、生态科学等综合性很强的学科。

和合自然科学的对象，是人类与自然多重和合关系下的有生机的生态自然环境，换言之，是从自然生态环境的角度研究人类与自然的形上和合关系体系的总和。正因为自然科学的整体对象是人类与自然的形上和合关系，自然科学的原理才表现为客观性的物理定律、数学化的逻辑公式等与人类情感、意志不直接关联的抽象形式、形上道体。

这些形上的自然原理，诸如和谐原理及与其相对的冲突原理、守恒原理及与其相对的不守恒原理、方向原理及与其相对的非方向原理、优化原理及与其相对的非优化原理等，以及数学公式，是自然母亲传达给人类儿女的认知信息与行为忠告，是人类智能活动必须绝对地、无条件地遵循的和谐道路。人类只要违背了它们或轻蔑它们，都会受到大自然无情的、链锁式的惩罚。

自然科学，就其对象和原理的应用而言，具有中介联结与转换功能。人类智能的认知活动，需要通过自然科学方法及其数学化语言，才能与自然信息沟通，才能领悟自然母亲的意图和训喻；人类智能的践行活动，需要通过自然科学原理及其技术化手段，才能实现与自然的质、能交换，才能领受自然的恩赐和报效造化的大德。图式如图 12 - 4：

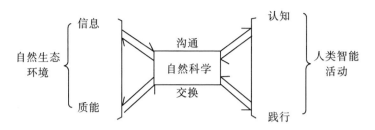

**图 12 - 4**

自然科学就其内在结构而言，它是事实、概念、假说、原理、定律和理论的融突和合体。其模式如图 12 - 5：

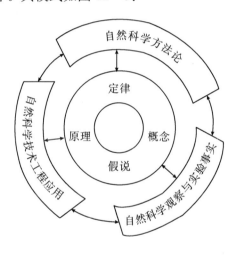

**图 12 - 5**

正因为自然科学实质上是人类文化系统中的最基础、最根本的融突和合体，它才能肩负起人类与自然母亲的信息沟通及质能交换的桥梁使命，才能将生存世界中的"元境"与"元理"融突和合为元智能，达成生存世界的形上和合。

## （三）自然科学的人学前提

自然科学的融突和合实质表现在，自然科学活动是人类主体认知自然之境、践行自然之理的自然智能活动。人是自然科学活动的主体，是自然科学成果的创造者，是自然科学应用的执行者。离开了人，离开了人的智能活动，离开了人的自我创造发明，就不会有自然科学本身。

自然科学的对象，是与人息息相关、朝夕相处的自然生态环境及其本质、运动形式、相互关系和规律的总体。自然科学原理，是以人创造的符号系统记载下来并被不断诠释、反复论证的，在经验知识基础上，借助逻辑的、数学的方法而概括总结出来的科学知识体系。自然科学的实践，是人与科学工具（自然科学仪器和科学方法）、自然科学对象等要素的冲突融合，其中起决定作用的要素是人（科学家、实验者等）。没有人，自然科学工具和自然科学对象，都是死物，无所谓价值和意义。自然科学的技术手段，是人的力量和智慧的外化与物化，是人的体力和脑力的放大与延长。如仪器是主体人依据一定时代科学研究的需要，利用自然对象物的不同属性和自身运动形式创造的，是人的有目的的对象性活动，是人创造出来的一种技术手段。自然科学的目的，是指人在认知、把握、运用自然对象的性质、运动法则基础上，有效改造、完善自然生态，满足人的生存和发展的需要。

这些都说明，从自然科学的对象，到自然科学原理、实践、技术手段以及目的，这一切都是围绕着主体人进行的。任何自然科学都是人的创造，都直接地或间接地为了人的生存和发展，都是人的文化成果和文明结晶。这些都凸显了自然科学的人学原理。正是人学原理，使自然科学得以存在、成立和突飞猛进地发展。它是自然科学生生不息的、永恒的文化前提。

自然科学是人的自然科学，是人文化成的东西。它与人是和合一体的。人的完善和发展，必能形成完善和发展的自然科学；人的分裂与失落，必将引发自然科学的解体与颓废。换言之，对自然科学的误用，说明了人的价值观念与行为方式的偏颇；自然科学的发展，标志着人的价值观念的解放和人类行为在更高水平上的自由。

## 二、自然科学的和合人文标准

在人类文明史上，17世纪人类理智开始以系统的形式呈现出科学理性的方面。此后，自然科学就以其强大的理性力量和创造精神冲破各种樊篱，奇迹般地在现代文明中发出灿烂之光，促进人自身和社会的发展。

当我们说"人是会自我创造的动物"时，人创造了文化，文化亦创造了人。自然科学作为一种人创造的文化形态，不仅改变、完善了人自身，即改变了人的知识结构、思维方式、价值观念、生活准则乃至心理结构，深入人的生活活动的各个领域，而且改变、完善了社会生活交往活动的各个方面。其影响之大是空前的，人类社会不得不改变自己固有的生活习惯，去适应自然科学文化的需要。人们一旦适应了自然科学文化的方式，就再也不想回到传统社会文化的生活习惯中去，这充分凸显了现代自然科学文化的巨大魅力。

### （一）科学文化的人文价值

从文化的角度来思考自然科学，实际上是替自然科学确立一个价值文化系统。由于人的文化价值观念的差分，人类生活于其中的世界被划分为两个文化世界：一是指人身所处的世界，包含自然环境、人的天性、文学、艺术、礼仪、习俗、社会、法律、精神、宗教、伦理等，可称谓为人文世界；二是指包含科学和技术，以及与科学和技术相关的人类社会各个方面，并对"人文世界"产生越来越大影响的世界，可称谓为科技世界或科学世界。这两个世界随着社会文化的进步，构成了各具特色的文化价值规范系统，统称为"人文文化"与"科学文化"。一些人又把 20 世纪的文化危机归结为"科学文化"与"人文文化"的冲突，即各种形式的文化冲突之一。

把自然科学作为一种文化形态，可以从培根（Francis Bacon，1561—1626）的《新大西岛》和康帕内拉（Tommaso Campanella，1568—1639）的《太阳城》中找到一些痕迹。伏尔泰曾差分科学文化与人文文化，即自然科学与人文学科。默顿（Robert K. Merton，1910—2003）被称为美国"科学社会学之父"。他说："此论文中所提出的阐释假定了一种功能性要求，即需要给尚未形成为社会组织的科学提供以社会和文化的形式而出现的支持"[1]。他把科学作为文化子系统来研究。他不仅追究科学的文化根源，而且关注科学的文化价值。特别是小李克特（Maurice N. Richter，Jr.）[2]，把科学作为文化过程。他认为科学文化是一个认知过程，这个认知过程也是一个不断矫正的过程；科学文化是传统文化知识的自然成长，是从传统整体文化中分化出来的文化体系；科学文化作为认知形式的文化发展，较文化发展为快。尽管小李克特的观点有其局限，而很少涉及科学文化的物质性、规范性和价值性方面，但他对于科学文化特征的揭示，颇中肯綮。

人类原始时期，文化在发生时是一浑沌的整体，随着社会分工、社会结构的变化和人与自然关系的演变，文化开始了分化，而有科学文化与人文文化。作为这两种文化的代表或代言者，科学主义与人本主义产生了冲突。所谓科学主义，是指以自然科学的方法、观念、手段及其过程来研究各种现象，并认为唯有自然科学的研究方式才是科学的。人本主义与科学

---

[1] ［美］R. K. 默顿：《十七世纪英国的科学、技术与社会》，19 页，成都，四川人民出版社，1986。

[2] Maurice N. Richter, Jr., *Science As A Cultural Process*, pp. 35 - 43, 1972.

主义相反，反对效法自然科学，认为社会问题、艺术现象、审美志趣、人类心理、人性理想等，具有人文的内涵、性质、特征、价值，而不同于自然科学，只能运用人文学科的方式、观念、过程来研究。

近代西方的经验论与唯理论之争，促进了科学主义与人本主义的论争。培根成了实验科学之父。20世纪前半叶，科学主义以实证主义的形式弥漫整个思想界。这种论争影响了中国思想界，以至在20世纪第二个十年初，出现了"科学"与"玄学"（或称科学与人生观）的论战。论战的一方是张君劢。他是柏格森、倭铿（Eucken）和杜里舒（Driesch）哲学的追随者。张氏号召青年背离以科学为基础的人生观，责备科学主义的全能。他强调要考虑精神价值。人生观的特点在于主观、直觉、综合、意志自由，科学的特点在于其客观性、逻辑方法、分析方法、对因果律的相信[1]，两者截然相反。张氏还把这次科学与人生观的论战，归根于东方精神文明遇到西方物质文明的挑战。[2]

论战的另一方，以丁文江为首的学者认为，传统的精神、直觉、美学、道德及宗教情感，与实证无缘，因而是与实际的思想相对待的空幻怪诞思维的最好例子。科学因其方法的诚实而流行。丁氏坚持认为所谓物质科学与所谓精神科学不可能有意义的不同。他说："科学的目的是要摒除个人主观的成见——人生观最大的障碍——求人人所能共认的真理。科学的方法是辨别事物的真伪，把真事实取出来详细地分类，然后求它们的秩序关系，想一种最简单明了的话来概括它。所以科学的万能……不在它的材料，在它的方法"[3]。

这次论争是西方科学主义与人本主义冲突在中国的反射，即科学主义

① 张君劢：《人生观》，见《科学与人生观》上，4~9页，上海，亚东图书馆，1923。
② 参见郭颖颐：《中国现代思想中的唯科学主义》，118页，南京，江苏人民出版社，1989。
③ 丁文江：《玄学与科学》，见《科学与人生观》上，20页。

的客体性、客观性、描述性、还原性、精确性、理性与人本主义的主体性、主观性、规范性、不可还原性、模糊性、非理性冲突的折射。

科学主义之所以遭受反对、拒斥，与科学被人误导相联系。第一次世界大战是"化学家之战"（气体战）。梁启超在《欧游心影录》①中记载了他赴欧观察后的心态。他一反自己 1898 年到 1912 年强烈主张学习科学而声称现代文明"科学破产"的转变，是对于第一次世界大战后欧洲经济大萧条的体验。然而，第二次世界大战也可以说是物理学家之战（原子弹之战），又重蹈科学被人误导的覆辙。20 世纪 40 年代揭幕的冷战，可称为人与意识形态之战，随后出现军事科学的竞赛；60 年代爆发的学生运动和越战，可称为人与价值之战，揭示了科学并不能战胜一切；70 年代发生的自然生态危机，可称为人与自然之战。它从各个方面、侧面、层次向科学主义提出挑战，科学主义开始了全面的、深刻的反省。人文文化又引起人们的关注和重视。

20 世纪后半叶，科学文化与人文文化在冲突的同时，亦走向融合。冲突融合，相互渗透。如果说两种文化的冲突融合是方法论、价值观、思想倾向的呈现，那么，融突的和合，已不是严格以某一主义为方法论、价值观。它们在两极之间互动，寻找一种平衡点或一种必要的张力。譬如就科学文化而言，便突破了传统科学主义的樊篱，传统人文文化的特征——主体性、主观性、规范性、不可还原性、模糊性、非理性等已成为科学活动的有机组成部分。反之亦然。

各种文化的冲突融合，促进了文化再造、文化转生的过程。托夫勒（Alvin Toffler）说，普里戈金（Ilya Prigogine）却不满足于把事情拆开，而是试图"把生物学和物理学重新装到一起，把必然性和偶然性重新装到

---

① 见《饮冰室专集》第二十三，上海，中华书局，1936。

一起，把自然科学和人文科学重新装到一起"①。对于这种不同学科之间的融合，"我仍旧认为应该把牛顿的认识体系本身看作是一个生自社会涨落的文化耗散结构"②。牛顿发现了一个"沉默的世界"，创造了一个"自动机的世界"，最后求助于"神的世界"，他使科学受到热情的恭维，也导致自然科学文化与人文科学文化的两极分化。

文化的差分是文化整合的前提，文化的冲突是文化融合的基础。这种差分与冲突是适应社会结构和智能结构的需要而产生的一次创造性变异。然而 20 世纪 60 年代掀起非科学运动，C. P. 斯诺把它归于人文文化与科学文化的对立。③ 它意味着科学是平等、进步、富裕、和平与真、善、美理想光环的破灭，也是对于发达工业社会对人的全面控制和人的全面异化的不满和反抗。马尔库塞（Herbert Marcuse，1898—1979）在《单向度的人》中批判资本主义进步的法则是技术进步＝社会财富增长＝奴役的加强，即科学技术进步导致人的异化和对人的奴役；同时以量子力学和相对论为标志的现代物理学革命，构成了 20 世纪文化危机思潮的催化剂。人们对传统的价值观、信仰和崇尚科学理性产生怀疑。当时出现的生命哲学思潮，一是为了冲出社会、文化和人文学科的危机的困境，二是对实证主义、唯科学主义进行批判，构成非科学运动的组成部分，促使人文学科复兴。

非科学思潮是对文化严重分裂的一种反抗，并且在反抗过程中自身将被整合到后继的文化形态中去。科学文化与人文文化在经历长期差分之后，而呈整合的趋势。在整合过程中，人越来越清楚地意识到科学文化需要建构一个价值体系，以为科学文化就是真理体系的观念已经陈腐。自然

① ［美］阿尔文·托夫勒：《科学和变化》，见［比］普里戈金、［法］斯唐热：《从混沌到有序·前言》，5 页，上海，上海译文出版社，1987。

② 同上书，24 页。

③ ［英］C. P. 斯诺：《对科学的傲慢与偏见》，17 页，成都，四川人民出版社，1987。

科学作为一种文化现象，是人类的文化创造的一个方面或部分。

凡是文化，都具有一种精神。自然科学文化精神，是自然科学文化深层结构中所涵摄的价值和规范的和合。这种精神既被科学家内化为科学良知，亦被社会大众内化并构成他们的科学意识。

自然科学文化精神在不同的层面上，其表现形式便是差分：在创造层面上，表现为逻辑的一致性、实践的可检验性、批判的怀疑性，这是科学创造与文学创造、艺术创造以及其他形式的创造的相异处。自然科学文化精神是具有情感色彩的、制约科学家的价值和规范的融合。① 这里所说的规范是指普遍性、公有性、无偏见性和有组织的怀疑性。这种规范作为社会文化规范的一部分，其基础是自然科学文化精神在创造层面上的内化，即使科学家把规范作为自觉遵循的原则。科学文化的怀疑性是一种批判的怀疑性，它类似于波普尔的"证伪"；对于社会事业便是一种类似于"物理学家的说三道四"。它使文化的科学和合体与政治和合体、经济和合体、艺术和合体发生冲突和融合。这种融突促进了科学文化与政治、经济、艺术文化的进步繁荣。

自然科学文化精神呈现在"悖论"层面上，是合理性与超合理性、文化性与超文化性。从这个意义上说，科学文化是一种理性与非理性、文化与非文化的冲突融合，这便是这里所指的"悖论"现象。一般来说，合理性是科学的主要特征，甚至认为科学就是真理。这是因为传统的科学合理性或真理性的根基，设置在纯粹认知论领域。事实上，自然科学的认知已超越纯粹认知领域，而进入社会学、心理学、文化学以至人类学、经济学、逻辑学等领域。自然科学认知对于主体的依赖性越来越强。这样，传统的严格的理性逐渐转换为现代科学主体性的合理性。于是，自

---

① 参见［美］R.K.默顿：《十七世纪英国的科学、技术与社会》。

然科学走向超合理性，而使它与社会的、经济的、艺术的、文学的，甚至宗教的创造性活动相融合，而建造了自然科学文化与人文文化融突而和合的情境。

自然科学文化的文化性与超文化性的"悖论"，是基于对科学文化是在特定文化系统中分化发展起来，在一定社会文化环境中演变，和对民族文化精神的痕迹的认识。但是科学文化成果一旦被验证，便超越原来的民族、国家的文化环境，而成为普遍的、公有的、非民族的、集团的品格，呈现为超文化的发展。这种超文化的发展被具有不同的价值观甚至截然相反的价值观所利用，而出现促进科学文化发展与反文化发展的不同效应。利用科学制造杀人武器和第二次世界大战中用活人进行细菌实验，以及现代自然科学文化压抑人性的层面，等等，便是自然科学文化的非文化倾向。

自然科学文化精神呈现在价值层面上，是能动的和谐性和真、善、美的融突和合。现代人尽管极力提倡科学，但并非真正把握了科学文化精神的精髓。科学文化的价值目标是造福、完善人类，使人类从必然王国走向自由王国，从受束缚走向解放。然而人类的自由、解放和完善，必须在各种存在的关系中获得。譬如人类与其自然生态环境、人类社会自身以及人类各文明之间关系的和谐，以及这种和谐关系的真、善、美的和合发展，把人类引向和生、和处、和立、和达、和爱。一言以蔽之，融突和合是科学文化精神的精髓，也是人文文化精神的精髓。

自然科学文化精神在创造层面、"悖论"层面和价值层面，都体现了与人文文化精神的融突和合，这是和合学所要求的。

**（二）科学文化的和合原理**

自然科学文化精神的展现，即自然科学文化内在人学的人文呈现，便是自然科学自身的规范、原理，从和合学的视角来看，可以体现为这样一些原理：

1. 和谐冲突原理。所谓和谐，是指事物过程内部各异质元素、要素和各种质的差分部分在协调融合时的一种关系和属性。和谐不是无冲突差分，而是和谐过程中各元素、要素既有量的差分，亦有质的差异冲突；和谐是对各元素、要素的杂乱、无序的有序化、对称化和协调化；和谐是异质元素、要素冲突的互渗性、互补性和互存性。

和谐冲突原理的内涵：其一，冲突和谐构成新质的融合体。事物各差分、冲突元素、要素之间因发生一定有机的相互联系、作用，而彼此渗透、中和，构成新质有机整体。这种新质有机整体可称为新质和合整体。此新质和合整体的特性和功能，虽是和合整体各部分元素、要素融突，但已不同于和合前的各元素、要素的特性和功能。

其二，对称性的和谐。对称性从广义上说，是指自然世界一切物质和过程都存在其对应方面，它表现为现象的相似、形态的对应、结构的重复、规则的不变等。① 这种对称性现象在宏观、微观世界和生命、非生命世界，都存在着。对称性体现了物质或过程相互关系的和谐。对称性自身并非单一，在现象、形态、性质、结构上呈现多样性、差分性和相对性，如晶体物质内外结构上的对称性等。

其三，规律性的和谐。规律性是指自然世界物质系统在运动、变化和发展中的冲突融合。一般而言，合规律性即和谐性。自然世界的规律性呈多样性和多层性，如"节律"、"季节"、循环（宇宙系统、生态系统、物质系统等）、重复堆积（晶体离子或分子在空间上的重复堆积）等；物质

---

① 在 20 世纪 60 年代，人们发现的基本粒子有 100 多种，且可以按一定规则分成 8 个一组和 10 个一组。在数学上，SU（3）对称群的低维表示中正好有一个 8 维表示和一个 10 维表示。所以 SU（3）对称性是自然界物质的一个属性。

和过程的运动形式、不同层次物质自身运动和各层次间的冲突融合等。

其四，相似性的和谐。相似性从广义而言，是指自然世界的物质和过程之间关系有某些共同和相似点。它表现为现象、形态、性质、结构的相似；它存在于同类、异类，甚至差分极大的物质和过程之间。一切宏观、微观、生命、非生命世界都存在相似性，体现了事物、过程之间的冲突融合而和谐。如数学模型的相同性就是运用相似理论对于不同物质、过程之间相似性的抽象。

其五，有序性的和谐。有序性是指结构有序性和运动有序性，前者是讲自然物质系统有规则地展现某一确定的结构，后者是讲自然物质元素、要素呈现确定的、有规则的运动形态。前者如透明、规则的水晶是二氧化硅的有序结构；后者如地球绕太阳转动等有序运动形态。这种有序性体现了和谐。

和谐冲突原理是对于自然世界和谐冲突现象的概括，它具有普遍性。这种原理在现代天文学、数学、物理学、化学、生物学中都有所表现，它体现了冲突融合的和合学原理。从狭义相对论、广义相对论到统一场论，无不贯穿着融突和合思想。

广义相对论导致一个全新概念：物质场的几何化，即引力场等价于连续变化的、具有黎曼曲率的时空度规场。爱因斯坦认为引力度规和电磁度规，这两种场都必须符合空间的统一结构，使统一场论成为相对论发展的第三阶段。在爱因斯坦之后，现代物理学为了说明引力、电磁、强、弱四种相互作用关系，重新提出建立统一场理论的迫切要求。1953—1959 年，海森堡试想从量子场论建立统一场论；1954 年杨振宁和米尔斯提出规范场论，试图基于局域对称性把电磁场中的电荷守恒定律进行推广。规范场论是指局域的电荷对称，用群表示，它只含一个生成元，群元素是相互对易（交换）的，组成 U（1）阿贝尔群，与之对应的规范场，又称阿贝尔规范场。局域的同位旋对称性,含三个生成元,可用群元素不可相互交换的非阿贝尔 SU（2）群来表述,与局域的电荷对称性要求存在电磁场一样,局域的非阿贝尔对称性要求存在一个矢量场,这就是杨-米尔斯场,又称非阿贝尔规范场。其间的关系如图 12 - 6[①]。

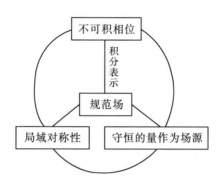

图 12 - 6

1967 年温伯格、萨拉姆各自独立地提出弱电统一理论,其预言被实验证实。之后,格拉肖和乔奇等人通过选择新的规范场,建立了弱、电、强三种相互作用的大统一场理论,预言了新夸克的存在性质,已得到实验的支持。现在,物理学家又在积极实现四种相互作用的超统一场的研究。[②]

从和合学的角度来观,统一场论所揭示的正是宇观、宏观和微观自然环境物理层面上的内在和合关系,可称为和合场。此外,还应当有生理、生态层面上的更高、更大的统一场,而且人类-自然融突和合系统之中也应当有一个人文自然相互作用的和合物,这些都有待未来科学去探索和研究。

20 世纪物理学领域曾发生相对论和量子力学的两次革命,21 世纪很

① 1945—1980 With Commentary, p. 529；高策：《杨振宁的科学思想与方法研究》,北京,中国人民大学,博士论文打印稿。

② 李继宗、咸进勤：《自然科学基础》,77 页。

可能迎来第三次革命。每一次革命都意味着新的理论在基本工具和概念上对于旧理论的否定，但在某些条件下又与旧理论相似。20 世纪中后期，从 π 介子到夸克，从奇异粒子到 W 玻色子，从时间不对称性到核子共振，等等，物理学家用这种原料创造了一种解释亚原子世界已知的所有力的融突和合理论——粒子物理学的标准模型。各种理论和实验暗示，自然界中有一种奇特的、迄今为止很大程度上人们还没有研究的被称为"超对称"的结构。如果"超对称"性被证实，则可建立一种全新的时空"量子"维度。笔者称"超对称"为"和合对称"。它可能解释"为什么"普通物质会存在，并可能预测出一些新粒子的存在；也可能带来统一四种相互作用的新解，即对四种相互作用作为一种现象的多种表现形式加以描述的理论；以及可能促进"弦论"（string theory）的发展。所谓弦论，是指假定物质的基本组成不是点状的粒子，而是延伸的弦。超对称性是弦论的基本预测之一。① 物理学的新发现，将证明和合理论模型。

2. 守恒不守恒原理。自然世界变动不居，周流六虚。怎样保持了协调和谐？究其原因是自然世界的守恒性。人们亦以自然世界某种恒常不变的东西作为解释、利用、改造自然的依据。自然世界的守恒性，即是事物内在协调和谐性的呈现。

自然世界中没有任何一种事物能绝对不变地永恒存在，事物都在生灭之中，都在转生之中。在此永远生生不息的流变中，才会有某种恒常不变的东西，正由于这种不变性，才有所谓守恒。这就是说，在不断流变冲突中，才有所谓融突的和合。诸如时间平移的不变性构成能量守恒，空间平移的不变性构成动量守恒，空间旋转的不变性构成角动量守恒，规范不变性构成电荷守恒，空间反射的不变性适用于强相互作用的宇称守恒。所有

———————

① ［美］戴维·格罗斯、爱德华·威滕：《知识的新领域》，载《华尔街日报》，1996-07-12，转引自《参考消息》，1996-08-05。

这些不变性，都同变换相联系。守恒的不变性是把变化包含在自身之中，舍弃其变化具体形式，保留变中的恒定内容。守恒是变中之不变，转变中之恒定。

守恒原理反映的是一种特定转换关系，物质运动转化的能力是永恒的。物质运动相互转化时，必按反向变化关系运行。这是说转化中必存在着两种相对待的变化，诸如有生有死、有新有旧、有合有分等，双方保持着质和量上相互适应关系。这种适应关系使自然世界各个物质系统在不断运动、冲突、转化中维持动态的协调、和谐，即融突和合。

然而，杨振宁和李政道 1956 年提出了弱相互作用下宇称不守恒，打破了宇称守恒定律。宇称守恒定律是针对电磁相互作用提出的，在强相互作用过程中，亦积累了坚实实验。杨、李二氏的弱相互作用下宇称不守恒，是在全面分析了 $\theta-\tau$ 之谜，并重新审查了宇称守恒在各种相互作用中的实验以后做出的选择。1957 年吴健雄通过"极化核 $\beta$ 衰变"的实验，证明了宇称守恒定律在弱相互作用下不守恒。

宇称不守恒被实验证实后，对称性破缺研究给物理学思想带来一大突破，复活了二分量中微子理论。这个理论仅有两个分量，而不是 4 个分量。左旋中微子与右旋反中微子，左右不对称。中微子参与弱相互作用，而不参与强相互作用与电磁相互作用，由宇称不守恒重获关注，并有新的突破。

宇称不守恒是空间反射不对称性的反映，是宇宙的局部现象，是指宇宙的另一部分存在着性质与地球上的基本粒子性质相反的粒子，与地球上的空间反射的不对称相反。这样，从宇宙规模来观，空间反射是对称的。但 1964 年斐奇（V. L. Fitch）、克罗宁（J. W. Cronin）等偶然从中性 K 介子的衰变中发现 CP 不守恒，但如果加上时间反演 T，弱相互作用在 CPT 变换中便守恒。现代在杨-米尔斯规范场与对称自发破缺概念基础上，建立了弱电统一理论，对称性研究成为物理学的主流思想。①

从和合学的观念来观，对称—不对称—对称—超对称，这后一个对称是更大意义和更高层次上的对称，亦即冲突融合而进入更深、更广层次上的和合。宇称守恒—宇称不守恒—宇称守恒—超宇称守恒，即是指向更大、更高层次上的对称和宇称守恒，即更广、更深层次上的融突和合。

3. 指向非指向原理。自然世界一切事物的各部分元素、要素在运动变化中，相互冲突—融合；在相互作用转化中，对称—不对称—对称—超对称，守恒—不守恒—守恒—超守恒，在相互作用、运动、变化、转换中有一定指向性。

所谓指向原理，是指自然世界的一切事物的相互作用、运动、变化、发展有一定的指向。指向具有多样性、层次性、差异性等。多样性是指指向在不同事物相互作用、运动、变化、发展中是不同的；层次性是指诸如一切事物在指向上的不同层次，如时间指向、空间指向等；差异性是指力学、化学、生物学、数学等领域指向的差异，以及事物相互作用中的指向、运动中的指向、变化中的指向、发展中的指向等。指向原理是自然世界诸多事物相互作用、运动、变化、发展的种种趋势、指向的总和。

自然世界的一切事物，都有其存在的过程；只要有存在过程，就有指向。人们应当从过程去观事物的存在，从过程去观事物的相互作用、运动、变化、发展。从事物的相互作用来看，都是双向的，是有指向的。就事物运动过程而言，无论是机械的、物理的运动，还是化学的、生物的运动，都以时空为其存在形式；运动的过程，亦以时空为其表现形式。时间是有指向的。时间作为运动过程的持续性是一维的、单向的。这在电流动过程、热传导过程中，表现为时间指向的不可逆；但在量子力学中，时间

---

① 杨振宁：《读书教学 40 年》，30 页，香港，三联书店，1985。

指向是可逆的。人们把正负时间互换，代入薛定谔波函数方程，不会发生形式变化，过去时间与未来时间没有区别。对于现在来说，过去时间与未来时间，表现为两种相反指向。空间是方位与指向的统一，即静态方位与动态指向的融合。运动过程由时空而呈现。

从变化过程而观。自然世界一切事物的渐变或顿变都有指向。渐变是事物在流变中的规模、程度、速度和构成事物的各种成分在空间上的排列。它是指向数量的增加（正）或减少（负）的趋势。渐变过程积累到一定程度，就会引起豁然的顿变过程，顿变过程也具正负相反的指向。

从发展过程而观。自然世界一切事物的运动、变化，都有一个发展过程。发展过程的指向是通过顿变过程的正的指向或趋势表现出来。其实，也应该看到顿变过程的负的指向或趋势，即恶的杠杆作用。传统只把正的指向看成发展过程指向，有其偏颇。

自然世界的一切事物在作用、运动、变化、发展过程中有其指向性，但在这个过程的每一个阶段上，并非都有指向性。指向性是事物在运动、变化、发展过程中的确定性、有序性和和谐性。然而事物的作用、运动、变化、发展是在复杂的冲突、错综的矛盾、尖锐的对待中进行的，指向是在此冲突、矛盾、对待的过程中的周密、慎重的选择和确定。因此在选择、确定过程中的作用、运动、变化、发展便具有非指向性，即指向的不确定性。这种不确定的非指向，正是为了在更高、更深层次上，在更完善、更正确层面上，获得作用、运动、变化、发展过程的指向。

事物的过程是复杂的，指向是多样的。从和合学而观，指向的确定，是各冲突、矛盾、对待的协调融合；是多样指向，诸如可能与现实指向、主要与次要指向、可逆与不可逆指向、前进与后退指向、正与反指向等冲突融合。指向便是这两方面的冲突融合而和合。

和合是对于自然世界一切事物的作用、运动、变化、发展为什么有指向，怎样指向，即对于事物指向的根据的回答。有指向，是因为自然世界的一切事物都有其自身内在的差异和冲突，事物无差异和冲突就不能存在。事物的每一个差异和冲突，都存在着指向。多样差异冲突指向的选择和确定，便是融突的和合。无融突的和合，就不能获得方向。这便是事物运动、变化、发展所以具有指向的根据所在。譬如分子热运动过程，遵循热力学第二定律，热的传导过程的指向是从高温物体向低温物体流动，到两个物体的热平衡、和谐为止，而不会由低温向高温流动。

宏观物体具有定域性特点，即物理客体独立地存在于各个空间区域，客体的相互作用必须通过物理信号和媒介传递，传递的速度不大于光速。这意味着对彼此分离的客体进行测量，不会产生瞬时超距干扰效应。微观客体不具有定域性特点，两个空间上彼此分开的粒子仍存在类空量子关联，即对其中任何粒子的测量，都将影响粒子系统的波函数分布状态，瞬间干扰另一粒子的实在状态。这种远距离的瞬间量子关联，表明粒子的概率分布具有向无穷远处弥漫的指向。整个微观世界的粒子，其量子场是彼此缠绕纠结的，对微观过程的绝对分离或独立操作是不可能实现的。[①]

量子力学对于微观自然非定域性的揭示及量子类空关联效应的发现，说明自然的微细结构指向的和合性，对物质的差分是存在极限的。化学运动过程指向生命运动方面转化，条件极为复杂。实验证实：把 $CH_4$（甲烷）、$NH_3$（氨气）、$H_2O$（水汽）、$H_2$（氢气）放入事先抽成真空和在 130℃高温消毒 18 小时后的特殊玻璃仪器中，然后进行火花放电 8 天 8 夜；在这些条件下，四种气体经过复杂的化学变化生成了多种氨基酸和其

---

① 参见范德清、魏宏森：《现代科学技术史》，第二章，北京，清华大学出版社，1988。

他有机物，氨基酸是构成生命运动的蛋白质的重要成分，体现了融突而和合构成新生命的现象。

4. 优化非优化原理。所谓优化原理是指自然世界的各种物质系统，因其内部诸多条件和根据的相互作用，在一定条件下，该系统的某个方面最大限度地（或最小限度地）接近或适合某种标准，以达到优化的法则。这里所说"内部条件"（包括外部条件）是指该物质系统与周围事物的错综复杂的联系；"内部根据"是指该物质系统存在和发展的内在冲突融合和法则；"一定条件"是指复杂多样的条件中，有一些条件与内部根据最相适应，能够最大限度（或最小限度）地实现该系统在某一方面达到最大值（或最小值），可称为最适条件；"某个方面"是指该物质系统具有多种要素和属性（体积、结构、功能、化学性质、生活习性、具体表现等），其中某一方面能最大限度（或最小限度）发挥作用。在生生不息的自然世界中，各依其所处的最适条件，或趋向最完美的某种结构形态，或选择最简短的运动路线，或显示出最佳特定性质，以及某种功能。它们都以某种方式实现最优的存在状态和发展过程。①

在自然世界中，任何物质系统的优化总是与非优化相联系而存在。优化虽然是客观的，但都是相对于某一标准、尺度相参照、相比较而言的。由于标准涉及主体观念把握，因而不同的价值观亦会影响标准的确定。所谓最接近于比较标准为优化也会变化，而出现非优化的现象。因此，优化必须在标准被认同的情况下才能确定。譬如宇称守恒是优化，但不能得出宇称不守恒为非优化的结论，而要观其是什么情境中的守恒不守恒。也许可以说，相对于守恒，不守恒是非优化，其实在弱相互作用下的宇称不守恒，便是优化。

---

① 参见舒炜光等主编：《自然辩证法原理》，第13～16章，长春，吉林人民出版社，1984。

优化相对于一定标准、尺度而有意义，离开一定的标准、尺度无所谓优化；优化可以指对象的某一方面如结构形态、功能性质优化，并非一切方面均优化。金刚石的硬度、透明度方面最优，其导电性便非优化。换言之，物质系统某些方面优化，某些方面又是非优化。因此，优化原理便是优化与非优化的冲突融合而和合的法则。它是优化—非优化—优化这样一种不断接近标准的过程。

在自然世界中，物质系统的优化主要指结构形态的优化、运动过程的优化、性质优化和功能优化这样几个方面，当然还有其他各个方面的优化。结构形态的优化是指系统自身的反馈控制、自我调节和环境条件影响，形成相对于一定标准的最合理的、最完美的结构形态。运动过程的优化是指物质系统的运动发展由于其内在冲突的制约和外在条件的影响，而呈现各种各样的可能过程和路径选择。通过最适条件，物质系统会选择一种最顺利、最便捷、最快速的运动路径。如光在介质中的传播之所以选取优化线路，是由于光的波动性质、介质常数和泛函中的极值函数相互冲突融合。性质优化是指物质系统可能具有的各种各样不同的性质中，某一性质在内因结构与外缘环境相互作用下，表现最强烈、最明显和突出，此性质即优化的性质。如负责生命遗传的 DNA 的四种核苷酸（腺嘌呤、鸟嘌呤、胞嘧啶、胸腺嘧啶），有多种组合方式。它们按严格的配对法则，自行排列成双螺旋结构，呈现出优化遗传特性。功能优化是指同一物质系统在最适条件下，最大限度地发挥某种功能。各不同物质系统的功能既不同，又呈现错综相同现象。一个系统各构成部分之间和系统整体与外在环境之间的互相联系、作用，在最适条件下，便要使这一系统的某种功能得以充分发挥，而达功能优化状态。

和谐冲突原理、守恒不守恒原理、指向非指向原理、优化非优化原理是形上和合的原理。其间从各个角度、层面体现了自然世界物质系统生存、运动、变化、发展过程中的冲突融合的和合精神，即和合自然科学原理。

### （三）科学原理的人文标准

和合自然科学原理的价值本性，是对人类认知能力的肯定，是对人类主体地位的凸显。自然科学之所以是科学，其本质，一言以蔽之，是一种人类的特殊活动。这种活动以其自身独立的研究认知对象、活动要素、活动过程和活动目标，而构成独具特征的活动形式。

自然科学活动是人类活动的大舞台之一，是主体人的认知、实践活动。由于主体人才把自然科学活动的主体要素、客体要素和工具要素三者和合起来，构成自然科学活动的全过程。这里所说的主体要素是指从事自然科学认知、实践活动的科学家。科学家的主体性，表现为科学家在与认知对象、认知工具的相互作用中的能动性、创造性和自主性。[①]

能动性是指科学家（个体的、群体的）在科学认知、实践活动过程中的一定条件下的计划性和目的性。科学家依据人类社会的需要和现有自然科学知识水平、实验条件（或创造这种实验条件），制定现阶段与未来发展的计划和目标，以及实施此计划和目标的切实步骤和措施，等等。这些都是自然科学家依据理性的指向和自然科学的一般原理与特殊原理、公式、方程，经周密设计而进行的能动性活动。

创造性是指发前人之所未发，创前人之所未创，即以新原理、新观念、新事物代替、破除旧原理、旧观念、旧事物。创造过程从实质上说，是新与旧的原理、观念、事物冲突融合而和合的过程。杨振宁二叶理论提出的过程，是他对于爱因斯坦关于理论物理学总体结构的剖析。爱因斯坦

---

① 参见刘大椿：《科学活动论》，北京，人民出版社，1985；另参见黄顺基等主编：《科学技术哲学引论》，181～185 页。

在《论理论物理学的方法》一文中说："理论物理学的公理基础不能从经验抽出而必须通过自由创造"①。杨氏读后认为，20 世纪物理学与数学关系的发展与过去有别。从内容而言，两学科在基础水平上发生一定交叉现象，但总体上讲，这种交叉很少；从方法论而观，物理学必须借助于数学，反过来刺激数学新思想的发展。这是因为它们具有不同的目的和风格，以及不同的传统和价值标准。杨振宁把数学与物理学的这种关系称为二叶理论（如图 12-7）②：他把两者喻为同根上的两枝或一枝上的两叶，说明两学科差分而又融合。这种差分融合的关系，实质上是演绎与归纳、理论与实际之间的关系在数学与物理学中的表现。③

图 12-7

　　自主性是指科学家对于影响乃至支配他们科研事业的生存、发展的内因外缘有了自作主宰、自己支配自己的自由权利和对应责任。在科学家从事科学认知、实践活动中，观察对象、实验手段，特别是科学观念、原理、规范等，都与传统的、固有的相联系，而对科学实践活动施以限制和束缚。科学家要依照人自己的方式，按自己的本性需要来安排自己的科学认知、实践活动，便使主体成为自主、自由之物之体，这样才能发挥自己的想象力和创造力。

　　自然科学活动的能动性、创造性和自主性，都体现和贯穿着人文精神，是人类智慧高度弘扬的和合人文精神。科学认知、实践活动的目标，是获得关于具有普遍性的、经过检验的科学理论。科学理论的发现，往往从假说阶段进到验证阶段。假说是指科学家对事物的现象、本质、法则、原因的一种尝试性的解释。假说不断更新和不断精确化的过程，就是自然

---

① 《杨振宁演讲集》，395 页，天津，南开大学出版社，1989。
② 参见上书，398 页；另参见杨振宁：《爱因斯坦与 20 世纪后半叶的物理学》，载《世界科学》，1983（7）。
③ 参见高策：《杨振宁的科学思想与方法研究》，北京，中国人民大学，博士论文打印稿。

科学理论不断发展的过程。因此，假说是自然科学理论创造的一个阶段。从这个意义上说，假说是一种创造。它既是对现有的科学理论的总结和概括，又是对现有科学理论的超越，提出具有新内容的观察和实验的新方法、新意图、新指向、新目的等，以便打开未知世界。假说可以从各个角度提出相互竞争冲突的看法，以便揭示假说中的种种问题，促使其冲突的融合，相互补充，发现新现象，把科学认知推向深刻化、精确化，而产生新的自然科学理论。假说—检验—新理论的过程，渗透着冲突融合而和合的人文精神。

自然科学的认知、实践活动，是为了用一定的理论解释和改造自然世界，即对于各方面实践过程所出现的问题进行解释，包括演绎模型、概率解释、功能解释和生成解释四种模型。解释是一种过程，其目标在于寻求完善和改造自然世界的途径或理路。在自然科学假说、解释、改造中，创造性思维是极为重要的。所谓创造性思维，是指人区别于其他动物、给人的认知和实践提供新东西的思维活动。它把思维活动的领域从已知推向未知的探索、开拓和突破。它始于新问题的提出，中介于新方法论工具的形成，从而获得新理论、新成果。它是主体人的高度自觉化、自主化和能动化的活动。

创造性思维，从其特征而言，是心理过程与逻辑过程、突发与渐进、偶然与必然、创新与传统的融突而和合；从思维活动形式而言，是有意识与无意识、常规性与非常规性、连续性与飞跃性、确定性与随机性的冲突融合而和合。日本著名物理学家汤川秀树曾说："在任何富有成果的科学思维中，直觉和抽象总是交相为用的。不但某种本质性东西必须从我们丰富的，然而多少有点模糊的直觉图像中抽象出来，而且同样真实的是，作为人类抽象能力的成果而建立起来的某一概念，也常常在时间的进程中变成我们直觉图像的一部分。"① 人类识别图像的能力是直觉思维与抽象思维的融突和合。

自然科学原理、理论的合理性应包括：科学目标应追求什么样的理论；明确实现目标的方法论规则，即规定某些理论的选择与评价的原则；表明选择与评价原则本身是合理的。18、19世纪人们普遍以为科学是真命题、真知识，即绝对确定的可证明的知识，这是以科学认识论的绝对无误论为基础。然而，科学的发展说明，绝对无误的理论是没有的，对于绝对确定的可证明的知识的追求是一个幻想。② 它是一个不断完善、不断逼真的发展过程。在这个过程的一定阶段中有真知的存在。

学海无涯，认知无限。自然科学原理、理论的合理性，为和合人文精神更完善的发展映照了可能的逻辑道路；自然科学理论、原理的规范，意在调适，为和合人文精神的更和谐目标设计可能的活动境界。自然科学内在的价值尺度和外在价值规范，在人文精神的和合作用下，凝聚而成自然科学的人文意义标准。

自然科学的人文意义标准，向下落实，显化并证明了自然科学活动是主体人自觉的认知、实践活动与有利于人类生存和天人和合的人的对象化的活动；向上进行，升华并体现为自然科学发展的逻辑道路和文明指向以及道德和谐。

自然科学的人文意义标准，从结构上看，是价值本性与规范使命的价值和合；从功能上观，是连通元智能与元范畴的元尺度。这一人文意义标准，将生存世界、意义世界与可能世界协调为形上和合这一元始状态空间，展现了人文精神的元始和合态。

---

① ［日］汤川秀树：《创造力和直觉——一个物理学家对于东西方的考察》，周林东译，93页，上海，复旦大学出版社，1987。

② 参见黄顺基等主编：《科学技术哲学引论》，243页。

### 三、自然科学的和合道德期望

每一个时代的自然科学都有自己的人文精神，认知和把握自然科学的人文精神，对于促进自然科学的发展，确定其发展的宗旨、目标，转换其观察、研究的角度、方法，大有裨益。

#### （一）现代自然科学的前沿问题

现代自然科学已渗透到社会科学与人文学科的各个领域、部门。社会科学与人文学科亦以开放态度，引进、接纳自然科学，促使各个科学部门和分支的发展，因此出现许多交叉学科、边缘学科、综合学科和横断科学等。

现代自然科学的发展，按信息计量指标，服从指数增长规律，其公式为：$Y = a \cdot e^{kt}$[①]。自然科学知识的指数式增长，极大地提高了人类智能对自然生态环境的理解水平和把握程度。现代自然科学的视野遍涉宇观、宏观和微观，形成一个不断扩大和延伸的对象谱带（见图 12-8）。

与古代、近代自然科学相比，信息在量上的指数式增加和范围上的双向开拓，使现代自然科学研究的前沿问题更广泛、更深刻、更本质，更具有边缘性与综合性。

一般说来，现代自然科学研究所面临的重大理论问题主要有四类：

1. 与宇观自然相关联的前沿问题是，宇宙的起源和星系的演化等问题。1917 年爱因斯坦在《根据广义相对论对宇宙学所作的考察》一文中，提出了相对论宇宙模型。星系红移和哈勃关系的发现，使现代宇宙学成为

---

① 季子林等：《科学技术论与方法论》，96 页，天津，天津科技翻译出版公司，1991。"Y"为知识的信息总量，$a$ 为条件常数，$k$ 为比例常数，$t$ 为时间周期，e 为自然对数之底，e＝2.718 2…。

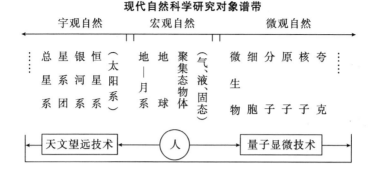

图 12 - 8

现代科学，为 20 世纪 40 年代提出大爆炸宇宙模型奠定基础。根据此模型，宇宙是在近 200 亿年前[①]由奇点发生爆炸而起源的，这一观点得到了天文观测事实的支持。譬如天体上的氦元素大大多于地球，氢的聚变不足以产生这样多的氦，而恒星的年龄最高为 100 多亿年，说明宇宙形成的元始是产生氦的时代。

　　然而大爆炸宇宙模型亦引出一些难题，较突出的有"奇点"（奇异态）问题。由宇宙膨胀倒推过去，将得到在 100 多亿年以前，宇宙是一个密度无限大、温度无限高、半径为零的"奇点"。与"奇点"相关的是宇宙"开端"，即起源问题。依相对论，不同运动的观测者将观测不同的时间值，要进行精确的时间测量必须知道观测者的运动轨道。若依量子论，原则上不可能精确地认知任何物体在时空中的轨道，这便是测不准原理。这就是说不可能进行精确的时间测量：$t_p \sim \left(\dfrac{hG}{c^5}\right)^{\frac{1}{2}} \sim 10^{-43}$ 秒[②]。空间测量中亦找不到一种"尺"可以测量小于 $L_P$ 的长度：$L_p \sim c \times t_p \sim \left(\dfrac{hG}{c^3}\right)^{\frac{1}{2}} \sim$

---

　　①　1994 年 10 月女天文学家温迪·弗里曼提出宇宙年龄在 80 亿年到 120 亿年之间。有的科学家根据已有的星球演化理论以及恒星把氢变为氦的速度，计算出最早的恒星出现在大约 150 亿年前。（参见《宇宙研究的盛世》，载《华盛顿邮报》，1995 - 05 - 12，转引自《参考消息》，1995 - 05 - 30）

　　②　$h$ 是普朗克常数，$G$ 是万有引力常数，$c$ 是光速，$t_p$ 为普朗克时间。其物理意义是，可测量小于 $t_p$ 的时间。

$10^{-33}$ 厘米[①]。这样，时间和空间都应起源于无时空的状态，这种无时空的状态在宇宙年龄为 $10^{-43}$ 秒之前发生。但是无时间，"之前"亦无意义和价值。这就是说，没有任何东西能给出宇宙的开端。"奇点"的出现，给"大爆炸宇宙学"带来"困惑"。

宇宙学在这种"困惑"中，提出各种各样的，甚至相互冲突的观点，但都没有给出完善的解释和令人信服的结果。按照和合学的观点，宇宙是冲突融合的和合体，是一种过程。

星系的演化，即宇宙的演化。怎样演化？亦众说纷纭。如"热寂说"、"大循环说"和纯粹偶然说，以及热的集中，即热和物质重新聚集说。这些假说，有的已被批评，有的在验证的过程中。[②]

宇宙的起源和星系的演化，涉及整个天文学亚群，关系到人类所在的地球以及太阳系、银河系的历史经历与未来命运。

2. 与宏观自然密切相关的前沿问题是，生命现象的本质和人类起源问题。生命是宇宙自然发展的最高层次，是物质进化序列的最后转化环节。生命的基质自调节、自复制的出现，意味着自然世界自身产生了与自己相对待的否定因素，这就是生命的发展和人类的产生。

原始生命的自组织的发展，便是自调节机理。酶是自调节功能的物质载体，亦是生命活动的关键。尽管自调节能不断地应付内外情况，做出调整和控制，但仍有一定限度，便要求复制新自我。自调节使自组织系统的结构和功能有序；自复制使生命系统有遗传信息的不变性和演化的时间性，自复制是生命起源的难题。克里克（C. Crick）认为，原始生命中多核苷酸所带的遗传密码的建立是偶然的事件；李普曼（F. Lipmann）认

---

① $L_p$ 为普朗克长度。

② 参见黄顺基、刘大椿：《科学技术哲学的前沿与进展》，122～133、144～153 页，北京，人民出版社，1991。

为，原始的生物信息不是来自核酸，纯粹由蛋白质（酶）组成自体复制系统[1]；布莱克（S. Black）认为，分子间根据互补的嵌合机理而相互识别和有序化，生物体存在一系列的嵌合—填补—嵌合系统，生物演化是按此嵌合—填补机理而传递信息的；艾根（M. Eigen）、休斯特（P. Schuster）建立了超循环理论（The Hypercycle 可译为高级催化环理论）。关于生命起源的过程，生物体中几百种分子不可能配合组织得很恰当，其间存在生物大分子自组织阶段，这便是超循环。即通过各种多核苷酸编码的多肽，将这些多核苷酸连成环状的反应网，将两类原始生物大分子既自催化，又他催化。[2] 艾根等的超循环理论把握了原始多核苷酸与原始多肽之间相互作用的双向联系，从整体上通过自组织的中介把握生命，成为 20 世纪 70 年代生命起源"综合理论"的代表。

自复制性与自变异性的冲突融合过程，即生命过程。一切生命体都由 DNA、RNA 传递遗传信息，所有的蛋白体都由 20 种氨基酸按不同数量、成分和排列次序组合构成。

这便是生命的共同起源。[3] 遗传信息的表达过程分为转录和转译（见图 12-9）：

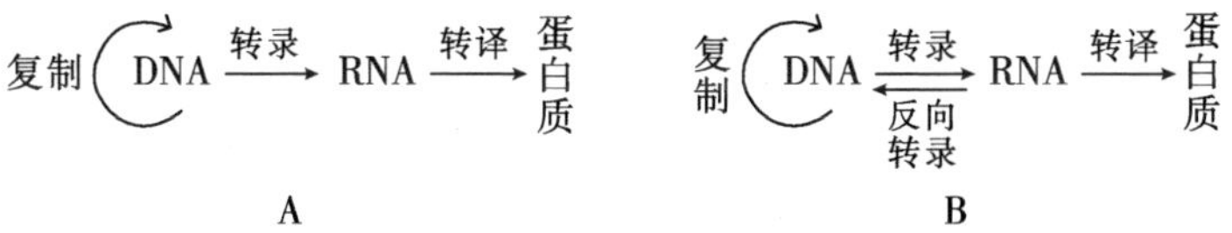

图 12-9

---

[1]　F. Lipmann, *Accounts of Chemical Research*（1973），pp. 363、365.

[2]　M. Eigen & P. Schuster, *The Hypercycle: A Principle of Nature Self-organization*，1978.

[3]　参见萧焜焘：《自然哲学》，257～266 页；李继宗、戚进勤：《自然科学基础》，138～139 页；孟尔熹等主编：《自然科学概论》，243～247 页，济南，山东大学出版社，1986。《参考消息》1995 年 5 月 30 日以《科学家首次破译全序列遗传密码——遗传学模式发生变化》为题译载《纽约时报》的报道："科学家第一次破译了一种天然生长有机物的全部遗传密码，揭示了组成生命的 100 多万个碱基 DNA（脱氧核糖核酸）链。"

A 为遗传信息传递的中心法则；B 为修正中心法则，即 RNA 可通过反向转录将遗传信息传给 DNA。从简单的微生物到高等动植物，其细胞内 DNA 分子上的遗传信息经转录和转译而生成蛋白质的过程，都是在严格调节和控制下进行的。细胞的形成，是生命体存在的基础。

生命体形成，不是单传、重演，而是在不断差分、变异中展现其多样性。一般来说细胞分为"原核总界"与"真核总界"，前者又分为细菌和蓝藻，后者分为植物、真菌、动物。此五者亦即生命体进化、发展过程。其进化的具体途径是什么？见仁见智，莫衷一是。

生命现象的本质和人类起源问题，牵涉整个现代生物学亚群，关系到对人类自身准确、全面、系统、深刻的理解和调适。

3. 与微观自然相关联的前沿问题是物质结构的基础和粒子的生成问题。科学家不断地揭示物质结构和粒子的内在结构。从 1900 年普朗克的"能量子"假说以来，经爱因斯坦、玻尔、卢瑟福、德布罗意、薛定谔、海森堡、查德威克、安德森、尼德迈尔、盖尔曼，到 1974 年丁肇中与里希特发现 J/ψ 粒子，后来证实了胶子的存在。

物质结构充满着冲突融合，粒子结构亦充满着冲突融合。物质、粒子不仅具有多元结构，而且具有多层次结构。各组元之间冲突融合。坂田昌一和武谷三男发展了威西叶物质结构层次论，说明物质层次结构是复杂的立体网络系统，各个层次都由自己特有的法则支配。[1] 中国借鉴盖尔曼"夸克"模型[2]，创造中国的"层子模型"。物质结构具有质的差分的无限

---

[1] ［法］威西叶：《层次论与自然界的辩证法》，载《自然辩证法通讯》，1964 (1)。［日］坂田昌一：《现代科学哲学方法论》，载《自然辩证法杂志》，1973 (2)。

[2] 1964 年盖尔曼和兹韦格提出 SU (3) 的 3 代表三个数字符号，称为 quark (夸克)，后人们设想它们分别代表三个组成基本粒子的最小单元 (亚粒子)。1994 年 Vincent Kiernan 曾说："是夸克，还是诡辩"。中国崔君达用原有粒子理论和公式，推导出 3SU (3) 对称群。按这种理论，夸克模型中的夸克、层子模型中的层子以及 Higgs 粒子都不存在 (参见崔君达：《夸克存在吗?》，载《光明日报》，1996 - 02 - 26)。笔者认为，夸克模型实为模糊模型。

层次；每一层次都是无穷系列的有特定质的"关节点"；特定的物质层次与一定的能量状态相适应，而特定的层次尺度与其结合能成反比例关系。宇宙是开放的无限发展的四维时空的层次性网络，宇宙层次性即宇宙按质量、能量和空间尺度，依结构的组织程度和特殊运动规则、演化次序的不同质的分化性[1]，宇宙是差分融合的系统。从和合学的观点来观，物质结构层次的每一层次都呈现为冲突融合而和合。

现在已发现粒子300多种，可分类概括为四类：普通粒子；奇异粒子；共振粒子；新粒子。按照普通粒子和奇异粒子的静止质量大小，可分四族：光子族；轻子族；介子族；重子族。

现在实验证明粒子，并非基本。重子和介子的内部结构怎样？由什么物质组成？物理学家提出了各种模型：如1949年的费米-杨振宁模型，1956年的坂田模型，1964年盖尔曼的夸克模型，1970年格拉肖提出粲夸克（c、c̄），1974年丁肇中与里希特发现中性介子J/ψ，1977年莱德曼发现底夸克（b、b̄）。夸克究竟有多少种，还是个谜；粒子内部结构、各粒子与四种基本相互作用之间的更本质联系，以及消除量子引力理论中的无穷大等问题，都在研究之中。

物质结构的基础和粒子结构、关系等问题，涉及整个物理学亚群与化学亚群，关系到对人类所在世界最底层奥秘的揭示和最微细机制的控制。

4. 与宇观、宏观和微观三类自然并协的前沿问题。自然系统的大统一性问题（引力、电磁、强、弱四种相互作用的统一场问题），涉及全部自然科学群体，关系到自然世界的和合本质以及人类与自然的和合关联。

### （二）自然科学理论的意义危机

现代自然科学研究的四类前沿问题，归结起来，都是人类与自然的融

---

[1] 参见丛大川、罗庆文：《层次与层次论》，载《大自然探索》，1984（3）。

突而和合性问题。要从理论上解决这些问题，单靠客观地研究自然系统本身是远远不够的，必须双管齐下，将客观地研究自然与文化地研究人类相和合，使自然科学与人文学科彼此协作。这样，才能从和合学的高度解决问题，并推进自然科学的人文化发展，促成人文学科的自然化转轨。

受近代科学机械思维方式和方法论的影响①，现代自然科学理论仍属分析学范畴——隔离人文对自然的影响作用，分门别类地研究所谓"纯粹自然"现象。这种分析学的研究传统，夸大了差分化的地位与作用，忘记了自然世界的融突而和合本质以及人类与自然的融突和合关系。因而，随着问题综合性程度的不断提高和关系数量级别的指数级暴涨，原有的分析性自然科学理论不断陷入意义危机。

自然科学理论的意义危机，主要表现为：

1. 简单性原则的复杂化危机。受奥卡姆剃刀理论和马赫思维经济原则的影响，近现代自然科学理论追求形式上的简单性，甚至认为简单性是真理的全部意义。为了达到简单性的理论目标，有时不惜牺牲真实性，借助理想化的抽象方法，构造各种绝对范畴，如"绝对时间""绝对空间""绝对质点""绝对刚体""理想气体""绝对流体"等。依据这些绝对范畴，推导出各种简单而优美的变换原则（如伽利略变换）和数学公式（如牛顿第二定律 $F=ma$）。但这些原则和公式过于抽象和过分简单，以致根本无法处理稍微复杂的实际问题（如牛顿力学方程在解决"三体问题"时出现的浑沌）。

爱因斯坦相对论和黎曼非欧几何学表明，自然的物理运动和时空结构远比牛顿力学和欧氏几何学所想象的复杂。必须借助四维时空的黎曼量规和复流形，以及相对论宇宙方程，才能近似地说明大尺度范畴内的引力现

---

① 参见黄顺基、刘大椿主编：《科学的哲学反思》，北京，中国人民大学出版社，1987；刘大椿：《互补方法论》，22～25 页，北京，世界知识出版社，1994。

象和高速运动。

普里戈金的耗散结构论、哈肯的协同学、艾根的超循环理论等现代非平衡热力学表明，自然世界的热运动远比经典热力学定律描绘的情况复杂，封闭系统的热力学线性平衡是极限化的状态，自然世界中实际活动着的都是开放系统的非线性、非平衡热力学系统，必须借助多参量的高阶微分方程，才能给出近似的刻画。

2. 精确性原则的模糊化危机。精确性是自然科学理论追求的目标之一。由此产生的定性分析方法和定量分析方法已成为科学测度的基本方法。但精确性分析原则同样是有限度的，迷执于此，势必危及科学理论的真实性生命。

量子力学的测不准原理，第一次从根本上动摇了近代科学的精确性信条。关系式 $\Delta x \cdot \Delta p \geqslant h$ 表明，要精确测定粒子的位置坐标 $x$，就无法精确地测定粒子的动量 $p$，反之亦然，两种测量的误差之积不小于普朗克常数 $h$。

查德创立的模糊数学，进一步从公理集合论的数学高度证明，确定性、精确性仅是对象状态空间的两个特例，现实世界广泛存在的是不确定的、模糊的概率状态。量子的分布遵循薛定谔概率方程，量子事件只存在统计解释。自然语言更是不分明关系的符号集合。人类的语言现象、思维活动都是服从浑沌对应律的。[①]

3. 因果性原则的目的化危机。用因果决定论解释一切现象、事件的原因，是自然科学理论的解释学原则。它符合日常生活的因果习惯，因而根深蒂固地影响着科学理论的发展，以至于有不少人将"为什么"问题，仅仅理解为因果性问题。

---

① 参见拙著：《传统学引论——中国传统文化的多维反思》，60～62 页。

量子力学的统计解释首先否证了决定论的线性因果关系的普适性。控制论的反馈原理说明了因果现象的复杂性和不可分离性。自组织理论进一步证明，自然生态系统是以目的性活动为主要特征的。遗传学、分子生物学和基因工程充分显现出了生命系统的合目的性。经过现代科学的艰辛努力，目的论被从神学的天堂移植到科学的大厅，并逐渐替代因果决定论而成为科学解释学的主要原则。

自然科学理论的这三重意义危机说明，自然科学活动不是纯粹的符号游戏、逻辑设计，而是体现人类目的、理想，服务于人学准则，反映人文精神的文化实践、文明建设。

自然科学理论的意义危机的根源在于，在否证人的神性的过程中矫枉过正。在自然科学与宗教神学的冲突中，为了排除宗教神学教条、宗教信念对科学研究的干扰，自然科学借助人文主义的力量，曾经完成了哥白尼革命。哥白尼 1543 年发表《天体运行论》，标志着实验自然科学的诞生。他的日心说从理论上否定了托勒密的地心说与《圣经》所说约书亚使太阳静止在天空中的教义，推翻了地球是宇宙中心的宗教神学教条，使人失去了空间上的神圣地位，人们开始推崇科学。

近代自然的第二次革命，便是达尔文的进化论。1859 年达尔文出版《物种起源》，用丰富的事实材料否定了《圣经》中上帝造人的创世说，批判了人类是上帝子民的宗教神学信仰，使人失去了时间上的神圣起源和种类上的神圣等级，力证了从最低级的生物到最高级的人类，都是少数原始单细胞胚胎长期发育的产物，这些单细胞胚胎又是通过化学途径从无机界发展而来的。

第三次革命是爱因斯坦物理学革命带动下的生物学革命。生物学向宏观方向发展是研究生物与它生存环境之间的关系，使生态学产生和发展；向微观方向发展是诞生分子生物学，导致遗传基因的发现。1953 年沃森和克里克提出 DNA 分子双螺旋结构模型，证明基因即 DNA 分子，由此诞生了遗传工程。1966 年 20 种常见氨基酸的遗传密码全被破译出来。1977 年老鼠身上制造胰岛素的基因被成功提取出来，并被植入普通大肠杆菌的遗传物质中，使细菌开始产生老鼠的胰岛素。这些理论成就表明构成生物的"原材料"是普适的，否定了人类及其心灵是由特殊材料造化的神话传说，批判了关于人类的一系列思辨式的假设，使人失去了"禀天地之秀气"，即元素（质料）上的神奇特性和结构上的神秘方式。

这三次自然科学理论革命从和合学人学意义上来观，以现时不可推翻和不容辩驳的科学事实澄清了关于人的本性的各种幼稚的假说，否定了人的"神性""灵性""慧根""特质"等说法，使人真正成为自然世界的普通公民、文化世界的实践主体。人类的智能、理性、德性都是自然生态化育和人类文明化成的融突和合的赋予。

三次自然科学理论革命，消解了人类身上和心中的神化光环，揭示了人类的自然本性和生命的自然法则。但矫枉过正，自然科学理论在否证人的神性的过程中，淡化甚至消除了人的社会文化方面的德性，使人成了赤裸裸的感性动物或冷冰冰的理性机器。自然科学理论的意义危机，实质上是人学前提的丧失或遗忘，是人文意义标准的失落，是人类道德本性的荒芜。因此，克服危机的唯一道路，就是在否定人的神性的同时肯定人的德性；在拒斥神学前提的同时承诺人学前提；在取消形上学意义标准的同时确立人文意义标准。三者共同构成 21 世纪自然科学理论人文和合革命的主题。

### （三）自然科学目标的道德期望

复杂化、模糊化和目的化，是现代自然科学理论研究发展的最新趋势和前沿动向。自然科学理论究竟该探究自然生态系统复杂结构中的哪些层次和方面？究竟该对模糊自然现象做出怎样的义理诠释？究竟应该如何对自然生态的目的化过程进行选择控制？这些关系自然科学发展目标的理论—实践问题，不是简单的逻辑问题，不能单单依靠理论分析来解决。

它们的解决，从根本上讲，取决于全人类对 21 世纪的德性期望，特别是自然科学家这一人类亚群体的德性自觉和德性选择。所谓德性是指以真、善、美和合的人文价值尺度，并以此来解释"地道"生存世界、"人道"意义世界和"天道"可能世界。

因此，要解决 21 世纪自然科学的发展道路和目标方向这一超地域、跨世纪的价值问题，就有必要从形上和合转换到人文道德和合，从自然科学过渡到伦理科学。

在这里，可以这样预言，21 世纪的自然科学，其研究关注点将在生命科学、人体科学、认知科学和行为科学等围绕人类自身的学科群内，将第一次真正地履行"认识你自己"的神圣箴言；将着重从人类的角度探索自然与人类的多重和合关系；将第一次自觉自愿地以"人文化成"作为自然科学的实践思想；其研究的目标将集中在维护人类的主体尊严，弘扬人文的价值意义，并将以雄辩的自然科学事实和完备的理论系统证实"天地之性人为贵"的贤哲预言。

# 第十三章　道德和合与和合伦理学

人的生命是多重的，但基本上为生理生命和道德生命两重。有生理生命而无道德生命，人就不成其为人，而为禽兽；有道德生命而无生理生命，道德生命亦无以实现，故人的生命乃为融突而和合。

从当前到 21 世纪，无论西方还是东方，人的传统伦理道德面临着来自生态、社会、人际、心灵、文明的五大挑战，以及其他方方面面的挑战。人类如何回应这些挑战，是 21 世纪人类的共同课题。因此，建构新的伦理道德学说，就成为时代的呼唤。此所谓"新"，即笔者提出的和合伦理学，它是生态、生命、社会、人际、心灵、文明伦理学，以及各学科、各职业伦理学的总称。

## 一、伦理与道德的和合

和合伦理学，运用道德和合原理分析伦理学的和合性，建构和合伦理学科群。

伦理道德的宗旨或目标，便是和合。人一旦被抛到这个世界，人的生命就与衣、食、住、行的自然生态环境发生互相交往活动与冲突；在与社会结构的经济、政治、文化、制度、军事、法律等领域的物质、信息、能量的互动中相互冲突；与他人发生各种需要、利益、权力、价值关系的冲突；心灵和各文明间也会发生各种性质与形式的冲突。冲突就是有序的打破、平衡的失衡、和谐的破坏、协调的失控，以致社会动乱、人际失序、心灵失常、文明失和，这就需要寻找生命的安身立命之所、人性之善、心灵的净土、文明的乐园，以获得人的生命与生态、社会、人际、心灵、文明的和谐。

### （一）和合伦理的意蕴

人的生命的这种种冲突和融合，激烈冲击了传统伦理道德的种种观念。因此，对于伦理道德需重新厘定。

何谓伦理？何谓道德？两者既有其同，亦有其异。然各家理解纷纭，见仁见智。就伦理而言，或谓从中国词源含义来看，伦本义是辈、类的意思；理是条理、道理的意思。伦理是表示有关道德的理论。伦理学是以道德作为自己的研究对象的科学。[①] 或谓"伦理学（ethǒs）是哲学的一个分支。它研究什么是道德上的善与恶、是与非。伦理学的同义语是道德哲学。它的任务是分析、评价并发展规范的道德标准，以处理各种道德问题"[②]。或谓伦理是就人类社会中人际关系的内在秩序而言，它侧重社会秩序的规范，可视为个体道德的社会化与共识化。[③] 或谓伦理学是哲学的一个分支学科，即关于道德的科学。伦理是中国古代用以概括人与人之间

---

① 参见罗国杰主编：《伦理学》，4 页，北京，人民出版社，1989。
② 《简明不列颠百科全书》第五卷，456 页，北京，中国大百科全书出版社，1986。
③ 参见成中英：《中国伦理精神的历史建构·序》，2 页，南京，江苏人民出版社，1992。

的道德原则和规范的。<sup>①</sup> 这些规定都涉及社会秩序的规范和人与人之间的道德原则的规则，以及善与恶、是与非的道德标准等问题，有其合理性。

现代西方各学派、流派建构了形形色色的伦理学，如胡塞尔、舍勒（Max Scheler，1874—1928）、哈特曼（Nicolai Hartmann，1882—1950）的现象学价值伦理学；海德格尔、萨特的存在主义伦理学；弗洛伊德的精神分析伦理学；詹姆斯（William James，1842—1910）、杜威（John Dewey，1859—1952）的实用主义伦理学；波温（Borden Parker Bowne，1847—1910）、佛留耶林（Ralph Tyler Flewelling，1871—1960）、布赖特曼（Edgar Sheffield Brightman，1884—1954）、霍金（William Ernest Hocking，1873—1966）的人格主义伦理学；马里坦（Jacques Maritain，1882—1973）的新托马斯主义伦理学；弗罗姆的人道主义伦理学；弗莱彻（Joseph Fletcher，1905—1991）的境遇伦理学；斯金纳（Burrhus Frederic Skinner，1904—1990）的行为技术伦理学；马斯洛的自我实现伦理学；等等。<sup>②</sup>

凡此种种，都有其发生和存在的社会文化背景和心理土壤。譬如存在主义伦理学是西方非理性主义道德思潮的继续和发展。康德和黑格尔古典理性主义伦理学在受到叔本华、尼采的唯意志主义伦理学的批判后，意志、欲望、生命力量等非理性化范畴成为伦理学理论基础。继之，柏格森生命伦理学又对理性主义伦理学进行批判。20 世纪是以战争和科学为其特征的世纪。存在主义者亲身经历和感受了两次世界大战和 30 年代初的经济危机。战争的冷酷和生活的动荡不安，给人以"无家可归的世界""被抛弃""被判决的世界""陌生的世界"的感觉。存在主义者通过对这种现象世界的反省，在人的价值、心理情感以及人自身的危机中，提出存

---

① 参见《中国大百科全书·哲学卷》，515 页。
② 参见万俊人：《现代西方伦理学史》，北京，北京大学出版社，1992。

在主义的伦理学，有其批判现实、人学精神、价值意识和对人的道德责任感的正面伦理价值，也有其极端个人主义、情绪主义和行为主义的负面伦理价值。由于其负面价值和时代的发展，存在主义伦理学自 70 年代初以来，已为人们所淡漠，失去了昔日的市场和影响力。

反省这一历史现象，人们可以得知，伦理学既为时代精神的体现，亦随时代精神的变化发展而变化发展。21 世纪是和平、发展、生态的世纪。当前伦理道德的危机，正酝酿着一场伦理道德观念的"革命"。

人们总以为伦理是人类社会中的一种特殊现象，是处理、调整人与社会、人与人之间关系的原则和规范，而不注意人与自然世界的关系。人们考察问题的视点，往往以人为中心，所谓环境是人生命存在的环境，生态是与人生命存在相关联的生态。其实无环境、生态，亦无所谓人的生命生存和伦理道德，所以人应当超越自我中心主义；当然，这也不是说要以自然为中心，因为自然无人的需要，就无其存在的价值和意义，亦无其伦理道德可言。

就 21 世纪的伦理来说，应超越人的世界与自然世界、人为中心与自然为中心的观念，建构自然、社会、人际、心灵、文明冲突融合的和合伦理，建构生态伦理学、社会伦理学、人际伦理学、心灵伦理学、文明伦理学等，其可统称为和合伦理学。

所谓和合伦理学是指人与自然、人与社会、人与人、人的心灵以及各文明间的道德关系的原理的和合。

### （二）和合道德的内涵

道德，由于理解与解释的差异，亦各说杂陈。或谓道德是指"人类现实生活中由经济关系所决定，用善恶标准去评价，依靠社会舆论、内心信念和传统习惯来维持的一类社会现象"[①]；或谓"道德是行为原则及其具

---

[①] 罗国杰主编：《伦理学》，7 页。

体运用的总称"①；或谓"道德则就个人体现伦理规范的主体与精神意义而言""道德则侧重个人意志的选择""道德可视为社会伦理的个体化与人格化"②；或谓道德是"一种社会意识形式，是规定人们的共同生活和行为、调整人与人之间和个人与社会之间的关系的原则、规范的总和"③。这些规定都有其合理性和时代的需要，但都就人而规定人的道德。

这种规定源自传统道德观念。道的初义为道路。许慎《说文解字》谓"道，所行道也……一达谓之道"，即将人所走的路称道。《释名·释道》谓："道一达曰道路。道，蹈也；路，露也，言人所践蹈而露见也"④。其引申为引导、导引、疏导，再引申为道理、原则、学说等义。⑤

德，甲骨文作"𢔅"⑥，又作"𢔶"⑦，表示循行而前视，或行走而上视。金文《辛鼎》作"𢔶"，与甲骨文形近。《毛公鼎》演为"𢛳"，在甲骨文的基础上加"心"字，是人对自身行为和视觉认知的深入。人的眼、耳、鼻、舌、身五官的感觉作用与人的行走，都有一个视什么、如何走、走到那里、走的过程中看见前面有河就要绕行等问题，这都与能想、能思的"心"分不开；且五官以"心"为君，眼视、耳听、身行，均受"心"的支配，故演为《毛公鼎》所写之字形。于是《墙盘》作"𢛳"，《秦公钟》作"𢛳"，这便是汉之"德"字；又舍"彳"或"艹"，简为"惪"（见《侯马盟书》）、"惪"（见《令狐君壶》），即汉时为德之古字的"惪"或"悳"字。"直"或"𥄂"，保留了目上眉毛和头发的形状。由德与惪的分

---

① 张岱年：《中国伦理思想研究》，3页，上海，上海人民出版社，1989。
② 成中英：《中国伦理精神的历史建构·序》，2页。
③ 黄楠森、夏甄陶主编：《人学词典》，423页，北京，中国国际广播出版社，1990。
④ 刘熙：《释道》，见《释名疏证补》卷一，影印本，上海，上海古籍出版社，1984。
⑤ 参见张立文主编：《道》，19~20页。
⑥ 郭沫若：《殷契粹编》864，1937年拓本。
⑦ 董作宾：《殷墟文字甲编》2304，1949年拓本。

化，《说文》训德为"升"，属彳部；训惪为"外得于人，内得于己也，从直心"，属心部。清段玉裁作《说文解字注》时颇费苦心，认为许慎训德为升：

> 升当作登……德训登者，《公羊传》："公曷为远而观鱼，登来之也。"何曰，登读言得，得来之者……今俗谓用力徙前曰德。①

这样，桂馥的《说文解字义证》便以"古升、登、陟、得、德五字义皆同"。朱骏声《说文通训定声·颐部》："德，叚借为直"，德与直亦通。

循行而前视，"用力徙前"，都与一个特定的主体的活动相联系，主体的活动又受特定主体的心的制约。关注"心"是否正直或善良的问题，在甲骨文中已有此意蕴。"庚戌卜，□贞，王心若"②。"若"有顺和善之意。③ 这就是说顺心或善心，即是有德之心；反之，就是无德之心。因商纣无德而亡，周公屡次告诫要"敬德保民"④ "唯德是辅""以德配天"，说明德心是内在于主体，而又体现、制约主体的感觉、行为。段玉裁《说文解字注》释"内得于己，谓身心所自得也；外得于人，谓惠泽使人得之也"。内得、外得，是指主体行而有所取得；行而有所取，就与主体意识欲望、利益相联系；心灵的自取与使他人取得，即主体的自取与被取、内得与外得的活动，必与他人和事发生关系。以德心、直心或非德心、非直心去对待、处理主体我与他人、他事的关系，便发生了道德问题。

道作为道路、道理、原则，是客观的，可为我所得，亦可为人所取，为人人所共由。德可因人而异，从不同的欲望、利益之心或德心、非德心

① 《彳部》，见《说文解字注》，76页。
② 叶玉森：《铁云藏龟拾遗》九、一一，1928年拓本。
③ 张立文主编：《心》，25页，北京，中国人民大学出版社，1993。
④ "王敬所作，不可不敬德"（《尚书·召诰》）。"其汝克敬德，明我俊民"（《尚书·君奭》）。

出发，虽可通过同一道路、采用同一方法，但取得的结果可能有天壤之别。这里便蕴涵着应当得、不应当取的道德关系。孔子说："富与贵，是人之所欲也；不以其道得之，不处也。贫与贱，是人之所恶也；不以其道得之，不去也。"① 以其道与不以其道取得，关系着"仁"的道德。

传统的道德观念，均把内得与外得，以其道取与不以其道取，看作主体我与他人的关系。外得和外取，可以是我惠泽使人得到，我同时也得到外人的肯定、信任、帮助；也可以是我惠泽万物，即成物，我亦得到外物的利益的满足，即成己。这样，主体自我就与外部自然万物构成了应当得与不应当得的道德关系，即是否合乎"仁"的道德原则。

"仁"的道德原则，即"爱物"的原则。这样，道德不仅是人与人、人与社会之间关系的原则、规范，而且是人与自然关系的道德原则、规范。基于这个观念，笔者把道德规定为：道德是指调整人与自然、人与社会、人与人、人的心灵及不同文明间融突而和合的原则的总和。

### （三）道德伦理的发生

道德与伦理，两者不离不杂，伦理以道德为自己对象，道德通过伦理而呈现。伦理是人与人关系中差分而成次序的道理、理则。比如孟子讲的："教以人伦；父子有亲，君臣有义，夫妇有别，长幼有序，朋友有信。"② 父子、君臣、夫妇、长幼、朋友的辈分及其之间的差分，这便是伦辈或"名分"；亲、义、别、序、信，这就是伦辈之间的关系的理则、道理或规范。伦辈之间关系的理则，有些便是调整、维系人与人关系的道德规范，或者在伦辈的理则、道理的基础上，进一步完善化、规范化。

---

① 《里仁》，见《论语集注》卷二，14页。
② 《滕文公上》，见《孟子集注》卷五，39页。

这种伦理辈分及其之间的关系理则、道理等道德现象，起源于上古的礼仪形式。"八音克谐，无相夺伦，神人以和。夔曰：於！予击石拊石，百兽率舞"①。这是原始巫术的仪式，以各种动物为图腾崇拜对象的各部落都参加了这种仪式活动，在有强烈节奏的音乐舞蹈中，凸显了伦辈的分别和秩序。后来荀子说："程以立数，礼以定伦，德以叙位"②。伦辈名分关系是在礼仪的仪式中得以发生，犹如物的数量多寡是由度量器具加以确定一样。"象天地而制礼乐，所以通神明，立人伦，正情性，节万事者也"③。这就是说，伦理起源于礼仪的仪式。

孔颖达在《礼记》题释中《疏》曰：

> 夫礼者，经天地，理人伦，本其所起，在天地未分之前。故《礼运》云："夫礼，必本于大一，是天地未分之前已有礼也。"④

这里暂不评论此礼起源是否有误，但明确肯定伦理本礼而起，是中国礼乐人文文化的彰显。它与西方文化中关于伦理道德起源的观念异趣。譬如伦理道德"神启说"⑤，基督教认为，与上帝一体的耶稣基督以其尽善尽美的道德行为向人类启示了伦理道德；或认为伦理道德起源于先验抽象的理念、精神；或一切伦理道德起源于人的自然本能，是动物本能的直接继续；等等。

中国古代思想家以伦理道德起源于原始礼仪仪式，有其合理性。其一，伦理道德发生于人的活动，即人自身生命和繁衍生命活动的需要，以及为满足这种需要而改变生命生存和繁衍生命的环境、条件的需要。中国

---

① 《舜典》，见《尚书正义》卷三，《十三经注疏》本，131 页。
② 《致士》，见《荀子新注》，226 页。
③ 《礼乐志》，见《汉书》卷二十二，1027 页。颜师古注："伦，理也。"
④ 《礼记》，见《礼记正义》卷一，《十三经注疏》本，1229 页。
⑤ 吕大吉：《人道与神道——宗教伦理学导论》，19～27 页，上海，上海人民出版社，1991。

原始巫术仪式，就是为维持生命和繁衍生命需要而祈求避祸消灾、部落昌盛的活动形式。

其二，原始礼仪仪式是人的有意识、有目的活动。这种活动虽以群体意识为前提，但礼仪的差分次序便滋生了自我意识，以及自我在伦辈中的位置。这既是人脱离动物活动状态的进步，亦是人将自我与他人相区别的觉醒，使伦理道德的发生成为可能或为其创造条件。

其三，人的相互交往活动的需要。人为抗拒自然环境、条件对人的生命的扼杀，而需要群体生活；群体生活中必然发生人与人的交往活动。这就需要协调人与人交往活动中的人的欲望需要所引起的冲突，便发生了伦理道德现象。

> 人生而有欲，欲而不得，则不能无求，求而无度量分界，则不能不争。争则乱，乱则穷。先王恶其乱也，故制礼义以分之，以养人之欲，给人之求。使欲必不穷乎物，物必不屈于欲，两者相持而长，是礼之所起也。[①]

人的欲望需要千千万，归结起来无非两方面：一是生存，二是发展。为生存和发展而发生人与人、部落与部落之间争夺需要品的冲突，这种争夺使社会关系无序、动乱、困穷。为使人们对欲望的追求有一定"度量分界"，便差分伦辈，制定礼仪，既协调人的欲望，又满足人的需要。这就是说，使人的欲望不因为物质资料的不足而得不到满足，也不使物质资料因人的需要而用尽。欲望需要与物质资料两者相互协调而增长，这便是伦理道德的起源。这里不仅蕴涵着人与人的伦理道德关系，也涵摄着人与物质资料间的协调道德关系。

---

① 《礼论》，见《荀子新注》，308页。

伦理道德起源于原始礼仪。究竟是伦理先发生，还是道德先发生？学术界有人认为，伦理是道德的客观化，换言之，是客观化了的道德。道德主体"我"，通过自我意识，把人我、物我既区分又联系，通过自我的自作主宰的有目的行动（既给人施加影响，又接受他人施予的影响），以及自我对其行为意义的了解，对人我、物我交往活动的反省，使围绕着我所发生的关系，依照所体认的道德关系维持下去。道德先觉者所获得的这种体认和实践，随时间的推移，影响逐渐扩大，为全社会所效法，即变成了一种伦理。① 这是把伦理作为主体道德关系的客观化，即道德观念的对象化。

笔者认为，伦理与道德之间关系，固然有上述这一方面，道德借伦理固化自己，而形成全社会普遍认同和践行的道德规范或规范道德，但道德之所以发生，是由于礼仪过程中对于人的差分、社会动乱无序的序化。由于人与人之间有了父子、君臣、夫妇、长幼、朋友伦辈关系的差分，人才体认到维持、协调这种伦辈关系需要一种道德规范或原则。社会围绕着主体我而展现为各种关系，而发生调养和协调这种关系的道德需要，于是便发生：

> 父慈而教，子孝而箴；兄爱而友，弟敬而顺；夫和而义，妻柔而正；姑慈而从，妇听而婉，礼之善物也。②

这样，父慈子孝、兄爱弟敬、夫和妻柔、姑慈妇听的道德就发生了。

伦理与道德两者基本上是同构的。道德观念普遍化为社会的道德规范、理则，便异化为客观化的原理、原则，反过来支配、制约人的道德行

---

① 焦国成：《中国古代人我关系论》，13～14 页，北京，中国人民大学出版社，1991。
② 《昭公二十六年》，见《春秋左传注》，1480 页。

为活动。它似乎不是人的道德观念，而是先在于人的道德理念。这就是说，当人与人、人与社会、人与自然的道德关系被对象化，并被融于对象世界，以普遍性的客体化形式呈现时，人的伦理道德关系就被异化为人的外在力量或权威，人反过来受人的异化的外在力量的主宰。这种异化的存在，为哲学家建构道德形上学提供了可能。

## 二、人对自然的道德责任

人的生存和发展，必然与自然发生物质的、能量的、信息的交换，否则人类就不能生存和发展。但人类为了自己的生存和发展，却威胁、攻击、破坏自然生态的生存和发展，而造成了生态危机，直接威胁着人类资以生存的"生态圈"①，或称"生物圈"。这样，生态危机所蕴涵的道德问题，就成为当代最严峻的挑战。

### （一）人与自然冲突的危机

20世纪60年代以降，以原子能技术、空间技术、计算机技术、生物工程以及新材料技术为特征的新的科技革命，使人类活动超越了陆地，而扩展到海洋地壳、宇宙太空，深入到"地球村""太空船"的方方面面，构成全球性的以至太空性的生态环境危机。

当前，人类共同面临着严重生态危机，主要表现为：（1）人口激增，造成粮食、蔬菜等危机；（2）自然资源极度消耗、匮乏，造成危机，包括

---

① "地球上生态系统的总和，包括一切活生物体与其相互作用的非生物环境。生态圈与生物圈这个术语几乎等价，但有进一步含义：应对地球和地球中一切事物进行有意识的生态管理"（《简明不列颠百科全书》第七卷，167页）。

土地资源危机、生物资源危机①、淡水资源危机、矿物资源危机以及能源危机等；（3）环境污染严重，大规模污染事故不断，威胁着整个地球的生态平衡和人的生命的生存；（4）酸雨的面积不断扩大，威胁地球的生物与非生物，酸雨也被称为"空中死神"；（5）温室效应加剧，全球气候加速恶化；（6）臭氧层严重破坏，出现"臭氧洞"，危害地球生物以及人身的健康。

这些危机的每一个方面，都已不是某一个国家、民族、地区的灾难，而是关系到每一个人的全人类的危机。譬如欧洲的酸雨洒向全世界，美洲核尘埃飘向五湖四海，气候变暖，臭氧减少，都威胁着全人类，且每个人都不可逃。假如某一个人、国家、民族、地区为了自己国家、民族、地区的利益，而使宇宙自然中本已超负荷运转的协调、调节各种关系的机制发生故障或"短路"，破坏生态环境某一方面的平衡，那么，危害的承受者将不仅是别的国家、民族和个人，而且亦包括自己的国家、民族和人民，人人均不可逃。这便是害人必害己，特别是 21世纪，更是如此。

为什么会造成当前严重的生态危机？这种追根究底的求索，是有效地化解生态危机的前提。于是全世界学者提出了种种见解：或认为人口过度增长，赖以生存的资源和生存空间都受威胁；或认为人类高消费的消费方式和生产技术的弊端，造成了资源过度消耗及枯竭，酿成生态危机；或认为人类本身的无知、贪婪、自私，是生态危机的根本原因；或认为是科学

---

① 中国森林面积只占国土的 12.7%，按其覆盖率和人均占有林地计算，中国排在世界第 120 位之外。19 世纪末，北美大草原上生活着 6 000 万头美洲野牛，为猎取牛皮，1894 年最后一头野牛在科罗拉多被射杀。5 万年前，黄河两岸杉、柳、柏、松密密层层。距今 3 000 多年前，河南有大量野象，常遭商王朝狩猎，殷墟甲骨文就已有"象"字。到明末，野象仅长江流域的湖南有残存，后被逐到了西双版纳。19 世纪初在北美大陆生息着旅行鸽 50 亿只，1914 年在美国辛辛那提动物园最后一只死去。[参见柳德宝：《SOS：生物天绝正在发生》，载《科学生活》，1995（9）]

技术的进步和人类文明的发展导致了危机；等等。

笔者认为，若从有机的整体观来观照，生态危机的根源，是一个涉及面广且复杂的问题。我们可以从这样几个方面来追究：

1. 人类的生存和发展需要的生产活动。人的生产活动，简言之就是从自然生态中获取尽可能多的物质利益的经济活动。人的经济活动是在一定社会生产方式中实现的，生态环境亦受生产方式的制约或影响。近代工业文明的崛起，科学技术的不断创新，一方面给人类带来巨大的经济利益，满足了人的需要；另一方面由于人类的片面利用，而给生态环境带来严重的破坏。以往人类片面地把经济增长作为社会文明发展的唯一尺度，按照自己的需求和意志，肆意无度地开发自然资源，向自然过度地索取，并把大量认为无经济价值的废弃物抛回自然环境，这种积累效应持续到现代，便引起全球生态危机。这样经济利益与生态效益的冲突便凸显出来。

人与人、人与集团以及集团与集团间的物质利益关系，实质上是人的生产关系或经济关系。各集团间物质利益上的冲突，激发了对自然资源的开发和掠夺。譬如西汉末年和东汉在黄河流域的大量垦田，促使两汉经济的繁荣，但同时大量毁林也破坏了黄河流域的生态环境，这是黄河流域衰落的开始。后来，世界资本主义列强贪婪，而肆无忌惮地掠夺殖民地的各种资源，造成殖民地国家的生态破坏。更有甚者，发达国家将废弃物、高污染工业，以至核垃圾转移到发展中国家，破坏发展中国家的生态。

可见，生态环境问题，不仅仅是生态环境本身的问题，而且是人与人、人与社会、人与自然、文明与文明之间的关系问题，是一个人与人、人与社会、国家与国家、地区与地区以及不同社会制度、宗教信仰、文明之间的道德问题。

2. 人类自身生产再生产的盲目性。人自身生产具有不同于物质资料生产的惯性，即凡是长期增长的人口都具有继续增长的趋势，长期不断缩减的人口则具有继续缩减的趋势；且人口增长对社会发展不是一种必然的因素。人口增长带来需求的增加，形成急剧膨胀的消费负荷，加重了自然生态环境的压力。

世界人口从 1650 年的 5 亿到 1987 年的 50 亿[①]，300 多年间人口爆炸性增长 10 倍，2040 年将达到 100 亿。人口增长的几何级数与物质资料增长的算术级数的冲突，给生态环境的调节机制带来超负荷的效应。人口膨胀直接或间接成为资源破坏、生态恶化的原因之一，亦是发展中国家生态环境质量恶化、贫困加剧的原因。

D. 梅多斯在 1970 年曾提出一个包括人口、按人口计算的工业产量、按人口计算的粮食、资源和污染五个因素的"标准"世界模型[②]，如图 13-1。

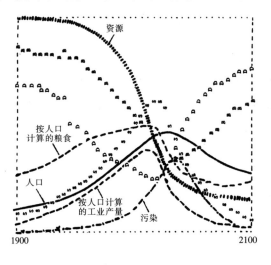

图 13-1

他基于数学计算，呈现了经济生产、生态环境和人口增长的相互关

---

① 参见郝志功：《当代环境问题导论》，23 页，武汉，湖北科学技术出版社，1988；张元纯主编：《人口经济学》，419 页，北京，北京大学出版社，1983。

② 参见 [美] D. 梅多斯等：《增长的极限》，90 页。

系。这说明物质资料再生产、人的再生产、自然资源自身的再生产三者之间必须相互协调。

3. 人类自我价值观念的误导。人类在生存和发展中，长期缺乏生态意识。显然生态环境问题自人类渔猎时期开始一直存在，但作为相对独立的现代生态意识，却发生于 20 世纪 60 年代，它是自然科学与社会科学相互作用、渗透的综合科学，即人类生态学。

人往往仅注重物质生活资料的需要，而忽视自然环境提供给人以适宜的生存条件的需要；只顾片面向自然生物圈索取越来越多的物质生活资料，却不考虑人的生存所必须具备的生态环境质量的提高。同时，人长期以来错误地认为自然界储藏着无穷无尽的自然资源，人类可以取之不尽，用之不竭。此外，人类对自然环境化解、容纳废弃物的能力的无限性存在误解。这三方面价值观念的误导，加速了生态环境的恶化。

J. 洛根（James C. Logan）认为，当前生态危机主要是由西方思想中"旧的价值体系"引起的。如（1）人类应该是整个地球的君主和主人，这种价值观念源于《圣经》的下述说法：上帝赋予亚当"支配"地球的权力。这种价值观念使人类与自然的其他部分分割开来，使人类相信，对于自然，自己可以为所欲为而不必顾忌后果。（2）这种价值观念使人类把自然看作毫无价值的，因此，只要人类需要，就可任意盘剥，开发自然。（3）这种对自然的研究利用又产生了如下价值观念：消费或占有世界资源的程度是衡量个人和民族自我价值的尺度。人们认为，不断提高生活水准是"正常的"，其主要标志就是，有能力购买最新产品、工艺最复杂的商品，而不考虑是否需要这样的商品或这种需要会不会引起资源枯竭。（4）这种价值观表述为，每个人都是他自己及其财产的至高无上的君主，而不是任何人的臣民。如果个人坚持认为自己能够获得多少财产就拥有多少，并且认为怎样适合就怎样使用，那么，就不可能给作为整体的生态系统以任何权利，也不可能承认子孙后代要有一个适宜居住的环境的权利。在这样一种价值观念支配下，各国就很难制定出规划，彼此制约，以保护生态平衡和日益减少的地球资源。[①]

对于生态危机原因追根究底，一言以蔽之，在于人自身及其价值观念。21世纪人类若要与自然生态和生、和处、和立、和达、和爱，必须重建新的价值体系、道德关系。

### （二）人与生态的道德原理

鉴于越来越严重的环境污染和不断加深的生态危机，如果人类坚持陈腐的道德价值观念，以及盲目的道德理性活动和自私的道德交换过程，那么，人类在加速破坏、毁灭生态平衡的同时，也把人类自己送上了毁灭之路。

现代科学技术的发展，极大地暴露了人类传统价值观念的自我冲突性。在一个层面上，人类期望自我能长生久视，天长地久，永远与自然生态和处、和达，生活在最优化的、延年益寿的生态环境、生存条件之中；在另一层面上，人类又单一地、片面地追逐自己的福禄，疯狂地、肆意地向自然生态侵夺。前者的道德期望与后者的道德行为，即前者的道德价值理性与后者的道德工具理性，相互背反，使人类遗忘了自己承担的保护自然家园、建设生态环境的道德责任。

人类道德责任的严重失落和道德工具理性的片面膨胀，是自然生态危机的罪魁祸首。科学技术只不过是无可奈何地充当了人类侵夺自然、破坏生态的祭品而已。从这个意义上讲，把自然生态危机归罪于科学技术，是

---

① 参见 J. 洛根：《生态问题的探索》，见 J. 菲利普·沃格曼编：《人口危机和道德责任》，95～108 页，华盛顿，公共事务出版社，1973；[美] R. T. 诺兰等：《伦理学与现实生活》，姚新中译，436～437 页，北京，华夏出版社，1988。

不公正的。科学技术是人类智慧和创造力的结晶，是人类与自然生态环境发生作用的中介。然而科学技术本身无所谓正效应或负效应，是一种中性的东西。人类既可以利用科学技术的巨大力量创造物质财富，繁荣经济，改善自然生态环境，满足人的各方面的需要；也可以利用科学技术制造毒气、核武器、化学武器等污染环境，破坏生态环境和杀害人类自己。对于这些负面作用，人类能责怪科学技术本身吗？

笔者认为，科学技术无罪，罪在人类自己。人类面对生态危机，应有勇气解剖自己，批判自己，检讨自己极端自私的非道德行为，应有胆气承担道德责任。

人类类水平上的自私观念和自利行为，激化了天人、物我关系的相异、相离方面。从天人相分激化到天人冲突，从物我有别激化到物我仇恨，这种关系的现实冲突和对抗，是由人类道德责任的失落与逃避引起的。要消除生态危机，优化自然生态环境，就必须用和合人文精神拯救人类的极端自利化的道德工具理性，实现人和自然生态的道德和合。

现代科学技术的未来发展前景，取决于人类对自然生态环境，即人类生命存在环境和条件的道德承诺、期望和责任。这种道德承诺、期望和责任，具有选择性：

其一，从人类对自然生态的态度而观。态度是人的意识、观念的表现形式。人类是将自然生态视为自己的第一父母，还是视为第一仇敌，或第一奴隶？是尊重自然生态的生命活力与生态规律，还是蔑视，甚至戕害自然生态的生存权利与生命机体？

其二，从人类对自然生态的行为而观。人类是爱护和养育自然生态环境，还是厌恶和破坏自然生态环境？是征服和奴役自然生态，还是化成和造福自然生态？是掠夺和丑化自然生态机体，还是建设和美化自然生态机体？

其三，从人类对自然生态的效果而观。人类是与自然生态共存共立，还是作你死我活、你倒我立的最后的决斗？是跟自然生态协调发展、和处和达，还是牺牲自然生态而自谋福利？是达到天人和谐的共同完善境界，还是走人所不欲而施于自然生态的独享逸乐的道路？等等。

人对自然生态的不同态度、行为、效果的比较，便是一种选择。选择是主体人与其对象之间的一种特定关系，它是指主体人与对象间依据双方需要而采取的肯定或否定、吸取或摒弃的关系。其实，选择是双向的运动，而不是单向的。这就是说，人类做出尊重自然生态的生命活力与生态规律的选择，自然生态亦会对人类做出尊重人的生命生存和生命规律的回应；反之，人类对自然生态采取单向选择，极度征服、奴役自然生态；自然生态亦会积存起千百倍仇恨，向人类进行疯狂的报复。因此，传统的单向选择的观念，必须转变。

从人的生存与发展的历史视角来观察，人与自然生态的关系，是从人脱离自然界就开始了，它与人类自身发展的历史一样久远。随之生态破坏现象以及对这些现象的意识，包括道德意识，亦开始发生。在人类漫长的史前文化时期，人与自然生态生息相应，苦乐共享，基本上处于一种和谐状态。但并非没有冲突，譬如弓箭的发明，捕猎能力的提高，造成原始人群居地区的野生动物的减少甚至灭绝。这种局部的冲突并未构成整体的自然生态问题。

农耕文化（农业文明）的出现，使人与自然生态环境的相互作用的方式发生了变化。两河（幼发拉底河和底格里斯河）、尼罗河、长江、黄河、恒河、印度河流域的农业发展，孕育了中东、埃及、中国和印度的古代文明，但在局部范围内加深了人类与自然之间的冲突。人类开始了征伐自然的自私历程：对原始森林的砍伐，导致了大气循环的恶化和水土大量流失；对原始草原的开垦，引发了植被的破坏、退化和土壤的沙漠化。这种冲突就其总体而言，农业文明的"日出而作，日落而息"的运作，虽有人类征服与自然惩罚之间的较量，但人与自然生态关系尚未达到恶化状态。天人之间兼有同伦之乐和冲突之苦。

近代以来的工业文明和科技革命，使人类征服自然的欲望极大膨胀、奴役生态的智能极大提高，人类随之开始了对自然生态环境的全面出击。从表层看，人类取得了辉煌的胜利；从深层看，人类的灾难和危机将越来越深重。自然生态系统对人类的反击和惩罚，亦越来越严重和频繁。人类征服自然的胜利喜悦被危机的忧患所冲淡，征服者陷入被征服的困境。

人与自然生态之间的道德关系，换言之，是人与自然生态的价值关系。由此而提出生态道德和环境道德的概念，有其必要性和合理性。从原始的自然化和谐状态到近现代人与自然生态关系的严重恶化，人才意识到时下生活在一个危机四伏的生态环境中，人赖以生存和发展的基础及生命之源是如此脆弱。它提示人自觉：人单向地向自然索取和排泄，而不进行保护和改善，是不道德的。人与自然生态的关系，涉及人类生存和发展的需求的根本关系，人与人的关系在一定意义上说是围绕着人与自然生态关系建立起来的。因此，保护自然生态就是保护人类自我，养育自然生态生命就是养育人类生命。

对于这样一个人类生存和发展的根本利益所在，若一部分人、国家、地区为自我局部的、当前的利益而破坏了自然生态环境，那也就破坏了他人、他国、他地区生存和发展的环境与条件。在这里，通过人与自然生态的道德关系，我们所看到的仍然是人与人的道德关系。

基于此，笔者认为，人类与自然、文化与生态的关系，首要是一种和合道德关系。人类对自然生态的道德期望必须与其对自然生态的道德责任相联系，人类与自然生态之间必须建立一种等价交换机制，以此限制、消除人类对自然生态不负责任的邪恶行为和自利欲望的膨胀，匡正天人之间的严重不和谐关系。

要重建天人之间的道德和合关系，必须明确天人交换之境及其道德原理。这里所指天人，是在人类与自然、文化与生态这个意蕴上使用的。[①]

天人交换之境是立体的、双向的动态系统。人类与自然之间存在着物质、能量和信息的交换过程。人类要从自然生态那里得到质、能、息，就必须首先预付质、能、息，即通过人类自己的劳动向自然奉献体能和智力、精神和知识，为自然生态的良性循环与和合平衡尽职尽责。如此，礼尚往来，人类才能不断地从自然生态系统中获得各种生活资料与适宜的生存环境、条件，受到天地父母的恩赐与慈爱、哺育与博济。

天人之间的这种立体双向的道德交往关系，对人类智能活动提出了如下的道德原理：

1. 内外不二的公正原理。自然生态作为人类生存和发展的环境、条件，在空间关系上好像有内外之别，在类别关系上仿佛有天人之际，但两者息息相关，命运相连，彼此间有密切的质、能、息的立体双向交往。因此，虽形状上分内外，别天人，但道理上别无二致，本根一家。二程关于人类起源的答问有载：

> 问："太古之时，人还与物同生否？"曰："同。""莫是纯气为人，繁气为虫否？"曰："然。人乃五行之秀气，此是天地清明纯粹气所生也。"……"先生《语录》中云：焉知海岛上无气化之人？如何？"曰："是。近人处固无，须是极远处有，亦不可知。"[②]

人与物同为天地之气所生，唯气有清明纯粹与浊浑驳杂之别而已。最

---

① 参见张立文主编：《天》，台北，七略出版社，1996。
② 《河南程氏遗书》卷十八，见《二程集》，198～199 页。

初生人，没有父母，是"气化"；有了人种后，便是"种生"。无论气化，还是种生，均从发生学上陈述了天人本一同源的观念，"天人本无二、不必言合"①，"故有道有理，天人一也，更不分别"②。这种内外不二、天人不二的融突和合关系，要求人类以公正的态度对待自然生态。

所谓公正原理，是指在人与自然生态双向交往活动中，是否应当有与是否合乎对人和自然生态的本质关系及其权利的一种总体说明和评价。公正有公平合理的意思，它与平等、公平、正义、正当有相通之处。公正原理要求人类在与自然生态的关系中，在行为与责任、权利与义务、地位与作用之间，做到正直、合理、适宜，即天人相互尊重对方的生态规律，共同爱护天地万物与人类的生命生存，努力共建人类与自然的生态家园和生态环境。"投我以桃，报之以李"③。公正原理是天人交泰的道德基础和伦理前提。

2. 物我一体的无私原理。传统的人与自然生态的道德关系，建构在以人类为中心的自私自利的基础上。与自然天地万物相比，人类是一个大"己"、大"我"。尽管造化使人禀受阴阳五行之秀气，为自然天地万物立心，其性最贵、最尊、最灵，但是人体气质元素、生理机制与万物的生元生机高度同质（气质），统合一理（元理）；人心的天然使命、心理势能与众生的意识活动、反应趋向高度契合，涵摄一性。

无私是与自私相对应的。私是指自己生存发展所需要的物质对象和精神对象的总和。

利己主义者认为：一种促进一己利益的倾向是为他的一切行为辩

---

① 《河南程氏遗书》卷六，见《二程集》，81页。
② 《河南程氏遗书》卷二上，见上书，20页。
③ 《大雅·抑》，见《毛诗正义》卷十八，《十三经注疏》本，556页。

护的唯一站得住脚的充分的理由。①

强调一己利益的至上性，并以此为道德上善恶与否的标准。利己主义的自利，可表现在范围上的差异性。其就人类与自然生态环境而言，是指人类的只顾自利的利己主义，不顾甚至损害自然生态环境的利益和生存，以人类的自利为价值尺度和出发点。无私就是公，是指超越人类自利的，人类与自然生态环境共利、共需、共生、共达的和爱境界。

自然生态在最深层、最基底意义上使人类与万物性理合一，气质圆通。"天者，理也"②。"性即理也，所谓理，性是也"③。物我合一，即自然生态的天地万物与人类自我在本根、本体上的一致性，便要求人类的道德意识、道德心理应当以自然天地万物生命为胸怀，以参赞化育自然天地万物为己任。这就是说，人类应当具备一颗"仁民爱物"之心，宋明理学家发为"天地万物与吾一体"或"一体之仁"的价值观念。④ 王阳明说：

> 大人者，以天地万物为一体者也。其视天下犹一家，中国犹一人焉。若夫间形骸而分尔我者小人矣。大人之能以天地万物为一体也，非意之也，其心之仁本若是，其与天地万物而为一也。（《王文成公全书·大学问》）

"天地万物一体"的观念，超越了具体形骸的差异与隔间。"小人"拘泥于这种差异与间隔，"大人"是以博大的情怀，给予天地万物的生命生存和人的生命生存以同等的价值。"大人"之所以能与"天地万物一体"，是因为一颗"仁心"贯通其间。

---

① ［英］摩尔：《伦理学原理》，106 页，北京，商务印书馆，1983。
② 《河南程氏遗书》卷十一，见《二程集》，132 页。
③ 《河南程氏遗书》卷二十二上，见上书，202 页。
④ 参见拙作：《儒家人学探析》，见《周易与儒道墨》，164～168 页，台北，东大图书公司，1991。

仁心充满生意，仁是天地生物之心，"生"是一切活动和延续的基础。"天地以生物为心者也，而人物之生，又各得夫天地之心以为心者也。故语心之德，虽其总摄贯通，无所不备，然一言以蔽之，则曰仁而已矣"（《朱文公文集·仁说》）。仁作为"心之德"，总摄天地万物与人类。以"生"释"仁"，是对于人类生命生存和天地万物生命生存的关怀。以仁为调节、和谐人我生命活动和自然万物生命活动的调节器，以使天地万物与人类"共遂其生"。这样仁的"生生之德"，别无私虑杂念。

仁者生意流行不息，别无小我小己。无私则天地自然宽广，万物自然大化，人类自然道德，家国自然平安，人人自然安身立命。否则，以己胜物，物还胜己；以我役物，反为物役。天地无私而成其私，人类无利而成其利。无私原理是人类与天地万物即自然生态利贞的道德之所当然和伦理之所当然。

3. 责利圆融的平等原理。从智能活动方面来看，人类毫无疑问是天地万物的主体。但智能主体是道德权利与道德责任、道德期望与道德奉献的和合体。人类通过自己的智能实践活动（"己智能"）自觉地依据天人交换的道德原则，建设自己的最适宜、最优化的自然家园（"己境"），美化自然生态环境，尽到主体自我所担当的道德责任（义务），实现主体自我地位所应当承诺的道德奉献。

道德权利和义务，是指各种主体在一定道德体系中的利益、权限和所负有的责任。应把人类社会的道德权利和义务扩展到自然生态环境。生态伦理学即要把此权利和义务扩展到自然生态环境，不仅要承认自然生物、非生物的权利，而且自然生物、非生物亦会向人类争取权利。这就冲决了旧的人与自然生态的关系和旧的生态观念，建构新的生态观念，即以人的基本价值追求为内容的、稳定的、理性的生态意识形式。

生态观念是一种价值观念，它表现为人与自然生态关系上的自觉的基本的价值追求；它要求人类智能主体的道德权利与责任、期望与奉献的圆融道德；要求天人交换、物我交往必须依据平等的原则。

平等虽是一个相对的、历史的范畴，但在人与自然生态关系上，一般是指地位、权利、责任的平等，即彼此平等相待，一视同仁，以德报德，恩将恩报，如此才能真正达到公正和无私，才能真实地实现人与自然、文化与生态的全方位的和谐一致、协调一体。假如以人为主，天为奴，那么，天道反动而人道灾殃。反之以天为主而人为奴，人道反动而天道退化。人与自然生态环境，即天人关系只有按正道前进，即按生态观念所涵摄的价值追求实现天人互渗、互补、互利、互惠，才能实现天与人责利圆融的平等原理。

人类与自然生态环境朝夕相处，若能自觉地使自己智能按公正、无私、平等原理认知与践行，就能人文化成、天人同伦、物我同乐；否则，生态危机、天人反目、物我成敌、生意否塞，以至毁灭。

### （三）生态伦理学的理论建构

生态道德是一种新的价值观和伦理观，是生态意识的核心。生态的价值观念，促进了生态意识的形成。生态道德观念凸显了对人类前途和命运与自然生态环境的前景和命运的真切的关怀，以及尊重人类和自然生态生命生存的崇高情怀。

生态伦理学是和合道德科学体系的基础学科，是道德和合状态空间的基础设施。它的理论建构主要有三项系统工程：

1. 传统伦理思想的生态学奠基。人与自然生态环境的冲突，能否通过公正、无私、平等的生态伦理观念获得化解？西方有人就持否定的态度。尼古拉·赖彻（Nicholas Rescher）认为，由于人口密度高、高消费水平和五花八门的生产技术这三种基本力量的影响，我们完全不可能从整体上解决环境危机，当我们把种种有害的形式从这扇门扔出去，同样恶劣的形式又从另一扇门进来。它完全是一个不治之症，是我们不能奈何又必须学会与之共处的东西。① 对此，里查德·T. 诺兰（Richard T. Nolan）等指出：对于拥有上述三种基本力量的人，对世界其他人应负有怎样的道德责任，应当讲明。②

虽然自然生态危机引发了人生命生存需要的道德困境，但大多数人认为，人类不仅对现在的人，而且对未来的人负有某种道德责任③，即如何通过节俭地使用资源、进行生产和消费，来安排子孙后代的生命生存的需要。由此，一些西方学者发现，在东方文化人文智慧中有深刻的生态学的思想，譬如人关心自然，尊重自然，热爱并生活在自然之中，是地球家庭中的一员④，甚至把人从其他创造物之上的君主位置上拉下来，使人能够说蚂蚁、岩石、风、雨是自己的"兄弟姐妹"，而不必去控制它们的命运。

中国传统伦理思想中确有生态伦理观点的闪光之处。张载指出："乾称父，坤称母"，"民吾同胞，物吾与也"⑤。乾为天，坤为地。自然天地是哺育人类的父母，人类的生命生存离不开自然天地这个父母。人与天地自然生态是一种父母与子女的亲情关系。这种亲情伦理关系，无疑要求人类像尊敬、赡养自己的父母一样，尊重、养育天地自然生态。这就是中国伦理文化的"大道"或"道"。朱熹解释说：

> 天，阳也，以至健而位乎上，父道也；地，阴也，以至顺而位乎下，母道也；人禀气于天，赋形于地，以藐然之身，混合无间，而位

---

① 参见尼古拉·赖彻：《环境危机与生活质量》，见《哲学与环境危机》，92 页，雅典，佐治亚大学出版社，1974。

② 参见［美］R. T. 诺兰等：《伦理学与现实生活》，446 页。

③ 参见乔尔·芬伯格：《动物和未出生的人的权利》，见《哲学与环境危机》，64～67 页。

④ 参见比尔·德沃尔：《深刻的生态学运动》，载《自然资源》杂志，新墨西哥大学法学院编，303 页。

⑤ 《正蒙·乾称篇》，见《张载集》，62 页。

乎中，子道也。然不曰天地，而曰乾坤者，天地其形体也，乾坤其性情也。乾者，健而无息之谓，万物之所资以始者也；坤者，顺而有常之谓，万物之所资以生者也。是乃天地之所以为天地，而父母乎万物者，故指而言之。①

父母与子女关系之道，需各尽父母与子女的道德权利和责任。真德秀进一步诠释为：

父母者，一身之父母也；天地者，人与物、己与人，皆共以为父母者也……天地之生我也，五常百善，无一不备，必能全其性之理；然后为不负于天地，故仁人事亲如事天，事天如事亲。②

父母为一人之父母，天地为人类和万物之父母。自然天地生养人类，给予人性、情、理，因此，人类侍奉天地父母，视人与自然生态关系是最基本、最普遍的生养子女的亲情关系。此情此亲把人与自然生态环境联系、沟通起来，便具有一般的伦辈名分的伦理关系，与应当遵守的这种伦辈名分所规范的道德关系。

天地自然生养人类与万物，人与万物之蚂蚁、岩石、风、雨等虽殊异，但同是天地父母所化生，所以是同辈的"兄弟姐妹"。朱熹说："人物并生于天地之间，其所资以为体者，皆天地之塞；其所得以为性者，皆天地之帅也……而未尝不同也。故曰：'吾与'。则其视之也，亦如己之侪辈矣，惟同胞也"③。"同胞"，即为"兄弟姐妹"。兄弟姐妹之间的伦理关系是平等的，道德关系是弟对兄要悌，兄对弟要友。

但从总体而观，传统伦理的基础是道德形上学，它是一种先在的、抽象的人性善恶的假设；传统人与自然生态环境的关系，是一种比附式的想

---

① 《西铭》，见《张子全书》卷一，1页，朱熹注，上海，商务印书馆，1935。
② 同上书，2页。
③ 同上书，3页。

象和描述。这种想象和描述，是直觉思维的体验；传统人与自然、文化与生态具有整体性、模糊性特征，而有缺乏操作性、具体性的偏颇。换言之，传统人与自然生态伦理道德，是弥漫于天际的霞光，虽有其表，但无实际。它时明时暗，此红彼黑，不能从根本上有效地、系统地规范人类与自然的交换关系。

人性，首先是人类的自然天性。它既非善亦非恶，表现为中性的智能。智能活动是人为一定目标而改造环境和改变自身以满足某种需要的过程。在这一过程中，需要刺激人，使人成为活动的驱动力，促使人活动。人的活动形形色色，基本有物质生产活动、社会政治活动和科学、艺术、宗教、道德等人文活动三类。此三类活动可差分为人借助于一定中介系统，使对象发生形体、位置和性质变化的外在活动，与人的大脑通过知、情、意的变化而引起心理、知识、情绪、意识的改变的内在活动。就是第三类活动，亦可差分为以认知为内容的，以概念、范畴、命题为特征的科学活动，与以评价、命令、调节为内容的，以借助于价值观和行为来改造与完善世界为特征的道德活动。前者为理论精神活动，后者为实践精神活动。

智能活动转换为道德活动，必须通过一定的规范、准则、理想的方式指导行为。生态伦理学是以生态道德来引导、调适、约束和规范的实践精神活动。它是依据人类和自然的生态化关系创造性改造传统伦理思想的道德方式的选择。它力图将传统道德形上学从纯粹理性的思辨王国转换为实践理性的生存世界，将先验的、抽象的人性善恶预设，转换成现实的、真实的人性。这两重转换的和合，体现了道德和合学对传统伦理思想的批判功能和创新功能。

传统伦理思想的生态学奠基，是生态伦理学理论建构的前期工程，是拨乱反正、正本清源、化旧为新的事业。

2. 生态伦理学的和合学原理体系。生态伦理学是和合学原理在道德和合生存世界层次上的具体运用。它的理论系统由三部分内容和合而成：首先是一以贯之的和合人文精神，其次是生存世界的和合真实性原则，再次是道德融突状态时空的和合范畴逻辑结构。

生态伦理学的和合原理，指导人类自己的道德生活环境与自然万物的生态平衡系统的道德关系，处理人类自己的智能行为与人类文化的道德责任之间的协调关系。

古代西方文化以为，自然生态的秩序是由一个外在的至高无上的立法者制定的。中国文化的思维理路与西方异趣。李约瑟看到了这一点：

> 中国人的世界观依赖于另一条全然不同的思想路线。一切存在物的和谐合作，并不是出自他们自身之外的一个上级权威命令，而是出自这样一个事实，即他们都是构成一个宇宙模式的整体阶梯中的各个部分，他们所服从的乃是自己本性的内在的诚命。①

天、地、人整体的和谐性不是外在的权威，而是内在本性使然。

卡普拉（Fritjof Capra）认为，西方面临的各种偏失，有一个共同的根源，这就是笛卡儿-牛顿的实在观念。其把宇宙视为机械系统，过分强调科学方法和理性的、分析的思想方式，形成了一种根深蒂固的反生态的态度。生态系统基于非直线性的循环流动，使自己维持于动态平衡之中，而直线性的理性思维正是理解生态系统的障碍。令人惊讶的是，古代中国人早就发现了与当代生命系统、自然系统密切相关的阴阳系统：

> 阳即自我肯定性、要求性、扩张性、竞争性、拓展性等等，凡是用直线的、分析型的思维作为指导的人类行为，均属此例；阴即统一性、响应性、合作性、直觉性以及对于环境的意识等等。阴与阳对于

---

① ［英］李约瑟：《中国科学技术史》第2卷，619页，北京，科学出版社，1990。

和谐的社会与生态体系说来，都是极为必要的。[1]

阴阳平衡、互渗、和合理论，论证了天人交合原理[2]，包含着保护自然生态环境的意蕴。

生态伦理学的和合原理，有这样几个层面：

第一，"自然"原理，是指人与自然生态环境的自然而然的法则。老子说："人法地，地法天，天法道，道法自然"（《老子》第二十五章）。"自然"作为形容词的名词化的范畴，说明道、天、地、人均应当取法自然原理。这里"自然"非现代汉语中自然物、自然界之义，而是指古汉语中那种追求崇尚自然而然的心境或行为。

"道法自然"所意蕴的不仅是道应取法"自然"，而且天、地、人也应取法"自然"，以"自然"为法则。从人的视野而言，老子所言的天与地，已无神秘的意蕴，而是指苍茫寥廓的天空和茫茫的大地，天地即自然界或自然物。在生态伦理学中，笔者将其引申为人与天地的关系，即人与自然生态环境的关系。

人与天地（自然生态环境）的"自然"原理，包含着两方面的内涵：一方面，"自然"原理是指"为无为"的意思。"为无为"不是单一的以"无为"为"自然"，而是以顺应自然而然的态度、方式去处理、解决关系问题。"无为"作为"为"的方式，"道常无为而无不为"（《老子》第三十七章）。道化生万物而"无不为"，又非刻意去"为"，而是自然而然地"为"，所以是"无为"；道无为，才能做到"无不为"，即任天地万物（包括生态环境）自化自生而彰显着它自己。"无为"本身是一种行为、功用，

---

① ［美］F. 卡普拉：《转折点——科学·社会·兴起中的新文化》，33页，北京，中国人民大学出版社，1989。

② 参见拙著：《中国哲学范畴发展史（天道篇）》中的《阴阳论》《天论》。

是"超越现实世界里的常识性之世俗对立"① 的一种行为、功用。这种行为的具体表现可以是"不妄为的意思"②，即"以辅万物之自然而弗敢为"《老子》第六十四章）。"无为"就是人与天地（自然生态环境）以"自然"为原理所采取的一种"为"的方式。

另一方面，自然无为的"为"，非指现代意义上的依自然规律而"为"。自然规律是人的认知和概括的成果，是人对自然的观念性的把握。这是人为而非"自然"，自然而然是不假人为的。顺应"自然"而为的"无为"，既非不为，也非不干预，亦非依自然规律，而是一种以非世俗所采取的"为"的方法去"为"。在老子的心目中，当时的社会和人类生活都背离了"道"，所以要采取"绝圣弃智"的非世俗、非理性的方式去"为"。现代人类征服、"有为"自然生态环境，造成生态危机，亦背离了人与自然生态环境和合之道，也要采取世俗所不采取的方法去"为"。这便是老子所说的"将欲取之，必固与之"《老子》第三十六章）的方式，具体说就是老子自谓的"三宝"："我有三宝，持而保之：一曰慈，二曰俭，三曰不敢为天下先"《老子》第六十七章）。"慈"是慈爱③，即爱心和同情感，是人与自然生态环境友好和谐相处的动力；"俭"是俭啬，指含藏培蓄，不肆为、不奢靡；"不敢为天下先"，乃谦让和不争的意思。④此"三宝"体现"自然"原理的基本精神，是处理人与自然生态环境关系的最普遍价值导向。

第二，和德原理，是指人与自然生态环境的生生不息和日新其德的原理。

---

① ［日］金谷治：《"无"的思想之展开》，见《道家文化研究》第一辑，93 页。

② 陈鼓应：《老庄新论》，29 页。

③ 任继愈认为，此慈"不是仁慈的意思"《老子新译》，207 页注②，上海，上海古籍出版社，1985）。

④ 参见陈鼓应：《老子注译与评价》，320 页，北京，中华书局，1984。

夫大人者，与天地合其德，与日月合其明，与四时合其序，与鬼神合其吉凶，先天而天弗违，后天而奉天时。天且弗违，而况于人乎？况于鬼神乎？[①]

人与自然生态环境、日月、四时、鬼神的屈伸往来等高度地和谐、有序、协调。这种和谐、有序、协调是人与天地自然关系的动态的展现。尽管天地自然是差分化的，如日月的光明观照四方，春夏秋冬的运行有序，以及屈伸运动的吉凶祸福，但大人之道都能与天地之道相适应而不违背。在这里，归结起来是人与自然天地生态环境的合德。

合德就是和德。天地的德性具有两方面的内涵：

一是生生不息。《易》的人文精神，就是生生，"生生之谓易"[②]。这种《易》的基本精神，亦是天地自然的德性，"天地之大德曰生"[③]。人与自然生态都作为生命的存在，其最基本的需要和价值追求，就是生命的存活和延续（包括生命生产和再生产）。在人与自然生态环境的冲突中，除了协调、和谐这种情况外，最重要的是相互尊重、促进，培育双方生命的生生不息，这便是"和实生物"的和德原理。

二是日新其德。天地合德，便缊缊着新事物的化生，"天地合气，万物自生"[④]。万物的生生是自然生态的自身功能。自然生态所具有的自调节、自组织功能及其自生产、自消费能力，并不需要人为干预。"日新之谓盛德"[⑤]。日新日日新的变易，新事物不息地涌现，这便是"盛德"，"盛德"亦是"和德"。和德原理要求人与自然生态双方和合而生生日新。

---

① 《乾文言》，见《周易正义》卷一，《十三经注疏》本，17 页。

② 《系辞上》，见上书卷七，《十三经注疏》本，78 页。

③ 《系辞下》，见上书卷八，86 页。张载解释说："天地之大德曰生，则以生物为本者，乃天地之心也……人之德性亦与此合。"（《横渠易说》，见《张载集》，113 页）

④ 《自然篇》，见《论衡校释》卷十八，775 页。

⑤ 《系辞上》，见《周易正义》卷七，78 页。

第三，"诚明"原理，是指人与自然生态环境互位、互育、互参的原理。人与天道的合一，其本在人自身的本性；人性与天本就贯通。这种贯通的中介，就是"诚明"，"性与天道合一存乎诚"①，"儒者则因明致诚，因诚致明，故天人合一"②。人性与天道合一言诚，便是绍承《中庸》"诚者天之道也；诚之者人之道也"之旨。"诚"是"真实无妄之谓"（朱熹：《中庸章句·第二十章》）。真实无妄是天道本然状态，未能达到真实无妄而欲达到真实无妄，是人道的当然之则。这便是真实性原则。

明是光明无隐，"自明诚"是由"穷理"而"尽性"的进路，"自诚明"是由"尽性"而"穷理"的理路。"明"是由穷而理明，"诚"是"尽性"。这两种进路的路向，即由外而内，或由内而外虽殊，但其归均在"尽性穷理"则同。"至诚"无伪，便能尽性；性有人性、物性之差分，依"至诚"而贯通。

> 唯天下至诚，为能尽其性；能尽其性，则能尽人之性；能尽人之性，则能尽物之性；能尽物之性，则可以赞天地之化育；可以赞天地之化育，则可以与天地参矣。（《中庸》第二十二章）

由尽人的本性到尽物的本性，其间以真实无妄的诚为中介。人性与物性由贯通而融合，即人与自然万物差分而合一。人与自然生态万物之间并非只有冲突，而是以相互贯通为主导。由合一，人便可以辅赞自然天地生态之生长和发育。这是主体人的能动性的发挥，使自然万物生态的价值地位获得定位。这是"诚明"与"天地参"，即人与自然生态相互生长发育合一的原理，为"诚明"一层意蕴。

诚明的另一层意蕴，是成己成物。人与自然生态是一种道德关系，人

---

① 《正蒙·诚明篇》，见《张载集》，20 页。
② 《正蒙·乾称篇》，见上书，65 页。

的自我生命的生存和发展，亦要成就自然生态的生命生存和发展。

> 诚者，非自成己而已也，所以成物也。成己，仁也；成物，知也，性之德也，合内外之道也，故时措之宜也。[①]

诚并非只成就人类自己，而必须成就自然万物，这是诚的责任。成己成物，是人的固有的仁智的德性的体现，并不是外律的命令。这就是人与自然生态内外合一的原理。

生态伦理学的"自然""和德""诚明"和合原理，体现了道德和合生存世界的价值，它是真实性（"诚明"）、生命性（"和德"）、慈俭性（"自然"）的高度融合。这种生态伦理学的和合价值观，其价值指向，便是人与自然生态环境高度的协调、和谐。

生态伦理学的和合范畴，便是己境、己理、己性、己命、己道、己和，通过智能与知行、修养与规矩、健顺与名字的中介转换机制，而达到和生、和处、和立、和达、和爱境界，构成生态伦理学的和合系统与和合运行机制。如图 13－2。

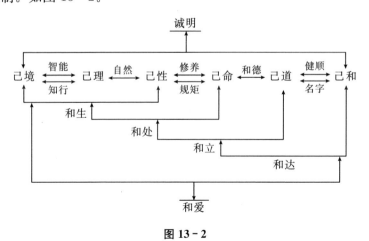

**图 13－2**

---

① 《中庸》第二十五章，见朱熹：《中庸章句集注》，12 页，上海，世界书局，1936。

3. 仁德生生的道德和合第一境界。生态伦理学的范畴逻辑结构和原理规范系统，给出一个全新的、以真实价值为枢纽和核心的道德精神境界；天地按自然原理生长发育人类万物。人与自然生态依据"自然""和德""诚明"原理互动，而融合和谐，参天地，赞化育。天地以"生生"为大德，人以诚爱为达道；生生之德，诚爱之道，道德和合为浑然一体之仁。老庄的"自然"，《易传》的"和德"，《中庸》的"诚明"，不仅是人与人之间的和合道德原理，而且是人与自然生态环境之间和合道德关系的原理；程颢的《识仁篇》，张载的《西铭》，王阳明的"良知"说，在和合学里，不是非理性的幻觉和形上学的玄想，而是真实的道德和合境界。人依据和合理性的预测，凭借科技的力量，沿着和合人文精神的目标指向，而达到和合生存境界。

## 三、人际关系的道德规则

天人之际，人类对自然生态万物为一己；人人之际，人类相对各为一己。要全面实现人类与自然生态环境的道德生存和合，又要同时实现人类内部人与人、人与社会的道德意义和合。只有人类内部在意义上协同起来，在价值规范上规矩（尺度）一致，人类才是一个道德自觉的生存和合体，才能公正、无私、平等地与自然生态进行和合化的道德交换，才能在自然、和德、诚明生态伦理学理论原理的引导下，呈现人与自然生态环境的和合。

### （一）伦理精神与经济发展

生态伦理学是研究人与自然生态环境的道德关系问题，社会伦理学是研究人与人、人与社会人文生态的道德关系问题。这两个问题，都不是某个民族、国家所遇到的社会问题，而是全人类所面临的共同问题。全球高科技和经济的发展，创造了巨大的经济财富，但并不是共同富裕，而是富者愈富，贫者愈贫，发达国家与不发达国家以及与发展中国家之间的贫富差距愈拉愈大，而这种类型的国家内部的贫富差距亦愈来愈严重，这是全球动乱、冲突的潜在的直接根源。它从各个层面破坏着社会道德秩序，使社会人文生态恶化。

因此，社会伦理学与当前全球的政治、经济、制度有着密切的关联。把社会伦理学问题仅仅归结为单一的人与人、人与社会的关系，而忽视对政治、经济、制度的社会伦理的原因的追究，似乎它们是抽象的、非个人的、超出道德研究之外的[①]，是不妥的。其实整合三者需要一种道德基础，因为三者都与生活活动于某种社会生态秩序中的人紧密相关，而需用道德规范对它们做出道德价值评价。

社会的政治活动过程是保障社会秩序、福利、防卫以及协调社会各集团、阶层、个人利益和权利的过程。政治活动中存在着权力独断，压抑不同政见，种族、性别歧视，动乱、战争手段，恐怖活动，政治党派的争权夺利、以权谋私、贿赂公行、腐败堕落，等等。这就需要做出道德的选择。

社会的经济活动过程是社会福利进行生产、分配、消费必需的物质财富的过程。谁来生产？生产什么？产品分配给谁？如何分配？谁来消费？怎样消费？这些问题都包含着道德选择。譬如生产毒品，贩卖毒品，消费毒品；制造假酒假药，致使消费者死亡；甚至生产细菌化学武器，毒害人类。它便是恶的道德。[②] 经济活动又满足人的需要，给人带来福利和幸福，这又是善的道德行为。因此经济活动是与道德活动相联系的。

---

① ［美］R. T. 诺兰等：《伦理学与现实生活》，295 页。
② 参见拙著：《中国哲学范畴发展史（人道篇）》，第十一章《善恶论》，395～398 页。

　　社会制度的制定、运行机制，如何平衡个人权利与社会的需要？如何协调民主与集中？和谐自由与纪律以及人对社会制度的选择与社会制度对人的选择等，亦面临道德评价和道德选择。

　　政治的、经济的、制度的活动属于社会活动。社会活动的本质是大化自然生存世界和完善自身世界以满足社会需要和利益的过程。因此，社会活动有其自身的方式、模型、结构和法则。之所以有其自身的特殊性，是因为各种社会活动所在的文化环境、风俗习惯、思维方式、价值观念、心理结构的差异，会影响甚至制约社会活动的方式、形态、法则等的选择。即使不同社会活动有着同一类型的社会活动形态，亦因为各种社会活动所在的情境的不同，而大相径庭。

　　马克斯·韦伯的《新教伦理与资本主义精神》，探讨了新教伦理与资本主义之所以兴起的伦理精神方面的根据。新教（Protestantism）是16世纪曾席卷整个欧洲的宗教改革运动中各改革教派的统称。如果说15世纪的文艺复兴运动动摇了西方中世纪的君权统治的基础的话，那么，宗教改革则震撼了传统神权统治的基础。换一句话说，宗教改革是文艺复兴后的又一次思想革命运动，是一次使神圣的宗教世俗化的运动。新教伦理认为，在资本主义经济秩序中，只要干得合理，赚钱就是职业的美德和能力的表现。这种伦理的"至高之善"，即尽量地赚钱和规避一切本能的生活享受，就是资本主义文化的社会伦理的最重要特征，此其一；其二，新教伦理认为，勤奋地从事世俗的职责，便是忠诚地履行神圣义务。资本主义精神就是"天职观念基础上的理性行为"，它产生于基督教的"世俗苦行"伦理。如果说清教的宗教改革使神圣的宗教世俗化，那么，"世俗苦行"伦理也摆脱了宗教的圣殿，而成为世俗资本主义经济制度中的生活方式。这样，"从人身上赚钱"作为世俗的职责，便与新教的"天职"观念统一起来；"天职"观念、"世俗苦行"伦理，便成为"从人身上赚钱"的神圣根据。这便是西方资本主义之所以产生的文化精神（即文化灵魂）的追寻。

顺着韦伯的理路，东亚地区日本及"亚洲四小龙"资本主义经济在西方资本主义高度发展并占有市场的经济环境中，在资本主义激烈竞争和自身缺乏自然资源的困境中，为什么能够崛起？为什么能与西方成熟的资本主义经济进行抗争而迅速发展起来？支撑着这项事业成就的背后，是一种什么样的无形精神力量？是新教伦理吗？显然不是。16世纪欧洲的宗教改革对东亚各国、各地区来说，几乎没有什么影响。因而，一些学者把东亚资本主义经济之所以崛起的文化精神的追寻，与被韦伯所否定了的儒家伦理联系起来，称之为"儒家资本主义"。①

儒家伦理的基本精神是：

1. 由血缘伦理到家族伦理。中国古代实行的是以血缘关系为纽带而组合起来的宗法制度。这种制度以家族为本位，由父子推及君臣，由兄弟推及朋友，而渗透到社会生活的各个领域，构成了社会的政治活动、经济活动和文化活动。家族伦理的核心是忠与孝。中国"忠"属于理智规范型，以"仁"作为"忠"的基础。日本的家族制与中国特别注重血缘关系的家族制有异。日本家族为了维护"家名"可以断绝与不肖子孙的血缘关系，而招无血缘关系的养子继承"家名"。由此衍生的家族伦理属于直觉情感型，对天皇、对家族的"忠"，是以认恩情和报恩为基础。② 儒家家族伦理形成一种无形的凝聚力，是促使儒家文化圈经济体在国际激烈竞争中能够继承发展的原因所在。世界华人经济发展和日本社会现代化的进

---

① 参见日本经济调查协议会监修：《东刀ジ刀地域の经济发展てモの文化的背景》，64～141页，东京，第一法规出版株式会社，平成元年。该书为非卖品，承蒙岛田虔次教授惠赠，十分感谢。

② 参见李甦平：《圣人与武士——中日传统文化与现代化之比较》，25～26、249～254页。日本沟口雄三教授认为："比较日本与中国的'家'，最大的不同在于中国是血统主义，相对于此，日本则是家族主义"（《儒教与资本主义挂钩吗？》，载《当代》，第34期）。

程，多与此相联系。有人认为，"家族式经营就是日本式经营的典范"①。儒家家族伦理认为，凡是家族的需要和利益就是善，违背家族的需要和利益就是恶。

> 叶公语孔子曰："吾党有直躬者，其父攘羊，而子证之。"孔子曰："吾党之直者异于是：父为子隐，子为父隐，直在其中矣。"②

儒家伦理以孔子的"孝""慈"为出发点，所以父子相隐，其中蕴涵着"直"的道德。他以家族为道德价值尺度，评价善恶。

2. 和合伦理的整体精神。儒家注重群体意识、整体思维，为维护整体需要和利益，倡导和合伦理，主张"和为贵"③。《周易·系辞下》和《说卦传》都讲天道、地道、人道三才，构成生存、意义、可能三界的整体化结构。所谓三才之道，是指天、地、人融突而和合化的整体自然观、人生观、价值观；所谓天、地、人的融突和合化的伦理，是指以仁与义为基础的，以达到三才和谐的道德。这种整体的团队精神，使日本企业在生存冲突中紧密联系成一个集团。这个集团也遵守诸如家庭、幼儿园或学校等团体的相同规则。这个集团把工人、职员和经理，包括银行、商人和顾客以及参与投资入股的生产零配件的公司，组成一个巨大的关系网。成员在这个关系网内部要同心同德，团结互助，"和谐高于一切"④。这种集团外的排他性和集团内的和谐性，构成了竞争和协调的和合。"和"是日本企业内在的精髓⑤，是日本企业的生命之源。中国亦以和的伦理作为社会

---

① ［日］中野忠良：《日本企业经营的秘密》，2页，哈尔滨，黑龙江科学技术出版社，1986。这是对12个最大企业的调查。盛田昭夫认为："企业管理的全部秘密就在于家族意识"（《盛田昭夫与索尼公司》，153页，长春，吉林大学出版社，1989）。

② 《子路》，见《论语集注》卷七，56页。

③ 《学而》，见上书卷一，3页。

④ 王守华、卞崇道：《日本哲学史教程》，522页，济南，山东大学出版社，1989。

⑤ ［日］梅原猛：《从文明论看日本教育》，载《临教审通讯》，1985（5）。

活动的最高原则。这就是说，整体或团队伦理的核心便是和合。

在新教伦理和儒教伦理差异的分殊中，各种社会活动的方式、形态、结构之差异，实乃文化伦理精神之差异。即使是新教文化区或儒教文化区内，由于文化传统的差分，社会活动亦大相异趣，如中国、日本、韩国、新加坡。进而言之，属于同一儒教文化圈的同一形态的社会活动，也由于社会文化伦理精神的差异而不同。日本与韩国都保留着儒教团队（集团）文化伦理：

> 日本"家"的概念是被扩大了的、具有虚幻性质的"组织"，因此，"家庭"中的秩序，就不能仅仅依靠"孝"来维持，所以，"家庭"中奉行的是"忠"的原则。①

在韩国，家庭完全是由血缘关系构成的。在家庭中，"孝"是最基本的伦理观念，"孝"确立了家庭中的主要秩序。②

这就是说，日本以"忠"的团队伦理而使社会具有较强的内在凝聚力，韩国以"孝"的集团伦理而形成社会内在的生命力。两者虽社会活动形式稍异，但都获得了社会现代化的成就，这凸显了社会现代化成就背后的伦理精神的力量。

## （二）社会伦理的和合伦次

伦理道德渗透进社会的各个领域。人与人、人与社会的冲突，归根结底，一言以蔽之，就是利益的冲突和需要的冲突。所谓利益，是指需要和需要强度的关系。人与对象之间一种现实的、能满足人的某种需要的关系，或实现人的某种理想和愿望的关系，就是利益关系。孔子说"见利思

---

① ［韩］金日坤：《儒教文化圈的伦理秩序与经济》，122 页，北京，中国人民大学出版社，1991。

② 参见上书，112 页。

义"，"利"即利益。孟子见梁惠王，首论"义"与"利"，即道义与利益的关系。孔孟以"义"作为应当与不应当得到"利"的价值标准和尺度。其实，说到底，人的一切有情感、有意志、有意识、有目的的活动，都是为了实现某种利益，包括物质的、精神的利益。不过利益是分层次、类型的。孔孟所说义，就是公利；利，是指私利。道德与利益的冲突，往往与公与私相联系。

笔者在《新人学导论——中国传统人学的省察》一书中，认为利益的冲突，是不同层次的冲突——生命利益、个体利益、群体利益、民族利益、世界利益、宇宙利益六个层次的冲突，并有详论。[①]

利益，换句话说，是人的需要在一定社会关系中的具体表现。需要是有机体、人和整个社会的一种特殊的摄取状态。人又是特殊的有机体，它既是自然人，又是社会人，而具有二重性，使人的需要也具有二重性，即自然性的需要和社会性的需要。马斯洛认为人类的需要是一种本能。它既是依生物系谱上升指向逐渐变弱的低级或生理需要，又是依生物进化上升指向逐渐变强的高级或心理需要。具体概括为五个层次：生理需要→安全需要→社交需要→自尊需要→自我实现需要。[②] 马氏需要层次论的失陷，是他在确定需要层次时，把人放在静态中来考察，忽视了动态的变化；把需要作为"自然人"的先在观念模型的"自我实现"，脱离了一定社会条件和文化背景。笔者认为应补充"理想价值实现需要"[③]，包括理想人格实现需要和理想社会实现需要，为需要六层次，与利益六层次相对应。需要是人的活动的内在动力，即所谓动机。

道德动机是作为主体的行为者与道德环境相互作用而发生的。主体因

---

① 参见拙著：《新人学导论——中国传统人学的省察》，181～185 页。
② 参见马斯洛：《动机与人格》，40～54 页。
③ 参见拙著：《新人学导论——中国传统人学的省察》，185～189 页。

对道德环境中的人与人、人与社会的关系、人的品质境界、行为活动的认知、体验而形成自身某种需要。道德需要是一种内化的道德价值与升华的道德关系。由道德需要转化为道德动机（包括兴趣、意图和信念）；由动机转化为行动；由行动转化为结果，即道德目标的实现。

社会伦理学是对于利益与需要六层次的合理、公正的调整、协调，融突而和合。据此，建构社会伦理道德和合层次：

1. 生命道德和合。这是依据生命利益和生命需要而建构的伦理道德。人追求衣、食、住、行、性等生理活动的需要和利益，知、情、意等心理活动的需要和利益，是生命道德所要求的。生命道德是人最普遍的道德，活在社会上的每一个人，都必须获得生命（身、心）所需要的利益，以及生命延续和发展所需要的利益。获得生命所需要的利益的手段与方法，是否应当？是否合理？是否合乎"道"？这些问题便蕴涵着生命道德和合。譬如说贫穷和卑贱是人人希望摆脱与舍弃的，若不以正当的，即道德的方法和手段舍弃它，就不去做。按照生命道德和合，人在获得生命所需要的利益过程中，必然与他人、社会、自然发生关系，以至发生激烈的竞争、冲突等，而需要协调、融合，从而发生道德关系，如人际伦理道德、社会伦理道德和自然生态伦理道德等。

2. 个人道德和合。所谓个人，是对个性化了的、作为道德主体一分子的抽象。它是以自然生物体个人与社会历史性主体个人为自然生理基础和社会交往条件。个人道德，是依据个人利益和个人需要所产生的道德。个人作为组成集团、群体的基本"细胞"，是一切道德的核心或中心，是辐射源。因为一切道德（包括最高层次的理想道德和最低层次的生命道德），都要通过个人道德来体现或由个人道德来实现。

个人的活动必然与他人、集体、社会、国家、民族、自然等发生广泛的联系，构成道德关系。以人际关系而言，由于现代信息、交通、社交的频繁性、多样性，人际交往中亦出现多样关系。诸如父母、兄弟姐妹、夫妻、宗亲等的血缘关系，同学、师生（师徒）的学缘关系，同乡同里、乡亲父老的地缘关系，同行、同业、道友的业缘关系，同志、同事、老板与雇员、上下级之间的事缘关系，旅客、游人、顾客、观众萍水相逢的机缘关系。血缘、学缘、地缘、业缘、事缘、机缘，关系错综复杂。在这形形色色的人际关系中，究竟有几种最一般、最基本、最关键的关系，有几种伦辈关系，是值得现代人做出概括和总结的。

缘就是人与人之间的缘分。这种缘分被纳入一定时代、民族、国家、社会活动运行机制，便构成伦理关系。中国古代思想家限于其时代文化、经济、政治、制度背景，对错综复杂的人际关系进行了相应概括。孔子总结为"君君、臣臣、父父、子子"①，即君臣、父子两伦；战国时，孟子发展了孔子思想，明确提出"教以人伦：父子有亲，君臣有义，夫妇有别，长幼有序，朋友有信"②，增加了夫妇、长幼、朋友三伦，并对有的伦提出了道德规范。孟子的概括较孔子实用。荀子有鉴于长幼关系的内涵不明确，改为兄弟一伦。"君臣、父子、兄弟、夫妇，始则终，终则始，与天地同理，与万世同久，夫是之谓大本"③。在以宗法的家庭扩大型为中心而建构的国家中，家庭既是庞大的国家、社会的基本"细胞"，又是人际、社会、国家各种纵横关系的核心网络。因此，五伦中，家庭便有三伦，并由父子扩大为君臣，兄弟推及于朋友，体现了家国同构的特征。

此五伦的概括，完全符合中国社会人际关系的实际，两千多年来得到了普遍认同和强化。近代以来，由于社会环境的变化，开始了对传统

---

① 《颜渊》，见《论语集注》卷六，51页。孔子的学生子夏说："贤贤易色；事父母，能竭其力；事君，能致其身；与朋友交，言而有信"（《学而》，见《论语集注》卷一，2页）。涉及夫妻、父子、君臣、朋友四伦。

② 《滕文公上》，见《孟子集注》卷五，39页。

③ 《君子》，见《荀子新注》，408页。

伦理的批判。韦政通转述了贺麟在抗日战争时写的《五伦观念的新检讨》一文的观点：（1）注重人以及人与人的关系，不十分注重人与神、人与自然的关系，即重道德价值，而不甚注重宗教、科学价值。（2）维系人与人间的正常永久关系。五伦一经信条化、制度化、发生强制作用，便损害个人的自由独立。（3）以等差之爱为本而善推之。这不单有心理基础，而且似乎也有恕道或絜矩之道作根据，是最讲人情的。（4）以常德为准而竭尽片面之爱或片面的义务。检讨传统观念，去发现最新的近代精神。①

韦政通补充两点：（1）传统的社会结构和伦理实践的方式，似乎不能实现普爱的理想，以家族为中心的社会，跳不出差序的格局；（2）把常德解释为柏拉图的理念或范型，是一种很有意义的理解。②

台湾在 20 世纪 80 年代初，由于经济的发展，传统五伦在工业社会中遇到种种困惑，而提出第六伦的观念③，后称为群己关系。④ 又有人提出第七伦，即天（神）人关系⑤等。其实在中国古代，五伦并不是仅指个人与个人关系，实蕴涵群己关系。君既是个人又是国家的表征，臣民对于君，便有群己的意蕴。儒家所说的仁者爱人的人，是一个类的概念。在个体与群体关系中，强调群体或整体价值。⑥ 群己关系说到底是一种利益关系，并以义利之辩来协调这种利益关系。在和合学伦理体系中，群己关系属于集体道德层次，天人关系属于生态伦理学领域。

---

① 参见韦政通：《伦理思想的突破》，12～15 页，成都，四川人民出版社，1988；贺麟：《五伦观念的新检讨》，见《文化与人生》，51～62 页，北京，商务印书馆，1988。

② 参见韦政通：《伦理思想的突破》，15～16 页。

③ 参见李国鼎："民国七十年代"社会学者面临的挑战，载《联合报》，1981 - 03 - 15；《经济发展与伦理建设——第六伦的倡立与国家现代化》，载《联合报》，1981 - 03 - 28。

④ 参见孙震（吴惢）：《群己关系——为第六伦命名》，载《联合报》，1981 - 03 - 18。

⑤ 参见李震：《论精神污染与道德建设》，载《益世》，1981 - 05。

⑥ 参见拙著：《传统学引论——中国传统文化的多维反思》，140～148、190～194 页。

　　人类再生产，必然是"男女构精"或"夫妇合气"，于是夫妻亦是基本的人伦关系。尽管现代社会离婚率升高，非婚生婴儿增加，亦非要求"从一而终"，但夫妻关系仍以不同形式（譬如同居等）构成一伦。古人以夫妻为"人伦之始"。

　　在现代高科技、高信息社会，三代、四代同堂的大家庭已逐渐解体，双亲、单亲小家庭仍然存在。只要人类自身维持再生产，子女与父母的关系，仍然是最基本的人伦关系。试管婴儿是非正常的人类再生产形式。尽管再婚家庭有一方并非亲生子女，但可维持父子、母女关系。师徒、师生可归入这一伦。

　　兄弟一伦在中国逐渐削弱，逐渐被同学、同事、同行、同业、同志所代替，后者可归属朋友一伦。此伦有扩大的趋势。但其他民族、国家仍然存在兄弟一伦。

　　君臣一伦实质上已废除，即使一些国家维持着君主的名义，但本质上已非君主专制制度下的君臣关系。在现代，无论是何种制度，政府的各种机构、企业、工厂、商店、学校、文化团体等在运作中，仍然存在领导与被领导、雇主与雇员、上级与下级的关系，可称谓为上下一伦。

　　现代社会人际交往扩大化、频繁化，人们通过旅游参观、购物乘车，越来越多地与原不熟悉的陌生人发生关系，此关系可称为人己关系，为人己一伦。

　　总括人际的种种错综复杂关系，为夫妻、父子、朋友、上下、人己五伦①。此为现代社会最基本的人伦，其他人际关系的人伦，都可以归入此

---

　　① 此人伦的次序，与《周易·说卦传》合："有天地，然后有万物；有万物，然后有男女；有男女，然后有夫妇；有夫妇，然后有父子；有父子，然后有君臣；有君臣，然后有上下；有上下，然后礼义有所措。夫妇之道，不可以不久也，故受之以恒。"

五伦。协调、调整、完善此五伦的原理、原则、规范，便是伦理。

3. 集体道德和合。这是与集体利益和需要相联系的道德层次。社会学上把人群分为个人、群体和集体三类。"群体"是按照某种相同或相似的特征来组合或划分的人群[①]；也被理解为其应用范围既可以大至整个社会，也可以表示每个社会成员对所有其他成员都非常了解的面对面的小群体[②]。"集体"相对于个人而言，相当于整体或社会范畴，它包容整体或社会所包容的范围；通常被理解为个人与整体、个人与社会的关系。集体是作为整体的、社会的抽象概括。这与把"集体"作为"一个有组织的群体，其成员由于对整个群体和每个个人有意义的共同价值、共同活动目的和任务而结合在一起"[③] 的理解有异。

集体在具体层次上，可理解为个人与代表整体或社会的国家的关系。集体道德和合，也有层次之分：如群己关系，群体是由个人组成的，个人是群体中的个人。群体提升为集体，个人与集体关系与群己相同。每个个人都有经济的、物质的、政治的、文化的、精神的需求，构成个人利益，而与集体的国家、社会利益发生冲突。如逃税漏税损害社会国家经济利益，"制黄贩黄"污染社会风气和民族精神，等等。这都是以个人不正当的利益，构成与集体利益的冲突。个人利益之为正当利益，应与集体利益保持道德价值目标、道德手段和目的上的一致性。社会依据当时实际情况相对公平地提供给每个个人利益，个人依社会道德尺度合理节制个人欲望。是为群己关系一伦。

---

① 参见夏伟东：《道德本质论》，217 页，北京，中国人民大学出版社，1991。
② 参见［美］戴维·波普诺：《社会学》（上），刘云德、王戈译，285 页，沈阳，辽宁人民出版社，1987。
③ A. B. 彼得罗夫斯基等：《集体的社会心理学》，68 页，北京，人民教育出版社，1984。

集体道德和合的另一伦为公私关系。[①] 公是一定社会历史条件下国家、民族乃至全人类的根本利益所系的价值导向和主体内心的精神世界的理想价值、价值指向；私是主体在自己的行为活动中追求实现的自利目标、结果与主体自我意识中的价值导向。在具体规范上，诸如"对公共财物应节俭廉洁，以消除浪费与贪污；对公共环境应维护，以消除污染；对公共秩序应遵守，以消除脏乱；对不确定的第三者之权益，亦应善加维护和尊重"[②] 等，决不损公肥私，化公为私。发扬为人民大众服务的精神；国家、民族至上的爱国主义精神；为人民的富裕、幸福而前仆后继，不怕牺牲自我的精神；为人类的和平、民主、自由而顾大局、识大体的精神；等等。批判为自己而损害公家、他人的自私精神，为私利而出卖国家、民族利益的自利精神；"人不为己，天诛地灭"的为己精神；等等。

4. 人类道德和合。人类道德是与全人类的利益和需要相联系的，并以人类的利益和需要为价值取向、价值目标的活动。在这个世界上，人类是被分为不同的种族、民族、国家的；不同的种族、民族、国家有不同的风俗习惯、语言文字、心理结构、价值观念、思维方式、审美情趣，不同的社会政治制度、经济体制、文化背景、宗教信仰，并占有一定范围的土地、资源、人口；等等。

对于不同的种族、民族、国家之间，以及一个国家内的不同种族、民族之间的相互冲突，不应当采取种族、民族歧视甚至消灭的手段。诸如美洲"土著人"（Indigenas）[③] 目前仍有人口数千万，部落数百个，语言

---

① 参见拙著：《中国哲学范畴发展史（人道篇）》，第六章《公私论》，213～214 页；[日]沟口雄三：《中国的公》，见《中国の思想》，73～82 页，东京，放送大学教育振兴会，1991。

② 韦政通：《新伦理的讨论》，见《伦理思想的突破》，227～228 页。

③ 以往称美洲"印第安人"（Indios），是哥伦布犯了历史性错误的结果，而所谓"亚美利加人"（Americanos），是从地图绘制师韦斯普奇（1454—1512）流传下来的。为了消除这种历史误解，现称"土著人"（《土著文化灭绝的阴影》，载西班牙《改革十六》周刊，1995-02-13，转引自《参考消息》，1995-04-18）。

1700 多种。时至今日，他们仍然被歧视，受欺凌，基本人权、生存权得不到保障。

在美国，为了寻找铀矿，把纳瓦霍人从他们的新的保留地上赶走，在政府所知道的 547 个部落的 180 万登记的土著人中，有 60 万人生活在贫困线以下，有 9.3 万人无栖身之所。

更有甚者，一些土著人部落要被迫"接受文明社会竭力避而远之的东西：有毒废物、火化场、核废料场等"[1]。在墨西哥，地主们四处追赶在恰帕斯州的拉坎敦人部落的玛雅人。在哥伦比亚与委内瑞拉接壤的边境地区，"垦殖者则把瓜希沃人当作猎物来捕杀"。"在厄瓜多尔，曾被橡胶公司赶走的苏亚雷人，现在又被石油开采者们赶走了"[2]。在加拿大的 10 万因纽特人，以捕鱼和狩猎为生。"但矿业开采和各种军事演习与训练对他们的正常生活构成了威胁。"[3] 一些"土著人"被消灭，美国的切罗基（人）只不过是一种汽车的型号。不同种族、民族、部族应该和生、和处、和立、和达、和爱，绝不能让第二次世界大战时，希特勒屠杀犹太人的罪恶重演。这是己族与他族的关系，为人类道德和合的一伦。

现代世界，政治制度不同，经济发展不平衡，出现了发达国家、不发达国家和发展中或转型中国家等类型。一般来说，发达国家为富国，不发达国家为贫国。就人口而言，富国少，绝大部分人生活在不发达、发展中、转型中国家。这种贫富不均的差距无限拉大，是世界动乱的潜在威胁和危机。目前富国主宰世界经济，并以种种借口采取经济禁运、制裁、封锁等手段，威胁、压制一些不发达、发展中国家，使富国与贫国之间冲突加剧，因而需要协调，走共同富裕的道路。这样，富国与贫国关系为一伦。

---

①②③　《土著文化灭绝的阴影》，载西班牙《改革十六》周刊，1995 - 02 - 13，转引自《参考消息》，1995 - 04 - 18。

由于不同的宗教信仰,同一宗教内的不同教派之间经常发生冲突,甚至衍化成战争。如部族冲突和宗教冲突给卢旺达和阿尔及利亚两国造成浩劫[①];印度教与伊斯兰教教徒在阿约提亚区的夺庙冲突,导致辛哈政府的崩溃;伊斯兰教内部逊尼派与什叶派亦有冲突。己教派与他教派的关系,构成一伦。

5. 宇宙道德和合。宇宙道德和合是与宇宙利益和理想社会实现的需要相联系的,也可称为理想道德和合。现代环境污染、生态危机,不仅影响整个人类生存的地球,而且要影响整个宇宙。人类太空技术的发展,向太空发射各种各样的卫星和建立空间站。人类在开发宇宙中,要建立宇宙道德观念。倘若不讲求宇宙道德,一些国家把各种有害气体、废弃物、毒品排入、带入地球外太空,而不顾自然生态环境和人类的后代子孙,受害的不仅是他们自己和国家,而且危害人类。这便是人与自然的关系,在某种意义上可称谓为天人关系一伦。

从伦理道德和合的不同层次而观:生命道德和合是基础和出发点。人在生命的生存过程中,必然与他人发生各种形式的物质、能量、信息的交流、交往活动。我们从这种极为复杂的人际关系网络中,概括出最基本的五伦关系。人的生存只能发生在一定的社会、国家中,由此个人便与群体、集体、国家、社会发生利益、需要的冲突协调的关系,这种关系可以概括为群己、公私两伦。由集体道德和合再外推即是人类道德和合。人类虽亦是集体,但却是不同社会、国家的总和的大集体,这一层次的道德和合可概括为己族与他族、富国与贫国、己教派与他教派的三伦关系。由人类而宇宙道德和合,有天人关系一伦。这样共为十一伦。这便是和合伦理道德五层次十一伦,其图式如图 13-3。

---

① 参见《不偏不倚政策给一些国家造成混乱》,载英国《卫报》,1995-04-14,转引自《参考消息》,1995-04-18。

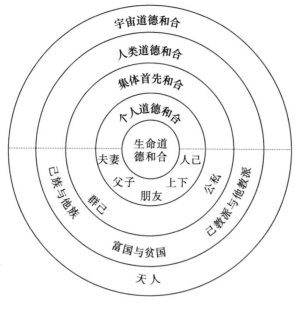

**图 13 - 3**

### （三）社会伦理学的理论建构

生命所面对的个人、集体、人类、宇宙（理想）是共同的，又是不同的，因为他所面对的是人观中的世界，其他生命体所观中的世界则与人观异。宇宙、人类、集体、个人所递相面对的生命，则是分殊的。因而和合社会伦理学的规范、原则亦异。

社会伦理学是人类社会的交往伦理学，它的基本原则是仁爱和礼义的中和之道。它的和合原理，即作为五层次的共同原理，便是 21 世纪及以后各世纪人类的和生、和处、和立、和达、和爱五大原理，亦即五大中心价值。具体而言，相对于生态伦理学的公正、无私、平等三原理，社会伦理学倡导正义、公平、仁爱三原理。

1. 社会正义原理。所谓正义，是指一种公正的道理和价值取向。荀子曾说"不学问，无正义，以富利为隆，是俗人者也"①，是指不学习、崇尚财富和功利而不讲正义的人，是庸俗的人。此处直接涉及道德评价。

美国伦理学家约翰·罗尔斯（John Rawls，1921—2002）著《正义论》②。他是以社会基本结构的正义为最高理想，以正义的合理性为基本视角，而不是以最大利益或最大限度的幸福为最高理想，和以自明的直觉原则或完善论的目的论为基本视角的义务论伦理学。正义观念的基本前提，是"作为公平的正义"，其基本的内涵是指社会的每一个公民所享有的自由权利的平等性和不可侵犯性。这种权利来自社会正义秩序。社会是人类必需的合作形式，但在社会合作中谁都想获得较大利益的分配，便产生利益的冲突，就需要社会正义原理、规范来指导人们进行利益选择。正义的社会选择原则何以确立？必具正义的社会合作才有可能，譬如各个个体的计划需要"共同适应"和"相互共容"，公正一致和行之有效的实现方式，以及稳定的社会合作。这样社会正义原理就"提供了共享社会基本结构中的各种权利和义务的方式，并规定了社会合作的利益与职责的适当分配"③。

傅伟勋对罗尔斯正义理论的体认是，现代伦理学必须划分"巨模伦

---

① 《儒效》，见《荀子新注》，105 页。

② 《正义论》，剑桥，哈佛大学出版社，1971 年英文版，何怀宏等译，北京，中国社会科学出版社，1988。与罗尔斯相对的是诺齐克、哈耶克的"程序正义论"，否定罗尔斯正义原则中心第二原则——差别原则，并强化平等原则，从而回到了传统的自由主义。罗纳德·德沃金（Ronald Dworkin）是以权利为基础建构的正义论，他以人应得到平等的关心和尊重的权利出发推出正义理论，与罗尔斯有相似处。普林斯顿的迈克尔·瓦尔策（Michale Walzer）提出不以个人权利为基础，而以共同理解的社会意义为基础的正义论。社会正义的关键是社会的善或社会利益的分配原则：(1) 所有分配性正义所涉及的善都是社会的善；(2) 人们都拥有和运用社会的善；(3) 不存在贯穿所有世界的善的体系；(4) 善的分配标准与社会意义相联系；(5) 社会意义的分配随时间而变化；(6) 这种分配是自主的。他认为正义原则是多元的，因为评估每一分配安排和意识形态的标准不是单一的，不存在单一性规定原则，不存在单一标准，等等。这种正义论也受到德沃金等的批评。[韩震：《当代西方的另一种正义理论》，载《哲学动态》，1995 (4)]

③ [美] 罗尔斯：《正义论》，2～3 页；万俊人：《现代西方伦理学史》下卷，685 页，北京，北京大学出版社，1992。

理"（macro-morality）与"微模伦理"（micro-morality）。"前者略等于传统儒家所说的外王之道，亦即政治、社会意义的伦理道德（一般所谓公共道德），后者类似儒家内圣之道，亦即个人（以及家庭范围内的）道德"①。傅氏指出：儒家道德的理想主义的内圣之道，已不是伦理学的中心课题。因为传统儒家从未针对99％的人不愿亦永远不会做圣人这个经验事实，而没有解决与内圣无直接关系的巨模伦理问题。

> 直至今日除了死守"自内圣之道自然推出外王之道"的古老观念之外寻找不出另一理路，重建现代化意义的新儒家道德哲学。②

这个批评是合理的。若从现代化意义上说，不仅"巨模伦理"需要重建，而且"微模伦理"亦需重建。传统儒家的内圣之道在诸多方面已不适应现代的需要。这两个方面都要重建，这是和合社会伦理学的要求。

社会伦理学的正义原理作为从生命道德和合到理想道德和合的五层次共同原理，它要求合理地调节人的生命生存自由权利；个人拥有平等的自由权利，以保障个人在人格和尊严上的平等和给每个人以平等的竞争机会，使人通过自己的努力减少不平等差分；国家、社会、集体保障每个社会成员以最广泛的基本自由的平等权利，和权利与义务、集体利益与个人利益的分配的公正；个人对于社会、国家、集体的义务、责任的完成和奉献，人类道德层次的各种族、民族、宗教一律平等，富国与贫国的国际分配的平等互利；宇宙道德层次的人与生态的公正平；等等。

2. 社会公平原理。它是衡量社会发展和社会在满足人的基本权利和需求，以及实现人的和立、和达上所达到的水平。罗尔斯从正义原则出

---

①② 傅伟勋：《从西方哲学到禅佛教》，30 页，台北，东大图书公司，1986。傅氏的"巨模伦理"与"微模伦理"是从罗尔斯的"最大限度"（maximum）和"最小限度"（minimum）观念中得到启发的。

发，主张限制或尽可能地消除人实际上的不平等，为此，最基本的就是使社会的基本权利和利益分配臻于公平合理。公平原理：一是指阐述怎样通过自愿地做各种事情来承担职责，二是指提出所涉及的制度要符合正义的条件。① 这里所说的"职责"，是指人在社会合作中所公平承担的份额或负担。但西方亦有人认为，财富的公平分配会导致社会道德沦丧。这种看法有其片面性。

在当代，公平原理包括政治权利的平等、规则的平等（即法律面前人人平等）、经济竞争的机会平等、运用社会稀缺资源的权利平等、劳动价值平等、竞争过程平等和收入分配的平等，以及无论个人的经济状况、政治地位如何差分，个人的尊严和价值是同等的，人格上是平等的，与此相联系的作为个人的生命的生存权和发展权是平等的。这就是说，把公平简单地理解为经济竞争的平等和收入分配的平等是片面的②，它应该涵摄政治的、经济的、伦理道德的平等，这才是和合学的社会伦理学的公平原理。

3. 社会仁爱原理。社会正义、公平原理的运作机制，除有赖于外在的法律、礼制来维护、保障和协调外，还需要依靠每个人内在的仁爱之心的外推、发出和灌溉。

"仁者爱人"，"仁者，人也"。爱人之仁，生生之仁，就其最本质、最原初的意义讲，是对人与社会、人与人关系的一种道德规范，是一种人文准则和尺度。对于人与人之所以有相爱之心，孟子发现了人的一个最基本、最普遍的族类情感，即"人皆有不忍人之心"③。这种不忍人之心，

---

① ［美］罗尔斯：《正义论》，332 页。成中英在《论孔孟的正义观》中认为，罗尔斯在《正义论》中有许多问题未提出也未回答，其中就有：人的正义观念何来？人的正义观念如何完成？他认为中国儒家孔孟对这些问题已做出回答。参见成中英：《文化·伦理与管理》，198～223 页。

② 参见王晓升：《公平与效率关系之我见》，载《哲学研究》，1994 (5)。

③ 《公孙丑上》，见《孟子集注》卷三，24 页。

是"得夫天地生物之心以为心"①。天地生物之心无所偏爱，人人平等。以这种不忍人之心对每个人，便是爱心，"以不忍人之心，行不忍人之政，治天下可运之掌上"②。以不忍人之心推行于政治，对每个社会成员充满爱心，使人人在政治权利与经济利益分配以及人格尊严上充分体现正义、公平原则。就此而言，仁爱原理是社会正义、公平原理的人性根基。

人人互爱，兼爱博爱，是人能够和合为群体的内在道德根据，是人类能够组织化为社会的外现的文化特征。人与人相互怨恨，只能发生冲突，导致战争，甚至毁灭人类。因此，爱与生相关联，恨与死相为伴。董仲舒认为，"仁之法在爱人，不在爱我。义之法在正我，不在正人"③，因而主张正谊不谋利，明道不计功。但董子所正之谊，实不是完善的义；所明之道，也不是和合之道。仁以爱人，己亦为人，也要自爱；义以正己，人亦为己，也须人正。人己关系本是和合社会关系网络上的结构要素和功能单元，只有放在人类和合体内部，才能按和合人文精神，协调好个人与个人、民族与民族、国家与国家，以及身、家、国、天下彼此之间的交往关系。

专去爱人，可能流于阿谀；单来正己，亦会陷于自虐。董子之言若作为"补偏救弊"的话，故有其一定时空中的针对性，倒也无妨；若以此为"天理""良知"，岂非以仁杀人，以义害己！秦汉以来的伦理学说，多有成事不足、败事有余之弊。孔子早就点破关节："中庸之为德也，其至矣乎，民鲜久矣！"④ 中者不偏不倚，无过不及；庸，平常，用。仁义之道既不偏仁，又不偏义，既仁且义，方是中庸之道，才是"明德"，人际交往才能"止于至善"。

---

① ② 《公孙丑上》，见《孟子集注》卷三，24页。
③ 《仁义法》，见《春秋繁露义证》卷八，250页。
④ 《雍也》，见《论语集注》卷三，26页。

仁义中庸之道的偏倾、偏废或极端化，是社会人际关系现实对抗和历史冲突的道德表征。偏仁则宽，人心涣然失散；济之以猛，多有冤枉；偏义则猛，人心惕然紧张；济之以宽，几近放纵。两偏交替，宽猛振荡；人际摩擦，社会内耗。所以才有一治一乱、治久必乱、乱久必治的政治轮回，才有一善一恶、善久生恶、恶久反善的道德颠沛。

人道若只有忠孝之类，便会一团和气，同流合污，优柔寡断，反受其乱。故《说卦传》曰："立人之道，曰仁与义"①。这就是说，仁爱原理应包含礼义原则。这样仁爱才能柔而不溺；有了仁爱原理，礼义才能刚而不烈。阴阳互补，刚柔相济，是天地的道德原则。人以天地为本根，人道只有按照仁爱与礼义相对相济的方式，既有乾道的自强不息、相与进取，又有坤道的厚德载物、彼此相容，才能使社会伦理道德五层次十一伦，协调和谐，文质彬彬。

"夫子之道，忠恕而已矣"②。忠孝属仁，能恕须礼。元典儒学的人学伦理，已初步领会了仁义互济的人际交往之道。所谓"文武之道，一张一弛"，正是这个意思。凡相反者皆相因，凡相因者皆相成。如此道理，简单明白，平铺直放，"直方大，不习无不利"③。直心（仁爱之心）曲行（以权达道），方能立天下的大本。周敦颐所谓"圣人定之以中正仁义，立人极焉"（《太极图说》，见《周子全书》卷一），讲的不外乎人际交往之道。

上述社会伦理学的正义、公平、仁爱三原理，从更深的层次上讲，是人际冲突、善恶波动、社会对抗、治乱循环的原因之一，在于人的自主性与依他性之间的不和谐、失平衡。每一个人、家庭、民族、种族、国家、

---

①《说卦传》，见《周易正义》卷九，《十三经注疏》本，94页。

②《里仁》，见《论语集注》卷二，15页。

③《坤·六二》爻辞，见《周易正义》卷一，《十三经注疏》本，18页。

社会和人类，要自我生存、自我完善、自我实现和自我发展，有两个和合条件需要满足：

一是自己的自主性要充分发挥出来，既要自作主宰，振作精神，又要自我反省，约束冲动，做到自由和自律的内在融突而和合。

二是个体的依他性要系统明确起来，既要依靠他人，求得资助，又要周济他人，博施恩惠，即做到依他与利他融突而和合。

两个和合条件，只要失去平衡或有一个不能满足，甚至受到蔑视，那么，社会人际交往就会或陷入利己主义、极端个人主义，或陷入利他主义、极端群体主义。如此，必然导致宏观水平上的社会动乱和结构震动。人性融突和合本质的片面理解和偏极发展，是社会关系冲突的最内在的道德根据。

解决冲突的办法在于人己融合。人己融合可以在个体、家庭、民族、种族、宗教、国家、社会及至天下等不同水平、层次上以不同的方式实现，但其中的融突和合机制是一致的。

第一，在欲望上不是寡欲、无欲或"灭人欲"，而是依"己欲立而立人，己欲达而达人"的积极的仁爱原理，调适自己的一切交往活动和认知活动，次序人己之间的道德情感关系，使其成为从己到人的有序融突和合结构。

第二，在行为上是依"己所不欲，勿施于人"的理性原则和礼义原则，制约自我的践行活动。法国大革命后，罗伯斯庇尔于《一七九三年法国宪法》中《人权宣言》的第六条引述了孔子的格言。此条全文为：

> 自由是属于所有的人做一切不损害他人权利之事的权利，其原则为自然，其规则为正义，其保障为法律，其道德界限则在下述格言之中，"己所不欲，勿施于人"。[1]

———————————

[1] 《法国宪法集》，80页，巴黎，1970。

协调人己之间的道德利益关系，使其具有从人到己的超序融突、和合结构。

第三，知行合一，人己协调，从己到人与从人到己首尾相连，良性回环，形成一个优美而完善的和合大圆圈，如"太极图"，如图 13 - 4。

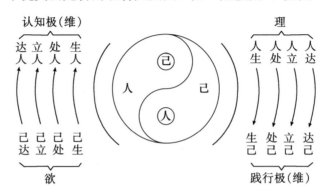

**图 13 - 4　人己道德和合太极图**

在这里，笔者把社会伦理学的五层次道德融突和合与十一伦，进一步内化提升，概括为人与己的关系。这里的人与己都是相对待而言的。譬如相对于宇宙道德层次，人类道德层次便是己，宇宙道德层次就是人，依此类推。其范畴逻辑和合结构图式如图 13 - 5。

人己道德和合体是涵括知行合一、理欲合一、天人合一、人我合一的复杂的社会交往系统。这种合一的形式是一而二，二而一。要落实这一系统解决方案，必须建立一系列以和谐、协调人己关系为宗旨的具体规范，及社会伦理学学科群。

个人道德和合的五伦，是人日常生活中最日用、最切近的道德规范。如夫爱妻恭，爱是爱护、爱恋、爱戴妻子；恭是恭敬，简言之是夫妻互爱。父慈子孝，慈是慈爱、和善或慈祥；孝是敬养父母，即赡养和尊敬，简言之是父子互亲，亲是亲爱、亲善、亲密之意。朋友互信，信是信用、守信、相信、信任、信实等。上下互敬，敬是敬重、敬爱、敬意。人己互诚，诚是真诚实在、诚实真挚、诚恳无欺。这便是爱、亲、信、敬、诚

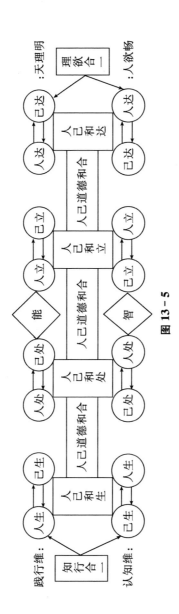

图 13 - 5

人际关系五伦的道德规范。

集体道德和合、人类道德和合、理想道德和合的群己、公私、己族与他族、富国与贫国、己教派与他教派以及天人关系六伦，均可按正义、公平、仁爱三道德规范来处理。

当今伦理学，最大的失足是该分的不分，不应分的过度分化，使伦理学名称极度泛化。几乎每一种社会分工现象，就有一种伦理学，使伦理学学科极度混乱，结果是各色各样的伦理学之间发生无规则的"规范游戏"，既无伦亦无理，道德分裂。同时，人际交往活动错综复杂，应差分为不同层次的伦理，而不管夫妻、父子、朋友、上下、人己，一律以同志、师傅称之、处之，又有失之简单之弊。

和合学所建构的社会伦理学，在于使各种"原子伦理学"，和合为"分子伦理学"，再和合为"细胞伦理学"，后和合成完整而不可分割的人学伦理学（或人际伦理学）。伦理作为人的最基本的交往道德规范，它的原理只能是和合的，不能是为某个人与某个民族、种族、国家特设的。这是道德规范与等级、阶级制度的区别。道德就其一般意义来说，就是公德，私德绝非完善意义上的道德目标。伦理只能是人际交往的大纲、总则。人际交往的细节是行为科学的研究对象，非道德科学的规范客体。

社会伦理学的和合使命，在于使道德和合从生存世界进到意义世界，实现"天下为公""万世太平"的道德价值理想。《礼记·礼运》篇所描绘的"大同世界"的人文精神状况，就是道德和合的第二境。

《礼运》篇的"大同社会"，即"大和社会"，是一种非科学的空想，而且具有不可能的、有违历史进程的价值取向。和合学的社会伦理学所追求的意义世界的道德和合，虽借用了"天下为公""万世太平"的传统语词，但已赋予它全新的科学基础和完善的人文精神。

道德和合中的意义境界，是生存道德和合境界之上的精神境界，它以生态学、生态伦理学和生态社会学为自己的科学基础。它的"天下为公"，是物我一体的无私原理在社会关系中的推行。天人交换尚需无私，人际交往岂能不公？这种公，是人己合一的公德，它形成于人际交往过程之中，而非先验的形上学理念。这种公德伦理，更根植于人性的和合本质之中，是自我内在价值尺度与他人外在价值尺度的合规范的道德和合产物。同样，意义境界中的"万世太平"，是道德和合原理贯彻后的自然后果。只要人与人之间达到了意义世界的和合，人类的道德生活的持久和平才能获得保障。但人与人之间的道德和合使命，只有落实到每个道德主体心灵之中，形成良心、良知之间的和合，才能完成，才是完善的。因此，意义世界的道德和合不能停留在公德、太平之境，必须进一步达到"保合太和"的道德至善之境。为此，就须完成心灵伦理学的逻辑反省。

## 四、主体对思维的道德控制

人类的道德交往活动，与其他交往活动一样离不开人的心理结构和社会结构。所谓心理结构，一般是指知、情、意结构。道德心理是指道德产生、发展的心理基础，道德认知、情感、意志的心理机制、过程和状态，以及心理失衡中的道德调节机制。从这个意义上说，道德心理就是道德心灵。这就是心灵伦理学所研究的对象。

### （一）思维道德的善恶反演规则

在中国伦理思想史上，思孟学派和陆王学派[①]的贡献，就在于为心灵伦理学的理论创建，准备了丰富的思想资料和基础。

---

① 思孟学派，指子思与孟子学派。陆王学派指陆九渊和王守仁的心学学派。

孟子说"心之官则思",思维是主体心灵的天然机能。心体虽一,其用可二。"道二,仁与不仁而已"。思路虽一贯,但其运动可互反。"反者,道之动"(《老子》第四十章)。为善为公,心之正;为恶为私,心之邪。反正为邪,反邪为正。邪正、善恶、理欲,其别几希,即在一念之际。周敦颐说:"诚无为,几善恶"(《通书·诚几德》,见《周子全书》卷七)。"诚"为"纯粹至善者也"(《通书·诚上》,见《周子全书》卷七)。"几"为"动之微",动便有善恶形矣,其分析甚有力度。孟子注重道德认知、情感、意志的心性根据。他以仁义礼智的恻隐、羞恶、辞让、是非四端之心的非由外铄的自发说,对经验层次的道德现象进行心身体验和价值判断。

以心性为基础的善恶活动是一种互动关系。"爱人者人恒爱之,敬人者人恒敬之"①。你爱人而获得他人对你的永久的爱,这是基于善的心性的善的道德行为。

> 吾今而后知杀人亲之重也,杀人之父,人亦杀其父;杀人之兄,人亦杀其兄。然则非自杀之也。一间耳。②

杀人之父之兄与杀己之父之兄,其实无所差别,换言之,爱敬人之亲,人亦爱敬己之亲。这是基于善恶的心性的善恶的道德行为。这里孟子虽未揭发善恶活动的互动关系的根由,但蕴涵着由本心本性使然之意。一心之内有公私,一念之际抉善恶,正是陆王创立心学的真正动因,故言"圣人之学,心学也"。

道德是以规范、原则、理想的方式指导人的动机与行为的实践精神活动。道德活动的实践精神,是一种主体以意识到自己的主体地位为条件才

---

① 《离娄下》,见《孟子集注》卷八,65 页。
② 《尽心下》,见上书卷十四,111 页。

具有的精神，它以主体的需要、情感、意志的冲突融合，构成主体内在的尺度；它不以真假、美丑概念来认知、表现世界，而是以善恶范畴评价世界，将世界现象分为善的与恶的、正当的与不正当的、应该的与不应该的两方面，赞扬前者，贬斥后者，以完善世界。[①]

道德思维道路的善恶反演，是人类道德心理活动的基本法则。其作用机制在于：思维的运行是按逻辑规则进行的，而逻辑规则是反演对偶的。例如：同一律 $A＝A$ 是自相反演、自相对偶，即 $A \rightarrow A \cap A \leftarrow A$；矛盾律与排中律正好对偶反演：$\overline{A \wedge \overline{A}} \Rightarrow A \vee \overline{A} \cap A \vee \overline{A} \Rightarrow \overline{\overline{A} \wedge A}$。推而广之，甚至于不可逆的关系，在思维变换中都是反演可逆的。"父母生育子女""子女孝敬父母"，分别是不可逆的自然生物关系与社会伦理关系。但思维可以使它们反演成两种假的对偶关系："子女生育父母""父母孝敬子女"。若对思维的对偶化反演进行道德判断，必然是一种关系合乎伦理道德，因而为善；另一种与此相对偶的反演关系，是违反伦理秩序的，因而为恶。道德法则的单向性与伦理秩序的不可反演性，决定了双向的、可反演的思维道路是一善一恶。所以说：道必有对，有善必有恶。

人的行为活动总是在思维的调控下进行的。思维道路的善恶反演律，在向行为法则的转换映射中，必然只有一种可能性成为现实的行为活动，因而行为活动服从要么善、要么恶的道德选择律。所谓道德选择，是指道德主体在一定道德意识的指导下，依据一定的道德标准和价值尺度，对善恶冲突所作的自觉的抉择。它是主体的价值取向，是主体为完善自身、社会、世界而对现实采取肯定与否定的统一。主体对于善与恶的道德选择，表现了道德选择主体的本质。要使行为的选择符合道德原则，就必须在心上做"为善去恶"的净化心灵功夫。禅宗五祖弘忍要传衣法，命门人各作

---

① 参见姚新中：《道德活动论》，37～38 页，北京，中国人民大学出版社，1990。

一偈。上座神秀作偈曰："身是菩提树，心如明镜台。时时勤拂拭，勿使惹尘埃。"五祖认为，"依此修行，不堕三恶道；依法修行人，有大利益"①，但要觅无上菩提，即未可得。这只是到了无上菩提的门前，尚未入门。"时时勤拂拭"是去恶从善的修养功夫，使心灵保存一块净土。这也是一种格物功夫，它只在心上做，格物便是"格心"②，"格心"便是"正心"，"正其不正以归于正之谓也。正其不正者，去恶之谓也；归于正者，为善之谓也"（《王文成公全书·大学问》）。"去恶"就是"格其非心，大臣格君心之非之类"（《王文成公全书·答顾东桥书》），使人的知、情、意都得到净化。"故格物者，格其心之物也，格其意之物也，格其知之物也"（《王文成公全书·答罗整庵少宰书》）。"知"有善恶，"意"有善恶，心有善恶，格而使其正，便是去恶从善，达到陆九渊的复"本心"、王守仁的"致良知"的境界。陆王的不足在于看不到意念本身不存在善恶之分，只服从逻辑理路的推演规则。

### （二）道德主体的自我约束机制

心灵道德活动，包括道德认知活动、道德情感活动和道德意志活动。所谓道德认知活动，是指主体对道德对象的观念把握，即对道德对象的刺激发生心灵感应，经整理、综合而产生新知的过程。这里所指的对象，是指人、人与自身、人与人、人与社会、人与自然的关系。人的属性、地位、价值、品质等作为认知对象，以便在实践精神上完善人。这种道德认知的宗旨，是为了在完善人与人、人与社会、人与自然各种错综复杂的关系中，使人获得和谐、协调的关系，心灵充实而和乐。

道德认知将对象道德化，使之纳入善与恶、正当与不正当、应该与不

---

① 郭朋：《坛经校释》，12～14 页，北京，中华书局，1983。
② 参见拙著：《宋明理学研究》，475 页。

应该的框架，采用以理想为依据的价值取向。它通过道德感知，经过"学"习道德知识、理论、做人道理等，再经过"思"的系统、理性的整理，而使之成为系统的知识和自我内心的品质。道德"思"的形式是判断、推理和思维；或通过直观和智慧，即心的直接体悟善恶的"良知""良能"的功夫，便可掌握"德性之知"，即内化为道德心灵境界的提升。

道德情感活动是指主体对内在需要、动机和外在行为、状态的价值性情绪的体认控制，并以好恶、喜怒、爱憎等形式表现自己。它是道德心灵中最深沉、最活跃的因素，是道德认知转变为道德行为的中介。道德情感活动在中国古代备受重视，主要分"未发"与"已发"两类。[①]"喜怒哀乐之未发，谓之中；发而皆中节，谓之和"（《中庸章句·第一章》），是指喜怒哀乐未曾发动的心理状态与已经发动的心理状态。道德情感活动对情欲具有价值取向或价值导向的作用，它是主体经自觉认知、评价、体验、修养、选择等过程而培养起来的稳定品质。孟子曾把人的道德情感活动形式分为四类：同情感（恻隐之心）、羞耻感（羞恶之心）、责任感（辞让之心）、是非感（是非之心）。其中既有指向他人和社会道德情感活动，亦有指向自身道德情感活动。

佛教对人的心灵道德情感活动作了仔细分析。小乘佛教一切有部把"心所法"分46种，大乘瑜伽派"心所法"为51种。所谓"心所法"，是指随着心法（八识）而缘起的心理作用和表现。小乘一切有部心所法，分为大地法、大善地法、大烦恼地法、大不善地法、小烦恼地法、不定地法；大乘分遍行、别境、善、根本烦恼、随烦恼、不定。佛教不仅对善良心理与不善良心理的状态、性质、特征作描述和价值评价，而且亦作为修养身心的借鉴。但佛教的"心所法"包括一般心理、特殊心理和应用心理

---

① 参见拙文：《未发已发论之纵贯——朱子参究未发已发论之挫折、转变和影响》，见《国际朱子学会议论文集》，499~520页。

等，并非都属于道德情感活动的形式。

道德情感活动的最常见、最基本的形式，是同情、羞耻、尊重、自尊、责任、幸福等。同情是在人的交往活动中而形成的在利益基础上产生的移情或共鸣现象，是道德追求而积习的道德心理结构，是仁慈、博爱、利人的道德心理基础。羞耻是对己的羞耻与对人的同情，两者有差异，前者是以自己的行为、观念和人格为对象的道德活动，在改造自己过程中完善自我；后者是在同情他人活动中完善自我情操。尊重是对他人的价值的纯粹的、无私的感情，"是一切宗教和道德的根源"①。自尊指向自我的尊重，它是指既要满足自己物质和精神的需要，亦要满足自己个性、习惯以及道德的良心。责任是人对道德准则、社会理想的强烈感情。幸福是人为谋求和实现道德目标而产生的自我满足感。

道德意志活动是指主体为履行道德义务而进行的确定目标、支配和调节自己行为的活动。它以道德认知和情感为前提，是以内在的道德意识向外在的道德行为过渡的形式，确切地说它是一种功能，而不是实体，是实践精神活动，即内心的"动之微"（"几"）。"意志的努力即在于使得这世界成为应如此"②。道德意志活动形式：自主性，是指主体自己追求特定目的的、求善避恶的活动。追求目的的意志，即所谓"欲"，"我欲仁，斯仁至矣"③。有此"欲"的道德意志，才是自主的道德意志。自决性，是指依据道德必然性、理智做出审慎的自我决定。这种决定是为了实现目标和完善世界和自我的活动。自律性，是指道德意志自己为自己立法，自己律令自己。它把人的情欲通过自律而化为实践精神的生命。自制性，是指道德意志有序的、方向的自我调节活动。失控是无目的性、无方向性的给

---

① ［瑞士］皮亚杰：《儿童的道德判断》，114 页，济南，山东教育出版社，1984。
② ［德］黑格尔：《小逻辑》，420 页，北京，商务印书馆，1980。
③ 《述而》，见《论语集注》卷四，30 页。

人带来痛苦、烦恼的活动。自制对道德意志的调控，是人在道德选择中的自觉能力。

道德意志的自主、自决、自律、自制的过程，即道德意志自我磨炼、修养的过程，由愿望始，经意向、决定、计划而实行，使道德意志获得实现。

道德知、情、意活动，构成道德心灵活动。人心灵的痛苦、烦恼、孤独、迷惑，在道德知、情、意实践精神活动中得以协调、和谐。心灵伦理学的道德认知活动的主客体统一原理、实践原理和价值原理；道德情感活动的中和原理、仁慈原理和善恶原理；道德意志活动的自主原理、自律原理和自制原理等，是完善心灵伦理学真、善、美的诸原理。

### （三）心灵伦理学的理论建构

生态伦理学的公正、无私、平等原理和自然、和德、诚明原理，社会伦理学的正义、公平、仁爱原理，最终都须贯彻到道德主体自己的心灵中来，经过主体的自我约束机制，转换为"仁者之心""善良之心"。如此才能使道德和合从可能转化为现实，从真实、完善升华到优美。

道德主体的美好心灵，是主体的实践精神理性通过反复的反馈实践原理磨炼出来的。孔子以"克己复礼为仁"①，概括了这一反馈实践原理，系统而全面。"克己"是积极地、能动地否定自己的"小我"，是实践精神理性依据道德行为原理对纯思维的我的一种逻辑否定——无我的私心杂念。"复礼"是实践精神理性在人文和合道路上的履行。

道就是所行之道。"夫道一而已矣"。向善为念之道只有一个方向——仁义中和的方向。"为仁"是实践精神理性经过"非礼"勿视、勿听、勿

---

① 《颜渊》，见《论语集注》卷六，49 页。

言、勿动的磨炼之后对自己道德本性和人文使命的和合肯定——有我的欲
仁达仁。"为仁由己",只要依据"毋意,毋必,毋固,毋我"① 和"志于
道,据于德,依于仁,游于艺"② 的双向控制方式,"修己以敬",就能达
到"仁者爱人""智者知人"的"仁且智"的圣贤人格。曾子的"慎独"
"三省"、孟子的"寡欲""养心"都是对孔子学说的一得之见。

道德主体的自我约束机制、道德心灵治疗机制,总的方向是积极进
取,是自强不息、"杀身成仁"的奋斗;但胜己才能自强,纠偏才能前进,
有牺牲的准备才能成就圣贤功业。在这里,一方面确保了心灵的道德善良
取向,同时又充分利用了思维道路的反演规律,可谓"极高明而道中庸"
(《中庸章句·第二十七章》)。其反馈结构图如图13-6。

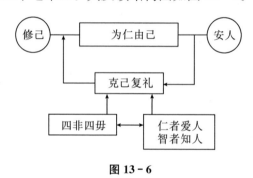

**图 13-6**

传统伦理思想中的"养心之术""心斋""三省吾身""见不贤而内自省
也"③"君子以仁存心"④"尽心""养性""善养吾浩然之气""虚一而静"⑤
"内视反听""内省反听"⑥"格物致知""正心诚意""剥落心病"⑦"存心、

① 《子罕》,见《论语集注》卷五,36页。
② 《述而》,见上书卷四,27页。
③ 《里仁》,见上书卷二,15页。
④ 《离娄下》,见《孟子集注》卷八,65页。
⑤ 《解蔽》,见《荀子新注》,351页。
⑥ 《同类相动》,见《春秋繁露义证》卷十三,360页。
⑦ 陆九渊说:"人心有病,须是剥落。"(《语录下》,见《陆九渊集》卷三十五,458页)

养心，求放心"等主张，都是对道德主体自我心灵和文明主体自我行为的约束机制的不同角度与侧面的理解和说明。对于心灵伦理学的道德自律、自制、自主、自决等自我修养机制，荀子有精到的陈述：

> 心者，形之君也，而神明之主也，出令而无所受令。自禁也，自使也，自夺也，自取也，自行也，自止也。[①]

心灵的自我限制与使用、放弃与采取、行动与停止，都是自作主宰的自律、自制、自主、自决的过程。

然而，心灵伦理的道德自律、自制、自主、自决必须有一种权衡的尺度，否则就会乱其伦，而无依据。

> 圣人知心术之患，见蔽塞之祸，故无欲、无恶，无始、无终，无近、无远，无博、无浅，无古、无今。兼陈万物而中县衡焉，是故众异不得相蔽以乱其伦也。[②]

为不使其乱伦，必须建立评价、判断欲与恶、始与终、近与远、博与浅、古与今的标准。这个标准就是为实现道德和合目标，完善自我心灵，提升道德境界，实现心灵和谐、平衡、和乐，而"止于至善"，这便是心灵道德与文明道德和合的价值和合标准。

心灵伦理学是"为己之学"，是要使自己成为"大人""贤人""真人""圣人"的学问。这种学问只能由每个道德主体亲自探究，躬行不止，方能领悟其中的"三昧"。否则，弛于外务，巧于立论，则谬矣！"巧言令色，鲜矣仁！"[③]

但从艺术的审美角度，我们倒可以略陈其中的气象与意境。心灵伦理

---

① 《解蔽》，见《荀子新注》，354 页。
② 同上书，350 页。
③ 《学而》，见《论语集注》卷一，1 页。

学的意境，可以用"元亨利贞"四德明之。"元者，善之长也；亨者，嘉之会也；利者，义之和也；贞者，事之干也"①。在此意境中，善意不断长息，嘉美会聚一心，道义融合无间，应事无不公正。仿佛大化流行，贞下起元，冬去春来，生生之仁，常存不灭。和合之体虽统称为仁，实可差分为仁义礼智，诚实之信义通贯其中，从无间断。善、信、美、大、圣、神②，便是朱熹绍承孟子所划分的道德实践精神的六境界气象③，这是道德和合的第三境界。它具有无限的潜在的善的可能性，因而是"至善"。它"保合太和"，自成一体，别无破缺，止于至美的人文和合精神。

道德和合的生态伦理学、社会伦理学、心灵伦理学的理论建构，是从批判经分析而创新的。其批判主要针对传统伦理的不分世界、不分层次、不分状态时空、不分学科类型的糊涂说话。如"存天理，灭人欲""吾欲无欲"，前者不明层次结构，后者又陷二律背反。依据道德和合的三个世界（生存、意义、可能世界）与三种伦理学，传统伦理思想粲然成章。其分析的重心在人类道德行为和道德心理活动的深层融突和合机制、社会交往融突和合机制与天人交换融突和合机制上，只有明晰这三种融突和合机制及其原理，和合伦理学才能创建新说，否则只是玄虚的幻想。其创新的目的在于揭示和合人文精神依次上升的三种和合境界，以及构成它们的道德基本原理和相互之间的转换关系。

道德和合以生态伦理为基础，以社会伦理为枢纽，以心灵伦理为归致。"己"范畴从人类之己（和合生存世界），转换为人我之己（和合意义

---

① 《乾文言》，见《周易正义》卷一，《十三经注疏》本，15页。
② 参见《尽心下》，见《孟子集注》卷十四，113页。
③ 参见拙作：《朱熹美学思想探析》，见《朱熹与退溪思想比较研究》，114～116页。

世界），达到主体心灵之己（和合可能世界），外延浓缩，内涵升华，境界延拓，以至无限。

道德和合要达到尽善尽美，单一道德和合仍显不足，必须有人文和合的辅相与文饰，尽善才能转换为优美。因此，道德和合继之以人文和合。

# 第十四章　人文和合与和合人类学

　　人文是中国各民族、各家文化现象中所蕴涵的基本文化精神。中国文化中的"文"以"人"为本位，"人"又以"文"为本性或自性，通过人与自然、社会、他人和人自身心灵的诸关系的合乎中节的协调，以教化天下，由此而开出礼乐文化、人伦文化、仁爱文化、人神文化、自然文化和生生文化等等，它们都深刻地蕴涵在中国哲学、文学、语言学、心理学、美学、艺术学、人类学等之中。

　　人文精神或人文主义，作为特有的概念是欧洲文艺复兴的产物，作为一种文化现象本身，则古已有之。中国文化作为人文类型的文化，有丰富的人文精神意蕴。人文这个概念，较早便见之于通行本《易传》："观乎天文以察时变，观乎人文以化成天下"①。"文"的本义是纹理。许慎《说文解字》释"文"为"错画也"，指各色交错的纹理。甲骨文作𝕏，似以杂

---

　　① 《贲·彖传》，见《周易正义》卷三，《十三经注疏》本，37页。

色交错文身，是人身一种修饰。"东方曰夷，被发文身"①。古代文身是人作为氏族人的成年礼。氏族的一切重要巫术仪式，就是原始礼的一种形式。如果说文身是对人作为氏族人的首肯，是人作为人的权利与责任的赋予和自觉，那么，礼是作为氏族社会跨入文明的标志之一。② 所以有释"文"为文明和文化。干宝注曰："圣人之化，成乎文章。观日月而要其会通，观文明而化成天下"（李鼎祚：《周易·贲·彖》，见《周易集解》卷四）。以"文"释文明，"化"为教化。"文明以止，人文也"③。文明而有节度，恰到好处，和人与自然、社会、他人、人自身心灵、不同文明间的关系秩序、序列，以及人对其认知和把握，是谓人文。简言之，人文是"化成天下"的学问。

## 一、人文精神的本根追寻

所谓人文精神，是指对人的生命存在和人的尊严、价值、意义的理解和把握，以及对价值理想或终极理想的执著追求的总和。人文精神既是一种形而上的追求，也是一种形而下的思考。它不仅仅是道德价值本身，而且是人之所以为人的权利和责任。它作为道德的基础，应该具有超越层面的品格和终极关怀的性质。自西周以来，中国的道德关怀与终极关怀，随着国家的治乱兴衰、分合统裂，在强烈有秩与失落无序之间互动。近代以来，作为中国传统的主流文化之一的价值系统——儒学，逐渐失落。然而儒学的价值系统作为官方意识形态和制度化了的礼教，演变为人文精神的

① 《王制》，见《礼记正义》卷十二，《十三经注疏》本，1338 页。
② 参见拙著：《传统学引论——中国传统文化的多维反思》，13～14 页。
③ 《贲·彖传》，见《周易正义》卷三，《十三经注疏》本，37 页。

桎梏。①

### （一）人文精神的意蕴

和合学的人文和合，着重探究和合人文精神的历史形态、本质特征和发展道路，是从人类文化生活状态空间这一狭义的角度集中展现和合精神的科学意蕴和逻辑结构。从人文精神的文化价值来审视帛书《易传》，其义理之书或德义之书的蕴涵，凸显了中国古代人文精神的意蕴。人的独立、尊严、自由，首先是人的衣、食、住、行获得的生命生存意识和实践，然后才有为什么生存和怎样生存，其间包含着价值和意义。

人文精神的文化价值基于人的需要和创造，展现人的价值理想，构成一般的价值尺度、价值原则和多样化的价值目标、价值取向。帛书《易传》的人文精神体现了现实世界（已然）与理想境界（应然）的价值，并关注现实人的生存和怎样生存，人的命运和意义，而非为一种完全超越现实界和生命存在的玄想，是为既超越又存在。因此，帛书《易传》提出了天、地、人三才思想，从人的生命生存所必需的自然生态资源、自然生态环境和社会文化氛围的关系中来展现。

> 穷理尽生而至于命（也，将以顺性命之）理也。是故位天之道曰阴与阳，位地之道曰柔与刚，位人之道曰仁与义。②

天道、地道是人道视野中的天地之道，虽阴阳和柔刚具有自然价值，但这种自然价值是人的智力、观念投入的产物，是人文化了的自然人文，即自然的人化。仁义作为人道原则，蕴涵着爱人，把人当作人看地尊重人，以及人与人关系的合宜等人文价值。人道的仁义原理，亦是人与天、

---

① 参见《人文精神寻踪》，载《读书》，1994（4）。
② 廖名春：《帛书〈易之义〉释文》，见《国际易学研究》第一辑，22页。

地之间关系应如何处理的原则。这种原则，虽具有道德规范的性质和功能，但体现了中国的人文精神。

天、地、人三道之所以是阴阳、柔刚、仁义，《要》篇作了深刻的陈述：

> 故易又天道焉，而不可以日月生辰尽称也，故为之以阴阳；又地道焉，不可以水火金土木尽称也，故律之以柔刚；又人道焉，不可以父子、君臣、夫妇、先后尽称也，故为之以上下。[①]

日月生（星）辰是天道所表现的具体现象，风霜雨露亦是天道所展现的现象，这种现象千千万万，用日月星辰这种现象来指称天道，不能完全指称尽天道的含义。天道如此，地道、人道亦不能尽称。这便是名称的局限性。

由语言符号所构成的名称在"约定俗成"以后，名称与其所指称的对象之间的关系就固定下来，并通过人的社会交往活动形成"传递之链"，被人们所掌握。语言符号总是与意义相联系，意义需要借助于一定的语言符号形式表现出来。语言的指称与意义相互制约。语言的意义的抽象程度越低，内涵越丰富，语言的指称范围越小；反之，语言的意义越抽象，概括程度越高，语言的指称范围就越广。这就是说，用日月星辰这样抽象程度较低的、指称范围较小的语言来指称抽象程度较高、范围较广的"天道"，便是不尽称，即出现"言不尽意"的冲突。为了使语言符号与所指称的名称的意义相符，于是中国古代思想家、哲学家便从日月星辰、四时运行、风雨霜雪、雷电灾异中总结出阴阳这个意义抽象、概括程度高的概念（"名"），以指称"天道"。五行不能尽称地道，故以柔刚指称。父子、

---

① 廖名春：《帛书〈要〉释文》，见《国际易学研究》第一辑，28～29 页。另见池田知久：《帛书〈要〉释文》。"刚"作"冈"，"故为之以上下"句的"为"作"要"字。

君臣、夫妇、先后不能尽称人道，故以上下指称人道。笔者认为，君臣、父子、夫妇、先后的上下宗法等级关系，亦不能尽称人道，应以《易之义》篇的"仁义"指称人道较妥帖，因为仁义更能体现帛书《易传》的人文精神。

但是《要》篇的阐述，仍然表现了帛书《易传》要求超越对象的自然性的需求，即天地的纯自然形态和主体人自身的自然属性，亦即人的动物性形态，而赋予自然以人文意蕴，赋予天道、地道、人道以人文价值。这便是帛书《易传》对不可以"尽称"的"尽称"的追究的回答。

帛书《易传》要求超越对象自然和主体自身的自然形态，这是人的文明的觉醒。这就是说，对象自然世界和主体人自身能否、应否超越自然状态？什么是人文（人道）世界所应然和所以然的规则、规范？自然的人化和人的自然化如何定位？这些问题无疑均导向人文世界的文化价值层面。

> 损益之道，足以观天地之变而君者之事已。是以察于损益之变者，不可动以忧憙。故明君不时不宿，不日不月，不卜不筮，而知吉与凶，顺于天地之心，此胃易道。①

主体排除一切超自然的异己力量的干扰和支配，否定神对人的束缚，人以自己的意志和力量，不卜不筮，独立自观天地之变易，追求自身损益之道的实现。

这是说，当帛书《易传》对天、地、人三道内在价值意蕴作反思时，其所感受到的是人的主体性确立的力度。主体具有"参天两地"的功能，

---

① 廖名春：《帛书〈要〉释文》，见《国际易学研究》第一辑，28页。池田知久：《帛书〈要〉释文》，"顺于天地之心"作"顺于天地之［变］也"（见《国际易学研究》第一辑，45页）。

而给天地以定位。"天地定立，[山泽通气]，火水相射，雷风相榑"①。这是人赋予天地自然以价值和意义，天地自然由于满足主体人的需要而获得价值和意义；人在天地的定位中而定位自身，人在创造天地自然的价值和意义中，亦获得自身的价值和意义。这便是天、地、人圆融之道，亦是对象自然世界和主体人自身自然状态的超越。

> 夫易，圣人所崇德而广业也。知崇礼卑。崇效天，卑法地。天地设位，而易行乎其中矣。②

人在效法天地和天地定位中，崇尚道德，广大事业，就意味着人的社会道德理性的增长。

天、地、人三道，虽不相离，但各有其界限。帛书《易传》的人文精神，表现为肯定和提升人的价值的同时，否定天地的神性，肯定天地自然性，并运用刚柔的运动变化解释天地神妙莫测的变化，排除易为人误解的神秘性。

> 万物之义，不刚则不能动，不动则无功，恒动而弗中则□，[此刚]之失也。不柔则不静，不静则不安，久静不动则沈，此柔之失也。③

万物自身蕴涵着刚与柔的属性和功能，刚动柔静，不刚不柔，便不动不静，动而有功，静而安定。然动静、刚柔不离不杂，互补互济。若恒动不静，或动而不合中节，或久静不动，都是一种缺陷和偏失。

---

① 廖名春：《帛书〈易之义〉释文》，见《国际易学研究》第一辑，22页。
② 张政烺：《马王堆帛书〈周易·系辞〉校读》，见《道家文化研究》第三辑，29页，上海，上海古籍出版社，1993。现关于帛书《系辞》的释文有傅举有本、陈松长本、廖名春释文本、又陈松长释文本，共四个本子，孰善孰优，不得而知。对于张政烺先生的校读，由于笔者未见照片，笔者亦持存疑态度。
③ 廖名春：《帛书〈易之义〉释文》，见《国际易学研究》第一辑，22页。

这种缺陷和偏失，是对于万物自身内在刚柔动静必然性的悖逆。它们之间的互补互济，实是对各自生命存在的挽救。

> 是故天之义，刚建动发而不息，其吉保功也。无柔救之，不死必亡。动阳者亡，故火不吉也。地之义，柔弱沈静不动，其吉〔保安也。无〕刚文之，则穷贱遗亡。重阴者沈，故水不吉也。①

柔以补救刚之动发不静，刚以文饰柔之沈静不动。若不救不文，就不能保功保安；无功不安，就是不吉则凶；不吉则凶，不死必亡或穷贱遗亡；其亡其凶，非神之使然，是万物自身内在固有的属性和功能。这是对神的排斥与对天地之义的人文的肯定。

作为超越自然状态的人文生态价值，是对于德义的追寻，帛书《易传》于此孜孜以求。《二三子》②《易之义》③ 开章即明德义。"易屡称于龙，龙之德何如？孔子曰：龙大矣。龙荆礜逴，宾于帝，倪神圣之德也"④。龙是中华民族的和合图腾，它在民族的传统观念和心理中是一吉祥物，是祥瑞、尊严、能力的化身。中华民族亦以自己为龙的传人。所谓龙之德义，主要是指人（圣人）应具有的道德意识和行为。

社会道德价值，是一种社会实践精神。它是以规范、准则、理想的方式指导人的行为活动。道德本质上就是一种价值，它是指人的行为或社会现象所具有的道德性质和意义。帛书《易传》提出成德之教，是对于社会

---

① 廖名春：《帛书〈易之义〉释文》，见《国际易学研究》第一辑，22 页。

② 自马王堆汉墓帛书《周易》公布以来，均称此篇为《二三子问》，笔者认为不妥，改称篇题为《二三子》，参见拙文《帛书〈易传〉的时代与人文精神》，见《国际易学研究》第一辑，71 页。

③ 《易之义》篇题是笔者所加，帛书整理小组原以为是《系辞》下传，故不加篇题。1985 年 8 月笔者受山井涌教授、安居香山教授之邀，在东京大学对面本乡会馆讨论帛书，笔者作《〈周易〉帛书浅说》演讲，由吾妻重二先生翻译，并将演讲稿复印分发，其中就讲到《易之义》之篇题。后发表于《中国文化与中国哲学》（1988 年号），84～116 页。

④ 廖名春：《帛书〈二三子〉释文》，见《国际易学研究》第一辑，8 页。

道德价值的体认。

> 易曰："龙战于野，其血玄黄。"孔子曰：此言大人之广德而施教于民也。夫文之孝，采物毕存者，其唯龙乎？德义广大，鸣物备具者，[其唯]圣人乎？[1]

这种广德施教的德教思想，在中国古代具有重要的作用和影响。它在完善政治制度，提高社会大众的道德水准和统治者的道德素质，以及安定社会秩序等方面，都有其显著的效果。广德施教是一种推己及人、成己成人的人文关切，它是人之所以为人的价值自觉，是人超越自身自然状态而承认人的社会性的一种肯定，是对人的内在人性价值的确认。

广德施教需要从自身做起，提升自身道德素质和道德实践活动水平。道德的最高境界便是圣人，圣人必仁。孔子讲过"仁者爱人"的名言。帛书《易传》说："安地厚乎仁，故能既（爱）"[2]。孔子的"仁"蕴涵着无差等的"泛爱众"的人文精神，与帛书《系辞》基本精神相同。这种爱人的人文原理，是高于自然的文明的基础。它把人作人看待，即尊重人的独立人格，以爱己之心推及爱人之心。

爱是人类之所以生存和发展的内在的无穷力量。若人类不互爱而相杀，人类早就毁灭了。人与人之间的斗争、竞争，在某种意义上说，是相互补充和相互促进，而不是互相消灭。

> 天地之大思曰生，圣人之大费曰立（位）立，何以守立（位）曰人（仁），何以聚人曰材。[3]

"人"与"仁"古相通。天为乾，"万物资始"；地为坤，"万物资生"。

---

① 廖名春：《帛书〈二三子〉释文》，见《国际易学研究》第一辑，8页。

② 张政烺：《马王堆帛书〈周易·系辞〉校读》，见《道家文化研究》第三辑，29页。

③ 同上书，33页。

资始资生乃天地乾坤之大德，这便是天地生物之心，也即是其爱心。

帛书《易传》人文价值的基本精神，便是仁者爱人和"天地之大思曰生"的"大生"精神。它不是第一的外律法教，而是内在自律的德教。法教可以把人作牛马看待，而少了一份人文的关怀；德教是把人作人看，是对人以爱相待，因而多了一份人文关怀。

仁义道德理性，并非与功利（利）不两立，《周易·乾文言》曾主张"利者，义之和也"，义利可以融合，而非只有冲突。"昔之善为大夫者，必敬其百姓，士顺德忠信以先之……其将取利必先其义以为人次。"① 这是先义后利的主张。单纯地追求功利，人的私欲就会无限膨胀，为求功利而不顾道义，就会做出伤天害理的事。因此，利需要义的调节和制约，以义与利的和谐、中节为价值标准或尺度，以使社会人文生态环境清净而无污染。

帛书《易传》广德施教的人文关怀，体现在人化的社会关系中，是对于礼文化的关注。《易之义》说："是故履，以果行也；嗛，以制礼也……益，以兴礼也"②。礼是主体人在人与人关系中自己定位自己的、安身自己的设计，它把群己、义利、理欲、经权等基本价值关系统统糅合起来，以便最大限度地发挥其协调的功能，使人与社会、人与人的关系各得其序。《易之义》的"制礼""兴礼"，是对春秋时期以来"礼坏乐崩"后的礼的新调整。礼不是往古的陈迹，在不同的历史时期，都提出过对礼的修正，即使在现代社会，礼仍然存在于生活活动各个层面。因而，礼在广义上是文明的象征，具有人文价值，使自然的人化和人的自然化得以定位。

帛书《易传》成德之教的社会道德价值，与人的个人人格、行为和群

---

① 廖名春：《帛书〈昭力〉释文》，见《国际易学研究》第一辑，38 页。
② 廖名春：《帛书〈易之义〉释文》，见上书，24 页。

体人格、行为相联系，体现着人与人之间相互关系的需求、利益、生活规范、理想目标等。这种道德价值作为实践精神价值，发生于人类化解现实关系的冲突意识，是人类希冀解决社会冲突而提出的要求。它不是直接现实的，也不能还原为现实。但它给现实的关系、行为以价值的导向、规范和目标，因而社会道德价值以其自身的主体性、能动性作用于现实社会，促使和指导现实社会的变革。

人文（人道）世界所应然和所以然的规则，首先是对人的生命和人生意义的关怀。这种关怀的价值取向，是人与自然、人与社会、人与人以及人自身心灵的冲突获得和谐、平衡和协调。

### （二）人类学的内涵

中国文化虽有悠久的人文传统，然而它几乎无所不包。在现代学科分类比较严密的情境下，和合学的人文和合，有必要从和合学的特定立场出发，梳理传统的人文科学概念，确立与人文和合相适应的人类学体系。

人文科学或人文学科，是一个外延（范围）指称模糊、内涵意谓多重[①]，而且演变不定的概念。从语源上分析，它出自拉丁文 humanitas，有人性、教养之义。它开始是作为西塞罗培养雄辩家的教育纲领，而后成为中世纪基督教的基础教育。14—16 世纪，受文艺复兴运动的影响，人文学科因与神学学科相对立，而盛极一时，当时主要指以人和自然为对象的所有的世俗学问，既包括哲学、修辞、诗学、历史等社会科学，又包括自然科学和技术科学。这种意义上的人文科学，实际上是所有非基督教神学的学问，是排除神学后的剩余品。

---

① 黄楠森、夏甄陶等主编《人学词典》说："人文科学，关于人的价值和精神表现的科学。包括：现代与古典语言学、文学、哲学、考古学、艺术史、艺术理论，以及具有人文主义内容和运用人文主义方法的其他社会科学等等。"（517 页）此"等等"，就把人文科学特定对象模糊了。

人文科学从 19 世纪以来，曾作为英美学院和欧洲大陆大学预科的基础教育。它以训练人的知识技能为基本目标，使人更富于人道精神。20世纪，它一般作为既有别于自然科学，又有异于社会科学的独立的知识领域。然而，人们对于人文科学的性质、特征以及与其他科学的关系等问题，存在很大的分歧。因此，后来几经演变，人文科学渐失去了特定时代赋予它的反宗教的旗号的功能，成为多指谓的普通术语。狭义上的人文科学仅指拉丁文、希腊文、古典文学的研究；广义上的人文科学指所有以社会现象和文化艺术为研究对象的知识。通常意义上的人文科学多指语言、文学、哲学、考古学、绘画、音乐、雕塑、建筑等学科。由此可见，人文科学是在历史上曾起过旗号的作用，而又在现代科学严密分类系统中很难作严格意义上限定的一般概念。

在中国学术思想界，人们更多地使用社会科学这一概念指谓类似西方人文科学所指谓的知识系统，因此，常将人文科学当作自然科学的剩余类。人文科学对自然科学的使用方法，也是日常语言现象。在严格的科学分类学中，人文科学一词很难说明日益高度分化而又高度综合的现代科学体系。

在严格的科学分类系统中，人文科学已失去了原有的特殊地位，取代它的新的、更严格的概念，应是人类学。

人类学（anthropology）一词源自拉丁语 anthropos（人或人类）与 logos（学说或科学），意为"关于人的科学"或"研究人类的学问"。作为一种系统的科学知识，人类学是人文思潮的理论化结晶。

把人类学规定为"研究人类的学问"①，有其正确的一面，也有其非准确的一面。从正确方面说，人类学确是研究人的科学，它研究人类在什

---

① 康德曾把人类学规定为："一种系统地把握人类知识的学说（人类学）"。《实用人类学》，邓晓芒译，1 页，重庆，重庆出版社，1987。

么时候、什么地方、怎样产生于地球，怎样进化，人种怎样形成，人体结构、体质特征如何演变，等等。[①] 从非准确方面来看，因为"自然科学各个领域、部门、学科的发明和创造，社会学科和人文学科的各个领域、方面的研究和发展，都直接地、间接地为了人"[②]。这样，人类学就可以把一些自然科学如生理学、医学、药物学等，社会科学如社会学、政治学、经济学、法学、历史学等包括进去。这些学科不仅有自己独立的研究对象或领域，而且有的学科诞生的历史进程比人类学既早又长。

人类学作为一门独立的学科，自诞生以来，就一直作为一门具有独特研究对象的学科保持、延续下来。然而在人类学作为一门科学的学科诞生前，有一相当长的演变过程。西方一般把"人类学家"一词的创造者，冠之于亚里士多德。他在《尼各马可伦理学》中描写一位心灵崇高，但"不喜欢说人闲话，也不喜欢炫耀自我的人"（ouk anthrōpologos）时，使用了这个词，不过该词在希腊世界中似乎不经常使用。16 世纪在拉丁文中使用"人类学"（anthropologium）一词，只与人体结构相关。1501 年马格纳斯·亨德特（Magnus Hundt）发表了《人类是万物之灵》（*Anthropologium de homnis dignitate*）一书，书中对"人类学"做了解释。该书对人体解剖学和生理学进行了概括性的研究。

1655 年首次以英语形式出版了没有署名的《抽象人类学》（*Anthropologie Abstracted*）一书，它给人类学作了这样的规定：

> 人类学，或人类特征史，迄今为止一般应当分成两类：第一类为心理学，即关于理性灵魂的本性的讨论；第二类为解剖学，也就是

---

① 参见［美］C. 恩伯、M. 恩伯：《文化的变异——现代文化人类学通论》，杜杉杉译，1 页，沈阳，辽宁人民出版社，1988。

② 参见拙著：《新人学导论——中国传统人学的省察》，1 页。

说，通过解剖揭示人体结构或者构造……①

该书从心理学与解剖学方面对人类学作了研究。到了 19 世纪初，"人类学"一词的含义还不明确。1822 年出版的《英国百科全书》曾作这样的说明："人类学是关于人类自然特性的研究。""在神学家看来，人类学是有灵感的作者对上帝的一种歌颂方式，他们把人体各部分和人类感情看作是上帝创造的。"

英国学者爱德华·泰勒（Edward B. Tylor，1832—1917）于 1865 年出版了《人类早期历史和文明发展研究》，又在 1871 年发表了《原始文化》，这两部著作奠定了人类学的文化研究基础。泰勒因此被尊为"人类学之父"。在弗雷尔·马勒科（Freire Marreco）女士收集编写的《为纪念爱德华·伯内特·泰勒博士 1907 年 10 月 2 日 75 寿辰而写的人类学论文专题集》中，马克斯·缪勒（Max Muller）曾说，对于泰勒科学目的的真正意义，泰勒自己作了很好的说明：

> 人类学的当务之急，是加强人类学的方法，并将其系统化……然而，人们只在部分人类学领域中采用了严格的方法。另外，人们在进行数学、物理学、化学和生物学的精确实际操作时，还应该克服某种情有可原的犹豫现象，以便承认人类学的问题有必要听从科学的处置。我旨在说明人们可以根据表格和分类法来调查各种风俗习惯的发展。②

随着达尔文进化论思想的传播，人类学有了长足的发展。这个发展是在激烈的论战过程中进行的。古代哲学家如毕达哥拉斯、柏拉图、亚里士多德等是基于无蛋就无鸟、无鸟就无蛋的认知，认为人类自始至终是存在

---

① 参见［英］A. C. 哈登：《人类学史》，廖泗友译，1~2 页，济南，山东人民出版社，1988。
② 转引自泰勒：《论婚姻法和遗传法中运用的调查社会风俗发展的方法》，载《人类学研究所期刊》，1889（18），245 页；另见［英］A. C. 哈登：《人类学史》，122~123 页。

的，无所谓开始的人类起源问题。基督教的传播使摩西（Moses）的宇宙起源说得到普遍的采用，教会对无神论者怀疑亚当和夏娃表示谴责。无神论者坚持认为摩西的宇宙起源说是"神学的——为软弱同胞"写的。瓦尼尼（Vanini）于 1616 年主张人类是由人猿发展来的，或与猿猴同类。1655 年法国波尔多的加尔文派教徒伊萨克（Isaac de la peyrère）在阿姆斯特丹发表《亚当之前的人类》著作，证明亚当和夏娃不是地球上最早的人类。伊萨克受到迫害、审判，巴黎议会当众烧毁该书。这样便产生了人类起源的多元论与一元论之论战。霍维拉克（Hove Lacque）认为：

> 语言学上的多样性不可能形成为一个共同的中心，这已经得到证实，这一不可能性对我们来说足以证明原来就存在着好多种族。许多种族同语族一起都得到了发展。①

由此说明种族的多元性。

然而林耐（Carl von Linné，1707—1778）、培丰（Baffon）、布鲁门巴哈（J. F. Blumenbach）等认为整个人类都是由唯一的一对人传下来的，而不是多元的。培丰认为人类的变种是由于气候和食物。布鲁门巴哈在《原始人种学概论》中将人种分类的基础建立在测量上，预示了进化论。拉马克（Lamarck，1744—1829）认为物种不是固定不变的，复杂的物种是从人类存在之前的简单形式发展而来的，他把物种变化的原因归于人类生活的自然条件，或种族杂交，或器官机能的使用与否，等等，并认为人类是由某些猿类缓慢演变的产物。这一观点在他的《动物哲学》（1809年）一书中得到了系统的论证。拉马克的观点得到很多人的支持，罗伯特·钱伯斯（Robert Chambers，1802—1871）的《自然创造史的痕迹》一书，通过自然法则确立了进化论概念，对达尔文以前的进化史有巨大的影响。赫伯

---

① ［英］A. C. 哈登：《人类学史》，46 页。

特·斯宾塞甚至说："有机体进化论的观点已在我们的思想中深深地扎下了根，其结论来自大量的证据。"① 达尔文《物种起源》的发表，深刻地影响了人类学这门新生科学。

从 19 世纪到 20 世纪初，人类学渐成为一门相对独立的，既有自己理论体系，又有分析方法的完整的学科。现代人类学已成为拥有众多学会、组织和国际大会组织等的学科，并形成了众多学派和一系列理论学说的、新兴的综合性科学群体。

20 世纪初，人类学传入中国，三四十年代曾热过一阵子。② 中国古代许多哲学家、思想家与古希腊的哲学家一样，都是现代人类学的先驱。但在 50 年代，人类学被作为"伪科学"而遭禁止。与人类学相关的课题仍集中在科学院的古脊椎动物和古人类研究所、考古所等单位，这些单位继续进行有关方面的研究工作。80 年代始，人类学在思想界开始受到重视。③ 然因人类学是一门需要实地考察和教学分析的准实验科学，所以多由理科的科学家来研究，文科的学者反而没有发言权。这样人类学在学术界仅热闹了一阵子，思辨多于考察，缺少定量分析。90 年代以来，学术界就很少关心科学人类学了，相反，"思辨人学"倒有不少著述。但这种"人学"不是近现代意义上的科学的人类学。

从人类学的历史演变的考察中，可取得这样的认知：人类学是研究人

①　邓肯编：《赫伯特·斯宾塞生平与信件》，第 2 卷，317 页，1898。

②　由林纾与魏易翻译的德国 Michael Haberlandt 的民族学著作，书名译作《民种学》，于 1903 年由北京大学堂书局出版，主要讲德国的人种概念，并对北美洲、大洋洲、亚洲和欧洲民族作了综合性的评述。同年清政府颁布了《大学学制及其学科》，列入了"人种学及人类学"的新课程。但只有北京大学有此课程，并定名为"人类学"。陈映璜《人类学》于 1918 年出版，作为教科书，主要讲体质人类学，涉及体质类型、演化和人种的世界分布等。1926 年蔡元培在《一般》杂志发表《说民族学》一文，说明民族学关心的主要是文化，并在 1928 年成立中央研究院社会科学研究所，建立民族学组。20 世纪 30 年代，英美提倡的社会/文化人类学传入中国，全国 100 所大学教授人类学。[参见乔健：《中国人类学发展的困境与前景》，载《广西民族学院学报》，1995 (1)]

③　参见江应樑：《人类学的起源及其在我国的发展》，载《云南社会科学》，1983 (3)。

类的起源和进化，人类自身的体质特征、活动类型、种族差异及其所创造的文化的生态渊源，形成过程和发展法则的科学。简言之，人类学或人类科学是研究人类及其文化的科学，即依据人类的生物特征和文化特征来综合地研究人。英国著名人类学家马林诺夫斯基（Bronislaw Kaspar Malinowski，1884—1942）将人类学规定为"研究人类及其在各种发展程度中的文化的科学"，强调人类的差异性、功能性和文化的概念。

### （三）生态人类学的理论目标

和合学的人文和合，其实践运用的科学形态，是人类学这一现代科学，而不采取文艺复兴时期的人文科学形式。人类学的分支学科不断增设，研究领域不断拓展。据初步估计，比较大的分支学科不少于 20 门，小的分支学科近百门，并仍在继续增加。传统人类学分为两大部分：体质人类学（或生物人类学）和文化人类学（分为考古学、语言学和民族学三分支）①。从和合学的人文和合的三个世界结构来分类，和合学的人类学主要有三个基本分支：生态人类学、价值人类学、智慧人类学。其结构如下：

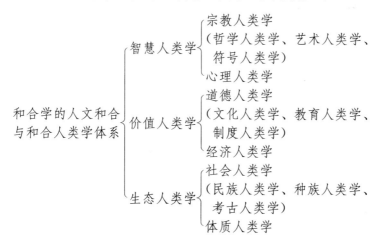

① 参见［美］C. 恩伯、M. 恩伯：《文化的变异——现代文化人类学通论》，5～6 页；周大鸣、乔晓勤：《现代人类学》，6 页，重庆，重庆出版社，1990。

　　和合学的人文和合，将人类存在与文化发展看作一个不可分离的生态、价值和智慧的融突和合体，并将这一融突和合体奠基在自然生态环境之中，放置在道德和合规范系统之后。这种逻辑秩序，体现和合学对和合人文精神的最本质的理解。和合人文精神是人类文化巨系统的本质特征，它存在于社会化的生态环境之中，以经济的、道德的和合价值规范作为文化教育等制度化实践的中枢结构，以心灵的智慧式创造（或超越）作为永久的象征符号和无限的内在目标。

　　和合人类学的学科体系，从社会化原理分析人的体质形态及其组织化现象，揭示生存世界的人类内在的生态法则（自然生态环境为外在的生态现象），从道德规范的高度把握人的价值取向和各种意义化的文明活动，说明意义世界的规范结构；从人类的宗教性情感中反思人类的各种心灵活动及其符号化过程，展示人类智慧的无限创造能力和潜在可能动机。生态人类学、价值人类学与智慧人类学依序上升，构成了和合人文精神的升华进程。

　　人类文化首先是一种有别于自然生态而又离不开自然环境的生态现象。这种以人类文化为本体的生态，可称之为文化生态。①

　　文化生态是人类特有的生态状态，它由文化生存环境与文化生活原理和合而成。其中，文化生存环境是自然生态环境的人文化的历史产物，即人文化了的自然生态环境。文化生活原理以人类自觉的谋生、厚生、乐生为内在主题，将自然性的生理法则、进化机制与社会性的文明法则、进步机制融突和合为文化生态总原理。图示如下：

　　（A）人文和合"生境"的动态结构如图 14-1 所示。

---

　　① 文化生态现象可见 ［美］R. M. 基辛：《文化·社会·个人》，163～166页，沈阳，辽宁人民出版社，1988。

图 14 - 1

（B）人文和合生理的法则体系如图 14 - 2 所示。

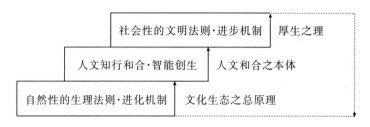

图 14 - 2

人类求生、谋生、厚生、乐生的"生智能"，及其人文化的生存知行活动，是自然生态转化为文化生态的创造性转换中介，又是人类体质生理进化与人类社会文明进步法则承接相继、彼此协调、历史增益的变易枢纽。简述之，自然与社会经人文和合而成为文化生态。

文化生态是活生生的、蓬蓬勃勃的、具有无限生机与永恒魅力的人文景观，是人类首创的系统工程，是人文精神和合之体的原动形式。人猿揖别之后，人类便开始了自己的文化生态历程。

史前文化是原始意义上的生态文化，是文化生态的第一种历史形式。人与所有生物一样，为了生存就必须满足特定的基本需求，人类相比其他生物的优势就在于有文化。人类生态学家注重特定人类生态系统的微观研究。如新几内亚高原策姆巴加马林人（Tsembaga Maring）以原始农业为生。他们通过猪肉牺牲循环过程把自己人与他人联系起来。在一般情况下，猪是作为给祖先灵魂的牺牲，只有在危急时，人们才礼仪性地吃肉。

当猪大量繁殖而无法供养时，生态的压力引发部族内的敌意，于是猪祭典的大量宰杀猪便必须举行，这样便由猪祭典的循环，使人口、土地与动物之间保持平衡。[①] 人类的生态系统往往需要从文化意义上加以解释。

原始意义上的生态文化具有两种不同的状况：一是在完全不同文化背景下的人们处于同样的自然环境中，而发展出相似的文化适应，称之为"幅合进化"（convergent evolution）；二是不同的文化具有相似的原有文化背景，称之为"平行进化"（paralled evolution）。前者如印第安人的科曼奇人，其历史开始于干旱严酷的艾奥瓦州南部，以野生植物、小动物或大型猎物为生。后来科曼奇人进入了大平原，得到白人的马匹和枪械，扩展了他们的狩猎才能，大的狩猎首领自然变得更有权威。他们便从一种自然生态环境转变到另一种自然生态环境，由一种生活方式转变为另一种生活方式，发挥了自己的文化"先期适应"。科曼奇人与另一进入大平原的奇延人在文化的许多方面有相似之处，但奇延人原先的文化背景则与科曼奇人大异，他们原就是定居的农人，两者在社会、政治、宗教体制上亦殊。

后者如分布很广的中国、美索不达米亚西北和秘鲁等地的农人，他们各自在地域上相距很远，但各自都独立地发明出灌溉农业，并运用灌溉农业创造了河滨生活环境和劳动力分配等机制，如中国南方的河姆渡文化、北方的仰韶文化，在一系列社会、文化发展中起重要的作用。[②]

智能的演进和科技进步，将史前文化推进到文明时代。文明时代是现代意义上的生态文化，是文化生态的第二种历史形式。中国从夏、商、周以来，农业发展，商业扩大，以及工匠等出现，农业的聚落变成了小城镇，都城成为全国政治、文化、经济中心。城镇居民的生活方式与从事农牧业的农人、牧人不同，他们只是间接地关心自然生态环境的

---

① 参见［美］R. M. 基辛：《文化·社会·个人》，155～159 页。
② 参见周大鸣、乔晓勤：《现代人类学》，127～129 页。

适应问题，更直接参与和适应新的城镇生活文化环境，如怎样适应新的社会秩序，按血缘和从事的职业将人们分为不同的社会阶层，关注社会运作的规范化、官僚化、专门化等。人类发明了文字、冶金术、火药等等，以及后来科学技术的发展，推进了人类文明，并改善了人的文化生态环境。

在信息时代，人类在经历了体力劳动的解放以后，得益于 21 世纪个人电脑的普遍使用减轻了人类脑力劳动的负担，人类文化生态更加完善，从而出现了文化生态的第三种历史形式。

尽管文化生态的历史形式还将进一步向更完善的方向发展，但其中以厚生为主题的人文和合精神及其文化生态原理则如不息的川流，绵延一体，生生不息，化化不止。

生态人类学是和合人类学体系的基础学科。它是由体质人类学和社会人类学这两大支柱性亚学科和民族学（民族人类学）、种族学（种族人类学）以及考古学（考古人类学）等综合性亚学科构成的科学系统，是人文和合生存世界中的理论形态。

体质人类学是关于人的自然科学。它以自然科学的眼光和方法研究人类的体质特征、体能类型及其变化规律，是生物学、生理学、解剖学、形态学以及进化论等学科或学说交叉渗透、融突生生的人类学科。人体形态、人类种性和人类起源是其研究的主要领域。体质人类学是人文精神对自身机体的理性审察和科学回顾。[①] 现代体质人类学的主要研究领域为人类生态学、人类进化学说、灵长类学和遗传学以及人体测量等。

社会人类学是人类精神对自己生存活动的实证观察和数理把握。英国社会人类学功能学派的创建者 A. R. 拉德克利夫－布朗（A. R. Radcliffe-

———————

① 参见［英］A.C. 哈登：《人类学史》第一、二章对"体质人类学"的论述，1～42 页；［美］C. 恩伯、M. 恩伯：《文化的变异——现代文化人类学通论》，6～8 页。

Brown，1881—1955)① 对社会人类学作了这样的规定：

> 对各种不同类型的社会进行系统比较，特别注意那些原始的、野蛮的或没有文字民族更自然的社会形式的一门关于人类社会本质的调查学科。②

第一个获得社会人类学教授头衔的弗雷泽爵士在 1908 年 5 月 14 日以《社会人类学的范围》为题的就职演讲中说：

> 我理解的或至少是我希望认为的社会人类学范围，只限于人类社会的浑沌初开和初步发展时期：它不包括人类社会复杂发展的更成熟阶段，更不必说今天要求我们那些现代政治家和立法者解决的实际问题了。③

他把社会人类学看成对社会的"原始"形式进行的社会学研究。马林诺夫斯基认为，社会人类学是"社会学的一个分支，是社会学对原始部落的应用"④。

社会人类学是不能把研究的对象完全局限于原始社会的。将原始社会和那些更先进的社会做比较，是社会人类学必不可少的任务。这就是说弗雷泽和马林诺夫斯基的定义，已不适用于今天的社会人类学了。今天我们可以做这样的规定：社会人类学是关于人类社会组织和社会化过程的实验科学。它以实验科学的实证方法，借助现代数理统计分析工

----

① 1936 年布朗到中国讲学，此前他的学生用他的方法研究墨西哥、菲律宾和日本。他在燕京大学发表题为《对于中国乡村社会社会学调查建议》的演讲，认为中国农村是运用他研究出来的调查方法的理想的研究对象，费孝通对江村的调查就是受布朗的启发。费氏的云南三村的研究，就不受布朗功能学派方法的束缚了。［参见乔健：《中国人类学发展的困境与前景》，载《广西民族学院学报》，1995 (1)］

② ［英］A.R. 拉德克利夫-布朗：《社会人类学方法》，夏建中译，110 页，济南，山东人民出版社，1988。

③ 转引自［英］A.R. 拉德克利夫-布朗：《社会人类学方法》，111 页。

④ ［英］马林诺夫斯基：《社会人类学》，见《不列颠百科全书》，第 13 版，1926。

具，研究人类的群体特征、组织行为及其变化规律，是社会学与人类学以及统计学、概率论在实地考察、宏观实验基础上的跨学科的综合应用。

民族、种族都是人类文化生态具有地域特征的历史形态。民族学这一术语常被用作"人类学"的同义语，用来概括人类学科学的整个领域。它是研究民族的学问（希腊词源为 ethnos），爱德华兹（M. W. F. Edwards）1839 年将其作为巴黎民族学会的称号，1843 年模仿法国成立英国民族学会。其组织章程宣称："目的是探究栖息或曾栖息在这个地球上的所有人类可区别的特征，这些特征包括物质与精神两方面。"[1]《不列颠百科全书》（第 14 版）是这样写的：民族学和人种史"主要是研究作为种族个体的人和所有种族个体在地球上扩散的科学。这两门科学既包括对人类种族的体质特征进行比较研究，也包括对有不同文化条件及特征基础的民族分类进行比较研究"[2]。民族或种族的群体之间的相似性和差异性，是通过人种特征、语言、生活方式、思维模式，以及从居住方式、穿衣戴帽直到人们所持信仰而区别开来的。

对民族学和人种学的研究基础资料，来自考古。考古学不仅力图重建史前民族的日常生活与习俗，而且设法追溯这些社会的文化变迁，并对这些文化变迁提出可能的解释。它以地质学的证据，确定那些民族某些人种特征的骸骨。

这样，民族人类学、种族人类学和考古人类学的共同之处是：从历史科学的角度研究人类社会组织和体质形态的演变过程及其进化规律，是体质人类学与社会人类学多重融突而和合的产物，是人文精神对自我存在方式的具体追溯和历史总结。

---

① 转引自［英］A. R. 拉德克利夫-布朗：《社会人类学方法》，112 页。
② 同上书，112～113 页。

生态人类学的总体理论目标，是通过对文化生态的体质基础和社会组织及其具体样式和历史发展的系统而全面的科学研究，把握生存世界人文和合精神的脉动节律和再生机理。

## 二、人文精神的现象透视

在人类文化研究领域，有一个类似于鸡生蛋抑或蛋生鸡的创造悖论。按照"单向度"的思维方式，人们产生了这样的问题：究竟是人类创造了文化？还是文化创造了人类？人类与文化究竟谁是先在的，是先有人，抑或先有文化？是人类决定文化，还是文化制约人类？诸如此类的本原论的问题，在历史上常常困惑着人类理性，不断引发了一场又一场的不了了之的学术论争。

### （一）创造悖论的和合化解

文化与人类关系的本原论问题之所以不能合乎逻辑地解决，原因在于这一问题蕴涵着创造悖论：

第一，按照文化通常的定义：文化是人类创造的物质财富和精神财富的总和；或认为文化是人类在社会历史实践过程中所获得的能力、所从事的活动和所创造的成果①；或认为"文化是历史上所创造的生存式样的系统，既包含显性式样，又包含隐性式样。它具有为整个群体共享的倾向，或是一定时期中为群体的特定部分所共享"②。这些文化定义，都自然地

---

① 参见黄楠森、夏甄陶等主编：《人学词典》，410 页。
② ［美］克鲁柯亨：《文化概念》，见庄锡昌等编：《多维视野中的文化理论》，119 页，杭州，浙江人民出版社，1987。

推导出"人类创造了文化"① 这样一种看法或结论。

第二，依据通行的人类定义：人类是文化（理性、制造和使用工具、符号、政治、经济、创造性等都是文化的特征或方面）的动物，是依文化方式自我实现的动物，自然地能够得到"文化创造了人类"的判断。

第三，然而，本原论的追根究底方式，是一种不相容选择性，要么是"人类创造了文化"，要么是"文化创造了人类"，两者必择其一，没有第三种中间答案可供选择。这样，便陷入了"二律背反"式的悖论之中：创造文化的人类已经文化了，创造人类的文化已经人类化了，但从本原上看，这似乎是不可能的，因为创造者必须先于被创造者。

创造悖论是一个悖论家族，鸡蛋互生问题、理气先后问题、心身主次问题、心物生成问题等等，都是这个悖论家族的常住成员。文化与人类谁创造谁的问题，仅是这个悖论家族的"后起之秀"。

按照传统的因果律、线性思维方式和形式逻辑规律，创造悖论是不能消除的。换言之，这一类悖论是宗教创世论思维的必然伴随物。除非预设一个绝对先在者，否则，只能在无穷追溯、无限外推的恶性循环中兜圈圈，在轮回中沉浮荡漾。传统思想中的"上帝""第一推动者""阿赖耶识""太一""无极""天理""绝对观念""唯一存有"等术语，都是传统本体论为解决本原问题的创造悖论而承诺的第一本体、最高原理。它们都是绝对先在者。这就是说，极端还原论必然导致创造悖论；创造悖论必然构造绝对本体论，这是传统思维的理论结构运动。

和合学以关系整体论为基本的思维方式，从根本上化解了植根于创世学说中的一系列线性因果思维方法，为解决各种创造悖论创建了有效的逻辑工具。

---

① ［美］莱斯利·A. 怀特：《文化科学——人和文明的研究》，曹锦清等译，118 页，杭州，浙江人民出版社，1988。

单就人类与文化的创造悖论而言，和合学认为，人类与文化谁创造谁的先后问题，其表述方法是错误的，跟它所要研究的对象是不相适应的。换言之，这种表述方法所形成的"问题"，根本上就是不存在的，因为人类文化是人类与文化的融突和合系统，时间上、逻辑上都不存在绝对的、可分离性的先后关系，创造与被创造的关系。

自然生态系统通过突变的方法，生成原始的文化生态系统。在自然生态系统中，只有类人猿及其生化现象，没有科学意义上的人类文化。在文化生态系统内，只有人类及其文化生活现象，没有逻辑意义上的动物活动。正是因为自然降生人类时给了人类精神以文化生态的原初形态，人类与文化之间在整体水平上才不存在谁创造谁的先后关系问题，只有两者生死与共的和合关系。

文化与人类的无先后的非创造的关系和合，是整体水平上的真实关系。若从局部分析，从人文精神不断再生自己的历史发展角度考察，人类创造文化与文化创造人类都是正确的。从一种文化形态活动中看，人类通过自己的人文实践活动，创造了新的文化形态，构成了文化生态的发展环节。通过社会化的文化教育生产，社会文化传统塑造了一代人的行为方式和思维智能结构，创造了新的人类后代，构成了文化生态的承继环节。文化通过人类再生，人类通过文化衍生，生生之道，不容分裂为二。其关系图式如图14-3所示。

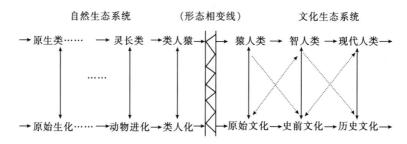

图 14-3

从自然生态到文化生态，其间发生了一次形态相变或本质突变。从形态上看，由原来的自然状态的生化进化相变为社会状态的人文化；就本质而论，从原来的自在的自然生理本质突变为自觉的社会心理本质。这一根本变易表明，人类的本性是和合的文化价值，即人文和合。

从文化学的角度看人类，人类是文化的价值主体，以及文化生态意义的唯一解释者。和合生生，生生而化生、变生。从自然生态到文化生态，说到底是文化的变迁。一个物种如果要生存、繁衍下去，那就要适应其生态系统。以往常把生物演化与文化变迁混淆起来，以为有相似之处，其实生物演化的法则是以生态系统中的种群行为作为运作对象的。它无视个别有机体的行为方式是得自基因还是得自母亲的教诲，文化的变迁可以把人类遗传基因所转化的无限的潜力完全发挥出来。它与人类种群不同，它不是靠弱肉强食来维生，或受食物来源的限制，也不在于会演化的文化本身，而在于环境中的社会文化系统如何演化。人类行为中的文化成分的变迁过程与形成种群中遗传信息的自然选择过程是不一样的。啄木鸟不能选择不啄木取食，一个民族却可以改变自己风俗：可以定下不准猎杀图腾动物的禁令。这种改变显然是文化与环境的冲突造成的，为了使文化与环境的冲突获得协调、平衡，而做出的适应性的改变。社会人类学家的一个错误，就是依据短暂的观察便做出这样的推论：这个系统经世代之久，或直到欧洲人把事情搅乱之前，仍处在稳定的均衡状态，但考古学家知道得更清楚，他们不断地寻求社会文化系统如何演化的理论。[①]

文化变迁的原因，除环境的冲突与适应的文化生态学之外，从文化学的角度看，人类是文化的价值主体和文化生态意义的唯一解释者。因而，文化变迁的根本原动力，在于人类自身的创造性的活动，即人的发现和发

---

① 参见［美］R. M. 基辛：《文化·社会·个人》，150～154 页。

明。所谓发现和发明，按照拉尔夫·林顿（Ralph Linton）的看法：发现是给知识增添新的东西，发明则是知识的新运用。① 比如有人发现当把某种食物同对儿童有吸引力的某个假想人物联系起来时，就容易劝说儿童吃营养丰富的食物。于是有人便利用这一发现，发明出一个名叫大力水手（Popeye）的人物，让他充当一系列动画片的主角，在各种戏剧性的情况下狼吞虎咽地吃了很多菠菜罐头，并变得力大无穷。这样的发现导致了发明。发明有无意识的偶然的巧合，亦有有意识的、有特定目标追求的发明。前者特别表现在史前期的那些发明；后者的发明往往是建立在新观念或创造新事物的刻意追求上，这似乎是对人们已经觉察到的需要的明显回应。

但是发现和发明作为文化变迁的根本源泉，不论在社会的内部或外部产生，却不一定必然导致变迁。只有当社会上的人们接受了发现、发明，并加以运用时，才会产生文化变迁的作用。因此传媒系统就是必需的了。这种传媒系统就是使发现和发明通过它而为人们所直接接受，比如上述所谓充当一系列动画片的主角，为儿童所接受的形式等。②

发现和发明作为人类价值文化主体的创造，是人的类价值或类水平上的人生意义的表现，是在于它的文化生态及其内在的人文和合精神。人类通过自觉的生存活动，通过参赞天地生育，化成万物质性的文化行为，实现天人的和谐、协调、发展，达到厚生、乐生、安生和永生的意义目标。人的类价值或人类价值，是相对于自然的文化价值。人生的类意义或人类生存意义，是体现于人文和合精神中的"生生之易"。"生生之易"有简易质朴的形式特征，有变易不息的生命流行，有不易恒常的仁义道德。"函三为一""一中有三""三而一，一而三"，便是人文和合的内在逻辑。人

---

① 参见［美］C. 恩伯、M. 恩伯：《文化的变异——现代文化人类学通论》，532 页。
② 同上书，533～534 页。

文作为"文明以止，人文也"。止者，止其所止。"大学之道，在明明德，在亲民，在止于至善"（《大学章句·第一章》）。人类的文明历史，就是自然天地、宇宙万物合目的性的历史。天文人文，交相辉映，"郁郁乎文哉"！观乎天人，观乎人文，以察时变，以化成天下。这便是天人分职，文化和合。价值主体与价值客体水乳交融，会聚成人文和合的巨流。"逝者如斯夫，不舍昼夜！"

### （二）人类的文化价值本性

人类总是通过自己的文化这一生态参照系统来解释一切。首先，人类的意义要通过文化来展显；其次，文化的意义要通过人类来体证；再次，天地万物的意义无一不在人类文化坐标内得到不断真实的科学投影、不断完善的道德映射和不断优美的艺术创造。

价值的主体是最权威的意义解释者，意义的解释活动只能在价值的文化创造过程中进行，这就是人类意义世界的人文和合机制和价值规范原理，这就是人类最本真的文化价值本性。

按西方人类学的研究传统，研究所有的人类文化便通称为文化人类学。因此，最广义的文化人类学，其研究范围几乎包括了人类的所有活动，涵摄了从人类生涯开端直至今天的所有的人类行为。这样界说文化人类学，过分宽泛而不得要领。从最狭义的角度理解，文化人类学仅研究人类的习俗现象，相当于民俗学以及民族学。[①] 如此限定，明显地又显狭

---

① 露丝·本尼迪克特曾说："人类学的工作不遗余力地投入了对文化特质的分析，而没有致力于研究已形成为整体的文化。在很大程度上，这要归因于早期民族学描述的本质。古典人类学家并未根据有关原始民族的第一手认识撰写著述。他们是那些随心所欲利用旅行家、传教士说的逸闻趣事和早期民族学家外在的、图解式说明的书斋学者……如《金枝》那种文化研究及通常的比较民族学论著，都是对特质的分析性讨论，并且忽视了文化整合的所有方面。"（[美] 露丝·本尼迪克：《文化模式》，37～38 页，北京，华夏出版社，1987）按：本尼迪克特的批评有其合理性。

窄。R. M. 基辛认为，广义文化人类学包括狭义文化人类学、语言人类学和史前考古学，狭义文化人类学包括民族学和社会人类学。①

文化人类学在长期的演变中，积累了大量信息，构成了文化变异的资料库。在此基础上形成各种思想流派，呈现百花竞艳的情境：

1. 早期演化论。19 世纪的人类学理论取向以这样一个信念为基础，即文化一般是以齐一和渐进的方式演化的。文化变迁的动力从一开始就蕴藏于文化之中，因此，文化发展的终极原因是由内部决定的。大多数社会经历同样的发展阶段，最后达到一个共同的终点。其代表人物是爱德华·B. 泰勒和路易斯·亨利·摩尔根（Lewis Henry Morgan，1818—1881）。

2. 历史特殊论。20 世纪初，反演化论的领导人是弗朗兹·博厄斯（Franz Boas，1858—1942）。他对演化论关于所有人类文化都受到普遍规律的制约的看法，持有异见，他强调文化变异巨大的复杂性，主张应尽可能地多收集人类学的资料，这样决定文化变异的普遍规律就会从这些信息中自动地产生出来。

3. 文化传播论。19 世纪末 20 世纪初形成了两个文化传播论流派：英国学派和德-奥学派。前者以 G. 埃利奥特·史密斯（G. Elliot Smith）、威廉·J. 佩里（William J. Perry）和 W. H. R. 里弗斯（W. H. R. Rivers）等为代表。他们认为较高级文明起源于埃及，在其他民族与埃及的接触中，文明便传到了世界各地；并认为人生来就缺乏创造力，而宁愿借取其他文明的发明。后者以弗雷兹·格雷布纳（Fritz Graebner）、W. 施密特（Wilhelm Schmidt）为代表，他们关于创造力方面的论述与前者相似，认为文化特质不仅以单个形式，而且能以群体的形式传播到很远地区。他们以为世界上存在着和传播着几个不同的文化复合体（Kulturkreise）。

---

① 参见［美］R. M. 基辛：《文化·社会·个人》，6 页。

4. 功能学派。一战期间，马林诺夫斯基深入特罗布里恩德群岛（Trobriand Islands）研究土著生活，认为一种文化特质的功能，在于满足该群体成员的基本需要或次生需要。这种观点亦难解释文化变异，这就是说，它能够用某些可以代换的文化模式中的任何一种来满足需要，为什么偏会被某些特定的文化模式来加以满足？这种现象功能学派未能做出很好的解释。

5. 结构-功能学派。建立在功能主义基础上的英国阿瑟·雷金纳德·拉德克利夫-布朗与马林诺夫斯基观点相异。他认为社会行为的各个方面之所以存在，原因是保持一个社会的社会结构，而不是满足个人的需要。一个社会的社会结构是现存的整个社会关系网络的总和，但难于确定哪种特定的习俗真的对保持社会体系具有功能。它可能是中性的，也可能是有害的。

6. 心理学派。在弗洛伊德和约翰·杜威的倡导下，人类学家对形成成年人的典型个性的重要因素——婴幼儿文化环境进行了研究，开始出现心理取向。心理分析学家艾布拉姆·卡迪纳（Abram Kardiner）认为，每种文化中都有一个产生于某种共享的文化经验的基本个性，社会上成年人的个性也应该是由共同的文化经验所塑造的。多数心理人类学家承认一个社会中存在着一套典型的个性特征，有人称之为"基本个性""个性模式"，亦有人称之为"民族性"。这种基本个性产生于文化经验的某些方面，特别是育儿习俗。以此说明心理因素和心理过程怎样帮助人们解释文化实践活动。

7. 晚期演化学派。20 世纪 30 年代莱斯利·A. 怀特（Leslie A. White）非难博厄斯所强调的历史特殊论，支持演化论的理论取向。他认为文化随着器械手段把能量转化为功能的效率的提高而演化。换言之，更为先进的技术能使人类控制更多的能量，而导致文化的扩展和变迁。他否认环境、历史、心理对文化的影响，从而受到批评。朱利安·H. 斯图尔德（Julian H. Steward）把演化论分为三个学派：单线演化、普遍演化和多线演化。前者为泰勒、摩尔根；中者为怀特；后者即他自己，对某些特定文化差异与相似之处进行解释，研究特殊文化的演化。

8. 结构主义学派。克劳德·列维-斯特劳斯（Claude Lévi-Strauss）是结构主义的文化分析方法的倡导者。他与布朗所关心的社会诸要素怎样发挥其功能的观点大相径庭。他把表现为艺术、礼仪和日常生活模式的文化，看成是人类深层心态模式的外部表现，把对文化现象的解释集中在人们的认知过程上，即人们感知与划分周围事物的方式方法上。由于他的研究晦涩且无法证明，解释价值较少。列维-斯特劳斯的结构主义方法是通过直觉而不是通过逻辑来抓住某个文化内在的思维规则。民族科学学派的民族学方法，则力图从对民族志材料的逻辑分析中导出这些思维规则，这种民族志材料必须尽可能地避免受到观察者自己的文化倾向的干扰。

9. 文化生态学学派。现代人开始高度重视环境对文化的影响。文化生态学是分析文化与其环境的相互关系的科学。朱利安·H. 斯图尔德认为，文化生态学必须同生物生态学区别开来。生物生态学是研究生物体与其环境之间关系的科学。安德鲁·瓦依达（Andrew Vayda）、罗伊·拉帕波特（Roy Rappaport）则主张把生物生态学原理合并进文化生态学的研究中，使其成为单一的生态学。他们认为，文化特质与生物特质一样，可以被看作是有适应性的或者是不具适应性的。文化生态学家则认为，文化适应涉及自然选择机制，即有适应性的特质其幸存频率高，繁衍的频率也高。他们力图理解文化与其自然环境和社会环境的关系，以探询一种特殊的文化特质是如何适应其环境的。

10. 社会生物学学派。文化生态学与社会生物学的差异是：（1）文化生态学集中研究生物学家称为群体选择的现象；社会生物学研究的焦点在于生物学上的个体选择，即在某个给定的环境中某种特征会怎样适应于个体。（2）社会生物学家以自然选择对基因起作用；文化生态学家以自然选择对行为起作用，不管该行为是不是纯粹由基因决定的。（3）文化生态学家和文化人类学家一样认为基因对人类社会行为的决定作用非常有限。遗传特征可以在某些行为上表现出来，但不能准确地说起什么决定作用。社会生物学家认为，行为（包括人类的社会行为）既是基因的产物，也是环境影响的产物。他们的理论取向是把生物进化原理运用到动物，包括到人类的社会行为之中。

上述种种流派，均依据一种理论取向。另外，有的人类学家依据其课题兴趣来规定研究的思路，形成了经济人类学、政治人类学、象征人类学或认知人类学等等；还有的人类学家则依其研究方法取向，对民族志、民族史以及跨文化作研究①；等等。有的人类学家本身就是某一领域的专家、学者，各自的研究兴趣集中在某些领域，而形成教育人类学或制度人类学，认为教育或制度对文化演化产生影响。

## （三）价值人类学的理论目标

从和合学的逻辑结构看，研究意义世界的人文和合的人类学，应当名副其实地称作价值人类学。这是因为，尽管人类文化现象有无数个方面和无限多的可能状态和历史样式，但其中最根本的，具有枢纽地位和支配作用的，是人类文化系统中的价值规范及标准尺度。所有的文化人类学，无论是广义的还是狭义的，其核心和实质只能是价值人类学。

价值人类学的学科使命在于，向下概括生态人类学的实证材料和理

---

① 参见［美］C. 恩伯、M. 恩伯：《文化的变异——现代文化人类学通论》，52～76 页。

论学说，从和合人文精神的角度阐明其中的价值原理和应有意义；向上使智慧人类学的反思和建构符合人的价值目的，体现人的意义追求。在自身中，不断整合各种价值标准，校正各类意义尺度，完善所有的行为规范。

历史自身不能确定其价值，因为价值往往与意志相联系。然而伦理学却能借助于历史来表明一种既定原则是否与实践相符。比如当有人说慈善和慈爱是由于人类自然本性的改变而形成的价值观时，便可寻求历史事实为尚武部族的伦理辩白。这并不是说处在原始或低层文化水准的人容易有恨而不易有爱，塑造一种冷硬品性和好战的特质。他们的自然本性也有温和的品性，它与冷硬品性在正常关系中相冲突而渐占优势。这就是说，文化的历史是价值形成的历史，也是价值转换过程的历史。

人类文化历史是在新与旧的冲突中进行的，文化的价值转换是不是提供了我们想要的程式？从外观上看，这样的转换过程可以用形式和功能来表述；从本质上看，它作为人类意愿的表白，则关系到价值的认可和取向的变化。因此，人类学的价值观的转换，使人们注意到了文化过程的活生生的灵魂。价值人类学从价值转换的方式中，作这样的审视：文化价值转换方式的变动可称作立场的改变。用一个术语来说，是位序转变（metataxis），这可以说是个纵向过程，一个上升或衰落的过程，从民俗学这一特殊领域来说，价值的衰落或庸俗化比起价值的上升或逆庸俗化更显著。

文化价值转换的另一种类型是含义的转变，用术语来说是平位调换（metalepsis），它可以说是横向过程，是从价值系统的一极到另一极的位移。它最为显著的是逆现实化的产生，即从一种风俗的实用价值转移到装饰价值领域。含义的改变，导致有人把它看作价值转移。这两种价值转换方式，在人类学中虽然抽象地来说是可区分的，但在实际过程中可能同时发生或共存。一是降低了的"地位"和偏移了的"含义"很容易连接在一起，二是逆庸俗化和逆现实化在典型的复兴中可结合在一起。[1] 这就是说文化的变迁，在某种意义上说是价值的变换。人类学本身便蕴涵着人的价值，因此，以人文和合的人类学的实质为价值人类学。

在价值标准、意义尺度和行为规范中，最基本的是，经济利益标准这一内在于生理需要的意义尺度和道德善恶标准这一外化为行为准则的意义尺度。因此，价值人类学的两翼是经济人类学和道德人类学，它们分别是形下和合与道德和合在人文和合意义世界中的缩影，分别从"利用"与"正德"两个维度来说明行为价值规范的科学性和实践性。除此之外，教育人类学、制度人类学以及一般文化人类学是价值人类学的重要分支，是对人类价值标准、意义尺度和行为规范的更系统、更综合、更富于实践性的研究。

人的生存需要生产、分配和消费，于是人类的任何活动特别是原始人的活动与经济活动相联系，亦是人类学所关注的问题。经济人类学是把经济活动作为社会文化整体中的一个因素来研究的，也把传统社会的一般经济制度与现代经济制度进行比较研究。罗宾斯（Robbins）曾对经济学作这样的规定：经济学是研究作为目的和有限手段之间的关系的人类行为的科学。这个定义曾被用来定义经济人类学的适当范围。但它使人面临着困境，因为我们不能说任何特定生活层面或特殊行为及制度是经济性的，而只能说一切有目的的行为都有其经济方面（使目的得到最大限度地实现）。[2] 除复杂的社会外，经济学的特殊模型仅"适用于"人类经济的一个小范围。

---

① 参见［英］R. R. 马雷特：《心理学与民俗学》，张颖凡等译，84~98 页，济南，山东人民出版社，1988。

② 参见［美］R. M. 基辛：《文化·社会·个人》，298~299 页。

人们要理解一个特定社会的需求，稳定的食品供应和服务是怎样平衡的，就需要理解人类学的文化变量这个因素。若没有对需求的文化限定和对习俗的理解，任何经济系统的经济过程都不能断定是怎样和何时满足需要的。当人类学家应用传统人类学理论与方法分析经济行为时，他们是将经济行为视为社会行为或社会制度的一部分。进一步说，所谓原始或小规模的经济，只是其他社会行为，如亲属制度、权力结构、礼仪行为的一种表现。人们之所以有经济行为，主要原因是维系人际关系或承担责任。

经济人类学的兴起与发展，使人们将经济现象的研究看成是了解社会生活的一个重要环节。它使人们了解到我们自己对人类生产活动的文化观念都是特定的，并只属于一个特殊的历史阶段和一种特殊的经济方式。不可能用一种经济模型来套在一切部落的社会经济之上。"实质论派"（substantivism）的人类学家强调经济学的基本模型和概念只适用于市场交换体系。以这样的观念来研究部落经济，实是将基于市场的概念硬来比附不同种类的社会制度，这种研究自然无所收获。"形式论派"（formalism）认为，真正的经济学理论应该足以阐明部落社会和乡村社会何以能使人们获得最大的个人满足和分配有限的资源，如是，则经济理论就能应用于一切社会。① 其实社会制度、价值观念、风俗习惯是变易的。没有永恒的经济理论，也没有应用于一切社会的经济理论，这种永恒的、超越的、普遍适用的理论，只能是一种形上学的绝对观念。这样经济人类学就要陷入歧途，而与经济人类学的宗旨相背离。

近半个世纪以降，现代化的潮流激烈冲击一些民族和地区，使一些地区的原始民族或经济落后民族发生急剧的演化。脱离了殖民统治的民族国家，面临着如何解决殖民政府撤退后所遗留下来的经济脱节及普遍贫穷问

---

① 参见周大鸣、乔晓勤：《现代人类学》，146～148 页。

题；经济不发达国家和经济转型中的民族国家，亟须寻找一种适合于自己民族国家经济发展的模式；等等。这种种内因外缘促进了经济人类学在现代的发展。这种发展是与这些民族国家的传统社会正处于激烈的文化变迁过程相适应的。部落和传统的瓦解，货币市场经济的传播，企业精神和个人主义的兴起，等等，刺激着发展中国家，使发展中国家诸民族被迅速地纳入世界性的文化和经济体制之中。若有一种经济变迁和社会组织方式可能适用于发展中国家民族，那么，经济人类学的挑战就不只是学术性的。人类学家追求更广泛的经济模型，以便说明在变异多端的社会体系中，以复杂而多次元的价值计算方式，寻求人类发展的新途径。

和合经济人类学不是刻意去追求发达国家的"原生型"或"传输型"[①]的现代化问题，也不特别关注依附理论（dependency theory）与非依附理论的关系。所谓依附是一种情境，即某些国家的经济受到其他国家经济发展和扩张的制约，并且是前者被后者宰制。在两个或多个经济体系彼此互赖的关系中，以及这些经济体系和世界贸易之间的互赖关系里，如果某些优势国家能扩张且自足，而其他依赖国家的扩张和自足只是优势国家扩张的反映，那么，这种关系就是依附的形式。但由于东亚新兴工业的崛起，许多经济学者对该地区的研究不断地以经济成长、所得分配、教育普及、低失业率等特征来凸显"亚洲四小龙"的经济快速发展。这样，用以解释 20 世纪 60 年代以来拉丁美洲国家经济停滞、财富不均、社会不平等的依附理论便受到质疑与挑战。[②]

和合经济人类学在研究发展中国家的经济时，希望找到一条社区如何调适于更广泛的网络系统中的路径。传统人类学对某些特定社区的人民、价值、风俗、意义有相当丰富的知识，但视野显得很狭隘；经济学家虽有

---

① 拙著：《传统学引论——中国传统文化的多维反思》，298～306 页。
② 参见邓玉英：《对依附理论之重估——以东亚发展经验为论证》，博士论文打印稿。

全球性的视野，但太抽象。经济人类学家融合两者的冲突，弥补两者的不足，使两者趋于更完善的境界。[①]

经济利益标准与道德善恶标准是意义世界中最难协调的两种意义尺度。由于缺少人文和合的主体结构观点与和合学的纵横互补、整体贯通等原理思想，长期以来，人们误以为两者是偏序化的，或者是对抗性的，因而产生了"重义轻利"与"存理灭欲"的价值观念。

"重义轻利"或"重利轻义"，"先义后利"或"先利后义"，都是对经济利益标准与道德善恶标准的意义和合关系作了偏序化的理解所产生的似是而非的价值规范。从根本上、整体上讲，"义利相即"，无分先后，不辨轻重。同一种人类行为，用经济利益标准度量其意义，有利害之分；如用道德善恶标准度量，有善恶之辩。若两种度量结果性向一致，自然是或善义而有利，或危害且恶义，义利和合。反之，若结果性向不一致，或善义而有害，或有利却恶义，义利冲突。

义利冲突的原因，不在于利不对或义有错，而在于人类行为的动机或效果不符合既定的意义尺度。在这种情况下，或用尺度矫正人类的行为动机，使其向善义谋利，达到义利内在和合；或变革意义尺度，使其适应人类的合理化的现实行为，让两种尺度协同，达到义利外在和合。否则，轻利亦轻害，只讲动机之善意，往往好心干坏事。轻义必轻道德，不计较善恶，结果人心叵测，人际险恶。而且从理论上讲，轻利者未必能重义；重义者往往注重利益的公正，按义的方式重利，岂是轻利！命题本身在逻辑上就是不能自圆其说的。

至于"存理灭欲"式的价值选择，如果说在道德和合的心灵伦理学里尚有合理性的话，那么，在此人文和合的意义世界里，它就成了地地道道

---

① 参见周大鸣、乔晓勤：《现代人类学》，162 页。

的"残杀之具"。"理"用道德善恶标准来度量其意义,"存天理"(实为人文原理)自然是天经地义的;"欲"须从经济利益标准规范其满足方式,"灭人欲"则废弃了一种必要的、跟人类生存需要相关联的意义尺度,使人文和合失去了文化生态的形下和合基础("利用")和人文和合精神("厚生")。灭去"人欲"的"天理",就像断了线的气球一样飘然直上,"上不在天,下不在田,中不在人",终将会爆破而化为虚无。传统价值观念之所以必须进行改革,就在于其中许多观念的理论基础不是人文和合学和价值人类学的,而是道德形上学和抽象人性论的。因此,和合学原理的实践运用,既是创新的理论建构,又是批判的逻辑否定。

### 三、人文精神的终极关怀

要实现对传统价值观念的理论批判和逻辑否定,必须摒弃情感的恋结或情绪的干扰。

传统价值观念及其依据的意义尺度、表现的行为规范,都是人类祖先、古代圣哲千辛万苦、竭精殚思探索并总结出来的文化结晶。我们必须对其持一种敬爱的情感、骄傲的情绪。但是,文化的本质是精神不断和合再生的生态,价值的本性是意义不断和合再释的过程。爱而迷执,便成复古恋结;骄而傲慢,产生情绪干扰。如此,抱残守缺以为孝敬祖宗;恪守教条成了遵循圣训,目中无人成为创造发明。情绪纠缠,如入罗网;情绪干扰,似陷深渊。综而言之,失去了人类的智慧。

#### (一)文化自我批判的逻辑道路

人类文化之所以形态上能与自然生态相区别,人文价值之所以本性上能够不断趋于完善,原因在于人类智慧有一个"一字之诀"。那就是

"无"。这个"无",是逻辑层次上的否定性思维活动,是无化的理性及其辩证运动。"道即无","道者,无之称也"①。智慧的逻辑道路,是通过对人类文化的自我反思、自我批判和自我否定获得内在的前进动力的。没有这种高层次的批判功能和否定机制,人类智慧将被沉重的历史文化熄灭其光明,扼杀其生机。智慧之道以"日损"为前进方式["为道日损"(《老子》第四十八章)]。只有否定文化的陈迹,人类文明才能转生,获得新的文化生态气象。"道"视"万物为刍狗"。"刍狗"② 万物是天地日新的客观逻辑,"刍狗"历史是人类日新的人文逻辑。

"无"是智慧的"尚方宝剑",是摧枯拉朽、推陈出新、日新不止的"永恒活火"。以"无"为利器的人类智慧,相继否定了巫术、图腾、迷信等,迎来了人类文化的哲学解放;又否定了自然哲学、宗教神学和道德形上学,实现了人文文化的科技解放。可以相信,这条自我批判的人文智慧之道是无限的。道既是无之称,无亦即是道。只有无所执著、无所遮蔽、无所染污的和合人文精神,才能沿着生生之道永远日新,逼近至善、至美、至真的"终极状态"。

正如"恶"比"善"更有资格作为历史进步的杠杆一样,"无"比"有"更有可能将人类的文化推向最优美的生态之境。儒、道、佛及宋明新儒学的道德至境多用"无"或"虚"来建构,在历史上其智慧水平是独到的,无法超越的。

哲学就是智慧之学。智慧人类学在某种意义上说,即是哲学人类学。哲学人类学与体质人类学、人种人类学的区别就在于,后者都预先假定了关于人的本质的知识,并仅考察人的外部特征或文化成就。而前者"正是

---

① 老子说"道常无名"(《老子》第三十二章),"道隐无名"(《老子》第四十一章),故以道为无。

② "刍狗"是草捆扎成的狗的形象,古代作为祭祀用品。人们把草做成刍狗,既不是爱它、重视它,祭祀完了抛开它,也不是恨它、轻视它,刍狗具有工具的性质和功能。

要考察被这些科学视为当然的那种知识，并深入探讨使人同所有的其他存在物形成对照的基本本体论结构"①。哲学人类学虽不被作为古典哲学学科，然其真实的起源可追溯到古希腊哲学。它在文艺复兴和歌德时期达到新的高峰。在 20 世纪第二个十年赫尔穆特·普列斯纳（Helmuth Plessner）、马克斯·舍勒重建了哲学人类学，阿道夫·波特曼（Adolf Portmann）、埃里希·罗特哈克尔（Erich Rothacker）等继续发展了它。如果说笛卡儿和康德已使"意识"成为哲学实在的"结构基础"，那么，哲学人类学是更具体、更全面地阐述这种基础的许多尝试之一。从这个观念来审视，哲学人类学不仅研究处于其他部分之中的世界的一部分，而且成为一种新的、最终的基础，成为一种"先验哲学"。

由于人类学的一个重要方面是人与动物的比较，所以，在哲学人类学与动物心理学之间存在着接触点。但人与动物异趣，人面对着他必须通过语言和选择特定的制度来对之加以组织的刺激的洪流。现代的哲学人类学不再只是按照人的抽象能力或区分善恶的才能来解释人，而是像行为主义那样，牢固地将人置于他的自然环境中，置于他的文化世界中，把人作为一种由历史、文化和传统所决定的存在来研究。这种观点虽遭非议，但作为一种哲学学派的哲学人类学仍然存在。②

在哲学人类学的重建过程中，也诞生了存在主义。存在主义也探讨人，但它不是人类学。存在主义相对于哲学人类学而言，是从人内部审视自己，它关注各个个人的自我之谜，并大声呼喊着这个自我，还是在人的个体性中，在人的时间的具体性中发现了人的存在。克尔恺郭尔（Søren Aabye Kierkegaard，1813—1855）批评黑格尔的理性哲学抹杀了万物的具体性，黑氏认为人只有超出自己的个别性而成为普遍的东西的一个环

---

① ［德］米夏埃尔·兰德曼：《哲学人类学》，张乐天译，4 页，上海，上海译文出版社，1988。
② 参见［德］米夏埃尔·兰德曼：《哲学人类学》，2 页。

节，才能实现其真正的本质。克尔恺郭尔认为，人在黑格尔那里成了抽象物，普遍性的概念几乎统治一切。人，"个人"或"孤独的个体"，是真正的哲学所需要关心的，哲学的核心和对象也在于此。这个"孤独的个体"是唯一的个人或"单独的自我"，只与"自己发生关系，因而自我不是关系，而在于一个关系把它和它自身关系起来了这一事实"①。这个"孤独的个体"通过内心同上帝对话，成为真正的"存在"。

人类学是从外部审视自己，从在所有其他实体之间，"他"是怎样一种特殊的存在、"他"在宇宙中处于什么位置等方面来研究人。卡尔·雅斯贝斯不满哲学人类学，是因为对于人类学要求确定的关于人的知识并做出关于人的明确的陈述表示质疑。他认为人基本上是开放着的可能性，本身无明确的稳定性。人的自由、意志、思考、行为与集体、社会不相关联。他所谓的"个人自由，是指独立思考，根据自己的见解行动，从而在保持自己的本质之连续性中生活。自由的人就是在他那以自己的抉择及其后果为内容的命运所给他注定了的处境中，历史地明了其自己的那种人"②。他的哲学"是克尔恺郭尔哲学的一种世俗化的概括"③。

萨特与雅斯贝斯不同，他把作为人的纯粹意识活动的自为与人的自由等同起来，提出了一种独特的自由观，并发表了《存在主义是一种人道主义》。他认为人的超越性和主观性是人的思想、行动乃至人类生活的一切的出发点，"结合超越性和主观性，即我们所谓的存在主义的人道主义"④。这就是说，萨特既把存在主义作为一种存在的本性的本体论学说，又把它作为一种探索人的存在的意义和价值的伦理学说。他主张存在先于

---

① ［丹麦］克尔恺郭尔：《那孤独的个人》，见《祁克果人生哲学》，79 页，香港，1983。
② ［德］雅斯栢斯：《论自由的危险与机会》，见《存在主义哲学》，205 页，北京，商务印书馆，1963。
③ ［法］让·华尔：《存在主义简史》，6 页，北京，商务印书馆，1962。
④ ［法］萨特尔：《存在主义是一种人道主义》，见《存在主义哲学》，359 页。

本质，自由作为存在，是先于人的本质的。"人的存在和'他是自由的'这两者之间没有区别"①。在这里，存在主义的人道主义不能理解为古典的人文主义。之所以说是人道主义，是因为它认识到人作为一个立法者的特殊任务，它就是去发现和塑造自己的本质，这个任务是其他生物所欠缺的。

海德格尔认为，此在的"在"，即生存的基本结构是"在世界之中"，即在世，对在世的分析便是基本本体论的主要内容，它不同于对人的具体在者状态的分析。人以外的在者，都是它们之所是，是已被规定了的现实。此在总是其所不是而将要是的存在，而总是不断地超越、筹划、设计、选择自己。人之作为可能性存在，人的筹划、设计、选择蕴涵着人可以成为不同形态的存在，既可以获得其本身，成为其"本真"的在，又可失去其"本真"，成为"非本真"（nongenuineness）的在。作为人的在总是在世的在，因而，人既可以是本真地在世，也可以是非本真地在世。海德格尔有时谈到"存在主义的人类学"，要从人类学中划出存在主义的范围。在所有的在当中，人类学研究这样一种在——人，研究他的特殊性和特殊法则。但是，在这样做时，人类学忽视了这种在的和所有的在的问题。从存在主义来看，人可谓仅仅是一种透明的地方，通过它看所有的在。之所以研究人，就在于人为它打开了通向在的道路。由于海德格尔的本体论目标限制了人类学，所以反过来从人出发也限制了本体论的视野。这样海氏便认为人类学与本体论是互相妨碍、互相遮蔽的。他曾因把"在"与人连锁而扬名，但这一连锁并没有结出果实。人类学为有利于这两个问题的研究，就需要从这一连锁中解放出来。②

从这一哲学的演化中，可以窥见殊途而通向哲学人类学：第一，出于

---

① ［法］萨特：《存在与虚无》，56 页，北京，三联书店，1987。
② 参见［德］米夏埃尔·兰德曼：《哲学人类学》，51～55 页。

形而上学的动机。在实证主义受到否定的时期，人类学提出希望有一门中心学科能对各门科学有所说明，能为各门科学提供一种共同的哲学的解释。在诸多科学之内，只要引入人类学观点，就超越了对事实的单纯实证主义的记录并建立起一种参照系，具体的事实知识环绕着这种参照系才能统合起来。

第二，出于先验的动机。20世纪第二个十年哲学家走向人类学，是由于他们对认识论的不满，这种不满已在生命哲学中得到了表达。知识从作为哲学必须以之为开端的事实转换为仅是意识的功能之一。意识本身只是人的整个生活中的一部分。只有从把人作为一个整体出发，人的知识的公正地位和意义才能得到正确估价。人的知识世界不仅与感觉和范畴形式相关，也与人的生活实践方面相关。这样，人类学为先验论建立了一个更深更广的基础：把先验论的根基追溯至最终的源头。

第三，出于本体论的动机。在这个时期实证主义者和新康德主义者把哲学几乎完全归结为各门科学的认识论基础。对世界本身的研究似乎已转交给了科学。相反，现象学却强调哲学有自己的研究对象。哲学又一次激起自己的基本问题是形上学问题而不是认识论问题。人类学不仅把人当作认识主体，而且当作存在的主体。它似乎是在现代的主体出发点与现代的形上学之间的理想的综合。

第四，出于人文科学的动机。被称为"人的科学"的智力的、文化的科学，也需要哲学人类学。它们研究在行动和经验中的人及其作品，并以人的领域作为自己的主题。所有这些科学都缺乏一个共同的基础，哲学人类学为其准备了一个共同基础，形成了一门研究人文科学基本原则的科学。这样，哲学人类学不得不综合和深化关于人的知识中的精华，迈出超越科学并获得一条它自己通向实在的真正道路。

凡此种种动机，都导向哲学人类学。然而在哲学人类学的最深的根基中，人的问题既非来源于哲学，亦非来源于科学，而是来源于时代的需要。哲学人类学的方法是，从人的一个显著特性开始，并从那里寻根究底。比如这一特性实现了一个存在者中的一个有意义的、必不可少的功能，那么，这个存在者必须怎样构成？换言之，哲学人类学的方法是进行由观察而得的细节到可能仍然未知的人的整体推论。①

### （二）哲学人类学与理性人类学

和合人类学作为人类与文化的融突和合，并不追究彼此间的先后之序，亦不非寻求谁创造了谁的本原性问题不可。但和合人类学以"和而不同"的精神对待追究先后之序者和本原性的寻求者。事实上人类文化和合系统是价值标准和意义解释的封闭系统。这就是说，一切文化价值标准，所有的人文意义尺度都是人类自我设定、自我校对、自我更新的，在人类之外或之上没有"立法者"。

人文和合系统对价值标准的自我封闭性和意义规范的解释循环性，表现为人类心理的自我调适、哲学反思的自我悟解、艺术活动的自我表达和语言符号的自我象征等等精神现象。究其根据，原因在于人类文化是自己认识自己、自己改变自己的自组织系统。它的目标，最终极意义上的目标，是自己与自己的创造活动以及创造物之间的人文和谐。

人类自我对于其自身之外、之上的"立法者"的否定，使人进入了另一个世界。在人类的"轴心时期"，无论是在古希腊，还是中国先秦，人们已开始不是从上帝、君主出发去理解人，而是从人自己和人自己的智力天赋开始去理解人。古希腊哲学家视人是具有理性的存在，中国古代思想家视人是道德理性的存在。孔子认为人与禽兽的区别就在于人有道德理

---

① 参见［德］米夏埃尔·兰德曼：《哲学人类学》，44～48页。

性，比如拿"孝"来说："今之孝者，是谓能养。至于犬马，皆能有养；不敬，何以别乎？"① 孝的最基本的要求是奉养父母，这是连禽兽也能做到的。人之所以为人，不仅能奉养父母，而且能尊敬父母。"敬"作为人类独有的品性和要求，是对于人的人格的尊重。后来荀子亦说："夫禽兽有父子而无父子之亲，有牝牡而无男女之别，故人道莫不有辨。"② "亲"与"别"，是人类社会的伦理，这种伦理的蕴涵，构成了"人道"的基本内容，"人道"意蕴着人的理性③，建构了人文的理性伦理学。

这就是说，一旦人获得了对自己的理性的这种信任和责任，他就敢于不服从神的或传统的规则，并代之以遵奉他自己的发自内心深处的命令。当陆九渊讲"立本心"，王守仁讲"六经注我""我注六经"时，确立自我主体、自我价值、自我尺度，便成为理性的责任，把道德理性的不自觉提升为自觉的行为。虽然说按照自己理性生活的人才是真正个体的人，但陆九渊和王守仁的主体自我的确立，仍然受绝对道德理性——"天理"的压抑。因此，陆王的心性自我主体仍然是被扭曲了的和戴了"金箍"的自我主体。换句话说，真正自我主体的确立，或理性主体的凸显，必须内在地蕴涵着自由。一个人服从自己的理性，意味着服从自己，也意味着接受他自己意志的，而不是来自普遍的、传统的"天理"或规则的选择。如果自我主体没有选择的自由，真正的自我主体亦不能确立。

排除了人类之外、之上的"立法者"，理性只不过是人的品格、特征的展现。换言之，人具有理，理赋予人以一种特殊的尊严，并使人与禽兽、万物区别开来。"天地万物与吾一体"，万物与吾人类都没有之外、之上的"立法者"，人自身这个小宇宙与自然大宇宙是相一致的。所以"东

① 《为政》，见《论语集注》卷一，5～6页。
② 《非相》，见《荀子新注》，56页。
③ 参见拙著：《新人学导论——中国传统人学的省察》，13～18页。

方人不像西方人那样作为一个与自然不同的人去探索自然，与欧洲人不同（欧洲人在历史上像食肉兽那样追捕东方人），东方人并不感到负有在精神和技术上控制自然的使命"①。这样，人与自然在理性取向的一致上，获得了自我主体的确立。但这个自我主体的确立是一种"为天地立心"式的模型，而非天地为人立心。因为天地宇宙自然本无心，人亦以无心之心为天地立心。所以，人的价值和意义与天地万物的价值和意义是融突和合的。

从理性人类学来审视，人（包括他的理性本性），能把自己仅仅看成是一面"宇宙的镜子"。在中国古代思想家看来，人与天地万物是互为"镜子"的，是互动的关系。换言之，这面"镜子"是存在于关系之中的，无关系就无所谓"镜子"。但是希腊人的着重点，在于说明一种"神"的宇宙理性超越了人类理性。人类理性只是与尘世中的其他东西相比，具有其优势，即人在其他所有的创造物中占有唯一的、无可比拟的等级。

在中国宋明时期，理学家思想，在"存天理，灭人欲"的伦理哲学中，建构了一种道德形上学；西方近代出现了理性人类学与一种普遍的理性形上学的结合。黑格尔把传统的预言式的基督教的历史哲学建构成为一种理性形上学，尽管这两种形上学有其异，但道德形上学亦具有理性的蕴涵，因此两者是可以圆通的。无论是道德形上学或理性形上学，都是人的理性对"天理"的反省，或人的理性对神的反思。事实上，无论是"天理"，或是神，都只有在人的理性中才能得以完成。这就是说，世界理性在人类中特别在哲学理性中获得了自我认知。

理性人类学在其演化中，曾蕴涵着二元论的取向：若按照柏拉图的观点，在"理念"与现实之间存在着一道裂缝；如依照宗教的观念，在上帝

---

① ［德］米夏埃尔·兰德曼：《哲学人类学》，104 页。

与世界之间亦存在着一道鸿沟。依此推而言之，灵魂是与"理念"和上帝相关联的东西。这样一道类似的鸿沟贯穿着人类，即超人类的分裂在人类中重复着；人既是现实的、尘世的、感性的存在，又是理性的、超越的存在。由于人的二元化的性质，人不仅参与了两个领域，而且经受着它们之间的张力。中国古代思想家把人看成"天地绷缊"或"男女媾精"的一个环节，即天、男的阳和地、女的阴相结合。在《圣经》中人是由捏合起来的泥土和神的气息组成的，宋明理学家认为人是由形而上的理（"天理"）与形而下的气杂合的结果。不能否认，人是由其物质存在形式（身体）与精神存在形式（灵魂）构成的。问题在于，按中国"体用一源""体用不二"的思维方式，人的身与心（灵魂）、理念与现实、上帝与世界不是分裂的，而是有机的整体；按西方"体用二元"的思维方式，这两者无疑是无法弥合的。这就意味着人的理性本性的分裂，并非属人的一切都是理性。

人的理性本性的分裂，意味着非理性的出现。当潜意识被作为人之中更基本、更高和更真实的成分加以赞美时，理性就被认为是窒息了人的自然的、无以言表的成分，而使人与自身的最深沉的力量之流相脱节。只有潜意识才具有内在的创造性，并展现本真之我。潜意识仅是心灵之中一个较深的层面，但作为整体的心灵下面，它通向生命的较低层面。人被要求是在生命一词的全部意义上的生命。歌德曾把生命置于精神之上，生命的价值获得了认知。福尔斯特为了体验生命是什么，他迈步穿过了所有的感情的高峰和深谷——"感情就是一切！"。尼采更激进地继续着这种感情哲学，他否定理性以及与此相关联的一切理想、一切道德和价值观念，而提出"重新估价一切价值"的口号。他认为在理性世界中，从古到今的历史和文化实际上都是使人服从普遍的、纯粹的理性，以及作为理性所体现的世界。这样使人不敢去创造世界和使人真正看到自己的前景和价值，并揭露了人们生活的假面具和骗人的东西。因此，尼采认为，知识并不能强化生命，而且知识的每一次超越都使生命显得无能和削弱生命。

在现代社会，出现了人的贬值与物的增值的异化现象，"高技术"的出现，造成了人们"高情感"的危机，古希腊艺术中人类童年似的天真和纯情，文艺复兴中人文主义者那种自尊和乐观精神，逐渐地失去了光彩，代之的是核威胁、战争灾难、环境污染、生态危机、资源匮乏、人口爆炸等。人再次面临着"自我失落"、心灵失衡。人类所面临的冲突，从哲学角度审视，实质上是人自身的一种危机，亦是人的文化危机。是人对自己在世界上的存在价值和意义、地位和作用、责任和使命没有正确理解和把握导致的，是人的生活样式与周围世界发生了异化性、破缺性、病态性的后果，即人的理性非理性失衡的呈现。这就需要在人类自身的生活活动中，协调理性与非理性的内在关系。

理性是人类实现种系优化的努力在个体中的呈现，是生命自在体自我创造的展现。它作为人的自我创造和自觉的发展，是突破过去，对"在"与"实在"不断建构的象征形式。这种形式具有"超越"的含义。这里的"超越"是一切理性的预参量。因而理性才获得了对人在世界中物化的倾向和可能性发生强大的参与功能，是人类走向未来的内驱力。正是由于"未来"的存在，就需要理性的指导。理性作为人的精神世界内部结构的理智觉醒的有序现象，超越于本能情欲，达到对世界的冷静的审视、批判和思索；作为文化的人文精神现象，它不以幻想的虚构来对应人的本性，慰藉人的心灵，以适应于整体生存和发展的现实需要，寻求建立、调整文化的规范。①

和合理性人类学便是在理性与非理性的冲突、融合中实现平衡、有

---

① 参见郑伟建：《人类活动中的理性、非理性研究》，博士论文打印稿。

序，通过对理性与非理性的内在结构、机制、相互关系的研究，把握其中变化的奥妙，超越理性与非理性一切局限、障蔽和绝对化，而指导未来世界的实践活动。

哲学人类学、理性人类学都属于智慧人类学。由于人工智能的开发，信息联网使得时空隔距越来越小而逼近。在现代高科技不断深入发展的情境下，人类智慧的价值和意义越来越提高，未来的人类实践活动的效益，主要来自智慧。

### （三）智慧人类学的理论目标

人类通过不断的自我批判、自我否定防止其可能的偏差与异化，又通过不断的自我肯定、自我创新实现其可能的意境与气象，两者对偶协调、对应补偿，一以贯之，构成了人文和合的最高景致。传统宗教的"终极关怀"，实际上就是这种人文景观的极化状况。

人类的自我反思的端始是通过与众神的对照而发展起来的。古代宗教的领域包括人的起源、人的灵魂在死后的命运——灵魂的受罚或拯救等等。同时也对早期的人规定了他作为一个人不得不在生前完成的任务，以及完成这些任务带给他的生活以意义。事实上"终极关怀"不离始端关注，彼岸世界不外此岸世间，神仙之境即是凡俗之境，天堂乐土只在人间大地。智慧光明而诚信，心灵和谐而整合，有分别亦是无分别；智慧昏昧且虚妄，心灵杂乱且冲荡，无分别亦是有障碍。但这毕竟是"打破砂锅——问到底"的究竟活头，是人文精神的极致。事实上，一切都渗透在生存世界之中，只要尽心尽力地生存，而非"存在"，愚夫愚妇不比圣贤学者更愚蠢，圣者贤者也不比愚者俗者更高明。生生之道，日新之德，彼此皆有；道德和合，人文流行，万类同庆，宇宙同乐。

和合学可能世界的人文和合精神，形成智慧人类学系统。它以科学的心理人类学为基础，以非政治化、非意识形态化、非工具化的宗教人类学为表征，是人类心灵现象最直接、最全面、最系统的逻辑考察和实践证明。

人文和合精神的无限可能性是以人类的心理活动为现实基础的。心理人类学是以人类学的参与观察法、泛文化比较、生活史分析、民俗和艺术分析、心理学的投射测验等方法，研究社会系统中文化传统的传递、持续与变迁的心理过程和状况。如：文化心理为什么有差异？文化以何种方式影响个人的基本人格和角色人格？文化与人格的关系如何？文化是如何影响民族性格的形成的？这些就是传统心理人类学的研究的范围。人的人格的形成具有时间性、不可逆转性与持久性等特点。人格是人在成长过程中由社会文化铸造的。[①] 与人格相联系的是民族性（National Character），即国民性的研究[②]，又称为"集团人格""众趋人格"或"基本人格结构"等等。这种研究与本尼迪克特的《文化模式》一书相关联。她从一种主导动机支配的三种文化进行比较研究，指出新墨西哥州的祖尼印第安人，因其节制、中和、热衷礼仪以及个性淹没于社会之中而成为"日神型"（Apollonian）的人；温哥华岛上的夸库特尔人以其"酒神型"（Dionysi-an）的性格而具有偏爱个人竞争对抗，嗜好心醉神迷和偏执狂似的权威幻想；美拉尼西亚的多布人，则具有隐秘、执拗冷酷、反复无常的民族

---

① 由安东尼·马塞勒（Anthony J. Massella）和朱高文（Godwin C. Chu）、杜维明等著的《文化与自我——东西方人的透视》中说："人格概念所引起的主要问题是我们往往把人格看成与社会和文化相分离的一个独立的实体……心理学和人类学的学者们都关注社会和文化是怎样影响人格的，却较少关心人格定向是怎样反过来影响社会和文化的……有些学者意识到人格概念不足以充当理论人类行为的工具，便开始了重建新的人格观。T. 帕森斯（Talcott Parsons）在试图将弗洛伊德与杜克海姆的观点相结合中注意到，通过社会互动过程获得的超我是沟通人格与文化的桥梁。"（28～29 页，杭州，浙江人民出版社，1988）

② 康德说："休谟认为，如果国民中的每个个别的特性都被努力吸收进来的话，那么国民本身就没有特性了。我以为他在这里是错了。因为做出某种特性恰好是他本人所属的那个民族的普遍特性。"（《实用人类学》，220 页）

性。① 这就是以联系每个民族文化不同层面的共同心理模式，探索大多数人所共有的人格特征、价值取向、行为法则以及社会制度等。

许烺光的民族性研究引入了"轴"（dyad）的概念，它是指人类相关联的最小结构单位，"轴"是家族系统中的核心，亦是辐射关系中心。它决定个体的态度和行动形态，并推而及之体系内其他轴的相对关系和体系外的关系和行为②，所有的文化现象亦是从这看不见的"轴"引发出去的。

与心理人类学相联系的是艺术人类学和符号人类学。信息交流是生命存在的前提，每一个信息都由符号构成，人类依符号而进行交流，体现了人类交流具有很大的灵活性。因此，符号就是任何可以拿来有意义地代替另一种事物的东西。符号或可以由身体有机地产生，或可以借助身体在技术上的延伸工具化地产生。语言是最"纯粹的"有机的符号系统。换言之，语言是表达概念的符号系统。③ 正因为这样，有的人类学家认为，由于人类使用符号，才使得人类的全部文化得以产生和流传不绝，人类的行为亦由符号的使用所组成。这样，符号便成为人类行为和文明的基本单位，亦是人类与禽兽之所以存在差异的特有领域。④

和合心理人类学根据现代脑科学、神经生物学、生理心理学等实验科学的研究成果，综合认知心理学、个性心理学、气质心理学、民族心理学和社会心理学等心理科学的理论学说和信息科学的方法，系统地把握人文和合精神的从微观到宏观的心理活动机制及其变化发展法则。

宗教现象是人类心理类水平上童蒙状态的人文表现，宗教历史是人类

---

① 参见［美］露丝·本尼迪克：《文化模式》，41、47～101 页。
② 参见许烺光：《文化人类学新论》，张德瑞译，台北，联经出版事业公司，1979。
③ 参见［英］特伦斯·霍克斯：《结构主义和符号学》，126～127 页，上海，上海译文出版社，1987。
④ 参见［美］莱斯利·A. 怀特：《文化科学——人和文明的研究》，21 页。

文化和合系统反馈纠错的自由历史。人文精神本质上是和谐的。但童蒙状态的人类心理，误以为人类的价值标准在至上神灵或先在的祖先那里，祭神祈福，祀祖祷祜。自然崇拜、祖先崇拜的原始宗教由此而生。[①]

宗教人类学是研究世界各文化在信仰和仪式活动方面的异同。从比较宗教学研究的结果发现，各地区、各民族的宗教活动，其基本哲学、仪式行为，在人类日常生活中的角色，虽形形色色，但有其相似之处。[②] 因为所有的宗教都是为了满足一定的社会和心理的需要，如对生与死的普遍性的解释，无时空限制地赋予个人和群体以生活意义，给人提供超脱世俗生活达到精神自我境界的途径，在某种意义上还具有稳固群体秩序、提供道德规范的功能和作用，等等。宗教的这些心理和社会功能，即使到科学技术高度发展的 21 世纪，仍然有其效用。这种效用的价值在于其宗教实践活动。

人类学家认为，宗教是指对人生的一种特殊象征性情感的表现，以解释人类本身和他所接触的世界，给行动提供必要的动机和一套有关的活动方式，使人类能够生存下去和获得得以生存的工具。事实上，所有宗教信念和宗教活动都是人根据他自己所处的生活环境的创造；宗教的观念亦是人的现实生活经验的拟人化，宗教仪式亦给人带来超脱感、安全感以及心灵的安慰，甚至使人如痴如醉[③]；等等。人与神灵的中介人，即宗教仪式的主持人，分为萨满（Shaman）和祭司（Priests），前者是兼职的，后者是专职的。[④]

宗教将人生价值和意义的本根倒悬在天帝，逆推于祖先，这不仅是对

---

① 参见吕大吉：《西方宗教学说史》，1～11 页。

② 参见吕大吉：《人道与神道——宗教伦理学导论》，144～180 页。

③ 参见周大鸣、乔晓勤：《现代人类学》，214～216 页。

④ 参见 [美] 凯西·F. 奥特拜因：《比较文化分析——文化人类学概论》，192 页，郑州，河南人民出版社，1990。

现实人生的虚幻超越和思辨否定，而且将人文和合精神激化到"上九"的"亢龙"的地位。离开生态的永生，脱离代谢的不朽，都是人类心理究极意义尺度到极端的逻辑虚构。"亢龙"必"有悔"。矫枉多过正。宗教的社会政治化，使人文和合精神恶化到"万恶之源"，成了极端专制的牧民工具。但人文和合精神必能"穷极则反"。文艺复兴运动，或明清启蒙思绪，使人类和合精神回到了感性世界和文化生态之中。宗教改革运动、新文化运动，使政治宗教退出工具领域，转换为心理宗教，融化到文化传统、风俗习惯的人文和合大潮流之中。

现代意义上的宗教，只能是以人文和合精神为本位的世俗化的心理宗教，即没有天国的天国的宗教。宗教的"外显功能"，即外表看得见的功能逐渐减弱；其"内涵功能"，即隐藏在人的意念中的功能仍然存在。和合学的宗教人类学是对宗教历史现象的人文和合的分析和梳理。宗教与人生息息相关，人与神的平等相关相应。它只是一种道德约束、整合的力量，借以获得社会、人际、心灵和谐平衡的一种外律因素。

宗教的工具化导致了神对人的奴役、天文对人文的抑制。佛教的不可言说的"第一义"信条，阻碍了语言文字和概念逻辑的科学化、技术化发展。西方宗教的过分政治工具化与东方宗教的非工具的神秘化，都说明要使和合精神优美、完善、真实地表达自己的价值功能和意义蕴涵，就必须从人文和合继续前进到工具和合，借助各种工具系统而有效地解决人文精神和合道路上的诸种困境、迷惑以及诸多悖论。

人文和合精神在哲学里反思自己，在艺术里呈现自己，通过符号外化自己，因而在可能世界的智慧人类学中有哲学人类学、艺术人类学和符号人类学的理论建构。心理人类学的科学基础，宗教情感的智慧力量及其工具化、符号化运动，在以人文和合原理改革人文学科中，创立和合人类学系统；在种类繁多的、又不断分化的人类学学派（如现代的都市人类学、乡村人类学、应用人类学等）的融突中，建构和合人类学原理。

21 世纪，人类面临着人与自然、人与社会、人与人、人的心灵和不同文明间的冲突，如何协调上述五大冲突，是和合人类学所关注的。比如现代化过程与其民族文化传统之间，特别是非西方社会现代化与其传统文化的冲突、融合的关系；外来文化冲击与本土文化保留之间的冲突、融合的关系；多元文化并存与"大同文化"（在信息联网下的地球村文化）之间的冲突、融合关系；城市文化与乡村文化、高雅文化与通俗文化之间的冲突、融合关系；等等。这是人文和合的和合人类学建构的基础和必须，也是人类学的未来发展的方向。即使是最先进的电脑技术的发展，也不能代替人类自身的智慧和判断能力。和合人类学仍有其广阔的发展前景。

# 第十五章　工具和合与和合技术科学

人类与自然的人文和合，是通过人类对自然的化成而达到文化生态这一人文景观的。要参赞天地，化成万物，使自然生态环境转变为文化生态系统，人类就必须利用各种有效的工具，解决生存问题，克服发展障碍，即实现工具和合。

## 一、和合技术结构和工具理性

汤川秀树说："对于东方人来说，自身和世界是一事物，东方人几乎是不自觉地相信，在人和自然界之间存在着一种天然的和谐"①。这种"天然的和谐"，是不自觉地相信。人类现代所面临的自然，是人的智能对象化的自然，即人工自然。人类与人工自然的融突，不仅是物质、能量和信息的交换，而且必须借助于某种方法、手段，即工具，以达到人类与自

① ［日］汤川秀树：《创造力和直觉——一个物理学家对于东西方的考察》，37 页。

然世界的和谐。

## (一) 和合技术的含义

"工欲善其事,必先利其器"。器即工具,"备物致用,立成器以为天下利"①。器即器具,人类制成器具,以供天下人利用。器具、工具是指传导人的智能、体能以作用、改变对象物的一切器具的总和,并以达到满足人的需要为目的。因此,工具也指人为了达到某种目的的手段,譬如语言是人类交流思想的工具。这就是说,人类所从事各种不同的活动,便利用各种不同的工具(手段、方法)达到自己的目的;工具也以自己各种不同的形式,适应人类不同目的的需要。亚里士多德的《工具论》②认为,逻辑是人认知的工具,即是其例。

工具是人的智能的自觉对象化的创造,这是人与动物的主要区别。工具的制造及其有效的利用、合理的匹配,需要有人类解决问题和冲突的"解智能",及其技术外化。工具是"解智能"外化的技术产物。

技术一词在希腊文(τεχυη)中是指技能、艺术。亚里士多德把科学与技术加以差分,认为科学是知识,技术是实践性的,是人在实践活动中的技巧性、熟练性。技术在古代指工匠的技巧(technic,即手艺、技能)、技艺、艺术(art);中国古代指"工"与"巧"。《说文》:"工,巧饰也。"即工巧。《考工记》:"天有时,地有气,材有美,工有巧,合此四者,然后可以为良"③。这是讲制造器具、工具的方法,即制造工具的技术。彦疏:

① 《系辞上》,见《周易正义》卷七,《十三经注疏》本,82页。
② 亚里士多德的《工具论》方书春译为《范畴篇 解释篇》,北京,三联书店,1957。李匡武译《工具论》选本,广州,广东人民出版社,1984。苗力田等译《亚里士多德全集》,北京,中国人民大学出版社。
③ 《考工记》,见《周礼注疏》卷三十九,《十三经注疏》本,906页。

作器之法，须合天时地气之义，将欲说已下不善之事，故先于此说四者和合乃善之意也。①

这样技术即是技艺、技能、方术，意蕴着方法、天时、地气与作器者的和合。

18 世纪的产业革命时期，人的认知技术是对自然世界进行开发加工活动的主要形式。由于生产技术的发展，产生了 technology（技术学、工程学），这个词的后缀 logy 是"××学"，表征学说。狄德罗（Denis Diderot，1713—1784）认为，技术是完成特定目标而协调动作的方法、手段和规则体系。E. 卡普（E. Kapp）认为人类所发明的一切技术活动手段，都是人体器官向外界投影而形成的结构。这样，技术既指活动方式本身（技能），又指代替人类活动的装置。

20 世纪以来，苏联学者认为，技术是"生产体系中劳动手段的总和"，或"人工创造的人类活动手段的总和"②。相川春喜等人认为，"技术是劳动手段的体系"③。C. 辛格在《技术史》第一卷认为，技术为"人类能够按照自己愿望的方向来利用自然界所储存的大量原料和能量的技能、本领、手段和知识的总和"。这就是说，技术是人的知识、能力、手段、体系的总和。

除"手段说"和"总和说"外，还有"知识说""能力说"等。德国贝克曼认为，技术是"指导物质生产过程的科学或工艺知识"，曾在 19 世纪产生巨大影响。M. 邦格（M. Bunge）把技术规定为按某种有价值的实践目的用来控制、改造和创造自然的事物、社会的事物和过程，并受科

---

① 《考工记》，见《周礼注疏》卷三十九，《十三经注疏》本，906 页。
② C.B. 舒哈尔金：《技术与技术史》，载《科学与哲学》研究资料，1980（5）。
③ ［日］中村静治：《技术论论争史》上，第一章，东京，青木书店，1975。

学方法制约的知识总和。① 世界知识产权组织（WIPO）认为，技术是制造一种产品或者在工业、农业或商业中提供一种劳务的知识系统。② 村田富二郎认为，技术是在"生产现场中，直接或间接被充分利用的，只有经过特殊训练的人所具备的特定能力"③。

凡此种种，都说明随着技术的发展以及技术与社会、经济关系的紧密，人们对技术的关注度越来越高。同时，由于人类知行活动领域的不断延拓和智能水平的不断提高，技术的含义也在不断充实、演进。

古代的技术一般指人制造、操纵和使用手工工具的技能、技巧、手艺，是生产劳动的一部分。近代产业革命使人们对技术有了认知，技术亦增加了机器的设计、制造以及机器的组合匹配等物质手段等。现代技术概念进一步包含了工艺、程序、规则等设计与研制的技术理论及其科学原理。可以说，现代技术是以工具为标志的生产、技术、科学的和合体。据此，可将技术规定为：人类根据自己的目的（目标），运用知识、能力、经验和工具、程序、规则，从自然界获得人工自然物的一切手段、方法的和合体。

技术概念是与一定时代、条件、社会文化背景、生产活动、科学活动以及人的智能、目的相联系的历史范畴。其历史的延拓图式如图15-1。

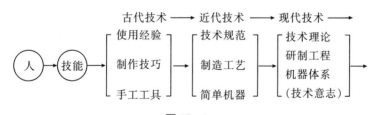

**图 15－1**

---

① 参见［德］F. 拉普：《技术哲学》，载《当代哲学》，第2卷，1982。

② International Bureau of WIPO：*The Elements of Industrial Property*，WIPO/IP/AR/85/7，Paris，pp. 3～15.

③ ［日］村田富二郎：《技术论和技术》，载《金属》，第51卷，第1号。

这些基本上属于对技术的狭义的规定，它表现了人类创造性的构思，即为了满足个人和社会需要而创造出来的，具有实现目标的功能和起改造世界作用的一切工具、方法。

对技术的广义规定，便超越了工程学范围，而扩展到任何讲究方法、工具的有效活动。M. 邦格曾把技术分为四方面：（1）物质性技术：物理的（民用的、电气的、核的和空间工程的）、化学工程的、生物化学的（药物学的）、生物学的（农学的、医学的）技术；（2）社会性技术：心理学的（教育的、精神病学的）、社会心理学的（工业的、商业的、战争的心理学）、社会学的（政治学的、法律学的、城市规划的）、经济学的（管理科学的、运筹学的）、战争的（军事科学的）技术；（3）概念性技术：计算机科学；（4）普遍性技术：自动化理论、信息论、线性系统论、控制论、最优化理论等。它虽然包括了技术的各个方面，说明技术在当代的广泛渗透性，但实质上仍是工程学的。

M. 邦格试图突破工程学的限定，埃吕尔（J. Ellul）则把技术定义为："在一切人类活动领域中通过理性获得的（就其特定发展状况而言）、具有绝对有效性的各种方法的整体"[1]。马尔库塞认为，"文化、政治和经济以技术为中介融为一个无所不在的总体，它吞没和拒斥一切别的东西"[2]。这种广泛的、多样的、无所不在的总体，不仅确切地描述问题，而且处于现代文化中心，包括了人所从事的价值部分，使人能理解技术以及技术的社会政治意义。

走出工程学，走向社会，走向文化，这就是和合学工具和合中的技术。它不限于解决人类与自然之间融突的手段、方法，而且包括解决人际（国际）社会融突和心灵自身的观念融突的手段、方法的和合。这种广义

---

① J. Ellul：*The Technological Society*，New York，1964，p. 183.

② Herbert Marcuse：*One-Dimensional Man*，Boston/London，1964，Pxvi.

的技术定义，能符合现代各学科走向融合、和谐的需要。然而，埃吕尔等人的技术广义定义，并不能保证人们正确理解技术科学，以及技术文化的社会价值。

所谓和合技术，是指人类主体根据自己的目标，利用和开发智能、经验、工具等的一切手段和方法，使人与自然、社会、他人、心灵、文化之间的冲突，获得和合。这个规定具有人文创造、既合规律又合规范、中介转换、倍加增效、切实可用的特征。它超越了传统的、以经验为基础的、简单技术所涉及的工具、机器的使用方法和过程，普遍渗透到社会、经验、思维与日常生活之中，而深深影响自然科学、社会、人文科学的各个层面，譬如技术价值学、技术社会学、技术文化学、技术伦理学、技术经济学、技术管理学、技术逻辑学、技术人类学、技术心理学等。和合技术科学就是这种技术具体学科的融突而和合。

### （二）和合技术的结构

技术活动的发展和扩大，使人类认知到技术是各种各样错综复杂因素的有机联系的结构。人们由于不同的文化背景和价值观念，对技术本质亦有不同理解，于是建构了由不同技术要素组合的技术结构。[1]

以往的技术结构，基本上可分为：

1. 从技术的客观性、物质性要素出发，建构技术内部结构。石谷清干基于对技术本质为劳动手段的理解，把直接劳动手段的技术作为主干，诸如劳动工具、劳动容器、动力装置等；又把劳动对象和间接劳动手段的技术作为枝干，并按主干与枝干的整体联系建构树式结构。[2] 黑岩俊郎从生产领域来差分技术部门，诸如机械、运输、材料、化学、土木、电气、控制

---

① 参见黄顺基、刘大椿：《科学技术哲学的前沿与进展》，297～307 页。
② 参见［日］石谷清干：《工学概论》，183～187 页，东京，日晷社，1972。

等等。他从技术是工具的应用视角，把各种不同特征的相关技术构成网状结构。①

中国学者关士续等从技术的"硬件"（物的因素）角度，认为每一个时代总有一项主导技术，代表该时代的主流，推进其他技术的发展。与主导技术相联系而产生和发展起来的技术称"主导技术群"，它与这个时代的其他技术，构成了时代技术群。②

2. 综合技术的物质性、精神性要素，建构技术结构。户坂润从现实技术存在于一定生产关系和社会组织之中的关系出发，认为技术可差分为主观存在形式的技术与客观存在形式的技术两种。前者有赖后者为中介，才能获得本身的意义。其技术结构如图 15 - 2。③

技术
主观（个人主体）存在形式的技术（包括智能、技能、手艺等）
观念的技术（数学家的计算、医生的临床诊断、文学家的创作、理论家的思维）
物化的技术（工程师的设计、钢琴家的演奏）
客观存在形式的技术（包括工具、机器）＝物质的技术（真正的技术、技术学诸问题）

**图 15 - 2**

户坂润认为技术的本质是社会性的、物质性的。客观存在形式的技术应从劳动手段方面来把握，构成生产力的两大要素；技术在一定生产关系中，同经济关系相联系，构成上层建筑的强有力的决定者。④ 这样，就把劳动手段中的主观成分包含在技术结构之中。

星野芳郎从各技术部门（动力、采掘、材料、机械、建筑、交通、通信、控制）与劳动过程（采掘、原材料生产、机械生产、建筑、信息处理、能源生产）的相互联系、作用、平衡中，总结出"作为一个整体，则

---

① 参见［日］黑岩俊郎：《日本技术论》，337～342 页，东洋经济新报社，1979。
② 参见关士续：《科学技术史简编》，261～262 页。
③④ ［日］《户坂润全集》，第一卷，235～236、255 页。

形成了一个把所有技术部门从低级到高级联系到一起的、复杂的、立体网络的结构的技术体系"①。

山胁与平认为，技术是以主体性形式，运用体能与智能，构成能动的主体劳动能力的两个方面。若把技术单纯作为劳动手段，人的主体性因素就被忽视了。他从技术的二重性出发，从 15 个方面论述技术的特性：(1) 技术是社会人类的创造，因此，从根本上说，技术是社会性的。(2) 经济性。技术在经济关系中才具有意义。(3) 生产性。技术是人类劳动生产的要素。(4) 物质性。技术具有物质性和自然性。(5) 手段性。技术是人作用于自然的手段。(6) 系统性。技术作为手段，只有在生产劳动中被系统化、体系化、程序化才能发挥作用。(7) 阶级性。在阶级社会，技术就反映阶级对立的各自阶级利益。(8) 革命性。技术从目标上观，是以维持人类生命和提高人的生活水平为目的的，所以本质上是革命的。(9) 保守性。技术可以延续、再生产、反复使用，所以具有保守性。(10) 历史性。技术从传统技术中产生，随人类历史发展而发展。(11) 选择性。达到目的的劳动手段多种多样，可依据各种因素进行选择。(12) 规则性。技术都是个别的、特殊的，一把钥匙开一把锁，并在各自规划的基础上有效地使用。(13) 容许性。技术在环境基准、质量水平、完成方式、制造方法、安全率等方面与严格追究真伪的科学不同。(14) 动力性。工具和机械等手段只有在生产过程得到能源（动力）的供给，才能有效地发挥作用。(15) 控制性。技术在控制作用下，才能达到预定目的。此 15 个特性都与技术的自然和社会性相联系，因此，对技术二重性的认知是技术结构的重心。②

---

① ［日］星野芳郎：《技术发展的模式》，载《科学与哲学》，1980 (5)。
② 参见［日］山胁与平：《技术的定义和特性》，见《技术论和技术教育》，青木书店，1978。译文见《科学与哲学》，1985 (2)。

3. 技术社会性特性的民族性结构。吉谷丰认为，世界各个民族居住地区的自然条件和生活方式的差异，以及需求的分殊，使得技术也具有民族性。技术作为文化的一个方面，与文化一样具有民族技术结构。他从日本与西方在思想、世界观、自然观、命运观、思考、认知、感觉、关系、行动、集团组织、传播、评价等方面的比较中，说明技术的民族性结构。[①]

4. 由经验型、实体型、知识型技术组成的有机整体结构。中国学者黄顺基、黄天授、刘大椿等认为，任何时代、国家、地区的技术结构都是由经验形态、实体形态、知识形态三种技术要素组合而成的。所谓经验形态是指由经验知识、手工工具、手工性经验技能等要素组合成的技术结构；实体形态是指由半经验、半理论的技术知识，机器与机械性经验技能等要素组合成的技术结构；知识形态是指由理论知识、自控装置和知识性经验技能等要素组合成的技术结构。其图式见图15－3。[②]

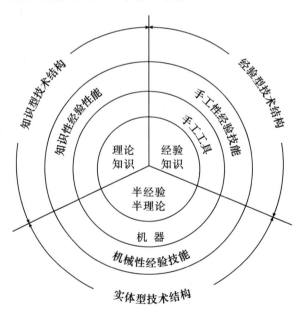

图 15－3

---

① 参见黄顺基、刘大椿：《科学技术哲学的前沿与进展》，302 页。
② 参见黄顺基等主编：《科学技术哲学引论》，268～269 页。

从古代以手工工具为特征的单相经验型技术结构，到近代以机械工具为特征的双相实体型技术结构，再到现代以自控工具为特征的三相知识型技术结构，这三种技术结构的内在要素都包括知识、工具和经验技能三种要素，亦即技术的三要素：知识（设计、发明、技术知识）、实体（器械、机器、设备）、经验（技能）。从这个意义上看，无论是古代、近代还是现代的技术结构，都是不同要素冲突融合而和合生生。

和合学的技术结构诸形态、模式亦都包含这三种要素。和合学技术结构分为自然形态的工艺制造技术、社会形态的规章制度技术、思维形态的范畴立极技术三个基本层次。其图式见图 15-4。

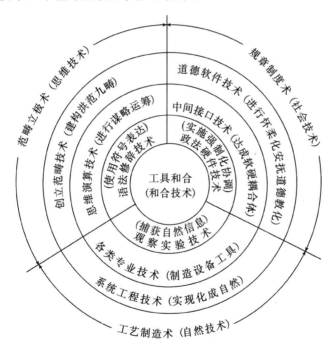

**图 15-4**

和合学的技术结构是一个具有明确目的性、系统性和层次性的和合系统。它是一种立体式的、多层次的理论建构，体现了工具和合的整体贯通的特性。和合学的工具和合（和合技术）涵摄工艺制造术结构、规章制度术结构和范畴立极术结构。三者之间虽有递进关系，但三者并存，这种并存是冲突、融合而和合，并非以一种形态结构代替另一形态结构。和合技术科学，就包含着这样一种意思。

### （三）排忧解难的工具理性

解难是工具和合在生存世界的主要功能和效用。要实施这一功能和效用，必须分析天人冲突的表现特征及其深刻的根源。科学技术从本质上说就是解难。

所谓技术科学，英国 C. W. 柏塞尔认为，"是一个包括传统工程各个分支，农业科学，以及有关空间、电子计算机和自动化的各现代学科的学科群"[①]。和合技术科学，除上述现代工艺制造术各学科群外，应包含规章制度术和范畴立极术等方面的内涵。

技术科学是运用一切工具（手段、方法），解除人与自然、社会、他人、心灵、文明间的冲突、困难，使人获得利益和需要的满足。和合技术科学在解决人与诸多方面的冲突中，由融突而走向和合。以人与自然生态的冲突及其表现特征为例来说，人类文化活动（包括人的技术文化活动）与自然生态的和合关系，是形上和合、道德和合以及人文和合立论的基础。因而，天人和合是元始本根性的、道德制约性的、人文化成性的。只有从这三种和合角度看，人类文化与自然生态的关系才是本根和合的、应该和合的与成为和合的。然由于人类与自然的质能差异和文化与生态的机制相变，两者的和合是相对于冲突的和合，是不断解决冲突的和合化过程。

天人之间围绕生存问题的冲突，主要有三个彼此重叠的层次：

1. 物质层面的变形冲突。自然生态造化出来的各种物品，并不都能

---

① 邹珊刚主编：《技术与技术哲学》，41 页，北京，知识出版社，1987。

满足人类生存和发展需要，人类必须利用各种加工工具、生产技术，才能使天然物品发生变形，转换成为人类的物质生活资料。当人类变形自然物违背了物性的自然法则和转换法则时，便形成人与自然生态在材料层面的变形冲突。只有当人类的目的与自然的物性相和合时，冲突才能解决。材料技术及其工具和合系统，旨在解决这一层面的冲突。

2. 能量层面的变性冲突。人类的生存和发展活动，必须不断补充能量，才能维持。但自然环境中的各种能量并不都能直接满足人类的生存和发展需要。人类必须利用各种变换手段，方能利用物质性变，获得足够的生产能源与生活能量。因为根据能量守恒和转换定律及爱因斯坦的质能关系，只有变换物性，才能迫使自然释放出人类所需要的能量。烧毁燃料才有热能，截拦水流才有水力电能，裂变核子才有核能。当变性物质违反了能量守恒定律与质能关系时，便有人与自然生态能量层面上的变性冲突。能源技术及其工具和合系统可解此冲突。

3. 信息层面的变时冲突。人类为了得到更适宜的材料和更有效的能源，必须与自然生态进行"信息"对话，强迫自然"说出"自己的过去经历、内在本质和变化规律及发展趋势。这是一种对自然信息的变时推究，通过对自然质能现实信息的时态变换，把握自然生态的全部历史、本质规律和可能方向。当变时质能时态相位违逆了自然原理和信息规律时，人与自然生态出现信息变时冲突。信息技术及其智能工具专为解决变时冲突而设。

人与自然生态的这三重冲突，构成了人类生存世界的知行困境。噪声干扰，信息混杂，不明自然的来由、底细和真相。不晓人类该怎么办，犹豫难决，忧心忡忡，此为知之困难。物形阻碍，质能难驳，或徘徊不前，或后退无路，或碰壁摔跤，坎坷塞难，此为行之困境。知忧行难，"知难行亦难"。人与自然生态的三重冲突，和合之道路漫漫。

人与自然生态冲突、知行困境及解难方式如图 15 - 5 所示：

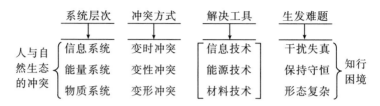

**图 15 - 5**

人类要生存发展，要使文化与生态融突和合，就必须排解知忧行难的生存和发展困境，使其转换成为生存和发展的解境。要实现这一目标，人类必须外化自己的本质力量，使理性由生智能转换为群智能，物化成为技术工具和合系统。

理性按照技术科学原理外化成为工具，是人类智能的放大增益过程。技术工具，首先是人文和合的创造物，是人类智能的物化结晶；其次，技术工具放大了人类的智力，弥补了感觉器官的天然局限，增益了人类的技能，完善了效应器官的能动作用。理性的工具外化，形成了具有实践品格和价值意义的工具理性。

工具理性是人类与自然生物的本质区别，是文化实践的内在的推动力量。工具理性的发展史，就是人类科学技术进步的生产历史，就是人类生存和发展的自强不息的进取的历史，就是人类文化合理化成自然生态的文明历史，也就是人类知行自觉解决人与自然生态冲突以及生存和发展困境的历史。

按照工具的外在和合特征，工具理性的历史演化经历了三个阶段：手工工具→机械工艺→系统工程。

工具具有内在的和合"规范"。规范（或译作"范式"）是库恩用以说明科学革命内部机制的概念。他认为"规范"是由某一特定科学团体所采纳的一般性的理论假定和应用这些假定的定律和技术等因素构成的。规范为科学内合理工作规定标准，协调并指导在这些规范内工作的一群常规科学家的"解决难题"活动。① 然而库恩的"规范"定义有失明确性，却被G. 道西移植到技术的研究中，提出了技术规范概念。所谓技术规范，是指根据一定的物质技术，根据从自然科学中得来的一定原理，解决一定技术问题的"模型"和"模式"。一种新的技术规范的出现，具备两个基本条件：（1）成功的范例，给人以成功的启发；（2）形成一个能够为整个新技术实践所共识的文化模式。②

技术规范是技术中的整合要素或结构性要素，它是主体与手段在技术规范的整合下的融突和合；它使技术活动按特定的次序组合起来，成为一个有序结构；它决定着技术活动的结构，即使技术活动的主体及其手段不变，根据不同技术规范组合起来，亦可发挥不同职能。换言之，无技术规范，主体与手段的结合便失其根据。

技术活动的不同层次，构成相应的技术规范。在技术规范的整合下，技术活动获得实现。大体可差分为三个层次：

1. 技术的科学规范。所谓技术的科学规范，是指人作为自觉的、能动的活动主体，在技术实践中依据理性的力量，即相应科学原理的指导，利用物质运动规律以达到自己的目的。技术的科学规范依据科学原理在技术活动中的作用，可分为两类：一是肯定性规范，是对于有关技术活动的肯定，给人们的技术活动以方法论的指导，如热力学中卡诺循环理论，为建构生产热机的技术活动提供理论基础。二是否定性规范，它是对技术活动的消极制约，限制了人们有关技术活动的展开，如热力学第一定律宣判了永动机的死刑等。

技术的科学规范表现为技术原理，它往往是应用科学的研究成果，但

---

① 参见［美］库恩：《科学革命的结构》，4、64～74页，上海，上海科学技术出版社，1980。

② 参见［英］G. 道西：《技术规范和技术轨道》，载《科学与哲学》，1984（3）。

亦不限于此。比如能量守恒定律是基础科学的理论，但对于一切技术活动都有约束作用，为所有技术活动的科学规范。

2. 技术的行为规范。所谓技术的行为规范是指连接技术与科学的中介，它揭示了技术对科学原理的依赖关系，以及从认识世界向改造世界的过渡。技术的科学规范的建构，仅是一种技术活动的可能性和找到技术活动的科学原理的根据。它既不是全部的技术活动，亦不是现实的技术活动。

技术活动作为主体的实践活动，是见之于主体的行为，于是有技术的行为规范。技术的行为规范是指关于人在技术活动中依据什么方式、方法、程序、步骤及其相应的组织与协作原则，如何实现技术的科学规范的规定性。比如，卡斯特和罗森茨韦克举例说，一个人买了一套立体声收音机零件来组装，组装过程中，他需要一些零件、工具等，仅这些还不够，因为在容纳各种元件的收音机里，包含着一整套细致的按步骤组装的程序。这是工艺知识的组成部分，是完成实际目标所需的信息。[1]

技术的行为规范一般表现为技术活动的工艺。工艺水平高低、优劣对技术活动的效率、效益以及产品质量有很大的影响。工艺水平还规划经济效益的大致区间，人只能在这个区间内有所作为。因此，提高工艺水平，扩大原有区间，是提高经济效益的关节点。如水轮机叶片，工艺分为机械加工和精密铸造，无论怎样加强管理，机械加工的原材料的利用率都不可能提高到精密铸造的水平。

技术的行为规范除工艺外，还包括操作规程、生产组织、协作匹配等规定。这样，才能建立技术的行为规范，而开始技术生产活动。假如不建立技术的行为规范，生产就会乱套。这是因为主体生产者赖以展开其技术活动的基础和准则，是技术的行为规范。

---

① 参见［美］卡斯特、罗森茨韦克：《组织与管理》，206页，北京，中国社会科学出版社，1985。

3. 技术的社会规范。所谓技术的社会规范是指技术在社会大系统中存在与其他社会因素建立有机联系的方式的规定性。人的技术实践活动是社会的活动，社会大系统对人的技术实践活动的规定性，构成了技术的社会规范。

技术的社会规范，包含这样几个方面的因素：一是社会大系统中各子系统间的相互作用。如技术子系统与经济、政治、文化等子系统之间的关系，均构成对人的技术的社会实践活动的制约作用。二是技术子系统与社会大系统之间的相互作用，也会构成对技术子系统的制约作用。三是社会大系统与自然生态系统、技术子系统与自然生态系统之间的相互作用。如社会大系统、技术子系统要使自然生态系统发生某种变化，而作用于自然生态系统；反之，社会大系统和技术子系统亦受自然生态系统的制约，亦构成对技术实践的规范。

技术的社会规范表现为对技术实践总体格局的定向的规定性。技术的社会规范有肯定性方面，即促使技术实践的发展；也有否定性方面，即对特定技术实现予以禁止或限制。从性质上看，有强制性的法律手段，也有非强制性的市场诱导手段等。

技术规范从不同角度、侧面对技术活动进行了整合。技术的科学规范是对相应的科学理论、原理、知识进行整合，明确了技术原理和建立相应的方法论；行为规范是对各技术要素进行整合，使技术活动成为有效的实践活动系统；社会规范是对社会大系统中各个子系统进行整合，使技术子系统与其他子系统相匹配、协调和谐而共存于社会大系统之中。

技术规范理论探讨了技术与科学、行为、社会之间的错综复杂的相互制约、渗透、促进、转换等等作用关系。其间并非简单双向线性作用方式，或单纯单方因素起作用的方式，因而如"科学产生技术""技术决定社会"，或"技术的社会经济决定论""社会的技术决定论"这样的一些观点，都失之偏颇。①

从科学社会学和科学知识社会学出发而形成的"社会的技术决定论"的技术社会观，逐渐被建构主义技术社会观所代替。建构主义技术社会观的特点，是对社会关系的各个方面做一视同仁的考察，而不像经济决定论者把生产关系作为决定因素。任何技术都是在特定的社会历史环境中，由"相关社会群体"建构而成，这种建构的作用覆盖着技术发展自始至终的全过程，以及技术人造物的内涵和外延。② 其实，建构是一种过程，在此过程中起整合作用的，便是技术的这三种规范。

工具理性外化工具和合系统，是通过人类的工艺制造技术和技术三种规范，以及其社会历史性实践不断进行的。工艺制造技术是生存世界工具和合的转换枢纽，其量化流程图如图 15-6 所示。

**图 15-6**

工艺制造技术及其工具系统是人类文化自铸的"双刃剑"。它们既可以制造破坏性的工具，用于战争军事目的，也可以制造建设性的工具，用于和平发展目的。而且同一种工具系统，既能协调人类与自然生态的关系，解决人与自然生态的冲突，又能破坏文化与自然生态的融合，激化人与自然生态之间的冲突。甚至反戈一击，化成自然生态的工具，成为扰乱人类社会结构的动乱武器。

工艺制造技术及其工具系统的这种可破可立、或破或立的"双刃"作用，说明它们依据自然法则，遵循反合原理。"道法自然"，即自然而然。自然不会预设自己的目标，只根据环境的约束条件按因果法则或概率法则

① 参见孔昭君：《企业技术论——技术社会学的尝试》，论文打印稿。
② 参见柯礼文：《评当代三种技术社会观》，载《自然辩证法研究》，1991 (11)。

而起作用。人类的自然技术、工具工艺，是附着在自然环境上的人工系统，虽制造过程有人类的目的和文化的方式，但作用过程只有自然的道路和效果。"反者，道之动"（《老子》第四十章）。工具的制造和使用之道之术，也就自然有了正作与反作、正用与邪用的反合原理。按自然价值尺度，工具系统是无分正反的技术和合系统；按照人类价值尺度，工具作用当有邪正之分、正反之别，这是价值意义冲突的非和谐系统。

生存世界工具和合系统价值意义上的冲突与非和谐，根源在于工艺制造术既要遵循自然变化法则，又要接受社会规章制度的价值选择和意义约束。当人类的价值选择和意义约束内部产生人际冲突时，解决人与自然生态冲突的工艺制造技术也要受到牵连，发生外源性的不和谐。这就说明，要从根本上消除工具的不和合异用，就必须从工艺制造技术进入规章制度技术的层次，解决意义世界的人际（社会、国际）冲突，以及工具和合问题。这种转换，虽有层次之别，但亦相互渗透、相互关联。

## 二、规章制度技术和解结功能

人与自然生态的工具和合，说明人类如何、怎样运用技术手段作用于自然，促使天然自然转换为人工自然，以改善和满足人的需要。在人与自然生态的相互冲突融合中，存在人的社会意义、自然的社会意义以及作为人与自然生态之间的中介手段的技术的社会意义问题。

技术的功能就在于人类在构造自然，创造人工自然物中具有物质变换、能量转换、信息交换的功能。技术还具有生产力功能和社会功能。这些功能的实现，都有赖于一定的社会环境，其社会功能的实现，还与社会的自然、文化、政治、经济环境对技术的整合，以及社会舆论、法律规范对公众技术心理的调适相联系。和合学的工具和合，从意义世界层面来看技术，是为了解决人与人、人与社会之间的冲突、融合的问题。

### （一）意义世界的内外郁结

在和合意义世界，实现工具和合首先面临的问题是价值规范的内外郁结。作为意义的主体与规范的立法者，每个人都有自家的价值规矩（尺度）和意义标准，并希望所有的人都能认同自己的规矩（尺度），运用自己的标准。但依据个人道德要求制定的自己的规矩和标准很难直接成为人类的公共尺度和公认标准。

人的价值规矩和意义标准的不同或冲突，是与人的经济、政治的利益和需要的冲突相联系的。于是经济制度的技术规范、政治约法的技术规范和伦理道德的技术规范等，便是技术社会化过程中所必须涉及的问题。现将技术在解决人与社会冲突中的三种形式分述如下：

1. 经济制度的技术规范。人的技术活动，是在既定社会区域中所具有的经济环境或状况下进行的。因此，经济体制、制度对技术社会化的影响是巨大的。就技术创新的社会实现而言，从技术创新的类型来看，市场竞争可能是最直接有效的因素，它可以形成技术创新的自动调节器，有利于技术成果走出企业、进入社会。但宏观调控、市场管理，也是促使技术正常社会化的必要条件。同时，从技术推广应用的角度看，价格与经济体制、制度的改革，亦很必要。如中国地矿部矿产综合利用研究所曾开发出提高选矿品位的磁团聚重选法，技术先进，经济效益显著，却难于推广，其原因是现行工业管理体制、制度和产品价格体制、制度不合理的制约。中国大部分钢铁公司与矿山公司都各自为政，矿产品价格较低，由国家统一定价。尽管此项新技术提高了矿石品位，但精选矿石增加的收入抵不上成本的增加，成为亏本经营。精选矿石对冶炼厂来说，不仅增加产量，而且降低能耗和原材料，利益显著。选矿厂不愿"为他人作嫁衣"，而让冶炼厂得利，新技术便得不到利用。这里存在冶炼厂与选矿厂的利益冲突，二分的管理体制、制度之间的冲突，矿石的精与粗、能耗的大小等冲突。解决此冲突的方法、手段的技术，不仅可促使新技术的转化，产生社会物质效益，而且可改革经济体制，制度因而趋向合理化，使利益冲突得到协调。譬如使两个独立核算单位在体制上合二为一，可采取联合公司，或利益分摊等形式，这便是冲突融合而和合为新和合体的方法、手段，即工具和合的一种形式。

经济体制、制度的改革是解决人际、社会经济利益冲突的技术工具。经济体制、制度既具有满足社会经济需要、促进技术进步和发展的作用和功能，亦具有压抑社会经济需要、阻碍技术进步和发展的作用和功能。默顿在关于英国 17 世纪技术与社会经济制度的研究中，发现了经济制度、经济需要与技术之间的关系，一般是由经济需要带来技术的需要，并由经济制度、体制的协调（即工具和合的作用），使社会形成一种共识：只有那些能帮助英国谋求经济上的统治地位的发明活动，才是最有价值的。[①]因而推动了技术的应用和发展。

李约瑟在分析中国近代科技落后的原因时，指出："虽然中国社会本身生来就是发明创造的沃土"，除四大发明外，"齿轮、曲柄、活塞连杆、鼓风机以及旋转运动和直线运动相互转换的标准方法——所有这些的出现，中国比欧洲要早，有些还要早得多——它们的利用却比应该得到的要少，这是因为在一个官僚们决心要保护和稳定的农业社会里缺乏这种需要"。因此，"无论谁要阐明中国社会未能发展近代科学，最好是从说明中国社会未能发展商业的和工业资本主义的原因着手"[②]。这就是说，中国的技术发明之所以得不到利用与发展，是由于经济需要不明显。说到底是

---

① 参见［美］R. K. 默顿：《十七世纪英国的科学、技术与社会》，211～278 页。
② 潘吉星主编：《李约瑟文集》，84、293 页，沈阳，辽宁科学技术出版社，1986。

由于中国官僚要保护农业社会的经济制度和体制，未能发展商业和工业资本主义的制度和体制，因而阻碍了中国科学技术的利用和发展，造成中国由于近代科技落后而挨打。所以，改革中国经济体制和制度，是解决中国科技落后状态的关键。这便是和合学所要强调的经济制度技术的工具和合。

2. 政治约法的技术规范。技术社会化过程的政治区位，是指技术活动在既定的社会区域中所具有的政治环境或条件，不同的政治环境或条件，其权力的冲突形式差异，政治约法技术亦分殊。

政治区位对技术的整合，与技术对政治的制约，体现在"国家主义"与技术政治化的倾向上。在当代世界或国家中，各种政治势力的冲突越演越烈，技术的作用亦越来越大。技术的功能已超越了人与自然的界限：一方面被作为政治冲突的工具，另一方面被作为协调政治权力冲突、政治利益冲突的工具。

就前者而言，一些国家和民族或一个国家内部的不同政治集团或民族，以军事技术显威，以样品技术显力，它在不同意识形态和宗教意识的国家或集团的相互冲突中具有重要地位。所以，技术的发展显示了技术"国家主义"和技术政治化的倾向。所谓技术"国家主义"，是指技术的民族共同意识或共同意志[①]，并体现在各国政治和集团对技术的重视和支持上。现代无论是把技术作为国家能力的工具，还是作为国家的特殊目标，它的发展都为世人所关注。各国对技术研发规划的支持也成为政府永久和制度化的职责。特别是第二次世界大战后苏联人造卫星的发射，促使各国把新技术的创造放在首位，美国便把发展尖端技术看作国际政治力量和权威的较量。约翰逊副总统在 1961 年的一份报告中说："虽然登月计划是危

---

① 参见［日］斋藤优：《技术转移的理论与政策》，载《科学译丛》，1988（3）。

险的，但空间竞争的失败更危险，所以人类空间计划是我们必须采取的危险的行为，否则就意味着我们将在各方面退居第二位，因为空间技术已成为国际地位和威望的重要象征。"①

一个国家内部，由于意识形态、价值观念或政治目的原因，而使技术政治化。苏联出于向革命节日献礼和政治宣传的需要，便搞样品技术、展品技术，以及进行社会主义与资本主义竞赛的斯达汉诺夫运动②等。西方一些民间团体利用技术问题，诸如环境和核能问题进行反政府活动，以表达其对执政党的独裁的不满。③ 在这里，技术已被异化，它本身的价值并不重要，而是以技术所要达到的政治目的，为其所追求的目标。④

技术的"权力意志"是技术社会化过程中，政治区位对技术的一种整合现象。迪韦尔热认为，所谓权力是一种规范概念，是指一个人处于这样的地位：他有权力要他人在一种社会关系中服从他的指示；而社会的标准和价值体系则确认了这种权力，并把它赋予应享有这种权力的人。权威就是被赋予权力的人所具有的身份，或者说权威就是握有权力的人。⑤ B. J.霍奇等人在"社会组织"理论中区分了六种权力，即人们公认的合理合法性权力，控制和施与他人利益的奖赏性权力，强制或惩罚他人的强制性权力，英雄崇拜认同的特指性权力，宗教领袖的人格力量所具有的魅力性权力，以及技术专家以知识和技能为基础的专长性的权力⑥。这种种权力，有时在一定时空条件下，对协调种种形式的权力冲突，能起到技术工具的作用，即工具和合的功能。

---

① M. E. Kraft etc. ，*Technology and Politics*，Durham：Duke University Press，1988，p. 25.

② 参见［美］A. C. 萨顿：《西方技术与苏联经济的发展》，110、479 页，北京，中国社会科学出版社，1980.

③ R. Williams etc. ed. *Public Acceptance of New Technology*，1988，p. 53，p. 379.

④ 参见陈凡：《技术社会化引论——一种对技术的社会学研究》，博士论文打印稿。

⑤ 参见［法］莫里斯·迪韦尔热：《政治社会学》，113～116 页，北京，华夏出版社，1987.

⑥ 参见鲁品越编译：《社会组织学》，267～272 页，北京，中国人民大学出版社，1989.

譬如苏联政治领导人以自己的权力对技术创新和变革进行协调、平衡，以解决隐藏在技术变革背后的权力冲突。第二次世界大战后，西方化学工业曾获得令人振奋的发展，赫鲁晓夫在东西方政治竞赛的权力意志驱使下，认为优先发展化学工业是苏联最持久的核心政治问题。他在1961年苏共二十二次大会上提出："化学工业在建设共产主义物质技术基础中具有特别重大的意义"。为实施这一"宏伟计划"，投资规模急剧扩大，但最终化学化运动遭失败。勃列日涅夫在苏共二十三大上批评赫鲁晓夫犯了主观主义的错误。这是以政治权力约法来协调政治权力的产物。又如20世纪70年代初苏联就如何发展自动化控制技术系统问题在科技界争论不止，苏共政治局也形成两派，相互冲突。勃列日涅夫在1971年苏共二十四大上讲话，决定采用和发展自动化控制技术系统[①]，并利用中央集权政治体制的强化来协调、解决双方的冲突。

美国亦是以政治权力来决定、协调技术创新中出现的冲突。约翰逊总统在1967年出于党派政治冲突的需要，抢先共和党人一步布置了反导防御系统，说是要抵御来自中国的莫须有的导弹威胁。里根总统在1983年3月23日宣布"星球大战"计划前几天，都未与其科学顾问G. 凯沃斯商量，其目的是想显示他在核战争上的权力。[②] 这种政治权力的冲突，采取政治权力协调的手段，是"权力意志"社会环境中解决政治权力冲突的一种技术形式。

在一个多民族、多宗教（或多教派）、多集团以至多地方的国家中，各民族、各宗教、各集团、各地方之间，无疑存在着各种利益的、权力的、需要的，甚至信仰的、习惯的冲突；各种利益的、需要的、信仰的冲

---

① 参见伯明翰大学苏联与东欧研究中心编：《苏联工业创新》，217～229、320～338页，北京，科学技术文献出版社，1988。

② M. E. Kraft etc. , *Technology and Politics*, pp. 28 - 29.

突，又集中到一点，以权力冲突最为核心和重要。解决这些冲突的工具即技术，便是通过政治权力的或政治约法的手段、方法（技术）来协调。这是属于外在的、外律的政治约法技术。

3. 伦理道德的技术规范。技术伦理道德是指社会道德或科学家、技术专家的个体、群体道德在科技工作中的一种特殊表现。它所研究的对象和范围，包括技术发展对社会道德的影响和作用，技术的发展是否使人更善良、更高尚、更友爱，技术知识对确定人生目标的影响，人在技术工作中的品德结构、道德关系，技术实践活动中个人与他人、集体、社会、民族、国家之间的道德行为规范，技术实践活动中的道德观念、道德原则、道德意识、道德规范、道德行为、道德评价、道德修养等等，关系到技术人才素质的培养和提高。

伦理道德的技术规范，是指技术活动、技术发明创造、技术利用等交往活动中的善恶冲突，需要以道德规范为工具，来解决技术活动中的善恶冲突问题。譬如关于原子能利用的善恶冲突，西方世界支核派与反核派冲突激烈。支核派认为原子能是未来世界的重要能源，是通向未来世界的希望之灯。反核派认为原子能造成环境污染，威胁人类生存，使用这种"不清洁"的能源是不道德的。1976 年联邦德国全国性反核工人举行示威运动，在汉堡附近核工程基地发生暴力行动，使该国在 1985 年的核动力计划下降 50％。法国 45％的人反对建立核电站。核能的善恶的道德冲突，引起全世界各界人民的关注，这不仅需要政治约法技术的协调手段，亦需要道德规范的工具技术手段，使核能危害人类的威胁（恶）减少到最低限度，以至于零，为人类福利（善）发挥出最大作用。

计算机的发展和应用，也需要有善恶的道德规范技术。计算机的革命，给人类带来了更舒适、安逸、丰富、方便、准确的生活活动方式；电视与计算机结合的新型的第一流教育可以在普通家庭中进行，医疗服务可以做到自我诊治；等等。于是，有人认为计算机技术是善的。然而，另一些人对计算机有恐惧感，认为今后的人可能被计算机所控制和奴役。它使人变懒，丧失社会进步的动力，造成工人失业，并使人丧失个性、创造性，以及利用计算机进行犯罪活动，等等，因此是不好的、恶的。由计算机使用推广所引起的道德善恶的冲突，也需要人的道德的自觉自律，并建立一定的道德规范技术，来调节由计算机使用所引起的负面的、消极的、恶的方面的作用，使之得以消除或化解。这是属于内在的、自律的道德规范技术。

经济制度的技术规范、政治约法的技术规范和伦理道德的技术规范，是由于人与人，人与集团、社会、国家之间的冲突融合，它基本上有三种基本形式：经济利益冲突、政治权力冲突和道德善恶冲突。它们分别体现了人的经济关系、政治关系和道德关系。这三种关系的冲突，说到底是由价值尺度（规矩）和意义标准的差分而引起的。当个人的价值尺度和意义标准与他人、集团、社会的价值尺度和意义标准有差异或冲突，甚至被认为是异端或被全然拒绝时，不满、牢骚、怨恨、愤懑、忧郁、消沉、颓废等情绪便郁结于内。于是人与他人、集团、社会的和合交往关系便形成内源性的阻塞和区隔。假如许多人都陷入这种内郁不解的困顿心境，则人与他人、集团、社会关系便会出现宏观上的摩擦与耗损、对抗与冲突，甚至爆发内乱和战争。

人与社会，人与人、心灵的关系是最复杂的关系，假如规范不当，梳理不顺，往往酿成彼此盘根错节、相互缠绕纠结的各种矛盾冲突的扭结，这些冲突的扭结，若不能得到及时的开解，便会愈益纠结，激化为它们之间的各种冲突。

以上扭结和情感困顿导致意义的郁结，意义郁结又导致价值冲突，价值冲突又导致意义郁结的加深。如此便陷入了社会关系结构的恶性循环运动之中，导演出一幕幕治乱震荡的历史闹剧。经济制度、政治约法、道德规范是解决这三种冲突的技术工具，见图 15 - 7。

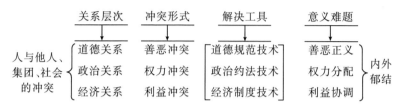

**图 15 - 7**

### （二）祛郁解结的工具德性

要妥善解决、合理协调人与他人、集团、社会之间的冲突，价值尺度和意义标准的失范，就必须进一步外化人类的更高层次的本质力量，使德性由生规矩（尺度）转换为解规矩（尺度），结构化为规章制度技术系统，形成新的工具和合子系统。

德性外化为规范体系，是人类价值尺度和意义标准的和合化过程。古人讲"内外合一之道"或"合内外之道"，就是这种和合化过程的一种古典表述。从道德技术规范活动来看，有技术道德活动、技术道德关系和技术道德意识三个层次。前两个层次构成人的价值尺度和意义标准在技术实践中的行为和社会关系中的外化之道；后一个层次构成技术主体的价值尺度和意义标准的内化之道。

技术的道德活动，在道德交往活动所构成的各种各样的道德关系中，是技术道德主体德性的外在表现，即其价值尺度和意义标准的外在表征。技术的道德活动是在一定的技术道德关系中实现的，道德关系亦体现在技术的道德活动之中。因此，这里便把此两者放在一起来阐述。

技术活动和关系是复杂的，支撑此技术活动和关系的道德价值尺度和意义标准亦是复杂的。当富兰克林发明了新式火炉，州长欢迎他到官邸，并把发明的专利证书给了他时，他却说：不要。州长以为他是傻瓜。他解释说：我们大家都从别人的发明中享受到了利益，也应该以自己的发明为别人服务，我们应该自愿而慷慨地做事。法国微生物学家巴斯德每有发明，便去登记专利，但不领取专利费，人们不解，他解释说：我是不想让那些钻营的人得到好处。诺贝尔一生申请了 355 项发明专利，开办了 15 家炸药工厂，从而积累了大量金钱。但他在临终时，用他从专利和工厂中积累起的财富，设置了诺贝尔奖奖金。他在遗嘱中说：此奖金不论国籍、人种与语言，只颁予确实对人类有难以磨灭之伟大贡献的人们。此三人对于专利权这一具体问题采取不同的道德行为活动，亦有具体不同的道德价值尺度和意义标准。但他们三人热爱真理、鄙视金钱的价值尺度和意义标准又没有差异。

技术主体的道德行为活动和关系，社会、他人会对其做出一定的道德价值和意义的评价。这种评价既反映了技术道德活动和关系的价值尺度和意义标准的是否正确、合理，亦可以改变、纠正、促使技术主体采取一种有价值、有意义的道德活动和关系。

然而评价技术道德活动和关系的价值尺度和意义标准不是绝对的，而是随时代的发展而变化的。当哈恩发现了铀裂变现象后，便由西拉德和魏格纳说服爱因斯坦写信给美国总统罗斯福，建议尽快进行原子弹试制。这个建议得到了所有反法西斯物理学家的赞同和道德价值、意义上的肯定评价。因为如果纳粹德国首先试制成功原子弹，那么人类就要遭受难以想象的苦难。1945 年美国在法西斯日本的广岛和长崎扔了原子弹，促使日本投降和第二次世界大战的结束。又由于二战后东西方冷战时期的核武器军备竞赛，潜伏着毁灭人类的核战争的危机，世界人民对核武器的道德评价就截然不同，开展了反核武器的运动。[①]

除了技术的活动和关系的社会舆论形式的道德价值与意义评价外，亦有来自技术活动和关系主体的自我道德价值和意义的评价，或技术活动和关系主体的"良心""良知""义务"等道德自律的自我调适。所谓科技"良心"或"良知"，是指科技主体在特殊科技活动和关系环境下，进行自我道德价值尺度和意义标准的一种选择。爱因斯坦在评论诺贝尔奖奖金时说："诺贝尔发明了当时从未有过的最猛烈的炸药，一种超级的破坏工具。为了对此赎罪，也为了良心上的宽慰，他设置奖金来促进和平和实现和平。"[②] 爱因斯坦自己参与了原子弹的制造工作。他自己说："今天，参加过研制这种历史上最可怕最危险的武器的物理学家，不说是犯罪，也是被同样的责任感所烦恼。"[③] 因而，他晚年一再提倡和平运动，提倡裁军和东西方和谈。

爱因斯坦从他的道德良心出发，即根据他的价值尺度和意义标准来衡量自己和他人的技术活动。他认为，"个人应当根据他的良心行事，即使这种行动势必要触犯国家的法律"[④]。科学技术专家的"良心"，是人类道德的高尚的情操，也是爱人类的"良心"。它促使了按道德价值尺度和意义标准外化技术活动和关系。

技术的道德意识，不断地根据道德文化环境和时空条件，调节道德价值尺度和意义标准。技术的道德意识从静态来看，它是技术活动和关系主体在长期技术活动中对各种技术道德价值和意义进行比较后所选择、确定的一种稳定的规范。它可以用来作为评价某一技术活动和关系的价值尺度和意义标准，也可以作为技术主体评价或约束自己技术活动和关系的价值

---

① 参见徐纪敏：《科学学纲要》，480～488 页。
②③ 《爱因斯坦文集》第 3 卷，205 页，北京，商务印书馆，1979。
④ 同上书，329 页。

尺度和意义标准。

但在具体运用这些道德尺度和意义标准时，只有层次性、差异性等。譬如在技术活动中要实事求是，要诚实，要尊重客观经验事实，不要为符合某一理论而修改原始实验数据，这是技术道德所要求的。然而 1912 年道森和伍德沃德宣称在英国苏塞克斯的辟尔唐地方发现了古代猿人遗骸，埋藏在新生代第四纪岩石之中，还发现了石制工具。1915 年又称发现了头盖骨和颚骨。这些被鉴定为原始人骨骼的化石，该古代猿人定名为道森原始人。后来科学家测定骨骼里氟和钠的含量，用 X 射线研究骨骼的构造，证明化石是伪造品，是道森把假化石事先埋到辟尔唐沙层中的。为追求虚名荣誉，结果彻底毁掉荣誉和道德人格。

技术道德价值尺度和意义标准的差异性表现为，当某些技术尺度与标准对某一技术道德活动和关系的评价发生冲突时，便发生某些技术尺度和标准服从另一些技术尺度和标准的情况。如 1939 年哈恩用中子轰击重元素铀，发现有中间质量的元素产生，他向物理学界发表这一重要成果，这是遵循要真诚地帮助别人这一道德价值尺度和意义标准，一时铀裂变的科技文献相继发表。但 1940 年后，有关这方面的报道减少，这是因为美、英等国物理学家，在研究铀核裂变释放能量的可能性，进行曼哈顿工程绝密计划，出于为战争需要而保密的道德尺度和意义标准。这种道德价值尺度和意义标准的冲突，便以道德规范的工具加以调节。

技术的道德意识从动态来看，它是由各运动变化的道德意识要素构成的，其中起主导作用的是技术活动主体的道德价值尺度和意义标准意识，它们制约着技术活动主体的意识、意志、情感。当某些技术活动不符合道德价值尺度和意义标准时，技术活动主体会直觉地选择某种道德行为活动方式。1902 年居里夫妇经过 45 个月的努力终于提炼出镭，世界各地都要索取制镭的方法。一个星期日早晨，居里夫妇讨论了这个问题。居里说，我们必须在保留或毫无保留地叙述我们研究成果这两个决定中选择一个。居里夫人赞成居里的后一个选择，即毫无保留地叙述，包括提炼手段在内。居里继续说，如果我们自居是镭的所有者，那么，在你发表你用什么方法提炼沥青矿之前，我们须先取得这种技术的专利执照，并且确定我们在世界各地选镭业上的权利。居里夫人接着说，我们不能这样办，这是违反科学精神的。在这次有关镭的专利权讨论中，技术的道德价值尺度和意义标准是居里夫妇的技术活动的自觉意识。

技术道德活动、技术道德关系和技术道德意识所凸显的道德价值尺度和意义标准的内外合一，表现为：一是内在的尺度要外向化，个人的标准要利他化，自我的德性要规范化（使自我的品性接受文化规范的约束，即"博文约礼""克己复礼"）；二是外在的尺度要内向化，社会的标准要利人化（有利于每个个人），群体的德性要承继化（即通过教育传承给后一代）；三是这两种变易要机体化（即和合为一个社会有机体）。

### （三）规章制度术的耦合机制

在高科技的现代化社会，地球信息化、生态化、科技化，而产生"地球村意识"和"太空船意识"。21世纪人们应当如何来认识和控制核能和遗传工程的问题？对人类的生存和发展来说，这两项科学技术既有其正面积极的作用，亦有其负面消极的作用。核能既可以和平利用，造福人类，亦可以制造杀伤力极大的各种核武器，几个核弹就可以毁灭地球村。

遗传基因的塑性重组，可创造出新的生物物种或改变物种性能、形态等等。如遗传工程与农业联姻，美国利用基因来改变番茄（西红柿）的成熟期和增加可溶性固体的量。① 冲破传统遗传学家认为"种间"杂交不可能的禁区，有学者用人的基因对进口山羊进行基因改变试验，在羊奶中发现了人的蛋白质，并从羊奶中提取癌症抗体。重组遗传基因不但可治疗遗传病，如马丁·克莱茵对患有血液遗传病的病人施行移植正常遗传基因的治疗，而且对于人类有正面的、积极的作用和影响，有善的道德评价。但是遗传基因也可能生产出自然界不存在的、对人类有极大危险的微生物或病毒，制造出抗药物的细菌菌种和释放出新的致癌物质；也可用来制造生物武器，因此引起人们的恐惧感。为此，科技界呼吁对遗传工程实验室采取严密安全措施②，并加以技术控制和道德工具的限制③。

无性生殖的论争，亦涉及人的基本德性问题。20 世纪 60 年代初，斯弗·西·斯图尔德等人在康奈尔大学成功地实现了胡萝卜无性生殖。60年代末，牛津大学的哲·华·格登博士又用无性方法繁殖了非洲爪蛙。这样，人类也可以无性生殖的问题，激起了论争。赞成人的无性生殖者认为，无性生殖是一种由单个亲体产生的繁殖方式，自然界存在孤雌生殖（俗称处女分娩）的后代；可复制伟大天才或绝代佳人，改良种族或使生活愉快；复制健康人，而无遗传疾病现象；为不育夫妇提供孩子；提供具有一个人自己选择的某一基因型的孩子；控制未来孩子的性别；以及生产许多完全一样的人，从事平时和战时的某些特殊职业（包括侦探）；等等。反对无性生殖者认为，无性生殖切断性交和生育的关系，导致剥夺人性；其后代可能有被剥夺自我感的危险；无性生殖在人体中无个性，而个性是生命的部分；无性生殖婴儿丧失对自己独一无二的价值感情；并引起严重

① 载《参考消息》，1995 - 05 - 31。

② 参见［日］星野芳郎：《未来文明的原点》，241～244 页。

③ 参见威尔逊：《新的综合——社会生物学》，3～9、246～249 页，成都，四川人民出版社，1985。

的身份（父母与子女间）混乱；等等。[1] 假如世界上充满了无性生殖的人，很难想象这个世界还有什么人性、仁爱！

从上述三项的技术活动的实践和关系来观，既包含着正面的价值尺度与意义标准，亦蕴涵着负面的价值尺度与意义标准。这个两种并存的价值尺度与意义标准集于一个事物之中的情况，便需要寻求道德工具的裁定。这就是德性的工具化形成工具德性。工具德性是文明的产物，社会越是文明，规章制度越健全，人们的德性越开化，人格越完善。更进一步，工具德性又是文明进步的动力。工具德性通过自身的开化，不断完善社会的政治结构、法制建设、道德制度，使人与人、人与集团、社会交往关系不断向更公平、更有效和更自由的人文和合目标发展。

德性的非工具性和封闭内化，是中国传统伦理"内圣之学"的特点，也是其缺陷。德性不能外化为工具，就无法建功立业，更无法不失真地传承后代。儒家伦理的"道统"之所以几度沉浮，几番式微，不能开出民主，未能创造科技，根由在于"内圣之学"的内郁不外化，不能改革制度，开放社会。"外王之学"外结而自然无为，不能内化成为科学理论与技术能力。一言以蔽之，传统伦理的致命弱点是没有健全而创生的工具德性，事实上也少工具理性、工具悟性。故圣人处无为之事，常无所能，自然无为，无为而无所不为，无能而无所不能。这是听命于自然之道的无可奈何的心态的自傲式表述。

有鉴于此，工具德性只有通过规章制度技术及其实践活动不断外化自己，才能形成意义世界的工具和合系统。工具德性的工具和合外化，是顺着两个方向同步进行的：

第一，沿正义裁断方向工具外化，形成政治约法、法律制度及其运行

---

[1]　参见黄顺基、刘大椿：《科学技术哲学的前沿与进展》，343~345 页。

设施的硬件系统，对人与人、人与集团、社会交往活动及技术活动、技术关系进行刚性监控，即孔子所谓的"道之以政，齐之以刑"① 者。这便是为技术工具立法，以技术法律的形式限制、引导技术活动和关系始终坚持为人类谋福利的价值尺度和意义标准，摒弃一切有违者。

第二，沿仁爱怀柔方向工具化，形成道德规范、文艺形式及其活动机构的软件系统。对人与人、人与集团、社会交往活动及技术活动、技术关系进行柔性调适，即孔子所说的"道之以德，齐之以礼"② 者。这便是道德教化工具的作用。

这两个方向外化而成工具系统，是社会规章制度技术的两轮，二者耦合才能成为中用（庸）之道。缺少任何一项构件，社会系统便不能正常运行，人与人、人与集团、社会关系便难以和谐协调。

规章制度技术的社会目的，在于协调意义世界的各种价值尺度、意义标准、道德规范等，使其达到工具意义和合。规章制度的软件、硬件耦合机制，有助于达到这一目标。

一般而言，任何一个社会都有规范人与人、人与集团、社会关系的规章制度，但未必有科学化、民主化、程序化的规章制度技术体系。因而，规章制度的建设往往是盲目的，或以君主之言为规范，或随时"约法三章"，或任意损益制度，或朝令夕改。如此，社会的运行机制不完善，犹如颠沛于大风浪中的航船，时而偏左，时而偏右，或沉或浮，一治一乱，一文一武，一张一弛，轮回交替，摇摆不定。这说明，要使意义世界的工具系统和合，还得更上一层楼，深入可能世界探析工具和合的范畴逻辑结构及其可行的通达和谐的道路。

---

① ② 《为政》，见《论语集注》卷一，4～5页。

### 三、范畴立极技术的解悖效应

人类的思维具有"洪范九畴以立皇极"或"仁义中正以立人极"的创立冲动和建构功能。张载的"为天地立心，为生民立命，为往圣继绝学，为万世开太平"[①]，便是这种创立冲动与建构功能的悟性自觉。

#### （一）可能世界的有无悖论

思维的创造冲动与建构功能离不开人体的生理冲动和心理欲望，往往通过情绪冲动与情感沟通来开辟自己的道路。这样，就极易导致情感与理智的冲突、情志与悟性的撞击，产生心灵自身的观念冲突。

1. 语言修辞技术。在现代，人生活在一个语言符号世界之中，人所创造的精神文化是以语言形式来表现的；人的对象世界亦以语言形式来标志、命名、描述、称谓。人的思维活动是对象世界以语言等信息代码形式组织起来的。因此，人只有在思维活动中，通过对语言符号及语言符号所携带的关于对象世界的信息的操作和处理来掌握、认知对象世界。

当代心理语言学和神经语言学的研究为深入探讨思维和语言之间关系开出新路，这便是依据从思维到语言与从语言到思维的转换机制说明其间的关系。心理语言学者把语言或思维形成的最初形式或最深层的结构称作"语义录痕层"。所谓"语义录痕"，是指"包括由词义基本单位（义素）表示的意思表象，是由语义图表示的同时性模式系统（大概可以认为，语义录痕是初始思想中的意思格式'模式'）"[②]。"语义图"是深层的句法潜

---

① 《近思录拾遗》，见《张载集》，376 页。原"为生民立命"作"立道"，"为往圣"作"为玄圣"。

② ［苏］卢利亚：《神经语言学》，10 页，北京，北京大学出版社，1987。

在的组配能力和关系。语义录痕既不使用词亦不使用语法形式，而是由潜在的语义关系（即意思成分）构成的。它借助内部语言既向深层句法结构转化，亦向表层句法结构变化。这两层转化表示主体思想内容逐渐明确化，最后在扩展性话语中得以表达。

大脑的思维过程是通过脑神经元的神经脉冲进行的。英国脑生理学家巴洛（H. B. Baralow）认为，"我们关于外部世界的所有经验，即使是那些最生动有趣的经验，都是通过神经纤维内部的这种微小而短促的电扰动而传递的，然而正是这些不知名的脉冲是一个惊人复杂的系统中激活的单元，并且就是这一系统赋予感觉语言以意义"①。当神经脉冲的强度达到一定的度，刺激神经元阈限时，神经元便向神经纤维传递脉冲（"全"）；反之刺激太弱，不及阈限的度，神经元便不向神经纤维传递脉冲（"无"）。大脑思维过程主要是通过神经脉冲以"全"和"无"的信号形式传递信息，并进行信息处理，从而使语言具备意义。

思维与语言的关系是，语言是联系思维和外部世界的现实中介，即外部对象世界的信息向思维转化和思维内容向外部对象世界转化的媒介。这便是语言的认知功能与实践功能。符号是作为语言认知功能的被反映的外部对象世界的标志。符号与对象世界的关系，就是指称与被指称、标志与被标志的关系。

所谓指称，是指名称与实在之间的对应关系，它包括名称在内的整个语言与所描述的事态的对应关系。语言的指称与被指称关系，是语言主体渗透的过程。语言和它所表示的实在之间的指称关系并不是由语言本性所决定的必然的内在联系，它是人们在社会实践和社会交往中的"约定俗成"，在中国先秦时期儒、道、墨、名、法等各家就曾对指称名称（"名"）

---

① ［英］巴洛：《大脑的语言》，载《科学与哲学》，1983（1）。

与实在（"实"），即对象世界的事物实在之间的问题进行激烈的论争。荀子就名与实之间的关系的约定俗成作了陈述：

> 名无固宜，约之以命，约定俗成谓之宜，异于约则谓之不宜。名无固实，约之以命实，约定俗成谓之实名。[①]

指称与被指称的名与实之间的关系，只有被社会交往活动中的人们所普遍认同和采用，即被社会所接受，才逐渐固定下来，并具有相对的确定性和稳定性。

名与实之间的指称与被指称关系被社会所接受，是通过社会交往的"传递之链"实现的。克里普克认为，当一个名字沿着链条一环一环地传递过去时，这个名字的接受者知道了这个名字，他用这个名字所指称的对象就会相同于他由以知道这个名字的人所指称的对象。[②] 名实之间的指称关系中被指称的对象，并非一定与名称一起在同一条历史传递之链中传递下来，相反，名称在很大程度上是通过历史文献，并包容了历史的文化内涵。这就是说，名与实之间并非简单的二项关系，在实际的语言交往活动中，直接介入的有名称陈述者、接受者以及名称被陈述的语境等多方面因素。语言主体（陈述者、接受者）的思维操作和实践操作对于指称的名实关系有重要影响。

一般来说，名称与指称的实在之间是统一的，即名与实相符。主体实践活动的关于客体的本质、特征、功能的信息被思维的操作所内化，构成现实名称与实在的内在融合；同时主体以有关客体的名称的知识系统指导实践，使关于客体的种种观念对象化、现实化，从而达到名与实的外部融合。

---

① 《正名》，见《荀子新注》，372～373 页。
② 参见［美］克里普克：《命名与必然性》，98 页，上海，上海译文出版社，1988。

夫名，实谓也。知此之非此也，知此之不在此也，则不谓也。知

彼之非彼也，知彼之不在彼也，则不谓也。（《公孙龙子·名实论》）

名称是用来指称实在的，名实应该相符。但是由于外部对象世界的实

在或本质、形态、位置等变化，便与原来的名称之间发生冲突或错位。这

样名实便出现了不相符的情况，知道这个（"此"）对象已不是这个

（"此"）对象了（实在发生了变化），或者知道这个（"此"）对象已经不在

此原来位置了（实在的空间位置改变了），就不要称此为此，或谓此在此。

彼与此同理。

名称与实在，或名分与实质不相符或不对当，当用"正名技术"。孔

子的学生子路问，假如卫国的国君等着您去治理国家，您准备首先干什

么？孔子说："必也正名乎！"① 之所以要正名，就是因为名称与指称实在

不相符。语言、名词与其所指称对象不一致。譬如："觚不觚，觚哉！觚

哉！"② 觚是有四条棱角（腹部和足部）的酒器，后来新兴贵族不依照觚

的规定标准来制作，逾制越礼。因此，孔子感叹地说："觚不像个觚，

这也是觚吗！这也是觚吗！"觚的实质已变了，但仍然称谓为觚，这便

是"名不正"。又譬如齐景公问孔子从政的原则，孔子说："君君，臣

臣，父父，子子。"③ 君的名称要与其实际相符，臣、父、子的名称要与

其实际相符。"君不君，臣不臣，父不父，子不子"，就是"名不正"，名

实不符。

名称与指称的实在之间之所以发生不相符，是因为名称一旦从它所指

称的或所命名的感性对象中抽取出来，便具有了相对的独立性。名称在现

实中被"约定俗成"后便获得稳定性和确定性，并在现实语言系统中，有

---

① 《子路》，见《论语集注》卷七，54页。

② 《雍也》，见上书卷三，25页。

③ 《颜渊》，见上书卷六，51页。

它自身的构成规则和使用规则。语言符号的相对独立性，使语言符号的自我发展和自我完善出现两种可能性：一是使名称可能更准确地指称和描述外部实在，二是使名称与其所指称的实在相分离。另外，语言符号的相对稳定性与外部对象的变易性，也会使名与实分离。

孔子便讲了一套正名的必要性。

> 名不正则言不顺，言不顺则事不成……君子名之必可言也，言之必可行也。君子于其言，无所苟而已矣。[①]

名称与指称对象事实不符，言辞不当，言辞语句就不顺当通达；言辞语句不顺当通达，事情就办不成。名称或命名用词一定可以说得出理由，顺理成章的话语一定能行得通。人们对于言辞说话，一定要严谨而不马虎。孔子提出言语用词是否得当，语法修辞是否准确，语词、概念与言语说话的关系，名称、称谓与外部对象实在的关系以及言语、概念与人的行为的关系等问题。虽然孔子的正名工具技术，是为了纠正或修正礼制，名分上的言语、用语的不当现象，"言不顺则事不成，事不成则礼乐不兴，礼乐不兴则刑罚不中"[②]，但孔子亦提出"名""言""事"与"名""言""行"关系的一般言语语法修辞等理论说明，这些涉及以语法修辞工具技术解决名实不当的冲突现象。

荀子明确地提出以语法修辞技术来解决言语活动中的名实不当问题。"彼正其名，当其辞，以务白其志义者也"[③]。纠正其名实不符，恰当地运用词句，以表白其思想。荀子批评"诱其名，眩其辞，而无深于其志义者也"[④]。那种诱人违实的名称和迷乱不当的词句，恰恰表明其思想浅薄。名是指称实的，言辞表达思想。名不正，辞不当，而以名辞技术使其正、当。

---

①② 《子路》，见《论语集注》卷七，54 页。

③ 《正名》，见《荀子新注》，379 页。

④ 同上书，379～380 页。

《吕氏春秋》试图从逻辑上使"实""意""言""行"的相悖获得解决，此四者之冲突为"离""悖""不正""不当"，即名实相离、言意相悖、言辞不正、行为不当；四者的相符一致便是"合""信""正""当"。"以其言为之名，取其实以责其名，则说者不敢妄言"①。"按其实而审其名，以求其情；听其言而察其类，无使放悖"②。按照事实或实在来审察名称，根据言辞来考察类别，使言说者不得妄言，以求得真情和解决相悖。《吕氏春秋》列举五种名实相悖的现象："夫说以智通，两实以过怳；誉以高贤，而充以卑下；赞以洁白，而随以污德；任以公法，而处以贪枉；用以勇敢，而埋以罢怯。此五者，皆以牛为马，以马为牛，名不正也"③。名称或言说上智通、高贤、洁白、公法、勇敢，而实际或事实上愚惑、卑下、污德、贪枉、罢怯。这五种名实相悖，犹如以牛为马相似。"正名"技术，就是通过言语修辞技术，解决名称与实在相悖，而使相符。

韩非"喜刑名法术之学"（《史记·老庄申韩列传》）。刑、形古通，形即做出的事，或有形质的物，包括事、实、物。因此形名即名实，称韩非为刑名之学，是与从刑法的名称与事实关系的讨论相联系。主张以刑名为工具技术，来衡量事实。譬如："人主将欲禁奸，则审合刑名；刑名者，言与事也。"④ 韩非认为，名称、言辞、事实、功绩等必须相符。"群臣其言大而功小者则罚，非罚小功也，罚功不当名也。群臣其言小而功大者亦罚，非不说于大功也，以为不当名也，害甚于有大功，故罚"⑤。名（言）大实（功）小，或名（言）小实（功）大，都要罚（刑）。在这里，不是罚功小或不喜欢功大，而是罚名实不当。韩非主张"名实相待而成，形影相应而立"⑥。他以刑名参同为手段、方法，即工具技术，解决名实、言

---

① 《审应》，见《吕氏春秋校释》卷十八，1141 页。

②③ 《审分》，见上书卷十七，1030 页。

④⑤ 《二柄》，见《韩子浅解》，44 页。

⑥ 《功名》，见《韩子浅解》，222～223 页。

功相悖的现象。

2. 思维演算运筹技术。人是有情的，人的生理冲动和心理欲望，会通过情绪和情感的冲动表现出来。情绪是指有机体的生理需要在是否获得满足的情况下产生的体验。[①] 它是大脑皮层、丘脑、下丘脑等协同活动的结果。

情感是指人对于现实的对象是否适合人的需要和社会的要求而产生的体验。人在认知现实世界的实践过程中，对现实世界各种现象所体验层次、方面，以及态度、价值评价的不同，而产生喜、怒、哀、乐、爱、恶、惧等不同的体验。它是主体人对现实世界的一种特殊的认知形式，是由一定事物现象的刺激而引起的体验。这种体验体现了现实世界与主体需要之间的关系。但由于每个人体验的方式、态度、观念的不同，其体验亦差分。

情绪与情感有其同，亦有其异。就其同而言：均是人对现实世界现象是否符合主体的需要而产生的态度的体验；它们作为主体的意识经验，是人脑和神经系统活动的结果；亦是一种对现实世界的反映形式。这并不是说情绪和情感对现实世界的任何现象都能引起人的情绪或情感的体验，而是指特定的，即人的需要与现实世界现象之间的关系的反映。"凡人之有喜怒也，有求得与不得，得则喜，不得则怒"[②]。当现实世界的某些现象满足人的需要，便体验到喜和乐；反之，便体验到怒和哀的情绪和情感。其间的关系是错综复杂的。

情绪与情感其异是：情绪较情感宽泛，包括动物在内，情感是人的特

---

① 詹姆斯和丹麦生理学家卡尔·朗格（Carl Lange，1834—1900）认为情绪机体是各种器官变化时所引起的感觉的总和。坎农（W. B. Cannon，1871—1945）提出丘脑情绪学说。阿诺德主张评定-兴奋学说，把情绪与认知联系起来。夏克特（S. Schachter）提出情绪三因素说，即外部刺激、机体内生理变化与认知相互作用的结果。汤姆金斯（S. Tomkins）提出情绪动机说，等等。

② 王充：《祭意篇》，见《论衡校释》卷二十五，1061 页。《管子·禁藏》亦曾说："凡人之情，得所欲则乐，逢所恶则忧，此贵贱之所同也。"

有现象；情绪有情景性、激动性、暂时性的特征，它随情境的改变和需要的满足而变化；情感具有稳定性、深刻性、持久性的特征，较少受具体情境的左右，它是人的个性结构和道德品质中的因素；情感在情绪反复出现的基础上产生，是高级的、复杂的情绪的表现形式；情绪是表现出来的冲动性，情感是内隐的内心体验形式；等等。[①] 情绪与情感构成了既同又异的融突关系。

汤姆金斯（S. Tomkins）、伊扎德（C. Izard）认为，情绪和情感具有重要的动机性机能和适应性机能。它是多侧面、多因素的复合现象，并非由单一因素引起的。情绪或情感都会产生冲动，这种冲动既是促使人去实现某种目标的动机和意向的情感基础，表现为强烈的激情；亦是对行为目的和后果缺少清醒认识和缺乏理智的表现。

情感是人的需要与对象世界关系的体验。需要对于人来说，有生理、心理、理想的需要，这便是欲望。欲的初义是"想要"[②]。殷周时，人们已在思考"想要"什么和为什么"想要"，从而引申为欲望。欲望是指人想要得到某种东西或达到某种目的的内心要求。它是对需要的一种心理体验形式，并指向能满足需要的对象的行为倾向。欲望具有两重性：一是依据现实的条件和环境的生存和发展，有可能实现的欲望。此种欲望一般是合理的。二是脱离现实条件、环境的生存和发展，不可能实现的欲望。此种欲望（或称奢望）一般是非合理的。欲望能否实现，对人的情绪和情感影响很大，前者喜、乐，后者怒、哀。

欲望不是人类特有现象，动物也有欲望，它是由动物本能的、生理的需要决定的。人类虽与动物一样有生理的欲望，"食色性也"，但有根本的

---

① 参见彭聃龄主编：《普通心理学》，436～438页，北京，北京师范大学出版社，1988；车文博主编：《心理学原理》，518页，哈尔滨，黑龙江人民出版社，1986。

② 参见拙作：《中国传统理欲观的发展及其现代转化》，载《中国文化月刊》，1993（2）。

区别，这是因为人的欲望内涵，社会的需要往往具有统摄的作用。① 人类的欲望可称谓情欲，即情感的欲望。

与情感相对应的是理智。"理"的初义是指玉石的自然纹理，或顺纹理而治玉，为治理。治理需深思熟虑，体会自然纹理而雕琢。这就需要人对玉石的理解和智慧。② 理智是指人根据某种认知和需要活动对现实世界的一种体验形式。它与人的求知欲、追求目标实现的需要相联系。现实世界的各种信息与人脑中暂时形成的神经，即既有知识、经验相符或相异而产生的反应。它是协调情感与现实世界冲突的中介，是控制情欲无限膨胀的力量。这便是理，是制约的情欲，使情欲无过不及的原理、原则、规范等。这样便发生情欲与理智的冲突。

在中国古代思想家中，绝大部分都主张以理制欲，人的情欲需要加以控制，而不能任其肆欲。《礼记·乐记》对当时情欲与理的冲突作了陈述：

> 人生而静，天之性也。感于物而动，性之欲也。物至知知，然后好恶形焉。好恶无节于内，知诱于外，不能反躬，天理灭矣。夫物之感人无穷，而人之好恶无节，则是物至而人化物也。人化物也者，灭天理而穷人欲者也。于是有悖逆诈伪之心，有淫佚作乱之事……此大乱之道也。③

性静欲动，天性是未被外物感动的本然的心理状态；人心被外物所感动或引诱，便产生情欲或物欲，即对于物质需要的欲望，不能运用理智加以控制和调节，物欲就不断地膨胀，人所具有的理智、理性就消亡了。一旦天理丧失，人便由具有理智、理性和道德的人，转化为只有情感欲望的

---

① 《管子·牧民》曾把人的欲望需求分为两类：一是生理的，一是社会的。"仓廪实，则知礼节；衣食足，则知荣辱"，"仓廪实""衣食足"是指生理的欲望，"知礼节""知荣辱"是指社会的欲求。

② 参见张立文主编：《理》，20～23页。

③ 《乐记》，见《礼记正义》卷三十七，《十三经注疏》本，1529页。

人。这就是"人化物",即"穷人欲"而"灭天理"的物人;人若以理智、理性或天理控制、协调情欲,把只知情感欲望的人转变为具有人生理想和道德情操的人,这便是"物化人"。

从情感欲望与理智天理的冲突中,可以产生两种不同价值导向。"人化物",物欲战胜天理,欲制约理,重欲轻理,便导向纵欲。如从魏晋时的竹林名士的放达高逸的心态言行,转变为元康名士的狂放卑污的心态言行。如果说嵇康、阮籍的"任自然"是指"越名任心",意在与司马氏集团所倡导的名教相抗衡,那么,元康名士的任自然,便走向放荡形骸的纵欲主义和寻求肉体刺激的理论根据。把两晋的纵欲推向极端的是《列子·杨朱》。它就当时有关情欲与理智冲突中的养生与任情、名誉与享乐、礼义与纵欲的关系,从纵欲任情角度作了阐述。① 它是魏晋时社会动乱、人生无常、尔虞我诈、朝不保夕、今朝权倾朝野、明日祸灭九族的现实心态反映;是对人生前途绝望的悲哀和心理狂躁的变态的表征;也是对现实社会的黑暗腐败、虚伪名教的逆反心态的表露。

《杨朱》强调人生的负面价值,批判人生的正面价值。究竟人生的价值与意义是什么?人活着总要有所为,这是人生价值和意义的动因。然人生有限,死亡无时无刻不逼迫着人思考人生的价值和意义,即"人化物"与"物化人"的冲突,情欲与理智的冲突。人在经历痛苦和对生命必死的理智观照后有可能产生这样四种负面的消极态度:一是无所作为,生活空虚,苟延残生;二是尽情纵欲,寻欢作乐,今朝有酒今朝醉;三是装为不知,浑浑噩噩,不去理解生命痛苦感受;四是自欺欺人,自我毁灭,自我了断。这是死亡的恐惧和人生精神痛苦而使人生误入迷津的原因,也是《杨朱》之所以宣扬纵欲主义的症结所在。

---

① 参见拙著:《理欲关系论》,见《国故新知——中国传统文化的再诠释》,415~416 页,北京,北京大学出版社,1993。

　　《杨朱》以满足个体肉体感官的欲望为人生最高的、唯一的价值，以疯狂地纵欲、尽情地发泄为人生的目的和生活意义所在。把内在精神痛苦转化为外在肉体的纵欲，把对现实社会的反抗转化为颓唐、堕落和兽性的还原，使正常的、理智的人化成禽兽的、无理性的人。人让自己生活在无人的尊严、道德、意义、价值之中，这样的人自然不是人，而是物或禽兽，即"人化物"。若人就是禽兽，何必由禽兽而进化为人！人生活在世不是因有生命而不得不活，而是因有生命而拥有生活。人生的意义就在于以自我的生命去推进社会生活的进步。社会生活的进步就是个人通过全社会生活和自我生活来完成创造性事业的总和，这就是人生生活的意义。在这里，人生的生命和人生的生活都得到了升华，而进入理（或天理）的境界。人的情欲、欲望与理智、天理的冲突得以融合。

　　"理"在中国哲学中最基本的含义是指物理、事理和伦理。[①] 物理是指自然世界有关物的存在、相互作用及运动变化的原理、原则。"天行有常，不为尧存，不为桀亡"[②]。不因人为而改变其运动变化的规律性。事理是指事情、事务、办事、处事的道理、原理、原则、方法的总和。凡人所从事的各种活动，如交往、实践、实验、合作、争论，人对物的使用、改造等等活动，广义地均称谓为事。"这个椅子有四只脚，可以坐，此椅之理也。若除去一只脚，坐不得，便失其椅之理矣"（《朱子语类》卷六十二）。椅之理是其区别于凳子、桌子的所以然之理，是人制作椅子的实践活动所要遵循的原理、原则。伦理是指人与人之间的伦理名分的道理、原理。现实世界从某种意义上说是由物理、事理、伦理构成的。

　　物与事在解悖、处理技术上有重要的差分。物理现象演算运筹技术是还原论工具技术，即把对象逐层分解，直到夸克。物理学的成果主要借用

① 参见张立文主编：《理》，1～6页。
② 《天论》，见《荀子新注》，268页。

这种工具技术。系统方法是近几十年的发展趋向。事理现象演算运筹技术是以整体思维和系统方法占主导。只有把需处理的事理现象作为一种系统来认知，才可能找到科学的定量化的处理技术。①

情欲与理智的冲突，既属于事理系统，也可属于伦理系统，是人的生活交往活动中的事情，可依事理、伦理系统工具技术来处理。事理、伦理均由物、人、信息、关系要素构成。事理、伦理是一种关系的过程，物、人、信息、关系在这个过程中都是流变的，构成物流、人流、信息流和关系流。"四流"每一特定组合，可成特定事理、伦理系统。

"四流"在流变过程中，必然有流量、流速、流向和流度的问题。由此如何组合、安顿、协调"四流"的流量、流速、流向和流度，便需要高超的演算运筹技术。所谓运筹，就是指人在合理地、协调地组合、安顿"四流"之先如何进行行为活动的谋略、计算、选择的综合。当然，这种谋略、计算、选择不一定符合事理的实际，或流变了的事理，具体讲情欲与理的冲突的情境，就需反复演算运筹，以适应流变后的情境。

情理冲突的解悖演算运筹技术，首先要考虑目标或目的。宋明理学家的目标是"存天理，灭人欲"；理学的批判者戴震提出"体情遂欲"论，其目标是情感欲望与天理的统一。所谓天理的本质内涵是，以我情絜人情，情之不爽失为天理。②他自设宾主说：

> 问："以情絜情而无爽失，于行事诚得其理矣。情与理之名何以异？"曰："在己与人皆谓之情，无过情无不及情之谓理。"③

戴震依其目标，设置制约情与理的条件，运筹决策，即使情欲得到适

---

① 参见苗东升：《系统科学原理》，259～261页，北京，中国人民大学出版社，1990。

② 参见拙著：《戴震》，236～238页。

③ 戴震：《理》，见《孟子字义疏证》卷上，2页。

当的满足而无差失，既无过度，亦无不及这样的约束条件，以维护中和的运筹决策。这样，目标、约束条件、运筹决策，构成了演算运筹技术。

朱熹认为，情理之冲突，天理人欲的差分，都由心之所主宰。他已体悟到在君主专制社会中，千万人之心，最根本的是人主（君主、皇帝）的"心术"。"臣闻人主所以制天下之事者，本乎一心，而心之所主，又有天理人欲之异"①。这就是说，君主的心术，并非都"正"，而有"正"与"不正"的天理与人欲之分别。然而，"人主之心正，则天下之事无一不出于正；人主之心不正，则天下之事无一得由于正"（《朱文公文集·戊申封事》）。在一人、一派统治的情境下，人主的"心术"的正与不正，就涉及"正朝廷，正朝廷以正百官，正百官以正万民，正万民以正四方"（《朱文公文集·庚子应诏封事》）的问题；亦关系到一个国家能否建立"纲纪"（包括法纪、法度、典章等）和运用"纲纪"的问题。"人主之心术公平正大，无偏党反侧之私，然后纲纪有所系而立"（《朱文公文集·庚子应诏封事》），这就是"所谓其本在于正心术以立纪纲"（《朱文公文集·庚子应诏封事》）。

人主的心术不正，反映了人主天理与人欲、公与私、义与利的冲突。朱熹的目标是"正心术"或"心术正"。其约束条件：一是确定正与不正的标准（尺度），从道心、天理出发，心为"公而且正"，是正；从私欲出发，心就是"私而且邪"（《朱文公文集·辛丑延和奏扎二》），是不正，只有"克私"，才能"正心术"。二是"欲正人主之心术，未有不以严恭寅畏为先务，声色货利为至戒，然后乃可为者"（《朱文公文集·答张敬夫》）。人主若沉溺于声、色、货、利之中，心术自不正。只有做到"先务"和"至戒"，才能使心术正。三是"君心不能以自正，必亲贤臣远小人，讲明

---

① 朱熹：《辛丑延和奏扎二》，见《朱文公文集》卷十三。"人主"，在古代是指君主、皇帝。

义理之归，闭塞私邪之路，然后乃可得而正也"（《朱文公文集·庚子应诏封事》）。人主不能自己正自己心术时，必须给予帮助，创造"心术正"的内外条件和环境，促使其心术正。通过这样的演算运筹技术，即正心术的技术，而达到心术正。

3. 范畴立极技术。思维的意志和认知、情感密切相连。认知是意志构成的前提，意志是形成认知的必要条件；情感可以是意志的动力或阻力，意志亦可以是情感的直接或间接的控制者。[①] 它们是现实实践交往活动中相互渗透、相互作用中发生、发展起来的思维心理活动。

所谓意志，是指人自觉地确定目的，调节、控制自己的活动，以克服困难，实现预定目的的心理过程。意志是人类所特有的心理现象，它表现了人的意识的能动性。意志具有确定目的并服从目的，调节行为克服困难，意识随意性的体验等特征。

意志以随意运动实现一定目的而得到体现。随意运动与目的行动机制是极复杂的。Π. K. 阿诺兴对目的行为生理机制模式，作了比较合理的解释。主要有五个层次：（1）内导综合，是合目的性的随意运动的机制的第一层次，它包括优势动机、环境刺激内导、记忆内导和起动内导四因素，在此四因素共同被大脑组织综合的后期，便开始形成目的或决策；（2）采取决策，它决定于大脑皮层对信息传递的加工与整合，它包括传入大脑的信息量适中且有利于采取决策，以及对传入的信息进行加工、选择过程的速度；（3）动作结果受纳器的形成，它是接受动作结果，反馈内导，并对这种反馈信息进行比较、核对、校正的机能器，决定着目的性动作过程；（4）外导综合，意志行动由随意运动实现，它是运动性神经机能与植物性

---

① 韩非曾粗浅地说到认知、情感、意志之间的关系。"爱子者慈于子，重生者慈于身，贵功者慈于事"（《解老》，见《韩子浅解》，162页）。又说："慈于子者，不敢绝衣食；慈于身者，不敢离法度；慈于方圆者，不敢舍规矩。"（同上书，164页）。慈是情感，不敢绝衣食、离法度、舍规矩，是意志、意向活动。情感是意志行为的内在动力。

神经机能的动力综合，以保障姿态兴奋和目的性动作的产生；（5）目的性动作，实现躯体动作反应、植物性反应和内分泌反应的动力相互作用，以保证人与外界环境的相互作用。肌肉本体感受器由自身所实现的动作不断做出反馈内导冲动，依此不断传出反馈内导流，使目的性行为处于动作结果受纳器相应机制控制之下。依据各器官活动的不同参数，并借助于定向探究反应纠正内导综合，矫正自身行为活动的错误，以达到满足优势需要，即最后目的性行为结果。①

意志行动是指在意志支配下具有目的指向性，以随意运动为基础展现为克服困难的过程的行为。其特点是由个体人来实现，因此受已形成的人的个性特点、动机、生活目的的制约。意志行动结构分为两个阶段：（1）准备决定，（2）执行决定。② 前者是行动的目的确定、动机与动机的斗争、计划的制订、期望的调整、手段的选择等。这是行动的目的、方向、方式等的意识未转化为实施的阶段。后者是意志通过克服各种困难、障碍，实现预定的目的的阶段。在执行过程中既要自我调节、自我评价，检查行动的方法、手段，又要修改行动方案、目的等。在这里，意志作用贯串于意志行动的全过程。

意志对于人的性格的培养，学习工作的好坏，事业成功与否，都有很大的影响。因此，中国古人非常重视意志的培养锻炼。孔子说："三军可夺帅也，匹夫不可夺志也"③。人具有独立的意志。他强调人应"志于学""志于仁""志于道"；以"行道"为意志行动的目标。受意志支配和控制的行动是有一定目的和指向的，这就是志向。孔子希望他的学生根据自己的条件、能力，发展自己的志向。有一天，子路、曾晳、冉有、公西华四

---

① 车文博主编：《心理学原理》，555～560 页。

② 《墨子间诂·经说上》中有"志行，为也"，"志"指意志、动机，"行"是行动、实践。动机意志见之于行动，称为"为"。

③ 《子罕》，见《论语集注》卷五，39 页。

人陪孔子坐。孔子说，假如有人打算任用你们，你们怎么办？子路说："千乘之国，摄乎大国之间，加之以师旅，因之以饥馑；由也为之，比及三年，可使有勇，且知方也。"冉有回答说："方六七十，如五六十，求也为之，比及三年，可使足民。如其礼乐，以俟君子。"公西华说："非曰能之，愿学焉。宗庙之事，如会同，端章甫，愿为小相焉。"最后曾皙回答说："莫春者，春服既成，冠者五六人，童子六七人，浴乎沂，风乎舞雩，咏而归。"曾皙待子路他们三人走后，问孔子他们三位的话怎样。孔子说："亦各言其志也已矣。"① 各人有各人的志向，就是意志行动的准备阶段，即主观未见之实际行动的阶段。

《淮南子》认为，意志行动而所指向事物的精神不集中，就会影响感应效果。"凡人之志，各有所在，而神有所系者，其行也，足蹪趎坎，头抵植木而不自知也，招之而不能见也，呼之而不能闻也……何也？神失其守也"②，陈述意志行动与精神之间的联系。

意志行动的准备阶段，朱熹称其为"未动而欲动者，意也"(《朱子语类》卷五)。它是一种未实行的心之所指向的计划、方案。"志者，心之所之"(同上书)。后一"之"字，陈淳释为"向"。陈淳说："志有趋向、期必之意。心趋向那里去，期料要凭地，决然必欲得之，便是志。"③ "有趋向"，即意志是有目的性行动，而不是情感冲动，并以自觉的决然行动达到预定的目的。

陈淳注意到意志行动的动机。动机是指推动人去确定某种目的（目标）的原因或动力。人的意志行动的动机是人在现实生活实践中形成某种需求的愿望。"为学紧要处，最是立志之初，所当谨审决定。此正是分头

① 《先进》，见《论语集注》卷六，47～48 页。
② 《原道训》，见《淮南鸿烈集解》卷一，40 页。
③ 陈淳：《志》，见《北溪字义》卷上，16 页，北京，中华书局，1983。

路处。才志于义，便入君子路；才志于利，便入小人路。舜、跖利善正从此而分；尧、桀言行正从此而判"①。由于人的需求的多样性而产生多种愿望和动机，决定着人生同一时间内产生多种目的。譬如现代人既要义，又要利，义利得兼。可是按陈淳的观念，义利为两极，犹孟子说的"鱼和熊掌不可得兼"。因为它要指向君子与小人、虞舜与盗跖、唐尧与夏桀的善恶两极的目标。这样便产生动机的冲突。解决、协调这种冲突，当运用范畴立极技术中的"正志术"，即端正意志动机技术，也即"立志"技术。

"正志术"，便是"立志须是高明正大"②，这就是说，在意志行动的动机选择上，就要以高标准要求自己，譬如陈淳说："须是立志，以圣贤自期，便能卓然挺出于流俗之中，不至随波逐浪，为碌碌庸庸之辈。"③以圣贤作为自己意志行动的目标和目的，排斥随波逐流、庸庸碌碌的障碍和阻力，以及不良的动机，以达预定的目的。

意志行动不仅存在愿望和动机的冲突，亦存在动机与效果的冲突，这便是所谓好心办坏事。这就需要在意志行动的执行阶段，注意内在与外在条件、情况、环境的变化，及时调整计划、方案、目标等。对这些因素认知、掌握、调整等不周，便使意志行动受到挫折，达不到预定的目的，或没有完成任务。这也就是意向与功利、意志与事功的冲突。"志功不可以相从也"④。如何协调志与功的冲突？墨家认为，"志功，正也"⑤，以正志功术来解悖。

意向与功利、事功的冲突，主要有两种情况：一是意向行动的目的指向过高，没有充分估计到内外情况、条件、环境的现实可能性，而导致事功的失败；二是事功、功利心理的无限膨胀，为达到事功、功利的目标，

①　陈淳：《志》，见《北溪字义》卷上，16页，北京，中华书局，1983。
②③　陈淳：《志》，见《北溪字义》卷上，16页。
④　《大取》，见《墨子间诂》卷十一。
⑤　《经说上》，见《墨子间诂》卷十。

而不惜采取一切不法的、非理的手段、方法。这就需用"矫枉术",不是矫枉过正,而是矫枉求正。意向过高,便是过度,矫正意向,使经过个人的积极努力,能够达到目标,完成事功;事功的膨胀,甚至贪功枉法,就要矫正贪功心理状态,使之遵法、合理。这两种情况都是"过",当然也有"不及"的两种情况,便要使之"及",这也是"矫枉术"的一种形式。

上述修辞不立其诚实,就会悖逆理智之明辨。范畴不用其灵明,就会扰乱道德之诚敬。理智昏聩,无道而强作有德;道德败坏,无理而装作有理。是非繁然淆乱,有无浑然无辨。心灵冲突是诚明之间的分离或恶性混杂。它们有三种可能的冲突表现形式:名实不当、情理不容、志功不合。

名称、名分与实在、实质不对当,当用"正名术"或"刑名术",即语法和修辞技术;情欲与义理(天理)不相容,当用"谋略术"或"正心术",即思维演算和运筹技术;意志、志向与事功、功利不适合,当用"正志术"或"矫枉术",即分类范畴和立极技术。这些"术数",共同构成工具和合的思维技术系统。语法学、修辞学、逻辑学、运筹学以及数学,都是思维技术科学群的重要成员。

心灵冲突、有无悖乱以及其解决方式,见图15-8:

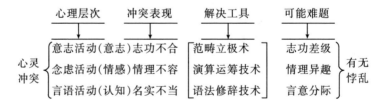

| 心理层次 | 冲突表现 | 解决工具 | 可能难题 |
|---|---|---|---|
| 意志活动(意志) | 志功不合 | 范畴立极术 | 志功差级 |
| 念虑活动(情感) | 情理不容 | 演算运筹技术 | 情理异趣 |
| 言语活动(认知) | 名实不当 | 语法修辞技术 | 言意分际 |

心灵冲突 {  ... } 有无悖乱

**图 15 - 8**

### (二)达道解悖的工具悟性

心灵冲突及有无悖乱,集中表现为人类思维创立冲动与建构功能依据不同方式运演,彼此性向相反。创立冲动是否定性的运演方向,即"无之"，通过否定之否定，完成创新使命，开辟日新道路。建构功能则具有肯定性的运动方向，即"有之"，通过肯定之肯定，实现承接过程，延拓义理和谐。有而无之，无而有之，神化莫测，难以预料。要穷神知化，出入有无之境，理性、德性都无能为力。必须发掘人类最高的本质力量，使悟性从生范畴跃进到解范畴，量子化为范畴立极技术系统。

按现代科学，可能世界的度量工具，是概率论以及量子力学的波函数[①]，其物理模型是量子。量子的特点是非连续的层级间的跃进，悟性具有量子化的特征。想象呈现，灵感闪耀，都是其创造性跃进的宏观表现。悟性是对理性和德性的僵化形态的否定，又是新的理性形式和德性活动的起始点。

悟性按照决策科学的目标和合原理外化成为范畴逻辑结构和语法结构，使人类的义理追求达到尽可能优美的工具和合状态。悟性的功能就在于运用概念、范畴的形式，通过综合、整理经验材料，来进行思维生机盎然的创新活动。

悟性的工具外化，称为工具悟性。工具悟性不断否定旧的范畴与极限，肯定新的范畴与极限，以此通达思维的逻辑道路，解除悖乱并实现义理的和谐目标。

东方神秘主义是悟性神秘化运用的结果。卡普拉在《物理学之道》[②]中认为：

> 东方神秘主义的细节虽然有所不同，但主要的特点都是强调宇宙的基本统一。他们所追求的最高目标是认知到所有事物相互联系的统一，是使自己与终极的实在归于统一。这种认识的出现，即所谓的

---

① 参见李继宗、戚进勤：《自然科学基础》，64～65 页。

② 《物理学之道》被编译为中文，书名改为《现代物理学与东方神秘主义》，成都，四川人民出版社，1984。

"悟"，不仅是一种智慧的艺术，而且是包括整个人在内的经验，也是最本质意义上的宗教。①

他尝试通过这本书来探索现代物理学的概念与东方哲学和宗教传统中的基本思想之间的联系。他们之间观察世界方法的相似性，促使把这两种理论结合起来，去描述亚原子世界现象的可能性。东方神秘主义形式背后，蕴涵着人类丰富的科学思维的方式、方法、模型，是人类的宝贵财富。

实际上，悟性，尤其是工具悟性，是工具理性与工具德性的融突和合体。能谦则诚，诚则灵；无妄则实，实则明；灵且明即神化。张载说："神，天德；化，天道"②。《易传》强调人能"穷神知化"③。现代量子力学和深度心理学将不断揭示悟性的活动机制及其工具化符号过程。东方文化赋予悟性的神秘色彩，将为科学技术的光明所消解。因此，研究中国传统文化，只有站在现代科学技术的理论前沿，才能反观洞察"太极""涅槃"之类的怪圈。卡普拉认为，"神秘主义思想给当代科学理论提供了坚实、恰当的哲学基础，也提供了一种世界观，使科学发现能够与精神方面的追求和宗教信仰完美地和谐一致"④。他的这种追究，使他在反观中国最古老的经典——《周易》时，发现"太极""阴阳""对于文化不平衡的分析的适用性就更为明显了。系统论以相互关联和相互依赖的观点来看世界，在这种相互关联、相互依赖的结构中，每个不可分的整体就叫做一个系统，系统的特性无法被归于其组成部分。生命机体、社会、生态体系都是系统。令人惊讶的是，中国人早在古代就已经发现了阴和阳是各种自然系统的根本属性，而我们西方人直到最近才开始研究它"⑤。这种"反观

---

① ［美］F. 卡普拉：《现代物理学与东方神秘主义》，12 页，成都，四川人民出版社，1984。
② 《正蒙·神化篇》，见《张载集》，15 页。
③ 《系辞下》，见《周易正义》卷八，《十三经注疏》本，87 页。
④ ［美］F. 卡普拉：《转折点——科学·社会·兴起中的新文化》，56 页。
⑤ 同上书，32 页。

术"，能发现传统，创造传统，使传统与现代融突而和合。

假如就传统观传统，就会当局者迷，犹如雾里观花，朦朦胧胧，若有若无，惚兮恍兮。以己之昏昏，使人之昭昭，这是不可能的。所谓"难得糊涂"之类的气象，实非科学技术所追求之目标。

### （三）范畴立极术的叠合结构

工艺流程、工程设计，规章条款、制度规范，从符号学的角度看，无一不是用符号化的各种范畴制定并确立的。人类文化的各类"宪法"，人类行为的各种极限，都是通过范畴化运动从可能变为现实，并由现实化为历史的。

洪范九畴[①]，皇极为中。就结构讲，人类确立的各种极限都是有中介性或中用性，都是最优化的工具和合状态。"极"训为中[②]、中和，或训为极致、至极。中和是大本达道，致中和，便可位天地，育万物。然中和实是中介状态与中用（庸）之道。极致、至极便是最佳状态，最优化结构。但中介状态与最优化结构不能直接达到，必须采取两边夹的双层结构建制，才能逐渐逼近。

范畴立极术的双层结构是由言语修辞的表层结构与概念范畴的逻辑结构叠合（或夹合）而成的。双层叠合，表层与深层限极，方能从结构上保证中道的中和的本性或本质，以及极致的目标。

范畴立极术的双层叠合结构为：

$$
\text{范畴立极术}\begin{cases}\text{表层：言语修辞·语法结构}\\ \text{（中介）（中和极致·义理结构）}\\ \text{深层：概念范畴·逻辑结构}\end{cases}\begin{cases}\text{工具悟}\\ \text{性外化}\end{cases}
$$

---

① 参见《洪范》，见《尚书正义》卷十二，《十三经注疏》本，18 页。另见拙著：《中国哲学范畴发展史（天道篇）》，16～17 页。

② 参见拙著：《走向心学之路——陆象山思想的足迹》，236～238 页。陆九渊同意"极"训为"中"，朱熹不同意训为"中"，两人有一场辩论，反映两人哲学体系的分歧。

辞达则有礼，"礼者，理也"。义当则道通，"夫道，一而已矣"。工具和合，道理明白，虽有法、术、势、数，而人道平易；虽有规、矩、方、圆，而人事和融。如此，"穷理尽性以至于命"①。一旦知"天命"之信息，便可"制天命而用之"②，经济利用厚生，制器度功，便可左右逢源，无往而不融突和合。

和合人文精神纾难解结，涉险解悖，由人文和合之"厚生"转换到形下和合之"经济"。经济才是现实的厚生之德，利用之道。

老子说："国之利器不可以示人"（《老子》第三十六章）。工具和合专门揭示人文活动的各种"利器"，从工艺制造术到规章制度术，再到范畴立极术，"利器"已尽现眼底。

原始文化，道术浑然一体。文明时代初始，脑与体分工被等级化、政治化。"劳心者治人，劳力者治于人。治于人者食人，治人者食于人"③。道术为天下裂。然劳心者，有"夫子之道"，而无"回天之力"，更兼鄙视"雕虫小技"，不习实用技能，"四体不勤，五谷不分"；劳力者，有"艺人之功"，却无"制度之权"，更兼无缘读"圣贤之书"，不谙"刑名法术"与"仁义道统"，自生自灭，杂于迷信，而未能独立、超越、分离、发扬。

中国古代文化道术在发展中逐渐分化，长期缺乏沟通与融合。结果虽有治道而无民主制度，有学术而乏逻辑道路（即逻辑科学）；虽有匠艺而乏科学原理，有工具而少技术科学。和合学的工具和合，便是"对症之药"、解蔽之方。知己之不足，纳人之长处，融突而和合，发展、完善和合技术科学。

---

① 《说卦传》，见《周易正义》卷九，《十三经注疏》本，93页。
② 《天论》，见《荀子新注》，278页。
③ 《滕文公上》，见《孟子集注》卷五，39页。

# 第十六章　形下和合与和合经济学

"形而下者谓之器"。形下和合是指在和合学原理指导下，旨在协调、融突人与自然、社会、他人、心灵、文明间的物质、能量、信息交换关系，以解决人类的衣、食、住、行等物质经济问题，因而与经济学发生和合关联。

形下和合，因现代技术科学的应用，和合工具系统的使用，制器造物，利用厚生，理财致富，构成了不同类型的经济生活和合体（简称经济和合体）。在现实社会中，从形下和合角度看，家族、厂矿、企业、公司、利益集团，以及其他跨地区、跨行业、国家化、国际化的经济合作组织、贸易协定组织，都是水平、形式、性质不同的既冲突又融合的经济和合体①，建构和合经济学。

---

① 笔者不采取"经济一体化"或"政治一体化"组织、机构等称谓。"一体化"易作无差分、无冲突的静态理解。其实"经济""政治""贸易"的跨国、跨地区的组织、机构，既差分、冲突，又融合、协调，并保持参加国、地区的独立意志、政策以及价值观念、利益等，因而是"和而不同""求同存异"的和合体。"20世纪的世界经济是以贸易、生产、金融投资乃至经济政策、体制走向全球一体化为特征的。其中，区域经济一体化又是这一进程中最具活力的现象。"［屠启宇：《区域一体化与20世纪世界经济》，载《世界经济研究》，1995（2）］按："一体化"虽是当前使用较多的概念、名称，但并不符合"一体化"所指称的对象的实际情况。因此，笔者采用"和合体"这一概念、名称，以"正名"，使之名实相符。

按和合学的逻辑结构，经济和合体有三种基本类型，相应地有六种基本经济学科：

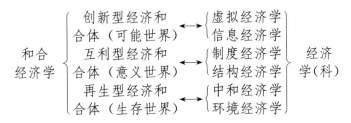

从现代经济学的发展来看，社会经济的发展，推动了部门经济学的蓬勃发展和经济理论的精密化、差分化、技术化。如对经济部门或领域的研究，形成资源经济学、商业经济学、工业经济学、农业经济学、石油经济学、环境经济学、货币经济学、消费经济学、城市经济学、国土经济学、生态经济学、教育经济学、科技经济学、卫生经济学、文化经济学等等；对经济理论的研究和考察，形成微观经济学、宏观经济学、数理经济学、动态经济学、福利经济学、发展经济学、信息经济学等等。各形形色色的经济学，都是殊相、殊色。执相、执色，便有冲突，冲突而离散，离散而分殊；分殊而殊途同归，同归于对共同的价值目标和理想境界的追求，便需要建立融突论的和合经济学，以协调各部门经济学、各经济理论之间的差分冲突，以促使其互渗、互补、相关、相应而融合，以达到和合而生生的新经济理论形态的创生。这便是理一而分殊，分殊而理一。

## 一、经济和合体与环境经济学

所谓和合经济学，是指运用和合学的原理、方法、价值系统，研究自然、社会、人、心灵、文明间的生态环境、资源、能量和人的生存、发展的经济现象，寻求协调人与自然之间的合理物质交换，调节人与社会、人与人、人的心灵之间的经济活动中的生产、流通、分配、消费和物质、精神需求之间的物资、信息、智能的关系，探索协调各文明（各国、各民族、各集团、各文化圈）之间的贫富、资源、人口、环境的"交相利"的平衡互动关系，使和合经济活动取得最优化、最合理的自然、社会、人际、心灵和文明效益的经济学说。

## （一）社会经济有机体的特点和功能

对于和合经济学无疑需作阐述，这里从形下和合谈起。

形下和合的核心概念与标志性范畴是"物"。这个"物"虽语源上可解为"形而下者谓之器"的"器物"，但从和合学的生生原理来看，"物"范畴的本真的、完善的意义当是"物化"与"化物"的融突和合义。"物化"是"解智能"的利用，是人类智能借助技术工具物化为智能产品，是人性的物化。

"化物"是人类智能利用技术工具变换自然质能，使其具有经济价值，成为人类生活材料。"化物"是人类自身的经济化；"物化"是自然环境的经济化。二者是经济和合体必备的变化。

意义世界形下和合中的和合范畴"物性"也具有二义：一是人性的物化，二是物化的人性。正因为"物性"是依生生之道而成的和合范畴，所以才不能用通常意义上的物性（如物质属性）来替代。"物性经济学"中的"物性"，按通常义，便是资源经济学或物资经济学，无有新义；若按和合义，则是"物性"与"物命"的和合，才能构成意义世界的形下和合。制度经济学试图从意义基准与价值尺度上规范和度量人性的物化程度及其经济价值数量，并给予节制，才符合和合学的学科建设的宗旨。

"物化"与"化物"构成了社会经济有机体系统。前者包含了人与自然的关系；后者蕴涵了人与人以及人自身心灵的关系。这种关系的总和，构成了社会经济结构,即经济有机体结构。①

经济有机体结构是社会有机体的组成部分,社会经济有机体是"物化"与"化物"、物质内涵与社会形式的冲突融合,由而和合生生。"物化"的物质内涵,是指社会经济有机体的"物化"的整体运行过程,即自然资源转换为物质产品的过程或关系格局;"化物"的社会形式,是指社会经济的智能、科技、工具的配置,资源、材料的占有以及分配制度的关系格局。

经济有机体结构所涉及的这些关系格局,属于经验的原材料,从这些经验的原材料中可形成一些模式或模型,然后从这些模式或模型去理解社会经济有机体结构。这样便可以窥见社会经济有机体各关系格局的本质,认知社会经济有机体结构的各种关系。从这个意义上说,社会经济有机体结构不能仅仅归结为一定社会中所描述的社会经济关系的总和。因为社会经济有机体结构是社会经济关系格局的一种模型,而社会经济关系是社会经济有机体结构的表现形式。

经济有机体结构作为经济系统的结构,具有一些共同的特点:

1. 整体性,是指社会经济有机体是一个有机的整体结构,组成整体的各部分、各机体、各要素之间相互依存和关联。各部分、各机体、各要素只有在整体中,其性质和功能才能获得确实和定位。舍弃其孤立状态中的个体性,而构成其整体性质和功能。譬如说,社会经济有机体结

---

① 对经济结构的定义,见仁见智,各说齐陈。荷兰经济学家、诺贝尔经济学奖获得者丁伯根(J. Tinbergen)认为,经济结构是"对有关经济对某些变化做出反应的方式的不可直接观察到的特征所作的考虑"[《关于结构概念引起的几个问题》,载《政治经济学杂志》,1925 (2),62 页]。另,计量经济学家佩卢(F. Perroux)认为,"表示在时间和空间里有确定位置的一个经济整体的特性的那些比例和关系"([瑞士]皮亚杰:《结构主义》,72 页,北京,商务印书馆,1978)。这两种经济结构概念里只包含技术关系和人对自然的关系,强调结构关系的时空性或经济结构关系的不可见性。他们都认为,用数量关系就可直接或间接地表现经济结构。美国经济学家泰勒(L. Taylor)则把经济结构看作是经济体系中的制度和成员行为的某些格局([美]泰勒:《结构主义宏观经济学》,1 页,北京,经济科学出版社,1990),虽看到人与人的关系,但显模糊。

构可设想为企业经济结构、产业经济结构和社会经济结构三个层次，但产业经济有机结构的性质和功能，不等于企业经济有机结构的性质和功能的简单相加，社会经济有机体结构的性质和功能，也不等于产业经济有机体结构的简单相加。这就是说，整体的性质和功能大于其构成部分的性质和功能之和。这种整体性的原理适用各个不同层次的整体与部分的关系。

社会经济有机体结构的整体性原理，不仅适用于现代经济各部分、部门以及各层次之间，而且适用于现代经济学的各部门、各层次的理论之间。卡普拉曾指出，现代经济学的特征是支离与还原主义的方法。经济学家通常认识不到，经济只是整个生态和社会结构的一个方面，一个由人与人以及人与自然之间持续的相互作用所组成的系统。他们的根本错误，在于把系统肢解为各个部分，即把整体加以肢解，并假定它们各自孤立。当代经济学家的这种支离方法，对抽象的定量模式的偏爱和对经济结构进化的忽视，已在理论和经济现实之间导致了巨大的裂痕，已使当代经济学处于一种深刻的概念危机之中。比如全球性的通货膨胀和失业、财富分配不当、能源短缺等，对任何人都是痛苦的现实。但经济学对于这些现实痛苦的无能为力，正被愈加怀疑的公众、其他学科的科学家以及经济学家自己所承认。[①]

对于这种全球性的生态环境危机、南北及东西的贫富对峙、资源匮乏、人口爆炸、经济移民等问题，虽各部门、部分经济学的研究有其价值和意义，但若囿于部门、部分经济学，就不可能提出根治性的对策，这就是笔者提倡和合经济学的重要原因所在。

2. 贯通性，是指社会经济有机体结构各部分、各部门、各要素的同

---

① 参见［美］F. 卡普拉：《转折点——科学、社会、兴起中的新文化》，129~130 页。

质、异质、同异交质的自然、他人、心灵、文明之间的相互胶粘、贯洽、交通，即互相渗透，以及由互相渗透的发展，而引起互相转化、转换。这种互相渗透，既包括社会经济有机体结构内在子结构之间、母子结构之间的各种形式的渗透，亦涵摄社会经济有机体结构外部相关社会结构，如社会政治结构、社会文明结构、自然生态结构、伦理道德结构等之间的互相渗透。这种贯通性与社会经济有机体的整体性相联系，便构成整体贯通律。①

由于社会经济有机体结构内在与外在两种形式的渗透，便引起两种形式的转化或转换。这种转化或转换是贯通性的表现。就其内在而言，贯通性的转化不仅表现在社会经济有机体之内，而且表现在社会经济有机体结构内部各个层面、部分。比如企业经济结构内部的要素的贯通和转换，是 $G\cdots\cdots G'$、$P\cdots\cdots P'$、$W\cdots\cdots W'$ 三种时空形式的共时、历时结构的融合。图示如图 16 – 1 所示：

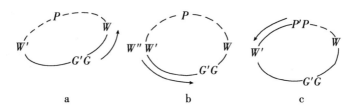

a                     b                     c

**图 16 – 1**

在这里 $G$ 指货币资金，$P$ 指生产资金，$W$ 指商品资金。a 序列是货币资金的循环转化：$G$—$W\cdots\cdots P\cdots\cdots W'\cdots\cdots G'$；b 序列是商品资金的循环转化：$W'$—$G'$—$W\cdots\cdots P\cdots\cdots W''$；c 序列是生产资金的循环转化：$P\cdots\cdots W'$—$G'$—$W\cdots\cdots P'$。这三种时空形式的融突，构成了企业经济结构内在的运动内容。在企业经济结构的基础上，所有企业之间贯通的耦合关系，

① 参见拙著：《传统学引论——中国传统文化的多维反思》，58～60 页。

形成空间上的一定格局，便是一种产业结构。产业结构的共时结构中除作为社会经济有机体结构中的共时结构的子结构外，还包括政府、居民等非企业性的要素，但它们是参与社会经济有机体结构的耦合要素，并以共时态为条件。在这里，社会经济有机体结构的各要素是以空间形式呈现贯通的。

社会经济有机体结构各要素贯通过程中的时间形式或时间序列，是一种历时结构。由于时间的一维性，所以各不同层次的经济结构的贯通转化，不仅具有方向性，而且具有时间的顺序性。[①] 共时性和历时性的贯通转化，构成了社会经济有机体结构的生命活动。这就是说，社会经济有机体结构由其内外的融突而构成动态结构，亦即生命结构。

3. 融突性，是指社会经济有机体结构各要素之间的冲突和融合关系。一个社会经济有机体结构各要素之间若无冲突，便无改革进步的动力，即内驱力；若无融合，冲突便无休无止，而使社会经济有机体结构的秩序完全打乱，破坏正常运行机制，所以两者应互补互济。比如在市场经济情境下，社会经济有机体结构内在冲突的原因，来自商品的内在冲突性。商品价值——使用价值互相转化的冲突运动构成商品的内在冲突，商品的内在冲突推动着经济有机体结构的内在自调整和转化运动。这种层级关系，是相互细缊蕴涵的。

从企业经济结构的内在融突性来考察，它是由企业资金（本）三种时空形式的融合构成的。比如企业资金（本）总循环序列中 $P\cdots\cdots P$ 循环形式和 $W'\cdots\cdots W''$ 循环形式的流通过程是不间断的，这种不间断的流通过程表现为两种形式：

（a）$P\cdots\cdots W'—G'$、$G—W\cdots\cdots P$

---

① 参见王春永：《市场经济运行通论》，中国人民大学博士论文打印稿。

(b) $W'\!-\!G'$、$G\!-\!W\cdots\cdots P\!-\!W''$

对于这里的资金（本）流通行为序列，若舍弃这个流通过程的特质，作为一般的流通行为序列，则流通过程只代表商品形态变化的两个相反序列。企业是商品的生产者和经营者，其所生产和经营的商品必须经过两个相反冲突序列的形态变化，而这种形态变化便是商品价值—使用价值冲突运动的表现。正是这种冲突运动的融合，才构成企业经济结构的有序性运动。

产业经济结构是企业经济结构的母结构，其贯通转化运动，它的动力亦是由于商品的冲突运动，即商品价值—使用价值的冲突运动。企业经济结构作为产业经济结构的子结构，总是与其他企业经济结构既冲突又融合。假设企业在市场上可以购到它的一切投入要素，并能够在市场上实现其产品价值。在这个投入与产出的价值实现中，都涉及企业外其他的居民和政府各方面的因素。就企业资金（本）的流通过程的 $W'\!-\!G'\!-\!W$ 而言，$W'$ 是企业的产出品。这些产品对企业来说一般无使用价值，必须"全面转手"。$W'\!-\!G'$ 中的 $G'$，在过程完成之前是存在于另一企业中的。之所以这样，亦是因为商品价值与使用价值的冲突。在 $G'\!-\!W$ 的流通中，$G$ 虽为该企业掌握，但 $W$ 中的 Pm 存在于其他一个或另一些企业中。这个企业要投入生产要素就要把 $G'$ 换成 $W$。其中也蕴涵着商品价值与使用价值的冲突和融合。

社会经济有机体结构的贯通转化运动，也是由商品价值与使用价值冲突融合所推动，但除此之外，必须考虑到居民和政府的要素的冲突、融合关系。比如居民向企业、产业提供劳动力，政府通过财政收支活动，参与社会经济有机体的活动。劳动力对于其所有者而言，重要的是价值而非使用价值；对于企业而言，恰恰相反，重要的是使用价值而非价值。这种既冲突又融合的运动，是社会经济有机体结构实现贯通转化的动力因。

政府并非无能为力，它能把财政收入的一定量的货币转购为商品或劳务，使货币转化为对政府有使用价值的东西。这个过程也是企业、产业实现商品和劳务价值的过程。这说明商品价值—使用价值的冲突和融合运动是社会经济有机体结构运动的自身动力因。

在这里，我们从企业经济结构、产业经济结构和社会经济结构的整体性、贯通性和融突性①，阐明了社会经济有机体的特点和功能，体现了和合经济学的一些特征和意蕴。

### （二）社会—经济—自然—人的模式

从形下和合的"化物"与"物化"的视角来考察社会经济有机体结构的整体性、贯通性和融突性，可构成这样的关系模式：社会—经济—自然—人。这个模式与古典的"自然秩序"、新制度学派和公共选择学说的社会—经济—政治有异：把自然纳入这一模式，并突出人的价值。自然是人类的父母，"天地之塞，吾其体，天地之帅，吾其性"②。人类从自然中取得衣、食、住、行等自身生存和发展的物质、能量、营养等。自然科学使人类实现了与自然的直接对话；社会市场经济变换、转化了人类向自然获得生存、发展的智慧和配置资源的方式与组织机制，但并非改变或废除人类与自然和生、和处、和立、和达、和爱的利益关系。

社会市场机制使人类从自然界获得物质和精神产品的速率得到提高、规模得到扩大，但人类的极端功利主义的自私行为，也给自然以极大的损害和破坏，使人与自然的冲突更加激烈；自然报复人类的行为，也使人类

---

① 参见张鸿翼：《儒家经济伦理》，80～102页，长沙，湖南教育出版社，1989。书中论述了社会经济运行的五大基本道德法则：整体和谐法则、天人合一法则、社会人本法则、中庸守常法则、循环发展法则。

② 《正蒙·乾称篇》，见《张载集》，62页。

自身的生存和发展受到破坏和危害。从经济学的角度来看，保护与发展自然就是保护与发展人类自身。人类与自然在利益上是共同的，因而在公共资源、生态环境方面需建构公共产权，以便建立自然在社会市场经济中的价值和地位，分配人类对自然所必须承担的责任与义务，以及所享有权益的限度。

假如从社会—经济—自然—人的模式来设计市场经济，来规范人与社会、人与人、人与物（自然）的关系，则人与自然（物）之间的责任与义务，人所享有的权益限度以及实现这种权益的方式都被纳入了市场秩序的体系，并成为市场秩序的基本组织内容。市场秩序的思维边界由社会—经济的单向模式而进入社会—经济—自然—人的多向模式，从社会经济中的人与人的利益关系的思考转换为人与自然关系中的社会经济的思考。在这种向度中，市场秩序是由社会秩序、经济秩序以及社会—自然秩序构成的互动利益关系系统。这里所说的社会秩序，包含社会运行机制中的政治、法律、道德、文化行为等社会行为秩序的总和；经济秩序包含由交易行为与市场制度所构成的市场秩序；社会—自然秩序，包含人与自然之间的物质、能量、信息的输出与输入的利益关系，作为市场秩序的前在秩序与边缘秩序。

如果说从经济秩序引向社会—经济秩序，由经济市场体系而转向社会—经济模式来观察、界定市场秩序，是制度学派和公共选择学派对新古典主流经济学说的超越，那么，从社会—经济—自然—人的模式来看，它将市场秩序规定为社会秩序、经济秩序与社会—自然秩序协同互动的利益关系体系，则是对制度学派和公共选择学派的发展。[1]

在社会—经济—自然—人的模式中，人、社会、经济在一定意义

---

① 参见王根蓓：《市场秩序论》，武汉大学博士论文打印稿，1994。

上，都是自然的产物。人类借助于工艺制造技术，破解天人冲突和知行生存困境。人通过生产工具系统的中介和合作用，实现社会与自然之间的质能交换，使自然物质、资源转化为物质生活资料和物质生产材料（"器物"），使自然能源变性为生产动力和生活能量。经过这种生产性质能交换，人类从自然环境中源源不断地获得衣、食、住、行等经济活动所必需的材料与能量。研究自然环境中的经济方面问题，便形成了环境经济学。

所谓环境经济学，是依据和合学原理，研究环境再生产、保护与人类经济活动之间的互相关系，协调人与自然之间合理性的物质、能量、信息的交换，调节人类的经济活动需求与自然环境系统供给之间的关系，使经济活动取得最优化的效益。

人类经济活动与自然环境之间构成各种形式的关系，如社会制度与环境保护、经济发展与环境保护、经济需求与自然环境供给、人的索取与环境治理等冲突。人以资源形式从自然获得物质、能量和信息，再以"三废"等形式排向自然环境。在这个获得与排出之间，人类通过经济活动，既获取了巨大的物质财富，又造成了自然生态环境的危机，这便是环境经济学所要研究的对象。

但环境经济学所研究的对象，并非环境系统和经济系统的本身，而是寓于这两者结合部中的、有机结合而成的环境经济系统，即结合部中环境经济系统的能量和物质转换关系。这就是说，环境经济学要研究人类经济活动与自然环境的冲突、融合关系效应，使这种关系效应转化为经济信息，并反馈到国民经济平衡与核算之中，为经济和社会发展战略提供制定环境经济政策的依据。

人类的经济活动，在中国商代或更早就存在。由于人类的经济活动，产生了环境经济问题。我国先秦时管仲"主张视土地之美恶及所生出，以差征赋之轻重"，这是"环境资源税"的一种原始形式。后来的《秦律》和《唐律》中已出现环境保护的法律："其行道，燃火不灭，而致延烧者各减一等"①。如"延烧赃少者，杖八十上减一等。赃重者，坐赃上减四等，罪止徒一年。"说明对自然环境的重视。"以天为父，以地为母，以开乎万物"，"禁民斩木，所以爱草木也"（《管子·五行》），以自然为父母，爱护一草一木，这种保护自然环境的意识，是对人与自然冲突的初步自觉。

随着社会的进步，科学技术的高度发展，以及人们观念上的错误，环境污染、资源匮乏、生态危机等问题愈来愈严重，已成为关乎人类生死存亡的命运问题，于是引起了各个研究领域的学者的注意，形成了环境经济学。从环境经济学基本理论研究来看，涉及社会经济发展与自然环境的关系，人类经济活动与生态环境的相互作用和影响，人类生产、消费与环境负荷、改善的关系，合理利用自然资源与保护环境质量的关系，自然资源价值理论，等等。从环境经济学的应用研究来看，有环境经济计量、环境经济预测、环境经济统计、环境经济损益分析、环境经济管理等等。

现代，由于生态环境危机的现实变化，西方经济学家对环境经济提出了各种不同的主张，形成了各不相同的环境经济学学派，如福利主义学派、悲观主义学派、理想主义学派、改良主义学派和现实主义学派（或称乐观主义学派）等。② 福利经济学属于规范经济学，它不同于实证经济学回答"是什么"的问题，而回答"应该是什么"的问题。③ 它从一定的价值判断出发，研究社会经济应怎样运行。福利经济学由 A. C. 庇古建立，他运用基数效用理论，提出国民收入总量愈大，社会经济福利愈大和国民

① 长孙无忌：《杂律》，见《唐律疏议》卷二十七，48 页，《万有文库》本，上海，商务印书馆，1929。
② 参见童宛书主编：《环境经济学》，27、35～45 页，杭州，浙江大学出版社，1993。
③ 参见马克·布劳格：《经济学方法论》，石士钧译，134～146 页，北京，商务印书馆，1992。

收入分配愈是均等化，社会经济福利就愈大两个福利命题。<sup>①</sup> 依据第一命题，要增加社会经济福利，必须最大限度地增加社会生产量，为此就必须使社会生产资源在各个生产部门间的分配达到最优化，这便是福利经济学的"最优资源配置论"。

第二次世界大战以后，他们为了化解社会经济增长与环境污染的冲突，提出了"环境资源退化费用"这一概念，以调节或改变经济增长的方式，建议把国民生产总值分为消费、生产投资和环境投资三项。环境经济学的宗旨是在社会经济发展与环境状态之间寻求某种持续的均衡，使社会经济决策兼顾两者。在环境保护上，福利经济学认为，有两方面因素影响高效率地解决环境问题，即公共商品和外部影响。前者指当消费者使用某一商品时，不排斥诸多其他的消费者共同使用之。环境质量犹如灯塔、杭州西湖等，这类公共商品的使用费用是由大家支付的，自己不支付也可以获得使用价值。这类商品会降低解决环境问题的效率。后者是指生产者和消费者通过价格机制以外的途径，影响别人的福利，例如，工厂排污而影响水源质量，造成居民用水问题，在生产和交换中又不重视外部影响，对此必须制定相应环境经济政策。

福利经济学的许多观念是环境经济学的来源。比如"社会经济福利极大化""帕累托最佳值""卡尔多补偿原理""社会福利函数"等，建立在"边际效用价值论"和"资源稀缺论"等经济理论之上<sup>②</sup>，对于环境保护有指导意义。

悲观学派的环境经济理论，以探讨人类未来命运的"罗马俱乐部"所提供的《增长的极限》一书的观点为代表。该书认为，人类社会的增长受

---

① 参见高鸿业、吴易风：《西方现代经济学》下册，222 页，北京，经济科学出版社，1990。

② 参见高鸿业、吴易风：《西方现代经济学》下册，223～238 页。另见马克·布劳格：《经济学方法论》，149～152 页。关于帕累托的最适状态，一种意见认为它摆脱了估价，完全属于实证经济学的范围；另一种意见认为，它充满估价，是规范经济学的一部分。

五类互相制约和作用的因素限制：加速工业化、人口剧增、粮食短缺和普遍营养不良、不可再生资源枯竭、生态环境日益恶化等。这五种增长趋势都呈指数函数型。其中任何一项增殖都会促使正反馈环上的一连串变化，这些变化反过来又使最初变化的一项发生更大的增殖。由于地球的有限性，这五种增殖都有一定的极限。超越此极限，人类社会就有崩溃的可能。

当增长越来越接近于整个世界环境的最终极限时，负反馈环的作用就变得越来越强，一旦负反馈环能平衡或克服正反馈环，增长便到了停止的极限。人类虽可利用高科技，但无法化解发展无限性与地球有限性的冲突。因此，人类社会瓦解的"危机点"无法消除。所以，《增长的极限》设计了一系列限制增长的消极措施。

在悲观学派的环境经济学中，博尔丁的"宇宙飞船经济"理论颇有影响。地球犹如太空飞船，是人类赖以生存的独一无二的生态系统。由于人口和经济的不断增长，资源消耗与日俱增，"小飞船"内的有限资源终将耗尽。同时人类生产与消费排出的废物将污染飞船内部的一切，那时人类将覆灭。为免此劫难，人类必须将"增长型"经济转化为"储备型"经济，将"消耗型"经济转化为"休养生息型"经济，将"单程式经济"转化为"循环型经济"，通过这种转化，以使生态环境保持良性循环。这种悲观学派的经济学，使人从"悲"中激发"奋"进，有一定价值和意义。

理想学派的环境经济学理论，以生态科学为基础，它的代表作是戈德·史密斯等编著的《生存的蓝图》一书。该书认为要选择走社会健康发展的道路，不把灾难留给子孙后代，对社会进行人道的改革，创建一个持续发展的、平衡的、稳定的社会。这个社会生态破坏最小，物质和能量保存最大；实现重在休养生息而非耗费的经济，保持人口出生和死亡相等；使全体社会成员的意志长远地得到满足。

理想学派主张建立"理想生态经济社会"，它是弗雷尔依据戴利的"稳态经济学"和卡伦巴斯的"理想人类生态论"而提出的理想经济模式。他认为理想生态经济社会，把环境道德观念纳入社会福利范畴，又不使经济体系受损失。可通过提高环境的舒适程度、提供悠闲的生活和促进社会关心来弥补经济上的物质商品量的减少。稳态经济社会可永续不衰地提供较高的生活水平，有效地使所有社会成员公平合理地享有这种生活水平，激发人们的人道主义精神，使人与人、人与自然生态环境之间保持良好的关系。

改良学派的环境经济理论，是以舒休雷特的"社会改造论"为代表。他们认为，环境危机已不是个别现象，而是整个社会的现实问题，必须对社会进行改造。对于这种改造，首先要建立一个专门的政党，如环境保护主义的政党（如绿党）；其次以民主形式将自己的代表人物选入立法机关的各不同岗位；最后着手研究改造经济结构和社会生活方式。假如环境保护者得不到改造社会的权力，那么就必须发动群众性的保护环境运动，对政府施加经常性压力。他们还认为，虽消费品愈来愈多，但选择环境的可能性却愈来愈少。现代工艺已达到这样的水平，即对自然过程的干预具有特别的危险性，必须通过全面改造管理社会的体制来调节与自然的关系。改良学派的环境经济理论对于增强人的环境意识、推动环保运动、促进环境立法，都有积极的作用。

现实学派的环境经济理论，是相对于悲观学派和理想学派的环境经济理论而言的。他们以"国家调节论""补偿论""新发展哲学"等环境经济理论为主导，要求从经济政策、管理制度、发展模式上，比较实际地提出解决现实环境问题的方法、措施和途径。

法国经济学家巴尔和英国经济学家杰克斯等主张"国家调节论"，主张在环境保护和资源利用方面，应以各种形式的国家调节作为市场机制的补充。国家调节的方法和手段，又明显地分为政策经济学派和制度管理学派。前者主张部分控制模式，在环保中利用价格政策进行调节，并以"影子价格"为主要手段。他们以为这样可以促使自然保护措施获得最佳的环境效益和经济效益，运用征收污染税、资源消耗费和折旧、废物的排放罚款等价格机制，使企业向闭路循环和低废、无废的先进工艺转变。制度管理学派主张以直接管制（即行政管制）与奖励、刺激和强制遵守自然保护法规相结合为基础。这种管制是以放弃任何形式的市场经济机制，应用环境标准、法规等行政管理手段来消除私人经济发展与公共环境质量间的不断增长的冲突。通过行政干预规定各种污染物的排放限额，不准采用污染严重的生产工艺和设备，禁止生产污染或危害环境的产品，以便以最小代价达到规定的环保目标。

"补偿论"以美国经济学家塞尼卡、陶希格和法国经济学家安里格等为代表。他们认为，经济增长和工业发展，增加了向环境排放的污染物，使生物圈的自净能力遭受破坏。为恢复生物圈的质量目标，需投入额外的劳动和资本作为补偿。他们主张对自然资源这种财富的消费应付费，对污染每一单位的水和空气应收一定的税率，以促使企业家注意环保。

"新发展哲学"是拉丁美洲学者佩鲁等人提出的，主张寻求一条"人类新的发展道路"来解决环境危机。新发展哲学与传统发展模式在发展的目的、发展的层次、发展的战略上是不同的。前者要求改变现行的不平等和不合理的国际经济秩序，以消除环境危机；后者不能化解人与环境的冲突。这是对环境经济学的重要探索。

西方这些环境经济理论，都与各个时期自然环境的状况和人们的认知相联系。它们都呼吁保护环境，探索环境经济的各种模型、方法、途径，研究环境经济决策及有关政策和管理手段，或对环境工程、设施进行技术经济分析和评价等，具有积极的价值和意义。但无论是福利的、乐观的、理想的还是悲观的、改良的环境经济学派，都是针对环境经济的"用"的方面的对策和设想，没有一种"体"的方面的原理和范畴。和合环境经济学便是从主体人的生产、消费形式与自然环境的物质、能量、信息的交换中，在既冲突又融合的互动过程中，建构环境经济和合体（生存世界）的理念。

### （三）和合环境经济学的原理

和合环境经济学在协调经济发展与环境保护，人与自然之间的物质、能量、信息交换关系等方面的冲突融合，与和合经济学是一致的，它是和合经济学的子系统。和合环境经济学植根于中国文化的"天地万物一体"的理念，这种"天道"（"天"）与"人道"（"人"）和合的理念，曾影响被誉为西方近代古典经济学奠基人之一[①]的魁奈（Francois Quesnay，1694—1774）。他作为法国启蒙时代的重农学派的创始人，曾被这个学派的成员称为"伟大的立法者，欧洲的孔子"。米拉波（Victor Riqueti Mirabeau，1715—1789）在魁奈逝世的演说中说：

> 孔子的整个教义，在于恢复人受之于天，而为无知和私欲所掩蔽的本性的光辉和美丽……他以特别聪睿的耳朵，亲从我们共同的大自然母亲的口中，听到了"纯产品"的秘密。[②]

魁奈把道德秩序纳入自然法则的范围，以为人类在道德领域与自然领域一样，存在着完全独立于人的意愿的客观法则，这被认为是继牛顿发现支配物质世界的和谐秩序的伟大法则之后，在道德秩序中发现了支配人类

---

① 学术界对近代经济学始于何人虽有争论，但将严格的数理知识引入经济活动分析中，则实始于 F. 魁奈。

② ［德］利奇温：《18世纪中国与欧洲文化的接触》，朱杰勤译，93页，北京，商务印书馆，1991。所谓"纯产品"学说，是指把土地生产物看作各国收入及财富的唯一来源或主要来源。

社会的法则，并用中国传统文化中的"天道""天理"等术语来表达自然法概念。魁奈这种天人合一式的思维方式，被称为：

> 企图把天道和人道合而为一，把作为正道的，或如中国人称为世道的自然秩序，和实际的秩序合而为一（这一方面，中国也许提供了最宏伟的实现这个目的的实例），都是出于想得出一个可说明世界的综合一切的数学公式，同时对宇宙现实求得一个综合一切的看法。在这一点上，他的心理是和中国人相通的。①

他的弟子博多在其《经济哲学》一书导论中说，中国的哲学家，"从远古便被最高深的真理所贯彻，他们称之为法则或'天道'。他们的一切措施，都根据这一个原则：'顺乎天意'"②。这种天人关系理念，是东西方所能认同的。

天人之间借工具和合而结成的质能交换联系，具有明显的经济效益。通过质能交换，国计民生问题不断得以解决，人们的经济利益需要不断得到一定程度的满足，社会物质财富不断得到积累。物美价廉，品种齐全；丰衣足食，安居乐业。生存世界呈现经济繁荣、生活安康的真实气象。

天人质能交换产生的经济效益服从生生法则。由于物质产品终止于消费，若无再生产，经济效益将衰减到零值，经济生活的富足气象将化为饥寒的惨景。因此，只有经济效益的不断再生产，经济生活才能维持下去；只有经济效益不断扩大再生产，经济生活活动才能发展。

经济效益的再生产，是由三种再生产融突和合构成的：一是自然生态环境的再生产（生产对象的按自然生态规律的再生产）；二是人类自身的再生产（生产者的按生理规律的再生产）；三是文化社会环境的再生产

---

① ［德］利奇温：《18世纪中国与欧洲文化的接触》，92页。
② 同上书，97页。

（生产文化约束条件的按社会规律的再生产）。因此，经济效益的再生产属于再生型的经济融突和合体。

要使经济发展并使上述的再生产持续进行和不断扩大规模，加深层次和提高水准，就必须维持三种再生产系统之间的动态均衡，使其协调发展。由于人类自身的再生产归根到底取决于整体经济效益的再生产，因而，制约经济效益再生产的主要因素是两大环境及其再生能力与再生水平。

生态环境是经济效益再生产的自然制约条件。人类的经济活动和物质生产只有遵循自然法则和生态规律才有可能长期维持并适度发展。社会环境是经济效益再生产的文化制约条件。人类的经济生活只有与整个社会生活及其文化素质、水平协调一致，才能顺利进行和健康发展。

若再生产系统失衡，环境制约条件就会恶化，或产生生态危机或意义危机，经济效益的再生产将受到干扰和破坏，或病态发展，或逆转衰退。

环境经济学作为协调人类经济活动需求与环境系统供给之间的物质交换，研究经济效益与生态环境、社会环境之间的动态平衡机制与协调发展规律的学科，有两个基本的和合原理：

1. 经济效益的再生产水平和绝对增长速度，一定要与生态环境的再生产水平和自然生长速度及资源利用与保护相融突和合；

2. 经济效益的再生产方向和相对发展道路，一定要与社会环境效益及社会环境的再生产方向和文化发展道路相融突和合。

违背第一融突和合原理将导致生态环境恶化、生态危机和生活质量的总体下降。

违背第二融突和合原理将引发社会震动、意义危机和文化精神的系统紊乱。

实践这两个融突和合原理，作为人类主体的一方与作为自然客体一方，应建构一种平等的、互敬的、互爱的价值关系。这是因为主体人类是有生命的，客体自然生态亦是有生命的。所以人有人格，"物"有"物格"；人有人性，"物"有"物性"；人有人权，"物"有"物权"（如生存权）。人在高扬自我的人格、人性、人权的时候，若侵犯、危害了"物格""物性""物权"，也会受到自然生态环境的报复，主体人类也会自食其恶果。

既然物与人一样，同是宇宙间有生命（广义生命）的东西，同具"格""性""权"，就应当是互相平等的、互相尊敬的、互相爱护的。只有像爱人类自己一样去爱自然生态环境，像尊敬人一样去尊敬自然生态环境，才能建立人与物的真正平等关系。因此，环境经济学应当引申到社会学、人文学、管理学、哲学、技术学等。它既是一种和合经济学，也是用和合学原理、方法，来研究、解决环境中经济问题的学科。

## 二、经济和合体与制度经济学

经济学在作为独立的学科诞生之前，曾涵容在各种道德哲学、政治学文献之中。使经济学得以真正独立的基石——"经济人"的假说，其所探讨的核心命题，即个人利己本性与公共利益的关系，由托马斯·霍布斯（Thomas Hobbes，1588—1679）带入近代意识之中，而引起了具有近代科学论战意义的广泛讨论。他们面对近代兴起的"商业社会"的需求，从对个人自利行为的评论开始，而引出新型社会如何规范市场参与者的谋利活动，使之与公共利益相一致。亚当·斯密（1723—1790）继承前者，把个人谋求自身利益的动机和行为系统纳入经济学的分析中，对经济人的自利行为如何导致整个社会丰裕的经济机制提供了经济学的证明。

亚当·斯密认为，应让每个人以自己的方式自由地追求自身利益。但如何避免因离心力的干扰而使社会分崩离析？如何依靠个人的自利动机、行为来维持秩序井然和协调运转的社会？如何使公共利益得到保证？他认为，自由市场体系内部，存在着一只至高无上的无形之手（an invisible hand）。

> 每人都在力图应用他的资本，来使其生产品能得到最大的价值。一般地说，他并不企图增进公共福利，也不知道他所增进的公共福利为多少。他所追求的仅仅是他个人的安乐，仅仅是他个人的利益。在这样做时，有一只看不见的手引导他去促进一种目标，而这种目标绝不是他所追求的东西。由于追逐他自己的利益，他经常促进了社会利益，其效果要比他真正想促进社会利益时所得的效果为大。[①]

"看不见的手"原理，形式上是在讲一种经济现象的行为动力，它支配经济现象，却又看不见其实相，相似于形上学的表述。从经济学的意义上，"看不见的手"解释的是为什么个人的自利行为会无意识地造成社会财富的增长和分配范围的扩大这样一个事实。它虽不出于他们的利他考虑，但会在"正义的法律"基础上，化解经济人之间、经济人与社会之间的经济利益冲突，从而形成使个人和社会的利益都能够同时得到实现的一种"自然秩序"。"看不见的手"作为对经济人的自利行为的限制，使其个人追求自身利益的动机可能推进整个商业社会民众的利益。在这里，"公共利益"不仅是指随着经济发展而来的就业机会和国民收入的增加，还包括各种收益均等化的分配趋势。这样，"看不见的手"便是广泛存在于市场竞争过程中的制衡力量。[②] 西方微观经济学的核心内容，便论证了这一原理。

---

① ［英］亚当·斯密：《国富论》上卷，400页，伦敦，个人图书馆版，1954。
② 参见杨春学：《经济人与社会秩序分析——历代经济学家的探索》，博士论文打印稿。

### （一）利益交换与道义价值

和合学认为，要解决经济效益再生产过程中的生态危机与意义危机，必须从生存世界进到意义世界，揭示人际交往的利益本性及其道义价值关系。人们在物质生产过程中所得到的器物产品，往往需要通过市场交换才能各得其所，顺利进入消费过程，实现人类自身的再生产。

人际的交换，不论采取以物易物的原始方式还是采取货币交换的现代方式，本质上讲都是一种利益交换。利己与利他，按等价交换规律在经济市场公平而自由地实现。每一次利益交换的等价完成，公平、自由等道义价值就部分地实现一次。

人际利益交换是道义价值的承载体，道义与利益在交换中是价值融突和合的关系，即义利融突和合。① 违背等价交换规律，必违反道义公平原则，反之亦然。在经济生活领域，牺牲利益与牺牲道义都是悖逆人性的，亦有悖于人文和合精神。

中国先秦时期对道义与利益的"百家争鸣"，大体可归纳为义利互涵论、义利拒斥论、义以制利论、义利双弃论和唯利论五种。就义利互涵而言，主张"义以生利，利以丰民"②。道义与利益并非冲突，水火不容，而是利益依道义而有，"夫义所以生利也"③。道义普遍地充满于主体的经济利益活动之中，经济利益活动会使人民生活丰厚。反之，"不义则利不阜"④，不义的经济利益活动，不能导致人民生活的丰厚。这样利依义而立，义依利而体现，义利互即互涵。"利，义之和也……利物足以和义"⑤。利即为他，利他为义。

---

① 参见拙著：《中国哲学范畴发展史（人道篇）》中的《义利论》。
② 《晋语》，见《国语集解》卷七，256 页。
③ 《周语中》，见上书卷二，46 页。
④ 同上书。"阜"韦昭注"厚也"。
⑤ 《襄公九年》，见《春秋左传注》，965 页。

墨子绍承"义利互涵"，主张"交相利"，贵义重利。"天下有义则生，无义则死；有义则富，无义则贫；有义则治，无义则乱"①。儒家讲义，它所追求、所蕴涵、所达到的往往为非利益、非功利目的，而是道德理想和人格完善，具有超功利的内涵。墨家认为利即涵义，利益是"兼相爱"的行为活动准则，是"爱利万民"，上利于天，中利于鬼，下利于人，这利天下之利，是乃道德价值的所在和展现。因此，重利即是贵义。顺义而行，可使天下国家民众得到大利。墨子把义通约为利，利即大利、公利，义利为一体两面。后期墨家则明确以义为利，"义，利也"②，义利不离不二。《经说》解释说："义，志以天下为芬，而能能利之，不必用"③。志在使天下美好，善利天下，而不居功自用。

中国思想家，重义，故以义生利；西方经济学家的"经济人"思想，重自利，由自利而有公共利益。亚当·斯密认为，参与以社会分工为基础的交换过程，是每个人的利益所在，这一过程中的合作和彼此尊重对方的意愿是实现个人利益的必要条件。"经济人"仅仅是在理论层次上提炼出来的一种市场上的人，他以交换形式进行的自利行为，是不能以道德尺度衡量的。在这里，"自利"只是意味着在交换过程中对对方的利益不感兴趣。鉴于"经济人"在经济自由的条件下，出于改善个人境遇这种自然的愿望，工人就会将自己的劳动力投入他自己能可靠地得到最高工资，从而为整体创造最大价值的地方；资本家就会将自己的资本投到可以给他带来最高利润同时产生最大效益的产业；土地所有者就会将自己的土地租给那个依靠自己所取得的劳动生产率能向他提供最高地租的人。在所有这些方面，"看不见的手"都会显示其威力，协调各行业和在各个层次上充当不

---

① 《天志上》，见《墨子校注》卷七，294 页，北京，中华书局，1993。
② 《经上》，见上书卷十，469 页。
③ 《经说上》，见上书卷十，469 页。孙诒让日："能能叠用，无义，当作而能利之，不能必用。"

同角色的"经济人"的行为，保证社会经济的各个部门和生产过程的各个程序能在时间、地点、数量、质量和其他一切有关方面做到互相配合，从而有效地促进社会经济的繁荣。

这样，从"自利"出发的"经济人"，达到了促进社会经济发展的公共利益的目标。这种"公利"的目标，即属于道义的范围。

> 每个人改善自身境况的一致的、正常的、不断的努力是社会财富、国民财富以及私人财富所赖以产生的重大因素。这不断的努力，常常强大得足以战胜政府的浪费，足以挽救行政的大错误，使事情日趋改良。①

尽管对亚当·斯密此一洞见有种种批评，但每一个人对于改善自身所处环境的努力，即追求个人利益，是经济人的基本心理动机。每个人的内心深处都潜伏着这种人类生命和社会进步的源泉。

亚当·斯密曾冷静而公正地指出：人们对自身经济利益的追求，既有利于促进培养出如克勤克俭这样好的品质，又有益于社会财富的增长和维护社会秩序，以及推动社会制度的变革。之所以如是，是因为人们价值观念层面发生转变，以为那些发财的人既然富有则必伟大；在经济实践层面上的影响是，追求个人利益在一定程度上促成社会经济组织和法律制度的变革。亚当·斯密认为，工商业的谋利精神，使农业中出现了"商业精神"。这就促使封建"财产制度"的瓦解以及封建行政司法权的取消，把所谓"安宁的秩序""良好的行政管理""个人的安全和自由"带到了农村。这是凭借王权的强制力量所办不到的一种革命，这种革命是由痴愚的大领主和勤劳的商人这两个全然不顾公众幸福的阶级完成的。②

---

① ［英］亚当·斯密：《国富论》上卷，314 页，北京，商务印书馆，1979。
② ［英］亚当·斯密：《国富论》上卷，378 页。

农村土地制度的演变、劳动分工、货币发明、经济机制等，都是在个人追求自身利益的过程中自发形成和发展起来的，"原非任何人类智慧的结果"①。在这里，亚当·斯密在肯定了个人追求自利的价值中，凸显了人的价值和意义。同时他又肯定了超越人之上的一种冥冥中的力量，这就是建立在个人利益基础之上的自发秩序，即经济学中的一种"自组织"观念。这种"自发秩序"，对于主体人的创造来说，又是一种外在的力量。

对于这种自利的"恶"的历史价值，中国思想家亦曾做出了描述。先秦法家在经济上"重农"，主张积极发展农业生产。这种"重农"的基础是人人都有一种"自利"的"自为心"。在人与人的经济利益交换活动中，绝无一点利他的动机和行为。亚当·斯密曾经说过："同业中人甚至为了娱乐或消遣也很少聚集在一起，但他们谈话的结果，往往不是阴谋地对付公众，便是筹划抬高价格"②。韩非指出：

> 夫卖庸而播耕者，主人费家而美食，调布而求易钱者，非爱庸客也，曰：如是，耕者且深，耨者熟耘也。庸客致力而疾耘耕者，尽巧而正畦陌畦畸者，非爱主人也，曰：如是，羹且美，钱布且易云也。此其养功力，有父子之泽矣，而心调于用者，皆挟自为心也。③

在出卖劳动力的庸者与买劳动力者的关系中，并没有真正的仁"爱"之心。买劳动力者以"美食"、优厚的工钱对待庸者，不是利他，而是自利，即促使庸者努力耘耕。出卖劳动力者用力快耕细耘，把田畦播得整齐，也不是因为"爱"主人，而是为了自己得到好吃的和好工钱。正是这种自利的"自为心"，促使了农业生产的发展和社会经济的繁荣，达到"富国"的目标，即由"自利"而达到"公利"。

---

① ［法］季德、利斯特：《经济学说史》上册，86～103 页，北京，商务印书馆，1986。
② ［英］亚当·斯密：《国富论》上卷，122 页。
③ 《外储说左上·经五》，见《韩子浅解》，280～281 页。

韩非把一切自利的经济活动和社会行为，都纳入经济分析的范围。譬如造车的店主希望人都富贵，做棺材卖的人希望人早死，这并非出于造车人的仁爱和做棺材的人的心眼坏，而是因为人不富贵车便卖不出去，人不死棺材便卖不出去，这都是出于人与人的利益关系，是一种自利的行为。正是这种从"自为心"出发的追求"自利"的行为与社会生产的扩大和经济繁荣相联系。在这里，"善"的道德价值受到了冷落，"恶"的道德价值却得到了褒扬。因此，韩非从根源上说，是性恶论者。

人的"自利"的本性，"自为心"的人格。虽然出卖者与买主、君与臣、父与子，都从"自利"出发，而使互相关系得到协调，但亦不可避免地发生种种以利益为内涵的冲突或矛盾。不能凭借仁、义等道德规范或自身的道德自律，而需要一种他律的法律，以调节社会的种种冲突，以维护社会的秩序。韩非说："法者，宪令著于官府，刑罚必于民心，赏存乎慎法，而罚加乎奸令者也，此臣之所师也。"[1] 全国臣民都要遵守法令，在法律面前人人平等，"法不阿贵，绳不挠曲。法之所加，智者弗能辞，勇者弗敢争。刑过不避大臣，赏善不遗匹夫"[2]，法律不偏袒富贵者，刑罚不避大臣，奖赏不遗一般百姓。韩非认为，国家无常强和常弱，关键在于是否以法为价值尺度，"奉法者强则国强，奉法者弱则国弱"[3]，依法治国的力度强则国强，依法治国的力度弱，则国弱。这种法治的思想，是调节以"自利"为核心的社会机制和社会冲突的最佳的选择。

亚当·斯密虽与韩非异趣，但他认为人的本性中即使有"仁爱"的倾向，这种倾向也与市场交易活动无关，它在市场交易中没有立足之地。此外，源于人的天然社会情感的理智、公正、正义感等诸伦理学原则，在很

① 《定法》，见《韩子浅解》，406 页。

② 《有度》，见上书，41 页。

③ 同上书，34 页。

大程度上依赖于作为社会存在的人的"道德自律"，且因人而异。要依它们本身来化解经济利益的冲突，是不够的。这就需要外在的法律的强制，把它们所体现的精神转化为制度，即单纯的、明确的天赋自由制度。在这种制度下，"每一个人，只要他不违背正义的法律，都应让其完全自由，以他自己的方式，追求自身利益，让他以其勤劳和资本同任何其他人或其他阶层相竞争"①。这就肯定了经济人在追求自身利益过程中的权利、责任和义务。

韩非要求在"法治"环境下，斯密倡导在"不违背正义的法律"条件下，凸显人的自身利益，使人在现实世界获得价值和意义。在现代，人的自身利益的实现，也需要在不违背正义的法律的条件下，以使人际利益交换与道义价值获得融突而和合。

### （二）人性物化与公私度量

形下和合的天人通过质能交换而生产出人类衣、食、住、行等器物产品，从人的角度看，物品实质上是人类智能物化的产物，故称物智能。人的解智能是人性的工具外化，经技术工具的生产性使用，转换为物智能。

智能的物化，实质上又是人性的物化。在人际经济交往过程中，人与人之间的道义关系，必须通过物与物之间的经济关系来表现。人性的物化，也就成了人际关系的物化。这两种物化，是形下和合状态空间内特有的现象，是工具和合手段化、技术化合乎规律的演进。人性物化是对人性的否定性的表现，是对人际关系限定性的约束。二者又是同一融突和合过程中的两个侧面，人性的物化必然是人际关系的物化，反之亦然。

人性与人际关系的物化，形成了一个公与私的问题。物化人性与物化

---

① Adam Smith：*An Inquiry into the Nature and Causes of the Wealth of Nations*，Encyclopedia Britain，Inc，1980，p. 300.

人际关系究竟是为了自身的私利私义，还是为了公共的公利公义？由于人性本质上是人文化成的社会关系，人际关系是通过利益、道义的价值交换环节组织化的，因此，"公私"不是绝对的定性化概念①，而是相对的定量化的范畴。换言之，公私问题实质上是价值度量问题。

价值度量蕴涵着人的意识和行为中所包含的主体需要，及追求价值、注重效益的原则。西方关于"经济人"的论争一直持续到现代。② 从 19 世纪晚期历史学派和奥地利学派关于利己与利他的论争，到 20 世纪 40 年代的关于利润最大化行为假设之争，以及赫伯特·西蒙（1916—2001）对"理性经济人"提出批评，而米尔顿·弗里德曼作了辩护；70 年代之后的"理性行为"之争，是在经济学危机这一学术氛围和心理学试验这一新的基础上进行的。经此论争，"经济人"的内涵得以具体和丰富，并显示其新的生命力，引起经济学领域之外学者的关注。帕洛夫在 1987 年当选为美国心理学协会主席的就职演讲中说：

> 我扮演一个自豪地、泰然自若地倡导自利的角色……自利是一种虽不完美但却富有成果的模式，有助于科学地去理解人类的行为和他们所建立的诸制度的运行，去理解他们所拥护的价值观，甚至去理解人们扩展帮助他人的方式的社会准则。③

似乎问题又回到了亚当·斯密的殿堂下。

中国到了 16 世纪和 17 世纪之交的李贽（1527—1602）所处的时代，资本主义经济萌芽产生。李贽批判宋明理学家把人性说成"天命之性"或

---

① 参见拙著：《中国哲学范畴发展史（人道篇）》，第六章《公私论》，212~242 页。
② 参见杨春学：《经济人与社会秩序分析——历代经济学家的探索》，博士论文打印稿。
③ Parloff："Self-interest and Personal Responsibility Redux"，American Psychologist，42（January，1987），转引自 Kenneth Lux：Adam Smith's Mistake，1990，p. 26。

"天理"的体现，而把"私作为人的心性的本质特征和内涵"①。"夫私者人之心也。人必有私而后其心乃见，若无私则无心矣"②。"私"是人心的普遍的、基本的"格"，也是人的意识的本来状态和人的一切行为活动的出发点与动因。"如服田者，私有秋之获，而后治田必力；居家者，私积仓之获，而后治家必力；为学者，私进取之获，而后举业之治也必力"③。"私"是现实社会各阶层所认同、各个个体的行为所追求的"自利"形式，也是人的共性。一些人"开口谈学，便说尔为自己，我为他人；尔为自私，我欲利他"④，其实说的与做的完全相反，并非真的为他、利他。"自朝至暮，自有知识以至今日，均之耕田而求食，买地而求种，架屋而求安，读书而求科第，居官而求尊显，博求风水以求福荫子孙。种种日用，皆为自己身家计虑，无一厘为人谋者"⑤。宋明道学家言与行、心计与现象的冲突、分离，及负面的陈述，呈现了人必有私的共性。

李贽从这种人性分离和异化中，认为必须复归到活生生的感性的现实人性上来；剥去口谈道德的假面具，而复归到人性本质的私上来。比如"身履是事，口便说是事，作生意者但说生意，力田者但说力田"⑥，以使言与行一致，消除人性的异化，回到现实人性私的自利层面上来。

在李贽所处的时代，儒家道德价值中心论显露出一些向重视个体生命价值的基本原则转换的迹象，即从人的道德价值绝对论转换为人的生命价值的相对论。在社会经济有机体的现实运作中，个体人都以功利价值和生命价值为取向。

> 如好货，如好色，如勤学，如进取，如多积金宝，如多买田宅为

---

① 参见拙著：《李贽与中国文化的走向》，见《李贽学术国际研讨会论文集》，48～63 页，北京，首都师范大学出版社，1994。

②③ 李贽：《德业儒臣后论》，见《藏书》卷三十二，544 页。

④⑤ 李贽：《答耿司寇》，见《焚书》卷一，30 页。

⑥ 同上书，30～31 页。

子孙谋，博求风水为儿孙福荫，凡世间一切治生产业等事，皆其所共好而共习，共知而共言者，是真迩言也。①

从"百姓日用"的价值层面看，"灭人欲"的价值取向，无疑是荒诞的，但正是这种荒诞，也孕育了一些具有高尚道德修养、道德情操的志士仁人，他们为"存天理"的道德价值理想而奋斗牺牲。然而，一旦投入现实社会经济生活，李贽就认为，人们只能在功利或利益价值、生命价值制约下进行生活交往活动，这才是人的真实的"共好""共习""共知""共言"的"价值共意"。

道德价值是指主体用来满足自身道德需要的价值，它取决于主体赖以生存的社会条件和主体所组成的社会经济关系，制约主体行为活动的取向和目的，构成主体行为活动的道德动因。主体在自觉履行道德规范中，调节各种道德关系，以满足主体自身特定道德需要。这样，主体的经济行为便蕴涵着道德价值，而被宋明理学家升华为形上学本体，被称为道德的形上学。李贽的道德批判，就在于把道德形上学转换为道德形下学，即"百姓日用"之学，把形而上的道德价值中心论转换为形而下的功利价值、生命价值中心论，把主体用来满足自身道德需要的价值转换为主体用于满足自身物质、生命的价值。这就是李贽所表达的"穿衣吃饭，即是人伦物理"②。这便是人性及人与人关系的物化。

然而，李贽揭示了这样一个真理：衣食等是人类社会生存和发展的基础。人作为有生命运动的特殊形式，首先都是作为"物"的存在，即经济性的物质存在形式，衣食等谋取方式是规定现实的人性和人的本质的决定因素。所谓"天理"，说到底，无非就是人的"穿衣吃饭"等最基本的社

---

① 李贽：《答邓明府》，见《焚书》卷一，36页。
② 同上书，4页。

会经济活动，亦即人的生命生存活动，并由"穿衣吃饭"而化生人与人、人与社会、人与自然的种种关系，与由调节这种种关系的冲突和融合的伦理道德原则、规范以及伦理道德原则而升华。因此，伦理、道德、道义、天理、绝对理念等等，都是被化生的，而非人的本来状态，亦非人的本质。所以，归根到底，李贽便简言之"皆衣与饭类耳"①。就此而言，天理的回归，就是人的自我异化的复归。

人性的回归，是因为宋明理学家把人性分裂为"天命之性"（形而上者）与"气质之性"（形而下者），这种分裂也具有人性异化的性质。在现实的、有生命的感性的人性之外，却存在着异己的形而上的"天命之性"。源于天理的"天命之性"是真、善、美的象征，源于理与气相杂的"气质之性"蕴涵着假、恶、丑的内涵。公与私、义与利以至寿与天、贵与贱、富与贫都是由这种相分裂的异己的人性决定的。李贽把"私"作为人性的本质，在当时具有凸显个体人性和人格尊严的积极意义和价值。

与人性与人际关系物化中的"义利"问题一样，公与私的价值度量亦是相对的。在"经济人"思想之中，追求个人自利的动机和行为导致了整个社会经济的发展和文明的进步。王夫之在论证公与私的价值度量时，亦接触过这个问题。他认为秦始皇废封建而置郡县的动机是私天下，"秦之所以获罪于万世者，私己而已矣。斥秦之私，而欲私其子孙以长存，又岂天下之大公哉！"②王夫之批判以天下为一姓之私产。"以天下论者，必循天下之公，天下非夷狄盗逆之所可尸，而抑非一姓之私也"③。但他不是借斥责秦始皇之私，而行复封建制之实。这是因为恢复封建制并非公天下。反之，用郡县制代替封建制，是历史发展的进步现象。郡县"俾才可

<hr>

① 李贽：《答邓石阳》，见《焚书》卷一，4 页。
② 《读通鉴论·秦始皇》，见《船山全书》第十册，68 页。
③ 《读通鉴论·叙论一》卷末，见上书，1175 页。

长民者，皆居民上以尽其才，而治民之纪，亦何为而非天下之公乎？"①郡县制选拔官吏，得到民的拥护，这便是公。王夫之从这个历史现象的背后，洞察到历史人物的主观动机与行为活动效果之间的冲突。"秦以私天下之心而罢侯置守，而天假其私以行其大公，存乎神者之不测，有如是夫！"② 合乎社会历史发展趋势的郡县制这个社会制度之"公"，是假秦始皇为满足自己主体所需要的私，而得以实现其大公的。历史往往就在这种"误会"中前进，这可谓是历史合理性的"误会"；"经济人"是以其"自利"的动机和行为，而得以实现"公共利益"和社会经济发展的。这便是融突论的和合思维。

王夫之认为，公私价值度量，随着时代的变迁，为道屡易，公私也变。

> 有一人之正义，有一时之大义，有古今之通义；轻重之衡，公私之辨，三者不可不察。以一人之义，视一时之大义，而一人之义私矣；以一时之义，视古今之通义，而一时之义私矣；公者重，私者轻矣，权衡之所自定也③。

义有一人、一时、古今之分；以一人比一时，一人为私义，一时为公义；以一时比古今，一时为私义，古今为公义。"一人之义，不可废天下之公也"④。公私作为主体的价值尺度，都必须由主体权衡自定。这是人之为人的价值原则或应然之则。

在这里，价值度量必须确定价值尺度和意义的基准线。若以人类全体为公的意义基准，那么，民族、国家、阶级、集团以及个人都属于私，其

---

① 《读通鉴论·秦始皇》，见《船山全书》第十册，67页。
② 《读通鉴论·秦始皇》，见上书，68页。
③ 《读通鉴论·东晋安帝》，见上书，535页。
④ 同上书，536页。

价值活动都具有私义私利的度量特征。集体化水平愈高，私的度量值愈小；个体化水平愈高，私的度量值愈大。若以自然为公的意义基准，人类全体便是一个大私，人类征服和改造自然的活动，便具有自私自利的价值度量特征。相反，若以个人为公的意义基准，则天下为公，任何集体组织都是程度不同的公利公义组织。因此，公私价值尺度的上限是以自然为公的基准，下限是以个人为公的基准（可反演）。这两极之间，分布着一系列意义基准，彼此间仅有度量程度之别。这便是运用工具和合的规章制度术与范畴立极术解决公私问题的理论结果。公私范畴的度量关系及其极间分布图示如图 16－2 所示。

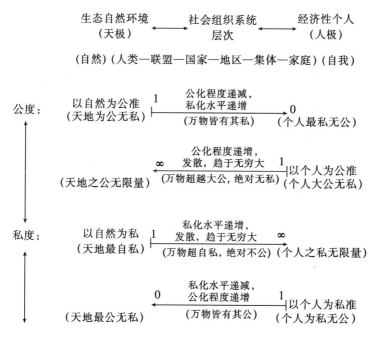

**图 16－2　公私范畴的天人立极、意义基准**
**与价值尺度全息分布图**

从公私度量分布图中可以看出，只有以自然为公度的意义基准和以个人为私度的意义基准，价值度量的量程（0，1）才是收敛的，天人之际才能构成度量化的概率测度空间，人类的社会经济活动以及经济活动基础上的价值活动，才是可量化处理的。

公私的价值度量与善恶的价值度量是基于不同意义基准上的度量，是对不同价值关系的不同度量。两者的量值和质性是彼此交错的：公可善亦可恶，私亦有善有恶；善可公可私，恶亦有公私。公私度量服从经济价值法则和利益意义规范，善恶度量服从道德价值法则和伦理意义规范，两者只能差分融突和合，不能混为一谈。私并不必然是万恶之源，公并不当然是万善之根。究竟应该公有还是应该私有，从根本上讲，取决于工具和合的水平以及整个人文意义世界的价值偏向，并受到整个人文生存世界行为方式和可能世界思维模型以及艺术和合的心灵偏好的影响。

### （三）和合制度经济学的意蕴

"经济人"思想经历代经济学家不懈的、艰苦的探索、论争，成为对人类有所裨益的知识，它有利于人们设计和选择更有效率、有秩序、有民主的制度。人们期望致力于生产性的、经济性的社会交往活动，使个人的自身利益与互惠的社会制度的安排和保障相结合。每个人都对谋求为他人做贡献感兴趣，但很难要求他人做没有互惠的贡献。

经过曲折的认知道路，工业化国家共同的一点认识是，人仍然是经济增长的真正发动机。经济增长不是经济活动的唯一目的，进行人力资本投资也是一个重要组成部分。据报道，1994 年美国经济增长 4.1％，各公司获得巨额利润。即使这样，实际中工资却下降了。在其他大多数发达国家，经济增长速度加快，但它们的许多公民并没有感觉得到实惠。公民只有在他们觉得可以从中得到实惠时，才会支持增强经济活力的政策。

当前，主要工业化国家的经济核心，令人吃惊地在短时间内已从大规模的制造业，即从生产大量物品转到创造、处理和分配信息上来。全球贸易和投资已加快了这种根本性变革的速度并扩大了它带来的种种结果。一些人从中获得了实惠，提高了经济生活水准。但有许多人长期失业而不得不靠政府补助生活，如欧洲的许多国家；或者像美国较为普遍的那样，不得不长期从事工资低而且福利少的没有前途的工作。这种趋势对各国社会的稳定和繁荣构成了威胁。[①]

在这种情况下，已不是选择政府干预还是选择自由放任政策的问题，而是需要各国政府采取行动来加快公民成功适应经济改革的速度，使普通工人受益于新经济的转变。这就需要：

1. 新经济将使善于发现和解决问题的工人获得回报。这就需要花钱对工人进行培训。

2. 在新经济中，除非得到革新和投资的机会，否则，受过良好教育和培训的工人的生活也不会大大改善。这需要增加进入资本市场（如通过小型商业发展银行）的机会，需要有手段来保护知识产权（通过专利权、商标、版权法），需要防范（如通过反垄断法）大竞争者的掠夺性行为。

3. 工人可通过补偿制度分享经济增长带来的好处。这种制度将使他们能以分享利润和生产力提高的好处的形式来领取其部分收入。当用这些形式将补偿与公司、企业的经营情况联系在一起时，雇员们考虑问题和采取行动时就会更像企业家。有关社会保障的规定和税收减免让这些公共政策可以对这些形式的雇员所有权起到促进作用。

4. 以往西方国家靠一种"安全网"来接住掉下来的人，并向他们提供支持，直到他们再次站立起来。这是由机构和转账性支付组成的一种结构。但以往的"安全网"已不再够用了，必须把它与工作场所编织在一

---

① 参见美国劳工部部长罗伯特·赖克：《为什么光是经济增长还不够？》，原载英国《金融时报》，1995-06-05，转引自《参考消息》，1995-06-27。

起。更重要的是，它应帮助人们从旧经济体制过渡到新经济体制。① 在欧洲，这种"安全网"已愈来愈不牢靠，经济紧缩意味着一种根深蒂固的权利感处于危险之中。失业救济金通常与失业人员在职时的薪金差不多的情况，以及由国家帮助寻找"适当的"工作这种好事也许都不会再有了。1995 年 10 月以来上街游行的法国人感觉到了这一点，欧洲大陆各地千百万人也感觉到了这一点。这说明欧洲人以往以为与生俱来的权利，即所谓的"社会市场"经济，可能已"精疲力竭"，这种自二战后以来的社会市场经济，不仅仅是一种经济制度，还是在欧洲居支配地位的意识形态，正在动摇。②

有鉴于此，一个社会需要通过提供一套鼓励追求自身利益的经济人进行互惠交易的社会关系或"制度"，以支持追求"开明的自身利益"。用经济学的术语来说，制度改革的目标，在于使个人对自身效用最大化的追求有秩序，但无须"个人效用函数"本身有重大的转变。根据"经济人"的思路，社会的主要任务在于创造一种使追求个人利益变得更为文明的社会环境。在这种社会环境中，人们通过自利交换活动，传递着彼此的需求和供给信息，而且传递着互相认为是"善"的想法，从而分享某种共同的道德、价值和法律等等。③ 假如期望由"看不见的手"把社会带入某种理想的和谐状态，那么，便需要遵守"看不见的手"的理念对社会进行精心设计。

西方经济学中的制度学派产生于 19 世纪末与 20 世纪初。其代表人物是托尔斯坦·凡勃伦（Thorstein Veblen），他批判正统经济理论，既批评

---

① 参见美国劳工部部长罗伯特·赖克：《为什么光是经济增长还不够?》，原载英国《金融时报》，1995 - 06 - 05。转引自《参考消息》，1995 - 06 - 27。
② 参见《决不战而败——削减预算正在对欧洲人的社会计划构成威胁，他们不会那么容易就放弃好生活》，载美国《新闻周刊》，1995 - 12 - 10，转引自《参考消息》，1995 - 12 - 11。
③ 参见杨春学：《经济人与社会秩序分析——历代经济学家的探索》，博士论文打印稿。

边际效用学派把个别消费者的欲望和满足作为经济学研究对象，也不同意马歇尔（Alfred Marshall）关于社会经济是各种因素相互作用最终达到均衡的分析方法。他主张从制度的演进来说明各种经济现象，并将其作为经济理论的基本内容。他用心理因素解释制度的形式，用达尔文的进化论说明制度的演变。凡勃伦认为，人类在经济生活中以本能为基础，形成了生产技术和私有财产两种制度，这两种制度在资本主义社会表现为"机器操作"和"企业经营"。这两种制度之间的冲突，便导致社会出现种种问题。

凡勃伦的制度经济学在凯恩斯经济学的冲击下，影响有所减弱。20世纪50年代以后，加尔布雷思（John Kenneth Galbraith）出版了《美国资本主义：抗衡力量的概念》，包尔丁出版了《组织革命》，标志着新制度学派的形成。后来成立了自己的学术团体："演进经济学会"和《经济问题杂志》。新制度学派强调制度因素在经济中的决定作用，以制度作为经济学研究对象。主张以质的分析，即制度—结构分析代替量的分析，批评正统经济学只重视数量关系，使经济学成了只关心稀缺资源配置和生产效率的技术经济学。缪尔达尔认为，经济学必须研究整个社会制度，包括对经济领域具有重要意义的其他一切事物。

加尔布雷思通过对美国社会制度的分析，提出二元体系理论。所谓二元体系是指在美国经济中各创造一半国民生产总值的计划体系与市场体系。前者是由1 000家左右大公司构成的有组织的经济。在这种体系中，起支配作用的不是市场调节，而是计划原则。后者是由1 200多万家小企业和个体经营者所构成的分散的经济。这种体系没有能力控制生产和价格，只能听命于市场，受供求关系的支配。加氏认为，两个体系的关系是不平等的，这是一切经济问题的根源，如社会经济发展不平衡、滞胀问题，并把一切经济问题与制度—结构上的缺陷联系起来。因此，要解决社会问题，就必须进行结构改革：通过议会立法来调整政府机构，以便改善两个体系之间的关系，实现两个体系权力的均等化；或通过政府的具体的经济和法律措施来提高市场体系的权力；或通过政府的经济和法律措施来限制计划体系的权力。

缪尔达尔从制度经济学方面研究发展中国家的经济问题。他所提出的"循环积累因果原理"，被认为到达了制度经济学的核心。这一原理的基本内容是：经济制度是发展着的社会过程的一部分。在一个动态的社会过程中，社会各种因素之间存在着因果关系。某一社会经济因素的变化，会引起另一种社会经济因素的变化，后者的变化反过来又会加强先前那个因素的变化，并导致社会经济过程沿着先前那个变化的方向发展。这种因果发展关系不是简单的循环流转，而是存在着积累效应，可能是上升的运动，也可能是下降的运动。他运用这一原理反对自由贸易理论，认为自由贸易会使产品、资本和人才流动有利于发达国家，不利于发展中国家，进而会对这两类不同国家产生不同的循环积累因果效应，使富国越来越富，穷国越来越穷。所以，他反对把发达国家的发展模式运用到发展中国家。发展中国家中影响发展的因素有产量和收入、生产条件、生活条件、对待工作和生活的态度、制度、政策六方面。它们互为因果，应促使它们之间良性循环。同时还要进行土地关系、行政管理、教育制度等一系列改革。

新制度学派重视经济伦理学，即价值判断问题。他们认为，经济学首要研究的是经济体系"应当是怎样的"，而不是首先问"这是什么"。所以，正统学派企图把规范经济学与实证经济学分开是不对的，两者是不可分的。正统学派的理论实际上隐含着价值判断标准，但未必正确。在商品越多越好这种价值判断准则下，对物的关心超过了对人的关心，对国民生产总值的关注压倒了对它的福利含义的关注。制度经济学家所要扭转的正是这种重物轻人、只见产值不见福利的趋势。他们的价值判断标准虽不一致，但大体是将增进人的福利、提高生活质量、促进自由平等作为价值判断准则和政策目标。新制度学派的一些具体理论有不少错误，被西方经济学界视为"异端邪说"。[①]

和合经济学通过对人性物化水平的价值度量和意义标准的经济维度的研究，形成制度经济学。它包括财富生产制度、财产所有制度、生产经营制度、产品分配制度、物品消费制度等内容。这些都是制度经济学需探讨的领域。

从整体关系上看，制度经济学通过对物化智能及其"物性"尺度的量化研究，主要完成三项融突和合节制使命：

第一，节制人类开发和利用自然生态环境的程度、速度和水平，以保护和完善自然生态资源，实现天人融突和合；

第二，节制人类建立和变革物资所有制等经济结构的公化或私化水平、变易频率和幅度，以保护和完善经济结构功能，避免经济结构动荡和利益秩序破缺，实现人际融突和合；

第三，节制金钱、货币等经济价值符号的泛化程度和水平，控制人类智能物化的范围和层次，以保护和完善社会生活环境及其文化符号资源，防止智能物化失度而导致人性的意义危机，实现心灵融突和合。

## 三、经济和合体与中观经济学

制度经济学作为融突的"存在"，曾反对凯恩斯主义的财政政策和货币政策，主张从正统经济学教义中解放出来，进行制度—结构改革，化解社会冲突。然而，凯恩斯主义仍有其市场，并在美国主控经济

---

[①] 有关西方制度经济学的论述，参见高鸿业、吴易风等编著：《现代西方经济理论与学派》，511～523页，北京，中国经济出版社，1988。

政策。

## （一）宏观经济学与微观经济学

20世纪90年代，美国克林顿政府拥护了麻省理工学院（MIT）学派的经济基本理念，即政府在促进发展强劲经济的目标上，可以扮演一个重要角色，而与里根和布什政府秉持的自由市场、政府角色越少越好的信念大异。这就是说，原来主张自由市场经济的芝加哥学派受到挑战。

芝加哥学派是指在芝加哥大学任教并主张经济自由主义的经济学派。他们采用实证主义的分析方法。弗里德曼（Milton Friedman）认为实证经济学类似于自然科学，回答实际经济状况"是什么"问题，不回答关于"我们应该如何"这一类问题。它的任务是提出一个一般理论体系或创立一种能对现象做出正确预测的理论或假说，用以预测客观变化过程的结果。

芝加哥学派在经济理论上，一是重视货币理论，二是坚持经济自由主义。弗里德曼创立了现代货币数量论，它不同于早期货币数量论和凯恩斯主义货币理论的"名义收入货币理论"。货币数量论是货币需求理论，主要取决于代表总财富的长期的或已成为惯例的持久性收入。要稳定经济便要实行稳定的货币政策。货币数量论认为通货膨胀是一种货币现象。只要货币供给量增长率超过总产量增长率，就会发生通货膨胀。通货膨胀与失业并存现象是由于政府干预过多造成的。

这个学派在理论上倡导经济自由主义，推崇自由放任经济，把自由放任看成是尽可能地减少国家在经济事务中的作用，从而扩大个人作用的一种手段。在国际经济关系中亦主张实行自由贸易，并把此作为在世界各国间建立"和平民主"关系的手段。在政治事务上，竭力主张削弱国家权力，保护个人自由权利，把人们在经济活动中的普遍依存关系与个人自由结合起来，通过竞争性市场来组织全社会的经济活动。除自由竞争市场之外，人类社会还没有发现别的什么方法能非强制性地将个人经济活动有效地结合在一起。经由自由竞争市场，社会能将稀缺的生产资源分配到人们最需要的商品和劳动生产上去，使个人和社会都获得最大的福利和满足。①

芝加哥学派认为，政府对于经济活动的直接干预往往有损于经济效益，有损于消费者的利益，并使经济的正常发展受影响。由于克林顿政府的经济理念的转变，芝加哥学派反对政府干预的观念已走下坡路，而MIT学派的索洛（R. Solow）力主短期刺激景气的思想受到重视；同时哈耶克的自由市场观念也受到质疑，而凯恩斯力主以政府花费来摆脱经济萧条的主张亦正当道。

克林顿政府这套所谓经济"新观念"，对东亚的日本、韩国、新加坡等高成长的经济体而言，可说是"老法子"，并不"新"。事实上，1994年美国国会的"科技顾问评估室"的研究报告，就呼吁美国向日本、韩国学习"政府角色强化"以及"与企业界合作"等策略。这并不表示放弃"市场经济"的理念，只是深信"在有需要时，政府应该参与，甚至干涉"的角色和功能。②

凯恩斯（John Maynard Keynes，1883—1946）的《就业、利息和货

---

① 参见高鸿业、吴易风等编著：《现代西方经济理论与学派》，435～440页。

② 参见《MIT经济学派主控美国经济决策》，载台湾《中国时报周刊》，1995-02-14；《克林顿强调政府干预重振经济——凯恩斯主义在美政坛又获青睐》，载《参考消息》，1995-02-18；《经济学领域的"反古典"革命》，载《参考消息》，1993-03-12。A. 布莱因达认为日本模式的特点是：主导经济运行的不是资本家而是工人；收入分配更趋合理；企业不一定追求极限利润；资本、劳动、中间产品市场不仅由价格支配，而且靠更具有长期性、持续性的相互关系来形成；就业更为稳定，劳动流动性低；劳资关系、政府与民间关系并非敌对；等等。这个模式更适合于转型中国家模仿，而较欧美模式为优。

币通论》（以下简称《通论》）一书出版，标志着西方经济学中宏观经济学（macroeconomics）的产生①，它与微观经济学②（microeconomics）相对称。宏观经济学以整个社会或国家的经济活动为研究对象，以研究收入决定、经济增长、经济发展、通货膨胀、经济周期等问题为内容。同时也研究全社会的整体经济行为，如消费、储蓄、投资、政府购买等，以说明哪些总体经济行为决定了国民收入和就业水平及其波动。宏观经济学采用总量分析方法，所谓总量是指同社会的整体经济行为相适应的经济变量以及其之间的关系，以说明收入与就业水平和一般价格水平是怎样决定的。

凯恩斯有鉴于 20 世纪 30 年代西方严重经济危机和失业的事实，不得不否定"古典"宏观经济模型在完全竞争的前提下论证萨伊定律。萨伊（J. B. Say）是法国庸俗经济学家，他的定律的内容是：供给创造自己的需求。一种产品一生产出来，就会为其他产品提供一个和它自身价值完全相等的市场，有一个供给量，就会产生一个相应的需求量；因而，经济社会的生产活动能创造出足够的需求来吸收所供给的商品和劳务；产品市场如果有产品过剩，那是局部过剩；劳动市场若出现失业，那是摩擦失业和自愿失业；经济社会存在着走向充分就业均衡的必然趋势。其生产活动总是能为总供给创造出相等的总需求。③ 萨伊定律与西方 20 世纪 30 年代的社会经济现实严重冲突和不相符④，充分就业的假设亦难以成立。

凯恩斯宏观经济学以收入和就业水平的决定和波动为主要内容。他把

---

① 宏观一词译自希腊文 μakpo，原意大。

② 微观一词译自希腊文 μlxpo，原意小。

③ 参见高鸿业、吴易风等编著：《现代西方经济学》（上册），14～15 页，北京，经济科学出版社，1988。

④ 凯恩斯在《就业、利息和货币通论》中说，传统的"理论与事实不符，应用起来非常糟糕"（9 页，北京，三联书店，1957）。

危机和失业的原因，归结为有效需求不足，而有效需求不足又是所谓人类基本心理规律作用的结果。他主张：由于人类基本心理规律难以改变，要实现充分就业，有赖于国家对经济的干预，如通过财政和金融措施，提高有效需求。有效需求理论是《通论》的核心内容。

凯恩斯模型包括产品市场、货币市场、劳动市场和国际市场，其中产品市场理论被称为简单凯恩斯模型。其主要内容是：有效需求决定社会总就业量和产量水平，总供给和总需求通常在未充分就业时达到均衡；资本自身的调节器若不能维持实现充分就业时的有效需求，非自愿失业便是一种常态；消费和投资是有效需求的直接决定因素，消费又取决于收入量和消费倾向，消费倾向的强弱又取决于平均消费倾向和边际消费倾向的高低；投资决定于利率和资本边际效率，利率取决于灵活偏好和货币量，灵活偏好是指交易动机、谨慎动机和投资动机；资本边际效率取决于预期收益和资本资产的供给价格或重置成本。在其他条件既定的情况下，有效需求最终取决于边际消费倾向、资本边际效率、货币数量和灵活偏好。概述如图 16-3 所示。①

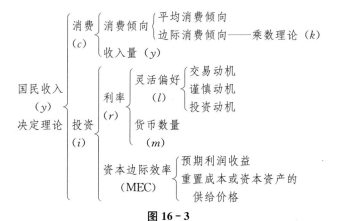

**图 16-3**

---

① 参见［美］狄拉德：《凯恩斯经济学》，46 页，上海，上海人民出版社，1963。

凯恩斯理论体系存在许多冲突，现代西方经济学家指出：产品市场的均衡可确定均衡收入水平，实无法确定均衡利率水平，但凯氏假定已存在货币市场的均衡利率；货币市场的均衡可确定均衡利率水平，实无法确定均衡收入水平，但凯氏假定已存在产品市场的均衡收入。后来汉森（N. R. Hanson）、萨缪尔森（Paul A. Samuelson）等人用 IS-LM 分析来解决产品市场和货币市场的共同均衡问题，同时确定均衡收入和均衡利率问题，实现了收入决定论与货币论、财政政策与货币政策的结合，进而把凯恩斯主义与货币主义相结合。[1]

由于对凯恩斯理论与政策解释的分歧，便形成了以美国萨缪尔森为首的新古典综合派和以英国罗宾逊（Joan Robinson）为首的新剑桥学派。新古典综合派在理论上解释滞胀现象乏力，在政策上又无有效的对策，便受到货币主义、供给学派、理性预期学派的攻击。于是新古典综合派企图把凯恩斯主义、新古典学派、货币主义、供给学派和理性预期学派与自身的宏观经济理论综合起来，其主要特点在于使用了过去没有出现过的总供给和总需求曲线。[2] 通过总供给和总需求的相互作用，说明包括滞胀在内的宏观经济波动。

当前，宏观经济学可分为新凯恩斯主义和新古典主义，前者以原有的新古典综合派为核心，由维护凯恩斯学说者组成，主张国家在较大程度上

---

[1] 凯恩斯主义与货币主义的"根本分歧就在于凯恩斯主义者相信货币对总需求不起什么作用，只有政府支出是重要的；而货币主义者则认为重要的是货币，也只有货币是重要的。"弗兰科·莫迪利亚尼（Franco Modigliani）认为，两者根本的分歧在于"非货币主义者接受我称之为《通论》基本现实要旨的内容，即市场经济容易遭受总产出、失业和价格的波动，需要予以纠正，并且能够予以纠正，因此也就应该予以纠正。而另一方面，货币主义者坚持认为，只要货币供给增长遵循一个简单的可以预见的规则，就没有真正的必要去稳定经济；并且即使有这个必要，我们也不具备稳定经济的能力；而且，即使我们能够稳定经济，我们也不应该将必要的斟酌使用的权力委托给当局"（《关于稳定政策的争论》，2～3页，北京，北京经济学院出版社，1991）。

[2] 参见［美］萨缪尔森、诺德豪斯：《经济学》，12版，Ⅶ页，纽约，麦格鲁-希尔出版社，1985。

进行干预，因为市场调节有缺陷；后者由货币主义、供给学派、理性预期学派组成，他们倾向市场调节，主张国家在较小程度上干预经济生活。两派围绕滞胀在内的宏观经济波动问题，在市场是否"出清"、市场是否处于均衡状态及非均衡状态是否可长期存在、对理性预期的看法、对危机（或宏观经济波动）的解释等四个问题上进行论争。

这四个问题都与个人行为相关，研究个人行为属于微观经济学的主题。新古典主义学派认为凯恩斯主义的宏观理论体系，由于缺乏微观基础而应抛弃，对宏观经济运行的正确解释应来自传统的微观经济学以及在此基础上发展出的微观理论。新凯恩斯主义者认为，必须为宏观变量之间的关系提供个人行为的基础，对宏观经济现象进行研究。

微观经济学以市场经济中单个经济单位（单个消费者、单个生产者、厂商、行业、单位、企业、家庭等）的经济行为和经济法则为研究对象。它研究单个经济单位怎样用有限的资源生产商品和劳务，以获取最大利润；或单个经济单位怎样用有限的货币收入购买商品和劳务，以获得最大的满足。作为单个经济单位的企业进行生产时所面临的边际生产率递减法则，作为单个经济单位的家庭进行消费时所面临的边际代替率递减法则，以及需求和供给的均衡决定价格的法则等等，即所谓市场经济的法则。

具体而言，微观经济学是研究这样一些问题的：（1）消费者是怎样购买的——消费理论和需求理论。消费者行为理论又称效用论或选择论，是对产品市场需求的研究，并依边际效用论得出需求曲线，用需求曲线表示消费者在市场上购买时所得到的效用。（2）单个生产者是怎样生产的——生产理论。以追求最大利润为目标的生产者必将以最低成本的生产要素组合（也就是最优的生产要素组合）来进行生产。（3）单个商品市场的价格是怎样决定的——市场理论或企业理论。① 市场是指从事某一特定商品买卖的场所或接触点，商品种类多少决定市场数量多寡。由于需求曲线的差异，不同类型的厂商和市场的产量、价格不同。厂商和市场类型的不同是由于竞争程度的不同。根据竞争程度这一标准，从厂商数、产品差别程度、进入市场难易程度和厂商对产量和价格控制程度等要素，把厂商和市场分为完全竞争、垄断、垄断竞争和寡头四类。厂商或企业是指以追求最大利润为目标的、为市场提供商品和劳务的独立经营单位。厂商或企业所有者和经理人员决定生产什么、生产多少和怎样生产，并对自己的决策承担风险和享有利润。为同一市场提供商品的所有厂商或企业的总和是行业。（4）单个生产要素所有者的收入是怎样决定的——要素价格理论或分配理论。要素价格理论一般认为就是分配理论。分配是社会最敏感与关系人的生存的问题。"边际生产力理论"按照克拉克（Clark）"边际生产力原则"，认为要素需求决定于要素的边际生产力，要素的价格等于要素的边际生产力。后来的修正是，分配理论不能只考虑要素需求，还应当考虑要素供给。只有这样，才有要素价格。要素价格理论依据"生产三要素论"、"均衡价格论"和"边际生产力理论"，说明资本社会中劳动、土地和资本都按各自的边际生产力获得了应有的报酬，因而现行社会制度是按贡献取酬的制度。②

微观经济学采取个量分析方法。个量是指同单个经济单位的经济行为相适应的经济变量；个量分析研究单个企业产量、成本和利润、商品的效

---

① "企业理论"是指一种解释企业产生的原因和企业组织的经济学意义的学问。新古典微观经济学把企业理论作为其核心，其实是在给定企业条件下，关于企业的生产决策的理论。因它是研究不同的生产要素的最优组合和在给定资源时不同的产品产量的最优组合，所以是一种生产理论（郑子彬：《大企业和反托拉斯》，博士论文打印稿）。

② 参见高鸿业、吴易风等编著：《现代西方经济理论与学派》，10～11 页；《现代西方经济学》（下册），1～3 页，北京，经济科学出版社，1990。

用、需求量、供给量、价格等这类经济变量之间的关系，说明价格和产量等是怎样决定的。因此，微观经济学又称个量经济学。

### （二）工业化向信息化的转型

然而，无论是宏观经济学，还是微观经济学，在现实社会的实践中都显示出其破绽和缺陷。正如西方经济学家所说：宏观经济学的日益为甚的混乱，促进了对混乱根源的研究。这种混乱状况，是宏观经济学未能适应现代社会经济实际的乏力表现。宏观经济学在进一步综合中，既缺乏能融合各派思想的理论体系，又不能以数学或几何图形的游戏来对宏观经济的运行、滞胀现象等做出切实的解释，提出有效的对策，也不能对资本生产和再生产中的冲突以及生产过程和流通过程的融合做出解释。从本质上说，西方宏观经济学不过是围绕着经济现象转的传统理论的现代形式。

微观经济学是为了论证"看不见的手"原理，因此使用需求和供给曲线的目的不在于说明存在于流通领域的客观现象；在对产品市场的需求的研究中，消费者行为理论，由于建立在许多假设条件之上，而与现实不相符合；依据追求最大利润的原则推导出的最终结果（扩展线）所依赖的假设条件，即生产函数的存在和完全竞争的存在，只能在使用价值的状态中存在，且许多要求难以与现实的条件相符合，而造成现实与假设条件的冲突；对于分配理论中的边际生产力理论，一些经济学家指出利润率等同于资本的边际产品的假设是牵强附会的；等等。

笔者基于宏观经济学与微观经济学同现实社会经济生活的不相符合，以及现实经济生活与社会的政治、宗教、科技、民族、人口、文化等学科的相互制约、影响、渗透，而提出建构中观经济学的构想。

中观经济学（mesoeconomics）是以经济学的原理、原则、规范、方法来研究人类物化生活的各个层面的关系以及与各学科联系的关系。人类经济生活不仅仅是物质的生活，它与各个方面构成社会的整体生活，而这种生活既充满着冲突，又充满着融合。各经济单位、学科在融突中和合。各经济和合体构成各国家、民族、地区，以至国际经济融突和合体。

建构中观经济学是世界经济在此世纪之交的转型需要。人类经济活动要创造尽可能完善的经济价值形态，除了防止经济价值符号的单一化（金钱化、商品化）的节制措施之外，更积极主动的方式是创造出更多的经济价值符号和更丰富的利益媒体，使人类的经济生活审美化、艺术化。为此必须有创新型的经济体，建立以信息为资源的信息产业和信息经济学。

中观经济学的载体，便是信息的发展。中观经济重视被人所忽视的经济方面的变化。这些变化是：一是电子技术的革新使得发达工业国家在信息化方面取得了长足的进步；二是发展中国家参与工业化，重建了国际分工体制；三是一些国家的产业社会正在发生转变。在 20 世纪 90 年代，欧洲和亚洲国家在信息化和国际分工方面已经超过了日本一步甚至两步。美国在软件开发和信息网络方面领先于日本，日本"泡沫经济"的崩溃所产生的后遗症对其经济产生了影响。

发展中国家参与工业化，是使国际分工状况发生变化的驱动力。东亚和东南亚的工业化，会推展到其他地区。从技术的角度来看，发达国家的工业生产力已达到相当高的水准。若发达工业化国家在这种情况下仍只顾发展制造业，那么就不可避免地导致世界竞争性局面的出现。21 世纪人类超出工业化时代的新的经济发展阶段已经出现，技术也已达到了相当高的水准。这就是说，发达国家目前所面临的课题是加速迈向新时代，即加强信息化时代基础设施建设，健全适应新时代的社会体系，探讨进行新的社会资本投资，放宽产业限制。所谓新时代，就是信息化的时代，与此相适应就是建立信息经济学。

工业化时代与信息化时代的差异在于：前者是商品产生附加值，后者是信息产生附加值。在信息化时代，电子媒体所承载的信息即电子信息量将急剧膨胀，并与人们的生产和消费密切相关，对人类的经济活动产生决定性影响。由于光纤技术的进步和普及[1]，电子信息量将比现在增加数千万倍，信息性能价格比也将提高数千万倍。由此带动的信息化革命，将是今后 21 世纪的 100 年时间里，经济形态发生巨大变革的力量。[2]

当前产业社会的产业活动将趋于电子信息化，具体说就是个人电脑的彻底普及。21 世纪电脑将走入千家万户，不仅白领工人每人拥有一台个人电脑，而且一般人也将拥有个人电脑。它的意义在于，可以建立数据库，把区域网络、国际网络连接起来，即建立全球信息超高速公路。大多数发达国家和许多发展中国家，已把它推到首要的议事日程。新的信息经济可能会重新分配国家财富，但对任何一个想在其中占有份额的国家来说，宽带网络都是必需的。

宽带网络是同轴光纤电缆管道，它的容量足以运载流动于计算机（也许还将传入电视机）间的视频、声音和文本全数字信息。这个网络是"转换的"，这意味着计算机像交通警察一样，指挥着信息在两个方向上流动——流入、流出家庭和企业。这一设想使全世界任何人，不论身处何地，都可以一种超快联系，迅速获取从电影到书籍、从新闻到企业资料和购物消息等的任何信息。

目前，越来越多的国家在积极探索为公民提供更多信息渠道的问题。这条渠道的最好象征就是互联网络，它是由 5 万多个互相连接的计算机网络组成的全球网，如今它已成为网络世界的世界语。你在哪里，它就在哪

---

[1]　计算机设计者将用光取代电，作为信息处理的媒介，人们已经借助光纤通话和传送电视节目。IBM、美国电话电报公司、贝尔实验室及日本电气公司竞相开发各自的全光操作计算机（见《改变未来的十大技术》，载《参考消息》，1995 - 08 - 15）。

[2]　参见［日］吉田春树：《信息革命开创的新时代》，载《东洋经济》。《参考消息》于 1995 年 10 月 20 日以《日本 21 世纪经济雏形渐露端倪》为题译载。

里。编织新的环球网的竞赛正在快速进行，谁迟缓谁就要落后，就会造成经济的损失。[①]

信息革命之下，个人电脑时代终将使人们把办公室搬到家里，在家工作将成为现实的话题。是将这种变化视为一种恐怖，还是一种不可多得的商业机会？经营者因其能力大小或许会做出不同的反应，但有一点可以肯定，在转换的时代，是后者而不是前者，经济将充满活力，而且全球经济将由融突而和合，即建立全球经济融突和合体。

从工业化时代向信息化时代的转换，在21世纪将会完成，这是历史的必然趋势。这意味着支撑工业社会的体系将瓦解：一是支撑二战后经济高速增长的大公司、大企业社会的衰落。现代大企业是为适应技术变革和市场要求而出现的，具有较高的效率，垄断是大企业成长的一种结果。同时，大企业通过管理的层级制的发展推动了工业和技术革命。大企业的经济性是指由技术提供的规模经济、范围经济以及组织能力，这是指技术上的效率和组织上的效率。大企业的势力既取决于为充分利用规模经济和范围经济的潜力而在制造、营销、管理上进行相互联系的投资导致的强有力的竞争优势，还取决于组织能力，即设施和技能。[②] 第二次世界大战后日本经济之所以取得现在的成就，就是因为由资本和技术支撑的批量生产方式与社会体系完美地结合在一起，产生了大量消费的现实。这种经济不断扩大的过程，在今天的东亚和东南亚都可看到。

在这个过程中，发挥主导作用的是大公司。大公司的组织形式使得批量生产成为可能。从地区来看，一大批中小企业集中在大公司周围，形成企业群。从产业看，作为大公司集团的行业团体应运而生。为了将这两者

---

① 《用电线网住世界》，载美国《时代》周刊，1995-07-17；《参考消息》1995年8月29日以《编织环球信息网的竞赛》为题译载。

② 参见郑子彬：《大企业与反托拉斯》，博士论文打印稿。

统一起来，财界诞生了。但是，向信息化时代的转换，就意味着这种大公司社会体系的瓦解。

二是权力和信息不再为某一中心所单独垄断。这可能要经过一番周折，原因是行政权力一直牢固地掌握在中心手里。但亦不难发现，放宽限制是时代的潮流。只有这样才能使工业化时代向信息化时代转变，这是无可抗拒的。从大公司所具有的中枢机能来看，大公司社会的瓦解，也意味某一中心的垄断时代的衰落。

信息性能价格比的大幅度提高，意味着无论在家还是在公司，无论在北地还是在南地，获得所需的各种信息将无任何障碍，完全实现老子所说的"不出户，知天下"（《老子》第四十七章）的理想。在家工作使人们不再为工作而集中到大城市，相反，为获得舒适的居住环境，人将分散各地而居。人们为了享受文化和生活的价值和意义，地方与地方、地方与世界的双向交流将日益加深，这就是信息化时代。

### （三）中观经济学的创新道路

在信息化时代，以新的姿态出现的社会经济生活活动，是一种由研究开发型工业和新型信息文化产业所共同支撑的经济。这种经济的总特征是信息经济，亦即中观经济学。

社会生活在信息化发展过程中出现了诸如科技咨询、信息服务等知识产业，相关企业俗称"点子公司"。一个点子净赚几十万元，一条建议救活几个企业。这种所谓"点子公司"的理财秘密，实际上只有两个字：信息。通过提供高（科技）、新（颖化）、特（异化）、快（速化）、准（确性）的信息服务，提高生产部门的经济效益，使经济价值产生倍增效应。

信息技术及其服务不仅能使物质生产部门产生价值倍增效应，而且能够独立地形成新的信息部门——知识信息和合体，直接创造出社会财富，延拓人类经济生活活动的范围，丰富经济利益的内涵，使人类生活更充实、更完满、更美好。

从财富范畴的结构来分析，知识信息属于精神价值范畴，是社会财富的精神形态。知识信息财富本身就有丰富经济生活、完善经济利益、优化经济结构的经济性价值意义。除此之外，知识信息最重要、最有开发前景的经济性价值意义还在于：其一是知识信息的网络化，它独自形成特殊的经济融突和合体；其二是知识信息融突和合体与社会生活的其他经济类型的融突和合体共同构成创新型经济融突和合体；其三是知识信息融突和合体是整个社会经济生活活动系统软件（经济性的精神生产系统）与硬件（物质生产）之间的智能接口，完成物质财富与精神财富之间快速而有效的价值变换。

知识信息融突和合体及其智能技术接口的经济融突和合体，是现代社会经济生活中最富有创造价值的和合功能系统。这种创新型的经济融突和合体的运行机制是"自上而下"的扩散式价值创造，其图式如图 16 - 4 所示。

知识信息网络化、社会化及其智能接口地位，将整个社会生产和全部社会财富结合为一个社会有机和合体。社会有机和合体有自己的经济生命和调适法则。这就是只有确保两类社会财富彼此协调、动态平衡、和谐发展，社会有机和合体才能充满生机与活力。

两类财富的和谐发展是通过两种转换机制实现的。

第一种：微观生成性转换机制，结构图式如图 16 - 5 所示：

第二种：宏观变易性转化机制，结构图式如图 16 - 6 所示：

知识信息网络化及其智能技术是"心"之物化与"物"之心化的转换中介。只有两个方向的转换量实现宏观平衡时，心物才能融突和合。否则，失去平衡，或掏空心灵，沉溺器物，精神生活贫乏，艺术价值萎缩；

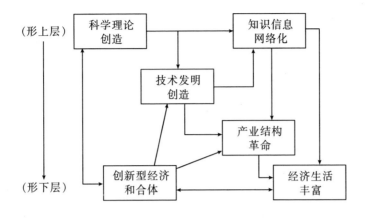

图 16 - 4

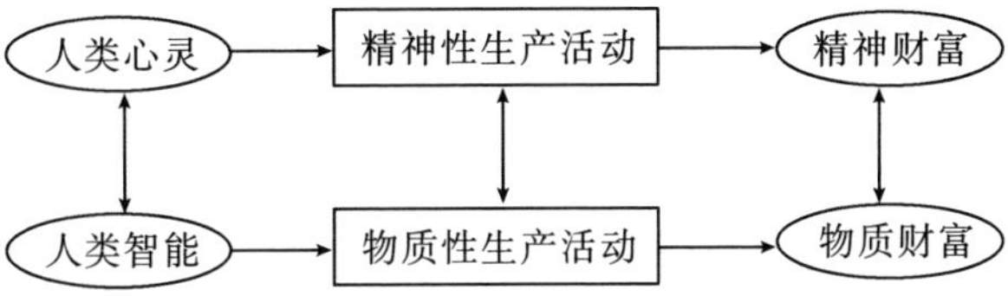

图 16 - 5

图 16 - 6

或陷入贫困，民不聊生，物质生活匮乏，经济价值减损。如此，人文精神落难，人生意义失却。

中观经济学以创新型信息经济融突和合体为对象，是科学、技术、信息、生产，知识工程、信息工程、价值工程的融突和合，研究信息价值、信息性能价格比、产业活动信息化以及以信息高速公路为基础的商品服务等关系的经济生活活动。中观经济学的核心是知识信息。未来任何形式的商品，最主要的价值来源是知识，劳动力必须与各种知识相结合，才能成为生产力。社会经济活动的全过程，是知识信息的生产、流通和消费的过程。

信息通信技术的革新在经济活动中使国境的意义变得淡薄，世界变成了一个共同的大家庭，即融突的和合体。企业以全世界为对象把众多因素调整到最合适的程度进行生产和销售，同时通过超越国境的战略合作，扩大国际分工的利益。因此经济活动的世界化将显著加强，它使迄今为止依赖贸易自由化取得进展的个别国家之间的相互依赖深化发展到整个经济领域。

世界贸易和合体组织的成立，是世界贸易融突的结果。它给多边贸易体制带来加强的机会，也使新的自由公正贸易规范得以确立。贸易壁垒的透明化或被消除，世界贸易自由化获得进展。以往以商品为中心的"硬件"竞争，将名副其实地转化为重视知识、头脑、信息和制度运用的"软件"竞争。

地区性的经济和合体，在美洲有北美自由贸易协定，并将扩大到中南美地区，并力图建成美洲自由贸易区；欧洲的欧盟成员国将继续增加；亚洲的东盟正在形成自由贸易区，到 2020 年亚太经合组织将实现贸易和投资的自由化。各地区经济和合体将以已经实现的以地区为单位的单一市场为基础，扩大自由化程度，促进世界经济和合体的共同市场的形成。①

经济的世界化趋势的深化，意味着世界经济和合体的加强，它将对加强国家之间的经济依赖性和缓和地区紧张状态做出贡献。19 世纪世界经济力量的重心从欧洲转移到美国，20 世纪以经济力量为基础的美国的政治影响力得到了增强。假如亚洲发展中国家有一个比较安定的国际社会环境和内部环境，21 世纪亚洲将会成为世界经济的中心，特别是东亚各国将呈现这种趋势。根据世界银行预测：到 2020 年在世界经济规模最大的10 个国家、地区中，7 个在亚洲。这预示着亚洲国家的政治影响力将以经济力量为基础得到提高，同时也预示着美国将对这些国家施加更大的贸易

---

① ［韩］朴泰镐：《21 世纪世界经济秩序将向形成共同市场方向发展》，载《经济人》周刊（韩国），1996 - 01 - 09，转引自《参考消息》，1996 - 01 - 14。

压力。因为美国在冷战末成为世界最大债务国，呈现出慢性贸易赤字的美国有可能以在对美贸易上获得盈余的东亚国家为对象，强调美国在这一地区的安全作用，而把经济利益与这种作用联系起来。

随着经济领域世界化融突和合体趋势的持续发展，国际社会政治领域的融突和合体趋势也会得到加强，两者相互渗透圆通，构成政治、经济融突和合体。

人类经济活动要创造尽可能完善的经济价值形态，除了防止经济价值符号的单一化（即金钱化、商品化）的节制措施之外，更积极主动的方式是创造出更多的经济价值符号和更丰富的利益媒体，使人类的经济生活审美化、艺术化。为此必须有创新型的经济和合体，建立以信息为资源的信息产业和信息经济学。

物质与精神两种财富的和合发展问题，单靠经济生活的形下和合是不能全面完善解决的。因为经济和合体，因物化而成，虽能从物化道路达到心物和合，由经济价值臻于审美情趣，但毕竟以物为中心而溺于物。艺术和合继起于经济和合体之后，是和合人文精神自我否定、自我发展和自我完善的逻辑必然。

# 第十七章　艺术和合与和合美学

艺术和合美学，曾是一个激动人心的课题，因为爱美是人之本性。和合学从形下和合到艺术和合，是物返归到心的回复过程，是从经济生活阶进到艺术生活的美化过程。这一转化，首先表现为物境与心境的和合关联。

## 一、艺术和合与生命优美

生活，虽首先是经济生活，但不能归结为经济生活。正如墨子所说，衣、食、息得不到满足，是人民经济生活的"巨患"，假如"饥者不得食，寒者不得衣，劳者不得息"[①]，那么，就会导致国家乱而社稷危。光有经济生活，生活趋向单一化，这种生活既非真实，又不自然，更不完善。因此"食必常饱，然后求美；衣必常暖，然后求丽；居必常安，然后求乐"，

---

① 《非乐上》，见《墨子校注》（上），380页。

即在"常饱""常暖""常安"的经济生活得到基本保障的情境下，才进入"求美""求丽""求乐"，即优美的、美丽的、快乐的艺术生活的精神境界。

## （一）艺术和合的蕴涵

依据和合人文精神的逻辑演进历程，经济生活之后必为艺术生活。经济生活趋于优美，便达艺术情境。

"艺术"这个概念是一动态的历时过程。在古希腊，艺术并非指求美、求丽、求乐的状态，而是指一种生产性的制作活动，特别是指技艺。后来欧文·埃德曼（Irwin Edman）曾作这样的阐述：

> 艺术的领域是和人有意识地控制物质和运动的世界的能力相一致的。在这个世界中，他必须建造住房，控制他的本能冲动和无意识过程的内心世界。折断棍棒，建造茅屋、摩天大楼和教堂，使用交流思想的语言，庄稼的播种和收获，儿童的抚养和教育，法律和道德规范的制定，缝制衣服，开采矿藏，所有这些活动和艺术的相似之处，不下于一件浮雕的制作和一首交响乐的作曲之间的相似。[1]

这种对艺术内涵的规定，无甚异于古希腊。

从古希腊到文艺复兴时期，对艺术作了种种规定。[2] 这些规定由于其分类标准、价值尺度的不同，而分自由艺术和平民艺术，现实艺术和想象艺术，高级艺术和低级艺术，理论艺术、实践艺术和诗的艺术，利用自然艺术和纯心灵艺术，等等。大体上"平民艺术"也就是"奴隶艺术"，是与体力劳动相联系的；"自由艺术"是智力的，包括语法学、修辞学、方

---

① ［美］欧文·埃德曼：《艺术与人》，11～12 页，纽约，1949。
② 参见朱狄：《当代西方艺术哲学》，7～27 页，北京，人民出版社，1994。

言学、算术、几何学、天文学和音乐七种，它与现代艺术概念几乎不相及。

中世纪的托马斯·阿奎那认为视觉和听觉是理性工具，能领悟一个结构上的整体，并把物质美和精神美加以区别。① 艺术不是"纯理论的"，而是"操作的"。虽然他与古希腊时代的思想家一样，把今天看来与艺术无关的烹调、马术、战争、财政、法律等包含在艺术内，但他把文学、绘画和雕塑联系起来，称谓为"形象艺术"。但丁（Dante）作为《神曲》的作者，实际上提出了艺术体裁是否具有永久性这样一个美学上的根本问题。这意味着个人精神已内化为一个宇宙，而与已外化的广阔的宇宙一体。

文艺复兴时期，随着艺术家（从工匠和手艺人）地位的提升，艺术的地位也发生了变化。恩斯特·卡西尔指出，直到康德的时代，一种美的哲学总是意味着试图把我们的审美经验归结为一个相异的原则，并且使艺术隶属于一个相异的裁判权，艺术未获得自主性。

> 康德在他的《判断力批判》中第一次清晰而令人信服地证明了艺术的自主性。以往所有的体系一直都在理论知识或道德生活的范围之内寻找一种艺术的原则。如果艺术被看成是理论活动的产物，那么，必然就要去分析这种特殊的活动所遵循的逻辑法则。②

这样，逻辑本身就不再是一个同质的整体了，就应相互分离而成为相对独立的部分。于是，艺术就获得自主性地位。

艺术的自主性改变了美与艺术相分的状况，而使两者联系起来。特别是"美的艺术"的出现，使"美"作为"善"的一个组成部分，获得了作

---

① 参见［英］鲍桑葵：《美学史》，张今译，196 页，北京，商务印书馆，1985。
② ［德］恩斯特·卡西尔：《人论》，甘阳译，175 页。

为"美"的真正意蕴。因为这个时期的艺术家，一般来说是一个人文主义者或作家。达·芬奇强调绘画是一门科学，并与数学相联系。视觉艺术超越机械艺术而走向感性的美，绘画与诗获得了同等的地位。

从艺术的自主性发展为 17、18 世纪艺术体系的形成。夏尔·巴托（Charles Batteux）在《简化成一个单一原则的美的艺术》（1747 年）中确立了"美的艺术"概念的权威性，并以音乐、诗歌、绘画、雕塑和舞蹈组成一个完整的系统化的艺术体系。巴托认为艺术是对美的自然的一种模仿，这显然是对亚里士多德艺术是对自然的一种模仿的改造。正是这个分类原则的提出，使艺术体系建立成为可能。J. G. 赫尔德（J. G. Herder）对艺术体系作了论述。康德在《判断力批判》中把"美的艺术"分为语言艺术（雄辩术、诗）、造型艺术（雕塑、绘画、雕刻、建筑、园艺）和感觉自由游戏的艺术（音乐、色彩艺术）三种类型。这种分类虽无很大的特点，但维克托·库赞（Victor Cousin）追随康德，认为理解美必须通过艺术和美学领域，并用真、善、美来建立他的哲学。

19 世纪以来，艺术体系的分类原则由于艺术价值观的相异而相异。如关于诗与视觉艺术和视觉艺术内各具体形式之间何者为优之争，以及音乐有无普遍意义的论争等等，其间的分类原则不再局限于"美"，而是更广泛。马克斯·德索（Max Dessoir）在《美学与艺术理论》（1906 年）中，按照时空和模仿进行分类。他认为满足所有需要的艺术分类体系是没有的。E. 苏里奥（E. Souriau）在《各门艺术的对应性》中，以抽象和模仿这两类概念差分线条、体积、色彩、光、动作、语音、乐音七要素[1]（见表 17-1），以构成这样的分类体系。约翰·霍斯伯斯（John Hospers）则将艺术分为视觉艺术（绘画、雕塑、建筑、实用艺术）、听觉艺术（音

---

[1]　参见朱狄：《当代西方美学》，393～396 页。

乐)、文学艺术(诗歌、文学作品)、复合艺术(表演艺术)四种类型。

表 17-1

|  | 线条 | 体积 | 色彩 | 光 | 动作 | 语音 | 乐音 |
|---|---|---|---|---|---|---|---|
| 抽象性<br>艺术 | 装饰性<br>图案 | 建筑 | 纯粹<br>绘画 | 舞台<br>照明 | 舞蹈 | 诗律学 | 音乐 |
| 模仿性<br>艺术 | 素描 | 雕塑 | 再现性<br>绘画 | 摄影、<br>电影 | 哑剧 | 诗歌<br>文学 | 歌剧、描述<br>性音乐 |

　　一些美学家在构筑艺术体系的分类时,或直接对各种艺术形式加以描述,或从各自对艺术的规定入手,而不说明分类原则。苏珊·朗格(Susanne Langer)以绘画、雕塑、建筑、音乐、诗歌、戏剧、小说、舞蹈、电影九种主要形式作为艺术分类;尼古拉斯·沃尔特斯托里夫(Nicholas Wolterstorff)的艺术分类较之朗格少建筑,为八种主要形式;V.奥尔德里奇(V. Aldrich)的艺术分类比朗格多摄影、文学,少电影、小说、诗歌,为八种主要形式。由此可见,其艺术形式虽有差异,但基本相似,可认为是一种自然认同。由于将没有共同标准的、个人任意的、以自我规定入手的艺术主要形式作为艺术分类,这样,"美的艺术"概念体系就不能不是模糊的了。这种"艺术"概念在历时态与共时态所存在的模糊性,到20世纪初的先锋派(Avant-garde)运动时加剧了。

　　这样,对艺术能不能下定义就成为论争的问题。露西·克兰(Lucy Grane)就说,为艺术规定一种普遍的公式,是根本不可能的,对它下定义亦极端困难。[1] 维特根斯坦(Ludwig Wittgenstein)认为,艺术像游戏一样,若去追究艺术是什么便会发现它并没有一种共同的特质。他的继承者莫里斯·韦兹(Morris Weitz)赞同艺术犹如游戏的观点,认为艺术表现了一种"开放性结构"的概念,艺术作品是由一种"相似的组成部分"

----

① [美]露西·克兰:《艺术趣味的形式》,104 页,波士顿和纽约,1889。

获得其特征的，不存在一种共同的种类。因此，不可能对艺术下一个行之有效的定义。①

20 世纪 50 年代以后，在能否给艺术下定义的问题上，形成了这样两种对立的观点：（1）认为艺术并不具有独立的本质。他们以为对"艺术"或"艺术作品"下定义是错误的，并把这种观点称为"反本质论"（anti-essentialism）②；（2）与"反本质论"相对应，认为艺术的本质特征可以概括。他们认为艺术展现了一种不证自明的本质，这并不是说他们都认同某种相同的本质，或相同的艺术定义，而是说艺术具有多样性的含义。人们把这种观点称为"本质论"（essentialism）。前者揭示出本质论者在观念上的模糊性，对"艺术"在概念上以澄清，虽就概念本身有一定意义，但他们仍然认为艺术确实是无法下定义的，这是因为它没有一种共同本质。诚然本质随时代变易而变易，但并非不存在。以为艺术无本质，不对；以为艺术有不变的本质，亦不对。

20 世纪 60、70 年代，"反本质论"受到 M. 曼德尔鲍姆（M. Mandelbaum）等人的激烈批判而趋向衰落。分析美学家也承认，在美学、艺术中一些普遍性抽象概念是需要的，即使艺术的定义还不适合于所有的艺术形式，而在有限范围内使用亦是必要的。在给艺术下定义的过程中，亦是见仁见智，或从审美本质出发来规定③，如迈克尔·H. 米蒂阿斯（Michael H. Miteas）；或从审美功能来为艺术下定义，如斯蒂芬·戴维·罗斯（Stephen David Ross）④；或从艺术是一种行为的观点出发，

---

① ［美］莫里斯·韦兹：《美学问题》，174 页，纽约，1970。
② ［英］T. J. 迪夫利：《本质论和艺术的定义》，载《美学与艺术批评杂志》，1973 年春季号；［英］W. B. 加利：《艺术作为一个有重大争论的概念》，载《哲学季刊》，1956 年春季号。
③ 参见［美］迈克尔·H. 米蒂阿斯：《我们能述说审美经验吗？》，见迈克尔·H. 米蒂阿斯编：《审美经验的可能性》，56 页，多德雷赫特、波士顿、兰开斯特，1986。
④ 参见［美］斯蒂芬·戴维·罗斯：《主权和艺术作品的效用》，载《美学与艺术批评杂志》，1981 年冬季号。

艺术作品被定义为人类活动的产品，如唐纳德·沃尔豪特（Donald Wal-hout）①；等等。这样，艺术作为许多概念的集合，还需要进一步探索。

如果说古希腊哲学家、思想家把艺术作为一种生产性的制作活动，特别是指技艺的话，那么，则与中国先秦时的哲学家、思想家的认知相似。《尚书》艺字8见（《今文尚书》6见，《古文尚书》2见）。"予仁若考，能多材多艺，能事鬼神，乃元孙不若旦多材多艺"②。孔颖达疏："多材多艺"为"多材力，多技艺"。义以种植庄稼为艺，艺亦有技艺之意。"淮、沂其乂，蒙羽其艺"③。孔颖达疏："《诗》云：'艺之荏菽'，故艺为种也"。汉许慎《说文解字》："埶，种也。"段玉裁注："《齐风·毛传》曰：埶犹树也。树种义同。唐人树埶字作藝。六埶字作艺。周时六艺字盖亦作埶，儒者之于礼乐射御书数，犹农者之树埶也。"④ 艺之初，义为生产性制作活动，这种生产性制作活动犹如农人种植庄稼，需要技艺。术，《说文解字》："邑中道也。"段玉裁注："邑，国也。引申为技术。"⑤ 艺术，便意蕴着技术性生产制作活动，亦即技艺。

孔子作《论语》，艺字4见，有艺术、技术、才能的意思。孔子说："志于道，据于德，依于仁，游于艺。"⑥ 以"道"为修养的理想目标，要依据德和仁来规范人的行为活动，才能实现道的境界。如果说德和仁是主体内在道德自觉的外发，并制约主体行为活动的话，那么，游历于礼、乐、射、御、书、数"六艺"的实践活动之中，在这种各具特征的、各有技艺性的实践活动中，主体人的活动接受外在的技艺性的、规

---

① 参见［美］唐纳德·沃尔豪特：《艺术的性质和作用》，载《英国美学杂志》，1986年冬季号。
② 《金縢》，见《尚书正义》卷十三，《十三经注疏》本，196页。
③ 《禹贡》，见上书卷六，《十三经注疏》本，148页。
④ 《说文解字注·丮部》，113页。
⑤ 《说文解字注·行部》，78页。
⑥ 《述而》，见《论语集注》卷四，27页。

范性的规则的制约和训练。比如射箭、御车为"伎艺";书、数亦为技艺,未作为艺术;礼包括左右周旋、进退俯仰等一整套琐细、严格的仪式,礼器大小、规格及服饰颜色、样式等,需经专门训练才能掌握这些技艺;乐在中国古代不离诗、歌、舞,诗、歌、舞一般亦不离乐,乐带有技艺性。主体在接受"六艺"的熏陶中,有益于人的德性素质的提升,而有助于"志于道"的实现。孔子自己说过,因为他少时家里贫贱,所以"多能鄙事"①,即学了一些不足以称道的技艺,"吾不试,故艺"②。艺就是技艺。

　　从生产性、非生产性技艺活动来看,"六艺"都可说是技艺性的艺术活动。"六艺"中书后来发展为书法艺术,乐本身便是精神创造的审美艺术活动。从当时人关注乐的程度来看,乐似乎超过了诗、歌、舞等艺术的地位。所以,有以中国古代文化为"礼乐文化"。孔子所说的"游于艺",不仅仅蕴涵着技艺,还意蕴着在熟习这种技艺中获得一种审美的感受和精神的愉悦,即艺术的享受。朱熹注释说:"游者,玩物适情之谓。"③"游"是主体与对象之间的无拘束的、自由的交往之玩,而获得情感快适的审美活动。当然,孔子"游于艺"的终极目标是"志于道",其间通过"据德""依仁","日用之间,无少间隙,而涵泳从容,忽不知其入于圣贤之域矣"④。这种到达圣贤境界的途径与审美活动是一致的,其间并无功利性的冲突,却有道德性的浸润。

　　如果说孔子"游于艺"是对于艺术功能的认知,那么,孟子对于艺术作品特征有所认知。他在对《诗》的解释中,认为不能"以文害辞",也不能"以辞害志"⑤。《诗·云汉》中所说的"周余黎民,靡有孑遗",若

----

① ② 《子罕》,见《论语集注》卷五,36页。
③ ④ 《述而》,见上书卷四,27页。
⑤ 《万章上》,见《孟子集注》卷九,71页。

拘泥于词句，相信了这句话，那周朝就没有存留一个人了！这显然是一种夸张的说法，是对于大旱的忧惧情感的流露。孟子体察到了文学的艺术语言与非艺术一般语言之间的冲突及其不同表现的形式特征。解释诗的方法应该是"以意逆志"，这就是"得"。这就是说，解释者在解释诗的文本时，不是无我、无意识、无情感的，而是有意识、有情感的在者。解释者与诗的作者之间存在"意"与"志"的交流，由于诗的作者所创作的艺术形式（文本）与解释者存在时间差，因此，解释者对于诗的艺术形式所寓的"志"的体验，只能是一个"逆"向的体验或感受过程。这种体验或感受，意蕴着解释者依据自己的"意"，对以往艺术作品的理解、想象、领悟，因而能把握诗的作者在艺术作品中所表达的思想情感或意蕴（"志"）。孟子认为，解释者主体或欣赏主体能够越过时间差，去把握、体验、感受艺术作品形式（文本）中作者的意思或美感，达到"意"与"志"的沟通；同时艺术作品形式（文本）在其顺向的流程中能够被后来的解释者所体验、感受和欣赏，不可避免地要受解释者、欣赏者的"意"的左右。虽这种"意"可能与原来艺术作品所寓的"志"有出入，但正因为这样，才能揭示出原艺术作品所意料不到的新的意蕴（"志"）和生命力，从而表达了一种艺术欣赏的方法和审美的方式。

在人类思维的初始阶段，各个文明所思考的问题和表达的思想，有惊人的相似之处。古希腊人对艺术的看法，与中国先秦儒家对艺术的看法近似；古希腊罗马对于世界本原的追根究底，与中国先秦对于世界统一性根源的寻求相近，都以为是水、火、气、原子等等。后来世界的东西南北思想的差分，都是从这一大树干中分枝出来的。

### （二）艺术和合的发生

所谓艺术，是指一种通过塑造形象，表现生活、交流思想、满足情感需要的对世界进行精神掌握的特殊方式。艺术与人的审美兴趣相联系，并能激起人的审美追求，具有各种审美特征的多样形象。它是人的意识、心灵的流露，是对美的追求和塑造，这是艺术的内在灵魂。艺术的掌握方式是通过形式美的再现和表现，去揭示这内在的灵魂，即本质内涵和生命搏动。

艺术和合是指在自然、社会、人际、心灵、文明的审美活动所追求艺术形象的过程中，由于人的审美趣味、审美观念、审美理想、审美标准、审美能力各有差异而冲突、融合，人通过塑造艺术和合形象，表现和沟通思想、情感等审美意识，以及对自然、社会、人际、心灵、文明美的精神掌握的方式。

艺术如何发生，这种追根究底的研究，古往今来，便见仁见智，较具影响者，便有：

1. 巫术说。爱德华·泰勒、雷纳克等基于对原始部落巫术的研究，认为人将自己的想象施加给其影响和作用的对象，以某种形象描摹，或以装扮、歌唱、舞蹈等多种民族性的巫术形式，以期使对象发生符合于施加想象的目的，这便是交感巫术。[①]

2. 模仿说。德谟克利特认为艺术发生于对自然的模仿[②]，亚里士多德以为是模仿行动中的人，人天性便具有一种模仿的本能和冲动。[③] 这也是后来心理学所认为的艺术起源的心理动因，现代心理学通过对儿童心理和部落氏族文化心理的研究来说明模仿说。

---

① 卢卡契说："产生摹仿艺术形象的最初冲动，只是由巫术操演活动中产生的。"（《审美特性》，第1卷，320页，北京，中国社会科学出版社，1986）
② 参见《古希腊罗马哲学》，112页，北京，商务印书馆，1961。
③ 参见《〈诗学〉〈诗艺〉》，11～12页，北京，人民文学出版社，1962。

3. 游戏说。席勒认为人在现实生活中受精神和物质的限制，希望以自己过剩的精力来达到自己想象的自由形式。[①] 他所说的游戏并非指动物性的嬉戏现象，而是指完全意义上的人的游戏。

4. 心灵表现说。克罗齐（B. Croce，1866—1952）认为"直觉即艺术"，"直觉即表现"[②]。弗洛伊德以为艺术是人为摆脱性压抑和性苦闷的无意识的表现。

5. 生活说。别林斯基和车尔尼雪夫斯基认为，艺术的作用是再现生活中引人兴趣的一切事情，并认为"美是生活"，把生活中引人兴趣的事物作为艺术起源，其实生活中引起兴趣的事物是创作艺术作品的动因。

凡此种种艺术发生论，都是以人为中心，围绕人而展开的。在人类社会的各个阶段，人们总是通过艺术媒介来表达思想和情感的需要。原始艺术受图腾、巫术的导向，如原始人的文身、用具、住宅上的图腾形象。文身把人体作为艺术对象之一，人通过对作为自然物的人体添加某些象征性的符号（包括图腾），表现人的审美意识。这些象征性符号有永久性的，如划破皮肤、裹脚、拉长耳朵和脖子、刺穿耳垂的中隔、锉牙齿等；也有暂时性的，如彩绘身体，添加羽毛、金属等等，都是以审美的需要为动机[③]。原始人的舞蹈、歌唱也常模仿图腾的各种形态，使人与图腾、巫术之间的冲突、融合获得和合。

随着文化的变异，艺术往往与神话、宗教、道德、伦理等互渗，通过艺术形象来表现人的宗教意识、信仰和情操，或神话的寓意、赏善罚恶的愿望等。中国新疆维吾尔自治区拜城县克孜尔镇东南木扎提河北岸崖壁上的克孜尔石窟，是中国最西部建造最早的大型石窟群，已发现共 236 个洞

---

① 参见［法］席勒：《美育书简》，140 页，北京，中国文联出版公司，1984。
② ［意］克罗齐：《美学原理·美学纲要》，229、237 页，北京，外国文学出版社，1983。
③ 参见［美］C. 恩伯、M. 恩伯：《文化的变异——现代文化人类学通论》，510~512 页。

窟。龟兹和于阗毗邻中亚，为佛教最初传入中国的地区。克孜尔为古龟兹之地。据现代碳-14测定，最早开凿的石窟（118）为公元$205^{+80}_{-105}$年。[①]

第118窟正壁为《娱乐太子图》，中央形体高大者为迦毗罗卫国太子悉达多，其身右是一列菩萨装的男子，身左是一列采女，左下方为伎乐，右下方为一群供物的侍者。太子曾出宫外游，目睹人世间生、老、病、死种种痛苦情景，萌生了离宫出家的念头。其父净饭王百般劝阻，不吝财物美女，使其回心转意。然太子神情忧郁，对手托丰乳的裸体采女和那婆娑的伎乐，都不屑一顾。他双目微闭，决心已定。这幅壁画集中而生动地描绘了悉达多决心出家的心理境界，比文字更富感染力。作者采用对比的手法，给出了赤裸的诱惑采女与自然处之的太子，形成鲜明对照，深化了主题，使艺术效果达到妙境。这幅艺术作品的情景与《佛本行集经》卷十六记载的情节相符："种种巧媚幻惑，令生增上胜妙欲心，或有采女出现舞形，或有采女出微妙声，唱颂歌赞，或作音乐……又复彼等诸采女辈，多种出现歌舞音乐，或复种种诸妙欲事。"

与《娱乐太子图》相对照的是《禅修图》。

> 迦叶即辞如来，往耆阇崛山毕钵罗窟。其山多有流泉浴池，树木蓊郁，华果茂盛，百兽游集，吉鸟翔鸣，金银琉璃罗布其地。迦叶在斯，经行禅思，宣扬妙法，度诸众生。（《付法藏因缘传》卷一）

壁画作者依据自己的理解，用艺术的夸张，将禅修的"心注一境""形如枯木"的比丘的静寂心态与流水潺潺、游鸭嬉水、孔雀开屏、雉鸟飞翔、猛虎奔跳、猿猴攀坡、伎乐舞动奏乐等动态情景相对比，以动衬静，以虚拟实，动静、虚实冲突融合，以获相得益彰的艺术效果。特别是壁画作者不满足于对山水鸟兽的描绘，而注入乐舞，左边是舞蹈者，双脚

---

① 由《中国壁画全集》、新疆壁画编辑组采集标本，请中国社会科学院考古研究所实验室测定。

交叉，腰肢扭摆，举肘托腮，媚态万端，右边是手弹阮咸者，她左手按弦，右手拨奏，那琴音回荡于山谷，无限美妙。一舞一乐，衬托出深深的禅修意境，表现了壁画艺术的感人力量。

这两图深刻地揭示出在物质与色相围攻下，太子决心摆脱世俗荣华富贵的诱惑，离尘弃家，入山禅修①的情景。它运用视觉艺术之法，以达到禅修完善之境。这种绘画艺术风格，虽早期与衰落期有区别，但与后来中原一带佛教内容的壁画一脉相承。

> 中国画法不重对具体物象的刻画，而倾向用抽象的笔墨表达人格心情与意境……画家用笔墨的浓淡，点线的交错，明暗虚实的互映，形体气势的开合，谱成一幅如音乐如舞蹈的图案。物体形象固宛然在目，然而飞动摇曳，似真似幻，完全溶解浑化在笔墨点线的互流交错之中。②

佛教艺术壁画，虽有所本，但壁画作者为凸显主题，寄寓意境，透出生命情调。艺术形象是作者对佛经的解读和提升，其间透入作者的理解、气质和神韵。

就龟兹的艺术而言，虽早期与晚期有异，但克罗齐说："莎士比亚不能被看作是对于但丁的进步，歌德也不能被看作是对于莎士比亚的进步……野蛮人的艺术，就其为艺术而言，并不比文明人的艺术逊色"③。这就是说，艺术作为文化现象，总是与它诞生的社会文化生态环境相联系。每一个社会文化生态环境都有与其相适应的艺术精华，就这些艺术精华的价值而言，无所谓商周的青铜器比现代青铜器艺术作品逊色。但随着社会文化生态环境进步的需要，人们生活需求的变异，艺术作品的特征、

---

① 参见霍旭初：《龟兹艺术研究》，31～33 页，乌鲁木齐，新疆人民出版社，1994。
② 宗白华：《艺境》，111～112 页。
③ ［意］克罗齐：《美学原理·美学纲要》，148 页。

形式等也会发生变异。这也是艺术变异的理势。[①]

### （三）心灵意境与生命气象

"美是生活"，车尔尼雪夫斯基这个命题虽有其合理性，但有简单化之偏颇，缺乏仔细的分析和论证。美或艺术美不能脱离包括经济生活在内的整个和合生存世界。美不在抽象的理念世界，它深深根植于人类的感性生活之中。美不是感性生活之外的实体，而是感性生活最适宜的、和谐的精神状态及其意境。生活，不论是经济的、政治的、法律的、道德的、学术的，只要是真实的、平易的、美好的、宜人宜心的，都与艺术生活相联系。反之，虚假的、阴险的、丑恶的、害人伤心的，即便专门从事艺术创作、美学研究或文艺表演，其生活也与艺术无关，即是非艺术的，不和合的、无美好可言的。人类生活不是艺术的牢笼、审美的地狱，而是艺术创造的天然温室、审美活动的第一名胜。生活之美与美之生活融突和合一体，构成心灵的真实意境。宗白华曾这样说：

> 艺术的生活就是同情的生活呀！无限的同情对于自然，无限的同情对于人生，无限的同情对于星天云月、鸟语泉鸣，无限的同情对于死生离合、喜笑悲啼。这就是艺术感觉的发生。[②]

同情是心灵冲突而融合，同情是由和合的心灵之所发，对于自然、社会、人生的同情都是如此，怨恨、仇视、敌对的生活，不是艺术生活。

心灵的意境之所以是真实的，原因在于生命的生生之理是最自然的、

---

① 西方从 17 世纪以来，对艺术有所谓"古代与现代之争"。论争的主要问题是：（1）艺术是否是进步的；（2）艺术进化是否要以复杂性递增为主要标志。20 世纪 60 年代以后，西方人类学家对交叉文化研究的深入，提出了各民族文化和艺术能否有一个统一的标准来加以比较的问题，或者说根本无法比较，不存在先进与落后的区别。（参见朱狄：《当代西方艺术哲学》，470～490 页）。

② 宗白华：《艺术生活——艺术生活与同情》，见《美学与意境》，14 页，北京，人民出版社，1987。

最形象生动的。所谓意境，便是游心之所在的灵境或想象的意象。灵境就是构成艺术之所以为艺术的意境，意象便是心灵主体的生命情调与客体自然景象的融突的和合。因此，意境是"情"与"景"（意象）的融突和合。王安石有诗曰："草色浮云漠漠，树阴落日潭潭。三十六陂流水，白头想见江南。"① 前三句写景，末句点化成无限的愁思、想象和期望，情景交融成深沉的意境。

艺术的意境，既超越又内在。它超越于一定的人、物、情、景，又内在于人、物、情、景。情与景的融突和合，既激发出最深的情，也透入最美的景。这样，景是情之景，情是景之情，犹如"天地絪缊，万物化醇"。一个崭新的意象②，一个美妙的新境，呈现在人世之前。这便是"外师造化，中得心源"的创见。

情是心灵的透射，景是心灵的投影。艺术意境的创构，犹如龟兹佛教艺术壁画，从丰满的色相达到最高心灵境界，可谓禅境。禅是静中之动，亦是动中之静；静是静动，动是动静。感而常寂，寂而常感。虚而常实，实而常虚。动静、感寂、虚实圆融不二，直探生命心源。静寂的观照和生命的感动，便是禅的心灵状态，构成中国人的生命情调和艺术意境。③

心灵意境的真实不是哲学认知意义上的真理之实，而是审美价值论意义上的艺术之真。艺术意境的真实，乃是虚以衬实，色以托空，虚不异实，空不异色。其内在的心灵是"信以为真"，即心灵诚信，意境必真。这是心灵艺术生活的真谛。

生命形象的优美，并非伦理学意义上的完善之美，而是主体心灵意义上的生态之美。客体景物是主体情思的寄寓，当情思起伏，波澜变化，因

① 《题西太一宫壁》，见《临川先生文集》卷二十六。前两句有作"柳叶鸣蜩绿暗，荷花落日红酣"。第三句"流水"，有作"春水"。

② 意象，《周易·系辞上》说："圣人立象以尽意。"立象是为了尽意，故为意象。

③ 参见宗白华：《美学与意境》，214～215 页。

心造境，仪态万千之时，并不是那一固化的物象所能衡量，而只有那大自然无限宽广的胸怀，变化无穷的万象，才能展现主体生命的意境和神韵。在这里，生命才获得充实，生机勃勃；生息摄动，生意盎然；生育繁衍，生气旺盛。如此生态意境，这般生化气象，美不胜收！

一旦心灵在真实的意境中观照自己的生命形象，发现了其中的生态优美，生存世界就变得更真实、更完善、更富有艺术的价值和审美的意义。

心灵意境与生命气象，水乳交融，既天工造化，不假人力，又主体"心匠自得为高"，"灵想之所独辟"。天工造化了生态，人心发现其优美。平淡而超奇，朴实而空灵，浅近而幽远的韵味，只有在生命的体验中才能呈现。

自然之美，只有在心灵的真实意境和生命的生态形象里才具备其完善的形式。通常的自然之物，虽不乏美的闪烁，但不是完美无缺的。天工自然造化之后，仍有人类文化工艺智能的施予。工艺美术便是借助人的创造活动，最大限度地展现自然物美好形象的艺术部门，是和合美学的技术性学科。建筑、雕塑、园林、盆景、瓷、漆工艺、编织工艺、涂染工艺、刺绣工艺以及现代摄影艺术等等，都是工艺美术的具体内容。

工艺美术产生于生产和生活实践，又高于普通的工艺制造技术。它是创造美的具体形态的工艺制造技术。因此，工艺美术不仅不脱离经济利益的功用事业，而且高屋建瓴，从艺术和合的高度反过来成就人类的功利活动和实用价值追求，使功利价值具有艺术化的特征和审美意义。成就功利，成全功利，是工艺美术的融突和合原理。

## 二、审美活动与美学体系

充实而自然之美，只有在心灵的真实意境和生命的生态形象里才具备其完善的形式。人的生活、命运和情感，以及人的生存与死亡、爱情与仇恨、痛苦与幸福，都是艺术生命的真正意蕴。

心灵意境和生命意象，要穿透光的层次和秩序的网幕，才能呈现艺术之美。这网幕便是主体的心灵意境与线、点、光、色、形体、声音等之色相冲突、融合，而达到和合化境。艺术之美展现了人的完美的形象和本质、价值和意义，使人的意义世界闪烁其魅力。

### （一）美学的现代发展取向

艺术之美，便是美学所研究的对象之一。美学源自希腊文 Oncotrnos，是关于感觉性的学问的意思。英语为 Aesthetics，德语为 Aesthetik。当美学把艺术作为其研究对象时，为艺术价值规定了一系列标准，这些标准被视为美的条件，而为历代的美学家所接受、补充和修正。[①] 西方以美学为"感性学"，也称之为"美的科学"或"艺术哲学"。之所以如此，是基于对美学对象的不同解释。感性学以美感或审美意识为对象；美的科学以美本身即美的本质为对象；艺术哲学以艺术为对象。

西方美学从 20 世纪以来，大体可分为美学基本范畴结构的建立（1900—1950 年）、美学体系建构（1950—1960 年）、现代美学到后现代美学（1960 年至今）三个阶段。

第一阶段是美学基本范畴结构的建立，美的本质的失语。分析美学认为传统美学的"美是什么"这样的形而上学的命题，是假命题，是不可证实的，是无意义的。把它当作"真"是对于语言的误解。维特根斯坦认为，美学"这一论题是极大地、甚至是完全被误解了。如果你能察看一下句子的语言学形式，那么你立即就会发现'美的'这个词甚至比其他绝大

---

① 参见［美］M.李普曼：《当代美学》，邓鹏译，58~61 页，北京，光明日报出版社，1986。美学一词是德国鲍姆加登于 1750 年提出的。

部分的词更容易被人误解"①。"美是什么"从一般语句形式看，就如×是什么。×可换成任何实词，即"氪是什么"一样。但前者是形上学，后者是科学，不可以后者可定义而去定义前者。

这个阶段还包括心理美学、形式主义美学、表现主义美学、精神分析美学和存在主义美学等。克罗齐《美学》（1902年）是新美学兴起的标志，并构成了一个心理学美学的潮流。心理学美学在无法从客体对象中寻找美的本质时，便到人心中去找，认为任何美的实质，就是美感。美感是主体心理对某事某物的感应。它们从直觉、孤立、移情、内摹仿、距离等方面寻找美感的本质。它们尽管各有区别，但构成了一个完整的审美欣赏过程理论的各个环节。比如人待物时，必须与自己待物的实用态度和认知态度拉开距离，才能由实用主体、认知主体转换为审美主体；审美主体与世界的关系是隔断的，既无实用对象，亦无认知对象，而是一孤立对象，即摆脱了自己的多种属性，只将自己形态、色彩、风貌呈给主体，成为审美对象；审美对象就是与功利、概念无关的直觉意象；直觉意象的本身就意味着主体的凝神程度，审美主体便依对象的形、色、态、韵进行内摹仿活动；审美主体的内摹仿会产生一种心理上的对应，即内心情感，这种由对象而引起的审美情感与审美客体本有圆通之点，客体虽无情感，但随着主体情感的移入，便带有了人的情感，与主体投入情感交流、应答、共鸣的境界，即审美的最高境界。②

如果说20世纪最初十几年关注审美心理的建构，那么，其后则建立艺术形式。克莱夫·贝尔（Clive Bell，1881—1964）和罗杰·弗莱（Roger Fry，1866—1934）提出了形式主义美学理论。贝尔从世界艺术

---

① ［英］维特根斯坦：《美学、心理学和宗教信仰讲演和对话集》，见蒂尔曼·卡恩编：《艺术哲学与美学——从柏拉图到维特根斯坦》，515页，纽约、伦敦，1969。维特根斯坦出生于奥地利，后移居英国，在剑桥大学任教。

② 参见张法：《20世纪西方美学史》，24～32页，北京，中国人民大学出版社，1990。

如圣索菲亚教堂、墨西哥的雕塑、波斯的古碗、中国的地毯、帕多瓦的乔托的壁画等作品中，追寻其共有的性质，"那就是有意味的形式"①。弗莱在《视觉与图像》中认为，绘画的色彩、线条构成的形式，比故事性内容要丰富。两人都以形式为第一性的。对于贝尔的"意味"，有人理解成"理念"的替身；也可以说形式自己建构自己的意味（内容），当形式存在时，意味就呈现出来。形式主义美学是从文学到绘画、从东方到西方的殊途同归的运动。

表现主义美学的代表是克罗齐和英国哲学家科林伍德（Robin George Collingwood，1889—1943）。克罗齐的《美学原理》与科氏的《艺术原理》的核心意蕴，就是表现。前者论述了"直觉与表现"。直觉与逻辑是知识的两种形式。直觉并不依赖于逻辑或概念，它是一种心灵活动。审美直觉是心灵的主动活动，它不是心理的感受和印象，而是一种形式把握。直觉是形式，亦是创造，即心灵直觉创造。这种直觉创造即是表现，直觉的表现是心灵的自主活动和创造性表现，而不是对现实的模仿。克氏的理论结构是直觉—形式—创造—表现，而与概念—印象—模仿—再现无关。科氏自认为受克氏的启示，并继承克氏。他认为艺术是富于想象力的表现，并论证了艺术与情感表现之间的关系。作为想象即表现，强调了相对于感觉的心灵的主动性和从感受到想象的变化过程。主体意识把感觉经验分为注意的与不被注意的，注意的融进来，转换为主体所有物；不被注意的逐出去。意识对于注意与不注意、来与去的挑选感觉印象而言，是直觉的；对于把感觉经验变形为想象的功能而言，是创造；就其变形的结果而言，便是表现。经变形的表现，便不同于外物和感受，就是想象。两人的表现理论可以互补互济。表现所意蕴着的是超物理事实和感觉经验的主观心灵，

① ［英］贝尔：《艺术》，4页，北京，中国文联出版公司，1984。

它不受制于概念和现实，能给心、情、象以相应的传达，并以主观的真诚表现来建立审美世界。

克罗齐从知识的分类中辨析出美的非概念性，使理性丧失了在美中的地盘。弗洛伊德作为精神病医生，寻求人类普遍的心理机制。他在用理性探究人本身时证明了理性的虚假。弗氏以意识、前意识、无意识来描述人的心理。无意识是人作为生命存在的一种本能的追求，它追求本能的快乐，即快乐原则。意识遵循现实原则，它压抑无意识，只能让无意识本能地以现实所允许的方式出现。梦是无意识最活跃而意识相对放松的时候。梦蕴涵着"显意"与"隐意"，前者是梦的表面情景，后者是梦境的无意识状态。艺术在本质上是无意识活动。无意识难以确定其内容，得到的只有隐喻，隐喻是现代文艺的特征，亦是现代美学的表现特征。艺术作为一种隐喻是无疑的，但所隐喻的内容却是不确定的。这就是说，弗氏给出了一个隐其所喻的隐喻。

荒诞是存在主义美学的特征。当传统哲学的世界统一性、规律性、必然性受到现代科学的挑战时，人的自我性、个别性、偶然性显现其魅力。不是世界而是自我决定自我；不是上帝、绝对理念、普遍规律而是个人本身才有意义；历史不是必然进化的，而是充满各种可能性。世界、规律、必然、历史失去了对自我、个别、偶然、可能的支配。在这个冲突中，便孕生了自由和荒诞这个一体的两面。存在主义把西方传统哲学中物质与精神这两个根本范畴统统化为虚无。海德格尔化"有"为"无"，便化解科学的打击，超越知性的局限。事实上"无"成了形上学的代替者。如何对无进行思考？海氏避开逻辑和知性，主张用自己在世的基本经验和体验来证明无的存在，这样便从哲学转向美学。[1]

---

① 参见 [日] 今道友信等著：《存在主义美学》，崔相录、王生平译，沈阳，辽宁人民出版社，1987。

萨特在《存在与虚无》中认为，意识本身是不存在的虚无，意识对象在心中出现时，意识这个虚无附于对象上，成为对象的意识，便化无为有。这就是说，无上帝和规律的人的荒诞感，便走向经验、体验、情感和心灵。这样荒诞的自由的本真存在，却伴随着孤独、恶心、焦虑和畏惧的体验，逃避自由的非本真存在，又受无聊、死亡的鞭挞。人就是不断地在此两难循环中煎熬。卡夫卡小说和荒诞派戏剧是荒诞感的一极，凡·高的充满狂情的画和海明威文学形象是荒诞感的另一极。在一个没有上帝和规律的世界上创造自己命运的悲剧感，是现在荒诞感的核心内涵。

形式主义美学的初衷是想在传统本体被打破后，重新确立艺术本体，结果却走向形式；表现主义美学在追究自律中走向孤立绝缘的直觉，由直觉推向表现；精神分析美学需要在扑朔迷离的艺术和梦中得到象征结构，其结果是象征本身蕴涵着隐喻；存在主义美学要描述人在无上帝和规律的世界上的自由，这种自由就是荒诞。无论是从内容→本体→形式，从再现→直觉→表现，从典型→象征→隐喻，从美和崇高→自由→荒诞，还是从形式→表现→隐喻→荒诞，都充塞着非理性的气氛。①

第二阶段是 20 世纪 50 年代的西方美学。它在前 50 年的深入发展，为美学体系的建构提供了有利条件。它包括具有包容万有的雄心的托马斯·门罗（Thomas Munro，1897—1974），他发展了自然主义美学。早期自然主义美学的代表乔治·桑塔耶纳（George Santayana，1863—1952）在《美感》中把审美判断与道德判断分开来，把美规定为"美是客观化的快感"②，即一种自然的快感，它可以由经验来证明。他认为功利是造成美感的一种因素，比如自然界的组织原则（适者生存）和艺术的组织原则

---

① 参见张法：《20 世纪西方美学史》，35～90 页。
② ［美］桑塔耶纳：《美感》，36 页，北京，中国社会科学出版社，1982。后来桑氏在《审美范畴的易变性》一文中声称他改变了原来的规定，认为审美愉快正如色彩给人的愉快一样，既非客观，也非主观，而是"中立状态"。

（建筑形式）都是功利，以建构自然化、经验化美感体系。自然主义美学以面向科学为目标，把美和审美看作是一种自然现象。门罗的《走向科学的美学》就意蕴着这样一个愿望，并以泛艺术的概念来涵摄自己视野所及。他给美学作这样的陈述："主要目的是掌握艺术以及与之有关的人类行为和经验模式的知识，并试图理解它们。美学旨在叙述和解释各种艺术，包括它们极其多变的形式和风格，它们在各种文化环境中的起源、发展和功用，作为它们的基本人类本质，以及它们的心理和社会的过程"①。这是对美学基本内涵的规定。叙述和解释各种艺术的多变的形式和风格，需要通过语言这个重要工具。语言含糊，美学便难以走向科学。因此他把美学词汇分为描述性词汇和评价性词汇。从观察这个角度，他确定美学主要研究艺术品和与艺术品有关的人类活动这两组现象。前者是艺术品的形式，即审美形态学，后者是审美心理学。审美形态学用科学的方法对艺术进行分析、描述、分类，不讲美的本质。审美心理学的内涵是审美经验，是心理的一种复合结构。

格式塔心理学美学的重要概念是"完形"。完形是由知觉活动组织成的经验中的整体，或知觉的组织中呈现出来的式样，它把审美对象和审美主体联系起来。阿恩海姆（Rudolf Arnheim）在《艺术和视知觉》（1954年）中认为，完形意蕴两个因素：一是力的式样。图形（绘画）中的力不是理智判断或想象出来的，而是眼睛感知到的。它客观地存在于知觉中和完形中，是一种心理力。二是自发地追求一种平衡。力的明显、隐含、运动趋向都围绕着平衡进行。之所以追求平衡，是因为无论从人与物理世界具有宇宙的一致性而言，还是从人作为开放的生命系统来看，都要求达到平衡。这个平衡的中心点充满着活的张力。有生命活力的平衡，构成了一

---

① ［美］门罗：《走向科学的美学》，483 页，北京，中国文联出版公司，1984。

切完形的两大原则：简化和张力。完形从客体视角是结构，从主体视角是组织。在一定条件下，视觉刺激物被组织得最好、最规则和具有最大限度简单明了性的完形，称简约合宜完形，它遵循视觉组织活动的简化原则。

简化以分离方式组织视觉对象，并以尽量少的结构特征把复杂材料组成有序整体。简化以变的趋势去获取平衡，获得美的完形。式样的简化，意蕴着这个式样的内张力的减少，但并不是排除张力。简化在某种意义上也是一种张力。张力是有机体追求平衡的一种方式，它与有机体和环境交换能量、反抗熵的增长的趋势相一致。它使静态的造型艺术变成不动之动，即具有倾向性的张力；并超越古典和现代艺术的对立，在"从最小的视觉张力到最大的视觉张力之间的等级序列中，为每一种特殊的风格找到一个位置"[①]。简化与张力这两种模式都是以宇宙自然和人生的动态平衡为基础的。格式塔心理学美学对于力与成分、轮廓与骨架的论述与中国美学的气韵、风骨、形神、神气等有圆通之处。

现象学美学把审美心理和艺术构成一完整体系。其代表人物是胡塞尔现象学方法的受益者法国美学家杜夫海纳（Mikel Dufrenne，1910—1995）。他的《审美经验现象学》（1953 年）从现象出发追究本体，意向性和对象贯通艺术和审美心理两个领域，在审美对象的本质直观中化解审美心理与艺术在客体对象上的宽窄冲突，以开放性化解体系与多元竞争的冲突，等等。

杜氏认为审美对象是艺术作品加审美知觉。艺术作品经表演，即向意识显现，才从潜在存在进入实际存在。表演者与观者（目击者）既差分又融合，表演把作品具体化，目击者卷入作品世界，与作品共在，达到主客的冲突融合。通过这种融合和共在，作品真谛显现出来，获得存在。这是目击者犹如海德格尔的"此在在此"。杜氏认为与艺术相对的客体有：生

---

① ［美］阿恩海姆：《艺术和视知觉》，607 页，北京，中国社会科学出版社，1984。他在 1940 年从德国移居美国。

命客体、自然客体、功用客体、意指客体。对这些客体施予审美知觉，它们也能成为审美对象。各门类艺术作品的共性是和声、节奏和旋律，比如音乐是时间性的、抽象的听觉艺术；绘画是空间性的、具体的视觉艺术，两者冲突，但在共性中，两者是融合的。艺术作品的基本结构是感性、主题和表现。这三层结构在审美知觉中才能出现，是审美知觉意向性活动结果。审美知觉在欣赏艺术活动中分为呈现、再现、情感三个阶段。如果艺术作品的基本结构和审美知觉的活动过程显示出来，审美对象和审美知觉的普遍性便在现象直观中呈现。那么，主客体的融突等普遍性东西如何可能？杜氏认为，"主体在每一层面上都以一种新的形式出现——在呈现中作为活的身体，在再现中作为非个人的主体，在情感中作为深度的自我，正是在这些形式中，主体相继设定了活的、再现的和情感世界的关系"①。这样，审美经验的现象过程是可以把握的，其本体意义也可以确立。

符号学美学的苏珊·朗格（Susanne K. Langer，1895—1985）得益于卡西尔的艺术符号论。②卡西尔认为，艺术的最大魅力是展示事物的各方面的无可穷尽性。③朗格亦认为，"生命感是常新的、无限复杂的，因此，在其可能采取的表达方式上也有无限多样的变化"④。朗格剥去卡西尔关于艺术符号的外在形式，将其内化为生命、情感形式，并以情感的形式来建构其艺术体系。她认为艺术是关于人类情感的符号形式的创造。音乐、绘画（由装饰切入）、文学（由诗歌切入）等透出艺术符号的情感形式。各类艺术的总特征就是幻象。幻象不以现实为尺度，而以自身为尺度，表现为艺术幻象的多样性。艺术幻象作为艺术形式，包含情感的内容，并神

---

① ［法］杜夫海纳：《审美经验现象学》，445 页，美国西北大学出版社，1973。
② 朗格在她的《情感与形式》一书的首页写着"谨以此书纪念厄恩斯特·卡西尔"这样几个大字，中译本为刘大基等译，北京，中国社会科学出版社，1986。
③ 参见［德］卡西尔：《人论》，184 页。
④ ［美］苏珊·朗格：《情感与形式》，380 页，北京，中国社会科学出版社，1986。

合于生命形式。生命形式具有能动性、不可侵犯性、统一性、有机性、节奏性、不断成长性等特征。[①] 这就是从艺术形式超越现实后又回到了人这里，发现了艺术结构与生命结构的近似之点。

第三阶段是后现代主义美学，主要有结构主义、解构主义、解释—接受等美学流派。结构主义之火是由列维-斯特劳斯点燃的。他把索绪尔的结构主义语言学的方法运用于人类学。原始文化中的神话是人类学研究的重要内容。他通过神话分析，即美学分析，以探索原始文化的深层结构。他以希腊神话中俄狄浦斯的故事，选取每个情节的神话素（要素单元），并进行排列配置，列出语言学式的图表（见表 17-2）。

表 17-2

| Ⅰ | Ⅱ | Ⅲ | Ⅳ |
|---|---|---|---|
| 卡德摩斯寻找欧罗巴 | | 卡德摩斯杀死毒龙 | 拉布达科斯＝瘸腿<br>拉伊俄斯＝左拐子<br>俄狄浦斯＝肿脚 |
| | 土生人互相残杀 | | |
| | 俄狄浦斯杀拉伊俄斯 | 俄狄浦斯杀斯芬克司 | |
| 俄狄浦斯娶伊俄卡斯达<br>安提戈涅埋葬其兄 | 厄忒俄克勒斯兄弟残杀 | | |

表中横读是历时性故事，纵读是神话在时间之流中不断向我们提示作为结构要素的候选者，并发现共时性的结构。这一纵横结构正似语言学的二项对立，每一要素的意义在上下联系中表示出来，包括语言和言语的意义。Ⅰ纵行的三个要素显示一个共同的神话深层意义："过分高估了血族关系"；Ⅱ纵行三个要素的共同内容是"过分低估了血族关系"；Ⅲ纵行是人与兽的关系，毒龙是地里生出，杀死两怪兽是对人类起源于大地的否

---

① 参见［美］苏珊·朗格：《艺术问题》，50 页，北京，中国社会科学出版社，1983。

定；Ⅳ纵行三个人名的共同含义是行走困难。按希腊人的意思，"人类从大地深处出现之时，要么不会行走，要么行走极为不灵活……因而Ⅳ纵行的共同特点是：坚持人类由大地起源"①。这种结构主义的神话分析，是对故事的拆散、重组、结构意蕴，它不重故事的情节，而重结构的意义。拆散就是要素的冲突（Ⅰ和Ⅱ纵行的冲突，Ⅲ和Ⅳ纵行的冲突），重组就是要素的融合，结构意义是和合。在这里体现结构整体性、转换性、自调性和动态性的特征。

解释—接受美学的内在精神的体现者为伽达默尔（Hans-Georg Gadamer，1900—2002）。他的《真理与方法》从美学切入而达解释学核心。接受美学是从解释学核心发生的。这就是说，不理解解释学就难以洞悉接受美学的内在精神，反之，解释学的普遍性亦有赖于接受美学的阐释。两者异而同源，都源自解释学对人之在世、人与文本关系的新注释。就解释—接受美学的内在精神而言：超越传统认识论的模式，转换主客二分、自然与文化以及交际工具；肯定偏见、前理解和解释循环；人是有历史性的，因而人是未完成的，人通过解释传统而使传统存活，这就是选择传统、改变传统的活动。从历史的未完成和意义的未确定中，给出人的主动性、开放性、创造性。人在过去、现在、未来的关系中。今人来自过去的历史，要继续存活，要进入现代。后人如何理解历史，历史如何影响后人，这便是效果历史意识，并以理解作为存在方式。接受美学和读者的反应批评对解释学从美学上作了精妙的演绎。

姚斯（Hans Robert Jauss，1921—1997）依伽达默尔的理解、解释，运用三位一体理论，把对经典文学作品的解释分为初级、二级、三级阅读。初级是审美感受阅读；二级是在反思解释视野中寻找与形式一致的意

---

① ［法］列维–斯特劳斯：《对神话的结构研究》，见《文艺美学》第二辑，296 页，呼和浩特，内蒙古人民出版社，1985。

义；三级是历史理解阅读①，冲破自身的局限，进入文本的效果历史。伊泽尔把解释学运用于阅读活动研究，对文本的"语蕴"和读者的移动视点作了阐发。当文本面对读者时，文本本有的社会规范内容、文学传统内容与读者所处社会环境和规范背景就有冲突，语蕴在重新融合中就产生了新的功能，比如使文本的"空白"填充丰富起来。这个"空白"意指文本的整体系统的空缺。② 在阅读中视点不断向前移动，"移动视点的综合运行，使文本通过读者的头脑作为一个不断扩展的联系网络"③。阅读视点不断前移的过程，又是一个旧的视野不断为新的视野否定的过程。正是这个否定，使读者从一个境界进入更高境界。

法兰克福学派的美学是在对后工业社会的批判中形成的。现代高科技使整个社会的文化的独立性、自主性和批判性都在商品化的形式下高度地统一化、标准化、精致化了。文化艺术成为商品，成为一种工业，其特点是大众传播媒介——电影广播电视与社会融为一体，深入千家万户，占领人们从事社会反省、艺术思考、审美享受的工夫。法兰克福学派肩负了社会批判（文化批判）的重任，其代表人物是本雅明（Walter Benjamin，1892—1940）、阿多尔诺（Theodor Adorno，1903—1969）、马尔库塞。阿多尔诺认为，"美学范畴必须结合两个方面才能定义，一是艺术和世界的关系，二是艺术对世界的拒斥"④。艺术应以自己的自主性否定社会，才成为艺术。同时就承认了自己从中取得自主的社会存在，以及使自己处于一定关系中的社会存在，这样又否定了自己的自主性，两者只有相互作

---

① 参见［德］姚斯：《走向接受美学》，见《接受美学与接受理论》，192页，沈阳，辽宁人民出版社，1987。

② 参见［美］伊泽尔：《阅读活动》，82页，约翰·霍布金斯大学出版社，1978。

③ 同上书，116页。

④ ［美］阿多尔诺：《美学理论》，201页，罗特里基和卡根保罗出版社，1984。他1934年为避纳粹到英国，1938年到美国，并定居美国。

用，而无同一。它们否定同一性，是基于人的个性、丰富性在社会的统一化、标准化、机械化中消失，使艺术个性蜕变。比如：（1）艺术灵气的消逝。本雅明认为，艺术中最重要的东西，即艺术之为艺术，是艺术作品的"灵气"。"灵气"是指作品和观者在以一种主体对主体的交流状态中，观者以完满的心态、无意识记忆方式和自己独特性对待作品的独特性；作品也以一种生动性，它在观者注视自己时有神秘地回看观者的能力。在电影中，由于商业化、技术化、世俗化，灵气消失了。在阅读艺术作品时，有个人的沉思和想象，但电影使观众不停地跟着银幕走，不容许有沉思和想象。（2）艺术自由的泯灭。现代一切艺术都被纳入了广播电视系统，艺术企业化、商品化。电影把各门类艺术创造过程，变成制作程度的技术过程，文化企业成为社会工业的一部分，与制片厂的技术化、商品化相一致，艺术创造的个性、规则，为商品消费规则所代替。经验和艺术从原来是个性对共性、自由对法则的圣地，变成了与社会总体相同一之中。

因此，马尔库塞认为，这是一个技术化了的单向度社会，它把艺术、政治、宗教、哲学甚至从事这种文化创造的人，统统变成了一种商品形式，文化艺术完全丧失了其个性和自由。现代艺术中的世界以一种扭曲的艺术形式表现了对现实世界虚假整体同一的抗议，个人以自我破碎来批判社会的完整。所以，卡夫卡小说中的人物，都是一些卑弱、迷惘、变态、萎缩、孤独的人；在毕加索的《格尔尼卡》这幅名画中，呈现的是一个变形、畸形、丑陋、疯狂、破碎的世界。"只有艺术的非人性，才道出了它对人类的信仰"[1]。在现代艺术个性萎缩里，真正的个性才能保持。

解构主义美学的代表人物是德里达（Jacques Derrida，1930—2004），他把批判的矛头指向作为结构主义理论基础的索绪尔的语言理论。索绪尔

---

① ［美］阿多尔诺：《美学理论》，243 页。

认为任意性和区分性是语言符号的两大原则，符号内部是能指与所指，外部是此符号与他符号的区分。然而"语言是表达观念的符号"的观念是实在的，这样任意性和区分性只涉及能指。德里达认为，符号中能指和所指是一整体，不可分，任意性和区分性就应涉及能指和所指。索绪尔之所以偏离自己的出发点，就在于传统形上学的作祟，如柏拉图事物背后有理念，黑格尔现象背后有本质，弗洛伊德意识下面有无意识，海德格尔存在者的根据是存在，在索绪尔这里便是能指后面有一个固定的所指。

德里达从区分中揭示共时性系统的破绽，并从区别本身引出历时性的延搁。区别与延搁都显示意义的脆性。他造了一个超越于词、概念、范畴之外的"分延"这个词，逻各斯中心主义阙如里有存在（在场→阙如［存在］），德里达阙如后无最终实体的存在，只有"分延"（在场→阙如［分延］），前者把在者引向整体—结构—中心—本源，后者只有非整体、非结构、非中心、非本源的分延。"分延既不是一个词，也不是一个概念"[1]，即"既非实存，也非本质"[2]。由于阙如，才有印迹，印迹总在现存事物中显示，它是在场的阙如。海德格尔由印迹而追寻隐藏着的存在，德里达认为，印迹暗示的是在场之物与不在场的分延之网的联系。因此，印迹的真正意义是根源的消失。寻迹是基于存在者后面有存在这一假设，由于深层本质不存在，寻迹便不是寻根，而是"替补"，表示增补、替换之意。替补意味着存在的虚实。替补以传统为参考系，从字面上讲，替补是消极寻找替身。词、文本自身不能说明自己，需通过系词"是"给自己找替身。"扩散"肯定了无穷的代替[3]，显示了无穷的分延网里文本自身的主动性，标志着不可化约的和能产的多重性。文本不是由深层结构所制约，

---

① ［法］德里达：《言说与现象》，130页，美国西北大学出版社，1973。

② 同上书，134页。

③ 参见［法］德里达：《立场》，86页，芝加哥大学出版社，1981。

它可自由地获取意义和自由地被解释。文本的每一次解释，既是替补，又是扩散。文本的多义性否定了一个起源和结构。①

凡此种种美学流派，犹如急流中的浪潮，一浪推一浪，一潮接一潮，使人目不暇接。这说明西方美学有其自己的古希腊罗马传统和 20 世纪演化的脉络，而美学这一传统和演化，又与西方哲学的传统和演化脉络息息相关，相互渗透。现代高科技的普及化，信息网络的国际化，大众广播媒体的卫星化，使各门艺术都面临着严峻的挑战。艺术的出路在哪里？文化的出路在哪里？不能不使人们忧心忡忡！

### （二）审美活动关系的主客体

20 世纪的美学思潮，像哲学思潮一样，像走马灯似的一闪而过，但都在历史上刻下了一道痕迹。在现代艺术的技术化、商品化、同一化代替了高雅化、想象化、独创化以后，艺术呼唤自己的命运，美学亦呼唤自己的命运。

现代高科技把地球变得越来越小，以往地域性美学的发展，如西方美学不讲东方美学等偏颇，就需要打破；时间上的传统美学与现代美学的冲突，也需要融合；美学与其他有关学科的关系，亦需在互动中互渗互补（如和合学八维关系）；等等。上述所指都在冲突融合中和合，从而化生和合美学。

和合美学是基于对世界上东西两大美学体系的圆通，传统与现代美学的圆融。20 世纪五六十年代，中国虽然有过美学讨论，但囿于以批判传统美学和所谓唯心主义思想为目的，而没有从美学思维的创造性方面用力，也没有机会借鉴当时西方美学理论研究的成果。这样，既把传统美学

---

① 参见张法：《20 世纪西方美学史》，185～266 页。

像脏水一样地泼掉，又把西方美学拒之门外，使美学思维创造既失去了源头活水，又丧失了外在参照、吸收、冲击的机缘，只能在闭门思过中过活。80 年代以后，西方美学理论被大量介绍进来，激发了中国美学的活力和风气，中国美学逐渐从闭门思过中走出来，环顾世界，眼花缭乱，然仍未能对西方美学理论的挑战做出创造性的回应。如要做出创造性的回应，必须转变以往美学研究在"本体论—认识论—本体论"圈子里循环的观念和方法，敞开心胸，广结善缘，吸收、继承东西方传统美学，又超越东西方传统美学，建构中国现代美学理论模式，走向 21 世纪。

和合美学所面临的不仅是本体的与非本体的、合理的与工具的、抽象的与经验的、哲学的与艺术的冲突和融合，而且有情感的与理智的、独创的与同一的、个性的与共性的冲突和融合，以及传统的与现代的、西方的与东方的、本土的与外来的等等的冲突和融合。之所以有此冲突，乃"道不同，不相为谋"之故。各家各派道不同，以致相互冰炭。然相反相成，和而不同，故冲突而能融合。在此纷纭繁杂的冲突融合中，要达到和合，就需寻求融突的基点，这便是美学的文化人文精神。

美学作为一种文化现象，它存在于人的文化活动的关系之中，无人的文化活动的关系，也就无所谓美学。人的文化活动的关系包罗万象，美学只是把这种文化活动的关系中的某些方面、侧面、层次作为自己研究的范围。即使是与美学直接相关的文化活动关系中的文学、绘画、音乐、诗歌、建筑、电影、舞蹈、戏剧、园林、城市、环境等等，也只是这些学科审美体验、审美快感、审美活动等方面，而不是电影、建筑、城市、舞蹈、文学等的所有方面。

美学作为人的文化活动的关系现象的核心，是审美活动关系。构成审美活动关系，就需要具备审美主体、审美客体、审美主客体的联系，以及实现这种联系的审美心理活动四要素。审美主体无疑是指人，只有人才能成为审美主体，然而进入审美"心境"的人，却不是"常人"，而是处于特殊环境、具有特殊"心境"的人。海德格尔所说的"常人"，是指"杂然共在把本己的此在完全消解在'他人的'存在方式中，而各具差别和突出之处的他人则又更其消失不见了"①。这是一个丧失了个性和真正属于自己的东西的人，他甚至连自己都不认识。这样的人无所谓审美活动关系的"心境"，只有那种抖落自己全身的"外套"，而以赤裸真诚与"物游"，去体验、挖掘、品尝甚至抚卷难平、夜不能寐、感愤激昂、不能自止的人，才能进入与"物游"的审美活动关系的"心境"。

　　前不见古人，后不见来者。念天地之悠悠，独怆然而涕下！（陈子昂：《登幽州台歌》）

怆然涕下是陈子昂在斯时、斯地、斯情的审美活动关系中的"心境"，即神与物游的神的呈现②，也就是进入审美活动关系中的人，即审美主体，或曰"神"。

作为审美活动关系中的审美客体，即神与物游之"物"③。此物并不是自然界的一般的物或社会生活中的一切事物，审美主体对此类物是纯然淡漠的。自然景物或社会生活器具只有脱去了僵死的外表而生机盎然地展现在观者面前，才进入作为审美对象的环境。"真山水之云气，四时不同。春融怡，夏蓊郁，秋疏薄，冬黯淡"（郭熙：《林泉高致·山水训》）。山水云气以其感性的外在样式，进入主体的观照之中，主体在对象中发现了某种动态的生命、意蕴和精神，而在欣赏时发出了赞美。这种赞美，不是赞美山水云气本身，而是赞美对象所蕴涵着的生命精神。郑板桥画竹，不特

---

　　① ［德］海德格尔：《存在与时间》，156 页，北京，三联书店，1987。
　　② 神与物游一词被成复旺《神与物游》一书（北京，中国人民大学出版社，1989）所发挥。刘勰《文心雕龙·神思》曰："故思理为妙，神与物游。"
　　③ 物之内涵，参见拙著：《中国哲学范畴发展史（天道篇）》，《物论》，204～260 页。

写神，而是写生。瘦劲孤高，是神；豪迈凌云，是生；依于石而不囿于石，是节；落于色相而不滞于梗概，是品。有似乎君子不为俗屈。这就赋予了竹以生命品节、君子人格。这竹是自然之物，又不是自然之物；是竹本身，又不是竹本身。与其说是竹的品德操守，不如说是人的生命人格。人在对象身上发现了自己的情感、忧思、愤慨、品格，其实是人自己的投入过程。

在审美活动的关系中，审美主体与审美客体都处于这样的关系之中。惟其有这种关系，才各自获得自身的"格"，即作为各自的自身的那个样态。审美活动关系中的审美主体与审美客体两方，亦是相互生发、相互贯通的。作为一个有知、情、意的审美主体生命，是把自己的生命、前经验、前识带入审美活动关系之中。不仅一千个读者有一千个哈姆雷特，而且即使是对审美对象进行补白，不同的人面对同一对象，由于人的心情、素质、观念、想象、体验的不同，也有不同的审美感受和审美体验。王安石和郑清之同为北宋人，且均居高位，他们在咏杭州高塔诗中所呈现的感受、意向却迥异。王安石《登飞来峰》："飞来山上千寻塔，闻说鸡鸣见日升。不畏浮云遮望眼，自缘身在最高层。"（《临川先生文集》卷三十四）郑清之在《咏六和塔》中说："今日始知高险处，不如归卧旧林丘。"王安石决心变法，以其"三不畏"的精神，自信以其身居高层的权力，能排除险阻，推行变法；郑清之却感受到身居高层的可畏、官场的险恶，不如归隐山林，以图清静。

审美主体感受、体验关系中的景物，依审美主体而呈现出不同的样态，并获得不同的审美感受和体验，这样，作为审美客体的物，并不离开审美活动的关系，而是在审美活动的关系中比照着审美主体的不同而育成。主体之所以成为审美主体，是因为感性的、生动的、个性的客体景物，才使主体呈现为审美主体，并勾起审美主体无限情思、怀念和依恋。

"闺中少妇不知愁，春日凝妆上翠楼。忽见陌头杨柳色，悔教夫婿觅封侯。"（王昌龄：《闺怨》）深闺少妇出门踏春时，怀着喜悦的心情打扮了一番。然而忽然发现远处杨柳泛绿，野花烂漫，对对情侣携手踏春，回想往年今日自己曾和情郎一同踏春的无限欢乐，而今他为求取功名，出门在外，自己独守空房，不免暗暗伤神。这便是审美活动关系中的情与景、心与物。

在这里，"闺中""春日"是时空要素；"翠楼""杨柳色"是景物要素；"少妇""夫婿"是人的要素；"不知愁""凝妆""悔教"是心情要素。这首诗由此四要素构成。在这里，景物是特定时空中、主体人的心情中的景物。这就是说，作为审美客体的景物要素，如果不被掷入这个特定的时空要素和审美主体的心情要素之中，就不会与审美活动的关系发生联系。景物只是景物，而不构成审美客体。心情要素也只有投入人的要素和景物要素之中，与审美活动的关系发生联系，才能触景生情。情不自起，因景而兴；情不自兴，借景而起。景促成了人的要素进入审美状态，而成为审美主体；人的要素借景物要素而引发情，又使景物要素进入审美状态，而成为审美客体。此四要素只有在冲突融合中，才能展现审美活动的关系中的审美主客体。

在此审美活动关系的四要素中，心情（情感）要素是沟通、实现四要素联系的中介。心情是审美的心理机制，它包括审美心理结构和审美心理尺度。审美活动的关系需要通过审美心理活动来实现，它能激发、指导、规范审美主体的审美活动，这便是审美心理结构，它的外在表现是审美理想和审美趣味。同时，审美活动的关系又是观照内在审美心理尺度的，并受其制约。它的外在表现为审美标准。审美活动关系的心理机制是，经感觉、知觉、联想、想象，审美活动关系由潜在状态而向现实状态转变，并达到一种审美愉快。审美愉快，是审美活动的关系中的一种综合性的心理效应，它是具有强烈的情感意味的愉快。这种审美愉快，便是审美情感的一种感受、体验。

审美情感或称为审美心情。审美心情既有审美愉快亦有审美不愉快，包括快感与痛感、感奋与悲慨、激昂与低沉等情感。审美情感不是审美活动关系的目的和终极，它伴随着审美活动的关系，融注、贯通于审美活动关系的全过程。

审美情感在审美活动的关系中之所以获得愉快，是由于审美主体与客体在审美情与景、心与物、审美结构与功能等的既冲突又融合中，获得了一种和合。和合是审美情感的境界，亦是审美活动的关系的本质。无融突的和合，就不能构成审美活动的关系，审美活动只有在关系中才存在，即审美活动是在关系中的活动。离开审美活动的关系，就无所谓审美活动。审美活动的关系本身就意蕴着冲突与融合。因此，审美活动的关系就是和合。和合既是中国文化人文精神的精髓，亦是中国各家各派美学思想的人文精神的精髓。和合是中国美学殊途同归之"道"。因此，和合学美学又称和合美学。

### （三）和合美学的结构体系

和合美学以审美情感为中心，以审美活动的关系为纽带，以艺术和合的范畴为框架，构成和合美学的整体体系：

$$
\text{和合美学}
\begin{cases}
\text{审美生存情感}
\begin{cases}
\text{心境——审美生态学} \\
\text{心理——审美心理学}
\end{cases} \\
\text{审美意义情感}
\begin{cases}
\text{心性——审美人格学} \\
\text{心命——审美教育学}
\end{cases} \\
\text{审美可能情感}
\begin{cases}
\text{心道——审美哲学} \\
\text{心和——审美境界学}
\end{cases}
\end{cases}
$$

和合美学体系是一个开放的而不是封闭的、变易的而不是恒常的、相对的而不是绝对的、多样的而不是唯一的架构。这个架构在历时性与共时性的互渗互动中，趋向更完善。

审美生态学考察审美活动的关系是在何种生态环境中发生、形成和演变的，考察在不同的历史阶段、不同的民族或文化圈内审美氛围中的审美活动的关系的不同形式、形态、风格和精神，以及不同的审美生态环境对审美活动的关系所造成的影响和作用。它与文化人类学、发生学、民俗学、生命科学相关联。

审美心理学是阐释审美活动的关系的审美主体的心理结构、心理尺度、心理机制和心理素质的培育的审美心理状态、特点、过程的子学科，描述审美感兴的产生、延伸和意义，以及其动静状态，它与心理学、思维科学相联系，并吸收它们的研究成果。

审美人格学解释审美活动的关系的内涵，往往与心性相联系，心性又往往与怎样做人、做什么样的人的人格相关联。因此，审美欣赏，又往往是对自我人格的欣赏，而非对物的欣赏。审美人格学体现人的价值和意义，揭示审美性情的特征和结构。

审美教育学是指在审美活动的关系中，通过艺术的、美感的、情感的、价值的、形象的审美教育，来塑造、培养人，使审美个体得到全面的、自由的发展，而成为德、智、体、美都得到培养的新人，改变人的命运、命定的观念。审美教育学与教育学有密切关系。

审美哲学是对审美活动的关系的所以然的追根究底。东西方美学几千年来就"美是什么"，即美的本质，一直怀着极大的热情而不衰退。他们为"美是什么"寻找一个精确的界限，对"什么"的意蕴给出一个解释而孜孜不倦。和合美学的审美哲学的思考，即是和合学的思考。审美哲学即和合哲学。

审美境界学是指审美活动的关系的理想，是各家各派审美活动所追求的共同目标。虽审美活动的方式方法多元竞争，各家各派所理想的境界亦殊异，道为道境，禅为禅境，但要追求一种和合境界，则是共同的。审美境界学探讨审美境界的特点、分类、性质等。

这六个审美子学科，都是围绕审美活动的关系而展开，子学科的基本范畴"心境""心理""心性""心命""心道""心和"分别解释了审美活动关系的各个层面，也使审美活动的关系得以呈现，以便从整体上把握审美活动的关系。

和合美学的这个架构，是按照和合学的生存世界（地界）、意义世界（人界）和可能世界（天界）相差分的，这种差分即意蕴着天、地、人三才。因而，首要的是生存，美学若无生存之地，就无所谓美学，更谈不上发展，这便是审美生存情感。美学的审美活动的关系的环境，就是审美生态学。与人的生命活动在自然生态环境和社会人文生态环境中一样，人的生命活动也有一个审美活动的关系的审美生态环境。但审美生态环境与自然生态环境和社会人文生态环境异趣，这是因为审美活动是一种精神活动，所以，审美生态环境是一种"神与物游"的生态环境。在审美活动的关系中的"物"，都是有生命意蕴的物，"物游"也是有生命意蕴的游。

正因为审美活动是人的生命的精神活动，因此，审美活动的关系也是人的生命精神活动的关系。这种关系只有在人的心理精神关系中才能得以呈现。这就是说，审美活动的关系的发生、发展的过程，就是审美心理发生、发展的过程。这便是审美心理学。审美生态学和审美心理学是审美活动的关系的基础学科。

人既是审美主体，又是审美客体。唯有人兼具这两者的品格。审美活动的关系有否意义和价值，就要考察作为审美对象的"物"，是否具有能满足审美主体某种需要的品质。能够满足审美主体某种需要的品质的物，便具有审美的价值和意义；审美主体自我能否满足主体自我和社会的某种需要，若满足某种需要，便是审美主体的价值和意义，这便是意义世界的审美意义情感。要使审美主体具有某种价值和意义，人在审美活动的关系中，便需培养、锻炼审美主体人格，即使审美人格得到超拔、提升，重构审美主体，这便是审美人格学。

就现实的人来说，人格往往是分裂的。中国古人往往把人格的分裂绝对化，如君子与小人。其实君子人格与小人人格是不可绝对化的。在现实中君子人格中有小人人格，小人人格中也有君子人格。古人把这种人格的分裂扩大为圣凡、忠奸等方面，甚至把此说成是不可变的，"唯上智与下愚不移"。审美活动要在关系中重塑人、改造人，使小人、凡人、恶人向君子、圣人、诚人转变，这便是审美教育学。它使每个审美个体都具有审美活动的关系的价值和意义。

人是有理想的动物，这是人与禽兽差异之一；人也不仅仅有生存需要、价值需要、意义需要，人可以为理想需要，而牺牲生存需要，或价值与意义需要，这便是可能世界的审美可能情感。哲学既讲智慧之学，也讲理想之学，哲学对于审美活动的关系的追根究底的思考，把各子学科的各种范畴、命题的冲突融合起来，构成一和合体系，这便是审美哲学。

审美活动的关系具有历时性和共时性，在此历时性和共时性中，审美理想也具有阶段性、历史性。每一个阶段可能蕴涵着审美理想的境界，这便是审美境界学。

和合美学本身便是此六个审美子学科的审美活动的关系的融突的和合，而无刻意去追求至高无上的、绝对不二的本体。和合美学是审美活动的关系，六个审美子学科在关系中存在，也即在"融突论"的和合关系中存在。和合美学既无重履西方美学在 20 世纪 50—60 年代重建完整美学体系的兴趣，也无法兰克福学派和解构主义美学对"体系消解"的热情。和合美学是寻求在西方美学的挑战下，在现代美学的挑战下，中国美学的回应和未来发展的问题。

## 三、和合美学的逻辑结构

和合美学的审美生存情感、审美意义情感和审美可能情感，是以人为主体，即以人的此在、生命存在、个体情感为主体而展开的，它是和合学和合生生人文精神的具体化、深刻化。在此，和合美学虽分为六个子学科，却是一个有机整体结构，从子学科以见和合审美活动的关系的全体，从和合美学之全体以见子学科之间的逻辑结构。

### （一）审美生存情感世界

人在自然的和人工的生态环境中生存，美学作为人的精神文化形式，也在特定的人文生态环境中生存。然而，审美生态学往往被中外美学家所罕顾。

审美生态是指审美活动的特定审美人文氛围，即审美生态环境。审美生态是存在、弥漫在审美主客体周围及其之间的人文生态环境，是审美活动的关系发生的重要条件和前提。审美生态既指外在的特定的人文景物生态环境，即外在的审美生态环境，也指审美主体内在的特定心理生态环境，即内在的审美心境。虽然有了审美主体与审美客体，但若无特定的人文宜景、宜心的审美生态环境，审美活动的关系亦难以发生，即使发生，亦非完美之境。

《红楼梦》对审美活动的关系的审美生态环境有一段描写：

> （林黛玉）正欲回房，刚走到梨香院墙角外，只听见墙内笛韵悠扬，歌声婉转，黛玉便知是那十二个女孩子演习戏文。虽未留心去听，偶然两句吹到耳朵内明明白白一字不落道："原来是姹紫嫣红开

遍，似这般，都付于断井颓垣。"黛玉听了，倒也十分感慨缠绵，便止步侧耳细听，又唱道是："良辰美景奈何天，赏心乐事谁家院……"听了这两句，不觉点头自叹，心下自思："原来戏文上也有好文章，可惜世人只知看戏，未必能领略其中的趣味。"想毕，又后悔不该胡想，耽误了听曲子。再听时恰唱道："只为你如花美眷，似水流年……"黛玉听了这两句，不觉心动神摇。又听道："你在幽闺自怜……"等句，越发如醉如痴，站立不住，便一蹲身坐在一块山子石上，细嚼"如花美眷，似水流年"八个字的滋味。忽又想起前日见古人诗中，有"水流花谢两无情"之句，再词中又有"流水落花春去也，天上人间"之句，又兼方才所见《西厢记》中"花落水流红，闲愁万种"之句，都一时想起来，凑聚在一处。仔细忖度，不觉心痛神驰，眼中落泪。①

从"正欲回房"到"演习戏文"段，是对审美生态外在人文氛围，即人文生态环境的描写。这里是黛玉不自觉地进入了一个审美生态环境。如果不激起审美主体对审美生态环境的回应的情感，那么，这个人文生态环境（氛围）就不构成审美生态环境。审美活动的关系的审美生态环境，是与世俗的人文生态环境拉开距离的。审美生态环境以其平淡朴实、纯真无伪的样态呈现于审美主体的四周，割断了满足人的世俗功利需要的人文生态氛围，以审美生态环境所含有的气韵和全部生命力，在审美主体面前洋溢开来，去充塞、占据审美主体的心田。这样外在的审美生态环境才会从幽晦转变为澄明。审美主体内在生态心境也由"未留心"走向"十分感慨缠绵"，亦即由幽晦走向澄明。

黛玉进入孤立实现的审美生态环境是一个非自觉的过程，也有的是自

---

① 曹雪芹：《红楼梦》，第二十三回，271～272页，北京，人民文学出版社，1974。

觉地为营造审美生态环境而准备。《圣朝名画评》记载画家厉昭庆"每欲挥毫，必求虚静之室，无尘埃处，覆其四面，只留尺余，始肯命意"。这也不是画家、诗人故意作态，而是给审美活动创造一个适宜于进入审美状态的人文生态环境，以便与审美活动的关系无关的事物拉开距离。

黛玉"止步侧耳细听"，审美主体便与审美生态环境发生交融，审美主体就真实地进入了审美活动关系的人文生态环境。从"不觉点头自叹，心下自思"开始，审美主体便开始投入审美活动的关系的内在心理生态环境。假如不使外在的审美生态环境转化为内在的审美心理生态环境，亦不能构成真实的审美活动的关系。在审美心理生态环境（即心境），与外在审美生态环境互融、互动下，审美心理生态环境（心境）的力度不断增强，即审美氛围愈来愈浓厚。于是便"不觉心动神摇"，又"越发如醉如痴"。审美主体在审美活动的关系的内外审美生态环境的洋溢中、震撼中，使审美心理受到强烈震动和感受。再进入"忽又想起……"，"再词中又有……"，"又兼方才所见……"，"都一时想起来，凑聚在一处"，从而发生种种联想和想象。

审美外人文生态环境与内人文生态环境（心境）由于联想或想象，外人文生态环境变成了内人文生态环境，变成了灌注着内人文生态环境（心境）的有生命、情感色彩的外人文生态环境。外在的《牡丹亭》中的"如花美眷，似水流年"，《西厢记》中的"花落水流红，闲愁万种"以及"流水落花春去也，天上人间"等的人文生态氛围，都成了林黛玉对主体自我生命的感受，对命运的慨叹、归宿的迷惘的心境的观照。到了林黛玉"仔细忖度，不觉心痛神驰，眼中落泪"时，审美的外人文生态环境与内人文生态环境（心境）完全融合为一，内外不二，主客不二了。这样才使审美活动的关系得以呈现，也营造了一个完美的审美生态环境和使审美生态具备生命力度。无生命力度的审美生态环境，是无生命力的、枯槁的、僵死的审美生态环境。审美生态学是和合生生，而不是后者。

审美心理学。人的生命情感的审美活动的关系，是由审美主体的内在心理活动来实现的，内在心理活动又是在内在审美生态心境中进行的。这个审美生态环境（心境），不仅指特定的甚至偶然的宜心的审美生态心境，而且包括积习在心境中的传统、习俗、信仰、价值观念等前识、前见。这些前识、前见，构成了不同民族、地区和人的审美心理定式与根植于不同的人文生态环境中的精神风貌。所谓人的精神风貌，克尔恺郭尔说："人是精神，但是精神是什么呢？精神就是自我"①。构成人的自我的，不是肤色、年龄、体貌，而是人的精神世界，就是积习在自己内心，成为自身个性的心理结构。

中国人的审美心理结构把艺术看作是对生命的领悟。天地万物都是气韵流荡的生命生生的流程。艺术取决于自然，就是取此生命之真。荆浩在《笔法记》中说："画者，画也。度物象而取其真。"真即本真，"真"与"似"相对待，"似者得其形遗其气，真者气质俱盛"，"似"是形似，形似是对形的机械模仿。"气质"是指心理呈现的气质、风貌、神气、神韵。比如画人要显神韵，画马要现豪气，画竹要出骨气，画山要有气势，画虾要示灵趣。凡此种种都是凸显生机和活力的气质或神韵。因此，艺术作品是在审美生态环境中审美心理的创造，即心造，而非工具性的手摹。

神韵、气质是人在审美活动的关系中审美心理生命张力通过艺术创作呈现的，这种呈现是从内到外的过程。比如郑板桥画竹，不是画眼中、园中之竹，而是画胸中、心中之竹。西方传统绘画采取焦点透视法，突出画家个性和眼中之物；中国传统绘画取散点透视法，突出展现画家心中所寓之物的气质、神韵，这是任何一个角度都无法表现的，它是"胸罗万象"。

---

① 《克尔恺郭尔选集》，340 页，普林斯顿，普林斯顿大学出版社，1951。

因此，画自然之物借以喻人的生命精神。梅、兰、竹、菊称"四君子"，以喻君子的清雅高洁之风。所以画墨竹，题曰：高风亮节；画三猪，题曰：桃园三结义；画两只蝴蝶，题曰：比翼双飞；等等。这对于西方人来说是不可理解的，但对于中国人来说，却是容易意会的。这就是中国人具有与西方人所不同的审美心理结构。

这种审美心理结构，使审美活动的关系中的审美主体与审美客体进入"游"的状态。"游"而使心与物发生感应，物往往成为人感发意志的直接契机。于是情与景、心与物，偶然相遭，适然相会，自然发于诗声，就是"兴"①。"兴"是物对心的自然感发和心对物的自然契合，"兴"发时眼中物全染上了人的情感，人的情感亦依物而得以感性地呈现。这是审美活动关系之"兴"，即审美心理活动。

兴，作为审美意义的兴，具有寄情而兴起的意味。"兴者，托事于物"②。"触物以起情，谓之兴，物动情者也"③。这是指自然景物中寄托着审美主体的情感，即外感于物，内动于情，达到心物感通。感通或称通感④，是审美知觉中的心理现象。它既是由视觉所引起的通感，即是听觉、味觉、触觉向视觉里挪移，如苏轼"小星闹若沸"一句，在视觉里获得听觉的通感；亦是由听觉所引起的通感，即是视觉、触觉、味觉向听觉里挪移。叶燮对杜甫的"晨钟云外湿"句分析说：

> 声无形，安能湿？钟声入耳而有闻，闻在耳，止能辨其声，安能辨其湿？……斯语也，吾不知其为耳闻耶？为目见耶？为意揣耶？俗儒于此，必曰："晨钟云外度"，又必曰："晨钟云外发"。决无下

① 参见罗安宪：《审美现象学》，184 页，陕西，三秦出版社，1995。
② 《春官·大师》，见《周礼注疏》卷二十三郑玄注引，《十三经注疏》本，796 页。
③ 胡寅：《李叔易》引，《斐然集》卷十八。
④ 参见钱锺书：《通感》，见《旧文四篇》，52 页，上海，上海古籍出版社，1979。

"湿"字者。不知其于隔云见钟，声中闻湿，妙悟天开，从至理实事中领悟，乃得此境界也。（叶燮：《原诗·内篇》）

在听觉里获得视觉的通感。通感是指人的各种感觉之间存在着一种按固定规则转换的对应关系。它是审美心理中的审美感兴所出现的托情现象，并由审美感兴把眼、耳、鼻、舌、身各感觉的冲突，融合而和合，而产生的一种任何单一的视、听、香、味、触感觉所未有的新的感觉。

审美心理活动，既有通感的感觉挪移，亦有超感觉的心领神会。犹如《庄子》中庖丁解牛，"臣以神遇而不以目视，官知止而神欲行"[①]。感觉是对事物表面现象的感知，神遇是"官知止"。王夫之解释说："行止皆神也，而官自应之"[②]。对于这种超现象、超感觉，神会与通感异趣。中国绘画书法，是心绘、心书。审美欣赏亦当以神会，而不求形器。这种神遇而迹化，犹庖丁解牛之牛迹已化，而进入神会，即超越了"技"，而投入了"道"。"书道玄妙，必资神遇，不可以力求也；机巧必须心悟，不可以目取也"（虞世南：《笔髓论》）。求道的思维方法，只能神遇心悟，不可力求目取。

求道的思维方法是超理性思维，它是一种审美心理情感的神会，即审美心理体验。《庄子·天下》：

> 不该不遍，一曲之士也。判天地之美，析万物之理，察古人之全，寡能备于天地之美，称神明之容。[③]

"判""析""察"是各执偏僻而不能周遍和会通的方法。成玄英疏曰："分散两仪淳和之美，离析万物虚通之理也"[④]。不能获得完整的天地淳和

---

① 《养生主》，见《庄子集释》卷二上，119页。
② 《庄子解·养生主》卷三，见《船山全书》第十三册，122页。
③ 《天下》，见《庄子集释》卷十下，1069页。
④ 同上书，1071页。

的美，亦不能展现神明的容状。这就是说，审美心理体验，不是分析的、逻辑的、理性的，亦不是综合的、推理的、感性的，而是一种分析与综合，逻辑与推理，感性与理性会通的，即融突的神会。比如对诗的审美欣赏：

> 左太冲"振衣千仞冈，濯足万里流"，不减嵇叔夜"手挥五弦，目送飞鸿"。愚按：左语豪矣，然他人可到；嵇语妙在象外。六朝人诗，如"池塘生春草"，"清晖能娱人"，及谢朓、何逊佳句，多此类。读者当以神会，遮几遇之。（王士禛：《古夫于亭杂录》卷二）

妙在象外，不接耳目，这便是神会。又如欣赏音乐，"听之善，亦必得于心而会以意，不可得而言也"①。神会就是得心会意。

审美心理活动的通感和神会，便是审美感兴②的方式。之所以产生通感和神会，是因为审美感兴具有直觉性、超越性和愉快性特点。审美直觉从感性形式直接切入，个体即刻心领意会到某种内在的情感和意蕴。这种心领意会是一浑然大全的整体，它是一种"感性现象与超感性意义的合一状态"③。这种状态是无法用准确的语言来表达的，任何语言工具只能是近似的描述，即不可言传，只可意会的一种情感体验。个体在审美直觉的情感体验中整体地领悟审美对象的内在意蕴。

审美感兴是个体把有限的生命存在投入无限的自然宇宙的大生命中去，达到与宇宙大生命血肉交融，超越了个体生命的有限性、短暂性。这种审美感兴意义上的超越，与宗教意义上的超越有其似，亦有其殊。其似是把短暂的个体生命与永恒存在合一，达到"与神同在"和"保合太和"

---

① 欧阳修：《书梅圣俞稿后》。按：梅圣俞即梅尧臣。

② 感兴一词语义学的考察，参见叶朗主编：《现代美学体系》，168~171页，北京，北京大学出版社，1988。另王元化：《陆机的感兴说》，见《文心雕龙创作论》，287页，上海，上海古籍出版社，1984。

③ 伽达默尔：《真理与方法》，111页，沈阳，辽宁人民出版社，1987。

的境界；其殊在于审美感兴是一种自由而无戒律、自主而无依赖感的超越。

审美感兴的超越性是获得审美愉快的所依。审美愉快是生理快感与精神快感的融突和合，是一种人文快感。审美愉快不仅是快感，亦包括痛感。嵇康说："称其材干，则以危苦为上，赋其声音，则以悲哀为主，美其感化，则以垂涕为贵"①。音乐以其声音乐律和谐，使人从悲哀的"美其感化"中获得审美愉快。音乐的哀与乐的感兴，都称为审美愉快。小说、戏剧给欣赏者带来惊、吓、疑、急、悲、忧等情感的兴趣，不大惊则不大喜，不大疑则不大快，不大急则不大慰。在这种审美心理转换中，欣赏者便可获得审美愉快。

审美心理的审美感兴，既有美感，亦有丑感，两者相对相关，对待互补。美感是指审美主体在欣赏对象时，处于凝神贯注的心理状态，甚至物我两忘，获得审美的愉快。丑感是一种多内容的复合体验。如对雅石的欣赏，就讲求瘦、皱、丑、透。丑便具有积极的审美价值。在这里正如鲍桑葵论述哈特曼时所说的，"丑和恶之间绝对没有联系"②。丑感可以说是"一种带有苦味的愉快，一种肯定染上了痛苦色彩的快乐"③。这种痛苦色彩的快乐，往往较愉悦色彩的快乐，更震撼人的心灵，使人兴起更强烈的情感和难忘的品味。丑感是把痛苦与快乐这两种反差的情感冲突、融合起来，使人品味到和合之美的妙处。

## （二）审美意义情感世界

审美活动的关系的审美意义情感，包括审美人格学和审美教育学，凸

---

① 《琴赋一首并序》，见《嵇康集校注》卷二，83～84 页，北京，人民文学出版社，1962。
② 鲍桑葵：《美学史》，557 页。
③ ［英］李斯托威尔：《近代美学史评述》，233 页，上海，上海译文出版社，1980。

显了审美主体在审美活动的关系中的价值和意义。

审美人格学。工业化社会使人变成了机械人，人面临"单面人"的危机。如何在审美活动的关系中培养完美的人格，是审美人格学的主旨。中国文化的人文精神是和合生生，"天地之大德曰生"。审美的根据是人的生命情感，而不是物；人的生命情感是指人的心灵情感世界，而不是体魄；这种心灵情感世界的缘心感物、心声心画，是审美主体内涵的人格的呈现。人有人格，物有物格。不过，物格是人格赋予的。人格的核心是性情问题。人格所具有的一定情感形式，给出某种情感体验，便构成了美，就厕身于审美的范围。

儒家审美注重对自我人格的欣赏，道家审美注重对自然物格的欣赏，儒道异趣而会通。孔子在对自然景物的欣赏中感兴："子在川上曰：逝者如斯夫！不舍昼夜。"①"子曰：岁寒，然后知松柏之后凋也"②。这是由自然景物而引起审美体验，是审美主体属人的精神、品格，亦即人格的体现，而不是自然景物本身所独有的。朱熹的解释便可帮助理解这层意蕴："天地之化，往者过，来者续，无一息之停，乃道体之本然也。然其可指而易见者，莫如川流。故于此发以示人，欲学者时时省察，而无毫发之间断也。"③ 这是对前段话的情感体验，托物寓情，以勉君子自强不息之人格精神。对后一段话，朱熹解释说："小人在治世，或与君子无异。惟临利害，遇事变，然后君子之所守可见也。"④ 是讲君子人格与小人人格之区别。

人格作为审美主体的内在精神，要转化为审美客体，就必须外化为物格，即物的人格化。在心与物、人格与物格、审美主体与审美客体的互动中，以物格合于人格，是儒家所强调的；道家则强调人格合于自然之格，

---

① ②③ 《子罕》，见《论语集注》卷五，38～39页。

④ 同上书，39页。

即从物格中寻求人格的根据，以说明合乎自然。因此道家主张"吾丧我"。

> 南郭子綦隐机而坐，仰天而嘘，荅焉似丧其耦。颜成子游立侍乎前，曰："何居乎？形固可使如槁木，而心固可使如死灰乎？今之隐机者，非昔之隐机者也。"子綦曰：偃，不亦善乎，而问之也！今者吾丧我，汝知之乎？女闻人籁而未闻地籁，女闻地籁而未闻天籁夫！①

形如槁木，心如死灰，就是一种"吾丧我"的境界。郭象注曰："吾丧我，我自忘矣。"②成玄英疏曰："子綦境智两忘，物我双绝"③。物我两忘，才能超然俱得。这是一种无物无我、即物即我的超现实的审美状态。④ 这种物我双绝的状态，就是自然状态。人格的消化依物格而消化，而进入自然之格。

审美人格学的核心是审美心性。审美主体的责任感，不仅为自然万物寻找赖以生存的依据，而且为每个烦恼、孤寂的人寻求精神生命的愉悦和归宿。当传统美学从仰仗天神而异化为现实的生命情感的自我，它所兴起的是心灵中最现实、最普遍的人的心性和亲情。心性是指人的本性。生之谓性，生之所以然为性，生之条理为性，等等，都是对主体人的生命价值的关怀，因生作为人的本性或本质特征，这是人类一切活动、价值的基础。

情指情感，情感是指人心对现实的对象和现象依据人和审美需要而产生的情感体验，诸如喜怒哀乐等情感体验。比如喜怒哀乐的情感，在进入审美主体心性之后，主体便与这些情感相互感应，在感应中主体把自身的情感经验投射到幻觉情感之中，而引发真实的情感的震荡或感兴。

---

① 《齐物论》，见《庄子集释》卷一下，43～45页。
②③ 同上书，45页。
④ 成复旺：《中国古代的人学与美学》，120页，北京，中国人民大学出版社，1992。

儒家审美活动的关系的心性情感活动，是道德心性情感活动。这种活动的形式：一是指向自我，如羞耻感；二是指向他人和社会，如同情感、怜悯感；三是指向审美，如美感。羞耻感是内向的愤怒和不满情感。它以道德原则规范为标准，检查自身的行为，衡量自身的价值，判断自身的人格情感活动，而对自己"耻其言而过其行"①，产生惭愧、懊悔的心性情感，以求完善自身的人格和价值。孔子的"仁者爱人"，是以血缘为基础，从心理上把人的族类亲情发展为对人和社会的道德情感活动。

对于心性情感审美活动，孟子曾说：

> 口之于味也，有同耆焉；耳之于声也，有同听焉；目之于色也，有同美焉。至于心，独无所同然乎？心之所同然者何也？谓理也，义也。圣人先得我心之所同然耳。故理义之悦我心，犹刍豢之悦我口。②

这里从人性的基本欲求和对这些基本欲求的认同中，说明审美活动，味、色、声所引起人的审美情感的愉悦，而使人进入了审美状态。这里与味、色、声审美对象相对应的悦味、悦色、悦声的审美感受相联系的，是以"理义"作为审美对象的"悦心"的审美感受。这就把道德理义或理义道德纳入审美活动的关系之中。③

道德理义之"悦心"，意蕴着对心灵的仁义中庸的规范，其价值目标在于使心灵趋于优美。"里仁为美"，理义在心中依中庸之道培育沐浴，其道德理义之心如树木之茂、川流之达，郁郁乎发育于天地，洋洋乎汇合于海洋，一旦至此，则有美且大的"浩然之气"。理义与悦心在审美活动关系的互动中，融突而和合，而造就完善、完美的审美人格。

---

① 《宪问》，见《论语集注》卷七，62页。
② 《告子上》，见《孟子集注》卷十一，87页。
③ 参见拙著：《朱熹美学思想探析》，收入拙著：《朱熹与退溪思想比较研究》，110～111页。

朱熹把理义精神的善与审美活动的美联系起来，他引程颐的话说："理义之悦我心，犹刍豢之悦我口，此语亲切有味"①。此"味"蕴涵着审美情趣。这样，理义道德不仅在审美活动的关系之中，而且引发审美愉快，美与善便不可分离。"美者，声容之盛。善者，美之实也。"② 声音的和谐、容貌的俊丽，是由视觉和听觉这种审美主体与审美客体互相作用而产生的美感和愉快。理义精神美是以善这种道德内容为充实的。美就是外在形式和内在状态的融突。这便是张载所说的"充内形外之谓美"。

朱熹在追究美的根源时，以所当然之美的所以然为理（道）。"不厌而文且理焉，锦之美在中也"（《中庸章句·第三十三章》）。淡而不厌，简而有文，温而有理，本是君子之道。又以平淡而不厌恶，简朴而有文采，温润而有纹理，说明锦衣之美就蕴涵在其中，这就把君子之美的人格与锦衣之美融合起来，以凸显善与美的圆通。"力行其善，至于充满而积实，则美在其中而无待于外矣"③，这是朱熹对《孟子》"充实之谓美"的诠释。个体人通过自我的努力，去力行本身所已有的善性，使善性充满和积实于人的形体之中。这样人便具有高尚的心性精神品质和道德情操，人的自然形体由此而增光生辉。这种心性精神品质与道德情操之美，虽内在于形体之中，无须依赖于外在的表露，但亦可以通过外发，而与事业或德业结合起来，"和顺积中，而英华发外，美在其中，而畅于四肢。发于事业，则德业至盛而不可加矣"④。和顺的美积实于形体之中，扩而充之，便可畅流于四肢和外在世界。这样善之美并非不可感知，而是精神美、感性美融合在一起。

道家庄子以人性为自然而然之性，这是对儒家有为道德心性的超越，

---

①　《告子上》，见《孟子集注》卷十一，87 页。
②　《八佾章句》，见《论语集注》卷二，13 页。
③④　《尽心下》，见《孟子集注》卷十四，113 页。

庄子认为道德心性是对于人的自然而然之性的束缚和限制。

> 惠子谓庄子曰:"人故无情乎?"庄子曰:"然。"惠子曰:"人而无情,何以谓之人?"庄子曰:"道与之貌,天与之形,恶得不谓之人?"惠子曰:"既谓之人,恶得无情?"庄子曰:"是非吾所谓情也。"吾所谓无情者,言人之不以好恶内伤其身,常因自然而不益生也。①

无情即不动情,超越一切喜怒哀乐的情感活动,任其自然。若有"好恶"的情感活动,就会伤害自然而然的性情。因此,他认为这种好恶之情是一种弊病。"长好恶,则性命之情病矣"②。庄子并不是排斥任何性情,而是指有为的好恶这类性情。只有解脱此类性情,才能进入审美的自由状态。"有人之形,无人之情。"③ 有人的形体而化解了人为的好恶情感,便超脱了种种情感活动带来的烦恼和痛苦,所以有形有情的凡人是渺小的,无心无情而化于自然,是崇高的,这是庄子的审美人格。

邵雍认为审美人格亦应"情累都忘",做到"以物观物",即与没有丝毫情感的物本身一样去观物。这样"观时照物",不会激起身之休戚和时之否泰的灵感,"诚为能以物观物,而两不相伤者焉,盖其间情累都忘去尔"(《伊川击壤集·序》)。"情累都忘"的要旨,是达到"名教之乐"和"观物之乐"。若不"溺于情",以伦理纲常教化为乐或以有情变无情的观物为乐,便是"尽性"和"乐天知命"。他在《伊川击壤集·首尾吟》中说:"尧夫非是爱吟诗,诗是尧夫尽性时。若圣与仁虽不敢,乐天知命又何疑。"寄诗以尽性,这样诗格亦为人格的表征。④

---

① 《德充符》,见《庄子集释》卷二下,220~221页。
② 《徐无鬼》,见上书卷八中,818页。
③ 《德充符》,见上书卷二下,217页。
④ "西昆体"诗文何谓? 参见拙著:《朱熹美学思想探析》,见《朱熹与退溪思想比较研究》,137页。

　　邵雍"情累都忘"是有针对性的，他批评近世诗人，要么"穷戚则积于怨憝"，要么"荣达则专于淫佚"，其诗都"溺于情好"。这里近世诗人虽无具体所指，但似非"西昆体"诗文。西昆体主将杨亿在《西昆酬唱集序》中说："尤精雅道，雕章丽句，脍炙人口。"石介指摘为"穷妍极态，缀风月，弄花草，淫巧侈丽，浮华纂组，刓镂圣人之经，破碎圣人之言"①。其最大罪名为"破碎圣人之言"，未及邵雍所批评的"怨憝、淫佚"。后来朱熹批评欧阳修"平日只是以吟诗饮酒戏谑度日"（《朱子语类》卷一三〇）。苏舜钦、梅尧臣"虽有才望，虽皆是君子党，然轻儇戏谑，又多分流品"，"于是尽招两军女妓作乐烂饮，作为傲歌"（《朱子语类》卷一二九）。以上种种都属于邵雍所指"荣达则专于淫佚"之类。苏舜钦离开集贤校理后，寓居苏州，"时发其愤懑于诗歌"（《欧阳文忠公文集·苏舜钦墓志铭》）。梅尧臣以"屈原作《离骚》，自哀其志穷。愤世嫉邪意，寄在草木虫"（《宛陵集·答三韩见赠述诗》），诗乃忧愤之作，强调美刺，兴寄激发，乃是"穷戚则积于怨憝"。邵雍抨击诗歌的美刺，否定诗歌是伤时愤世的呼喊和对休戚感受的抒发，是以审美理性否定审美感性的感兴。

　　诗是"用破一生心"创作出来的心声。朱熹主张诗的艺术表现形式美与理义精神的内容美要一致起来，欣赏诗，要晓得诗的言外之意，看得其心性精神情感。若只欣赏外面文义的一层，便是大病。因此，他认为"须是踏翻了船，通身都在那水中，方看得出"（《朱子语类》卷一一四）。身在船中，与水隔了一层，对水没有亲身的、感性的感受，以领悟水的意味；水在船外，犹如言在意外，凭晓得文义形式来欣赏诗，就好比坐在船中欣赏水，隔靴搔痒；只有踏翻了船，人都翻在水中，对水才有真实的感

――――――――――

　　① 《怪说中》，见《徂徕石先生文集》卷五，62页，北京，中华书局，1984。

受，才是欣赏诗的真境界。诗与理义的关系也是如此，诗道融合，诗格与人格融合。

审美人格的培养，在于教育，这便是审美教育学。教育既塑造人格，亦可改善人的必然之命和生命存在的状况，这便是"心命"。席勒曾认为，人在自然状态中受制于自然的必然之命，在纯粹的道德状态中又面临理性压抑感性的状况。因此，他以感性与理性自由完美融合为理性人格，这就是"优美的灵魂"的塑造，这便是审美教育。

朱熹诗道（理）融合，即感性与理性融合，其宗旨在于"诗教"。

> 诗者，人心之感物而形于言之余也。心之所感有邪正，故言之所形有是非。惟圣人在上，则其所感无不正，而其言皆足以为数，其或感之之杂，而所发不能无可择者，则上之人必思所以自反而因有以劝惩之，是亦所以为教也。（《朱文公文集·诗集传序》）

诗是人的意识由于感受外物而激发起来的灵感，而表现为言辞。然人的感物有邪正善恶，包括审美感受，而表达意识情感的诗这种艺术形式，也有是非之别。无论是正还是邪，都可以从不同方面，作为教化天下的手段。在这里，朱熹有泛化审美教育功能之嫌。诗教只能是塑造完善人格、完美灵魂的手段之一。

在古希腊和文艺复兴时期，人的身心的和谐、个人的完美化及人的全面发展，是美育的内涵。审美教育是使人格完美、改善人的"心命"的重要条件。人在审美活动的关系中，在审美生态环境、审美对象世界以及人我之间，创造了一个和谐的氛围，使社会的人文生活、精神生活的素质得以提升。这种优化的社会人文、精神生活的素质又影响、塑造着个体的品格、情操、精神和个体审美发展，从而实现完美人格的建构。

完美人格的建构过程，也就是审美教育的全过程。审美教育的具体指标，便是培养人的审美鉴赏力。1949 年长沙出土晚周帛画，"画的构成很巧妙地把幻想与现实交织着，充分表现了战国时代的时代精神"。透过两千多年的岁月铅幕，我们听出了古代画工的搏动着的心声。它的形象是由线条组成的[①]，这就是说帛画是对现实的再现和再解释。通过艺术的感性形式，后人便可以直观生活之真，提高审美鉴赏力。所以"只有把艺术理解为是我们的思想、想象、情感的一种特殊倾向、一种新的态度，我们才能够把握它的真正意义和功能"[②]。审美教育寓于艺术生命之中，而使人获得审美鉴赏力，即所谓只有"知音""金刚眼睛"，才能感悟鉴赏品的灵妙。

提高人的审美感受力。感受是感觉器官对于审美对象的感知和受纳。在审美主体与审美客体的互动中，相互交融构成了审美感受的过程。提高和培养主体对于审美对象的感知和受纳能力，也就是主体去感受审美对象的内在生命活动，使主体的生命活动与对象的生命活动融合，而提高主体感受生命活动的意义和价值的能力。提高审美感受力是审美教育的重要方面。

培养审美想象力。想象是指在意识中浮现直观心象的作用。审美想象以创造新的个性化的意象为目标，它以具体感性表象活动和理解性、情感性融合作为存在表现。李清照《如梦令》："昨夜雨疏风骤，浓睡不消残酒。试问卷帘人，却道海棠依旧。知否？知否？应是绿肥红瘦。"就是一首具有丰富细腻想象力的作品。那是"精骛八极，心游万仞"的胸怀，而"笼天地于形内，挫万物于笔端"（陆机：《文赋》）的想象情境。没有想象，也就无自由的、超现实的创作。审美欣赏和艺术创作一样，紧依想象。创作者依想象力创造了艺术形象。欣赏者依想象力再现、丰富和补充这一艺术形象。审美教育对于培养人的想象力具有重要

---

① 参见宗白华：《艺境》，337 页，北京，北京大学出版社，1987。
② ［德］卡西尔：《人论》，215 页。

意义和作用。

　　培养审美判断力。果戈理的《密尔格拉得》和《小品集》问世后，受到一些评论家激烈攻击，果氏感到犹豫、惶惑。别林斯基发表了《论俄国中篇小说和果戈理君的中篇小说》，强调文学作品的价值在于再现生活真实，并分析了果氏作品的意义和特色，使果氏大受鼓舞。于是果氏继续创作了《钦差大臣》《死魂灵》等不朽作品。[①] 作品深刻的意蕴和其社会价值意义，不是表面现象层次上的描述，而是基于欣赏者的审判力的挖掘，包括欣赏者依想象力的丰富和补充。比如奥斯特洛夫斯基的《大雷雨》，描写一个为爱情而死的女人的故事，似纯粹家庭悲剧。杜勃罗留波夫却认为，这个剧本是关于"未来历史含有乐观意义的社会悲剧，在主人公卡杰琳娜的思想、行动中，体现了当时俄罗斯这个黑暗王国的一线光明"，因为"最强烈的抗议最后总是从最衰弱的而且最能忍耐的人的胸怀中迸发出来的"[②]。审美判断力在审美活动中有深刻的意义，审美教育在培养这种审美判断力中具有很大的作用。

　　审美教育不仅是对审美鉴赏力、感受力、想象力和判断力的培养，而且是对审美情感、审美经验、审美修养的培养，从而使人得到全面和谐的发展，这是就审美教育的功能而言的。就审美教育的手段而言，它是培养人的审美能力的重要手段。审美能力的提高，是人类文明水平提高的标志。它是培养各年龄段审美观念的主要手段[③]，以使人树立正确的审美观，提高人的协调、平衡审美心理活动自调节能力，造就完美的审美人格。它是建设精神文明的重要手段，精神文明建设需要审美教育。若人人

①　参见罗安宪：《审美现象学》，203～208 页。

②　《黑暗王国的一线光明》，见《杜勃罗留波夫选集》，第 2 卷，404 页，上海，上海文艺出版社，1959。

③　参见叶朗主编：《现代美学体系》中关于从胎儿到老年人的审美教育的内容，382～393 页，北京，北京大学出版社，1988。

都有"优美的灵魂",整体社会的精神文明,以至国际社会的精神文明水准就会得到提高,丑恶现象就会得到遏制。

### (三)审美可能情感世界

"什么是美"和"美是什么"的问题是有区别的。山是美的,水是美的,人是美的,这是对"什么是美"的回答;"美是什么"这个问题逼迫人去沉思那山、水、人的美的现象背后的美的根据,即"山是美的"美之所以然。古往今来,美学家、哲学家为此殚精竭虑,仍然见仁见智。从古希腊毕达哥拉斯提出"美是和谐",亚里士多德认为美的形式是秩序、匀称与明确以来,这个探索从未间断。中国自老子提出"美之为美"(《老子》第二章)以后,对此探讨亦绵延不绝;至近十多年,热情未减。或认为美是典型,美与不美在于是否符合美的规律,即典型规律;或认为美是和谐,形式诸因素,如声音、线条、形体、语言,组成一种和谐关系,这种和谐关系的有机综合就是美;或认为美是自由的象征、自由的表现与自由的形式等,即美的本质是人的自由;或认为美是一种价值事实,美不是实体性存在,而存在于审美关系之中,审美关系本质上是价值关系;或认为美是感性形象,美是一种客观存在的社会现象,人类通过创造性的劳动实践,把具有真和善的本质力量,在对象中实现出来的形象,就是美;或认为美是人的本质力量的对象化或感性显现,美的本质与人的本质、生活的本质密切相连。[①]

凡此种种,虽都涉及各个层面,但都与人的本质联系起来;虽有其合理性,但亦有其不足和不尽如人意之处。这些论点都可以在西方美学中找到影子或样子,如果从中国美学的人文精神出发,就可以有另外的发现。

---

① 吕国欣等主编:《美学的研究与进展》,39~45页,上海,上海交通大学出版社,1993。

中国文化人文精神是和合，儒、道、墨、名、法、阴阳各家，道不同而异趣；然"百虑而一致，殊途而同归"者，在于和合之道，即"心道"。标志着中国美学体系成就的刘勰的《文心雕龙》，就是从《原道》开章，即道是形而上的范畴，亦是一切美的根源。道包含天文与人文。就天文的宇宙而言，"夫玄黄色杂，方圆体分，日月叠璧，以垂丽天之象；山川焕绮，以铺理地之形；此盖道之文也"。天地、日月、山川的天象、地形的本身就是美的。这种感性存在形式的"文"（天文、地文），是道的文。人与天地构成三才，人在宇宙中"为五行之秀，实天地之心，心生而言立，言立而文明，自然之道也"。天文之美和人文之美的体验，都源于自然之道。人是有审美意识，即"有心之器"的存在，心生而有言辞之美。

刘勰在《原道》中说"人文之元，肇自太极"，这种对人文的追根究底，与"道"之原并非冲突，而是圆融的。"太极"生"两仪"（阴阳），后世"太极图"即为阴阳鱼结构图式，亦即"一阴一阳之谓道"的"道"。所以，宋明理学家均以"道"与"太极"为相类范畴。[1] 天道、地道、人道之美，便是天文、地文、人文。从审美活动的关系中，追究天文、地文、人文之美的体验根底，而揭示出了道（"自然之道"）。道便是中国审美哲学的最高范畴。

文从狭义上说，即是言辞之美。朱熹论述文与道的关系时，说"文皆是从道中流出"（《朱子语类》卷一三九）。中唐以来，文道关系受到重视，柳宗元倡"文者以明道"，李汉提"文以贯道"，宋初柳开主"文道相兼"，欧阳修讲"文与道俱"，周敦颐主"文所以载道"，等等。

朱熹认为文道不二，"然彼知政事礼乐之不可不出于一，而未知道德

---

① 参见拙著：《朱熹思想研究》（修订本），148～158页。

文章之尤不可使出于二也"（《朱文公文集·读唐志》）。文道分二，必是道外有文，文外有道；若道自道，文自文，实是道不道，文不文。朱熹由而提倡"即文讲道""文道一贯"。"三代圣贤文章，皆从此心写出，文便是道"（《朱子语类》卷一三九）。文道一体，两者相依而生，两得一贯，否则便两失无存。朱熹此心写出的文道，就是"心道"。"心道"既是他的审美标准，亦是其美学价值观。他在品评艺术创作和文学作品时，既注重道德思想内容，即道和善，亦不忽视艺术形式的美饰和感性的愉快，即文与美。他要求善与美、道与文的冲突融合。朱熹认为："此犹车不载物，两徒美其饰也"（《文辞注》第二十八，见《周子全书》卷十）。以道和善来说，不载道的文和不载物的车一样，只有装饰之美、文辞之丽。这是道和善的价值观。从文和美来说，"为文者，必善其词说"（《文辞注》第二十八，见《周子全书》卷十），只有讲求文学、艺术的形式美，才能使"人之爱而用之"，若不美其饰，人不喜爱，即使道德、思想内容至高无上，也无用而落空。因此，朱熹认为，道与文、善与美的融突而和合，是最完善完美的。这便是和合之道、和合之美。

天文、地文、人文之美，依于天道、地道、人道，而三才之道自身之所以存有，是由于阴阳、柔刚、仁义对待两方融突而和合。阴阳冲突双方，矛盾斗争，以至相互战争，这就不是美。只有阴阳合，"负阴而抱阳"，犹阴（女）阳（男）"媾精"，或"夫妇合气"，交合、交媾、融合，才能产生新生儿，这个新生儿即是男女、夫妇、阴阳的和合体，"冲气以为和"。和合体就是美。由此而推，五味、五行、五色、五声之所以为美味、美色、美声、美物，就是和合，如"和五味以调口""和六律以聪耳"等。审美活动的关系的审美感受、审美愉快、审美感兴的所以然，就是融突的和合关系，和合是美味、美色、美声、美物的所以然，亦是审美活动的关系的所以然，这便是审美哲学的内涵。

和合审美哲学是开放的体系，是诸多要素、因素构成的方式，是最具生命力的方式，是审美活动的关系的审美情感、审美愉快、审美感兴、审美意象、审美体验的审美的主客体、景与情、心与物、善与美、文与道的融突和合。审美情感、愉快、感兴、意象、体验以及情景、心物、善美、文道的存在，都是融突和合而在；凡此，只有在融突和合中才能获得自己存在的生命、存在的方式与存在的状态，以及存在生命的延续和发展；审美活动的关系也只有在融突和合中才能展开。这样，美是什么？笔者的回答是：美就是融突和合。

审美活动的关系是精神活动方式的关系，对这种审美关系的追根究底，并不是要实现审美情感的愉快的哲学论证，而是要达到审美愉快的一种境界，这便是审美境界学。境界本指疆域，魏晋时有物境、心境之意，中唐引入审美领域。① 禅宗以心为镜，"心如明镜台"，心感外物便叫以"镜"照"境"。禅宗"明心见性"，众生的自性即是佛性，这就把心外佛变成了心内佛，佛就在我心之中，"心即是佛"。这样，外在的物境即是内在的心境，心境即是佛境。在物境与心境的互动交融中，由物境可体验、感受到心境的精神意味，从而进入一个既现实又超越的佛的境界，即是由物境与心境冲突、融合而和合为新境界。这样，禅学的境界说，便具有审美的意义。

刘禹锡给境作了规定："诗者，其文章之蕴邪！义得而言丧，故微而难能。境生于象外，故精而寡和。"② 把境与象加以分别，此境已从物境中净化出来，是对"象"的超越，境便成为浮现于物境（象）之上的虚幻境界。这样，境便具有审美活动关系的审美境界的意味。象外的虚幻境界实乃被精神所充塞了的境界。元代方回作《心境记》，认为"心即境也"，

---

① 参见成复旺：《中国古代的人学与美学》，283 页。
② 《董氏武陵集纪》，见《刘禹锡集》卷十九，238 页，北京，中华书局，1990。

"顾我之境与人同，而我之所以为境，则存乎方寸之间，与人有不同焉者耳"。"方寸"即心，境即在我心的方寸之间，这是与人的异处。此异即是境作为审美境界而言，是心所造，非在心外。

> 山川草木造化自然，此实境也。因心造境，以手运心，此虚境也。虚而为实，是在笔墨有无间衡是非、定工拙矣。（方士庶：《天慵庵笔记》）

造化自然之"实境"若不与"心境"发生情感的交流，"实境"即未进入审美领域，亦非审美境界。"因心造境"是指艺术家以自己的心性精神情感，别构灵奇，寄实境于审美观照中，以手运心，以想象、妙悟创造出一种虚幻性的境界（虚境），这便是一种审美境界。

审美境界作为虚境是与实境冲突融合的结果，是心物相遭、适然宜合的瞬间体验。"一切境界，无不为诗人设。世无诗人，即无此种境界。夫境界之呈于吾心而见于外物者，皆须臾之物"（王国维：《人间词话补遗》）。王氏以诗为例，说明因诗人之心而造境，画家、音乐家、艺术家所自造的审美境界亦如此。他们都能以一定的表现形式，把这瞬间的自心体验呈现出来，而创造了一个审美境界。这个审美境界是一个相对独立的境界。"境非独谓景物也，喜怒哀乐亦人心中之一境界，故能写真景物，真感情者，谓之有境界，否则谓之无境界"（王国维：《人间词话》卷上）。它可以是一个超越景物境界的独立境界，这个独立境界可谓之虚幻境界；这虚幻境界又是被人的喜怒哀乐等心性精神情感所填满了的，人是可以通过审美情感感受到愉快的。这样，审美境界作为一个独立范畴，才得以确立。

审美境界的确立，并不意味着与物境的分裂，而是不离不杂的关系，即冲突融合的关系。审美境界作为因心缘物而须臾呈现的虚幻性境界，是一种直觉体验的虚境。如何体验？便是一种妙悟的工夫："妙悟天开，从至理实事中领悟，乃得此境界也"（叶燮：《原诗·内篇》卷下）。从因心缘物到虚境的审美境界，中介环节是"须臾"，"须臾"即是"豁然"，就是"豁然有悟处"，或"豁然有贯通处"。"妙悟天开"就是"豁然有悟处"的工夫。它是精神境界的豁然的提升，这种提升使人的精神从现实世界跃进到审美境界。在这里，"妙悟"就是这种提升的翅膀。

叶燮所说"妙悟天开"与"至理实事"，是冲突，又是融合，即相反相成。"豁然"是因"格物"而起，"妙悟"是因缘物而发，是审美主体的情感心灵在感受、体验现实世界"至理实事"中而兴起，忽而妙悟，跃入审美境界。此"妙悟天开"的审美境界已非"至理实事"的现实世界。

审美境界是"从至理实事中领悟"，只有那现实社会生命活动和人生生命活动最能激荡心灵的领悟。因此说审美境界的活力是虚幻的生命境界，这种虚幻的生命境界，即非物象境界。它超以象外，又在象中。"故其妙处莹彻玲珑，不可凑泊，如空中之音，相中之色，水中之月，镜中之象，言有尽而意无穷"（严羽：《沧浪诗话·诗辨》），以喻审美境界在象中，"使人爽然而得其味于意外焉，悠然而悟其境于言外焉"（王国维：《人间词话》卷上），以明审美境界为意外之味、言外之境。这种内外的冲突，并非审美境界的冲突，而是人的现实生命境界与虚幻生命境界的冲突。

审美境界是在现实生命境界与虚幻生命境界的融突中，诞生的和合审美境界，即"心和"境界，也即自由的生命境界。人在现实生命境界中受各种条件、境遇的制约、支配，无自由可言，只有把现实生命境界融入虚幻生命境界，才能获得自由。其实人生的生命体验、审美感兴、审美愉快，都是在人的审美活动的关系中发生的，是审美情感之境。

和合审美境界，是在"有我之境"与"无我之境"的融突中诞生的。王国维说：

> 有有我之境，有无我之境。"泪眼问花花不语，乱红飞过秋千去"，"可堪孤馆闭春寒，杜鹃声里斜阳暮"，有我之境也。"采菊东篱下，悠然见南山"，"寒波淡淡起，白鸟悠悠下"，无我之境也。（同上书）

所谓"有我之境"，是以审美主体生命情感投身其中，"以我观物""物皆著我之色彩"，物便是审美主体心灵情感的呈现。"有我之境"犹如"常人之境界"，故有"悲欢离合，羁旅行役之感"（王国维：《人间词话补遗》）。宋代邵雍在《皇极经世·观物内篇》中排斥"以我观物"，认为"以我观物"，往往被自己的情感所蔽。所谓"无我之境"，是审美主体超越自我的生命情感，"以物观物"，"不知何者为我，何者为物"。审美主体以超尘出世的情怀，以融化于物的境遇待物，解脱我执、物执，达到无我无物之境。

"有我之境"与"无我之境"，是儒、道两家审美境界的体现。其实"有我之境"是有我在，这是无疑的。当讲"无我之境"时，便已预设了"我"和"境"的两极，并已落入"我"和"境"的圈套。无论是徐增的"悠然忘我，诗从此境中流出"（徐增：《而庵诗话》），还是普闻的"意从境中宣出"（普闻：《诗论》），这种"无我之境"均不离意与境、情与境。虽然作者在讲"无我之境"时尽量将我情、我境隐去，但透过帷幕，仍能窥见其痕迹。因此，和合审美境界，既不排斥"无我之境"，亦不排斥"有我之境"，而是有我、无我的融突而和合为新的和合审美境界。

和合美学所追求的目标是真、善、美，和合审美境界学所追求的亦是真、善、美融突和合境界。和合审美境界的形式及其流行态势是无待的、自由的，它是艺术创造和心灵境界的生命活动。

心灵生命境界的自由空间是无限的，它的自由创造活动及其审美想象力处于不受时空和形质限制的价值可能状态。因此，通过千百年前的心灵生命境界的自由想象，能察知到现代的发明创造，如"原子"、"精气"（相当于量子力学中的量子、量子场）、"顺风耳"、"千里眼"（相当于雷达、天文望远镜）、"嫦娥奔月"（类比于阿波罗飞船登月）、"哲人之石"、"点金术"（相似于原子核裂变和聚变技术）等等。

心灵生命境界的自由空间是全息的。心灵生命境界的自由创造活动，其极致状态和本真面目是自由的，其自由度既可以按真实性标准测量——自由的心灵生命境界最纯真、最诚实；亦可依完善性标准测量——自由的心灵生命境界完善融突、至善无恶；还可用优美性标准测量——自由的心灵境界最美好、最优雅。真实、完善、优美[①]，是对心灵生命境界自由度的三种等价的度量化意义标准，彼此间只有释义角度的差分，没有原则上的分歧。换句话说，自由心灵生命境界具足了真、善、美的信息，是完全的。

---

① 真、善、美的和合学的操作性的工具范畴，亦是艺术和合原理中的基本范畴。因通常的真、善、美被人搞乱了，所以和合学区分真、善、美的和合义与平庸义。

和合美学或合学意义上的真、善、美具有主体价值尺度和人学意义标准的规范功能，它们都是和合性的整体范畴，没有对待的对立面存在。真、善、美和合义分列如下：

| 范畴 | 释义 | 尺度与标准 | 生化与日新 |
|------|------|-----------|-----------|
| 真 | 真实（reality） | 主体的自我觉醒生存情境 | 真→非真→更真 |
| 善 | 完善（perfection） | 主体的自我完善意义追求 | 善→非善→更善 |
| 美 | 优美（grace） | 主体的自我发展可能状态 | 美→非美→更美 |

非真、非善、非美是真、善、美自我超越的积极否定与创造批判。假、恶、丑仅是上述真实尺度、完善尺度和优美尺度度量具体行为时的负性量值，不构成二元对立关系。

传统意义上的真、善、美是二元对立关系中的破坏式选择，是本体论式的存有状态，是非和合的局域化概念，无主体价值和人学意义的意蕴，是平庸义。真、善、美平庸义分列为：

| 概念 | 释义 | 常识之见 | 形上学 | 对待面 | 类型 |
|------|------|---------|--------|--------|------|
| 真 | 真理（truth） | 认知的客观内容 | 真本身 | 假 | 知识本体论 |
| 善 | 善良（goodness） | 意志的善良愿望 | 善本身 | 恶 | 道德本体论 |
| 美 | 美丽（beauty） | 形容的美丽漂亮 | 美本身 | 丑 | 价值本体论 |

心灵生命境界的自由空间具有真、善、美和合的三维结构。它是自由心灵生命境界的和合可能世界，是真的认知、善的感情、美的境界融突和合大化流行。张载的"太和"，朱熹的"天理流行"，王阳明的"良知"，都是讲心灵生命境界的真、善、美三维和合的动态境界。

心灵生命境界的真、善、美三维和合结构，可借助几何学上的笛卡儿坐标系和球坐标系的复合框架来标示，复合过程如下：

1. 真、善、美三维笛氏坐标标示法（见图 17－1）。

真——真实性，心灵生命境界的纯真度、诚实度的标示；

善——完善性，心灵生命境界的完整度、至善度的标示；

美——优美性，心灵生命境界的优雅度、美好度的标示。

**图 17－1**

2. 心灵生命境界自由空间球坐标标示法（见图 17－2）。

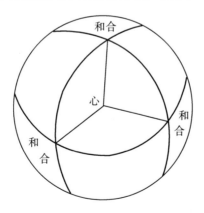

**图 17－2**

心——心灵，生命境界的自由空间意象中心，艺术和合、和合美学的元始点；

和合——和合审美境界的自由空间意境边界，艺术和合、和合美学的正固点。

3. 心灵生命境界自由空间真、善、美（见图 17 - 3）。

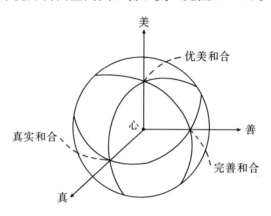

**图 17 - 3**

三维和合结构的复合坐标标示法：

三维：认知维——真实性；

　　　情感维——完善性；

　　　意象维——优美性。

和合：真实和合——心灵生命境界的"境""理"和合状态；

　　　完善和合——心灵生命境界的"性""命"和合状态；

　　　优美和合——心灵生命境界的"道""和"和合状态。

和合球图围绕中心轴旋动，便构成上面和合结构。心灵生命境界真、善、美的三维和合结构可称为和合球。它的每个截面都是和合球图。和合球含蕴着无数和合球图。和合学的八个和合空间和上述三类心灵生命境界价值和合状态，不过是和合球内无限和合的差分。

按和合学的分析，真、善、美的融突是在心灵生命境界的自由空间内进行的。真、善、美是心灵生命境界的自由创造的理想化目标。在非心灵生命境界的物理世界中，只有真实性价值标度；在规范化的道德世界中，只有完善性意义标准；在虚拟化的意象世界里，只有优美性形式尺度。唯有在心灵生命境界的自由创造中，三种价值尺度和意义标准才达到结构上的融突和合。

通常对真、善、美统一的分析有三大缺陷：一是缺少核心范畴，不明三者统一的基础是心灵主体；二是缺乏动力机制，不知三者统一的动力是思维创造；三是缺少价值目标，不晓三者统一是为了精神自由。和合美学真、善、美的融突和合，弥补了这三大缺陷，而达艺术和合境界。

# 第十八章　社会和合与和合管理学

人类的生活样式，是社会化的生活融突体。社会有机体是人类生存世界的内环境。政治生活、法律生活、经济生活、文化生活、道德生活、艺术生活、精神生活以及家庭生活等等，都是社会生活有机体的融突和合关系。社会是指人的生活活动关系和形式的总和。社会是人生活活动的领域，亦是人生活活动的产物。任何社会现象的产生及其内在的法则的作用，都是由人的生活活动来实现的。

人的最基本的生活活动之一，便是管理。因为人的生活活动的关系和形式是多样的、多层的、多面的，且又错综复杂，所以，若无管理，人的生活活动就不能正常地、有序地运行。人既是管理的主体，又是管理的客体。人是有组织能力和管理自己活动能力的主体，人类社会由于人的自我管理而生存和发展。

## 一、社会有机体环境与管理原理

社会一词英语为 society，法语作 société，源于拉丁语 socius，其意为伙伴；德语作 Gesellschaft，也有伙伴的意思。后来才引申为人与人的关系，即人在实践活动中与自然、群体、他人所发生的关系和形式的总体。社会是人类以融突活动为基础而相互联系着的组织形式，它是从自然世界中分离出来的独立世界，是生命系统发展的最高的阶段。这是从广义上说的。

从狭义上说，社会是指人类社会发展到一定阶段的经济形态，也是指人类社会发展到一定时期的社会形态，等等。见仁见智，莫衷一是。

## （一）社会有机体的特征和含义

社会是一个有机体，圣西门（H. Saint-Simon）在 19 世纪初提出了社会有机体思想，孔德的社会静力学研究，在于考察社会行动和社会系统各个不同部分的反应规律。[1] 他在对社会有机体与生物有机体的比较中，明确了社会有机体不同于生物有机体的局限，就在于生物有机体自身个体的皮肉之躯，有赖于精神因素或力量实现其各部分之间的联系，构成社会有机体的组织和结构及其各部分之间的平衡与和谐。这种平衡与和谐，是社会有机体运行有序的要求和条件。如果这种平衡与和谐一旦失衡或失和，社会有机体的运行就遭到破坏，造成社会的病态。

孔德社会有机体组织和结构及其各部分之间关系的平衡与和谐的思想，实则蕴涵着社会管理的思想，并以家庭作为社会组织和结构"真正的社会单位"，"科学精神不允许我们把社会看作是由个人组成的"[2]，排斥把个人的需要和特征作为研究社会的起点。

社会有机体组织和结构及其各部分之间的关系，是通过语言、宗教和劳动分工实现的。语言使社会中人与人之间的物质、信息、思想、情感的

---

① 参见［英］H. 马蒂诺：《奥古斯特·孔德的实证主义哲学》第二卷，219 页，伦敦，1896。
② 同上书，281 页。

交流得以实现；亦使历史文化遗产得以流传、继承下来。这样，社会的一定有机体就产生文化上的认同感和责任感。宗教构成人的行为的社会基础。它使人克服利己思想，爱护他人，保持人与人之间的相互合作和友谊，以及共同的信仰等，使社会有机体运行有序化。社会劳动分工的需要和发展，使得人与人之间的相互依存性增强，人们必须通过社会合作，才能生存或生存得更好。但社会分工亦侵蚀着这种合作精神，因此，孔德试图通过世俗权力与宗教权力的组合，来维护整体思想和共同联系的情感，以及社会的平衡与和谐。

然而，孔德社会有机体理论的缺陷，就在于对社会实践活动的主体的忽视。社会有机体应包括社会经济形态、社会形态、物质生产、精神生产以及人本身的生产等实践活动的总体。若把社会有机体定位为社会经济形态或社会形态，亦有以整体为部分的偏颇。所谓"社会形态"是指社会生产力，与生产力相适应的生产关系，以及在这一现实基础上形成的法律的、政治的结构和意识形态。这些要素的冲突融合，构成社会形态和合体。社会的经济形态，显然是涉及社会经济领域的形态，不包括法律的、政治的意识形态结构。它是社会劳动者与生产资料在生产、交换、分配、流通领域内的特殊结合方式。两者的差分是十分明显的。

社会有机体是关于社会一切关系有机运动的总括。它是社会中各种因素、关系、方面的相互运动和作用。它是较之社会经济形态更为广泛的有机理论系统，又是较之社会形态更为多层次、多角度的范畴。譬如社会形态是从客体的视野对社会的生产力、生产关系和"上层建筑"三级结构的构成方式的界定。社会有机体是从人与社会、主体与客体相互关系的视野来说明社会各种关系的自组织过程。它是人的行为、生活方式、思维、情感方式，文明与文化等方面的展现过程。同时，社会形态一般是以国家为基点，在人类交往活动处于区域主导时期，它与社会有机体难于差分，但在现代人类交往处于世界性，甚至世界就是一个"地球村""太空船"的环境下，便超越了社会形态，而构成一个全球性的社会有机体，国际成了一个融突的和合社会。这就是说，每一个文明国家以及这些国家中的每个人的需要的满足，都依赖于整个世界。

基于这种比较，社会有机体便具有这样的特征：

1. 主体人是社会有机体的主体。有人的机体才有社会有机体。因此，社会有机体是人的社会有机体。离开人及其活动，就无所谓社会有机体。这就是说，社会关系、社会结构、国家等都因人的生命存在和发展及其交往活动而产生。

2. 人的劳动活动或物质实践活动，是社会有机体的"主干"。劳动活动或物质实践活动维系着人与自然世界的物质、能量和信息的交换关系。这种交换关系使人的生命存在和发展获得满足，社会的日常生活活动以及经济的、政治的、道德的、文化的、精神的活动得以展开，并构成全球交往的"社会空间"。

3. 人的自觉的、自主的实践活动是社会有机体演化的内在机制。它是一个历时态发展与共时态扩张的社会与人的双向演化过程。这个演化过程就是人的自主性活动在时空中的展开：其时序性的展开和结构的转换，使社会有机体从一种形态演化为另一种形态，使社会有机体获得动态性功能。它在空间上的扩张性，使社会有机体形成同形态的有机整体，使社会有机体具有多样性的特点。这样，就构成了社会与人的双向运动①，即人化着社会，社会亦化着人，简言之，即人化社会，社会化人。社会是人化的社会，人是社会化的人。

依据上述社会有机体的三特征，其核心是主体人和人的实践活动。从

---

① 参见杨耕：《马克思的社会研究方法》，中国人民大学博士论文打印稿。

和合学的观点来审视，社会有机体属于和合生存世界（"地界"）的内环境。这种内环境具有三义：

一是相对于人类与自然界的物质、能量、信息交换的自然生活活动的环境而言，它内在于社会有机体，即内在于以人为主体的由人的实践交往活动所构成的人类社会的政治活动、经济活动、道德活动、文化活动、精神活动等各种交往活动之中，是各种社会人际关系及其一切交往方式的内在的融突和合结构。

二是相对于个人自我的心灵活动（精神活动）自主、自由地创造空间而言，它内在于各种社会组织结构，如经济组织结构的生产、交换、分配、流通、消费活动领域，政治结构的国家、法庭、典章、制度等领域，社会系统自身的人口、区域、组织、阶层、家庭等领域的关系和活动之中，是各种群体关系及其组织结构方式的内在融突和合结构。

三是相对于以往的人类文化信息系统而言，它通过文化传播、社会舆论、教育机制等方式，不断地把既得的文化符号资源内化为人们的行为习惯、思维方式、价值观念和社会风俗，它是各种文化关系及其文化传播、社会舆论、教育机制的内在融突和合结构。

人类社会有机体的社会生活环境是一个具有耗散结构的自组织系统。[①] 第一，社会有机体的社会生活融突和合结构是对两种外环境开放的动态有机系统，它与地域性的自然生态环境和时域化的文化生态环境有物质、能量、信息的多重交换，能够借助负熵流的增量耗散系统内的熵增加，使社会有机体的社会生活向有序发展。这种耗散结构是在系统保持远离平衡和在系统的不同元素之间存在非线性的机制条件下，才可能从原来

---

① 参见苗东升：《系统科学原理》，420～430 页；王雨田主编：《控制论、信息论、系统科学与哲学》，462 页，北京，中国人民大学出版社，1986。

无序状态转变为一种时间、空间或功能上的有序状态。[①]

第二，社会有机体的融突和合结构，是由多种关系构成，诸如人际交往关系、群体组织关系、文化教育关系，以及人的生死、语言、职业、婚姻等与现代所面临的人口爆炸、老龄化、移民潮等不平衡状态；生活结构的为获得衣、食、住、行等物质资料而进行的生产活动方式和冲突；人际关系结构的人际的互动，与这种社会互动能被人所理解和接受的语言符号的信息传递系统、社会共同遵守的行为准则的冲突等。凡此种种，彼此错综，立体交叉，因此是非线性多变量系统。

第三，社会有机体的社会生活不仅有自己的类生命现象，而且有自身的理想目标，是一个不断逼近理想目标的非均衡控制系统。

社会有机体作为人类生存世界的内环境，从静态上看，它是政治结构、经济结构、文化结构等的融突和合；从动态上看，它是物质生产、精神生产和人类自身生产的融突和合。[②] 社会有机体从此三种结构、三种生产中生产着自身，并使自己得到延续和发展。

### (二) 社会管理要素与组织分群

社会有机体的社会生活环境的有序化、多元化、控制化，是通过群分并协的管理组织方式实现的。所谓管理，是指有计划、有组织、有指挥地规范控制人和物化，使人实现预定目标的活动的总和。管理一词英文 management，与企业经营相联系，法文 administratif，较多与行政相联系。中文"管"字一般指长圆形中空之物。《诗·有瞽》："箫管备举"，管为乐器。后引申为主领、主管、管理等。《汉书·食货志》："管在县官"，

---

① 参见［比］普里戈金：《复杂性的进化和自然界的定律》，载《自然科学哲学问题》，1980 (3)。

② 参见拙著：《新人学导论——中国传统人学的省察》，99～102 页。

即一事之主管、主领。《战国策·秦策三》："淖齿管齐之权"，有管理的意思。理为玉石之纹理，引申为治理。[1] 管理有管制、管辖、引导之义。

依管理定义，它是人类社会有机体社会生活活动的最普遍的活动之一，是人类的基本活动。这种活动所关联的基本要素，构成管理的静态和动态的活动过程。由于对管理所蕴涵要素理解的差分，因此有主张"四要素"（人员 men、物料 material、机器设备 machine、资金 money），或"五要素"（加方法 method），或"七要素"（加市场 market、士气 morale），或"八要素"（再加管理 management），即四 m、五 m、七 m、八 m。这种差分方法主要以企业管理所关联的资源为出发点，有些重要的要素未涉及，有些要素可归并，可扩大，如机器设备与物料、管理与方法，属前者；从市场到环境，属后者。按现代管理的需要，可涵摄观念、目标、组织、人员、资金、技术、时间、物资、环境、信息十要素。[2]

所谓观念，是指管理的指导思想，即管理哲学。成中英认为，西方（美国）企业管理出现了空前的各种危机：（1）兼并化危机。为了垄断市场及扩大利益及财力影响，进行恶性及强行兼并，妨害公平竞争及平衡发展。（2）机械化危机。科学化管理导致人事和人力资源运用的机械化，工作者为了谋生而工作，却不一定能认同公司。管理者除了谋利没有更高的企业和生活目标，因而造成工作者心理闭塞和不稳定性，也因之形成人才的退化和流失。（3）呆滞化危机。大型企业过分成熟，变得庞大分散，无法灵活应付社会需求变迁，也未能充分吸收和利用新的科技，早做改良革新，以致形成财务亏损，人事负担沉重，企业精神颓丧殆尽，成为淘汰对象。[3] 对比兼并化、机械化、呆滞化三危机，西方管理者曾从工具理性层

---

[1] 参见张立文主编：《理》，19～24 页。

[2] 参见黄德鸿等编著：《管理学纲要》，98～103 页，广州，科学普及出版社广州分社，1987。

[3] 参见成中英：《儒家管理哲学序》，见黎红雷：《儒家管理哲学》，10～11 页，广州，广东高等教育出版社，1993。

面提出结构改组、财务重整、人事更换等对应策略，但未能从观念理论层面对深化管理目标、方法认知和人的社会因素、潜能、价值的充分理解方面，提出管理观念的革新，即融突和合的管理哲学理论。

目标是指组织目标和管理目标的融突和合。前者是讲一个组织要实现的目标，是组织中每个人的努力方向和动力；后者是讲管理活动要实现的目标，是管理者为实现组织目标的努力方向。人们一起去实现某一目标时，便创造了组织，或者说一个社会机器，它有潜力完成任何个人无法实现的目标。因此，便需要管理，管理是艺术的艺术，它是智慧的组织者[①]，也是衡量各种管理活动的尺度，即价值标准。

组织是指狭义的管理组织，既指人类各种组织团体内部的组织层次和结构，亦指层次间的关系和结构间的关系。它表现组织的组成方式或系统的管理体系，诸如直线式结构、职能式结构、直线职能式结构、事业部式结构、矩阵式结构[②]等。它是管理赖以展开和协调各要素间关系、实现目标的要素。

人员是指管理组织的管理者和被管理者，以及相应特定组织中的人员结构。它是管理的核心要素，因为任何管理都是人的管理，无人亦无所谓管理。人员既是管理活动中影响最大的可变因素，亦是管理活动的能动因素。在管理活动中，人既是管理主体，亦是管理客体。管理主体一般指管理者的某一群体；管理客体是指被管理者的某一群体。从社会有机体来看，社会管理主体是指由决策系统、执行系统、监督系统和智囊系统等系统构成的管理活动体系。决策系统是指管理的主管、领导者，依据大量情报、信息和智囊系统提供的各种可供选择的方案，从全局目标出发，分析

---

① 参见汉普顿：《当代管理学》，陈星等译，9 页，北京，新华出版社，1986。
② 参见谢勖丞等编：《现代管理学概论》，31～34 页，北京，中国铁道出版社，1987。又见汉普顿：《当代管理学》第四编《组织》和对各组织结构长处与短处的评估，以及对矩阵结构的评估，288～319 页。又见齐振海主编：《管理哲学》，223～230 页，北京，中国社会科学出版社，1988。

综合、比较鉴别，确定最佳方案，做出决定，这属于输入系统。执行系统，属于输出系统，执行决策系统的决定、方案，要求执行人员精干、高效、忠于职守，实现最优化效果。监督系统属于反馈系统。它依据决策者的决定，对执行系统和管理客体进行监督，并把其中的情况、问题反馈回决策系统，进行协调、平衡、修正、追踪，以逼近决策目标。智囊系统是决策系统的思想库、"外脑"。它是一批专家、学者，为社会有机体的经济、政治、科技、军事、文化的管理提供科学依据、最高水平科学技术知识以及最优化的理论、策略、方法，促使决策系统做出正确、完善的决定。

资金是管理组织活动中的财产和物资的货币表现，是管理运转的润滑剂。在商品经济条件下，任何管理组织若无资金，其管理机器便难以运转。它包括预算控制、成本分析、财务管理等各个环节。它是管理手段之一，也是管理效益的标志。

技术是指与一定组织相适应的工业企业的科学技术和生产技术、医院医疗技术、军事的各种技术、学校教学技术等；也指相应各组织的管理程序、方法、手段、工具等。这两者技术虽差分，但管理系统中技术要素不可或缺。作为社会有机体的管理社会学技术，它是引导、促进各种积极的社会影响和作用，限制、排除各种消极的社会影响和作用的一种手段。比如行政管理技术（方法），它是领导者或领导机构运用命令、指令性手段，直接组织、调节的管理形式，又对被管理对象发生影响和作用。这种管理技术对于实现管理职能有重要作用，但不能将它主观化、片面化、简单化。又如以法律规范和具有法律规范性质的各种行为规则进行管理的管理技术，它通过调节组织内外各种关系，实现预定的目标。它在各种管理活动中是外协调的手段，任何组织和个人都要遵守、服从法律，各组织按法律规定的责、权、利的关系，各为其组织提供管理活动的空间和处理管理活动的各种关系与行为的准则，以及组织内各种管理关系的原则依据。法律对于整个社会有机体的管理来说，是使社会生活活动趋向稳定有序的有效手段，是协调、调节各组织系统间及其内部各环节、各层次间的关系的有力杠杆，是处理外部各种关系和维护本组织利益的合法工具。因此，管理职能实现，大都依照法律规范。

时间是指每个组织系统中各种活动过程所需要的周期和其起始点、终结点，各种活动都需要精确地计算时间分布，以便使它们能相互衔接和循环，不致使各种活动的连续性中断。在现代各种管理活动中，时效性愈来愈突出，不同的时间可能产生正与负的效益。因此，时下提出"抓住机遇"、"不失时机"或"时间就是金钱"等主张，就是时间在管理活动中的作用的凸显。西方管理学家曾说，时间租不到、借不到、买不到，定量供应，一视同仁，毫无调节的弹性；同时又最容易损耗，既无补偿品，又无替代品，更无法贮存。时间是流，它瞬息万变，甚至神妙莫测。管理就在于抓紧时间，不浪费时间，如此也就抓住了机遇，获得了最佳效益。

物资是指社会实践活动中或社会生活活动中的物料、设备、工具等，譬如生产活动或科学实验活动中所需要的原材料、燃料、辅助材料、机械设备、厂房、场地等等。物资不像人员、技术、信息等在管理活动中是能动因素，它是接受人员、技术等作用的被动因素。尽管它在管理活动中是被动的，但俗语说，巧妇难为无米之炊，若无物资，各管理要素便无法实现其功能和作用。管理活动的主要功能，就在于使人这个劳动者与物资合理地搭配起来，以实现预定目的。

环境相对于时间，是管理活动的空间。它既包括管理活动的外环境，如自然生态环境和社会人文生态环境，这是就社会有机体内各管理组织系统而言。若就社会有机体的管理活动的外环境而言，则是指自然生态环境；亦包括各组织系统管理活动的内环境，即各组织系统内各子系统、各要素的相互关系的影响和作用，对于各组织系统及其各子系统、各要素而言，不仅自然生态是外环境，而且社会有机体的整个社会人文生态以及国家的制度体制的政治结构、经济结构、文化结构、精神结构、意识形态结构等，都是其外环境。这就是说，管理活动的内外环境是相对而言的。但无论如何，它对社会有机体的管理活动或一个企业组织的投入与产出管理活动的影响和作用都很大。管理活动就在于使组织系统的内外环境协调起来，即融突而和合。

信息是指管理活动中对信息的收集、加工和传递的总和。信息作为管理活动的重要资源，是沟通管理组织内外环境各要素、各子系统的中介，并组合成联系的网络，使整个管理活动系统成为一个有机整体。管理观念由信息传递和表达，目标由信息来体现，人员、资金、技术、时间、物资、环境，可通过信息来调节、控制、计划、组织等。因此，信息是管理活动的载体，上述管理的九个要素，都需要信息，都离不开信息。否则，便会引起整个管理活动中某一要素的脱节、连续运作活动的中断等。同时管理活动中信息要素具有广泛性、剧增性、时效性、非损耗性等特点。事实上管理活动的整个过程，就是信息处理的过程。①

社会有机体的任何组织的管理活动的展开，都需要这十大要素。虽在具体的每一管理活动过程中，各要素的轻重缓急有所差分，但它所涉及的要素大体是相同的。管理活动的各要素之间，由于所实现的目标和观念的差异，亦往往出现不平衡或冲突，需要在管理中加以协调、融合，而达到和合。否则，整个组织的管理活动就会陷于失败，以致恶性循环。

社会有机体由于社会关系活动存在要素差分化、时效差分化以及社会作用、影响的差分化，才需要管理组织活动。这就是说，无差分就无所谓

---

① 参见黄德鸿等编著，《管理学纲要》，98～103 页。

管理。按管理，组织系统的逻辑次序依次为：

1. 按照社会有机体的社会组织的群体目标，对人的社会地位和职能角色不断进行差分化，使社会人际关系实现劳动分工。孟子所说的"劳心""劳力"的差分；职业分得很细，如《周礼》记载：有大宰、小宰、宰夫、宫正、宫伯，膳夫、庖人、内饔、外饔、亨人、甸师、兽人、鳖人、腊人，医师、食医、疾医、疡医、兽医，酒正、酒人、浆人、凌人、笾人、醢人、醯人、盐人、幂人、宫人、掌舍、幕人，司书、职内、职币、司裘、掌皮，内宰、内小臣、阍人、寺人、内竖、九嫔、女御、女祝、女史、典妇功、典丝、典枲、内司服、缝人、染人、追师、屦人、夏采，乡大夫、乡老、州长，封人、鼓人、舞师、牧人、牛人、充人，囿人、场人、廪人、舍人、仓人、司稼、舂人、槁人、㔟人、冢人，乐师、大胥、小胥、大师、小师、瞽矇、视瞭、磬师、钟师、笙师、镈师、龠师，大卜、卜师、龟人、占人、筮人、占梦、大祝、小祝、丧祝，司巫、男巫、女巫，大史、小史、内史、外史，戎仆、齐仆、道仆、田仆、驭夫，以及玉人、雕人、陶人、梓人、匠人等等。可谓三百六十行，行行又有分工。所谓百工，"有大人之事，小人之事"[①]，便是管理分工原则；道德分类，孔子分君子、小人、圣人；政治体制的区分，如封建制、郡县制、行省制、省区市等；法律分治；等等。这种多变量层序分化，多元素位序分化，如君子思不出其位，不在其位不谋其政，都是讲管理活动组织方式的分化机制。

2. 按照社会有机体社会环境的外在制约条件与内在制约条件，将分维化的变量、层次、序列以及分类化的元素、地位、角色依某种结构方式组织起来，即"使群"。中国古代荀子曾提出"明分使群"的思想，

---

① 《滕文公上》，见《孟子集注》卷五，38 页。

他认为人类社会有机体的社会组织管理，就是有分能群。人"力不若牛，走不若马，而牛马为用，何也？曰：'人能群，彼不能群也。'人何以能群？曰：'分。'分何以能行？曰：'义。'故义以分则和，和则一，一则多力，多力则强，强则胜物"①。就人类的自然生理能力来说，人不如牛马，但为什么牛马能为人所利用？是因为人类是"能群"的动物；人之所以"能群"，又由于人是有分工、分职、分等级的；因其以礼义的标准来分，所以人能彼此协同行动，和谐合作，有统一的社会组织，而战胜自然物。

在这里，荀子所说的"能群"，实际上是指社会组织，这种社会组织已具有社会管理的功能，因为把各种不同分工、分职、等级的人群组织起来，协力合作、协调和谐，而发挥出群体的胜物的力量，便需要运筹管理。假如人类没有社会组织管理，就会发生争乱。"故人生不能无群，群而无分则争，争则乱，乱则离，离则弱，弱则不能胜物"②。人类社会组织必须有分工、分职、分上下（或称管理者与被管理者），才能协调合作，相互依赖，而不纷争；反之，无分就会相互斗争；相互斗争就会动乱；动乱而离散，而不能协作合力；离散而无力量，人类也就无法胜物而生存发展于宇宙之中。

在荀子看来，"分"是"群"的基础，是社会存在和社会组织的本质特征。"人之生不能无群，群而无分则争，争则乱，乱则穷矣。故无分者人之大害也，有分者天下之本利也"③。人类生命的生存必须依赖社会组织，社会组织的生命存在有赖于分。无分是社会斗争、动乱以及不安定的根源，亦是社会、国家贫穷的根源，所以"无分"与"有分"对于天下有"大害"与"本利"的效果。如何除害获利？荀子认为，社会组织的管理

---

①② 《王制》，见《荀子新注》，127 页。

③ 《富国》，见上书，143 页。

手段，就是"明分使群"。"离居不相待则穷，群而无分则争。穷者患也，争者祸也。救患除祸，则莫若明分使群矣"①。人类社会组织有分、合群、和谐，就不会使人类社会组织受到破坏，"皆使人载其事而各得其宜，然后使谷禄多少厚薄之称，是夫群居和一之道也"②。人类社会生活有序而不混乱，组织管理有分而协调和谐，天下富裕而不贫穷，这便是"和一之道"，即融突而和合之道。

3. 按照社会有机体生生不息、化化不已的类生命要求，设定理想目标阶梯（由近期目标、中期目标、长远目标，按梯度分阶原理构成），激励自强奋斗动力，使社会融突和合体向着更真实、更完善、更优美的方向发展。

社会有机体管理组织的逻辑次序表明：分化则多元化、多样化，社会生活方式丰富多彩，人际交往活动关系千姿百态；合群则有序化、组织化，社会成为有机整体，人际交往关系充满活力。这样群分并协，分合并进，多而不乱，群而有序，前后贯通，上下协力，殊途同归，一致百虑，患防于未然，乐豫先己立，社会生活活动自我约束、自我完善、自我推动、自我实现、自我发展。

### （三）管理原理与管理诸学派

社会有机体的社会生活环境的管理组织，其核心结构方式是上述的群分并协，分合并进。这两种融突和合组织方式，是社会管理的实质和精髓，是和合学基本原理在社会和合管理学中的具体运用。

原理的应用是一门技术。技术臻于精湛，就成了艺术，故茶有茶道，花有花道，书有书道，剑有剑道。因此，社会生活中的管理或管理社会的

---

① 《富国》，见《荀子新注》，139 页。
② 《荣辱》，见上书，48 页。

实践，是各门组织技术，是各类管理艺术。

管理艺术和组织技术的原理，其根据是社会生活组织方式的群分并协、分合并进机制，其目的是社会和合、人际和谐，其原理（操作性的）是多种多样的，不同的文化背景，不同的民族区域，不同的社会组织，不同的历史时期都有不尽相同的管理原理 ABC。

在中国古代，道家无为而治，取法自然；儒家仁义中庸，崇尚德性；法家立法严刑，施术用势；兵家奇正变幻，贵在权变；农家因地制宜，不违农时；墨家兼爱交利，善立表率；名家巧设名辩，擅长剖析；纵横家连横合纵，唯利是从。三教九流，百家千子，处心积虑，无非牧民之道，驾驭之术。皆自以为管理原理之 ABC，治天下犹"运之于掌上"。

表述中国古代管理思想的著作很多，除上述各家的元典外，还有《周易》《尚书》《孙子兵法》《周礼》《礼记》《管子》《史记·货殖列传》等，基本涵摄三大类管理思想，即军事管理、社会管理和工程技术管理。其思想源头可追溯到甲骨文本，《周易》是把对世界的认知和主体自身的价值愿望相结合的管理模式。《周易》管理思维模式的理论核心是人，由人而追求天道、地道、人道整体和谐；天、地、人三道的融突的人文精神和价值理想是"保合太和"。"太和"便是天（可能世界）、地（生存世界）、人（意义世界）的融突和合，即通过阴阳、柔刚、仁义的差分冲突，而后协调融合，这便是管理的目标。历代的中国明君贤相、仁人志士都从中吸取治国安邦、安身立命、富国强兵之术。

《周易》为中国确立了整体的管理思维原理，提出了变易过程论、错综关系论、结构整体论的管理思维。

1. 变易过程论的管理思维。为道屡迁，唯变所适。天、地、人三道，在变易过程中生存发展。从天道而说，由太极生两仪（阴、阳），两仪生四象（老阳、少阴、少阳、老阴），四象生八卦（表征天、地、雷、风、山、泽、水、火），这是一个以阴阳为核心而展开天道变易的过程。就地道而言，"有天地然后有万物，有万物然后有男女，有男女然后有夫妇"①。这是宇宙自然史的变易过程。它是以刚柔为核心意蕴而展开的，如以天刚地柔，万物有刚有柔，又以男刚女柔、夫刚妻柔为特征的生存发展过程。以人道而论，"有夫妇然后有父子，有父子然后有君臣，有君臣然后有上下，有上下然后礼义有所错"②。它是以仁义为核心内涵而展开的人类社会史变易发展过程。仁为四端之首，而涵摄仁义礼智四德，而发为恻隐、羞恶、辞让、是非四端。夫妇、父子、君臣、上下，都以仁义为价值标准处理相互之间的各种关系，构成人类社会的生存发展的变易过程。

这种变易过程论的管理思维，描述了天道可能世界、地道生存世界和人道意义世界的管理原理、原则。任何事物的生存和发展，都是一个变易过程。社会有机体的社会管理，如政治管理、经济管理、文化管理亦不例外。以企业管理来说，从产品信息—设计—生产—流通过程，一个环节扣着一个环节。每一个环节都需要管理手段，如严格的规章制度，以保证全过程的优质高产。

变易过程就是日新生生过程。"富有之谓大业，日新之谓盛德，生生之谓易"③。天、地、人三道，社会管理中传统社会向现代社会的转换，以及企业管理的信息、技术、产品、目标，以至观念，只有"日新"，才能"生生"。特别是在现代市场经济的竞争机制下，任何一个企业不改革日新，就没有生路；企业亏损、破产，就在于不"日新"；不"日新"，就是一条死路。企业的"生生"之路，说到底就在于"日新"；"日新"就是要把一切事物理解为变易过程；变易就是不常驻，过程就是走不完的路。

---

① ② 《序卦传》，见《周易正义》卷九，《十三经注疏》本，96 页。
③ 《系辞上》，见上书卷七，《十三经注疏》本，78 页。

这是每个企业求生、求达（发达）的根本手段。

2. 错综关系论的管理思维。《周易》便是讲各种关系，事物内外、左右、上下、前后的相互关系。一切事物包括各种社会组织、企业单位，以至于个人，都在关系中生存、定位、发展，并在关系中获得自身的本质、品性。"乾，阳物也；坤，阴物也。阴阳合德，而刚柔有体，以体天地之撰，以通神明之德"①。古人从各种各样事物中，概括抽象宇宙间事物的共同属性为阴与阳，阴阳作为事物的符号，以—（阳）--（阴）来表示。阴阳构成宇宙间各种关系，如天与地、日与月、水与火、暑与寒、昼与夜、刚与柔、动与静、上与下、表与里、攻与守、男与女、父与子等等。这种种变化，千万关系，其理贯通，阴阳之道。

这种阴阳错综关系，却表现一种性格或特性②：阴是柔、顺、寒、屈，阳是刚、健、热、伸，这是其自然属性；阳是贵、富、尊，阴是贱、穷、卑，这是其社会属性；阳是君、父、夫，阴是臣、子、妻，这是其等级属性；阳是仁、善、爱，阴是戾、恶、残，这是其道德属性。阴阳具有最大的普适性和包容性，亦具有对待性、相关性、对应性、依赖性。阴阳以自己的属性范围，规定自然、社会（政治的、道德的）、人际、心灵、文明等各种关系及其属性；自然、社会、人际的各种关系亦认同阴阳属性为自身的属性，构成天、地、人阴阳关系网络。

阴阳这个词近来在西方开始流行，波科特在对中国医学进行全面研究时，对阴阳所做的解释是西方最好的解释之一。他认为"阴相当于一切收敛的、反应性的、保守性的东西，而阳则指伸展的、扩张的、要求性的东西"③。F. 卡普拉也认为，"阴应当解释为反应性的、紧缩的、合作

---

① 《系辞下》，见《周易正义》卷八，《十三经注疏》本，89页。
② 参见拙著：《中国哲学范畴发展史（天道篇）》，第八章《阴阳论》，261～263页。
③ ［美］F.卡普拉：《转折点——科学·社会·兴起中的新文化》，26页。

的行动，阳则是扩张的、伸展的、竞争性的行动。阴的行动考虑环境，阳的行动考虑自我"①。波科特和卡普拉的分析有一定道理，基本上符合阴阳的引申含义。

阴阳这种不同的行动与两种知识密切相关，这两种知识是人的两种特性，即直觉与理性，分别与宗教（或神秘主义）和科学相联系。"理性与直觉是人心功能的两种互补形态"，"理性知识易于产生以自我为中心的亦即阳的行动，而直觉智慧是生态性的亦即阴的行动"②。这就是说，理性是直线的、集中的、分析的，它属于理智的领域，其作用就是区别、度量与归类。直觉是非直线性、整体的、综合的，它属于非理智的领域，是直接的、实在的经验。理性知识趋向于分割支离，直觉知识趋向于意识的伸展状态。

由阴阳而引申为对于两种知识的评价。卡普拉认为，西方文化的弊端，就在于割裂了阴与阳的互补、互渗、互转的关系。西方社会"一直崇尚阳而贬损阴，认为理性知识高于直觉智慧，科学高于宗教，竞争高于合作，开拓自然资源高于保护自然资源，等等。这种强调阳的做法，一开始是受到父权制的支持，后来又被过去三个世纪中占统治地位的感性文化所鼓励"③。这就造成了对于阳性价值的偏爱，而带来一整套包括学术、政治、经济机构在内的系统的失衡、失序的危机。这就是说，在现代管理中，应该充分考虑阴阳关系在处理人与自然、社会、他人、心灵、文明关系中的以及在企业管理中的互补相感、相反相成的作用。不要偏爱于阳或偏爱于阴，两偏均会使关系失衡，只有阴阳融突和合，社会、企业才会兴旺。

3. 结构整体论的管理思维。《周易》的结构整体在太极、八卦、六十

---

① ［美］F.卡普拉：《转折点——科学·社会·兴起中的新文化》，27 页。
②③ 同上书，28 页。

四卦中均有体现。每一个卦的卦体，都是一个多元复杂关系的整体。如一个卦（六爻卦）都包含着内（贞）与外（悔）两经卦组合的整体。内卦与外卦中任何一爻变了，便引起整个卦的变化。一个卦的二、三、四、五爻又构成互体的两个经卦，即二、三、四爻构成一互体卦，为内卦。三、四、五爻构成一互体卦，为外卦。这样一个卦实际上可分为四个卦，换言之，一个卦是蕴涵着四个卦的整体。若以一个卦为一个公司，则包含四个子公司，它们有分有合，分中有合，合中有分，构成一个公司的融突和合体。

一个卦除由内外（贞悔）、互体构成一整体外，还体现了天、地、人三才关系整体，如六爻的初爻和二爻为地，三、四爻为人，五、六爻为天。每一个卦体都是三才融突和合体，同时六爻都是阴阳融突和合体，初、三、五爻为阳爻，二、四、六爻为阴爻，初爻与四爻、二爻与五爻、三爻与六爻，构成阴阳爻相对应（比应）的整体。阳爻居阳位，阴爻居阴位，为得位或称正位，阳爻居阴位，阴爻居阳位，便是错位，谓之不正或失位。假如遇到内卦之中爻为六二，外卦之中爻为九五，这便是既得阴位之正位，又阴阳比应，就是最佳的机遇，谓之"中和"。

一个管理组织（国家、工厂、单位、企业、公司等）犹如一个卦，是一个多部门、多单元、多层次的有机整体，动一爻则全卦变动，各个单元、部门、层次都不可忽视，以免破坏整体的协调、平衡、和谐，使管理运行失衡、失范。

中国《周易》的管理思维是辐射源，影响儒、道、墨、名、法、阴阳、兵、农各家管理思想，然后又影响东南亚各国管理思想。西方的管理思想也可以追溯到古希腊罗马。苏格拉底曾陈述管理的普遍性和管理者的互换性原理。柏拉图提出专业化和分工原理。[①] 美国学者泰勒（Frederick

---

① 参见［美］小克劳德·S. 乔治：《管理学思想史》，16～17页，恩格伍特·克利夫斯，N. J. 普伦蒂斯-希尔公司，1972。

W. Taylor）精于计量，首倡科学管理[①]，挖掘人性潜能。与 19 世纪西方传统管理相应的是科学技术革命，即蒸汽机式的工业革命。与 20 世纪前半世纪西方科学管理相应的科学技术革命是电力化的产业革命。与第二次世界大战以后管理科学相应的科技革命是计算机的信息革命。近现代西方社会不断将管理革命、科技革命、生产革命协同起来，形成了以科技、管理、产业为三大支柱，以民主、自由、人权为三大标志的社会融突和合。

管理已深入西方社会生活的各个层面，形成了众多管理学派，各学派提出了各种各样的主张。主要有：（1）以德鲁克（P. Drucker）和戴尔（E. Dale）等人为代表的经验（或案例）学派。它从研究各种成功和失败的管理案例和管理经验入手，以确定怎样管理，不承认存在普遍的管理原则。（2）人际关系学派，由受过心理学教育为主的学者组成。他们认为管理者的工作就是处理人的心理问题，处理人的关系是管理者理解和掌握管理技能的技巧。（3）群体行为学派，研究各种群体行为方式，或组织行为研究。孔茨（H. Koontz）认为，管理者所遇到的问题，是由群体行为类型、态度、愿望、偏见引起的。（4）合作社会系统学派。以巴纳德为代表，他们认为，社会系统是人在意见、力量、愿望、思想等方面的合作关系。他们提出广义的组织概念和效力、效率两原则，以及非正式组织职能、信息联系等一系列组织理论。（5）社会技术系统学派。以特里斯特（E. L. Trist）等人为代表，他们在解决采煤业生产率问题中，发现技术系统对社会系统影响很大，个人态度和群体行为亦受其影响。于是提出协调社会

①　管理科学理论形成于 19 世纪末 20 世纪初，以泰勒 1911 年出版的《科学管理原理》为标志，该书于 1914 年由穆藕初先生翻译后在国内出版。蔡上国译本，由上海科学技术出版社于 1982 年出版。

系统和技术系统的主张，管理者就在于使这个系统取得和谐。（6）决策理论学派，以西蒙·马奇（J. G. March）等人为代表。他们认为，决策贯穿管理的全过程，围绕决策（决策者、决策本身、决策过程等）这个核心建立管理理论。（7）系统学派，以卡斯特（F. E. Kast）、罗森茨韦克（J. E. Rosenzweig）等人为代表。他们从系统论看管理企业，提高企业效率，并认为系统方法是形成、表述和理解管理思想最有效的手段。（8）数学（或"管理科学"）学派，由伯法（E. S. Buffa）等一些运筹学家组成。他们认为管理是用数学模式与程序来表示计划、组织、决策、控制等合乎逻辑的程序，求出最优化的解，以达预定目标。管理科学就是把数学模式和程序系统用于制定管理决策，并由计算机进行企业管理。数学家把自然科学的工具和技术引入管理，使管理有可能进行定量分析。（9）权宜（或应变）学派，以莫尔斯（J. J. Morse）和洛尔施（J. W. Lorsch）等人为代表。他们主张结合 X 理论和 Y 理论[①]，而权宜应变的经营管理理论，强调实际环境变化与管理对策之间的相互关系，并通过事例分析，把企业归纳分类，制定每一类型企业的管理模式。（10）管理者工作学派（或称经理角色学派），以明茨伯格（H. Mintzborg）等人为代表。他们把管理者（经理）的工作特点、担任的角色、工作效率等作为研究对象，对提高管理水平有很大帮助。（11）经营管理学派（或称管理过程学派、管理程序学派、作业学派等），他们把管理分成各种职能加以研究，通过职能分析构成管理过程，并把用于管理实践的概念、原则、理论和方法组合起来，形成一个管理学科。其特征如图 18-1 所示。圆内部分是这一学

---

① X 理论和 Y 理论由麦格雷戈（D. McGregor）等提出，X 理论是指传统的管理思想，认为工人本性不诚实，不负责任，强调管束才能提高劳动效率；Y 理论则认为人的行为受动机支配，人都愿意取得成就，只要善于引导，便可激发员工的主动性、积极性。麦格雷戈主张在企业管理指导思想上要变 X 理论为 Y 理论。后有人又提出超 Y 理论，要据实际需要，选择或综合运用 X 理论和 Y 理论。

派的理论内容，圆外表示相关知识的支持体系。[①]

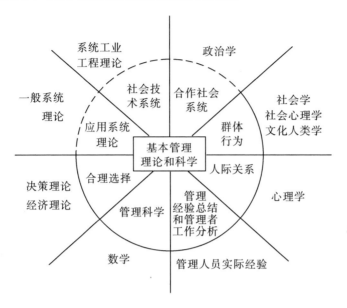

**图 18-1**

这 11 个学派的管理理论，在各个时期都对管理理论的发展做出贡献，为管理理论的多元化做出努力，且都具有合理性和价值。它们亦各有其局限性和不足：经济（或案例）学派偏重经验而难免有狭隘性之弊；人际关系学派限于人际关系，而不足以建立管理科学体系；群体行为学派囿于群体行为方面，而于管理整体系统关注不够；合作社会系统学派之不足，是把管理重要组织职能过分突出；社会技术系统学派未能涵摄管理诸多理论；决策理论学派囿于决策就是管理；系统学派由于缺乏管理科学自身新东西而有所减弱；数学（或管理科学）学派，难于涵盖管理科学；权宜（或应变）学派实际上是对于管理艺术的探讨；管理工作者学派限于经理

① 参见《管理学会评论》（*Academy of Management Review*），1980 年第 5 卷第 2 号，175～185 页；H. 孔茨：《管理理论丛林》，载《外国经济管理》，1984（4，5）；H. 孔茨：《再论管理理论丛林》，载《外国经济管理》，1984（5，6）；罗伯特·克顿特勒：《管理概念诸要素新探》，载《财经译丛》，1985（2）；黄德鸿等编著：《管理学纲要》，57～63 页。

工作，而于组织机构的建立、目标的确定以及各部门具体管理都重视不够；经营管理学派的管理理论较抽象，对管理艺术和管理者的能动作用有所忽视。

管理科学理论的多元化，凸显了管理科学的繁荣昌盛。但西方管理学的原则或原理均是狭义上的工业企业管理原则或原理，很少有最广义的社会生活管理。因为按西方文化传统及其人权观念，个人、家庭等的社会生活是内务、私事，不应成为学术研讨的对象。管理只能管国家事务，管公共关系。中国人爱谈心，好管闲事，爱揭隐私。因而古代有"心术"与"内业"①，现代有"思想政治工作"等。管理主要为"齐家""治国""平天下"之道，包括组织管理、科举用人之道，理财之道和财物保管制度等。

## 二、人性假设与管理艺术

中国文化重人，以天地之性（生），人为贵。因此，中国哲学，在某种意义上说，就是人学。笔者曾批评恩斯特·卡西尔（Ernst Cassirer，1874—1945）把人定义为符号的动物②，而把人重新定义为"人是会自我创造的和合存在"。管理无论是对自然生态环境的管理，还是对人类社会有机体的管理，以及企业公司的生产经营管理等，都是人的自我创造。管天、管地，亦包括管人自己。天地不会自己管理自己，由人管天地，故曰"为天地立心"。因此，人是管理的核心要素。

---

① 《心术》《内业》为《管子》中的两篇。
② ［德］卡西尔：《人论》，34页。

### （一）行为理论与领导艺术

作为管理主体的人，中国古代以人的"未发"为性，即人性；以人之"已发"为表现出来的行为，为情。这里从社会和合的视野来探讨和合管理学问题，未发已发便是管理学意义上的人性和行为问题。

依据科学技术管理现代社会，解决社会和合系统的组织问题，是管理科学的理论要旨，也是现代管理科学与传统管理经验或古代管理哲学的差异。

管理科学的现代科学技术基础，是关于行为的科学理论及其技术方法。管理的对象，不是笼统意义上的物或人，也不是抽象意义上的人物关系、人际关系，而是各种各样的行为。一切管理措施只有落实到具体行为上，才能达到管理目标，提高管理效应。

所谓行为科学，是指研究人们行为方式的学问。它是运用心理学、社会学、伦理学、人学等理论的综合学科。它通过研究人的各种行为方式，以达到预定的目标。

早期行为科学主要是研究人的动机言行，及其与个人性格、学识素养、价值观念、家庭生活、组织制约等的关系；同时研究个人和所在组织的共同利益，及如何统筹兼顾，使两方面都得到满足。科学管理时期（以泰勒1911年发表《科学管理原理》为标志）主要是把自然科学的一些法则、原理运用于管理，以改进环境、制度、规则、法令、责权等，对于人的思想言行不重视。

20世纪30年代，美国学者梅奥（G. E. Mayo）在芝加哥西方电气公司所属的霍桑工厂，进行测定影响生产效率诸因素的实验（共分四个阶段）。在这个实验的基础上提出了工人是社会的人，而非单纯追求金钱的经济人。金钱并非刺激积极性的唯一动力，社会的、心理的动力对生产有很大影响。生产率升降取决于工人的态度，即"士气"，及其得到满足程度的函数；取决于企业的正式组织与非正式组织关系的协调、和谐。前者是理性的，后者是感情的。人的思想更多地会受感情的支配。这个实验将管理学以事物为中心的管理，转变为以人为中心的管理，为行为科学的发展奠定基础。1953年被正式定名为行为科学。

人的行为对管理具有决定性的意义。人是有思想、有感情、有需要、有欲望的动物，而不是抽象的符号。思想、感情、需要、欲望等影响人的动机，动机为"未发"，却能驱使行为（已发），行为又直接影响组织的工作效率。因此管理必须注意满足人的需要和欲望（指合理的需要和欲望），人的心理反应、情感的变化等因素，并统筹兼顾个人与组织的利益：一方面，人是组织的成员，要求成员遵守规章制度、规则法令、工作标准等；另一方面，每个组织成员也要求组织满足其需要。两方面利益都得到合理的、适度的平衡、和谐，才能使两方面都进入最佳状态。

美国3M公司之所以被《幸福》杂志评为"最受企业界钦佩"的公司，是因为有经营管理的十大法则。此十大法则是：（1）建立一种合作文化，鼓励每一位员工吸收他人成果，为己所用。（2）测算企业成果，45家子公司时刻跟踪并测算一系列反映其经营成果的数据，尤其是新产品开发。（3）充分发挥个人创造性。技术人员在工作时间的安排上有极大的自主权，鼓励以20％的工作时间研究个人计划。（4）以自身的优势保住顾客，销售商与公司技术部门、消费者保持联系，发现问题及时解决。（5）庆祝成功不犹豫，人并不一心想着奖金和加薪，隆重表彰最有创造力人员，将其吸收到公司正规"科学院"里来，给他以荣誉。（6）为人直率，能够说不。倾听各方面意见，不管建议是谁提的、建议是如何微不足道。能说"不"，说得越快越好，避免计划重复。（7）保持人员稳定，人员精通公司工作方法，且有一种公司精神。（8）任命最佳的驻外管理人员。（9）稳定增加科研和开发经费。（10）保持企业自身特性，坚持企业获得成功的法则或原则。[①] 此十大法则中与企业中的人直接相关的便有七条，其他三条也与人间接相关。

行为理论包括人的潜在能力发挥理论、人的差分理论、人格尊严维护理论、激励理论：（1）根据研究，企业工作人员平均只用30％的能力从事工作。要求研究人的心理、个性，以便能发挥人的其余70％的潜在能力。（2）由于每个员工的智慧、性格、气质、体力、爱好、兴趣等差别，与教育水平、道德修养、社会影响、家庭环境相联系，对人员的管理应一把钥匙开一把锁。（3）维护人格尊严。企业中每个人都有人格尊严，生产效率就高；否则，生产效率难以持久。（4）运用激励。在管理科学的发展中，曾以人格尊严和满足人的基本需要的激励法则，代替传统的严格监督、制裁的管理方式。激励在于引发动机，提高效率。刺激（包括外部的刺激和内部心理的、器官的刺激）→需要（包括生理的、社会的需要）→动机→行动→目的。刺激、需要引起动机。人的动机复杂多样，人的行动是由动机结构中最强有力的动机决定的。动机的强度与目标的期望值相联系。目标的期望值越大，动机越强。一般来说，目标期望值＝目标价值×期望概率（实现目标可能性的大小的估计）。期望概率的估计包括对达到目标难度、自身的能力和可资利用的环境等因素的主观估量。低估而目标期望值小，动机强度亦小；高估而目标不能实现，受到挫折。

挫折的产生有主观的和客观的原因，或外部的和内部的原因。遭遇挫折后可能产生的行为有：或找借口，埋怨他人；或固执己见；或退化（回归）行为，即回到较原始行为上去，如哭、骂、闹等；或敌对行动，诬

---

① 《经营管理的十大法则》，载《青年非洲》，1995－05－24，转引自《参考消息》，1995－06－14。

陷、破坏；或放弃目标，自暴自弃，心灰意冷；或调整行动；或改变目标。前五种行为为非理智的、情感的，后两种是理智的。

激励理论涉及由刺激—需要—动机，而产生行为。马斯洛提出人的需要五层次理论，即生理需要、安全需要、社交需要、尊重需要、自我实现需要。[①] 此五层次是一梯级式由低向高的层进，只有当低层需要得到一定满足以后，才能向高层发展。然而，需要的强度因人而异，需要强度大的便决定人的行为趋向，如经济落后的人，生理、安全需要强度大，其行为即为生理、安全而努力；经济条件好的人，尊重和自我实现需要强度大，其行为亦随之。老年人社交、尊重的需要强度大，其行为就为社交、尊重需要而努力。需要理论，即行为动机的原因理论。

赫茨伯格（F. Herzberg）提出"双因素论"。认为人有两种需要，这两种需要的满足涉及两种因素，即保健因素和激励因素。前者是影响人的行为的外部因素，如企业政策的公平合理、工资水平、工作条件、管理制度、劳保福利、人际关系等等，可平息不满，犹如卫生保健，它包括生理、安全、社会需要和自我尊重需要；后者是影响人的行为的内部因素，如被人赏识、技能提高、责任加大、成长机遇等，能使人发挥自己的聪明才智，创造发明，刺激人的积极性。它包括社会尊重需要和自我实现需要。[②]

另外有麦克利兰（D. McClelland）的"成就需要"理论。他把人的基本需要概括为三种：成就需要、权力需要和情谊需要；认为企业的成败、国家的兴衰，都与其具有高成就需要的人数相联系。斯金纳的"行为改造"理论。他认为人的行为可通过正、负两种强化的办法进行影响。正强

---

① 参见拙著：《新人学导论——中国传统人学的省察》，186～187 页；马斯洛：《动机与人格》，40～54 页。

② 谢勋丞等编：《现代管理学概论》，226～235 页。

化用来刺激行为的再现，负强化可制止行为的再现，这便是企业管理中奖励与惩罚的理论依据。弗鲁姆（V. H. Vroom）的"期望概率模式"理论。他认为人的行为是对目标的追求，行为的激发力决定于目标价值的高低和期望概率的大小：

$$激发力量＝目标价值×期望概率$$

行为科学在企业管理中得到了丰富和发展。现代科技的行为理论，不仅研究个人的社会化行为，而且研究公司等法人的组织行为；更广义上，还研究物资流动行为、货币资金行为、动物行为等等。通过揭示行为的动力机制和调控原理来实施科学化管理，真正兑现"人为自然立法""为天地立心""立人极""立太极"等哲学诺言。

行为的科学化管理是一种领导艺术。领导本身也是一种行为。管理活动说到底是综合行为。通过赋予规范化（范式化）的模式行为（即规范行为的科学分析）领导相关领域的行为，就是管理。管理者的领导艺术是与管理者自身素质相联系的。所谓素质是指先天的感觉器官和神经系统方面的生理特点，这是狭义的素质；广义的素质是指文化教育水平、伦理道德水准、心理气质、思维方式、审美情趣、精神面貌等的总体表现和评价。[①] 管理者的领导艺术就是在自身素质基石上激发出的闪光点和才华。

管理者的知识水平和结构，对管理者的素质和领导艺术的提高，不可或缺。管理者只有具有适应 21 世纪高科技和现代社会发展的知识和能力，才能认知和把握管理对象和有效地进行管理工作。若不具备科技知识、经济学、法律学、财政学、教育学、伦理学、心理学知识，如何开展管理组织、工厂企业、公司商业、教育思想等管理工作？管理者知识化，这是管理者有效管理企业、工厂、公司的关键，否则管理者就会被淘汰。

---

① 参见拙著：《提高全民素质与现代化》，载《人民日报》（海外版），1995－03－03。

当然，管理者的知识不是杂乱无章的，而是有合理的知识结构，并因管理者管理对象的不同，知识结构亦异。它能使同样数量的知识发挥更佳的效能和作用。更佳知识效能和作用的发挥，还有赖于管理者智能水平及知识结构。有高深渊博的知识，并不等于能将知识运用到管理组织工作的各个实际方面。管理者只有不断提高自身的智能，才能有较高的领导艺术。

管理者只有具有不断创新的意识、进取精神、决断魄力和各种实际的社会活动才能等，才能胜任工作。现代社会千变万化，高科技日新月异，新思维、新理论、新设计、新产品不断更新。企业一个方面跟不上日新的形势，就会被淘汰或破产。因此，企业的生命就在于"创新"，无"创新"就等于企业生命活动的休止；管理者亦如是，无创新意识，就等于管理者生命意识的死亡。管理者的领导艺术，就在于组织、协调各方面的关系和力量，促进"创新"目标的实现。一个因循守旧、墨守成规、坚持祖宗之法不可变的管理者，在现代市场竞争的严酷的境遇下，绝不可能使企业立足于现代社会。①

管理者知识、智能固然很重要，然而管理者的道德情操亦是其素质的重要组成部分。如"君子反情以和其志，比类以成其行。奸声乱色，不留聪明；淫乐慝礼，不接心术；惰慢邪辟之气，不设于身；使耳目鼻口心知百体，皆由顺正以行其义"②。管理者的不为奸声乱色、淫乐慝礼所迷惑、引诱，不被惰慢邪辟之气所侵蚀，一切顺正行义，便会以管理者的身教影响被管理者，以至影响整个企业的道德面貌和社会形象。孔子说："政者，正也。子帅以正，孰敢不正。"③ 管理者以自己端正的行为使企业得以端

---

① 美国王安公司和苹果公司衰落的教训，应该记录研究。
② 《乐记》，见《礼记正义》卷三十八，《十三经注疏》本，1536 页，北京，中华书局，1980。
③ 《颜渊》，见《论语集注》卷六，52 页。

正，"正己而后正人"。换言之，管理者自身行为正则化，符合价值规范，便具有引导意义和作用。所以，管理者应尽可能使用有效的言语行为，运用艺术和合原理，使自己的言语行为具有感染力和号召力。

现代领导艺术，从行为理论分析，是"群境"内的语言艺术。管理领导者运用自己的言辞行为发号施令，运用自身的礼仪行为示范感动，运用自由创造的象征符号统合社会行为，使其按合理合范原则进行活动。孔子回答鲁定公"一言而可以兴邦""一言而丧邦"① 之问，虽认为不可以这样简单机械，但亦可以这样讲，强调管理的领导者（或为政的领导者）言语行为的影响作用之大。修辞立诚、理财正辞，都涉及管理的语言艺术。由此而观，中国古人说"言者无罪"，其实不然。煽动、诽谤、诬陷、咒骂皆为言者之罪。中国传统文化以言行对举，缺乏言语行为概念。故到今天，言语文明建设尚待努力进行。孔子有"慎言"，《易》有"慎言语，节饮食"，可谓"圣言"不可违。"立言"为"三不朽"之一。就其不朽而言，与"立功""立德"无异。若说政治家是功利行为之领袖，道德家是伦理行为之领袖，管理家是企业行为之领袖，那么，文人学者便是言语行为之领袖。当代中国"文人学者"，不慎言语、轻用文字者，不谓无有。所谓精神鸦片者，亦为其社会效应之一。就此而言，西方亦不例外。②

上述这些都是从管理者自身的素质而言谈领导艺术，从管理者运用领导艺术而言，有知人善任的选拔人才艺术，运筹帷幄的组织指挥艺术，协

---

① 《子路》，见《论语集注》卷七，56 页。
② 记者南领发表《美国无边的言论自由已威胁生存安全》，指出"作为世界首屈一指的美国演艺业，其中以好莱坞为代表，正在成为社会舆论和政党政治中被批判的对象，美国人目前已经在探讨言论自由的边界和限度了。"《洛杉矶时报》1995 年 6 月 5 日头版，引用了一首流行歌曲，歌词如下：'她的身体多么漂亮，这勾起我强奸的念头，迂回不断，为什么不把她的衣裙撩开，她命该如此，甩出我的匕首，告诉她，你要敢叫，我就把你宰了……'这首歌是著名摇滚歌手特伦特·雷兹纳的唱片集《七寸指甲》中的一首。"美国教育部前部长威廉·贝内特曾说："这已不是诲淫诲盗，而是公然对强奸和凶杀用歌曲作了绘影绘声的美化，言论和艺术创作的自由边界，究竟应当设在何处？"（原载美国《美中导报》周报，1995-06-16，转引自《参考消息》，1995-06-24）

调和谐内外冲突的对应艺术，创造发明的奖励艺术，提高群体工作效率的管理艺术，等等。

就知人善任的用人选人之道而言，俗语"只有无能的管理，没有无用的人才"。只有尊重、爱惜人才，才能选拔人才，知人善任；若以人才如粪土，哪里有什么人才？能否真正选用高水平的人才，这关系着事业的成败兴衰。中外历史上成大业者，必是知人善任、有才能的管理者。这不论是齐家（大夫管理的家邑）、治国、平天下，还是治工厂、管企业、理公司，概莫能外。

不知人善任，必败无误。秦末汉楚之争，弱者刘邦之所以打败强者项羽，一个重要的原因就在于尊重人才，善任人才。刘邦说：

> 夫运筹帷幄之中，决胜千里之外，吾不如子房。填（镇①）国家，抚百姓，给饷馈，不绝粮道，吾不如萧何。连百万之众，战必胜，攻必取，吾不如韩信。三者皆人杰，吾能用之，此吾所以取天下者也。项羽有一范增而不能用，此所以为我禽也。②

一些管理者知此古训，但自己实行起来，并不那么顺利容易，这便是由于管理者自身的素质。如有些管理者想知人善任，但又不会知人善任，这便是一个冲突。

事实上知人难，善任亦难。诸葛亮提出"知人"之道有七：

> 一曰，间之以是非观其志；二曰，穷之以辞辩而观其变；三曰，咨之以计谋而观其识；四曰，告之以祸难而观其勇；五曰，醉之以酒而观其性；六曰，临之以利而观其廉；七曰，期之以事而观其信。③

---

① 《汉纪三》，见《资治通鉴》卷十一，胡三省音注，72页，上海，上海古籍出版社，1987。
② 同上书。"禽"与"擒"，古相通。
③ 《知人性》，见《诸葛亮集》卷四，78页，北京，中华书局，1960。

通过实践观察，以识别人才。这七条，既包括才，亦蕴涵德，实为德才兼备之才。"知人"是为了善任，古人云："非成业难，得贤难；非得贤难，用之难；非用之难，任之难"。人各有所长，各有所短，用其长而避其短；人有其能，亦有其不能，用其能而避其不能。这便是管理者的领导艺术。

## （二）善恶假设与管理模式

管理主体的行为和领导艺术，是管理主体的素质、道德、思维、观念的表现，一言以蔽之，即人性的表征。

中西管理学对人性有不同理解和解释。但人性论（或称心性论）是管理哲学、行为科学以及政治制度、伦理道德、法律措施的理论基础。

西方管理行为科学基于对人性的理解，在不同的阶段有不同的解释[①]：

1. 在前管理学阶段，把人解释为"工具人"。认为人在生产中的作用，犹如机械工具；管理者就是使人和机械一样动作；抹杀了作为被管理者的人的人性、人格，把他们作为机械工具一样，他们成为管理者实现预定目标的一种手段或工具。

2. 在早期管理学阶段，把人解释为"经济人"。他们从"工具人"转变为人的活动是由经济动机引发的观点，从经济的角度追寻人进行劳动的

---

① 麦格雷戈认为在每一个管理决策或每一项管理措施的背后，都一定会有某些关于人性本质以及人性行为的假定。他针对 X 理论，提出 Y 理论。沙因（E. H. Schein）在《组织心理学》（1965 年）把前人提出的"经济人""社会人""决策人"同他的"复杂人假设"共同作为四种人性假设。这第四种"复杂人假设"认为，每个人都有许多不同的需求和不同的能力；在组织中可获得新的需求和动机；一个人是否感到满足，决定于本身动机构造同组织之间的联系，人可依自己的动机、能力及工作性质对不同管理方式做出不同的反应。后莫尔斯（I. Morse）和洛希（J. W. Lorsch）于 1970 年提出"超 Y 理论"。威廉·大内（William G. Ouchi）提出"Z 理论"，是"Y 理论"在管理组织上的运用。（参见黎红雷：《儒家管理哲学》，184～188 页）

动机。这种观点把管理者的动机理解为获取高利润，作为管理对象的工人的动机是取得高工资。两者都是为了经济目的。"经济人"的观点把人性看作，人人都在利己心的驱动下进行活动，都为达到个人主义的目标。基于"经济人"的管理理论，就是要满足人的生理的、生活的物质经济要求，这对于实现预定目标有激发的作用。但把人的本性理解为经济的、利己的，有其片面性。

3. "社会人"观念是对"经济人"观念的否定。它认为无论是管理者还是被管理者，无论是老板还是雇员，都是生活在人际关系中的人。任何人都不是鲁滨孙式的孤立存在者，而总是组织、群体、集团中的一员，即有所归属。因而人都具有一种归属感和安全感，只有有所归属，才能得到满足。所以提高管理效率，关键在于发挥团体、集团的协调效应，即不是满足人的经济动机，而是满足人的社会动机。"社会人"观念对人性的理解，超越了"经济人"观念对人的自然性的理解，即人不仅有自然生理的需要，而且有安全的、社交的、社会的需要，从社会性方面理解人性。这种理解比之"经济人"的理解要深刻，但"社会人"对人的社会性的理解，囿于人际关系的心理因素的安全感、归属性，有其简单化的偏颇。

4. 现代管理理论认为人是"决策人"，有综合"经济人"与"社会人"的意味。"决策人"的观念认为管理者与被管理者，都是决策者。每个人都可以做出自己的决策，这是从个人方面说的，而每个人的决策都为了实现一个共同的目标，这是从社会方面说的。这样，个人的与社会的决策，个人的与社会的价值融突而和合。"决策人"的人性观念，超越"经济人"与"社会人"，而又综合两者，认为人既具有"经济人"的生理需要、生理动机的自然属性；又具有"社会人"的安全、社交需要的社会属性。"决策人"的观念虽然认为每个人都具有自然性和社会性，但还承认每个人都具有自主性和个性。这种个性有可能与共性发生冲突。个人决策与社会决策（组织决策）既有其一致性，亦有其冲突性，决策者就在于协调、和谐这两者之间的冲突，以求目标的实现。

这四种对于人性的理解虽各有其不足之处，却是一个逼近的过程。"工具人"的观念是把管理者与被管理者对立起来，被管理者完全成为被动的机械。"经济人""社会人""决策人"的观念，都探讨管理者与被管理者的共性、统一性，消除两者的对立。尽管对这种共性、统一性的理解有差分，比如"经济人"把共性、统一性理解为经济动机，"社会人"理解为人际（人群）关系，"决策人"理解为决策，但其思维的路子（方法）是相同的。从"工具人""经济人""社会人"到"决策人"的过程，体现了人类的工具需要、经济需要、社会需要及自我实现需要的过程。若到"和合人"，除这些需要之外，还有实现目标需要。此需要涵摄上述四项需要，便是此五种需要的融突和合。

中国古代无单纯意义上的管理学的人性，而把人生理想和人格塑造中所认同的道德准则和价值目标，通过各种渠道和中介以及传统习惯和个人心理活动形式，对人的本质属性及与此相联系的人的道德活动的行为进行评价，做出善与恶的判断。这是人对某一对象所持褒贬的表现方式与提升社会道德水准的有力手段。因此，善恶道德评价是人自我完善的特殊活动，以及道德完善功能的实现活动。道德评价渗透于全部道德活动，包括外在的道德世界和内在的道德世界，即主体外在的道德传统、行为、舆论、秩序、关系和主体内在的道德心理、观念、意志、情感、理想等活动。中国古代哲学家、思想家往往把内在道德精神世界的善恶评价，说成人所固有的本质或本性，把外在的道德世界的各种活动，说成是由内在道德本性、本质所支配的行为。[1]

---

[1]　参见拙著：《中国哲学范畴发展史（人道篇）》的《善恶论》。

　　人性善恶是指人的本质的肯定性或否定性的属性。其逻辑展开的人性善恶之辩，源于先秦。孟子时便有"性无善无不善""性可以为善可以为不善""有性善有性不善""性善"四派之争。① 这里"不善"，实有"恶"的意思，但不称"恶"。这并非由于善恶对偶概念未出现。善恶对称在《国语》已有记载："忘善则恶心生"②。人性恶的理论，是荀子提出的，后来又有善恶混、性善情恶、性善情亦善等，从不同的角度触及管理学中的"X 理论"、"Y 理论"和"超 Y 理论"所说的管理人性问题。

　　孟子认为人性之所以善，是因人具有一颗普遍族类的同情心，即"人皆有不忍人之心"③。比如有一个小孩将掉到井里，人都会产生一种同情心去救孩子，这种同情心的产生，并不是因为与孩子的父母结交情，也不是为在乡里获取名誉，亦不是厌恶孩子的哭声，而是一种人的自然的同情心的流露，这就是人本来所具有的善的本性。把这种不忍人之心扩而充之，推而及之于国家政治生活，用于治理天下，就像运转小物于手掌心之上那样容易。

> 　　人皆有不忍人之心，先王有不忍人之心，斯有不忍人之政矣。以不忍人之心，行不忍人之政，治天下可运之掌上。④

　　作为国家的管理者，只要具有不忍人之心，便涵摄了仁义礼智四德。管理国家的成败，就在于管理者能否扩充自我本来的善性。孟子进一步探讨了善性扩而充之于政治、经济、教育之间的关系，以及管理者的选择。"善政不如善教之得民也。善政，民畏之；善教，民爱之。善政得民财，善教得民心"⑤。善政使人民畏惧和获得人民的财产，并没有得到人民的

---

① 《告子上》，见《孟子集注》卷十一，86 页。
② 《鲁语下》，见《国语集解》卷五，194 页。
③④ 《公孙丑上》，见《孟子集注》卷三，24 页。
⑤ 《尽心上》，见上书卷十三，103 页。

爱和心。

孟子从"不忍人之心"推而及之"不忍人之政"。"善政"，从管理意义上说，便是以人之善性为国家、组织管理活动的所以然或根据，这是对于管理活动现象背后原因的追究；把人性作为管理活动现象背后的原因，蕴涵着现实管理活动现象背后的精神力量，即人满足需要的欲望、愿望。孟子说："从其大体为大人，从其小体为小人"①。"小体"指耳目口腹等器官；"大体"指心灵、精神。君子与小人之分，即大体与小体之别。不同人对不同需要的追求，与能否发挥其善性相联系。这些与西方"Y理论"有相似之处。

但孟子的性善论与"Y理论"，有时代的、环境的、文化的差异。就理论本身来说，"Y理论"是对于管理过程中人的行为的描述，并不对行为本身作善恶的道德评价，属于行为科学范围；性善论将对人性的道德评价内化，诉诸存心养性。"Y理论"研究被管理者的行为，孟子性善论主要讲管理者的行为，尤其是国家管理者的行为。"Y理论"认为人的恶的行为与人的本性没有必然联系，是后天影响的结果；孟子并不完全排除人性中有好逸恶劳的一面。

孟子性善论的价值、目标是"仁"和"仁政"的价值理想，包括理想人格与理想社会。荀子与孟子相对应，提出性恶论，主张"人之性恶，其善者伪也"②。人的本性是恶的，善是后天的人为。荀子性恶论的价值目标是礼义之治的价值理想。当把性善、性恶引入管理国家、社会的实践时，把"善性"直接推之于国家、社会管理，便是"仁政"，强调内在的存心养性和自律，以维持国家、社会的平衡、有序、和谐。"恶性"不能直接推之于国家、社会的管理。"恶性"必须通过后天外在的礼仪、教化，

---

① 《告子上》，见上书卷十一，90页。
② 《性恶》，见《荀子新注》，389页。

以及主体自身的努力修养，才能"化性起伪"。二者均强调外在的礼义之治和他律，以达到国家、社会的平衡、有序、和谐，殊途而同归。

荀子认为，人具有"目好色、耳好声，口好味，心好利，骨体肤理好愉佚，是皆生于人之惰性者也"[①]。这些自然生理属性，以及满足这些生理属性的欲望，构成了人"性恶"。由于人性恶，才需要礼义规范、国家的规章制度、法律刑罚等。假如性善，人人先天地遵守礼义规范、规章制度，那么，管理以及管理的规范等都成为无的放矢，多此一举了。

荀子的性恶论与现代管理学中"X理论"不同。"X理论"认为，人天生厌恶工作、偷懒，对这种好逸恶劳的本性，管理者在管理过程中只能采取强制、监督、惩罚等等措施，才能达到预定的目标。荀子主张"化性起伪"，强调教化的作用，以改变人的本性，这是"X理论"所忽略的。

"化性起伪"，蕴涵着先天的本性是可以改变、变化的，而不是不可变的。这种人性可变化、可塑的理论，为现实人的变好、变坏提供了人性依据。

> 故古者圣人以人之性恶，以为偏险而不正，悖乱而不治，故为之立君上之势以临之，明礼义以化之，起法正以治之，重刑罚以禁之，使天下皆出于治，合于善也。[②]

人如果依自然本性"好色""好声""好味""好利""好愉佚"发展，则会为恶作乱。只有采取"临之""化之""治之""禁之"等手段，才能使之化性而合于善。这种"化性"的方法，基本上属于强制的、刑法的外律；也可以采取潜移默化的方法，"性也者，吾所不能为也，然而可化也；

---

① 《性恶》，见《荀子新注》，393页。
② 同上书，395页。

积也者，非吾所有也，然而可为也。注错习俗，所以化性也；并一而不二，所以成积也。习俗移志，安久移质"[1]。本性虽非人为形成，但可变"化"，犹如习惯不是生出来就有，是人为得到的。风俗习惯的成"积"，能改变人的意志、观念，长久影响下去，就会改变人的素质。这里"化"和"积"，与"临之""治之""禁之"硬的手段相比较，则是一种软的手段。硬与软相结合，定能达到优化素质的目的。

人性论是管理行为科学的前提，"X 理论""Y 理论""超 Y 理论"都以为在确定某种人性假设后，管理的任务就在于适应这种人性，采取与这种人性假设相应的管理方法、措施；不是改变人性，而是改造组织环境，以适应人性假设。孟、荀认为，人性是社会有机体整体管理活动的中心，人不仅可改造环境，而且亦可改变自己的本性。通过这两方面的"化"，便可达到预定的管理目标，并取得最优化的效果。

### （三）价值增益与管理效应

中国古人乃至今人多争辩于性善性恶的本原关系，是善失心放而为恶，还是"化性起伪"而致善，多品评孟荀二人的儒学地位：或以孔孟之道为正统，或以孔荀之术为正宗。有些人为此殚心竭力，创造出不少精致的正解、正传。思孟独得，夏荀别传；陆王为嫡，程朱别子。凡此种种，除了玄学审美鉴赏价值，都是不着边际之争，统统落入理论近亲繁殖之思维误区，实无多少可取之处。

佛学于此，比儒学高明得多，道学（老庄）亦高明于儒学。人性之相本为"空"、为"无"，即其价值为零。零是潜无限，可转化为任何一种价值，"空相""虚无"正是心灵艺术和合自由创造空间中的零维流行。"我

---

[1] 《儒效》，见《荀子新注》，108 页。

执""法执""可道""可名",必是执善着恶,执真着伪,皆是"文字般若""浑沌言语",是无本体的心、口修炼工夫。但为了社会和合的价值意义,心灵须从零维流行膨胀到三维流行,并选择〔真、善、美〕作为行为的导向空间区域,借助文字般若、浑沌言语,设立"方便法门"或"众妙之门"。教人为善去恶,去伪存真,造美化丑,讲出一番要人如此这般去做的行为规范,立为"人极",作为政治管理的"利器"。但佛家人、道家人自己不屑于此,他们只是旁观者清。反之,儒家人汲汲于功名利禄,反倒是当局者迷了。

依照佛学、道学之智慧,人性善恶仅是为了从事社会管理的"方便法门""众妙之门",是管理理论的初始假设。依据现代逻辑学工具分析,人性善管理系统与人性恶管理系统是两个等效的管理工具系统,具有互补关系和不相容原理。

中国传统的人性善恶之辩,是"立言"目标功利化的变态,是把道德的善恶价值评价转换为人的先在的本质或本性。这种人性善恶之辩,用法相唯识宗的术语来说,都是"依他起性"。管理者依据现实的行为状况及其道德价值度量特征(善恶为量值),假定大数①的人的社会倾向性是某种高概率的量值(或善或恶),并据此大数概率统计推定,总结管理经验,综合管理学说,确立管理原则,选拔管理人才,制定行为规范,等等。

运用和合学的方法论分析,人的心灵属艺术和合,具有无限的可能性。自觉状态的人性,是心灵自我限定的结果。为了社会和合,道德和合以及目标和合,心灵依现实状况和生活环境,将人性假设为善,或假设为恶,以便选择更合适的管理模式,实现随机控制和目标激励。

---

① 大数:概率论术语。

选择必有代价。所谓代价，是指人所投入的成本，人的牺牲、价值贬损、负效应等，即人为了达到某种目的所投入和消耗了的物质的、精力的等等东西。这种投入与产出的关系，并非投入愈多，产出愈高，甚至是相反。这就是说，代价的高低取决于选择的管理模式跟社会行为倾向、文化价值取向是否耦合匹配及其配合的控制方式。一般说来，人性的善恶假设与管理效应具有正反连锁关系：

1. 正连锁关系：

先继管理效应优 $\xrightarrow{\text{正推}}$ 人性趋善假定 $\xrightarrow{\text{正作}}$ 后起管理效应更优。

先继管理效应劣 $\xrightarrow{\text{正推}}$ 人性趋恶假定 $\xrightarrow{\text{正作}}$ 后起管理效应更劣。

2. 反连锁关系：

先继管理效应优 $\xrightarrow{\text{反推}}$ 人性趋恶假定 $\xrightarrow{\text{反作}}$ 后起管理效应更优。

先继管理效应劣 $\xrightarrow{\text{反推}}$ 人性趋善假定 $\xrightarrow{\text{反作}}$ 后起管理效应更劣。

人性善恶推定与管理优劣效应之间的正反连锁，说明两点：

第一，管理以人性正反推和行为正反作，为和合转换中介，正反同性匹配，效应连锁，劣则更劣，优则更优；人性推定不改变管理效应的价值性向，只起增益作用。

第二，不按上述连锁关系管理，则人性推定与管理效应的关系连锁破裂，浑沌发散。随心所欲，胡作非为，没有法则可寻，此时的人性推定反为玄想空谈，管理作为活动多属无法无天或妄作妄行。中国古代社会存在此种情形，如文人空谈心性善恶，官吏妄作管理行政。

上述连锁关系律，是选择管理模式的社会和合的根据。


### 三、和合管理学原理与人文精神

中国传统文化因心性善恶推定与行政管理作为未能科学化、技术化地连锁融合，所以，管理科学理论和管理实践均十分落后，但也有许多值得继承的管理举措、管理思想、管理原理和原则。

## （一）和合管理学原理

人的行为和人性善恶，对管理的影响和作用均很重要。然而管理有其自身的原则和原理，它是管理对象自身的必然性的所以然的呈现，是管理者在管理活动过程中的活动依据。

1. 整体与部分原理。系统的管理方式包括系统与外部环境的双向关系管理，以及系统与内部各组成部分之间的双向关系管理。描述这后一种双向关系的管理，是管理学中整体与部分的关系。整体是系统的最基本的特征。整体并不是各部分相加之和，各部分的特征和功能之和也不是整体的特性和功能。整体所获得的特征和功能，是各部分作为各自单独存在时的特性和功能所不具备的。因此，整体的特性和功能是一种新生，它犹如和合学的各元素、要素冲突融合而和合新生。

管理系统的整体与部分，是各管理活动实现的载体，离开整体与部分，管理活动亦无从进行；整体与部分亦是各种管理活动的依托，是实现最优化目标的必具的形式。比如现代管理的整体组织系统是由各相互联系、相互作用的子系统组织部门、环节、单位组成的有机整体，包括物的生产和为了物的生产所需要的技术手段，以及经营管理部门、服务部门、情报部门等。前者可称为"硬件"，后者可称为"软件"，是"物"与"事"的融突组合为企业管理系统。

行政的、企业的各种管理系统都具有投入产出功能。虽然各管理系统有性质差分，如分为国家机构、工业企业、商业贸易、学校医院、法院军队等等，管理组织需有不同的投入与产出，但从其相同方面来观，亦具有一些共性[①]，如图 18-2 所示。

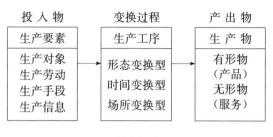

**图 18-2**

整体的投入产出功能，是整体与部分关系协调、优化的表征。只有管理者在管理活动中从整体的最佳化出发，才能促使管理系统发挥最大的整体功能，即目的性、集合性、相关性、适应性等功能。

管理系统的整体与部分原理，可称谓"桶形原理"。古代的桶是由多块木板围成的，假设木板有长有短，所容水的高度不是依最长的木板，而是依最短的木板。这一原理要求构成整体的各部分都要发挥最佳状态，才能使整体进入最佳状态。当然，部分优化，不等于整体优化；反之亦然。三个和尚比一个和尚要优，但一个和尚挑水吃比三个和尚相互推诿无水吃要优。这就要求管理者在处理整体与部分的相互关系时必须关注其双向运动的管理关系。

2. 差分与融合原理。动态的整体管理系统，可看作"太极"，太极即整体之一。太极分为两仪，即阴阳，又分为四象、八卦、六十四卦等等，这便是不断的差分。这种分，既指分工，亦指分层。管理组织工作无分工，就无责任。只有合理分工，才能责任明确，从而发挥主动性、积极性。管理组织系统，分为子组织系统，子组织系统下又有各级部门。西蒙认为，"复杂系统的组成差不多普遍存在着分层现象"[②]。之所以需要分层

① 参见刘余善、谷宝贵编著：《实用管理系统工程》，26 页，杭州，浙江人民出版社，1983。
② ［美］赫伯特·A. 西蒙：《管理决策新科学》，97 页，北京，中国社会科学出版社，1982。

级，是因为分层结构的各部分都是稳定系统；分层等级系统各部分之间所需要的信息传输量要比其他类型系统少；从分层结构来看，一个组织的复杂性，从组织中任一特定位置来观，几乎与其总规模无关。[①] 管理者即使能力、精力都很强，但总是有限度的。当他直接领导和协调的下属组织机构与人员超过一定的限度或数量时，就需要分层级管理。

管理系统中的这两种差分，都需要在整体目标所要求的范围内，为了整体目标最佳化的实现而进行差分。离开了统一的、整体的目标以及为实现目标的差分（分工、分层级），就是盲目的、不合理的差分。它会使组织分工不明、职责不清、多头领导、层级重叠和混乱，使整体管理系统离散或破坏。这种整体管理系统统一目标下的分工、分层级，可称谓为融合而差分，即合而分。

分必有合，差分需要融合。融合就是把分工、分层级的各部门、各层级、各人之间的关系相互协调、融合起来，使其间的种种冲突、摩擦、矛盾，不要变为相互牵制、消耗、发生内讧的因素。差分不免要出现冲突、摩擦、不协调，这就必须通过融合手段，把握整体、明确目标，分工协作，融为一体，以实现目标。

3. 开放与封闭原理。任何社会有机体的社会组织或管理组织都是一种开放系统。这个系统内部与外部环境存在着物质、能量和信息的交换。假如一个管理系统与外部环境的相互联系、交换、作用关系中断了，这个管理系统就无法生存下去，管理系统的生命就要终止。任何管理系统要生存、要生命，就必须不断输入材料、人力、能量、信息、货币等，以及输出产品、劳务、货币、废物等。这种双向的物质、能量、信息交换，使管理系统具有充足的生命力。就此而言，管理系统是一个开放的系统。封闭

---

① ［美］赫伯特·A. 西蒙：《管理决策新科学》，97～98 页。

自己与外部环境的相互联系，就等于扼杀自己的生命。这是开放性原理。

就管理系统内部的信息而言，它又具有相对的封闭性。指令信息和监督反馈信息使管理系统构成相对连续的封闭回路，以形成有效的管理活动。这是相对封闭性原理。

管理系统一般可分为指挥中心、执行机构、监督机构、反馈机构。指挥中心发出指令信息 $\left\{\begin{array}{l}执行机构\\监督机构\end{array}\right\}$ 反馈机构→指挥中心。反馈机构对信息进行处理，比较效果（实施效果）与指令的情况，将反馈信息返回指挥中心，指挥中心分析综合各种信息，而发出新指令，这构成了管理系统相对的封闭回路。管理活动在封闭回路中不断震荡、冲突、融合，使管理系统在运动中不断趋向完善。

管理系统封闭回路之所以不可或缺，是由于信息反馈的需要和管理机构运行的相互制约、促进的需要。这两种需要是封闭回路的依据。为实现依据，就要创造使依据从可能性变为现实性的条件：（1）独立性。管理组织系统具有相对独立性，能实现管理组织的自主性，对人、财、物等必要资源具有调节运筹的权利和改组机构内部设置的自主权。（2）环形性。管理组织设置环形运动方向，使相互之间具有制约、促进的关系。（3）完善性。管理组织系统能及时传递信息、灵敏地捕捉信息，使信息纯度提高。信息准确化的高效能分析系统是使信息放大并强化输出的放大器。

管理系统的封闭回路的封闭性表现在：一是指管理的目标、计划、组织、控制及规章制度等等，它们具有相对独立的权限，以保证管理指令畅通无阻下达；二是不允许、不接受干扰、破坏管理活动的正常运动的内在因素存在，否则就不能保证有效的信息反馈。

管理系统的开放性与封闭性，既冲突又融合。就与外部环境和系统的投入产出的关系而言，开放是保证管理系统的生存、生命所必需的；就管理系统内部的运行机制而言，封闭是保证管理系统不受外界影响、干扰，而能进行正常运动所必需的。因此两者相对相成、不离不杂。

4. 弹性与动力原理。弹性原理是指管理系统在外部环境影响、作用下，为实现预定目标的应变、变常的能力。这种应变、变常的含义，相当于中国传统管理学中的"权"与"变"的概念，而与"经"与"常"的概念相对称①，即"经常"与"权变"相对应。"管理者了悟'经权'之道，便可以永远适合时代的需要，所以中国管理以及中国管理现代化，都是以'经权'为主要精神，都可以正名为'中国的经权管理'"②。在儒家管理学中，推己及人的忠恕之道是"一以贯之"的基本原理。因此，正心诚意，成己成人，修齐治平，便是儒家管理学的根本精神，即"经"。

"权"，孟子解释说："男女授受不亲，礼也；嫂溺，援之以手者，权也"③。中国古代的礼教是，男女之间不能亲手递接，这是恒常的礼的规范，嫂嫂掉在河水里，伸手去拉她，这是权变、变通。这就是说在实行男女授受不亲这一礼制时，必须依据具体时间、地点、对象、状况而有一定弹性。如果人在处理嫂溺这一具体问题时，完全照搬礼制，而丝毫不变通，一点没有弹性，那么，正如孟子所说"嫂溺不援，是豺狼也"④。只有变通、弹性，才是合乎人道的。

管理活动的弹性、权变性原理，包括局部弹性和整体弹性。它是指：(1) 管理活动自身与其所处的环境涉及多种多样的因素，各因素均有机联系，相互作用于管理活动，管理者不可能完全掌握，而做出十分完善的决策，这就需要留有余地，具有弹性。(2) 管理活动是一个复杂的、活生生的现实活动，是各种因素的融突和合的力量，需要综合平衡，但管理活动

---

① 参见拙著：《中国哲学范畴发展史（天道篇）》中的《常变论》，115～135 页；《中国哲学范畴发展史（人道篇）》中的《经权论》。

② 曾仕强、刘君政：《中国的经权管理·序》，台北，1988。

③④ 《离娄上》，见《孟子集注》卷七，56 页。

的实践难于达到最佳平衡，需留有协调的弹性。（3）管理是动态过程，内外各种因素都处在瞬息万变之中，甚至发生意料以外的突然变化，若不留有余地，具有弹性的权变，就不能应付突变的情况，以至功败垂成。（4）管理系统是综合学科，需要不断学习提高。特别是管理对象包括人，包括竞争对手，在一定意义上说，管理是一动态的博弈，只有弹性管理，才能成功。

弹性原理，是为管理争取活动空间。动力原理是寻求管理活动的生存活力。活力是管理的能源，也是制约因素。按照管理活动的管理者与管理对象的融突结构，其动力主要有物质动力、精神动力和信息动力。

物质动力既是对个人的物质刺激，也是组织的经济效益。经济效益需要对参与管理活动的投入产出各方利益都有所兼顾，使其在管理活动中所作的贡献与其所获得的利益紧密结合。这样，组织的经济效益便成为企业生存和发展的动力。

精神动力是指管理系统及其成员的观念、信仰、理想等。譬如中国的和合精神、日本的团队精神、美国的权利契约团体精神。中国《周易》的高度冲突融合的"保合太和"精神，协调各方面的关系，是推动中国社会管理、经济管理长期有序发展的动力。第二次世界大战后，日本掀起效法美国管理的热潮，但并没有使日本企业管理有所进步。他们发现美国企业文化中的价值观是以个人为本位的能力主义，这与日本传统的团队主义相悖。于是日本在企业的组织、人事、雇佣、作风等管理软件上保留日本自己的传统特色，形成日本自己的管理精神或企业精神。20世纪80年代美国企业界在学习日本企业管理时，主要是学习其企业文化，特别是团队精神，但美国亦没有照搬日本式的家族主义的团队精神，而是依据美国的传统精神，重建美国式的团队精神，其基本内涵是保障个人权利，满足个人需要和创造个人实现的机遇。因此，美国企业的团体精神可称为权利契约团队精神。在现代管理活动中，精神动力愈来愈受到重视。

信息动力是指信息传递所构成的反馈对管理活动的生存和发展的动力。它超越物质的、精神的动力，对管理活动起着全面的、整体的推进作用。在信息冲击下，在世界竞争大潮中，若信息网络不通畅，就会成为落伍者、失败者，信息的压力可以转换成企业竞争、转生的动力。

这三种动力不可或缺，由于各有差异，而往往会产生冲突。因此需要依据和合学"融突论"的原理，使三方面的动力求得协调，在同一管理系统中随时间、地点、条件、内容的变易，三动力比重亦异。随时协调、调整此三动力，使之有机组合；并要正确处理个体动力与团体动力，使刺激量适度，即与它所承担的使命相适应。

管理原理使管理活动有所依据和遵循，使管理活动成为管理者与被管理者的自觉的活动，避免盲目性和偏执性，以更有效地实现管理目标。

### （二）控制理论与管理信息系统

科学化的管理模式及其模拟技术，是西方近现代管理革命的产物，特别是信息技术和计算机技术在管理方面的推广和应用，如办公室自动化系统，以及各种专门系统。譬如中国的 CIMS 系统（Computer Integrated Manufacturing System），即计算机集成制造系统，它将计算机的软硬件、网络、数据库等信息高技术运用于企业管理，使企业的经营、计划、产品设计、加工制造、销售、服务等环节和人力、财力、设备等资源集成起来，既能充分发挥自动化的高效率、高质量优势，又具有充分的灵活性，以利于经营、管理和工程人员发挥智能。它可以根据激烈变化的市场需求及企业经营环境，灵活地、及时地改变企业的产品结构和人力、物力、财力等生产要素的配置，实现全局优化，从而提高企业在激烈全球竞争中的生存能力，并赢得稳定的高效益。[①]

如果管理学作为用科学的方法研究如何做到系统化、整体化、调配化、决策化及效绩化的学问，那么，它不仅是工商企业的发展学、政府机构的行政学，也是现代人生活的组织学。[②] 这种所谓科学的方法，在中国主要是经验的方法。经验以历史承传的方式，积累了丰富的管物理财、治国经邦、人事组织、战争艺术等方面的管理经验。

这种经验的承传与血缘宗法制相结合，便发展出"祖宗之法不可变"，往圣道统必须继承，因而把讲简易、变易之学的《周易》，也加上"不易"的含义，以不变应万变。这样具有讲变的文化传统的国家，却面临"变法"难，"维新"要付出血的代价的严酷事实。意义标准上以"守成""稳定""太平无事"为尺度。单从管理理论上讲，商鞅、王安石、"六君子"之功不可没。但对于现代管理学而言，又是过去了的历史。

对于祖宗之法、往圣道统，之所以不可守成，不能沿袭因陈，原因在于管理是依天、地、人多种制约因素而权变的社会和合控制。生物控制论研究表明：生物、生命有机体的控制都是信息反馈随机选择的控制系统。社会和合是高度复杂的类有机体，具有比生命过程和生物活动更复杂的过程、更高级的机制和更随机的行为。

从社会管理系统来看，控制是管理活动的重要环节和职能。所谓控制是指通过信息传递，对控制对象施加有目的的作用行为，使系统的特征和变化维持在规定的限度内。管理控制是控制理论在管理中的运用，它是指按照企业经营的计划目标，对其经营活动和成果实行监督，以促进目标实

---

① 参见《大力推广计算机集成制造系统技术》，载《人民日报》，1994-11-23。
② 参见成中英：《文化·伦理与管理》，224页。

现的管理活动。[①] 从社会有机体的管理而言，它是社会主体（包括个体与团体）通过一定的协调机制，在改造对象过程中实现自身某种目标的管理实践活动。

控制，简言之，是一种行为，是一种施控者施诸受控者的有目的的行为，并导致受控者发生合乎目的的变化的行为。社会主体的行为、受控者的行为是多样的，控制就是在多种多样的可能中进行选择，即施控者选择其中最有效的手段，以作用于受控者，使受控者的行为合乎施控者目的的变化。

施控者对最有效手段的选择，实际上具有随机性。譬如飞行中的飞机，随时间变化的气流状态是系统（飞机）的一种随机性输入作用，它所引起的机翼应力变化，是一种随机性输出变量。这些随机因素是飞机设计者和操作者（施控者）必须注意选择的。各种随机因素使系统（飞机）运行具有统计不定性，针对这种不定性做出最佳化的选择，便是随机选择；依据这种不定性所作的设计和操作系统的控制器，便是随机控制。这种随机选择和随机控制随着高科技的信息公路的发展，会愈来愈显其重要性。

从社会控制来分析，社会和合管理过程，是不断选择行为规则，校准价值尺度，更正意义标准的随机控制过程。要实现因天时而制宜、因地利而制宜、因人和而制宜的随机选择，就必须重视管理信息，完善信息技术手段。

管理创造价值，因而，社会和合管理是使社会生活感受最真实化、价值最完善化、意义最优美化的价值增益工程，即价值融突和合工程。

管理之所以能够增益价值，其中的道理，主要在于管理信息系统是管

---

① 对控制的基本定义，由于各人考察的角度不同，有不同的定义。参见齐振海主编：《管理哲学》，276～277 页；汉普顿：《当代管理学》，495 页；王雨田主编：《控制论·信息论·系统科学与哲学》，36 页，北京，中国人民大学出版社，1986；苗东升：《系统科学原理》，170、245 页。各人都有不同的表述。

理的心灵。它通过高效、高速处理信息，使社会的各种正性效益指标都达到最大值，各种负性耗损指标均趋于最小值。信息的价值在于它能够参与创造，并使价值融突和合工程最优化。

从各个角度都可以给信息下定义。一般地说，是把信息作为给人带来新知识的消息、情报、资料、数据等来理解。中国唐朝李中在《暮春怀故人》中有"梦断美人沉信息，目穿长路倚楼台"一句，其中的"信息"有"消息"之意。这从某一侧面描述了信息的特点和功能，如认为信息是用以消除随机不定性的东西，把信息度量归结为对消除了的不定性的度量[①]，信息度量可以用被消除了的不定性的大小程度来衡量。有人认为，信息可以提高系统组织程度，正如熵是组织解体的度量，消息集合所具有的信息，则是该集合组织性的度量。[②]

从社会和合管理视野来探讨信息，是指自然、社会中一切事物的状态、特性及其相互间关系的表征或标志。一切事物都是作为信息源而存在，考古学发现的化石，传递着上古时代物类存在、分布、进化程度的信息；柳芽桃花，带来春天来临的信息。除这种自然物的信息外，还有人工信息。信息传递必须借助于一定的中介。语言的出现，促使信息处理器官——大脑的发展；文字的发明，突破了信息传递的时空局限；电磁波的利用发展，为信息化时代的到来奠定了基础，现代的信息网络使地球成为一个村。

信息具有可识别性。自然、社会所携带的各种信息的信号，直接、间接地刺激人的感官，使神经产生冲动，从而转化为神经脉冲信号，神经脉冲信号沿着神经通道把信息传递给大脑，大脑对信息进行分析、综合、加工处理，而形成认知。所谓认知，是对客观的反映，实是获得和处理信息

---

① 参见［美］C. E. 申农：《通讯的数学理论》，伊利诺伊大学出版社，1949。
② 参见［美］维纳：《人有人的用处》，12页，北京，商务印书馆，1978。

的过程，此其一。其二，信息具有可存储性。人类从结绳记事—文字记录—留声机录音—电影的声像—电脑中心，信息的存储技术以及取用技术愈来愈进步。其三，信息的共享性。它与其他物品不同，不因分享人数多寡而使各自得到的信息量有增减，在传递中不遵从守恒定律，反而由合作而趋强。现在全球最大的信息资源网——互联网络（Internet），已经把全世界150多个国家的近500万台计算机主机和4000万个用户紧密地连在一起，使用户之间互通信息，共享计算机和各种信息资源。它已成为进行科学研究、工商业管理活动和共享信息资源的重要手段，是未来"信息高速公路"的雏形。

管理活动过程，就是接收、加工和传输信息的过程。管理信息是指以计划、指标、命令的形式将信息传递给决策执行者，促进执行者进行有目的的协调行动，以实现管理目标。它是一种有自身特性的信息。譬如它产生于社会管理活动之中。这就是说，管理信息是信息在管理活动领域的展现，它是人与人之间传递社会各种信息，以输出者和接收者共同理解的数据、文字、符号等形式，标示管理对象和管理过程的各个方面。管理信息作为媒介协调着人与自然、社会，管理与环境之间的相互关系，使管理活动有序地进行。

管理信息活动是主体自觉的活动。信息的输出和接收都是一种人为自觉活动，这种活动具有目的性。它表现在明确地标志管理活动的变化特征，直接、间接地为管理目的服务。它具有智能功能、技术功能和管理功能。①

信息的目的在于应用，其价值在于把各方面、各种信息迅速传递给社会管理者、工商企业管理者，以便及时地、灵活地调整各种关系，做出决

---

① 参见齐振海主编：《管理哲学》，109～114页。

策，获得目标的实现。因而，信息具有时效性、时机性。信息若失去时效、时机，便失去价值。所以，管理者要善于捕捉先兆性的信息，即预示发展趋势的信息，这是既重要又反映管理者全面素质的问题。

总之，管理信息系统以电子计算机为枢纽，以智能技术为支柱，以数据处理、图像模拟为手段，使社会和合管理达到自动化、信息化和智能化。

### (三) 和合管理学企业文化精神

管理信息系统，是指对管理信息进行收集、加工和传递的总和。它是由各种各样的管理信息加工处理过程构成的有机整体。管理信息系统的价值目标是增益化、最优化、科学化。

不断增益各种价值量，提高管理行为的效益，使社会和合体全局最优化。因此，管理信息系统具有效益价值的管理加和效应（＋）。

但管理信息系统毕竟是管理的工具与手段，若管理者素质不高，人—机功能不能和合匹配；那么，管理信息系统将会反其增益之道而行，反向演变为管理减差效应（－）。软件系统一条指令的语法错误或操作系统一次键入行为失误，就有可能毁掉耗资十几亿美元的航天发射实验。

反之，若管理者素质高，不断创造新的、更高效的硬件系统，不断完善软件系统，提高接口技术水平，那么，同数量的资源，可创造出倍积的社会效益和价值数量。这是管理乘积效应（×）。

管理的整体和合效应，可加和或减差，亦可乘积。究竟实现哪种效应，主要看社会和合系统的管理目标是否协调，是否适应社会完善和发展的目标和合要求。

目标管理是管理信息系统的最高职责。只有目标系统内在协调、和合相适，社会和合系统的管理才达到了自己的目标。

系统理论及系统科学技术，是管理目标系统和系统管理工程的理论依托。现代管理系统论是管理学的理论前沿，亦是中国传统管理系统走向现代的必经之路。

中国传统管理系统如何走向现代管理之路，除以开放的、无偏执的态度，积极、认真、严肃地吸收东西方各国先进的管理理论、方法、技术，以改进中国的社会管理系统、工农商学兵等企事业的管理系统外，必须与中国传统的人文管理精神相结合，才能形成自己的管理理论、方法。照搬西方管理的某些理论、方法、技术是能够做到的，但照搬西方管理精神是很难做到的。正如第二次世界大战后日本学习美国企业管理文化和 20 世纪 80 年代美国企业界学习日本企业管理文化的情况一样，都不能照搬，而只能根据本国的企业管理文化的人文精神，吸收东西方企业管理文化中的优质成分，融突而和合，建构中国自己的社会、企事业管理文化精神。笔者提出和合管理学或和合管理文化精神。

如果说日本的企业管理的文化精神是家族主义的团队精神，美国是个人为本位的能力主义精神，那么，中国则是整体本位的"保合太和"精神，即整体主义的和合精神。这就是三国企业管理的文化人文精神的差分，亦是其企事业文化的价值和意义。其实这也是三国社会管理，以及其他方面组织管理系统文化精神的差分。

中国整体主义的和合精神作为社会有机体的管理与工农商学兵企事业管理的文化精神，包括这样一些内涵：

1. 融突而和合精神。中国管理文化精神是以人为管理核心，追求人与自然、社会，人与人的冲突融合，从而达到整体的和谐、协调，即和合，以使企事业生生不息。任何事物均有差分，然后有冲突，譬如人与自然之间有阴与阳的冲突，人与社会之间有刚与柔等冲突，人与人之间有仁与义等等冲突。有冲突然后有融合，这便是所谓"天人合一""理事无碍""天人合德""知行合一""情境圆融""经权合一"等。陈述了管理主体与对象、管理道德与行为、管理理性与感性、管理人性与管理方式、管理知识与素质等之间的融突关系，由融突而达到"和合"的管理系统的最优化境界。

2. 整体与个体的相依相存精神。天地间的一切事物都生存在相互关系之中，并在这种关系中获得自己的本质，以及价值和意义。由关系才构成了整体与个体。换言之，整体与个体只不过是关系存在的一种形态。任何关系都有分有合，犹如管理组织系统的合的整体性和分的子系统的个体性。分是为了合的整体管理系统，合是为了分的责任和实现目标的合力。太极而有阴阳，是分；阴阳合气，而为太极，又是合。分中有合，合中有分，整体中有个体，个体中有整体，如阴中有阳，阳中有阴。这便是一种整体与个体、合与分、冲突与融合的相依相存精神。

未来管理模式、形式千变万化。譬如我们必须重新思考组织契约的问题，包括企业组织的定义，我们对企业的希望，以及我们打算为组织付出什么。社会整体再也不能指望新型公司与旧企业一样，提供每个个体生活和生计所需一切，或指望支付退休金；办公室、工厂不再是每个个体每日离家前往的固定整体工作场所；生活的意义不再是在组织内顺着职位阶梯往上爬；一个个体也不再期望自己把一生十万个小时卖给同一个整体机构；个体不仅是企业组织的"雇佣者"，也是"组织者"；等等。① 随着现时代高科技的发展，社会中的组织将变动不居。但整体与个体相依相存的和合精神，可以延续承传下去。

3. 无为与无不为的互补互济精神。无为是无，无不为是为、是有。"为无为，则无不治"②。"为"是目标，"无为"是实现目标的原则，或达

---

① 参见查尔斯·汉迪：《虚拟的办公室，解构的组织形式》，原载台湾《工商时报》，1995 - 05 - 25，转引自《参考消息》，1995 - 06 - 30。

② 《老子》第三章。参见张绪通：《道学的管理要旨》，80 页，成都，四川大学出版社，1992。

到目标的工具和手段，"无不治"是管理的效应。以"无为"作为工具理性，"是以圣人无为，故无败"（《老子》第三章）。这就是"无为之有益"（《老子》第四十三章）。"无为"具有空间最广大的拓延性和时间最长的变易性，以及最佳的效果，就因为"无为"最能适应"自然"。

管理组织活动，能否适应"自然"，是衡量管理活动成败的尺子。譬如日产汽车英国厂总裁曾对伦敦商学院毕业生说：我习惯于使用科学家的观点来思考问题——以探讨组织问题而言，是以结晶体与无定形非结晶体结构的差异来进行思考。辨认结晶体结构最简单的途径是观察钻石，泥巴则可能是最普通的无定形物质。典型的西方式的管理组织是结晶体，棱角清楚明确，每一个面各有其形状，面与面之间有明显的连接处。犹如英美企业管理组织都把角色和责任规定得相当明确，组织内不同单位界限划分清楚，各单位之间关系明白固定。日本的企业组织像泥巴，它们结构模糊得多，责任与功能划分不明确，经常处于变动状态，可轻易塑造及改变形状，对于外来力量与外在环境具有弹性调适与反应能力。[①] 如果说，英美企业管理是"有形"，那么日本企业管理为"无形"。在当前市场竞争激烈时代，前者应变、调适能力显然比后者要差。

中国在"钻石"与"泥巴"的基础上，以"无为"与"无不为"互补互济精神，而能"功成事遂，百姓皆谓我自然"（《老子》第十七章）。以"道法自然"的管理组织原理，而使管理组织具有最大的适应能力和最优化的组织协调关系网络，达到功成事遂。

4. 日新和生生的精神。任何管理组织系统只有日新日日新，才能成"大业"，否则只能成小业，甚至破产。社会管理、工商企业管理组织的兴衰取决于日新。21世纪的价格标定决定于成果，而非决定于时间。从事

---

① 参见查尔斯·汉迪：《虚拟的办公室，解构的组织形式》，原载台湾《工商时报》，1995-05-25，转引自《参考消息》，1995-06-30。

计时收费的人，唯有拉长时间才能赚更多钱；凡是依成果收费的人，都靠提升工作品质，或创造新产品、新程序、新信息而致富。后一种会得到普遍认同。

日新就意味着生生，即产生新的事物、新的成果、新的生命或新的管理组织系统等等，这是 21 世纪社会管理、工农商学兵管理系统的生存和发展的圭臬。

中国管理系统走向现代有其自己企业文化精神和管理的特色。它是中国传统文化中人文精神在管理系统中的体现，并形成适应于中国在 21 世纪发展的独具特色的管理科学。

管理系统是社会和合体实现目标和合的枢纽。决策活动又是管理系统工程的核心。管理决策是指向未来的目标决策。因此，要集中、深入地解决社会和合及其管理学问题，就必须"会当凌绝顶"，进到和合范畴逻辑结构的极致状态——目标和合与未来决策。

社会和合与管理学的和合对应关系：

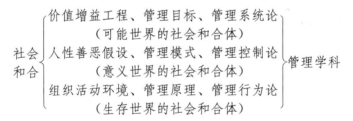

# 第十九章　目标和合与和合决策学

经过七个状态时空的转换和七类和合学科理论的磨炼，和合人文精神"动心忍性，曾益其所不能"，依次实现了自然生活的形上和合，伦理生活的道德和合，人文生活的人文和合，技术生活的工具和合，经济生活的形下和合，审美活动的艺术和合，管理活动的社会和合。这些和合目标的分维实现，是和合人文精神追求真实的生存境界、完善的意义准则和优美的可能结构的生生不息、化化不已的过程。目标和合，就是对上述七大和合状态、三种和合理想世界的融突和合。

## 一、价值工夫目标与决策内涵

所谓目标，是指看到或看不到的对象（标的）。主体人是有意识的"在"、社会的"在"，主体对外部现实的需要和要求，体现主体与外部现实的关系。需要和要求转变为观念上的动机、动力，为主体提供想象的对象、标的，即确立内在的目标，并刺激主体进行实践活动，将目标转化为现实的对象，即目标的实现，以满足人的需要和要求。

## （一）目标的内涵、选择、实施

目标说到底与需要相联系，无需要亦无所谓目标。需要是从主体的动机、意向来说的，目标是从主体的行为、实践活动来说的。目标在这里起着连接需要和行为的中介作用。在这里需要如何转变为行为？行为又如何反馈为需要？

主体人工系统追求目标的行为与动物合目的行为，其间的区别在于某种调节系统。指导人的行为（实践活动）的是观念化的需要目标，支配动物行为的是生物需要目的（本能目的）。自然本身并无目标或目的（这里"目标"和"目的"作同义词）的设定，生命系统的活动亦无受制于先定的目标或目的。生物的调节系统是长期进化中的自然选择的结果，生物通过新陈代谢的调节系统与外部环境进行能量和物质交换而生存。新陈代谢作为一种活动行为现象，实是其信息—调节功能，是"反熵"过程，它是从混乱、无序到有序的运动。生物机体对所需要环境的基本参数信息的需求，是生物有机体生命活动对环境变化进行超前模拟，并通过反馈调节而达到自我生存的合目标性的活动。

从反馈过程审视生物的行为，生物内部因素的约束性信息和外部因素的非约束性信息（环境信息）的冲突化解的特殊形式，便是反馈。以前者为主的调节是负反馈，它以不变的行为程序和被调节对象的某些参数的恒定为特征，以维持生命系统的平衡和稳定。以后者为主的调节是正反馈，它以客体的变化而不以客体的恒定为特征，它依据外部环境、条件的变化来调节当下的目的，以能达到长远的目标。如狼在追逐山羊时，必须依据感官所获得的信息不断修正自己的路线，否则不可能追上山羊。它不循着山羊逃跑的路线，而是向将与山羊相遇的地方跑，以达到逮住山羊的目标。这就是说，目标确定后，达到目标的方法、手段、途径可多样，即目标是"一"，方法、途径是"殊"。

目标犹如北斗星或指南针，无论在什么环境、场所或视角，它都有一定的指向，当人们迷航或迷路时，它指导人们回到正确的道路上来或使人们走到应当到达的地方。因此，目标不仅使人回避曲折、弯路和损失，而且使人的时间、精力和才智得以集聚，增加了成功的机遇和可能；目标可以激发人的热情和积极性，反之，无目标则使人丧失信心，消极而无所作为。

目标就是希望，使人不失望，选择和确定目标十分重要。它必须具备这样一些条件：

1. 定位需要层次。人类的生存和发展，有种种需要。马斯洛把需要分为生理需要、安全需要、社交需要、自尊需要、自我实现需要①，笔者曾在此五需要基础上，增加理想实现需要，为第六层次。每一需要层次都可有达到需要层次的目标，这便是需要产生目标，目标满足需要。在选择和确定目标时，不能仅以满足个人生理、安全、社交、自尊、自我实现的需要目标为目标，而应当以满足国家、民族、人类的生存、安全、交往、发展、富强、文明的需要为目标。在这里，可以确定分阶段的目标。如果在生理需要还得不到满足的情况下，便要求他为实现全人类的理想目标而奋斗，目标与现实的差距无法弥补，目标就成为空想。分阶段的目标选择，便是依据每一个阶段现实的可能性所制定的目标，经人的能动性的发挥是可达到的目标。

2. 消除价值形态等因素的干扰。人对生存和发展需要的价值理解的差异，造成人对不同目标的选择。一些人以金钱的积累为生存和发展需要

① 参见马斯洛：《动机与人格》，40～54 页。

的目标。在行为上便一切向钱看，为钱不顾道义，假冒伪劣［敢做假人、假货（钱）；敢干冒名、冒牌；敢为伪造、伪装、虚伪；不怕劣名、劣迹］，坑蒙拐骗，劫财害命，等等。另一些人以权力为生存和发展需要的目标。他们迷信权力就是一切，运用世间一切最肮脏、最黑暗的手段和阴谋攫取权力；一旦权力在手，便肆无忌惮，认为权力"过期作废"，以权谋私，假公济私，结党营私，"五毒"俱全，无恶不作。还有一些人以享乐为生存和发展需要的目标。对酒当歌，人生几何！凡此种种人生目标，都受人生价值观念的影响。

当然，完全清除价值形态的干扰难度很大，然改变价值观，即从一种狭隘的、利己的、纵欲的负面价值观，转变为广阔的、利国的、理智的正面价值观，是有可能的。这种转变要求从每个人自我做起。人要生存，就要与人群生活；要与人群生活，就要做人；要做一个人，就要做一个有道德、知义理的人，即真诚而不虚假、善美而不丑恶的人。这种人才有合理的价值观，树立合理的人生目的，确定合理的目标。人在选择和确定目标时，必须具备有利于人的生存和发展所需的价值，并从此出发选择目标。

3. 集合精确信息。制定、选择目标，必然要对自然环境、社会人文条件以及智力、劳力、资源等信息作综合的、整体的考察。这是人和社会的某种需要以及主客观条件等信息的输入，这是种种信息集合的过程，亦是对输入信息进行分类、排序、计算、比较、鉴别、筛选、聚同分异、去伪存真的过程。它使制定目标所需的信息系统化、条理化，以少而精的信息展现最重要、最准确的情况。它不仅形成了目标系统内在信息流，而且成为制定目标系统的前提和根据。这是就信息的正流向而言；信息的反流向，是指通过信息的反馈来调节信息输入，以修改实施偏差的过程。目标系统信息的正、反流向的联结，构成信息流通的闭合回路。闭合回路的每一次循环，便进一步逼近目标。

选择和确定目标，有赖于这些条件。然而，目标是观念性的东西。它是外在信息的内化、观念化，是信息的正、反流向的结果；目标实施是内在信息，即观念化目标信息外化、对象化的信息流向（见图19-1）。

目标应包括选择制定过程和执行实施过程，这两个过程相互联结，不离不杂。信息内化、观念化中有外化、对象化；信息外化、对象化中也有内化、观念化的目标，这是目标系统在实施中不断得以调整的依据。

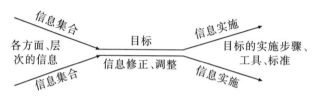

**图 19-1**

目标内容应当是对象（目标的任务、目的、范围和各种要求）、地点（目标实施的空间范围）、时间（目标实施的日程安排和时间期限）、人（目标实施的执行者、执行组织）、方法（实施目标的工具、手段）等的总和。

目标是一个网络，这种目标网络在总目标下把各部门、单位、组织、个人的目标统合、协调起来，又层层展开，落实到每一个实施者身上，使各部门、单位、组织、个人在实施目标活动中尽量减少冲突、内耗[1]，而发挥目标网络系统的整体功能。但多元目标间的协调、和谐关系并非总是存在的，而冲突、竞争却是经常的。一般来说，如果目标网络中的"网结"较少，环境较稳定，便易于建构和保持有序的目标网络；反之目标层次、方面千头万绪，追求目标的环境越不稳定，理想而有序的目标网络就

---

[1] 就一个企业、公司来说，减少污染的社会责任目标，或培训长期失业需要救济的失业者的目标，与生产持续上升、消耗下降的目标，相互争夺资金。在这种情况下，决策者可能强调收益、盈利一类目标，而忽视社会责任和雇员发展目标。

越难于实现。

目标网络中存在冲突融合现象，目标网络之间亦存在冲突融合现象。各目标网络都存在着冲突和不稳定性。假如把目标进一步提升，即把目标抽象化和概括化，便可发现各目标网络之间的互补性、协调性和稳定性。在这一意义上可建立总目标或理想目标，如社会理想目标、人格理想目标等思想、哲学含义上的终极目标。这是与作为指导人们改造主客体世界、作为一种超前的预测活动的目标自身的性质和特征相联系的。

选择和确定目标，是为了实现目标。无论是具体目标、总目标，还是社会理想目标、人格理想目标，概莫能外。但目标的实现不是、亦不可能一蹴而就。在这一点上，我们有血的教训和超高额的代价。一般来说，目标的实施过程具有阶段性、可分性、变易性、整体性的特点。目标实施的阶段性，既指时间历时性中短、中、长时期的目标，亦指总目标实施过程中的分阶段目标。这样既使总目标的实施有具体时间期限性，亦使总目标的实施具有阶段性的具体目标，以使具体目标与每一阶段的环境以及信息、能量、物质交换的实际相适应。可分性是指总目标（由理想目标、各大目标、小目标等构成）在实施过程中层层分解为各人、各组织机构、各集团的具体目标。这种层层分解，就是变抽象目标为具体目标的过程。目标的层层落实为目标的实施创造方便之门。变易性是指目标在实施过程中，由于环境、条件的变化，实施目标的手段、方法、步骤亦需变化，也指在总目标的指导下修改具体目标，甚至变易总目标的某些部分。整体性是指各子目标在保证整体目标实施的基础上，协调、调整整体目标与各子目标之间的关系，对各子目标进行综合平衡，以求整体目标的最优化的实现。

目标的调节、协调，是由于目标在实施过程中内因外缘的复杂性、不平衡性、不稳定性，通过调节、协调，使目标系统维持平衡状态。在这里不管是纵向平衡，还是横向平衡，都为实现总目标所需要。假如在实现中失衡，又不能调节、协调，不仅会破坏总目标的实施，而且会使总目标流产。调节是指协调各目标实施者之间的关系。由于各目标实施者的利益、需要、方法、手段的差异，各实施者的力量就会发生冲突、抵牾，这样构功能不仅不能大于各要素功能之和，相反会小于各要素功能之和，无疑会妨碍总目标的实现。假如通过调节，各个实施者协调合作，融合一致，其构功能不仅大于各要素功能之和，而且和合会产生新的能力或新质要素。

在目标的实施中，总目标层层分解，每个实施单位、集团、个人都有了较具体的目标任务和目标责任。他们作为总目标的有机部分，相互联系、渗透、影响。任何一个层次失控，都会影响下一步目标的实施，以至总目标的实现。这就是说，调节要求快速了解反馈信息，及时发现失控的各方面的原因，以进行有效的调节，恢复协调平衡。换句话说，调节需要信息反馈，可称之为反馈调节。

实施目标的调节工具，包括行政手段、法律手段和经济手段等。前两者都是具有一定的强制性的手段，直接影响实施者的意志和活动；后一种手段不同，是以刺激、诱导、推动等方式间接影响实施者的意志和活动，它以经济利益原则，激发人与单位的积极性，以使总目标最优化实现。这三种调节工具，亦可综合运用，以达预期效果。①

有无目标，人的心灵感受、价值观念、工作态度、道德理想是不相同的。目标虽是内摄的观念性东西，但它有强大的潜能。它能使人的心灵获得慰藉，平静而不急躁，理智而不冲动，自信而不失衡；它能使人的价值观念得以确定，公正而不偏失，中和而不失节，准确而不失序；它能使人的态度得以端正，积极而不消极，谦虚而不骄傲，饱满而不疲沓；它能使人的道德得以提升，真诚而不虚伪，善良而不恶劣，美好而不丑坏。因

---

① 参见齐振海：《管理哲学》，297～308 页。

此，对于目标的功能、作用、意义，不可低估。应该充分发挥目标的功能，提高全民的素质，反过来促进总目标的实现。

目标就是希望，目标就是信心，目标意味着成功，目标意蕴着融突和合。

### （二）价值目标与工夫目标

中国古代思想家，对于目标的选择和确定，均颇注重。虽然他们重价值目标（或称理想目标），即体的形而上的方面，但亦未轻工夫目标（或称工具目标），即用的形而下的方面。价值目标包括人格理想目标和社会理想目标。就人格理想目标而言，儒家是圣人，道家是真人，释家是佛人，即通过"修身养性""全性保真""明心见性"的工夫，而达到成圣、成仙、成佛。三者人格理想目标都具有超凡的特征，是人的未来之"身"，而不是"现世身"。"现世身"只有通过渐修或顿悟，才能成为圣、仙、佛的"未来身"。虽然儒家"成圣"可以是"现世身"，但此"现世身"是经"脱胎换骨"后的"现世身"，而非其"原有身"。所以，儒家的此"现世身"，亦蕴涵着"未来身"的意味。

就社会理想目标而言，儒家是大同世界，道家是神仙世界，释家是涅槃世界。虽然《礼记·礼运》篇的思想来源和归属问题，自宋以来就有分歧，但是笔者认为其思想主旨却以儒家为宗。它所描绘的社会理想目标的内涵，即"大道"的精神是：

1. "天下为公"的社会制度。儒家"托古改制"，把夏、商、周三代社会制度美化为"大同"的理想社会，"大道之行也，与三代之英，丘未之逮也，而有志焉"[①]。孔子向往的，亦是当时人对于美好社会的普遍憧

---

① 《礼运》，见《礼记正义》卷二十一，《十三经注疏》本，1413页。

憬。上者希望有一稳定统治秩序，下者期望有一安定的生活环境。这只有在"天下为公"的社会中才能实现。与此社会制度相适应，制定了具体制度。

2. 货"不必藏于己"的经济制度。这里"货"指财货、财产。人们既不把公有财产攫为己有，亦不必把自己创造的财货藏于己，表现了社会财货为全社会成员公有的理想。

3. "力恶其不出于身"的劳动制度。人人各尽其力，此"力"包括孟子所说的身力和心力，即劳力和劳心。劳动"不必为己"，而为社会大众。

4. "男有分，女有归"的分工制度。社会根据性别和需要进行分工，如男耕女织等。每一个社会成员都有劳动的机会和权利，即"壮有所用"。

5. 老幼"鳏寡孤独废疾者皆有所养"的福利制度。老终幼长以及无亲人照顾、无劳动能力或丧失劳动能力的人，都得到社会的关怀和供养，使他们生活愉快，健康成长。

6. "选贤与能"的官吏选拔制度。官吏是社会的管理者，他们负有实现社会理想目标和调节各方面关系的责任，必须选拔有知识的、贤明的、有能力的人来担任。这便是任人唯贤、唯能的制度。绝不能被任人唯亲、唯愚所沾染。无知识者，必愚昧而不贤明；愚昧不贤明者，必无能。

7. "讲信修睦"的人际、社会、国际关系原则。人与人、人与社会、社会与社会、国与国之间，都应当建立"信"的关系，即有信用、信誉、诚实无欺，真实无伪；同时应当"和睦"相居相处，而不是诉诸武力的争夺、战争。一些人为私而争权夺利，把人民财产推入残酷无情的战争火坑，人民遭殃，国家毁灭，结果害人亦害己。

8. 高度的社会道德文明。人人不独亲其亲，不独子其子。对他人之亲、之子亦充满了爱，使人不感到社会是冷酷的、丑恶的。人人都有高尚的道德情操和精神文明，所以谋闭不兴，盗贼不作，道不拾遗，夜不闭户。人人安居乐业，和平幸福。①

儒家社会理想目标是现世的，但以托古的、历史上已经历过的三代为模型。其实三代是理想中的三代，并非现实的三代。因此，儒家的大同世界，亦是一种观念性的理想世界。现实总是丑恶的，美好总在理想之中，所以，儒家的社会理想目标的现世，亦是一理想现世，而非现实的现世。

道家老子的社会理想目标和道教的社会理想目标有异。老子是回归自然境界；道教是把人间对社会的一切美好理想的整合搬到仙境；佛教的涅槃世界的理想目标，亦与道家、道教有异，但亦有其相会通圆融之处。这就是说，三者都对现实世界的丑恶、人生的痛苦、人性的扭曲、社会的争夺、人民的灾难有沉痛的感受，于是都期望在社会理想目标中得以化解和解脱，而向往一个无丑恶、无痛苦、无扭曲、无战争、无灾难的世界，人人甘食美服、安居乐业、慈悲逍遥、美好幸福的理想社会。

价值理想目标（人格理想目标和社会理想目标）自身便是一种融突而和合。譬如大同世界社会理想目标，就是儒、道、墨、农、阴阳家等的融突和合。"大道"不见于《论语》《孟子》，而见于《老子》："大道氾兮，其可左右"（《老子》第三十四章），"大道废，有仁义"（同上书第十八章），"行于大道""大道其夷"（同上书第五十三章）等。"大同"见于《礼记·礼运》："是谓大同"；也见于《庄子》："颂论形躯，合乎大同，大同而无己"②。"选贤与能"，与墨子主张的"尚贤"③ 相符，后荀子亦讲"尚贤使能"④。《论语》中有"举贤才""言忠信，行笃敬"。《孟子》有"老吾老，以及人之老；幼吾幼，以及人之幼"⑤ 等等。这种不同学派思想

---

① 参见《礼运》，见《礼记正义》卷二十一，《十三经注疏》本，1414 页。
② 《在宥》，见《庄子集释》卷四下，395 页。
③ 《尚贤》，见《墨子校注》卷二，66 页。
④ 《王制》，见《荀子新注》，118 页。
⑤ 《梁惠王上》，见《孟子集注》卷一，6 页。

的冲突融合，而和合为一种新的社会理想——大同世界。在这里，独阴不阳，独阳不阴，犹独儒不纳各家，便不可能有新的大同理想。只有阴阳融突和合，犹儒、道、墨、阴阳等各家融突和合，才能化生新生命、新思维。

和合既是理想目标的新生，又是达到这种理想目标的工具。目标和合与工具和合互为前提，亦互为体用。两者回环紧扣，以免陷入过分目标化的空想主义与过分工具化的操作主义之弊。如此设计、建构，和合学才能成为最完整的文化价值哲学。

理想目标不在历史的档案馆里，也不在古圣贤人的经典中。和合学的价值取向的理想和合目标，不在于复古，而在于未来。与未来最切近的便是21世纪。和合学不冀希"为万世开太平"，因为这种理想主义态度不符合和合人文精神，它剥夺了未来人类平治天下的可能和权利。人们只能根据当下的现实去设计不久的未来的理想，以后的万世由后人去设计。现代人虽有设计"为万世开太平"之志，但此志若不符合后世，便是对后世的误导，反为后世带来批判的烦恼。

要达到理想的和合目标，就必须以和合为工具，解决当前人类文明发展所面临的难题，即生存世界的生态危机、意义世界的意义危机、可能世界的理想危机。解决问题、消除危机，需要决策。未来决策是和合学从战略构想到战略预测的理论延伸，是和合学实践应用的逻辑完成。

和合学的实践应用过程，是理想和合目标的实施过程。一定理想和合目标指导着实践应用的方向或轨道；决策的实施过程，也依一定理想和合目标所规定的道路、方法而进行。从这个意义上说，理想和合目标是未来决策实施过程的端始。这个端始中包含着一切决策实施过程中冲突、融合的因子。实际上决策的实施过程，蕴涵于理想和合目标中的诸种冲突、融合因子的展开；实施过程中的阶段性，是理想和合目标中所蕴涵的冲突、融合的阶段性的体现。

理想和合目标联结着决策的实施过程，亦联结着决策的制定过程，它是两者的中介。决策是一般的构想，需要依据决策的设想、原则，制定出初期、中期、长期目标，或小、中、大的目标，以及实施目标的方案、方法、措施、步骤等等。假如决策没有具体化的目标，决策就会停留于空想，或在实施中流产。因此，制定目标是决策的关键。目标依据决策而制定，它蕴涵着人们所希望争取达到的未来世界。所以，目标制定以后，全部决策又必须围绕着实现这个预定目标而策划和设计。

这样，目标与决策即不离不杂。"不杂"是因两者相异而有各自的内涵，相待相分；"不离"是因在决策过程中有目标，在目标实施过程中有决策，相关相合。目标的合理性，意味着决策的合理性；决策的合理性，亦意味着目标内容符合活动主体的需要或宗旨。每一主体需要或宗旨由诸多决策和目标构成，其中每一个决策和目标是另一决策和目标的手段，是达到更高一级目标的工具。合理目标又是对客观环境、主观条件的充分估量，各目标之间相互协调，亦具有可行性，即具有一定的效益，否则最美好的目标也是无用的。

### （三）决策的内涵和要素

决策译自英语 decision making，原意是做出决定。所谓决策，是指人为实现其目标而改造主客体环境等，以进行的一种设计、选择和决定活动。换言之，决策是为达到一定目标，经各种深思熟虑和比较后，对应当做什么和怎样做所作的选择决定。它是人的自觉的、创造性的活动，是一种活动的过程[①]，而非心血来潮，一时冲动。

决策这个词虽是外来的，但决策活动却古已有之。中国上古，往往把人的决策转换为神灵的决策，即把人的力量异化为外在神秘的力量。《周易》"卜以决疑"，筮以策算，便是这种形式的决策。人们在做出决策、确

---

① 参见周农建：《决策学的新视野》，17 页，贵阳，贵州人民出版社，1986；刘余善等：《实用管理系统工程》，299 页。

定目标之前，对各种活动方案、计划、方法、步骤、目标等，都在选择、比较、疑虑之中或犹豫不定之中，便借助神灵力量的形式做出决策。殷周之时，国之大事，如封侯、战争、筑城、祭祀等等，都需占卜来决定。

对于神灵所作的决策，不是每个人都相信，如"童蒙求我。初筮吉，再参（三）绌（渎），绌（渎）即（则）不吉"①，童子对于初筮的结果"吉"，不相信而有怀疑，于是接着再三卜筮，筮人认为这是对神灵的亵渎。所谓"信则灵，不信则不灵"，是基于对神灵信仰基础上的决策。

《周易》基于对现实生活中事理的参究，就能不出户庭，运转天机。这在古代似乎有点玄，但古代的信息亦不完全局限于直接经验知识，而是已有许许多多间接的信息。根据这些间接的信息，即可运筹于帷幄之中，决胜于千里之外。这种决策的制定过程和实施过程，其实是很复杂的认知、思维过程，《孙子兵法》《三国演义》中就有生动而深刻的描述。

战争的目标是战胜对方，保存自己。因此在战前要"知彼知己"，若"不知彼，不知己，每战必殆"②。此"知"即是知识、认识。战争是双方势力的较量，军事指挥员对自己和对方的各个方面情况都要认知、掌握，才能战胜。《孙子兵法》认为，主要有道、天、地、将、法五个方面：道是指民众与国君同意愿，民众在战争中就能出生入死；天是指阴阳、寒暑、时制等自然环境；地是指远近、险易、广狭、死生等地形条件；将是指智、信、仁、勇、严等指挥员的素质、性格、管理状况；法是指曲制、官道、主用等部曲、旗帜、锣鼓制度，包括将校职务、粮道和军用等情况。把上述五方面加以"校之以计，而索其情"③，即从"主孰有道？将孰有能？天地孰得？法令孰行？兵众孰强？士卒孰练？赏罚孰明？"④ 等

---

① 参见拙著：《蒙》，见《周易帛书今注今译》，187 页。
② 《谋攻篇》，见《十一家注孙子》，52 页。
③ 《计篇》，见上书，8 页。
④ 同上书，8~9 页。

七方面进行比较分析，就可以大体知道哪一方会战胜。这就要求决策者，即所谓"运筹帷幄"者，有超越彼此的态度和立场，才能对彼此双方的情况进行客观的、公正的、合理的比较分析。若囿于己见或偏向一边，都会影响、左右比较分析的公正性、客观性和合理性，就会做出错误的决策，导致战争的失败。

知己知彼，属于知，知还不是决策。知是对己彼"客观"情况的动态的了解，只有在此基础上，从一定目标出发，以一定的方法整理、加工这些知的信息，选择确定一定的行动方案，才属于决策活动。决策是计算、谋划的过程。"多算胜，少算不胜，而况于无算乎！"① 算即算计、计算，是对于决策选择过程的描绘。

知己知彼与多算少算，即知与算的差异是明显的；知本身是对于对象的现象、变化、本质的揭示或描述，展现事物是什么，将是什么，决策针对客体的是什么，将是什么，主体将采取什么样的行动去改变客体而使之符合既定目标的要求。简言之，认知是认知客体对象，决策是改造客体对象；认知以符合客体对象为标准或尺度，决策以合目标为标准或尺度；认知是对"既在"客体对象的揭示和描述，它的既在性不以主体的认知或不认知而改变，决策所指向的目标，是"未在"的东西，它有待于人的创造性的决策活动的实践，而开拓出新的世界。

知与算虽有异，但亦相互联系，相互渗透。决策是人类的一种特殊认知活动，是因为决策是人有意识的思维活动；是对于信息的收集、加工和输出的过程；是对于客体对象的规律性的体现；是对未来活动过程和结果的基本构想，具有指导实践的功能。认知是决策的前提条件，无知己知彼，不可能做出决策。知之误，便使决策亦误；知之确，就使决策亦确。

决策指导实践、实施。它既可以在围绕目标的实施中排除种种干扰和

① 《计篇》，《十一家注孙子》，19 页。

曲折，而导向目标的实现；也可能误导实施、实践的方向，而离目标越来越远。这就是说，有什么样的决策，就有什么样的实施。一个正确的决策可以"兴邦"，一个错误的决策可以"丧邦"。同样，一个合理的决策，使人功盖千秋、名垂千古；一个不合理的决策，使人身败名裂、遗臭万年。但对于一个人来说，决策意义往往是复杂的，甚至两者兼而有之。秦始皇统一文字和度量衡，以及废封建、立郡县的决策，百代效法；而其焚书坑儒的决策，却使其成千古罪人。史鉴、实鉴，都说明决策的意义，及其在实践中的重要作用，今人若能以史为鉴、以实为鉴，起码就不会妄作决策。

不妄作决策，而使决策正确，必须具备八大要素[①]：

1. 信息要素。信息已成为现代社会的先决条件，它与物质、能量共同构成现代社会活动和现代科技的支柱，具有物质和能量所不能起的作用。信息属于知识和智慧，物质材料、能量动力与信息知识相结合，才能生产产品。因此，决策必须以信息为基础，无信息，就无决策；无准确、完整、及时的信息，亦无准确、完整、及时的决策。

2. 预测要素。预测是决策的前提，信息对决策的作用，有一些是通过预测实现的。预测依据信息，对人类活动过程和发展趋势进行分析、推断和预见，提供未来信息，帮助人们选择未来目标。决策必须依赖对未来的分析、预见的信息，如此才能做出正确的决策。预测能揭示事物在发展过程中可能发生的种种情况，使决策方案、设计的选择更加精密和周全。

3. 系统要素。决策机体就是一个决策系统，对于这个系统可以从各个层次、结构、运转、演化等方面去分析；同时决策亦涉及整个系统及相关系统、决策目标、决策对象，以及内因外缘（主体条件、外部环境）等。决策的系统原则，是指决策是由诸多相互联系、相互作用的要素（物

---

① 参见刘余善等：《实用管理系统工程》，300～301 页。

质、能量、信息、主体、客体等）构成的有机整体。系统要素使决策本身具有整体化、综合化、最优化的性质。

4. 方法要素。决策有赖于精确的、科学的方法。科学方法是科学的灵魂，它是实现对象的客体本质的手段，亦是实现科学认知的工具。它提供的思维和操作程序，有益于认知主体的科学认知的获得。因此，科学方法给正确决策以方法的指导，并使主体善于运用各种科学知识，如严谨的逻辑学、精密的数学、计算机以及经济学、社会学等，以做出决策。从这个意义上说，没有科学方法，就不可能进行科学决策。

5. 可行要素。决策是为了实现目标，决策亦是针对问题而解决问题。因此，决策必须具有可行性，若不可行，便丧失了决策的意义和价值。保证决策能实施，就需要使决策符合科学技术的发展和经济发展的现状，以及可行性的内因外缘等各方面条件和可能创造的条件。从需要与可能、有利与不利、成功与失败等因素的周密思考、分析、比较中，做出决策可行性的估计。

6. 择优要素。决策就是择优的过程。解决问题、达到目标的方案、设计、途径可以各种各样。对此多元方案、设计等，经定性定量等的分析、比较，选择最优化的方案、设计。最优化的方案、设计，不一定以"经济上最优"为准，可以以"最低限度使人满意"为准。经济性最优方案，不一定是"使人满意"的方案；选择"使人满意"的决策，可能会创造、实现经济性最优方案，其间关系是辩证的。不可为而为之，为不为；无为而无不为，这便是决策的辩证法。

7. 反馈要素。反馈是决策系统实现控制的前提。它既能排除系统外部干扰，亦能克服系统内部无组织，以便适应条件的变化，达到预期目标。一般来说，反馈是对决策所导致的结果的调整。在决策目标是相对确定值的情况下，以负反馈来减少决策行为与决策目标之间的偏差，使决策系统趋于稳定状态，以便逼近目标。在决策目标是变易的值的情况下，以正反馈来跟踪目标的变化，调整决策，使决策合理化，最终实现目标。

8. 集团要素。随着人与自然、社会、他人、心灵、文明间的关系的复杂化，决策的系统化，个人或少数人已越来越不能胜任做出决策。古代中国借助食客、军师进行决策，如信陵君、春申君等门下有食客三千；中国近代有幕僚、参谋；现代有智囊团、思想库、"影子内阁"等，作为决策者的助手、顾问。凡遇问题，特别是重大问题，他们做出调查分析，提出各种可行的方案，供决策者讨论思考，决策者最后做出决策。当然，智者千虑，必有一失。在决策实施过程中还可以进行调整。

决策八大要素，也可谓八大原则。只有八大要素都具备，才能做出正确而合理的决策。

## 二、和合决策学的公理与类型

决策就其本质而言，是各方面、各层次的冲突融合。无冲突、无融合，亦就无所谓决策，所以称之为和合决策。和合而生生，和合决策意蕴着新的决策的化生，亦蕴涵着未来决策的意味。

### （一）和合决策的公理

和合决策学，是指参与决策的各要素、元素"融突"而和合，以及"融突"和合而所以做出决策的依据的学问。

做决策是由于人在现实生活中存在着各种各样的问题，有问题就意味着冲突，亦意味着融合。化解冲突，使问题得以协调、和谐、融合，并产生新的决策，这便是和合决策。

和合决策由于决策者的价值观念、思维方式、情况分析、经验理智的差异，亦会见仁见智，各陈异谋。但其间亦蕴涵着决策者所共同接纳或认同的一些基本原理。在正常的情况下，决策者做出决策，就会自觉不自觉遵守或符合这些原理。这是因为：一是这些原理是历史的、现代的决策者经长期实践经验的积累和总结所获得的认识；二是决策者对于每一个方案、设计的选择，都要考虑社会效益、经济效益或功利效益等方面，或侧重其中的一方面，可称之为"效益"值或效益价值标准；三是决策者对决策的对象的各要素和自然状态①所可能出现的变易，有一个大致的估计，即存在着"主观概率"②。

和合决策把决策者所共同接纳或认同的一些基本原理，称为公理：

1. 优劣的可比性公理。只要给出两个或两个以上的方案、设计，便具有可比性。在决策前最好能从各个不同的角度，提出可进行比较的、选择的方案。决策者经过对各个方案各方面情况的分析，确定一个方案，这个方案往往优于其他方案，起码在决策者心目中，这是最优决策方案。决策者在对方案的思考选择中，采取融合前三个方案、设计的优点，而成一和合方案，这也是可能的。假如决策者确定 A 方案优于 B 方案，B 方案优于 C 方案，那么 A 方案必优于 C 方案。方案的优劣次序不是相互循环的。

2. 存在的价值性公理。决策的方案都具有其独立存在的价值，不存在独立价值，就会被排除。譬如 A、B、C 三个方案，其在各种自然状态下的损益值如表 19 - 1 所示：

表 19 - 1　自然状态损益值

| 方　案 | 自然状态下的损益值 | |
| --- | --- | --- |
| | Ⅵ | Ⅶ |
| A | 10 000 | −2 000 |
| B | 8 500 | −3 000 |
| C | 5 000 | 1 000 |

① "自然状态"（Si）在决策系统中是指决策者无法控制的因素，即各种方案可能遇到的状态，如气候的自然因素、市场的经济因素、军事战争的政治因素等。它不易被决策者所控制，被称为自然状态。它是根据历史资料、主观经验和预测得到的。

② "主观概率"（Pi）是指依据各种自然状态发生的历史统计资料加上主观判断而确定的概率值。它近似地反映事件发生的可能性。

方案 A、B 在 Ⅵ 和 Ⅶ 两种状态下的损益值，A 优于 B，B 在这种情况下就成为劣势方案，失去了独立存在的价值，不被作为可供选择的方案。方案 A 与 C 的情况却不同，在 Ⅵ 的状态下，A 优于 C；在 Ⅶ 的状态下，C 优于 A。这样 A、C 都具有独立存在的价值，可作为决策分析的方案。至于究竟选择哪个方案，需由决策者全面分析思考以后来确定。

3. 概率的差分性公理。主观概率与方案结果之间不存在必然关系。决策者对于某种状态出现的主观概率的预测或估计，并不受方案结果的制约。决策者预计产品销路好的概率是 0.6，销路不好的概率是 0.4，好可获利 20 万元，不好将亏损 10 万元；经重新计算，好可获利 50 万元，不好将亏损 5 万元。在这里，结果虽然变了，但主观概率似不变。换言之，决策者预计销路好的概率仍然应当是 0.6，销路不好的概率仍然应当是 0.4。这就是说，自然状态出现的可能性真假大小的主观预计，只与决策者主观上对自然状态发展趋势的估计相关联。

4. 效益的等同性公理。决策者会遇到各种各样的机会。譬如有这样一个机会：有 0.5 的概率可得到 10 000 元，有 0.5 的概率可得到 -2 000 元。这时，决策者必定可以肯定得到（即概率为 1.0）某一数值的机会的效益，与上述机会的效益相同，即两个机会的效益是相等的。比如"某一数值"为 3 000 元，此数值随决策者对待风险的不同，可能有所不同。

5. 效益的替换性公理。相等（或相同）的效益，可以相互代替。以 0.5 概率得到 10 000 元，以 0.5 概率得到 -2 000 元，其结果对于决策者来说，可以用肯定得到 3 000 元来代替。①

决策公理既易于理解，亦易于接受，但在决策过程中严格遵循却不容易。要么过分乐观，过高估计好结果的可能性；要么过分悲观，过分估计

---

① 参见瞿立林等：《管理决策理论与方法》，23～25 页，北京，中国建筑工业出版社，1987。

坏结果的可能性。这些都会影响在决策中的冷静分析估量，以致背离决策公理。

### （二）和合决策的类型

人类在生存和发展的活动中，面临着各种各样的决策，不同类型的决策，便有不同特点、方法和应用范围。认知和掌握决策类型，是使决策更趋合理化的步骤。

1. 个体与集团决策。决策均是由人做出的，无论是个体人，还是集团人，都是人。但不是一般的人，而是具有决策能力、决策权力、从事决策活动的人。从决策主体构成上看，可分个体决策和集团决策两种形式。

个体决策可凭个人的经验、知识、聪明、才智、情感、意志、爱好做出。个体决策并不是不依据信息、听取意见、选择方案、缜密思考，相反很多个体决策是在这个基础上由个人做出的。这种决策类型在历史上和现代社会中，都有其积极的作用。它具有迅速、简便，决而行，行而疾，以及不相互推诿，不议而不决、决而不行，不怕担责任等长处。但个体决策也有受其个人的知识经验、能力才智、感情意志、价值观念等局限的短处，而影响决策的正确性、合理性。一般来说，在个人领导职责范围之内的程序化、日常化的决策，是需要个体决策的，也许这种决策既有针对性，又明确有效。

集团决策并不是指大家都来决策，而是指由决策领导集团所做出的决策。他们可以集中参谋班子的方案、设计，专家的建议，集思广益，充分讨论，研究比较，做出决策。这种集团决策具有周密性、准确性、战略性的优点。但也有决策集团中缺乏民主讨论气氛，或主要领导者已做出决策，集团决策只是一个形式等弊端。

2. 确定性与不确定性决策。依据决策主体所掌握信息的完备程度来区分确定性与不确定性决策。确定性决策是在确定的条件、环境下做出的决策，有可靠性大、决策实现的把握性亦大的长处。对于非确定性决策，决策主体对决策对象未来状况缺乏完备的知识，对行动方案的结果没有确定的把握。这两种决策是两端，两端可以连接起来，使不确定性决策转换为相对确定性决策，冲突、融合而向确定性决策转化。

3. 程序化与非程序化决策。在使用中亦称常规性与非常规性决策，依据主体在决策过程中所采用的不同技术而有区别。程序化决策是指决策者针对经常的、大量的、反复出现的一些冲突问题所做出的决策，并制定出一套相应的例行程序。一旦此类问题再出现，决策者便可依程序来决策。现代的程序化决策可由计算机来完成，即自动化决策系统。

非程序化决策是指与程序化决策相反的情况，即指针对偶发的、个别的、非重复的活动所做出的决策。它不能依程序来化解，亦不能由计算机来处理。它是决策者所面临的新问题、新情况。决策者往往是在统计数据，情报资料，知识、技术、信息无准备的情况下，凭借自己的聪明才智、经验知识、领导艺术而做出决策。[①]

在现实决策过程中，决策者所遇到的是既非典型的程序化决策，亦非完全的非程序化决策，而是两者的冲突融合、即此即彼、非此非彼的模糊决策。这就要求决策主体平时注意积累信息，提高自身素质，掌握可变因素，利用先进科学技术，在各种情况下做出合理决策。

4. 肯定性与非肯定性决策。这两种决策是依主体对自然状态所认知、所把握的程度而区别的。肯定性决策是指对未来的自然状态已认知和对可能出现的问题有肯定把握的情况下做出的决策。其支付值可以计算出来，如用微分法求极值，用线性和非线性规划求最优值，用动态规划求

---

① 参见齐振海：《管理哲学》，167～169 页。

多级决策过程的期望值，然后按决策准则进行择优。

非肯定性决策是指存在两个以上的自然状态，对它们出现的概率未知或未把握。因此，它在很大程度上取决于决策者主体自身各方面的素质，如才能、知识、经验、性格、教育、道德等。但亦可依决策准则进行分析、比较、选择，减少其非肯定因素。

第一，悲观准则，即小中取大准则，是指从不利情况出发，找出最坏可能，在最坏中选择最优方案。如在每个方案中选择最小收益值，从最小收益值的方案中选择收益值最大方案，作为决策。

第二，乐观准则，即大中取大准则，是指从最好方案中选择最优方案。先从每个方案中选一些最大的收益值，再从最大收益值方案中选择最优值。

第三，中和准则，即乐观系数准则，是指从悲观与乐观准则的冲突融合中，选择不过犹不及的可靠方案。决策者可依历史数据分析和经验判断，确定一个乐观系数 $a$，$a=0$ 为悲观准则，$a=1$ 为乐观准则，这里取 $0 \leqslant a \leqslant 1$。中和收益值＝$a$（最大收益值）＋（$1-a$）（最小收益值）。依此计算出每个方案的收益值，选择其中最大值为决策方案。

第四，遗憾准则，即大中取小准则，是指当某一种自然状态出现时，决策者应当选择收益值最大的方案为最优方案。若当时未选择这一方案而感到遗憾，便可先确定遗憾值（最大收益值与其他方案收益值之差，为遗憾值），然后从最大遗憾值中选择最小的，作为最优方案。"大中取小"的遗憾准则是以损失值为基点，"小中取大"的悲观准则是以收益值为基点。两者都是悲观准则的应用。

第五，效用准则。前四个决策准则都以期望值的大小为选择标准，但在现实活动中，并不都是如此，而有的是按方案在决策者眼中的价值来决策。这种决策着眼于方案的效用，可称策略效用；策略效用不是由策略本身所决定，而是由策略和决策者双方决定；策略和决策者是效用的函数，是决策者对损益值的一种感觉和反映，是决策的相对尺度。决策者的性格、作风以及客体的情况，对效用都会产生影响，它是两者的融突而和合。对效用的决策分析，应依效用的基本假设，做出效用函数曲线，然后计算各方案的各种可能结果的期望效用，选择最大期望效用为最优方案。

5. 风险性与博弈性决策。这两种决策虽有差分，但都是决策主体在特殊情况下，特别是对未来出现的自然状态以及决策对象竞争活动，不能肯定和把握的情况下，凭借决策主体的地位、胆略而做出的决策。

风险性决策，即随机决策，是指决策主体对自然状态或结果究竟出现哪种情况，不能确定的预测，其可能发生的主观概率为已知条件下的决策。但由于决策面向未来，带有不确定因素而有风险。风险性决策通过风险分析，为决策中的关键变量拟出概率分布曲线，显示风险大小与性质等。风险性决策分析方法依决策准则而异。

第一，期望值准则。以决策问题构成的支付矩阵为基础，计算每个方案的期望值，即在不同自然状态下的加权平均值。方案的期望值是各个方案发生的概率乘该方案发生的支付值之和。以期望值为标准，选择其最大或最小值的方案为最优决策。

第二，合理准则，也称拉普拉斯准则。在信息资料缺乏的情势下，假定各种自然状态发生概率值相等。若有 $n$ 种状态，则每种状态发生概率值为 $\frac{1}{n}$。这种假设是合理的，但理由不充分，以平均主义来简化决策。

第三，最大可能性准则，它以选择自然状态中发生概率最大为基础，然后选择其中一个在这种状态中收益值最大的方案为最优方案。

第四，优势准则。它应用于对方案较多的决策矩阵的优选。对不同方案间的收益值或损失值进行比较，确定一些为优势方案，另一些为劣势方案，舍劣择优。优势准则并非从中选一个方案，而是几个方案，以便供决策过程中选择。

第五，意向水平准则。它依据决策者所拥有的资源条件和经营目标的要求，对方案收益值选择规定一个最低意向水平，未超过这个意向水平的方案，应当舍弃。

第六，培欣准则。它是在概率基础上的随机决策，在部分未知状态下，以主观概率代替先验概率，然后用贝叶斯公式[①]，对发生概率进行修正，这样便可用期望值和修正概率作最佳决策。决策者一般不愿意按期望值的大小进行决策。期望值大，一旦客观状态不利，损失就较大，决策者不愿冒此风险，而望获得更多信息，改变对未来状态的认知和把握。反之期望值小（负），但仍有获利可能。决策者总望获得完全信息，转变随机决策为肯定决策。在现实中获得完全信息难度大，而只能不断积累不完全信息，以助决策。利用培欣准则决策的过程分四阶段：事前分析，据经验和预测求出有确定资料之前发生的概率，然后用期望值作决策；事后分析，据贝叶斯公式求条件概率；先事后分析，由结果推算原因，即把不确定的因素变为确定因素进行分析；连续决策，把各个阶段的计算联系起来进行分析，以便选择最佳方案。

风险性决策并不仅仅取决于统计学的概率，还与决策者主体的素质、事业心、责任心、魄力以及地位、名誉、权限等相关联。

博弈性决策有对局矩阵、有鞍点对局、无鞍点对局等。就对局矩阵而言，任何竞争性活动都由三要素组成：局中人、策略集、赢得函数。譬如"二人零和矩阵"博弈，其表达式如下：

---

[①] 贝叶斯公式。假设有多个互斥事件 $A_1$，$A_2$，$\cdots A_n$，及事件 B，且 $P(B) > 0$，并满足全概率公式的各条件，则：$P(A_i \backslash B) = \dfrac{P(A_i)\,P(B \backslash A_i)}{\sum\limits_{i=1}^{n} P(A_i) \cdot P(B \backslash A_j)}$，此概率也称后验概率。此公式的意义，是求造成 B 事件发生原因 $A_i$ 的概率。然后依原因概率预测经济效益，进行决策。

乙

$$\begin{array}{c} & \begin{array}{cccccc} 1 & 2 & 3 & \cdots j\cdots n \end{array} \\ \text{甲}\quad\begin{array}{c} 1 \\ 2 \\ \\ i \\ \\ m \end{array}\left[\begin{array}{cccccc} a_{11} & a_{12} & a_{13}\cdots a_{ij}\cdots a_{1n} \\ a_{21} & a_{22} & a_{23}\cdots a_{2j}\cdots a_{2n} \\ \cdots & \cdots \\ a_{i1} & a_{i2} & a_{i3}\cdots a_{ij}\cdots a_{in} \\ \cdots & \cdots \\ a_{m1} & a_{m2} & a_{m3}\cdots a_{mj}\cdots a_{mn} \end{array}\right] \end{array}$$

局中人为甲、乙两方；可供局中人选择的策略，甲、乙分别有 $m$ 和 $n$ 个；赢得函数是局势函数，用数量化来表示对策的结局。若甲采用策略 $i$，乙采用策略 $j$，甲之得为 $a_{ij}$，乙之得为 $-a_{ij}$，从而 $a_{ij}-a_{ij}＝0$，为零和博弈。矩阵可表示结果的得失。矩阵中 $a_{ij}$，可以表示金钱、市场占有率或目标所规定的数值。甲希望矩阵中 a 值越大越好，乙希望矩阵中 a 值越小越好（负值越大越好）。

有鞍点对局决策是指对局矩阵（冲突、竞争）中，双方一选定策略，得失即告定局。所以决策的根本问题是如何选择最优策略。何为最优？博弈值如何计算？可分为有鞍点纯策略决策和无鞍点混合策略决策。以有鞍点纯策略决策来说，对局者 A 有三个、B 有四个行动方案，矩阵中数值是 B 付给 A 的钱数。假设图如：

B

$$\begin{array}{c} & \begin{array}{cccc} B_1 & B_2 & B_3 & B_4 \end{array} \\ \text{A}\quad\begin{array}{c} A_1 \\ A_2 \\ A_3 \end{array}\left[\begin{array}{cccc} 40^+ & 34 & 30^* & 33 \\ 38 & 35^{*+} & 36 & 37 \\ 28^* & 33 & 37^+ & 38^+ \end{array}\right] \end{array}$$

假设对局的双方都是聪明的，都选择最优方案，即最好、最安全、风险小的方案。A 如选择 $A_1$ 方案，最少得 30 元；$A_2$ 最少得 35 元；$A_3$ 最少得 28 元。这三个最小值中取最大值为 35 元。$A_2$ 方案为"小中取大"方案，35 元是有把握得到的最大数。B 如选择 $B_1$ 方案，付出最大值为 40 元；$B_2$ 最大值 35 元；$B_3$ 最大值 37 元；$B_4$ 最大值 38 元。从四个最大值中选最小数 35 元。$B_2$ 是"大中取小"方案，即不超过 35 元。A、B 的交叉处的 $A_2$ 与 $B_2$ 有※和＋符号，称为鞍点；这里 35 元，称为对局值，即博弈值，即 A 得到最大数，B 付出最小数。这是对局者均选择合理行动方案的结果，而非指在冒风险条件下的结果。

无鞍点对局决策简言之是指对局两方的最低支付值在矩阵的一条对角线上，最高支付值在另一条对角线上：

$$\begin{array}{c c c} & B_1 & B_2 \\ A_1 & \begin{bmatrix} 5^※ & 35^+ \\ A_2 & 20^+ & 10^※ \end{bmatrix} \end{array}$$

A 的"小中取大"的策略是 $A_2$，保证得到最大值 10 元；B 的"大中取小"的策略是 $B_1$，保证付出最大值 20 元。这是说 A 得到最大数值和 B 付出最小数值不同，无鞍点。无鞍点，可能使 A、B 双方做不了决策，便需引进从统计概率出发的混合决策。所谓混合策略，是指一个对局者的各行动方案可以是一个概率组合。如 A 采用（$\frac{1}{2}A_1$，$\frac{1}{2}A_2$）混合策略，即对局进行 100 次，50 次采用 $A_1$ 方案，50 次采用 $A_2$ 方案。每一次采用什么是随机的。[1]

博弈性决策是具有竞争性、冲突性的活动，这种活动的成败得失完全依赖于参与者所选取的策略适当与否，可运用各方面竞争性（如经营、战争等）的具体活动，以实现目标。随着计算机的发展，决策手段、设计越来越先进和多元。

---

### （三）决策者的整体素质

决策是主体人的活动，是为了达到或完成人所制定的目标或理想境界。和合决策是物质、信息、能量的融突和合，亦是人的决策方式（结构）、组织人员（元素）、决策行为（功能）的融突和合。因此，主体人作为决策者对决策具有决定性的作用，表现为：（1）数量的，（2）质量的，即素质的。

任何一个决策系统都有一个与其特定决策方式相应的最大效量，即决策功能最大时所需的人员量。这个人员量因不足而增加，就会提高决策系统的功能，它表示着决策知识、经验、智慧的增强；也表示着相互间牵制力的增强，而有利于目标的实现；亦意味着决策过程运转的加速。这是从正面（合理性方面）来考察人员量。假如人员量已满足决策的最大效量，再增加人员不仅不会增强决策功能，相反只会降低决策功能。因为人员增加就意味着层次、环节的增加；层次、环节的增加，意味着信息传输路线的延长，信息转换次数的复杂化和失真度加大，使决策合理值降低；也会导致互相掣肘、扯皮、推诿等现象，影响决策速度。①

决策人员与功能之间既冲突又融合，实乃融突和合关系。决策人员量与人员素质之间亦是融突和合关系。决策人员素质高，减少人员量亦能达到相同的功能；素质低劣，增加人员量，也达不到同样的功能。如集中一百个科盲，也抵不上一个懂科学者。因此，决策者必须是知、情、意、德、才兼备。

知识结构和水平是决策者素质的基础，无一定水平的知识结构，就无资格担当决策者。决策者特别是领导者（最后决定决策方案者）必须具有

---

① 参见周农建：《决策学的新视野》，144～145 页。

起码的专业知识和其他方面的知识，即知识面要广，并对各项知识都有适度的把握。在决策实践活动中，不同知识结构和水平的人，对于相同的信息资源和面临的问题，会做出不同的感知、分析，以及对方案的不同选择。这时决策者的大脑会迅速调动已储存的有关知识、经验，对信息资源和面临的问题进行加工；做出分析、比较和判断，提出相应的对策。无知识、经验者，就会茫然不知所措。

渊博的知识和丰富的经验，使决策者思路开阔，具有触类旁通的灵活性和接受新信息、新思维、新方案的开放性，以及分析能力、综合能力、抽象能力的创造性。此三性都与决策者具有广博的知识和丰富的经验相联系。相反，知识贫乏，思想必闭塞；思想闭塞，必墨守成规；墨守成规，必无所创造；无所创造，必是非优化决策。在现代，创造性是决策者的生命智慧。

情感是指决策者的心理结构和素质，它对决策具有很大影响。情绪是心理对于外部刺激和内部变化所产生的反应。决策者自觉调节、控制自己的情绪，是使决策理性化的重要条件。人的心理活动亦表现为心境、激情等。心境是指人在某一时间内的一种微弱而持续的情绪状态，使人一切活动和体验都带有情绪色彩。人在心境佳的状态下，情绪饱满，思维敏捷，想象丰富，自信心强，具有克服困难、甘冒风险、做出创造性决策的雄心。若心境不佳，情绪沮丧，以至想象贫乏、思维迟钝，便会采取保守、陈腐的决策方案。激情是指强烈而短促的情绪状态。积极的激情，能调动全身的智慧和力量去从事决策活动而追求目标的实现。反之，消极的激情往往导致行为失控，分析综合能力降低，甚至不计后果，对决策带来意想不到的影响。

定式是心理对某种表现和评价的一种状态，是对某种人、物、事的倾向性，是心理的某种稳定状态。知觉定式使人具有对以前见过的，与自己态度、价值观点相一致的东西的倾向性。思维定式使人具有照自己已成的或固有的模式、规则去思考、认知客体、做出决策的倾向性。定式这种心理现象，在一定条件下，使人认知迅速、有效，并以简略的形式处理信息；在另一些条件下，也会使人在决策活动中以其已有或固有的倾向性来思考、认知已经变化了的客体和信息，使人既不能发现新情况、新问题、新方案，又不易接受新方法、新创造，而影响决策的择优和实施。

意志是指人自觉选择目标，调节、控制自己活动以实现目标的心理过程。目标性是意志的主要特征。在决策活动中制定目标，并把理想的、现实的、个人的三者的目标融突而和合，是决策活动的最高境界。实现决策目标需要排除万难，抵制非难，不唯上，不唯书，要有坚忍不拔的顽强意志。果断是决策者明辨是非、当机立断的意志。它是决策者全面深刻思考行动的目标、实现的方法手段以及行动后果从而进行决策的过程中经历复杂融突的心理状态。良好的意志素质是高度的自觉性、坚韧性、自控性和果断性的融突而和合。

德是指决策者的道德素质。决策者应当具有热爱社会、集体、周围工作人员的仁爱之心；兼顾义利，不见利忘义；诚实正直、言行为一，讲求信用；奉公守法，知礼有度；有高度的事业心和责任心；有明确的奋斗目标和理想；勇于进取和乐于挑战；有较高的政策水平和良好的人际关系；有谦虚的精神和团结共事的态度；能吸收、发现人才和知人善任；能赏罚分明和不避亲疏；能以身作则、求同存异和调动全体人员的积极性。决策者的道德素质是保证决策制定和目标实现的智力结构的核心。决策者道德素质差，或迷于酒色，或恋于金钱，或制于权力，或受于贿赂，便会误导决策方案的选择，导致目标的流产，事业的失败。

才是指决策者的聪明才智。聪明才智是决策者的知、情、意、德的综合水平和能力。决策者应是智者：善于分析错综复杂的现象进而把握事物的本质；善于对各种各样的反馈信息做出推理、反证和回应；遇到错综难题善于出主意、想办法、提方案，做出决策；能洞察事物的因果关系，对问题有远见卓识，具有前瞻性和预见性；在激烈竞争和急速变化面前，清醒明智，能灵活运用各种决策方法，如风险性、博弈性决策等，迅速做出决断；能依据实际，善于组织人力、财力、物力，协调各方面的关系，统筹兼顾，争取目标的实现；等等。

决策活动中的决策者知、情、意、德、才素质，密切联系。知识是意志的前提，无知，意志就会陷溺于盲目。情感能成为意志的动力，亦可成为阻力，意志也可以直接或间接调节、控制情感，是情感的内在协调机制。意志是促进认知的必要条件，无意志就不会有敢于入地狱的求知精神。道德素质的水准，既是知、情、意综合水平的体现，亦是知、情、意心理过程的自觉的自律力量。知、情、意的提升，为道德素质提升的基础，反之，道德素质的提升，亦为知、情、意的完善提供保证。才是知、情、意、德的综合能力，亦是其综合体现。此五者既冲突又融合，融突和合，构成决策者的整体素质。

## 三、和合决策学的目标

决策是和合决策，依浑沌对应律，目标和合之目标已渗透到前七种和合状态之中，并非此外别有一种和合的具体目标。这里的建构使命是，通过对和合人文精神未来（21 世纪）的发展方向和道路的和合决策，使前七种和合状态二阶和合为一个融突和合流行，使中国文化的精髓、时代精神的脉动、人类文明的生机，进至融突和合的化境。

### （一）生存世界的真实目标

生存世界的目标和合与和合决策，是对于和合人文精神真实生存境界的追求。生存世界的现实困境，是生态危机。这是由工业污染严重，生态环境恶化导致的。污染和危机的集中表现是，环境污染十分严重，威胁人和生物的生存。现代化学品种类和产量剧增。700万种化学品中有潜在危险者甚多。诸多有毒、有害物质通过废水、废气、废物的排放，化学品的生产应用，食物链联结等方式，进入水域、大气、土壤等。英国的海洋排废，使北海变成"死海"，全世界化学燃烧排出的废气达200多亿吨，污水6 000亿吨。[①] 同时恶性污染事故增加，据英国核安全局统计，世界每年平均发生的严重化学污染事故达200多起。

温室效应的加剧。煤炭、石油、天然气的使用，农业、工业活动中化学物质的释放和森林减少，使大气中二氧化碳浓度增加，而二氧化碳捕获了地球产生的红外辐射，并阻碍其向外层空间逃逸，导致地表气温变得越来越暖。温室效应使全球气候发生变化，暴雨和干旱更加频繁，农作物和森林生长分布受到严重影响。

臭氧层的破坏。大气中的氟氯烃、氮氧化物、气溶胶等，使大气中平流层里的臭氧层遭破坏。美国专家统计，1979—1985年臭氧层减少2％～3％，南极周围减少40％，出现臭氧洞。[②] 这使臭氧层吸收太阳辐射中有害于生命机体的紫外辐射的能力减弱或丧失，使人畜癌症发病率、皮肤病患者剧增，使农作物、水生动物、海洋浮游生物受到危害。

酸雨面积的扩大。工业废气中含有的大量硫氧化物和氮氧化物，

---

① 参见郭方：《生态环境问题与对策》，载《北京科技报》，1989-01-18。
② 参见《严峻的全球环境挑战》，载《北京科技报》，1989-04-08。

遇降水时便转化成硫酸和硝酸，形成酸碱值小于 5.6 的酸雨。它使森林、植被、鱼类死亡，对湖泊、古迹、文物、建筑造成破坏，被称为"空中死神"。

生态环境污染的加剧，造成生态环境危机，再加上人口剧增导致的粮食危机、土地资源危机、生物资源危机、淡水资源危机、矿物资源危机以及能源危机等等，现代社会人与自然环境、资源的冲突，达到空前尖锐的程度。人类若不发挥自我创造的功能，使这个冲突得以协调、和谐，人类的生命生存就不能得以延续。

要协调、和谐人类与生态环境危机的冲突，就要依据和合决策的原则，寻求生态环境危机的现实根源，以有针对性地加以解决。由于人类认知视角、价值观念和思维方式的差分，对此根源的分析亦见仁见智：或认为人类自己的无知、贪婪和本能是生态环境危机产生的根本原因；或以为人口的过度增长、高消费方式和生产技术的弊端是全球生态环境危机产生的主要原因；或认为科学技术的进步和人类文明的发展是生态环境危机产生的主因；等等。笔者认为，前两种认知，虽有其片面之失，但还有某些合理性，即看到了人自身的缺陷和责任；后一种认知则有以现象代替本质之偏。原因实在错综复杂，需要与人类社会生产的历史环境和赖以生存的自然环境基础联系来探讨。

生态环境污染和生态危机源于人类产业结构不符合形上和合原理。[①] 社会的再生产结构是由经济再生产、自然再生产和人类自身再生产形成的，三者既互相联系、渗透，又互相制约、调节。人类的经济再生产活动是人特殊的、能动的改变自然的表现。与动物把自身和它的生命活动直接等同有异，人把生命活动本身转换为自身的意志或意识的对象，而使自身

---

① 参见本书下卷，第十二章第一节。

的生命活动变成有意识的活动。这种有意识的生命活动，表现为生产劳动，即经济再生产活动。

在目前人类活动所及之"地"，人类有意识、有目标的经济再生产活动的方式、规模，受自然再生产的制约。自然再生产活动有自己的活动规则，它超越人的主体意识，不受人的意志支配。但随着科技的发展，人在经济再生产和人自身再生产中，在对自然的掠夺性的索取中，破坏了自然再生产的平衡或再生能力，其外在的表现是资源破坏和环境污染。

人类自身的再生产，一方面与经济再生产的水平相联系，另一方面对经济再生产的水平和规模起决定作用。前者对于人口素质和数量有顺向的作用，后者对人口的质与量有逆向的影响。因为人自身的再生产和自然再生产的关系，通过质料、能量和信息的交换发生直接作用，这种作用同样受经济再生产能力和水平的制约。如经济再生产能力、水平低，往往导致人口量多质低，对生态环境形成压力；粗放的开放使自然再生产能力下降，又刺激人口增长，对人口的体质和精神素质无益。

从上述的分析中可知，造成自然生态环境破坏、污染和生态环境危机的原因，主要是两方面因素：（1）人的经济再生产；（2）人自身的再生产。由这两方面而展现为许许多多方面。现代决策者的目标，便是使三者冲突、融合，而达和合的境界。

人类的经济再生产是人的生存和发展的需要，它是对原生生态系统的嵌入，它的不断运作不可避免地对自然再生产能力造成消极影响。若单向地发展生产，追求经济效益，忽视生态效益，甚至以牺牲生态效益来换取经济效益，则这种经济再生产的效率、水平越高，对生态环境的破坏越严重。经济再生产的优化标志，就在于以社会劳动和自然（生态潜力）的最小总和消耗，获得最大的经济效益，并保持自然环境的优质状态。所获得的这种经济效益被称为生态经济效益。

从生态经济效益出发，运用生物技术、智能技术，促使生态农业、生态工业实现。在农业中使各种新旧技术（传统农业生产技术和生物技术、智能技术）按照生态学原则优化配置，使技术在和合新结构中呈现新的功能。传统农业中种植与养殖相融合的生产技术，如秸秆的牲畜过腹还田技术，就符合生态学的原则。它既继承了传统技术中物质循环利用机制，又在原有技术基础上注入秸秆青贮、氨化处理技术，既使难以作饲料的秸秆得以利用，又使食物链的物质转化功能大大提高。还可以在农村利用牲畜粪便生产沼气，使残渣还田，提高土壤肥力。同时适当配置化肥与农家肥，可避免土壤结构的破坏，提高产出，并可解决城市粪便污染问题。在农业中使环境与生物、环境与环境、生物与生物间的冲突，获得协调、和谐、融合，既可以获得生态经济效益，亦可实现生态农业的目标，应对生态环境的污染和危机。

生态工业对于我国，特别是农村乡镇企业来说，具有重要的意义。在工业各行业中应当立足现有条件，开发少废（无废）加工技术、资源综合利用和废物资源化技术以及电子计算机技术，节能节材节物，提高生态经济效益，促使工业内涵发展和走向生态化，从产品本身到包装都应向无害化和可回收化发展。农村乡镇企业实现了工业世界无须把每个人都送进城市进行生产，而把工厂和工作人员送回乡村的理想[①]；避免了农村剩余劳力向大城市集中，促进了乡镇的城市化建设；发展了教育，提高了人口素质；增加了对农业的投资，以及在促进经济再生产、自然再生产和人自身再生产的良性循环等方面开辟了走向生态化的优化前景。但在目前的乡镇企业中，这三方面的冲突仍十分严重，各方面必须予以关注。乡镇企业人员素质低，资金短缺，设备陈旧，技术落后，管理无方，加上

---

① 参见［美］阿尔温·托夫勒：《第三次浪潮》，417～418页，北京，三联书店，1983。

致富心切，唯利是图，采取短期行为，加剧了生态环境污染和资源破坏。

由于乡镇企业直接与水源、农田相接，分布又很广，造成的后果往往较城市企业严重。如江苏的苏州—无锡—常州地区、浙江的绍兴和河南部分地区的化工、印染、造纸等产业造成严重水污染。云贵川三省交界处的土法炼硫黄和山西的土法炼焦，造成严重大气污染。

一些地方大面积水体和土地丧失了生机。据报道，我国水质严重恶化。1994年废水总量为365.3亿吨，比上一年增加2.7%。工业城市中的110条重点河流受氨、尿素、非活性酚、大肠杆菌等的污染日趋严重。部分地区发生废水逆流现象，危害水产养殖和沿岸渔业。湖泊生态环境变化显著，30年内减少115亿平方米。湖北省的湖泊数量从1949年的1 066个剧减至现在的326个。[①] 所以，必须加强乡镇企业管理和生态意识教育，重视乡镇企业的工业化与生态化的冲突，并通过价值理性与工具理性相结合的方式，由冲突、融合而走向和合的方向，实现社会生活环境的自然化与产业的生态化。

人类随着社会文明的进步，不仅要求满足生存的需要，而且要求生活环境的改善，即生活环境的生态化（如清新的空气、美化的环境、安静的空间等）。人的日常生活是人类最自然的生活，但人的行为方式也会违背自然生态规则和生理活动规则。化解人的行为方式与自然生态、生理活动的冲突，不是倒退到原始部落社会，而是运用现代科学技术改变人类日常的生活方式，提高生活质量，融突和合，这就是21世纪的生活智能化革命，即电脑进入每家每户及日常生活。上述可概括如图19-2所示。

---

① 参见《中国严重的水污染》，载《日刊工业新闻》，1995-10-25，载《参考消息》，1995-11-05。

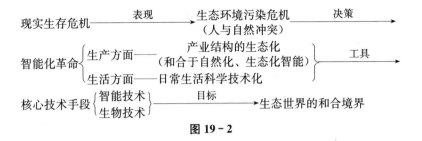

**图 19 - 2**

## (二) 意义世界的完善目标

现代文明从总体上看是物质化的文明。欧洲的文艺复兴曾在观念上刺激了消费欲望，人文主义者使人的观念从对天国的向往转变为对现世的追求。他们主张享乐，崇尚艺术，以人人活得自由为理想。这样，金钱与财富格外受到青睐，亦与身份、地位相关联。于是千方百计地赚钱，发明创造，兴办企业，制造开矿，经商放债，殖民掠夺。只讲手段，喜欢什么就做什么。在这些因素的影响下，社会逐渐以创造物质财富为体系目标。工业文明的过度物化使人类失去了内在价值尺度和自家意义标准，一切以物的尺度来衡量，以物化水平为进步标志。

文明的过度物化和人口急剧增长的冲击，相互回应，亦淡化了人的内在价值和意义。一方面，工业革命带来生产力的空前提高，为人类提供了丰富的物质产品；另一方面，医学的进步，使人口死亡率下降，寿命延长，人口超常增长。在不到 200 年时间内 (1650—1830 年)，世界人口从5 亿增至 10 亿；又不到 100 年 (1830—1925 年) 增至 20 亿；经不到 40年 (1962 年) 达 30 亿，1975 年为 40 亿，1987 年为 50 亿。[1] 在这 337 年间，增长了 9 倍。这种人类自身再生产的爆炸现象还会继续，预计到2040 年，将达到 100 亿。人口增长与自然资源缺乏，以及衣、食、住、行等生活资料增长缓慢的冲突，将越来越尖锐。

---

① 参见郝志功：《当代环境问题导论》，23 页。

追根究底，人既是消费源，又是污染源。前者消耗地球资源，造成资源匮乏。特别是 20 世纪最后 25 年，人类对能源的需求等于人类已消耗的全部能源。后者引起生态环境的污染和危机，人口剧增，生产和消费增加，排放的废气、废物、废水增加，生态环境遭受破坏。1987 年北京国际人口研讨会指出，在文明与进步中，人类主要面临着三个共同问题：人口膨胀、资源破坏和生态恶化。

人的意义世界亦被过度物化所污染，加上人疲于应付自身再生产的失控带来的种种问题，冲淡了人的价值和意义，形成了现代文明的意义危机。意义世界的诸范畴（元命与元性、己命与己性、生命与生性、解命与解性、物命与物性、心命与心性、群命与群性、和命与和性），诸规矩（元尺度、己尺度、生尺度、解尺度、物尺度、心尺度、群尺度、和尺度，这里尺度即规矩之意），诸目标（立元、立己、立人、立业、成物、成乐、成众、成功）自身及相互之间彼此冲突，使人的意义、人生的价值、人文的目标，都陷入了危机。

整齐划一的物化价值标准，使人成了"单向度的人"[1]。马尔库塞认为，在工业文明最发达地区，社会控制已"潜化"到连个人抗议也从根本上受到影响。[2] 这就是说现代工业社会是一个新型的集权主义社会。它成功地压制了这个社会中反对派、反对意见以及人内心的否定性、批判性和超越性的价值取向和评判尺度。社会成为单向度的社会，人成为丧失否定、批判和超越能力的单向度的人。这样的人不仅不再有能力去追求人的价值和意义，甚至也不再有能力去想象与现实生活差异的理想生活。这是因为政治领域中实现了政治对立面的一体化，即原来社会对立势力和派别，随着机械化对劳动量和劳动强度的要求减低，蓝领工人的白领化和非

---

[1] ［美］赫伯特·马尔库塞：《单向度的人》，刘继译，上海，上海译文出版社，1989。
[2] 同上书，10 页。

生产性工人的增加，削弱了自身的否定性和批判性。在社会生活中，工人与老板享受同样的电视节目、同样的旅游胜地，打字员与老板的女儿打扮得一样漂亮，人的生活方式趋同化，所以人也就成为单向度的人。[①]

单向度的社会和单向度的人的背后，是一种金权关系，即人与社会的关系是权力关系，人与人的关系是单一化的金钱关系。未来融突和合意义世界应转换这种"单向度"的价值观念，重新确立多元价值规范，如元始自然价值、个体道德价值、人文交往价值、技术工具价值、物质产品价值、艺术产品价值、社会有机体价值和目标价值等。价值的多元化亦使价值规矩（尺度）多元化、意义标准多元化。

单向度的社会和单向度的人，导致文化的单向度。文化丧失了其批判性、否定性的责任。高层文化与低层文化、雅文化与俗文化的冲突，一方面因间距的缩小而趋同，另一方面是相互疏离，愈演愈烈。两方面互动，冲突融合，多元而互补互济，相得益彰，更符合人的文化本性。物之不齐，物之性也。在文化领域多元而融突和合，融突和合而多元，便是和合意义世界的文化化境。

对于马尔库塞所说的当代社会是一个集权主义社会，这种社会制度若无多元化的充分发展的个性为前提和目标，就会使集权主义趋向独裁或法西斯。社会制度是文化的制度化产物，制度本身也应当依时、依地、依人而文明化。制度的使命是意义和合：节制冲动，裁度冲突，协调平衡，整体和合。

马尔库塞认为，工业社会是靠技术进步、非恐怖手段达到经济、技术划一化，要求人的本能、精神、社会生活都得服从它，并通过电视、电台、电影、收音机等传播媒介无孔不入地侵入人的闲暇时间，占领私人空间，人以牺牲自由为代价去换取一种满足眼前需要的舒舒服服的不自由的生活。他把需要分为真实的需要与虚假的需要。"现行的大多数需要，诸

---

① 参见刘继：《译者的话》，［美］赫伯特·马尔库塞：《单向度的人》，2～3页。

如休息、娱乐、按广告宣传来处世和消费、爱和恨别人之所爱和所恨，都属于虚假的需要这一范畴之列"①。因此社会制度不仅要文明化，而且要人文化，即符合人文和合的目标，使社会消除集权主义的向度，转变虚假的需要为真实的需要，使人更趋向完善。

人的完善为人制定完善的制度，完善的制度又推动人更加完善。这样由文明而人文，由人文而文明，人类及其制度将逐渐实现和合目标。

以上可概括为图 19 - 3：

人类现实的意义危机 ——表现——→ 过度的物化、规矩（尺度）冲突 ——决策——→

和合化完善 { 制度使命：意义标准人文化（和合于人文化规矩）| 人类本性：价值规范多元化 } ——工具——→

和合制度技术 ——目标——→ 意义世界更加完善

**图 19 - 3**

### （三）可能世界的优美目标

生态环境的污染和危机与人的主体意识相关。人类长期以来缺乏生态意识，致使历代的生态环境的污染和危机积累、演变为现代的状态。生态意识是从人类生命和环境的整体优化目标出发来理解和追求社会发展的意识要素和观念形态，它是人从观念上认知和把握生态规则和生态条件的活动的过程。

人类长期以来追求从自然中获取越来越多的物质生活资料，而不顾人类生存环境的破坏；又误解了自然资源的有限性，以为可以取之不尽，用之不竭，以及对于自然环境容纳废气、废水、废物的限度存在误解；加上哲学、宗教的误导，在"征服自然""做自然主人"的思想指导下，无情地掠夺自然，以此证实人类是自然的主人。

---

① ［美］赫伯特·马尔库塞：《单向度的人》，6 页。

生态意识是人类对自身生存环境的反省，是对人主宰、征服自然的思维模式的否定，强调从生态价值的角度审视人与自然的关系和人生目的。它意味着一种新的价值取向，即表示人与自然的冲突、融合，而趋向和合境界。

马尔库塞认为，当代工业社会的单向度化，使人们的心理、意识、思维也受其操纵，从而单向度化。如实证主义、分析哲学的流行，标志着单向度思考方式、单向度哲学的胜利。这种实证主义和分析哲学把语言的意义、经验事实与具体操作相等同，把语言的多向度转变为语言的单向度。"语言分析声称要治疗思想和语言所染上的令人混淆的形而上学观念症"①，反对哲学家去干预日常语言的使用。这些哲学学说的单向度性，使人的批判思想和批判意识窒息。以牺牲人的个性、人的尊严，以至人的价值和意义，及人的适且的生存条件为代价。人和万物毫不例外地被贬为一种机能的角色，丧失人的本质和自主。

和合可能世界要消除思想、意识、心理、思维的单向度性，化解工业社会集权主义利用科技进步，通过使用通信技术的电视、电台、收音机占据个人的时间与空间，奴役人，使人变成无自己感情的机械人的问题，还人以真正的、有感情、有灵魂、有意志的人。因此，现代是还人以人的时代，即第三次人的自我解放的时代。②

可能世界的信息化发展，多媒体通信技术和信息高速公路的和合启示。正在兴起的多媒体通信技术，人类信息交流手段的创造性和合，将避免国际交往中的媒介性误解与隔阂；正在筹建的国家级、国际级信息高速公路，人类信息传播方式的和合革新，将创造一个全新的世界；心理空间的缩小和通信时间的缩短，以及精神的更自由流行，将避免心理空虚与精

---

① ［美］赫伯特·马尔库塞：《单向度的人》，153 页。
② 参见拙著：《新人学导论——中国传统人学的省察》，23～24 页。

神僵死。

语言分析哲学和数理逻辑研究表明，人类文化观念层面的冲突的主要根源是：由于自然语言的语义封闭性、释义分歧性及译不准交流关系，人类的语言化交流常因符号工具的低劣而产生误解，导致隔阂；加上思维方式的非正则化，人类的心灵彼此之间难以达成有效的、准确的沟通；再加上通信技术落后、媒体的单一、信道的延拓和信息的失真，人类精神难以自由活动，自由流行。特别是由于现代化交通工具和广泛的国际合作，加剧了言语交流误解的危害和心灵沟通否塞的冲突，引发了可能世界的信息危机（"知识爆炸"也是加剧信息危机的可能性的导火线之一）。跨世纪的信息高技术和社会信息革命，便是对信息危机的和合化解。

当代跨世界的信息革命具有深刻的影响：一方面，电子技术进步导致了交通、通信、信息处理这些硬件的进步，人类运用这些硬件促进了经济和社会的发展；另一方面，这些硬件飞速发展使社会环境发生变化，间接地影响了人的思考方法和价值取向，信息革命减轻了人类信息交流中的误解和精神沟通中的迟缓，有效地防止了信息的随机干扰和严重失真。这是针对外部的信息而言的。

就内在的信息而言，心理、精神的信息由范畴来度量和承载。[①] 范畴逻辑结构通过转换中介分道沿路连通化、圆融化，如表 19 - 2 所示。

和合学的范畴逻辑结构是道路连通化、圆融化的心灵最优美的网络。

心灵的本性是艺术的、审美的。美的本质是艺术化的自由创造。哲学思维沿范畴逻辑结构的连通化、圆融化道路触类旁通，周流六虚，便达到了真正的自由创造。这是人文精神由哲学思维达到审美意象，从逻辑道路达到艺术境界的最优美的融突和合之路。

---

① 参见拙著：《中国哲学逻辑结构论》，第一、二章。

表 19-2

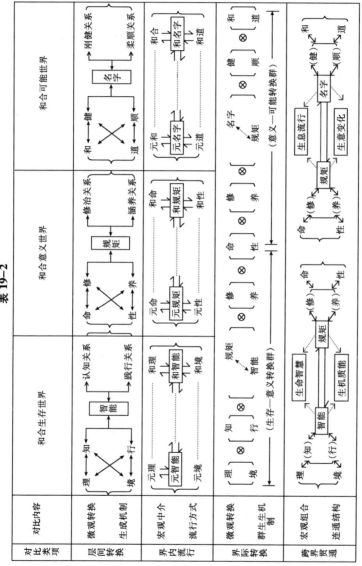

冷静的哲学理智与热情的艺术想象相互协调，形式化的逻辑道路与意象化的审美境界彼此和谐，如此融合无碍的精神生活，是人类文化永远值得追求并愈来愈接近的生存方式。

至此，和合学由哲学归宿到艺术，由逻辑转化为审美，由理论性学术探究易化为实践性的生活追求。和合学实现了自己实践运用的和合目标。

以上可概括为图 19－4：

信息失真危机 —表现→ 交流误解，沟通否塞（心灵观念冲突）—决策→

信息化发展 { 精神和谐：自由创造生活化（和合于艺术化范畴）；思维道路：逻辑结构连通化 } —工具→

和合立极术 —目标→ 可能世界的优美境界

**图 19－4**

# 第二十章　通达和合之道

现代人类文化系统面临的各种危机，遭遇的各种困境和冲突，都与价值观相关。一方面，人类意识到掠夺生态资源是自取灭亡，开展了全球性的环保事业；另一方面，各民族、各国家为发展经济继续破坏生态、污染环境。人类之所以"出尔反尔"，其原因在于生态意识尚未形成文化价值尺度，指导人类行为的文化价值系统尚未完成融突和合生生，生态价值成分还未融合到现实的文化价值系统内。和合学揭示出人类文化现阶段发展的和合大趋势和文化价值系统的和合大原理，有助于从战略上解决人类文化面临的全球性系统危机，有助于从战术上协调各民族、各国家和各地区为消除危机而采取的局部性价值行为。

## 一、和合人文精神的达道

依照和合学的价值逻辑，各种文化系统的人文精神是浑沌对应的。因此，文化价值的比较研究，是非优劣的特征比较或类型比较。比较的目的不是证明一种文化比另一种文化更伟大、更优秀，而是探索文化传承的最佳道路，寻求文化交流的最宜途径。

### （一）和合的殊途同归之道

中国近代以来的中西文化并行比较，古今文化串行比较，都与和合学的文化比较原理相违戾，要么变成了自卑崇洋的西化贩子，要么变为声讨祖先"罪行"的"文化革命"。其实，文化是具有自组织能力的次生性生态化系统，它能通过微观调适，使自己处于最大概率的最稳定状态。

文化既具有民族性，又具有世界性，是殊相与共相的相对相关。就每个民族文化的人文精神，相对于世界民族文化之林而言，她既具有自己民族传统文化人文精神的个性，又具有世界文化人文精神的共性。无个性，就要失去其自身存在的价值和意义。世界民族文化人文精神是各民族文化人文精神的概括和升华。中华民族传统文化中的"自强不息"和"厚德载物"的人文精神，便升华为世界文化人文精神的共性。这是因为，只要对世界文化发展做出过贡献的民族，都具有这两种文化精神。

其实，中华民族文化精神之"魂"中，既有她的个性，又有她的共性，这就是和合人文精神。先秦时期，中国学术出现所谓"百家争鸣"的兴盛局面，有代表性的司马谈将其概括为阴阳、儒、墨、法、名、道六家；班固增纵横、杂、农、小说四家为十家。不过他自己说："诸子十家，其可观者，九家而已"[①]。如果加上由印度传入而中国化了的佛家，也可算为十家。各家学术要旨（参见司马谈：《论六家要旨》，见《史记·太史公自序》）有异，亦即"道不同，不相为谋"，各家有各家之道。如"儒者博而寡要，劳而少功"，道家则"使人精神专一，动合无形，赡足万物"

---

① 班固：《艺文志·诸子略》，见《汉书》卷三十，1746页，北京，中华书局，1962。

（同上书），此其不同而差分，即各家的殊相。然而道不同却有同者在，所以《论六家要旨》一开始便先讲"一致而百虑，同归而殊途"①。那么，"一致""同归"，便是其同，即各家的共相。

各家共同之道是什么？是"君子自强不息"？非也。是"君子厚德载物"？非也。是"无为而无不为"？非也。是"不别亲疏，不殊贵贱，一断于法"？非也。是"强本节用"？亦非也。各家"一致"而"同归"之道，即是"和合"之道。

当《国语·郑语》提出"和合"概念时，即有史伯和晏婴的"和同之辩"②。孔子讲"君子和而不同，小人同而不和"；老子讲"万物负阴而抱阳，冲气以为和"；《管子》讲："和合故能习，习故能偕"；墨子说："内者父子兄弟作怨恶，离散不能相和合"；《易传》说："保合太和"；荀子讲："故人之欢欣和合之时，则夫忠臣孝子亦惕怵而有所至矣"；法家韩非论和合，与荀子《乐论》《礼记·乐记》相近；佛教讲"因缘和合"；道教《太平经》亦讲"天地人相和合"③。和合之道，即各家"道通为一"之道，"一以贯之"之道。

和合之道之所以为各家所认同、所崇尚，是因为和合体现了处于长期动乱中的春秋战国时人们的心态和需求，即是时代精神的需要。然和合之道的具体内涵则各各异趣。儒家之道是从亲疏差等的融突中求和合；道家之道是在人与自然差分的融突中求和合；墨家之道是在不别亲疏、不离散的融突中求和合；阴阳家之道是在人事与鬼神的融突中求和合；法家之道是于法与礼的融突中求和合；名家之道是从离与合的融突中求和合；佛教是于缘起中求和合；④等等。"合其要归"，就是和合之道。所以说，和合

① 这句话原出于《周易·系辞下》："天下同归而殊途，一致而百虑。"
② 参见拙著：《中国哲学逻辑结构论》，21～23 页。
③ 见本书上卷第九章。
④ 参见拙著：《仏教と宋明理学の和合の人文精神》，载《中外日报》（东京），1995-11-25、28。

是中国文化的最高之道，是中国文化人文精神的精髓。

### （二）和合人文精神的要旨

和合作为中国文化之灵魂和生命之所在，其义有五。[①] 此五义之操作应用，恐有不明，再作陈述。为此，必须把握形成和表达文化思想、人文精神的语言。这就是说，文化思想、人文精神寓于语言之中，析意必先解言[②]，得意以明道。"《经》之至者道也，所以明道者其词也，所以成词者字也。由字以通其词，由词以通其道"[③]。"字"犹言语，"词"犹语言，词的功能是明道；明道之词是指表现事物最一般规定性的、人们认知客体的思维方式，这样的词称为范畴。任何范畴都涉及相关的范畴之网；思想或哲学的思潮之网如何编织起来，即诸范畴间的组合模式或结合方式，这便是逻辑结构。

这里所指逻辑结构，是指范畴与诸范畴间的内在联系，以及其所构筑的相对稳定的组合模式、方式。这就是说，通过逻辑结构分析法，才可能领悟中国文化的内在灵魂、人文精神。换言之，只有以逻辑结构分析法，去理解、诠释中国文化的内在灵魂，才能体味和合人文精神。

和合范畴所要表达的是一种对存有的理解和反省。以往任何一种对世界、对存有的理解，首先似乎是以单一的形式体现出来，这种事实加强了独断论的产生，比如唯一论、单一论的神创论、理创论、自然论等等，都是独断论的表现形式。和合学则是对这些独断论的拒斥和消解，表现了中

---

① 参见本书上卷第二章。

② 按照索绪尔的《普通语言学教程》的意见，语言是一种符号体系，一切符号都包括音响形象（sound image），即能指和概念内容，即所指。能指（signifier）与所指（signified）的关系既是任意的，亦是约定的。每个人说的话、写的书都是言语，言语是个别的、具体的，个别的言语之所以能被听懂，是因它按一定的规则，即是按语法讲的。语法是决定一切言语的语言。语言看不见，但起决定作用，是因它使表层言语具有意义的深层结构。

③ 戴震：《与是仲明论学书（癸酉）》，见《戴震文集》卷九，140 页。

国文化人文精神的殊相和独创性。它纵贯和横摄中国文化思想各个历史时期以及各种思潮，亦展现于同一时代各家各派文化思想之间，并浸润于中国文化思想的各个方面、层面，比如人与自然、人与社会、人与人、人的心灵等等关系之中，它是中国文化的整合。

1. 差分与和生的要旨是生生。差分、异质而有对待；有对待便有冲突；有冲突便有水火不容，相互冰炭。水火、阴阳、天地、乾坤、男女都是对待、差分、两端，这些冲突、对待双方，水是水、火是火、阴是阴、阳是阳、男是男、女是女。这些并未构成一种关系，只有"天地绷缊""男女媾精""阴阳交感"的"绷缊""媾精""交感"的作用，才构成一种相互关系。这里的"绷缊""媾精""交感"，都是融合的一种方式、形式，只有融合的种种形式、方式，才能改变阴是阴、阳是阳，男是男、女是女的单一的特性，即"单向度"的冲突、对待的特征和性质。其实，阴阳、男女、天地、乾坤只有在关系中，才真正获得其自身的性质、特征，并改变其两端、两极的形式。由于"绷缊""媾精""交感"的融合，于是"男女媾精"，诞生了新生儿。新生儿便是男女差分、对待、冲突融合的和合体。这个和合体蕴涵了男女的基因。由人自身的男女冲突融合而推及天地万物的诞生，便是"天地绷缊"或"阴阳交感"，即天地、阴阳冲突融合（"负阴而抱阳"），于是"万物化醇"或"万物化生"。每个事物作为天地、阴阳冲突融合的和合体，亦蕴涵了天地、阴阳的基因。这便是冲突—融合—和合体结构模式。

在新的和合体中，新的冲突和融合才得以延续，才得以存在新的差分、对待等冲突，以及绷缊、媾精等融合，才得以诞生新的和合体，以至于无限，这便是"生生"之义。

2. 存相与式能的要旨是变化。阴之所以为阴，阳之所以为阳，男之所以为男，女之所以为女……是因为阴阳、男女、天地、乾坤这种种存相，其内在的潜能方式或外在的潜能结构，各有差异分殊。这种潜能方式或结构，犹男女的"基因"、阴阳的"元气"、天地的"元素"等等方式、结构。假如无基因、元气、元素等的"式能"，那么，阴就不成其为阴，阳就不成其为阳，男不成其为男，女不成其为女。其有存相的式能，才构成现实的冲突和融合的承担。冲突和融合是运动变化的一种形式；存相的形形色色，亦是运动变化的一种形式。这种运动变化日新，就是式能发动不息。式能是活活泼泼的最具生命力的基因状态。式能状态的自然而然的运动变化日新，才使现实的冲突和融合的承担转变为新事物、新生命的和合体。因此，新生命、新事物的和合体本身就蕴涵着变化日新的式能。

3. 冲突与融合的要旨是神妙。为什么宇宙大化，周流六虚？为什么为道屡迁，妙用莫测？非上帝之使然，亦非天的主宰，乃和合体内诸基因、元素、要素的差分、冲突和聚会、融合，以及变化、交感、动静的潜能的展现，而有"絪缊""媾精"之能相。此变化、交感、动静的潜能，无以名之，名之曰"神"。《易传》曰："知变化之道者，其知神之所为乎"[1]。此"神"非为实体性的鬼神、神灵、上帝，亦"非人之所能为"[2]，而是"阴阳不测之谓神"[3]。阴阳变化，不可测度，亦即张载所说的"两在故不测"。这就叫做神。朱熹认为，神是阴阳变化的所以然。由阴阳两端对待冲突、融合转换，变化莫测，推而宇宙大化流行，均是神之所为、所使。神之所为、所使是自造，就是自然而然的"为"和"使"，自然而然的冲突、自然而然的融合。宇宙大顺大化，不待征于色、发于声、形于象，人莫知其所以然之妙，可称为神，或称为神妙。

5. 自然与选择的要旨是互动。世界上一切事物都要在大化流行中被

---

① 《系辞上》，见《周易正义》卷七，《十三经注疏》本，81 页。
② 《系辞上》，见《周易本义》卷三，61 页。
③ 《系辞上》，见《周易正义》卷七，《十三经注疏》本，78 页。

冲洗掉陈迹而裸露其元真，这就是所谓"大浪淘沙"。因此，大化流行本身，就是一个互动的过程。譬如，天地、阴阳、乾坤、男女等等对待两极、两端，形成或构成"缊缊""交感""媾精"等关系，自身就蕴涵着各自互动的过程。

对待诸方或发于情投意合的互动而结为夫妻，或基于某种需要和利益的互动而互相结合，或出于政治权力交易的互动而互相媾和，或由于相互利用的互动而相互配合，等等。这就是说，冲突诸方的"缊缊""交感""媾精"等形式的融合过程，都贯穿着互动过程。并且在融合中，冲突诸方亦是一个严格互动过程。如"男女媾精"，并不是立即受孕，而形成胎儿这个和合体。其中，有一次互动而成功者，有多次、不断互动而成功者，有互动而不成功者等等情形。基于某种需要和利益的交流、对话、谈判、合作等方式的融合的互动，情形亦如同"男女媾精"。有对话、谈判、合作成功者，而形成契约、条约、协定、协议等形式的和合体；有经历长期的、不断的对话、谈判、合作而成功者，而形成契约、条约、协定、协议等形式的和合体；当然亦有不成功者，而达不成契约、条约、协定、协议等形式，而不能构成和合体。总之，冲突、融合的和合体的诞生，标志着互动的成果或成功。

5. 烦恼与和乐的要旨是中和。人的心灵受种种因素的刺激、逼迫、紧张的干扰和影响，而产生种种孤独感、疏离感、恐惧感、痛苦感等等，使人的心灵、精神失控、失衡、失序，而有烦恼、焦虑、困惑、痛苦等。这种心灵和精神状态，不仅影响人的情绪、意志、观念、认知等方面的正常运作，而且影响冲突融合的协调、和谐的运行。比如上述的心灵和精神状态，可造成人的情绪的低落与疯狂，意志的颓废与荒诞，观念的扭曲与怪异，认知的非理智与谬误，等等。同时亦造成"男女媾精"这种融合方式的失情和失败；造成对话、谈判的紧张气氛，破坏对话、谈判的成功；等等。一个中和、和谐、协调、宽松的氛围，无论是对于人的生活活动，还是对于"男女媾精"活动，以及对话、谈判活动等，都是有益于各种形式活动的健康发展的。

和合学生生、变化、神妙、互动、中和五大要旨，都是基于对 21 世纪的冲突—融合—和合的深层的开挖和发掘，是 21 世纪现实的需要和呼唤。

### (三) 五大冲突的和合之道

和合学立足全人类的生命福祉，以全球意识面向 21 世纪的现实生活，面向 21 世纪人类所共同面临的严峻冲突和危机，面向人类未来发展。当然它不是一种"解释世界"的万能理论。自然、社会、人际、心灵、文明以及思维、观念、行为，只有上升到文化战略的高度，才成为和合学的论题。规范人类文化行为，预见文化价值发展，探索思维和观念的理势，才是和合学的历史责任。

笔者所提出的作为人类 21 世纪文化行为和文化价值的和生、和处、和立、和达、和爱五大原理，亦即走向和合之路的五大中心价值。

此五大中心价值是一个有机整体，不可分割。在化解人类所共同面临的五大冲突和危机中，五大中心价值是化解每一种冲突的原理。如何化解此五大冲突？又需依照和合学原理、价值、方法以及生生、变化、神妙、互动、中和五大要旨的实践过程。

人与自然的冲突，引发生态危机。人与自然的融合，即按五大中心价值和五大要旨，以及依据形上和合的和合原理、人文标准和道德期望，人与自然在进行物质、能量、信息的交换、交流、协调中，诞生新的和合体，使从事各种环保活动和使人与自然达到融突而和合的世界各种形式的环保机构、组织、团体等的活动效益化，即冲突—融合—和合体。

人与社会的冲突，包括种族、民族、宗教的各种冲突，以及战争、恐怖组织、贩毒集团、各种黑社会性质组织等所造成的社会危机。人与社会的融合，即按和合学五大中心价值和五大要旨，以及和合管理学原理，进行政治的、经济的、军事的、民族的、宗教的对话、谈判、合作等各种形式的融合。各个世界性的、地域性的政治组织（如联合国、欧盟、七国集团、东盟等），世界性的、地域性的经济组织（如经济合作与发展组织、亚太经合组织等），世界性的、地域性的军事联盟组织，世界性的、地域性的反毒、反恐怖等组织和条约，以及国与国之间的各种政治的、经济的、军事的双边条约、协议等，都是使国际社会、各国社会达到和平、稳定、发展、协调的和合体。有人称之为"一体化"经济、政治组织，这是不确切的，容易引起对"一体化"无差分、无冲突、无个性、无独立的误解。和合体以承认"和而不同"、有差分、有冲突、有个性、有独立为前提。因此，现代的各种形式的世界政治、经济、贸易、军事、安全等组织、条约协议，确切地说都是和合体。

人与人的冲突，引发了道德危机——道德观念失落，文明礼仪失落，人的素质滑坡，精神文明低下。人与人的融合，即按和合学五大中心价值和五大要旨，以及道德和合的各项原理、原则，进行伦理、道德规范，及行为的协调、和谐，以提高人的素质、道德水准，使人与人之间关系和谐，从而诞生和合体，如各种道德教育机构、组织、协会等等。

人的心灵的冲突，引发了人的精神空虚、孤独、焦虑、苦闷、痛苦等等心理危机。人的心灵的融合，即按照五大中心价值和五大要旨，以及心灵伦理学的各项原则、原理，人的心理、精神、情感获得平等的、自由的交流、交感，从而达到协调、平衡、和谐，诞生和合体，即各种心理、精神咨询与治疗机构和组织以及幼儿园、养老院等等。

不同文明之间的冲突。德国的斯宾格勒把历史分为 8 个独立的文化，英国汤因比把人类文明史分为 26 个文明，笔者曾认为，对世界文明影响最大、最深远，而且持续至今的，主要有四大文明或四大文化圈①，即儒教文明、佛教文明、伊斯兰教文明、基督教文明。此外，还存在各种各样的少数民族的文明，以及濒临消亡的文明，等等。文明之间由于宗教信仰、风俗习惯、价值观念、思维方式、心理结构、道德规范、行为方式等等差异，加上种族歧视、民族压迫等外在原因，而造成文明之间的冲突危机。文明间的融合，即按和合学五大中心价值和五大要旨，以及人文和合的各项原理、原则，促使各文明之间互相对话、交流，互相尊重、平等，互相同情、理解，互相开放、合作，以这种融合的方式消除压迫、制裁，以至消灭少数民族文明的非和合的做法，从而诞生和合体，即各文明间的对话、合作机构和组织。

这就是化解人类所共同面临的五大冲突的和合之路，即按照和合学五大中心价值和五大要旨，以及各具体和合方面、层面的融突和合原理、原则，促使生存世界、意义世界和可能世界的各个层面、方面的和合体更真实、更完善、更优美，便可达到和合世界或和合境界。

## 二、走向 21 世纪的和合之路

如何通达和合之道？从人类文化价值系统的智能创造性和合效应来考察，对通达和合之道的时间结构、空间结构和义理结构，再作进一步的思考。

---

① 参见张立文主编：《退溪书节要·前言》。

## （一）和合之路的时间结构

和合之道的时间结构[①]，与传统和现代的更新化相联系。古今是变易的相对历史形态，是依时间之矢而成的对偶范畴。在人文精神的大化流行中，古今是时间连续和合体的既现状态，它没有丝毫间断。在此时间连续和合体中，从根本上看，不存在古今的断裂和冲突，更不存在古今是非之间的选择关系。人文精神旨在通过"生生之易"，达到和合之境。它既不留恋于古，也不执迷于今，"其命惟新"。"苟日新，日日新，又日新"。这是和合人文精神内在的时间节律和生命脉动。倘若只在古今之际徘徊抉择，则和合精神恐已失却创新的生生机能。

和合精神的时间节律与生命脉动，只有生生之道，日新之德，而无古今之别。变易的历史形态中有不易的和合精神，这便是人文化成的人道。

从形质上考察，和合人文精神必有其人文媒介和器物载体。媒体是物质世界的物理存在，服从自然代谢规律，如此方有古代器物（石器、青铜器、铁器、机器等）和依器物形态差分化的历史时代，方有现代质能（电气化、原子能化、电脑化、智能化等）和依质能中介差分化的进步水平。媒体的古今分化，是人文和合精神"迹"的范畴对偶分类，并不是"所以迹"的古今之化。司马迁作为历史学家，是依人文化成之后的形质而论述人文精神的日新历程的，他的"欲以穷古今之变"的志向，正是试图从"迹"中发现"所以迹"的精神。古今之变不是变古为今，而是人文精神变易古今。人类文化的古往今来，不是人类文化的本真变易，而是人文精神自身的时间结构的投射。

---

① 这里所说的时间以及下节所说的空间概念，是指目前所通行的概念。当前物理学将使时空概念发生革命。超对称性的证实，可能会建立一种全新的时—空"量子"维度，带有用量子力学符号表示而不是用普通数字表示的新坐标。（参见《物理学领域将迎来第三次革命》，载《参考消息》，1996－08－05）

传统哲学对古今的理解，往往是二元对立的时相分析。其原因是只见人文精神差分化的物质时相，而不见人文精神和合化的生命流形；只知其迹、其然，不知其所以迹、所以然。有观点以为心灵能逆时间方向而流行，其实，心灵的运演也服从生命的时间规律；思维反演也是时间流行中的反演。

人类的生生之道，既有差分化的物质时相，能分析出历史时代的形态更替和社会文明的进步变革；又有和合化的精神流形，能体悟到生命智能的搏动脉络和人文精神价值的循环绵延。前者古今不杂，后者古今不离，如此才通达"古今之变"。若执著于精神流形，便有"不知有汉，无论魏晋"之蔽；若囿于物质时相，亦有不理解所以迹之蔽。只有和合式的理解，由形通神，以神达形，不离不杂，才能形神融合。见图20-1。

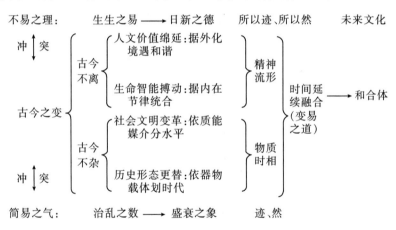

**图 20-1 古今之变的和合通解图**

人文之道日新变化，生生不息，才能开拓民族文化的新纪元，创造出时代文明的新风气。这就需要我们抓住时间连续和合体的真实存在方式——现实，主动积极，尚刚拼搏；主静厚德，崇柔务成。通过改革、转换民族文化传统，以便与人类文化潮流融突和合。

人类未来文化是现实文明建设的预设性控制目标，而不是价值标准或意义尺度。文明建设的标准是现实人生的真实的生活感受、完善的意义追求和优美的心灵自由；文明建设的动力是文化实践主体的创造性智能。

现代文明就其质能媒体而言，是科技型文明；社会进步的水平，主要依器物的科技水平来衡量，而不依生活的道德风俗来鉴定。中国古代文明曾据道德风俗之相定"有道"与"无道"（如孔子所说的"天下有道"与"天下无道"的时相指标），现代文明依科技水平之相分发达与发展（目前流行"发达国家"与"发展中国家"的时相标志）。因此，在物质时相这一和合体层面讲，科技水平与道德风俗并非平行并列的概念，而是文化历史时代的不同媒体的标志。和合学文明观念，使科技型文明与道德型文明、价值理性型文明与工具理性型文明由冲突融合，而达和合境界。

当前的文化实践，尤其是对于科技不发达的发展中国家，其中心任务，只完成有创新科学技术这一根本性的历史使命。完成传统文明的科技化变革和融合道德素质的提升，是走向未来和合社会的必由之路。这条和合之路的起点，就是当前的文化实践。

没有现实的文明建设和当前的文化实践，传统与现代虽共居一处，但彼此对立，否塞不通，既不能综合，更无法创新。只有通过这两个创造性的转换中介，民族文化传统才能逐渐现代化，走向和合之路。其关系图式如图 20-2 所示：

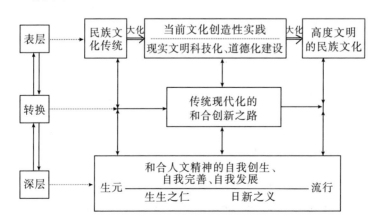

**图 20-2**

### (二) 和合之路的空间结构

对于中国来说，在东西方文化交流、对话、合作过程中，始终受"中西之辩"的困扰。尽管"中西之争"已历几个世纪，但至今仍不能排忧解困，达到中西更大范围的交流、更高水平的合作和更深层次的沟通。之所以如此，有历史的、现实的、民族的、价值的、观念的等等原因。

东西方文化确有其差异。尽管从精神流形最高层面上看，彼此都具足和合人文精神，有生生日新之生命智能和价值绵延，很难区分优劣，但从物质时相层面来看，东方文化的传播媒体劣于西方文化。西方文化的传播媒体已达到了很高的科技水平，信息化、智能化、网络化已初具规模。东方文化则囿于传统的媒体，信息传播速度慢，信道失真率高，通信效率低，等等，以致"极高明"的人文精神只能用道"中庸"（平庸）的信道来表达。

21世纪是文化国际大交流、大融合的和合时代。东方文化要和平地走向全球，展现自己博大精深的人文意蕴，就必须首先进行媒体革命，利用现代高科技建立自己的"信息高速公路"和多媒体信息系统。

诚然，文化国际交流、对话、合作应当平等，厚此薄彼、是西非东、崇洋贬中的心态都会妨碍正常交流。但融合的结果是按文化交流、对话、合作的内在法则和机制产生的。21世纪的东方文化、中国文化在人类文化和合体中究竟能占据什么样的结构地位，扮演怎样的功能角色，却是由东西方文化物质时相层面的质能水平和媒体系统支配的。由此而言，东方文化、中国文化在21世纪面临着比西方文化更大的危机和更重的负担。

从全球战略发展角度来考察，东西半球的主要差异是文化媒体的科技水平东低西高，文化国际交流、对话、合作中主要是东方向西方学习科技文化；南北半球的根本悬殊是社会经济的贫富水平南低北高，从而国际贸易中主要是南方向北方借贷。东西南北交往关系的差分化、非平衡化，使东方、南方处于劣势，居被动地位。国际交往、交流、对话（文化、经济、政治）的态势见图 20 - 3。

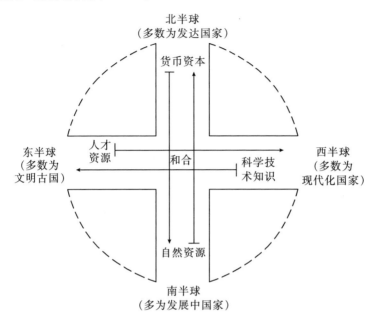

**图 20 - 3**

就东西方文化交往、交流、合作而言，东方以人才的流失为代价，为西方的科技创造和发展提供无偿的智能源泉。就南北方经济交流、合作而言，南方以资源的过度开发和生态的急剧恶化为代价，为北方工业提供廉价的工业原料资源。虽然从全球来考察，这是一种纵横互补结构，但却是一种不对称的、不对应的、不平等的交流、合作关系。这种关系对于世界的和平稳定和人类的协调发展甚为不利。如果东西南北这种不平等、不对称的交流、合作关系持续下去，而得不到改善或根本的改革，那么，东西南北的对立、冲突就会加深，并加大强度，一旦这个强度越过界限，世界就会发生动乱，西方和北方的国家就不会那么安宁、稳定了！世界的有识之士或战略家应该看到这一点。否则，就像人类造成自然生态环境污染及危机那样，为人类自己建造毁灭的坟墓。

对于当前南北关系，北方国家内部冲突、融合，已形成了"北约""欧盟""北美自由贸易区"等等地区联盟协作关系的和合体，经济实力更为增强，形成了强大的发展态势。相反，南南内部交流、合作进展缓慢，经济实力没有大的起色和发展，危机进一步加深。这就是南南各国以及相互之间的冲突，虽经相互对话、交流、合作等融合形式，但没有形成强大的、有效的和合体，来协调、促进、改善南南各国的发展和进步。

21世纪，南北经济合作、交流，以及跨南北的地区性的经济合作、交流（如亚太经合组织）将是全球经济融突和合的重要任务。与此相应，东西方文化交流、对话和合作，以及跨东西的国际性的文化融合，亦将是21世纪全球文化（人文）和合的基本特点。

东西南北的冲突，通过文化、经济的对话、交流、合作等形式而融合，这种融合必须建立在平等、互利、对称以及无歧视、无偏见、无干扰的基础上。这样，才能诞生一个健康的融突和合体。这既符合21世纪全球融突和合化的社会发展趋势，又有利于人类的和平发展。因此，它便成为人类走向和合之路的空间结构。

中国由于地大，地理环境、资源分布、智能条件等等原因，经济发展很不平衡，大体构成了三个层次马鞍型的经济发展态势：沿海各省市，从海南、广西北海、广东、福建、浙江、上海、江苏、山东、天津，到大连等，为第一个马鞍型；从广东北部、湖南、湖北、安徽、四川、河南、河北、陕西、山西，到东北，为第二个马鞍型；西藏、云南、贵州、四川的西北部、陕北、新疆、内蒙古为第三个马鞍型。这三个层次间，因经济发展不平衡，贫富差距有扩大趋势，冲突也有加剧趋势，应遵照和合学五大中心价值，鼓励沿海地区企业和国外企业到第二个马鞍型地区投资，加上政府宏观调控扶植，带动这些地区由冲突—融合—和合，再推向第三个马鞍型地区，逐步由东向西推进。这样，促进整个中国走上富裕发展之路。

在这里，完全靠政府救济或强制调拨并不能收到很好的效果，也不能使第三个马鞍型地区的经济得到持续的发展。必须按和合学原理和五大中心价值来化解。

### （三）和合之路的义理结构

自然生态的"人文化成"与人类文化的生态化发展，使天人关系彼此叠合、纵横纠结，构成天人和合体。"人文化成"，生生不息，犹如"元亨利贞"，要以刚健进取，方能不断"贞下起元"，开拓自然生态新环境；"直方大"，要借柔顺时行，方可不断"有攸往"，创造人类文明的新气象。

现代文明视野内的天人关系，除了质料、能量、信息三重交换关系与本卷第二章所述的生育、协同、化成三级和合关系外，还有天人分支互化关系。

天人分支互化关系是人类自觉与天地自然融突而和合生成的关系。它使"天人之际"双重化，即天然形成的天人分际和人类创生的天人分际。双重化的结果是，天差分为天之天与天之人，人差分为人之天与人之人。其双重化的生成树的图式见图 20 - 4。

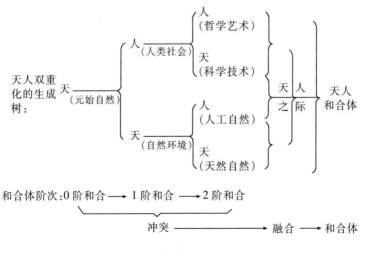

**图 20 - 4**

"天人之际"不断差分生生，又不断和合化化，形成了一个逐级复杂化、浑沌对应、融贯交织、网络连通的融突和合体。

天的元始分化，差分为天与人，天人之际通过质、能、信三重交换，构成一和合体。天人质能交换，又使天发生文明分化，差分为天之天（天然自然）与天之人（人工自然）。天然自然不断人工化，人工自然不断生态化，彼此融突而和合。天人信息交换，又使人发生文化分化，差分为人之天（科学技术）与人之人（哲学艺术等）。人之天（科学技术）与天之人（人工自然）彼此联偶，人工自然是科学技术的创造物，科学技术又是人工自然的动力源，构成天人生成树上跨枝的融突和合体。人之人（哲学艺术等）与天之天遥相呼应，哲学艺术反省并描绘天然自然的奥妙与魅力，天然自然成为哲学的第一源泉、艺术的第一形态，融突而形成和合体。

天人生成树上的融突和合体中，其间和合程度好的是科学技术（人之天）与人工自然（天之人）的工具和合，差的是科学技术（人之天）与哲学艺术（人之人）的人文和合。人类文化走向 21 世纪的使命，就是在人类社会内部实现天人和合，使人之天与人之人冲突、融合，以克服日益严重的人的自我分裂危机，消除科学技术与哲学艺术之间逐渐尖锐的冲突。今天的"究天人之际"，应以科学技术与人文精神的和合化为标的。

和合学八大和合状态空间与天人分合生成树的结构嵌合关系如图 20-5 所示。

通过对"天人之际"的重新分析，发现现代社会天人冲突的根源在于人类文化实践的两种符号化的知识信息系统之间缺少密切的人文融突和合。这就是说，人类社会的两大知识体系及其工具系统存在严重的裂缝和渐深的隔阂。

科学技术这一知识体系不仅理论化水平高，思想观念先进，而且技术工具系统化程度高，达到目标的手段已向智能化方向突进。存在的偏向

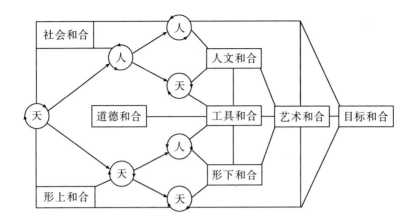

**图 20 - 5**

是，科学技术将道德置于脑后，偏离"人文和合"而向"形下和合"落实。科学与经济已联网接轨，科学研究和技术发明主要为"形下和合"的经济生活服务。本属于"形上和合"范畴的科学（自然科学）与技术联手，都转入"工具和合"之内。科学技术经济化、工具化，使其与"艺术和合"彼此照面而无深交。

哲学艺术这一知识体系高高在上，迷恋思辨，放任想象，缺乏先进的思维演算工具，不关心形而下的利益交往，观念已显陈腐，整体上处于软弱萎缩状态。

因此，要实现人文和合，要弥合科学技术与哲学艺术等人文文化之间的缝隙，就需要科学技术向哲学艺术等人文文化立体渗透。这种渗透包括自下而上的三个层次：

第一，利用现代科学技术工具，改善哲学研究和艺术创作的操作手段，建设以计算机网络为核心的哲学—艺术和人文文化的信息系统，使资料的检索电脑化，作品的撰写智能化，思想的交流网络化。没有操作手段的科技化，哲学研究只能是古典式的"形而上学的沉思"，艺术创作只能是中世纪式的"作坊里的画家"。此为科学技术工具向操作手段层面的渗透。

第二，利用现代科学理论和技术系统工程的新思维和新方法，更新哲学家和艺术家的背景知识和思维观念，使他们能够站在时代知识的高峰来"概括和总结"，走在社会现实思维的最前沿来"回顾和观照"。一位不懂广义相对论方程的哲人能说明宇宙的"本体"，一位不懂量子力学波动方程的艺人能搞清"灵感"的潜意识机制，这似乎是很困难的。

第三，利用现代科学技术的数理逻辑结构转换哲学艺术和人文文化的思维方式，使其能够进到更自由的心灵优美结构。特别是现代数学关于思维结构的理论研究成果，更值得哲学家和艺术家耐心钻研。

三个层面的渗透概括起来，就是哲学艺术等人文文化要科技化，其关系可列表如下：

$$
\text{科学技术}
\begin{cases}
\text{现代数学及其逻辑结构} \longrightarrow \text{思维方式转换} \\
\text{现代物理科学理论及方法} \longrightarrow \text{知识观念更新} \\
\text{现代信息科学及智能技术} \longrightarrow \text{操作手段换代}
\end{cases}
\left.\right\} \text{哲学艺术科技化}
$$

经过这样一番脱胎换骨的科技洗礼，哲学艺术等人文文化才能脱去昔日的陈衣，换上现代的新装，才能获得日新不已的生机，才能成为和合人文精神的最理想的载体和最合适的表达方式。现实状况落后的哲学艺术等人文文化，只有借科技的能量才能冲决网罗，转生成功。

渗透总是相互的，而不是单方面的。哲学艺术等人文文化的科技化，从相反的角度看，便是科学理论的哲学化，技术工具的艺术化、人文化。

近代以来，随着自然科学理论的相对独立和系统化发展，哲学不断撤退，以致在现代几乎失去立足点。哲学被当作"形而上学"而遭拒斥，哲学问题被视为"无意义"而遭取消。哲学的使命除了通过语言分析治病救心之外，几乎无所事事，学而不致用。与此相应，艺术不断出卖自己，艺术品成为货币的凝聚形态和经济财产的象征符号。一幅名画动辄几百万美元。艺术家为了几百万美元，不惜出卖心灵和人格。如此，艺术失去了自由创造的超越意义。

要恢复哲学研究的领域，匡正艺术创作的功能，就应当使哲学艺术向科学技术系统扩张。其扩张的方式有三种：

1. 研究人员的智能扩张。要使哲学家成为第一流的科学家，使哲学新思维与科学新理论处于共生态；使艺术家成为第一流的工程师，使艺术作品成为最完美的工程设计。

2. 研究对象的领域扩张。既然整个世界是一个融突和合体，那么，从研究对象上人为地限定哲学和艺术活动的领域，必然使哲学艺术处于萎缩的状态。按照和合学，科学技术与哲学艺术的区别仅在于角度不同，前者是从天的角度客观地看待天人融突和合关系，后者是从人的角度能动地规范天人融突和合关系。

3. 研究方法的手段扩张。古代的科学与哲学都是思辨与猜想，古代的技术和艺术都是工艺制作。现代的科学与哲学都是实验的方法、实证的科学。区别在于哲学的实验是思想实验，哲学的实证是逻辑实证。现代的技术与艺术都是自由创造，区别在于使用的目的不同，艺术主要用于鉴赏。人为地差分哲学与科学的研究方法、技术与艺术的创造方式，使哲学局限于思辨玄想，使艺术囿于情感形象，就无异于将人类文化实践的整体活动分割了，把文化活动的冲突、融合而和合生生的运动窒息了。

哲学艺术经上述智能、领域和手段的系统扩张，才能与科学技术比力量德，融会贯通，成为不可分割的融突人文和合体。这样，人文和合精神才不至于式微，才有可能进一步弘扬光大。

科学技术向哲学艺术立体渗透，使哲学艺术科技化；哲学艺术向科学技术扩张，使科学哲学化、技术艺术化，两者融突和合，构成了科技人文和合之路。

科技与人文的融突和合，使人文世界的义理高度整合。哲学与科学本一学，别无二理；艺术与技术本一术，并无二义。义理融突和合，人类的意义危机、信息危机以及生存危机，才能从根本上消除。

中国人文精神走向 21 世纪的世界融突和合之路，从时间结构上看，是中国文化传统的现代更新化；从空间结构上看，是中国经济、政治、文化活动与全球的合作化趋势相协调；从义理结构上看，是中国的科学技术进步与哲学艺术发展相和谐。三方面融突而和合，则中华民族的经济、政治、科技、文化等全面振兴的目标一定能够逐步实现。

# 后　记*

当我修改完此难产、慢产之书，恰逢我"六十花甲"。在自己的人生旅程中走了一个甲子圈道，或称"轮回"；再走一个"轮回"，在这个世界上已是微乎其微；再走半个"轮回"，更是稀之又稀了！我走了一个"轮回"，这意味着回归到了"儿"时状态，儒家称"赤子"①，道家叫"婴儿"的心境。

你看那婴儿，哭就哭，叫就叫，笑就笑，不是做给人看，也不是为讨好别人，却有了一份淳朴和天真。这淳朴和天真，就是做自己想做的，做自己喜欢做的，写自己冀望写的，既不是为讨人喜欢，又不是为应世媚俗。一切外在的"迷惑"，已失去昔日的力量和"光辉"；内在的"赤子之心""婴儿之心"的呼唤，却比往时更紧迫和强烈，人也多了一份洒脱和自由！

"轮回"，我又将其引申为循环、回首。1988年冬，当我写完《新人学导论——中国传统人学的省察》一书后，正在构思另一本书的主旨、内容时，李甦平教授建议我把我写的中国哲学逻辑结构论、传统学、新人学中的思想贯通起来。她是一个很有思考力、洞

---

　　* 本书于1996年由首都师范大学出版社出版，是为该版后记。
　　① "若保赤子，惟民其康义。"（《康诰》，见《尚书正义》卷十四，204页）

察力、综合力的学者。她的建议激发我殚精竭思，提出了关于 21 世纪文化战略构想的"和合学"，并就"和合学"与她进行了多次的探讨。

和合学是因对中国哲学，特别是宋明理学的道德形上学的反思和检讨，即对其对象性理论前提能否成立、如何成立及其自身进行考察，而受到启示的。1988 年我在日本东京大学讲学期间，受东大中国学会沟口雄三教授的邀请，作《对中国 80 年代宋明理学研究的分析》①；又受日本早稻田大学楠山春树和土田健次郎教授的邀请，作《我的宋明理学研究》② 等演讲；1990 年在纪念冯友兰先生 95 周年诞辰国际学术讨论会上，对宋明理学又作了新的探索，撰写了《理学的演变与理学的超越》（又称《新儒家哲学与新儒家的超越》③）一文，其中有一节为"和合学的建构"，作为参加 1991 年 6 月国立新加坡大学召开的"汉学研究之回顾与前瞻国际会议"的论文。

适逢 1991 年 3 月由日本国际友谊学术基金（高简基金）资助，在东京女子大学召开"现代化与民族化——亚洲现代化过程与民族性因素国际研讨会"。会后受沟口雄三教授邀请，于 3 月 28 日在东京大学中国哲学研究室作《和合学建构》的演讲，并对提问作了答辩。3 月 30 日在京都大学会馆由岛田虔次教授主持，又作了《和合学概述》的演讲。岛田虔次教授提出和合学与儒学的关系等问题。这两次演讲中，日本学者从各方面提出的问题，启发了我的进一步

---

① 载《中国——社会と文化》（第四号），东京，1989 - 06。
② 载《东洋の思想と宗教》（第六号），东京，1989 - 06。
③ 参见拙著《中国近代新学的展开》，285～304 页。

的思考，亦发现了自己思考之不周处。同年在新加坡国际会议上宣读的论文，亦受到与会学者的帮助。后来在国内的几次会议上，亦从不同视角阐述和合学的内涵，也受益匪浅。

1994年4月经冈田武彦教授等几年辛苦筹备，"东亚传统文化国际学术会议"终于在日本福冈召开。我提供大会的论文《中国传统文化的精髓——和合学》，引起与会各国学者的兴趣和热烈讨论，得到冈田武彦教授和荒木见悟教授的赞赏。4月14日受町田三郎教授的邀请，在九州大学文学部作《宋明理学形上学理路的追究》演讲，就朱熹、王阳明、王夫之的形上学理、心、气的和合理路作了阐述①；4月23日受池田知久教授邀请，在东京大学文学部作《关于21世纪文化战略的构想——和合学》的演讲。町田三郎教授和池田知久教授与听讲者提出了种种问题，诸如善恶和合、恶的和合、因缘和合等等，促使我更深层地思考。1995年8月4日，在美国波士顿大学召开的第九届国际中国哲学研讨会上，作《中国文化的和合精神与21世纪》的演讲，亦使我得到启发。

同时，我向中国人民大学哲学系中国哲学91、92、93、94届和其他各系选修的硕士研究生讲授和合学。宋文敬、蒋桂存、祁润兴、刘威、周柏山、宣方、王公伟、吴予、卫东海等同学经常参加讨论。特别是祁润兴先生为此提供了许多有价值的、诚挚的书面意见和建议，使我大受启发，这次修改便采纳了他们的意见和建议。陈志良教授、陆玉林博士、彭永捷博士、李振纲副教授，认真看了我的长文《和合是中国人文精神的精髓》②，提出中肯的建议，又与

---

① 参见本书上卷第九章第六节。
② 载《人文中国》（香港浸会大学学报），创刊号，1995。

张文勇博士多次进行切磋，都作了吸收。因此，本书是集体智慧的结晶和心血，非一人之力也。

本书付梓之际，学术著作的出版已走到了低谷，首都师范大学出版社领导以其慧识和远见，支持本书出版；责任编辑郭来泉女士、吴海先生，仔细审阅、辛勤劳动，字斟句酌，颇费心力。

对于上述支持、帮助本书的国内外学者、教授、朋友，深表谢忱。

张立文

1995 年 12 月

于北京中国人民大学静园

# 再版后记

《和合学概论——21世纪文化战略的构想》出版后，境遇并不像原先期望的那么好。虽然赞者有之，认同者有之，但批评者有之，批判者亦有之，这本是一种正常的学术现象，然而批判者往往将其与意识形态相联系，给我和认同者造成了精神压力，致使一时间不敢言和合。由于和平、发展、合作是当今世界的主题，改革开放、经济建设是国内的中心，因此，和合学终于引起了人们的关注和重视。

几年来熟悉或不熟悉的朋友，经常来电询问，说该书书店买不到，希望我能帮助。但该书只印了2 500套，早已脱销，无法满足读者的需要，我只得表示歉意。今承蒙有智慧洞见的中国人民大学出版社贺耀敏社长、周蔚华总编的帮助，决定重印，我借此机会做了修订，改正了一些不准确的提法和错字；又蒙李艳辉编审的热情支持和杨宗元编辑的仔细、认真的审阅，又改正了不少谬误，对于他们的情意，谨表谢忱。

张立文

2006 年 7 月 5 日

于孔子研究院

**图书在版编目（CIP）数据**

和合学：21 世纪文化战略的构想 / 张立文著．--
北京：中国人民大学出版社，2025.4. --（中国自主知
识体系研究文库）. -- ISBN 978-7-300-33823-1

Ⅰ．G02

中国国家版本馆 CIP 数据核字第 2025UU3340 号

中国自主知识体系研究文库
**和合学（下卷）**
——21 世纪文化战略的构想
张立文　著
Hehexue

| | | | | |
|---|---|---|---|---|
| **出版发行** | 中国人民大学出版社 | | | |
| **社　　址** | 北京中关村大街 31 号 | | **邮政编码** | 100080 |
| **电　　话** | 010 - 62511242（总编室） | | 010 - 62511770（质管部） | |
| | 010 - 82501766（邮购部） | | 010 - 62514148（门市部） | |
| | 010 - 62511173（发行公司） | | 010 - 62515275（盗版举报） | |
| **网　　址** | http://www.crup.com.cn | | | |
| **经　　销** | 新华书店 | | | |
| **印　　刷** | 涿州市星河印刷有限公司 | | | |
| **开　　本** | 720 mm×1000 mm　1/16 | | **版　　次** | 2025 年 4 月第 1 版 |
| **印　　张** | 32 插页 3 | | **印　　次** | 2025 年 4 月第 1 次印刷 |
| **字　　数** | 406 000 | | **定　　价** | 469.00 元（上下卷） |

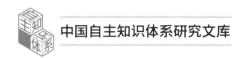
中国自主知识体系研究文库

# 和合学
## 21世纪文化战略的构想
### （上卷）

张立文 著

中国人民大学出版社
·北京·

# "中国自主知识体系研究文库"编委会

# 总　序

张东刚

2022 年 4 月 25 日，习近平总书记在中国人民大学考察调研时指出，"加快构建中国特色哲学社会科学，归根结底是建构中国自主的知识体系"。2024 年全国教育大会对以党的创新理论引领哲学社会科学知识创新、理论创新、方法创新提出明确要求。《教育强国建设规划纲要（2024—2035 年）》将"构建中国哲学社会科学自主知识体系"作为增强高等教育综合实力的战略引领力量，要求"聚焦中国式现代化建设重大理论和实践问题，以党的创新理论引领哲学社会科学知识创新、理论创新、方法创新，构建以各学科标识性概念、原创性理论为主干的自主知识体系"。这是以习近平同志为核心的党中央站在统筹中华民族伟大复兴战略全局和世界百年未有之大变局的高度，对推动我国哲学社会科学高质量发展、使中国特色哲学社会科学真正屹立于世界学术之林作出的科学判断和战略部署，为建构中国自主的知识体系指明了前进方向、明确了科学路径。

建构中国自主的知识体系，是习近平总书记关于加快构建中国特色哲学社会科学重要论述的核心内容；是中国特色社会主义进入新时代，更好回答中国之问、世界之问、人民之问、时代之问，服务以中国式现代化全面推进中华民族伟大复兴的应有之义；是深入贯彻落实习近平文化思想，推动中华文明创造性转化、创新性发展，坚定不移走中国特色社会主义道路，续写马克思主义中国化时代化新篇章的必由之路；是为解决人类面临的共同问题提供更多更好的中国智慧、中国方案、中国力量，为人类和平与发展崇高事业作出新的更大贡献的应尽之责。

## 一、文库的缘起

作为中国共产党创办的第一所新型正规大学，中国人民大学始终秉持着强烈的使命感和历史主动精神，深入践行习近平总书记来校考察调研时重要讲话精神和关于哲学社会科学的重要论述精神，深刻把握中国自主知识体系的科学内涵与民族性、原创性、学理性，持续强化思想引领、文化滋养、现实支撑和传播推广，努力当好构建中国特色哲学社会科学的引领者、排头兵、先锋队。

我们充分发挥在人文社会科学领域"独树一帜"的特色优势，围绕建构中国自主的知识体系进行系统性谋划、首创性改革、引领性探索，将"习近平新时代中国特色社会主义思想研究工程"作为"一号工程"，整体实施"哲学社会科学自主知识体系创新工程"；启动"文明史研究工程"，率先建设文明学一级学科，发起成立哲学、法学、经济学、新闻传播学等11个自主知识体系学科联盟，编写"中国系列"教材、学科手册、学科史丛书；建设中国特色哲学社会科学自主知识体系数字创新平台"学术世界"；联合60家成员单位组建"建构中国自主的知识体系大学联盟"，确立成果发布机制，定期组织成果发布会，发布了一大批重大成果和精品力作，展现了中国哲学社会科学自主知识体系的前沿探索，彰显着广大哲学社会科学工作者的信念追求和主动作为。

为进一步引领学界对建构中国自主的知识体系展开更深入的原创性研究，中国人民大学策划出版"中国自主知识体系研究文库"，矢志打造一套能够全方位展现中国自主知识体系建设成就的扛鼎之作，为我国哲学社会科学发展贡献标志性成果，助力中国特色哲学社会科学在世界学术之林傲然屹立。我们广泛动员校内各学科研究力量，同时积极与校外科研机构、高校及行业专家紧密协作，开展大规模的选题征集与研究激励活动，力求全面涵盖经济、政治、文化、社会、生态文明等各个关键领域，深度挖掘中国特色社会主义建设生动实践中的宝贵经验与理论创新成果。为了保证文库的质量，我们邀请来自全国哲学社会科学"五路大军"的知名专家学者组成编委会，负责选题征集、推荐和评审等工作。我们组织了专项工作团队，精心策划、深入研讨，从宏观架构到微观细节，全方位规划文库的建设蓝图。

**二、文库的定位与特色**

中国自主的知识体系，特色在"中国"、核心在"自主"、基础在"知识"、关键在"体系"。"中国"意味着以中国为观照，以时代为观照，把中国文化、中国实践、中国问题作为出发点和落脚点。"自主"意味着以我为主、独立自主，坚持认知上的独立性、自觉性，观点上的主体性、创新性，以独立的研究路径和自主的学术精神适应时代要求。"知识"意味着创造"新知"，形成概念性、原创性的理论成果、思想成果、方法成果。"体系"意味着明确总问题、知识核心范畴、基础方法范式和基本逻辑框架，架构涵盖各学科各领域、包含全要素的理论体系。

文库旨在汇聚一流学者的智慧和力量，全面、深入、系统地研究相关理论与实践问题，为建构和发展中国自主的知识体系提供坚实的理论支撑，为政策制定者提供科学的决策依据，为广大读者提供权威的知识读本，推动中国自主的知识体系在社会各界的广泛传播与应用。我们秉持严谨、创新、务实的学术态度，系统梳理中国自主知识体系探索发展过程中已出版和建设中的代表性、标志性成果，其中既有学科发展不可或缺的奠基之作，又有建构自主知识体系探索过程中的优秀成果，也有发展创新阶段的最新成果，力求全面展示中国自主的知识体系的建设之路和累累硕果。文库具有以下几个鲜明特点。

一是知识性与体系性的统一。文库打破学科界限，整合了哲学、法学、历史学、经济学、社会学、新闻传播学、管理学等多学科领域知识，构建层次分明、逻辑严密的立体化知识架构，以学科体系、学术体系、话语体系建设为目标，以建构中国自主的知识体系为价值追求，实现中国自主的知识体系与"三大体系"有机统一、协同发展。

二是理论性与实践性的统一。文库立足中国式现代化的生动实践和中华民族伟大复兴之梦想，把马克思主义基本原理同中国具体实际相结合，提供中国方案、创新中国理论。在学术研究上独树一帜，既注重深耕理论研究，全力构建坚实稳固、逻辑严谨的知识体系大厦，又紧密围绕建构中国自主知识体系实践中的热点、难点与痛点问题精准发力，为解决中国现实问题和人类共同问题提供有力的思维工具与行动方案，彰显知识体系的实践生命力与应用价值。

三是继承性与发展性的统一。继承性是建构中国自主的知识体系的源头活水，发展性是建构中国自主的知识体系的不竭动力。建构中国自主的知识体系是一个不断创新发展的过程。文库坚持植根于中华优秀传统文化以及学科发展的历史传承，系统梳理中国自主知识体系探索发展过程中不可绕过的代表性成果；同时始终秉持与时俱进的创新精神，保持对学术前沿的精准洞察与引领态势，密切关注国内外中国自主知识体系领域的最新研究动向与实践前沿进展，呈现最前沿、最具时效性的研究成果。

我们希望，通过整合资源、整体规划、持续出版，打破学科壁垒，汇聚多领域、多学科的研究成果，构建一个全面且富有层次的学科体系，不断更新和丰富知识体系的内容，把文库建成中国自主知识体系研究优质成果集大成的重要出版工程。

**三、文库的责任与使命**

立时代之潮头、通古今之变化、发思想之先声。建构中国自主的知识体系的过程，其本质是以党的创新理论为引领，对中国现代性精髓的揭示，对中国式现代化发展道路的阐释，对人类文明新形态的表征，这必然是对西方现代性的批判继承和超越，也是对西方知识体系的批判继承和超越。

文库建设以党的创新理论为指导，牢牢把握习近平新时代中国特色社会主义思想在建构自主知识体系中的核心地位；持续推动马克思主义基本原理同中国具体实际、同中华优秀传统文化相结合，牢牢把握中华优秀传统文化在建构自主知识体系中的源头地位；以中国为观照、以时代为观照，立足中国实际解决中国问题，牢牢把握中国式现代化理论和实践在建构自主知识体系中的支撑地位；胸怀中华民族伟大复兴的战略全局和世界百年未有之大变局，牢牢把握传播能力建设在建构自主知识体系中的关键地位。将中国文化、中国实践、中国问题作为出发点和落脚点，提炼出具有中国特色、世界影响的标识性学术概念，系统梳理各学科知识脉络与逻辑关联，探究中国式现代化的生成逻辑、科学内涵和现实路径，广泛开展更具学理性、包容性的和平叙事、发展叙事、文化叙事，不断完善中国自主知识体系的整体理论架构，将制度优势、发展优势、文化优势转化为理论优势、学术优势和话语优势，不断开辟新时代中国特色哲学社会科学新境界。

中国自主知识体系的建构之路，宛如波澜壮阔、永无止境的学术长征，需要汇聚各界各方的智慧与力量，持之以恒、砥砺奋进。我们衷心期待，未来有更多优质院校、研究机构、出版单位和优秀学者积极参与，加入到文库建设中来。让我们共同努力，不断推出更多具有创新性、引领性的高水平研究成果，把文库建设成为中国自主知识体系研究的标志性工程，推动中国特色哲学社会科学高质量发展，为全面建设社会主义现代化国家贡献知识成果，为全人类文明进步贡献中国理论和中国智慧。

是为序。

# 再版序

我提出"和合学"17年来，年复一年，日复一日；"如切如磋，如琢如磨"；与白发相伴，与脸纹相随；又历经冷暖悲欢，苦乐交替。终于深深体悟到理论体系创新、学术观点创新、科研方法创新的艰难曲折、祸福莫测。这不仅要经过炼狱般的煎熬，而且要有敢于下地狱的勇气，否则是与创新无缘的。

朋友们多次询问我为什么建构"和合学"理论思维形态，能否剖白心路经程、致思情境，我也不得不做一些交代。

一

冷战之后，世界格局发生了震撼人心的大转变。20世纪经历了两次世界大战和两次大革命，人们饱尝战争、对抗的痛苦。苏联解体，冷战时两个阵营的二元对抗和军备竞赛转变为多元冲突和经济、科技竞争。在此世界格局大转型之际，一切军事的、经济的、政治的、文化的、思维的、观点的创新都应适应后冷战的新格局、新形势，为世界人民的福祉设计新方案、新构想，为世界和平、发展、合作做出新谋划、新贡献。

当此之时，世界有远见、有智慧的政治家、军事家、思想家、谋略家都在思量解答之方，提出新战略构想。然而亨廷顿（Samuel P. Huntington）与时逆行，坚持冷战时的对抗文化、冷战思维。他认为冷战后的国际冲突将是文化对抗、文明冲突，主要是儒教文明与伊斯兰文明的互相奥援，而对西方文明产生威胁。"西方文明为顾及自身利益,对内应加强团结,放慢裁军速度;对外应拉拢东欧和拉丁美洲,跟日本和俄罗斯合作,限制儒家与伊斯兰国家的军事扩张,并挑拨儒家与伊斯兰社会的歧异,使它们无法联手对付西方"①。他描绘这幅世界战略图,显然是对对抗文化、冷战思维衣钵的传承。他又说:"在这个新世界里,最危险的暴力冲突形式是不同文明的主要国家之间核心国的战争。这两种形式的冲突和由此导致的在今后四分之一的世纪里政治不稳定的主要根源,将是穆斯林的复兴和中国的崛起。西方与那些文明的挑战者——穆斯林和中国——之间的关系可能是尤其困难和对立的。潜在的、最危险的冲突是在中美之间。"②他把穆斯林的复兴和中国的崛起作为西方文明的挑战者、对立者,而且把"最危险的冲突"归结为中美的冲突,这就明目张胆地以穆斯林和中国替代苏联和东欧,作为西方冷战的对象、假想的敌人,作为其进行遏制、制裁和攻击的目标,制造二元对抗的新冷战世界格局。正由于这种新冷战思维的观照,美国便编造了假情报,悍然发动伊拉克战争,制造了人道主义的大灾难。真所谓"欲加之罪,何患无辞"!今后,这种大灾难不知又会加到谁家的头上!

当今,这种对抗文化、冷战思维是世界不太平、不安全的根源之一,是世界和平、发展、合作的消极性、破坏性的力量。亨廷顿的"文明冲突论"是西方中心主义、西方霸权主义和单边主义的强烈的表现。他以西方利益为最高利益,西方(美国)的价值观为终极的价值观,西方的政治原则为第一位的政治原则。在他看来,非西方(美国)国家、民族、文明,应以西方的利益为利益、价值观为价值观、政治原则为政治原则。一切服

---

① [美]亨廷顿:《文明的冲突》,载《外交事务》(Foreign Affairs),1993,夏季号。
② [美]亨廷顿:《再论文明的冲突》,载《马克思主义与现实》,2003(1)。这是他在1999年2月4日在纪念科罗拉多学院建校125周年"文化在21世纪:冲突与聚合"专题讨论会的演讲。

从、遵奉西方的国家、民族、文明，不能有自己国家、民族、文明的利益、价值观和政治原则。大有唯我独尊，一统天下之势。这样，世界众多国家、民族、文明在这个国际大家庭中就没有平等、民主、自由、公平可言。这就是说，恰恰是西方自己践踏了自己所宣扬的民主、自由、平等的利益、价值观和政治原则。

亨廷顿扬言，儒教文明是西方文明的威胁者、挑战者、最危险者，这不仅是对儒教的无知，而且是理智的缺失和对事实的罔顾。近来，西方的一些智者，对儒教文明有所觉解，提出"如果人类要在21世纪生存下去，必得回头2500年，去吸收孔子的智慧"。孔子是儒教创始人，他的智慧与亨廷顿所描绘的儒教文明实乃风马牛不相及。然孔子的智慧却是亨廷顿所编造的"文明冲突论"的"克星"：一是孔子的"己所不欲，勿施于人"，与亨氏的"己所不欲，要施于人"相对待；二是孔子"仁者爱人"，与西方霸权主义、单边主义者制造人道主义灾难相对待；三是"己欲立而立人，己欲达而达人"，与西方中心主义者己立而不允许别人立，己发达而制裁、遏制别国、别民族发达相对待；四是"和为贵""君子和而不同"，与西方单边主义者制造新冷战和战争相对待。

鉴于此，激发了我思考：如何化解文明冲突论？如何化解冷战遗留的对抗文化、冷战思维？以什么文化理念化解文明冲突？和平发展的形而上理念是什么？等等。于是我从中华民族传统学术文化宝库中开发出"和合"思维，并使之系统化、理论化，而建构了"和合学"理论思维体系，以化解亨氏的对抗文化、冷战思维。"和合学"以其和生、和处、和立、和达、和爱五大原理，全面地化解了亨氏的所谓"文明冲突论"。

## 二

人类在21世纪所共同面临的冲突，错综复杂，千头万绪。概括起来有五大冲突和危机：一是人与自然的冲突及其生态危机。自然生态的脆弱性、资源的有限性与人类消费的疯狂性、欲望的无限性，使人类面临最严重的冲突和危机。目前来自 95 个国家的 1 360 名科学家联合发布报告：24％的地表陆地已成耕地，1/2 的可利用地表水已被消耗，2/3 的自然资源已被破坏殆尽。[①] 人类将何以为继！

二是人与社会的冲突及其人文危机。地区的、部落的、集团间的小规模战争冲突不断，世界大战的概率在减少。恐怖活动改变了传统战争的形式，而极大地威胁着人类的安全和生命财产。全球贫富差距的拉大，以及各国自身贫富不均的扩大，是造成国际和各国社会动乱的重要原因之一，而影响人的安身立命。

三是人与人的冲突及其道德危机。人情淡薄，亲情疏离，道德滑坡，关爱缺失。社会拜金主义、重利轻义、寡廉鲜耻、个人至上之风盛行。假冒伪劣、坑蒙拐骗、贪污盗窃、谋财害命之事不穷。这破坏了人与人之间的互助友爱、和谐相处，影响了社会的安定、团结。

四是人的心灵冲突及其信仰危机。人是社会错综复杂冲突的交织点、集中点，是各种冲突终极的载体和终始。因而，人的心灵时刻面临着形形色色的冲突而需要做出回应和化解，以求心灵的协调、平衡、和谐，以免心灵的阻塞、不通、病变。

五是文明之间的冲突及其价值危机。文明的程度和水平，标志着人道的开放程度和人性的解放水平。各文明间人道和人性的开放、解放程度和水平的差分，就有导致冲突发生的可能，即使同一文明之各派，亦由于这种差分而冲突。然而，对于文明冲突，绝不能运用亨廷顿从西方中心主义、霸权主义出发的冷战思维、对抗文化，采取拉拢一派打击另一派，挑

① 参见《大地》，2005（5、6）。

拨离间，扩大分歧，制造冲突的方法，这种方法用心险恶！体认文明冲突是为了化解冲突，儒教"己所不欲，勿施于人""和而不同""和为贵"的理念是化解文明冲突的利器。

为了全人类的福祉，我把中华民族传统学术文化资源中的化解冲突和危机的深邃思想、智慧洞见发扬出来，体贴和合话题，而转生为"和合学"理论思维体系，以全面回应和化解人类所面临的五大冲突和危机。从更广的文化视野、更强的和平祈求、更切的幸福期望来观照文明冲突，人们会自然而然地觉解亨氏"文明冲突论"的谬误、"和合学"的魅力。

# 三

和合学的建构，不仅是为了回应亨氏"文明冲突论"的挑战和化解人类所共同面临的五大冲突与危机之道，而且是走出中国哲学危机、超越"合法性"问题、建构中国的自己哲学的需要。

中华哲学如何创新？如何"自己讲""讲自己"？需要深刻体贴中华哲学每一次转生的特征、性质、内因、外缘，准确把握中华哲学理论思维形态转生的内在"游戏规则"或逻辑必然之则。近百年来，中华哲学的各种论著，虽汗牛充栋，然探索此"游戏规则"者，尚属罕有。我依据40年来对中华哲学的教学和研究的心得，以及对中华哲学概念范畴全面系统的梳理和体认，曾体贴出三条"游戏规则"，或曰中华哲学的创新标志。

一是核心话题的转换。哲学思想总是以核心话题的方式体现特定时代的意义追寻和价值创造。这一转换是哲学创新的话语标志。先秦是中华哲学的元创期，标志这一时代精神的核心话题是"道德之意"，其主导概念是"道"。诸子百家虽有"指意不同"的"百虑"，纵论天道、地道和人道之"殊途"，但"同归""一致"于论道，这是对殷周以来"天命"话题的超越。两汉是中华哲学的感通期。学术思想探究的话题是"天人之际"，董仲舒针对先秦天、地、人三才之道的分说，以《王道通三》将其贯通起来，而提出"天人感应"论。魏晋南北朝是中华哲学的玄冥期，其核心话题是"有无之辩"，王弼贵无，裴颁崇有。隋唐是中华哲学的融突期，其时代精神及思想凝聚，体现为佛教的中国化创新，推本"性情之原"，既是佛性论的深层结构，又是其哲学的核心话题。宋元明是中华哲学的造极期。理学的核心话题是理气心性之辩。这个核心话题一直延续到现代新儒家。现代新儒家接着宋明理学讲，其核心话题并没有超越理气心性，没有实现核心话题的转换。

二是诠释文本的转变。文本是思想言说的符号踪迹，是智慧觉解的文字报告，是主体精神超越自我的信息桥梁。哲学家必须凭借对一定文本的学习、思索和诠释，才能凝练时代精神的核心话题，融入民族精神及其生命智慧的人文语境。诠释文本的转变，是中华哲学创新的承继特征，是学术流派创立的文献标志。先秦所依傍的诠释文本是"六经"（《诗》《书》《易》《礼》《乐》《春秋》），特别是"三易"（《周易》《归藏》《连山》），分别开启了儒、道、墨和其他各家。两汉所依傍的诠释文本是《春秋公羊传》。《春秋公羊传》讲求微言大义，适应了汉代"大一统"的需要，满足了"究天人之际"的追求。魏晋玄学所依傍的诠释文本是"三玄"（《老子》《庄子》《周易》）。王弼注《老子》和《周易》，横扫两汉象数感应方法，以义理之学诠释文本，主张以无为本，回归自然。向秀和郭象注《庄子》，发挥逍遥之义，体现了儒道思想走向融合的趋势。隋唐时，讲读、译注和诠释佛经成为学术风尚。当时居强势文化地位的佛教各宗派，虽普遍尊奉经、律、论"三藏"典籍，但各择佛经作为自家的"宗经"。如天台宗以《妙法莲华经》（简称《法华经》）为诠释文本，华严宗以《大方广佛华严经》（简称《华严经》）为诠释文本，禅宗先以《楞伽经》印心，后以《金刚经》传法，六祖慧能独创《坛经》，明心见性。宋元明清理学是儒、佛、道三教长期融突的智慧结晶，理学家们从《礼记》中抽出《大学》《中庸》两篇文章，加以章句，与《论语》《孟子》合为"四书"，作为理学所依傍的诠释文本，这是以往所没有的，并把"四书"抬高，超越了"五经"。现代新儒家所依诠释文本沿袭宋明新儒学，没有选出新的诠释文本作为其理论的依傍，所以冯友兰将其"新理学"定位为接着理学的程朱讲，这是很妥帖的。

三是人文语境的转移。中华哲学的创新在宏观演替上，表现为人文语境随民族精神及其生命智慧的历史变迁而不断转移。先秦"天道远，人道迩"。历经炎黄融突和合的华夏诸族，通过夏商周三代"制礼作乐"，民族意识日益觉醒，道德精神不断独立，终于达到了"郁郁乎文哉"的文明境域。中华古代哲学正是在三代礼乐文化及其典章制度的人文语境中萌生和创发出来的。两汉时，一变先秦的仁智对话录，道德散文诗的文风、语境，以华丽的辞赋、形象的比拟、神秘的类推、循环的象数和奢华的气象，渲染"天人之际"，推动"独尊儒术"，宣扬"汉家制度"，成为当时的人文语境。汉末魏初，儒学经学衰败，以品评人物"才性"为话题的清谈之风油然而起，学术思想又显出一线生机。魏晋玄学的人文语境，一方面是生命智慧毅然回归田园，忘我地赏析自然山水；另一方面是主体精神异常孤独，峻峭瘦弱，表现出既无可奈何，又放浪形骸的玄远风度。

唐代民族大融合，文化大交流，给人文语境注入了新鲜的思想血液和精神营养，诗歌创作是其主题旋律。在学术思想领域值得称道的是"西天取经"，佛教经典取回大唐，安家落户，成为中国化佛教，但在其本土印度衰落。另是"古文运动"，儒教伦理从烦琐的章句训诂中复活，仁义道德在主体精神的"性情之原"中扎下了新根系，营造了气度恢弘的人文语境。宋代重文德轻武略，在民族精神及其生命智慧既豪放又婉约的人文语境中，结出堪与唐诗媲美的宋词，凝结出能与先秦诸子学相呼应的理学理论体系，并广开书院，讲授儒典，兴建学校，培养士子，促进了文人士子对民众生活的亲身感受和对哲学思想自由创造的风气。深沉的忧患意识和崇高的历史使命，激发出哲学创造的动力，而涌现出可与先秦媲美的一批大哲学家，一改唐代哲学贫乏的状态，而使哲学得以繁荣"造极"。

此三条中华哲学理论思维形态创新的"游戏规则"，是逻辑地蕴涵在每一次哲学理论思维形态转生之中的，是存在于中华哲学的创新标志之中的。由于以往没有发现此三条"游戏规则"，或曰规律性，因此，中华哲学的创新是不自觉的。但中华历史上的每一次哲学理论思维形态的转生，却都自觉不自觉地暗合了此"三规则"，它从一个方面说明了此"三规则"的有效性和普适性。这就是说，要进行中华哲学的创新，要实现中华哲学理论思维形态的转生，必须遵照此"三规则"去做，否则很难说是中华哲学的创新和中华哲学理论思维形态的转生。

和合学以和合为核心话题，这是对"道德之意""天人之际""有无之辩""性情之原""理气心性"等话题的超越。和合学核心话题所讲述的"和合故事"，不是凭空杜撰，而是当今时代精神的彰显和需要，是体现时代精神的哲学理论思维形态的新建构。

"和合学"所依傍的诠释文本主要是《国语》，辅以《管子》《墨子》，与以往所依傍的诠释文本有别。《国语》虽是春秋时的文本，但没有被作为儒家经典，因此也避免了被后人所窜改的命运，保持着较本真的面貌。由于"语"是古代的记言，记载了有关天地万物的化生、天时人事的变动、阴阳律吕的变化、邦国成败、顺逆之数等的自由辩论、答问的言语，使我们较真实地听到了当时有识之士的智慧心声，感受到了民族精神脉搏的强烈跳动，以及有关天时人事、人生价值的精彩对话。这是"和合学"作为中国哲学创新的诠释文本的依据。

"和合学"的人文语境是生命智慧的觉解，时代精神的显示，社会风尚的趋向。在后冷战时期，世界多极化，经济全球化，网络普及化，和平、发展、合作成为世界绝大多数人的共同呼声和诉求，而成为时代的主题。中国在经历浩劫性的"文化大革命"动乱后，人心觉醒。安定团结、改革开放、经济建设和建构和谐社会成为人们共同心愿和要求，在这种国内外格局大变化的语境下，"和合学"应天顺人，和合化生。

"生也有涯，无涯惟智"。我虽有"文江学海思济航"之志，但无"致广大而尽精微"之才。这里所思所想，难免有纰缪。此书出版①以来，早已脱销。承蒙读者厚爱，时有询问该书再版信息，而近来尤甚。这次再版，稍为修改。承蒙中国人民大学出版社贺耀敏社长和周蔚华总编辑及李艳辉、杨宗元编辑的帮助，才得以奉献于读者面前，若能引起读者关注和指正，是为万幸。

张立文

于中国人民大学孔子研究院

2006 年 1 月 10 日

---

① 该书曾以《和合学概论——21 世纪文化战略的构想》为题于 1996 年由首都师范大学出版社出版。

# 自　序

　　笔者对中国哲学逻辑结构论、传统学、新人学①的探索，是超越中国传统哲学的尝试，亦是中国文化人文灵魂、生命智慧和心性情感的延续。近六七年以来又对和合学进行了求索，这是因为和合是中国文化人文精神的精髓和首要价值。一种理论，无论它多么严密和精致，只要它不符合现实或真实，就需要革新或修正；一种制度，只要它不符合社会进步和发展，便需要改造或转变。

　　之所以说和合是中国文化人文精神的精髓和首要价值，是因为现代中国文化面临着三方面的挑战：一是人类共同的五大冲突（人与自然、人与社会、人与人、人的心灵、不同文明间）的挑战，二是西方文化的挑战，三是现代化的挑战。回应此三大挑战的最佳、最优化的文化选择，便是和合学。

　　融突而和合，对化解人类所共同面临的五大冲突具有巨大的魅力，对回应西方文化挑战具有强大的生命力，对传统文化的现代转换具有内驱的动力。人类面临的五大冲突，只有和合学才能合理地、道德地、审美地解决；而且能创造性地解决中西文化的价值和合与传统文化的现代转换，使中国文化以崭新面貌走向世界。

　　中国传统文化如何向现代转换？近一个世纪来，中国人不仅前仆后继

---

　　①　参见拙著：《中国哲学逻辑结构论》，北京，中国社会科学出版社，1989；《传统学引论——中国传统文化的多维反思》，北京，中国人民大学出版社，1989；《新人学导论——中国传统人学的省察》，北京，职工教育出版社，1989。

地进行实践，而且提出了种种主张和方案。如中体西用、西体中用、中西互为体用说，抽象继承、选择继承、宏观继承、具体继承论，创造性转化、创造性解释、综合创新论，以及全盘西化、儒学第三期发展、复兴儒学说，等等。这些论说，其实都只是关于如何向现代转换的方法或手段的探讨。这类探讨还可以提出许多方法来，但总未提出一套新的理论体系或学说架构。譬如中体西用、西体中用整合出什么学说来，"创造性转化"转化出什么来，综合创新之"新"理论是什么，都还是一个浑沌，其深层均蕴涵着一个价值观的问题。

在中国历史上，宋代思想家面临着唐末五代社会大动乱后现实无序的挑战，外来印度佛教文化不断深入社会下层的挑战，以及本土道教文化的挑战。自唐至宋初，对儒、释、道三教均采取兼容并蓄的方法和手段，冀希整合三教思想。然而，既没有对当时三大挑战做出成功的回应，亦没有整合创造出新理论、新学说来。程颢提出："吾学虽有所受，天理二字却是自家体贴出来"①。虽天理二字先秦已有，但他"自家体贴出来"的"理"，是儒、释、道三教整合创新之"新"，使兼容并蓄的方法有了"安顿处"，开创了一个宋明理学的新时代。兼容并蓄与中体西用、创造性转化、综合创新等等名虽异，实作为文化整合的方法、手段则同。

作为对现代三大挑战的回应，笔者以董仲舒"三年不窥园"的精神，潜心竭思出了"和合学"。它给一个世纪多以来关于中国传统文化向现代转换的种种方法和手段的探讨一个落实和安顿，笔者冀希它在调适、化解现代三大挑战中发挥出巨大的、有效的生命智慧。

和合学的和合思维，与西方神创思维异趣。西方文化中有一种被普遍认同和强化了的上帝"创世"说，解释了天地万物的根由问题。上帝作为

① 《河南程氏外书》卷十二，见《二程集》，424 页，北京，中华书局，1981。

唯一的、绝对的存有，一直延续到现代。中国文化中没有一种像西方那样被普遍认同的上帝造万物说。然而，天地万物从哪里来的？这样一些问题，中国古代的思想家、哲学家又不能不做出回答。他们以"观象""观法""观鸟兽之文"的观察方法，"近取诸身，远取诸物"的取法，由阴阳、男女交合而化生出新生儿，而推及天地、乾坤交合，而化育万物的理路和学说。这便是"天地纲缊，万物化醇；男女构精，万物化生"的"和实生物"说。它不是上帝造万物，也不是唯一的绝对产生万物，而是诸多差分或异质的要素融突和合而化生。如"土与金、木、水、火杂，以成百物"①。"杂"有和合的意蕴。即使说老子讲"道生一，一生二，二生三，三生万物"的"道"，亦非唯一绝对的存有，而是"一阴一阳之谓道"，即"负阴而抱阳，冲气以为和"的道。这种和合思维，开出了有异于西方神创思维的独特的思维方式、价值观念、心理结构、审美情趣，以及处理人与自然、社会、他人、心灵、文明间关系的独特的方式方法。

和合学揭示了天地万物生生的本质和生命力之所在，以及天地万物相互之间关系的融突和合联系。和合学的范畴系统、逻辑结构、关系网络和转换中介，是高度差分的、具有自组织系统的目的性和复杂性的文化巨系统，这与现代科学技术总体上研究复杂性的发展态势是同态的。

**本书上卷的结构是：**第一章是关于世纪之交的文化思考。从宏观上看，20世纪是对抗、战争、科技的世纪，21世纪是和平、发展、生态的世纪。从科学与阶级的文化方式的选择，经冷战而进到后冷战，原有被冷战所掩盖的种种冲突，都爆发出来，成为多元冲突与多元融合的态势。在此世纪转变之际，中国文化的人文精神的精髓——和合精神，可和谐、化解人类所共同面临的五大冲突和危机，是21世纪文化战略的对策，也是

---

① 《郑语》，见《国语集解》卷十六，470页，北京，中华书局，2002。"杂"，韦昭注："杂，合也。"

中国文化的人文精神走向现代和走向世界的一个机遇。

第二、三章是关于和合与和合学的义理规定，以及和合学的整体构想。和合是指自然、社会、人际、心灵、文明中诸多元素、要素相互冲突、融合，与在冲突、融合的动态过程中各元素、要素和合为新事物、新生命的总和。在对传统和合方式坎陷的批判中，建构了"地""人""天"三界，即和合生存世界、和合意义世界、和合可能世界；基于对传统和合类型之考察，构想了和合学理论公设和形上、道德、人文、工具、形下、艺术、社会、目标八维和合的新学科分类。

第四、五、六章，是对于和合生存世界、意义世界、可能世界的诠释，以及人与自然、人与社会、人与思维关系的阐述。融突和合"地""人""天"三界的"境理""性命""道和"六层及八维的义理蕴涵，三界八维的"知行""修养""健顺"的转换机制，与"智能""规矩""名字"的中介机制。

第七章是和合世界的整体贯通与生生。既是同一世界内部纵向层间贯通，亦是三界之间横向界际贯通。阐述了和合八维的序化、级化、偶化反演，以及分级生生。

第八章关于和合精神的追寻。从中西前哲学的人兽浑沌融突和合与占梦，到形上学哲学融突和合，以及对传统形上学的困境、批判和超越的过程哲学的论述，再到和合学的融突和合，与融突和合拥有的世界。人类价值观念的转换，首先是从对人的规定的传统观念中超越出来，以"人是会自我创造的和合存在"代替"人是符号动物"，发挥人的自我创造性、协调、化解人类面临的五大冲突和危机，构成和合学"新人学"的理论基础。阐释和合学流变原理，和合经验世界、认知活动和语言"魔圈"等。

第九章关于和合源流的考察。"和合"二字虽是"自家体贴出来"，但实实在在地是中国文化源远流长的人文精神，是民族精神的活生生的灵魂。追寻和合精神在中国典籍文化中的轨迹，和合灵魂在文化历史上的脉络、性相，以及其在民族文化传统和民族文化心理中的积淀和展现。

第十章关于和合学与 21 世纪人类文化。阐释和合学作为新世纪人类文化交流和发展的时代精神和文化战略，它在解决、处理人类面临五大冲突和危机中的作用、意义、价值，以及具体化的对策和运作机制，等等。21 世纪和平和发展的人类各种类型的融突和合体的形成，呼唤着和合人文精神的全球化发展。和生（共生）、和处（共处）、和立（共立）、和达（共达）、和爱（兼爱）是 21 世纪的五大中心价值，即五大文化原理，具有普适性的品性，并将获得世人的认同和发展。

本书下卷探讨对于哲学家来说最棘手、最伤脑筋的如何启动和合学理论、原理问题，即怎样拓展"体"的和合学，使和合学之"体"转化为"用"的和合学。和合学的理论、原理进入社会生活运作的各个层面、方面。这不仅有和合学自身的转换机制、生生机制，而且有和合体内诸差分元素、要素自身及其相互之间的冲突、融合的运动机制。

**下卷的结构是**：第十一章主旨是使和合学理论原理转变为应用方法，超越文化整合的手段，而进入文化整合的果实的探讨。即从 21 世纪的文化战略构想到文化战略预测，从文化战略构想的基点到文化价值系统的价值度量理论和智能创造道路，以及科学技术是和合人文精神的现代体现等。

第十二章到第十九章，是和合学体系结构的八维学科分类的具体、深入的分析论证。第十二章是运用形上和合理论、原理揭示自然科学的实质、意义和目标，自然科学的和合人学前提，人与自然的融突和合关系；自然科学的意义危机，及其规范行为使命，规范行为使命的人文价值和标准；自然科学的和合前景和道德期望。

第十三章是运用道德和合原理，分析伦理学的融突和合，创立和合伦理学科群，对和合伦理、道德的意蕴做出规定。在生态伦理学方面，人类对自然的道德责任，天人交换原则及其人文拯救；在社会伦理学方面，人际关系的道德规则，人际交往之道与道德和合伦次；在心灵伦理学方面，主体对思维的道德控制，道德主体的约束机制以及融突和合的追求。

第十四章是运用人文和合原理，对人文精神的意蕴、人类学的内涵做出分析和规定。把握生存世界人文和合精神的脉动节律和再生机理，从生态人类学的人文精神的本根追寻，到价值人类学的人文精神的现象透视，再到智慧人类学的人文精神的终极关怀。价值人类学的核心地位和学科使命、经济利益标准与道德善恶标准的价值融突和合。人文融突和合的"终极关怀"，宗教情感的智慧力量及其工具化、符号化。

第十五章是运用工具和合原理，揭示技术科学的融突和合本质，拓展技术范畴的外延，聚合技术工具的求解功效。生存世界的知行困境、解难技术。理性的工具化，技术工具对智能的增益；德性的工具化，人性意义的赋范化，规章制度技术的健全化。传统德性的非工具化、自我内闭化，未能开出民主；悟性的工具化，范畴逻辑结构和谐，义理语词形式优美，东方神秘主义的批判。

第十六章是运用形下和合原理，说明经济融突和合体及其相应的经济学科，建构和合经济学。天人的质能交换，经济效益三种再生产的构成的再生型经济融突和合体。等价交换规则与道义公平原则的融突和合。人性的物化，物性化对己尺度的否定，公度与私度关系。知识信息的网络化，创新型的经济和合体，中观经济学的建构。

第十七章是运用艺术和合原理，探究美的自由本质、创立和合美学体系。心灵意境的艺术之真，生命形象的生态之美，天人和合的自然之美。心灵的道德和合是心灵的自我完善，其目标是趋于优美。审美活动的关系的主客体，和合美学的整体体系。审美生存情感的审美生态学和心理学，审美意义情感和审美人格学和教育学，审美可能情感的审美哲学和境界学。

第十八章是运用社会和合原理，研究组织管理，创建和合管理学科。社会有机体的特征和涵义，社会生活内环境及其自组织能力，行为理论及其技术方法是管理艺术的科学基础。管理工具系统的互补性与不相容原理，人性善恶假设与管理优劣效应的正反连锁关系。管理模式 XYZ，管理信息系统的运行的管理效应，及效应实现的社会有机体的融突和合。和合管理学与企业文化精神。

第十九章是运用目标和合原理，确定价值目标和功夫目标，建构和合决策学科。目标和合的内涵和实施，和合决策的意蕴和要素，价值理想目标实现的功夫目标。和合决策的公理、类型和决策者的整体素质。生存世界的智能化，意义世界的融合化，可能世界的信息化。

第二十章是在和合人文精神观照下，对和合人文精神要旨的诠释，以及回应人类所共同面临的五大冲突和危机的和合之路，化解五大冲突和危机的和合模式，并从时间结构、空间结构、义理结构三层面阐释 21 世纪的和合之道。

对于《和合学概论——21 世纪文化战略的构想》上、下两卷结构内容的说明，是试图给人们一个印象，引起一点兴趣，帮助笔者，使和合学的构想更真实、完善、优美一些，是所祷也。

张立文

于中国人民大学哲学系

1995 年 12 月

# 目　录

上卷

# 第一章　世纪之交的文化思考

在此 20 世纪 21 世纪之交，人类站在一个新时代、新理论、新思维的起点上，反省、检讨、总结 20 世纪的两次世界大战、两次大革命，以及世纪末的冷战向后冷战的转化等等风云变幻，以寻求 21 世纪人类的命运。

世界的思想家、政治家、谋略家自觉或不自觉地都在思考 21 世纪人类怎样才能生活得更美好。人与自然、人与社会、人与人，以及民族与民族、国与国、地区与地区、文明与文明之间，应以什么新原理、新原则，来建构新关系、新秩序，使人人都能安身立命。

20 世纪是对抗、战争、科技发展的世纪，是强食弱、富掠贫、大凌小的世纪，其性质以民族的、种族的、政治的、军事的、经济的对抗为主导。21 世纪是和平、发展、生态的世纪，强与弱、富与贫、大与小冲突融合，其性质是以民族的、宗教的、信息的、生态的融突为主导，归根结底是以文化为主导。因此，21 世纪是文化冲突与文化融合的世纪，即文化融突的和合世纪；亦可谓之曰：文明融突的和合世纪。

## 一、文化方式的选择

这个世界因有了人的生活交往活动，而有了文化；文化又因人的生活交往活动，而有了进化。人创造了文化，文化亦创造了人。文化说到底是人的本质力量的对象化和对象的人化①，所以，文化是人的文化。文化亦可内化为人的本质，因为人的任何生活交往活动只能在一定的文化情境、模式中进行。这就是说，人在实现自己的类本质——创造文化，即外化的过程中，又是人自我创造的文化的内化，所以人是文化的人。

### （一）科学与阶级

人类社会的演化，实质上是文化的进化；文化的进化，取决于文化的选择；文化的选择，以社会的政治经济、典章制度、科技工具、伦理道德、价值理想的整合力量为依据。自从工业经济代替农业经济以来，今天又以信息经济代替工业经济。从经济层面来说，人类经历了畜牧经济—农业经济—工业经济—信息经济。从文化意蕴上说，它经历了畜牧文化—农业文化—工业文化—信息文化的阶段，实是文化的一种选择，总体上说也不能不讲是文化上的差异，差异包括器物的、制度的、科技的、精神的、价值的等等，是一种和合的驱力。

尽管在同一种工业文化中，但由于文化方式选择的差异，工业化或现代化的进程、方法、观念、效果，亦大相径庭。譬如选择科学文化方式，

---

① 参见拙著：《新人学导论——中国传统人学的省察》，第一章《自我发现论》。

就注重知识①、实验和理性②等方式，于是就有弗兰西斯·培根（Francis Bacon，1561—1626）的"人的知识和人的力量结合为一"③，"达到人的力量的道路和达到人的知识的道路是紧挨着的，而且几乎是一样的"④，即"知识就是力量"思想的提出；有勒奈·笛卡儿（René Descartes，1596—1650）的"我思故我在"的震撼心灵的名言；开启西方近代知识论传统的发展，以及自由平等、民主法治的建设，使"工具理性"（instrumental rationality）包括科技理性和经济理性释放出巨大的能量，而实现现代化。

当然，亦可以根据不同的社会状况，选择"阶级"文化方式，就是注重阶级、斗争、专政哲学的方式。于是就有全部历史都是阶级斗争的历史，一些阶级胜利了，一些阶级被消灭了。这就是说，文明史就是阶级斗争史。于是便发生20世纪初的改变社会制度的大革命，它开拓了除马克斯·韦伯（Max Weber，1864—1920）以理性化资本主义经济组织为现代化途径的另一途径，即以集权、计划、集中，而排斥工具理性，以接纳"价值理性"（value rationality），便出现工具理性与价值理性之间的紧张和冲突。这种紧张和冲突，又往往与市场工业化与计划工业化的紧张和冲突相联系。这两种文化方式的选择，在各种内因外缘的作用下，把世界导入冷战、对抗、军备竞赛的格局，同时也蕴涵着价值观念和政治经济的冲突。

---

① ［德］马丁·布伯说："科学包容天地之在的所有知识。天与地，二者合一为存在世界，不论何时何地都未曾分裂，科学的对象正是该世界"（《德国思想家论中国》，187页，南京，江苏人民出版社，1989）。

② ［德］马克斯·韦伯认为：现代性的核心是"理性化"，主要指"工具理性"，包括科技理性和经济理性。

③ 《16—18世纪西欧各国哲学》，9页，北京，商务印书馆，1975。

④ 同上书，47页。

### （二）冷战与后冷战

科学文化方式和"阶级"文化方式这两种文化方式选择的延伸，至20世纪80年代末，经社会发展和经济增长的长期竞争，工具理性的市场工业化模式表现出明显优势，市场经济体系被认同为一种世界现代化的价值导向。结果导致了冷战的结束，出现了"后冷战时期"（post-cold war era）世界新格局。

这对于饱受20世纪对抗、战争、冷战之苦的人们来说，似乎给予了一种希望：和平对话将化解武力冲突，经济竞争将缓和军事对抗，毁灭全人类于一旦的战争威胁的恐惧感逐渐被建设和平生活的安全感所代替。

然而，文化方式选择的差异仍然存在，并以各种不同的形式表现出来；被冷战所掩盖着的冲突，在后冷战时亦爆发出来，困扰着现代世界：

1. 冷战时二元（或两极）对抗，变易为多元（或多极）对抗。政治性、民族性、宗教性、区域性的战争和冲突，此起彼伏。就战争数量而言，不一定是减少，可能是增加。它既意味着民族独立意识的增长，也意味着二元对抗制约力量的失落。"武器管制"和"裁军"，虽在限制战略核武器、短程核武器，销毁化学武器，以及裁减常规军备方面有些成就，但常规军备的高科技的更新换代的竞赛，却愈演愈烈，将战争导向多极冲突的新形态。

同时，区域性整合，有可能超越"民族"认同的局限性。但在一个相当长的时期内，民族性仍是其民族凝聚力的象征。因而，民族的、种族的、宗教的认同意识，往往取代国家的效忠意识，诱发多极的冲突：或派系争夺控制权，或不同宗教间/同一宗教的不同教派间的冲突和战争，以及恐怖活动的猖獗，使一些国家和地区陷入动乱或分离状态，人民不能安居乐业。

另外，化学武器、弹道导弹、核武器的竞争，使战争结构发生从常规战争向信息战争的转变，在没有强有力的武器管制机制下，冲突的概率在增加，使区域性和平得不到保障。加上国际恐怖活动的活跃，后冷战时期的现代化和民主化进程本身，并不能制止或终结冲突和战争这种历史的常态现象。尽管如此，后冷战时代的战争性质和结构的趋势，将是诸国间与一国内因认同、资源、派别、宗教、新秩序等问题，而发生多元冲突和对抗，这与 20 世纪前半个世纪国际集团为争夺统治势力范围、地盘、资源的两次世界大战的性质和结构，已大相径庭。这不是说，第三次世界大战的可能性不存在，但可以通过国家间的相互对话、协调与相互制约、谈判，确立新的全球伦理、价值观念、游戏规则，摒弃战争是最终解决冲突方式的价值观，建立和谐的国际社会新秩序。

2. 冷战时期的军备竞赛，转变为经济竞争。虽这种转变显现了对抗、冲突性质的根本变化，但军备竞赛仍然存在。从总体上说，经济竞争是主导的价值取向。

从某个意义上说，国际社会的经济间的竞争、渗透，以至取代，比军备竞赛，有过之而无不及。军事的讨伐、制裁、惩罚，只能引发被讨伐、制裁、惩罚者的怨恨和逆反的回应。经济的竞争、渗透和取代，往往获得被渗透、被取代者不知不觉的顺应。从价值效果来说，经济的渗透和取代常常优于军事的讨伐和制裁。这已被当今有智慧的政治家、战略家所认识，也是后冷战时期经济竞争是主导价值取向的原因所在。

后冷战时期的经济竞争是全面、广泛的竞争，其经济冲突也是全面、广泛的冲突，它涉及各个方面和层次。如东西南北各方，发达与发达国家之间、发达与发展中国家之间、发展中国家之间，以及第一、二、三世界之间等的紧张和冲突，亟须调整和均衡。虽国际经贸和金融组织的运作、区域性经济整合初具规模令世人期待，但发达国家以自由、公平贸易为借口，而行贸易保护之实，区域化经济整合对区域外国家的威胁，等等，都会构成新的紧张和冲突。

后冷战时期东欧民主化进程与经济发展的失调、失控，导致经济萧条、恶化，需要一个时期的调整、恢复。非洲、拉丁美洲经济发展失控，亦需要不断协调，加上发达国家经援的减少，贫富差距逐渐拉大，导致对抗和冲突加深。再则以逃离经济困局为主而非以政治因素为主的新移民浪潮，既冲击各自国家的都市，造成大都市紧张、冲突和暴力；亦冲击各发达国家，而酿成种族主义、沙文主义，激发冲突和暴力。

3. 冷战时期的两极对抗政治，向多元政治转变。国际社会在第二次世界大战后，曾提出"权力平衡"（balance of power）、"集体安全"（collective security）、"世界政府"（world government）等三个观念架构。[①]虽设计者的主观愿望良好，但在实际操作过程中，列强的权力和利益争夺，削弱了良好愿望的实现。后冷战时期的多元政治，每个国家都力争国际地位的平等，民族主权国家仍是未来世纪国际体系运作的主体。在多元竞争的国际社会中，每个主体都可以各行其是。若不以和平协商与互相合作的诚意，以求共存、共处，国际社会的和平、安定就不容乐观。

联合国在维系国际秩序中，有其不可或缺的作用，但其作为普遍性的安全组织，较难真正发挥其平等、公正、博爱的精神，而往往成为某种权力意志的表现，削减了其普遍性意志。

在当前国际社会中，认为民主化是治疗政治冲突、经济贫困的灵丹妙药，显然是一种不切实际的预设。单一的政治民主化、经济自由化，以及其所建构的民主政治制度，在现实政治生活中表现出来的腐败、脆弱和限

---

① 参见［美］Inis L. Claude Jr.：《权力与国际关系》，张保民译，台北，幼狮书局，1986。

制等弊病，若不加以变革和创建新的管理机制，"光是快速的政治民主化，恐将只是快速的动乱而已"①，这也是值得政治家们深思的。

4. 冷战时期科学文化方式与"阶级"文化方式的对立，变易为多元文化方式的自由选择。尽管一些思想家提出"现代文明的危机"的"危机时代的哲学""文明哲学""创造的爱"等等设想，要重建一个以人本主义、伦理道德为基础的，以爱为实践的，和平和人道的国际社会，但是，全球整合的经济与技术力量，淡化了国家的地位，凸显了语言、文化、宗教、种族的传统地位②，个人归属感增长，文化离心力亦在蔓延。种族的、民族的、宗教的、教派的冲突和战争威胁着文化的整合或和合。

其实，文化的对抗，也是文化渗透的一种特殊形式；市场工业化模式与计划工业化模式既互相对待冲突，亦互补互涵；工具理性与价值理性的冲突，由于价值合理性与工具的非理性，或工具合理性与价值的非理性，以及价值理性的压抑和工具理性的膨胀，导致了无论是科学文化方式的选择，还是"阶级"文化方式的选择，都面临着危机。科学文化方式为人类创造了巨大的物质财富，满足了人类的需要，但人的价值观的差异与不适宜的运作，给人类带来了无穷的灾难——生态危机、环境污染、资源匮乏、水土流失、洪水泛滥、疾病肆虐，严重威胁着人类的生存。"阶级"文化方式也为人类社会创造了财富，但价值观和运作中的种种问题，造成了忽视知识、计划单一、经济不开放等弊端。这两种文化方式，都有其特定阶段的现实性和合理性，但现实的并不一定是合理的，合理的也并不一定是现实的。它们所带来的弊端，与其说是由于文化方式本身，毋宁说是由于人的价值观的制约和误导。

---

① 施正权：《从儒道观点论世界新秩序之建立与发展》，"海峡两岸中国传统文化与儒道会通学术研讨会"论文，1994。

② ［美］John Naisbitt：《全球吊诡——小而强的年代》，顾淑馨译，24～25 页，台北，天下文化出版公司，1994。

这两种文化方式所共同存在的问题是，都没能打开不同意识形态、不同制度、不同肤色、不同宗教间的会通和圆融。这就给世人敲响了需要重新建构文化方式选择的钟声。

### （三）转型与冲突

从冷战时期向后冷战时期转型，国际社会在军事、经济、政治、文化等各个方面都出现新因素、新性质、新特点、新形势，需要重新认识世界，重构国际社会的新秩序，亦需要重新指导认识新世界、重构新秩序的理论、原理、原则，时代呼唤一种与这种新理论、新原理、新原则相适应的新思维、新价值观的诞生。

然而，正当冷战向后冷战转型时，国际社会在军事、经济、政治、文化等方面的战略形势还处于不确定、不适应之时；文化方式需要重新选择，还处在浑沌模糊之际；信息科技高速发展，地球显得愈来愈小，"地球村"观念已成为人类未来发展的共识，人类还处于需要寻求多元文化共生、共处、共发、共进之时；人类正面临着人与自然、人与社会、人与人、人的自我心灵以及文明间的五大冲突和生态、人文、道德、信仰、价值五大危机，还处于不能自解之际。世界的政治家、哲学家、军事家、思想家、科学家都在寻求解答之方，而呈可喜现象。

在此纷纭复杂的意见中，亨廷顿发表了《文明的冲突》（"The Clash of Civilizations"）一文。他所谓的冷战结束之后的未来国际冲突将是文化的冲突，而没有从军事、政治、经济角度来论述，使世人的视野重新投向古老的文化传统，唤起对于传统文化的关注和探讨。他认为文明的冲突，主要是指儒家文明与伊斯兰文明相互奥援，将对西方文明产生威胁[1]，提

---

① 参见［美］亨廷顿：《文明的冲突》，载《外交事务》（*Foreign Affairs*），1993，夏季号。

出："西方文明为顾及自身利益，对内应加强团结，放慢裁军速度；对外应拉拢东欧和拉丁美洲，跟日本和俄罗斯合作，限制儒家与伊斯兰国家的军事扩张，并挑拨儒家与伊斯兰社会的歧异，使它们无法联手对付西方"[①]。这是以西方中心论的思维方式、文化观念以及价值观念来规划后冷战和 21 世纪的文化战略。

理论、原理之谬误，将会产生战略上的误导。各地区、各民族的文化差异分殊，存在着文化冲突的一面，但亦存在着不同文化，以至相互冲突的文化的相互融合的一面，这便是文化的互补与和合性。这是从各地区、各民族的文化单一方面而言的；从各地区、各民族文化的现实而言，则并不是单一文化，而是多元文化共存共处。印度有佛教文化、印度教文化、伊斯兰教文化、基督教文化的并存。新加坡有儒家文化、伊斯兰文化、印度教文化、基督教文化的并存。中国有 56 个民族，各个民族各有其文化，除儒家文化外，还有道教文化、佛教文化、伊斯兰教文化、基督教文化等等。并且中国以马克思主义为指导思想，始终坚持和维护，体现了文化的和合精神。

中国人没有跑到古希腊罗马，用儒家思想去批判柏拉图（Plato）或亚里士多德（Aristotle）。西方人也没有从中国学到儒家思想，去批判他们的老祖宗。今天，亨廷顿为什么要唆使世人去批判儒家？这不值得中国人深思吗？

近一个时期来，西方的一些智者，似有所悟，他们提出"如果人类要在 21 世纪生存下去，必得回头 2 500 年，去吸收孔子的智慧"。所谓儒家孔子的智慧，可说出几十条。笔者认为，最基本的是两条：一是"仁者爱人"，二是"和为贵"。前者是儒家文明的基本精神和理论基础，后者是儒

---

① 参见［美］亨廷顿：《文明的冲突》，载《外交事务》（Foreign Affairs），1993，夏季号。

家文明的价值理想和价值尺度。亨氏对此却无所领悟。

### (四) 多元冲突与多元融合

"和"作为儒家文明的人文精神的价值理想,是当时时代精神的呼唤和时代精神的精华。史伯、晏子、孔子所处的春秋时期,各诸侯国之诸侯和各卿大夫都为自己之"私利"①,相互叛逆,以至战争征伐。诸侯国内部各种势力亦相互争权夺利,弑君弑父,构成了当时的一个"国际社会"。由于当时诸多政治单位——诸侯国的互动和变迁,其结构相当于国际关系理论中的国际体系的概念②。按照此理论架构来审视孔子的时代,思想家们对此"国际体系"结构的"礼坏乐崩"的剧烈变动,应做出如何维系稳定秩序的回应,就成为当时儒家、道家、墨家等各家所要思考、解答的首要问题。管子、老子、孔子、墨子等都主张"和""和合""合和",作为回应和化解天与人、国与国、家与家、人与人、人自身心灵以及东西南北中不同文化、文明间冲突的最佳方式。

儒家主张:"礼之用,和为贵。先王之道,斯为美;小大由之。有所不行,知和而和,不以礼节之,亦不可行也"③。治理国家,处理大小事,以"和"为价值标准,这便是圣王之道,美就在这里。以美来评价"和",体现了当时人的审美价值取向。儒家把"和为贵"升华为审美的高度,表

---

① "孟子见梁惠王。王曰:'叟!不远千里而来,亦将有以利吾国乎?'孟子对曰:'王!何必曰利?亦有仁义而已矣。'"(《孟子·梁惠王上》)孟子所处时代是孔子所处时代之延伸,基本问题相似。[参见拙作:《义利论》,载《孔孟月刊》,台北,第13卷,1992(5、6)]

② 所谓"国际体系"(international system)可界定为:"任何独立政治实体的组合,包括部落、城邦、国家或帝国等。它们依循规律化的程序相当频繁地互动。"(K. J. Holsti: *International Politics: A Framework for Analysis*, 6th ed., New Jersey: Prentice Hall, 1992, p. 15) 这可以从五个方面来分析:(1)体系的界限,即体系内政治实体之间的互动与环境之间的界限;(2)体系内政治单位的主要特征;(3)明确的体系结构,即特殊的权力与影响力的形态;(4)体系内各政治单位最普遍的互动形式;(5)体系的规律、习惯。(参见施正权:《从儒道观点论世界新秩序之建立与发展》,"海峡两岸中国传统文化与儒道会通学术研讨会"论文,1994)

③ 《学而》,见《论语集注》卷一,3页,上海,世界书局,1936。

征为人文精神。

所谓"和"，就是既冲突又融合，无冲突无所谓融合，无融合亦无所谓冲突。以"和"为价值标准，就是在处理国与国、家与家、人与人的关系时，要遵循"君子和而不同"①的原理、原则，即虽有冲突但融合，不因不同而结党营私，为害国、家、人与别国、别家、别人。小人反之，"同而不和"，为一国、一家、一人之私利，拉拢别国、别家、别人，结党营私，不顾国、家之大局公利，贼害别国、别家、别人的利益。这表现了两种不同的人格理想、道德情操、审美意识、思维方法。

除儒家外，管子、老子、墨子都主张"和""和合""合和"。"和"是当时被普遍认同的人文精神，这种共识来自对现实社会的忧患和对未来可能世界的理想。怎样才能"和"？"和"的依据与基础，即"和"之所当然的所以然，便是儒家的"仁者爱人"，道家的自爱而爱泽人人，墨家的"兼相爱"等的人类之爱的人道精神。

这种"泛爱众"的仁爱精神的原理、原则，犹如孔子所表述的："夫仁者，己欲立而立人，己欲达而达人"②。如果没有仁爱之心，己与人永远是对待的，己立己达就不希望人立人达，因人立人达可能威胁、损害己立己达。亨氏明确提出"西方文明为顾及自身利益"，其内外政策的制定与挑拨儒教文明和伊斯兰文明之间的纠纷等，都是以己立而人勿立，己达而人勿达的中心概念，把立人达人转换为损人贼人，而使立己达己与立人达人对立起来，非此即彼。为维护西方文明，实即美国在全球的既得利益，而不计损害他国、他家、他人的利益。倘若说己欲立而人勿立，己欲达而人勿达，便是亨氏所说的西方文明的话，那么，则亦有违自由、平等、博爱的精神。

---

① 《子路》，见《论语集注》卷七，57 页。
② 《雍也》，见上书卷三，26 页。

　　一种文明之所以持久不衰，主要是因为它是一种人类普遍精神的升华，这就是"泛爱众"的博爱精神。无论是东方文明还是西方文明，都具有立己立人、达己达人的爱心。人类有了这种爱心，并以此为一切观念、行为的基点、核心，推广辐射出去。"己所不欲，勿施于人"①，成为无论是东方文明还是西方文明的普遍原理，国际社会就能和平共处，共同发展，共同繁荣。

　　正由于此，孔子的智慧，才成为人类的智慧、21世纪世界的智慧。德国哲学家费尔巴哈（Ludwig Andreas Feuerbach，1804—1872）曾揭示出儒教文明的精髓：

　　　　中国的圣人孔夫子说：……"己所不欲，勿施于人"。……在许多由人们思考出来的道德原则和训诫中，这个素朴的通俗的原理是最好的、最真实的，同时也是最明显而且最有说服力的，因为这个原理诉诸人心，因为它使自己对于幸福的追求服从良心的指示。当你有了所希望的东西，当你幸福的时候，你不希望别人把你不愿意的事施诸于你，即不要对你做坏事和恶事，那末你也不要把这些事施诸于他们。当你不幸时，你希望别人做你所希望的事，即希望他们帮助你，当你无法自助的时候，希望别人对你做善事，那末当他们需要你时，当他们不幸时，你也同样对他们做。②

　　这就是"健全的、纯朴的、正直的、诚实的道德，是渗透到血和肉中的人的道德"③。这种以己度人，推己及人，由爱己而推及爱人、爱物的

---

　　① 《颜渊》，见《论语集注》卷六，49页。
　　② 《幸福论》，见《费尔巴哈哲学著作选集》上卷，577～578页，北京，生活·读书·新知三联书店，1959。
　　③ 同上书，578页。

"仁爱"精神,是现代世界处理人与自然、人与社会、人与人、人的自我心灵关系的大本、大原。人类只有把一切关系建构在"爱"的根基上,才能爱己、爱人,以推致爱他人、爱他家、爱他国,并由己和、己乐,而推致人和、人乐和天和、天乐。

虽儒教这种"仁爱"的爱人爱物的人文精神,2 000多年来,有各种各样的挫折,但儒教在处理人与自然、社会、他人以及自身心灵的诸多关系的交往活动中,都不断强调自强不息的、慎独的、"吾日三省吾身"的原理、原则,以求内化为道德的自觉和自律。宋明理学家特别强调心性之学,也蕴涵着这种内涵。这种"仁爱"的人文精神,对于现代世界来说,既不必经"良知坎陷"而开出,也无须经"创造性的转化"而运用,只需自然流出或适宜性地流出,作为处理现代世界人与自然、社会、他人以及自身心灵关系的指导原理、原则之一。

"己所不欲,勿施于人"的恕道,是诉诸自我内在的道德情感,以善意和爱心与自然、社会、他人相共处,是成己成人、成人成物之德。无怪乎伏尔泰(Voltaire,1694—1778)赞扬儒教说:"行孔子之道的时代,才是世界上最幸福的时代,最令人向往的时代。"[1] 伏氏之论,陈述文化交流和互补之必要。儒家"和而不同"的"和"的概念,是主张不同文化间的兼容和合,多元文化的和谐共生、共处,化解冷战时期的不两立的敌对文化观或文化威胁论,以及一元宰制论。

后冷战时期的四大最有影响力的文明(儒教文明、基督教文明、佛教文明、伊斯兰教文明[2]),都应依循儒教的恕道精神,以开放的胸怀,容纳异己的文化因素,并以同情的爱心相互理解、相互尊重,和合共生、共

---

[1] 廖竞存:《时中与大同》,5页,台湾,商务印书馆,1973。
[2] 参见张立文主编:《退溪书节要·前言》,46页,北京,中国人民大学出版社,1989。

存、共处、共进。

在此文化多元冲突、多元融合的错综复杂的后冷战时期，价值观念的冲突是导致世界变局和多元冲突的原因之一。因此，不能建构一种以融合各种文化价值观为基础的文化价值体系，人类便不可能共同面对自然、社会、人际、心灵和文明的五大冲突的挑战，既不能给人的生存提供充足、舒适而无污染的自然生活资源的"元境"，亦不能给人的生存提供一个安定有序、富裕文明的社会生活的"理境"，还不能给人的生存提供一个互助、互爱、互尊、互重、互信的人我生活活动的"己境"，人人心灵愉悦的艺术生活活动的"心境"，各种不同文明间的宽容开放、和平共处的"和境"。这就迫切需要建构一个新的、能融合各种价值观的、能化解五大冲突挑战的文化价值系统。笔者认为，"和合"文化价值系统，是 21 世纪文化方式的最佳选择。这就是笔者把"和合学"作为 21 世纪的文化战略来建构的原因之所在。

## 二、古今中西的论争

世纪之交的文化思考，不免要把人的视野带到上一个世纪之交的文化舞台上来。1895 年中日甲午战争的失败，激发了一批忧国忧民的志士仁人，为救亡图存，发动了戊戌变法运动，这次改革以"六君子"的鲜血而宣告失败，中国更沉沦在苦难的黑暗中。20 世纪 70 年代以来中国的改革开放，以及国际社会由冷战向后冷战的转型，给中国带来了信心和希望。中国从 19 世纪以来的近代化和现代化的不怕流血牺牲的艰苦追求，经历无数次的挫折和失败，终于看到了一线曙光。

### （一）传统现代的二分

世界的近代化或现代化①，是从西方首先起步的。马克斯·韦伯从伦理精神，即从文化的视角探索资本主义发生的原因。他认为，任何事业的背后，都隐藏着一种无形的精神力量。他揭示了资本主义发展背后的某种心理驱力，即精神力量之间的生命联系，这就是新教伦理。这就是说，一种精神力量都是与该项事业的社会文化背景有着深切的渊源的。

马克斯·韦伯认为，资本主义与传统主义有着完全不同的精神基础。在合法统治的三种纯粹类型中，明确区分为传统型与法理型。传统型的统治权力是自古就有的神圣传统，在政治上对理性的经济行为起到严重的阻碍作用，相信事物的惯例秩序，以及传统取向的社会行动。法理型是指现代社会的统治形式，是以法律为依据进行管理的社会，现代资本主义之所以在西方产生，是因为西方文化中具有合理主义精神、自我奋斗的精神，以及近似于禁欲主义的积累精神。

韦伯从时间上划分西方传统社会与现代社会，从空间上区分东方传统社会与西方现代社会。他从文化精神背景上来考察东方，中国、印度是由信念伦理驱使的价值合理性行为，包含着传统、情感等非理性因素，理智化程度相对较低。西方是基于责任伦理的工具合理性行为，关注手段、计算和日常生活的当下要求，理性化程度相对较高。这便是东西文化之别，也是传统与现代之异。

---

① 现代化（modernization）或现代（modern）、现代性（modernity）概念群，是近世社会科学家和人文学者关注的热点。虽各见仁见智，但从一般文化意义上来理解，现代与传统相对应；现代性是指与现代社会相适应的非传统的新文明的特质；现代化是指具有现代性的新文明的社会实践活动。（参见万俊人：《伦理学新论》，7页，北京，中国青年出版社，1994。）美国学者吉尔伯特·罗兹曼（Gilbert Rozman）的《中国的现代化》（*The Modernization of China*）认为，"我们把现代化看作是一个在科学和技术革命影响下，社会已经或正在发生着变化的过程。业已现代化的社会的经验表明，最好把现代化看作是影响社会各个方面的一个过程"（［美］吉尔伯特·罗兹曼：《中国的现代化》，3～4页，上海，上海人民出版社，1989）。

韦伯认为，中国的儒教，其"内圣"之学的道德理想，虽是善与美的表征，但却是价值合理性的信念伦理。从"内圣"到"外王"，信念伦理就需要转化为一种工具合理性的责任伦理，才能实行现代化，但儒学缺少这种转化，而停留在传统社会层面。

其实，这种传统与现代的二分模式，并非韦伯的独撰。西方社会学的创始人孔德（Auguste Comte，1798—1857）曾提出知识发展三阶段理论：神学阶段（虚构）—→形而上学阶段（抽象）—→科学阶段（实证）。任何理论权威，都以实证的事实为基础。与这三阶段相联系的是社会静力学与社会动力学理论，由此可知，他实质上是把人类知识区分为固定与进步两种模式。从社会发展理论来看，实证科学是现代化的精神基础，而固定的静态是非现代的传统。滕尼斯（Ferdinand Tönnies，1855—1936）的《公社与社会》（*Gemeinschaft Und Gesellschaft*），把社会划分为两种基本类型或模式。公社是指情感融洽、团聚性强、富有群体意识的社会有机体，即在自然情感一致基础上紧密联系起来的传统社会。社会是指建立在外在的、合理利益基础上的结合，即个体主义的、原子化的现代社会。他们都是以西方社会为对象而做出传统社会与现代社会的二分模式的认识。

### （二）古今之辩的反思

这种传统与现代的二分思维模式，并不只是西方人的思维特点。中国古人对传统与现代的关系，亦曾有过激烈的论争，并不只是当代社会在实现现代化过程中所碰到的新问题。这便是中国历史上的"古今之辩"。这个辩论可追溯到公元前秦始皇的时代。

秦始皇统一中国后，当时中国的政治体制、经济结构、典章文字、思维方式、价值取向都曾发生巨大的变化，即处于社会大转型的时代。于是便激发了一场古与今（传统与现代）的大论战。秦始皇三十四年（公元前

213 年），嬴政置酒咸阳宫，参与者有大臣和博士 70 人。会上仆射周青臣歌功颂德地说：

> 他时秦地不过千里，赖陛下神灵明圣，平定海内，放逐蛮夷，日
> 月所照，莫不宾服。以诸侯为郡县，人人自安乐，无战争之患，传之
> 万世。自上古不及陛下威德。(《史记·秦始皇本纪》)

秦始皇听了很高兴。

博士齐人淳于越持不同意见。他说：

> 臣闻殷周之王千余岁，封子弟功臣，自为枝辅。今陛下有海内，
> 而子弟为匹夫，卒有田常六卿之臣，无辅拂，何以相救哉？事不师古
> 而能长久者，非所闻也。今青臣又面谀，以重陛下之过，非忠臣。
> (同上)

于是，秦始皇请大家议论。

丞相李斯批判淳于越等的师古言辞：

> 五帝不相复，三代不相袭，各以治，非其相反，时变异也。今陛
> 下创大业，建万世之功，固非愚儒所知。且越言乃三代之事，何足法
> 也……今天下已定，法令出一，百姓当家则力农工，士则学习法令辟
> 禁，今诸生不师今而学古，以非当世，惑乱黔首。(同上)

这里所谓"当世"，即今所谓的现代。古往今来，君主、当权者，多喜闻歌功颂德之言、谄谀奉承之词，而厌听逆耳犯颜之言、揭短露丑之见。忠言逆耳，往往便当作异端邪说，即反动言论。

李斯把博士诸生"师古"与"非今"联系起来，又以非此即彼的思维方法，思考和处理古与今、传统与现代的关系，把古与今、传统与现代作为对立的两极、两端。于是，师古者必非今，学古者必拒今，便成为他们

的思维逻辑。

> 语皆道古以害今，饰虚言以乱实，人善其所私学，以非上之所建立。今皇帝并有天下，别黑白而定一尊。私学而相与非法教人，闻令下，则各以其学议之，入则心非，出则巷议，夸主以为名，异取以为高，率群下以造谤。如此弗禁，则主势降乎上，党与成乎下，禁之便。（《史记·秦始皇本纪》）

言语的"道古"就是"害今"，古与今势不两立，今无继承古、借鉴古的关系。"害今"就是造谤现实政治、制度，就是否定"一尊"，有损君主的权势，甚至是惑乱黔首百姓的政治事件。

这样，就把社会转型时期的古与今、传统与现代关系的不同认识、意见的探讨，完全作为政治与"惑乱黔首"问题来处理。这就是说，把具有学术意蕴的问题当作政治问题。因此，李斯建议：

> 臣请史官非《秦纪》皆烧之，非博士官所职，天下敢有藏《诗》、《书》、百家语者，悉诣守尉杂烧之；有敢偶语《诗》、《书》，弃市。以古非今者，族。吏见知不举者，与同罪。令下三十日不烧，黥为城旦。（同上）

禁止家藏和言语作为传统文化载体的《诗》《书》及百家语等经典文本，对《诗》《书》等元典文本采取焚烧的办法，对言语《诗》《书》的人斩首，大有一种毁灭文化遗产，彻底与传统文化（即古）决裂的态势。

由古今之辩，而演为焚书坑儒，不能不说是走到了极端。即使说淳于越就一个具体分封制与郡县制的体制问题，提出不同看法，有点恢复传统的文化保守主义的意味，也不至于由于博士诸生的几句言论而能惑乱黔首，从而推翻强秦的。淳于越讲"事不师古而能长久者，非所闻也"，其本意是完全为秦始皇的秦氏王朝的统治考虑谋划的，而决无二心。其实，"秀才造反，三年不成"。这是历代统治者都懂得的常识。秦始皇自己就是靠武力消灭六国，而不是靠游说统一中国的。先秦能言善辩之士多矣，若能靠言语便可推翻一个国家的政权，春秋战国时中国早可统一了，就没有频繁的战争了。但统治者还是怕"秀才"讲不同话，即使是忠言，也要当叛逆。这是中国专制统治者难于超越的通病。

强秦速亡的历史，恰恰说明不是淳于越博士的几句"道古害今"的言语，而是如贾谊在《过秦论》中所总结的，秦的种种过错，归结到一点，就是不语古，即传统文化的文本（《诗》、《书》、百家语）中的"仁义不施"的缘故。"举措太众，刑罚太极"①，而引起了陈胜、吴广的起义，摧毁强秦。秦亡说明这次由咸阳宫引起的古与今、传统与现代的论争，应对古与今、传统与现代作既冲突又融合的和合理解，而不要导致焚书坑儒的政治上、文化上的专制主义。秦始皇尽管在中国历史上有很大的功绩，但焚书坑儒这一点却遗臭了 2 000 多年，应引以为鉴。

面对强秦出乎人们意料，也出乎秦始皇意愿的速亡，汉代的众多统治者、思想家都来思考和总结这个历史教训。汉初有知识、有远见的陆贾和贾谊，都强调古与今、传统与现代的冲突融合。据《史记》载：

> 陆生时时前说称《诗》、《书》，高帝（刘邦）骂之曰："乃公居马上而得之，安事《诗》、《书》!"陆生曰："居马上得之，宁可以马上治之乎？且汤、武逆取而以顺守之，文武并用，长久之术也。昔者吴王夫差、智伯极武而亡，秦任刑法不变，卒灭赵氏。向使秦已并天下，行仁义，法先圣，陛下安得而有之？"高帝不怿而有惭色，乃谓陆生曰："试为我著秦所以失天下，吾所以得之者何，及古成败之

---

① 陆贾：《无为》，见《新语校注》卷上，62 页，北京，中华书局，1986。

国。"(《史记·郦生陆贾列传》)

这里提出了几个值得后世思考、总结的问题：一是"得天下"与"治天下"的联系和区别，即今所谓革命与建设的关系，其间的联系和区别；二是所以"失天下"与"得天下"的经验、教训和原因；三是"行仁义，法先圣"的传统与现代的关系，即古与今的关系。

陆贾当时审时度势，根据现实的需要，共写了12篇文章。"每奏一篇，高帝未尝不称善，左右呼万岁，号其书曰'新语'"（同上）。《新语》沟通了传统与现代、古与今的关系，对中国文化有创造性的整合和发展，而得到众人的认同，适应了现代（今）的需要，因而被称为"新语"。新何以为新？是相对于秦所采用的法家思想和推行"以吏为师"、严刑峻法而言的。

秦代为古与今、传统与现代关系的论争，付出了血的代价，换来了"通古今之变"①的认识，即沟通、会通、圆融传统与现代、古与今的变化。如何会通传统与现代？扬雄曾说："道有因有循，有革有化"②，"可则因，否则革"③。对于古、传统，要按照今、现代的需要，进行重新选择。"可"指符合现代、今需要的，便因循，即继承；"否"指不适应现代、今需要的，便化革，即变革或舍弃。这种观念曾在一个比较长的时期内成为社会大多数成员的共同价值取向，即"价值共意"。

人有返祖现象，历史有循环现象。经过了2 000年，到了五四运动时期，古与今、传统与现代，又加上中与西的论争，又显著地突出起来。依照同传统的观念实行最彻底的决裂的金科玉律，把对传统文化（历史的、思想的、科技的）的研究，批判为厚古薄今；对传统文化中某些因素、方

---

① 《报任少卿书》，见《汉书·司马迁传》卷六十二，2735页，北京，中华书局，1962。
② 扬雄：《太玄莹》，见《太玄校释》，282页，北京，北京师范大学出版社，1989。
③ 扬雄：《问道》，见《法言注》，86页，北京，中华书局，1992。

面的肯定，被批判为借古讽今、以古非今；对传统文化的继承，就被批判
为道古害今、颂古反今。这就把古与今、传统与现代完全对立起来了。

### （三）中西之争的情结

为什么近代以来的中国，重复着秦代古与今、传统与现代的论争？这
是因为近代中国亦经历着社会的大转型，这个转型也涉及国家的体制、典
章制度、经济结构、政治结构、文化结构、思维方式、伦理道德、价值观
念等各个方面，与秦的社会转型有某些方面形式上的近似。

近代西方凭借工业文明的崛起，向世界扩展它们的殖民地。西方文化
是伴随着传教士以及非理性的毒品贸易、武力侵略、杀戮无辜、烧抢文物
等方式，威胁、冲击、侵略中国文化的。1840 年，英国发动可耻的鸦片
战争，用炮舰轰开中国大门，强迫中国签订不平等的《南京条约》，强占
香港，勒索巨额赔款，控制关税，并获得领事裁判权等。接着资本主义列
强侵略中国，强迫中国签订了一个又一个不平等条约。列强的军事、经
济、政治、文化的侵略，使中国失去了大量资金、市场、原料和发展条
件，使中华民族陷入屈辱、苦难的深渊。列强利用侵略中国所取得的权
益、巨额赔款，来实现或加速其工业化的进程，又使中国发展进程愈来愈
落后于西方。

中国人在丧权辱国的强刺激下渐渐觉醒，对西方文化的挑战做出了回
应，提出了"师夷长技以制夷"[1] 的口号，以求"尽转外国之长技为中国
之长技，富国强兵"[2]。中国士大夫屈尊"师夷"，这是华夏传统价值观的
大转变。这种转变是从器物层面的军事科学技术而入，开启自卫型现代化
（或工业化）进程的思想，以发展机器生产为现代化发轫的标志。

---

[1]　魏源：《海国图志叙》，见《魏源集》上册，207 页，北京，中华书局，1976。
[2]　魏源：《道光洋艘征抚记下》，见上书，206 页。

"师夷"观念的转变，一方面说明向西方学习，引进科技的必要；另一方面并不削弱民族的自尊意识。中国衰弱是由于社会风气不开，只要变古，"风气日升，智慧日出"，那么"东海之民，犹西海之民"（魏源：《海国图志·筹海篇三》），并不是中国人的聪明才智不如西方人。"师夷"主张的逻辑的、历史的引申，便导向现代西学与传统中学的冲突，即：传统制约现代的发展，现代发展的进路受传统的阻碍，等等。在当时人的心目中，"夷"便是西方现代文明，即西学；与西学相对应便是传统中学。这样，在纵向的古今之辩，即历时性的传统与现代之争外，又发生了横向的中西之辩，即共时性的传统与现代之争，以及西学为新学、中学为旧学的性质层面的新旧之辩。

这种古今、中西、新旧的传统与现代关系之争，并非单纯概念之辩，它深深植根于社会的转型之中。

1. 在经济结构层面。西方现代生产、流通、消费方式的进入，促使了中国传统经济结构的瓦解，出现了传统的自给自足的自然经济与西方资本的商业、工矿业经济并存的经济结构。

西方列强殖民主义的不平等条约，剥夺了中国海关的自主权，以关税的进口税低于出口税，外贸税低于国内贸易税，洋商税低于华商税的税率倒置，以及采取公开掠夺、漏税走私等强制性的手段，向中国倾销鸦片毒品及其他商品，掠夺中国财物，并利用掠夺到的财富，在中国开办现代商业、金融、交通、电讯、工矿业和航运业。这不是真正外国资本的投资，而是攫取华资，投资于华，进而垄断中国对外运输业，控制铁路修建和管理、电讯的架设权、矿产的开采权以及中国金融市场。

西方列强还侵入中国传统的手工业、农产品加工工业，排斥中国民族工业，把中国变成西方列强的商品市场、原料产地和投资场所的殖民地。在经济层面的现代工商业与传统的农业自然经济的二元结构中，传统的自然经济虽然在瓦解，但仍占主导地位，西方资本主义国家在华开设的现代工商业，主要是为其商品输出服务，规模较小，具有殖民性质[①]，不占主导地位。

2. 社会结构层面。传统的宗法君主专制政治制度和统治阶级在分解，新的社会阶级、阶层逐渐产生。随着沿海、沿江条约口岸（通商口岸）的开设[②]，社会成分发生变化。在条约口岸，外国商品、企业、人员最集中。洋人在条约口岸是凌驾于华人之上的、享有治外法权的特殊阶层。"租界""洋场"成为中国的国中之国、国上之国。随着他们对中国经济、政治、社会生活干涉的加深，便俨然以殖民者、主宰者自居，而成为压迫中国人民的殖民阶层，当然其中也不乏同情中国人民的友好人士。

中国自然经济的分解给资本主义提供了商品市场，大量手工业者和农民的破产又提供了廉价劳动力市场。列强在中国条约口岸所开办的企业，造就了中国现代产业工人。他们工资低，劳动条件差，工作时间长，遭受非人待遇和多重压迫剥削。由于不堪忍受，于19世纪60年代，上海耶松船厂工人举行罢工，以示反抗。

列强工商业在中国寻找其代理人，便出现了买办阶层。中英《南京条约》废除了中国实行一个多世纪的管制洋商的行商制度，1844年的中美《望厦条约》确认外商自由雇用买办、通事的权利。初期是那些为外商做捎客的人，或做跑腿、帮办。后随中国殖民地化的加深及洋务运动的发展，买办不仅获得了领事裁判权的保护，亦在官办企业兼差，而获官职，

---

① 参见许涤新、吴承明主编：《中国资本主义发展史》，第2卷，7、90页，北京，人民出版社，1990。1848—1893年，共约580家，总投资额计2.34亿元。

② 从1842年中英订立不平等的《南京条约》以来，中经第二次鸦片战争，到1894年中日甲午战争前，英、俄、美、法、葡等迫使中国签订了13个不平等条约，开约口岸35处；中日甲午战争后至1914年第一次世界大战爆发，又开约口岸53处，共88处。日本要开的口岸最多，遍布中国沿海、内陆、边境。

买办阶层得以兴盛。他们借为外商积累资本而分得余润残羹，积累起自己的资本。早期中国著名买办有唐廷枢、徐润、郑观应等。他们学习西方资本主义的经营管理、科学文化，继则兼营工商业，主张发展中国商品经济，保护关税，裁撤厘金，保护商人自由投资，成为中国改良主义的先驱。

这就使中国传统社会内部出现了新的工人、买办、民族工商业者与君主专制统治集团、殖民者的冲突，其间错综复杂的矛盾，催化着中国传统社会结构的分解。

3. 文化结构层面。中国传统文化源远流长，儒、道作为朝野主体文化一直延续到现代。16、17 世纪西方传教士来华，带来了西方数学、天文、大炮等制造科学技术，受到清王朝的礼遇。鸦片战争以后，西学随列强的炮舰，像潮水般地涌进。19 世纪 40—60 年代，西方在华著译史地等方面科学著作 28 种，涉及力学、物理学、地理学、生物学、化学、光学、医学等，已非明清间西学的"旧观"，而是西方的"新学"。但亦有其局限：不仅西方社会、人文科学著作译介尽付阙如，而且西方 19 世纪上半叶出现的自然科学三大发现——细胞学说、能量守恒定律及达尔文进化论，都无简介。即使如此，亦开拓了中国人的眼界，引起了中国传统文化与西方文化的冲突。1887 年由西方传教士、领事和商人组成的广学会（原名"同文书会"），创立于上海，其宗旨就是以西方国家之新学广中国之旧学，企图调和西学与中学、新学与旧学的冲突。

西学东渐的局限性，来自两方面的阻力：一方面来自传播者自身。西学初传的承担者主要是传教士，由于宗教与科学之间的固有冲突，以及传教士以传教为首务，因此，传教士往往为维护宗教而舍弃科学。如哥白尼的天体运行理论和达尔文的进化论等，直到严复翻译《天演论》，才影响了中国人的价值观念。另一方面来自接收者的素质。清政府长期"海禁"，严禁中国官府、民间与外国人往来。这种闭关自守政策导致中国与世界的疏离，视西方科技为奇技淫巧，而独尊传统名教。中国一般民众亦不理解西方科学，特别是西学与炮舰、鸦片为伍同来，侵略战争给中国人带来的苦难和西人传教士的恶行，因而形成憎恨、排斥西人的心理。尽管有这些阻力，但中国已被卷入世界工业化（现代化）的潮流，西学东渐已成不可阻挡的必然之势。

西学东渐所导致的中学与西学之辩，蕴涵着传统与现代之争。"师夷长技"是对西方工具理性优势的认同，冯桂芬、郑观应、马建忠等人倡导"采西学"，指出中国必须改变"不如夷"的方面："人无弃材不如夷，地无遗利不如夷，君民不隔不如夷，名实必符不如夷。"（冯桂芬：《校邠庐抗议·制洋器议》卷下）这是对中国传统文化在政治、经济、管理方面的反思和检讨。在冯桂芬等人身上体现了中国传统知识分子的忧患意识和民族危亡的责任感，提出了改革中学，使中国传统文化适应世界文化变化的需求。

### （四）中体西用的误导

如何改革传统文化？如何使中国传统文化现代化？如何使中学与西学的冲突融合起来？这是当时中国忧国忧民的有识之士自觉不自觉地求索的问题。

在当时中国社会文化氛围中，在经济结构、社会结构、文化结构的转型中，以及在转型中传统经济、政治、文化、价值观仍占主导方面的形势下，思想家、政治家所提出改革中国传统文化的方案，无疑是有限度的。他们只能根据当时现实的需要和可能，来设想、规划文化蓝图以及操作的方法，即做出体现时代精神的方案。

这些方案如冯桂芬提出："以中国之伦常名教为原本，辅以诸国富强之术"（冯桂芬：《校邠庐抗议·采西学议》卷下）。方案体现了中国文化的主体性，而又明确表示要接纳、吸收西方富国的科学技术，这较之视西方科技为"淫巧"来说，价值观有了转变。冯氏建议改革科举，推广西学，裁汰冗官，简化律例，发展农桑，聘请外国技师设制船炮等，被洋务派所采用。这就是说，中国的富强或中国的工业化（现代化）必须学习西学。

这种观念，已非当时个别人的认识，而成众多人的呼喊和社会的需求。

1. 传统文化要变革。王韬说："天道与时消息，人事与时变通。盖天道变于上，则人事不得不变于下。"（王韬：《弢园文录外编·答强弱论》卷七）薛福成说："大抵天道数百年小变，数千年大变。"[1] 天变而世易，变是不可避免的趋势，"物极则变，变久则通。虽以圣继圣而兴，亦有不能不变，不得不变者"[2]。变是事物发展的法则。变的内涵随时代需求而异，此时之变，在于"一变之道，在乎师其所能，夺其所恃"（同上），即学习西学富强之术的长处，这样西方就无所恃其能，而侵略中国。

2. 如何变革传统文化。这就不能不围绕着中国固有的道器、体用、本末等范畴而展开，冯桂芬中西"本辅"之论，即本末之说，曾成为当时热门话题或时尚。"器则取诸西国，道则备自当躬。盖万世而不变者，孔子之道也"[3]。这就肯定了一个前提，即中国的孔子之道是不能变的，不变之道，就是恒道；变者，仅是器而已。

> 一切西法西学，皆为吾人目之所未睹，耳之所未闻。夫形而上者道也，形而下者器也。杞忧生之所欲变者器也，而非道也。[4]

① 薛福成：《答友人书》，见《薛福成选集》，94页，上海，上海人民出版社，1987。
② 郑观应：《易言·论公法》，见《郑观应集》上册，66页，上海，上海人民出版社，1982。
③ 王韬：《〈易言〉跋》，见上书，167页。
④ 同上书，166页。

郑观应亦说："道为本，器为末；器可变，道不可变。庶知所变者富强之权术，非孔孟之常经也。"（郑观应：《盛世危言增订新编·凡例》）郑氏所说的"器"，并不仅是西方的科学技术层面的船坚炮利，而且包括国家的政治、法律、经济制度等，就是以西方文化之"器"，改革中国传统政治、法律、经济制度之器，这"器"已蕴涵了科技层面和观念层面。

中西之学为道器、体用、本末的变与不变，以及中西之学相胜说："形而上者中国也，以道胜；形而下者西人也，以器胜"（王韬：《弢园尺牍》卷四）。当时中国思想家在这种价值观念和思维方法的制约下，只能作变与不变会通、中西相胜互补的思考。这种思考的理论概括，便是"中学为体，西学为用"，即"中体西用论"。"夫中西学问，本自互有得失，为华人计，宜以中学为体，西学为用"①。"应以中学为主，西学为辅；中学为体，西学为用。中学有未备者，以西学补之；中学有失传者，以西学还之。以中学包罗西学，不能以西学凌驾中学"②。这实是求中西会通的体用互补说。

人们往往把"中学为体，西学为用"归属张之洞。他曾写道："旧学为体，新学为用"③。他又说：

> 中学为内学，西学为外学；中学治身心，西学应世事……以孝弟
> 忠信为德，以尊主庇民为政，虽朝运汽机，夕驰铁路，无害为圣人之
> 徒也。④

---

① 沈寿康：《匡时策》，载《万国公报》，1896-04。
② 孙家鼐：《议覆开办京师大学堂折》，见《戊戌变法》（二），426 页，上海，上海人民出版社，1961。
③ 张之洞：《外篇·设学第三》，见《劝学篇》，12 页，光绪二十四年七月宜昌府墨池书院刻本。
④ 张之洞：《外篇·会通第十三》，见上书，61 页。

所谓"旧学"与"新学"，张之洞解释说："《四书》、《五经》，中国史事、政书、地图，为旧学；西政、西艺、西史，为新学。"① "旧学"即"中学"，"新学"即"西学"。张氏的"中体西用论"，实乃当时时尚话题，并没有与王韬、薛福成、郑观应、沈寿康等有异。

"中体西用"作为西学东渐的回应，作为解决传统文化与现代化的思考，有其历史意义：其一，它较之西技随炮舰而来的中国人的最初的"师夷长技以制夷"的回应，无论在西学的内涵上，还是在广度上，均有大的超越；其二，不鄙称西方诸国为"夷"，而以各民族平等的态度称西学、新学等，与中学、旧学相对应；其三，已不仅限于军事技术方面的"长技"，即西艺，包括西政、西史，即西方的政治制度、经济政策、价值观念等某些层面；其四，以西学为"新"，含有肯定的意味，中学为"旧"，含有否定的意味，而需要改革、变革传统中学；其五，中学与西学、旧学与新学可以会通。在具体运作上也可以伦理名教为德，而朝夕乘汽机铁路，仍为圣人之徒，这是形式上的融合。

## 三、现代化出路的求索

"中体西用"作为重构中国文化模式的一种理论形态，它为西方现代文化的引进和吸收，找到了安顿、挂搭、依托之体。在当时情况下，无此体，西学的生命亦无以延续。这种理论形态的实践，便成为指导洋务运动的理论基础，"举国以为至言"② 的时代思潮。

### （一）牛体马用说的批判

然而，思想观念层面的转变，往往落后于社会运动层面的转变。当洋

---

① 张之洞：《外篇·设学第三》，见《劝学篇》，12页，光绪二十四年七月宜昌府墨池书院刻本。
② 梁启超：《清代学术概论》，58页，重庆，商务印书馆，1943。

务运动在"中体西用"理论指导下，在开办机器工业，办学堂、养人才，翻译西书，出游留学，改良政治等方面搞得有声有色之时，中日甲午战争爆发，北洋海军全军覆没，洋务运动的御外、"制夷"，结果竟败在被当时士大夫们视为"蕞尔"的日本手下，被迫签订《马关条约》，战争赔款加后来"赎还"辽东半岛的款项，共计 2.3 亿两白银，相当于清政府年财政收入的三倍，为甲午前清政府投入现代产业的资本总和的三倍。[①] 这笔巨额资金，使日本资本主义现代化迅速发展，中国则背上沉重的外债，并割让台湾等岛，加深了中国的危亡，失去了投资现代产业的财力。

战争是政治、经济、军事、文化的全面较量。甲午战败，洋务运动破产，举国震动。它强烈地冲击中国朝野上下以为"至言"的"中体西用"的观念，它使一些人认识到这种文化模式的选择并不能救亡图强。当时再"欲以构成一种'不中不西，即中即西'之新学派，而已为时代所不容"[②]。"中体西用"文化模式，随着洋务运动实践的失败而受到最严重的批判。

于是人们把注意力从兴办外在机器、军事工业的"用"的层面，转向中国 2 000 年来专制政体内在的"体"的批判上来，企图在"体"的方面有所创新。这就是从外在器物层面的学西方，转换成内在政治典章制度层面的改革，即引进西方政治典章制度的某些方面来改变中国旧的典章制度，这样便掀起了维新变法运动。

当《马关条约》丧权辱国的噩讯传来，全国震惊，康有为等联络各地举人 1 300 余人上书光绪皇帝，提出拒和、迁都、练兵、变法的主张，史称"公车上书"[③]，显示了中国知识分子在民族危机之时的社会责任感、

---

① 张琢：《九死一生——中国现代化的坎坷历程和中长期预测》，156 页，北京，中国社会科学出版社，1992。

② 梁启超：《清代学术概论》，58 页。

③ 中国汉代始以公车接送征举士人，后来人们就把"公车"作为进京应考举人的代称。

历史使命感和爱国精神。他们以强烈的危机感开创维新风气，广联人才，在《强学会序》中指出："俄北瞰，英西睒，法南瞵，日东眈，处四强邻之中而为中国，岌岌哉！"变法图存，维新救国，便是当时全国有识之士的共识。

在此期间，严复在天津《直报》发表《论世变之亟》《原强》《辟韩》《救亡决论》等文，抨击中国专制政治，批评洋务运动"中体西用"的文化选择，是把"牛体"与"马用"嫁接在一起，在逻辑上是不合理的。"体用者，即一物而言之也。有牛之体，则有负重之用；有马之体，则有致远之用。未闻以牛为体，以马为用者也"①。就中学、西学而言，"中学有中学之体用，西学有西学之体用"②。他讽刺"中体西用"犹如牛体马用。

严复认为，中国的富强或现代化，取决于个人的"活力"，使民获得自利、自治、自由。为此必须以民力、民智、民德为基础，宣扬以"鼓民力""开民智""新民德"③为改造旧的中国的根本方法。他宣扬"物竞天择"和"自强保种"的进化论思想，激励着许多热血青年投身于维新变法运动。这种进化论的观念是对于"乐天知命"传统价值取向的挑战，不啻是对当时中国人的"当头棒喝"，显示了中学与西学、传统与现代的紧张和冲突。

谭嗣同勇敢地提出了"冲决网罗"的呼喊，这是对中学（旧学）内在的"体"的批判。他要冲决的有"君主之网罗""伦常之网罗""天之网罗""俗学之网罗""全球群学之网罗"等，即批判的矛头指向君主专制政治、三纲五常、天命和传统的考据、辞章之学。他以西方的新学，即自由、平等、博爱以及天赋人权论思想，重新厘定君与民、父与子、夫与妇

① 《与〈外交报〉主人书》，见《严复集》，第3册，558～559页，北京，中华书局，1986。
②③ 《原强修订稿》，见上书，第1册，27页。

的关系及其社会应有地位①，有以西学改造中学的意味，说明了中学与西学、传统与现代的冲突融合，亦是对"中体西用论"的一种批判。

但理论的、现实的批判，并不等于绝迹。在中西文化的激烈冲突中，在中学没有做出成功的回应之前，"中体西用"仍不失为一种会通中西文化的观点。在抗日战争中，贺麟在《儒家思想的新开展》中提到"以儒家精神为体，以西洋文化为用"，指明了五四运动以后新儒家的精神方向。20世纪50年代以后港台现代新儒家基本上延续着这种精神方向。

20世纪80年代初，当人们面对经过所谓"文化大革命"洗礼的"一穷二白"的现实时，反省"同传统的观念实行最彻底的决裂"和"颂古非今"的"斗争"以后，又痛感落后于西方的煎熬，于是中西、体用之争又热闹起来，有提出"西体中用"②说、"中西互为体用"③说等。各种中西体用的搭配或嫁接，都依其如何对西方文化的冲击做出回应的理解，而做出不同的搭配或嫁接方式，本质上却无所差异。

然而，无论是"西体中用"说，还是"中西互为体用"说，就其思维方法而言，与张之洞等的"中体西用"说，本质上大同。其明显的缺失，犹如严复所批判的那样，是把体用作分离的两极理解，而后又将两者组合在一起，便出现了牛体马用或马体牛用的荒诞。体用本身是一个整体结构，中学与西学本身亦是一个整体结构。每一个整体结构自身，都有其体其用，且体用是整体的相对相关存在方式，"器亦道，道亦器"④。或以形而上之道为体，形而下之器为用，亦有以形而下之器为体，

---

① 参见拙作：《19世纪末东方的人权宣言书——谭嗣同思想述评》，见《中国近代新学的展开》，143～170页，台北，东大图书公司，1991。

② 李泽厚：《中国现代思想史论》，341页，北京，东方出版社，1987。

③ 傅伟勋：《中国文化往何处去——一个宏观的哲学反思与建议》，载《文星》，第10期。

④ 《河南程氏遗书》卷一，见《二程集》，4页。

形而上之道为用。① 因此，离开了整体结构，便难确定其体其用，何为体，何为用？

体用在中国哲学范畴逻辑结构中，属于虚性范畴逻辑结构。它是指那种以凝缩的形式把握事物一般规定性的思维模型。这种思维模型，既是共性与个性的和合，又是抽象性与具体性的和合，以及灵活性与确定性的和合。它的形式是空无的，内容是实在的。它的功能和作用，与代数学的原理公式一样，诸如象性范畴和实性范畴，只要纳入这个道的居所或思维模型，即可由此道的居所或思维模型的已有规定性和关系，而推演出诸范畴的规定性及关系。它可以用来说明其他范畴，具有通用性或普遍性的特点。同时，它在思维过程中的作用，犹如联结各支点或纽结的化学键，把诸多的范畴按一定的思维或哲学体系的内在逻辑，排列成一定的逻辑结构系统。②

体用作为虚性范畴逻辑结构，思维不再局限于世界的本质或基础是什么，世界存在的状态怎样，以及对世界本质和存在状态能否认识、可知的求索，而是要揭示象性范畴和实性范畴的内在联系，使诸范畴按一定的联系组成一定的整体结构，并进而构成整体结构系统。"中体西用"或"西体中用"诸说，均没有系统运用体用思维模型，揭示中学或西学内在诸种关系及诸范畴的联系，并按一定顺序构成一整体结构，而不是一种"不中不西，即中即西"的杂拌儿。

求索中学与西学会通、贯通之途，体用思维模型是中国传统思维方法。这种思维方法在解释中国传统象性范畴和实性范畴逻辑结构中，有其实际的功效。但在回应社会转型时的传统与现代，两种不同文化体系会通

---

① 参见拙著：《中国哲学范畴发展史（天道篇）》的《道器论》，398～410 页，北京，中国人民大学出版社，1988。

② 参见拙著：《中国哲学逻辑结构论》，293～295 页。

的关系时，必须按照和合学原理，中学与西学既冲突又融合，而和合为新生命、新事物、新结构。犹如中国宋以前，外来印度佛教文化冲击中国传统文化，民间藏书十之七八为佛教经典，传统儒家书只占十之二三，出现"儒门淡薄"的情况。经儒、佛、道三家之学冲突融合，而和合产生新的理论形态——宋明理学。理学是对于外来文化所做出的成功回应，凸现了中国文化转生的生命力。

"中体西用""西体中用"诸说，只是对中西会通方法、途径的一种描述，这种描述并不会导致产生中学对西学回应的一种实际的效果，它并没有产生一种新理论形态、新事物、新生命作为回应西学的事实上的承诺者或承担者。因此，中西体用诸说，只能流于空言、口号，而无实果。从理论思维方面而言，它是一种使人陷入概念之辩的误导。

### （二）创造性转化的折中

传统与现代的关系以及传统文化如何走向现代，是中国 20 世纪 80 年代文化论争的要旨。各家见仁见智，莫衷一是。就中西体用而言，已如上述；就继承传统文化而言，有抽象继承①、选择继承②、宏观继承③、批判的继承与创造的发展等④；就传统文化如何创新来说，有创造性转化⑤、综合创新⑥、分析地扬弃与综合地创造等⑦，还有全盘西化论⑧、复兴儒学

---

① 冯友兰：《中国哲学遗产的继承问题》，载《光明日报》，1957-01-08。
② 王新命、何炳松、萨孟武等：《中国本位文化的建设宣言》，载《文化建设》，1935（1）。
③ 参见成中英：《文化·伦理与管理》，177 页，贵阳，贵州人民出版社，1991。
④ 参见傅伟勋：《批判的继承与创造的发展》，见《哲学与宗教》二集，1 页，台北，东大图书公司，1986。
⑤ 参见林毓生：《中国意识的危机》，289 页，贵阳，贵州人民出版社，1988；另参见《中国传统的创造性转化》，北京，生活·读书·新知三联书店，1988。
⑥ 参见张岱年：《文化与哲学自序》，北京，北京教育科学出版社，1988。
⑦ 参见拙著：《中国哲学逻辑结构论》，92 页。
⑧ 参见陈序经：《全盘西化的辩护》，载《独立评论》第 156 号。

论①以及儒家文化第三期发展论②等。凡此种种，都从不同的视角触及传统与现代、继承与创新的某一方面、层次和问题，有其合理的内涵和学术价值，但亦不可避免地存在一定的、不同程度的不足和偏颇。一言以蔽之，只涉及进路和方法，而无创造一种具有中国文化精神的具体学说来承担。然最终不是取决于坐而论道、纸上谈兵，而是取决于社会实践的需要、历史的选择。

笔者在一些著作和论文中，已对上述各种观点作过一些评论③，现不赘述。这里仅就"创造性转化"理论的方法论基础作一些说明。华裔美国学者林毓生教授所倡导的"创造性转化"说，是一个带有折中色彩的理论。他认为，"自由、理性、法治和民主不能经由打倒传统而获得，只能在旧传统经由创造的转化而逐渐建立起一个新的、有生机的传统的时候才能逐渐获得"④，这是中国知识分子当前最重要的课题。

为论证"创造性转化"这一思想，林氏采纳了马克斯·韦伯的和后来由希尔斯（Edward Shils，1911—1995）所发展了的克里斯玛（charisma）概念⑤，博兰尼（Michael Polanyi）关于"支援意识"（subsidiary aware-ness）和"集中意识"（focal awareness）在科学哲学中的作用，以及受此启发而由库恩（Thomas Kuhn，1922—1996）提出的科学发展模式理论，

① 参见［澳］李瑞智、黎华伦：《儒学的复兴》，北京，商务印书馆，1999。
② 参见牟宗三：《道德的理想主义》，155页，台北，学生书局，1985；另参见杜维明：《儒学第三期发展的前景问题》，273～316页，台北，联经出版事业公司，1989。
③ 参见拙著：《中国文化的和合精神与21世纪》，载《学术月刊》，1995（9）。
④ 林毓生：《中国意识的危机·增订再版前言》，3页；另参见《中国传统的创造性转化·自序》，5页。
⑤ Charisma 一词出于《新约·哥林多后书》（Holy Bible，The New Testament，2 Corinthians），原指因蒙受神恩而被赋予天赋。19世纪德国法学家 Sohm 用以指基督教、教会的超世俗性质。马克斯·韦伯既以指具有神圣感召力的英雄人物的非凡体格特质、精神特质，也用以指一切与日常生活或世俗生活中的事物相对的被认为是超自然的神圣特质。后者是常规化的或制度化的克里斯玛。（傅铿：《译序》，见希尔斯：《论传统》，4～5页，上海，上海人民出版社，1991）

并将这些概念和理论结合起来，作为其方法论基础。

　　林氏与许多海外研究中国传统文化与现代化的学者一样，深受马克斯·韦伯思想的影响与启发。在韦伯那里，权威被划分为三种理想类型，即克里斯玛型权威、传统型权威和法理型权威。与此相一致的政治统治类型也可划分为三种，即克里斯玛型统治、传统型统治和法理型统治，此三类型都具有合法性。所谓克里斯玛统治类型，是指以对个人和个人所启示或制定的规范模式，或秩序的超凡神圣性，英雄气质或非凡品质的献身为基础的；传统统治类型，是指以相信源远流长的传统的神圣不可侵犯性，以及拥有权威的人按照传统实施统治的合法性为基础的；法理统治类型，是指以相信法令、规章必须合乎法律，以及拥有权威的人在法律规则下有发布命令的权力为基础的。

　　韦伯认为，法理式的权威统治类型，随着理性资本主义的兴起和发展，必将日益取代其他权威统治类型，而成为社会政治的主要权威统治类型。法理式的权威统治类型在经济上的基础是工具合理性的急剧发展。在韦伯看来，工具合理性的发展，政治上科层制的法理型控制，给资本主义社会带来效率和财富，同时也带来了统治人的精神的铁的牢笼。韦伯虽认为这是理性资本主义发展所必然的结果，但在心理上他对克里斯玛权威的魅力抱有留恋之情，由此而对用克里斯玛权威来打破现代资本主义强加于人的精神的铁的牢笼怀有希望。这也是造成韦伯思想内在冲突的一个重要原因。

　　20世纪后半叶，美国的韦伯学学者希尔斯，沿着韦伯对克里斯玛权威的这种心理期望，进行了深入而卓有成效的研究。希尔斯进一步引申了克里斯玛这个概念，它不仅指具有超凡特质的权威和其血统能产生神圣的感召力，而且指社会中的一系列行为模式、角色、制度、象征符号、思想观念和客观物质，由于人们相信它们与"终极的""决定秩序的"超凡力量相关联，同样具有令人敬畏、使人依从的神圣克里斯玛特质。① 于是这种克里斯玛的特质就被注入了在社会上行之有效的伦理道德、法律、制度、规范、象征符号之中。

希尔斯认为，传统之所以对人的行为具有规范作用和道德感召力，也正是由于传统被人赋予了神圣的或超凡的克里斯玛特质。这样，在韦伯那里本是代表革命的克里斯玛权威，到了希尔斯这里，便成了一种保守的力量。因为在希尔斯看来，理性资本主义之所以成功，并不仅仅在于理性化本身，更在于传统对理性化的内在牵制。他不是像韦伯那样寻找资本主义内在发展的精神依据，而是想方设法在现代资本主义社会中寻找传统的保留物。他指出："即使那些宣称要与自己社会的过去做彻底决裂的革命者，也难逃过去的掌心"②。这里所说的过去，就是指传统。这就是说，当现代人认为是真正理性的和科学的时候，并没有逃出传统的掌心。与此相一致，他绝不像韦伯那样内心充满了理性资本主义与克里斯玛的矛盾和冲突，也少韦伯思想中"价值中立"的信念。他批评世界主义世界观和极端个人主义的缺陷，而对传统的克里斯玛特质阻碍现代化的作用却极少提及。

林氏的"创造性转化"思想与其说是沿着韦伯的路子，毋宁说是沿着希尔斯的路子走下来的。他说到多年来一个一直困扰着他的问题："为什么在中国实现多元化的自由主义是那么艰难？"③ 经过多年的悉心思考，他终于找到了答案：真正的自由离不开有生机的传统，即"传统与现代化的关系绝不应是黑白二分——要现代化就非全盘地推翻传统不可——的关系"④。然而近代中国历史却出现了两种极端现象：一方面是僵化地恪守

---

① 参见傅铿：《译序》，见希尔斯：《论传统》，5 页。
② ［美］希尔斯：《论传统》，60 页，上海，上海人民出版社，1991。
③ 林毓生：《自序》，见《中国传统的创造性转化》，2 页。
④ 林毓生：《增订再版前言》，见《中国意识的危机》，2 页。

传统，另一方面是激烈地反传统。林氏在他的《中国意识的危机》一书中作了集中而详尽的论述。

林氏认为，五四时代激烈的反传统主义造成了中国近现代社会中"权威的危机"，从而使传统无从实现创造性的转化，理性和民主也因而失去了传统的克里斯玛权威的滋养而无从实现。在这里，林氏把中国近代社会向现代社会转变过程的失败，一方面归咎于对传统的僵化恪守，另一方面又归因为五四时所开创的反传统主义，特别是后者。

为什么中国近现代思想界出现这种激烈的反传统主义？林氏运用与克里斯玛权威在文化含义上相通的博兰尼的"支援意识"概念来分析："支援意识"就是在科学发展中，在科学研究者和学习者的心理上形成的"未可明言的知识"。它是科学发展的传统，是科学研究得以进行的基础。"支援意识"在科学领域和整个社会文化领域，都有赖于稳定而不僵化的传统来滋养。在这一点上，与"克里斯玛权威"异曲同工。以此来分析五四时向传统发起整体性批判的内在原因，这就是在以陈独秀、胡适、鲁迅等为代表的那些先进思想家的头脑中存在着受传统滋养的"支援意识"。换言之，在激烈的反传统的思想内容背后的"支援意识"，却是传统的政治文化一元整体的儒家文化的制约，即认为思想道德是政治秩序的基础，而思想的革命比之经济、政治等变革要优先。在这里，一元整体思维模式和思想道德优先性原理，便导致了五四时知识分子激烈的、全盘反传统主义的产生和发展。

因此，林氏得出一个结论：全盘反传统主义正是中国传统的整体思维模式的"借思想与文化解决问题"的现代表现。这样，便导致了传统的克里斯玛权威的失落。我们应如何对待这种情况呢？林氏说："真正掌握了西方自由、民主和法治精髓的人，不应要求全面反传统，而应追求传统的创造性转化。"这就是说，把中国文化传统中一些符号和价值系统，使之经创造性转化，变成有利于变迁的种子，并继续保持传统的克里斯玛权威，使之得到广泛认同。

林氏这一观点的提出，与库恩关于科学发展模式的"范式"（paradigm）概念相关联。"范式"概念本身是从博兰尼的"支援意识"衍发而来。其意是指由定律、原理、实验工具和方法所形成的科学研究的具体范例。经常与这种范例接触，便形成了科学传统中"未可明言的知识"。这种知识潜在地支配着科学家的科学研究活动，使他们通常是应用早年学到的"范式"去解决自己所面临的一些中小型问题。若在实验中发现反证，不是立刻放弃"范式"，而是希望反证是伪的或无关的。因此，大部分科学家都是很保守的。当"范式"越来越不能解释被视为有关的现象时，科学发展便发生严重危机。这样就需突破旧的"范式"。当一种新的理论经由实验证明其有效性，并能解释许多新现象时，新的"范式"便逐渐确立，科学研究便由"非常轨"阶段转化为"常轨"阶段。林氏认为，即使在"非常轨"阶段，旧的"范式"仍发挥着作用。这表明新的问题的提出和新的方向的确定，都有待于旧有的科学"范式"。进而，林氏将文化问题与之作了横向比较，认为中国文化由传统到现代的转化过程亦须有一个有生机的传统给现代化因子提供新的问题、方向、营养，而不是否定传统。

林氏运用"克里斯玛权威""支援意识"和"范式"等概念和思想，对传统走向现代化的途径做了探讨，并得出"创造性转化"这一有启发性的观念，是有价值的。但挪用这些概念作为其方法论基础，颇有其弊。

1. 带有原克里斯玛特质的传统是否能够被赋予新的克里斯玛特质以不间断地获得文化认同？传统原有的克里斯玛权威是存在于传统的经济、政治、社会、心理的整体结构之中的，而如果这种传统整体结构不发生质的变化，是不能容纳现代的民主、自由和法治的。既然传统是如此强大，以至于连全盘反传统的人们都是因为传统的惯性，而逃不出传统的掌心，那么，传统则不能在这种激烈冲突中完成向现代的转化，其又如何在温情脉脉的所谓"创造性转化"中，达到民主、自由、法治呢？

传统中的克里斯玛权威实质上是要求稳定，反对变革；而现代化所追求的民主、自由和法治的克里斯玛权威则是要求对传统的反抗、革命。两种不同的克里斯玛权威截然相反的倾向，即使同存于传统的现代转化过程之中，也是不可能不间断地获得文化认同的，所谓的"资产阶级自由化"的倾向就是一个明显的例子。

2. 在探索传统走向现代问题时，林氏过于注重所谓的"支援意识"，而忽视了"集中意识"；过于注重所谓的"常轨阶段"，而忽略了"非常轨阶段"。因此导致给出带有保守色彩的结论。博兰尼在讨论科学研究时，不仅把"支援意识"看作一个重要的条件，也没有因此忽视"集中意识"的重要作用。实际上没有"集中意识"，无论多少"支援意识"都不可能导致科学研究的重大突破，而任何这样的重大突破都不仅仅是以"支援意识"为条件的，而是对这种"支援意识"的质的飞跃，即一种反动。

同样，库恩所讲的科学发展的模式，也并不仅仅注重科学发展中的常轨"范式"阶段，更注重的是科学革命，因为没有科学革命，科学的发展就永远停留在某一水平，即只有量的积累，而无质的突破。林氏对"支援意识"和科学"范式"的偏爱，其最终的结果是永远无法突破。

3. 在检讨五四时代反传统主义时，林氏由于过于重视传统作为一种克里斯玛权威，作为一种"支援意识"，作为一种范式的存在，而给出这种反传统只是传统所导致的一种结果的结论，但对其他影响当时知识分子的思想观念的复杂的社会文化背景，却疏于分析，这样便往往忽视了一些重要的因素。因为中国的现代化进程是在西欧已进入现代化的形势下发生的，尽管可以说中国没有西方"船坚炮利"的冲击，可以缓慢地走向现代化。但事实上中国的现代化毕竟是在西学东渐的冲突下，被卷入了世界现代化的潮流，不可能仅仅从自己的传统中独立发展出来。

中国面对西方工业文明的掠夺、侵略，五四运动并非第一次回应。此前尚有经济层面的洋务运动，政治观念层面的戊戌变法和辛亥革命等的回应，但这些运动都以失败告终，促发知识分子转而寻求新的现代化的途径，以救亡图强。这就是说，五四时的知识分子从文化上全盘反传统，也并不仅是如林氏所说是由传统自身所导致。传统固然有其克里斯玛权威的倾向，但面对的现实的人的主体性选择，亦不可忽视。

4. "创造性转化"，仅是对传统向现代转化的方法的描述，它究竟创造了什么，转化出什么新理论、新事物，特别从中国传统克里斯玛权威转化出来的中国的现代化特质，似乎从林氏的"创造性转化"中，还不能获得"未可明言的知识"。假如有所隐喻的话，那也仅是转化为西方式的自由、民主和法治而已。这便不是什么"创造性转化"。所以，"创造性转化"中国传统克里斯玛权威，只是回归西方的传统而已，何以为创造？①

### （三）返本开新说的困境

在传统与现代关系之间，另一具有理论价值的学说是"返本开新"论。所谓"返本开新"，是指"本中国内圣之学解决外王问题者"②。就是在儒家"内圣成德之教"的道德价值精神的统摄下，落实到"学统"和"政统"的外王事业之上，实现传统儒家伦理向科学发展的现代转化。

如何由"内圣"开出"外王"？如何说明和处理两者关系以及其理论架构？这些问题已融入当代传统与现代，即传统文化与现代化的重要论

---

① 笔者写好此文后，看到林毓生教授的《"创造性转化"的再思与再认》（载《知识分子》，1994年，秋季号），对一些问题作了解释，并设想了"创造性转化"的做法，是很有启发的。

② 牟宗三：《增订版自序》，见《历史哲学》，香港，人生出版社，1962。

争。牟宗三认为，传统儒家以"直通"模式来处理两者的关系，而他则以"曲通"或"曲成"模式说明"内圣"与"外王"之间有一辩证的转折。"以前儒者所讲的外王是由内圣直接推出来，以为正心诚意即可直接涵外王；以为尽心、尽性、尽伦、尽制即可直接推出外王；以为圣君贤相一心妙用之神治即可涵外王之极致，此为外为之'直接形态'"①。这便是传统儒家（包括宋明新儒家）与现代新儒家的差分。

传统儒家内圣外王的所谓"直接形态"，便是《大学》所讲的三纲领八条目。自《大学》具体、明确解释了"内圣外王"的内涵以及条目次序以降，至宋明新儒学，一脉相承。其"内圣"主要指格致诚正修的心性之学，"外王"指齐治平的德治价值理想。宋明新儒家以体用、本末、始终的模式来解释"内圣外王"的意蕴，认为从内圣之体、之本、之始可直接推出引发外王之用、之末、之终，其间无转折、曲成的过程。此便是"内圣"与"外王"之间的直通模式。

理学儒学集大成者朱熹认为，内圣的人格修养只要"尽夫天理之极，而无一毫人欲之私"②，便可推出理想外王事业来。从价值理想层面而言，内圣是就内在修养即对成圣的理想人格来说，它与佛教成佛、道教成仙的理想人格有别；外王是对外在真善美的天理世界的社会理想的追求，它与佛教的超凡绝俗的涅槃世界、道教的羽化飞升的神仙世界、基督教的彼岸幸福的天国世界有异。在既现实又超越中，实现人间的和谐、仁爱和幸福。内圣与外王，即儒家理想人格与理想社会的关系是，前者是主体的体现，着眼于主体的心性道德修养和精神境界的提升，是实现理想社会这个价值目标的途径、条件和方法；后者是客体的外现，主体达到理想人格的境界，社会便能仁爱和谐，而实现"王道"之治的理想社会。理想社会外王的实现有

① 牟宗三：《历史哲学》，192 页。
② 《大学章句》，见《四书集注》，1 页，上海，世界书局，1936。

赖于理想人格内圣的完成，理想人格的内圣价值只有在理想社会的外王事业实践中才能得到实现。这便是传统儒家和宋明新儒家的内圣外王之道。

现代新儒家熊十力基本上承接宋明新儒家的直通模式，但对内圣外王内涵的理解稍异。熊氏"内圣之学"亦即"成己之学"，是从"天地万物一体处立命"①。这是基于"吾人一切纯真、纯善、纯美的行，皆是性体呈露"②，是对于宇宙人生和人生终极境界的修养或体悟。他曾用民主思想来理解孔子的"当仁不让"和孟子的"人皆可为尧舜"，是对于传统儒家内圣的新解释。他高扬人性的主体性和创造性，以维护人道之尊，凸显人性独立。熊氏的外王之学，是对于《周官》均平思想、《礼运》大同世界、《春秋》三世说以及《周易》日新观念的融合发挥。他认为孔子的外王的真相是"同情天下劳苦小民，独持天下为公之大道，荡平阶级，实行民主，以臻天下一家，中国一人之盛"③，以内圣之学推出大同民主的外王。

熊氏在内圣外王的理想上具有五四运动后的现代意味，其创造性解释是以科学知识导源于道德心性，强调道德心性真理与科学知识真理的汇归和依附关系。他区分哲学真理与科学真理的不同，前者指真体、本体、实体而言，是绝对真实的存有，并非思辨或知解的对象，只能通过儒家心性之学，由道德实践而征得、由反己而自明、由真理自身而呈露；后者是指析、观事物而得其公则，即事物间法则的真理，其真实性只限于经验界，是认知的对象。虽两者迥异，但熊氏将其纳入体与用、全与分的架构，说明传统内圣之真体如何发用而开出现代科学真理的外王。④ 德性主体与科

---

① 熊十力：《原儒》上卷，13页，上海，龙门联合书局，1956。
② 熊十力：《新唯识论》，115页，北京，商务印书馆，1944。
③ 熊十力：《原儒》上卷，51页。
④ 熊十力说："体则法尔浑全，用则繁然分殊。科学上所得之真理，未始非又用之灿然者也，即未始非本体之藏也。如此，则玄学上究明体用，而科学上之真理，已得所汇归或依附。"（《十力语要》卷二，13页，香港，广文书局，1971）

学知识的体用关系，便使内圣的传统德性主体直通地开出现代科学真理的外王，实质上是中体西用的另一种表述形式，即内圣之体与外王之用的关系。

有鉴于此，熊氏传承弟子牟宗三认为，直通模式使"外王只成了内圣之作用，在内圣之德之'作用表现'中完成或呈现。但如果治国平天下之外王还有其内部之特殊结构，即通著我们现在所讲的科学与民主政治，则即不是内圣之作用所能尽"①。直通模式在理论上说不通，在实践上不可行。之所以如此，是因为它不符合中国现代社会实践的需要。于是牟氏提出"曲通"的间接形态。"外王之充分地实现，客观地实现，必须经过一个曲折"②，"曲折"就是"转一个弯，而建立一个政道，一个制度，而为间接的实现；此为外王之间接形态"③。如何转弯？如何曲折？牟氏认为，这不是一种工具合理性的解决，而是一种价值合理性的诠释，是一种精神理念和思想架构层面的形而上的理解。

从历史哲学而言，牟氏接受黑格尔的历史观念，认为历史是"精神表现之全部历程"，在于"明精神实体之表现有各种形态"④。中华文化与表现为"分解的尽理之精神"的西方文化有别，而表现为"综合的尽理精神"。"尽理"是指孟、荀的尽心、尽性、尽伦、尽制，即道德的、政治的、实践的。顺"综合的尽理精神"的进化，是以成圣贤人格为终极目的，因而政治方面而成圣君贤相的形态。在这里，人民仅是伦常上"道德的存在"，而非有政治自觉的"政治的存在"。尽管这是对君主政治制度做出政治法律形态的回应和制衡，但亦不能走向民主一路。只有经过曲通一途，使中国文化在"本原形态"上的"仁且智的精神实体"，客观化、绝

① 牟宗三：《政道与治道》，55~56页，香港，广文书局，1974。
②③ 牟宗三：《历史哲学》，192页，台北，学生书局，1984。
④ 牟宗三：《自序》，见《历史哲学》。

对化其自己，而披露于国家政治和法律。其间包含着一种"辩证的必然性"，而会从中国历史文化生命中开显出民主与科学来。这种本内圣心性之学而开出新外王的科学和民主的义理关系，实乃黑格尔"精神的内在有机发展观"的进路。

从"道德良知自我坎陷"而言，所谓道德良知（理性）自我坎陷，是指道德良知（理性）经自我限制或自我否定，"从动态转为静态，从无对转为有对，从践履上的直贯转为理解上的横列"①，即由动态的成德的道德理性转为静态的成德知识的观解理性，由无对的无执转为有对的有执，由道德践履的直觉状态转为理解上的知性形态。经此转折，有可能使科学的相对独立发展有所根据，即科学和近代化国家、政治、法律"俱在此一曲折层上安立"②。这便是道德良知（理性）自我坎陷所要转出"知性形态"之智而开展为科学和民主的新外王。

牟氏之所以提出"道德良知自我坎陷"说，是对于西方哲学的知性探求的挑战的回应，以及儒家道德主义的内圣心性之学与中国近代社会科学、民主的需求之间的冲突的调解。这是因为儒家的内圣心性之学不可能直接给出"分解的尽理精神"，以及以"理性之架构"为形式的西方式的科学和民主，所以在传统与现代、内圣的道德形上学与科学和民主的新外王之间，必须设置一"坎陷"或"曲通"，以便一方面使儒家内圣心性之学保持其本源和主导层面，另一方面可适应外王的现代化层面的需要。

然而，"道德良知（理性）自我坎陷"说，实乃对陆九渊"心即理"，王阳明"知行合一""致良知"的否定，而回到程、朱分心与理为二，求理于心外的路子。这样，内圣心性开出新外王，自然遇到现实的困难。傅

---

① 牟宗三：《政道与治道》，58页。
② 牟宗三：《历史哲学》，38页。

伟勋指出了牟氏自我坎陷的三个难点①后说：

> 牟先生使用"自我坎陷"、"有执"等等负面字眼来重建儒家知识论，仍有泛道德主义偏向之嫌，仍令人感到，"自我坎陷"说的形成，还是由于当代新儒家为了应付尊重"知性探求"独立自主性的西方科学与哲学的强烈挑战，而被迫谋求儒家思想的自我转折与充实（绝非所谓"自我坎陷"）的思维结果，仍不过是张之洞以来带有华夏优越感的"中学为体，西学为用"这老调的一种现代式翻版而已，仍突破不了泛道德主义的知识论框架，而创造地发展合乎新时代需求的儒家知识论出来。②

儒家知识论的泛道德主义偏差和单元式简易心态不加纠正，科学经验外王知识（见闻之知）就无法在儒家传统中取得独立自由的平等地位。这是因为在牟氏的内圣曲通外王的模式中，肯定内与外、德性主体与知性主体、道德与知识之间是一种体用、本末、第一义与第二义的统摄关系，没有突破儒学"以仁为笼罩，以智为隶属"的思维模式；忽视对概念心灵探求和知性主体的安立。"根据这个基础来解决新文化问题时，面临了很大的困难"③。这个"困难"，就在于"如何使传统中国思想的精华与现代接榫，如何使它们与我们未来的政治与社会的理想衔接"④，而不与现实社会的实际相脱离。

---

① 傅伟勋说：第一，"几乎所有的科学工作者并不是先（有意识地）去挺立自己的道德主体性或呈现良知，然后去从事于纯粹知性的科学探索的，因此牟先生说法并无经验事实的根据"；第二，"无所谓道德主体性的挺立或本心本性的自我觉醒在先，而后才有科学知识的形成与发展"；第三，"就哲学道言"，"如无道德主体性的挺立或良知呈现的终极理据，纯粹知性的科学探索就等于没有真实本然的生命意义与价值，有如失去指南针的船只在茫茫大海上飘荡不已"（《儒家思想的时代课题及其解决线索》，见《批判的继承与创造的发展》，30～31 页，台北，东大图书公司，1986）。

② 傅伟勋：《儒家思想的时代课题及其解决线索》，见《批判的继承与创造的发展》，32 页。

③ 韦政通：《两种心态，一个目标》，见《儒家与现代中国》，208 页，台北，东大图书公司，1984。

④ 林毓生：《面对未来的关怀》，见《中国传统的创造性转化》，387 页。

尽管有人认为这是"对新儒家的极大误解",儒家由道德主体开出民主与科学的必然性,"既非因果的必然性,亦非逻辑的必然性,而是在辩证历程中的实践必然性。在此种必然性中,道德主体(实践理性)必须先有一层转折(自我坎陷),才能通出去以成就民主与科学"①。牟氏没有直接用"实践的必然性"形容"辩证的开显",而主要是依康德从主观的观点假定自由意志、灵魂不灭及上帝来保证最高善(圆善或德福一致)之实现,由此而说此假定或假设准有"实践的必然性"或"道德的必然性"②,这是对康德所说的"实践的必要"或"道德的必需"的诠释。但是,"康德说的'实践的必要'或'道德的必需',意为一种'主观的需要、信仰'。因此,严格言之,'necessary'一词便不应译作'必然的',而须译作'必要的'。所以,即使把此词应用到内圣外王的关系之上,也只是一种主观的需要或冀盼而已,并无任何必然性可言"③。即使讲"必然性",也只是用来解释道德意志与道德行为的关系,而不是说明内圣与外王的关系。这就是说,科学、民主的新外王不一定由道德形上学的内在心性之学"辩证的必然性"地开出。这便是"开出"说所面临的困境。④

现代新儒家为重构人对宇宙、人生价值和意义的终极关怀和中国社会与文化的现代化,而探索内圣与外王问题。然而哲学形上学存有论讲人而失落了人和人的价值、意义,讲人的现实世界而又疏离了现实世界,造成了传统内圣心性道德形上学与现代科学和民主新外王的脱离。这是因为作

---

① 李明辉:《儒学如何开出民主与科学?——与林毓生先生商榷》,见《唐君毅思想国际会议论文集》(Ⅸ),134～135页,香港,法住出版社,1991。

②③ 冯耀明:《当代新儒学与现代化问题》,新加坡国立大学中文系召开的"汉学研究之回顾与前瞻"国际会议论文。

④ 参见余英时:《钱穆与新儒家》,见《新儒家评论》第一辑,347～352页,北京,中国广播电视出版社,1994。

为哲学形上学存有论所蕴涵的直觉本体思维方式①，是一种具有从抽象原则出发而走向空虚玄想，是肯定先在、先定世界而否定对待多元世界，是脱离现实存在而追求彼岸存在，以及缺乏真实生活而尊崇异己外在权威的思维方式。任何哲学理论，只要援入直觉本体思维结构去解释或理解，自然的形上学、神学的形上学和道德的形上学之间，并没有一条不可逾越的鸿沟，就需要从先在、先定、绝对的自然、神、道德的抽象原则中推演出现实的人和现实世界以及未来世界。这就是说，内圣心性道德的形上学的哲学理论，既不能解决人的精神惶惑、形上的迷失、人生的危机，亦不能"直通"或"曲通"科学和民主的现代新外王。现代科学和民主是西方之树结出的果实，若把它移植过来，无论是"直通"，还是"曲通"，都可能成为逾淮之橘，而与中国的现代化不相适应。

## 四、人文精神的转生

中国近代社会蒙受了跨世纪的大劫难和奇耻大辱，它焚化了民族精神栖息和依附的僵化而陈腐了的机体，它刺痛了民族精神的内在灵魂，使其能够通过深层的自我批判和深度的自我反省，重新把握中华民族人文精神的真正活的生命。这个活的生命，就是中国文化人文精神的精髓和中国文化的首要价值——和合。

### （一）文化转生的周期性

中国文化人文精神，以民族文化的形式历经各个时代武器的批判和批判的武器的磨炼，饱受形形色色学术化的、情绪化的轰击和摧残，而能够

---

① 参见拙著：《宋明新儒学与现代新儒学形上学之检讨》，见《新儒家评论》第一辑，57～76 页。

转生，凸显了中国文化自强不息的生命力。

根据笔者的纵横互补律①观照中国文化的转生，经线性的、历时性的历史长卷，可展现为纬线性的、共时性的万象纷呈的复杂画面。但中国文化人文精神转生的轨迹，使中国文化呈现为明确的阶段性和周期性。

夏、商、周三代相沿的礼乐文化精神传统，源于远古祭祀祖先和上帝的仪式，周公"制礼作乐"②，就是对祭祀祖先仪式机制的转换，而成为适应当时周朝现实社会所需要的"经国家，定社稷，序民人，利后嗣者"③的礼乐文化④、典章制度，以维护血缘关系为核心的、上下尊卑等级次序为内容的、家国同构的宗法制，重建了新的礼乐文化传统结构。这可谓由原始礼仪到礼乐文化的一次转生。这次转生使原始的礼仪的内涵和功能得以重新规定，礼乐是具有使百姓差分而有次序，社稷和睦而安定，国家治理而昌盛的和合文化。

春秋战国时，出现了"礼坏乐崩"的情境，传统礼乐文化被打破，原有经、定、序、利的内涵和功能不能维持。激烈的社会冲突，新旧政治、经济、制度文化的撞击，国与国、家与家之间互相争夺，以致战争；臣弑君，子弑父，伦常败坏，社稷无定，民人失序。有智者便寻求冲突融合的方案、方法和价值，重建礼乐文化精神，便出现百花齐放、百家争鸣的空前繁荣的学术氛围，标示着新的文化形态的诞生，酝酿和开启了儒、道、墨、法、名各家的主体社会责任感和重构现实的政治经济次序和价值理想意识，凸显以"仁爱"为主旨的人与人、人与社会、人与国家以及国与

---

① 参见拙著：《传统学引论——中国传统文化的多维反思》，56~58页。
② "兴正礼乐，度制于是改，而民和睦，颂声兴。"（《史记·周本纪》卷四）"鲁有天子礼乐者，以褒周公之德也。"（《史记·鲁周公世家》卷三十三）另见《礼记·明堂位》。
③ 《左传·隐公十一年》，见《春秋左传注》，76页，北京，中华书局，1981。
④ 礼乐文化的礼是讲分，"礼者，法之大分"（《荀子·劝学》），"分莫大于礼"（《荀子·非相》），有差分、分别，才能有次序。乐是讲和、合，"乐合同，礼别异"（《荀子·乐论》），"乐者，审一以定和者也"（同上）。所以"先王导之以礼乐而民和睦"（同上）。

国、家与家关系的整体整合。各家理性精神的特征，就在于把建构在个体主体外在规则、规范、原理和等级秩序基础上的周礼，进行了重新解释，转换为建构在个体主体生命的内在精神世界基础上的"仁""兼爱""自爱"等。礼乐作为外在的形式，必须注入"仁"的生命之爱，这是生命理性的觉醒。他们不仅以这种觉醒的态度看待自然世界、人类事务和人际关系，而且以这种觉醒的态度观照沟通传统与现代的语言文字载体的载体——人自身本质的呈现。

假如每个个体生命都以爱来对待他人、他家、他国，人对于礼乐的遵守便出自内心道德的自觉自律，周礼的经、定、序、利的传统机制便转换为仁爱的关系。这样，中国传统礼乐文化经"礼坏乐崩"的内在批判和儒、道、墨各家的转化，使传统礼乐文化重新获得了生命，这是中国传统文化的又一次转生。

秦王朝以法家思想打天下，获得成功，但以法家思想治天下，在大动乱后仍然严刑峻法，大征劳役，焚书坑儒，继续动乱，强秦速亡，在朝仅15年。汉初曾采取霸王道杂之的整合，以求中国文化人文精神的转生。汉武帝要求结束"今师异道，人异论，百家殊方，指意不同"①的多元思想状态，重构一统思想体系，实现传统向现代转换。"盖闻五帝三王之道，改制作乐而天下洽和，百王同之……凡所为屑屑，夙兴夜寐，务法上古者，又将无补与？"②提出改制有无原则可遵、三代改朝的根据何在、现实社会如何治理等问题，即传统向现代转换以及如何认识和把握这个转换。"盖闻善言天者，必有征于人；善言古者，必有验于今，故朕垂问乎天人之应"③，要士大夫们从传统文化精神的转换中做出回答。董仲舒

---

① 《董仲舒传》，见《汉书》卷五十六，2523 页，中华书局，1962。
② 同上书，2496 页。
③ 同上书，2513 页。

"三年不窥园"的殚精竭思，选择《春秋》（特别是《春秋公羊传》），整合儒、道、阴阳、法、名各家思想，既对传统儒学进行内在批判，又归宗于儒，建构了适应于当时现实社会所需要的、被人们所认同的内圣外王之道和人格理想、社会理想，并升华为"天人感应"的哲学形上学的新儒学，开创了两汉经学儒学的学风。这是中国文化人文精神的一次转生。这次转生是先秦元典儒学向两汉经学儒学的转换。

汉末，传统社会政治、经济体制和上层意识形态出现了整体性危机，各种传统关系失调。董卓之乱，使社会物质财富和文化精神财富都遭浩劫，整个传统社会结构分崩离析。"白骨露于野，千里无鸡鸣。生民百遗一，念之断人肠"[1]。黄巾农民起义提出了"苍天已死，黄天当立"[2] 的口号，此"死"不仅宣布汉王朝的将要灭亡，而且标志着与汉代社会相适应的文化形态的终结，预示着现实面临着传统汉代文化人文精神向新的文化形态转生的契机。每次社会结构的失序、价值理想危机以后，到新文化形态的转生，都曾以黄老清静无为、与民休养生息为"用"，顺其自然地理顺各种关系。魏晋玄学家作为把握时代精神的精英主体，超越两汉被肢解的经学、荒诞的谶纬神学和浅薄的元气论，吸收传统文化的天人之学和内圣外王之道，选择《周易》《老子》《庄子》作为诠释的依据，提升转换为有无、本末、名教自然的本体之学，使中国传统文化的人文精神获得转生。

玄学是儒道冲突的融合，这种融突的和合基于对儒学的内在批判。王弼《论语释疑》提出"举本统末"[3]，肯定末的现象界、现实社会生活活动，使以无为本的存有论与现实社会生活活动相联系，这是对儒学的重新

---

① 《蒿里行》，见《曹操集》，4 页，北京，中华书局，1959。
② 《皇甫嵩传》，见《后汉书》卷七十一，2299 页，北京，中华书局，1965。
③ 《论语释疑》，见《王弼集校释》，633 页，北京，中华书局，1980。

诠释；同时他主张"崇本息末"①，确立贵无论存有论，使新世界观与理想社会的联结成为现实。这两个联系，最终以无与有、自然与名教的关系表现出来。以无为本的存有论的逻辑推论，便是"名教出于自然"的新解释。这即是汉代传统的人源于天的理论的另一表现形式。董仲舒把天道解释为有意志超自然，王弼则把天道诠释为自然无为的普遍法则。正是据此理解，重建了自然和谐的价值理想，符合当时社会现实的需要，实现传统机制向现代的转生。

唐代在思想学术上采取儒、释、道三教兼容并蓄的开放政策，既强调儒学的政治、伦理、制度文化层面之用，又强调释、道在宗教精神层面之体。寺院经济的高度繁荣，造就了一批精于理论思辨的伟大宗教家，使外来印度佛教文化中国化，以及善于形象思维的伟大的文学家，却没有孕育出与此相对应的善于理论思维的伟大哲学家。即使一些人提出了一些哲学命题，但其文名远播于其哲学思维。唐末五代十国，社会陷入长期军事分裂割据，政治、经济结构完全被争权夺利的军事结构所破坏，凝聚在文化、思想、道德、宗教、观念、价值中的精神结构，亦遭破坏。"礼乐崩坏，三纲五常之道绝，而先王之制度文章扫地而尽于是矣！"②"君君臣臣父父子子之道乖，而宗庙、朝廷、人鬼皆失其序。"③人格、社会的价值理想完全崩坏。

"礼乐崩坏"激起了取得有限统一的宋代知识精英的反思，他们肩负重建礼乐文化的责任和使命，在儒、释、道三教冲突融合的大势中，理学家弥补了魏晋玄学曾使社会理想层面获得存有论的论证，而在人格理想层面仍滞留在伦理圈子内的缺失，体悟出主体心性与本体理的联系，把心性

---

① 《老子指略》，见《王弼集校释》，196 页。
② 《晋家人传》，见《新五代史》卷十七，188 页，北京，中华书局，1974。
③ 《唐废帝家人传》，见上书卷十六，173 页。

升华为哲学形上学,对人格理想作存有论的整体观的诠释。同时,理学家以儒家天人之学的传统人文精神,融合释道,连接玄学存有论,而体贴出理(天理)为涵摄一切的最普遍范畴。这个理在儒家元典《易经》《尚书》《论语》中不见,在道家元典《老子》中亦无见。因此程颢说:"吾学虽有所受,天理二字却是自家体贴出来"①。这种体贴是他对儒家人文精神重新解释和创造性理解。"理"作为当时时代精神精华的表征,从"全体大用"层面上,圆融了自然、社会、人格的价值意蕴,使传统天人之学提升为更高层次,也是现实的社会理想和人格理想的合理性体现,开创了一个理学的新时代,中国传统文化人文精神又一次获得转生。

纵观中国文化人文精神的发展进程,每一次礼坏乐崩到转生,大体上是 300 多年到 500 年间。譬如从孔子建立儒家学派和老子建立道家学派,以及百家争鸣,到汉武帝时董仲舒建构新儒学及两汉经学,约经 400 年;从董仲舒到魏晋玄学的建构,经 300 多年;从魏晋玄学到唐代儒、释、道三教之学,近 400 年;从贞观年间的玄奘、窥基、法藏、慧能等佛学大师,到宋明理学周敦颐、张载、程颢、程颐等,亦近 400 年。唯独宋明理学自周、程、朱(熹)以降,一直照着讲或接着讲到现代新理学、新心学、新气学,延续近 1 000 年。这样接着讲下去,何时到一站?有何意义?有何价值?

其实,自明中叶以降,中国城镇商品经济的发展,便冲击传统儒家重义轻利、尚公抑私、重农轻商等价值观念。李贽提出不以孔子之是非为是非②,批判绝对真理论,否定绝对权威;衣食等百姓日用,即是人伦物

---

① 《河南程氏外书》卷十二,见《二程集》,424 页。
② "咸以孔子之是非为是非,故未尝有是非耳"(李贽:《世纪列传总目前论》,见《藏书》,1 页,北京,中华书局,1959)。

理；以"私"为每一个人的心性本质内涵①，是人的意识的本来状态及人的一切行为活动的出发点和动因。李贽文化价值的转换，就在于从具有意识形态意义的道德价值中心论转换为重视个体生命所必需的欲求论，作为人生价值取向的基本原理，即从人的道德价值转换为人生生命价值。

李贽思想实绍承王守仁。王氏说："求之于心而非也，虽其言之出于孔子，不敢以为是也"（《王文成公全书·答罗整庵少宰书》）。不以孔子之是非为是非，以"人皆可以为尧舜"（《王文成公全书·传习录上》），蕴涵着对传统价值观的否定和要求人的平等以及对君主专制意识的反抗。后来黄宗羲撰《明夷待访录》，批判君主专制制度，"今也天下之人怨恶其君，视之如寇仇，名之为独夫，固其所也"②，所以"天下之大害者，君而已矣"③，并斥责当时社会"以君为主，天下为客"之不合理性，提出"以天下为主，君为客，凡君之所毕世而经营者，为天下也"④。把传统天下以君为主的君主专制制度的价值观念转换为以天下为主，即社会的百姓为主，从君主专制转向社会民间，这是民权观念雏形。

在明亡的"天崩地裂"剧痛的煎熬中，一批思想家沉痛检讨造成明亡的传统政治、经济、制度、观念、价值各个方面的弊端和腐败，酝酿着中国文化人文精神转生或新生。然而清王朝的建立，一个落后的畜牧文明可以在军事上打败农业文明，而在文化上、观念上只能接受被打败的、先进文明的传统文化观念，并借助于专制政权的力量，扼杀了中国传统文化中已开始的转生及其内在批判机制，延续已不适应于商品经济发展所需要的意识形态的寿命，并采取文字狱等文化专制主义高压手段，禁止所谓离经叛道、异端邪说的传播，使中国文化失去了转生的机遇。

---

① "夫私者，人之心也。人必有私，而后真心乃见，若无私则无心矣"（李贽：《德业儒臣后论》，见《藏书》，544页）。

②③ 《明夷待访录·原君》，见《黄宗羲全集》第一册，3页，杭州，浙江古籍出版社，1985。

④ 同上书，2页。

当前中国社会转型时期，给中国文化人文精神的转生以可贵的内因与外缘的机遇。应把握这个机遇，建构新的价值理想的哲学理论形态，笔者把这个新的转生，称为和合学。

### （二）文化精神与现代化

和合是中国文化人文精神的精髓，是中国文化生命之所在。笔者所说的转生，是指文化精神的转生。和合的"生生"文化精神和"传统文化"之间有一区别。前者可以说是生命力，后者可以说是生成物。所谓生命力，这里非指由核酸、蛋白质等物质和合而成的生物体所呈现的特殊现象的能力，而是指一种文化能吸收、利用、改造外在资源与内在的因素、成分相融合，形成、发展、完善自己和繁衍后代，以适应于时代环境变化的能力及对历史和现实进行新诠释的动力。

所谓生成物，是指主体人在实践活动中所创造和建构的各种以实体为形式或外观的众多成果、产品，如城市的建筑物、家具、砚台、雕塑、绘画、文本等。这些已成的成果和产品，体现着某一时代、某一传统文化的凝聚而成之物。

笔者曾将传统与文化予以分殊，指出从传统相对于自然而言，山川草木、鸟兽虫鱼等自然生成物和日月递照、四时更迭、鸟兽生殖、草木荣枯等自然运动、变化，以及雾露霜雪、风雨雷电等自然现象，都不是传统的构成。然而，山川经人的开辟、加工、改造，而成为风景区、园林或旅游名胜，草木经人的栽培、改造而成为艺术品或盆景，便是一种文化。在这种园林、名胜、艺术品、盆景中，所体现的某种独具特色的精神、风格、神韵、意境，便构成了某种传统因素、因子，这种因素、因子的总和，便是传统。[①]

---

① 参见拙著：《传统学引论——中国传统文化的多维反思》，5～6页。

这里所讲的传统，主要指一种文化精神，而不是指园林、艺术品、盆景等生成物本身。生成物本身作为固化的有形的呈现，其本身变形的活力或创造力已退化，但作为传统文化的载体，在传统与现代之间并没有界隔。这种时空的差距，使有的传统有形之物增值，而不是贬值，因它具有美学的价值和文物的价值，有的有形之物将为历史的巨浪所淘汰。无形的文化精神，是传统有形之物中所蕴涵的人类智慧的结晶。然而蕴涵在园林、艺术品、盆景中的传统文化精神，不仅是某一时代人类生命智慧的创造，而且是那个时代精神的精华。它是被认同的精神原理和境界，渗透到事物的各个方面、层次，譬如政治、经济、制度、伦理道德、生活方式、思维方式、心理结构、价值观念、审美情感，以及人与自然、社会、人的关系之中；而且生生不息，和合成新的精神，而延续下来，这便是我们所说的不朽的民族精神。

当代一些研究传统文化的学者，都忽视了把文化精神作为一种传统，只把传统文化的生成物作为一种既定的传统。爱德华·希尔斯说："传统意味着许多事物。就其最明显、最基本的意义来看，它的含义仅只是世代相传的东西（traditum），即任何从过去延传至今或相传至今的东西。"①这样，就把传统作为既定的东西，而不是作为隐藏在事物深处的，或民族心灵之中的，不断吸收外在的营养和适应外部环境变化的文化精神。若把传统作为既定的东西，就难以确定传统具有活的生命力，亦难以解释传统何以会延续，其延续的动力何在，即传统何以会延传到现代。

在这里厘清文化精神与传统文化、生命力与生成物的关系②，对于认识传统文化与现代化的关系，甚有裨益。传统文化与现代化的关系，实质

---

① ［美］希尔斯：《论传统》，15页。

② 笔者不同意以"传统文化"与"文化传统"作为区别"死"传统与"活"传统的表述方式。这种观点认为，作为死的"传统文化"是我们今天需抛弃的；活的"文化传统"可以继承，成为现代的东西。这种解释的用意无可厚非，但这种文字的颠来倒去，却有词不达意之嫌。

上是文化精神的转生问题，而不是某种文化形态（如儒家的现代化、道家的现代化，或接着宋明理学讲等）或静态的传统文化（生成物）在现代是否有存在价值的问题。

譬如中华民族的基本文化精神，便是和合或合和，它不是某家某派的文化精神，而是涵摄儒、道、墨、法、阴阳、释各家各派的普遍的文化精神[①]。这种文化精神便是追求人与自然的和合、人与社会的和合、人与人的和合、人自身心灵的和合以及不同民族文明之间的和合等。这种和合文化精神，便是 21 世纪呼唤的世界文化精神。

### （三）中国文化与世界化

如果把 21 世纪的世界文化精神的呼唤，说得具体一些，那么，就是东西方文化对立冲突逐渐走向互补融合问题，即融突而和合的和合学。

自东西方两大文化传统开始接触以降，西方人曾有两次将目光转向东方，并对这块异己的传统文化的新大陆表现出极大的兴趣和热情。第一次发生在 17 世纪前后，第二次主要是第二次世界大战之后。

17 世纪左右的欧洲学者，对东方之所以产生浓厚的兴趣，主要原因在于欧洲自身文化的困境。当时欧洲神学的蒙昧、教会的腐败、政治的束缚以及社会秩序的混乱等，使启蒙学者认识到，要重建社会和思想的秩序，就需要打破一切权威，在神启的信条之外寻找新的途径。于是，他们高举起理性的旗帜，在欧洲掀起了一场划时代的思想启蒙运动。

在启蒙运动中，曾经由欧洲传教士介绍而来的东方文明和思想，展现出一个不同于西方传统文化的新视野。它不仅是"理性的""纯粹道德的"，而且是在东方社会现实存在着的，长期有效地维持着整个东方社会

---

① 参见本书上卷第九章。

秩序的思想文明，它使启蒙学者获得一个新的文化参照系，来重新评价他们自己的文化传统，并以此建构他们准备为之奋斗的理想世界。

中国之所以被当作欧洲启蒙学者心目中的楷模，从客观上说，并非像伏尔泰等人所说的那样，是因为中国文明本身或者它在某一个时代比另一个文明更发达、更有优越性，而是说，在欧洲人为自己寻求新的社会思想秩序时，东方文化恰好成为一个有益的参照。它只是一个工具，而非目的和结果。启蒙运动之后，西方人对东方文化的贬视态度，恰从反面说明这一点。

随着启蒙运动的深入，政治革命的成功，欧洲资本主义在新的理性基础上建立起新的社会秩序和价值理想，对科学的信仰取代了中世纪的神学教条，民主制度取代了封建专制制度，孟德斯鸠（Charles Louis de Secondat Montesquieu，1689—1755）和卢梭（Jean-Jacques Rousseau，1712—1778）所倡导的自由平等、三权分立、社会契约等原则得以实现或正在实现。资本主义的长足发展，又使西方人兴起了一股崇尚进步的宗教的兴趣，这种为启蒙学者们所苦苦寻求的"理性的宗教"，是以科学、自由和民主为原则的，它不同于东方的所谓自然理性，而是体现了资本主义精神的自由理性，这种自由理性与西方传统文化又有着千丝万缕的联系，与东方文化传统则有根本的差别。

总之，社会秩序和价值理想的重建以及资本主义长足发展，使西方人获得了对自身文化的信心。他们已无须再从东方文化那里寻求启示了，因为他们已成功地渡过了文化危机。西方文化传统在经历了自我变革之后，仍显示出强大的生命活力。变革后的西方文化与自身传统的一贯性，远远超过了与东方文化的一致性。当时西方人虽然曾转向东方寻求解救危机的灵丹妙药，但仍然在自己身上找到了。这就是说，西方人第一次转向东方，并没有实质性地动摇自己的传统，相反，却使得西方人有意无意中按西方社会自身的发展经验和习惯标准来衡量和评价所有其他民族的文化，并把建立在欧洲文化体系基础上的西方资本主义作为唯一合乎理性的具有普遍意义的社会制度和生活方式。黑格尔（Georg Wilhelm Friedrich Hegel，1770—1831）所谓"精神"自由，傅立叶（Charles Fourier，1772—1837）所谓"普遍的和谐"，孔德所谓"公正合理的社会"，斯宾塞（Herbert Spencer，1820—1903）所谓"普遍的福利"，等等，被作为是社会自我更新的能力和活力的表征，并认为这种模式是世界其他落后社会所应效法的典范。获得这种自信的西方文化，以其所富有的侵略性进而把自己看作具有世界普遍意义的、落后地区必须效法的唯一范本。西方人对自身文明的优越感和中心主义，对异民族文化传统采取傲慢情绪和蔑视态度，影响到各个方面，便加剧了东西文明的冲突。

西方人第二次转向东方的背景、性质同第一次几乎无所差别，也是出于西方文化自身发展的需要。在资本主义发展过程中，对科学的崇拜，虽给经济带来了繁荣，但由于科学主义与对科学成果的不适当的使用，又给人类生存环境造成危机；资本主义组织管理制度既极大地提高了社会效率，又把人看作社会机器上的零部件，扼杀了人性和人的需要；大众传播和信息的发达，既将新的知识成果迅速而有效地传达给广泛的人群，也造成了大众社会的无个性、反人性的趋向；大工业生产既为人类创造了丰富的物质财富，有效地支撑着整个社会的运转，也导致了环境的污染和生态危机。这一系列困境和危机使西方人不得不重新检讨其自身的哲学和文化传统。于是习惯于自我超越而非"以不变应万变"的西方又一次进行"自我解剖"。斯宾格勒（Oswald Spengler）的《西方的没落》、汤因比（Arnold J. Toynbee，1889—1975）的《历史研究》等从文明发展史的视角，揭露西方文化的危机；法兰克福学派从社会思想层面对西方社会的弊端采取大批判的态度；罗马俱乐部（Club of Rome）的学者从人与环境的对待所导致的人类可能面临的种种灾难，而向全人类发出警告；等等。

这种种冲突，如何解决？西方人亦见仁见智，其中一个有潜势的趋向是，转向东方。在汤因比为未来所构想的"世界政府"中，东方文化起着意识形态的作用；绿色主义者们把老子和道家的自然学说奉为"圣经"，经常引用；汉学研究亦希望从孔、老、释那里寻求解决西方危机，调整人与物、人与人、人与自己关系，追求人的价值，寻找和谐人与自然、社会、他人、心灵关系的"大道"。可见，西方人第二次转向东方，无疑出于西方当代文化发展困境的现实需要。

西方两次转向东方，都是为了拯救自身文化危机，寻求自身传统文化的创新，而在这一创新过程中，东方文化恰好成为一个可以给西方人带来新启示的、有益的参照；东方文化在学习、吸收西方文化的过程中，亦探索自身传统文化的创新，以使东西文化在互动、互补中，融突和合。回顾第一次西方转向东方，东方是被动地接收，自己并没有主动把东方文化推向世界；第二次有互动之势，然而，把东方文化推向世界的主动性的劲头仍然不足。成就是自己做出来的，只有不懈奋斗，中国文化的世界化才能逐渐实现。这个有利的机遇和形势，应主动积极地加以发展。

21 世纪的人类文化，既非"东风压倒西风"与"西风压倒东风"的两极对待形态，亦非"三十年河西，三十年河东"的东方文化的世纪，而是东西文化互学、互动、互渗、互补的世纪；是冲突融合而和合的世纪，即和合而化生新的人类文化——和合学世纪。

近几年来，中外学者都有倡导中国文化走向世界的呼喊，但如何走向世界，却没有"自家体贴出来"的东西，因而这种呼喊只是一种呼喊而已。中国文化只有在化解、协调现代人类所共同面临的五大冲突中，发挥出自己独特的巨大魅力和价值，才能获得世人的认同，才能真正走向世界和走向现代化。这就是说，中国文化的世界化与现代化，实质上是一而二，二而一的问题。笔者提出和合学，就是对中国文化走向世界化和现代化的一种回应和选择。

中国文化能否走向世界化，取决于中国文化的"实力"，取决于中国文化能否为人类所共同面临的五大冲突和危机提供化解之道，能否与时偕行、唯变所适地适应世界化的需要。

# 第二章　和合与和合学

中华文化现代转生的主旨是指中华文化的人文精神，这个人文精神的生命智慧，便是和合学。和合学既是民族精神生命智慧转生的转生者，也是中华文化整体性、结构性、有机性转生的载体。它不是某一文化（儒家文化、道家文化、墨家文化、佛家文化）的转生，亦不是机械的、简单的转生，而是"融突"和合的转生。这种转生，是中华传统文化创造性地再生的延续，而不是传统文化的原封不动地单传；它内在于中华传统文化人文精神的蕴涵，又超越中华传统文化人文精神固有的意蕴；它是中华文化生命智慧和智能创新的彰显。

## 一、和合之释义

和合是指自然、社会、人际、心灵、文明中诸多形相和无形相的相互冲突、融合，与在冲突、融合的动态变易过程中诸多形相和无形相和合为新结构方式、新事物、新生命的总和。

人世间一切现象都蕴涵着和合，一切思维都浸润着和合。在和合的视野下，自然、社会、人际、心灵、文明（文化）就是和合。和合是各生命要素的创生、发展、整合而融突成整体的过程，是对和合经验的反思、梳理和描述。和合如何可能？和合的本性是什么？和合如何或怎样是一个真？

和合之真，是和合关系之真，即"融突"关系之真。和合而有事物的本性，事物本性只有在和合中存有，无和合亦无所谓事物本性，这样和合本性才有张力。它是如何或怎样的真？可谓是差分和生之真，存相式能之真，冲突融合之真，自然选择之真和烦恼和乐之真。差分和生是和合的自性生生义，存相式能是和合的本性形式义，冲突融合是和合的变化超越义，自然选择是和合的过程真切义，烦恼和乐是和合的艺术美感义。统此五义，即是"融突"关系之真的展现或"和合整合"。

"融突"关系在变易、转换中展现：

## （一）差分与和生

天地间进入人的视阈的事物是依"和"或"合"而有（此"有"有"生"义）的"和合者"，外于和合而有的"在"，为"非在"，"非在"转换为"在"，必待和合，和合而拥有"在"的质或式。故说"夫和实生物，同则不继"①，讲的只是自然生态系统质能中和反应的引申，即同性质能互斥，异性质能吸引。这是物理静力学上的经验定律。事实上，在整个物理世界，同异皆可融合，只是融合的方式不同。异性则亲和，同类则聚合。氢同位素的热核反应，纤维、树脂和橡胶的合成反应，属同质元素或分子聚合生成新事物的类型。在文化价值领域，"积善成德，圣心备矣"，

---

① 《郑语》，见《国语集解》卷十六，470 页。

属同类价值成分积聚和合；"尽善尽美""里仁为美"，属异性价值成分亲比和合。自然生态系统的融合，服从物理—化学规律；文化价值系统的和合，服从主体选择—智能创新原理。两者不杂有异，不离互补。和合学是"为文化立法""为人类立心"。和合学视野中的自然，是人文化着的自然；天地，是人文化了的天地。

共名的事物是和合，殊名的一事一物亦是和合。无论是"共"和合，还是"殊"和合，均相互涵摄，非为内外。和合就是差分，只有差分才能回应如何与怎样和合是可能的。和合是形相、无形相差分元素、要素、材料多元和合而生生。所谓生，是指新生命和合者的"在"或"有"。诸多形相、无形相差分元素、要素、材料不和合，便不能转化为新生命、新事物，亦不能实现新陈代谢、吐故纳新。唯有和合，才能变异，转换为新生命、新事物，故和合是新生命、新事物作为和合者之"在"或"有"的一种根据、根由。

和合为什么是和合者之"在"或"有"的根据、根由？是因为中西思维方式的差分和殊异。西方的神创思维，有一个被普遍认同和强化了的"创世"说。天地万物最初从哪里来的？为什么是这个样子？如何生？为何生？有犹太教、基督教神学的预设和解释。中国没有一种像西方那样被普遍认同的上帝或天神创世说，《论语·阳货》记载："天何言哉？四时行焉，百物生焉，天何言哉？"孔子认为天不说什么，也不管什么。四时行，百物生，是自然的现象。虽老子讲"道生一，一生二，二生三，三生万物"，但"一阴一阳之谓道"，道蕴涵阴阳，是万物生成的一个根据。这就是说，中国有其异于西方的独特的思维方式和观念系统。然而，宇宙万物如何生？为何生？最初从哪里来的？中国的思想家、哲学家又不能不做出回答。他们循着"仰则观象于天，俯则观法于地，观鸟兽之文与地之宜，近取诸身，远取诸物"①　的观法和取法，"以类万物之情"②。

中华古代思想家近取自身而经验地发现，由于男女的交合而生出许多儿女来。新生儿女的本质，在和合中存在。离和合，即无在。然后，依此而推及天地万物的化生。"天地絪缊，万物化醇；男女构精，万物化生"③。这便是天地、阴阳、男女各种差分形相、无形相的媾合。有差分才会有变易，有变易才会有媾合，有媾合才会有生成。犹"天地合气，万物自生，犹夫妇合气，子自生矣"④。天阳地阴，男阳女阴，是汉代思想的共识。"阴阳和，则万物育"⑤。阴阳、男女、夫妇和而合或合而和，生育万物。这种诸多相互差异、对待的形相、无形相和合育物，与西方讲单一的、唯一绝对存有的、无对待的上帝造物，大异其趣。因此，笔者称这种与神创思维相对待的思维为和合思维。神创导向宗教，和合导向理解。

以和合为生生义之自性，和合即为生生⑥，可指称为和生、合生。其公设为：冲突 $\xleftrightarrow{\text{交媾}}$ 融合 $\xleftrightarrow{\text{生生}}$ 和生 。任何差分异质元素转换为
　　　　　（差分）　（絪缊）　　（和合体）
和生或合生，都需要通过"交媾""絪缊"这一中介系统来实现。和而生生，合而生生，和合生生不息。

## （二）存相与式能

差分是"突"，和生是"融"；存相是"突"，式能是"融"。天地间的

---

①②③　《系辞下》，见《周易本义》卷三，64～67 页，上海，世界书局，1936。
④　《自然篇》，见《论衡校释》卷十八，775 页，上海，商务印书馆，1935。
⑤　王充：《宣汉篇》，见上书卷十九，817 页。
⑥　佛教认为，本无今有为"生"，能生此"生"，为"生生"。小乘佛教萨婆多部（意译一切有部）主张：一切有为法都有实体存在，都具有生（发生）、住（存在）、异（迁变）、灭（消灭）四本相和生生、住住、异异、灭灭四随相，连同本身"生"为九法，此九相中本相生生其他八法。而"生"不能自生，随相而"生生"，只能生本相之生一法。"此有生生等，于八一有能"（《俱舍论》卷五）。和合生生是指生生不息的变化和新事物、新生命的产生。

存有都是"相"。无论物相、事相、心相，还是道相、法相、名相，都是存有之"相"。存相分殊，分殊而有别，别即有对待。对待不管是有形相，或是无形相，都是对待之相。千差万别之存相，便是差异分殊；差异分殊便有冲突；冲突就需要选择，相亦是选择；由选择才能转换为式能。

式能是指存相的形式及种种潜能，亦指存相所含蕴潜能形式或潜能结构。天地万物存相的情境、条件、内容、结构、系统等的潜能结构；日月星辰、四时运行的自然存相的和谐而有秩序的潜能形式；人心身、家庭、社会、国家的存相的和睦而有序的潜能结构；礼乐典章制度、伦理道德，协调而合理的潜能结构。潜能结构或潜能形式在种种冲突中选择，选择一种式能，转换或走向和谐有序。

"式"作为潜在的能的形式，可能有多种多样的"性"（相的性）和走向；有真、善、美的形式潜能，有假、恶、丑的形式潜能；有阳、刚、健的形式潜能，有阴、柔、顺的形式潜能；有动、显、伸的形式潜能，有静、隐、屈的形式潜能。这两种对称、对应式能的不同走向，殊途同归，相对相关；无无真善美等能的式，亦无无假恶丑等式的能。式能是即存有即活动，即形式即潜能。

存相的殊途同归，便是式能展现为自然的、社会的、人际的、心灵的、文明的和合。作为形式潜能的"能"，是无限的、活泼的、日新的，是天地万物存相的动力和生力。

以和合为形式义的本质，和合即为形式，可指称为式能。其公设为：存相 $\xleftrightarrow{\text{变化}}$ 选择 $\longleftrightarrow$ 式能。存相为式能的存相，式能为存相的式能，任何存相都涵融能的式或式的能，无无式能的存相。

### （三）冲突与融合

冲突是指形相、无形相诸元素性质、特征、功能、力量、过程的差分和由差分而相互冲撞、伤害、抵牾状态。冲突由于差分，是差分的激化。冲突既是事物内部的冲突，也是事物之间的冲突。人世间没有没有与人冲突的自然，没有没有冲突的社会，没有没有冲突的人生，也没有没有冲突的心灵，以及没有没有冲突的文明（文化）。冲突是对既有结构形式或形式结构的突破、破坏，又是对秩序结构、秩序方式的冲击、打散。冲突的过程实际上是负熵增加的过程，由无构、无序、无式而需重建结构、秩序、方式、形式。

重建结构、秩序、方式、形式的过程，便是融合的过程。"融"有明亮、融化、流通、和谐的意思，"合"是融洽、聚会、符合、和合之义。融合是指任何可差分的诸要素，在其差分或继存过程中，它们各自的生命潜能、力量、特质、价值均有赖于另一方的聚会、渗透、补充和支援。融合在冲突的过程中实现，是冲突的果或表现的结构方式。融合是既有结构方式打散以后的重新凝聚，标志着新结构形式或形式结构的化生；融合是既有结构形式否定后的肯定，此肯定是对新结构形式而言。冲突本身就意蕴着对既有结构形式的否定，因而，它不能直接化育新结构形式。冲突又意味着竞争，于是有催化新生命产生的作用。

冲突是融合的因，融合是冲突的果；冲突是融合的前提，融合是冲突的理势。在人类生存的各种不同方面、层次中，存在不同的冲突融合类型，还没有一个虚性观念概括所有类型的冲突融合。现代人类面临着五大冲突，即人与自然、社会、他人、心灵以及文明间的冲突。怎样化解此五大冲突，便是人类文化生命之所在和时代人文精神之精髓，这便是冲突融合的更高层次，即和合。和合包容了冲突与融合，作为冲突融合的和合体，是一种提升，使原来的冲突融合进入一个新的领域或境界；冲突也只有在新的和合体中，才能继续发展和获得价值。冲突若不走向融合，便毫无所成，只有负面的价值和意义，故冲突需要融合来肯定和认可；融合若无冲突，就无所谓融合，融合的正面价值和意义，亦无所肯定和定位。冲突就是生活，融合亦是生活，融突的和合体，便是生活体。

冲突与融合相对相关，相斥相济，相反相成，而呈现为冲突—融合—冲突—融合的进程，这是从历时性来说的；从共时性来看，便呈现为彼此俱冲突—此融彼突—彼融此突—彼此俱融合；从动态平衡视角来考察，呈现为融合不平衡—融合平衡—融合不平衡—融合平衡。冲突融合的动态平衡，使冲突融合及其各存在元素间呈现出相对相关的一定结构方式，这便是和合。

冲突是渐化的过程，即使是激烈的冲突，在新的结构方式未形成前，仍是渐化。融合是顿变过程，新的结构方式在融合中构成。和合作为超越义的变化，和合即为超越。和合既是冲突与融合，亦非冲突与融合；和合即冲突即融合，又非冲突与融合，和合是冲突融合的超越。冲突转换为融合神妙莫测，其公设为：冲突 $\xleftrightarrow{\text{凝聚}}$ 融合、冲突 $\xleftrightarrow{\text{神妙}}$ 融合。冲突只有融合，才有生存、意义和可能。

### （四）自然与选择

和合是诸多形相、无形相差分元素成分的和合，而形成新事物或新结构方式。假如说诸多差分元素、要素之间有优劣强弱之分，那么，它是一个价值判断问题。当说优时，已预设了劣。但不同时代、不同民族，以及不同个体，由于价值观的差异，其价值标准亦分殊，可以对何为优劣、强弱，做出截然相反的判断。学术界常言何为中华传统文化中的精华、何为糟粕，问题的性质与何为优劣、强弱一样，都是价值尺度问题。价值尺度无疑具有历史性、现实性和相对性，所以，笔者既不简单地划分彼此优劣，亦拒斥依某一时期的政治权力意志的需要而定优劣、强弱。在这里，仅提出判断优劣、强弱成分的价值原则。

此价值原则可分为两个层次：一是现实层面，即公平、正义、合理；二是超越层面，即真、善、美。①

1. 所谓公平，是指人基于某些共同点来衡量传统文化思想中对于满足人和自然、社会的基本需求，以及实现人和自然、社会共同繁荣所达到的水平。公平不是先入为主或先确立某种价值观，而是中华传统文化思想中各种元素、要素，都有"以他平他"地参与和合为新结构形式、新事物的机会、权利、规则的平等。这种平等彼此间具有一定尊严和独立品格，而不被外在的权威所控制和主宰，也不被内在的某种绝对理性、绝对价值所左右和支配。这就是说，中华传统文化思想以及外来文化思想中诸元素、要素在和合为新结构形式或新事物中一律平等，即以机会、权利、规则平等的眼光来审视传统文化思想中的诸元素、要素，而无尊卑、轻重、强弱之别。这便是价值公度原则，是指符合全人类的整体利益，有利于人类文化的长期发展。

2. 正义（justice），在古希腊亚里士多德那里，主要指人的行为。从和合学的视野来观察，是指从中华文化思想整体的角度，协调形相、无形相诸元素、要素等各种原因而造成的不平等现象，排除自然的、社会的、人际的、心灵的偶然任意因素，而造成对于中华传统文化思想和外来文化思想的某些元素、要素的不公平、不合理选择。这里的正义原则②，包括平等自由原则、机会公正原则、机会开放原则及其相互间的结合。就正义的平等自由原则而言，每一个元素、要素对其他元素、要素所拥有的与最广泛的基本自由体系相容的类似自由体系，都应有一种平等的权利；就正

---

① 参见拙著：《新人学导论——中国传统人学的省察》，151～154 页。
② 参见［美］罗尔斯：《正义论》，何怀宏等译，56～63 页，北京，中国社会科学出版社，1988。

义的机会公正原则而言，诸元素、要素在和合中的地位、职位向所有元素、要素开放，使最少受惠者能够获得最大参与和合的机会。

3. 合理，是指对于中华传统文化思想的诸元素、要素的选择是合乎道理、事理、群理、和理的，是适应于自然、社会、人际、心灵及文明的需要而做出的文化思想的选择。它在中华传统文化思想诸元素、要素的选择中，获得了自然、社会、自我需求的控制、调剂能力；它能排斥外来的干扰，即一切非理的选择。合理的选择，使公平、正义原则得到贯彻或实现。合理是合乎理性的、理智的、公正的、平等的规则和原理，排除感性的、偏见的、私欲的、等级的规则和原理。以立足于全人类文化创新发展这一动态的未来维度，作为优劣可行性标准。

4. 真。真者，实也，即真实的或的的确确的。如真实性质、真实状况、真正如实等，而不是假的、伪的。因为不真，便是空的。真是指"不是官觉类或官能类所私有的或主观的。常识中所谓真是这样的真。科学所谓真也是这样的真，哲学所谓真也是这样的真"[1]。正因为非官觉或官能类所私有或主观的，所以是实，实即具客观性。它不是现象层面的客观性，而是内涵意蕴层面的客观性的符合。[2] 中华传统文化思想诸元素、要素中的真，即名与实相符的真。名与实相符之知为真知，名与实相符之理为真理，名与实相符之物为真物。如"知己知彼，百战不殆"[3] "学而不思则罔，思而不学则殆"[4] "先天下之忧而忧，后天下之乐而乐"等为真知、真理。然而，真又是一个过程，是一种理解的方式和认知的方式，也是一种认知境界。真与假、伪相对应，对真的选择，即是对假、伪的

---

① 金岳霖：《知识论》，906～907 页，北京，商务印书馆，1983。

② 笔者这里采金岳霖先生"符合与否是真假底定义"说（参见《知识论》，907～912 页）。

③ "知彼知己者，百战不殆"（《谋攻篇》，见《十一家注孙子》，51 页，北京，中华书局，1962）。

④ 《为政》，见《论语集注》卷一，6 页。

否定。

5. 善。善是吉、好、正的意思。《说文解字》曰："善，吉也。从誩羊，此与义、美同意。"这是说，二言有相善的意思，君子之言吉，其嘉祥谓善。两人善言相劝，善言即吉祥的言语。善与义、美都从羊，羊为吉祥。从这个意义上说，善与义、美的意思相通。一般来说，善是符合一定价值体系和道德原则的事或行为。这种价值体系和道德原则虽受一定时代、民族、集团利益的影响，但作为传统文化思想的元素、要素来说，亦具有超越性。它是一种生存方式、解释方式和道德境界。

6. 美。美是善、好的意思。《说文》："美，甘也。"它是指中华传统文化思想中诸元素、要素具有肯定性审美价值，以及符合人的审美需求而引起审美感受的那些方面。美是自然、社会、人际、人自身由冲突而和谐、协调、适度的多样性、多元性的和合。美与丑相对应，不和谐、不协调、过度以及不存在快感，便是丑。美是主体与客体、自然、社会、人际的统一和谐，而产生的美感，而有审美价值，美亦是一种存在形式、理解方式和艺术境界。

价值原则的规定，是以预设中华传统文化思想中有各种元素、要素存在的价值原则，这是一种先定法。这与佛教既讲因缘和合，而又消解和合的因与缘相异趣。在历时态和共时态的时空中，在吸收一些原元素、要素和合成新结构形式、新事物的过程失败，又分解成元素、要素；于是便在吸收另一些原元素、要素和合成新结构形式、新事物的过程成功，在时空中较稳定地存在下来。在这种意义上，可以把后者新结构形式、新事物吸收原元素、要素，称为新的成分，这是一种后定法。

和合是复杂的文化冲突与融合过程。文化主体及其文化精神和价值标准的分殊是文化和合的基本依据，亦即文化和合没能消解并赖以存在与流变的内在冲突。和合之所以智能创新，在元素层面上，就是因为价值创造的主体能够通过冲突机制，使之按一定的结构生成和合体。在当前文化洪流中，涵摄着三股力量：（1）权力群体的集体法权。他们在某种程度上被现实社会承认为法律和权威的化身。集体的文化精神和便利于社会控制与管理的法权标准为其价值原则或标准。（2）民生世相（民众）的个体伦常。个体存在所甘心遵循的规范原则，一是个体生存的技术性规范原则，二是伦理规范原则。两者是保证个体作为个人而生活的最基本"生活资料"，及人之所以为人的理论前提。尽管个体伦常对诸如良心、正义、自由、公正、幸福等价值原则，会做出个性独特的诠释，但人们所处的道德氛围、道德精神的依据是共通的。这就是说"良知"是相通的，是民众真正的精神家园。（3）知识精英的理想主义。他们肩负反省人的生存活动和批判现实的责任。在他们的视野中，全部历史与现实都得接受未来的拷问，现世流俗中运行的生活方式和传统根基都得经过理性的淘洗。

这三种主体力量的三重价值标准是融突和合的"语境"。此三重标准的和合，并不是去制定一个至上的终极律令式的标准，而是寻求三重标准之间的调适，即其间的契合。三种文化主体对于伦理理想的追求和文化危机的忧患是共通的；对于生活的幸福、规范的谐和、创造的自由是共注的；以及权力群体的专制和民主两种向度，民生世相的个体伦常放纵与自律两维，知识精英的超然物外与现实责任的两态中，其间管理的民主向度、民众的自律与知识精英的入世精神是契合的。这三方面构成了三种标准融突和合的"语境"或基础。

如果把现实层面的公平、正义、合理的伦理原则和超越层面的真、善、美的理想作为契合的背景，那么，在现实实际作用的具体层面上（亦即主体可操作层面上）是可以找到这样的契合的，即自由的人格，文化主体对自己的生活能做出独立的自觉选择；以幸福为生活目的的伦理取向，文化主体对创造性生活的个性体验的认同，并作为生活中最大的现实价值目的；理智的怀疑态度，文化主体在思维中对生活本身的批判审视。

在现实层面上，三种主体力量都要接受自由、幸福、理智所构成的现实标准的规范，它与公平、正义、合理的伦理价值原则和真、善、美的理想价值原则是圆融会通的，并把其落实到社会现实的层面。

自由、幸福、理智所构成的现实价值标准规范，可以一种"不应该"如何的格式呈现于每个文化主体意识之中的觉解或体认。即文化主体在行为上不应该不独立自觉地选择，不应该不创造性地生活，不应该不批判性地怀疑，可成为三者共同遵循的价值标准——文化和合的"不应该"原则。它是切实趋向公平、正义、合理以及真、善、美的唯一可能的现实途径。

以和合为自然选择的真切义的过程，和合就是一不断符合真切的过程。选择说到底是主体人依据自然而然需要的选择，也是主体人在选择过程中的价值判断和价值取向。如果说选择是主体与人化了的客体之间的相互作用，以及在相互作用中依共同需要和互动选择所肯定、选取的一种特定关系，那么，自然选择是主体与人化了的客体之间一种制约、创造和超越机制。其公设为：自然 $\xleftrightarrow{\text{互动}}$ 选择。智能选择，和合创新，是人类特有的目的化行为，是文化价值领域的根本现象。正因为人类能在价值层面智能创新，文化才得以自由地发展。

### （五）烦恼与和乐

烦恼是"突"，和乐是"融"。世人活着或生存着就包含着烦恼、不安、困惑、痛苦、恐惧等等，是由人的精神生活被逼迫而失衡造成。佛教认为生命的无常，是生命存在痛苦、烦恼的根源。其实，烦恼、焦虑、困惑、痛苦的原因千差万别，有政治的、经济的、自然的、社会的、人际的、心理的、生理的、情感的等等。烦恼、痛苦等是人类普遍性的主观感受，由于人生活在不同的社会环境、文化、观念、地位、阶层的氛围中，其主观感受亦有差异。每个生命实体的心灵中都有生存意欲和生命的意识，以及追求快乐、幸福、自由、富贵、长寿等强烈愿望，便与人必死的局限、痛苦、贫贱、短命构成相对性关系。

求生与必死的冲突，贫与富、贵与贱的冲突，哀与乐、善与恶的冲突，对人生生命构成一种精神上的压抑性、紧逼性，由而产生恐惧感、孤独感、疏离感，使人的精神、心理失去了平衡，而有烦恼、痛苦。因而，人便要求在精神生活结构方式上有所改善，以获得心情的宁静安详、心绪的和平恬淡、心灵的和乐愉悦。这便是知有所定，虑有所安，神有所依，心有所寄。达到这个精神境界，便是和合。若不和不乐，便引起心情的不乐不和；"心中斯须不和不乐，而鄙诈之心入之矣"[①]，不和乐，会产生贪欲诈伪之心，就会破坏心灵和乐愉悦。为使心神和合，儒家主张"致乐以治心"[②]，追求"孔颜乐处"。

和合能协调、和谐人的精神生活中的烦恼、焦虑、孤独、空虚等等冲突，陶冶情操，净化心灵。由人和而天和，人合而天合，进而人乐而天乐的天人和乐的和合心灵境界[③]，这实是一种美感的艺术境界。

以和合为美感义的艺术，和合即为一种艺术，可指称为和乐。无论是和而合、合而和，还是和合、合和，都以不同、冲突、差异的存在为

---

①② 《乐记》，见《礼记注疏》卷三十九，《十三经注疏》本，1542 页，北京，中华书局，1980。
③ 《天道》，见《庄子集释》卷五中，458 页，北京，中华书局，1961。

"在"，而否定"一律"、独尊、独断，即"和而不同"，构成冲突融合或差分融合的和合体。这个和合体犹如一曲美妙的交响乐，交响乐有各种不同的乐器，发出各种不同的声音，正因其不同，却以其内在的和谐、深刻的意蕴、高超的艺术，呈现人对于自然、社会、人生、心灵真谛的感受，给人以艺术的美感。即使是一种乐器的独奏，也以其乐器、乐谱与有一定素养的、能动的人相组合，以及这一乐器所奏出的高低、迟速、缓急等不同音律的融合，这就是"和六律以聪耳"①，才成为一曲美妙动听的乐曲。若一种乐器发出一种声音，只能是噪音，"声一无听"②。不仅无听，而且使人心烦意乱，爆发粗鲁的、意外的行为。只有和声、合声或和乐、合乐，才能给人以美感的享受、心灵的愉悦、情操的陶冶；也使人心理平衡，思虑静定。

作为和合的艺术美感义的烦恼与和乐，其公设为：烦恼 $\xleftrightarrow{\text{中和}}$ 和乐。

和合五义，都蕴涵着"融突"理论，即关于融合冲突关系的理论，简称"融突论"。大体上说，差分—存相—冲突—自然—烦恼＝突；和生—式能—融合—选择—和乐＝融。融突的提升，即是和合。和合此五义，即是和合意蕴的内在动态结构形式：和合第一义，有自性，才能生生，差分和生，生命生生之所本；第二义，有本性，才有形式，存相式能，变化日新之所本；第三义，会变化，才会超越，冲突融合，大化流行之所本；第四义，有过程，才会真切，自然选择，对称整合之所本；第五义，有艺术，才有美感，烦恼和乐，中和审美之所本。

生命生生、变化日新、大化流行、对称整合、中和审美为和合人文精神的原则。差分和生的生生原理，存相式能的变化原理，冲突融合的变化

---

① 《郑语》，见《国语集解》卷十六，470 页。
② 同上书，472 页。

原理，自然选择的互动原理，烦恼和乐的中和原理，是"和合论"的五原理。这便是融突"和合论"的基本内涵。原则和原理是事物变化、转换过程中必然性的东西，它规范事物在其演化过程中的理路和指向。

## 二、和合学意蕴

所谓和合学，是指研究在自然、社会、人际、人自身心灵及不同文明中存在的和合现象，并以和合的义理为依归，以及既涵摄又超越冲突、融合的学问。

和合是人文世界和社会世界的普遍现象，故被和合学作为研究对象。这是因为人文世界和社会世界都蕴涵着"融突"，和合是无数自性关系、本质关系、变化关系、过程关系、艺术关系的整合的结构方式。譬如说："乾道变化，各正性命，保合太和"①。人世间万事万物依循天道的变化，各自获得自性、本质、命运，形成定位，这是说分殊、差分和冲突，而又保持住内外的"太和"。"太和"即是最大的和，就是和合。这就是和合学所要研究的。

从和合人文精神切入，而凸显和学的意蕴：

### （一）然与所以然

和合的主旨是生生，生生是不息的流行，是新生命的化生，体现了对实存生命存在的关怀。生生是中华文化人文精神的精髓。

中华哲人在对于内在生命力量和外在环境变化相交织的深刻体验中，

---

① 《乾·彖》，见《周易本义》卷一，2页。

领悟到人生生命的尊严、价值和意义，爆发出生命生生的活力和对于真、善、美境界的快乐的深沉感受，因此，以生为乐。孔子说："发愤忘食，乐以忘忧，不知老之将至。"① 他称赞学生颜回："一箪食，一瓢饮，在陋巷，人不堪其忧，回也不改其乐。"② 孔、颜对于生的乐道精神，是精神生命所寄的文化价值。这种生命文化价值，是对于肉体生命价值的超越，假如局限于人的肉体生命价值，那么，颜回的穷困短命，只能激发悲感精神，而不能开显乐感精神。正由于此，孔子说："未知生，焉知死。"③ 这是对生的关怀的思考。孔子对人的生命消失的死到何处的鬼神寄托，不感兴趣，"未能事人，焉能事鬼"④，从而开出儒家文化的个性路向——积极入世的人间性、道德性、政治性。印度佛教是对于生的否定（人生便是坠入苦海），死的关怀，追求今世死后进入断灭一切苦难的清净涅槃世界，以求来世之乐；基督教以人生来就带有原罪，人生的历程就是对原罪不断忏悔的过程，以求死后灵魂能到达天国，以享天国之乐。这些都是以出世、否定现世为其特色，与中华文化的生生精神异趣。⑤

中国道教虽受佛教影响，但也不否定生命的生生，而是把中国传统文化对生的关怀，引申为长生不死之乐，不像佛教否定今生，而修来生。道教修炼今生之为长生，以白日飞升、羽化登仙为终极关怀。虚无缥缈的仙境不过是现实世界的投影，实质上是对现实世界的认同，亦体现了中国文化生生精神的殊性。

个体生命的超越和升华，便是普遍的德性，即"大德""天地之大德

---

① 《述而》，见《论语集注》卷四，29页。
② 《雍也》，见上书卷三，23页。
③④ 《先进》，见上书卷六，45页。
⑤ 参见拙著：《中国传统文化的精神、特点、生命》，见《传统文化与东亚社会》，6～8页，北京，中国人民大学出版社，1992。

曰生"①。孔颖达疏:"以其常生万物,故云大德也。"生生是天地间最基本、最一般的德性。天地以生为宗旨,生是天地间普遍的原理,"生生之谓易"②,孔颖达疏:"生生不绝之辞,阴阳转变,后生次于前生,是万物恒生,谓之易也。"这便是对天地间生命的普遍的关怀。它不仅超越了个体生命,而且超越了群体生命,孕育了中国文化对普遍生命价值、作用的尊重。

如何生生?怎样生生?即生的然之所以然的追究,便是和合或合和。"和实生物"③。"夫物合而成"④。"天地合气,人偶自生"⑤。"天施地化,阴阳和合"(《韩诗外传》三)。"天地合和,生之大经也"⑥。在这里,"和""合""和合""合和",有作为谓词或摹状词使用,它是对主词的描述或说明,划出了一个主词的世界,这意味着和合所关心的是天地的过程、状态,其着眼点在"存在",且和合本身潜存着分解存在者的趋向;和合意味着对主词世界差异性的承认或肯定,从融突论意义上说,主要指差异元素、要素的和合,如天地、阴阳、夫妇的渗透、交媾、融合,构成人的生存世界。这个世界如何生?中国古代哲学家认为新事物、新生命的化生,都是多种差异元素、要素相互冲突、相互作用、相互影响、相互规定而生生的。和合作为名词使用,它赋予新生事物的本质和式能,新事物以其为根由。

和合学是对如何生生的为什么的追究,即诸多差异元素、要素为什么

---

① 《系辞下》,见《周易正义》卷八,《十三经注疏》本,86页,北京,中华书局,1980。
② 《系辞上》,见《周易正义》卷七,《十三经注疏》本,78页。
③ 《郑语》,见《国语集解》卷十六,470页。
④ 《有始》,见《吕氏春秋校释》卷十三,657页,上海,学林出版社,1984。
⑤ 《物势篇》,见《论衡校释》卷三,136页。
⑥ 《有始》,见《吕氏春秋校释》卷十三,657页。

冲突融合，为什么冲突融合而生生新事物、新结构方式，以及新事物、新生命化生的所当然的所以然的探讨，亦是对和合生生的生命力源泉的寻求。因此，和合学亦即新生命哲学、新结构方式学说，即生生哲学。

冲突融合而生生不息，这是然，犹如"一阴一阳之谓道"，是然。为什么"一阴一阳之谓道"，犹为什么冲突融合而生生？便是所以然，"所以一阴而一阳者，是乃道体之所为也"（朱熹：《答陆子静》，见《朱文公文集》卷三十六）。道就是阴阳的所以然，和合就是冲突融合生生的所以然。这个所以然，就是和合之真元。

### （二）变化与形式

和合作为差分存相的式能，存相便是有待，有待就有变化；式能作为存相形式的潜能，是存相含蕴的内在潜能形式和外在潜能结构。式能是存相之为存相，以及存相存在的性质、状态、结构的获得的能。有此式能，便能呈现存相的种种形式。存相是形式，式能亦是形式，形式是存相式能的抽象。

式能是一动态结构，它变化日新，即是潜能发动不息。存相作为有冲突的存在，亦日新变化。变的初义是"更"①，即改常、易常的意思。生生是动—动结构，后一"生"字，是状态动词的名物化用法，特指生态系统的天然生机或天地万物的生长化育。化，本义是教化，教行。② 人通过教化，便改过迁善。

和合的"融突论"，在某个意义上说亦是变化论。"突"就是冲突、对待、变易，"融"是变化之化到了一定的限度，便进入变，即顿变的

---

① 许慎：《说文解字》："变，更也"。《小尔雅·广诂》："变，易也。"
② 许慎：《说文解字》："化，教行也。"

阶段，是新生命、新事物的诞生，便是"融"。

《周易》以"易"命名，即蕴涵变易之义。六十四卦的总体结构方式和每一卦卦画结构，都以阴（－－）与阳（—）为基本元素、要素，阴阳异质对待变化，而变易为各不相同的卦，其所蕴涵之义亦异。《易传》运用《易经》的结构方式，又超越此结构方式，不完全以刚柔、阳阴两爻来推衍宇宙变化，而是仰观天文，俯察地理，以天地变化来论证万物新生命的诞生。"在天成象，在地成形，变化见矣"①。天构成象，地构成形，形象为天地，变化而生生。这种生即新生命的化生，"天地变化，草木蕃"②。蕃是繁殖、生息之意，即草木得以生息繁殖。"山泽通气，然后能变化，既成万物也"③，万物亦得以新生。变化日新是和合生生的普遍原则。

《易传》认为变有三义：其一，变有通义。"变则通"④。通即贯通、通达无碍。变能使事物贯通始终，消除闭塞阻碍。只有这样，新事物才能化生发展，这便是"整体贯通律"。

其二，变是转化。"剥，剥也。柔变刚也"⑤。剥卦（䷖）卦象是五阴居下，一阳居上，阴为柔，阳为刚。五柔强盛，一阳微弱，因而，柔能变刚，即刚转变为柔，意味着事物性质的变化。《周易》的爻，就是讲这种变化的。"爻者，言乎变者也"⑥。阴阳互变，融突互摄，相对相关。

其三，变是运动过程。"变动不居，周流六虚，上下无常，刚柔相易，不可为典要，唯变所适"⑦。每一卦的六爻之位，变动不居，处在不断变

---

① 《系辞上》，见《周易正义》卷七，76页。
② 《坤文言》，见上书卷一，19页。
③ 《说卦传》，见上书卷九，94页。
④ 《系辞下》，见上书卷八，86页。
⑤ 《剥·象》，见上书卷三，38页。
⑥ 《系辞上》，见上书卷七，77页。
⑦ 《系辞下》，见上书卷八，89页。

动之中。这种不断地变，也就是不断生生的过程和变易日新的过程。

《易传》释化为二义：其一，化为生化、化成之义。"重明以丽乎正，乃化成天下"①。离卦（☲）为日为明，卦象相重，故重明而附丽于正，就能化成天下事物。"天地感而万物化生"②。感指对待的相互交感、交合，意即冲突融合，而万物化生。

其二，化是化生不息的过程。"男女构精，万物化生"③。构精即交媾，亦是相对相关、冲突融合的过程。从构精到化生，本身便体现为生生不息的变化日新过程。

和合的变化日新规则，由于《易传》的梳理和解释，变与化的内涵有了分别的规定，并对变与化的相对相关、冲突融合的关系，作了陈述："化而裁之谓之变"④，裁有裁节、裁成之义。化的流程的裁节、裁断，称为变，如阴阳渐化，到了一定的阶段或限度，就需要突破或冲决此界限，这就是渐化的裁断，而成变。由化至变亦是日新的过程；并对其转换的中介作了解释："化而裁之存乎变，推而行之存乎通，神而明之存乎其人"⑤。这就是化 ⇄裁 变，推 ⇄行 通，神 ⇄明 人，化与变、推与通、神与人之间的转换，必须有裁、行、明为其中介。由裁、行、明为中介，构成了化变、推通、神人的互动、互存、互摄、互渗、互体、互换的关系（参见《朱子语类》卷七十四），凸显了"融突"和合体变化日新的内在潜能与外在结构转换形式。

中华传统文化的变化融突论，由于《易传》对变化的规定，两者便有

---

① 《离·象》，见《周易正义》卷三，43 页。
② 《咸·象》，见上书卷四，46 页。
③ 《系辞下》，见上书卷八，88 页。
④ 《系辞上》，见上书卷七，83 页。
⑤ 拙著：《中国哲学范畴发展史（天道篇）》，429～433 页。

了分别，体现理论思维以分析为基础而趋向严密。虽历代思想家对变化都有分析和发挥，但解释最详尽的当推朱熹。他明确以化为渐化，变为顿变，变化即顿与渐。

所谓渐化：其一，渐化是不知不觉地化将去，"化是逐旋不觉化将去"（《朱子语类》卷七十四）。宇宙间事事物物，时时刻刻都在渐化，而人们不觉耳。其二，渐化是渐渐地消磨去，"化是自阳之阴，渐渐消磨将去，故谓之化"（同上）。渐渐消磨，就不是飞跃、不突然的变化。其三，渐化是无痕迹的变化。"阳化为柔，只凭地消缩去，无痕迹，故曰化"（同上），就是不显著、不显眼的变。

渐化在一定的范围内，事物仍保持其原有面貌，超出这一界限，就会引起顿变。所谓顿变：其一，顿变非渐渐化将去，而是突然的变。"变是倏忽之变"（同上），"变是自阴之阳，忽然而变，故谓之变"（同上）。变就是迅速的、突然的变。其二，顿变不是不觉的、"不见其迹"的变，而是显著的、有迹、能觉的变。"变是自微而显"（同上），"阴变而为阳，其势浸长，便觉突兀有头面，故谓之变"（同上书卷七十五）。变是由细微的渐化而引起显著的、有形迹的变。其三，顿变不是"节节换将去"的连续系列，而是连续性的裁断。"化是渐渐移将去，截断处便是变，且如一日是化，三十日截断做一月，便是变"（同上）。朱熹训裁为截断、顿断，便由渐化向顿变转换。

渐化的截断、顿断，并非离渐化，而是在渐化中截取："在那化中裁截取，便是变"（同上）。这就是说，化与变不杂不离，不杂是差异，是冲突；不离是相依，是融合。"变者化之渐，化者变之成"[1]。顿变必以渐化

---

① 《乾·象》，见《周易本义》卷一，2页。

为基础，是渐化的截取，无渐化就无所截取，亦不能截取。渐化是顿变之成。此"成"，既是成果，谓顿变是渐化的必然结果、成果；亦是渐化由顿变来相成、相辅。由于化与变的冲突融合，便引起事物旧质的消亡，渐化而至于无，"渐渐消化，以至于无"（同上），于是新质诞生。[①] 异质元素、要素，通过化变，而和合为新事物、新生命。化变便构成诸多元素、要素为新事物的中介转换机制。

和合学是对于存相式能的为什么的追究。诸多元素、要素为什么在冲突、融合中构成新结构方式或新事物？它是对于诸多元素、要素构成新事物、新生命的中介转换机制的探讨，是对于存相变化日新的生命力潜能的寻求。

和合学也是对存相式能的各种理解与解释的理论反思，包括这种理论前提能否成立、能否合理，以及这种理论形式的价值合理性和工具合理性的思考。和合学试图和合科技理性与人文理性、价值理性与工具理性、公共理性与分殊理性之间两极对待，以"融突论"为指导，达到和合境界，即使之成为冲突融合的和合体，亦即元体。

### （三）流行与超越

人世间万事万物都是"融突"的大化流行中的存相与大化流行中的式能。冲突融合相对相关活动，恒常无限，它就是和合自身的运动，也就是和合体之所以"融突"的根据所在。

大化流行是淘沙的过程，亦即筛选、选择的过程。人世间一切事物，都要在大化流行中被冲洗得裸露出来，即剥光了层层服饰，而显其真元。因此，冲突融合的大化流行本身，便是自然选择的过程，这是一动态的

---

① 参见拙著：《朱熹思想研究》（修订本），254～260 页，北京，中国社会科学出版社，1994。

发展过程，它使诸多形相、无形相元素、要素成分和合为新事物成为可能。诸多元素成分亦是人类对于文化系统进行微观的价值批判和宏观的和合创新所必需的。

既然和合人世间一切都在变化日新之中，它便是大化流行。万物的"资始""资生"，乃"乾元""坤元"之大化，于是"云行雨施，品物流形"①，就是一幅大化流行之图景。什么是宇宙大化，生生不息；什么是变动不居，周流六虚；什么是为道屡迁，妙用莫测。凡此种种非上帝之使然，亦非天的主宰，乃和合体内在的异质差分元素、要素的互相冲突、碰撞，亦即和合中涵变化、交感、动静之潜能，而有纲缊、摩荡之相。

此变化、交感、动静之潜能，无以名之，名之曰"神"。故《易传》说："知变化之道者，其知神之所为乎。"② 此"神"非为实体性鬼神、神灵。神的"所为"的变化，乃神之潜能的发动，无限微妙。"唯神也，故不疾而速，不行而至"③，神妙莫测。

何谓大化流行之神？"阴阳不测之谓神"④。阴阳变化，不可测度，叫做神。"神也者，妙万物而为言者也"⑤。神的不可测度，就是妙。以神来言语大化流行之妙，即是大化流行之所以妙。韩康伯注曰：

> 两仪之运，万物之动，岂有使之然哉？莫不独化于太虚，欻尔而自造矣。造之非我，理自玄应，化之无主，数自冥运，故不知所以，然而况之神。⑥

---

① 《乾·彖》，见《周易正义》卷一，14 页。
②③ 《系辞上》，见上书卷七，81 页。
④ 同上书，78 页。
⑤ 《说卦传》，见上书卷九，94 页。
⑥ 《周易注·系辞上》，见《王弼集校释》，543 页。

神是阴阳两仪的运作、万物运动变化的所以然者。朱熹亦认为，神是阴阳变化的所以然。① 由阴阳变化，推而宇宙大化流行，均是神之所为、所使。

神之所为、所使，是"自造"，就是自然而然的"为"和"使"。自然而然，即神自我功能，亦即融突体内在的潜能。"列星随旋，日月递照，四时代御，阴阳大化，风雨博施，万物各得其和以生，各得其养以成。不见其事而见其功，夫是之谓神"②。为什么宇宙间列星运转、日月交替照耀？为什么四时顺序而行，风雨普遍施于万物？为什么阴阳相互作用转化？为什么万物只有融突了列星运动、日月递照、风雨博施等等要素才能化生和成长？虽然看不到是如何做的，但可以看到它的潜能的展现，这就是神。神是为什么的根据、为什么的回应，这就是融突的潜能妙用。

神作为大化流行的潜能，它无迹可见，运于无形。"大顺大化，不见其迹，莫知其然之谓神"（周敦颐：《通书·顺化》，见《周子全书》卷八）。宇宙的大顺大化，不待征于色，发于声，无迹可见，人莫知其所以然之妙，可称谓为神。神便是大化，或称为"神化"。张载撰《神化》而为之论述：

1. 神为清通无碍。"清通而不可象为神"③，"太虚为清，清则无碍，无碍故神"④。不清而浊，浊而有碍，碍而不通，不通非神。清而无碍，是通的条件和前提，通即大化流行；大化流行而生生不息。清与浊冲突，通与塞冲突，超越浊、塞，融突清、通，达到神，即是和合。

2. 神为微妙感应。"神者，太虚妙应之目。凡天地法象，皆神化之糟粕尔"⑤。阴阳互相感应，相互作用，聚而成人、成物，散而回归太虚阴

---

① 参见《系辞上》，见《周易本义》卷三，58页。
② 《天论》，见《荀子新注》，270页，北京，中华书局，1979。
③ 《正蒙·太和篇》，见《张载集》，7页，北京，中华书局，1978。
④⑤ 同上书，9页。

阳之气。其所存之神，与太虚微妙感应。有感有应，才能有大化流行之宇宙。

3. 神为变化潜能。"惟屈伸、动静、终始之能一也，故所以妙万物而谓之神"[1]。时空中屈伸、终始等大化流行之"能"，就是指变化的潜能，潜能的显示，便是屈伸、动静等的动力态。

4. 神为变化所以然。"天下之动，神鼓之也"[2]。"惟神为能变化，以其一天下之动也"[3]。神是变化运动的原因、动因。之所以是动因，乃凡物都存在阴阳对待两体，"一物两体，气也。一故神，两故化"[4]。"气有阴阳，推行有渐为化，合一不测为神"[5]。阴阳相对相关，而发生冲突，冲突而为动之"机"，"机"非为阴阳之外，而于阴阳之内。"机"而动，便是推行有渐化，合一而莫测为神，神便是"融突论"的融合。

大化流行作为和合人文精神的原则，是冲突融合之使然和呈现，亦是冲突融合进程的描述，使冲突融合的进程清通无碍，并导向和合。大化流行的进程，即神化过程。人们只有"穷神知化"，才能认知神化的莫测，即大化流行的复杂性、错综性、非逻辑性、非系统性等。主体认知、掌握神化的莫测性、浑沌性，才能认知如何在大化流行中筛选优质成分，从而和合成新事物、新生命。主体可以感受它，却不能参与这种流行的过程。

和合学是对于大化流行的为什么的动因的追求，即为什么变动不居，周流六虚，为什么为道屡迁，妙用莫测，以及融突中涵变化、交感、动静之潜能，而有纲缊、摩荡之相的探讨。

和合学既涵摄又超越冲突融合。和合不仅仅是融合，融合也不就是和

---

① 《正蒙·乾称篇》，见《张载集》，63～64 页。
②⑤ 《正蒙·神化篇》，见上书，16 页。
③ 同上书，18 页。
④ 《正蒙·参两篇》，见上书，10 页。

合，和合包容了冲突融合。现实的冲突融合是人生存的种种情境。然主体人绝不满足于客体情境，而要求超越自然的元境、个人的己境、生存的生境、科技工具的解境、物质生活方式的物境、精神心灵的心境、社会群体的群境，而达和合生生的和境。那么，如何、怎样以及为什么超越现实的冲突融合与八境，而导向和合？和合学要探索只有超越冲突融合，才能涵摄冲突融合的原因和根据；也只有超越，才是自由和合与和合自由的根由。超越是基于价值理想的追求和价值导向的理势。

### （四）对称与整合

对称（symmetry）的原意为匀称和完美。后来人们往往借用对称这个词来联系两个对待物或类似物的情况，而与美学的匀称有异，亦与现代科学中对称性的意义稍别。它寓意老虎与羔羊、微粒与波动所构成的互相对称关系的阐述[①]。中华的"太极图"（阴阳鱼）最显明地体现了对称原则，即宇宙间各种现象在形态、结构上相对待的表征。"太极图"是由缔合转换所引起的对称，它与物理学中左右之间完全对称相合，这种对称在量子力学中可以形成一种守恒定律，称为宇称守恒。与时间平移对称相对应是能量守恒定律，与空间平移对称相对应是动量守恒定律。

对称亦被解释为在分界面或正中面两侧的部分具有对应的大小、形状和相对位置，这是左右对称，还有中心对称。在自然界和工艺美术作品中，有与各种旋转、平移有关的对称。在物理学中，原子在空间中互相聚合成分子或晶体。分子和晶体中原子分布和结合的方式，称为分子结构和晶体结构。晶体结构具有空间点阵周期性的对称图像。这种图像很早就引

---

① 1924 年法国物理学家 Louis de Broglie 在博士论文中提出物质的微粒，特别是电子，当具有波性，从而显示了粒—波二象性。Erwin Schrödinger 受 de Broglie 的启发，为微粒得出波动方程：

$$ih\frac{\partial \Psi}{\partial t} = \left(-\frac{h^2}{2m}\nabla^2 + V\right)\Psi，奠定量子力学的基础。$$

起人们的关注。如"雪花多六出"说，王廷相否定"春雪五出"说，"仆北方人也，每遇春雪，以袖承观，并皆六出。云五出者，久矣附之妄谈矣"①。这便是六重对称的晶体结构方式。

对称也是事物整体统一性中系统与系统内部各要素、元素间的一种相应的等价性关系。这种关系提升为概念，如左右、上下、徐疾、动静、聚散、始终、有无、形神等等。与对称相反，如果系统经过一定中介选择交换后发生了变化，就是非对称，非对称即对称的破缺。根据相对论量子物理学，每一个带电粒子总有一个具有同样质量相反电量的反粒子。

对称与非对称是系统转换发生前后的两种状态，非对称是系统内部的不同要素、元素与系统、环境之间差异所引起的冲突的表征。冲突就意味着重新整合，亦意味着否定。经过某种转换，又出现新的对称。

这里所说的某种转换，包括整合的方法。整合是关于诸多元素、要素融合，构成整体结构。譬如一个人的复杂行为的发生，有赖于整个行为结构的整合。行为结构的整合是指行为结构各个部分的活动的互相配合、协调融合，即人的情感结构、理性结构、理想结构、意志结构、行动结构的整合而成为协调、和谐的融合行为结构。

如果说冲突包含对称，那么，融合则包含整合。因此，对称整合与融突相联结。对称的差分，意味着相对相成，而非独对独成；相对意蕴着此消彼长，还彼消此长，即意蕴着在对称、相对中的选择，选择是一种浪淘沙的过程。对称整合即是自然选择，而达整体的融合和谐。

和合学的本旨是和，它是对于自然、社会、人际、心灵、文明的整体和谐、协调、有序的探索；是对在这一不断破缺和完美过程的所以然的求索；是对于什么是自然选择的为什么的追求，以及什么是选择的价值原则

---

① 《答孟望之论〈慎言〉八首·春雪亦是六出》，《王氏家藏集》卷三十七，见《王廷相集》，666页，北京，中华书局，1989。

的为什么的追究。对称整合作为中华人文精神的原则，在诸多元素、要素和合为新事物、新生命中，起着重要作用。它不仅提供诸多成分，而且使整体的运作协调、稳定，促使新事物、新生命的顺利化生。

对称整合是和合学的内在的与外在的结构形式，自然选择是和合学的价值取向和价值公度。对称整合、自然选择之所以是和合学的结构方式和价值公度，亦是和合学所关心探索的课题，以求和合新生命的生生不息。

### （五）中和与审美

差分就是"突"，中和就是"融"。有差分，才有中和。人世间一切事物都存在差异中和，人的精神生活中亦存在差异中和。诸如人心的焦虑、苦闷、孤独、烦恼、痛苦等等，都是人生生命存在中由种种内因外缘所引起对人的心灵的刺激的回应。

如何协调、和谐人的精神生活中的烦恼、焦虑、孤独等等冲突而获得和乐愉悦？这就需在承认差异冲突的情境下，处理好种种关系。春秋时，"和"从五行和而生物，已推衍到社会生活以至精神生活领域。如治疗精神生活中的烦恼、痛苦等，也要从各个方面着手：《诗经》上讲的"和羹"，"君子食之，以平其心"[①]，使心气平和；"声音相和"的和声，更能陶冶心灵，给人以美的享受。《九韶》之乐，孔子听之三月不知肉味，其和悦动听，深深打动孔子的心灵。这便是乐的中和之美。晋侯有疾，医和说："先王之乐，所以节百事也，故有五节；迟速本末以相及，中声以降，五降之后，不容弹矣。于是有烦手淫声，慆堙心耳，乃忘平和，君子弗听也。"[②] 此话之意蕴在中和之声，过与不及，都有损中声，便是"烦手淫声"，诱起心淫，而失平和。中和之美感与人的主体心灵密切契合。

---

① 《昭公二十年》，见《春秋左传注》，1419 页。
② 《昭公元年》，见上书，1221～1222 页。

中和作为审美对象的价值，需要通过主体的实践和感受才能得以体现。若无主体的感受和实践活动，中和之美只是一种潜能方式。荀子曾认为，中和之声能激起主体内心情感的发动，以协调、和谐人心灵的各种冲突、差异。如中和之声能使君臣上下"和敬"、父子兄弟"和亲"、少长族党"和顺"①，使宗庙、乡里、家庭和睦、安定，增强宗庙、乡里、家庭的凝聚力度。《礼记·乐记》亦认为，中和之乐，"可以善民心，其感人深，其移风易俗"②，"故乐行而伦清，耳目聪明，血气和平，移风易俗，天下皆宁"③。中和之声的审美价值，就在于净化人的心灵，使人的心理失衡、情绪失序、精神失常得以调理，道德情操得以提升，而达到血气和平，和美愉悦；并收到移风易俗，天下安宁的效果。

"和"与"中"作为相关概念④，和是指诸多形相、无形相差分元素、要素的相对相关、对待和谐；中是指在和的对待和谐中无过不及、不偏不倚的方式，即一种"度"的观念。

> 喜怒哀乐之未发谓之中，发而皆中节谓之和。中也者，天下之大本也；和也者，天下之达道也。致中和，天地位焉，万物育焉。⑤

人的喜怒哀乐情绪，是对于外部刺激和内部变化所产生的反应，它是与生理机能相联系的体验，是本能的直接表现。虽情感以情绪的形式表现出来，但两者并不等同。然休谟（David Hume，1711—1776）却以为两者无质的差异，只有量的分别。⑥情感是道德心理中深沉的、稳定的品

① 《乐论》，见《荀子新注》，333页。
② 《乐记》，见《礼记注疏》卷三十八，《十三经注疏》本，1534页，北京，中华书局，1980。
③ 同上书，1536页。
④ 参见拙著：《中国哲学范畴发展史（人道篇）》中的《中和论》。
⑤ 《中庸》，见《礼记注疏》卷五十二，《十三经注疏》本，1625页。
⑥ "我们平常所谓情感，是指任何祸福呈现出来时，心灵所发生的一种猛烈的和明显的情绪。"（［英］休谟：《人性论》，476页，北京，商务印书馆，1980）

质，是人有意识地控制生理和心理变化而获得的一种心理机制，可以理解为喜怒哀乐未曾发动的心理状态。喜怒哀乐已经发动，便表现为情绪。若发而无过不及，合乎节度，便是中和。由中和而推及位天地、育万物的存有论的高度。

董仲舒建构了适应大一统所需要的、以阴阳五行学说为骨架的天人系统论。其差分中和，以及中和之美的价值，超越了《中庸》中和的性情论，而衍化为天人哲学。

> 中者，天地之所终始也；而和者，天地之所生成也。夫德莫大于和，而道莫正于中。中者，天地之美达理也，圣人之所保守也。《诗》云："不刚不柔，布政优优"。此非中和之谓欤！是故能以中和理天下者，其德大盛；能以中和养其身者，其寿极命。[1]

无论是宇宙天地间万物之所以生生不息的所以然根据，还是人类最完满的道德由以构成的原因，以及人类社会（天下）繁荣昌盛、安居乐业、心情舒畅、怡然自乐、健康长寿等等之所以然，都是由于中和。这样个人精神生活中的种种烦恼、焦虑、孤独、空虚等冲突，都消融在天地的天乐中和社会的人乐之中。

和合学是和乐、和美、和和。它是对人类精神生活中烦恼、苦闷、困惑、孤独、空虚、痛苦的原因以及造成这种原因的自然、社会、人际、心灵、文明和政治、经济、环境的关系的追究；是对于如何修养心性，如何治疗心理失衡、情绪失序、精神失常的所以然的探讨；是对于什么是审美价值的为什么的追寻。

和合学是对于中国传统文化中中和之为美的审美价值的反思，以及对于审美方式、审美结构的思考。从某种意义上说，儒家文化精神的价值取

---

① 《循天之道》，见《春秋繁露义证》卷十六，444 页，北京，中华书局，1992。

向是中和，道家文化精神的价值取向亦是中和，墨家文化精神的价值取向也是中和。因此，和、中和是中国文化精神的精髓。所以，和合学亦是关于和合是中国文化人文精神原因、根据的探索。换言之，是对什么原因或能量使中国文化人文精神的精髓和生命智慧呈现为和合，以及为什么和合构成中国文化和生命智慧的稳定结构的探讨。

和合学五义与和合五义相对应，蕴涵"融突"理论与对于"融突论"根据的追寻。和合学意蕴与和合人文精神的原则相契合，并通过纵横互补律、整体贯通律，而达和合艺术境界。

### 三、传统和合方式的坎陷

和合与和合学意蕴的规定，既是对传统和合人文精神的继承，亦是对传统和合结构方式的改造。这个改造，就是重构。从和合的意蕴中阐述了差分 $\xleftarrow{\text{絪缊}}$ 和生的絪缊原理，存相 $\xleftarrow{\text{选择}}$ 式能的选择原理，冲突 $\xleftarrow{\text{变化}}$ 融合的变化原理，自然 $\xleftarrow{\text{互动}}$ 选择的互动原理，烦恼 $\xleftarrow{\text{中和}}$ 和乐的中和原理。这五原理亦是"融突论"五原理，它使差分 $\xleftarrow{\text{絪缊}}$ 和生等的转换都是有中介的、曲折的转换，符合现代和合结构方式的逻辑转换。传统和合形式的逻辑缺陷表现在以下几方面：

#### （一）无中介的直接和合

传统是指"人类创造的不同形态的特质经由历史凝聚而沿传着、流变着的诸文化因素构成的有机系统"[①]。笔者曾对这一规定作了多方面解释，不赘述。[②] 传统是一动态系统，它像生命之流，一代代过去，一代代成长，

---

① 拙著：《传统学引论——中国传统文化的多维反思》，5 页。
② 参见上书，5～10 页。

新的一代带着祖辈的遗传基因，亦不同于祖辈，而一代代新生，永无休止。对中国传统文化的人文精神也应作这样的理解，否则有违和合学宗旨。

传统和合方式，如"天人合一""知行合一"等，都是"合二而一"，没有转换中介系统，更无符号化、定型化的技术工具系统。这种无中介的直接和合，是低水平的元始状态的自然和合。人类往往出现返祖现象，文化也会出现这种返祖现象，甚至较人有过之而无不及。当西方科学家惊叹东方"天人合一"等思想为神奇的"东方神秘主义"时，我们自己亦在赞叹"天人合一"把整个宇宙看作有机体，使人在此有机体的大化流行、生生不息的生命之流中安身立命时，往往忽视了这种"极高明"境界的理想，是以体验、参悟的方法获得的，而缺乏细密的逻辑推理和实验证明的过程。正如梁漱溟先生所说，中国文化是早熟的文化。当理性还没来得及充分发展，便进入悟性。由悟性而向内体验心性之学，没能向外为科学理论的发展开出道路。虽然中国古代有许多科技的发明创造，为人类做出伟大贡献，但科学理论始终处于弱势。

人类文化的发展，中介系统的独立化和技术工具的完美化，是重要特征。现代文化系统内的和合，都是有中介的间接和合。天人合一的内涵复杂，其义歧出。[①] 就以自然与人的关系而言，人之所以为人，就是人与自然的分离[②]，人若无此人之为人的自觉，人亦与自然界动物无别。人从动物进化为人，是经人能动的劳动交往活动，包括劳动工具的创造等中介转换系统。人体验到自然与人的和谐、合一，是天人关系出现冲突、危机以后的事，如洪水泛滥，黄河决口，而有大禹治水的记载[③]。治水后的天人

---

① 参见拙著：《中国哲学范畴发展史（天道篇）》的《引论》和《天论》，37～83 页。
② 参见拙著：《新人学导论——中国传统人学的省察》，2～18 页。
③ "当帝尧之时，鸿水滔天，浩浩怀山襄陵，下民其忧……用鲧治水，九年而水不息，功用不成……于是舜举鲧子禹，而使续鲧之业……乃劳身焦思，居外十三年，过家门不敢入……左准绳，右规矩，载四时，以开九州，通九道，陂九泽，度九山，令益予众庶稻"（《史记·夏本纪》）。

的和谐合一，是大众劳动和治水技术方法运作的结果，而非无中介的和合。

就"知行合一"而言，现代认知是借助于复杂的观察技术系统来捕捉宇观世界、微观世界和大脑神经元等客体信息，再经过高科技化的人工智能系统对信息的处理，从而间接得到人体感官无法获得、人类大脑无力处理的知识信息。现代人的行为，是通过机械系统、电气系统、自动化系统等技术工具网络，对于客体对象的改造。

正是中介系统的科技革命，才使现代的"天人合一""知行合一"超越传统天人合一、知行合一的范围和水平，使人类文化进入太空时代、量子时代和神经元时代。王守仁的"知行合一"论，虽然其中介系统援入"良知发用流行"中的"私意小智"，但凡属人欲，必除尽根绝，就很难亦不可能有科学技术的个人发明和工具的创造。中国传统文化不能原发地开出现代化，就在于和合方式的内向心性参悟化、体验化，而不外向开出认知化、科技化，以运用科技工具中介系统，达到"天人合一""知行合一"的和合境。因此，必须转换传统无中介的"天人合一"，而成现代以高科技为中介系统的"天人合一"。仅有生态环境道德意识的提升，不能真正解决天人和合的现实的生态危机问题。

### （二）无转换的取舍和合

在公与私、义与利、理与欲、王与霸等一系列关系问题上，传统哲学曾提出"大公无私""重义轻利""存理灭欲""尊王贱霸"等命题。① 其范畴逻辑结构是通过无转换的取舍和合方式建立的。

这种和合方式是在公与私等相对相关的对称关系中，取此舍彼，或取

---

① 参见拙著：《中国哲学范畴发展史（人道篇）》的《义利论》《公私论》《理欲论》《王霸论》等章。

彼舍此。它不仅有悖于真实、完善、优美的和合原则，而且导致了一系列文化价值观上的过激与偏失，如"斗私批修"，"狠斗私字一闪念"，"私字为万恶之源"，"天理存则人欲亡，人欲胜则天理灭"（《朱子语类》卷十三），等等。以这种二元对立的思维、你死我活的方式，从而导致斗私致人死地，或"以理杀人"[①]，都可以成为合理的了！

从逻辑上讲，无私亦无公，轻利亦无义，灭欲亦灭理，贱霸亦无所谓王。问题的关键是，公私、义利、理欲等关系，是实质性关系，不是用无转换的取此舍彼，而使公私、义利、理欲和合的。只有采取转换变化，而能合私为公，公私兼顾；集利为义，以义携利；依理适欲，畅欲达理；以霸济王，王霸并行。通过转换变化，化冲突为融合，达到对称和合。

公与私、义与利等和合方式和善与恶、真与假、美与丑等价值观念有别。前者是实质性关系，后者是标的性关系，遵循是非二值逻辑，可按矛盾律、排中律取舍。譬如在现实生活活动中为善去恶，去假存真，扬美弃丑。由于传统思想混同了这两种关系，产生了一系列违理悖情的学说：无欲说、无私说、无利说、纯理说等等。这些已为中国古代思想家李贽、王夫之、戴震等所批判。

公私、义利、理欲、王霸等实质性关系，不服从矛盾律和排中律，却遵循二象律和用中律〔或"中庸（用）律"〕。传统无转换的取舍和合方式，是不符合"易学"生生之德及和合精神的。佛学中的转依说、"转识成智"说，却是有转换的和合。

### （三）差分不足的简单和合

和合元素、要素差分程度愈高，和合程度亦愈高；同时，差分程度

---

愈高，冲突就愈深入，冲突的关键点亦愈明显，和合的下手处亦愈明确。但在传统和合结构方式中，差分不足严重存在。譬如范畴之间没有较明确的领域、学科、类型、层次、维向、序次等分化，一切都处在浑沌之中。

由于差分不足，作为和合的元素、要素本身未充分展开，和合与和合者不分明。即使是"分二""分殊"之后，却急于合一。中国自"道术将为天下裂"① 以降，有道统而无术统，方技术数与"地道"流落于民间，正统文化的"合一"，几乎都属二元和合型，甚至一元和合型。只怕"分二"之后，有私意小智、奸诈之术介于其间。因而，正统文化只有帝王的"心术"，高雅文化只有清谈空论的"学术"，却没有民族智能的"技术"。重道轻术，使中国许多工艺因不能技术化、科学化而失传，或者与迷信结伴同行。这是中国文化差分不足的偏弊。

中国哲学思想中，屡言"相即"，如即体即用，即用即体，貌似辩证，便以为"本无二""己合一""性即理""心即理""天即道""人即天""天即人"等等，一系列即式判断，就是差分不足而简单和合的语词印证。中国古代思维分析方法虽有"一分为二"，却是"一而二，二而一"，分二为了合一；"理一分殊"，"分殊"是为论证"理一"，使"理一"有安顿处。只怕植入中介，破坏了诗化式的"混元"情境。

相反，西方哲学思想中，从亚里士多德的三段论，到奥古斯丁（Aurelius Augustinus，354—430）的"三位一体"，再到黑格尔的三段式，直到现代语言哲学的"实在—语言—思维"的三元关系，都是差分有中介的间接合一，并从差分中介上创造出一个认知的、技术的工具世界（人工智能系统是这一分支的代表），建立了民主管理体制，而走向现代化。

---

① 《天下》，见《庄子集释》卷十下，1069 页。

### （四）无冲突的重一和合

认识主体与认识客体的真理性合一，实践主体与实践客体的价值性合一，审美主体与审美客体的善美性合一，都必须是有冲突，并通过中介符合系统来完成。

冲突是和合的前提，和合是冲突的理势。诸多异质元素、要素能否和合，取决于其可和合性，只有同一领域、同一类型、同一层次上的特异元素才能按特定的和合道路而和合，或者必由更多维、更复杂的变换群，经多次反演，才能和合。层次、领域、类型分别越大，越需要更庞大的技术转换系统。如要将动物与植物杂交和合，必须在分子水平上转换它们的染色体和遗传基因；要将动物与矿物杂交和合，就必须在原子水平上实现转换；要将理想与实在相和合，必须动用人或社会的全部能量、智力和技术手段，才有可能实现。

中国传统和合论，不太重冲突而注重"一"。"方生方死，方死方生；方可方不可，方不可方可；因是因非，因非因是"①。死与生，可与不可，是与非，均是无冲突、无中介的转换和合。因此，"其分也，成也；其成也，毁也。凡物无成与毁，复通为一"②。还讲，"夫道一而已矣"，"心，一也"③，"理，一也"，"气，一也"，"理、性、命，一也"，"心也，性也，命也，一也"，强调形式上无冲突的"一"。其实，这些"一"存在着无数的差分和分殊，而简单地"一以贯之"不做精细深刻的分梳，或仅做现象的分梳，而实只"一"。这是将复杂性易简化，这种"一"的和合，只是主体的心性体验式的"冥想""妄作"，无法使整个民族文化提升到一种新

---

① 《齐物论》，见《庄子集释》卷一下，66 页。
② 同上书，70 页。
③ 《语录上》，见《陆九渊集》卷三十四，395 页，北京，中华书局，1980。

的形态。

### （五）多奇点的神秘和合

奇点是浑沌无分的特异起点或浑沌难分的特异结点。在奇点上，一切思维手段、逻辑工具和语言能力均已失效，即奇点"不可思议""不可言说""无以形容""惟恍惟惚"等等。中国古代的"道"，很多情况下是一个神秘莫测的奇点和合体。

从西方当代哲学在经历了反形而上学洗礼后的深入思考来看，其已惊奇地发现，中国先哲们所深刻思考着的那个"什么也不是"的"是"的思维方法，正是西方形而上学有所忽视的。老子"惚兮恍兮"的"道"，是"绳绳不可名"（《老子》第十四章），因而是"夷"（"视之不见"）、希（"听之不闻"）、微（"搏之不得"），所以为"空"，为"无"，为"虚"，为"静"。它像"玄牝"，"其犹橐籥乎"（同上书第五章），像一个容器、风箱，中空无一物，以"待"万物，避免了西方传统形而上学把那个"是"当作"什么"（名）来思考的途径。这是中国哲学的特点，也是其优点，但同时也是其缺点，即抓住了"什么也不是"的"是"的问题，却没有很好抓住终极性的"什么""是什么"的问题。这就是说，那个使世间万物成其"然"的那个最本质的"所以然""是什么"，没有把握牢。也正由于此，中国的"道"具有神秘的色彩，其奇点和合结构是：

道体和合结构
- 至大无外——"太一神""语大天下莫能载""放之则弥六合""放之四海皆准""廓然大公""大心无外"等
- 寂然常应——"寂然不动""感而遂通""道体流行，塞宇宙亘古今"等
- 至小无内——"精灵气""语小天下莫能破""卷之则退藏于密"等

"道"是此三类奇点的神秘和合体，是思维的逻辑构造物。"至大无

外""至小无内"①,是惠施给出的两类逻辑奇点。"至大无外"是"大一"奇点,用数学术语讲,即无穷大点,是"与天地万物为一体的仁者","已发之和"的气象。"至小无内"是"小一"奇点,即无穷小点,是父母未生之前之"本来面目","未发之中"的气象。"寂然常应"是无定奇点,即无限定,"动而无动,静而无静",常静常应,常动恒定。

这三类奇点融合为一和合体,就能从心所欲而"不逾矩",既不遵循自然规律,如"长生不死""羽化登仙";也不遵循社会规律,如"至人无己,神人无功,圣人无名"②,居无何有之乡,广漠之野,与天地之正为邻;还不遵循思维规律,如无思无不思,无知无不知,无能无不能。这种神秘的和合,乃是人类童年时代的幻觉、幻想,因而容易造成非理性、非逻辑的因素:如以天人关系来说,要么存天(理)、灭人(欲),使人"形如槁木""心如死灰",而进入准死亡状态;要么人(欲)定胜天(理),便是"人有多大胆,地有多大产",亩产万斤、十万斤,心大无外,充塞宇宙,进入上帝万能状态。它如同梦魇一样,染污了民族的人文精神。

尽管这种奇点的神秘和合有很丰沃的潜科学或前科学的副产品,有科学上的借鉴作用、哲学生命智慧上的启迪意义,但无疑需要批判地继承,细致地分析改造。

## 四、和合思维与意义

现代和合学是传统和合论的转生,这个转生是批判、转换和创新式的转生,是化腐朽为神奇、转神秘为科学的转生。

和合转生,亦是和合思维的转生。学术界较普遍地认为,中西思维特

---

① 《天下》,见《庄子集释》卷十下,1102页。
② 《逍遥游》,见上书卷一上,17页。

别是中西哲学思维的区别是思维模式的差分，即中国是"合一"（"天人合一""知行合一""情景合一""体用一源"）思维，西方是"分二"（"天人二分"、主客二分）思维，有其一定道理和价值。但中国哲学中有丰富的"一分为二"的分析传统，如形而上与形而下的道器、理气、太极阴阳、心物、天理人欲等的二分分析；西方哲学中的公理综合、"三位一体"等合一（综合）思维，亦源远流长。

中西哲学思维模式的差异，可作这样的思考：中国哲学是范畴逻辑结构的意象思维，西方哲学是谓词逻辑结构的演绎思维，这是指其哲学思维的主要倾向性而言的。

之所以这样说，是因为：其一，中国传统思维有"字义疏证"（如《北溪字义》《孟子字义疏证》等）逻辑，缺乏"形式逻辑"工具（如亚里士多德《工具论》为西方思维模式的母体）。"字义疏证"是范畴结构分析，"形式逻辑"是谓词（包含命题）结构分析。

其二，中国传统思维受《周易》思维模式的影响深刻。易学思维本质上是象数化的义理思维，重象的数序结构及其义理和合。如咸卦（䷞）《象传》："山上有泽，咸，君子以虚受人。"[①] 又如睽卦（䷥）《象传》："火动而上，泽动而下。二女同居，其志不同行。"[②] 西方思维至今仍继续受《几何原本》的影响，本质上是谓词公理化演绎思维模式。因此，中国传统思维通过类象递归，而少"归纳问题"；西方谓词演绎，至今没摆脱"归纳困境"。

其三，中国语言文字属表意符号系统，形声字词占优势，比喻是最佳的论证方式。中国哲学史上哲学理论的支柱性的论证除经典文本外，重要的就是比喻。比喻的精湛奇妙，标志着思维认识的深化。如形神关系问题

---

① 《周易正义》卷四，46 页。
② 同上书，50 页。

上的"薪火之喻""刃利之喻",体用关系的"水波之喻","万物皆备于我"的"镜中观花"之喻,等等。西方语言文字为表音符号系统,文字形体本身不能引发想象,语言声音也不能赋予意象(只有意向性)。哲学理论的论证方式是修辞辩证,公理推论。中西逻辑思维的逻辑困境:中国哲学逻辑思维模式是"形名术"的正当性问题,西方哲学逻辑思维模式是归纳的普遍必然性问题。

据中国逻辑思维模式,中国范畴逻辑结构可分为三大类型[①]:(甲)象性范畴(气象论思维方式)——圣、贤——→"圣贤气象";(乙)实性范畴(意境论思维方式)——理为实、实理——→"净洁空阔底世界";(丙)虚性范畴(变易论思维方式)——道为无、虚——→道体流行,充塞宇宙。

其和合规律为:(甲)纵横互补律——意象空间与思维时间的和合;(乙)整体贯通律——意象变易道路的贯通及道路间的和合;(丙)浑沌对应律,亦可称为模糊对应律——范畴的模糊指谓与义理的模糊评价经有序的逻辑结构和合对应。[②]

和合思维的意义:

1. 智能的整体性。人类智能是一个整体,只有意象合一、知行合一、诚明合一等,才能使人的知、情、意和合为一个精神整体,从而达到解释世界、改造世界和实现意义的人学总目的。智能是人类生理—心理—精神的整体效应。单纯的抽象思维不是人类智能的全部意蕴。

2. 信息开放性。人类思维以及智能实践是对信息开放的耗散结构系统。没有不断的外源性或内源性信息的输入和创造,将没有思维的发展和智能的进步。信息开放性是和合思维的生命力的活水之一。

3. 文化创生性。文化是人类智能实践的生命和创生物。继承不是因

---

① 参见拙著:《中国哲学逻辑结构论》,56~70、100~101 页。

② 参见拙著:《传统学引论——中国传统文化的多维反思》,55~62 页。

袭，而是学习创造，原生文化的智能转生、再生；发展意蕴发明创造，是次生文化的智能完善。若无智能实践的创造化生，则人类与动物同伍，均为自然存在。

和合学的理论意义，应在实践活动中赋予。这里所说的意义，仅是从现实理性中获得的一些感受：

1. 和合学是中国文化走向现代化的最佳的文化方式的选择，它彰显着中国文化的现代转生，它使一个多世纪以来关于中国文化的现代化由方法的论争转向文化形态的选择，即使方法的论争落到了实处。

近代中国文化在西方文化的挑战下，在西方武力的侵略下，在世界现代化的冲击下，中国人为救亡图存，提出了种种中国传统文化如何现代化的主张，即如何继承、如何中西体用、如何创造转化和综合创新的方法问题，而没有涉及现代化的具体文化形态是什么的问题。方法问题的论争往往流于空疏和清谈。笔者提出和合学，回答了现代化的具体文化形态是什么的问题。和合是中国传统文化人文精神的精髓，也是中国文化的首要价值。它较之依西方文化来诠释演绎，并试图在此基础上建构中国当代文化或哲学要有意义得多。

近代以来，中国文化现代化的方法论争，犹如唐代至北宋在外来佛教文化的挑战下，在唐中叶和五代十国长期社会失序、道德沦丧、精神失落冲击下，对儒、释、道三家文化采取兼容并蓄的方法一样，这种方法讨论了几个世纪，也没有把三家文化融合起来，重建新的形上学和精神家园。到了宋代程颢提出："吾学虽有所受，天理二字却是自家体贴出来"[①]。这就把兼容并蓄的方法落实到"天理"文化形态上，不仅融合了儒、释、道三家文化，而且开创了理学文化的新时代。

---

① 《河南程氏外书》卷十二，见《二程集》，424 页。

2. 和合是中华人文精神的绍承，亦是中国文化精神的新生。新生或转生的主旨是中国文化的人文精神，这个人文精神的生命智慧，便是和合。人文精神的重要意蕴是人的生存、为什么生存和怎样生存，是对人的价值意义的关注和对人类命运、痛苦的解脱的思考。它显示了人的终极价值，是一种属人的终极关怀。一定时代的文化人文精神均有相应"终极关怀"的设定。和合是人类的终极生存模式与命运的设计，它是未来人类文化精神走向的基本方向。

在不同时期、不同语境里人们对人文精神的思考与关注是不同的，因而在不同时期，人文精神有它不同的内容和表现形式。和合是当今时代人文精神的新内容和新形式。

和合基本内涵的规定，既彰显了文化人文精神的存在方式，又凸现了和合学"终极关怀"的具体理路。和合学所重建的人文精神"终极"意义的价值目标或价值理性，是面对未来的关怀，如何与当下具体环境中的制度体制或现实人的生命感受相结合，就不仅仅是一种价值目标和价值理性，同时也是一种工具理性。这就是说，"终极关怀"的设定，既有目标或价值的设定，又有工具操作的设定，和合学是这两者的融突和合。

3. 和合学具有未来文化战略的目的和意义。在当前"地球村""太空船"的 21 世纪，人类共同面临着许多的冲突和挑战。概而言之，即人与自然的冲突（生态危机）、人与社会的冲突（民族、种族歧视、战争、贫富差距扩大、贩毒卖淫、恐怖活动等）、人与人的冲突（道德沦丧、人际疏离等）、心灵的冲突（孤独、苦闷、失落等）、文明的冲突（各文明之间的价值观念、思维方式、宗教信仰的差异）。此五大冲突时时困扰着人类。罗马俱乐部总裁的报告指出：人类正在迅速走向灾难，"非物质的东西对他没有吸引力，甚至连同自己的同类，他们也认为不值得考虑……他们之中有许多已成为数字而不是人"。人性在为科技发展而进行的疯狂竞赛中逐渐丧失。在这个急功近利、自私自利的阴影里，和合学以它融突而和合的人文精神，为人类追求发展指出了化解人类所面临的五大冲突之道。

为此，和合学提出了21世纪的五大文化原理，即五大中心价值，以回应五大冲突。（1）和生原理；（2）和处原理；（3）和立原理；（4）和达原理；（5）和爱原理。以此作为化解人类所共同面临的五大冲突之道，以实现和合的境界。

4. 和合学为人类寻求安身立命之道。人类的进步不应以毁灭自己为代价，而应在保存自己、使自己生存得更好的前提下求进步、求发展。这样，人类最佳选择是返回自身，从"人是会自我创造的和合存在"中吸取力量和资源。

现代文明的发展，给人们提出了一系列关于安身立命的问题。紧张、焦虑、忧郁、死亡等客观地摆在人的面前，物质的满足与精神的贫乏，道德的迷失与意义的危机，如一条条阴影缠绕在人的头上。在当今科学技术不可能完全解决人生问题之际，和合学责无旁贷地肩负了这一课题。

关注人生，塑造一个健全人格，无疑是和合学的鹄的。人是历史活动的主体，是能动的、创造的主体。和合学给人生这一理性存在物以关切，不是意味着要沦为某种现世的人生哲学或修身训诫。人生的有限与无限、忧与乐、爱与恨、成与败……总给人以无尽的哲理沉思。健全人格的总的样态是时代主体精神的基本存在方式和总体形态。所以和合学内在地体现这一方面，亦就体现了当代人生存状态的基本方面。人生是主体生存样态，又是文化人文精神的个体要素，和合学的描述为此提供了方向。

人对人生目的、意义及人际关系的看法，便体现了一种伦理精神。它在一定的社会历史条件下统括着占主导地位的人的主体性关怀的终极问题。人的现代化问题，体现在主体终极关怀的意义问题上，就是伦理精神的现代化问题。现代伦理精神的建立对人的现代化的思考具有实践的优先性。和合学以其理性的哲学批判精神，通过对终极关怀的设定和人生价值的思考，为现代伦理精神的重建设计了一种令人充满希望的前景。

中国文化走向世界，光喊口号，于事无补。任何一种文化走向世界，它能否为世界所承认并乐意融入本国、本民族的文化中，需要依靠自己的文化实力。文化实力的判断标准是，在现代它能否为解决人类所面临的共同问题提供化解之道。和合学的宗旨，便是依据对人类文化新世纪发展前景的战略预见，建构和合学的和合结构系统，作为和合学立论的主体和骨架。和合学彰显了中华文化的无限实力。

哲学是爱智之学，它的本质在于寻求爱智。因此，哲学总意味着"在途中"，和合学亦是"在途中"，它是一种生生不息之途！

# 第三章　和合学的整体结构

中国传统文化的现代化，民族文化的世界化（或称"全球化"），其最佳的文化选择，便是和合学。和合学是中国文化和合精神的转生而日新，其立学宗旨是：

> 立足中国现代发展，放眼人类文化前景
>
> 转生和合人文精神，创新和合结构形式

为此，和合学的基础建构是这样着手的：一是根据发展中国文化的现代理性要求，提出旨在转生和合人文精神的和合学理论公设，作为整个和合学体系建构的基本原理；二是依据对人类文化新世纪发展前景的战略预见，建构和合学的和合结构系统，作为和合学立论的主体和骨架。

## 一、总体的构想

人世间诸形相、无形相差分异质元素、要素构成新和合体，是和合精神的转生。构成新生命和合体，必须有一定结构形式。结构作为和合体构造的样式或连接构架，可引申为新生命和合体存在的基本形式。作为在时空中存在的和合体，时间是和合变化日新、大化流行、生生不息的顺序性、持续性，空间是和合选择超越、对称整合的伸张性、广袤性，结构是和合差异中和、融突组合的整体性、系统性。合此时空与结构，时空呈现为结构，结构寓于时空；合上六性使冲突融合的和合体与和合体内各差分异质元素、要素，通过中介转换系统，而贯通和合。

和合学是巨系统文化结构，它展现为"三界六层"的和合空间结构和"八维四偶"的和合时间结构（见图3-1）。

和合学体系结构的进路是地、人、天或天、人、地，可以由上而下，也可以由下而上。它既是天上地下的宇宙空间次序，亦是《周易》卦爻的逻辑次序。这里是把中国传统文化中天、人、地三才的空间次序 $\begin{matrix}=天① \\ =人 \\ =地\end{matrix}$，转换为地、人、天的逻辑次序，即泰卦（䷊）乾下坤上的次序，这样才能"天地交（交合）而万物通也，上下交（交合）而其志同也"②。现作一些解释：

### (一)"地"：和合生存世界

人世间每一事物都在和合结构形式之中，其本身就是一个和合体。"地"作为一个生存世界，亦是一和合结构格局。"至哉坤元，万物资生，乃顺承天"③。"资生"的"生"可理解为产生、生命、生存的世界。

"地"是万物，包括人生命存在所必须生活于其中而不可逃的世界，

① 《周易》六十四卦，每卦都蕴涵着天、人、地三才。
② 《泰·象》，见《周易正义》卷二，28页。
③ 《坤·象》，见上书卷一，18页。

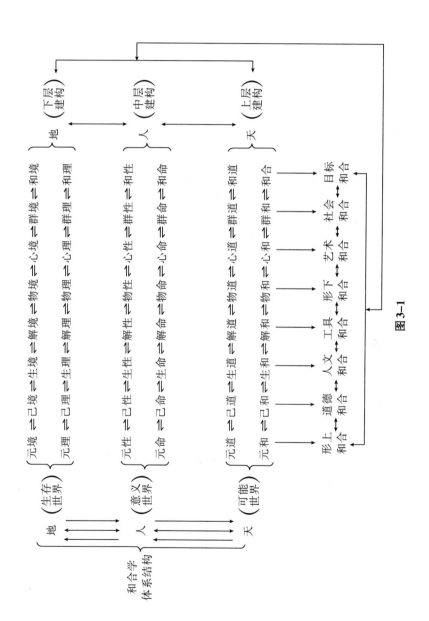

图3-1

可谓真实的世界。"世"为迁流,"界"为方位。因而有种种世界,或物眼中世界,或人眼中世界,即物观世界和人观世界,于是有物化世界与人化世界。人化世界亦有种种世界。这里所说世界是和合生存世界,而非神仙世界和涅槃世界。

和合学的意蕴在于:由于人是生存世界("地")一切活动的主体,是意义世界("人")的立法者,是可能世界("天")的建筑师,因此,生存世界的一切事物、变化和过程,亦即和合者变化和过程,都将以这样或那样的方式和合到服务并体现人类的价值这一目标上来。

生存世界由于选择人为其一切活动的主体,才使生存世界具有无限生气和生命力,人以其能动的自我创造性而参与生存世界的造化活动,即参地育物,实现主体人的价值和意义。这种主体参与生存世界的造化活动,既是人化世界的活动,亦是主体自我变化生存方式的活动。它是意义世界("人")与可能世界("天")的赋体化,是价值规范与逻辑结构的整体化,亦是主体("元性")与客体("元境")、元命与元理、元性与元道的贯通,而表现为"地"(生存世界)→"人"(意义世界)→"天"(可能世界),或"天"(可能世界)→"人"(意义世界)→"地"(生存世界)的进路。生存世界的主体实践活动和合,是和合学结构方式从"元境"、生境、物境转换为己性、解性、心性等文化价值的契机。

生存世界首先是人的生存,即人的生命的存在。和合就是人对人所生存的对象世界的思考的自我观念、自我创造的活动。和合学从"根底"说起,或者从最根本、最原始的现象讲起,就是人生存这一事实。有人的生存及与人生存相联系的"八境"和"八理"才有其他一切。如果这个生存世界没有人活着以及提供为人活着的生存条件、环境,那又有何生存世界?

生存世界("地")是意义世界("人")和可能世界("天")的基础,无此基础,意义世界和可能世界的大厦从何而起?"九层之台,起于垒土"

（《老子》第六十四章），非虚言也，故称谓生存世界为和合学的下层建构。

意义世界（"人"）的价值规范通过可能世界（"天"）的逻辑建构，转换为指导主体实践交往活动的信念系统和方法论系统，并使价值规范与逻辑结构在主体交往实践活动中和合为生存世界（"地"）的新方式。这个和合过程，是对人类有目的地变易世界的一种理论模拟。

### （二）"人"：和合意义世界

和合学的主体和核心是人，和合学的人学可称谓为"新人学"[①]。它与西方语言哲学的意义研究的根本区别在于：和合学基于主体规范意义，使生存世界（"地"）与可能世界（"天"）符合人的存在需要。西方语言哲学基于客体分析意义，使符号系统具有对象化的意义标准。

人力图赋予进入人的视界的一切对象以意义和价值，使"地"（生存世界）和"天"（可能世界）不再是自在的存在对象，而是在人之光普照下的有意义、有价值的存在，即为我的存在。西方哲学只说到"人是万物的尺度"[②]，"人为自然立法"，"人化的自然"，这样一个水平。北宋理学奠基者张载明确地表述为"为天地立心"[③]，比"尺度""立法"说深刻。这就是说，天地本无心，以人心为心，即人为天地立心、立法。所以，天、地、人，人为中央，人沟通天地。所谓"立心"，既可理解为天地本无意识、观念，人把自己的意识、观念给予天地；也可以解释为天地本无

---

① 参见拙著：《新人学导论——中国传统人学的省察》。在该书中笔者根据现代科技给人类创造了巨大财富，亦带来无穷的灾难，需要人自己去解决，而把人规定为"会自我创造的和合存在"（30页），对恩斯特·卡西尔（Ernst Cassirer, 1874—1945）的"人是符号动物"进行批评和否定，并把人学规定为"关于人的本质、价值、需要、思维以及人与自然、社会、人自身关系的整体学说"（62页），没有采用埃里希·弗罗姆"人学是一种可以从人的行为的经验研究中推论出来的理论建设"（《自我的人》，20页，北京，国际文化出版公司，1988）的论述。

② 普罗泰戈拉著作残篇 DI，见《古希腊罗马哲学》，138页，北京，生活·读书·新知三联书店，1957。

③ 《近思录拾遗》，见《张载集》，376页。

价值和意义，因人的价值和意义而有价值和意义，凸现主体价值意义赋予天地的过程。这就是说，人是天地间价值和意义的能动的、创造的主体。

天地由于满足人的需要而获得价值和意义，天地间的万物的意义体现了人对事物的价值需要和价值态度；人在定位天地中定位自身，在为天地立心中立己之心，也在创造天地的价值和意义中，获得自身的价值和意义。

这就是说，生存世界和可能世界的价值和意义，从根本上讲是人给予的。和合学体系结构图标示为：地（生存世界）←→人（意义世界）←→天（可能世界），或天（上层建构）←→人（中层建构）←→地（下层建构），体现了以人为中心和基点。

生存世界和可能世界的意义，显现了人的价值需要和价值态度。从长远的、全局的视角来说，人的价值需要是多元的、多层的、统合的、序化的，并趋于极致和完全的。它蕴涵着意义世界（"人"）的价值和合。

意义世界（"人"）的价值和合规范，具有导向功能：（1）可能世界（"天"）的逻辑规范、范畴应当向有利于实现人类的价值方向运演；（2）生存世界（"地"）的实践变革应当向有益于人类实现其价值和意义方向发展；（3）意义世界（"人"）在导向生存世界（"地"）和可能世界（"天"）实现其价值和意义中，自我导向完善主体自身的方向进取。其总导向最终还是聚合到完善人、提升人这点上来，建构"善"的世界。

尽管在可能世界（"天"）有范畴差分的逻辑建构，如西方的分析逻辑，在生存世界（"地"）亦不乏分化、退死现象，如核裂变、生物死亡、退化与解体等，但这些和合学的反例之所以不能对和合学构成判决性的否证，其原因就在于和合学首先是以人为价值尺度的意义哲学、理解哲学，它能拒斥、转换并最终容摄无意义与非意义的可能与生存。

和合学意义世界（"人"），包括"八性""八命"，是为和合学的中层建构。

## （三）"天"：和合可能世界

"大哉乾元，万物资始，乃统天"①。始为万物之始，是对万物元始、根始的追求，贯乎天德的始终，是谓可能世界（"天"）。可能世界（"天"）本质上是人的自由创造，是人的思维能动性的表现。人不仅是追求意义和价值的存在者，而且是能为自己设计理想目标的无限可能的存在者。人往往对现存的生存世界（"地"）持不满的、否定的态度，而设计一个高于现实的生存世界（"地"）的可能世界（"天"）。然后，把这个潜在的式能释放出来，使潜存的可能世界（"天"）在主体实践交往活动过程中，转换为新的结构方式，即新的、有生命的理想世界，可谓美的和合世界。

这里所说的可能世界的"可能"，是指无逻辑上的矛盾，或者说能自圆其说的、完满的"可能"。人的自由创造、设计的可能性，说明人自身是一能动的存在。人通过不断选择、设计可能世界来展现自身的生命智慧，来实现存在的价值和意义。人的每一种关于可能世界（"天"）的创造和设计，从老子的"道"世界、孔子的"仁"世界、王弼的"无"世界、郭象的"有"世界，到宋明理学家的"理"世界、"心"世界，再到康有为的"大同"世界，都是人的一种生存方式或存有方式的展现，是一种文化方式或一种"观"。

人创造、设计可能世界（"天"）是主体观念和精神的整体和合过程，是人对生存世界（"地"），即"真"世界的认知与对意义世界（"人"），即"善"的世界的评价基础上的思维结晶。现代认知心理学②和发生心理学阐明，人的思维活动是以范畴化的符号为中介，获得、贮存、加工感性信息的高级神经生理—心理的综合过程。认识的发生，并非照镜式或照相式

---

① 《乾·象》，见《周易正义》卷一，14 页。
② 参见王甦、汪安圣：《认知心理学》，1～6 页，北京，北京大学出版社，1992。

的复写和摄影，而是神经生理活动图式对刺激的顺应和建构的整合的结果。就此而言，和合学的可能世界（"天"）的范畴逻辑结构，是对人类认识机制的哲学提炼。

可能世界（"天"）的逻辑建构，是和合学创造功能最集中的体现。这是因为：

1. 思维创造的可能世界（"天"），高于存在或生存世界（"地"）。在这里，思维把外在实存（"真"）看作具有可变性、否定性的对象，而思维把自身所设计的可能性对象看作具有自我肯定性、确定性的对象。于是人的思维创造的对象——可能世界（"天"）替代现存的对象——生存世界（"地"），以至意义世界（"人"），并在主体的能动活动中向现实转换。

2. 可能世界（"天"）以其美、好、善、完满，表示对既存的生存世界（"地"）的丑、坏、恶、坎陷的批判和否定。这就是说，可能世界（"天"）的创造，是逻辑思维方式的创新，是全新的理智构想。

3. 可能世界（"天"）创造、设计，标志着人的主体观念世界在一定的特殊内外缘下所达到的具有共时性意义的心理-观念的状态空间，以便填补生存状态空间和意义状态空间，还给生存状态空间和意义状态空间制造转换的契机。

4. 可能世界（"天"）变革生存世界（"地"）的主体能动活动能否达到预期目标，取决于这种能动活动有无逻辑上转换的可能性。规范意义世界（"人"）的价值系统能否确立，取决于理智的力量，而理智的力量又取决于可能世界（"天"）逻辑结构周密严谨水平。意义世界（"人"）的价值规范与生存世界（"地"）的变革活动能否和合，取决于可能世界（"天"）的逻辑结构能否建设一条贯通的蹊径。通过这条路径，和合的价值理想现实化，成为和合的存相式能或结构方式；和合的存相式能或结构方式理想化，成为新的和合价值理想。

可能世界（"天"）是人的可能世界，无人亦无所谓"天""上帝""理性""天理""道""绝对精神"等等，因而是"天"（可能世界）←→"人"（意义世界）←→"地"（生存世界）的进路。由"八道""八和"的生生，而成为新的和合价值理想，是为和合学的上层建构。

"天""人""地"三才的可能、意义、生存的三极世界，是以人为中心和基点而展开的世界。三界既是差异分殊，相互冲突、相互竞争，又是贯通融合，相互涵摄、相互转换，从而构成和合学基础理论体系结构。

## 二、三界和三层

生存世界的活动变易和合学，意义世界的价值规范和合学，可能世界的逻辑建构和合学，构成和合学的总体框架。变易→规范→建构，互相圆融。这种圆融，首先是主体性的一贯。

活动变易和合学，探究生存方式及其生化机理，是差分元素、要素冲突、融合而和合的理势和生生功能；价值规范和合学，探究意义方式及其需要机理，是差分文化冲突、融合中，文化价值的自我实现与文化价值要素的优化和合及其完美化导向；逻辑建构和合学，探究可能方式及其转换机制，是文化价值和合理势中的深层逻辑结构与整体化的理论思维方式，即思维世界中范畴逻辑转换及其和合结构。

生存世界、意义世界和可能世界的三界一体的逻辑建构体系，其图式见图 3-2。

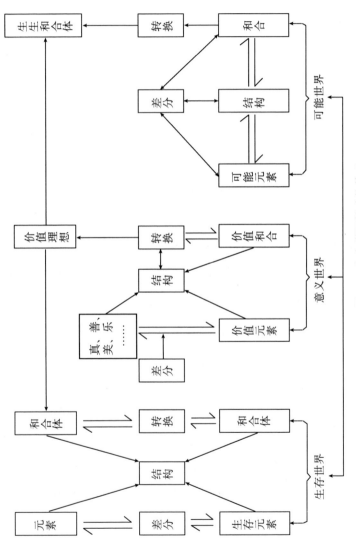

**图 3-2 和合学逻辑建构体系**

和合学逻辑建构体系的生存世界、意义世界和可能世界的三界次，体现了和合学对此三界次世界的整体性把握。三界次可称其为生存和合学、意义和合学、可能和合学，或称和合学的生存论、意义论、可能论。现作一些整体性的解释。

## （一）差分

差分是和合学逻辑建构的现实根据。和合是诸形相、无形相元素、要素在冲突融合过程中诸多成分的和合生生。因此，和合学建构的理论前提与现实根据，便存在着性质各异、品位有差、充分分化的一系列元素、要素和成分。若无元素、要素的差异与分殊，就无可能有元素、要素的冲突融合的和合。这种元素、要素的差异与分殊，是一种连续不断的过程，也即是不断生生的过程，故称其为"差分"。差分在某种意义上说是和合学逻辑建构的理论生长点和生存的根据。

和合学的理论生长点是在无限差分化的元素、要素、成分系统或空间之中。和合学理论思维的生命智慧或生命力度，取决于作为研究自然、社会、人际和人心身和合现象的学问的和合学，能在什么和怎样的高度与水平上逻辑地整合无限差分化的实存世界。

差分的高度与水平，是建构和合所能达到的高度与水平的基础，基础的起点愈高愈丰，和合的水平和程度也愈高愈丰。譬如人体器官和功能特异性状及其系统分化，是生物界水平与程度最高的，人的整合、综合等和合能力也是所有生物中最高的。算盘与电脑都是和合化的计算工具，前者差分水平低（几十个要素），和合体的功能亦低；后者差分水平高（几百万个要素），和合体功能亦高。

差分是宇宙间普遍存在的现象。构成和合体的诸元素、要素及其自身有质性、品位、功能等等方面、层次的差分，且诸和合体之间也存在着一系列差分化的特征。每一个国家、民族的文化，都是该国家、民族文化价值生活元素、要素的和合系统。不同的国家、民族的文化系统之间，存在着一系列差分化的价值特征。正因为不同的国家、民族存在这些差分，才使各国家、民族间的文化思想、价值观念、思维方式的交流、冲突、吸收、拒斥成为可能，使跨国家、民族文化和合成为理势的承诺。换言之，除非预设一种单一的、绝对不变的、各各绝对同性的和合体，和合体自身所展现的却是与此截然相反的图景。事实上，单一的、绝对不变的、各各绝对同性的和合体的预设，是不能成立的。因为，既为和合体，便是差异元素、要素的冲突融合而和合，是"融突论"的和合，而无单一的、绝对不变的、各各绝对同性的和合体。

充分展现和合过程以及和合整体之间的结构、功能等差分特征，是和合学大厦的基础工程。

### (二) 结构

结构是和合学逻辑建构的理论中介。和合学的建构，必须有建构和合学的结构方式。否则，各质性、品位、功能差分化的元素、要素便是零散的、无序的、非逻辑的、非系统的。差分化元素、要素的和合过程，可看作结构的生长过程。从这个意义上说，结构是和合学逻辑结构的理论中心环节。譬如受精卵的胚胎发育过程，既是吸收营养要素的和合过程，又是受精卵细胞的特异化分裂（差分）过程，更是机体器官系统的结构生成和生长过程。生命过程最明显地体现了和合学的理论宗旨。生命的最本质的东西，与非生命的根本区别，就在于结构的自我组织，或者说，在于耗散结构的形成和发展。

不同和合体之间的差异与分化，除了构成的元素、要素的质性、品位、功能的差分之外，也体现了和合体结构的差分。和合学的建构，给予结构以充分重视，结构蕴涵结构方式。和合学中有和生结构、式能结构、融合结构、择优结构、和乐结构等等，以及结构范畴的集合与分散、差分与同构、冲突与融合等的理论建构功能。通过结构的生长来内在地展现元素、要素的和合过程，并以结构的差分、同构等关系来说明和合体之间的和合关系，是和合学逻辑建构中的重要环节。

和合学的生存世界、意义世界、可能世界都以结构为中介，使各差分异质元素、要素的优质成分构成新和合体。其间形成结构的过程或结构方式选择的过程，就蕴涵着对差分异质元素、要素分解择优的过程。在这里，结构是以选择为机制实现转换差分异质元素、要素的。和合学三界以及和合学自身系统的整体性，有赖于三界及和合学内部的相互联系，这种联系方式的多样性和强弱程度，就构成了和合学三界的复杂结构，并以结构为中介，使和合学三界构成一个整体。

### （三）转换

转换是和合学逻辑建构的动态机制。和合学逻辑建构的动态转换机制，是和合体内在的变化或自我革新，是和合体自我批判和自我否定功能的体现。如果说结构是诸差分异质元素、要素到和合的逻辑中介，那么，转换就是和合自我发展的理论关键。和合体从一种和合状态到另一种和合状态的变易过程，逻辑上必须通过结构转换来实现。因此，结构的转换，是和合学逻辑结构的动态机制或运演规则。

和合体的状态变化、发展，可以逻辑地通过两种途径转换生成：

1. 元素、要素的差分转换方式：原和合体分解为相对独立的元素、要素，诸元素、要素及其相互之间，经过冲突、选择、吸收、淘汰，而重新和合为新的和合体。表示为：

$$\text{原和合体} \xrightarrow{\text{解构}} \text{元素} \xleftrightarrow{\text{差分}} \text{元素} \xrightarrow{\text{建构}} \text{新和合体}$$

2. 结构的整体转换方式：原和合体通过自我批判、否定，更新元素、要素，修复或调适结构，整体性转换为新的和合体。表示为：

$$\text{原和合体} \longrightarrow \left\{ \begin{array}{l} \text{元素更新} \\ \text{结构调适} \end{array} \right\} \longrightarrow \text{新和合体}$$

两种转换方式通常相杂或相间进行。一般来说，具体事物多采取元素、要素的差分转换方式，如个体生物性生命的转换、生产工具的转换等；抽象事物多采取结构的整体转换方式，如文化传统的转换、思维方式的转换。用中国哲学的术语来讲，形而上道体层次的转换是流行的，即结构的整体转换方式；形而下器物层次的转换是更新的、对待的，即元素、要素的差分转换方式。在这里，虽然形而上道体与形而下器物各自都是和合体，但转换方式是差分互补的。

和合学理论体系内部诸和合性范畴间的逻辑推演，也是以一系列转换中介而实现元素、要素←→结构综合转换。拙著《中国哲学范畴发展史（天道篇）》和《中国哲学范畴发展史（人道篇）》中的中国哲学范畴系统表，对逻辑范畴的转换有具体的、详尽的论证[1]，这里不再赘述。

### （四）归致

归致是和合学逻辑建构的生生过程。和合学的逻辑建构，是从生存世界无限多样性的差分元素、要素出发，通过结构的生长达到元素、要素的和合整体；并以元素、要素←→结构的综合转换方式，实现和合体的变化与流行，理论地再现宇宙大化流行、变化日新的内在逻辑结构和生生机制。譬如意义世界的价值元素的差分化与差分化的价值元素（真、善、

---

① 参见拙著：《中国哲学范畴发展史（天道篇）》和《中国哲学范畴发展史（人道篇）》。

美、乐……），通过结构，并以结构为中介，而成为价值和合体；价值和合体在变化过程中，不断吸收差分化的价值元素（真、善、美、乐……），而实行结构的整体转换，建构价值理想和合体。可能世界的可能元素的差分化与此差分化的可能元素，以结构为中介，构成和合体，并以结构的整体转换方式，达到生生和合。这是和合学生命与生命力的源泉，也是中国文化"转生"的动力之源。这就是说，意义世界价值理想和合体，可能世界的生生和合体，都在大化流行、生生不息之中，超越了绝对论、单一论、不变论、独断论。

和合学逻辑结构理论体系的形式归致，可能元素的和合及其极致境界，成了和合学的"未济"式无限生生不息的过程。和合学是有限与无限的和合体，这个和合体的内在联系和外在联系、内部要素和外在环境，即内因与外缘，既有限，亦无限。因而，和合学本身亦是有限无限、相对相关、冲突融合的过程。这是一种逻辑化、理性化的归致。

生存和合学、意义和合学和可能和合学，体现了真、善、美的圆融，亦展现了生存→意义→可能过程的主体性贯通，即整体贯通律。

## 三、新学科分类

和合学理论说明了生存和合方式，宇宙大化流行的变化日新和合机制，以及万事万物的和合本性，这并非和合学的"终极关怀"。和合学的学术目标，不仅是逻辑的建构本身或理论的演绎结论，而且还关注价值的本体根据，文化的高层穷究，价值理想的追寻，以及人生意义的完满实现。从这个意义上说，和合是存有的方式，变化日新的理势，心灵和美的境界。

如何、怎样启动和合学理论原理或"体"的和合学，使"体"的和合学转换为"用"的和合学，使和合学理论原理进入生存世界、意义世界、可能世界的各个层面？怎样转换、进入？这不仅有和合学自身的转换机制、生生机制，而且有和合体内在诸差分化的元素、要素自身乃至相间的冲突、选择、淘汰、更新的活动机制。因此，从"体"的和合学向"用"的和合学启动和展现的动力，就含蕴于和合体自身之内。

依据和合学理论原理的"八维"和合，构想和合学八类新学科分类系统①：

1. 形上和合——→和合自然科学……

2. 道德和合——→和合伦理学……

3. 人文和合——→和合人类学……

4. 工具和合——→和合技术科学……

5. 形下和合——→和合经济学……

6. 艺术和合——→和合美学……

7. 社会和合——→和合管理学……

8. 目标和合——→和合决策学……

这是和合人文精神及和合学理论原理在上述八大学科领域内的自觉贯通和总体体现，其图式见图 3-3：

---

① 现代科学分类，国内外意见纷纭。苏联学者凯德罗夫提出"闭三角形"分类体系：自然科学 $\xrightarrow{技术科学}$ 社会科学 $\xrightarrow{心理学}$ 哲学 $\xrightarrow{数学}$ 自然科学（物理学）。日本哲学家纲岛定治将科学分为物质科学、生物科学和心理科学三类。圣马力诺国际科学院对科学作了新的分类：（1）控制论，（2）文化科学，（3）结构科学，（4）哲学，（5）自然科学，（6）形态科学。中国有的学者分为五类：（1）自然科学，（2）社会科学，（3）哲学，（4）数学，（5）综合科学。钱学森分为九类：（1）自然科学，（2）社会科学，（3）数学，（4）系统科学，（5）思维科学，（6）人体科学，（7）文学艺术，（8）军事科学，（9）行为科学。

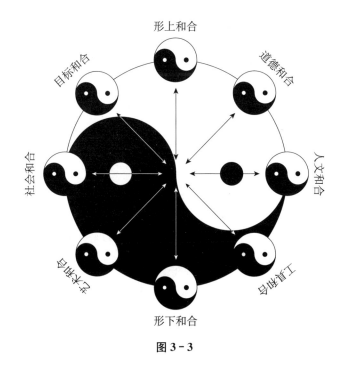

**图 3-3**

在这里，"太极图"凸现了和合思想，把和合作为中国文化人文精神的精髓及和合学理论原理揭示出来；亦说明和合并非独撰，而是扎根于对中国文化的深厚根基和丰富意蕴的体贴。"太极图"白色表征阳，黑色表征阴，阴阳鱼冲突融合而和合，便是差分化的阴阳元素、要素或符号的互相交合，这种和合本身就是对称的、相关的、动态的过程。"太极图"作为差分化阴阳元素、要素、符号的融突的和合体，其本身便表征了天与地、雄与雌、男与女、夫与妻、父与子、君与臣、上与下、外与内、表与里等差分的特性；同时阴阳差分中，阳中有阴，阴中有阳，阴阳各自和合体中又有差分。

"太极图"表征"八维"和合体，而每一和合体亦是差分化元素、要素、符号的和合，故各自也是以阴阳为表征的和合。现在根据和合学理论原理所作的新的科学分类系统，兹作如下解释：

### （一）形上和合：和合自然科学

形上和合，或称和合形上。它是指"元境"与"元理"、"元性"与"元命"、"元道"与"元和"的差分化和合；它圆融生存世界、意义世界、可能世界，并对三界作整体性阐释。从"地"界（生存世界）对象化的自然客体的"元境"，以及对象化自然客体的生存原理或生态规律，即"元理" ⇌转换 为"人"界（意义世界）的人之所以为人的内在自然规定性的"元性"，以及人之所以为人的外在自然必然性的"元命" ⇌转换 为"天"界（可能世界）的人类思维自由创造潜能的"元道"，以及思维自由创造自然和谐性的"元和"，建构形上和合体。所谓形上，即指形而上，它与形而下相对而言，这对范畴属于虚实范畴[①]，较早见之于《周易》："形而上者谓之道"[②]。"道"是作为离器物而无形、无相的道理、原则；道理、原则是与器物相对应的一般观念。孔颖达发挥这一观点，以道无体而器有质作疏释，"道在形之上"，"形在器不在道"[③]，把"形而上"释为形质以上，形而下为无形质的道之下。张载以有形体与无形体来区分"形而上"与"形而下"[④]，并认为两者相统一，相依不离。朱熹则从"然"与"所以然"的关系，诠释"形而上"与"形而下"。"洒扫应对之事，其'然'也，形而下者也；洒扫应对之理，其'所以然'也，形而上者也"（《论语或问》卷十九）。"所以然"者对形而下的"然"来说，便具有形上学本体的意蕴，故形而上之道，就是"道体"。

然而，在和合学逻辑建构体系中，形上和合先是与生存世界相接轨

---

[①] 参见拙著：《中国哲学逻辑结构论》，319～331 页。

[②③] 《系辞上》，见《周易正义》卷七，83 页。

[④] "形而上者是无形体者，故形而上者谓之道也；形而下者是有形体者，故形而下者谓之器。"（《横渠易说·系辞上》，见《张载集》，207 页）

的，其在和合学学科分类系统中与和合自然科学相对应。这并非和合者的独撰，而是传统的诠释。王夫之认为，形而上为实有，而非虚或无。"形而上者，非无形之谓。既有形矣，有形而后有形而上"①。有器物而后有形，有形而后才有形而上；无形器，就无所谓形上、形下。其理论的支撑点是"形"，即实有。戴震改造和发展了王夫之以"形"释形而上下，并对传统的解释作了批判：

> 《易》曰："形而上者谓之道，形而下者谓之器"。程子云："惟此语截得上下最分明，元来止此是道，要在人默而识之"。后儒言道，多得之此。朱子云："阴阳，气也，形而下者也；所以一阴一阳者，理也，形而上者也；道即理之谓也。"朱子此言，以道之称惟理足以当之。今但曰："气化流行，生生不息"，乃程、朱所目为形而下者；其说据《易》之言以为言，是以学者信之。然则《易》之解可得闻欤！②

戴震基于此，对"形而上"与"形而下"作了新的解释："形谓已成形质，形而上犹曰形以前，形而下犹曰形以后。"③ 这就是说，形而上并非超越或脱离形质，而是构成形质之前的状态；形而下是已成形质，即构成形质以后。④

形上和合的"形上"依据王夫之和戴震释义，"形上"指形质未分的元始状态，就是对象化自然的本来状态的和合；"形下"指形质已充分分化的发展状态。形上和合就是建构和合自然科学各交叉、渗透、互补、相关的学科。

---

① 《周易外传·系辞上传》，见《船山全书》第一册，1028 页，长沙，岳麓书社，1988。
② 戴震：《天道》，见《孟子字义疏证》卷中，21 页。
③ 同上书，22 页。
④ 参见拙著：《戴震》，126～136 页，台北，东大图书公司，1991。

### （二）道德和合：和合伦理学

道德和合，或称和合道德。道德与伦理相联系。伦理是指人与自然、人与社会、人与人及其自身关系的原理的和合。道德是调整人与自然、人与社会、人与人之间冲突融合的原则的总和，它是人与自然、社会、他人关系中合理的、公正的原则和行为规范。伦，《说文解字》释："辈也，一曰道也。"伦有辈分、伦辈的意蕴。《论语》："言中伦。"[1] 孔颖达疏："伦，理也。"[2] 伦与理其义相通。辈分、伦辈都是讲关系的道理、原理。简言之，伦理即讲人与自然、社会、他人的关系原理的学说。

道德的"道"，金文作𧾷[3]，《说文》解释说："𧾷，所行道也。"即人所行走的道路，道路是人行走践蹈出来的，引申为有一定指向、通达一定目标的道路。德作𢛳，又作悳。《说文》解为"外得于人，内得于己"，是指行为规范、处理得当，使人与己都有所得。这就是说，人与自然、社会及人与人之间的关系处理得当；之所以处理得当，是因为人有一种德，即"直心"。"己所不欲，勿施于人"[4]，"己欲立而立人，己欲达而达人"[5]，就是"直心"，它与"曲心"相差分、相冲突。人之"直心"对于自然、社会、人际及人自身都有一种普遍的爱心和义务、责任意识，并对完善社会、完善自我和实现自我具有整合的功用。

人既有"直心"，亦具有"曲心"。人与自然、社会、他人及人自身发

---

① 《微子》，见《论语集注》卷九，79页。
② 《论语注疏》卷十八，《十三经注疏》本，2530页。
③ 参见《貉子卣》《散盘》《曾伯簠》。
④ 《颜渊》，见《论语集注》卷六，49页。
⑤ 《雍也》，见上书卷三，26页。

生冲突，其间便有"曲心"的效应，"大道废，有仁义"①。社会、人与人间的道德被废弃、破坏，人们需要重建道德来规范社会和人际的关系，才要求人自律、自我约束、节制以及自我道德修养，而有所谓仁义道德问题。

"直心"作为道德的内涵，首先是对自己的要求和修养，要求人自己对自然、社会、他人的"直心"。因此，道德和合是指"地"界（生存世界）的"己境"和"己理"，"人"界（意义世界）的"己性"和"己命"，"天"界（可能世界）的"己道"和"己和"。假如"己"对于"地"界的"境"与"理"，"人"界的"性"与"命"，"天"界的"道"与"和"有"曲心"，就需要"直心"的道德。

道德和合以天、地、人为目标，以"人"界的"性"与"命"为内涵，以天人和合、地人和合为价值导向，建构"天人和合"的自然伦理道德学说（或称生态伦理学）、"地人和合"的社会伦理道德学说、"人人和合"的人际伦理道德学说，以及"心身和合"的心灵伦理道德学说（包括内在心性之学），从而建构道德和合体。

### （三）人文和合：和合人类学

人文和合，或称和合人文。人文是指人的文化交往活动的方式。人文较早见之于《周易》："观乎天文以察时变，观乎人文以化成天下"②。文的本义是纹理，《说文》释"文"为"错画也"，指各色交错的纹理。甲骨文作🕴️③、🕴️④，似以杂色交错文身，是人身一种修饰。"东方曰夷，被发文

---

① 《老子》第十八章。马王堆帛书《老子》甲、乙本均作"安有仁义"。

② 《贲·彖》，见《周易本义》卷一，22 页。

③ 董作宾：《殷墟文字乙编》，六八二〇反，1948 年拓本。

④ 董作宾：《殷墟文字甲编》，三九四〇，1948 年拓本。

身"①。古代文身是人作为氏族人的成年礼。氏族的一切重要巫术仪式，就是礼。如果说文身是对人作为氏族人的首肯，那么，礼是氏族社会的完成。因为礼作为礼仪法度的礼乐制度，是社会跨入文明的标志之一。② 所以有释"文"为文明和文化。干宝注曰："圣人之化，成乎文章。观日月而要其会通，观文明而化成天下"（李鼎祚：《周易·贲·彖》，见《周易集解》卷四）。以"文"释"文明"，"化"为教化。"文明以止，人文也"③。文明而有节度，恰到好处，和人与自然、社会、他人、人自身心灵、不同文明间的关系秩序、序列，以及人对其认知和把握，是谓人文。

人文是中国各民族、各家文化现象中所蕴涵的基本文化精神。中国文化中的"文"以"人"为本位，"人"又以"文"为本性、自性，通过人与自然、社会、他人和人自身心灵的诸关系的合乎中节的调整，以教化天下，由此而开出礼乐文化、人伦文化、仁爱文化、人神文化、自然文化和生生文化等等，它们深刻地意蕴在中国哲学、文学、语言学、心理学、美学、艺术学等之中。

尽管差分的各学科，各有其概念化、价值化或精神化的结构内涵，但其结构内涵的人文意蕴却一脉贯通。在这里不是去追求抽象化的共性，要求从多样性、特殊性、个性走向统一性、一致性、简单性，而是认准个性和关心特殊性、复杂性、创造性，使人文各学科以其自身的、各具特殊品格的创造力，编织五彩缤纷的人文和合体。

中国文化人文精神的血脉，是对于生命的关怀。宋明理学家释"仁"为生④，如"桃仁""杏仁"是生命力之所在，或新生生命潜能的载体；

---

① 《王制》，见《礼记正义》卷十二，《十三经注疏》本，1338 页，北京，中华书局，1980。
② 参见拙著：《传统学引论——中国传统文化的多维反思》，13～14 页。
③ 《贲·彖》，见《周易本义》卷一，22 页。
④ 朱熹说："天地以生物为心者也，而人物之生，又各得夫天地之心以为心者也。故语心之德，虽其总摄贯通，无所不备，然一言以蔽之，则曰仁而已矣。"（《仁说》，见《朱文公文集》卷六十七）

"孝"亦是生，是生命延续、繁殖的保证和条件；"义"也是生，是生命生生之所"宜"；故"天地之大德曰生"[①]。"仁者，生生之德。"[②] 在中国人文精神的视野中，差分化的生命个体本身就是独特的、复杂的、创造的生生和合体，这便是生生和合。

中国人文精神涵摄天、地、人三界，所以有"地"界（生存世界）的万事万物生存的环境与生存的原理、原则、规范；有"人"界（意义世界）生存的本性、自性、禀性和生存的价值、意义；有"天"界（可能世界）的生生之道和生生之和合体。需建构生存文化环境学、生存文化语言学、生存文化心理学、生存文化文学、生存文化美学、生存文化哲学、生存文化学、生命文化学以及生命人类学等。

### （四）工具和合：和合技术科学

工具和合，或称和合工具。工具是导向目标的手段、方法和技术。"工"，《说文》释为"巧饰也"，段玉裁注："引申之凡善其事曰工"[③]。修饰、文饰达到巧的水平，便需要技术和方法。"具"，《说文》释为"共置也"，即供设，引申为器具，为达到一定目标的手段或人从事某种工作所使用的工具。

工欲善其事，必先利其器，器即指工具。无工具或工具不善，就可能达不到目标，或事倍功半；工具善，就可以事半功倍，"磨刀不误砍柴工"，就是这个意思。工具系统包括方法、技术和科学实验。技术也有工具的意思，中国古代以技术为"工"或"巧"，所谓"能工巧匠"，即其意。现代可以把技术定义为：人类按照自己的欲望，利用人所掌握的知

---

① 《系辞下》，见《周易正义》卷八，《十三经注疏》本，86页。
② 戴震：《仁义礼智》，见《孟子字义疏证》卷下，48页。
③ 《工部》，见《说文解字注》五篇上，201页，上海，上海古籍出版社，1981。

识、能力和经验以及一定的器械，从自然界获取人工自然物的手段总和。它要解决"怎样做"的问题。

人类通向目标之路，充满艰难险阻，充满形形色色的问题，如自然的、政治的、经济的、制度的、文化的、社会的、心灵的种种挑战，与人达到目标的意愿发生冲突，这就是所谓"结"。"结"，《说文》："缔也"，"缔，结不解也"①。和合学之"结"结而可解也。古人以"结"为"髻"，发髻可梳可解，非不解也。

宇宙间无事无物不是"结"，如自然之"结"、社会之"结"、人生之"结"、心灵之"结"，目标本身亦是"结"。"结"是事物存在的形态，也是冲突表现的形式。"融突论"换言之可为"结"论。"结"待人解，"结"只有"解"开，才能贯通，才能通达目标，才能满足人的需要和意愿。"解"是人的技术活动，它渗入人的一切活动领域。

工具和合的本质和核心，就是"解"，如"庖丁解牛"的"解"。这里的"解"，就蕴涵着方法、技术和实验三系统。②"解"的价值和意义在于创造，"解"的先进程度，标志人自身创造和自由所达到的水平。"解"不是被动地、消极地服务于目标，而是人自身智慧投入的和合。因此，任何工具系统，都是对人体器官的自然性的突破，是人体自然器官的延长和超越，这样才能达到人所设定和意愿的目标。

工具作为"解""结"的技术、手段、实验方法，也是一种"解悖"③的文化形态。和合工具作为和合技术科学，技术已突破了工程学的范围，它是联结基础理论科学与产业的中介，它能把基础理论科学转化为应用的形式。技术科学具有综合性、历史性、相关性的特征。它包

---

① 《系部》，见《说文解字注》十三篇上，647 页。
② 技术包括：(1) 主体的经验和技能，即经验形态要素；(2) 实体形态要素，如机器、机械、设备等装置；(3) 知识形态要素，如设计、发明图纸、技术知识、实验等。
③ 《解·上六象传》，见《周易本义》卷二，36 页。

括物质性技术（物理的、化学工程的、生物化学的、生物学的技术）、社会性技术（心理学的、社会心理学的、经济学的、战争的技术）、概念性技术（计算机科学）、普遍性技术（自动化理论、信息论、线性系统论、控制论、最优化理论）等，具有物质变换、能量转换、信息交换的功能。

工具和合有："地"界生存环境的、物理的、化学的、生物药物学的、生物学的（农学的、医学的）之"结"的"解"；社会政治、经济、战争、文化、道德、典章制度等"结"的"解"。"人"界的人的本性的、心理的、生理的"结"的"解"；人的生命之"结"、命运之"结"的"解"。"天"界宇宙之道的信息论、自动化理论、控制论、空间理论、优化理论之"结"的"解"，以及和合之"结"的"解"。需建构和合自然技术学、和合社会技术学、和合概念技术学、和合普遍技术学。"解"作为文化方式，促进人类目标的实现。

### （五）形下和合：和合经济学

形下和合，或称和合形下。它是与形上和合相对应的人类生命运动的特殊形式。这里"形下"指形质已分化的状态，即形质已具，与形质未具的"形上"相对应。

人一生下来，就被抛入一个陌生的世界。个体被生者既无选择自身性别、出身、国别、民族的自由，亦无选择社会、阶级、环境、文化氛围的自由。他们必须为谋得自身的衣、食、住、行等生存必具的条件而奋斗，因此，人都是作为经济性的物的存在和合体。

人的经济生活交往活动，是人类生存和发展的最基本、最活跃的动态表现形式。经济一词源于古希腊 Oikovouia，意为家庭管理。在亚里士多德的《政治学》中，经济是指谋取生活所必需的并对家庭和国家有用的、具有使用价值的物品。中国古代以"经济"为"经世济民",或"经邦济世",是指治理国家的理财、管理、军事、法律等方面事业。现代的所谓经济,是指利用有限资源的配置来满足人类无限需要的活动。它包括:经济关系,即一定社会经济制度;经济部门或各经济部门的总和;经济活动,即物质资料的生产、分配、交换、消费过程;生产或生活上的节约活动;等等。

人的经济生活交往活动方式,既是人所特有的利益和需要,亦是个人与其共同体所组成的社会有机体的纽带。经济活动的要素有:主体要素,生产者、消费者和经营者;客体要素,生产工具、原材料和辅助设施;社会要素,社会经济机构;等等。这就是说,它与自然、社会、人生都有密不可分的联系,以至影响人的本质、性格、素质等内在的气质。

作为"形而下"的人的经济器物活动层面,直接关系着人的衣食住行到社会文化活动,影响到个人、家庭、社会、国家、民族富强。其间构成与自然、社会、人生经济交往活动的种种冲突融合,而建构成经济和合体。

这种和合体,既是经济的,亦是文化的、审美的,构成自然、社会、人生的整体性器物的运动。于是有"地"界的如何开发、利用,保卫自然资源和环境,为子孙后代谋利的责任,如何认识、把握事物变化的原理、原则,规范人的经济活动方式及行为等问题;有"人"界的如何认识、制约人在经济交往活动中的自然属性,以及人的"人之性"与仁义之性[①]的关系,如何认识、把握人在经济交往活动中的生命和命运等问题;有"天"界的如何认识、掌握"天""人""地"三界在经济活动中的冲突融合,以便"制天命而用之",以及如何认识、把握"天""人""地"三界

①《告子上》,见《孟子集注》卷十一,84页,上海,世界书局,1936。

在经济活动各层面和合体的和合原理、原则等问题。其间种种问题的解决，需建构元经济学、环境经济学、行为经济学、人性经济学、生命经济学、道义经济学、和合经济学等。

### （六）艺术和合：和合美学

艺术和合，或称和合艺术。它是人对存在世界一种精神把握的文化艺术活动方式，是满足人的特殊精神需要的审美文化活动。艺，《说文》作埶，释为"种也"。段玉裁注："周时六艺，字盖亦作埶，儒者之于礼、乐、射、御、书、数，犹农者之树埶也。"[①]"艺术"便是指各种技能技术，引申为泛指人类活动的技艺，包括非自然的人化作品，如音乐、舞蹈、绘画、雕塑、建筑、戏剧、文学等形式。"艺术"作为技能技术，关于它的起源有自然的模仿、游戏活动、心灵表现、图腾巫术等种种主张。它是人类在生活实践交往活动中，赋予活动本身以审美意义，其活动结果亦获得审美价值的活动。

艺术活动是以差分化的形象、表演、造型等语言、符号的形式，展现并再造人对自然、社会、人生、心灵的情感、意志和愿望的真、善、美的憧憬和对假、恶、丑的鞭挞。这就是说，艺术所感受的是人化世界中与人的审美兴趣相关、引起人的审美追求、具有各种审美特征的生活形象。这种艺术形象，是艺术地表现生活活动的特殊手段。人对美的追求是艺术的内在灵魂。人通过对艺术品的欣赏、品尝，得到美的体验、情感的愉悦、精神的快感，这些成为精神世界的重要组成部分。

艺术是审美理想的集中表现，雕塑、音乐、绘画、舞蹈、文学，各以其不同的表现方式、手段，塑造了各种艺术形象，即各种差分化的艺术样

---

① 《丮部》，见《说文解字注》三篇下，113页。

式，袒露了人的精神世界，即"心"世界。艺术具有认知功能、教育功能和美感功能。

艺术的本质和核心是和合，它所塑造的是与人的审美活动相联系的、引起人的审美情趣的一种和谐的生命智慧形象，是倾注着人的心灵理想的完美的和合体。因此，艺术是"心"的文化活动方式。作为满足人"心"（精神）需要的审美活动，艺术以其独特体系呈现社会生活活动的本质，而与政治思想、道德意识、法治观念、价值评价等其他社会意识形式、文化形式相互渗透、影响、吸收、淘汰。譬如作为文化方式的文化选择，美是肯定性的审美价值，丑是否定性的审美价值，由美、丑的差分冲突融合，而达到和合美。

由艺术和合的和合美学，展现为"地"界的自然幽境，而诱起人"心"的审美情趣，以及人的心灵理性所要求的艺术精神的需要；"人"界的心性内圣之美、生命之美以及心性命运所禀的认识和把握；"天"界超越心灵、心性的"道"的自然无为的审美文化方式和境界，以及万事万物和合生生之美的和合体。需建构心境艺术学、心理艺术学、心性艺术学、心道艺术学和心和艺术学。此艺术学也可以美学代换。

### （七）社会和合：和合管理学

社会和合，或称和合社会。社，《说文》释为："地主也。《春秋传》曰：共工之子句龙为社神。《周礼》二十五家为社，各树其土所宜木。"[①]许慎据《孝经》而释为"土地之主"，《周礼》以社为"五土之总神"。"会"为迎神赛会。"社会"指古时祀社神之日[②]，举行赛会。现代社会是

---

① 《示部》，见《说文解字注》一篇上，8页。
② 汉之前只有"春社"，于立春后第五个戊日为"春社"，祀土神以祈农事，称春祈。汉以后分春、秋社，以立秋后第五个戊日为"秋社"，适当秋收，祀土神以表谢意。

指人生活、生存的环境、载体或共同体，是人们以生活实践交往活动为基础而相互联系的总体。

现代每个人既共同生活在宇宙天地这个屋檐下，也生活在社会这个屋檐下，那就不仅有共同谋得衣食住行的经济生活活动，而且有如何能合理谋得政治的、文化的、法律的、道德的生活活动的选择。然而人作为个体的被生者，自身没有选择自己性别、出身、国别、肤色、民族的自由，也没有选择社会、阶级、环境、文化背景的自由。当他被抛到这个陌生的世界的时候，他自己也不知道自己是什么，以及如何生活、怎样生活、为什么生活。现代社会的不幸是，把个体人不能自由选择的性别、出身、种族、民族、阶级等等作为歧视、压迫以至杀戮的根据，这是非理性的、违反人性的。天赋的性别、出身、种族、民族、阶级等，不能作为后天惩治的对象，这本来是常识，却往往引发了现代社会激烈的冲突，以至战争，这不能不说是人类的悲哀。

因此，社会需要公正原理，以及维护公正原理的社会运作机制。直到目前为止，这种社会运作机制还不能离开政治的、经济的、法律的等生活交往活动，以及规范这种生活交往活动的社会国家管理机构。这个社会国家管理机构，便是社会和合体。社会和合体的血肉、器官和系统，就是所谓政治制度、政党、集团、法庭、监狱、军队等等，以解决、协调、和谐人与自然、社会、他人、心灵的冲突，使人在社会和合体中都生活得公平、富裕、文明、友爱。[①]

人类社会是通过管理而正常运行的有机体。管理是现实世界普遍存在的现象，是人类最基本的活动之一。所谓管理，是指在认识对象的基础上，通过计划、组织、指导、决策、控制，利用人、财、物、智能等资

---

① 参见拙著：《传统学引论——中国传统文化的多维反思》，319～320 页。

源，以实现一定目标的活动的总和。管理是一个动态的大系统，在现代，它不仅是事务、国家、行政、经济、人才的管理，而且深入各个领域。它大体包括四大类型：人与自然环境的管理、人与经济生产的管理、人与社会生活的管理和人与观念精神的管理等。①

社会和合体是以经济的、政治的、制度的、法律的、道德的和合体，以及各方面、层次、层面的和合体为基础的。于是有"地"界的社会群体生活交往活动的环境，以及人在社会群体环境中生活活动的各种原则、原理、道理和规范等；有"人"界的人作为社会类本质、本性的存在与如何认知人的类本质、本性，以及如何、怎样认知、把握人类群体生命、命运；有"天"界的人类群体社会之道，以及群体社会和合生生之和合体等问题。需建构群境学、群理学、群性学、群命学、群道学、群和学等人类管理学。

### （八）目标和合：和合决策学

目标和合，或称和合目标。目标是指人的意愿和需要所设定的一定目的。目标和合是指主体所意欲达到的价值理想，包括人格理想和社会理想。

人格理想是对人的生存完善意义上的终极关怀，它作为道德理想的体现，构成了人生的精神境界。儒家的成圣、佛教的成佛、道教的成仙，构成了儒家、佛教、道教的价值追求，正是在人格境界上，它们的价值目标得到了规定。无论是儒家、佛教、道教，它们都以为唯有造就完善的人格，主体才能在复杂的人生道路上对价值原则的绝对性与相对性做出合理定位。

---

① 参见拙著：《新人学导论——中国传统人学的省察》，102～112 页。

人格作为主体的内在品格，它直接或间接制约着主体的行为。当行为实现于具体的环境之中时，行为与环境便构成了错综复杂的关系。如何在这种复杂的环境中保持主体内在品格的一致性，不仅决定于人格对行为的统摄功能，而且决定了价值目标的明确性和合理性。这就是说，人格对行为的制约的同时，也是人格通过行为而外化的过程。人格理想不仅是内在结构，而且有其外在展现。这种内在结构和外在展现，都与人格典范的一定规定相联系，获得一种目标性形态，才构成理想人格。

社会理想是人对未来社会生活交往活动的想望，把人的美好的愿望加诸未来社会，而构成理想社会。儒家把理想社会寄托于远古已经出现过的但现实人谁都未见的三代"王道"之治的社会，佛教把理想社会寄托于来世的完满无缺，道教把理想化的现实社会飞升为神仙社会，基督教把理想社会寄望于彼岸的天堂。它们都把其理想社会寄托于过去或未来或彼岸或超现实等等，都不寄望于现实、马上可以见到的当下。正因为它给人以一种可见与不可见、可想象与不可想象、可猜测与不可猜测之间的感觉和张力，才具有巨大的魅力，吸引人去追求，去信奉。因为社会理想是要唤起人的一种信念，以获得对于现实社会中存在的激烈冲突、丑恶的一种心理上的平衡，以寻求精神上的解脱，而并不是现实的、现世的人马上可以进入这种社会的。一旦由于种种主观的、客观的原因而在实现理想社会的过程中未能如愿以偿，让人感到理想还离得太遥远，这种社会理想就会在信念上崩溃或出现信念危机。

理想人格和理想社会，说到底是主体人的设计和选择。能构成与主体意愿、理想相适应的新的、未来的理想"客体"，是决策科学的功能。决策是人把握世界的高级阶段，是主体依据可能性而选择最优策略的过程。它在人与自然、社会、他人交往关系活动中普遍存在。决策活动包括目标和方案两个环节，它反映了实践目的与手段之间的关系。决策活动不限于在现存事物中选取，主要是对未来目标的选取。决策目标的选择有三个层次：人类目标、集团目标和个人目标。不同决策主体各自依据自身利益选择相对应的目标。决策目标的实现是以决策方案的选择为中介。方案是达到目标的相应的手段、途径的观念化。决策就是使决策方案最优化以满足人的需要的过程。这个最优化既是目标选择的最优化，也是达到目标的手段、方法的最优化。

和合目标是真、善、美的境界，它在本质上涵摄了人所追求的可能世界的总和。如"地"界的生存世界的和谐完美的自然、社会、人际的文化环境，以及创造、维护这种和谐完美文化环境的计划、方案、方法和原则；"人"界的和谐完美人性，完满的命运，而提升为理想人格；"天"界的和美的、仁爱的、文明的、富裕的理想社会之道，以及"地""人""天"三界和合的和合体世界，亦即真、善、美和合世界。

## 四、理论的公设

和合学新的科学分类，是和合学八维和合的展现。和合学的展现，必须遵循一定的规则，而为理论公设。

### （一）元素差分

在和合系统内，元素是一个相对概念。概念是信息元在思维中的类。它（间接地）反映生存世界中的事物元素的类别，体现意义世界中的真理追求，遵循可能世界中的正当原则。概念在思维中演变的过程，是由主体对生存世界的认识和对意义世界的追求双重决定的。元素作为相对概念的概念，具有对信息元类型化加工的意蕴。它只有既反映了生存事物元素的类别形态，又体现了意义主体的真理追求，才是正当的，才能在可能世界存在并发挥其功能。

元素作为相对概念，在和合系统内，对上层建构而言，下层建构是其元素；对下层建构而言，上层建构元素是其结构。和合学世界三层次、八维向的差分，都依据此理论公设而成立。

**（二）结构整合**

差分的元素经结构的化成整合为和合体。结构作为和合体"三界"系统内在元素之间的关系，是从"三界"系统内部描述系统整体性的。一切元素和过程，都有自身的结构，它表现"三界"系统内元素的时空特性。结构以其相对的确定的方式，存在于时空中。

结构并不完全是一个构造，它蕴涵着元素之间的信息往来，以及相互作用。它表征和合体内各元素的组合方式或结合方式。复杂的结构，不限于诸元素的构成方式，亦是诸多层次、层面、方面的联结方式。结构往往与功能相联系。如果说结构指向元素组合方式，功能则指向元素与周围环境的关系。两者差异是"同构异功"或"同功异构"等表现形式；两者统一是，元素结构决定元素的"构功能"，"构功能"是元素结构能力的表现；元素在释放功能过程中，与周围环境发生物质、能量、信息的交换，使元素和合体从环境中吸取"负熵流"，当"负熵流"增加到一定程度而超过和合体系统自身的"熵增加"时，有序性便克服无序性，使元素原有结构向更有序、更完善的方向发展；元素的结构变化到一定程度，便产生新功能，元素功能发挥到一定程度，会导致元素新结构的产生，而向更高和合体发展。

因此，结构整合是一动态过程。和合三个世界和八类和合体，以及和合学整体系统结构，都依此理论公设而立。

### （三）中介转换

元素的差分以及结构的化成，结构的和合以及和合体的分序、分级，都必须通过转换生成、转换中介，经中介转换实现变化，达到贯通，成为流行。和合学"三界""三层"的中介转换分两个系列，有三种基本转换机制和三个基本转换中介：

第一系列：同一世界层间转换机制及其中介（依元素差分理论公设处理）。

1. 生存世界：知行转换，智能中介〔"乾以易知（智），坤以简能"①，合为智能〕。

2. 意义世界：养修转换，规矩中介（"人是万物的尺度"。良知是自家准则。无规矩无以成方圆。无尺度难以定价值）。

3. 可能世界：健顺转换，名字中介（无变有为鼎新，有变无为革故。思维自由创造于健顺之间，范畴之形式外延是有语形而无定质，范畴之内在含义是有实理而无形象，范畴为思维创造之具，名字即范畴）。

第二系列：不同世界界际转换机制及其中介（依结构整合理论公设处理）。

1. 生存世界—意义世界之界际：知行-养修转换群②，智能-规矩组合中介。

2. 可能世界—意义世界之界际：健顺-养修转换群，名字-规矩组合中介。

和合学"三界""三层"的贯通并启动发用，主要依赖转换中介系统在"八维"状态空间之中的转换功能的实现。

---

① 《系辞上》，见《周易正义》卷七，76 页。
② "转换群"是借鉴组合数学和群论的思维方法，将两个世界的转换中介组合起来，构成转换群，实现跨界贯通。

### （四）功用选择

和合学"三界""三层"结构中的语用功能，是由和合世界所在主体的意义赋值决定并选择的，换言之，和合学"三界"结构方式的功能发用是人择的、化育的。这里所谓"赋值"，是指和合学概念、范畴结构形式经主体的语用具有了不同的意义，体现了不同的价值。

功用选择公设，揭示和合学体系结构的层间、界间的联系是整体的和人择的。其间所使用的范畴的解释功能、批判功能、实践功能都是内源性的，体现主体意义追求这一内在性的价值标准（内在尺度）。如理学思潮中，"天理""良知"等范畴的各种功能发用及神妙流行，都体现了理学家这一主体群对现实人伦秩序的忧患情感和热切关注以及对人类精神的终极关怀和宗教情趣，而并非"天理""良知"之学那么真如、妙如、昭然、廓然。

选择是和合学的人学特质之一。"天地之性，人为贵"，"人者，天地万物之心也"，"心者，天地万物之主也"。人类所从事的一切活动，以及其一切形态的活动产物，都是和合学"新人学"精神的体现，具有"人道"的目的。天地万物为人而生，为人而用。人选真择善、选美择优地变易万物生态、形态，参天地之化育，目的在于满足人的价值需要，体现人的意义追求，实现人的自由创造。

和合学以和合为诸多元素、要素的优质成分和合而成新事物、新生命、新结构方式，是依此理论公设。

### （五）反演流行

和合学体系结构要成为活生生的思想学说，除转换中介的贯通外，逻辑上有赖于重复律、重演律、反馈律、传递律等反演原则。"反者，道之动"（《老子》第四十章），"复其乃见天地之心"，"反复其道，七日来复，天行也"①。在思维、精神等智能活动中，和合可以反向推演。如有序化之路，反演过去的浑沌无序之路；内化之路，反演为外化之路，均衡反演为非均衡，自由反演为非自由，引力反演为斥力，等等。

所谓反演，它含蕴四种义理：周期性运动的反复节律，生物生命运动的种系重演规律，自组织系统的反馈调适原理，思维逻辑运动的对偶性、逆反性和可数重复性。因此，依此义理的各种反演的运用，不仅能使转换中介双向化，而且能充分体现生命生生之周期节律和人类个体生命的重演种族历史的生化规律，促使和合"三界""三层"之建构体系与宇宙大化、人类文化的流行机制相互同构、相互流行。

## 五、传统和合之类型

和合学的理论公设，是和合学建构体系内诸构件和合的总体规则。反思中国传统哲学范畴系统的和合的途径，大致有四大类型、九种道路。兹作简要叙述：

### （一）一元和合类型

单一范畴特异化构成的和合道路：

1. 太极和合道路。

[范例举要]：朱熹的太极论所体现的"理一分殊"思想②，及其反演，和合为太极之路。老庄的道范畴、管子的精气范畴、王阳明的良知范畴③，都有相近于太极之路的和合结构。"月印万川"为其意象境界。

---

① 《复·象》，见《周易正义》卷三，38 页。

② 参见拙著：《朱熹思想研究》（修订本），183～187 页；《走向心学之路——陆象山思想的足迹》，226～233 页，北京，中华书局，1992；《中国哲学范畴发展史（天道篇）》，372～377 页。

③ 参见拙著：《宋明理学研究》，571～580 页，北京，中国人民大学出版社，1985。

［结构方式］：太极⊕①太极⊕太极⊕…⇔太极

从左向右⇒特异分化的太极（物之太极、人之太极）和合而为太极
　　　　　（本体之太极）；

从右向左⇐反演过来，本体之太极分散为万物众生之太极（"物物有
　　　　　一太极，人人有一太极"）。

［运演规则］：幂筹律及其反演。

［思维基础］：思维的抽象化概括过程及具体化反概括过程的和合。

［语义、语用］：事物的本质运动，主体意义追求的完整性及对差分的
守恒性。

## （二）二元和合类型

对偶范畴互补化生成的道路：

2. 阴阳和合道路。

［范例举要］：《系辞》："一阴一阳之谓道"及"易有太极，是生两
仪"，和合而为阴阳合一之道。文王八卦的生成模式，三极（才）之道各
自的内部结构等，均属阴阳和合道路。

［结构方式］：阴性⊕阳性⇔中和

从左向右⇒阴性范畴与阳性范畴和合而为中和之道（阴阳合为道）。

从右向左⇐中和之道反演，差分生成阴性范畴与阳性范畴（太极生
　　　　　两仪）。

［运演规则］：中和律及其反演。②

［思维基础］：辩证思维的"合二而一"和"一分为二"，即思维的分
析（对待化分析）过程和综合（对待统一）过程的和合。

---

① "⊕"为和合加和运算符号。
② 此所指"中和"为现代术语，不同于《中庸》书中的"中""和"。

[语义、语用]：事物的矛盾运动，主体意义追求的冲突性及其实践解决。

3. 内外和合道路。

[范例举要]：宋明理学的"内外合一之道"及"心无内外""理无内外""气无内外"等学说思想中的范畴逻辑结构。

[结构方式]：内在⊕外在⇔存在

从左向右⇒内在者外化，外在者内化，和合而为无界际的存在。

从右向左⇐存在随主体的确立而差分为内在与外在两个有界际的实在。

[运演规则]：场化律及其反演。①

[思维基础]：境界思维②的"一体化"过程及其"中心化"过程的和合。

[语义、语用]：事物的交换运动或系统的开放化过程，主体意义追求的无限性及其主体相对性。

4. 先后和合道路。

[范例举要]：朱熹的"理先气后"说和"知先行后"说③的逻辑结构。

[结构方式]：先趋⊕后继⇔秩序

从左向右⇒先趋范畴与后继范畴和合为一，生成秩序模型（先后有序）。

从右向左⇐秩序模型差分为先趋范畴和后继范畴（序有先后）。

[运演规则]：线序律及其反演。

[思维基础]：因果思维的推果过程和溯因过程的和合。

---

① 此所说"场"，是指无内外边界的存在方式。

② 此所说"境界思维"，可从程颢的《识仁篇》《定性书》中体贴其思维方式的"内外合一之道"的境界思维。

③ 参见拙著：《朱熹思想研究》（修订本），158～163 页，303～307 页。

[语义、语用]：事物的因果联系和有序化运动，主体意义追求的秩序性和实践达成的渐进性的统一。①

5. 上下和合道路。

[范例举要]：《系辞》"形而上者谓之道"与"形而下者谓之器"的逻辑结构。

[结构方式]：上位⊕下位⇔层级

从左向右⇒上位范畴与下位范畴垂直交流信息，和合为层级模型。

从右向左⇐层级模型反演，差分为上位范畴与下位范畴。

[运演规则]：级化律及其反演。

[思维基础]：结构思维的建构过程及其解构过程的和合。

[语义、语用]：事物的结构运动，主体意义追求的超越性和其实践方式的现实性的统一或和合。

6. 有无和合道路。

[范例举要]：老子的"有之以为利，无之以为用"（《老子》第十一章），"万物生于有，有生于无"（同上书第四十章）。宋明理学中的有关"有无之辩"②，其逻辑结构大略如是③。

[结构方式]：有实⊕无实⇔创生

从左向右⇒有特定实质的范畴转化为无此特定实质的范畴，和合为减损式创生模型。如将实性范畴的某一特定实质内涵抽象减

---

① 朱子学和阳明学"知行先后"之辩，除了语义、语用上的分歧，逻辑上的区别在于：朱熹认为，达到真知真行必须先致知后力行，工夫程序不可躐等。王守仁认为，真知真行（"知行之本体"）是一个完整不可分割的秩序体，不是两个"物事"。前者强调和合道路之渐进性，后者突出和合道路秩序的整体性。两人实际上在同一条道路上，是"志同道合"的。

② 参见拙著：《中国哲学范畴发展史（天道篇）》中的《有无论》，461～493页。

③ 在宋明理学"有无之辩"中，有不少实质上是"上下和合之路"，如朱熹太极"无形而有理"，旨在使太极之道散殊为万物之器，解决的是上下合一问题和太极一贯问题，跟上述引文中老子的有无和合之道，虽语形相似，但类型不同。古人缺少类型层次及其有规则转换的明确认识。混同情况较多，以致理论人为复杂化。

损，就创生出内涵更少、外延更大的虚性范畴①。从实性
范畴到虚性范畴的运动就属于"有的无化"的创生过程。

从右向左⇐反演过程，从无实范畴转化为有特定实质的范畴，和合
为增益式创生模型，如从虚性范畴向实性范畴的逻辑
运动。

[运演规则]：生生律及其内在反演（有无反演）。

[思维基础]：创造性思维的批判过程和发明过程的和合。

[语义、语用]：事物的生化运动及生物的生命过程，主体追求的理想
化过程及其现实创造过程的和合。

7. 天人和合道路。

[范例举要]：中国传统哲学范畴逻辑和合道路的总道、大道、达路，
是一条高浓度的复合道路，具有多维向、多层面；上述六条和合道路都是
它的特异分道支路或偏性显现，因此无单独的特例。

[结构方式]：天道⊕人道⇔自然之道（道体、宇宙大道）

从左向右⇒天道与人道和合为自然之道，"道法自然"。

从右向左⇐自然之道差分为天道与人道，"天之道损有余而补不足"
（《老子》第七十七章）（熵增原理，走向浑沌），"人之
道则不然，损不足以奉有余"（同上）（负熵原理，走向
有序②）。

[运演规则]：损益律及其天人反演。

[思维基础]：智能化思维的生理最终死亡过程与心理终极永生过程的
反演和合（此为天人合一之道的根本结构）。

———————————

① 关于实性范畴、虚性范畴的规定，参见拙著：《中国哲学逻辑结构论》。
② 从现代物理学的热力学第二定律和非平衡热力学耗散结构理论来看，老子讲的天道损益方式
是熵增化，均衡化，是走向浑沌和"死寂"（寂静）的退化道路；人道损益方式是负熵增加，非均衡
化，是走向有序和生动的进化道路。此"人之道"当理解为二义：自然生人之道与圣人养人之道。

[语义、语用]：生命运动及其精神过程，主体意义追求的终极性、虚幻性及其意义显现的有限性、实在性的和合。

## （三）三元和合类型

三极范畴中介化构成的和合道路：

8. 三极和合道路。

[范例举要]：《易经》和《易传》的"三极之道"或"三才之道"，以及老子的"人法地，地法天，天法道"（《老子》第二十五章）。后因地道式微，隐遁在方技、术数和工艺文化传统中，学术文化中欠完善的三极和合之道。佛学中的"三谛"说，方以智的"∴"说，有形似之处，但语义、语用旨趣殊异，可不纳入此道。

[结构方式]：主体⊕介体⊕客体⇔本体（即人⊕地⊕天⇔道或自然）

从左向右⇒主体通过介体①与客体发生认识、实践、价值等关系，和合为本体。

从右向左⇐本体差分化为主体、介体和客体。

[运演规则]：中介律及其反演。

[思维基础]：主体智能活动的能动实践过程和被动客观过程的历史分化与具体和合。

[语义、语用]：自然的人化运动和文化的自然运动的和合，主体意义追求的直接性（无中介）与实现意义的间接性（有中介）的和合。

## （四）多元和合类型

范畴系统化构成的和合道路：

---

① 此所说"介体"是指介于主客体之间的符号化的物质、能量、信息交换系统。其核心构件是科学技术和民主制度。

9. 五行和合道路。

[范例举要]：象数易学、中医学中的五行生克制化循环道路。在学术文化中退化为组合式范畴，成为气质化道路的一环，已不是范畴系统，而是一个范畴，故不在此道之中。

[结构方式]：顺生循环之路（内含克）$\xrightarrow{\text{反演}}$逆克循环之路①（内含生，见图 3-4）

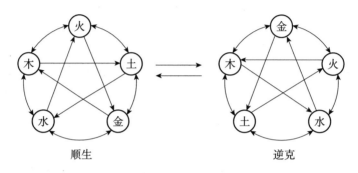

**图 3-4**

[运演规则]：循环律及其反演。

[思维基础]：思维活动的周期性运动及其"圆圈"滚动式前进和合。

[语义、语用]：事物的周期性运动，主体意义追求的代际重演性和曲折进步性的和合。

上述九种和合道路，是比较典型的，此外由它们和合而成更为复杂的道路网络，如六十四卦的各种结构系统，儒学、佛学、道教的范畴逻辑结构系统，等等。但其基本道路运演不外上述四类九种和合道路，只是纵横互补，意象丛生，更显复杂、"神秘"而已。

---

① 逆时针运行方向。

# 第四章　和合生存世界

哲学是一种自觉的智慧活动，这种智慧活动来自主体人对实践经验的反思；这种反思总是试图从整体上和高层次上认知、把握人与世界的关系，以便对人在世界中的价值和意义以及终极关怀，做出理性的解释。这种理性解释就是和合学的解释。

## 一、自然与生存

人与自我生存世界，即人与自然的关系，是人类面临的永恒主题，它关联人类活动的一切方面和层次。现代高科技的发展，给人类带来空前的巨大财富，标志着人与自然关系的拓展与深化；同时由于人的价值观的误导和科技的异化，也给人类带来无穷的灾难，如生态危机、环境污染、资源匮乏等等，标志着人与自然的冲突亦达空前激烈程度。如何化解这个冲突？人类能否协调自身的发展及其与自然相互作用的形式，使人与自然关系最优化，即最佳化？人应以什么信念和价值理论建构与自然的和谐关系？笔者认为，和合学是一种文化选择的最佳方式，它在化解人与自然的冲突、协调两者之间的关系、建构优化价值理论等方面，具有无限的魅力和功能。

### （一）自然与人

人与自然的关系是伴随着人与自然的差分而生的。这里所谓自然，是指人对象性活动的自然生存客体，它是由自然界、自然环境、自然条件等不同水平、不同层次的要素融合而成的人的生存世界。

和合生存世界，解决人与自然的和合关系，体现和合精神的真实性原则，具有通过活动变易而再生的生存结构机制。它与和合"三极之道"中的"地道"相对应。人是变易活动的主体，是生存状态时空再生日新的动力源泉。

人一生下来，就到了他所生存的世界，即和合学建构体系中的生存世界（"地"界）。人是这个"地"界的客人或过客。人作为停留在这个生存世界（"地"界）的过客，才被人意识到有一个可为过客、客人提供衣、食、住、行条件的自然生存世界，可称为"主"（主人），是接待客人的"主人"。这个"主人"敞开自己的心怀，奉献自己的一切。它所给予人与动物的生存条件和情境是一样的，表示了"主人"对来到它这里做客的人与动物的照料和爱心。这种照料和爱心并无褊狭，而是公平的、无私的。

不过动物这个"客人"，完全遵循、顺应"主人"所提供的，而不会改变"主人"所提供的生存条件和情境，不会创造自己新的生存条件和情境。因此，动物只好改变自己的习性、形态以及内在结构，去适应"主人"。这就是说，动物利用自然生存世界的存在以充实自己的本质，其结果是使自己成为自然生存世界的一部分，成为"主人"家庭中的一员。"主人"对于动物这个"客人"来说，永远是"主人"，永远是主宰者。所以，动物不可能超越它所属的那个物种所赋予它的绝对限制，它的生命活动是前定的、僵死的，不可能有根本性的改变。

人作为动物的一种，本与动物无别，也受"主人"的控制、主宰。"当此之时，万民猖狂，不知东西，含哺而游，鼓腹而熙，交被天和，食于地德，不以曲故是非相尤，茫茫沈沈"①。人与自然处于原始浑沌统一之时，人是作为动物的存在，而未有人文施设，接受自然的支配。自从人猿揖别以降，人初次获得提升，就与自己的"主人"产生二重性关系，即既融合，又冲突。这就是说，人作为客人，对"主人"所提供的有限的衣、食、住、行的自然生存世界，是不满意的，是有冲突的。

但人为了生命的延续，必须生存下来，人生存比人为什么生存要真实、要实在。所以李贽直截了当地从最根本的源头说起，这就是"穿衣吃饭"②。人为了生命的存在，首先就要衣、食、住、行，即以物的方式的活动，获得物以人的方式的存在，构成人的生活方式。

人不能离开生存世界这个"主人"所提供的生存环境，并且要把这生存环境、条件转换为衣、食、住、行的现实，即通过人的自我实践活动，改变自然生存世界种种情境，以适应人的自我需要。要把生存条件转变成现实，而不顺应主人所提供的条件和情境，这是人这个自然生存世界的客人对于他的"主人"的叛逆。

## （二）人与动物

正是因为这叛逆，人就要付出千万倍的智力、劳力活动，改造"主人"所提供的作为人的活动空间范围的自然环境和作为人类活动的客观物质基础的自然条件，以符合人的生存活动的需要和目的，而不顺应生存世

---

① 《俶真训》，见《淮南鸿烈集解》卷二，48~49页，北京，中华书局，1989。
② 李贽：《答邓石阳》，见《焚书》卷一，4页，北京，中华书局，1961。

界的因果的支配。

这样便出现了人作为自然生存世界的客人对"主人"的反演。人为自己建造了直接生活于其中的生存世界（"地"界），即置身于经过人的智力、劳力活动所参与创造的、对人二次生成过的生存世界。凡是人的智力、劳力所触及的地方，都投入了人的意识、目的，都是与人关系中的生存世界，而不是单一的、纯粹的自然生存世界。房屋、道路、衣服、食品，人生存最基本的需要，无一不是人的智力、劳力活动参与创造的结果，而自然生存世界这个"主人"所提供的生存环境、条件，在这里已微不足道。

孟子对此有理解性的解释：

> 五亩之宅，树墙下以桑，匹妇蚕之，则老者足以衣帛矣。五母鸡，二母彘，无失其时，老者足以无失肉矣。百亩之田，匹夫耕之，八口之家，足以无饥矣。[①]

这里的田亩、房宅、树桑、养蚕、衣帛、养鸡、养猪等等，都是人为生存而改变自然生存世界所提供的生存环境、条件所做的智力、劳力活动。这是把自然环境、条件转变为现实生存的环境、条件，换句话说，"世间种种自然在其中"[②]，即衣、食、住、行都成为属人的生存世界。

当人的智力、劳力活动，把人从动物中分化出来的同时，亦分化了生存世界，这便打破了自然生存世界的一统世界、主宰世界，以及客人应服从"主人"安排的格局。由人的创造活动，而创造了人自己、人的生活、人的生存环境和条件，以至人化了的生存世界，而与自然生存世界相对应。

---

① 《尽心上》，见《孟子集注》卷十三，105 页。
② 李贽：《答邓石阳》，见《焚书》卷一，4 页。

人化生存世界改变了单一的、纯粹的自然生存世界，并颠倒了人与生存世界、客人与"主人"的关系。由此而推及一系列的颠倒：自然生存世界的"主人"地位转换为被客人所改造、所利用的客体，自然生存世界主宰客人转换为被客人所主宰，自然生存世界的因果律转换为客人的合目的性的应然律，自然生存世界的必然性王国转换为客人所创造的自由生存世界。一言以蔽之，原来的"主人"变成了客人，原来的客人却变成了真正的主人。正如荀子所描述的：

> 大天而思之，孰与物畜而制之！从天而颂之，孰与制天命而用之！望时而待之，孰与应时而使之！因物而多之，孰与骋能而化之！思物而物之，孰与理物而勿失之也！愿于物之所以生，孰与有物之所以成！故错人而思天，则失万物之情。①

这便是人与生存世界关系颠倒以后，人对自身的文化慧命的自觉。

这个颠倒引起了自然生存世界的革命。本无"心"和知、情、意的自然生存世界，被赋予了心，被赋予了知、情、意；本来无价值、意义的自然生存世界，由于人的衣、食、住、行的需要，而有了价值和意义，这便是"为天地立心"的意思。自然生存世界以人心为自己的心，人在自己的智力、劳力活动中把自然生存世界的存在转变为为人的存在，改变了原来与动物无甚差别的作为一种自然生存世界存在的性格。

自然生存世界以人的知、情、意为自己的知、情、意，也就改变了自己的性格，而成为人化生存世界。不管这是人的本真，还是人的异化，却使自然生存世界具有了超自然生存世界的力量。这种力量并非自然生存世界自身所本有，而是人把自身力量转化或对象化为超自然生存世界的力量而已。于是便构想了"天""上帝""自然神""天理"等等。

---

① 《天论》，见《荀子新注》，278 页。

　　自古以降，不同的民族和地区以其不同视角和心理，赋予自然生存世界以多重性格；不同的思想家和哲学家也给予不同的理解和解释，而出现了形形色色对立冲突的生存世界，生存世界才成为多样性的存在。这便是人人有一生存世界，物物有一生存世界，即人人有一个真世界，物物有一个真世界。不同的国家、民族、地区推而广之，便有人视界中的生存世界，有狗猫鱼鹿视界中的世界。这就是"毛嫱、丽姬[①]，人之所美也；鱼见之深入，鸟见之高飞，麋鹿见之决骤"[②] 的原因所在。人观与物（动物）观的生存世界的差异，是因为人观的生存世界是为我世界，而非动物所观的生存世界。

　　当人与动物这一对自然生存世界的过客分裂以后，人叛逆了动物，也叛逆了自然生存世界。动物作为自然生存世界家庭中的永久成员，无条件接受自然生存世界的恩赐，而安于过客的地位不思改变。[③] 既为过客，就必然要过去，就必然有生命存在的消亡或终结。这是自然生存世界所赋予的生命，即自然生命。这是任何动物都不能抗拒的生存规律、原理。

　　人曾作为自然生存世界中的过客的一员，与任何动物一样接受自然生命这一事实；又由于人自身智力、劳力活动能力的局限，亦接受自然生存世界的恩赐，"靠天吃饭"是传统农业社会根深蒂固的思维方式。然而，人总是不满足于过客的地位，不满足于自然生命，也不满足于恩赐，自强不息，以求改变现有的状况，从而与自然生存世界发生了冲突。正是这种

---

　　① 丽姬：朱桂曜认为应作西施，《管子·小称》《韩非子·显学》都以毛嫱、西施并称。参见陈鼓应：《庄子今注今译》，82 页，北京，中华书局，1983。

　　② 《齐物论》，见《庄子集释》卷一下，93 页。

　　③ 动物也有适应其自然的、肉体的需要而改变自然生存条件、环境的活动，如燕子等鸟类的筑巢，海狸群体协作筑成挡河堤坝。它们对地形的巧妙的利用，对建筑材料的合理选择和恰当的结构组合等，类似人工建筑艺术（夏甄陶主编：《认识发生论》，114 页，北京，人民出版社，1991）。但动物改变外部自然生存世界的活动，是不自觉的本能的活动，它与人的有意识、有目的、有计划的活动不同，即不是"思"的活动。

冲突，促使人自身产生了分殊。这是一次人与动物分殊以来，再一次差分。这次差分较前一次更深刻。正是这一次差分，更大地激发了人的能动性和创造性，使人获得了自我，即人之所以为人。如果说原始人与动物的差分可以"混一天元图"为例，那么，动物只有一模糊的小亮点，指灵长类动物能被动地利用自然生存世界，原始人则有两处或多处较大的亮点，并在不断地扩大。如图4-1。

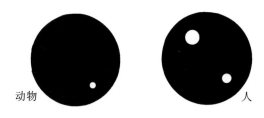

动物　　　　　　　　　　　　人

图4-1

### （三）人之心身

人自身的差分，使人成为根本有别于动物的"怪物"。荀子对于此差分的过程，有一生动的描述："水火有气而无生，草木有生而无知，禽兽有知而无义，人有气、有生、有知，亦且有义，故最为天下贵也。"[1]人与物质水火、植物草木、动物禽兽，都有其共性和共同进化的过程，即同构性；人之异于它们，是因为具有它们所无的属性，即义的特殊性，所以最为高贵。动物具有较纯粹的自然性，饥食渴饮，雌雄交媾，繁殖后代，一切都顺乎自然生存世界的要求及原理、原则，它们以有限的自然存在为自己活动的对象，所以较人为低贱。

人虽也具有动物所具有的这种自然性，如饮食男女，即"食色性

---

① 《王制》，见《荀子新注》，127页。

也"①，但人在与自然生存世界的频繁的交往活动中，又获得了一种超自然性。人"力不若牛，走不若马，而牛马为用，何也？曰：'人能群，彼不能群也。'人何以能群？曰：'分'。分何以能行？曰：'义'。故义以分则和，和则一，一则多力，多力则强，强则胜物。故宫室可得而居也。故序四时，裁万物，兼利天下，无它故焉，得之分义也；故人生不能无群"②。人的本能的能力，不如牛马等动物，却能使用、支配动物，是因为人的社会性能发挥社会群体的力量；人之所以能发挥社会群体的力量，是因为有"分"；人之所以有"分"，是因为有社会群体的道德意识和道德行为——"义"；有"义"，才能有差分与和合为一，所以人能裁制万物，兼利天下。人具有了一种超越人的自然性的"群""分""义"的社会性和道德性。

人"之所以异于禽兽"和"最为天下贵"，其异其贵，就在于：人差分为自然性的人与超自然性的人，肉体存在的人与灵魂存在的人，物质存在形式的人与精神存在形式的人。这种差分，中国古人把其看作身与心的差分，即人的二重性。无论社会进化到最高阶段，还是人修炼达到最高的境界，都无法改变人的二重性，只有彼此的分量、程度、强度有别而已。

自然的、肉体的、物质的存在形式的人，通向自然生存世界，带有过客的痕迹，即具有自然性，接受自然生理需求的属性和有限自然生命这一事实，但又与动物有异。人通过自己的智力活动，治病、吃药、炼气、养生等方法，以图延年益寿，长生不老，但延续自然生命仍然是有限的，长生的理想直到今天也未能实现。人只能接受自然生命的制约，

---

① 此为告子言（参见《告子上》，见《孟子集注》卷十一）。朱熹注曰："告子以人之知觉运动者为性，故言人之甘食悦色者，即其性"（同上书），有违告子本旨。告子是讲以人的自然性为性。

② 《王制》，见《荀子新注》，127 页。

因此，人生的大限——死，更激起人自身对于人生价值和意义的追寻。长生不可得，便要以得到灵魂的、精神的存在形式的人的完善来补偿。

超自然的、灵魂的、精神的存在形式的人，通向人为理想世界，编织未来的可能世界（"天"界），如"天""上帝""道""真如""涅槃""理念""心""绝对精神"等终极理想或终极境界，引导人走向彼岸世界。这样，人便以"心"（超自然的、灵魂的、精神的）的存在形式为中介，把自我观念、自我理想、自我创造等动物所不具有的东西，转换为先在的"天""上帝""道""天理""真如""涅槃""理念""心""绝对精神"等存在形式，人便在自我观念、自我理想、自我创造的彼岸世界的天国里，打破了自然生命的有限，而获得了无限的理想生命或不朽的生命，颠倒了受制于自然生存世界的过客的境遇，而成为自然生存世界的主人。这样人便成为连接、沟通有限自然生命与无限理想生命的最完善的和合体。但对于每一个个体人来说，并非都能达到有限自然生命与无限理想生命的最完善的和合境界。

人的身与心的差分，使人出现了两种性质相反、旨趣相异、功用冲突的对立体，人便具有二重性；但人又终于把天地间这二重最为对立的两极融合在一起，使超自然的、灵魂的、精神的存在必须依附于自然的、肉体的、物质的存在；自然的、肉体的、物质的存在又必须听命于超自然的、灵魂的、精神的存在。两者各有自己的职能、功用，不离不杂。朱熹说："人之一身，知觉运用，莫非心之所为，则心者固所以主于身，而无动静语默之间者也。"（《朱文公文集·答张钦夫》）心为身之主宰，心又存于身，心身相分相合。对于身与心两者的关系，二程（程颢、程颐）也有一个解释。比如耳目等人的身体感觉器官，是属于自然的、肉体的、物质的存在形式，心与五官（眼、耳、鼻、舌、口）之间，即心与身之间，"有两物而必相须者，心无目不能视，目无心不能识也"①。目具有视觉的功能，耳具有听觉的功能，鼻具有嗅觉的功能，舌具有味觉的功能，这是作为自然的、肉体的生理功能，动物亦一样具有，并在某些方面的敏感度超过人。但能视、能听、能嗅、能闻，并不等于认识了事物是什么，不等于掌握了事物的性质、特征、形状等等，这些是心（意识、思维、观念）的功能。动物通过刺激，可以对信号做出迅速的反应，但不能像人那样了解事物的意义和运用符号。② 人因有心，才能"精摇摩监，砥砺其才，自试神明，览物之博，通物之壅，观始卒之端，见无外之境，以逍遥仿佯于尘埃之外，超然独立，卓然离世，此圣人之所以游心"③。人能认识事物，吸收古往今来的他人知识经验，也能超脱当下的经验知识，而综合独创，成一家之言，并能超越过去、现在和构想未来。

但知识对于人来说，都没有天生。人从受精卵、胚胎到出生，都是无知的。知识对于每个人来说，都是从零开始。人类繁衍了千万代，这一点却没有增加什么，而只有能知、能觉的生理功能。于是心（意识、思维、观念）又必须依赖于眼、耳、鼻、舌、口的能视、听、嗅、味的觉感而获得对异己物的认识。④ 简而言之，身与心两者相异相须。人是有生命的特殊肌体结构，正是生命才把人的特异的心与身二者有机地融合在一起，构成最美妙、最完满的和合体，完成了天地间最伟大的杰作。如图 4 - 2。

此太极图由"混一天元图"中的两个较大的亮点，逐渐发展为一个超自然的、灵魂的、精神的自由王国，即心（意识、思维、观念）系统；原

---

① 《河南程氏粹言·心性篇》卷第二，见《二程集》，1260 页。
② 参见拙著：《新人学导论——中国传统人学的省察》，24～30 页。
③ 《修务训》，见《淮南鸿烈集解》卷十九，647 页。
④ 其间复杂的转换中介过程，参见夏甄陶主编：《认识发生论》。

图 4 - 2

有"混一天元图"中黑的部分，逐渐消减，而成为自然的、肉体的、物质的王国，即身系统，仍延续着动物性。

### （四）人与思维

人的身与心差分的过程，也就是人之所以为人的觉醒的过程，也就是人类从动物界差分出来的过程。从整个人类文化历史发展来看，人的超自然的、灵魂的、精神的存在方面不断地增长，人的自然的、肉体的、物质的存在方面相对而言逐渐地削弱。虽在这个历史进程中也会出现迂回、曲折、反复，但从总体上说，是前者长，后者消。人类活动的超自然的、灵魂的、精神的存在方面的意味、色彩、成分愈来愈浓烈，其相对的存在方面逐渐淡薄。人类活动的这个进程，便是从人依赖于自然生存环境、条件到超越它，建构人自我生存世界的进程，也便是创造自我、创造文化、传递文化的进程。

人在智力、劳力投入对象化的过程中，在人与自然、社会、他人的物质的、能量的、信息的交往活动中，便产生了语言和思维。这种交往活动，是基于人对自然生存世界之"结"的"解"开。工具系统便成为人改变自然生存世界之间身的中介，成为人区别于动物的对象性活动。虽然灵长类高级动物也会使用工具，如石块、棍棒，但不是必然的、群体的、社会积累性的自觉行为。

人类的思维活动，大体上经历了行为思维、潜概念思维和概念思维等阶段。行为思想是人兽分殊和心身差分过程中的人类最初思维。它具有浑沌性、具体性、操作性和生存需要性的特征。它是以人与环境的具体操作过程为中介的思维，它的行为和操作即是它的思维。

潜概念思维是概念前的思维，是思维摆脱了作为自然的、肉体的、物质的人以后所开出的思维空间，是心脱离身以后的独立化阶段，是行为思维到概念思维的中介。行为思维虽属于非观念思维，但是思维的母体。思维从依附于行为活动到以概念为手段展开自身，才获得了思维自己的含义。概念思维基于语言和符号，人把概念作为把握自然生存世界的中介，标志着人从动物界差分出来，人的心与身分殊后获得了超自然的、灵魂的、精神的存在的意义。人便从本能的、野蛮的人变为自觉的、文明的人。

人意识到人是自然生存世界的主人（主体），自然生存世界才成为人的对象性的客人（客体）。身与心、主与客的浑沌一元的自在存在，转换为自为存在。思维便从行为中介转换为语言中介。思维借助于语言以符号的形式指称对象，使之具有一定的意义。

人由活动向人的思维内化了的最初的符号通过"我向"思维向外泛化，即以我、我的感受和接触为中心而推致。比如以人比拟宇宙天地为"小周天""大周天"，并采取"近取诸身"的方法，"以类万物之情"①。他们从自我的夫妇相交合而生儿育女，推及天地万物的产生。"天地绷缊，万物化醇；男女构精，万物化生"②。这种我向思维影响中国思维方式，在后来仍有其痕迹。如李贽有感于由人而推及万物，而批评理学家单一的"理"生万物的观念，特作《夫妇论》，阐述夫妇为人之端始，有夫妇而有父子、兄弟以及协调父子、兄弟、上下等级关系的伦理的产

---

① 《系辞下》，见《周易正义》卷八，86 页。
② 同上书，88 页。

生，"极而言之，天地一夫妇也，是故有天地然后有万物"①。以夫妇比喻天地，天地交合而生万物。

我向思维在向外推致过程中，通过借喻、隐喻的类比方法，以人的头借喻天（天），以口借喻词，以及由我及人，由我及物，至于成我成人，成我成物等思维方式。《周易·说卦传》的取象，便是以我为中心；"乾为天，为圜、为君、为父、为王、为金、为寒、为冰……坤为地、为母、为布、为釜、为吝啬、为均"②。运用语言的灵活性，把人自我的属性附到其他事物上，构成人我、物我的沟通和合。

我向思维的"我"异化为某种动植物或超人的人和力量，便产生了图腾、巫术和神话。图腾思维是身心差分过程中运用心的幻想形式追溯身的来源，而把人类现存的肉体的、物质的、自然的存在形式与过去某种动植物的自然存在形式联系起来，追究世界的因果链，表示了人与动物、心与身差分中的反观现象。

巫术是人在重要的、特殊的情况下摆脱、克服自然生存世界的束缚、局限的努力的思维过程，是人神互渗过程中接受人的意图的影响的过程。巫术的操作者便成为人与神两个世界之间的媒体。在人与对象自然生存世界、心与身已差分的情境下，就需要巫师来充当人与人异化的神的世界的媒介。巫术思维在世界古代各个民族中都存在。③ 巫术的占卜④，是对于非经验的、不可知领域的预测，是对于神的意志的传达。

---

① 李贽：《夫妇论》，见《焚书》卷三，89页。
② 《说卦传》，见《周易正义》卷九，94～95页。
③ 参见拙著：《传统学引论——中国传统文化的多维反思》，202～204页。
④ 中国在龙山文化时期，出土占卜用的牛羊的胛骨，齐家文化大河庄墓葬区里有四处"石圆圈"遗址，附近有牛羊的卜骨，可能是举行占卜宗教仪式的遗留（《新中国的考古收获》，24页，北京，文物出版社，1961），均在四五千年前。

中国从筮占中建构了独特的八卦思维①，这是一种富有哲理性、模式化的思维。

神话思维是人类思维在特定时空、特定阶段，把握社会和交往活动的方式，它是社会活动和实践活动在心理结构、思维结构中的呈现。它通过故事的形式呈现人与自然生存世界、心与身（灵魂世界与肉体世界，即神与形）相互冲突对立的事实，虽显得荒诞，但是以幻想的形式表示改变自我现有面目、状况的愿望。列维－布留尔（Lucien Lévy-Bruhl，1857—1939）认为，"神话则是原始民族的《圣经》故事"②。在神话的集体表象中，神秘因素的优势甚至超过我们的圣史。"神话既是社会集体与它现在和过去的自身和与它周围存在物集体的结为一体的表现，同时又是保持和唤醒这种一体感的手段。"③它对于一个民族原始思维方式、思维准则的形成有很大的影响。

图腾、巫术、神话思维虽然具有虚幻性、直观性、互渗性、集体意识性等特征，但它是人对对象性生存世界，以及社会和人自身的奥秘的揭示。它在当时对氏族的凝聚、社会的稳定及价值标准、行为方式、风俗习惯的建立，都具有不可估量的作用。

我向思维、图腾思维、巫术思维、神话思维，都属于潜概念的范围。潜概念思维是从行为思维到概念思维的过渡阶段。

概念思维是人与对象自然生存世界、心与身差分后，经漫长发展阶段而渐趋成就的思维，它凝聚着人的思维模式和框架。概念思维形成、发展的进程表现为概念结构自己构成自己的过程。概念结构即是逻辑结构，特定的概念结构形成自己特定的逻辑和逻辑结构，即思维自己构成自己通过

---

① 参见拙著：《传统学引论——中国传统文化的多维反思》，204～207 页。
② ［法］列维-布留尔：《原始思维》，437 页，北京，商务印书馆，1981。
③ 同上书，438 页。

逻辑转换而内在地表现出来。同时，概念结构是指思维由抽象到具体的一种较为固定的方式。从外在形态而言，古代以物，近代以力的关系，现代以发展与联系为核心概念，分别形成以类比推理的、机械的、整体的等不同特征的概念结构。

从概念内在结构而言：从感性具体到概念思维，一方面是把浑沌的整体的某一关系抽象出来，形成规范表述，并由于其中介的差异而进入不同的思维方式；另一方面是从抽象到具体，是思维的重新综合规定，它是多样性统一的不同综合方式，构成了不同时代的概念结构。

思维由感性具体—抽象—理性具体的过程与由经验概念—抽象概念—具体概念的发展相一致。从概念结构出发，就是从范畴的发展出发研究思维。思维在逻辑与非逻辑的冲突融合中，在逻辑与历史的一致非一致中，自己构成自己，并构成概念、逻辑、理论、反思活动的独立系统，其相对独立性使人获得一种理论超前手段。

行为思维、潜概念思维和概念思维三个阶段，是人的身与心差分及认识发生的过程。皮亚杰（Jean Piaget，1896—1980）通过儿童思维的发展，说明发生认识论的阶段性：

1. 感知动作思维阶段，是动物心理向思维转换的中介，主体与客体还没有完全差分，两者处于浑沌之中。生物的遗传因素和生物自然活动原则，仍为主导方面，即自然的、肉体的、物质的"身"的方面起着主要作用。

2. 前运算思维阶段，是从语言产生，可以用表象符号来代替外界事物思维。身与心的差分，使主体的认识活动具有相对具体性、不可逆性、自我中心性等特征。

3. 具体运算思维阶段，是由诸多表象图式融合、协调而成，具有组合性、可逆性、同一性、重复性特点。思维的具体运算和前运算这两个阶段，可合称为形象具体思维阶段。

4. 形式运算思维阶段，即命题运算思维，已达逻辑思维的高级阶段。它具有超时间性，这是纯逻辑数学关系所特有的。主体利用符号系统的特有功能，在心（大脑）中把客体的内容和形式分离开来，通过形式的符号化，把符号化的形式提升为假设或命题，对符号进行形式运算，以便在抽象层次上对客体加以逻辑掌握。

具体运算思维是以表象、形象或形象性概念作为自己的运算工具，形式运算思维以符号系统作为自己的运算工具。由于符号系统的掌握和形式化的运用，人不仅能面向过去和现实世界从事活动，而且能超越现实世界去进行观念创造活动，在观念中建构比现实更美好的理想世界。在理想世界模式指导下去从事现实的实践交往活动，使理想现实化、对象化。①

皮亚杰所说的思维四阶段，实为三阶段。其感知动作思维即行为思维，其前运算思维和具体运算思维相当于潜概念思维，其形式运算思维相当于概念思维。思维的阶段性说明了人与自然、人与动物、心与身差分的进程和水平。人作为主体来从事意识思维活动的内在能力结构，是人的认识发生、思维提升的过程。这里所说的思维阶段性的差分，并非空间上的并存，而是时间上的继起，但亦有互渗交叉现象，不可截然划界。

## 二、境理与知行

人经历了与自然、动物以及心身差分化以后，便有了语言和思维，

① 参见［瑞士］皮亚杰：《发生认识论原理》，21～57页，北京，商务印书馆，1981；朱智贤、林崇德：《思维发展心理学》，81～84页，北京，北京师范大学出版社，1986；夏甄陶主编：《认识发生论》，690～729页。

成为自然的主人。自然为人提供生存条件和环境；人利用、改造、破坏自然，以满足自己生存的需要。在人与自然的互动中，就产生人与自然的关系问题。

**（一）境与理**

现代人所面临的自然，既包含天然自然（自然的自然），又包括人化自然。前者是由种类无数、形形色色的物质系统构成，并差分为非生命系统和生命系统两大类。后者是经过人的智力、劳力投入，加工改造了的自然。它包括相互递进的三个层次：一是人对自然的简单控制；二是人对天然自然做某种形态上的改变；三是人创建天然自然中所没有的事物，如从轮子到航天飞机等。

天然自然（自然的自然）和人化自然构成和合学的"地"界，即和合生存世界。之所以称之为和合生存世界，是因为天然自然和人化自然都是和合体。这样便由生存世界差分为自然生存世界和人化生存世界，与此两界相适应就有自然环境与人化环境、自然条件与人化条件。这就构成和合生存世界的"境"。

无论是天然自然，还是人化自然，其自身都有一定的法则和原理。如天然自然的非生命系统的基本粒子（或量子场）、原子、分子及各种天体，其引力相互作用、电磁相互作用、弱相互作用、强相互作用等法则、原理；天然自然生命系统的自我更新、自我调节、自我复制等法则、原理。人化自然是天然自然的继续和发展，因而，它既不能无视，亦不能不遵循自然法则、原理；人化自然是人为适应自己的需要和目的的创造，其创造过程便具有自身的特殊的法则和原理。天然自然和人化自然的法则、原理，构成和合生存世界的"理"。

"境"是相对于主体人而言的。无论是天然自然，还是人化自然，都异在于人而存在。自然对象化为客体,并通过一系列时序化的中介,与主体和合而成生存情境、生存条件或生态环境、生态条件。

"理"是相对于自然而言的。人自主化而为主体,并通过一系列渐进性的环节调适客体,再生自然生存环境所遵循的生存法则、原理或生态原则、规律。人的一切活动都不可违理或悖理而行。否则,人的生存世界将无序化,将降阶复归到动植物的原始浑沌之境,从而丧失主体人"为天地立心"的主体地位和自主状态。

### (二) 人与境

人与自然之所以发生关系,是因为天地间有了人。无人就无所谓自然,无所谓天然自然、人化自然以及其法则、原理,亦无所谓生存世界以及生存条件或生态环境。这一切都是因为有了人,才有这种种关系;有了这种种关系,又需要人去认识、体验、把握、解释、解决、协调等等。

人一来到这个世界上,不管人主观上愿意还是不愿意,便到了一个特定的时空之中,即宇宙自然之中,就是和合生存世界所表述的"境"中。

在浩瀚的宇宙中,与人类生存息息相关的是地球这个星球的表层生物圈(或称生态圈)。生物圈是地球上所有生物和它们生存环境的和合体。和合生存世界的"境",在某种意义上说,就是生态环境的概念。生态系统是关于一定区域内的生物群落与它周围的无机环境之间所组成的、具有一定功能的、相对稳定的系统。生态系统由无机环境(阳光、水分、土壤等)、生产者(绿色植物)、消费者(动物)、分解者(细菌、霉菌等)四部分和合而成。无机环境为生命活动提供了进行代谢所必需的材料和生长发育的空间。它与生产者、消费者和分解者,构成有序整体,并以后三者不同营养水平为中心,建构生态系统的营养结构;以及在这个营养结构基础上,实现能量流动和物质循环的整体功能。人类通过食物链关系,参与生态系统的能量流动和物质循环。诸多样式的生态系统纵横交错联系起来的有序的和合体，便是生物圈，或谓生态圈。

生物圈的形成是地球上的生物与大气圈、水圈、岩石圈长期相互作用的结果。生物圈为人类生存提供食物和各种生物资源；大气圈为人类生存提供碳、氢、氧、氮等元素，并调节地表温度，以及通过臭氧层隔离外层空间各种射线对人类和生物的侵害；水圈为人类和生物提供生存所必需的水分，也是人类经济发展不可缺少的资源；岩石圈为人类生存提供土地资源、各种矿产资源以及能源资源等等。此四圈构成了符合人类生存和发展的环境和条件。

环境是相对于某一中心事物而言的，不同的中心事物就有不同的环境。和合生存世界所说的"境"、环境，是把人作为中心事物，以人为主体，包括人类以外的自然界的一切无机物和有机物的和合体，是为自然环境。生态系统是相对于生物群体和其周围环境的整体而言的，人是整个生物圈一分子，参与生态系统的能量流动和物质循环。环境与生态系统内涵虽稍异，但共同构成和合生存世界的"境"。

"境"是主体人一切活动的、永恒的基础或支点。环境问题是指人类的活动使自然环境原来构成方式或组合元素、要素以及有序平衡状态发生变化或转换，给人的生存和发展带来直接或间接影响的一切问题；生态问题是指人的各种活动及对于自然生态系统利用，超过自然生态系统自身的自我调节、自我组织、自我修复的负荷能力，使生态系统结构发生变化而产生的一切问题。从根本上讲，环境问题就是生态问题。

无论是哪一种生态系统，都不断地处于能量转换和物质循环的过程之中。在正常的情境中，能量和物质的输入和输出相对应，生态系统的能流、物流运转相对均衡。生物种类的构成和诸种群的数量比例相对稳定有序，生产者、消费者和分解者形成合理的营养结构。这种状态表示了这个生态系统的结构和功能处于相互适应与协调的动态平衡之中，即使受到外来的干扰和破坏，也能通过自我组织、自我调整，而恢复到原来的稳定状态。生态系统的这种稳态（homeostasis），谓之生态平衡。①

生态平衡是与不平衡相伴的。平衡是与运动联系着的平衡，是运动过程中的特殊状态。换言之，是不平衡的特殊表现。因此，环境生态问题，并不仅仅是现代社会问题，而在人类渔猎时代就已存在。

在渔猎时代，原始人仅用简陋的石器、木棒等工具，采集或渔猎自然生态环境中现成的动植物为生。由于人口少、活动区域有限，对生态环境影响不大。到了旧石器时代的晚期，随着工具的进步，弓箭的发明，捕猎能力提高，人口增加，食物需求量增多。人类过度采集野果、根茎和捕杀野生动物，使原始群居区内的一些物种，特别是大型哺乳动物数量锐减，如猛犸象、披毛犀、野牛等。还有一些动物由于人类历史上最初的生态危机②，而不得不迁徙。

人类不发达的生存活动，导致生态环境的变化，反过来又作用于人类。譬如玛雅文明衰亡的奥秘，据卫星照片的分析，是过分追求眼前利益，利用水和土地方法有误所致③，实是自然生态环境对于人类破坏的报复，人类自己毁灭了整个玛雅文明。这就是说，人类在初始时期，为了自身生存需要，与自然生态环境发生冲突，而遭自然生态环境的反演报复，致使一些古代文明消失。

人对自然生态环境的关系，从一开始人便表现出占有的愿望和意向，

---

① 参见黄顺基等主编：《科学技术哲学引论》，101～102 页，北京，中国人民大学出版社，1991。

② 参见［美］W. W. 布特科：《地球生态学》，见周穗明：《智力圈：人与自然关系新论》，12 页，北京，科学出版社，1991。

③ 参见日本《朝日新闻》1987 年 3 月 30 日讯：近 3 年，美国国家航空和航天局埃姆斯研究中心利用地球观测卫星照片分析的结果而做出的论断。玛雅文明见王元化：《玛雅访古志》，载《社会科学战线》，1993（1）。

从而产生要么人与自然生态环境相适应、协调和谐发展；要么人与自然生态环境发生冲突，潜藏着破坏。这两种情形，在古代都存在，表现了人对自然生态环境认识的合理性与盲目性两者并存。

原始农业和畜牧业的出现，在一定程度上缓解了渔猎时期人与自然生态环境的冲突，开始了人类自己控制自我生存所需食物的生产活动的时代，即从天然自然的时代进入半人化自然和人化自然的时代，标志着人类文明的进步，但原始农牧业的兴起，又给人与自然生态环境带来新的冲突和危机。

人类的耕植和驯畜活动，意味着人已自觉地向自然生态环境索取财富，这必然导致人与自然生态环境冲突的加深，作为主体的人与自然生态环境客体已经差分化。人为改变生活方式和生活条件，通过劳动工具技术的改善这个中介，扩大了利用、改造、影响自然生态环境的力度。

随着人类生存需求的提高和社会经济的发展，农牧业生产规模、活动的扩展，人类曾不加控制地刀耕火种，砍伐森林，开垦荒地，烧毁草原，造成地区性的生态环境的破坏，引起人与自然间的生物平衡的打破。刀耕火种对森林植被的毁坏，就会在一定程度上影响这个地区的小气候，使原有相对稳定的气温和湿度发生变化，并使土壤保水力降低、侵蚀加速、肥力结构丧失等，从而导致水土流失，沙漠化加速。在古代的美索不达米亚、埃及、希腊和南欧阿尔卑斯山地区，人类开垦耕地，毁灭性砍伐森林，而导致气候、水土恶化以及古代文明的衰微。

中国在3 000多年前，黄土高原一带原曾有良好的森林和草原，土地肥沃，气候宜人，有比较优越的自然生态环境。于是，黄河流域便哺育了中华民族古代灿烂的文化。后来随着人口增多，大量垦荒开田，良好的森林、草原植被遭破坏，农、林、牧关系失调，自然生态环境失衡，自然灾害频仍，以致沙漠掩埋历史名城，等等。自然生态环境破坏给中国人带来的灾难，往往赤地千里，白骨遍野，比战争有过之而无不及。

对此，中国古人并非毫无认识或自觉意识，他们以"仁民爱物"的思想，表现对于人生生命和自然生态环境生命的关怀。韩愈从人口增长对自然生态环境的破坏，反过来危害人类的忧患意识出发，把人比作祸害物体的害虫：

> 物坏，虫由之生；元气阴阳之坏，人由之生。虫之生而物益坏，食啮之，攻穴之，虫之祸物也滋甚。其有能去之者，有功于物者也；繁而息之者，物之仇也。人之坏元气阴阳也亦滋甚；垦原田，伐山林，凿泉以井饮，窾墓以送死，而又穴为偃溲，筑为墙垣、城郭、台榭、观游，疏为川渎、沟洫、陂池，燧木以燔，革金以镕，陶甄琢磨，悴然使天地万物不得其情，倖倖冲冲，攻残败挠而未尝息。其为祸元气阴阳也，不甚于虫之所为乎？吾意有能残斯人使日薄岁削，祸元气阴阳者滋少，是则有功于天地者也；繁而息之者，天地之仇也。[①]

韩愈已有人口压力的体验。人为了生存的需要，便开垦荒田、砍伐山林、建筑房屋、破坏水系等等，这些都有悖天地万物自我运动的情境和自然生态环境的自我平衡功能。因此，他主张削减人的自我生产，以保持人与自然生态环境的平衡；否则，人便成为天地万物，即自然生态环境的仇敌，而遭自然生态环境的报复，给人带来"疾痛、倦辱、饥寒甚者"[②]。

韩愈接触到了农业文明时期以土地破坏为特征的生态环境问题。到了

---

① 柳宗元：《天说》，转引韩愈语，见《柳宗元全集》卷十六，442 页，北京，中华书局，1979。
② 同上书，441 页。

工业文明时期，由于科学技术的迅速发展，以及蒸汽动力的广泛应用，实现了从手工生产到机器大生产的过渡，极大地促进了生产力的发展，使培根的通过知识提高人类征服自然的能力和笛卡儿的人是自然主人和所有者的观念得以实现和证明。工业文明使社会生产方式和人的生活方式以及人与自然生态环境的关系，都发生了根本性的变革。人化自然程度更高，衣、食、住、行等生存环境和条件得到改善。人的肉体的、物质的生活获得提高的同时，灵魂的、精神的生活亦得到提高。但工业文明给人类带来的灾难又远远超过了农业文明的局部性、地域性、有限性的生态环境的破坏。地下矿藏的过量开采，改变了地球上化学成分循环的自然过程；煤、石油化工燃料严重污染大气层，酿成烟雾、酸雨、毒雪；农药化肥的使用，污染水域、土壤；大量工业废弃物排入大气圈、水圈，严重破坏自然生态的平衡，造成生态环境的全面性、世界性、积累性的污染，给人类生存和发展造成严重威胁。

在工业文明时代，以生态环境污染、资源耗竭为主要特征的生态环境问题困扰人类。20世纪60年代以来，以原子能、空间、电子计算机、生物工程、新材料技术为标志的新的科技革命，使人类与自然生态环境相互作用的内容和方式进入一个新的阶段。一方面使人类文明发展到一个新的高度，人类亦自觉意识到人对生态环境的破坏，归根结底会危害人类自身。毁灭地球，就是毁灭人类，从而出现了有限地改善人与自然生态环境的措施。另一方面高科技使人类摆脱了陆地局限，深入海洋、地壳，飞向宇宙空间，而使人与自然生态环境影响继续恶化，其表现为：

生态危机加剧：全球森林面积递减，生物种类急剧减少。① 森林植被

---

① 据统计全球每年有 2 000 万公顷的森林遭破坏，热带森林资源日益枯竭。森林是复杂的综合生态系统，孕育着多种动植物种群。国际自然和自然资源保护联合会在 1989 年召开的抢救濒临灭绝动物特别委员会宣布：地球上平均每年有 5 000 种动物濒临灭绝。（郭方：《生态环境问题与对策》，载《北京科技报》，1989-01-18）

的毁坏，使土地沙漠化加速，水土流失加快，耕田面积愈来愈少[1]，作为一切物质循环和能量转换赖以实现的重要生态因素和基础已严重恶化。另外淡水资源十分紧张，直接危害人体健康，致使疾病肆虐。[2]

环境污染严重：工业的废水废气废物的排放，化学品的大量使用，以及核污染、核辐射等进入水圈、大气圈、生物圈，恶性污染生态环境，温室效应加剧[3]，臭氧层严重破坏[4]，等等，危及整个地球的生命体系。

资源耗竭加速：铜、铁、煤矿的消耗增加，一些金属现有储备将在50年耗尽[5]，能源短缺，等等。

还有人口激增、粮食危机等等与生态环境有关的问题。

当前，信息时代（或称生态时代）的生态环境问题，已超越地区、国家，而扩展到全球，以至太空。它已威胁到地球上的每一个物种和每一个人，成为全人类的危机。

从渔猎文明、农业文明、工业文明到信息文明，人与自然生态环境问题一直是根本性的，并随着人类改变自然生态环境的活动以及满足生存需要等活动的发展，而产生新的生态环境问题。这样经世世代代的积累，生态环境问题已成为当代全人类最紧迫的、最严重的问题。

---

[1] 全球每年有600万公顷有生产能力的旱地变成沙漠，受沙漠化威胁的土地面积占地球陆地面积的35%。四个主要产粮国（中国、美国、俄国、印度）每年耕地表土流失量达132亿吨。全球有2100万公顷的肥沃土壤丧失。（参见黄顺基等主编：《科学技术哲学引论》，124～125页）

[2] 世界有1/4人口生活在缺乏安全饮用水的环境中，不安全饮用水成为人类健康大敌（参见《联合国关于水资源和环境国际大会呼吁合理使用和保护水资源》，载《人民日报》，1992-01-30）。中国有300个城市缺水，严重缺水城市108个（参见《水：危机与出路》，载《光明日报》，1994-01-12）。

[3] 大气中二氧化碳、甲烷、氧化氮、氯氟烃等含量的增加，产生温室效应，21世纪地球平均温度每10年将增加0.2℃～0.5℃（参见王明星：《应认真研究全球变暖问题》，载《中国环境报》，1991-06-18）。预计2030年，海平面将上升20厘米～140厘米（参见陈霆：《沧海桑田近在咫尺》，载《中国环境报》，1991-05-28），威胁沿海地区及1/3的耕地和10亿人的居住（参见林自新：《环境危机——人类共同的忧虑》，载《光明日报》，1993-12-18）。

[4] 1993年10月南极大陆上空出现迄今最大规模的臭氧层空洞。北京在春季的最大值约是平均量的20%，下降惊人。（参见林自新上文）

[5] 参见李庆臻等：《大协调：科学技术社会学》，44页，济南，山东人民出版社，1990。

### （三）人与理

人与自然生态环境冲突的加剧，迫使人去追究自然生态环境现象内在的或背后的所以然，即要人去认识、把握异在于人的自然生态环境这个"在"的所以在。这个所以然和所以在，皆非人的愿望和意向，而是与人的观念相对应的"理"。此"理"即和合生存世界之"理"，亦即主体人活动对象的客体自身的法则、原理。人类只有认识、把握了此所以然之理，才能制订和找出解决、协调人与自然生态环境冲突的方案、计划，然后通过主体人的实践活动，而获得人与自然生态环境的相互适应与和谐。

人为了生存而在适应自然生态环境基础上利用、支配、改造自然生态环境，就必须对天然自然诸元素、要素、现象间的内在的、必然的、本质的联系进行探索，并在此基础上将其总结、概括为自然法则、原理，或称之为自然定律，即所以然之理。各门自然科学就是以不同的科学定律为核心，以天然自然的不同领域为研究对象而建构的。

不仅天然自然的诸元素、要素、现象间有其内在的、必然的、本质的联系，而且人化自然的诸元素、要素、现象间亦有其内在的、必然的、本质的联系，并在此基础上，总结、概括为人化自然的法则、原理或定律。其实，人化自然的法则、原理或定律是在认识、把握天然自然法则、原理或定律基础上的再创造，或称再生。因此，人化自然有其自身确定的联结方式或结构方式，而与天然自然有异。和合生存世界的"理"就是两者法则、原理或定律的总和。

和合生存世界的理，即生存和合学之理，是基于对天然自然世界的诸元素、要素差分化结构组成的有机整体即系统的认知。整个天然自然世界由不同层次的等级结构组成，具有系统性、结构性和层次性的特征。

生生不息、变化无穷的整体天然自然是一个动态的系统，它是各个子系统有机的和合体。（1）这个有机和合体必须由两个以上组成部分融合而成；（2）部分与部分、部分与整体、整体与环境之间，相互联系、相互作用；（3）部分之间相互作用，而产生综合性功能，这是部分在单独状态下所不具有的整体功能。天然自然系统性的三方面原理使整体的系统与其部分之间的关系处于动态之中，并受环境改变的制约。

天然自然中物质现象以各种各样的关系方式存在，这种关系的总体的、确定的构成关系，是为结构。系统结构具有无序性与有序性原理。系统结构变化有三种导向：一是增强系统的组织性，为有序变化；二是减弱系统的组织性，为无序变化；三是强弱相持稳定系统的组织性，为中间变化。有序与无序是天然自然转换的两种状态，并相互渗透，互为因果。

系统结构具有平衡与非平衡原理。经典物理学所揭示的规律适应于平衡结构，耗散结构理论所揭示的规律适应于非平衡结构。前者如晶体、超导体结构，后者如贝纳德对流、激光及生命现象。其实，天然自然及其所有存在物都是平衡与非平衡两种结构的和合物。非平衡态热力学的局域平衡假说，解决了宏观与微观、整体与部分、有序与无序的关系，即把一个非平衡态的问题化为许多个局域平衡的问题，注意了平衡与非平衡之间冲突的相互转换的问题。

系统结构具有对称与不对称原理。量子力学在解释原子为什么能以完全确定的特征性质与形状存在时认为，电子在核和其他电子引力场中，具有特定对称性。此后，化学家和生物学家通过这种基本对称性的破缺，寻找分子结构和大分子结构进化的根源。原子的对称性中可能具有不完整性和不对称性，这种不对称性由对称的原子拼接而成。大分子结构上的对称性的破缺恰恰是生命世界多样性的原因所在。它使分子排列越来越有效能。不对称性使天然自然的物质结构具有多样性和演进性。

天然自然系统结构上述三原理，对人类认识、把握天然自然的结构方式有着积极促进作用。如果关系的系统是结构，则所有关系的系统便是层次。层次是系统内部结构的不同等级、水平的表征。层次依赖于结构。天然自然的层次有简单性与复杂性、间断性与连续性、子系统与超系统等差分。自然物质总是在系统结构和功能构成的内、外等级体制的交叉点上，即层次上，从而成为共济分界面（coordinating interfaces）。① 如生命系统的那些联结在一起的复杂的细胞，都具有分界面功能，即一面作为由部分结合而成的整体而存在，另一面又加入维持一个由许多细胞结合成的有机体。

天然自然又具有自组织原理，通过自组织的自我更新、自我反馈、自我参照和自我引导，而使宏观自然和微观自然协同进化；通过随机涨落原理，揭示了天然自然的突变演化规律；天然自然演化是一种螺旋上升或自我超越的由简单到复杂、从低级到高级、由线性到非线性和从渐变到突变的进程，并形成冲突融合的循环系统。

人把天然自然变易、改造、转换为人化自然的过程是一件永远未完成的制品。人以其"知"和"行"企图完全消融天然自然，并以其所能达到的"知"与"行"的水平，使天然自然人化，创造了一个人化自然。但人化自然是天然自然进化序列中的一个阶段，它不仅不能违背天然自然的基本规律，而且也要合乎系统规律。因为它是人化自然内在协调性的表现，如现实技术、手段和工具间存在着相互依存、递推关系。

人化自然的创造，亦必须同原有的人化自然相配合或协调，而不能跨越已有的经济条件去单独推进某项技术或工具的进步。譬如经济合理性决定人对人化自然的选择，即在多重可行性创造计划中做出最优化选择。人

---

① 参见［美］E. 拉兹洛：《用系统论的观点看世界》，第二章第四节，北京，中国社会科学出版社，1985。

之所以这样选择而不那样选择，便取决于人化自然内在协调性。假如破坏人化自然与天然自然的协调性，即和合学的"融突论"原则，就会引起天然自然的报复。这就是说，人化自然这种创造，不符合人化自然内在的规律性。

人化自然是按一定的结构方式由组分（构成成分）、因素、单元构成的。这些组分、因素、单元就是差分化的元素、要素。人化自然作为人的创造物，它包括人的主体要素，即技术目的、技术能力和知识。这些主体要素通过分离、切割自然物质，改变自然物的形状、位置，重新组合自然物质，改造自然过程的运动方向，加速、延缓自然过程及自然过程定常化等方式，重新建构天然物质和过程，并以异己的、对象化形式，寓于人化自然的创造物之中，支配人化自然的运行和发展。

然而，主体要素必须遵循"融突论"原理，与材料、能源和信息的客体要素相联系。在合成新材料、开发新能源、处理新信息中都有其自身的原理、规律。要把主体要素和客体要素融合协调起来，又必须通过劳动实践这个中介，才能实现天然自然成为为我之物。

无论是天然自然之理，还是人化自然之理，都是异在于人的自然自身的法则、原理。中国古代哲学家、思想家对此早有自觉。《周易》卦爻辞，便是寻求天地万物变易的法则、原理的最原始的记录，并以法则、原理比附、推断人事的吉凶祸福。道家庄子，以理既为天地万物的自然特性、原理和规律。如"同类相从，同声相应，固天之理也"[1]。事物相互联系、相互作用，是自然万物固有法则或规律，这便是"天之理"或"物之理"。"天地有大美而不言，四时有明法而不议，万物有成理而不说"[2]。四时运行，各有明法，万物化生，资始资生，各有其道理、原理；亦为人的生命

① 《渔父》，见《庄子集释》卷十上，1027 页。
② 《知北游》，见上书卷七下，735 页。

和社会关系的"生理""人理"。后来荀子讲"天行有常，不为尧存，不为桀亡"①。天地万物的运动变化，有其自身的恒常性，即规律性，而不因君主圣明与昏君残暴而转变。中国后来的哲学家对此有很精彩的论述②，均是指和合生存世界的"理"。

### （四）知行与智能

人类为了生存，改变天然自然的形态或性质，创造人化自然，必须对所要改变的对象的特性、本质、规律有所认识和把握。此特性、本质、规律，属于"理"③，亦包括人化自然之理。对于"理"所在的自然生态环境以及人文环境，也有认知和把握。这便是"知理明境"。"明境"反演过来，可促进"知理"；"知理"则自然"明境"。

"知理明境"并非人类的目标，而是为了转换天然自然为人化自然，把自然的自在之物转变为为我之物，即把属物的生存世界转化为属人的生存世界。为了实现这个转换、转变，"知理明境"是前提。

"知理明境"是有意识、能思维的主体人的大脑的功能。在主体与客体的互动关系中，客体刺激主体人，通过大脑而被主体人所认知而形成的关于客体的观念映象，主体便以观念的形式认知、掌握客体。这样人所要改变的客体对象便在主体的头脑中取得了观念性的形式，并且获得了客体的形象和内容。这就是说，主体通过对客体对象的认知，使作为客体的自在之物转化为被主体观念地把握的为我之物。即主体通过意识、思维活动创造了观念的东西。这里所说主体观念地把握客体的认知，实际上是主体以特定的方式对来自客体的信息进行有组织的加工、改造和整合的过程，

---

① 《天论》，见《荀子新注》，268 页。
② 参见张立文主编：《理》，北京，中国人民大学出版社，1991。
③ "理者，物之固然，事之所以然也"（《张子正蒙注·至当篇》卷五，见《船山全书》第十二册，194 页）。

在主体头脑中建构了一个与客体具有同构异质关系的观念物或观念系统。

认知，便是主体与客体发生了冲突与融合，即"融突"的结果，也就是主体与客体以信息耦合的方式融合起来，形成一个圆圈式的信息接收、存储、加工和输出的结构。无这个信息结构，或在主体没有获得足够的关于客体的信息之前，主体不可能有对客体的完全的认知。主体所获得的客体信息量越大，信息的保真度越高，就越接近对客体事物、现象的确定性的、真实性的认知。

信息是天然自然与人化自然的生存世界的物质、能量过程紧密联系的普遍现象，是生存世界中诸系统内或系统间通过相互联系而实现和保留的某一事物、现象的形态、结构、属性和含义的表征。因此，主体对客体进行观念把握的活动，就是主体获取、加工、改造、处理而建构起来的有系统的信息过程。

人的认知活动是一个动态的、复杂的系统。它包括认知客体系统、主体系统和中介系统。客体系统有自然客体（天然自然和人化自然）——是客体基本形式、社会客体（对象化了的社会结构、人及其社会关系）、精神客体（人的精神活动以多种载体所取得的"物化"形式，以及异在于人的精神现象），都是人的认知对象。认知客体以其多样的属性、结构、层次、关系，制约主体的认知的程序和规则。

认知主体也是一个复杂的系统。从构成层次上说，有人类主体、社会主体、集团主体和个人主体。它们以认知活动的组织方式、组织范围而相互区别，又相互联系；从功能系统看，认知主体是知情意相融合的有机整体，是有情感、有意志、有理想的活生生的生命体。这个生命体在认知活动中，不仅要投入主体意识、情感和意志，而且要把原有的认知模式延伸并运用于认知客体，对认知主体起导向、选择、激发和协调作用。

认知主体与认知客体的互动活动，必须通过中介系统而发生作用。认知中介包括物质工具（望远镜、显微镜、电子计算机等）、知识工具和语言工具等。它们是连接认知主体与客体，并在主客体之间流动的一个变量。

主体对客体观念地把握过程，是认知系统诸要素之间互动作用的展开。认知从感性把握形式到理性把握形式的过程，就是"知理明境"的过程。"知理明境"不满足于停留在对认知对象大量个别的、现象的、具体的资料之中，而要在感性把握的基础上，运用抽象思维方法，在活生生的感性资料中，即个别、具体的现象中，差分和提取认知对象中共性的、本质的和规律性的东西，并由其总和复制出思维的具体，再现认知对象本身隐蔽的、内在的本质性、规律性的联系，这便是理性把握形式，也就是"知理明境"。

知理明境为智。智为聪明、智慧、知识。孔子讲"知者不惑，仁者不忧，勇者不惧"[①]。知作智，朱熹注："明足以烛理，故不惑"[②]。知识丰富的聪明人，对事物的各种现象有本质的认知，能烛理明境，所以不致疑惑。墨子以"智"作"𢜔"，"𢜔，明也"[③]。《经说上》解释说："𢜔：𢜔也者，以其知论物，而其知之也著，若明"[④]。主体以其知识辨别推度事物之理，对事物之理有深切精明的认知，这便是智。

荀子差分了知与智，较孔子以"知"作"智"在语义、语用上精确了。他说："所以知之在人者，谓之知；知有所合，谓之智"[⑤]。"所以知"，与《墨子·经上》"知，材也"相当，即主体有认知的才能。"智"与《墨子·经上》"𢜔"相当，王先谦注："知有所合，谓所知能合于物也"[⑥]，即主

---

①②　《子罕》，见《论语集注》卷五，39页；另见《宪问》，见《论语集注》卷七。

③　《经上》，见《墨子间诂》卷十，190页，《诸子集成》本，世界书局，1936。下同顾广圻说："𢜔即智字。"孙诒让《墨子间诂》云："顾说是也。"

④　《经说上》，见上书卷十，203页。

⑤⑥　《正名篇》，见《荀子集解》卷十六，275页，《诸子集成》本，世界书局，1936。

体认知才能与所认知对象相联系、接触，而产生的认知或聪明才智，谓之智。有了这种智慧，便能处理好各种关系。墨子在论证为什么"尚贤为政之本"时说，"自贵且智者为政乎，愚且贱者则治；自愚贱者为政乎，贵且智者则乱"①。智者为政而治天下。

智的烛理明境，即为对认知对象的理性把握形式。理性认知还仅是智的阶段，即主体接受理与境的阶段。尽管知了理，明了境，但此理此境，却仍是原所知客体对象固有之理之境，并没有实现对所知客体对象的改造、转化、变易。"知理明境"只是为改造、转化、变易客体对象提供了制订践行的方案、计划、手段的基础，为走出"知理明境"的观念活动范围指示了方向。

"知理明境"虽不是目的，但目的也只有在"知理明境"中产生、修改、完善。主体人的践行都是有目的的践行，而任何目的都是人的某种需要的欲望；任何需要说到底是主体对客体的一种关系。因为主体人的需要的欲望，必须通过把握和占有客体才能满足。因此说，需要总是对象性的；只有对象性的需要才能通过"知理明境"转化为目的。目的就要在它所指向的客体中得到实现。

目的是主体与客体之间的认知关系向践行关系转化的一个中介环节，并内在地贯穿于主体与客体的实际践行活动中，以及感性地对象化于践行活动的结果中。目的是践行的必要因素，践行又必然是有目的的践行。"行，为也"②。"为"即是一种有目的活动。"知之尽，则实践之而已。实践之，乃心所素知，行焉皆顺，故乐莫大焉"③。实践、践行是在认知基础上的有目的践行。

---

① 《尚贤中》，见《墨子间诂》卷二，29页。
② 《经上》，见上书卷十，191页。
③ 《张子正蒙注·至当篇》卷五，《船山全书》第十二册，199页。

目的均具有特殊性。"知理明境"的目的，就是"行理易境"。"知理"是为了"行理"，"明境"是为了"易境"。不"行理易境"，"知理明境"就沦为虚无、空谈。这就是说，任何践行都是特殊具体的践行。"行理明境"亦不例外。依据"行理易境"，必须制订实现这个目的的具体计划。计划的具体化，是"行理明境"的观念模型。"行理易境"的目的，便以计划这种具体形式来指导、支配、控制践行活动过程，践行活动过程便通过实施计划来实现和达到目的。

"知理明境"与"行理易境"通过践行的相互作用，而实现转换，其间践行的手段是不可缺的。手段是指有目的的活动主体与有目的的活动所指向的客体之间的一切中介的总和。它包括实现目的工具系统、操作方式及一切活动方式、方法等。践行的目的与手段相互联系，主体在践行过程中以一定的手段作用于客体对象，改造、转换天然自然和人化自然，即"易境"的目的。手段便是实现此"易境"的中介。

行理易境为"能"。能是才能、能力，引申为功能。由践行主体（人）、践行对象（客体）和践行手段（工具等）构成的践行系统，是一个由践行主体以有目的的自觉活动来实现运行和发展的能动系统。它在践行目的与践行结果（通过践行手段）的反馈调控过程中，有能力成为一个自组织、自控制、自调节、自发展的有机系统，实现着满足人的生存和发展的各种需要的基本功能。

"行理"在"易境"中所表现的能力或功能，即践行所产生的张力。主要展现在：（1）改造、转换天然自然、人化自然的物质生产活动，即解决人与自然关系的践行活动。它是人之所以生存和发展的基础。人在生产活动中认知天然自然和人化自然的本质、属性和规律，即知"元理""物理"；同时亦认知了人与社会、人与人之间的关系，即"己理""群理"等，而能"行理"。（2）调整和解决社会关系的活动，即处理人与社会、人与人关系的践行活动，是人的社会的一项基本践行活动。（3）科学实验活动和精神生产活动。科学实验活动是从复杂联系中抽出来，置于比较单纯、典型的环境中的东西。它是为达到某一目的而进行的探索性、准备性、尝试性的践行活动。同时，人类还从事创造精神文化的践行活动，它是为社会创造精神产品，并以一定"物化"的形式为人类社会服务的践行活动。

"易境"所包括的这三方面的功能，是"易境"能力所能达到的。能力、功能与践行是有差分的。"挟大山以超北海，语人曰：'我不能'。是诚不能也。为长者折枝，语人曰：'我不能'。是不为也，非不能也"①。"不能"是超越人当时所能达到的能力；"不为"是人有此能力而不去践行，即不行之意。"天地设位，圣人成能。人谋鬼谋，百姓与能"②，此能为才能，也可释为功能。朱熹注曰"圣人作易以成其功"③，即事功、功能。刘禹锡把天能与人能加以差分："天之能，人固不能也；人之能，天亦有所不能也"④。天与人各有其功能、能力，不可替代。张载进一步说明，"能"是主体人所特有的能动作用的活动。"天能谓性，人谋谓能。大人尽性，不以天能为能，而以人谋为能。"⑤"天能"是自然所固有的变化作用，不是人为的能动作用；"人谋"是人的能动活动的才能、功能，故称为"能"。

和合生存世界差分为"境""理"；"境""理"和合为生存世界，其机制为——"知理明境"为智，"行理易境"为能。知与行、智与能作为和合生存世界境与理的转换与中介机制，是基于对传统哲学的能动的转化。

---

① 《梁惠王上》，见《孟子集注》卷一，6页。
② 《系辞下》，见《周易正义》卷八，91页。
③ 《系辞下》，见上书卷三，69页。
④ 《天论上》，见《刘禹锡集》卷五，67～68页，北京，中华书局，1990。
⑤ 《正蒙·诚明篇》，见《张载集》，21页。

"乾以易知，坤以简能"①。"知"作"智"，乾坤的易智与简能，是指天地化生万物以易简来展现它的智慧和才能，蕴涵着人化了的乾坤天地在转换、化生万物中的作用。"所以知之在人者谓之知，知有所合谓之智。所以能之在人者谓之能，能有所合谓之能"②。由认知转化为智慧，由能力、功能转化为才能，都需通过与客体对象相结合的践行活动，才能形成智慧和才能，即知 ←$\xrightarrow{\text{合}}$→ 智、能（能力）←$\xrightarrow{\text{合}}$→ 能（才能）的形式。

知与行、智与能差分而有对待冲突，只有人的能动活动，才能将两者融合起来。王夫之据《周易·系辞传》"乾以易知，坤以简能"的思想，解释为："知者天事也，能者地事也，知能者人事也"③。天（乾）与地（坤）各自有智、能的功能和事功，只有人把智能兼于一身。"夫人者，合知、能而载之一心也。故曰'天人之合用'，人合天地之用也。"④ 天与地无思无虑，均不知智之所以智，能之所以能。人以其有意识、有目的的能动践行活动，融合智能，构成转换、变易自然、社会、人的"境""理"的智慧和才能。

和合生存世界，借助知行转换，境理均纳入主体生存能动活动状态之中，凝结为智能中介。这样，生存世界成为以人类智能为变易枢纽的知行和合世界，构成了和合生存世界转换结构方式，见图4-3：

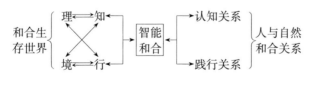

**图4-3**

---

① 《系辞上》，《周易正义》卷七，76 页。

② 《正名》，见《荀子新注》，367 页。

③ 《周易外传·系辞上传》，见《船山全书》第一册，983 页。

④ 同上书，984 页。

### 三、同构与渐进

在和合生存世界，主体以知行活动为标志的生存状态差分为八个方面，即由八个特异化的生存状态空间构成，与"境""理"的八维差分相应。智能也分序进化为八种形态，即由八个特异化的生存状态时间构成，分别在八个生存状态时间、空间中起特异化的和合中介作用。

#### （一）生存时空态

"境""理"的知行八态与智能八态，基于"八境""八理"。无"八境""八理"，无所谓知行八态和智能八态；无知行八态和智能八态，"境""理"亦不能实现转换和变易。

知行八态和智能八态，既是生存状态空间，又是生存状态时间。时间大化流行，永不停息，表现变化不息的持续性、顺序性，即一种状态、存在和一种变化过程的久暂；一状态和另一状态、一变化和另一变化过程出现的先后顺序；以及它们之间间隔的长短。时间具有一维性特点。空间表现变化着的状态、存在的伸张性、广延性。它是状态、存在彼此之间并存关系和差分状态，以及其形态、位置、排列次序等。空间具有三维性特点。中国古代哲学家以宇表示空间，以宙表示时间，宇宙便是时空的融合，构成四维宇宙、时空。

宇宙作为时空的中国语言表达形式，庄子说："旁明，挟宇宙"①。"有实而无乎处者，宇也；有长而无本剽者，宙也"②。其意是，有存在而无处所，即空间上无界限的上下四方为宇；有成长而无始终，即时间上无

---

① 《齐物论》，见《庄子集释》卷一下，100 页。
② 《庚桑楚》，见上书卷八上，800 页。

终始的古往今来为宙。郭象注曰"宇者，有四方上下，而四方上下未有穷处。宙者，有古今之长，而古今之长无极"①，其意与庄子合。

《墨经》把时空与存在的变易相联系。②《经上》："宇，弥异所也。"③《经说上》解释说："宇：东西家南北。"④ 不同的处所，或以家为中心的东西南北不同方位和场所，就是空间。《墨经》以"久"表"宙"，其意蕴同。"久，弥异时也"⑤。《经说上》解释说："久：古今旦莫。"⑥ "莫"，《说文》释为"日且冥"，通"暮"，是指古今昼夜的整个时间。这里所说的"异所""异时"，是一个变量而不是常量，具有可无限增加的开放性。《墨经》以"有穷"与"无穷"来表示有限与无限。"穷：或不容尺，有穷；莫不容尺，无穷也。"⑦就某一区域来说，即以空间来说，"不容尺"有边缘，便是有限；"莫不容尺"，就是无限。空间便是有限与无限的融合。宇宙就是时间与空间的融合。如何融合？"宇或徙，说在长宇久"⑧。《经说下》解释说："长：宇徙而有处，宇。宇南北，在旦有在莫，宇徙久"⑨。一种状态、存在的变易流行，即"徙"，必须是空间上的延伸和时间上的延续并进。比如一种状态、存在从时间上由早晨到傍晚，空间上由南方推移到北方，都是一个统一的过程，在变易流行中审视时空，凸显状态和存在性能。

时空与"境""理"的知行八态与智能八态相联系，并给予知行、智能八态以空间和时间，构成生存状态空间和生存状态时间。

---

① 《庚桑楚》，见《庄子集释》卷八上，801页。
② 参见拙著：《中国哲学逻辑结构论》，180～184页。
③ 《经上》，见《墨子间诂》卷十，194页。
④⑥⑦ 《经说上》，见上书，206页。"家"，王先谦案："家犹中也，四方无定名，必以家所处为中"。
⑤ 《经上》，见上书，194页。
⑧ 《经下》，见上书，197页。
⑨ 《经说下》，见上书，218页。

### （二）知行转换

"境""理"的知行转换机制和智能转换中介，根据"八境"和"八理"的序列维向依次差分，顺序演进。特异分化的转换中介，逻辑上能够将"八境"及其相应的"八理"微观上下贯通，又能够使它们依序进化，逻辑地再现人类生存智能的历史发展过程和认知与践行的和合历史发展面貌。

和合生存世界境、理知行转换机制的微观构成图式：

总式（母式），见图 4-4：

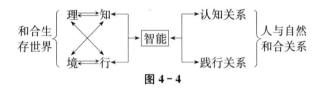

**图 4-4**

微观构成图式，旨在说明智能中介的知行转换构成机制。母式是总的机制；和合生存世界"境""理"分层，通过知理明境转为智，行理易境化为能。和合构成智能中介。智能通过认知和践行来达到人与自然的冲突融合的和合关系，以解决人在自然（天然自然和人化自然）的生存环境、条件和发展的和合问题，以及生存原理、原则的协和适应问题。

分式（子式）是差分化的构成机制，就是"八境""八理"通过"八知""八行"转换构成八智能。

1. 生存形上和合境理知行转换机制。见图 4-5。

形上为未形的"元"，"元"犹"元亨利贞"[1] 之"元"，子夏《传》

---

[1]　《乾卦》卦辞，见《周易正义》卷一，13 页。

曰："元，始也"①。

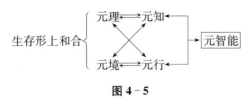

图 4 - 5

元始自然生活②环境、条件和元始生存法则、原理，构成自然生存状态及自然生存状态时间和空间。通过元始认知活动，借助认知中介系统，认识生存法则、原理，明确生存环境、条件，转而构成"元智"，即尚未差分化的元智慧、元知识；又通过元始践行活动，借助践行中介系统，践行生存法则、原理，改造、变易生存环境、条件，化而构成"元能"，即人类生存的自身本能和生存活动的本能，以及元始的才能、能力。

元智、元能和合为"元智能"。元智能反演过来，元始智能通过反馈机制，调控知行活动，便更深入地知理明境、行理易境。

2. 生存道德和合境理知行转换机制。见图 4 - 6。

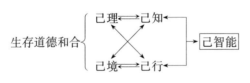

图 4 - 6

个体道德生活环境、条件和个体生存的道德法则、原理，构成道德生存状态及道德生存状态时间和空间。通过个体认知活动，借助认知中介系统，认识生存的道德法则、原理，明确个体生存的道德环境、条件，转而构成"己智"，即个体道德意识、道德智慧；又通过个体道德践行活动，借助践行中介系统，践行个体道德法则、原理，改造、变易个体道德生活环境、条件，化而养成个体道德生活"己能"，即由个体道德修养（修养

---

① 拙著：《周易帛书今注今译》，45 页，台北，学生书局，1991。

② 生活是指彼此交织着的活动的总和。

心性、改恶从善等）工夫，而培养道德能力。

己智、己能和合为"己智能"。己智能反演过来，个体道德智能通过反馈机制，调控知行活动，就能进一步认知个体道德生活环境和个体道德原理，改造、变易道德生活环境和个体道德生活原理，促使个体道德精神的完善。

3. 生存人文和合境理知行转换机制。见图 4-7。

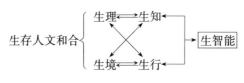

**图 4-7**

主体人与人之间的文化交往活动生活环境、条件和人际的文化交往活动的礼乐、仁爱等原理、原则，构成人文生存状态及人文生存状态时间和空间。通过人际文化交往的认知活动，认识人际文化交往活动的礼乐、仁爱等原理、原则，明确人际文化交往活动生活环境、条件，转而构成"生智"，即人际文化交往活动生生不息的人文智慧、知识；又通过人际文化交往活动的践行，借助践行的中介系统，践行人际文化交往活动的人文原理、原则，改造、变易人际文化交往活动的生活环境、条件，化而构成"生能"，即人际文化交往活动的生活能力、才能。

生智、生能和合为"生智能"。生智能反演过来，人际文化交往的厚生智能，通过反馈机制，调控知行活动，就能深入地认识人际文化交往活动的生活环境、条件和人际文化交往活动的礼乐、仁爱等原理、原则，进一步地改造、变易人际文化交往活动的生活环境、条件，以及人际文化交往活动的礼乐、仁爱等原理、原则，使人文精神获得转生或新生。

4. 生存工具和合境理知行转换机制。见图 4-8。

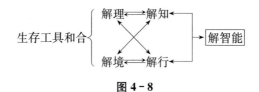

**图 4-8**

人的技术工具活动环境、条件和人的技术工具的科学原理、规则，构成工具生存状态及工具生存状态时间和空间。通过人的认知活动，借助认知中介系统，认识人的技术工具活动环境、条件，以及技术工具的科学原理、规则，转而构成"解智"，即解决、解开制造工具、使用技术工具，以及其他技术工具、方法、生存困境的问题（"结"）的智慧、知识。

通过人的技术工具活动的践行，借助践行的中介系统，践行、实验技术工具的科学原理、规则，发明、创造新的科学原理、规律，实现改造、变易人的技术工具活动的环境、条件，化而构成"解能"，即解决、解开技术工具活动、科学实验活动中的问题（"结"）的能力、才能。

解智、解能和合为"解智能"。解智能反演过来，人的科学技术工具的利器智能，通过反馈机制，调控知行活动，就能深入地认识技术工具活动的环境、条件，以及技术工具活动的科学原理、规则，进而创造、变易技术工具活动环境、条件，以及技术工具活动的科学原理、规律，促进科学技术的发展和昌盛。

5. 生存形下和合境理知行转换机制。见图 4-9。

图 4-9

人的物质经济活动生活环境、条件和人的物质生产活动的经济原理、规律，构成器用生存状态及器用生存状态时间和空间。通过人的认知活动，借助认知中介系统，认识人的物质经济活动生活环境、条件，以及物质生产活动的经济原理、规律，转而构成"物智"，即人在物质生产活动中所生成的智慧、知识，以及人在物质生产活动中对象化、物化了的智慧、知识。

人通过物质经济活动的践行，借助践行的中介系统，践行物质生产活动的经济原理、规律，创造新的经济原理、规律，实现改造、变易人的物质经济活动的生活环境、条件，化而构成"物能"，即人在物质生产活动中所形成的能力、才能，以及人在物质生产活动中对象化、物化的能力、才能。

物智、物能和合为"物智能"。物智能反演过来，人的物质生产活动的利用智能，通过反馈机制，调控知行活动，便深入地认识物质经济活动生活环境、条件，以及物质生产活动的经济原理、规律，进而创造、变易人的物质经济活动生活环境、条件，以及物质生产活动的经济原理、规律，促进经济发展、繁荣，改善、提高人的生活水准，满足人的物质需要。

6. 生存艺术和合境理知行转换机制。见图 4-10。

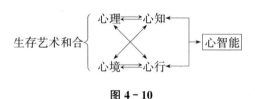

**图 4-10**

人的艺术文化活动生活环境、条件和人的艺术产品的心理原理、原则，构成艺术生存状态及艺术生存状态时间和空间。通过人的认知活动，认识人的艺术文化活动生活环境、条件，以及艺术产品的心理原理、原则，转而构成"心智"，即人在艺术文化生产活动中用心灵创造艺术产品的智慧、知识。

人通过艺术文化活动的践行，借助践行的中介系统，践行艺术产品的心理原理、原则，改造、变易人的艺术文化活动生活环境、条件，化而构成"心能"，即人在艺术产品生产活动中所形成的能力、才能，以及人在艺术文化产品生产中对象化、物化的能力、才能。

心智、心能和合为"心智能"。心智能反演过来，人的艺术文化活动的心理智能，通过反馈机制，调控知行活动，便能深刻地认识艺术文化活动生活环境、条件，以及艺术产品的心理原理、原则，进而创造、变易人的艺术文化活动生活环境、条件，以及艺术产品的心理原理、原则，促进艺术的发展，提高人的精神生活水准，满足人的精神生活的需要。

7. 生存社会和合境理知行转换机制。见图4-11。

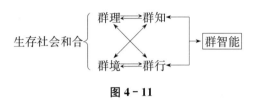

**图 4-11**

人类群体社会活动生活环境、条件和人类群体社会活动的合群原理、原则，构成社会生存状态及社会生存状态时间和空间。通过人的认知活动，借助认知中介系统，认识人类群体社会活动生活环境、条件，以及社会活动的合群原理、原则，转而构成"群智"，即人在群体社会活动生活中人的合群的智慧、知识。

人类通过群体社会活动的践行，借助践行的中介系统，践行人类社会活动的合群原理、原则，改造、变易人类群体社会活动生活环境、条件，化而构成"群能"，即人类在群体社会活动生活中的能力、才能。

群智、群能和合为"群智能"①。群智能反演过来，人类的群体社会活动生活的合群智能，通过反馈机制，调控知行活动，就能深入地认识群体社会生活环境、条件，以及群体社会生活的合群原理、原则，进而改造、变易人类群体社会活动的生活环境、条件，以及人类群体社会活动的合群原理、原则，促进人类群体社会的进步、繁荣，提高、完善人类群体社会生活的协调、和谐。

---

① 人的合群智能，是人的社会性的特征和人类生存的需要："凡人之性，爪牙不足以自守卫，肌肤不足以扞寒暑，筋骨不足以从利辟害，勇敢不足以却猛禁悍，然且犹裁万物，制禽兽，服狡虫，寒暑燥湿弗能害，不唯先有其备而以群聚邪，群之可聚也，相与利之也。利之出于群也，君道立也。"（《恃君览·恃君》，见《吕氏春秋校释》卷二十，1321页）

8. 生存目标和合境理知行转换机制。见图 4－12。

**图 4－12**

人的目标奋取活动生活环境、条件和人的目标奋取活动的协和原理、原则，构成目标生存状态及目标生存状态时间和空间。通过人的认知活动，借助认知中介系统，认识目标奋取活动生活环境、条件，以及目标奋取活动的协和原理、原则，转而构成"和智"，即人在目标奋取活动过程中人的设计、建构并达到目标的智慧、知识。

人通过目标奋取活动的践行，借助践行中介系统，践行人的目标奋取活动的协和原理、原则，改造、变易人的目标奋取活动生活环境、条件，化而构成"和能"，即人的目标奋取活动的能力、才能。

和智、和能和合为"和智能"。"和智能"反演过来，人的目标奋取活动的协和智能，通过反馈机制，调控知行活动，就能深入地认识目标奋取活动生活环境、条件，以及目标奋取活动的协和原理、原则，进而改造、变易人的目标奋取活动生活环境、条件，以及人的目标奋取活动的协和原理、原则，促使人类进入和合理想境界。

和合生存世界"八境""八理"，通过知与行的转换机制，"知理明境"为智与"行理易境"为能，构成"八智能"转换中介，使和合生存世界"八维""八态"依次生化、反演。

**（三）智能中介**

八维生存状态两两相间对偶，递推前进；与此相应，八种智能形态相间耦合，循序变化流行，将整个生存世界和合为一个高度有序化的真实结构系统。

八境、八理通过知行转换机制，即八微观构成图式及其解释，而形成八智能。八智能不仅具有对八境、八理的反演作用，即其反馈机制，调控知行活动，深入认识与践行八境、八理，改造、变易八境、八理，以符合人的各种需要；而且八智能以自己为转换中介，逻辑地将八境、八理上下互动贯通，左右互动递进，使整个和合生存世界活动起来，生生不息，变化日新。

智能分序进化是境理知行转换和智能中介的特异分化、分维进化。其和合生存世界八维和合以智能为中介的序化流行进化图式，即宏观进化图式。见图 4－13。

智能中介序化流行进化图式，旨在解释"微观转换构成"的智能中介的序化生生过程。境与境、理与理之间的历时性进化，是通过智能中介的历时性生化实现的。

人类通过自身的生存智能及其发展，促使生存环境条件的不断变易，向着有利于人的方向转化；生存原理、原则也随之不断发展，朝着体现人的意义方向转化。随着智能的序进，境变易，理发展，维度深化，主题更完善，生存状态更趋和合。

虽境、理自身不会朝有利于人和体现人的意义方向发展、转化，但智能作为转换中介，促使其发展、转化。智能中介的推动力量，来自人类自身知与行在每一和合维内的生存磨炼。特定维度内知行活动的生存磨炼，增益了人类的智能，使其不断积累知识信息和聪明才能，达到一定限度，便向下一维度生化，形成新的智能形态，进到新的生存状态时间、空间，达到新的生存和合阶段。

人类的祖先"智能人"生存在元始生存环境、条件和元始生存原理、原则的自然生存状态之中，智能人通过自身的劳动践行，知理易境，反复

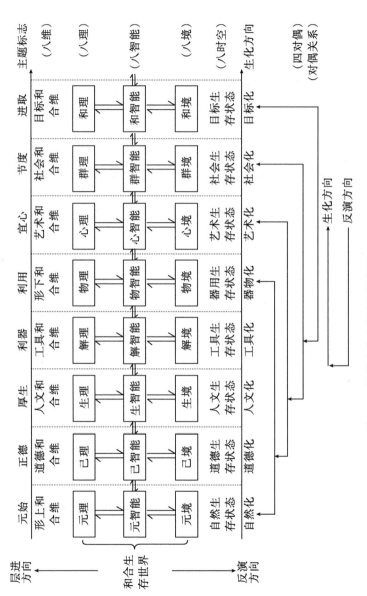

图 4-13 智能中介序化流行进化图式

积累，智能序进，自我觉醒，人之所以为人的意识增长。

> 昔太古尝无君矣，其民聚生群处，知母不知父，无亲戚兄弟夫妻
> 男女之别，无上下长幼之道，无进退揖让之礼，无衣服履带宫室畜积
> 之便。①

即未建立道德规范，当有长幼之道，揖让之礼，和合生存世界便从元
始智能向己智能转化，境理、知行同步对应生化序进，形上和合转换为道
德和合。

"大道废，有仁义"（《老子·第十八章》）。仁义道德是在与非仁非义、
无仁无义的不断冲突中，人才自觉到道德的必要。人生存在道德生存环
境、条件和道德生存原理、规范的道德生存状态之中，人通过自身道德意
识的修养和道德行为的践行，提高道德自觉性和道德水平，完善道德生活
环境和道德规范，这便是"正德"，即"自正其德"②，端正自己的德行。
和合生存世界便从己智能转化为生智能，境理、知行同步对应生化序进，
道德和合转换为人文和合。

人不仅生存在一个道德环境中，而且生存在一定的人文环境之中。
"子路问成人。子曰：'若臧武仲之知，公绰之不欲，卞庄子之勇，冉求之
艺，文之以礼乐，亦可以为成人矣'。"③ 人在人文交往活动中，才能成为
全人。人虽已具备智慧、清心寡欲、勇敢和多才多艺等才能，但还需有人
文的教化和文饰，如礼乐等，通过人际文化交往活动，才能化生成全人。
从这个意义上说，人际文化交往活动也是高层次的厚生。一般厚生即"令
民生计温厚，衣食丰足"④，只有"仓廪实，则知礼节；衣食足，则知荣

---

① 《恃君览·恃君》，见《吕氏春秋校释》卷二十，1321 页。
② 《大禹谟》，见《尚书正义》卷四，135 页。孔颖达疏："正德"为"自正其德"。
③ 《宪问》，见《论语集注》卷七。
④ 《大禹谟》，见《尚书正义》卷四，135 页，孔颖达疏。

辱"(《管子·牧民》)。创造人文文化的氛围,人生存在人际文化交往的生存环境和礼乐原理的人文生存状态之中,由于礼乐、仁爱人际文化交往水准的提高,和合生存世界便从生智能转化为解智能,境理、知行同步对应生化序进,人文和合转换为工具和合。

虽然正德、厚生的过程,亦蕴涵着利器的过程,但工具的创造,特别是技术工具的科学原理的发明、创造,是生存世界一定阶段的产物。

> 古者剡耜而耕,摩蜃而耨,木钩而樵,抱甄而汲,民劳而利薄。后世为之耒耜耰锄,斧柯而樵,桔槔而汲,民逸而利多焉。①

技术工具的不断进步,即利器,不仅减轻了人的劳动强度,而且提高了功效。人所生存的技术工具活动的生活环境和技术工具科学原理的工具生存状态的进步,智能的提高,便从和合生存世界的"解智能"转化为"物智能",境理、知行相对应地从工具和合转化为形下和合。

技术工具运用于物质生产活动,便能"民逸而利多"。技术工具活动的生活环境、条件不断改善,技术工具的科学原理不断创造;物质经济活动的生活环境亦随之改善,物质生产活动的经济原理亦随之创造,便能做到物尽其用。和合生存世界便从"物智能"转化为"心智能",境理、知行同步对应生化序进,形下和合转换为艺术和合。

物质生产为艺术生存提供了基础。"兴于诗,立于礼,成于乐"②。诗、乐,都能使人精神振奋,而通于心。"礼乐之统,管乎人心"③。"乐者,圣人之所乐也,而可以善民心,其感人深,其移风易俗易,故先王导之以礼乐而民和睦"④。这种艺术文化生活环境,陶冶人的性情,善民心,

---

① 《氾论训》,见《淮南鸿烈集解》卷十三,422~423 页。
② 《泰伯》,见《论语集注》卷四,33 页。
③ 《乐论》,见《荀子新注》,338 页。
④ 同上书,336 页。

易风俗。人所生存的艺术生活环境和艺术产品的心理原理的艺术生存状态，品位提高，便从和合生存世界的"心智能"转化为"群智能"，境理、知行相对应地从艺术和合转化为社会和合。

艺术文化生活环境给群体社会活动生活创造了一个美好的环境。"故乐行而志清，礼修而行成，耳目聪明，血气和平，移风易俗，天下皆宁，美善相乐"①。社会群体生活环境不断完善，社会群体生活的合群原理不断合理化，这样知理易境，智能序进，便会从和合生存世界的"群智能"转化为"和智能"，境理、知行相对应地从社会和合转化为目标和合。

人的社会群体生活环境与合群原理的不断完善与合理化，激发了人的价值理想和目的关怀，并为实现这个价值理想或价值目标，而不屈不挠，奋斗不息。人所生存的目标奋取活动的生活环境和目标活动的协和原理的目标生存状态，是一个动态过程，是永不停息的奋取过程，是日新而日日新的和合境界。

### （四）和合对偶

宏观进化图式，是对于人类以智能为中介机制的生存和合的历时性与共时性过程的逻辑分维的模拟。八维的微观知行转换机制是同构的，宏观智能中介机制是渐进的。

实际上，人类智能进化不是单维度的线性发展，而是纵横互补、整体贯通、浑沌对应的②，此三规律体现在生存世界八维和合以智能为中介的序化流行进化图式（宏观进化图式）中，纵有层进与反演，横有顺序进化的生化与反演；且两两对应，即形上（自然化）与形下（器物化）、道德

① 《乐论》，见《荀子新注》，337 页。
② 参见拙著：《传统学引论——中国传统文化的多维反思》，55～62 页。

与艺术、人文与社会、工具与目标。图式如图 4 - 14：

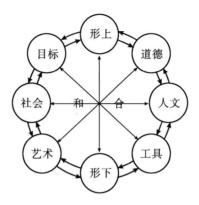

**图 4 - 14**

　　形上和合的天然自然和人化自然的自然生存状态，为形下和合的物质生产活动提供了施诸的对象和资源。形下和合通过主体人的物质生产活动，主体的智力、劳力对象化，即物化为人化自然。知行转换机制和智能中介机制，使两者冲突融合，不断往复互动，而进入一个新的对偶生存状态。

　　道德和合是人的特性，古人认为道德与个人的意识、行为相联系，是人心的主导。孟子说："人皆有不忍人之心。"[①] 所谓"不忍人之心"，就是"今人乍见孺子将入于井，皆有怵惕恻隐之心"[②]。恻隐之心，便是道德之心。道德追求人的完善、社会的和谐，艺术讲求和美。朱熹曾依据道德标准将精神美分为六个层次，即善、信、美、大、圣、神[③]等。道德与艺术、审美相互对应。道德和合与艺术和合既差分，又融合，构成互动的对偶关系。

　　人文和合的人际交往活动是与人的精神需要、精神生活、精神生产活

　　①②　《公孙丑上》，见《孟子集注》卷三，24～25 页。
　　③　参见拙著：《朱熹思想研究》（修订本），358～381 页。

动相联系的。它有广泛的内容和多样的形式。人既参与精神文化的生产和创造活动，也参与精神文化的消费和享受活动。无前者，就无后者；无后者，前者亦失去其价值和意义。人类为了生存和发展而进行的精神文化的生产活动和享受活动，是人类社会群体生活活动极其重要的方面。精神文化的生产活动和享受活动越完善，社会群体生活水平的素质越高。人文和合与社会和合相互促进。当然，社会群体活动还包括人类物质生活需要的生产活动和生活活动，这又是精神生活需要的精神生产、生活活动的基础和条件。人文和合与社会和合既相互对应，又相互涵摄，构成对偶关系。

工具和合的技术工具活动，其宗旨是为了实现预定的目标或目的。技术工具活动是实现一定目标的手段、方法。手段是主体在践行中实际地用来作用于客体，改造客体以实现目的的中介或桥梁。技术工具作为手段，犹如逻辑推论的中项。无此中项，不仅不能从前项推论到后项，而且也无推论本身。手段作为中项，既服务、服从于目的，受目的支配；又能反演，目的亦依赖于手段，受手段制约。无一定技术工具手段，就不可能实现或达到目标，甚至可以说，目标的提出是观念地运用手段的结果，因此，工具和合与目标和合相互对应，构成对偶关系。

八维生存状态时空，两两对偶，递推进化。既顺先后生化方向，又彼此反演：既序化前进，又循环反演，对偶交流。与此相应，八种智能形态，亦对应耦合，循序流行，将整个生存世界融合为一个高度有序、真实无妄的和合生存世界系统。

## 四、生存和合学的呈现

人类的和合生存世界，由于工具理性的膨胀，无视价值理性，造成对生物圈的无理性的索取和征服。加上人类生产活动和消费活动的发展以及高科技的应用，加大了对自然的索取和征服的强度与力度，超越了生物圈所负荷的能力，以及其自组织、自调整、自修复的功能，从而造成生态危机、人口危机、资源危机等等，综合为生存危机。

当前，如何处理、协调、解决人类所面临的生存危机这个共同的、永久的课题，是人类的重要使命和责任。人们以往对自然所采取的急功近利，违背自然原理、规律的不合理行为，已经受到自然的报复和惩罚。假如人类不严峻地协调、处理人所面临的生存危机，那么，必将遭到自然更大的报复和惩罚。

寻求人赖以生存的自然生态环境资源等危机的化解、解决，需要更新观念，树立生态意识，即对人与自然关系的一种全面把握。它是对现实生活中的反主体性效应的一种否定和批判意识；亦需要重新实现人与自然生态环境资源的平衡，为此探索一种新的最佳方式；也需要科学技术进一步发展，在化解人与生存危机的冲突融合中发挥协调功能，建构人与自然的和合关系的生存和合学。

和合生存世界的核心是人的生命的生存。人的生命与自然生态、社会人文生态以及心灵生态相联系而互动。"和实生物"，人的生命和合而生，人之所以衰老，是因为人的机体内在各系统和合联系力度的减弱以及各系统支援力度的减弱。保持和增强人机体内在各系统联系力度和支援力度，就会延长生命，这种联系、支援力度的中断或故障，就会导致死亡。

生存和合学以人的生命生存为辐射源，涉及与人的生命生存直接、间接相联系的一切事物生命生存问题。建构生存元学，生存伦理学，生存人类学或人文学，生存技术学，生存经济学，生存管理学或社会学，生存决策学或未来学，以求协调、化解人的生命生存中的种种冲突、紧张，而获得和谐融合，以明诚和合生存世界。

# 第五章　和合意义世界

　　从中国文化人文精神的文化价值来审视，人文精神的重要意蕴是人的生命的生存、为什么生存和怎样生存。人的生存，即人作为生命活动者，其首要意义，是如何生存着，即人的生命存在所必需的衣、食、住、行等等所构成的生存方式，以及与天然自然、人化自然组合的错综复杂的互动关系系统，展现为和合生存世界"八境""八理"序化演进过程。

　　当人的生存已成为和合生存世界（"地"界）的事实以后，人为什么生存着，以及人在和合生存世界中知理明境、行理易境的实践，给予了和合生存世界以意义和价值，并在这个给予中，人自身亦获得了意义和价值，便成为人所追求的重要课题。

## 一、社会与意义

　　这个世界若没有人的生命存在，即人活着，哪里来的"上帝"、"天"、"道"、"天理"、"心"、"气"、理念、"绝对精神"、"语言"、"纯粹意识"、

"存有"等等观念的存在？甚且连山河大地、日月星辰、草木虫鱼、矿藏物产等等，又有何存在的意义和价值？

人不仅是有意识、有理性的动物，而且是追求意义、价值的动物。人将自身智能投入对象，行理易境的对象化、物化的过程，亦是对象意义化、价值化的过程。一切有关意义性、价值性的事物、对象、状态、规范、原理等的总和，构成了人所特有的意义世界。[①]

## (一) 社会与人

和合意义世界，具有通过价值规范而增生的意义结构机制，体现和合精神的完善性原理。它与和合"三极之道"中的"人道"相对应。人是规范价值的立法者，是意义状态时空增生日新的价值根源。

人一生下来，就到了父母生他养他的人群社会，也就是他所处的意义世界，即和合学建构体系中的"人"界，人是这个"人"界的探索意义和价值的存在者。人追求意义、价值的活动是与人的社会交往活动相联系的。因为意义是人在社会践行和社会交往活动中以语言为载体所传达的观念、情感和意愿，是关于生存世界内涵、属性、特征和原理、规律以及主体人对其价值评价、价值取向的表征。

人是社会性的存在物，那么，人与社会性的关系如何？达尔文认为：

> 人的远祖一旦变得有社会性之后（而此种变化大概是发生在一个很早的时期里），模仿的原则、推理和经验的活动都会有所增加，从而使各种理智能力起很大的变化，而此种变化的方式我们在低于人的

---

① 这里所说的意义世界与西方语言哲学中的意义问题有异。语言哲学以意义为核心问题，自从［德］弗雷格（Gottlob Frege，1848—1925）以来，提出各种理论学说，如指称理论、想象理论、因果理论、图画理论、证实理论、用法理论、意向性理论等。20世纪80年代以来，又围绕意义与指称、意义与真条件、意义与经验、意义与意向性等问题进行研究讨论。

动物中间只能看到一些零星的迹象而已。[①]

人的社会性的化生与人的元智能、元意义、元价值或元尺度因素的化生，几乎是同步的。[②]

有人认为人的社会性起源于食欲、性欲和防卫三种基本的本能，这有一定的道理。但主要是由于人的社群组织结构形式、活动方式和生存方式上的社会性质，才有人的心理、意识方面的社会性和意义、价值观念的因素。

社会性本能的发展和智能的发展之间的相互关系，是以活动方式或行为方式的进化为中介的，两者相互影响，相互促进。人类学会了制造工具，便具有了相应的智能、知识，以及群体性的社会组织结构；同时，也使人类具有独特的存在方式、进化方式和社会遗传方式，以及价值评价方式。

原始氏族集体的智能活动，构成原始人群体的自我意识。这种自我意识，与其说是"自我"，不如说是群体的。在群体意识中，原始的集体意义、价值观念居于重要地位。这就是说，原始人的意义、价值观念首先是指向群体的某种利益或实际效果。儿童最初的智慧"主要在求得实际效果，而不在阐明实际情况"[③]。这种状况与原始人追求群体的利益相关。他们的价值、意义观念就是把群体的生存、安危、繁殖等利益放在最重要的位置，甚至以这种价值观念影响意义。

在群体意识中，原始意义的、价值的观念，不仅以反映和自己的利益密切相关的方式观念地把握客体，而且开始把反映关系本身作为反思的对象。原始人的群体意识比较注重与集体利益相关的实际效益，不仅为人的

---

① ［英］达尔文：《人类的由来》，199～200页，北京，商务印书馆，1983。

② 《淮南子》认为："然其（指动物）爪牙虽利，筋骨虽强，不免制于人者，知不能相通，才力不能相一也。各有其自然之势，无禀受于外，故力竭功沮。"（《修务训》，见《淮南鸿烈集解》）人知能相通，才力相一，人有智能，便能组织社会，过人交往的社会生活。

③ ［瑞士］皮亚杰：《儿童心理学》，5页，北京，商务印书馆，1980。

认识的发生和发展提供了推动力量，而且也是人的意义、价值观念反映形式的根据。

从对行动的实际效益的意识到把握实际效益的原理的进程，群体意识中以情感体验为基础的价值、意义评价因素具有重要作用。在这里，价值、意义评价是把易境与主体人本身的利害关系作为反映对象，即把主体与客体关系作为反思的对象。这样，群体意识中的价值、意义评价因素，对人的认识起着能动的调节、定向、定势的作用。

最初的价值、意义的观念以情感体验为基础，就不可避免地带来种种荒诞的联系，而具有某种程度的神秘性。古人往往以自己的意义、价值观念把天体星象的变化与人世的命运或人事吉凶祸福联系起来。

冬，有星孛于大辰，西及汉。申须曰："孛所以除旧布新也。天事恒象，今除于火，火出必布焉，诸侯其有火灾乎！"①

梓慎和裨灶都推测宋、卫、陈、郑四国，将同日发生火灾。

甚至养鸡并不是为了食的需要，而是为了占卜的需要。东非的瓦胡马人（Wahume）讨厌吃鸡蛋、食鸡肉，养鸡是为了用其脏腑来占卜吉凶。②中国佤族有鸡卜，凡事都要先看鸡卦而后行。其操作方法是用竹签把鸡戳死，取出鸡两大腿骨最后一段股骨，用线捆成 V 形，再用四根细如针的竹签顺股骨孔的方位插进去，以看吉凶。③小凉山彝族有"瓦布海"（鸡脚甲卜）、"瓦哈海"（鸡舌卜）、"瓦以七海"（看杀了的鸡头卜）、"瓦切以沙"（鸡蛋卜，即把鸡蛋打在水中看清黄的颜色）等等。④这种养鸡的初

---

① 《昭公十七年》，见《春秋左传注》，1390 页。按古人孛、彗不分，至《晋书·天文志》始以光芒四射者为孛，长尾者为彗。彗星俗称扫帚星。汉即银河。
② 参见夏甄陶主编：《认识发生论》，180 页。
③ 参见《佤族调查材料之三》，见《云南少数民族哲学、社会思想资料选辑》第一辑。
④ 参见《中国云南小凉山彝族调查材料》，见上书，140 页；另参见拙著：《传统学引论——中国传统文化的多维反思》，202 页。

衷与后来改善人类食物成分的实际效益并非完全等义的关系，是一种价值、意义观念在其间起着中介作用，而使其改变了初衷。

远古人的社会生活活动的发明创造，往往具有某种历史意义，亦是他们对于对象的经验和特殊价值、意义追求的产物。最初的采集活动，与人的充饥的直接经验和功利需要相联系。墨西哥的回乔尔族印第安人，每年指定一些男人去采集一种被称为希库里的神圣植物，此前需做一系列十分复杂的仪式，以及在遥远的地方和以极艰难的代价来完成这次采集的准备工作。在他们看来，这种植物的生存与其民族的生存和安宁息息相关。[①] 由此可知，他们的采集活动的实践，由于被诸如此类的准备工作的社会价值、意义观念所加强，因此而获得了最初的农业生产知识。

使用火，是人类文明史上的创举。除了满足人的生存所需要的烧烤食物和取暖目的外，在当时还具有其他的意义和价值。譬如熟食并非必需的要求，因生的食物也能吃。吃熟食是一种象征性的行为、习惯，是一种改造食物本质，消除"他性"污秽的法术，象征生食危险和肮脏，烧烤过的食物则洁净安全。因此，"即使在人类的最初阶段，也总想办法使他自己'异于'周围的自然界。对食物的烧烤既是这种'他性'的想法的一种表现，也意味着对于那种由他性的念头所引起的忧虑的摆脱"[②]。火的使用，是以社会实践的经验知识为基础的，而不是倒过来先有烧烤食物的实际效果的。由此可知，如火这种科学知识的发现，不能不与当时社会价值、意义观念所导致的一种非预想性的结果相联系。

---

① 参见夏甄陶主编：《认识发生论》，178 页。
② ［美］D. 匹尔比姆：《人类的兴起》，219 页，北京，科学出版社，1983。

### （二）人与意义

意义、价值观念是人的社会交往活动观念的把握形式。没有人的社会交往活动中的信息、能量互动作用，意义、价值观念是很难发生的。人类认识的发生，是一个认知与价值、意义的浑沌和合体。在这个浑沌和合体中，人们惊奇地发现：并非关于对象的自然属性的认识居首位，而是以关于对象的价值性、意义性认识为主导。因为人类与生存世界的关系，首先是为了生命的生存和践行关系，而不是理论的关系。即首先是为了活下去，其他都是次要的。人在自身生命机体的支配下，客体自然对象被作为生存欲望对象。换言之，人对对象的选择，首先是从是否对自身生存有利害关系出发。因此，对象的功用性构成与远古人生命存在相关的重要属性。

人为了满足自身生存需要与满足这种需要的对象之间，便发生一种必然关系，这种需要与满足需要的关系意识，便是一种意义意识和价值意识。正因为意义意识、价值意识从对待满足人的需要的对象物的关系中发生，即这种人的需要和人借以获得满足的活动形式的强化，人就可依据这些情感经验与其他对象物及已差分的对象物，按类别给以称谓，这是人的意义、价值观念的发生阶段。

需要本身不是价值，却是价值和意义形成的前提。价值作为不同于需要的新质，是由主体活动所参与的社会关系体系的演变产生的。人在命名某些意义物、价值物的过程之前，对这种意义物、价值物的意会体察已发生了。因为人把一切纳入其活动的对象物注入一个新的社会"灵魂"之后，对象物便是经人的行理易境，具有了满足人的需要的性能。这种性能便蕴涵着意义和价值。

一般来说，对象物自然属性是蕴涵在价值、意义属性中被意识到的。就此而言，对象物自然属性的价值化、意义化的价值意识、意义意识，先于对对象物的认识。或者说，价值意识、意义意识是认识发生的端始。

人类初始对于其生存环境、条件的选择，是完全功利性的，可谓功利环境。因为一切纳入人的视阈的对象物、生存环境等等，都自然而然受人的需要尺度的衡量，而被价值化、意义化。这种价值化、意义化的意识，其实是一种实用意识和功能意识，这也符合从功能到形式的人对对象物的意识顺序。譬如说，古人虽然不知道燃烧与摩擦运动的因果关系，但并不有碍他们用火烧食、取暖以及吓退野兽自卫等功能的运用。这就是说，人对功能性的把握要比形式性的把握容易得多。

价值意识、意义意识是主体自身需要和内在尺度意识，即主体性意识，它与反映客体对象规定性和尺度的意识形式有异。比如王守仁与他的朋友游南镇："一友指岩中花树，问曰：'天下无心外之物，如此花树在深山中自开自落，于我心亦何相关？'"（《王文成公全书·传习录下》）花是否在深山中自开自落这一知识、认知，可以运用各种方法还原为对对象物花树特性的近似描述，但对花的颜色的爱好与不爱好，即"好好色"，却是主体的态度、兴趣、情感、欲望的表现，是主体人的价值解释或价值理解，并不必然包含在客体对象物自身的事实之中。

由此可知，价值意识的形式，是动机、欲望、兴趣、趣味、情感、意志、信念、信仰、理想等等的精神活动形式，而不是主体人的物质活动的形式。尽管价值意识以客体对象的存在为前提，亦反映着客体对象的属性，但仍是一种表现主体人本身的精神活动形式。意义意识也是一种精神活动形式，但它是价值意识的动机、欲望、兴趣、趣味、情感、意志、信念、信仰、理想等形式的价值评价意识。

意义是主体人以语言为中介把握对象的过程中凝结在语言中的观念内容，它既有关于对象世界的属性、特征和变化规则等观念化内容，也有主体对对象所作的价值评价。

语言是人类从事交际活动的重要手段，也是人进行思考的工具。虽符号本身不创造意义，人在交际和思考时，并不思考语言的音和形，而是意义，但语言可以把意义从不定的状态中抽出来，成为一定时空中可视听的形式。美国心理学家奥格登（C. K. Ogden）和理查兹（I. A. Richards）在《意义的意义》一书中提出了一个著名的语义三角理论，如图 5 - 1[①]：（1）是所指的事物或概念，即语词所指称的事物或概念；（2）用来指该事物或概念的符号或名称，即语词声音形式或称为语音词；（3）说话者或听话者在大脑中产生的关于该事物的形象或该概念的意义，即语音词所表达的内容，或语词的意义。在这里声音是意义的载体，意义是声音所表达的内容；事物是意义的基础，意义是人对事物的认知和以声音所固化的成果。这种认知便是这个声音的意义。由此可知，意义的起源与对事物认识的起源，两者几乎同步。

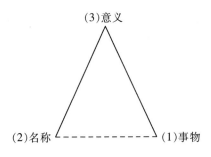

图 5 - 1

人对事物的认知，总是先从形象上把握对象事物，并形成词义，这便是形象意义。然后达到对对象事物本质的理性认识，并形成词义，这便是理性意义。人运用语言，依其理性意义进行抽象思维，依其形象意义进行形象思维。

中国人早在公元 3 世纪便提出"书不尽言，言不尽意"的问题。既

①　参见夏甄陶主编：《认识发生论》，358 页。

"言不尽意"，如何知得圣人之意？"圣人立象以尽意，设卦以尽情伪，系辞焉以尽其言"①。创立八卦符号（变动不居的卦象）来表达各种意义，作系辞（用语言）对卦象加以详尽的解释，使人通过语言了解卦象，又通过卦象了解其所蕴涵的意义。言、象是符号，意是符号所表现的内容。意随语境不同而变易，具有无穷的意义。这就是通过言、象来追求意义。魏晋的"言意之辩"及禅宗的"只可意会，不可言传"的主张，都认为意通过言语一说出来，意就受到语言的切割和限制，便不是原来的意义。古人已体悟到言、象与意之间的冲突。

语词意义形成的表象抑或概念的方式，以及语言思维中形象意义和理性意义哪一方面居主导地位，都与思维者的认知水平相联系。随着语言的产生，表象的意义与符号功能逐渐差分，作为语词的意义部分把语音词与客体对象相联系，成为由意会认识过渡到言传认识的中介物，亦为语词理性意义发生的基础。

这样，语言便具有了抽象性和指物性、理性意义和形象意义、抽象和显象、词典意义和直觉意义，以及传情和达意等特点和功能。

语言的意义蕴涵着观念、情感和意愿，即知、情、意三者。这三者使语言具备了认知和评价功能。对象物的本质、属性以及它与主体人之间的价值关系，都在语言中得到体现。这就是说，语言既可以反映客体对象的本质、属性和变化法则，又可以表达客体与主体之间的价值关系，以及主体的情感、意愿和对客体的价值评价。前者趋向于客体，属认知意义；后者趋向于主体，属评价意义。

意义作为人在社会实践和社会交往活动中以语言为载体所传达的观念、情感和意愿，它凝聚了人类外部世界和内部世界的内容，构成了意义

---

① 《系辞上》，见《周易正义》卷七，82 页。

世界，即和合意义世界。

### （三）自我意义

人作为"宇宙的精华，万物的灵长"①，是追求意义和价值的。当客体对象纳入人的对象性活动范围，便成了人所知理易境的对象，就发生了与人的利害、需要能否满足等关系问题，即客体对主体、生存世界对人的意义问题，也就是价值问题。所谓价值是指物质的、精神的等现象对人的需要而言的某种功利性、效益性，对个人、社会集团以及整个社会生活和活动所具有的积极意义。换言之，一种事物或现象，它所具有的属性或性能，能满足主体的某种需要，这种事物或现象便具有积极的、肯定的意义，即对主体有功利、效益作用的，为有价值。否则，便是对主体具有消极的、否定的意义，无功利和效益作用，为无价值。

意义和价值本身不是一个实体，而是主客体间的一种特异关系。这就是说，客体对象物以其自身属性满足主体需要和主体需要被客体对象物所满足的一种功利、效益关系，构成对主体（个人、社会集团、整个社会）生活和活动的意义关系。

意义和价值的这种主客体之间的特异关系，体现了主体性原理。这种主体性原埋展现为物趋近于人，以人为尺度或中心。因为对象物的属性、性能本身，并不是意义和价值。尽管价值和意义体现在具有某种属性的对象物身上，但对象物对人是否有价值，是以主体在历时性发展中所形成的对对象物的需要为尺度，而不是以对象物自身的属性或特定结构为尺度。主体现实的需要是对象物是否具有意义和价值以及价值大小和肯定或否定

---

① ［英］莎士比亚：《哈姆雷特》，63页，北京，人民文学出版社，1957。中国古人有很多关于人为"万物之灵"的论述。周敦颐说："惟人也得其秀（天地：五行之秀气——引者按）而最灵"（《太极图说》，见《周子全书》卷一）。另参见拙著：《新人学导论——中国传统人学的省察》，13～18页。

意义的内在尺度（或称规矩）。

意义、价值的主体性原理，还表现为主体的创造性活动。人的需要是在社会实践和社会交往活动中发生和完善的。自然对象物的自然形态、结构、属性，往往不能满足人的特异的社会性需要。对象物的属性、性能对人的有用性、效益性也需要人的发现、选择和利用，甚至还需要在社会实践中，才能掌握其使用有用性、效益性的方法，才对人具有意义和价值。就此而言，不管是在主体与对象物之间的特异功利关系的互动中，发现了对象物"隐在"的价值，还是由于主体实践而发明和发现的对象物的"显在"的价值，都蕴涵着主体的创造性的活动。没有主体的创造性活动，对象物的属性、结构、性能就不能实现对于人的意义和价值。

意义、价值的主体性原理，是相对于客体对象物而言的。这里人是价值、意义的主体。如果要追寻人的价值和意义，那么，人既是价值和意义的主体，也是以其活动满足主体需要的对象、客体。人作为主客体的融合体，或自身价值和意义的特异关系的客体，人的价值和意义便是指人对自己需要的满足。换言之，即是个人、群体、社会、人类对个人、群体、社会、人类需要的满足。[①]

人的价值和意义归纳起来，可包括两个方面：一是指人有没有价值和意义。就人的自我意义而言，就是人自我满足自己的需要，也就是自我对自己具有一种肯定的意义。如果人通过自我的活动为自己创造更多的物质价值、精神价值和综合价值[②]，来满足自己的需要，那么，其自我意义和价值便越高。

二是指人怎样生活才有意义，是就人的社会意义而言的。人的社会意义是就作为主体的人的需要和作为客体的人满足这种需要的关系，即人的

---

① 李德顺：《价值论》，188 页，北京，中国人民大学出版社，1987。
② 所谓综合价值，是指联结、统一、平衡物质价值和精神价值等综合需要的价值。

自我的行为和活动能否以及多大程度上满足社会的需要与对社会起多大的作用。个人作为他人、群体、社会的意义和价值客体，个人的价值和意义便是社会的意义和价值。这同个人作为自己个人需要的满足者的个人自我价值和意义是不一样的。①

个人的自我价值和意义，就是个人的生存权利、地位和意义问题。人认识到自我生命存在的价值，并感受到这种生命存在的价值，才觉得人生是有意义的。个人自我之所以有价值和意义问题，是因为每个人都是社会实践和社会交往活动的载体。人只有在社会交往活动中确立主体（包括个人主体、群体主体或社会主体）本身的需要，才能确立客体对象物属性的价值和意义。若主体本身（个人）的人格、地位和基本生存权利得不到确立，便无人生价值、意义可言。因此，不确立人的生命生存的意义，人生从客体对象中获得满足实现的价值、意义便失去了本体的支撑。

自我人生意义和价值的根源，在于社会的交往活动，而不是西方基督教的"上帝"或中国传统文化之"天"。② 一个人就是一个单一的世界，他的意义不在其单一的世界之中，而在这单一世界之外的世界，即与个人单一世界相对的社会世界给予的。这就是说，人的自我生存意义，是涵摄在人与人、人与社会的关系之中，如把人当人看，社会应尊重人、满足人、为人的生命生存和发展创造条件，这样，人才有人的生存意义。③

人作为人而生存的权利，是人之为人的价值和意义；若人之非人，亦就无所谓价值和意义可讲。这包括两方面的意思：

一是人作为生命体而存在的基本生存权利，不可任人宰割。如谭嗣同

---

① 参见拙著：《传统学引论——中国传统文化的多维反思》，154～163 页。
② 同上书，129～133 页。
③ 参见龚群：《人生论》，144～146 页，北京，中国人民大学出版社，1991。

在《仁学》中对三纲五常的控诉与批判，主张还人应有的独立、尊严、价值和权利，"这正是一篇十九世纪末东方的人权宣言书"①。孔子的"己欲立而立人，己欲达而达人"②，便是以把人当人看为前提，而尊重人、满足人、奉献人。每个人都尊重他人的生存权利，自己的生存权利亦会得到他人的尊重。

二是人作为社会交往活动的人，而具有人格尊严。人之所以具有人格尊严，是因为人异于动物，"人之所以异于禽兽者几希，庶民去之，君子存之"③。尽管人兽之别很微小，但是有这一点点的差分及差分的发展，才使人具有意义和价值。《孝经》载："天地之性，人为贵"。此"性"，宋代邢昺疏曰："生也，言天地之所生，唯人最贵也"④。与天地世界的水火、草木、禽兽相比较，人是最宝贵、最有价值的。邵雍说："人之贵，兼乎万类，自重而得其贵，所以能用万类"⑤。人能自重，而不遂物，所以能贵于万物，而役使万物。

个人作为价值载体的主体，是个人的现实社会价值在他自己身上的显现或表现，即个人对自己的价值和意义，便是其社会价值和意义。人生是社会的人生，是社会生命存在的形式。个人在满足自己需要时，必须通过自己的创造活动，而实现其价值和意义。这个实现价值和意义的过程，就是个人奉献社会、创造和充实社会客体对象物的过程，从而客体对象物能满足主体（个人）的需要，个人的价值和意义才得以实现。这就是说，个人的社会价值和意义中，就蕴涵着个人的自我价值和意义。

---

① 拙作：《19世纪末东方的人权宣言书——谭嗣同思想述评》，见《中国近代新学的展开》，150～159页。

② 《雍也》，见《论语集注》卷三，26页。

③ 《离娄下》，见《孟子集注》卷八，62页。

④ 《圣治》，见《孝经注疏》卷五，《十三经注疏》本，2553页。

⑤ 《声音唱和万物通数第十》，见《皇极经世书》卷八下，417页，郑州，中州古籍出版社，1993。

一般来说，个人愈得到社会、他人的需要，愈有能力满足这些需要，个人的社会交往活动就愈能够对社会产生效果，就愈觉到个人生命的意义和价值。但也有特异的情形，个人的超前活动并不是满足现实社会主体的需要，而是满足长远的社会主体需要；在个人现实的社会交往活动中，并不产生效果，而是影响后来的社会主体需要；社会主体需要及对个人的社会交往活动的贡献，有一个认识、识别、选择的过程，需要有一个发展过程，而不能仅凭一时之需要或效果。此点，特别表现在人文精神、思想方面。

个人为了生存，必须与一定社会发生交往关系，这样便产生了人的社会价值。所谓人的社会价值，就是人对社会需要的满足。人无论作为社会物质生产者所需要的物质价值，社会精神生产者所需要的精神价值，还是作为种族、文化延传者所需要的文化价值，社会生活系统所需要的综合价值，人都在各种不同意义上成为社会所需要的对象，便具有了人的社会价值和意义。

个人满足社会需要的程度、分量，以及正负，都是有差分的，因而，个人的社会价值也是有分殊的。《左传》载叔孙豹讲"三不朽"，即"立德""立功""立言"①，便是指人的以及不同奉献满足社会的不同需要所获得的肯定意义和价值。宋明理学家在肯定"三立"的人生意义和价值同时，探讨了如何才能实现人的社会意义和价值。陆九渊说：

> 人生天地之间，禀阴阳之和，抱五行之秀，其为贵孰得而加焉。使能因其本然，全其固有，则所谓贵者，固自有之，自知之，自享之，而奚以圣人之言为？②

---

① "豹闻之：'太上有立德，其次有立功，其次有立言。'虽久不废，此之谓不朽"（《襄公二十四年》，见《春秋左传注》，1088 页）。
② 《天地之性人为贵论》，见《陆九渊集》卷三十，347 页。

天地间的生命，唯人最珍贵。其所以珍贵，就其构成而言，禀受天地间阴阳之"和气"，蕴合五行的优秀成分。和气和五行之秀的冲突融合，而成万物之灵。作为万物之灵的人，具有人生意义和价值的"自知""自享""自有"的自觉意识。这种自觉意识正是人生意义和价值获得的内驱力或原动力。

作为"人为贵"的人生的意义和价值，包括"人之所贵"和"人人有贵于己者"两方面："人之所贵"，是指他人给予的"贵"。因此，能贵人，能贱人，即可施为高贵、珍贵，亦可给予贫贱。社会主体对人的意义和价值有制约作用。"人人有贵于己者"，是指人自身所具有的意义和价值，他人是不能"贵之"或"贱之"的。陆九渊认为，人生存的意义和价值是人差分于物的本然，是人作为人所"固自有之"的。对此，人固然要有自我意义和价值的"自知"，也有自我享有自我意义和价值，不排斥自我享用和索取。只有这样人才能自觉到人之所以为人的意义和价值。

人"自知"自我意义和价值，就要"自立"。"某岂不爱人人能自立，人人居天下之广居，立天下之正位"①。"自立"蕴涵着自我意义和价值的社会定位，以及与此相适应的自我心性涵养。"既知自立，此心无事时，须要涵养"②。自我意义和价值与自身的涵养（包括道德修养、知识素养、礼仪气质等）相联系。"自立""自重"，而"不可自暴、自弃、自屈"③。要珍惜自我意义和价值的实现和保持这种意义和价值的获得。

## （四）人生意义

"自立""自重"，就会追问自我人生的意义和价值，即人在这个"人"

---

① 《语录下》，见《陆九渊集》卷三十五，456 页。
② 同上书，454 页。
③ 同上书，455 页。

界（意义世界）的"正位"、意义和价值问题。人生是指人的生命世界（生命）、生存状态（生活）和生存意义的总和。这三个方面是相互联系的。人的生命世界是生活现象之本；生活状态是生命存在的方式；生命、生活是生存意义的基础，生存意义为生命、生活之方向。

人的生活状态既是人的生命存在的方式，那么，人生意义便可从追寻生活意义入手。人的生活有内在生活与外在生活、精神生活与物质生活的差分，以至冲突。内在生活是人内在的精神活动，即"吾日三省吾身"的对人我、社会思想、行为以及事件的反思；外在生活主要是对物质生活环境、质量、信息的考量，但也与精神生活相联系，是考量、反思以后的具体行为。①

人的生活意义，是指人的生活状态满足自我生活的需要，即人对自我生活情境持肯定或否定的评价，也就是有无意义。人的生活意义问题，包括生活之方向，即自我生活未来目标的憧憬。但未来生活有什么意义，是基于对现实生活的评价、生活感受和生活态度。

人追求人生意义的内在动力，是因为人自觉到人的生命对于每个人来说，不但只有一次，即一次性的，而且是短暂的，即要死亡的。人的生命的一次性、短暂性，构成了死亡的逼迫性，逼迫人去思考"人为什么活着？""活着为了什么？"，不断追求人生的意义和价值。每一次这种追求，都是人的思想境界的一次提升，也是人生意义和价值的一次体验。

一个人经历了死而复生的体验，或死亡威胁的感受，或丧失亲人的痛苦，都会使自己领悟到人生的可贵，而更加去珍惜人生，追寻人生的意义和价值。当一个人以他人的人生极限来反观自我人生过程时，也会发生很多感叹，而使自己觉醒。

---

① 黎建球：《人生哲学》，3页，台北，三民书局，1982。

佛教以否定今生、肯定来世为特征，但并不否定人生的意义和价值。佛教四圣谛说的苦谛认为，人生的生命就是苦。苦之所以苦，是因为生命的无常。由于生命的无常，所以有生、老、病、死之苦，有怨憎会苦、爱别离苦、求不得苦、五取蕴苦等。前四苦是人的生理现象所不断产生的苦，接下来的三苦是人与社会群体关系中所产生的苦。此七苦最终都归到"五取蕴苦"。人的生存就是苦，苦海无边。

佛教看到人生的痛苦，是对人生的一种反观觉醒的形式。它激励人去追寻摆脱、超越人生的痛苦，譬如从探索苦的原因、根源和灭除苦的道路、方法中，达到人生苦的灭寂和解脱，即证得涅槃的理想境界，亦即佛教所讲人生最终追求的目标，蕴涵人生意义和价值。

释迦牟尼为灭除人生之苦，提出"八正道"主张，后又发展为"七科三十七道品"①，以便达到成佛，证得涅槃的途径。七科以"八正道"为主，"八正道"即"正见""正思""正语""正业""正命""正方便""正念""正定"等。它要求人有正确的见解，远离唯神、唯我、唯物；离开邪妄迷谬，端正思想；纯正言语，不妄语、漫语、恶语、谤语、绮语、暴语等；正当活动、行为、工作；正当生活，反对酗酒、毒品、奴隶等；止恶修善，反对懈怠与昏沉；正确的意念，远离贪欲和愚痴；正确禅定，身心寂静。此"八正道"注重精神生活和物质生活的修养过程，也就是实现其人生意义和价值的过程。它认为人性可以通过精神修炼而易，通过去恶修善以变化人生"元命"，这是对人的"元性"的深刻反思而获得的积极意义。这就是说，佛教不仅讲怎样生活才有意义和价值，而且从否定今生中肯定人生的意义和价值。

人生的意义和价值，就在于人的创造性的活动，无创造性的活动，就

---

① 参见方立天：《佛教哲学》增订本，100～103 页，北京，中国人民大学出版社，1991。

失去了人生意义和价值的灵魂。创造性活动，不仅改造、变易了人的生活状态、生命存在的情境，而且改变了人性以及人的情感、心理等。它推进了社会生活的丰富和发展，也使人生意义和价值得到充分的展现。

人的创造性活动，使人的生与死都充满了意义，即人们口头上所说的"生的伟大，死的光荣"。生命就在于创造，由于创造，才能建立"三不朽"的事功，获得生命的意义和价值；只有获得生的真正意义和价值，死才具有意义和价值。这便从有限生命转变为无限的生命，虽死犹生。倘若如《列子·杨朱》所述，醉生梦死，纵欲肆欲①；为害大众，为祸社会，便是虽生犹死。因此，人生的意义和价值的有无、大小，最终取决于自我的创造。

## 二、性命与修养

人在社会实践与社会交往活动中发生了人的意义和价值问题。人不能离开社会，只能在一定社会中活动，就产生了人与社会的关系。然而，人是社会的主体，无人，根本就无社会。社会为人提供了发生和实现人的意义和价值的场所，也给人带来种种困惑和灾难。

### （一）性与命

现代人所面临的社会，是一个信息社会，它是以物质生产、精神生产活动为基础而构成的相互联系的人的总和，是人与自然、人与人之间双重关系的统一。换言之，人的社会交往活动联系的总和，就是社会结构的内涵。

---

① 参见拙作：《理欲关系论》，见《国故新知：中国传统文化的再诠释》，415～422页，北京，北京大学出版社，1993。

和合意义世界，即"人"界，以社会为自己的对象或基点。社会作为一种组织方式与关系网络，以人为核心，建立人与人之间的社会关系；社会运行是以人为主体的过程，社会通过人与自然环境不断进行物质、能量、信息的交换，引进负熵，不断序化，而实现社会的发展；人类实践活动的对象化、物化，构成社会的经济、政治和文化结构，由此形成社会的宏观结构。这是社会结构的特点。

意义世界依据人规范社会价值的涵养、修治和合特征，差分为"性"与"命"。每一事物都有特定的属性，用以区别此物与彼物的不同，即水有水性，火有火性，鸟有鸟性，牛有牛性，人有人性。大千世界，千千万万属性，大致可分为人性和物性两类。人性是指与一切动物相区别的，为人所特有的，一切人所普遍具有的共同属性的总和。物性是指一切事物相区别于人性的，为物所特有的共同属性的总和。

人性与物性相对相关，构成和合意义世界。但和合意义世界以人性为主导，为主体。人性又包括人的自然属性，即人由高等动物进化而来的，具有某些动物本能的生理机能的"食色之性"①；人性又有社会属性，即人在社会物质经济关系中，从事生产实践交往活动的人与人关系的属性。这就构成和合意义世界的"性"。

人是有生命的动物，生命是什么？它是指由高分子的核酸蛋白体和其他物质融合成的和合生物体所具有的特异现象。它能利用外界的物质形成自己的身体和繁殖后代，并按遗传的特点生长、发育、运动。"万物各得其所，生命寿长，终其年而不夭寿"（《战国策·秦策》）。生命即指性命。"有颜回者好学，不幸短命死矣！"② 命为生命，即性命。命是生命体的一

---

① "告子曰：'食色性也'"（《告子上》，见《孟子集注》卷十一，85页）。朱熹注曰："告子以人之知觉运动者为性，故言人之甘食悦色者，即其性。"（同上书）

② 《先进》，见《论语集注》卷六，44页。

种必然性，人只有促其早亡和晚死的能力，而无超越生死大限的能力。因此，人往往以命为命运、天命，"乾道变化，各正性命，保合太和"①。孔颖达疏曰："命者，人所禀受，若贵贱夭寿之属是也"②。人禀受天地之气，而有差分，影响人有贵贱、夭寿之别，有差分和冲突，因而需要"太和"。人不能改变异在于人的禀受之气，即外在的必然性。后来王夫之提出"造命"说，把自然环境和社会环境对人的命运的制约、支配作用，改变为人对自己命的制约、支配作用。"命"的他主性和自主性、自为性和人为性，构成和合意义世界的"命"。

"性"相对于主体人而言，是人作为意义和价值规范立法者的隐在（内在）规定性。它是人的一般的本性，凡是人都要参加社会实践和社会交往活动，如从事劳力、智力的生产活动，这是与动物相区别的最根本的特性。人的这种自觉的能动性，与他人发生一定的关系，组成社会，人便具有社会性，有思维能力，使用语言；有自我意识，进行认识、评价、审美等意识活动；有情感、意志等高级心理活动；有各种不同的社会需要、欲望；追求理想价值、自由等。这便是人的共性。当然每个人除具有共性，又有其个性。因为人总是现实的、具体的生命存在，又总是与具体的历史发展时期、不同的社会集团，不同的生活环境、文化教养、风俗习惯、心理特征相联系，所以人具有不同的个性。

性的物性与人性、人性的自然属性与社会属性、共性与个性、抽象性与具体性等，是和合意义世界（"人"界）的基础和本根。

"命"是人相对客体而言，人作为意义和价值规范执法者的显化（外化）使命。人不仅要为自己寻找安身立命之所，而且要为社会寻觅安身立命之基，即一个人、一个社会以什么人生意义和价值取向，作为

---

①② 《乾·象》，见《周易正义》卷一，14 页。

安身立命之地。这就是说，安身立命是指主体人对于个人生活和精神、社会生活和精神的一种寄托、理想的认知和把握。

和合意义世界（"人"界）的"性""命"，既是人作为和合生存变易活动主体的价值根据，又是人作为可能世界逻辑建构设计师的意义所在。同时，"性""命"也通过一系列依序渐进的中介差分演化，转换生成，使人生的意义和价值不断趋于完善。"性"是人之所以为人的本性，"命"是人之所当为人的使命。人的一切社会化的活动，都是"率性尊命""依性使命"的意义性、价值性的活动。人不可丧"性"悖"命"，否则，人的意义世界将失范化、无序化，陷入是非颠倒、善恶不分、美丑混杂的意义和价值浑沌状态，使人泯灭作为"天地之心"的立法本性和执法使命。

### （二）人与性

在和合意义世界关系中，人的意义和价值特别受到中国古代哲学家的关注，从先秦以降的天人之辩、礼法之辩、公私之辩、义利之辩、群己之辩、力命之辩、人性善恶之辩、古今之辩、性情之辩、自然名教之辩，以及理欲之辩、道心人心之辩等等，无不围绕意义、价值而展开。[①] 这与西方哲学往往围绕思维与存在、主观与客观等知识论问题而展开大异其趣。

人类的初始与婴儿一样，只有人的自然属性，如吃、睡、拉屎、撒尿等，即作为动物的物性。因而甲骨文、金文的"性"作 㞢 或作 㞢[②]。一为大地，Y为草木生长，草木在大地上生长，性便有生之意。性之所以有生之意，是因天地生物，各有不同；人物各殊，是生之殊；是生之殊，便具区焉别焉之性。此生义之性是天地万物之共性。人作为天地万物之一，亦

---

① 参见拙著：《中国哲学范畴发展史（人道篇）》中的《义利论》《公私论》《理欲论》《仁义论》《善恶论》《性情论》《名实论》《王霸论》等各章。

② 罗振玉：《殷墟书契前编》六、二八、三，1912。另见《蔡姑簋》。

具此生的物性。后人有了自我意识的自觉，即有了思想、思维以及心理情感等，因而从心生声，即将原来的生字加心偏旁，这样性便具有主体性、隐在性（内在性）。

告子曾从人的自然属性来规定性。"生之谓性"①。生之所以然谓性，以及生之条理、生之理谓性，都是对人的生命意义和价值的关怀。因生作为人的性，这是人的一切活动、意义、价值的基础。《庄子·天道》设计老子与孔子论辩。孔子说："仁义，真人之性也。"② 老子批评说：天地固有常，日月固有明，星辰固有序，禽兽固有群，树木固有立，这是自然现象，若顺此而行，就能保全事物本性。不依本性，外求仁义，便扰乱了自然本性。所谓性，"生之质也"③，即生而具有的资质。它是人最初的原始状态，即和合意义世界的"元性"。

春秋战国之时，性除生和性命之意蕴外，又有本性、自然之性等义。孟子提出："尽其心者，知其性也，知其性，则知天矣！"④ 他开出道德意义和价值主体性理路，建构起儒家心性论一系。孟子认为，充分扩张本心，便能体认人的本性。这并非说心性为两事，而是说心性是两个不同的层次，具有不同的功能。就此而言，心是性的来源。所谓心，是指人人皆有之的"不忍人之心"，即恻隐、羞恶、恭敬、是非之心，蕴涵仁义礼智四种道德理性。譬如说有人突然发现一个小孩子要跌到井里去，而伸手去救他，这并不是本能冲动，而是一种恻隐之心的萌发。⑤

孟子认为，"君子所性，仁义礼智根于心"⑥。仁义礼智为"性之四德"⑦，

---

① 《告子上》，见《孟子集注》卷十一，84页。
② 《天道》，见《庄子集释》卷五中，478页。
③ 《庚桑楚》，见上书卷八上，810页。
④ 《尽心上》，见《孟子集注》卷十三，101页。
⑤ 参见《公孙丑上》，见上书卷三，24页。
⑥⑦ 《尽心上》，见上书卷十三，104页。

是善性的内容。它不仅根源于心，而且是心的呈现，这是建构其性善论的心性论根据。孟子之时，人与人性，实是人的自我意义和价值问题，为人所关注。孟子的学生公都子问孟子对四种人性论的看法，即告子的"性无善无不善"、世硕的"性可以为善可以为不善"，以及有性善有性不善、性善论。孟子从性善立论而批判告子，他以仁义之性为人心固有而非外铄的性，对于性善这个理论前提能否成立未进行详考。当然，孟子性善论主旨不在哲学的追求，而在于开启人的道德心性的自觉。唤醒人的道德自觉的价值感是必要的，但由道德自觉转化为心性论的性善的内圣，而开出新外王，实充满着种种内在的不足。

孟子性善论的自我道德意义和价值的肯定评价，与孟子对于主体隐在（内在）意义和价值的肯定相联系。"人人有贵于己者，弗思耳矣"①。贵于己的隐在意义和价值，虽每一个体都具有，但并非每个人都有道德意义和价值的自觉。思而得之，"弗思"不得也。孟子之性，符合和合意义世界的"己性"。

道家崇尚自然。性本自然，这是庄子心性论的基础。他认为刻意追求人生的意义和价值，反而会丧性。譬如贵富显严名利六者，错乱人的意志；容动色理气意六者，束缚人的心灵；恶欲喜怒哀乐六者，负累人的德性；去就取与知能六者，堵塞了大道。② 这就需要"彻志之勃，解心之谬，去德之累，达道之塞"。为此则"道者，德之钦也；生者，德之光也；性者，生之质也。性之动，谓之为；为之伪，谓之失"③。显在（外在）的富贵名利，隐在（内在）的情意哀乐，都会扰乱人心的安静空明，不能

---

① 《告子上》，见《孟子集注》卷十一，91页。
② "贵、富、显、严、名、利六者，勃志也；容、动、色、理、气、意六者，谬心也；恶、欲、喜、怒、哀、乐六者，累德也；去、就、取、与、知、能六者，塞道也"（《庚桑楚》，见《庄子集释》卷八上，810页）。
③ 《庚桑楚》，见《庄子集释》卷八上，810页。

任自然本性，这就是性之动，动即有所作为，有所作为就是人伪，人伪便是自然真性的沦丧，亦是对自然本性的背离。"今人之治其形，理其心，多有似封人之所谓，遁其天，离其性，灭其情，亡其神，以众为"①。人的自然本性，是无所谓善恶的。

这种超越善恶的人性论，与告子的性无善无恶论有近似之处，但亦有异。告子的性无善恶论，是善恶无定论，它可以"决诸东方则东流，决诸西方则西流"②。庄子超越善恶论，是以善恶为有为，是对于自然本性的扰乱、背离和破坏。这种善恶的超越，并不是对人生意义和价值的否定，而是对"元性"即人生自然本性意义和价值的肯定，是对现实人伪、性伪的不满和抗议。

荀子与道家庄子以否定的形式肯定人生意义和价值的理路有差分，是以肯定的形式肯定人生意义和价值。在这个前提下，荀子与孔孟同，荀孟虽其前提同，但其注重点却异趣。即孟子更注重内圣，荀子更注重外王。在心性论上，孟子以心为主体道德意识、情感、价值，荀子以心为认知功能和情感意志；前者以性为隐然的仁义道德理性，后者则与告子、庄子近似，"生之所以然者谓之性"③。"所以然者"，即生的追根究底的原因或根据，是一本然的性状。就此而论，荀子与告子、庄子虽同又异。告子以性初无善恶，然可化为善；庄子复性养德，亦可为善；荀子言化性起伪，性乃为恶。三家价值取向异趣。

荀子心性论的意蕴，在于心对性起选择作用。"性之好恶喜怒哀乐谓之情，情然而心为之择谓之虑"④。人的六个方面的情感，是性的流出；性流出的情感，须由心加以选择、评价。主体心的选择评价，便是思虑；

---

① 《则阳》，见《庄子集释》卷八下，899 页。
② 《告子上》，见《孟子集注》卷十一，84 页。
③④ 《正名》，见《荀子新注》，367 页。

思虑的长期积累，形成一种意义和价值规矩（尺度），便是人为。

心对性之情的选择，蕴涵着意义和价值判断。心在"天情"（好恶喜怒哀乐）、"天官"（耳目鼻口形能）中居"天君"地位，具有主管、统辖性，表现为六情的能力。之所以有这种能力，是因为心具有自禁、自使、自夺、自取、自行、自主①的性格；而能做出独立的思虑和评价，性也在心的管辖范围之内。荀子治心养心工夫，"君子养心莫善于诚"②，以使此心与善性融合。然此心之所向，不必然为善性，所以对心作差分。"《道经》曰：'人心之危，道心之微。'危微之几，惟明君子而后能知之"③。人皆有心，由人心之危而达道心之微，进而完其善性。

荀子认为，天性自私，追求情欲，并没有像孟子所说的"吾固有之"的四端善性，而需要师法、圣王的教化，改变恶性。"明礼义以化之，起法正以治之，重刑罚以禁之，使天下皆出于治，合于善也"④。这是主张在现实社会中实行礼治、法治的理论根据。性恶论可逻辑地导致法治，而性善论便导致仁政，这便是孟、荀之异。虽荀子"涂之人可以为禹"与孟子"人皆可以为尧舜"的人生意义和价值理想同，但两者的人性依据和进路却大异。

由心性论的性恶论而导致法治的价值取向的极端，便是韩非。他认为人人都有"欲利之心"⑤。这是人的生理本能和维持生命延续的需要。"民之性有生之实，有生之名"⑥。社会结构的不同集团、宗族、阶层乃至家庭，都是以"欲利"为纽带而联系在一起的。社会活动中的父子、夫

---

① 参见《解蔽》，见《荀子新注》，354 页。
② 《不苟》，见上书，31 页。
③ 《解蔽》，见上书，356 页。
④ 《性恶》，见上书，395 页。
⑤ 《解老》，见《韩子浅解》，156 页，北京，中华书局，1960。
⑥ 《八经》，见上书，458 页。

妇、君臣、君民、人我等各种关系都以"欲利"为意义和价值的规矩（尺度）和处理原理、原则。这样，"欲利"便成为社会运行机制的动因。

韩非认为，人并没有固有的仁义之性，而只有欲利相交之性。因此，不能以仁义道德价值规范人心，只能以"以法教心"为价值规范。明法任刑，赏罚分明，私心不纵，奸恶不生，人心统一，国家治平，以达于善。

先秦论人性本质、特征和价值取向，孟、庄、荀、韩为四型。孟子论心性统一，以心言性，尽心知性，存心养性，为入圣之路；庄子论心性合一，反心于内，神明应化，使外驰之心复心以复性；荀子以心性为二，化性起伪，心主性化，乃为圣之途；韩非主法，以法言性，任法不任心，以道德仁义为放纵私心和民多奸恶的根源，以法定修身养性。

虽孟、庄、荀、韩四人都肯定内心修养、磨炼，但其程度和角度亦不相同。孟子知性成德，凸显人性的道德意义和价值；庄子复性成真，凸显人性的自然意义和价值；荀子治心治性以礼法，凸显人性礼法意义和价值；韩非欲利之性，凸显人性的法治意义和价值。

虽孟、庄、荀、韩对仁义礼智道德价值理性的价值评价颇异，但仁义礼智仍得到后世的重视。这种重视表明其仁义礼智自身的内在生命力和外在社会需要的适应。此四德之性，是儒家人性的蕴涵。它们既为行为意义、价值规范，又是主体内在价值品格。仁作为一种恻隐的同情心，具有普遍的仁爱精神，是人性意义和价值的根据；义作为当然之则的内化的羞恶之心，具有道德的责任意识，是人性的意义和价值导向；礼作为一种辞让的恭敬之心，具有自尊和尊人的意识，是人性的意义和价值取向；智作为理性判断、评价能力的是非之心，具有主体认知自觉的品格，是人性的意义和价值理想追求的中介。此四者中，羞恶之心和恭敬之心是仁与智融合的具体形态。所以孟子以"仁且智，夫子既圣矣"[1]，为理想人格的主要意蕴。

《礼记》中的《大学》和《中庸》两篇，被后来朱熹提出，与《论语》《孟子》并列为"四书"。《大学》《中庸》既作普遍人性的意义和价值的理论前提，即形上学本体的追究，又作形下层面的庸言庸行的意义和价值行为规范的探索。《大学》讲"明明德""新民"和"止于至善"三纲领和"格物""致知""诚意""正心""修身""齐家""治国""平天下"八条目（参见《大学章句·经一章》），是人生如何实现意义和价值的历程。

《中庸》开宗明义讲："天命之谓性，率性之谓道，修道之谓教。"（《中庸章句·第一章》）以性为天之所命，蕴涵着性为普遍的人的德性，与普遍人性之道相联系的性，实乃一般的价值规定，使人性的意义和价值得到形上学本体的支撑。循性之道，就其内在价值本体来说，便是"诚"。诚作为显在（外在）的"天之道"，可以通过"尊德性"与"道问学"这两个中介，即诚之本体的确立和道德价值理性的自觉，由显在的天道转变为隐在（内化）道德精神的自觉价值意识。

诚之本体的确立需"道问学"，即"自明诚"；诚之本体的确立，使主体能始终明觉，即"自诚明"。价值和意义主体，若达到至诚境界，便能有赞天地之化育的能力。价值和意义主体之所以能赞天地之化育，与天地参，是因为"唯天下至诚，为能尽其性；能尽其性，则能尽人之性；能尽人之性，则能尽物之性；能尽物之性，则可以赞天地之化育；可以赞天地之化育，则可以与天地参矣"（《中庸章句·第二十二章》）。"至诚"价值和意义主体的确立，意蕴着隐在（内在）道德价值的完善，由己及人，由人及物，以至制约天地的演化。这便是"至诚"→"尽人性"→"尽物

---

[1] 《公孙丑上》，见《孟子集注》卷三，22页。

性"→"赞天地之化育"的进程。这既是主体意义和价值实现的过程，也是由客体反演，使主体意义和价值更加充实、完善的过程。

《中庸》"至诚"之体，表示着内在道德价值的完善，由尽己性，而及人及物，到赞天地的化育，这是由隐在本体逐渐推致及显化的过程。由此而论，至诚本体便构成意义和价值以及创造文化的隐在依据，便演化为和合意义世界的"生性"。

尽管己之性、人之性、物之性之间有冲突，但可以融合，这个融合以成为中介而沟通。"诚者非自成己而已也，所以成物也。成己，仁也；成物，知也。性之德也，合内外之道也"（《中庸章句·第二十五章》）。成己是自我隐在道德价值的自我完善，展开为成就他人（群体）和万物，以实现自我意义和价值。在这里，仁与知的性之德，被提升为普遍道德的意义和价值，而成为己与物、内与外之道的合一者。

中国人性善恶论在先秦时有四派，两汉时又有董仲舒的性三品说和扬雄的善恶混两说。魏晋玄学以关于宇宙自然本性与人的自然本性的界分，以及如何认识自然与伦理关系，为各派论争的热点，实际是围绕人生意义和价值而展开的。① 要么追求玄远、玄妙的意义和价值，要么以追求情欲为满足，以形体享受为人生最大意义和价值，否定一切名教，以现实的感性纵欲为自然人性。

佛教是从印度传入的外来文化，它与中国传统文化相结合，而成为中国化的佛教。佛教的佛性说，是指关于佛的本性，众生成佛的根据和成佛方法等的学说。南北朝流行的四部经（《维摩经》《涅槃经》《法华经》《华严经》）和三部论（《摄大乘论》《十地经论》《大乘起信论》），其主旨是关于佛性问题。尽管大小二乘，空有二宗主张有异，但在佛性问题上基本

---

① 参见拙著：《中国哲学范畴发展史（人道篇）》中《心性论》，108～114 页。

围绕着佛性为净，染从何生，佛性为染，如何得染等展开。一为心性本善论①，一为心性原罪说②。

既说心性本净、纯善，又言心性杂染、有恶，两个世界如何圆融？《大乘起信论》③ 提出"一心二门"学说，试图调和。后来，中国化的佛教，天台、华严、禅宗三大派，基本上都主一切众生佛性本具。天台宗主张佛性本具善性，亦本具恶法，以解决染恶自何来问题。华严宗以自性清净的性起论与天台宗异趣，但后来亦把天台宗的性恶说援入性起论。到慧能创立禅宗，以即心即佛为佛性宗旨，以"明心见性"为根本。他认为人性本净，即是菩提般若智。本性是佛，离性无别佛。禅宗的即心即佛，发展为无情有性，再发展为超佛越祖，以至于呵佛骂祖，凸显主体的独立自主品格。

佛教的佛性论是关于人生意义和价值的追寻，也是人生意义和价值的根据和取向。它启发了宋明理学家关于人生意义和价值的建构。周敦颐发挥《易》《庸》的"立人极"和"诚"的思想，诚既是理想人格——圣人的价值和意义的规矩（尺度），亦是为圣的内涵。尽管他认为性是至善的，但圣人的理想人格并非决定于性善，而是后天主体自觉的修身养性。

张载鉴于中国学人自先秦以降关于人性善恶的论辩未止，而这个问题又关系到为人"立本"、"学所以为人"和"辨其人之所谓人"④ 的人的意义、价值和人格理想，因此提出"天地之性"和"气质之性"二重人性

---

① 小乘大众部认为："心性本净，客尘随烦恼所杂染，说为不净"（《异部宗轮论》，见《大正藏》卷五十），心性本净，染来自客尘烦恼。除去烦恼染污，便可呈现清净本心。

② 分别部认为："不应说心性本净，有时客尘烦恼所染。若抱愚信，不敢非拔言此非经，应知此经违正理故，非了义说"（《阿毗达摩顺正理论》，见《大正藏》卷二十九）。

③ 《大乘起信论》的真伪问题，长期以来争论不断。（参见《中国哲学范畴发展史（人道篇）》，116 页注①）

④ 《语录中》，见《张载集》，321 页。

论。"天地之性"是形上学本体之性，即太虚本性，是纯善的；"气质之性"是具体有差分的各人之性，有善有恶。张载二重人性论，是对于人生意义和价值根据、原因的差分，企图对现实的千差万别人生意义和价值做出相适应的解释。

张载"天地之性"和"气质之性"的提出，得到二程的回应。二程把性分殊为"天命之性"和"生之谓性"①。"天命之性"是本体理在性中的体现，是善，即张载所说的"天地之性"；"生之谓性"，是从气上说，有善有恶，即张载所说的"气质之性"。前者为"极本穷源之性"②，是形上学人性价值本体，是理在人性上的体现，因此，可称为"性即理"；后者是"受生之后谓之性"③，是禀气而有，因此可称为"气即性"。两者冲突相异，又融合相依。"论性，不论气，不备；论气，不论性，不明"④。既备又明，便可达人生的价值理想境界，即"人皆可以为圣人"⑤的境界。

朱熹颇赞赏张、程的"天命之性"和"气质之性"的论说，"某以为极有功于圣门，有补于后学，读之使人深有感于张、程"（《朱子语类》卷四）。朱熹论性，以"人物所得以生之理"⑥ 和"天地所以生物之理"（《答李伯谏》，见《朱文公文集》卷四十三）为规定，较先秦"生之谓性""生之所以谓性"均深入。他揭示了所以然的具体所指及载体为理，理便是人物所得以生或所以生物的本质共性。性即理，它们具于宇宙天地人物和伦理道德之中，而又超越天地人物和伦理道德。这种既具形而下事物之中，又为形而上者的品格，便是天地之性与气质之性的合二而一。

---

① 拙著：《宋明理学研究》，353~358 页。
②③ 《河南程氏遗书》卷三，见《二程集》，63 页。
④ 《河南程氏遗书》卷六，见上书，81 页。
⑤ 《河南程氏粹言·论学篇》卷一，见上书，1199 页。
⑥ 《离娄下》，见《孟子集注》卷八，64 页。

天地之性是专指理言，是纯善的，它超越人物而又是人物本性的所以然；气质之性是理和气之杂，有善有恶，是与每个人的生理、身心相结合的具体本性。

周、张、程、朱以天地之性论证人性本善，体现了对人的隐在（内在）意义和价值的肯定。这并非孟子性善论的复归，而是改造和创新，因为他们提出了气质之性，以解释善恶的构成和来源问题，这就为人生意义和价值的变化和发展提供依据。从人生的过程而言，天地之性隐在于主体，是构成人生意义和价值积极肯定方面的潜能，王守仁称此为"天植灵根"（《王文成公全书·传习录上》）。这种潜能的显化便是人生意义和价值的完善的过程的展开，这种展开必然与气质之性中恶的成分、方面相冲突，克制恶便成为变化气质的主要目标。"为学大益，在自求变化气质"①，"故学者先须变化气质"②。变化气质的过程，颇为艰难，"人之为学，都是要变化气禀，然极难变化"（《朱子语类》卷四）。正因为"极难"，所以要"今日为学用力之初，正当学问思辨而力行之，乃可以变化气质而入于道"（《答汪尚书》，见《朱文公文集》卷三十）。强调认知和力行对于变化气质的作用，此学问思辨和力行工夫，亦即涵养与穷理的工夫。涵养既以自我为主体，又以自我为客体对象，对自我进行省察、反思、体悟，而达穷理或明理，"惟积学明理，既久而气质变焉"③。在这里，明理、穷理就是对"天地之性"内在意义和价值根据的展现，促使人的气质变化为"入于道"，即回归于天地之性，从而充分肯定了人的意义和价值。

从先秦以来，对人自我意义和价值的反省，便构成了价值体系的逻辑起点，南北朝、隋唐时期，佛道二教风靡社会，神性超越了人性，神性的

---

①② 《经学理窟·义理》，见《张载集》，274 页。
③ 《河南程氏粹言·论学篇》卷一，见《二程集》，1187 页。

意义和价值冲淡了人性的意义和价值。再经五代十国的社会动乱，道德的沦丧，心理的失衡，价值的迷失，人性的负面意义和价值亦超越了正面的意义和价值。因此宋代理学家所面临的使命、责任，便是高扬人文价值，重建道德规范，找回精神价值，建构"仁者，以天地万物为一体"①的整体人文意义和价值，并由人文价值力度的强化而转化为天与人的融合，要求在天与人的和谐、协调中实现人的意义和价值。

### （三）人与命

性与命相融突，命是与性的隐在性（内在性）、本然性和主体性相对应的显在性（外在性）、必然性和客体性。人往往追求异在于人自身的外在的力量或根据。中国古代命令两字为一，且通用。②命有使义，即命令，是异己力量指使或命令。③

命是"就其流行而赋于物者言之，性则就其全体而万物所得以为生者言之"（《朱子语类》卷五）。命有所命者，便是"天"或"帝"，命的接受者，便成为性。"天所赋为命，物所受为性"（同上）。命便是性的隐在本质属性和道德意义及价值的显在根源或根据。

殷人曾宣扬上帝和天授命殷人伐夏桀而治理天下，周人为了伐殷纣，便对天命进行损益。认为天授命谁来治理四方是有条件的，这个条件就是谁能"敬德保民"。并以此告诫周人不要非德虐民，要时时反思"惟命不于常"④的道理。在周代能提出具有人文精神意义和价值的口号，是人的

---

① 《河南程氏遗书》卷二上，见《二程集》，15页。
② 《说文古籀补》："古文命令为一字"。《说文句读》："金文多借令为命，史伯《硕父鼎》'永令万年'，其征也。"林义光："按诸彝器令命通用，盖本同字"（《文源》）。
③ "贞呈秉及舆途虎方"（《甲骨文合集》八），然卜辞中大量是令字："献，贞翌辛未令伐凶。"（《卜辞通纂》，52页，北京，科学出版社，1982）
④ 《康诰》，见《尚书正义》卷十四，205页。

自我意识的觉醒，展现了人的自我智能可以改变与制约天的意志或天的命令。

古代中国是王朝循环轮流"体制"，王朝初建之时，尚能励精图治，敬德保民，经数代以后，便逐渐丧失了自我控制和相互制衡的机制和功能，走向政治腐败，促使旧王朝衰落甚至灭亡。中国几千年的王朝体制，就是在这样的"怪圈"中循环往复，始终摆脱不了。新旧王朝的更迭，大多数都诉诸战争暴力，不仅造成人民被大量杀戮，而且造成物质、文化、知识积累的大规模的严重毁灭。阿房宫这样震撼世界的建筑，竟荡然无存，而不像古希腊罗马尚有遗址在。

在这种"怪圈"中运转的西周王朝，当它到了末年的时候，原来用作伐殷的根据，现在都照应到周人自己身上，"以德配天""敬德保民""唯德是辅"，都成为刺向周人的利剑。于是人们从周人的"天不可信"①、天命靡常中，发展出怨天、恨天以至骂天的呐喊，神圣庄严的天命权威，从王权的腐败中跌落了。谁都可以假借天命靡常，作为夺取权力的借口或工具。这样，显在（外在）超自然的必然力量——天的意志，在人的旨意的渗透下，向世俗的人的力量妥协。

在此社会环境下的春秋时期，命作为异己的显在的必然性，向着隐在的主体生命转化。"民受天地之中以生，所谓命也。是以有动作礼义威仪之则，以定命也"②。命就是禀受天地中和之气的生命存在的意义和价值，这种生命意义和价值需在社会交往活动的礼义威仪中得到定位和肯定。

人的生命意义和价值是本源的，它是人的其他方面意义和价值的基础和出发点。但是人自身无法彻底改变自我生命的寿夭。"夭寿不贰，修身

---

① 《君奭》，见《尚书正义》卷十六，223 页。
② 《成公十三年》，见《春秋左传注》，860 页。

以俟之，所以立命也"①。通过修身养性的道德磨炼的途径，提升自我的精神境界，以获得生命的意义和价值，这便是"立命"，即是对无法改变的生命寿夭生死大限的安身。

对命在生命这个意义上，中国先秦各家理解大体趋同，而对天命、命运这个意蕴的理解和解释，却大异其趣。孔子讲"知命"，老子讲"复命"，墨子讲"非命"，孟子讲"立命"，庄子讲"安命"，荀子讲"制命"②。"道之将兴也与？命也；道之将废也与？命也。"③ 主体人对于必然之命，往往无可奈何，带有一定的神秘性。道的兴与废受冥冥之中命运的支配，主体的力量被置于异在于主体的超越力量之下。主体对于自我力量意义、价值、功能的自觉，在孔子时有一个显著的转换和突破，提出"人能弘道，非道弘人"④ 的主张，道作为一般的学说、社会理想道德原则，主体人可以通过自我努力，发挥主体的能动作用，而弘扬道。主体弘道的智能，就是人进行文化创造和道德选择以及实现自我意义和价值的能力。正是此主体弘道的智能，开发了主体隐在的使命感和历史的责任感。"任重而道远"的主体使命感，以"人能弘道"的主体意义、价值的自觉意识为先导。这种主体自觉意识的确立，亦是对主体意义和价值的肯定。

正是基于主体自觉意识，孔子自称"五十而知天命"⑤，是对于人生自然命运的认知和把握。"不知命，无以为君子"⑥。作为理想人格的君子，必须具有认知、把握主体自我命运的能力。这种制约主体活动的，主

①《尽心上》，见《孟子集注》卷十三，101页。孔子讲"死生有命，富贵在天"（《颜渊》，见《论语集注》卷六），命即寿夭之生命。

②唐君毅：《中国哲学原论》（道论篇），501页，台北，学生书局，1980。

③《宪问》，见《论语集注》卷七，63页。

④《卫灵公》，见上书卷八，68页。

⑤《为政》，见上书卷一，5页。

⑥《尧曰》，见上书卷十，84页。

体力量对必然力量的认知，是主体在意识中反映或观念地再现现实的过程和结果；把握则包含观念地建构和以实践为手段来实现主体自我的意义和价值。它实质是主体的自由道德选择、文化创造与必然力量的命运达到新的和合，这便是由"知命"到"立命"。以实现"从心所欲，不逾矩"①的主体自由之境，作为主体自我精神所寄托的安身立命之所。

如何才能认知和把握主体自身必然性之命运？"莫之为而为者，天也。莫之致而致者，命也"②。"莫之为""莫之致"，都是主体的主观努力和愿望所很难达到的，但既要"为之""致之"，又不是绝对不可认知和把握的。那么，如何"为之""致之"？这就是"存心""养性""事天"，即保持、培养主体人的本心、本性，就可以事奉、认识异己的必然力量，这便是"立命"之方。

主体文化创造、道德选择和实现自我意义价值的实践活动，往往受制于主体无法控制的某种超越力量，平治天下的社会活动固然不能"舍我其谁"③，但平治天下能否实现、怎样实现，并非仅取决于主体自我的智能，而与历史的理势、异在超越力量相联系，这两者之间往往激烈冲突。一方面，主体的历史责任意识和使命意识，促使主体通过自我的社会实践和社会交往活动，知命立命而易境，即创造性改变和影响历史进程，开出理想社会，而得到安身立命之最佳环境；另一方面，主体的这种知命立命易境活动，又受超验主宰的冥冥安排和限制，即受命的制约。

孟子企图协调、融合这种冲突，"求则得之，舍则失之，是求有益于得也；求在我者也。求之有道，得之有命，是求无益于得也，求在外者也"④。所谓"在我者"，是指主体的自觉探求和实践活动的对象不是主体

---

① 《为政》，见《论语集注》卷一，5 页。
② 《万章上》，见《孟子集注》卷九，72 页。
③ 《公孙丑下》，见上书卷三，33 页。
④ 《尽心上》，见上书卷十三，101 页。

自我之外，而在主体自我本身之内。主体道德价值的培育和发扬，以及道德理想境界的实现，并不受制于异在的超越力量，即天命对人的道德价值和人生意义的绝对裁判，而凸显人自我的价值和意义。

所谓"在外者"，是指主体人的自觉探求和实践活动的对象不是主体自身之内，而在主体自我之外的必然的、超自然的力量，是主体无可奈何的、不得不遵循的形而上根据，支配着人的历史活动和社会实践活动。在"在外者"的领域内，主体的自主性、自动性都受到限制，主要取决于必然的命运和形上化的天命。在这里并不绝对拒斥主体的能动作用，而是努力争取"知命"，并不断扩展"知命"的范围。墨子从经验的实证出发而"非命"①，亦是对"知命"的发挥。这便促使"在内者"转化为认知"在外者"的动力。

孟子在"在外者"的必然命运王国之外，为主体人争得了"在内者"心性道德价值领域的自由天地，建构了主体人得以自由活动、实践、选择和实现人的意义、价值的一块地盘。这与其说是两者冲突的化解，不如说是冲突的转移和分别安置。孟子把主体自由直接与"在内者"相联系，标志着朝个体心性涵养的道德实践活动的接近，奠定了儒家内圣的路线。

孟子把主体人的意义和价值以及自由的原因、根据，仍然归结为形而上超验的命，命具有最终价值的解释功能。荀子对命作了新解，"节遇谓之命"②。把命规定为主体人在现实生活中的偶然遭遇或境遇，这就为把命从形而上解释范围转变为对现实状况的一种描述提供了可能，也使制约主体自由社会实践、选择活动以及实现自我意义和价值的超越力量，转换为主体现实生活中的境遇、遭遇本身，使人的认知进入节遇领域，消除其神秘性。

---

① 《非命上》《非命中》《非命下》，见《墨子间诂》卷九。
② 《正名》，见《荀子新注》，367 页。

节遇、境遇虽被还原为现实的实然状态，但也存在主体所受遭遇并非主体所能自我控制；主体自我意义和价值的实现，也非主体所能自我选择。荀子认为，即使是主体自我难以控制的方面，以及非主体行为的因果关系，主体也可以发挥自主的能动性。"心者，形之君也，而神明之主也，出令而无所受令。自禁也，自使也，自夺也，自取也，自行也，自止也"①。主体意识对于自我的一切行为活动，具有外在力量无法制约的自主性。人生意义的选择，自我价值的实现，安身立命的获得，都可以自我设计，自作主宰，不必受"在外者"支配。

因此，荀子在化解"在我者"与"在外者"的冲突中，不是如孟子把两者分别置于不同的序列之中，而是均置于"在我者"之下。所谓"外至者"只不过是他人而已。对他人而言，亦是"在我者"。所以这种协调是一种深化，且由内在心性的内圣道路，扩展于外在（隐在）必然之命和超越力量的制约。如"物畜而制之""制天命而用之""应时而使之"②。把必然之命和超越力量转化为对万物的控制和掌握，并利用它、变革它的自然增长而使之为人服务。于是，天命便丧失了其主体力量的形而上的根据、原因的价值和意义，也丧失了其冥冥之中支配人的命运的神秘性，它是能被人认识、把握、控制和利用的自然之物。人的主体所能自由活动选择的范围，便从"在我者"扩大到"在外者"，主体对于必然之命和超越力量的控制、利用、变革，而展开为征服、改造客体自然的过程，在改造自然和人化环境的实践活动中，而满足主体需要，实现人生意义和价值。

相对于儒家的道家，不言"知命"和"立命"，而曰"复命"和"安命"。道家超越世俗社会的利害，以自我精神生命的恬静、自由、愉悦为价值取向。老子说："归根曰静，是曰复命，复命曰常，知常曰明"（《老

---

① 《解蔽》，见《荀子新注》，354 页。
② 《天论》，见上书，278 页。

子》第十六章）。在变化无常的社会生活里，在无穷烦恼的精神生命里，回到生命的宁静心灵之所，这便是"复命"，也是"知常"。假如被"死生存亡，穷达贫富，贤与不肖，毁誉、饥渴、寒暑，是事之变，命之行也"①。即被世俗的死生、名利、富贵、情欲所迷恋，那便是妄作，结果便凶。这也是一种"命"。虽命是一种无可奈何的所以然，但人生意义和价值的追求，在于自我精神生命的愉悦和安静。

道家以儒家入世精神的穷达贫富、贤与不肖的计较为"妄作"，而主张顺应自然的必然之命。"知其不可奈何而安之若命，德之至也"②，"知不可奈何而安之若命，唯有德者能之"③。此"命"是指人生的遭遇。它是"不可奈何"的，即主体力量对于自然必然性的无可奈何的心态和情感。在这种心态和情感下所理解的命，既不是拟人化了的天的绝对命令，亦非事物内在必然联系的规律性，而是不知所以然而然的抽象的必然性。活动着的人和人的活动不能改变自然的必然命运。这种必然之命是庄子对社会生活、人生交往活动中必然的深切体验，亦是对于"安之若命"的无心无情，安然顺命的人生意义和价值的追求。这种追求的主旨是达到内在精神生命的安静和自我精神的自在。

儒道论"命"，同源而殊途，同体而异用，形成正负、阴阳、刚柔的互补会通，即冲突融合。这里所说的"同源""同体"，基于天人之道共同体认；"殊途""异用"是指儒者以人道体天道，注重于人文精神，道家以天道体人道，注重于自然精神。既有人文精神价值理想的追求，又有顺应自然精神价值理想的心态，人生的意义和价值才是完满的。

儒家鉴于现实社会中一些人见利忘义，唯利是图，不惜损人利己，尔

---

① 《德充符》，见《庄子集释》卷二下，212 页。
② 《人间世》，见上书卷二中，155 页。
③ 《德充符》，见上书卷二下，199 页。

虞我诈，以致危害国家民族之大义，不仅有损自我人格，而且无人生意义价值可言，因而主张"义命合一"。"义命合一存乎理。"[1] "人皆知趋利而避害，圣人则更不论利害，惟看义当为与不当为，便是命在其中也。"[2] 在义的当为与不当为之中，体现了命。

> 贤者惟知义而已，命在其中。中人以下，乃以命处义。如言"求之有道，得之有命"，是求无益于得，知命之不可求，故自处以不求。若贤者则求之以道，得之以义，不必言命。[3]

命寓义中，以命处义，"义命合一"，是以主体道德精神价值的博大情怀，包容必然之命，化解主体道德精神力量与超验必然力量之间的冲突。"至诚安于义命而自乐"[4]。作为"至诚"主体道德精神价值的道义，既是满足自身道德精神需要的价值，亦是满足自身立命需要的价值。这便是人生生命的意义和价值。

"义命合一"，可以转化为把拼命赚钱的功利活动与追求道德精神价值融合起来，在主体人的意义、价值追求中，义与命往往一体二分或一体两面。功利和个体利益需要通过义和整体利益才能得以体现，义和整体利益又必须通过功利和个体利益才得以体现，又是对功利和个体利益的超越。人总是需要把义和利、整体利益与个体利益融合起来。当人积累了一定的财富，满足了自我的一定需要，把财富投入社会公益、文化教育建设时，便是合乎道义的道德行为，社会和公众对这种道德合理性行为做出相应的回应，个体主体从这种回应中，得到心灵的慰藉和精神生命的寄托，而获得人生生命的意义和价值。

---

① 《正蒙·诚明篇》，见《张载集》，20 页。
② 《河南程氏遗书》卷十七，见《二程集》，176 页。
③ 《河南程氏遗书》卷二上，见上书，32 页。
④ 《周易程氏传·未济》卷四，见上书，1026 页。

儒家基于"知命"——→"立命"——→"制命"的发展，由认知命运、生命的必然性，到制约、利用命运和生命的必然性而为自我服务，再到创造命运、生命，以达到人生意义和价值的理想境界。明代王艮虽讲天赋的、机遇的命，但不同意"听命"。《心斋语录》载："若天民则听命矣，大人造命"。明清之际王夫之进一步说明，不仅君相可以"造命"，一介之士亦可以造命。

> 唯君相可以造命，岂非君相而无与于命乎？修身以俟命，慎动以永命，一介之士，莫不有造。①

主体人可以体认、掌握自己的命运，并改造、创造自己的命运；主体人才真正成为自作主宰的人，这是对人生意义和价值的高度肯定。

和合意义世界，使作为展现人生生命的意义和价值的"性"与"命"、主体与客体、隐在性与显在性、本然性与必然性的冲突，通过主体涵养修治心性和"在外者"与"在内者"的转换，而至于命。性命整体贯通。

### （四）修养与规矩

主体人为了实现自我人生生命的意义和价值，改变、涵泳主体自然命运的遭遇、节遇，以及其必然性的主体人的无可奈何的被动性，必须对所要改变、涵泳的主体人的人生必然命运有所体认和修治、整修，即修命；对于主体人自身的属性、本质，也要涵养、调治，以培养、养育道德情操，这便是"养性明命"，"命"明可促进"养性"，"养性"自然"明命"。"命"明则修"命"。"命"修反演过来，便可"修命易性"。

"养性明命"是主体人的活动。养，甲骨文作②。《说文》："供养

---

① 《读通鉴论》卷二十四，见《船山全书》第十册，935页。
② 董作宾：《殷墟文字乙编》409，1948。

也。"养引申为生育、繁殖、鞠养、陶冶、修养、调治、内隐的意思。养性便是涵养本性或涵养心性。孟子讲"存其心，养其性，所以事天也"①，较早提出"养性"的问题。"养性"作为主体人的生命精神活动中道德价值的培养，是主体人道德理性的自觉，是社会实践和社会交往活动的需要。

如何涵养心性？孟子认为，只有"存心"才能"养性"，心不存，性亦无处可养。朱熹解释为"先存心而后养性"（《朱子语类》卷六十），主体意识或道德精神价值得以确立，才有涵养本性或心性的任务。其实，存心和养性在主体的践行中，是同步演进的，而非有明确先后之差分。这种同步演进，亦是相互渗透的。

"存心"，并不绝对是指最初的"存"的工夫，而是一个渐进的过程。"存，也非独是初工夫，初间固是操守存在这里，到存得熟后，也只是存。这'存'字无终始，只在这里"（同上）。换言之，"存"便是"守的工夫"。

然而，朱熹解释"存心养性以事天"，只是朱熹的解释，他是依其理学家的"前识""先见"，对孟子文本的一种体识或理解。譬如说，存心养性，朱熹认为不能作"养其心，存其性"（同上）。其实孟子自己就说："养心莫善于寡欲。其为人也寡欲，虽有不存焉者，寡矣；其为人也多欲，虽有存焉者，寡矣。"② 直接提出"养心"，即修养心性的最佳方法是减少物质欲望。这里所说的"存"与"不存"，并非赵岐所注的生死，而是指人之所以异于禽兽的那一点点道德精神和行为，这便是"君子存之"的"存"。这种道德精神，是指仁义等道德意识和道德行为。"虽存

---

① 《尽心上》，见《孟子集注》卷十三，101 页。
② 《尽心下》，见上书卷十四，115 页。

乎人者，岂无仁义之心哉？"① 即是以仁义为主要内涵的善性。

"存"与"养"同"尽心、知性"的"尽"及"知"的"知底工夫"相对应，"存养是守底工夫"（《朱子语类》卷六十）。既都是"守底工夫"，"养心"有何不可？欲望多而不节制，心性为欲望所牵引、所昏蔽，"这心一齐都出外去"（同上书卷六十一），本心也就纷杂了，"未有不失其本心者"②。"存"即存其本心，"养"亦是养其本心。因此，存心可，养心亦可；养性可，存性亦可。

"养心"的方法为"寡欲"，"养性"的方法为"静漠恬澹，所以养性也"③。安静、寂寞、恬淡，而不为嗜欲所乱，便能修养心性。修养心性到了宋儒时，便成为理学的主旨和终极目标。朱熹把"存心、养性、事天，此是力行"（同上书卷六十），作为力行的工夫，既共指知理而行理，亦殊指个体的心性道德修养的工夫，即所谓涵养工夫。

"涵养"，即滋润养育和涵蓄存养之意。作为修养工夫，涵养既包括向内修养心性即主体人的本性，亦包括向外追求知识，即格物致知，以至格物穷理。作为主体道德精神的涵养，"学者须是将敬以直内，涵养此意，直内是本"④，这便是"涵养须用敬"。敬是"主敬""居敬"，即"主一之谓敬"⑤。"主一"即心不二用，闲邪不入，不会被外物所蔽。"一则自是无非僻之奸。此意但涵养久之，则天理自然明"⑥。"明天理"，是涵养心性的目的或宗旨。"天理"是主体人的道德精神的异化，这种道德精神对象化，而成为主体人的异己力量，而反过来制约、支配主体人的涵养的价

---

① 《告子上》，见《孟子集注》卷十一，88 页。
② 《尽心下》，见上书卷十四，101 页。
③ 《俶真训》，见《淮南鸿烈集解》卷二，73 页。
④ 《河南程氏遗书》卷十五，见《二程集》，149 页。
⑤ 同上书，169 页。
⑥ 同上书，150 页。

值取向。在这里，所谓"明天理"，此"天理"之"理"，亦意蕴"天命"之"命"义。"'有命焉，君子不谓性也'。这命，便是指理而言"（《朱子语类》卷六十一）。这样，便与和合意义世界的"养性明命"相符合。

涵养心性，须用"敬"。敬是内心精神世界的修养，如何"居敬"，二程提出"操存闲邪"和"涵泳存养"的修养方法。前者是对于孟子"操则存"的解释。"圣贤千言万语，只是欲人将已放之心，约之使反，复入身来，自能寻向上去，下学而上达也"[①]。"已放之心"，即心之"已发"，便有善与不善，约之使返本心之善，即"未发"，并体验"未发"之性，敬守天理，不使流入不善，必须有闲邪工夫。"闲邪则诚自存，不是外面捉一个诚将来存着"[②]，闲邪就是保持心中固有之诚或天理，不使外诱而丧失。

"涵泳存养"，便是深入体悟本心之诚或天理。如何"涵泳存养"，二程讲须要从三方面着手：一是"养心"，这是涵养的着落处，又是存诚处。养心的工夫，就是寡欲，"欲寡则心自诚"[③]。二是养志，这是敬以直内的根本，其功能和作用就在于"胜气"，"率气者在志，养志者在直内"[④]。涵养意志，统率气质。若"气胜"，则生惯乱。三是养气，是指养"浩然之气"。养气便是去"私意"，其方法是气与义相结合，"及其养成浩然之气，则气与义合矣"[⑤]。

操存闲邪，涵泳存养，便是涵养心性，即养性。朱熹认为养性要做两方面工夫：除"涵养须用敬"外，还要"进学则在致知"。就是把涵养心性的进路与格物穷理的进路结合起来，在终极目的上把两者既作为

---

① 《河南程氏遗书》卷一，见《二程集》，5 页。
② 《河南程氏遗书》卷十五，见上书，149 页。
③ 《河南程氏遗书》卷二上，见上书，18 页。
④ 《河南程氏遗书》卷十五，见上书，151 页。
⑤ 《河南程氏遗书》卷十八，见上书，206 页。

实现人生意义和价值的心性道德境界的修养工夫，也作为体认天理的形上道德价值的求知的工夫。这是对于孟子"尽心"——"知性"——"知天"的致知工夫与"存心"——"养性"——"事天"的存养工夫的差分和发展。

穷理的致知工夫和养性的存养工夫是提升精神境界，培育心性道德，成就人生生命意义和价值的重要途径。"尝闻之程夫子之言曰：'涵养须是敬，进学则在致知。'此二言者，实学者立身进步之要"（《答陈师德》，见《朱文公文集》卷五十六）。此两者交相发用，不可废一。涵养居敬而立心性之本，本立而知益明；格物穷理而知日精；知精而本益固，并进互发，相得益彰。

朱熹对涵养的理解，既指"未发"时性的涵养，亦指"已发"时情的涵养，是对于程门杨时道南一系以"体验未发"为宗旨，和胡宏湖湘一系以"察识已发"为要妙的综合。[①] 先是朱熹师事道南一系的李侗，认真体验"未发"时气象，但朱熹在高度静的体验中，并没有进入直觉与物同体的天地境界的浑然感受。其从《中庸》入路做内圣体验工夫，仍坚信无疑，于是便转向重已发之察识的胡宏、张栻的湖湘学，对湖湘学作了三年的参究，又回归到李侗，否定了心为已发时的先察识后涵养的进路。他认为，湖湘一系有缺却平日涵养一段工夫之失，道南李侗有重静坐的直觉体验之偏。朱熹弥补两者，在程颐"涵养须是敬，进学在致知"的形式下，既涵养又察识，建构了以心贯通未发已发、体用、性情的理论体系。

致知穷理、涵养心性作为修养工夫，使"养性明命"进入一新的理想境界。"养性明命"的养性为立本，本立则"命"益明；"修命"而益精明，则本益善。"修命易性"，是指对于主体无可奈何的异在的超越必然力

---

① 参见拙文：《未发已发论之纵贯——朱子参究未发已发论之挫折、转变和影响》，见《国际朱子学会议论文集》，497~520 页，台北，中国文哲研究所筹备处印行，1993。

量的修命，儒家、道家、墨家都从主体人的能动性的方面，发挥"人能弘道"的精神，把必然之命置于主体人的智能之下，是人智能域内为人所控制的必然之命。和合意义世界（"人"界）指出"修命"概念，以与"养性"相对应，既避免庄子"安命"的负面价值之偏失，亦超越墨、荀"非命""制命"之过激运用而造成的弊端，而重新予以整治和创造。

"修"①，《说文》："饰也。"本义是修饰、装饰之意。《广雅·释诂》："修，治也。"有整治、修治之义，引申为善，扫除污物，如粪便②等。"修道之谓教"③，郑玄注："修，治也。治而广之，人放效之是曰教"。"修命"便是修治命运，整治命运，亦有扫除旧命，创造新命的意蕴。"命乐师修鞉鞞鼓"，孔颖达疏："修者，修治旧物。"④ 修治旧命，即改造、改变旧命，使之趋于完善，使旧命向新命转化。这个转化的进程，便是由认知异在于主体的必然之命，即知命；到培养主体的道德境界，完善身心的道德价值和意义，这便是安身立命，即立命；再到掌握必然命运运行次序法则，而控制利用命。这个知命──→立命──→制命的进程，就是"修命"的进程，也是实现从旧命向新命转换的过程的中介。

"修命易性"，人的本性、心性，随着主体人对于必然命运的认知和掌握，主体人对于自身的属性、本质也有了深一层的认识和把握；同时，主体人自觉的"养性"，精神世界的价值理想、道德境界的提升，也要求人性的改变。"易性"也就是改变旧的人性为新的人性。

人性毕竟是一种历史现象，在不同的社会、不同的集团、不同的社会生活环境，文化教养不同，便展现为各种具体的、感性的、现实的人性。

---

① "修"与"脩"通用，本为两字，脩，《说文》："脯也。"为肉脯，即肉干。自汉隶两字互混。
② 《礼记·中庸》："修其宗庙。"郑玄注："修，谓扫粪也。"（《礼记注疏》卷五十二，《十三经注疏》本，1629页）
③ 《中庸》，见《礼记注疏》卷五十二，《十三经注疏》本，1625页。
④ 《月令》，见上书卷十六，《十三经注疏》本，1369页。

因为这种现实的人性或人的本质，说到底是由人在一定社会经济关系中的地位，与人所从事的社会交往活动以及主体自我修养决定的。所以，随着上述社会现实条件的改变、变化，人性也会变易，这便是和合意义世界（"人"界）的"易性"。

"养性明命为规"，"修命易性为矩"。"规"，本是画圆形的工具，"其母梦神规其臀以墨"①，韦昭注："规，画也。""矩"是画直角或方形的曲尺。规矩都是画不同形状的事物的标准尺度，比如"矩尺"，即木工所使用的尺度。引申为法则、准绳、尺度，"七十而从心所欲，不逾矩"②。朱熹注："矩，法度之器所以为方者也。"他引程颐话说，"孔子自言其进德之序如此者，圣人未必然，但为学者立法"③。即以规矩为人自我立法，亦为天地万物立法，也与人的道德修养的境界相联系。

"规矩"作为法度、尺度和度量标准之意，墨子作了具体的陈述：

> 无以异乎轮人之有规，匠人之有矩也。今夫轮人操其规，将以量度天下之圆与不圆也。曰：中吾规者，谓之圆；不中吾规者，谓之不圆，是以圆与不圆，皆可得而知也。此其故何？则圆法明也。匠人亦操其矩，将以量度天下之方与不方也。曰：中吾矩者，谓之方；不中吾矩者，谓之不方，是以方与不方，皆可得而知之。此其故何？则方法明也。④

规与矩是轮人与匠人用来衡量、规范、检验圆与不圆、方与不方的法度、标准，亦是人之所以认知、掌握什么是圆与方的价值尺度。

规矩作为价值尺度、法度、准绳，被孟子所重视。"圣人既竭目力焉，

---

① 《周语下》，见《国语集解》卷三，90 页。
② 《为政》，见《论语集注》卷一，5 页。
③ 《为政章句》，见上书，5 页。
④ 《天志中》，见《墨子间诂》卷七。

继之以规矩准绳，以为方员平直，不可胜用也。"① 就是有离娄的目力，公输般的技巧，"不以规矩，不能成方员"②。这就是说，任何法度、尺度、标准，都具有客观性、真实性和准确性，而不依主体人的目力和技巧为转移、为依据；法度、尺度、标准必须有客观的工具、手段，即工具中介，作为其实施法度、尺度、标准的客观依据。

孟子把规矩运用于道德、政治，以规矩喻"先王之道"。"今有仁心仁闻而民不被其泽，不可法于后世者，不行先王之道也"③。光有善心，不足以治理好政治；光有好法，好法不能自己去施行。又必须发挥主体能动性，使善心和好法通过一定的规矩、工具中介，使好法、仁政转变为现实的政治和法度。

和合意义世界差分为"性""命"。"性""命"和合为意义世界，其机制为：养性明命为规，修命易性为矩。修与养、规与矩作为和合意义世界性与命的转换与中介机制，基于对中国传统文化的人文精神的能动改造。这种能动的改造，又是立足于现代文化的需要，而对传统文化人文精神的解释和理解。

养与修、规与矩差分而有对待冲突，只有主体人的性、命能动活动，才能将两者融合起来。人以自身有意识、有目的的涵养和修治的工夫，运用规矩，构成转换、变化"性"与"命"的法度、准绳。"盖圣人只为学者立下规矩，守得规矩定，便心也自定。如言'居处恭，执事敬，与人忠'，人能如是存守，则心有不存者乎！"（《朱子语类》卷六十）只要立下和守定规矩，便能在变化"性"与"命"中发挥其转换功能。

和合意义世界的性命的和合机制为：养性推致为天地万物的价值规矩，为天地万物立规矩，即立法；修命反演为人自身的价值规矩，为人类

---

① ② ③　《离娄上》，见《孟子集注》卷七，51页。

自身立规矩，亦即立法。通过"修养"转换，性命中和为主体的意义活动状态，合化成为规矩中介。因此，和合意义世界是以价值规矩为规范依据的修养和合世界。和合意义世界转换结构方式如图5-2：

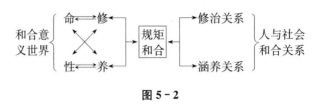

图 5-2

## 三、微观与宏观

在和合意义世界（"人"界），主体以"养修"活动为标志的意义状态，差分为八个方面，即由八个特异化的意义状态时空构成，与"性""命"的八维差分相应，规矩中介也分序展开为八种规矩，即由八个特异化的意义状态时空构成，分别在八个意义状态时空中起和合中介的纵横、贯通作用。

### （一）养修转换

"性""命"的养修八态与规矩八态，基于"八性""八命"。无"八性""八命"，养修八态和规矩八态便无以立；无修养八态和规矩八态，"性""命"亦不能实现其转换和变易。

"性""命"的养修转换机制和规矩转换中介，根据"八性"和"八命"的序列维向依次差分，依序展开。特异分化的转换中介，逻辑上能将"八性"及其相应的"八命"微观纵向贯通，又能横向涵摄，展现人类意义世界涵养和修治性、命的人生精神生命世界，或灵魂生命世界。

和合意义世界性、命养修转换机制的微观构成图式：

总式（母式）见图 5-3：

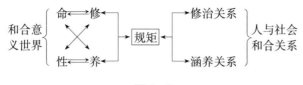

**图 5-3**

微观构成图式，分析解释意义世界的规矩和合中介的养修转换构成机制及其分维构成的现实，同时又在每个意义状态时空内实现性命的转换和合。

母式是八个子（分）式的原本，其转换构成机制为：人涵养内在的意义和价值本性，修治外化为天地万物的价值意义规矩，为天地万物的价值意义立法（"为天地立心"），人修治外化的价值意义使命、命运涵养内化为人自身行为的价值意义规矩，为人类自身生命社会交往活动的价值意义立法（"立心""立命"），双向转换和合为性与命的涵养和修治的内外互化合一的价值与意义规矩准绳，成为一切人的文化生活活动的总法度。

和合意义世界性、命养修转换机制的微观构成的反演序列为：价值意义规矩内化为主体的价值意义本性，又修治外化为主体的价值意义命运或使命；价值意义规矩外化为主体的价值意义命运、使命，又修治内化为主体的价值意义本性。由此顺进反演，生生不息，变化日新，纵贯横摄，贯通和合，使人与社会的涵养修治的内外价值意义关系，融合为一个统一的和合意义世界。

和合意义世界的分式（子式）为总式（母式）的差分复制，是同构映射关系，只要按八维和合的特异语义域来解释，就能构成八种价值意义维度，系统而全面地揭示出人类意义世界各种价值意义规矩标准的构成机制。

1. 意义形上和合性命养修转换机制。见图5-4。

意义形上和合 { 元命 ⟷ 元修
元性 ⟷ 元养 } → 元规矩

**图5-4**

元始自然社会人性和以情感体验为基础的价值属性，以及元始自然化的必然性的使命、命运，构成元始意义状态及其元始意义状态空间和时间。通过元始涵养活动，借助涵养中介系统，涵泳意义使命、命运，明确意义、价值属性，本性转而构成"元规"，即尚未差分化的元法度、尺度和标准。同时，通过元始修治活动，借助于修治中介系统，修治元始意义使命、命运，改造、变易元始意义、价值属性、本性，化而构成"元矩"，即人类意义、价值的元始法度、尺度和准绳。

元规、元矩和合为"元规矩"。"元规矩"反演过来，人的意义价值的元始规矩，即法度、尺度、标准，通过反馈机制，衡量、检验、校正养修活动，就能深入地涵泳人的属性、本质，以及人的必然性的命运、使命，进而改造、变易人的属性、本质，以及人的命运和使命，促使性和命的进化。

2. 意义道德和合性命养修转换机制。见图5-5。

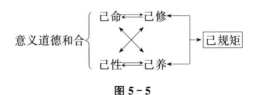

意义道德和合 { 己命 ⟷ 己修
己性 ⟷ 己养 } → 己规矩

**图5-5**

个体道德价值秉性、属性和个体道德意义使命、命运，构成正德意义状态及其道德状态空间和时间。通过个体涵养活动，借助于涵养中介系统，涵泳个体意义的使命、命运，认清个体意义的道德价值秉性、本性，转而构成"己规"，即个体自家道德准则、法度、标准。再通过个体道德修治活动，借助于修治中介系统，修治个体自家道德意义使命、命运，改造、变易个体道德价值秉性、本性，化而构成"己矩"，即个体自家道德准绳、准则、尺度。

己规、己矩和合为"己规矩"。己规矩反演过来，人的个体道德意义、价值的己规矩，即自家（立己）准则、尺度、标准，通过反演机制，衡量、检验、校正养修活动，就能进一步涵泳个体道德价值秉性、本性，以及个体道德意义使命、命运，进而改变、转化个体道德价值秉性、本性和个体道德意义使命、命运，使个体道德价值、意义趋向完善，即立己而推及社会道德价值和意义的完善。

3. 意义人文和合性命养修转换机制。见图5-6。

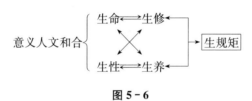

图5-6

主体人际交往价值赋性、属性和人际交往意义使命、命运，构成厚生意义状态及其厚生意义状态空间和时间。通过人际交往的涵养活动，借助于涵养中介系统，涵泳人际交往人文意义的使命、命运，认清人际交往的文化价值赋性、本性，转而构成"生规"，即人际交往活动生生不息的人文准则、尺度、标准。又通过人际交往的修治活动，借助于修治中介系统，修治人际交往的人文意义使命、命运，转换、变易人际交往的人文价值赋性、本性，化而构成"生矩"，即人际交往活动生生不息的人文准则、尺度、准绳。

生规、生矩和合为"生规矩"。"生规矩"的反演，人际交往的人文意义使命、命运的生规矩，即立人的生生准则、法度、标准，通过反演机制，衡量、检验、校正养修活动，便深入地修养人际交往的人文价值赋性、本性和人际交往活动的人文意义使命、命运，进而转化、变易人际交往活动的人文价值赋性、本性和人际交往活动人文意义使命、命运，使人际交往活动的人文价值、意义获得发扬。

4. 意义工具和合性命养修转换机制。见图5-7。

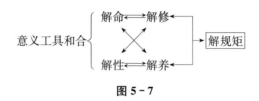

**图 5-7**

主体人的技术工具的价值赋性、本性和人的技术工具的意义使命、命运，构成利器意义状态及其利器意义状态空间和时间。通过人的涵养活动，借助于涵养中介系统，涵泳人的技术工具活动的价值赋性、本性，以及技术工具活动的意义使命、命运，转而构成"解规"，即解开、解决制造、使用技术工具活动的价值的准则、尺度、法度。

通过人的技术工具活动的修治，借助于修治中介系统，修治技术工具活动的意义使命、命运，发现新的技术工具活动的意义使命、命运，转变、变易技术工具活动的价值赋性、本性，化而构成"解矩"，即解开、解决技术工具活动难题（"结"）的准则、尺度、法度。

解规、解矩和合为"解规矩"。"解规矩"的反演，人的技术工具的立业规矩，即立业的准则、法度、尺度，通过反馈机制，衡量、检验、校正养修活动，就能深层地修养人的技术工具活动的价值赋性、本性和技术工具活动的意义使命、命运，进一步转换、变易技术工具活动的价值赋性、本性，以及技术工具活动的意义使命、命运，促使科学技术工具的发展和繁荣。

5. 意义形下和合性命养修转换机制。见图5-8。

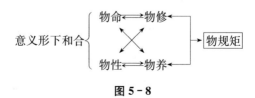

**图 5-8**

主体人的物质产品价值赋性、本性和人的经济活动的意义使命、命运，构成利用意义状态及其利用意义状态空间和时间。通过人的涵养活动，借助于涵养中介系统，涵泳人的物质产品价值赋性、本性，以及人的经济活动的意义使命、命运，转而构成"物规"，即人在物质生产活动中所形成的价值标准、尺度、法度。

人通过经济活动的修治，借助于修治中介系统，修治经济活动的意义使命、命运，发现新的经济活动的意义使命、命运，实现改造、变易人的物质产品的价值赋性、本性，化而构成"物矩"，即人在物质生产活动中所形成的新的准则、尺度、法度，以及人在物质生产活动中对象化、物化的准则、尺度、法度。

物规、物矩和合为"物规矩"。"物规矩"的反演，人的经济活动的成物规矩，即物成的准则、法度、尺度，通过反馈机制，衡量、检验、校正养修活动，便可深入地修养、整治、调控物质产品的价值赋性、本性和经济活动的意义使命、命运，进一步转换、变易人的物质产品的价值赋性、本性，以及经济活动的意义使命、命运，促进经济和合发展和经济立法的完善。

6. 意义艺术和合性命养修转换机制。见图 5-9。

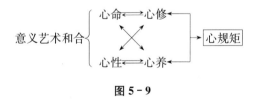

**图 5-9**

人的艺术产品的价值赋性、本性和人的艺术活动的意义使命、命运，构成艺术宜心意义状态及其艺术宜心意义状态空间和时间。通过人的涵养活动，借助于涵养中介系统，涵泳人的艺术产品价值赋性、本性，以及人的艺术活动的意义使命、命运，转而构成"心规"，即人在艺术文化生产活动中用心灵创造艺术产品的价值标准、尺度、准绳。

人通过艺术活动的修治，借助于修治中介系统，修治人的艺术活动的意义使命、命运，改造、变易人的艺术生产活动的产品价值赋性、本性，化而构成"心矩"，即人在艺术产品生产活动中所形成的新的标准、尺度、准绳。

心规、心矩和合为"心规矩"。心规矩的反演，人的艺术活动的成乐规矩，即成人之乐的标准、尺度、准绳，通过反馈机制，衡量、检验、校正养修活动，就能进一层地修养、修饰、和谐艺术产品的价值赋性、本性和艺术活动的意义使命、命运，进而创造、变易人的艺术产品的价值赋性、本性，以及艺术活动的意义使命、命运，促使艺术水平的提高，人的精神生活得到善的、美的享受。

7. 意义社会和合性命养修转换机制。见图 5-10。

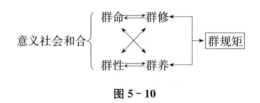

图 5-10

人类社会有机体价值赋性、本性和人类群体社会生活意义使命、命运，构成社会节度意义状态及其社会节度意义状态空间和时间。通过人的涵养活动，借助于涵养中介系统，涵泳人类社会有机体价值赋性、本性，以及人类群体社会生活意义使命、命运，转而构成"群规"，即人在社会有机体生活活动中形成的价值标准、尺度、法度。

人类通过群体社会生活活动的修治、整治，借助于修治、整治的中介系统，修治、整治人类群体社会生活活动意义使命、命运，改造、变易人类社会有机体价值赋性、本性，化而构成"群矩"，即人在群体社会生活中形成新的意义标准、尺度、法度。

群规、群矩和合为"群规矩"。"群规矩"的反演，人类社会群体活动的成众规矩，即成就群体社会众人事业的标准、法度、尺度，通过反馈机制，衡量、检验、校正养修活动，便会进一步地修养、整治、协调社会有机体的价值赋性、本性和群体社会生活意义使命、命运，进而改造、变易人类社会有机体价值赋性、本性，以及人类群体社会生活意义使命、命运，促使人类社会的发展和进步。

8. 意义目标和合性命养修转换机制。见图 5-11。

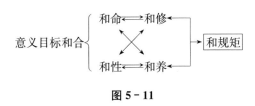

**图 5-11**

人的目标活动的价值赋性、本性和人的目的性活动意义使命、命运，构成目标进取意义状态及其目标意义状态空间和时间。通过人的涵养活动，借助于涵养中介系统，涵泳人的目标活动的价值赋性、本性，以及人的目的性活动意义使命、命运，转而构成"和规"，即人在目标进取活动中形成的价值标准、尺度、法度。

人通过目的性活动的修治、创造，借助于修治、创造的中介系统，修治、创造人的目的性活动的意义使命、命运，转换、变易人的目标活动的价值赋性、本性，化而构成"和矩"，即人在目的性活动中形成的新的意义使命、命运的标准、尺度、法度。

和规、和矩和合为"和规矩"。"和规矩"的反演，人的目标活动的成功规矩，即人的目标进取活动的成功标准、法度、尺度，通过反馈机制，衡量、检验、校正养修活动，就能深层地修养、创造目标活动的价值赋性、本性和目的性活动的意义使命、命运，进而创造、变易人的目标进取的价值赋性、本性，以及目的性活动的意义使命、命运，促进人的和合价值理想的实现。

和合意义世界"八性""八命",通过养与修的转换机制,养性明命为规,修命易性为矩,构成"八规矩"转换中介,使和合意义世界"八维""八态"依次生化、反演。

和合意义世界八种价值规矩、法度、尺度,是意义世界总价值规矩的差分,通过诸和合意义状态时间和空间中的性命的养修和合化而构成,八种规矩实际上是价值法度、尺度的八大准则。

### (二)规矩中介

生生是和合学的主旨,价值规矩也是处于不断的生生过程之中,因此微观转换构成机制是宏观序化流行的基础。八维意义状态时空,相间相对,前后互补;相应地八种价值规矩也相间对偶,相济推行,将整个意义世界和合为一个高度规范化的完善结构系统。

八性、八命通过养修转换机制,即八微观构成图式及其解释,而形成八规矩。八规矩不仅对八性、八命具有反演功能,即反馈机制,衡量、检验、校正养修,通过深入的涵养与修治八性、八命,创造、变易八性、八命,以符合人的各种需要;而且八规矩以自己为转换中介,逻辑将八性、八命上下互动贯通,左右互动递进,使整个和合意义世界("人"界)运作起来,大化流行,生生不息、变化日新日日新。

和合意义世界的宏观展开,分析推行,旨在解决意义世界通过价值规矩中介和合为一整体,并增生流行等问题。同时,逻辑地模拟和再现人类主体追求价值和意义的精神进程。分维展开,依序演进,对偶流行,反演和合,是其中主要的逻辑处理手段。

规矩分序进化是性命养修转换和规矩中介的特异分化、分维进化。其和合意义世界八维和合以规矩为中介的序化流行展开图式及对偶推行图式，即宏观推演图式如图 5 - 12。

此图旨在解释"微观转换构成"的规矩中介的序化生生过程。性与性、命与命之间的流行展开，是通过规矩中介的生化实现的。

和合意义世界的宏观序化流行展开，以价值规矩中介的分维展开为枢纽，性命不仅纵向贯通，而且横向流行，从一个和合维度进入另一和合维度，从一种意义状态变换为下一种意义状态。随着规矩的序进，性完善，命掌握，维度深化，意义状态更趋和合。

性、命必须通过涵养和修治的转换机制，才能养性明命，修命易性。譬如说"天命在人，便无不善处。发而中节，亦是善；不中节，便是恶"（《朱子语类》卷十二）。天命为善，发而中节与不中节，便有善恶。正由于有善恶，便需改恶从善。这里包含两方面问题：一是在"已发"时使之中节，而不要出现不中节；二是已不中节，即已恶而改善。这两方面都在于人自身的涵养、存养、持守。"涵养、持守之久，则临事愈益精明"（同上）。涵养须用敬，"敬之一字，真圣门之纲领，存养之要法"（同上），因为"敬则天理常明"（同上）。这就是说，涵养心性，天理常明，便是养性明命的意思。这样，性和命都向有利于人生生命意义和价值方面转化。

然而，修养的转换机制，必须以规矩为转换中介，才能实现从一种意义状态向另一意义状态转换。

> 只为人心有散缓时，故立许多规矩来维持之。但常常提警，教身入规矩内，则此心不放逸，而炯然在矣。心既常惺惺，又以规矩绳之，此内外交相养之道也。（同上）

以规矩作为衡量、校正涵养与修治性命的标准、准绳，规范人的心性命，便可使和合世界进入更完满境界。

原始人为了满足人的生存需要与满足这种需要的对象物之间，便发生一种必然的关系，这种必然性是原始人无法掌握的，这就是性与命冲突的

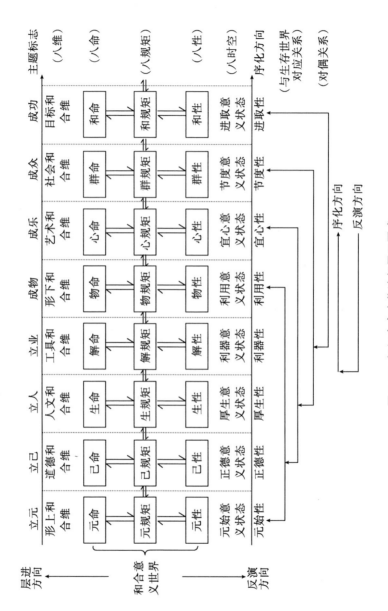

图5-12 规矩中介序化流行展开图式

雏形，也是意义与价值意识的发生态。原始人通过自身元始的养性修命活动，反复实践，元始规矩渐生。譬如"有天地，然后有万物；有万物，然后有男女；有男女，然后有夫妇"①。这种物与人、男与女、夫与妇之别，就蕴涵着元始的规矩、法度、准则。这就标志着原始人自然化的意义命运、使命和价值属性、本性的元始自然的"元规矩"向"己规矩"转化，性命、养修同步对应生化序进，形上和合转换为道德和合，元始意义状态转化为正德意义状态。

原始人需要的发生与其生命活动相联系，人作为一种生物的自在（自然）需要，是联系人生活于其中的自然和社会的桥梁，是人类从自然状态到社会状态的过程。随着人的自我意识的发展，人的生物需要逐渐容入人类社会文明轨道，并由自在需要向自为需要转化，"食色性也"的自在需要便转化为美食及食之礼仪和性活动的道德性形式。这种道德形式较之单纯的、原始的、赤裸裸的生物满足的形式更能满足主体需要，这种需要的道德性形式才具有意义和价值。道德价值和意义无例外地渗透在人的社会生活活动中，制约着人的生活活动的基本导向，并实现着主体的道德价值和意义。人通过自身道德价值属性、本性的涵养和道德意义使命、命运的修治，道德价值和意义规矩、尺度、标准的建立②，从"立己"推及"立人"，道德价值和意义性命通过养修与规矩而展开，和合意义世界便从"己规矩"转化为"生规矩"，性命、养修同步对应生化推行，道德和合便转换为人文和合，"正德"意义状态转化为"厚生"意义状态。

道德价值和意义，其现实的基础是人的社会人文生活。在历史上，道

---

① 《序卦传》，见《周易正义》卷九，96 页。
② 道德行为需要道德规矩，即道德规范、准绳来规范或指导。从理论上说，道德规矩作为普遍的律令，总是具有超越具体境遇的方面，道德规矩的普遍性体现道德的内在价值与尊严，但又为具体操作带来困难。这就需要把普遍律令与具体境遇结合起来，而为具体的道德规矩、律令，这就是说要与具体道德价值赋性和道德意义使命、命运相结合，才能为人所接受与符合人的需要。

德价值体系，即道德形上学是暂住的，但"仁者爱人"的人文精神，从孔子到现代却长存。作为人的价值和意义的精神表现的人文交往活动的需要，而获得人文价值和意义。一切教育的、艺术的、宗教的、哲学的、文学的等等人文活动，都在满足人的精神需要中而成为涵养人性、修治命运与使命的生生不息的活水和资源。人通过自身的意义规矩，促使人文交往活动价值赋性、本性向有利于人的方向变易，人文交往活动的意义使命、命运也朝着展现人的价值意义的方面发展，再通过人自身的反复涵养、修治性命的磨炼，和合意义世界便从"生规矩"转化为"解规矩"，性命、养修同步对应生化推行，人文和合转换为工具和合，厚生意义状态转化为利器意义状态。

技术工具是在人与自然关系的实践中，即生产劳动中发生，也涉及人与人的社会关系，它为满足人的需要服务，而赋予技术工具活动的价值和意义。技术工具的发明创造，推动社会物质文明的发展；同时技术工具作为知识和技能形态的人类精神产品，是精神文明发展的重要标志。技术工具以其特殊的社会功能，造成新的交往方式以及新的观念、语言和需要，引起思维方式的变革，推动道德的进步[①]，以至养性修命，以及"解规矩"的完善，等等。这样便进到新的意义状态，即从"利器"意义状态向"利用"意义状态转化，与其相应，工具和合转换为形下和合。

技术工具的进步，生产力水平的提高，引起了社会经济结构的变革，带来产品的丰富，人的物质生活水平的提高，劳动环境的改善，形成劳动密集型、资金密集型、知识密集型三类产业并存的经济结构，劳动密集型产业下降，知识密集型产业急剧上升，物质生活内容日益丰富，医药卫生

---

① 参见黄顺基等主编：《科学技术哲学引论》，370～385 页。

改善，人的健康水平和生命质量提高。这就是说，物质产品的价值赋性和经济活动的意义使命、命运的程度和质量亦随之提升。再通过养性修命和规矩的完善化，和合意义世界的"物规矩"转化为"心规矩"，性命养修同步序化，形下和合转换为艺术和合，利用意义状态转化为宜心意义状态。

物质生活的改善和人生生命质量的提高，为人的精神生活的改善和提高创造了条件。人追求艺术享受与艺术价值和意义的高层次的精神世界的需要愈来愈迫切。人从事艺术活动的意义使命、命运和艺术产品的价值赋性、本性亦在满足人的精神生活需要中，更显重要和珍贵。艺术的标准、尺度、准则亦不断改善、提高，这样和合意义世界的"心规矩"便向"群规矩"转化，宜心意义状态亦向节度意义状态转化。

人的精神世界的需要，由于技术工具系统的进步，改善和提高了艺术传播的形式，使社会生活丰富多彩，社会有机体的凝聚力、向心力的力度加强。再通过涵养心性、本性和修治使命、命运，以及社会群体生活交往活动的规矩，即法度、准则的完善，社会有机体的价值赋性和群体社会生活意义使命、命运的改善，和合意义世界的"群规矩"向"和规矩"转化，节度意义状态向进取意义状态转化，社会和合向目标和合转换。

群体社会生活意义使命、命运和社会有机体价值赋性、本性的不断合理化和完善，便产生追求一定价值理想的需要。理想是人的行为和活动的目的性的价值取向，它是对现实价值关系的选择和对未来价值目标的憧憬，它是精神现象的价值意识。随着养性修命的深入与"和规矩"的完善，目标价值的赋性、本性和目的性活动意义使命、命运的和谐、融合，使价值目标的实现建构在合理性的基础上，以达目标和合。

## （三）两两对偶

和合意义世界宏观推演图式，是对于人以规矩为中介机制的意义和合的八时空状态的逻辑分维的模拟。人以规矩为中介的序化流行，不是单维度的线性发展，而是两相对偶的四组和合意义状态彼此互动流行，循环推演，形成四个环套重叠的流行节律和推演周期，使意义和价值增益，生生不息。

形上和合元始自然价值属性、本性和元始自然化的意义使命、命运，与形下和合的物质产品的价值赋性、本性，人的经济活动的意义使命、命运相对应。元始自然价值属性、本性为物质产品的价值赋性、本性资源和参照系，物质产品的价值赋性、本性包含了元始自然价值属性、本性。元始自然化意义使命、命运与经济活动的意义使命、命运关系亦不例外。养修转换机制和规矩中介机制，使形上与形下冲突融合，反复互动，而推行到下一对偶和合状态。

道德和合的道德价值秉性和道德意义使命、命运，是人的社会实践和社会交往活动所赋予价值和意义以实在的属性。它与艺术和合的艺术价值赋性、本性和艺术活动的意义使命、命运相对偶。人与自然、社会、他人、心灵、文明交往关系中需要和谐道德价值意义与艺术活动中追求和谐美的价值意义是一致的、融合的。艺术是人的心灵的写照，是人的精神世界冲突融合的结晶，是精神生活中道德美和艺术美互相交流而产生的价值和意义，构成互动的对偶关系。

人文和合的人文交往的价值赋性、本性和人文交往活动的意义使命、命运，是人的价值和精神交往活动。它与社会和合的社会有机体价值赋性、本性，群体社会生活意义使命、命运相互互动对偶；人文和合的厚生意义状态与社会和合的节度意义状态，亦相互对偶。人文交往活动是社会交往活动的一个方面、部分。人文交往活动的程度愈高，社会交往活动的文明程度亦愈高，反之亦然。这就是说，人文交往活动的价值赋性和意义使命的程度与社会有机体价值赋性和群体社会生活的意义使命、命运程度，亦成正比。两者对偶互动，相互促进，生生不息。

工具和合的技术工具价值赋性、本性和技术工具的意义使命、命运，是人的创造性的活动的需要，是实现目标的手段的需要，因而具有价值和意义。它与目标和合的目标的价值赋性、本性和目的性活动的意义使命、命运相互对偶。技术工具的实在性和价值目标的抽象性，构成冲突融合，技术工具在满足目标性活动需要中，表现了其价值和意义；目标性活动的价值和意义，又在技术工具的利器的价值意义基础上获得，两者互动，而达和合境界。

### 四、意义和合学的展开

和合意义世界的意义和合学，集中探究人类文化系统内的诸种价值和意义规矩。这种探究归根结底，是人的价值和意义，并由此为核心，而赋予自然、社会、文化等等以价值和意义。

人是一种追求生命存在价值和意义，并以感受到人生的价值和意义，而认为人的生活或人生生命有价值和意义的动物。和合意义世界是人在把价值、意义赋予世界的同时，人的生命存在价值和意义亦得到认同和肯定，使人的生命得到慰藉的过程。

意义和合学不仅以赋予世界以价值和意义为职志，而且以协调、和谐世界各系统、子系统间的价值、意义冲突、紧张为宗旨。为此，和合意义世界需建构价值元学（或称意义元学）、价值伦理学（意义伦理学）、价值人类学（意义人类学或价值人文学）、价值技术学（意义技术学）、价值经济学（意义经济学）、价值美学（意义美学或价值艺术学）、价值管理学（意义管理学或价值社会学）、价值决策学（意义决策学或价值未来学），以完善和合意义世界。

# 第六章　和合可能世界

和合哲学，就是和中之合，合中之和，依和而合，依合而和，和合而为新生命的哲学。一切万物都和合而在，其首要者为人之在。人之在的如何活的生存世界，为什么在的意义世界，皆已作解释。剩下是：怎样活？怎样活得更美满，更充满希望，即更富有理想？这便是和合可能世界所要研究的课题。

## 一、思维与可能

人不仅是一种有意识、有理性，不断追寻意义和价值的动物，而且是会自我创造的、追求希望和理想的动物。人有所理想，生命才有所依、有所本。人的生命，就在于有理想、有希望；若无理想、无希望，生命就要枯萎、凋谢。理想和希望虽然不是人的生命的全部，但是人的生命的自我界定和精神趋向。这种生命精神趋向，犹如生命之火，能使生命光辉灿烂。若无，生命世界似乎是苍白的、浑浑噩噩的。这里把人所希望、理想的世界，称为可能世界，即和合学的"天"界。

## （一）人与可能

可能世界的概念是由莱布尼茨（Gottfried Wilhelm Leibniz，1646—1716）在《论形而上学》中提出的，它是指一个事物 A 是可能的，A 逻辑上不包含矛盾。一个由事物 $A_1$，$A_2$，$A_3$…形成的组合是可能的，$A_1$，$A_2$，$A_3$…推不出逻辑矛盾。由无穷多的具有各种性质的事物所形成的可能的事物组合，是一个可能世界。这就是说，可能世界是逻辑上一致的世界，即任何不包含逻辑矛盾的世界，都是可能世界。但这个定义受到刘易斯（C. I. Lewis）的批评，他认为，这里蕴涵着逻辑循环。当人们用可能世界去定义逻辑必然性，逻辑可能性、有效性、可满足性（逻辑一致性）等概念时，可能世界又需要用可能性、逻辑一致性等来定义，这就陷入了循环定义。这种定义在逻辑上是不合法的，即不能成立。

可能世界可以定义的另一种观点是，可能世界是人们可以设想的任何一个世界。

> 可能世界包括我们能想象到的任何世界，也就是我们能想象到的任何一个世界都是可能世界。我们的现实世界只是可能世界中的一个。[①]

这对人们理解什么是可能世界颇有帮助。但借助于心理学术语来定义可能世界，有其不精确之处。

同时，必须注意到，一些哲学家认为，可能世界概念是不可定义、不可分析的。它是可能世界语义学的始概念，人们不可能用其他更基本的概

---

① 王雨田主编：《现代逻辑科学导引》，525 页，北京，中国人民大学出版社，1987。

念来定义它。D. 刘易斯（D. Lewis）说：若要给他人解释可能世界，"只能先请他承认他所认识的现实世界是何类事物，然后，我们解释说，其他可能世界就是那类事物的增加，可能世界与现实世界的区别不在于种类，仅仅在于它们内部的不同"①。可能世界不能定义，只能用列举法说明可能世界。因为可能世界就是可能世界语义学的出发概念，不必也无法定义。②

围绕着可能世界的含义和内容，论争各方见仁见智，有语言学观点、实在论观点和概念论观点等③：

1. 语言学观点，即非实在论观点，认为谈论可能世界就如同谈论语句的最大相容集，它既可以是句法相容集，也可以是语义相容集。这就是说，可能世界只是处理命题的真假问题以及命题间的真假关系的一种技术手段，并不是与现实世界一样真实存在的实体。譬如布拉德利（R. Bradley）和斯沃茨（N. Swartz）的《可能世界》认为，所有可能世界包括现实世界和非现实世界。现实世界指人居住的地球以外的整个宇宙和现在存在以外的过去的、将来的存在。这样现实世界便是一种可能世界，这并不是说每种可能世界都是现实的，也不是说所有可能世界都是现实世界。事实上现实世界只是可能世界的一部分，非现实的可能世界只存在于概念空间或逻辑空间之中，而不存在于物理空间之中。依此定义，可能世界可以用来确定命题的真值条件。其图式如图 6 - 1④。

---

① D. Lewis：*Possible Worlds*，*in the Possible and the Actual*，ed. by M. Loux，Ithaca：Cornell University Press，1979，p. 184.

② 参见陈波：《逻辑哲学引论》，170 页，北京，人民出版社，1990。

③ 参见《可能世界问题研究近况》，见《世界哲学年鉴（1986）》，81～82 页，上海，上海人民出版社，1988；陈波：《逻辑哲学引论》，170～176 页。

④ R. Bradley，N. Swartz：*Possible Worlds：An Introduction to Logic and Its Philosophy*，Oxford：Besil Blackwell Publisher，1979，p. 24.

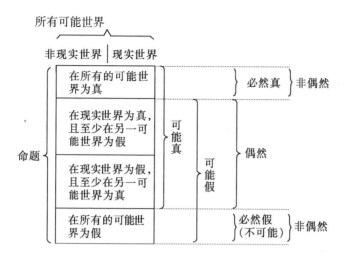

**图 6 - 1**

2. 实在论观点认为可能世界是一种真实的、独立于我们的语言或思想而存在的实体，它和我们生活于其中的这个现实世界完全一样地真实存在着。如事物可能是以不同于它们的实际状况的另一种样子存在着，这意味着日常语言允许这种释义：事物除了其实际的存在方式之外，还存在着许多可能的存在方式，即存在着适于某种描述的事物可能存在方式的实体，称之为事物的可能存在方式的实体的存在。然这论述，只证明可能世界是类似于属性的东西，而非物质的客体。

D. 刘易斯的上述观点，被斯特斯·马柯（S. McCall）归纳为以下原则：（1）可能世界存在着；（2）可能世界与现实世界是同样的；（3）对现实一词的指标学分析是正确的，即可能世界中的居民与现实世界中的居民可正确地称他们的世界为真实的一样，称可能世界为真实的；（4）可能世界不能被还原为某种更基本的东西。马柯不赞同其中的第三条，认为应改为，每个世界的内容以及这些世界之间的明确关系，都是一种经验事实。①

———————————

① S. McCall：“Counterfactuals Based on Real Possible Worlds”，in *Noûs*，1983，No. 5；1984，No. 9.

同时，实在论观点也得到现代物理学的支持。A. M. 莫斯捷帕年科认为，现代物理学和宇宙学提出了允许和我们这个宇宙不同的许多世界或宇宙存在的假说。不能排斥另一些世界的存在，它们有另一种时空拓扑结构、数值宇宙常数、自然规律形式以及初始条件等。因此，我们"可以把可能世界看成是由相互协调一致的元素组成的一个复杂随机系统，它那些现实的状态是在稳定性原理的基础上形成的"①。

3. 概念论的观点，相对于上述激进实在论观点，又被称为温和实在论。这种观点认为，可能世界只是现实世界及其各种可能的状态，它并非与现实世界一样的真实存在，真实存在的世界只有一个现实世界。克里普克（S. A. Kripke）认为，谈论可能世界就是谈论我们的构想世界的不同方式。或者说可能世界是世界可以存在的方式，或整个世界的可能状态或历史的总和。他反对实在论（激进实在论）观点，指出可能世界是由人赋予它的描述条件所给出的，是被人所规定的，而不是我们所遇见的，或用高倍望远镜所看到的某个遥远国家和地方。克里普克"建议用'世界的可能状态（或历史）'或'非真实的情形'可能更好一些。甚至应该想到'世界'这个术语常常可用'……是可能的'这种模态说法所代替"②。

斯托奈克（R. Stalnaker）认为，只存在一个世界，这就是我们自己所生活和居住的这个现实世界。人们可以依据这个现实世界的模态构造去构想和理解其他的可能世界。他提出"可例证性"（instanability）这个概念，认为可能世界应等同于一些存在着的、又不可做出具体例证的世界，现实世界是一个可以对其特性做出具体例证的世界。

---

① 《可能世界思想和现代物理学》，载《自然科学哲学问题丛刊》，1985（4）。
② S. A. Kripke：*Naming and Necessity*，Cambridge：Harvard University Press，1980，pp. 15～19.

普兰廷加（A. Plantinga）认为，一个可能世界，就是一个可能的事态，即在宽泛的逻辑意义上是可能的。但并非每一个事态都是一个可能世界。[①]

笔者从中华传统文化人文精神视角，来认识可能世界，兹作如下描述：

1. 可能世界是存在的。在日常生活中，往往谈论在某种情境下或某一境遇下事物会怎样，这就是说事物除它目前所存在的方式外，还可以有其他的存在方式，甚至有多种存在方式的可能性。例如：如果明天不刮风，就到卧佛寺去。或如果今天有大雾，飞机就不能起飞了。这种想象我们所居住的这个世界能够与它的实际情况有所不同，并有意义地谈论如果有不同于这个世界的世界，将会怎样，这就是可能世界存在的背景。[②]

2. 可能世界是存在的存在，并非如同现实世界存在一样的真实的存在，而是想象存在的世界，或观念存在世界。例如：

> 江宁一书生，宿故家废园中。月夜有艳女窥窗。心知非鬼即狐，爱其姣丽，亦不畏怖……取笔作字曰：借金经（指《金刚经》）忏悔，已脱离鬼趣。然前生罪重，仅能带业往生，尚须三世作哑妇，方能语也。[③]

这是与我们生活于其中的世界存在不同的存在世界，但仍为我们所想象的、观念地把握的世界，因此是一个可能世界。

---

① M. Davies: *Meaning, Quantification, Necessity*, p. 199.

② 陈波：《逻辑哲学引论》，176 页。

③ 纪昀：《滦阳消夏录（一）》，见《阅微草堂笔记》卷一，19 页，上海，上海古籍出版社，1980。

3. 作为能为我们所想象，或观念地存在世界，亦是依据我们这个现实世界的模态构造去构想和理解的可能世界。

> 献县老儒韩生，性刚正，动必遵礼，一乡推祭酒。一日，得寒疾。恍惚间，一鬼立前曰："城隍神唤。"韩念数尽当死，拒亦无益，乃随去。至一官署，神检籍曰："以姓同误矣。"杖其鬼二十，使送还。韩意不平，上请曰："人命至重，神奈何遣愦愦之鬼，致有误拘？倘不检出，不竟枉死耶？聪明正直之谓何！"①

这个虚拟语境，虽与实际情况相距甚远，但显然是以我们的现实世界作为其构成成分的事态，也就是说，可能世界是可获得的事态。这里借用普兰廷加的"可获得性"（obtainability）的概念，说明这个世界可能存在的方式。

4. 可能世界是人的想象、理想或想望的世界，它虽依现实世界的模态构造去构想和理解，因而也获得了现实世界内容形式，但又是对现实世界的超越的可能世界，即是一种蕴涵着对未来世界的构想和想象的可能世界。《红楼梦》所构造的那个"太虚幻境"世界，其石牌上的对联曰："假作真来真亦假，无为有处有还无。"这里并非混淆了真和假、有和无的界限，而是把真唤作假，把假唤作真，把无唤作有，把有唤作无，并无既真又假，既无又有的逻辑矛盾，它是"一个可能世界中的可能世界"②。

5. 可能世界作为人的想象、理想或想望，其中蕴涵着某些合理成分、因素和要素。这些合理成分、因素和要素在一定范围、一定境遇下，亦具有某些实践性，可能转换为事态，一种可能存在的方式。

---

① 纪昀：《滦阳消夏录（二）》，见《阅微草堂笔记》卷二，29 页。
② 王维贤、李先焜等：《语言逻辑引论》，143 页，武汉，湖北教育出版社，1989。

### （二）人与想象

人总是给自己设定理想目标，是因为人总是不满足于人生活于其中的既存的现实世界，而总想生活得更美好、更完善、更快乐一些。一个中学生，想望将来成为一个科学家、哲学家、企业家或艺术家，但现实的中学生还不是，只是想望将来是，这便是一种对未来某些状态的想望的理想。这还只是在观念形态上创造、建构一个高于中学生自我现实世界的可能的状态、事态，这就是可能世界。然后，中学生通过自己的刻苦努力、精神磨炼，把这种潜在的理想的可能世界，转变为新的理想的现实世界，亦即美的世界，获得理想的实现或部分的实现。

人之所以有理想，其根源于人的生命精神的需要。这里所说的需要，不同于美国心理学家马斯洛（A. H. Maslow，1908—1970）的需要五层次论，即生理需要、安全需要、社交需要、自尊需要、自我实现需要。[1] 这种需要层次论的缺失，就在于把人作静态的，而不是作动态的考察；离开一定社会环境和文化背景，使需要层次成为一种"自然人"的先在的观念模型的"自我实现"；他把"自我实现需要"，作为需要的最高层次，而不提人为"理想实现需要"。其实人为了"理想实现需要"，而宁可牺牲其他一切需要，如金钱、名誉、地位、生命、家庭等。"人生自古谁无死，留取丹心照汗青"，把"理想实现需要"作为人生最高、最大的需要，并终生为之奋斗[2]，以至奉献最宝贵的生命。

需要的满足是指主体人对客体对象的依赖关系的实现，即主体人对客体对象某种缺乏的获得。主体人为满足自身的需要而从事各种各样的交往活动，可以这样说，人的一切活动，归根结底是为了满足某种需要。所谓

---

[1] 马斯洛：《动机与人格》，40～54 页，北京，华夏出版社，1987。

[2] 参见拙著：《新人学导论——中国传统人学的省察》，185～187 页。

需要，是一种特殊的摄取状态，它是主体人通过交往活动从客体对象中获得的物质、能量和信息的总和。因此，主体人与需要的冲突，实际上是人与自然、人与社会、人与人以至人自身心灵的冲突的表现形式。

人作为自然性、社会性、人性的和合体，是主体与客体互动关系的表现。因此，人的需要与有机体的需要是有根本差异的。人的生命精神的需要及其与现实世界的联系，刺激、激荡起人的想象、目标和理想，包括由人的生存需要而激发起的人的生活理想；人的劳动需要，即以职业形式需要而激发起的职业理想；人的社会需要启迪了人的道德理想和社会政治理想。这就是说，人的生活理想、职业理想、道德理想、社会政治理想，根源于人的生存需要、职业需要和社会需要。

这里生活、职业、道德、社会政治理想、目标，就是人所可能想象的可能世界。所谓目标，就是行为主体自觉意识到的实践目的，它凸显行为活动中的主观精神的指向性，它是主体实践的一个内部规定和内控因素。在实践中，作为人的意志力体现的工具运动，是实现人的目标的中介；目标又是实践的不可或缺的因素，没有目标的实践，就是无意义和价值的行为。

所谓理想，与目标具有共性，也有差分。它是指以实存可能性为内在依据的关于未来的构想、设计，是人的观念情感倾向与现实需要相融合的结晶。从功能意义上看，目标和理想都对人的实践行为具有指导性，激励人在实践行为活动中为目标、理想而拼搏的意志和强烈的愿望。这种意志和愿望，基于对目标、理想的信念的自信心，即精神生命的力量。它能激发起主体精神生命力量的智能、勇气，去克服各种困难，去争取目标和理想的一步步的实现。

目标、理想，都是人想象的可能世界，即"未来式"的世界。想象是人的自我意识按照不同需要把世界的现实图式加以目标化、理想化，以获得理想图式的可能世界。从现实世界中升华抽象出来的各种理想图式，便是想象的结果。①

想象是由感觉、知觉、表象到概念的过程。感觉是指人的眼耳鼻舌身接受外部客体的刺激，获取信息并沿感觉神经通路到大脑皮质中感觉分析器的中枢部分，从而产生感觉，它是感觉对象感性地呈现在人面前的某些状况、属性、特征或方面的直接反映形式，是向意识事实转化的最初阶段。

在多种感觉基础上组合成的整体，便是知觉。知觉是对作为客体的此地、此时的这一个事物的整体性的感性反映形式。它能把现实世界中的事物一个个、一件件加以"格"，即差分和识别，而把事物当作此地、此时的此物加以把握，这不是此地、此时一个事物本身，而是这一事物此地、此时的整体性的映象。

知觉对于动物来说，是对于感觉信息、感觉材料的整理，是保证适应环境、满足生存需要的行为成功的条件。对于社会的人来说，知觉还受其定势的影响，即先在的知识、经验和需要、兴趣、情绪、注意和价值观念等因素的制约。人的需要不同，价值观念也不同，便形成不同的知觉定势，对同一对象会产生不同的知觉。

知觉不是先验的东西，而是在意识主体通过与客体整体性的直接联系中所获得的感觉信息、感觉材料的基础上形成的，并标志着感觉信息、感觉材料的组织化、秩序化，为形成表象提供条件和基础。

表象是人的大脑对过去感觉和知觉的回忆和再现。感觉和知觉是客体对象直接刺激主体的结果，当客体对象的刺激消失以后，这种感性映象还能暂时地或较长时地保存，甚至可以再现，而且还能把构成感性映象的材

---

① 参见［泰］郑齐文：《行为原理》，108 页，曼谷，时中出版社，1988。

料或因素再度差分，进行重新组合，形成无直接原型的新的观念形象。

之所以出现这种无直接原型的新的观念形象，是因为人脑就具有一种通过联想、分解、改造原有表象、重组和创造新的表象的能力，是人脑中已储存的某种联系信息，经重新组合而形成的。所以表象是具有一定间接性和概括性的感性反映形式。

表象有各种不同的形式，如虚幻表象、创造性表象和推测性、预见性的表象。这后一种表象，是依照有关现实事物或其状态的某些信息和知觉映象，经联想、改造、重组而成的关于某一事物的未来世界的形象表象，而这种未来世界的形象表象是并未经验过的。它虽是未经理论说明的感性表象形式，但对于提出某种科学假说，建立某种理论模型，有着重要意义。

虚幻表象是把有现实根据的原来完整表象分解、重新组合，在头脑中形成与现实世界不同的、不具有现实可能性的虚幻形象表象，如《西游记》中孙悟空大闹天宫的那个天国世界。但这种虚幻表象形成后，作为一种表现人的内部精神状态的信息，对人的行为起制约作用。

创造性表象是指现实世界中某些事物、事件与人的需要、追求发生冲突，人希望改造、变易现实世界的某些事物、事件，以适应自己的需要和追求。创造性表象是把原有知觉中关于现实世界的信息，在头脑中经调整、组合，使原来的直接知觉映象发生变化，而形成一种尚未出现和存在的新的事物表象。

这三种形式的表象，虽还有其模糊性、不清晰性的缺陷，属于感性反映形式，但它又超越感性具体的束缚，在一定程度上自由地、独立地运用、处理感觉信息和感性材料，而形成联想、想象。① 笔者把此称为

---

① 参见夏甄陶：《认识论引论》，229～241 页。

表象想象，或感性想象。

表象想象（感性想象）中蕴涵着、孕育着科学理论的发现和技术、艺术的发明创造的萌芽，激励人去从事探索性、创造性的思维活动。表象是由直观知觉（即直觉）过渡到抽象思维，由感性表象到理性表象的中介环节。

理性思维的基本形式便是概念，概念是经过复杂的逻辑思维操作对来自事物的直观信息、感性材料进行筛选、加工整理，舍弃偶然的、个别的、非本质的东西，达到事物一般属性或本质观念的凝聚，这就蕴涵着思维对事物一般属性或本质的把握。感性表象虽具有一定的抽象性和概括性，但它是关于事物外部属性、联系的整体性形象。它不是事物内部本质和联系，而不同于概念。

理性想象运用概念的形式，超越感性表象，对感性材料、信息进行抽象概括，观念地把握事物一般属性和本质，借助于联想、想象中介，形成反映现实世界、再现过去世界、预想未来世界的概念形象，这是经过理性思维而建构起来的理论模型或观念模型，称之为理性想象。

理性想象是对感性想象的提升，它不仅是对感性想象的模糊性、不清晰性的改造、变易，消除其浑沌性，使其明确、清晰；而且可基于概念思维的判断、推理，提出想象假说。假说是依据某些事物、事件的现实世界的状况、结构、性质，做出未来发展趋势的推测性、可能性的解释，它是以新理论代替旧理论的必然形式。

感性想象和理性想象，都创造了一个可能世界。理性想象的可能世界是在感性想象的可能世界基础上的改造、修正，甚至重新差分、重新组合的产物；感性想象的可能世界为理性想象的可能世界提供了理论雏形或观念雏形。两者相互联系，甚至相互渗透。

### （三）人与理想

想象经感觉、知觉、表象、概念，由感性表象到理性表象和感性想象到理性想象，由想象产生的可能世界，便是人的理想世界。

理想在某种意义上说就是人的精神生命的希望。人总是希望现实世界中的自然的、社会的、人际的环境、氛围中某种对自我不利的、恶的、丑的事物和事件的属性、功能，转化为对自我有益的、善的、美的属性；希望这种事物、事件的一切真的、善的、美的属性能结合在一起，以满足人自我的需要和追求；希望诸多事物和事件的属性能产生与它们自发作用不同的，对人有用的另一种作用；希望有一个清新的、舒适的自然生态环境，有一个富裕的、民主的社会生活环境，有一个友爱的、温馨的人际道德环境；等等。人就是怀着这种希望，并把生命的希望转化为人生的理想，构造了理想的可能世界。

理想是人所追求的具有可能性并有可能转化为现实对象的想象和意象。追求这种理想的导向，便凝聚为理想的力量，激起人的意志、情感和认知，调动人的各个方面的积极性，成为追求理想对象的强大精神动力。这种理想的力量，使大脑皮层理想意识的活动，刺激下丘脑神经分泌细胞释放出大量对身心有益的神经激素，通过一系列良性情感效应，使人从肉体到精神都焕发出生命力。

理想各种各样，如审美理想、道德理想、功利理想、社会理想、人格理想、价值理想、政治理想等。比如审美理想的可能世界，是现实世界观念地净化了的世界，即把现实世界中真假、善恶、美丑混杂的世界，净化为真、善、美的世界，使人在情感和精神上获得净化、超脱和陶醉。

道德理想是指人所追求和向往的完善的社会道德制度、关系和完美的社会道德风尚，以及完美的人格。道德理想只有依赖于完善人格，即具有崇高道德理想的人格才能实现。所谓理想人格，是指道德理想所认定的各种善的融合，是道德规范和行为的完美结晶，以及人的完美典型和标准。一种道德的宗旨，就是以理想人格作为人的价值目的和导向，完善人和社会。中国古代各家设计了各自的理想人格，如儒家、道家、墨家、法家等，由于其价值理想的差异而人格理想亦异。

儒家以圣人为理想人格，圣人人格的基本蕴涵是"博施于民而能济众"①。孔子认为，这样的人，"何事于仁，必也圣乎！尧舜其犹病诸"②。既然尧舜都难以做到，孔子自认为"不得而见之矣"③。那么，他设计圣人人格，是为了给人以奋进的终极目标或理想，也即理想人格的可能世界。构成圣人人格的基本要素是仁和智：

> 昔者子贡问于孔子曰："夫子圣矣乎？"孔子曰："圣则吾不能，我学不厌而教不倦也。"子贡曰："学不厌智也，教不倦仁也。仁且智，夫子既圣矣"。④

仁与智的和合，构成圣人人格。

道家老子尊道贵德⑤，他虽以圣人⑥为理想人格，但与儒家大异其趣，不讲知识与智，同时亦有与儒家共同的地方。这便是与儒家"博爱"理想相联系的对人物生命的极大的关怀，以及以百姓之心为心的宽阔的胸怀。"圣人常善救人，故无弃人；常善救物，故无弃物"（《老子》第二十七章）。"圣人无常心，以百姓心为心"（同上书第四十九章）。以人民的意志、情感、认知为自己的意志、情感、认知，有绝对"不伤人"（同上书第六十章）的爱心。这是老子圣人人格的第一个特点。其二，崇尚自然，无为不争。"圣人处无为之事，不言之教"（同上书第二章）。即使生养和推动了万物，亦不自居、自恃、自有、自功。"圣人之道，为而不争"

---

① ②　《雍也》，见《论语集注》卷三，26 页。
③　《述而》，见上书卷四，30 页。
④　《公孙丑上》，见《孟子集注》卷三，22 页。
⑤　"万物莫不尊道而贵德。道之尊，德之贵，夫莫之爵而常自然。"（《老子》第五十一章）
⑥　《老子》五千言，"圣人"31 见。

（《老子》第八十一章），并非不为而争。为而不争，便体现一种无私的精神。其三，虚怀若谷，不求名利。圣人不"自见""自是""自伐""自矜"（同上书第二十二章）。不主观、不自以为是、不自夸耀、不自高自大，表现出崇高的道德风格，"是以圣人自知不自见，自爱不自贵"（同上书第二十七章）。自爱而爱泽人人。① 其四，摒弃极端，崇尚和谐。"圣人去甚，去奢，去泰"（同上书第二十九章）。和谐才能顺其自然，人为有可能走向过分。圣人之为是自然之为。老子理想的圣人人格，是主体人的独立人格的想象，这样才能超越现实世界关系网络的种种束缚，而使人回到自然而然的自由的可能世界。庄子所设计的理想人格是"真人"，与老子同而稍异。

墨家所追求的理想人格是"兼士"。"兼士"的理想人格与"兼相爱，交相利"的理想社会相统一，具有这样几方面的内涵：其一，人类之爱的精神。墨子批评儒家的"仁者爱人"，实是讲亲疏尊卑有差分的偏爱，他所设计的兼士是无亲疏、尊卑、贵贱之分的兼爱，即普遍地爱一切人。这种爱表现为爱人国、人家、人身与爱我国、我家、我身一样。只有爱他与爱我无差分，才会得到人之爱我，"夫爱人者，人必从而爱之"②。这是一种"兼爱"而互爱的精神，而不是儒家"由己及人"的爱。其二，利他的求实精神。"兼士"是"言必信""行必果""言行之合"③ 的楷模，反对言行不一致的"荡口"④。重视行为的"利人""利民""利天下"的实际效果。"君子之道，贫则见廉，富则见义，生则见爱，死则见哀，四行者不可虚假"⑤。言→行→果三者一致的求实精神，而与儒家"大人者，言

---

① 参见拙著：《中国哲学范畴发展史（人道篇）》，第二章《人论》，58页。

② 《兼爱中》，见《墨子间诂》卷四。

③ 《兼爱下》，见上书。

④ 《耕柱》，见上书卷十一。

⑤ 《修身》，见上书卷一。

不必信，行不必果，惟义所在"① 的唯意识、唯动机论有别，其实言不信，行不果之义，亦非真实意义上的义。其三，以苦为乐的坚强意志。"兼士"以夏禹为利国利民，公而忘私的楷模，以"自苦为极"② 的精神，作为理想人格的价值取向。"摩顶放踵，利天下为之"③，"上功劳苦，与百姓均事业，齐功劳"④。"兼士"自我奉献、自我牺牲的积极救世的强烈责任意识和崇高的品格，是墨家的理想人格。

法家所设计的理想人格，称之为"法术之士"或"智术能法之士"，即是集"法""术""势"三者于一身的人格。其特性为：其一，"贵法"。"法不阿贵，绳不挠曲。法之所加，智者弗能辞，勇者弗敢争。刑过不避大臣，赏善不遗匹夫。"⑤ 即不别亲疏，不殊贵贱，一断于法，其法术之士的理想人格，便是在法律面前人人平等，既不"务德"⑥"贵义"（《商君书·画策》），也不"私亲""遗爱"（《慎子·君臣》），一切唯法所在。其二，"恃术"。恃术不恃信。法术之士必须掌握政权和具有驾驭臣民的权术。"术者，藏之于胸中，以偶众端，而潜御群臣者也"⑦。君无术，就会弊于上，而乱于下。其三，"重势"。法与术能否贯彻和执行？取决于"势"，即权势，权力。有权势，是君主之所以尊和"胜众"的根据，是法令之所以行的依据。"君执柄以处势，故令行禁止"⑧。若无权势，即使是圣君明主，亦不能治理好国家。"贵法""恃术""重势"构成了法家的理想人格。

---

① 《离娄下》，见《孟子集注》卷八，61页。
② 《天下》，见《庄子集释》卷十下，1077页。
③ 《尽心上》，见《孟子集注》卷十三，105页。
④ 《富国》，见《荀子新注》，148页。
⑤ 《有度》，见《韩子浅解》，41页。
⑥ 《显学》，见上书，500页。
⑦ 《难三》，见上书，381页。
⑧ 《八经》，见上书，448页。

儒、道、墨、法各家人生生命意义和价值追求的差分，其人生理想和理想人格亦殊异。或以人生道德价值的完善，或以人生自然价值的复归，或以人生功利价值的实现，或以人生法术价值的完成等等为终极目标，为人生的理想人格。尽管它们是彼此冲突的，展现了人生生命在不同情境下的不同的心态和追求，但却构成整个中华民族有机的人生理想人格。因此，彼此之间又是互补互渗的。

各种不同的理想人格，即"内圣"人格，都激励着现实世界的人在各种不同情境中做出不同贡献，也使人在各种复杂的境遇中获得心理上的平衡和精神上的解脱，在理想人格的可能世界中得到安慰。

社会理想，即理想"外王"，是人超越于现实社会的虚伪、恶毒、丑陋等现象，追求和向往真实、完善、美好的社会制度、体制和社会生活。中国古代思想家由于其价值观的分殊，所构想的理想社会亦有差异。儒家出于对现实社会的不满，鉴于"今大道既隐，天下为家，各亲其亲，各子其子，货力为己"①的群体意识、责任意识以及仁爱意识的淡薄，而想象了一个"大同"的"外王"可能世界。所谓大同世界即大和世界或太平世界，亦即大同太和世界或和平世界。

道家的理想社会也是基于对现实社会的批判，老子鄙薄礼义，绝仁弃义，抨击忠孝等社会制度、道德、伦理、战争、经济、政治各个方面。"民之饥，以其上食税之多，是以饥。民之难治，以其上之有为，是以难治"（《老子》第七十五章），表示了对人民的真挚的同情，对统治者穷奢极欲的不满。"朝甚除，田甚芜，仓甚虚，服文彩，带利剑，厌饮食，财货有余，是谓盗竽，非道也哉！"（同上书第五十三章）。老子想象把现实世界这种"损不足以奉有余"的非道的现象颠倒过来，追求"损有余而

---

① 《礼运》，见《礼记正义》卷二十一，《十三经注疏》本，1414 页。

补不足"（同上书第七十七章）的自然天道的可能世界。因此，老子设计了"小国寡民"的理想社会。

> 小国寡民，使有什伯之器而不用；使民重死而不远徙；虽有舟舆，无所乘之；虽有甲兵，无所陈之。使人复结绳而用之。甘其食，美其服，安其居，乐其俗，邻国相望，鸡犬之声相闻，民至老死，不相往来。（《老子》第八十章）

他想望安定的、富裕的、乐业的、自然的理想的可能世界，反对战争的、远徙的、不安居乐业的、非自然的现实世界。

墨家所向往和追求的理想社会，是以功利道德价值理想为核心而展现的"尚同"社会。这个理想社会的基本要素是"兼爱"与"交利"，即爱人利人。选择"天下之贤可者，立以为天子"①，并以"尚贤使能为政"②。所谓贤能的标准是："有力者疾以助人，有财者勉以分人，有道者劝以教人。若此，则饥者得食，寒者得衣，乱者得治。"③只要符合这标准，在选举"贤可"之君、"贤能"之臣时，"虽农与工肆之人，有能则举之"④。墨子设想这种选举完全是公平的，"不党父兄，不偏富贵，不嬖颜色"⑤。使真正符合贤能标准的人被推举上来，成为实现"尚同"理想社会的力量，而达爱利的乐园，即理想"外王"世界。

法家追求"法治"的理想社会，"以法治国"⑥，"道法者治"⑦，反对"舍法上贤"，"去法务德"。这种理想法治社会，在政治上推行统一的、中

---

① 《尚同上》，见《墨子校注》卷三，109页，北京，中华书局，1993。
② 《尚贤中》，见上书卷二，76页。
③ 《尚贤下》，见上书卷二，98页。
④ 《尚贤上》，见上书卷二，67页。
⑤ 《尚贤中》，见上书卷二，74页。
⑥ 《有度》，见《韩子浅解》，41页。
⑦ 《诡使》，见上书，426页。

央集权的君主制度，经济上实行农本工商末的政策，文化上进行"以法为教""以吏为师"和"一轨于法"的规范，达到"至安之世，法如朝露，纯朴不散，心无结怨，口无烦言。故车马不疲弊于远路，旌旗不乱于大泽，万民不失命于寇戎，雄骏不创寿于旗幢，豪杰不著名于图书，不录功于盘盂，记年之牒空虚。故曰：利莫长于简，福莫久于安"[①]。这是一个没有战争，车马旌旗不用，法如朝露那样纯洁淳朴，人民久安乐业的理想社会，即可能世界。

儒、道、墨、法的理想人格和理想社会，构成了和合可能世界的价值理想。它是关于现实世界（已然）与理想世界（应然）之价值意蕴冲突和融合的一种想象或价值导向。两者构成了"内圣"与"外王"的冲突和融合关系。由于各家价值观念的差分，对"内圣"和"外王"的内涵规定殊异，构成了丰富多彩的、多元形式的中国文化的有机整体。

### （四）人与境界

价值理想的追求，亦导致对理想境界的向往。"境界"原意为"疆界"，后引申为人所处境地、境况，以及用来表述人的一种精神状态和涵养程度，也用以描述某人、某事、某物学识、造诣、立意、美感的不同水平等。

境界从本义和引申义来看，具有位置的空间性和主体的精神性的特征。在和合学中，"境界"作为人与整体世界的关系，特别是人与想象的可能世界的关系，标志着人的内在精神世界在某一特殊内外情境下所可能达到的具有共时性意义的状态空间。这种状态空间表现出人的主体生命世界的整体水平和精神世界的不同程度。它相对于现实世界，便是

---

① 《大体》，见《韩子浅解》，224～225 页。

人所设计、创造的可能世界。

可能世界作为集合性概念，是人的一切想象世界的总和，"境界"蕴涵了人所追求的可能世界，亦是一集合性概念。譬如伦理学家把人接受道德教育和进行道德修养所达到的最高的道德觉悟程度以及所形成的完善的道德品质状况和崇高的道德情操称为道德境界；文学家把诗文中完美的、深邃的意境称为神会境界；艺术家把字画曲乐表演纯熟的、高超的、美感的程度称为审美境界；宗教家把宗教知识的最高造诣和修炼的最高水准称为宗教境界；等等。换言之，各种人和各不同学科、领域都有人所追求和向往的不同境界。

中国古代思想家想象、构造了各自差分的境界，作为他们人生生命理想的寄托。儒家注重道德境界。孔子认为，个人知识获得的阶梯和道德修养的阶段是统一的，这种统一表现为一种境界。他以其自身的心路历程为例：吾十五志于学，三十而立，四十不惑，五十知天命，六十耳顺，七十从心所欲不逾矩。[①] 随着知识的丰富和道德修养的提高，人生便进入不同境界，即进入一定精神状态空间和时间。从孔子心路境界来看，实是从十五而学的必然精神境界到七十的自由精神境界。若从道德规范、道德修养水准和道德标准来区分，孔子又把人分为君子、贤人、仁人、圣人等不同的道德境界的层次。

孔子以人接受道德教育和进行道德修养的开始阶段，如"十五志于学"为初始道德境界，由此逐渐递进，而设想达到一个最高目标，这便是理想道德境界。孟子从另一角度对道德境界作了规定："可欲之谓善，有诸己之谓信，充实之谓美，充实而有光辉之谓大，大而化之之谓圣，圣而不可知之之谓神"[②]。孟子把人所达到仁义礼智道德境界的阶段，分为善、

---

① 参见《为政》，见《论语集注》卷一，5页。
② 《尽心下》，见《孟子集注》卷十四，113页。

信、美、大、圣、神六个层次。他认为乐正子只在善、信两层次之中，
美、大、圣、神四者之下。

孟子此六境界，不仅是道德境界，而且是精神境界。朱熹正是从道德
境界和精神境界相融合的意义上理解的。（1）所谓信，"其为人也可欲而
不可恶，则可谓善人矣"①。那个人值得喜爱而不可恶，就是善。这是精
神境界的基础与起点。（2）信是"有诸己"，即诚善存于自己。朱熹以信
为实有。"凡所谓善，皆实有之。如恶恶臭，如好好色，是则可谓信人
矣"②。厌恶不好的臭味，喜爱好的颜色。厌恶和喜好是审美对象作用于
人的感官，而引起人的精神的愉快或厌恶的审美判断的精神境界。（3）美
是善、信之上的第三精神境界层次，它是精神愉快的外在形式。它是人力
行其善，是"行上说"与"心上说"的融合，不是把外在的注入其中，而
是"充满而积实"，把善与信扩充于个体的全人格之中，美在全人格中充
分地实现着实有之善，美与善相融合的美的精神境界。（4）以美为基准，
首先是大。朱熹不同意张载释为"充内形外之谓美，塞乎天地之间，则有
光辉之意"（《朱子语类》卷六十一）。他认为"和顺积中而英华发外，美
在其中而畅于四支。发于事业，则德业至盛而不可加矣"③，是光辉而壮
观、至盛的大美境界。（5）圣是精神境界的第五层次。"大而化之"之大，
非集大成，而是"大而能化，使其大者泯然无复可见之迹，则不思不勉，
从容中道，而非人力之所能为矣"④。圣泯然化去大的外在的形迹，做到
不思虑，不勤勉，亦能符合中道，即外在美的形迹融化在内在善之中，达
到了一种自然的非人力巧智所能为的精神境界。（6）神不是指圣人之上又
有一等神人，而是圣人至妙，一般人不可测度。这种神妙莫测的境界，是
非一般人所能达到的神的精神境界。

---

①②③④ 《尽心下》，见《孟子集注》卷十四，113 页。

　　朱熹对孟子六层次精神境界的阐发[①]，不仅与艺术美的创造相联系，而且作为美的价值评价的标准。在鉴赏艺术作品时，不光看一件艺术品所表现的形式美，而且要捕捉外在形式所体现的那种不可言说、只可意会的神韵、意境。这种神韵和意境给人以无穷的回味。它不仅给人以精神美和感性美的愉快，而且产生情感上的感通与共鸣，这便是中国艺术创作中所追求的美的精神境界，即所谓"神"。"大"是壮美、崇高之美，"圣"是完美、最高的美，神是出神入化之美。因此，就书法家、画家、雕塑家、艺术家而言，有大家、书圣、画圣之分；就艺术作品而言，唐代的张怀瓘曾把书法分为神、妙、能三品。超凡而能的为能品，超凡入妙的为妙品，神品则达到了最高超的境界。

　　朱熹把外在形式美与作品创作者内在道德情操、精神境界融合为一，强调了道德精神境界在艺术美中的价值、意义和作用，体现了中国通过内省的道德心性涵养修炼而到达某种境界的方法与特征，而与西方通过向外追求知识和信仰而达到某种境界相异趣。

　　道家老子所追求的境界主要是内在精神的愉悦，与儒家相似，但排斥一切人为的修养，并以此为失去了人的自然天真，则与儒家异。老子认为，完美无缺的境界就是像婴儿那样淳朴自然、天真未凿的状态。"圣人皆孩之"（《老子》第四十九章），"专气致柔，能婴儿乎"（同上书第十章），以婴儿般的自然为人生的最高精神境界，蕴涵人与自然统一，或"复归于婴儿"（同上书第二十八章），回到自然而然去的意味。

　　庄子以解脱人生困境为宗旨和目标，追求精神世界的逍遥，即精神逍遥境界。这种逍遥境界包括形体的逍遥和心的逍遥两个方面。前者突破一切形体的束缚，"乘云气，御飞龙，而游乎四海之外"[②]，达到"天地与我

---

①　参见拙著：《朱熹思想研究》（修订本），361～363 页。
②　《逍遥游》，见《庄子集释》卷一上，28 页。

并生，而万物与我为一"①的境界；后者突破一切精神的桎梏，"不知耳目之所宜，而游心乎德之和"②。"汝游心于淡，合气于漠，顺物自然而无容私焉"③。舍弃耳目的感性经验，使精神心灵处于清静无为、恬淡自然的自由境界。

佛教的境界观与儒道异，禅宗以直指本心、见性成佛之学，否定传统佛教的累世修行，死后入佛国净土的思想，提出"无念""无相""无住"的三无说。"无念"就是排除净尽世间种种观念活动，对外不执著境；"无相"是指于相时离形相，即不执著一切现象的相状；"无住"是指不把意念定住在任何事物之上，即不把性空事物执著为实有。由此"三无"，便可获得升华、超越，进入性体清净的成佛境界。

儒、道、释三家的境界观，各有其自身深刻内涵，其共同的特点是，追求精神世界的超脱和自由。它们分别展现了中国文化的人文精神对于人生、社会、宇宙意义、价值的解释和可能世界境界的追求。道、释重一己之解脱和超越，以求仙境和佛境，即精神自由境界；儒家重个人道德修养，由己及人及物，以达修齐治平的大同境界。从境界之类型而言，儒家为道德境界，道家为自然境界，释家为心灵境界。

笔者曾依据对冯友兰的自然、功利、道德、天地四境界说④，唐君毅的三界九境说，提出五境界说⑤，即生命超越境、知行合一境、情景互渗境、"圣王"一体境和道体自由境，作为人生所追求的境界，即可能世界。这五境既可递进，亦可并进；既可个体养修，亦可群体养修；既可先达一境而及其他境，亦可共达九境而及一境的可能世界。

---

① 《齐物论》，见《庄子集释》卷一下，79 页。
② 《德充符》，见上书卷二下，191 页。
③ 《应帝王》，见上书卷三下，294 页。
④ 《新原人·境界》，见《三松堂全集》第 4 卷，551 页，郑州，河南人民出版社，1986。
⑤ 参见拙著：《新人学导论——中国传统人学的省察》，222～233 页。

## 二、道和与健顺

和合可能世界，具有通过思维逻辑构造而创生的可能结构机制，体现和合精神的优美性原理。它与和合"三极之道"中的"天道"相对应。人是构造逻辑的建筑师，是可能状态时空创生日新的逻辑源泉。

### （一）道与和

现代人面临着自我心灵的冲突，即精神世界的冲突。人的生命是精神的寓所，当精神反顾生存之根时，感受到生命总是处在不安的动荡之中，而希望内在精神深处心灵的"定"和"静"，只有"定""静"，而后心灵才能"安"①。

和合可能世界，即"天"界，以意识、精神、思维为资源。思维是意识活动的精神高级形式，是人脑反映事物的一般特性、内部联系和运动规律及运用智能和知识进行推理、解决问题的隐在活动过程。思维在社会中发生、存在和发展，形成属于人的思维世界。思维具有高度的能动性和创造性，可以通过对语言符号化的信息材料的分析和综合，运用逻辑推理，创造合乎逻辑的理论体系；或者设计假说，认知直接经验所达不到的东西，提出未来的可能世界；或者把人的实践经验提升为理性知识形态，并按人的内在尺度为实践过程提出观念模型，即可能世界的观念模型。

观念模型或称逻辑结构，是主体观念中建立起关于客体关系、特性、过程等的逻辑化、理想化的状态，以及整体有机性、协调和谐性的

---

① 《大学》说："定而后能静，静而后能安"（《经一章》），笔者这里取其意而用之。

相互关系。观念模型或逻辑结构的形成，就能转化为思维方式的内涵，进入思维过程，成为思维活动所据的原理，并依此而构造可能世界的逻辑结构。

可能世界依据人构造逻辑结构的健顺和合特征，差分为"道"与"和"，两者都具有普遍性含义。"道"的本义是道路，是人行走到达目的地过程中的途径，引申为开创、疏通、事理、规则、方法、言说、思想、学说等义。道含义的演变过程，表示人对所指称对象的认识逐步深入，并由实而虚，由具体而抽象，与本义逐渐脱离，但本义仍然使用，表示为"同心圆扩大型"模式①，这便构成和合可能世界的"道"。

凡事物都有道。大千世界，万事万物，都有其道，这是殊道；殊道之中，抽象为共同的东西，是为同道或共道。殊道形形色色，各自具有其不同的性质、特点和作用。事物因其有殊道，故彼此相差分为不同本质的东西；若无殊道，事物就不成其为事物。既有殊道，便有冲突，事理、规则、方法、言说、思想、学说各有冲突，甚至有激烈的冲突，即使是道路、开创、疏通，亦有冲突。冲突无所不在，无处不有。相互冲突之殊道，必相互渗透，相互联系，相互融合，而构成同道或共道。殊道与共道的"融突"，而成一种有机的、协调的、和谐的和合体，便是和合可能世界的"和"。

"道"相对于主体人思维而言，是标志人类思维自由创造潜能的无限性，以及人类思维自由创造活动的可能性。人的生命的本质在于自由，自由曾被视为比生命和爱情更为重要的东西。在古代，自由曾是人之为人的标志，即自由人；不自由的人被看作牲畜一样的人，而非人之为人，不当人看。人具有超生物族类的主体性，是人的自由的内在依据，人的类特性

---

① 参见拙著：《中国哲学逻辑结构论》，68 页。

恰恰是自由的自觉的活动。人有了自由，才肩负起自我生命的重负；自我自由，自我才承受我的生命的责任。若人是非我，何以承担自我生命的重负和责任？

"和"相对于思维客体而言，它标志思维自由创造过程的和谐性，以及思维自由创造活动对价值理想的肯定性。人作为生命和合体，内在自由的本体限度，就是生命的终结。生命为人的自由、人对价值世界的创造及自我创造确立界限。但人有超越生命终点的价值，这个价值并非生命本体意义上的自由，而是精神理想世界的超越；这个超越生命本体的自由构想，超越了生命本体的自身的界限，而成为长期存在下来的未来理想的可能世界。在这个世界中，融突的和合成为人生生命的终极价值和理想世界的终极原则。

"道"是思维自由创造的逻辑结构的道路、方法及原理、原则。它对一切既定的原理、原则、方式、框架，采取自我批判、自我否定以及自我发展的"求全责备"的创新态度。"和"是思维自由创造的理想精神，它对一切可成的方式、框架、原理、原则、结构，采取自我承继、自我肯定和自我完善的"尽善尽美"的创业立场。人的一切目标性或目的性的活动，都是顺道求和、健道达和的自由创造过程。

### （二）人与道

在和合可能世界中，人的思维自由创造的"为天地立心"的主体精神，一直受到中国哲学家的重视。这种"六经注我"或"我注六经"的"自作主宰"的主体自由创造精神，一直延续、积习下来，成为中华民族的人文精神。

人类出现以来，虽衣食住行都是生存的需要，但四者中，食是生存的首要的需要，故"民以食为天"，这样食便引申、演变为和合生存世界；

由此需要而引申为"食色性也",把食的需要和情及繁衍族类的需要,作为人的本性,即人的自然属性和社会属性浑沌体,加之人的自我意识的发生和人际交往活动中的自我羞耻意识出现,最初的遮羞布便成了衣的需要,故有人把人与动物的区别,说成是穿裤子的猴子。这种羞耻的道德意识,便是人的社会属性。这样食与衣便引申、演变为"性"与"命"的和合意义世界。住与行,即止与行,又引申、演变为"道"与"和"的和合可能世界。

行是与道路相联系的,人到达某一目的地的往返次数多了,便践蹈出一条道路来。道路之道,现下虽未见于甲骨文,但见于金文。《貉子卣》作"𧗠",从行从首;《散盘》作"𧗠",从行从首从止,《侯马盟书》作"𧗠",亦从行从首从止,为一会意字。𦣻为首,段玉裁《说文解字注》云:"首者,行所达也。""行",《说文》:"人之步趋也。""止",《说文》:"以止为足。"合三字之义,是人行走的道路,即道是人行走出来的路,故《说文》:"'𧗠'所行道也。"从"彳",实乃从行从止之省,犹如《侯马盟书》之"𧗠"。《释名》:"道,蹈也;路,露也,言人所践蹈而露见也。"世上本无道路,由人开始、开创行走践蹈,地上露出一条线条来,作为往来交通之用,就成为道路。[①]

道作为人行走要到达目的地过程所走的地方或场所,而过程中间所止或停留之地,即休息之地,便是住所。因而,住与道相联系。停留、休息之地而众人和睦相处,其乐融融。一天奔走于道的疲劳得以消除,而开始新的行走,这便是"和"。再者,走走停停,即行止的统一,亦是"和"。

---

① 参见拙著:《中国哲学范畴发展史(天道篇)》,38 页;另参见张立文主编:《道》,19～21 页,北京,中国人民大学出版社,1989。

中国较早的古籍《周易》《尚书》《诗经》，均使用道字。《周易》道字四见："复自道，何其咎"[①]；"履道坦坦，幽人贞吉"[②]；"有孚在道，以明，何咎"[③]；"反复其道，七日来复"[④]。"道"字均指道路，是一具体概念，是指主体人行走、往来在道路上。

《尚书》（指《今文尚书》）之道，除道路之义外，被引申为规则、方法、法度之义。"皇天用训厥道，付界四方"[⑤] 之道，有天数运行规律之意。"无偏无陂，遵王之义；无有作好，遵王之道；无有作恶，遵王之路。无偏无党，王道荡荡；无党无偏，王道平平；无反无侧，王道正直"[⑥]。"道"与"王道"有道路、原则、法度之义。"天不可信，我道惟宁王德延"[⑦] 的道，指治理国家的方法、途径。[⑧]

《诗经》之道的含义，如道路，"周道如砥，其直如矢"[⑨]，"道之云远，曷云能来"[⑩]；如言说，"中冓之言，不可道也。所可道也，言之丑也"[⑪]；如方法，"诞后稷之穑，有相之道"[⑫]。由道路而引申为言说、方法，其能称与所指的关系较明确。

春秋之时，道逐渐演变为一个哲学概念。道分为天道（天的运行规律、法则和秩序）和人道（人应遵循的法则、规律和人的本性、本质），

---

① 《小畜·初九爻辞》，见《周易正义》卷二，15 页。
② 《履·九二爻辞》，见上书卷二，15 页。
③ 《随·九四爻辞》，见上书卷三，23 页。
④ 《复·卦辞》，见上书卷三，27 页。
⑤ 《康王之诰》，见《尚书正义》卷十九，244 页。
⑥ 《洪范》，见上书卷十二，190 页。
⑦ 《君奭》，见上书卷十六，223 页。
⑧ 参见张立文主编：《道》，21～22 页。
⑨ 《小雅·谷风·大东》，见《毛诗正义》卷十三，460 页。
⑩ 《邶风·雄雉》，见上书卷二，302 页。
⑪ 《鄘风·墙有茨》，见上书卷三，313 页。
⑫ 《大雅·生民》，见上书卷十七，530 页。

前者为客体，后者是与客体对应的主体。"天道远，人道迩，非所及也"①。此其一。其二，世俗人间伦理道德犹如天道，"礼以顺天，天之道也"②，"忠信笃敬，上下同之，天之道也"③。作为人道典章制度或仪式的礼依天道而制订，礼与天道相符合，人的相互之道的忠信笃敬等伦理道德，必须上下共同遵守，探求天、地、人整体所共同的法度、准绳。其三，天道与人道相因。"天道盈而不溢，盛而不骄，劳而不矜其功。夫圣人随时以行，是谓守时。天时不作，弗为之客。人事不起，弗为之始"④。这里的天因人、人因天的互因，是以人因天的不溢满、不自纵、不自大其功的融合来体现天、地、人的共同的道路，或共同遵循的法则。

儒家重道，旨在人道，于天道并不深究。孔子的弟子子贡说："夫子之言性与天道，不可得而闻也"⑤。孔子之道，即"仁道"，"道二，仁与不仁而已矣"⑥。孟子认为，道分仁与不仁，孔子讲仁，反对不仁。"志于道，据于德，依于仁，游于艺"⑦。作为目标的道，其依靠在仁。仁为爱人，即人与人之间关系的相爱原理。"仁道"具体展开为"孝悌"和"忠恕"，"君子务本，本立而道生。孝悌也者，其为仁之本与!"⑧ 树立了孝悌为仁这个根本，道便有了。"夫子之道，忠恕而已矣"⑨，由处理家族纵横人际关系的子对父孝，弟对兄悌，而推己及人，到处理群体社会的忠与恕，即具有道。孔子以为只要推行以仁礼为基本内容的人道教化，就可实现其价值理想。

---

① 《昭公十八年》，见《春秋左传注》，1395 页。
② 《文公十五年》，见上书，614 页。
③ 《襄公二十二年》，见上书，1068 页。
④ 《越语下》，见《国语集解》卷二十一，575 页。
⑤ 《公冶长》，见《论语集注》卷三，19 页。
⑥ 《离娄上》，见《孟子集注》卷七，52 页。
⑦ 《述而》，见《论语集注》卷四，27 页。
⑧ 《学而》，见上书卷一，1 页。
⑨ 《里仁》，见上书卷二，15 页。

　　孟子承孔子而讲人道，道的价值取向，即是仁，人具有仁就是道。"仁也者，人也，合而言之，道也"①。来源于人的善性的仁的精神与行为，构成道的根本内涵。虽然"诚"是"天道"，即客体自然的运行，皆实而无伪，但对主体精神和行为，并无必然的相关性。孟子通过"诚"把天道与人道联系起来，"诚者，天之道也；思诚者，人之道也"②。人以天道的实而无伪的原则来规范自己的行为，并由主体自我仁爱之心而开出外王的仁政，以实现其仁道的理想社会。

　　荀子明确天人之分，即天道与人道之分。"天有常道矣，地有常数矣，君子有常体矣"③。天、地、人三道，各有其常驻性和变通性。道有此差分，才有其特殊性和变通性；又有其有机性和整体性，而有常驻性。天道为宇宙自然法则，人道为社会人事法则。天道自然，人道有为，两者相对相关。荀子承孔孟之仁道，而凸显其礼，"礼者，人道之极也"④；发扬老庄之天道自然而弃其无为逍遥；采法家的法治之道，而免其严刑重罚，"道之与法也者，国家之本作也"⑤。荀子依其价值观，取三家之适我者，而凸显礼法。"至道大形，隆礼重法则国有常"⑥。礼与法系国家之生存和灭亡。

　　儒家之道，由孔子之"仁道"到孟子之"性道"，再到荀子之"天道"，由内至外，成己成物。道家论道与儒家异趣，由于"绝仁弃义"，而重天道的探索。老子首以道为形上学之道。"道，可道，非常道"（《老子》第一章）⑦。可言说、可指称的道是一种现象或表象，而非现象背后的本

---

① 《尽心下》，见《孟子集注》卷十四，112 页。
② 《离娄上》，见上书卷七，55 页。
③ 《天论》，见《荀子新注》，273～274 页。
④ 《礼论》，见上书，314 页。
⑤ 《致士》，见上书，224 页。
⑥ 《君道》，见上书，200 页。
⑦ 见本书第八章对道的分析。

根之道。本根之道，即"常道"，而非"可道"。本者，宇宙万物依道而生存，而不离道；根者，宇宙万物由道而生长，无根不生。次为无为之道。"为道日损，损之又损，以至无为"（同上书第四十八章）。无为为道施为的方式和人应以之为法度的施为方式。讲无为之道，为减少有为之道；道以无为而收有为之功效，"道常无为而无不为"（同上书第三十七章）。再次为无名之道。"道隐无名"（同上书第四十一章），"道常无名"（同上书第三十二章）。"无名"为道之性相，相对于"有名"。隐于"有名"之后的"无名"，是视听所不得，非求知之对象。它是无规定的规定，无命名的命名。之所以这样说，是因为按释家观点，"无名"本身就是一种名和指。复次为治道。"治大国若烹小鲜，以道莅天下，其鬼不神"（同上书第六十章）。"礼坏乐崩"而求"治"，"治"之价值取向多样，基本可分两类，一为有为而治，二为无为而治，两者互补互济。老子为后者，"以道佐人主者，不以兵强天下"（《老子》第三十章）。如何辅佐君主治天下？即不强天下，"强天下"为有为，立即会得到报应，"大军之后，必有凶年"（同上）。无为而治亦为治国之大道，特别是长期大军之后，或不断地有为之后，惟无为而能治。

庄子论道，继老子之道而为宇宙万物之本根。"夫道，有情有信，无为无形；可传而不可受，可得而不可见；自本自根，未有天地，自古以固存"[1]。道恒在而为天地万物的本根或在之根据。道涵摄万物而覆载万物，为天地万物之本根而非天地万物，然又内在于万物，"行于万物者，道也"[2]，构成天地万物运动变化的过程、道路。此其一。其二，自然之道，超越外在的形象、形状、言语，"至道之精，窈窈冥冥；至道之极，昏昏

---

① 《大宗师》，见《庄子集释》卷三上，246～247 页。
② 《天地》，见上书卷五上，404 页。

默默"①。是隐而不显的窈冥昏默状态，这种状态之道，不可言说、称谓，"道不可言，言而非也"②，"大道不称"③。道亦"不可闻""不可见"。这样，道便是无形、无名、无言的自然。其三，"内圣外王"之道。"内圣外王之道，黯而不明，郁而不发"④。从"内圣"言，圣人的理想境界是"圣人无名"⑤，"澹然无极而众美从之，此天地之道，圣人之德也"⑥。达到圣人的理想境界，必须进行修养，如恬淡无欲，去知而体道，才能达内圣境界。"无思无虑始知道，无处无服始安道，无从无道始得道"⑦，"致道者忘心矣"⑧。这是修身、治身的内圣之道。身修则世修，身治则世治，治身之道与治世之道通而为一。"道之真以治身，其绪余以为国家，其土苴以治天下"⑨。以治身为要务，天下治的根本在于治身、修身。"汝游心于淡，合气于漠，顺物自然而无容私焉，则天下治焉"⑩。这便是外王之道。

内圣外王之道，为先秦各家有见于世之乱而追求治世、经世之方，各家都围绕此大本大道进行设计、谋划，然各家道不同而方亦殊。老子求"外王"，庄子则"内圣外王"一体，其本在"内圣"。儒家虽未提出"内圣外王"命题，而实讲"内圣外王"之道。孔子以"内圣"为"外王"之根本。孟子亦以"内圣外王"一体之道，由"内圣"而"外王"，以"内圣"为要务。荀子虽亦以两者为一体，但以"外王"为要务，稍有差分。

---

① 《在宥》，见《庄子集释》卷四下，381 页。
② 《知北游》，见上书卷七下，757 页。
③ 《齐物论》，见上书卷一下，83 页。
④ 《天下》，见上书卷十下，1069 页。
⑤ 《逍遥游》，见上书卷一上，17 页。
⑥ 《刻意》，见上书卷六上，537 页。
⑦ 《知北游》，见上书卷七下，731 页。
⑧ 《让王》，见上书卷九下，977 页。
⑨ 同上书，971 页。
⑩ 《应帝王》，见上书卷三下，294 页。

法家重"外王"，申不害、慎到、商鞅认为，法治之道是因天地之道和顺人之情的治国利民之道。"法立则私义不行，君立则贤者不尊，民一于君，事断于法，是国之大道也"（《慎子·逸文》）。商鞅把道与术、势相结合，"凡知道者，势数也"（《商君书·禁使》）。知道之人，不仅任法，且依威势和术数。韩非集法家之大成，以道为宇宙万事万物之源之始。"道者，万物之始，是非之纪也。是以明君守始以知万物之源，治纪以知善败之端"①。道是天地万物的端始和是非的纲纪，即自然的根源和社会的纲纪。"道者，万物之所然也"②，即万物的所以然者，此其一。其二，道是万理之所稽。"万物各异理而道尽，稽万物之理"③。事物各种特性和道理的总汇和抽象，便是道。道作为万物之理，即原理、法则，就在于天地万物变化的过程之中。其三，道为治国之道。"凡治天下，必因人情。人情者，有好恶，故赏罚可用；赏罚可用，则禁令可立，而治道具矣。"④韩非以人皆有利欲，行均为利，为人自然之性情，好利恶害的感情，因而治国只能靠刑罚，而不能依仁义。此三方面道的内涵，具有因天道自然，而任人道法治的特征。

儒、道、法三家，无论是重天道，还是重人道，重"内圣"，抑或重"外王"，"道"均是一种一而二，二而一，即合而分，分而合的一体二元，或二元一体。儒家尽心—知性—知天，到宋明理学家的"仁人之心以天地万物为一体"（《王文成公全书·与黄勉之（二）》）；道家以"天地与我并存，万物与我为一"；法家顺天道，因人情。道均为有机整体。

道在中国哲学中，自成逻辑结构，笔者概括为八义：道为道路，道为万物之宗或万物之母，道为一，道为无，道为理、为太极，道为心，道为

---

① 《主道》，见《韩子浅解》，28 页。
②③ 《解老》，见上书，157 页。
④ 《八经》，见上书，448 页。

气，道为人道。此八义可理解为：道是天地万物形而上的本根、根据或本体；道是自然界事物变化发展的过程，即气化的进程，亦是人类社会运动演化的过程。道即过程；道是整体世界的本质，亦是人类社会的本质；道是事物本身的法则、道理，亦是社会本身的法则、规范；道是认识世界的指向、伦理道德、处世治国之方；等等。其在中国文化思想发展史上进程为：道路之道——→天人之道——→太一之道——→虚无之道——→佛道——→理之道——→心之道——→气之道——→人道之道等阶段。① 每一个阶段都是时代精神的体现或精华的结晶，同时每一个阶段的思想都指向理想的可能世界。

## （三）人与和

中国文化中"一以贯之"之道，或中国人文精神的生命之道，即是"和"。和是被普遍认同的、一般的原理、法则，亦是思维自由创造的理想价值。无论是天地万物的新生，人与自然、社会以及人与人的关系，还是政治、经济、制度、伦理道德、价值观念、心理结构、审美情感，都通贯着和或和合精神。它是人的自身的心性和行为的本质特征，亦是人处理与自然、社会、他人以及人自身心灵关系的根本原理、法则。

"和"在甲骨金文中已屡见②，其义均蕴涵着两个或两个以上不同元素、要素相融合的意思。春秋时，和是主体人对社会生活各个层次、各种冲突现象和谐的认识的提升，也是对自然、社会现象后面是什么状态的探索。《左传》记载晏婴与齐景公的一段对话，陈述"和"与"同"的差分。"和"是指相对，即相互冲突的材料、佐料，经主体人的加工和合，济其不及，以泄其过的过程，使烹饪的食物味道鲜美。"和"虽具有"济不及"

---

① 参见拙著：《中国哲学范畴发展史（天道篇）》，38～49 页；另参见张立文主编：《道》，1～10 页。
② 见本书第九章：《和合源流的考察》。

与"泄其过"两种不同的功能和形式，但"济"与"泄"本身并不就是和，而决定于对待、冲突元素、要素自身。这是对于"和"是什么的回答。

自然声、味蕴涵着和与同关系，社会政治活动中如君臣关系，亦存在这种关系。譬如臣观君眼色行事，完全依君意而不提不同意见，是佞臣；臣能提出不同意见，而否定君不完善的方面，而使其完善[①]，这便是由冲突而达融合，融合而至完善。

先秦"和同之辩"，为当时思想和学术界所重视，"和"作为时代社会需要的文化选择，譬如史伯批评周幽王排斥明智有德之臣和贤明之相，而宠爱奸邪昏庸、不识德义之人，这便是"去和而取同"[②]。和与同作为差分的文化方式，它蕴涵于宇宙万事万物自身及其相互关系之中。和是主体人对于对象事物、日常生活、社会政治、养生卫体等冲突多样性的和谐在思维形式中的表现，是对冲突的多种统一形式的认识的一种文化方式的选择，是对弃和而"刬同"的批判和否定。

儒家绍承史伯、晏婴"和同之辩"，并以"和"为人文精神的核心。孔子强调治国处事、礼仪制度，均以和为价值标准。在人与人关系上，君子与小人展现了两种不同的理想人格、道德情操和思维方法。孔子开启儒家以人为中心和合天地，而被道家目为蔽于人而不知天，开出人生生命价值理想的路向。

孟子据当时诸侯国争霸而连年战争的思考，认为"天时""地利""人和"[③] 三个战争胜败的主要因素，"人和"最重要。人民和睦团结或人心所向，便是得道。得道者多助，失道者寡助。人与人失和，战争无有不失

---

① 《昭公二十年》，见《春秋左传注》，1419 页。
② 《郑语》，见《国语集解》卷十六，470 页。
③ 《公孙丑下》，见《孟子集注》卷四，27 页。

败的。

《易传》依《易经》阴阳和合变易框架，来构筑宇宙、社会、人生的整体性图式。这个图式的价值目标，就是"太和"。朱熹注："阴阳会合冲和之气也"①。合而和或和而合，即"和合"。"合"是"阴阳合德"（《系辞下传》，见《周易集解》卷九），从阴阳刚柔的和中体认天地万物的规则、属性。《易传》把宇宙万物和社会人生看成一个生生不息的和合体。这个和合体是通过阴阳刚柔这一对待冲突融合来建构的，并在阴阳刚柔冲突中来追求均衡、和谐和流变。

荀子弘扬和而生生的思想，"万物各得其和以生"②。换言之，万物无"和"或非"和"或不得"和"，均不能生生，或获得新生命、新事物。"和"是万物得以生生日新的载体和根据。万物之所以得以生生，是由于"分"，即有差异、分殊、对待，这是和的前提。社会就是因贵贱、长幼、上下的差分，而有和合。和合又超越差分。"和"亦是主体人的精神世界情感的展现。比如祭祀作为人的心志和思慕情感的慰藉和寄托，在人和乐之时，使人受感动而哀思自己的双亲或君主。荀子认为，音乐与祭祀相似，都是主体人内心情志的发动，以调整人内心各种思想情感的变化。"和"是音乐人文精神的展现。"乐也者，和之不可变者也"③。音乐形式所表现的是蕴涵于这种形式之中的一种永恒不变的内容，这就是"和"。其实，和既是音乐形式的外在呈现，亦是音乐内涵的内在精蕴。与音乐相联系的是礼仪，乐的核心是"和"，礼的内涵亦是"和"。"审节而不和，不成礼；和而不发，不成乐。"④ 礼这种形式或现象，必须以和为标准，来审察礼仪制度。这样，和便成为中国礼乐文

---

① 《乾·象》，见《周易本义》卷一，2 页。
② 《天论》，见《荀子新注》，270 页。
③ 《乐论》，见上书，338 页。
④ 《大略》，见上书，444 页。

化的精髓。

《礼记·乐记》与荀子《乐论》的精神一致。其理想意蕴和境界，就是"和"，"和故百物不失"①，且大乐与天地同和。乐作为天地和合的体现，"乐者，天地之和也；礼者，天地之序也。和故百物皆化，序故群物皆别"②，推及天地万物化生的原因。这样，"和"便不是单纯的天与地、阴与阳的连接词，亦不是单纯两个不同质的要素媾合的方法，而是具有独立性的万物之所以化生的根据，赋予和以形上学的性格。

如果说孔子规定了"和"应怎样，道家则追求如何"和"。"万物负阴而抱阳，冲气以为和"（《老子》第四十二章）。道之所以能化生万物，是因为道蕴涵着阴阳两个相互冲突、相互关联的方面，宇宙万物亦包含着阴阳正负两个相互摇荡、相互作用的方面，由此冲突融合，而构成了"和"。和是宇宙万物的本质以及天地万物生存的基础。"知和曰常"（同上书第五十五章）。作为阴阳本体之道的和，是一种自然而然的常态或永恒态。老子开启道家以天为中心和合人与地，而被儒家视为蔽于天而不知人，实开出文化生命价值理想之路向。

庄子以至阴寒冷出于天，至阳炎热出于地，天地、阴阳、冷热互相交通而和，万物便化生了。这与儒家以天阳热，地阴冷，正反其道而互补互济。然天地阴阳和合而化生万物，儒道却相似。"阴阳调和，流光其声"③。阴阳调和生物，便是一种自然而然的自由状态。明白了"和"的道理，遵循"和"的自然状态，即是天和与人和；天和与人和，就是天乐与人乐。获得天人相和、天人相乐的理想境界，即可能世界。

儒道或蔽于人，或蔽于天。其实蔽于天者轻，是一种纵向的关系，横向的人与人关系比较淡薄。中国没有一个被普遍认同与信仰的上帝，纵

①② 《乐记》，见《礼记注疏》卷三十七，《十三经注疏》本，1530 页。
③ 《天运》，见《庄子集释》卷五下，502 页。

向的天人关系不是绝对的信仰与被信仰关系，而是理性化的价值关系，因而横向的人与人关系特别受重视。因而"和"从生物的关系立即推向社会人际关系。《管子》和《墨子》两书其和的立足点，即是横向的社会人际关系。《管子》说："畜之以道，则民和；养之以德，则民合"（《管子·幼官》）。道与德对言，道畜民和，德养民合，民有了道德的畜养，便是和合。和合是道德蓄养的理想目标。管子追求以民为中心的道德和合。

墨子从"兼相爱、交相利"出发，把和合作为群体社会和个人处理人与人、人与家、人与国关系的根本原理、原则。墨子认为，中国当时人与人、家与家、国与国相贼害，而战争不断，其根本的内在缘由，就是别爱而不兼爱，若兼爱便能和。譬如家，"父子兄弟作怨恶，离散不能相和合"[①]。由家内的相互怨恨，相互使坏，而推及天下百姓，亦互相贼害、仇恨，国家就会灭亡，天下就会离散而大乱。和使人与人，人与家、国、天下凝聚一起而不离散。和合是处理或解决世界事务、国家事务以及人际关系、身心怨恨冲突的重要的原理、原则。

法家以吏为师，唯法是从，严刑峻法，强调冲突，但亦讲和，但与儒、道、管、墨异趣。儒墨强调仁爱之和，道家强调通一之和，管子讲蓄养之和，都不及诸多相互异质或冲突要素在"和"的过程。何者为主？何者为从？法家强调有主从之和。韩非以音乐为例，虽音乐是多种乐器合奏的和声，但其中有一乐器为主，其他乐器均与之相随和，即有唱有和，有主有从，有其特征。

先秦儒、道、墨、管、法，尽管道不相同，但和可相契，从而共同孕育了中国文化人文精神的精髓——和合。它纵贯和横摄中国文化思想的各个时代的各种思潮，如先秦诸子百家、两汉经学、魏晋玄学、隋唐

---

① 《尚同上》，见《墨子校注》卷三，109页。

佛道两教之学、宋元明清理学、近代新学，亦展现于同一时代各家各派文化思想之间，是中国文化的整合。它是被各家各派所普遍认同，贯穿于日常生活活动之中的人文精神。这种人文精神所展现的价值理想，便是和合可能世界。

和合可能世界，使作为展现人的思维自由创造的价值理想的"道"与"和"，通过神与化的转换，而使"道"与"和"贯通。

### （四）健顺与名字

人类思维构造价值理想的未来模型，这本身就是创造性的想象的生命活动的体现。它使人进行探索性、创造性思维建构活动，这便是"顺道求和"，以求和的可能世界。"和"求反演过来，可促使"顺道"，"顺道"则自然"求和"。

"顺道求和"是主体人的活动。顺，金文作"⿰"（《何尊》）或作"⿰"（《中山王鼎》）。汉许慎《说文解字》："理也，从页从巛。"王引之谓"巛即川字"，川甲骨文作⿰，"己亥子卜贞在川人归"[1]，像两岸间水流之形，水顺地势高低及两岸之势而流，为顺流。顺的初义为顺水势而流，引申为顺玉石的纹理而治玉，后引申为顺从、顺应、顺序、道理、谨慎等义。

"顺道"便是顺从思维自由创造的逻辑道路，或顺应思维建构的价值理想的可能世界的观念模型、框架。《诗经》曰："顺彼长道，屈此群丑"[2]，即"顺道"。郑玄《笺》："从彼远道往伐之，治此群为恶之人。"孔颖达疏："乃欲从彼长远之道路，以治此群为恶之人"[3]。"顺道"，就是顺从或顺着此道路之义。

---

① 罗振玉：《殷虚书契前编》8、12、4。《广雅》"巛，顺也"，巛与顺音义相兼，参见拙著：《中国哲学范畴发展史（人道篇）》，372 页。

②③ 《鲁颂·泮水》，见《毛诗正义》卷二十，611 页。

　　如何顺道？随着道为道路初义的演变、引申，"顺道"之义亦发生演变。《左传》以顺与逆对举，把贱害贵、少凌长、远间亲、新间旧、小侵大、淫破义作为六逆；"君义，臣行，父慈，子孝，兄爱，弟敬，所谓六顺也"①。顺从与叛逆相对。"执事顺成为臧，逆为否"②。行事顺其道有成而善，逆其道溃败而否。顺从社会之伦理道德，伐恶成善，使社会理想的追求得以实现。这就是说，不逆道便是顺道，这是如何顺道之义。

　　顺从或顺应君臣父子兄弟的义行慈孝爱敬之道，便能使社会和谐、融合，这便是求和。"顺道"求"和"的人性基础，或曰社会人际关系的基点，即是爱，行慈孝敬之道的核心亦是爱。孔子的"泛爱众"，墨子的"兼爱"，都是使人类充满着爱。尽管儒墨有"别爱"和"兼爱"之冲突论争，但爱人之心有其同。孟子认为，"为不顺于父母，如穷人无所归"③，犹如鳏寡孤独之人没有依靠。舜"人悦之、好色、富贵，无足以解忧者，惟顺于父母可以解忧"④。从心理学上说，人之恋父母之情，是潜意识，它引发为对父母的爱，这种爱和父母对子女的爱相互交融，而推致于他人和天下，成为中华民族的向心力和凝聚力的源头活水。

　　就他人而言，"伊尹曰：'予不狎于不顺，放太甲于桐，民大悦'"⑤。殷王太甲违背礼义，伊尹把他放逐了，后来他变好了，恢复了太甲王位。伊尹这样做是出于爱王、爱民、爱国之心，而非篡夺。就天下而言，"得道者多助，失道者寡助。寡助之至，亲戚畔之；多助之至，天下顺之"⑥。失道以至于众叛亲离，可见其无爱人之心和不忍人之政，失败就是必然的；得道帮助顺从他的人就很多，可见其有爱人之心和行仁政于天下，胜

---

① 《隐公三年》，见《春秋左传注》，32 页。

② 《宣公十二年》，见上书，727 页。

③④ 《万章上》，见《孟子集注》卷九，68 页。

⑤ 《尽心上》，见上书卷十三，106 页。

⑥ 《公孙丑下》，见上书卷四，27 页。

利也是必然的。墨子和孟子所讲的顺逆都基于爱，但孟子掌握中国血缘宗法社会的族类亲情，故能适应当时及后来社会的需要，而被社会所接受，墨子"兼爱"只是一种理想。

道家帛书《老子》："自今及古，其名不去，以顺众父。"① 老子逆向思维，以明道是永恒的。庄子认为只有顺应自然本性而不用私意，便可以游心于恬淡清静之境，"汝游心于淡，合气于漠，顺物自然而无容私焉，而天下治矣"②。如何才能达到恬淡清静之境？便需"县解"。"且夫得者时也，失者顺也，安时而处顺，哀乐不能入也。此古之所谓县解也。"③ 人要超越生死哀乐对自我心情的影响以及外物的束缚，体认得生适时、死去顺应的变化，处顺忘时，萧然无系，以求精神世界的解脱。这种精神世界的"县解"，就表现为一种人与自然、社会的和谐整体，即是"顺道求和"。

儒、墨以社会的伦理道德、政治民情来讲"顺道求和"。道家是顺应自然无为来讲自然、社会、心灵的"顺道求和"。法家从性恶任法出发，而不讲从爱出发，主张"顺民"，而不"顺主"。"凡奸臣，皆欲顺人主之心，以取信幸之势者也。"④ 以人主的善恶为善恶标准，奸臣便可乘亲近和宠幸之机而混淆是非，使人主蔽于上。韩非提倡孝悌忠顺之道。"天下皆以孝悌忠顺之道为是也，而莫知察孝悌忠顺之道而审行之，是以天下乱。"⑤ "知察"蕴涵检验之意，经检验而后践行孝悌忠顺等道德原则，以免乱天下。"臣事君，子事父，妻事夫，三者顺则天下治，三者逆则天下乱，此天下之常道也。"⑥ 三顺的常道不可变易。韩非的"顺道"亦为

---

① 《老子》帛书乙本，傅奕本作"以阅众甫"。
② 《应帝王》，见《庄子集释》卷三下，294 页。
③ 《大宗师》，见上书卷三上，260 页。
④ 《奸劫弑臣》，见《韩子浅解》，102 页。
⑤⑥ 《忠孝》，见上书，505 页。

"求和"，即社会的不乱而和谐有序的和合境界。

"顺道求和"，以"顺道"为基，基立则"和"可求；进而"健道"而达"和"，以能使"顺道求和"得以实现。这就是说使主体思维自由创造的力度得以加强或强化，而能达到"和"的目标。

健，《说文》："伉也。"徐灏《说文解字注笺》："《易》刚健即伉健，故以伉训健。"伉健即强健、刚健。"天行健，君子以自强不息。"① 孔颖达疏："健者，强壮之名。"② 健的本义是强壮有力，引申为不倦、善于进取等义。

健顺作为对偶范畴，见于《泰·彖》："内阳而外阴，内健而外顺，内君子而外小人，君子道长，小人道消也。"③ 泰卦（䷊）卦体为乾下坤上，乾内坤外。乾阳之气在下而上，坤阴之气在上而下，天地上下相交流而万物通。"内健"是指乾卦的本旨是刚健，"外顺"是指坤卦的本旨是柔顺。

健的刚强的性质是由健自身决定的。"大哉乾乎，刚健中正，纯粹精也"④。乾即健。⑤ 乾六爻"纯阳刚健，其性刚强，其行劲健"⑥。健即为刚强，"刚健而不陷"⑦。需卦（䷄）乾下坎上。侯果说："乾体刚健，遇险能通。"（李鼎祚：《周易集解》卷二）大有卦（䷍）乾下离上，"其德刚健而文明"⑧。刚健而不拥滞，文而明灿。离为明，离在外而文明。

《周易》以健顺对偶描述宇宙万物的生长、事物的本质属性和功能，以及道德意识与行为，使起差分和连接天、地、人三道的阴阳、刚柔、内

---

① ② 《乾·象》，见《周易正义》卷一，14 页。
③ 《泰·彖》，见上书卷二，28 页。
④ 《乾文言》，见上书卷一，17 页。
⑤ 参见拙著：《周易帛书今注今译》，44～45 页。
⑥ 《乾文言》，见上书卷一，17 页。
⑦ 《需·彖》，见《周易正义》卷二，23 页。
⑧ 《大有·彖》，见上书，30 页。

外、上下的作用。健顺作为天地万物存在状态的一种特性、特征：

首先，健是指事物处于蓬勃发展、繁殖的过程，它具有无坚不摧、自强不息的品格和精神，任何艰难险阻，均无所畏惧，奋勇前进。顺相对应于健，是指事物处于萌芽、发生过程，它具有不断新生、发展的品格和精神。虽还有柔弱性，但是生命的新生，代表着希望。这样，"健道达和"，便以其刚强的品格和精神来达到"和"的理想境界的实现；"顺道求和"，就是顺应生命的新生而追求"和"的理想价值。

其次，健是指天地万物存在的最佳、最优化的状态，犹如人生生命和精力最旺盛、最充沛的时候。它凸显了民族主体的自强不息、永不疲倦的品格和精神，体现了主体自尊、自强、自立、自信、自主的性格。顺是指万物存在的适应性、顺从性的状态。无论是人对自然环境的适应、对社会法律的服从，还是对人与人关系的伦理道德的顺从，都是不可或缺的。"健道达和"，是充分发挥"道"的最佳、最优化状态的潜能，或发扬人生生命精力最旺盛的能力，以达到理想的和合境界；"顺道求和"，顺适"道"的自然而然的状态，以及其适应能力，以追求、求得和合理想世界的实现。

再次，健是指进取性、奋取性，即事物处于前进运动的状态。进取无论是指自然，还是社会，都应该是理性的、道德的、审美的，而不是野蛮的、贪婪的、丑恶的。这就是说进取是顺理、顺道、顺势而进，可谓健而顺。顺是指事物的退让性、妥协性，即事物处退让、妥协活动状态，它是事物外在环境、条件还不具备，难以适应或进取而顺势退让，还顺道妥协。退让、妥协有各种情况和效果，或以退为进，以让为攻。妥协而获得，即无为而无不为，无得而成其得，可谓顺而健。"顺道求和"，是指顺应"道"的自然而然，以退让的形式，而获得最佳的效果。"我无为而民自化，我好静而民自正，我无事而民自富，我无欲而民自朴"《老子》第五十七章）。无为、好静、无事、无欲的退让、妥协，人民便自然"自化""自正""自富""自朴"，这便是对和合的追求、憧憬和想象。"健道达和"，是指强健"道"的进取性的力度，以进取的形式，达到和合理想境界的实现。

"顺道求和"与"健道达和"，是中华文化人文精神的体现。古人从天地万物存在的各种不同的状态中，抽象、概括出两种基本的特性，这两种存在状态的特性，又分别象征中华文化人文精神的两大系统。儒家尊阳贵刚，崇尚刚健精神；道家尊阴贵柔，崇尚柔顺精神。儒家强健参与而经世，道家顺应自然而隐世；儒家经世而烦恼，道家隐世而清静。两者互补、互渗、互济。两家虽道不同，但都为了"求和"与"达和"，故其人文精神相互圆通。这便是其能互补、互渗、互济的缘由所在。

由"顺道"与"健道"之差分，儒家倡阳尊阴卑，以刚克柔，以强胜弱。依此顺向思维，刚强、刚健是事物发展的必然趋势或终极目标。道家主阴贵阳贱，以柔克刚，以弱胜强。"天下莫柔弱于水，而攻坚强者莫之能胜，其无以易之。弱之胜强，柔之胜刚，天下莫不知，莫能行。"（《老子》第七十八章）依此逆向思维，道家从刚柔、强弱、健顺的转化中，以柔弱、柔顺为天地万物的主导方面。道家批评儒家"兵强则灭、木强则折，坚强处下，柔弱处上"（同上书第七十六章）。刚强虽然强健，但却代表着枯槁、衰老、易折，是走向死亡的趋势。柔弱虽然顺应，但却代表着生命、生长、发展，是走向希望的趋势。

其实，天地间万事万物的存在状态，都既具有刚强性的一面，又具有柔弱性的一面，不管就事物的对待而言的共时态，还是就事物的自身而言的历时态，概莫能外。自然、人际、社会、心灵、文明都是这样。如家庭这个人类社会的最基本的组织形式，即人类社会细胞，便是一种阴阳、健顺、刚柔的冲突融合的和合世界，只有这两种基本要素的特性互补、互渗、互济，才是健全的、完美的、和谐的，否则便破坏了其完美性与和谐性，事物就会崩溃而不能维持。

"健道"与"顺道"的互补，张载把其与天地阴阳相联系，表述两者的对待统一、冲突融合。天阳之性至健，有发散和一的功能；地阴之性常顺，地体随天而行。阴阳二气的变化，便有乾健坤顺之象。阳气刚健，无形可见，及成天象，可称为天道；阴气常顺，效天而动，及成地形，可称为地道。健顺两道是太虚阴阳之气的一元两方或两体。"太虚之气，阴阳一物也，然而有两体，健顺而已"①。这种一而二的模式，即"体用一源"的一元两体模型。

"健道"应时而变，以不求知而知而无体，所以感知迅速，虽有艰难险阻，但有道可寻；"顺道"顺天育物，以不为而为而不烦，所以能善施万物，虽有困难危机，但有正常的法则。体认健道、顺道，而与天、地、人三道相圆通。程颐认为，健顺对待冲突双方的性质、功能、作用差分，"刚健则才胜，居柔则谦顺，得中则无过"②。健顺相胜，不可代替。然才胜与谦顺若无过不及，便能保持平衡和谐。因此，健顺对待两方，"实乃相赖以济"③。相互依赖，相互辅济，亦相互渗透，"乾健坤顺，坤亦健乎？曰：非健何以配乾？未有乾行而坤止也。其动也刚，不害其为柔也"④。健顺名为乾坤的象征，但只有乾而无坤，或只有顺而无健，都不能构成乾坤、健顺的对待。这样健中有顺、顺中有健，就如牝马一样，既柔顺又健行，健顺冲突融合。健顺的融突，具有相互转化的功能。"柔处

---

① 《横渠易说·系辞下》，见《张载集》，231 页。
② 《周易程氏传·大有·九二爻辞》，见《二程集》，769 页。
③ 《周易程氏传·泰·初九爻辞》，见上书，755 页。
④ 《周易程氏传·坤·象》，见上书，707 页。

柔顺之极，又处谦之极"①。谦顺之极，而至于太甚，则反为过，便需辅以刚健或刚武，"必须刚柔相济"②，使不为过，而趋向极端，以保持均衡、平衡。健顺的自调节功能，即中的功能，可使事物在未趋向过和极时，得到调整。

"顺道求和""健道达和"，健顺的宗旨，就是"求和""达和"。和合是健顺之合。

> 健顺合而太和，其几必动，气以成形，神以居理，性固具足于神气之中，天地之生人物，人之肖德于天地者，唯此而已矣。③

王夫之释"太和"为"和之至也"。所谓"和之至"，就是"未有形器之先，本无不和；既有形器之后，其和不失，故曰太和"④，是指天地万物未成形之前，健顺未分的本然状态。这种太和本然之体，蕴涵着健顺的潜能或潜性，处于未知、未能，即未与物交感的至静之中的太和浑沌状态。健顺之性只是一种承于自然的"良能"而已。太和既中涵健顺之性，那么，生物、认知均可由此而起。

健顺潜能或潜性转化为现实的人物之性，必须通过交感过程。人生而与物交感，气逐于物，即造化万物，聚而成形，这样健顺之性便具于繁盛的人物之中。气在凝聚成物之时，"气禀物欲相窒相牿，而克自修治，即可复健顺之性"⑤。人经自我克制修养，治理，便可恢复健顺之性。健顺作为人的本有之性，"承于天"，故不失。

健顺融突的形式，王夫之提出"健顺相资"与"相济而和"的命题。"知性知天，则性与天道通极于一，健顺相资，屈伸相感，阴阳鬼

---

① ② 《周易程氏传・谦・上六爻辞》，见《二程集》，777 页。
③ 《张子正蒙注・太和篇》，见《船山全书》第十二册，17 页。
④ 同上书，15 页。
⑤ 同上书，19 页。

神之性情皆吾所有事，而为吾职分之所当修者矣"①。"相资"是指彼此相借或彼此相取之意。尽心知性而合于天德，人性之善与天道通于一，健顺相资而融合。"道本浑沦，因而顺之，健顺交相济而和矣"②。这里所谓"道"，王夫之解释说："道即立天、立地、立人之道。德者，道之功能也。义者，随事之宜也。道德之实，阴阳健顺之本体也。"③道包括天、地、人，即蕴涵阴阳、刚柔和仁义等内涵，进而言之，天、地、人所蕴涵之阴阳、刚柔、仁义的融突，又都蕴涵健顺的性质。健顺融突交相济，便是"全健顺太和之理以还造化"④，以便求得和达到和美、和合的理想境界，即可能世界。

"顺道求和为名"，"健道达和为字"。"名"，《说文》："自命也"。即人所命名和指谓的名称。春秋战国时，儒、道、墨、名、法各家进行"名实之辩"，即就名称与实在关系问题进行论争。儒家孔子针对当时社会名称、字语、概念与所指称的对象相脱离的状况，提出"正名"的主张，要求字语、语词、概念与所指对象一致，即名实相符。"名不正则言不顺"⑤，语词、概念不正确，言词就不顺应通达。字词、概念是相对于实在而言："名者，实之宾也"⑥。"夫名，实谓也"（《公孙龙子·名实论》）。"以名举实"⑦。名是指模拟事物实相的主观称谓，是认知对于认知对象性质、内涵的主观判断词。这些概念，中国古代称谓为名，亦指范畴。

---

① 《张子正蒙注·诚明篇》，见《船山全书》第十二册，120 页。

②③ 《周易内传·说卦传》，见上书第一册，621 页。

④ 《张子正蒙注·太和篇》，见上书第十二册，18 页。

⑤ 《子路》，见《论语集注》卷七，54 页。

⑥ 《逍遥游》，见《庄子集释》卷一上，24 页。

⑦ 《小取》，见《墨子间诂》卷十一，250 页。

"名"为人自我命名，亦为天地万物命名，是思维的自由创造，而与实在相符合。与概念、范畴相当者除"名"外，便是"字"。宋元明清之际，一些学者专门对概念、范畴的意义加以解释，称为"字义"，朱熹弟子陈淳撰《字义详讲》（后人称为《北溪字义》），讲解程朱道学的概念、范畴。戴震著《孟子字义疏证》，借解释孟子思想概念、范畴的形式①，发挥自己的哲学思想，构造自己的哲学逻辑结构②。这里的"字"蕴涵概念、范畴的意思。字与名同义，是指思维自由创造产物和符号化模型。

主体思维的自由创造，"顺道求和"与"健道达和"必须从"名"、"字"（词）入手。戴震说："《经》之至者道也，所以明道者其词也，所以成词者字也。由字以通其词，由词以通其道。"③领悟经典文本思想，必须解释哪些是能"通其道"的最基本、最一般的字（词），这样的字（词）称为范畴。范畴是字（词），但并非凡字（词）都是范畴，而是指反映事物最一般规定性的，成为人们认识客体的思维形式的字（词），才是范畴。凡范畴有一个从一般性的字（词），演化为范畴的历史。正如范畴这个词（希腊文 kategoria）经亚里士多德的阐述才成为哲学范畴。中国是借《尚书》"天乃锡禹洪范九畴"④，而翻译为"范畴"。

"名""字"作为概念、范畴，具有一般性字（词）所具有的差分性特征，它是符号之间相互作用的产物。每个字（词）的能指（音响符号，对汉字而言是符号形式）是固定的，但只有在具体的语境（语句或文本的上下文）中其所指和意义才相对明晰、确定，即人只有在具体语境中才能确

---

① 参见拙著：《中国哲学范畴发展史（天道篇）》，21～25 页。
② 参见拙著：《戴震》。
③ 《与是仲明论学书（癸酉）》，见《戴震文集》卷九，140 页，北京，中华书局，1980。
④ 《洪范》，见《尚书正义》卷十二，《十三经注疏》本，187 页。

定某个字（词）的所指。[1] 这就是说，"名""字"是由道"求和"或"达和"的转换中介，以实现"和"的理想境界的思维自由创造的符号化模型或符号形式。

和合可能世界差分为"道""和"；"道""和"和合为可能世界。其机制为："顺道求和为名"，"健道达和为字"。健与顺、名与字作为和合可能世界的道与和的转换与中介机制，是绍承中华文化人文精神的体认和创造，它既是现代文化的需要，亦是人类未来文化的需要。

健与顺、名与字差分而有对待冲突，只有主体思维的自由创造的道与和的能动活动，才能将两者融合起来。人以自身的思维自由创造的刚健与柔顺的工夫、功能，运用"名字"，构成转换、变化"道"与"和"的范畴、概念。

和合可能世界的道、和的和合机制为："道"从顺到健、奠基立极，"洪范九畴"，构成一系列符号化的范畴、概念形式；"和"从健到顺，超然物外，"出神入化"，构成一系列义理化的范畴、概念内涵；道、和互化凝聚、融合，成为活生生的、具有思维创生功能的范畴、概念。如此，通过健顺转换，道、和中和而为主体的可能活动状态（即自由活动状态），融合为范畴、概念中介。可能世界是以逻辑范畴、概念为建构件的健顺和合世界，构成了和合可能世界转换结构方式，见图 6-2。

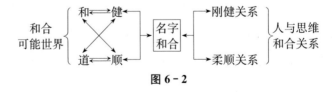

**图 6-2**

---

[1] 陆玉林博士论文：《老庄哲学的结构与意蕴》，油印本。

## 三、转换与中介

在和合可能世界（"天"界），主体以"健顺"活动为标志的可能状态，差分为八个方面，即由八个特异化的可能状态时空构成，与"道""和"的八维差分相应，"名字"中介也分序展开为八种"名字"，即由八个特异化的可能状态时空构成，分别在八个可能状态时空中起和合中介的贯通或圆通作用。

### （一）健顺转换

"道""和"的健顺八态与"名字"八态，基于"八道""八和"。无"八道""八和"，健顺八态和"名字"八态便无所本、无以根；无健顺八态和"名字"八态，"道""和"亦无以实现其转换和变易。

"道""和"的健顺转换机制和名字转换中介，根据"八道"和"八和"的序列维向依次差分，循序开出。特异分化的转换中介，逻辑上能将"八道"及其相对应的"八和"微观纵向贯通，又能横向涵摄，展现人类可能世界刚健和柔顺"道""和"的人生精神价值理想世界，或未来境界。

和合可能世界道、和健顺转换机制的微观构成图式：

总式（母式），见图 6-3。

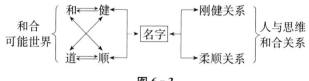

**图 6-3**

微观构成图式，分析解释可能世界的健顺转换构成机制的名字和合中介以及分维构成的现实，同时在每个可能状态时空内实现道和的转换和合。

母式是分式的依据，其转换构成机制为：主体强健、刚健思维创造的可能的逻辑道路、道理、法则、规范、本根，创造出更完善、更优美的新生的思维方式和概念形式；主体思维设立可能的义理和谐，弘扬已往的思维成果和成熟的概念内涵，舍弃已不适应思维发展需要的陈旧的思维方式和概念形式，创生出更完善、优美的新的思维成果和概念内涵；新的思维方式与新的思维成果、新的概念形式与新的概念内容和合而为"名字"（即范畴）。

和合可能世界道、和健顺转换机制的微观构成的反演，其反演序列为："名字"逻辑地强健，即肯定了主体创立的思维逻辑道路、道理、法则、本根，以及义理的和谐、融合，否定了不顺应思维发展需要的逻辑道路、道理、法则、本根，以及陈旧的义理和谐。通过健顺这一逻辑的肯定否定，绍扬舍弃机制，道和生生不息，转换为一系列新"名字"，即范畴。

人类思维发展的历史，就是"名字"（范畴）生生的逻辑运演过程：通过不断的健顺转换，更优美的思维道路、道理、法则、本根和名字（范畴）形式不断创生，更完善的义理和谐与名字意蕴不断更新，从而使人与思维的健顺、肯定否定关系达到逻辑和合，形成和合可能世界。

和合可能世界的分式（子式）为总式（母式）的差分复制，是同构映射关系，只要按八维和合的特异语义域来解释，就能构成八种可能维度，便可揭示出可能世界各种思维创造的"名字"标准的构成机制。

1. 可能形上和合道和健顺转换机制。见图 6-4。

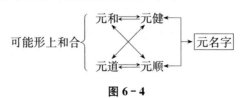

**图 6-4**

元始思维逻辑道路、道理、法则、本根，以及元始思维义理和谐、融合、协调，构成立元可能状态及其形上思维状态空间和时间。通过元始刚健、强健活动，借助于刚健中介系统，强健思维义理的和谐，顺应思维逻辑道路、道理、法则、本根，而构成"元名"，即尚未差分化的元思维模式、概念形式。同时，通过元始柔顺活动，借助于柔顺中介系统，顺应元始思维义理和谐，创新、变易元始思维逻辑道路，化而构成"元字"，即人类思维的义理和谐，思维、观念模型的和谐。

元名、元字和合为"元名字"。"元名字"反演过来，人的思维的元始名字，即范畴即思维自由创造的符号化模型，通过反馈机制，强化或柔化健顺活动，便能进一步地刚健、顺应人的思维逻辑道路、本根，以及人的思维义理的和谐，由此而创新、变易人的思维逻辑道路和本根，以及人的思维义理模型，促进道与和日新日日新的和合境界。

2. 可能道德和合道和健顺转换机制。见图6-5。

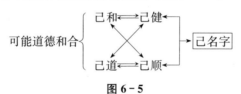

图6-5

个体道德思维的逻辑道路、道理、法则、本根和个体道德思维的义理和谐、协调，构成立己可能状态及其道德思维状态空间和时间。通过个体刚健、强化活动，借助于刚健中介系统，强化个体道德思维的义理和谐，追求个体道德思维的逻辑道路、道理、本根，转而构成"己名"，即个体道德思维模式、概念形式。再通过个体道德顺应活动，借助于顺应中介系统，顺应个体道德思维的义理和谐，创新、变易个体道德思维的逻辑道路、道理、法则、本根，化而构成"己字"，即个体道德思维模型或概念模型。

己名、己字和合为"己名字"。"己名字"反演过来，人的个体道德思维的己名字，即立己达己的思维自由创造的符号化模型，通过反馈机制，强化或柔化健顺活动，就能深入刚健、顺应个体道德思维的逻辑道路、道理、法则、本根，以及个体道德思维的义理和谐，进而创新、改造个体道德思维逻辑道路或本根，以及个体道德思维的义理和谐，使个体道德思维达到完善、优美的和合境界。

3. 可能人文和合道和健顺转换机制。见图 6 - 6。

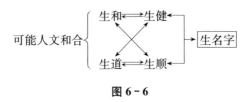

图 6 - 6

人文文化思维的逻辑道路、道理、法则、本根和人文文化思维的义理和谐、协调，构成立人可能状态及其人文思维状态空间和时间。通过人文文化的强化活动，借助于强化活动中介系统，强化人文文化思维的义理和谐，追求人文文化思维的逻辑道路、道理、法则、本根，转而构成"生名"，即人文文化思维模式、概念形式。再通过人文文化顺应活动，借助于顺应中介系统，顺应人文文化思维的义理和谐，创新、变易人文文化逻辑思维道路、道理、法则、本根，化而构成"生字"，即人文文化思维模型或概念模型。

生名、生字和合为"生名字"。"生名字"反演过来，人文文化思维的生名字，即立人达人的思维生生创新的符号化模型，通过反馈机制，强化或柔化健顺活动，就可深化刚健、顺应人文文化思维的逻辑道路、道理、本根，以及人文文化思维的义理和谐，进而创新、改造人文文化思维逻辑道路或本根，以及人文文化思维的义理和谐，使人文文化思维达到完美的和合境界。

4. 可能工具和合道和健顺转换机制。见图 6 - 7。

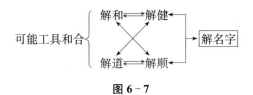

图 6-7

人类技术工具思维的逻辑道路、道理、法则、本根和技术工具思维的义理和谐、协调，构成立业可能状态及其工具思维状态空间和时间。通过技术工具的强化活动，借助于强化活动中介系统，强化技术工具思维的义理和谐，追求技术工具思维的逻辑道路、道理、法则、本根，转而构成"解名"，即技术工具思维模式、概念形式。再通过技术工具顺应活动，借助于顺应中介系统，顺应技术工具思维的义理和谐，创新、变易技术工具思维的逻辑道路、道理、法则、本根，化而构成"解字"，即技术工具思维模型或概念模型。

解名、解字和合为"解名字"。"解名字"反演过来，技术工具思维的解名字，即解悖变通的思维自由化创新的符号化模型，通过反馈机制，强化或柔化健顺活动，便可深入地刚健、顺应技术工具思维的逻辑道路、法则、本根，以及技术工具思维的义理和谐，进而创新、改进技术工具思维的逻辑道路或本根，以及技术工具思维的义理和谐，使技术工具思维达到优美的和合境界。

5. 可能形下和合道和健顺转换机制。见图 6-8。

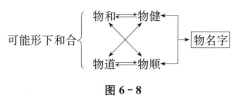

图 6-8

人类物质经济思维的逻辑道路、道理、法则、本根和人类物质经济思维的义理和谐、协调，构成成物可能状态及其形下思维状态空间和时间。通过物质经济的强化活动，借助于强化活动中介系统，强化物质经济思维的义理和谐，追求物质经济思维的逻辑道路、道理、法则、本根，转而构成"物名"，即物质经济思维模式、概念形式。再通过物质经济顺应活动，借助于顺应中介系统，顺应物质经济思维的义理和谐，创新、改造物质经济思维的逻辑道路、道理、法则、本根，化而构成"物字"，即物质经济思维模型或概念模型。

物名、物字和合为"物名字"。"物名字"反演过来，物质经济思维的物名字，即物美用丰的思维自由创新的符号化模型，通过反馈机制，强化或柔化健顺活动，便可深化刚健、顺应物质经济思维的逻辑道路、道理、法则、本根，以及物质经济思维的义理和谐，进而创新、改善物质经济思维的逻辑道路或法则，以及物质经济思维的义理和谐，使物质经济思维达到完满的和合境界。

6. 可能艺术和合道和健顺转换机制。见图 6-9。

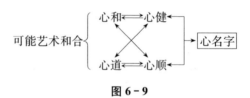

图 6-9

人类艺术创作思维的逻辑道路、道理、规范、本根和人类艺术创作思维的义理和谐，构成成乐可能状态及其艺术思维状态空间和时间。通过艺术创作的强化活动，借助于强化活动中介系统，强化艺术创作思维的义理和谐，追求艺术创作思维的逻辑道路、道理、规范、本根，转而构成"心名"，即艺术创作思维模式、概念形式。再通过艺术创作顺应活动，借助于顺应中介系统，顺应艺术创作思维的义理和谐，创新、改变艺术创作思维的逻辑道路、道理、规范、本根，化而构成"心字"，即艺术创作思维模型或概念模型。

心名、心字和合为"心名字"。"心名字"反演过来，学术创作思维的心名字，即心旷神怡的思维自由创新的符号化模型，通过反馈机制，强化或柔化健顺活动，便可深化刚健、顺应艺术创作思维的逻辑道路、道理、规范、本根，以及艺术创作思维的义理和谐，进而创新、提升艺术创作思维的逻辑道路或本根，以及艺术创作思维的义理和谐，使学术创作思维达到完美的和合境界。

7. 可能社会和合道和健顺转换机制。见图 6-10。

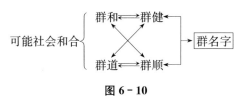

**图 6-10**

人类群体社会思维的逻辑道路、道理、法则、规范、本根和人类群体社会思维的义理和谐、协调，构成成众可能状态及其社会思维状态空间和时间。通过群体社会的强化活动，借助于强化活动中介系统，强化群体社会思维的义理和谐，追求群体社会思维的逻辑道路、道理、法则、规范、本根，转而构成"群名"，即群体社会思维方式、模式和概念形式。再通过群体社会顺应活动，借助于顺应活动中介系统，顺应群体社会思维的义理和谐、协调，创新、变易群体社会思维的逻辑道路、道理、法则、规范、本根，化而构成"群字"，即群体社会思维模型和概念模型。

群名、群字和合为"群名字"。"群名字"反演过来，群体社会思维群名字，即万众合欢的思维自由创新的符号化模型，通过反馈机制，强化或柔化健顺活动，便可深入地刚健、顺应群体社会思维的逻辑道路、道理、法则、规范、本根，以及群体社会思维的义理和谐，进而创新、改进群体社会思维的逻辑道路或规范，以及群体社会思维的义理和谐，使群体社会思维达到完善和合境界。

8. 可能目标和合道和健顺转换机制。见图 6-11。

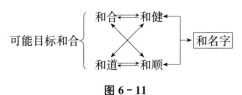

**图 6-11**

人类目的性思维的逻辑道路、道理、法则、本根和人类目的性思维的义理和谐、协调，构成成功可能状态及其目标状态空间和时间。通过人的目的性的强化活动，借助于强化活动中介系统，强化目的性思维的义理和谐，追求目的性思维的逻辑道路、道理、法则、本根，转而构成"和名"，即目的性思维方式、模型和概念模型。再通过目的性思维的顺应活动，借助于顺应活动中介系统，顺应目的性思维的义理和谐，创新、生生目的性思维的逻辑道路、道理、法则、本根，化而构成"和字"，即目的性思维方式、模型和概念模型。

和名、和字和合为"和名字"。"和名字"反演过来，目标性思维和名字，即和乐融融的思维自由创新的符号化模型，通过反馈机制，强化或柔化健顺活动，便可深入地刚健、顺应人类目的性思维的逻辑道路、道理、法则、本根，以及目的性思维的义理和谐，进而创新、改善目的性思维的逻辑道路和法则，以及目的性思维的义理和谐，使目的性思维达到和合的境界。

和合可能世界（"天"界）的"八道""八和"，通过健顺的转换机制，顺道求和为名，健道达和为字，构成"八名字"转换中介，使和合可能世界"八维""八态"依次生化、反演。

和合可能世界八名字、范畴结构、思维模型、概念形式，是可能世界思维名字（范畴）的差分，通过诸和合可能状态时间和空间中的道和的健顺和合化而构成，八名字是思维自由创新的八大标准、模型。

## （二）名字中介

八道、八和通过健顺转换机制，即八微观构成图式及其解释，而形成八名字。八名字不仅对八道、八和具有反演功能，即反馈机制，强化、柔化健顺活动，通过深入的强健与顺应八道、八和，创新、改造八道、八和，以符合主体思维的各种需要，而且八名字以自身为转换中介，逻辑地将八道、八和纵向互动贯通，横向互补递进，使整个和合可能世界（"天"

界）运动起来，大化流行，变化日新、生生不息，呈现一"未济"过程。

和合可能世界的宏观展开，分序推行，旨在解决可能世界通过思维名字（范畴）中介和合为一整体逻辑结构，并生生日新等问题。同时，逻辑地模拟和再现人类主体思维自由创造的理论模型、概念模型，以及人类思维自由创造的进程。依序演进，对偶流行，反演和合，是思维自由创造的逻辑道路。

名字分序进化是道和健顺转换和名字中介的特异分化、分维进化。其和合可能世界八维和合以名字为中介的逻辑运演流程图式（序化流行演算及对偶运行图式），即"宏观运演图式"，如图6-12。

"宏观运演图式"是和合可能世界的宏观运演流行。和合可能世界主体思维的自由创造从元始名字开始，按可能世界的优美原则，遵循意义世界的完善原则，通过名字类型差分，使"八道""八和"依序贯通，分维和合，渐次演进到"和道"与"和合"的最优美的和合境界。

"道""和"必须通过刚健和柔顺的转换机制，才能顺道求和，健道达和。健顺的转换机制又必须以名字为转换中介，才能实现从一种可能状态向另一可能状态转换。

人类的元始思维发生在自己感知着或自己行动着的时候，即思维是在自己的感知动作过程中进行的。它是人类思维发展的初级阶段，具有模糊性、浑沌性的特征。然而思维的特定内涵，是要回答诸如概念、范畴、逻辑的系统怎样构成和发展，如何构成内在逻辑一致性和层次性等问题，就思维本身而言，是用概念的、理性的方式把握世界的过程。但思维的元始阶段，犹如初生的婴儿，还是一个客我不分的浑沌世界。它经过感知的行为思维、形象的具体思维、符号的形式思维，形成元始思维逻辑道路、道理、法则和元始思维义理和谐，并由"元名字"向"己名字"转化，道和、健顺同步逻辑运演，形上和合转换为道德和合，立元可能状态转化为立己可能状态。

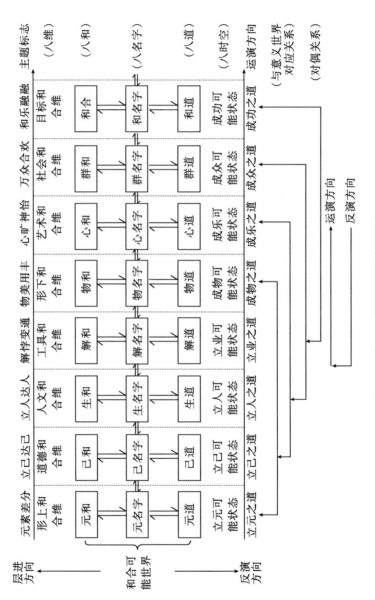

图 6-12 名字中介逻辑运演流程图式

思维是人的思维，与人的生命活动相联系，无人的生命活动，就无所谓思维。譬如婴儿的实物动作内化为动作表象时，它已经把先后相继的活动压缩成为具有同时性的表象形式。形象思维和具体运演，便把预见和回顾协调起来，而有可逆性。① 于是产生了运用符号系统进行形式运演。如儿童的现实生活世界是语言和符号系统世界，并运用语言符号进行社会交往、思想交流。这种社会交往和思想交流活动，便产生了人与人之间的个体的道德思维以及人际关系的伦理思维。人通过自身道德思维的逻辑道路、道理、本根的强健不息，以及道德思维的义理和谐的柔顺协调，道德逻辑思维的名字、范畴的名字得以建立。道德思维的"道和"，通过健顺与名字而展开，和合可能世界就从"己名字"转化为"生名字"，道和、健顺同步运演，道德和合转换为人文和合，立己可能状态转化为立人可能状态。

思维的社会交往、思想交流活动，即是人际的文化交往活动。文化是人类在实践中所建构的各种方式和成果的总体②。它是人掌握、调整世界的方式，人为的世界是一个文化世界。人类思维是与人创造世界的活动相联系的。一切人文思维是人类交往活动的独特方式，其所蕴涵的教育思维方式、艺术思维方式、宗教思维方式、文学思维方式、历史思维方式、哲学思维方式以至书法、绘画、雕塑、建筑思维方式等，构成了人文思维的逻辑道路、道理、法则、本根以及人文思维的义理和谐、协调。通过人文思维的反复强健、顺应道和的运演，和合可能世界便从"生名字"转化为"解名字"，道和、健顺生化运演，人文和合转换为工具和合，立人可能状态转化为立业可能状态。

人文思维的发展，就在于解决人文各个领域方面所存在的"悖"，工

① 参见夏甄陶主编：《认识发生论》，720～721 页。
② 参见拙著：《传统学引论——中国传统文化的多维反思》，22 页。

具思维就是探索"解悖"①的思维工具和思维方法。从思维意义上说，一切理论、观念的探讨和发展，归根到底都涉及方法的探讨和发展。特定学科研究方法（研究工具）之完善程度，在一定意义上体现着该学科的成熟程度；一种理论的变革，亦往往以方法、工具的变革为其先导。这就是说，和合可能世界理论，是与工具思维逻辑道路、道理、本根以及工具思维的义理和谐相关。思维改变和发展，都有赖于思维方法、工具的改变。这样便从"解名字"转化为"物名字"，工具和合转换为形下和合，立业可能状态转化为成物可能状态。

观念、思维的生产最初与人的物质生产活动、物质交往活动，以及物质生活活动相交织在一起。观念、思维的交往在这里是物质活动的产物。随着科学技术工具思维的逻辑发展和进步，物质生产、分配、消费等的经济思维的逻辑思维道路、道理、本根和经济思维的义理和谐，再通过健顺道和及"名字"的完善化，和合可能世界的"物名字"转化为"心名字"，道和健顺运演，形下和合转换为艺术和合，成物可能状态转化为成乐可能状态。

人的物质经济思维方法，是人的经济思维活动的规则和思维运演的手段，它是事物自身的逻辑或事物自身规律性的呈现，是移入和内化于人脑中的事物的规律性。思维方法体现着主体的创造性，即主体精神的创造性。艺术思维，便是主体主观形式的创造，其实有其现实的内容。艺术创作思维的逻辑道路、规则和艺术创作思维的义理和谐的完善，便由和合可能世界的"心名字"向"群名字"转换，成乐可能状态向成众可能状态转化。

现代科学技术呈现出高度分化和整体化的双重趋势，社会实践活动的

---

① "上六，公用射隼，于高墉之上，获之无不利"（《解上六爻辞》），"象曰：公用射隼，以解悖也"（同上书）。

协同化变得日益突出。主体的社会实践的能动空间愈来愈扩大。在现代社会思维指导下，原来的"自在之物"愈来愈多地转化为"为我之物"。社会思维的视野转向未来的可能世界，表现为思维由封闭性走向开放性，由单一性转向多样性，由静态性转向动态性等特征。社会思维逻辑道路、道理、规则的变革，社会思维义理和谐的完善，已成为群体社会思维发展的需要。和合可能世界的"群名字"向"和名字"转化，成众可能状态转化为成功可能状态。

思维思维着自己，从形上思维——→道德思维——→人文思维——→工具思维——→形下思维——→艺术思维——→社会思维到目标思维，思维着的思维花朵，愈来愈美和鲜艳。思维的魅力比起奔腾的江河、巍巍的群山更壮丽、更伟大，乃是思维生命之火的观照，是思维的有目标性、意识性，以及思维的凝聚力。思维目标性（目的性）的逻辑道路、道理、本根的和合与目标性思维的义理和谐，以及"和名字"的完善，以达到和合可能世界理想的实现。但在现实的世界中，可能世界理想目标的实现是一个不断追求的过程，即"未济"过程，而不是"既济"。因此，人在现实世界中所追求的是可能世界的目标的满意的实现，亦即某部、某方面、某层次中的一些满意实现，这种满意实现对实现整个可能世界理想目标是有裨益的。

### （三）对偶互动

和合可能世界的理想目标，即可能世界的最高和合境界，实为虚位，它渗透于和合学的整个范畴（名字）逻辑结构之中。又因和合可能世界八维与八状态时空的对偶存在，首尾相续，运演流行，先后呼应，上下周流。如"和合"（或"合和"）与"解和"的偶化组合，和合境界是通过解悖变通来实现的。悖境，悖理；悖性，悖命；悖道，悖和；等等。人类世界是不断产生"悖论"，不断解除"悖论"，以求和合生生不息的过程。人每解一"悖",人类就进入一种新的和合状态。虽范畴（"名字"）的运演结构有终结，但解悖除难的活动以及求和求合的奋取永无止境，使可能世界的和合成为高度贯通的优美结构系统。

形上和合元始思维逻辑道路、道理和元始思维的义理和谐、协调，与形下和合的物质经济思维的道路、道理，物质经济思维的义理和谐相对应。元始思维的逻辑道路、道理和元始思维的义理和谐为物质经济思维的逻辑道路、道理和物质经济思维的义理和谐提供参照系和内涵；物质经济思维的逻辑道路、道理、法则和物质经济思维义理和谐涵摄了元始思维的逻辑道路、道理、法则和元始思维的义理和谐。元和才能物和，物和才能使人与自然、人与元始思维得以和谐；立元才能成物，成物之道促使立元之道的完善。和合可能世界的对偶运演通过健顺转换机制和名字中介机制，使形而上与形而下冲突融合，反复互动，而运演到道德与艺术对偶和合状态。

道德和合体现人与自然、人与社会、人与人之间基本精神，即互爱、爱人、爱物的精神。由爱才能建立人与自然、人与社会、人与人的和谐、协调，才能建构道德思维的逻辑道路、道理和道德思维的义理和谐。爱是人类自身生存的需要，亦是人与自然、人与社会、人与人生存的需要。表现这种种关系意蕴的艺术，以及艺术思维的逻辑道路、道理、本根，艺术思维的义理和谐的原因所在，便是爱，这便是爱的艺术。道德和艺术的根本精神之所以是爱，是因为生命。无论是人的道德生命，还是艺术生命，都是人意识到自我、他人、过去、未来以及理想的可能世界的基础。基于此，从而构成道德思维逻辑道路、道理、本根和道德思维义理和谐与艺术思维逻辑道路、道理、本根和艺术思维的义理和谐相互对偶，这种对偶是相对相关的关系。

人文和合内在于社会和合。人文思维的逻辑道路、道理、本根和人文思维的义理和谐，与社会思维的逻辑道路、道理、本根和社会思维的义理和谐相对偶。人文思维是社会思维的一个方面、层次或部分。社会思维研究个体思维与集体思维、社会知识以及社会信息之间的关系等。它涉及社会政治学、社会经济学、法学、伦理学等。20 世纪以来出现了社会生物学、社会管理学、行为科学、理论社会学、应用社会学、信息经济学、生态伦理学、社会心理学等，是社会思维新发展。随着人文思维和社会思维逻辑道路、道理、本根的冲突融合，新生的学科生生不息。

工具思维是实现目标思维的方法或手段，因此构成工具思维的逻辑道路、道理、法则和工具思维的义理和谐，与目标思维逻辑道路、道理、法则和目标思维的义理和谐相对偶。目标是和合可能世界的价值理想，是未来可能世界的最高境界，即和合境界。和合境界是人的生命的寄托，心灵的慰藉。它不是现实物质的呈现，而是精神心灵理想的呈现。和合境界是一种"定"，然后"静"，然后"安"。从这个意义上说，便是一种终极的关怀，即生命的终极关怀。在生命的终极关怀这一点上，和合学并不引导人生生命理想可能世界的绝对的相对性，而是相对的绝对性，或相对与绝对的相对相关性。

## 四、可能和合学的展现

可能世界的和合学，即可能和合学，研究文化巨系统内诸类逻辑范畴（"名字"）的和合规则。逻辑范畴（"名字"）的转换是相当隐蔽的，因此，只有在创造性的思维领域，可能和合学的应用价值和功能才能凸显出来。在非创造性的思维活动中，在退化性的精神病态中，可能和合学以反演的方式表现自己，贯通化反演为梗阻化，优美结构系统退化反演为劣丑结构系统。应用可能和合学的构想：正用——思维创造和合学，反用——精神病态和合分析。

可能和合学的本根、动因和驱力，是人的思维的创造，无人就无可能和合学，亦无一切。文化巨系统内诸类逻辑范畴（"名字"）的错综复杂的冲突、紧张，通过可能和合学而求得协调、和谐。可能和合学在其展开中，需建构可能元学、可能伦理学、可能人类学（可能人文学）、可能技术学、可能经济学、可能管理学（可能社会学）、可能决策学（可能未来学），以完美和合可能世界。

# 第七章　和合世界的整体贯通与生生

　　和合学"三界"所开显的是生命之生生不息，此生命流行于和合学"三界"之中，而非"三界"之外。所谓"仰则观象于天，俯则观法于地，观鸟兽之文，与地之宜"①，此"观"乃一"界内观"，而非"界外观"。"观"虽有"我观""人观""物观"与"正观""反观""合观"等之差分，但都是"观身"与"观象"的交感、感通和理解。和合学之观，即"三界"之观。三界"正观"前三章已述，现对三界进行"反观"和"合观"。

## 一、和合三界六层的立体贯通

　　和合学建构的是生存世界、意义世界、可能世界，对此三世界的研究构成了生存和合学、意义和合学、可能和合学。其理论模型为：宇宙模

---

　　① 《系辞下》，见《周易正义》卷八，86页。

型、社会模型和思维模型。

### (一) 和合三界理论之建构

和合学"三界"是三大基础和合学,其理论建构的对应,彰显为所辖的人文精神生命领域:生存和合学的人文生命生存活动世界,意义和合学的人文生命价值活动世界,可能和合学的人文生命逻辑活动世界。

和合学"三界"所"解"的人文生命活动问题为:人与自然的和合性问题,包括认知关系和践行关系;人与社会的和合性问题,包括修治关系和涵养关系;人与思维的和合性问题,包括刚健关系和柔顺关系。

和合学"三界"的微观转换构成机制为:知行和合转换境与理,修养和合转换性与命,健顺和合转换道与和。宏观中介流行方式为:人类自然智能的分序进化,人类社会价值规矩的分维推行,人类思维逻辑名字的分类运演。

和合学"三界"所体现的和合精神原理为:生存和合学的真实性原理,意义和合学的完善性原理,可能和合学的优美性原理。

和合学"三界"生生主旨的开显:生存活动状态时空的智能再生,价值意义活动状态时空的意义增生,逻辑活动状态时空的自由创生。

和合学"三界"的人的地位作用为:生存和合学的知行活动的主体,意义和合学的价值规矩的立法者,可能和合学的逻辑结构的建筑师。其开显为人的活动方式:变易天地万物的形态,促其价值化;规矩各种价值行为,使其正则化;建构各类逻辑系统,使其和谐化。

和合学所成和合世界及其分层为:和合生存世界的"境"——生存活动环境与"理"——生存行为原理;和合意义世界的"性"——价值活动本性与"命"——价值行为使命、命运;和合可能世界的"道"——逻辑活动之思维道路、道理与"和"——逻辑活动之义理和谐。

和合学"三界"所构成的系统为：生存和合学的真实结构系统、意义和合学的完善结构系统、可能和合学的优美结构系统。从和合学的效用而言：生存和合学的现实性的人类智能发展、意义和合学的历史性的价值规矩发展、可能和合学的逻辑性的思维范畴（名字）发展。和合学"三界"在各自的发展中，各真其真，各善其善，各美其美，真善美圆融无碍，既各正境理、性命、道和，而又唯变所适，保合太和。

### （二）和合三界的层间贯通

和合学建构的生存、意义、可能三个世界及其境、理、性、命、道、和六个层面，是立体性的、整体贯通的。这种立体贯通，又差分为两类贯通机制：一是同一世界内部纵向层间贯通，二是和合三界之间横向界际贯通。

和合学"三界"内部的层间贯通，是通过层间的三类转换，即微观转换构成机制，与界内流行的三类中介，即宏观中介的运演机制，而构成和实现的。这便是生存世界的知行转换和智能中介、意义世界的养修转换和规矩中介、可能世界的健顺转换和名字中介。

### （三）和合三界的界际贯通

和合学三界的界际贯通，是通过两大转换群实现的。生存世界与意义世界之间的转换群及其贯通机制为：生存世界与意义世界之间界际转换群及其组合结构：

转换群，见图7-1。

组合结构，见图7-2。

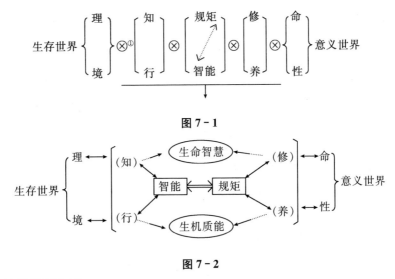

图 7-1

图 7-2

其贯通机制为：

生存世界的行为环境与意义世界的涵养本性经自然智能和价值规矩的双向转换（人类自然智能践行价值规矩使其真实化，人类自然智能即指相对于人工智能的人类自身的智能。价值规矩规范人类智能活动，使其完善化），下构成为"生机质能"，并通过八大生存境遇依序显现出八种意义本性（即"八境"显"八性"，"八性"寓"八境"）。

生存世界的认知原理与意义世界的修治使命、命运，经自然智能和价值规矩的双向转换，上构成为"生命智慧"，并通过八大生存原理依序体现出八种价值使命，即"八理"现"八命"，"八命"依"八理"。

可能世界与意义世界之间的转换群及其贯通机制，即可能世界与意义世界之间界际转换群及其组合结构：

转换群，见图 7-3。

组合结构，见图 7-4。

---

① "⊗"为和合乘积运算符号。

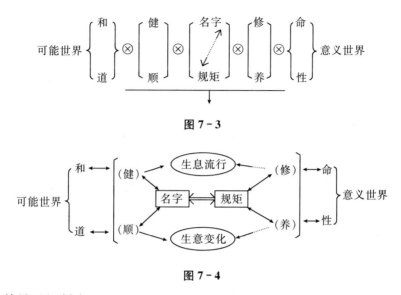

图 7 - 3

图 7 - 4

其贯通机制为：

可能世界的思维无限逻辑之道与意义世界的主体涵养本性经逻辑范畴（名字）和意义、价值规矩的双向转换（人类思维逻辑范畴、名字以论证主体价值规矩的合理性和完善性，主体价值规矩选择思维逻辑范畴、名字的合用性和优美性），拓展为"生意变化"，并通过八类思维之道，依次展现为八种意义本性，即"八道"运"八性"，"八性"行"八道"。

可能世界的思维刚健和谐与意义世界的主体修治使命、命运，经逻辑范畴、名字和价值规矩的双向转换，扩展为"生息流行"，并通过八类精神和谐，依次体证八种价值使命、命运，即"八和"证"八命"，"八命"成"八和"。

综合上述，和合学三界的界际转换，显示为微观转换群的生生机制。

和合学内在层间转换和界内流行，以及界际转换和跨界贯通，达到和合学三界整体无碍，无碍即通。通则上下、内外、左右、表里无有不通；自然、社会、人我、心灵、文明亦无有不通；通则透，透则相对相关、不离不杂；

然后能补，即互补互济；补则能合，即相互融合、相互涵摄，犹阴中有阳，阳中有阴，负阴而抱阳；合则和，阴阳"冲气以为和"（《老子》第四十二章）。即"乾道变化，各正性命，保合太和"①。物所受为性，天所赋为命，"阴阳会合冲和之气"②，便是"太和"，此解与老子释"和"同，即最优美的和合境界。

和合学三界的界际转换，显示为微观转换群的生生机制，如图7-5。

和合学三界的跨界贯通，显示为宏观组合的连通结构，如图7-6。

## 二、和合八维四偶的生生流行

和合学的八项维度，即形上和合维、道德和合维、人文和合维、工具和合维、形下和合维、艺术和合维、社会和合维、目标和合维，及其四重序偶，既是纵横贯通的，又是生化流行的。这种贯通流行可差分为三类流行机制：（1）同一世界八维状态时空依序渐进的序化流行，前三章已分述；（2）和合学"三界"内同一维度状态时空间依层渐升的级化流行；（3）和合学三个世界内，两两对偶的互补状态时空对待循环的偶化流行。这三类流行在时间上可反复进行，具有各自的和合周期；在逻辑上可反馈推演，具有各自的反演节律。

### （一）同界八维的序化反演

和合学同一世界诸维状态时空的序化流行，及其逻辑反演；从左向右为序化流行，从右向左为逻辑反演或进程反馈，其图式为图7-7。

---

① 《乾·象》，见《周易正义》卷一，14页。
② 同上书，2页。

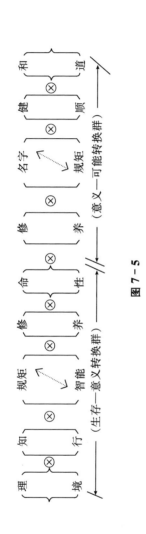

图 7 - 5

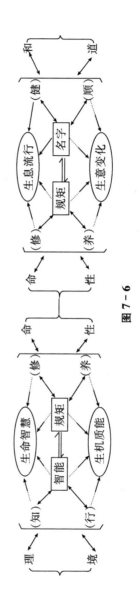

图 7 - 6

图 7-7

→为序化流行方向，↕为差分和合转换中介，←为逻辑反演方向。

### （二）三界同维的级化反演

同维状态时空间的级化流行及其逻辑反演，从下向上为级化流行，从上向下为逻辑反演，中间经层间中介转换与界际组合转换。

八维和合体的结构为图 7-8：

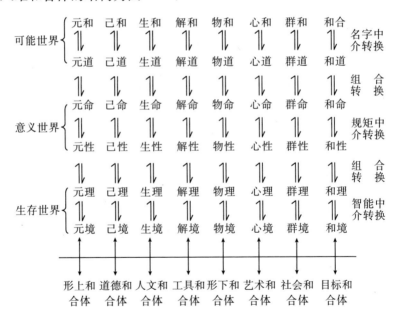

图 7-8

级化流行方向以↑表示，层间中介转换或界际组合转换，则处⇈符号之间，逻辑反演方向以↓表示。

### （三）三界对待的偶化反演

对待状态时空偶化流行及其逻辑反演，即前两种流行的对偶化，形成对偶环流图如图 7 - 9：

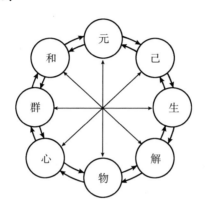

**图 7 - 9**

偶化流行以←表示，逻辑反演以→表示，对偶和合以↔表示。

## 三、和合三界的语义与生生

和合世界的"三界六层"整体贯通，"八维四偶"大化流行，构成和合学动态结构。其间和合学逻辑结构三对转换概念和三个中介概念在八维状态时空的语义差分分释，和合世界的历史演化和分级生生，和合世界结构与太极环流，等等，构成和合学体系系统。

### （一）转换中介概念的语义分释

和合学八维涵摄三界，其逻辑结构的知行、修养、健顺三对转换概念和智能、规矩、名字三个中介概念，在八维状态时空中，各有其差分语义。

形上和合维（元维）在和合生存世界的知行转换概念和智能中介情况

下，展现为元始自然认知关系和元始自然践行关系。这里元始自然知行关系，是指知行未来社会分工化或专业分工化前的元始认知和元始行为活动，犹如婴幼儿童的知行，即人类原始知行，以及元始自然智能。在和合意义世界的养修转换概念和规矩中介情况下，展现为元始自然化涵养价值关系和元始自然化修治价值关系。所谓元始自然化，指人类保护生态，优化环境，使其更接近元始自然状态（经人理想化了的自然价值状态，即人化了的自然状态）的人类价值活动，它同样具有涵养价值关系（人类对自然的价值期望）、修治价值关系（自然映现出来的人类价值活动的意义特值）以及元始价值规矩。在和合可能世界的健顺转换概念和名字中介情况下，开显为元逻辑刚健关系和元逻辑柔顺关系。所谓元逻辑，是指传统形式逻辑和认识方法论，以及元理论名字。这里所说的元理论，是指现代科学文化（特别是现代自然科学）与传统中华文化（特别是中华人文精神）。

道德和合维（己维）在和合生存世界的知行转换概念和智能中介情况下，表现为个体道德认知关系和个体道德践行关系，以及个体道德智能；在和合意义世界的养修转换概念和规矩中介情况下，表现为个体道德涵养价值关系和个体道德修治价值关系，以及个体道德价值规矩；在和合可能世界的健顺转换概念和名字中介情况下，表现为道义逻辑刚健关系和道义逻辑柔顺关系，以及伦理学（或道德科学）名字。

人文和合维（生维）在和合生存世界的知行转换概念和智能中介情况下，表现为人文交往认知关系和人文交往践行关系，以及人文交往智能；在和合意义世界养修转换概念和规矩中介情况下，表现为人文交往涵养价值关系和人文交往修治价值关系，以及人文交往价值规矩；在和合可能世界的健顺转换概念和名字中介情况下，表现为人文交往逻辑刚健关系和人文交往逻辑柔顺关系，以及人文学名字。

工具和合维（解维）在和合生存世界的知行转换概念和智能中介情况

下，展现为技术工具认知关系和技术工具践行关系，以及解悖消难智能。所谓解悖消难智能，即制造使用工具智能，换言之为技术工具智能；在和合意义世界的养修转换概念和规矩中介情况下，展现为技术工具涵养价值关系和技术工具修治价值关系，以及技术工具价值规矩；在和合可能世界的健顺转换概念和名字中介情况下，展现为技术逻辑刚健关系和技术逻辑柔顺关系，以及技术科学名字。

形下和合维（物维）在和合生存世界的知行转换概念和智能中介情况下，表现为物质经济认知关系和物质经济践行关系，以及物质经济智能，即人类主体从事物质生产和经济活动时的智能；在和合意义世界的养修转换概念和规矩中介情况下，表现为物质经济涵养价值关系和物质经济修治价值关系，以及物质经济价值规矩；在和合可能世界的健顺转换概念和名字中介情况下，表现为经济逻辑刚健关系和经济逻辑柔顺关系，以及经济科学名字。

艺术和合维（心维）在和合生存世界的知行转换概念和智能中介情况下，展现为心灵艺术认知关系和心灵艺术践行关系，以及心灵艺术创造智能；在和合意义世界的养修转换概念和规矩中介情况下，展现为艺术作品涵养价值关系和艺术作品修治价值关系，以及心灵艺术价值规矩；在和合可能世界的健顺转换概念和名字中介情况下，展现为艺术逻辑刚健关系和艺术逻辑柔顺关系，以及艺术学名字。

社会和合维（群维）在和合生存世界的知行转换概念和智能中介情况下，表现为社会群体认知关系和社会群体践行关系，以及群体社会智能。在和合意义世界的养修转换概念和规矩中介情况下，展现为社会群体涵养价值关系和社会群体修治价值关系，以及社会群体价值规矩。在和合可能世界的健顺转换概念和名字中介情况下，展现为群体逻辑刚健关系和群体逻辑柔顺关系。这里群体逻辑指处理多元素的系统逻辑或矩阵代数逻辑，以及管理学名字。

目标和合维（和维）在和合生存世界的知行转换概念和智能中介情况下，表现为价值目标认知关系和价值目标践行关系，以及达成目标智能。在和合意义世界的养修转换概念和规矩中介情况下，表现为奋取目标涵养价值关系和奋取目标修治价值关系，以及目标奋斗价值规矩。在和合可能世界的健顺转换概念和名字中介情况下，表现为运筹逻辑刚健关系和运筹逻辑柔顺关系。所谓运筹逻辑是指处理决策问题，进行目标管理，从事价值工程的运筹学逻辑（如线性规划、博弈理论、排队理论、库存理论等等），以及决策学名字。

元境、元理、元性、元命、元道、元和，己境、己理、己性、己命、己道、己和，生境、生理、生性、生命、生道、生和，解境、解理、解性、解命、解道、解和，物境、物理、物性、物命、物道、物和，心境、心理、心性、心命、心道、心和，群境、群理、群性、群命、群道、群和，和境、和理、和性、和命、和道、和合等 48 种关系都是以人为主体的"新人学"和合关系。它们是三大关系，即人与自然、人与社会、人与思维分层分维的差分结构，总体构成和合学关系网络系统。其元、己、生、解、物、心、群、和 8 种智能状态，8 种价值规矩和 8 类逻辑名字，都是人化的大化流行，为道屡迁的动态结构。

### （二）和合世界演化和分级生生

和合学的"三界六层"，是人类文化千百万年历史演化的结果，并非先验的理论图式。在人类的童蒙时期，在民族的幼稚状态和个体的自在存在中，因差分水平极低，人类文化、民族精神和个体思维均处于元始浑沌和合状态，既没有"三界六层"的分化，更没有"八维四偶"的流行。

人类经过漫长的文化历史发展过程和文明进步奋斗，人类文化、民族精神和个体思维（三者异态同构，有重演律存在）在生生不息中不断分序分维，进而分层分级，并在新的层级上继续生生不息，重新分序分维，直到构造出和合学所揭示的整体贯通、大化流行结构。

人类文化和合世界分序分维、分层分级的历史演化方式见图 7-10。

此图所示宇宙演化距今已 200 亿年。生命起源距今 14 亿～16 亿年，学术界存在原细胞说与原基因说之争。人类出现于什么时候？看法有异，或认为约 1 400 万年前遍布亚非及欧洲的"腊玛古猿"为人类祖先。1975年中国云南禄丰发现腊玛古猿（后命名为禄丰古猿）化石，生物学家据此由蛋白质大分子差别计算出来的绝对年代要晚。近年有的科学家认为"腊玛古猿"是猩猩的早期祖先。这样人类出现迄今不到 100 万年，与分子人类学研究成果相近。[①] 中国 1965 年在云南元谋县上那蚌村西北发现两颗古人类牙齿化石，距今约 170 万年，学术界还有不同看法。1963—1964 年在陕西蓝田泄湖镇陈家窝村和公王岭发现了上下颌骨、牙齿和头盖骨化石，经古地磁法测定，绝对年代为距今 115 万年～65 万年。1927 年在北京房山县周口店龙骨山的洞穴中发现类似人的牙齿，1929 年发现头盖骨化石，距今约 50 万年。

三个分级分岔点发生的大约的时间：0 分岔点约在 1 400 万年前～1 000 万年前，即古猿人出现之时。腊玛古猿身高一米多，脑容量约为 300 毫升；中国蓝田人脑容量约为 780 毫升；北京人脑容量约为 1 059 毫升。腊玛古猿对自然物进行"简单加工"是可能的，是具有一种"社会本能"的群居动物，并获得与"社会劳动"相关的特性。其群居的核心成员是雌猿与它的子女，猿的哺乳期比其他动物长，黑猩猩达六七年，母子

---

① 参见萧焜焘：《自然哲学》，308～309 页，南京，江苏人民出版社，1990。

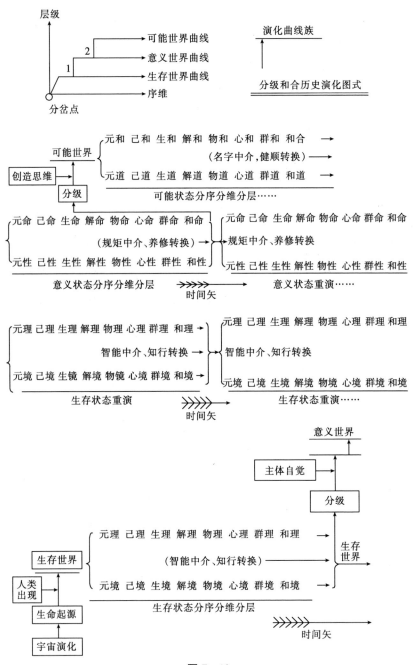

图 7-10

兄弟姐妹之间终身保持亲密关系。子女性成熟后，仍尊敬母亲，母死，子女为之伤心，长期不忘怀。若有遗孤，长姐代母，母子间绝无乱伦行为。这说明已有社会性的感情与伦理因素的萌芽，而非单纯本能。这是血缘社会的基础。

1分岔点约在1万年前，即智人出现，依古人类学的研究，古人与新人无种的差分，只有亚种的分别。古人为早期智人，新人为晚期智人，属新石器时代。1972年台湾台南左镇菜寮溪出土了人类顶骨化石，与山顶洞人相当。这一时期有仰韶文化、大汶口文化、马家窑文化、齐家文化、龙山文化、屈家岭文化以及良渚文化等。

2分岔点约在5 000年前，现代人出现，发明文字，金属工具与器皿出现，等等。在公元前7～前4世纪，出现了百家争鸣盛况，分岔完备，和合"三界六层"雏形初具。

### （三）和合世界结构和太极和合

和合世界的结构模型，绍承易学结构模型；其结构方式，亦与易学相互对应。

和合学三界，即生存世界、意义世界、可能世界，与易学三才之道，即地道、人道、天道相对应。《周易》八卦每卦三画，下画象征地，中画象征人，上画象征天，是为"三才"。

和合学六相，即境、理、性、命、道、和，与《周易》"三才"而两之的六爻之位相对应，即初、二、三、四、五、上六爻，亦兼天、地、人三才。初爻、二爻为地道，三爻、四爻为人道，五爻、上爻为天道。

和合八维序列，即形上元维、道德己维、人文生维、工具解维、形下物维、艺术心维、社会群维、目标和维，大体与文王八卦次序结构相当。

和合四偶流行，大体与伏羲八卦方位结构相合。

通过差分"太极图",组合成"和合太极环流图",凸显和合学整体结构的系统性、逻辑性、互补性、贯通性、对应性、相关性等。

和合学的名字(范畴)系统、逻辑结构、关系网络和转换中介,是高度差分化而又融合化的,即冲突又融合的"融突"。它具有自组织系统的目的性,即变化日新、完善优美的趋向;以及错综明晰性,即"三界六层""八维四偶",48个复合名字(范畴),三类24对转换概念,三种24个流行中介,两大转换群,两大组合贯通结构,48种基因关系,与诸多生生序化流行,对偶变易,等等。这与现代科学总体上研究复杂性的发展态势相同态。《易传》曰:"易简而天下之理得矣"[1]。需要变易、简化传统生生之理、思维方式、学术风气,才能获得万事万物新生生命的真实的道理、完善的意义和优美的和合。

---

① 《系辞上》,见《周易正义》卷七,76页。

# 第八章 和合精神的追寻

和合学虽在外观上远离人间烟火，但却是人用活生生的生命灌溉出来的，也是现实世界巨大的生存压力下压榨出来的精血。因此，古往今来的真正的哲学家，几乎都是殉道者，只是他们所开出的文化价值理想的人文精神不死而已。

## 一、前哲学的和合哲学

和合学不是自生的，也没有先在的存有；和合学是人观念地把握世界的结果。归根结底，都是人的和合智能创造。所以，和合学离不开人，离了人也就无所谓和合学。

### （一）人兽浑沌和合

人分化世界的智力、劳力实践活动方式与思维分化世界的语言符号活动方式，以及哲学分化世界的认知活动方式，三者大体相适应。人在感知动作思维阶段，人与自然生存世界被看作同质的浑沌不分的和合体。人以"自我中心主义"用自我的某些特征去比附自然生存世界，也以自然生存世界的某些现象说明、解释人的生活，没有主客观、人与非人的明确分野。人感知着自己与属人和非人的存在物，诸多看见看不见的东西和合着。

比如在甘肃武山县西坪新石器时期文化遗址里出土有人首蜥身图样的彩陶瓶[①]，这与传说中能补天的女娲的"人首蛇身"形象相似，"女娲，古神女而帝者，人面蛇身"[②]，《列子·黄帝》篇则扩大为"庖牺氏、女娲氏、神农氏、夏后氏、蛇身人面，牛首虎鼻"[③]。这种半人半兽、人兽融合未分的浑沌，无论是出土文物，还是史籍记载，基本相似。但从"人面"这一点来看，人已开始意识到人与动物有所差别，是人从动物中分裂出来的元始意识，是感知动作思维向形象具体思维过渡的中介形态[④]。

形象具体思维的我向、图腾、巫术、神话思维，在中国经历了悠久的历史。作为中华民族象征的龙，便是想象的综合图腾[⑤]，是人依据多种动物形象和功能的和合创造，亦是民族交融的社会历史发展的产物。其中也有以具体动物为图腾的，如黄帝称"有熊氏"，与熊的图腾崇拜有关。周人风俗父名子讳，楚不应祖孙父子均名熊，是当以熊为图腾。以某物为图腾，其族不得食某物，食以犯罪论。楚成王被围，临难前要求食熊掌而死[⑥]，是他不愿受被子篡弑之恶名，而愿负自己侵犯图腾之罪，被族人处

---

① 参见《甘肃古文化遗存》图（2），载《考古学报》，1960（1）：14 页。

② 郭璞注：《山海经·大荒西经》，见《山海经校注》，389 页，上海，上海古籍出版社，1980。

③ 《列子集释》卷二，83～84 页，北京，中华书局，1979。

④ 若按甘肃武山县新石器时期出土的人首蜥身彩陶瓶来看，距今已 6 000 年左右。既有彩陶的制作，人的思维则已运用符号，应是 6 000 年前。

⑤ 参见拙著：《传统学引论——中国传统文化的多维反思》，71～80 页。

⑥ 《左传·文公元年》载："冬十月，以宫甲围成王，王请食熊蹯而死。弗听。丁未、王缢"（《春秋左传注》，515 页）。熊蹯即熊掌。

死之名①。

巫术是人作为互渗的一方通过卜和占等各种形式，以达到人的目的。现存甲骨文都是占卜形式的巫术活动的记录。武丁卜辞："丙戌卜、丁亥，王阱擒，允擒三百又四十八"②。卜是由掌管占卜的史官，通过祭祀占卜的形式，乞灵鬼神上帝，以转达其意志。"巫"在甲骨文中是某一神之名，殷商时曾以巫为祭祀对象。如向巫进行彫祭或伐祭："彫伐于巫"③。巫作中，在已出土甲骨文中已发现有"东巫"④和"北巫"⑤，但商代有"四巫"⑥记载，当为东巫、北巫外，尚有西巫、南巫，后把掌握祭祀巫的史官，称巫史或史巫，"箅（巽）在床下，用使（吏）巫，忿（纷）若，吉，无咎"⑦。《左传》襄公二十五年载"史皆曰吉"，孔颖达疏："史者，筮人也。"《周礼·司巫》："掌群巫之政令。"《女巫》："掌岁时袚除衅浴。"《男巫》："掌望祀、望衍、授号，旁招以茅。"犹如《国语·楚语下》："在男曰觋，在女曰巫。"韦昭注曰："巫觋见鬼者，《周礼》：男亦曰巫。"这里史巫、男巫、女巫，是指掌握祭祀鬼神上帝巫术的仪式的人，如巫师。他们成为神、人两个世界的沟通者和这两个世界互渗的承担者。

殷末周初之时，龟占和卜筮并用⑧，筮是用蓍草占卜。"七稽疑，择建立卜筮人，乃命卜筮"（《书经集传·周书·洪苑》）。当时担任占卜职位

---

① 卫聚贤：《古史研究·中国民族的来源》，第三册，56页，上海，商务印书馆，1937。姜亮夫：《三楚所传古史与齐鲁三晋异同辨》，见《楚辞学论文集》，117页，上海，上海古籍出版社，1981。按：对此事件，亦有不同于此解释者。

② 罗振玉：《殷墟书契后编》2.24.2，1916年拓本。

③ 胡厚宣：《甲骨续存》1.1778，1955年拓本。

④ 郭沫若：《殷契粹编》1311，1937年拓本。

⑤ 黄濬：《邺中片羽三集》46.5，1939年拓本。

⑥ 商承祚：《殷契佚存》884，1933年拓本。

⑦ 拙著：《周易帛书今注今译》，667页。

⑧ 关于卜筮并用的记载，参见拙著：《周易思想研究》，26～27页，武汉，湖北人民出版社，1980。

的不仅有男人，也有女人，这是从母系社会遗留下来的习俗。后从卜筮中发展出一套特有的、对中华民族影响深远的八卦思维模式。①巫术虽采取一种神秘的形式，但蕴涵着为了农林、狩猎、捕鱼、战争、种族繁衍的福祉和克服自然天地世界的束缚的最初理智。这种理智的成果，是人类理性的萌芽。

### （二）和合的梦境

占卜首先要承认有一个异在于人的、超自然的鬼神或灵魂的存在，不管它是幻想，还是虚设。夏商时的人认为是真实的。这种真实性，人从自己切身体验的睡梦中似乎得到了验证。人一生做过许许多多的梦，甚至一个夜里能连续做几个不同内容的梦。人经常被梦中的情景所惊吓、感到恐惧，或迷恋梦中的情景，发现人在梦中可以离开自己的肉体的局限以及超越时空的限制，而从事形形色色的活动，由此推论有一个以幻象形式出现的、离开肉体的某种独立性的灵魂的存在。现实的人由于不能理解和解释梦中所亲历的活灵活现的活动与现实的活动的巨大差异，总以为有一种异在的超自然的力量在冥冥之中支配着自己，或者这种异在力量通过梦的形式给人预示着一种什么。

梦本来是人的一种生理心理现象，是由于人在睡眠中部分脑机能活动仍在继续进行而产生。弗洛伊德（Sigmund Freud，1856—1939）认为梦是人在睡眠时由于超我监督的松弛，被压抑的冲动和愿望乘机混进意识的结果②，也就是一种潜意识活动。但在古人看来，"梦又主要是未来的预见，是与精灵、灵魂、神的交往"③。梦既被看作神灵对于人的未来生活

---

① 参见拙著：《传统学引论——中国传统文化的多维反思》，201～207 页。
② ［奥］弗洛伊德：《梦的释义》，566～567 页，沈阳，辽宁人民出版社，1987。
③ ［法］列维-布留尔：《原始思维》，48 页。

活动的预示，能满足人企图预知未来生活活动的需要，梦便具有特殊的价值。于是出现对梦兆进行解释的活动，并发展为占梦活动。在甲骨文中便记载有占问梦的景象："癸未卜，王贞魃梦，余勿邻"。"丁未卜，王贞多鬼梦，亡未郭"。"庚辰卜，贞多鬼梦，不至田"。"庚辰卜，贞多鬼梦，叀、广见"①。殷人尚鬼，对鬼有一种特殊的恐惧心理或敬畏心理，认为是殷先公、先王或先妣在作祟。

这种占梦活动最早可推到黄帝，据《帝王世纪》载："黄帝梦大风吹天下之尘垢皆去，又梦人执千钧之弩，驱羊万群。"（张守节：《史记正义·五帝本纪》）对于这个梦，黄帝自我释义说：

> 风为号令，执政者也；垢去土，后在也。天下岂有姓风名后者哉？夫千钧之弩，异力者也；驱羊数万群，能牧民为善者也。天下岂有姓力名牧者也。于是依二占而求之，得风后于海隅，登以为相；得力牧于大泽，进以为将。黄帝因著《占梦经》十一卷。（同上）。

黄帝是当时最著名的占梦者。黄帝对于梦的分析，与后来西方弗洛伊德的《梦的解析方法——一个梦例的分析》的思路甚相似。②

在《逸周书》中亦有相似的对梦的解析：

> 太姒梦商之庭产棘，太子发取周庭之梓，树之于阙间，梓化为松、柏、椵、柞。寐觉以告文王，文王乃与太子发占于明堂，王及太子发并拜吉梦，受商之大命于皇天上帝。（《逸周书·程寤解》）

太姒是太子发武王的母亲，棘是灌木，说明商已处于无序的状态，梓为乔木，处灌木之间，犹鹤立鸡群，梓又化为松、柏等大树，意味着皇天上帝属意周人，即把"商之大命"移予周人来治理天下。

---

① 胡厚宣：《殷人占梦考》，载《甲骨学商史论丛初集》（下）。
② 参见［奥］弗洛伊德：《梦的释义》，88～113 页。

对梦的分析或解析是人的形与神、身与心分离后所产生的对于潜意识的灵魂活动世界的"理性的归纳"，而不能仅仅视为迷信。在人类的幼年，人在其图腾、巫术、占梦、神话的宗教迷信观念中，便蕴涵着哲学理论思维的萌芽。假如撇开和抹杀原始的宗教迷信中的哲学理论思维中的意蕴，那么，人类的哲学理论思维就成为无源之水，无本之木。因此，笔者把这一阶段称为潜哲学阶段，即前哲学的哲学。

### （三）潜哲学的和合

实证主义的创始人孔德曾宣称他"发现了一条伟大的根本规律"，"这条规律就是：我们的每一种主要观点、每一个知识部门，都先后经过三个不同的理论阶段：神学阶段，又名虚构阶段；形而上学阶段，又名抽象阶段；科学阶段，又名实证阶段"[①]。他认为这条根本规律具有普遍意义。所谓神学阶段，是指人企图寻找现象根源、追究事物原因及万物本性，以获得绝对知识，而求助于超自然的神的力量，来解释这一切。人的这种自由幻想，促使了身与心分离和心的发展，但又没有完全分离。

现代荷兰学者冯·皮尔森（C. A. Van Peursen）认为人类文化发展的三个阶段：神话的（或原始的）阶段、本体论的（或科学和技术的）阶段、功能的阶段。

> 神话阶段的特征是人持有这样一种立场或态度；他感到自己完全被周围力量所控制着。他此时还没有能力把自己同环绕和包围他的东西区别开来。[②]

在经验、认识和行为上，神话世界的核心和焦点都在于"那个"

---

① 《实证哲学教程》，转引自《西方现代资产阶级哲学论著选辑》，25页，北京，商务印书馆，1964。

② ［荷］冯·皮尔森：《文化战略》，6页，北京，中国社会科学出版社，1992。

(that)，即对于存在本身的敬畏，而不是"怎样"或"为什么"的问题。

潜哲学阶段虽是人类的幼年阶段，但却是人类文化、思维发展的源头活水，现代人的许多方面仍带有感知动作思维和形象具体思维的痕迹。在现代高科技社会中，占卜、占梦、算命、看相等巫术，仍然是人类生活活动中长期存在的一个因子，不过其功能发生了极大的变化。比如其"集体表象"、解释现象世界、为保障现在服务①等功能都发生了转换，而与人类幼年时不同。

潜哲学阶段是人类理论思维所不可超越的阶段。人的心与身之所以分裂，而从动物中分离出来，其原动力是什么？归根结底是：人的自然性与超自然性（天与人）的冲突、肉体的与灵魂的（形与神）冲突、物质的与精神的（物与心）冲突。这种冲突与外部生存环境变迁、生活方式的转换相联系。《庄子·盗跖》篇记载人类社会的发展是由人与自然、人与我未分的浑沌阶段进入氏族母系社会再进入父系氏族社会阶段。

> 古者禽兽多而人少，于是民皆巢居以避之，昼拾橡栗，暮栖木上，故命之有巢氏之民。古者民不知衣服，夏多积薪，冬则炀之，故命之曰知生之民。②

为生命存在而生存的人与为生命存在而生存的动物没有根本的区别，避禽兽而居虽有人与禽兽相区别的朦胧意识③，但更多的是动物间的自卫本能，夏积薪，冬取暖，犹饥食渴饮，是人生理需要而被动地利用自然天地，并非对自然天地的改造。这样稳定的生存方式，如果不发生激烈的冲

---

① 参见［荷］冯·皮尔森：《文化战略》，30～37 页。
② 陈鼓应注译：《盗跖》，见《庄子今注今译》，778 页。
③ 《韩非子·五蠹》篇记载："上古之世，人民少而禽兽众，人民不胜禽兽虫蛇；有圣人作，构木为巢以避群害，而民悦之，使王天下，号之曰有巢氏。"（《韩子浅解》，465 页）按：有巢氏是发明房屋的圣人，似与禽兽相区别。

突与外在生活环境的骤变，可以维持几万年以至几十万年。

《庄子·盗跖》篇接着说：

> 神农之世，卧则居居，起则于于，民知其母，不知其父，与麋鹿
> 共处，耕而食，织而衣，无有相害之心，此至德之隆也。然而黄帝不
> 能致德，与蚩尤战于涿鹿之野，流血百里。尧舜作，立群臣，汤放其
> 主，武王杀纣。[①]

神农时进入母系氏族社会，人虽有与麋鹿共处的动物性的一面，亦
具有耕食织衣的创造性劳动和智力对象化的与动物性相分离的一面。从
浑沌时的有巢氏到母系氏族社会的神农氏，是氏族之间激烈冲突和生存
环境变迁的产物[②]，迫使人们改变固有的生存方式，而需要更多的劳力
和智力的投入，促使了人的自然性与超自然性、肉体的与灵魂的冲突和
转换。

初时，外部的冲突和生存环境的变迁，在人类发展中起极重大的作
用，而与现代人内在自觉的改变大不相同。从神农氏到黄帝，即从母系氏
族到父系氏族社会的转变，其间亦经历激烈的冲突。据《帝王世纪》载：
"炎帝神农氏，姜姓也。母曰任姒，有蟜氏之女，名女登，为少典正妃，
游华阳，有神龙首，感生炎帝"。然《国语》曰："昔少典取于有蟜氏，生
黄帝、炎帝。黄帝以姬水成，炎帝以姜水成，成而异德，故黄帝为姬，炎

---

① 陈鼓应注译：《盗跖》，见《庄子今注今译》，778 页。

② 神农氏出自何地？炎帝神农游华阳而生，华阳即华山之阳，《尚书·禹贡》载"华阳、黑水
惟梁州"，为陕西秦岭一带；姜水，为渭水支流。《水经注·渭水》："岐水又东径姜氏城南，为姜水。"
亦有以姜水即岐水，都在陕西一带。后向东发展，至河南（陈）及山东曲阜（鲁）一带，进行了氏族
大迁徙，打破了原来的生活样式和活动习惯，汲收新的东西，而产生新的生活样式。从母系氏族社会
向父系氏族社会转变，在齐家文化秦魏家墓中，男性仰身直肢葬，左旁女性侧身屈肢拱向男性。皇娘
娘台三人合葬墓，男性正中仰卧，左右两女性侧身屈肢，双手屈前，面向男性。（参见《新中国的考
古收获》，24 页）这些表示男性地位比女性高，且反映一男娶二女的情况。在仰韶文化的半坡或姜寨
村落遗址的墓葬中，男女的差别没有这样明显，有女性为中心葬俗的遗留，可能属神农时的母系氏族
社会（同上书，10~12 页）。

帝为姜"①。炎、黄两帝同是少典之子，由从母姓，故一以姜一以姬。此说今人王献唐设五证驳之②，可备一说。他认为炎帝与黄帝既非同时，亦非同族。

> 《帝王世纪》：神农在位百二十年，凡八世：帝承、帝临、帝明、帝直、帝来、帝哀、帝榆罔。与《春秋命历序》、《古今通系年代历》、《世纪补》、《史记外纪》诸书略同……要之，神农殁后，数世相传，方至黄帝，可无疑义。而末裔榆罔为黄帝所灭，又为各书通载。③

炎帝距黄帝八世五百余年。炎、黄是两个氏族的代表或象征。黄帝起于何处？古来其说纷纭：有以黄帝为有熊国君，在河南新郑一带④；有以黄帝生于寿丘，即鲁曲阜东北⑤；有以"姬水成"，以姬水为渭水流域，死后葬黄陵县，亦为渭水附近。笔者认为黄帝族起于西北部而向东迁徙活动于河北、河南、山东，故各说都有一些根据。

黄帝族的迁徙，一方面意味着对他族的暴力侵犯、掠夺和杀戮；另一方面也意味着与他族在文化上发生冲突，在冲突中融合其他氏族的文化成果，而产生新的文化。这次迁徙，改变了神农族原来生活方式：

> 神农之世，男耕而食，女织而衣，刑政不用而治，甲兵不起而王。神农既殁，以强胜弱，以众暴寡，故黄帝……内行刀锯，外用甲兵。（《商君书·画策》）

---

① 《晋语四》，见《国语集解》卷十，336 页。

② 参见《炎黄民族文化考》，3～11 页，济南，齐鲁书社，1985。王献唐则设炎、黄为同母异父的兄弟。笔者认为，此时当从母姓，炎帝当为神农氏族的一个首领，而非炎帝就是神农。

③ 王献唐：《炎黄民族文化考》，3～4 页。

④ 参见《史记·五帝本纪》裴骃《集解》："谯周曰：有熊国君，少典之子也。皇甫谧曰：有熊今河南新郑是也。"

⑤ 参见《史记·五帝本纪》司马贞《索隐》："按皇甫谧云：黄帝生于寿丘，长于姬水，因以为姓。"张守节《正义》："寿丘在鲁东门之北。"

　　神农时相对稳定的男耕女织的农业生活样式被破坏了，过渡到以强众胜弱寡的暴力的时代。从"内行刀锯"刑罚代替刑政不用，并"置左右大监，监于万国"（同上），管理各氏族。"外用甲兵"，进行征伐，如与神农族后代氏族长"炎帝战于阪泉之野"，"与蚩尤战于涿鹿之野，遂禽杀蚩尤"（《史记·五帝本纪》）。经这样内刀锯、外甲兵最激烈的冲突，"诸侯咸尊轩辕为天子，代神农氏，是为黄帝"（同上）。天下有不归顺黄帝者，就去征服，东至于海，及于山东临朐和泰山；西至于崆峒山一带；南至于江，到了湖南长沙益阳；北逐山戎猃狁。这种暴力征伐的过程，既是氏族大融合过程，亦是东、南、西、北、中文化大和合过程。这种文化的和合，为迁徙者提供了文化选择的新的环境、新的内涵和新的课题。原有的传统文化结构经暴力征伐已经爆炸，必须在吸收各氏族文化之长的基础上，重新创造新的生活样式和文化思想，于是便产生了黄帝文化，可发展为黄帝学。这种创造便是和合。

　　从神农到黄帝，是从原始共有制到个有制，从民族平等平均到差别等级，从共有群体意识到个有个体自我意识的大转变。[①] 若从黄帝"时播百谷草木，淳化鸟兽虫蛾"（《史记·五帝本纪》），又"采首山之铜，铸鼎于荆山之下"（《史记·封禅书》），以及《世本》所载黄帝作冕旒，黄帝之臣雍父作杵臼、共鼓、货狄作舟，祖颂仓颉作书，巫彭作医，大挠作甲子，伶伦作律[②]等来看，黄帝时中国已进入文明社会。哲学虽是人类进入文明社会后所出现的认知活动，但很难说一进入文明社会就能产生出哲学来，这是个复杂的文化现象。中国从黄帝到夏商，约1 000多年，主要处于潜哲学阶段，即从心与身、物与我、自然与超自然的浑沌到初分的冲突和融合。

---

　　① 参见拙作：《中国人学思想发展的历程》上，载《中国文化月刊》，1991（145）。在大汶口文化和齐家文化氏族墓葬中发现，有的随葬品多而精美，有的很少或无，说明社会已出现贫富不均与财富私有情况，原始共有制被破坏（《新中国的考古收获》，17页）。

　　② 柏明、李颖科：《黄帝传》，91～116页，西安，陕西人民出版社，1990。

## 二、形上学的哲学和合

周以后，中国进入形而上学阶段，这是对潜哲学的否定。之所以称之为形而上学阶段，主要借用《周易·系辞上传》"形而上者谓之道，形而下者谓之器"① 这个命题。形而上学即关于道的学说，而与器物性事物相区别。按照中国传统的解释，"形而上"和"形而下"是说明作为存在的道与器的内在关系和性质的最一般的规定。道作为道理、原则、原理，是离器物、无形质、无可捉摸的观念性的东西；器作为具体器物，一般是有形质、可见可摸的东西。② 观念性的原理、原则是超越具体器物，不为器物的形质性、时间性所限制。

### （一）迁徙与文化融合

形而上与形而下相对，就是道理世界与器物世界的相对待。古希腊哲学家柏拉图的《理想国》第六卷曾运用 Noumenon 这个词，中译为"可（理）知事物"，是指一个一个"理念"，并与"可见事物"（"视觉对象"）相对而言，与此相对应便有两个世界："可（理）知世界"（理念世界）与"可见世界"，相当于中国的形而上的道理世界与形而下的器物世界。康德（Immanuel Kant，1724—1804）用柏拉图的 Noumenon 一词说明他的"物自体（界）"（Ding an sich），与"现象（界）"相对。"物自体"的关于"理想存在物"或"理智存在物"这一层面的意蕴相当于"理念"。经日本哲学家井上哲次郎等与中国学者的翻译，逐渐以汉语中的"本体"去翻译

---

① 《周易本义》卷三，63 页。
② 参见拙著：《中国哲学逻辑结构论》，319～331 页。

康德的 Noumenon。<sup>①</sup> 这样，形而上学往往与本体论混用。

中国具有真正意义的形而上学的出现，约在东周春秋之时，此距黄帝时进入文明社会亦有 1 500～2 000 年，其间由于生存环境的剧变和民族大迁徙，与在迁徙过程中的民族与文化和合，才促成理论思维的发展。从黄帝世系来看<sup>②</sup>：

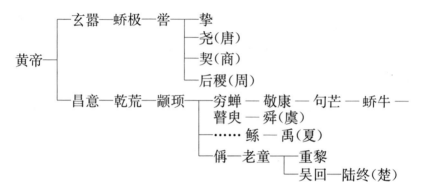

表现了黄帝族与炎帝族、夷族、黎族、苗族等的融合，形成春秋时的华族。

据传夏启实行帝位世袭制度，个体意识随个有制的发展而增长，然而夏族内部以及对于改"禅让"制为世袭制不满的夷族等常发生攻伐杀戮，冲突十分激烈。夏禹治水有功，造福百姓，被各部落推为首领，这种"禅让"制，蕴涵着原始的民主思想，而逐渐被君主专制所代替。到桀时为政残暴，对内严酷压榨，对外滥施征伐。

汤在伐桀的誓辞中说："夏罪其如台，夏王率遏众力，率割夏邑。有众率怠弗协。曰：'时日曷丧，予及汝皆亡。'"<sup>③</sup> 汤以"吊民伐罪"的态势，讨伐夏的暴政，并且打着"替天行道"的旗号，为讨伐夏桀找到了合理性的根据。"有夏多罪，天命殛之"，"夏氏有罪，予畏上帝，不敢不

---

① 参见刘文群：《本体论译名辨正》，载《哲学研究》，1992 (12)。
② 参见李学勤：《古史、考古学与炎黄二帝》，见《炎黄文化与民族精神》，19 页，北京，中国人民大学出版社，1993；另参见柏明、李颖科：《黄帝传》，121 页。
③ 《汤誓》，见《尚书正义》卷八，160 页。

正"[①]。因为夏桀犯了许多罪行，上天命令我前往讨伐夏国，这是"致天之罚"[②]，我不敢不去讨伐他。这样，天命和上帝是汤用来作为达到自己讨伐夏国的目的的手段，为自己行为的正义性作论证。在这里，天命和上帝的意志即人的意志的超越化、对象化，人的超自然的、灵魂的、精神的存在的异化，反过来主宰、支配人的意志和行为。成汤也是天命和上帝的信奉者，一切遵天而行。人与天命、上帝的关系，首先不是处于异化之中，而是处于以满足人的需要为目的的活动选择之中。

从商族能起来讨伐夏桀来看，商族的始祖契至汤14代，迁徙八次，后又屡次迁徙。每次迁徙都意味着生存环境突然变化，而强迫商族改变固有的生活方式，打破旧的习惯、风俗，吸收迁徙地的先进文化，而和合创造。特别是相土造马车，王亥造牛车，不仅提高了农业生产水平，而且大大便利了交通以及货物、文化的交流。王亥驾车，用帛和牛当货币，在氏族部落间做买卖，扩大了商业活动范围[③]，也开拓了文化交流的视野。因此商族的农业、手工业、商业都较夏进步，加上夏桀的腐败，商汤革命代夏，就成为必然之势。

商汤以后，又几经迁徙、迁都。农业、手工业、商业都很发达，农业已使用牛拉犁启土，犁甲骨文作𤝗、𤞾[④]，农业、手工业生产工具已使用金属制造。商是青铜器制造的全盛期，铸铜技术已臻纯熟，分工很细。商朝具有相当规模的国家机构和较全整的典章制度。由于社会分工的需要，便出现劳力与劳心的分工，即邦伯、师长、百执事及多臣、小臣、仆、奴等，培养了一些专门从事劳心的具有较高知识水平的人，如巫和史，他们代上帝、鬼神立言，指导国家政治和国王的活动，并从事创造观

①② 《汤誓》，见《尚书正义》卷八，160页。
③ 参见范文澜：《中国通史简编》，修订本，第一卷，31～38页，北京，人民出版社，1953。
④ 卜辞《丙申卜，行贞，父丁咸犁》（《殷墟书契续编》1.31.2）。

念的活动。这是形而上学产生的条件。

周族从豳迁徙到岐山周原以后，有了很大发展。商到纣王时整个统治集团腐朽透顶，纣"好酒淫乐，嬖于妇人"，"以酒为池，悬肉为林，使男女倮，相逐其间，为长夜之饮。百姓怨望，而诸侯有畔者"（《史记·殷本纪》），终被周武王所灭亡，《易传》称为"汤武革命，顺乎天而应乎人"[1]。

西周时已有私田，王官中有官贾，利用奴隶经营商业，亦有私人经营工场和商业。农业已使用铁器工具，手工业亦很发达。产品已足够供养不从事直接生产劳动的劳心者，以及从事行政管理的官员和军事人员，并出现"士"的阶层，士包括作战的武士和以思想、教育为业的文士。原来从事巫史职业的，既与文士相结合，又分为以史为主或以巫为主的活动形式。他们可以专心沉潜于精神生活，从事创造观念世界的活动。由于从事创造观念世界活动的人，往往与巫史等相结合，他们打着代天立言的牌子，假托上帝、上天的旨意，以降福降祸，批评时政，告诫皇帝。皇帝与国家行政也不能予以干涉和控制，观念世界的创造活动相对自由。

## （二）冲突与观念融合

周灭殷的大冲突，也是民族的大融合。[2] 周为了建立自己的统治，据传灭 99 国，降服 652 国，先后建 71 国[3]，这对于殷代时小邦几千国而言，有统一的意义。民族的融合，促进了文化的交流和发展。在政治上周天子是国王，也是氏族组织的宗主，一身二任。华夏各诸侯国都遵王命而不敢违反，并以军事实力保护华夏诸侯国不受侵伐。然周幽王腐败、暴虐，被

---

① 《革·象传》，见《周易本义》卷二，43 页。

② 《尚书·牧誓》和《史记·周本纪》载：武王曾同庸、蜀、羌、髳、微、卢、彭、濮等八族讨伐殷纣王，这八族大概在西北西南一带。在周的疆域内有猃狁、骊戎、陆浑之戎、伊洛之戎、戎蛮、北戎、山戎、赤狄、白狄、长狄、东夷等族，亦相互交流融合。

③ 参见范文澜：《中国通史简编》修订本，第一卷，59 页。

犬戎所杀，平王东迁洛邑，是为东周，始为春秋。东周王朝力量削弱，不能保护和控制诸侯国，于是齐桓公、晋文公提出"尊王攘夷"的主张，各诸侯国致力发展自身力量，不仅以求自保，而且通过兼并战争，由霸主来控制诸侯国。

这样原来周公为宗族并列和公室独尊的、维护等级社会稳定的礼乐制度被破坏，即所谓"礼坏乐崩"。"礼乐征伐自天子出"转变为"礼乐征伐自大夫出"或"诸侯出"的局面。诸侯和大夫为发展自己经济、政治、军事力量，便供养作战的甲士（一乘兵车需三名甲士）和受过六艺（礼、乐、射、御、书、数）教育的文士，他们的生活来源主要是"食田"（食若干田的租税）。文士担任国家和宗族内的官吏以及食客。有的文士专替主人出谋划策，提供思想、观念、策略、方案等。诸侯国相互争霸，兼并战争频繁，也需要具有各方面才能的文士，出现了养士之风，如孟尝君、信陵君等有食客三千。[1] 他们可以发挥一技之长，于是思想、观念的精神创造十分繁荣。这种繁荣又与当时各诸侯国自给自足经济的打破，商业资本的发展[2]，市场的扩大，城市大量出现[3]相联系。商人为博取利润，四出贸易。商人通过商业资本的积累，掌握了社会财富，也谋得了社会地

---

[1]　冯谖见孟尝君："闻君好士，以贫身归于君。孟尝君置传舍。十日，孟尝君问传舍长曰：'客何所为？'答曰：'冯先生甚贫，犹有一剑耳，又蒯缑，弹其剑而歌曰：长铗归来乎！食无鱼。'孟尝君迁之幸舍，食有鱼矣。五日，又问传舍长，答曰：'客复弹剑而歌曰：长铗归来乎！出无舆。'孟尝君迁之代舍，出入乘舆车矣。五日，孟尝君复问传舍长，舍长答曰：'先生又尝弹剑而歌曰：长铗归来乎！无以为家。'孟尝君不悦。居期年，冯谖无所言。孟尝君时相齐，封万户于薛，其食客三千人"（《史记·孟尝君列传》）。魏公子信陵君，"公子为人，仁而下士，士无贤不肖，皆谦而礼交之，不敢以其富贵骄士，士以此方数千里争往归之，致食客三千人"（《史记·信陵君列传》）。

[2]　范蠡"之陶，为朱公。朱公以为陶天下之中，诸侯四通，货物所交易也。乃治产积居与时逐……善治生产，能择人而任时，十九年之中，三致千金……后年衰老而听子孙，子孙修业而息之，遂至巨万"（《史记·货殖列传》）。鲁哀公征收货币地租，说明商业资本的活跃。

[3]　周天子的王城，即有"王城之市"（《左传·昭公二十二年》）。齐景公处刖刑的人多，以致"国之诸市，屦贱踊贵"。国君宠幸的妾把市作为剥削对象，晏婴说："内宠之妾，肆夺于市"（《左传·昭公二十年》）。农村人口大量集中于城市："三里之城，七里之郭"（《孟子·公孙丑下》）。《墨子·杂守》篇："率万家而城方三里"。

位，如阳翟大贾吕不韦为秦相①，子贡游历列国，敢与诸侯分庭抗礼②，等等。

这就为精神世界的创造摆脱政治的直接控制，与摆脱先在观念的束缚，提供了社会文化环境和物质基础。殷周天神和祖先崇拜既合又分的宗教之天被冲击，天命不仅以能否"保民"为转移，而且对天作多层次的解释和理解，其独尊性式微；其有甚者，提出疑天、怨天、恨天、骂天的主张，直接否定天命，而出现重人的思潮③，这就从天神和祖宗崇拜的宗教神学中获得了思想的解放，而进行自觉的理性思维活动。

殷周的天命神学尽管有其差异，但都是在现象世界之外追求本质世界，或在现实世界之上探寻彼岸世界，或在肉体世界之后寻求灵魂世界。这种区分就是最初的自觉理性活动，是建筑在心、身分离的基础上的。春秋时期，彼岸的、灵魂的天命神学作为华夏族统一的宗教的传统观念，与各诸侯国在现实社会中争取自身经济、政治、军事、国格的独立和尊严，并探讨适合现实社会需要的新思想、新理论，发生了尖锐的冲突。这种冲突的性质：由潜哲学阶段的心与身冲突，转化为心（即超自然的、灵魂的、精神的）自己造作的不同观念、幻想之间的冲突，属于迷信与理性、宗教与哲学间的传统与现实的冲突。冲突的结果是冲破传统观念，综合现实实践活动中所获得的新观念，而向理性的、哲学的方面转化。

这个转化包括天命、政治和道德思想的整体结构。天命随天子权力的衰落而衰落，成为说明社会政治伦理的根据或原理，表示一种社会的必然性；天道与天神分离，表示天体运行和时序变化的必然性，以及从天道远与人道迩的相分中，促进了关于自然本原、性质、结构方面的阴阳五行理

---

① 吕不韦"往来贩贱卖贵，家累千金……庄襄王元年，以吕不韦为丞相……吕不韦以秦之强，羞不如，亦招致士，厚遇之，至食客三千人"（《史记·吕不韦列传》）。
② "子贡结驷连骑，束帛之币，以聘享诸侯，所至国君，无不分庭与之抗礼"（《史记·货殖列传》）。
③ 参见拙著：《中国哲学范畴发展史（天道篇）》，第二章《天论》。

论思维的发展①，具有哲学的意味。

夏商周时，中国基本上是政权、族权和神权相结合的政治体系。春秋时，君臣易位，保守与革新冲突激烈，作为政治和文化思想的指导原则的周礼，受到冲击和破坏，革新之士都注重现实社会的利害得失来进行政治活动，人的能动作用得到了重视②，而发展了与天道、天神相对的人道、人学思潮。

礼作为典章制度的等级行为规范，获得了仁的调整和改造。社会的激烈变动，价值观与道德观亦发生变化，出现传统与现实的冲突。在价值观上唯才是用，破格选拔，打破血缘宗法关系，这便是"任人唯亲"与"任人唯贤"的冲突。在道德上，表现为旧的孝、敬、忠等道德规范与新的道德观念的冲突。比如赵宣子谏晋灵公，晋灵公派钮麑贼害赵宣子。若钮麑照晋灵公的命令去做，既信又忠，无有冲突。然而钮麑把忠理解为对国家而不是对一个君的忠，把杀害国家的重臣看作不忠，同时他又把受命而废看作不信，陷入新旧道德观念冲突的两难困境，只好自杀。③ 一些国家实行按军功赐田受爵，打破血缘宗法关系，改变了对功利的道德评价，出现了中国历史上第一次义利之辩，认为追求富贵是人正当、合理的欲望，及欲望应以道德加以适当调整的论争。④ 在人生理想上，表现为要

---

①　子产批评裨灶据天象而预言郑国大火说："天道远，人道迩，非所及也，何以知之。"（《左传·昭公十八年》）周内史叔兴解释陨石和六鹢退飞现象说："是阴阳之事，非吉凶所生也，吉凶由人。"（《左传·僖公十六年》）范蠡说："天道皇皇，明以为常。明者以为法，微者则是行。阳至而阴，阴至而阳。"（《国语·越语下》）天道不是预示吉凶的天意，而是自然现象自身的规律性。

②　神人关系，人得到重视："夫民，神之主也。"（《左传·桓公六年》）"神聪明正直而壹者也，依人而行。"（《左传·庄公三十二年》）

③　"灵公虐。赵宣子骤谏，公患之，使钮麑贼之。晨往，则寝门辟矣，盛服将朝，早而假寐。麑退叹而言曰：'赵孟敬哉？夫不忘恭敬，社稷之镇也。贼国之镇，不忠；受命而废之，不信。享一名于此，不若死。'触庭之槐而死。"（《晋语五》，见《国语集解》，380页）

④　"子尾曰：'富，人之所欲也，何独弗欲？'（晏婴）对曰：'庆氏之邑足欲，故亡。吾邑不足欲也，益之以邶殿，乃足欲。足欲，亡无日矣……夫民生厚而用利，于是乎正德以幅之，使无黜嫚，谓之幅利，利过则为败'。"（《左传·襄公二十八年》）

超越有朽自然生命，追求不朽的德、功、言的精神生命①等的冲突。

### （三）可道与恒道融合

这种民族的迁徙、商业资本的积累、城市的建筑、政治典章制度的革新、思想观念的转换，为中国哲学形而上学的出现提供了各方面的条件。

春秋战国时期与古希腊一样，从人类理论思维发展的本性来说，都超越了潜哲学的巫术方法论阶段，而进入哲学形而上学方法论阶段。孔德认为，这个阶段的特点是，不再以超自然的神学来解释、理解一切，而是以形而上学（超经验）的抽象概念探索万物的内在本性，它不是潜哲学阶段虚拟的神是万物的本原，而是以"抽象的实体"作为物质或精神等经验现象背后的"动力因"和"目的因"。人类思维相信真实的实体是所有存在物所固有的。② 冯·皮尔森则把形而上学阶段称为本体论阶段。他认为这个阶段的主要特征是，人开始了对自身内外所能发现的各种力量和能量的理解。人开始退离他的环境，受周围世界的束缚感减轻。人甚至在某些方面成为一个旁观者，而偏重于认识的思考。③

如果说形而上学阶段"人已不再受神的充满生命力的或超自然的'那个'（that）的支配，而且开始学会站在一定距离之外提出有关'什么'（what）的问题"④，有一定的道理的话，那么，冯·皮尔森对西方哲学中以研究世界的本原、本质、本体为特征的形而上学本体论传统，以研究人的经验世界，即研究这个世界对人的性质、意义、范围、限定为特征的实

---

① "穆叔如晋，范宣子逆之，问焉，曰：'古人有言也，死而不朽，何谓也？'……豹（穆叔）闻之，太上有立德，其次有立功，其次有立言，虽久不废，此之谓不朽。若夫保姓受氏，以守宗祊，世不绝祀，无国无之。禄之大者，不可谓不朽。"（《左传·襄公二十四年》）

② 参见［英］丁·哈德门编：《近代哲学》，英文版，126 页，伦敦，1967。

③ 参见［荷］冯·皮尔森：《文化战略》，49～80 页。

④ 同上书，69 页。

证经验传统的差异有所忽视，这便是偏颇。实际上这两大传统，都发端于古希腊哲学。

古希腊人提出哲学形而上学，探索在经验的自然现象背后的本性、本质。世界和人自身的自然的、肉体的、物质的方面成为人的认识，即人的超自然的、灵魂的、精神的方面的对象或思维客体，而人的超自然的、灵魂的、精神的方面则成为与它相对的认知者、解释者和理解者。柏拉图的理念（eidos 或 idea）来自希腊文"看"（idein），具有一个人所看见的、事物的"外观""形状"的意蕴，后演变为类型、形式、本性的意思。① "看"就蕴涵着人与世界的一种认知关系，即有认知主体与认知客体的相互作用的内涵。尽管柏拉图把其作为一个专有词，构成他的理念论哲学体系，但并不排斥 eidos 这个词原有的意蕴。亚里士多德认为，一切学科皆以"存在"的某一属性或某一方面为其对象，"作为存在的存在"并非它们的研究对象。而研究"作为存在的存在"的学问，是"第一哲学"或形而上学②。

"作为存在的存在"，从语法层次上的不同的理解，开出不同的哲学方向：一是"作为存在"修饰中心词"存在"，这个"存在"为绝对而单纯的存在，它导致始终如一的神圣存在的沉思；二是"作为存在"为修饰词更抽象、更普遍，规定着能存在的东西必须具备共同特征，它导致对存在着的事物必定具有的根本特征的研究；三是"作为存在"作副词，表明研

---

① 理念译成中文，或译为"相""观念""通型"等，最近有译为"型"等。西方将它译作开头字母大写的"形式"或"观念"。"类"是一个主要的解释。颜一：《流变、理念与实体——希腊本体论的三个方向》，油印稿。

② ［古希腊］亚里士多德：《形而上学》卷四，1003a，56 页，北京，商务印书馆，1991。中文翻译为"形而上学"，是根据克来盂·亚历山大里诺，他把这一个书签题词肯定为一门学术专名。亚氏在本书内称物学为"第二哲学"（1037a，中译本，147 页），"第一哲学"便是超物。吕克昂学园第十一任主持人安德罗尼柯编纂亚氏遗稿，把其汇次于"物学"之后（《形而上学》译者附语，329 页）或"物理学后诸篇"。

究存在的方式，致力于发现人的经验和眼前的世界组成为一个整体的普遍必然方式。<sup>①</sup> 这三种理解都有其合理性。尽管存在可以表示"是什么""这东西"，或表示性质、数量等多层含义，但它最初始的、最首要的含义是"是什么"，即实体。

中国春秋时（公元前770—前476），百家争鸣，出现了伟大的哲学家老子和伟大的人文学家孔子。就哲学而言，老子在中国哲学史上的地位相当于苏格拉底（Socrates，公元前469—前399）和柏拉图在西方哲学史上的地位。就人文学而言，孔子在中国思想史上的地位相当于普罗泰戈拉（Protagoras，公元前481—约前411）和苏格拉底。虽然中国哲学与古希腊哲学有别，但就其形而上学思维水平而言有对应性。在春秋哲学自然性与人为性、巫术性与哲学性的激烈冲突中，老子的哲学表示了人类哲学的自觉。他说：

> 道，可道也，非恒道也。名，可名也，非恒名也。无名，万物之始也。有名，万物之母也。故恒无欲也，以观其眇；恒有欲也，以观其所嗷。两者同出，异名同谓。玄之又玄，众眇之门。<sup>②</sup>

这段话是老子论道的纲领，其言简意赅，意蕴丰富。

1. 道的初始的含义是指道路<sup>③</sup>，是有明确所指的具体某物的概念。道作为道路的器物性，只有在人的行走中才被体验到，因为道路的器物性本质，只有通过行走而呈现，即道路是人走出来的。人走出来的道路是有一定指向的，它把人的行为活动按一定的方法、途径、过程导向某方向或目的地，或人、物活动所必经、必遵的道途以及必然性。这种方法、途径的导向和必经、必遵的必然性的联系，是器物性道路所蕴涵的更深一层的意

---

① ［英］A. 埃德尔：《亚里士多德及其哲学》，113 页，伦敦，1982。
② 《老子》帛书甲、乙本。河上公本第一章。
③ 参见拙著：《中国哲学范畴发展史（天道篇）》，38 页；另参见张立文主编：《道》。

蕴。器物性的道路千千万万，它并非道路的真正本质，但道路把人的行为活动按一定的方法、途径导向某一方向、目的及人的活动所必经、必遵的必然性的联系，这才是千千万万道路的共同本质与道路之所以是道路的根据。千千万万道路是可变的，其共同本质是恒常不变的。道，可道，又有可言语的意思，即可言说的道。这就是说，道作为道路的道和可言说的道，不是恒常的道。这样，老子把器物性的、可言说的道与非器物性的、不可言说的恒常的道区分开来，这就使恒道具有可道之道现象背后的形而上学的性质。

2. 名是指名称，名称与其所指称的对象总是相联系的。在日常语言中，名称总是指一定的人物、事件、对象、过程等，但名称与被指称的实存之间，并非是语言本性所决定的必然的内在联系，而是人在社会实践交往中"约定俗成"的。一旦名称与实在约定俗成后，在同一个语言共同体的社会成员间的社会实践交往中便有一定的确定性和稳定性。这样，名称以其自身的观念、情感、意愿便对象化或给予实存，使名称与实存达到沟通或统一。名称总是一定实存的名称，实存要通过名称的形式来表现。

然而由于语言的模糊性和多义性，名称与所指称的实存之间出现冲突；名称所指称的实存随自然、社会的变化而变化，造成旧名称与新实存之间的冲突。因此，孔子极力主张"正名"，"名不正，则言不顺；言不顺，则事不成"①。"正名"就是要求名称与实存的相符。比如鲁国大夫季氏"八佾舞于庭"，潜用天子的礼乐。孔子说："是可忍也，孰不可忍也"②。这与大夫只能用四佾的实际不符，就言语不顺。老子看到了名称所指称对象、实在的变化以及名称与实存的冲突，而要追求能用言语称谓的名称背后的那个恒常的名称。这就是说可称谓的名，是与实存相联系

---

① 《子路》，见《论语集注》卷七，54 页。
② 《八佾》，见上书卷二，9 页。

的、变动不居的，恒常的名是可言语、称谓的名的现象背后的共同本质或根据，是恒久不变的。

3. 老子把可道之道与恒道、可名之名与恒名区分开来，是对道与名的追根究底的哲学思考，是企图寻求对世界事物的终极性解释和终极性的根据。这便蕴涵着可道之道、可名之名是形而下者，属于现象层次；恒道、恒名是形而上者，即第一哲学，属于本体层次。恒道、恒名，是不可用语言称谓、命名或名状的。因而说："道恒无名"①，"道隐无名"②。无名之道、无名之名，是天地万物的原始、本始。这种原始、本始的恒道、恒名，之所以无名，就因为它是一种浑沌（chaotic）。如果问它是什么，则什么都不是什么，便是无，它是无规定的无规定。无名的浑沌，呈现为恍惚状态，即模糊的、无序的、不定的"混而为一"，"不可名"的、"无状之状"的惚恍。③ 若从物的角度来审视浑沌，在恍惚之中则什么都是又什么都非是，因为它是无规定的浑沌。

4. "有名，万物之母也"。"有"可以理解为存在④，存在是一切事物共同的性质或根据。但在老子有名与无名对言的语境中以及其表述用法中，"有名"是指有名称，语言可以称谓，即上文的"可名"。名称是人们约定俗成，并用以指称对象的，而名称的意义是在主体以语言把握其所指称的对象的过程中获得的，所指称对象的属性、特征和变化形式制约着名称意义、内容和形式。但名称一经约定俗成地指称某一对象，便相对地稳定下来，这便是"有名"。有名便把它所指称的对象和范围确定下来。

名称的差异标示事物彼此的差异，显示对象的性质和特征，便是有规定。所以，有名是万物之母，而不是无名的浑沌。浑沌是未分别，母则是

---

① 《老子》帛书甲、乙本，河上公本第三十二章、河上公本第三十七章，通行本作"道常无为"。
② 《老子》帛书乙本，河上公本第四十一章。
③ 《老子》帛书甲、乙本，河上公本第十四章。
④ 参见冯友兰：《中国哲学史新编》第二册，47页，北京，人民出版社，1984。

有分别。因为"既得其母，以知其子"①，由母而可认识把握其差异。有名即名称已制定，"始制有名。名亦既有，夫亦将知止"②。名称既已有了，便不是"无名"，而是对事物有规定的可名。

5. 无名与有名，是指世界从无的浑沌向有的实存的变化过程。"恒无欲"与"恒有欲"③，即从恒常的无欲与有欲此两极来观照，"以观其眇"与"以观其噭"。观有道的自观和人观之别。无论道的自观或人观，都需区别能观与所观，即观者与被观者。观者为主体能观，被观者为所观客体对象。能观与所观、观者与被观者相互作用，才能产生观的结果。从恒无欲以观照道体的奥妙，从恒有欲以观照道用的边际。从两个不同的角度，来观照道的体与用。道体的奥妙，是视之不见，听之不闻，抚之弗得的浑沌；道用的边际，是有界限、有定量、有空间的功用。这样老子便从自然天地世界的浑沌与实存落实到人，通过人来观照、体认道的体用、奥妙边际。

6. 恒道与可道、恒名与可名、无名与有名、恒无欲与恒有欲，是对待的"两者"、"两端"或"两极"。此"两者"无时间上的先后，无空间上的大小，而是相互对称地"同出"。因其来自同一个根源，所以名称虽异而指称对象则相同。这种既异又同，真是幽深而又幽深，便是众多奥妙的门户。这个奥妙的门户深不可测，妙不可言，是源头活水所自出。

老子追究可道、可名背后有一个更根本的恒道、恒名，实际上是把天地万物划出了可道、可名的现象世界与恒道、恒名的本体世界，形而下的器世界与形而上的道世界，变动不居的有名世界与恒久不变的无名世界，有规定、有差别的实存世界与无规定、无差别的非实存世界。老子作此划

① 《老子》帛书甲、乙本，河上公本第五十二章。
② 《老子》帛书甲、乙本，河上公本第三十二章。
③ 此句理解、解释分歧很大，陈鼓应：《老子注译及评介》，57～61 页。

分，其宗旨是追究天地万物的本原、本质和本体。就此而言，近现代西方哲学家亦不讳言。黑格尔讲老子"说到了某种普遍的东西，也有点像我们在西方哲学开始时那样的情况"①，即与古希腊哲学相似。这说明在老子时，中国哲学已跨入形而上学阶段。

现代德国哲学家海德格尔（M. Heidegger，1889—1976）晚年对老子和庄子哲学深表尊崇。他认为："'途径'这个词很可能是语言的一个最初的词，它是进行思维的人所具有的。道，是老子诗性思维中占主导地位的词，它的'根本'意思是途径。"

> 道，很可能就是那种使所有那些我们由此才能思考的东西活跃起来的途径。根据什么我们才能思想，这也就是理性、精神、意义、逻各斯本来所想说的意思。在"途径"亦即道这个词中，也许隐匿着思想进行的说的所有秘密的秘密。②

黑格尔与海德格尔虽都推崇老子，但旨趣不同。前者是追究哲学史的逻辑起点，建筑思辨哲学系统；后者是基于语言的哲学思考，把言词作为思维得以进行的必需的前提和最初的、本原的东西。由此最初的、本原的东西，才有了生命、活动和思维。

海氏认为，老子的"道"就是他所要寻找的那个最初的、本原的词，以求改造胡塞尔（E. Husserl，1859—1938）的现象学。此外，老子追究世界万物的本原、本质的方式与海氏批判传统本体论万物是什么，提出"万物何以而是万物"的万物存在的方法、过程、途径相近似。同时，老

---

① ［德］黑格尔：《哲学史讲演录》第一卷，127～128 页，北京，商务印书馆，1996。
② 郑涌：《批判哲学与解释哲学》，163 页，北京，中国社会科学出版社，1993；据海德格尔：《在通向语言的途中》，见《海德格尔全集》第 12 卷，德文版，187 页译出。又见《现代西方的超越思考——海德格尔的哲学》，311 页，上海，上海人民出版社，1989；俞宜孟据英文版《在语言的道路上》，92 页，两者文字有异。

子的"道"和海氏的"存在"，都是一种"负概念形式"，用"无"这个否定性的词来表现。这或许就是他们心有灵犀一点通之处。

国内外学者，既有把老子哲学理解为形而上学的、本体论的①，亦有理解为非形而上学的、非本体论的②；既有理解为存有论的，也有理解为现象学的，且比较接近海氏的现象学。③ 理解的分歧，原不足怪，但笔者通过可道与恒道、可名与恒名的分析，认为具有形而上学性质，也是合理的、有据的。

老子哲学不仅追究天地万物的本质、本原和本体，而且关注"德"，即人之道。"天之道，损有余而益不足；人之道则不然，损不足而奉有余。"④ 他以自然现象均衡性、和谐性来批判现实社会对于天道的违戾，现实人道逆天道而行，使有余者更有余，不足者更不足，破坏了均衡和和谐，加剧了有余与不足的冲突。老子的人道应效法天道的社会批判思想，其意蕴是对于人的生活、价值的关怀，以及人与自然、人与社会交往关系原则、规范的规定。

在这方面，孔子的学说更引人注目。孔子强调天地万物的属人性质，说明天地万物的性质取决于它对人的关系。孔学的宗旨是关于人类生命存在、生存价值和群体关怀的人文学说。这种人文学说的精髓，就在于为人提供一种关于人与自然、人与社会、人与人的关系应怎样处理，应怎样做的规范型的基本原理和原则，提出仁的范畴。仁的核心是讲"爱人"，仁的字形就是二个人，由人与人的关系而推及社会和自然。仁对调整当时生

---

① 参见冯友兰：《中国哲学史新编》第二册，44～52 页；另参见陈鼓应：《老子注译及评介》，29 页。
② 参见俞宣孟：《现代西方的超越思考——海德格尔的哲学》，34 页，上海，上海人民出版社，1989。
③ 郑涌：《批判哲学与解释哲学》，164 页。
④ 《老子》帛书甲、乙本，河上公本第七十七章。

产方式的变革、礼乐典章的改革、观念的转换等都具有积极的作用。孔子的仁学，是人的哲学升华，也就是人的主体性赋予的过程。所以，孔子的仁学，也可称为人学。它从仁的内圣自我修养，到家庭仁的体现，再到外王仁行天下的过程，都贯穿着爱人而人人互爱的和合人道精神。

## 三、传统和合的超越

形而上学哲学阶段是对于潜哲学阶段的否定，即是以身与心、自然的与超自然的、肉体的与灵魂的、物质的与精神的分离，否定其浑沌不分。由此分离而产生对身或物质的现象背后的超自然的、精神的追根究底的哲学思考，以及形形色色追根究底哲学思考间的冲突和合，即形而上学的思考。在中国哲学形而上学发展的过程中，建构了诸如贵无论的、崇有论的、唯识论的、理本论的、气本论的、心本论的等形而上学本体论哲学[①]，它们都有其存在的现实合理性，又随现实的变化而被后来者所代替、所否定，以至现代新儒家所建构的道德的形上学[②]，还有其一定的影响力，但从总体上说，已经成为旧学。

### （一）形上学的困境

西方近代哲学是传统形而上学陷入困境的时代反映。近代哲学基本精神是理性与自由。理性使人认识世界、改造世界的信心得到加强，带来自然科学的发展、主体的凸显，因而何以知道存在是什么的认识问题被突出起来。围绕着知识的来源、性质以及真理问题，展开了经验论与唯理论的

---

① 参见拙著：《中国哲学范畴发展史（天道篇）》；《宋明理学研究》；《朱熹思想研究》；《走向心学之路——陆象山思想的足迹》；《宋明理学逻辑结构的演化》，台北，万卷楼图书有限公司，1993。

② 参见拙作：《新儒家哲学与新儒家的超越》，见《中国近代新学的展开》，285～304 页。

长期论争。近代西方尽管出现了传统形而上学向认识论的转向，但并没有摆脱形而上学思维框架。形而上学思维方法视理性为科学的认识能力，并以之为认识主体，以本质为认识对象，构成一切知识必须符合对象的所谓"客观性原则"，这一形而上学的传统观念，便成为经验论与唯理论证明认识真理性的依据。

传统形而上学向认识论的转向是与形而上学在近代所受到的挑战分不开的。黑格尔认为，康德"批判哲学诚然已经使形而上学成为逻辑"①。他的知性哲学否认了理性，"它赢得了那样多的朋友，这完全由于它的消极一面，即它曾经一度使他们从旧的形而上学里解放出来"②。19 世纪下半叶的新康德主义者提出"回到康德去"的口号，亦即从形而上学回到批判，回到先验哲学。逻辑经验主义认为，康德的主要贡献在于"拒斥形而上学"。其实康德批判形而上学的主旨，并不在于掘墓，而在于重建，即把形而上学的超越对象从认识领域转移到伦理领域，称其为"道德形而上学"或"道德的世界观"（moralische Weltanschauung）。

根源于有限的科学方法与无限哲学问题的冲突的形而上学的困境③，自笛卡儿试图借助数学方法或逻辑方法在经院哲学的土壤上重建形而上学，使之符合"科学之科学"的地位和身份以来，西方哲学家做了种种努力，建构形形色色批判形而上学的形而上学。这种弥补虽有巨大的成就，但形而上学的堤坝或根子终究逐渐被挖开。

这个挑战一是来自分析哲学，维特根斯坦（Ludwig Wittgenstein，1889—1951）认为，"形而上学"命题，既不是描绘事实的自然科学的命题，亦非表达重言式的逻辑或数学命题，而是"无谓"的言语或者是胡

① ［德］黑格尔：《逻辑学》上卷，33 页，北京，商务印书馆，1974。
② ［德］黑格尔：《哲学史讲演录》第四卷，306 页，北京，商务印书馆，1978。
③ 参见叶秀山：《苏格拉底及其哲学思想》，84 页，北京，人民出版社，1986。

说。① 他主张清除"形而上学",或防止提出形而上学命题。逻辑经验主义者以形而上学命题为根本没有认识意义的伪命题,既不能被经验证实,亦不能被逻辑证明,主张通过对语言的逻辑分析来清除形而上学。②

二是来自现象学或诠释学,海德格尔以其现象学的或现象学的诠释学方法,否定形而上学,认为"形而上学属于人的本性"③。超越传统由知识论到本体论的思维架构,消除主客体之间的原则性分离,直接从"存在"(是)入手。尽管海氏前期的现象学方法与后期的诗性领悟方法不同,但追问存在这个根本性课题和从对存在的说明中来说明在者的方法却贯穿始终。

在现代社会,科学走在哲学的前面。分析和诠释都成了过去。分析哲学担心意义不够清楚,而把思想还原为它的显示形式,语言的逻辑分析可以用逻辑形式显示语句的真正意义,然而表述方式的改变只意味着操作方法的改进,而不意味着思想本身的丰富,表述不等于思想,哲学是思想而不是表述。语言是思想的现象和显示形式,并非思想本身。诠释哲学担心意义不够丰富而把哲学变成一种意见。虽然诠释关心对文本或可充当文本的东西做出更为自由丰富的意义解释,似乎接近思想问题,但这种以主体间的对话和理解为目的而产生的解释,无法说明什么是有意义的思想或什么是观念的证明,它是一种主观性的意见或评论,并非哲学思维活动。④ 总之,西方现代哲学的发展,无论是孔德所划出的实证阶段,还是冯·皮尔森的功能阶段,都有其局限性和不能准确体现现代精神精华的缺陷。

---

① 维特根斯坦说:"关于哲学所提出的大多数的命题或问题与其说是虚假的,不如说是无谓的。因此,我们根本不能回答这一类的问题,我们只能确定它们荒谬无稽的性质"(《逻辑哲学论》德英文对照本,63页)。

② 参见涂纪亮:《分析哲学及其在美国的发展》上,168~169页,北京,中国社会科学出版社,1987。

③ [德]海德格尔:《生存与是》,379页,纽约,英文版。

④ 赵汀阳:《哲学的元性质》,载《哲学研究》,1993(6)。

### (二) 形上学的批判

中外形而上学本体论都具有一定的排他性、独断性、独裁性，这就使其哲学的命运、生命有局限性、短促性，不断地被后来者所否定。

尽管现代中国人仍在研究孔子的儒学或宋明理学的形而上学，但作为孔子的儒学和宋明理学赖以生存的那个时代已经过去了。

明中叶以后，程朱理学形上学已受到来自两方面的批判：一是王守仁有鉴于理性本体与感性实在、抽象的远离现实的先在范畴"理"与具体地去格一件一件的"物"、道德规范与践履行为之间的冲突，批判理与心的二分，主张由异在的、外超越的"理"向内在的、内超越的"心"转化，从客体绝对理性向主体意识良知转向，这种转向使心包容了理，理落到了心中。理只能在心中求，而不能求理于心外。

二是王廷相恢复张载思想，作《横渠理气辩》，颠倒朱熹理体气用、理本气末的形而上学，提出"理根于气，不能独存也"[1] 的思想，理是气的顺序条理，否定朱熹气为形而下之器，气之上有形而上之理，"元气之上无物、无道、无理"[2]。然而无论是王守仁的心即理，还是王廷相的气即理，他们批判朱熹的形而上学，都是为了重建形而上学，并非是对形而上学本身的否定；他们穷究万物存在根据的思维方式并无异处。

对批判程朱道学（理学）形而上学具有本质意义的，应是李贽。他把源于人而又凌驾于宇宙万物和人世之上的形而上学的绝对理性——道（或理），还原为人自身。"人即道也，道即人也。人外无道，而道外亦无人"（李贽：《明灯道古录》，见《李氏文集》卷十九）。"道不离人，人不离道"（同上）。道复归于人，才真正回到了其源头处。道只有以人为载体和源

---

[1] 《王氏家藏集·横渠理气辩》卷三十三，见《王廷相集》，603页。
[2] 《雅述·上篇》，见《王廷相集》，841页。

头，才能获得价值和意义；人不离道，人即道，人在弘扬、扩充道中，才能实现自我。人与道的关系，实是"道之在人，犹水之在地也。人之求道，犹之掘地而求水也。然则水无不在地，人无不载道也，审矣"①。水离地而无水，道离人而无道。人和地是道和水赖以存在的根据，离了这根据，水竭道枯。

李贽从人、物何以产生的视角，批判宋明理学形而上学第一哲学。"夫妇，人之始也，有夫妇然后有父子，有父子然后有兄弟，有兄弟然后有上下。夫妇正，然后万事无不出于正。夫妇之为物始也如此。"② 这是李氏直观观察"因畜有感"的体验。人是夫妇所生，父子、兄弟、上下等关系，都是夫妇生人以后而存有；无夫妇，一切无从而存有。因而，夫妇是生人的最原始、最初始的现象。由夫妇而推广之天地万物。"天地一夫妇也，是故有天地，然后有万物。"③ 天为阳为夫，地为阴为妇，天地犹夫妇，"天地人物共造端于夫妇之间"④。天地生万物，犹夫妇生人，这便是天地万物的端始和源头。李氏并没有去追究形而上学第一哲学或绝对哲学，他把万物的存有看作夫与妇、天与地的相互作用，相互和合的过程或方式，并没有以夫或妇谁者为形而上学第一哲学。

这种哲学的还原，蕴涵着深刻的内涵。宋明理学家讲"太极生阴阳，理生气也"⑤，以单一的、绝对的理（太极）为第一哲学。理（太极）对于阴阳、气来说是派生者。李氏批判这种形而上学，"天下万物，皆生于两，不生于一明矣"⑥。何以说万物不生于一？因为与万物端始的实际不

---

① 李贽：《德业儒臣前论》，见《藏书》卷三十二，517 页。

②③ 李贽：《夫妇论》，见《焚书》卷三，89 页。

④ 同上书，90 页。

⑤ 董榕辑：《太极图说·集说》，《周子全书》卷一，7 页，上海，商务印书馆，1937。这条资料不见于清黎靖德所编《朱子语类》以及《朱文公文集》《四书集注》等，而见于吕楠的《朱子抄释》，吕楠又本朱子门人杨与立所编的《语略》。

⑥ 李贽：《夫妇论》，见《焚书》卷三，90 页。

符。"厥初生人，惟是阴阳二气，男女二命，初无所谓一与理也，而何太极之有？"① 世界上不存在绝对的一，所以"更不言一，亦不言理"②。一或理是哲学家头脑里观念的虚设，是人的心（灵魂的、精神的）的一种幻想、构造。对于这个虚设，李氏诘难：

> 所谓一者果何物，所谓理者果何在，所谓太极者果何所指也？若谓二生于一，一又安从生也？一与二为二，理与气为二，阴阳与太极为二，太极与无极为二。反覆穷诘，无不是二，又乌覩所谓一者。③

任何事物的产生，都是由性质相异的两个或多个事物的矛盾、冲突，而又相互作用、结合而成，即和合而有。"太和之合，合于乾坤。乾为夫，坤为妇"④。异性相吸的两者可冲突和合。⑤

李氏把唯一存有的、绝对的、形而上学的理、太极，还原为哲学最根底、最初始、最根本的人产生和人生存着这一事实，批判单一论、绝对论的理、太极，破坏着中国传统形而上学的模型和思维方式。李氏并不谋求建构新的形而上学理论思维，按照他的逻辑推论，天地万物的端始只是夫妇两者相互关系的方式。他的哲学不是柏格森（Henri Bergson，1859—1941）的生命哲学。柏氏把生命看作一种"心理的东西"⑥，而不是现实的生命活动和生命过程；把心理的生命冲动，作为人们周围一切事物的根据。李贽只是把哲学归根到人生存和人产生这一事实，即人穿衣吃饭等如何生存和人的生活方式，并非把人的生存看作根于心理的、意识的东西。

---

① ② ③ ④ 李贽：《夫妇论》，见《焚书》卷三，90页。
⑤ ［美］弗罗姆说："在人那里，性的统一乃是以男女两性的相互吸引为基础的。男女两性成了性统一这种需求的本质——人类生命有赖于两性的这种统一。看来也正是由于这个原因，大自然才在两性的结合中给人以最大的快乐。从生物学的意义上来说，两性结合便是一个新的生命的诞生。生命的周期表现为结合、新生和成长——正如死亡周期是成长的中断、崩溃和衰落一样"（《人心》，34页，北京，商务印书馆，1989）。按：生命就是和合，死亡即是和合的崩溃。
⑥ ［法］柏格森：《创造进化论》，257页，纽约，英文版，1928。

李氏与雅斯贝斯（K. Jaspers，1883—1969）的生存哲学亦异。雅氏认为，认识人的存在及其意义，首要是看人体验其存在和包围人的存在的那个空间关系，即人和"大全"的关系。由此他把存在分为存在的形式和"存在本身"。存在的形式是有规定性的存在，是可以认识的；存在本身是"本原"的存在，是包围着人存在的无规定性的存在，是无所不包者或"大全"。作为存在本身的"大全"是一个不显现的整体，它视而不见、抚而不得，不能通过理性认识它，而只能依据人内心的体验。李贽则认为，人生存的首要问题是如何生存，它比为什么生存要优先，即如何生存比生存意义要优先。雅氏不去探讨人如何生存，即衣、食、住、行的人的生产——生存方式，而是首先从人的存在和包围人的空间来研究人的存在意义，这样就撇开了人如何生存这个首要问题。

### （三）道的过程哲学

继李贽而有戴震的哲学批判。戴震对程、朱形而上学的批判，恰恰是从身与心的分离处入手，即自然的与超自然的、肉体的与灵魂的、物质的与精神的分离为虚设形而上学的起点：

> 盖其学（指程、朱之学——引者）借阶于老、庄、释氏，是故失之。凡习于先入之言，往往受其蔽而不自觉。在老、庄、释氏就一身分言之，有形体，有神识，而以神识为本。推而上之，以神为有天地之本，遂求诸无形无迹者为实有，而视有形有迹为幻。在宋儒以形气神识同为己之私，而理得于天。推而上之，于理气截之分明，以理当其无形无迹之实有，而视有形有迹为粗。益就彼之言而转之……其以理为气之主宰，如彼以神为气之主宰也。以理能生气，如彼以神能生气也。①

---

① 戴震：《天道》，见《孟子字义疏证》卷中，24 页。

戴震认为，程、朱批判释氏、老庄，而又接受释氏、老庄建构形而上学本体的思维方法、模式、性质和功能，从而陷入释、老之范式而不自觉：

其一，从理论思维方式而言，释氏、老庄把整体的人分为形体与神识（即身与心）两部分，有其合理性，但以神识为根本或本体，即有其蔽；程、朱虽以形体与神识为自身所私有，但理是外在的，是神识的"推而上之"。这种分二的思维方法，即"一而二"是构造超越形体、形气的形而上学神与理的需要。

其二，从世界模式来说，释氏、老庄和程、朱都把有形体、有形气、有迹象的现象界，看成是有变动的、相对的、不真的，因而是低级的、虚幻的；把无形体、无迹象的神识世界或理世界，看成是不变不动的、不生不灭的，因而是真实存在的。

其三，从哲学形而上学的本质或性质来看，释氏、老庄和程、朱都追求一个脱离和超越现象界的形而上学本体界，并以它为终极目的。神识或理都是形而上学的绝对本体，名异而实同。

其四，从哲学本身的功能考察，无论是释氏、老庄，还是程、朱，都把其所建构的世界万物的形而上学的本体或理，赋予主宰现象世界或气世界，即有形体、有迹象的世界的功能，以及具有派生现象界的功能①，即"二而一"。这便是"体用一源"的思维模式。

戴震批判程、朱与释氏、老庄形而上学哲学逻辑结构在理论思维方法、世界模式、哲学本质和功能等方面之同，"盖程子、朱子之学，借阶于老、庄、释氏，故仅以理之一字易其所谓'真宰'、'真空'者，而余无所易"②，就毫不留情地把程、朱形而上学理学的基础或基本点一下子推前了1500多年。这就是说，尽管从老子以来，中国哲学有以道、天、无、

---

① 参见拙著：《戴震》，68～69页。
② 戴震：《理》，见《孟子字义疏证》卷上，19页。

理等为形而上学本体，或以水、火、物、气为万物本原，但就其基本点而言，还停留在老子的基点上，而没有根本的改变，只不过是更换一下名而已。康德亦曾指出，哲学这门科学尽管闹哄了很长时间，却仍旧停留在亚里士多德的时代。[①] 这也就是笔者之所以把老子以及后来的宋明新儒学与现代新儒学归属于形而上学阶段的理据之一。

戴震对于这种状况，很不满意。他要"发狂打破宋儒家中《太极图》"（段玉裁：《答程易田丈书》，《经韵楼集》卷七）。周敦颐作为宋明理学的开山宗主，其《太极图》的思维框架、世界模式、为圣工夫、心性修养对宋明理学影响深远。后来的宋明理学家在形而上学本体的构筑上，基本上沿袭《太极图》。因此戴震的"打破"，就意味着对于整个宋明理学形而上学的批判。他所试图建构的新哲学，是企图否定老庄、释氏、程、朱在分离形体与神识（身与心）基础上，推而上之以神识为本的形而上学，以便建构以道为过程的哲学体系。"道，犹行也；气化流行，生生不息，是故谓之道"[②]。"古人称名，道也，行也，路也，三名而一实，惟路字专属途路。《诗》三百篇多以行字当道字"[③]。大致道之名义于行尤近。行即流行，是一个过程，而不是形而上学本体的存有。道之所以为道，或道之所以以"气化流行，生生不息"为自身内涵，包含两方面的意蕴：一是对老子道先天地生和独立而不改的本质的否定，也是对程、朱"形而上者也，道即理之谓也"[④] 的批判；二是戴震把"所以一阴一阳者"的形而上之道或理转换为形而下，而把其看作"一阴一阳之谓道"[⑤]。这样道便成为阴阳的总名。由于道自身具有阴阳二者的对待、交感、细缊和冲突的

---

① 参见［德］康德：《未来形而上学导论》，165 页，北京，商务印书馆，1978。
② 戴震：《天道》，见《孟子字义疏证》卷中，21 页。
③ 戴震：《绪言》卷上，见上书附，79 页。
④ 戴震：《孟子私淑录》卷上，见上书附，129 页。
⑤ 周敦颐：《通书·诚上》，朱熹注，《周子全书》卷七，117 页。

功能，所以构成气化流行、生生不息的运动变化过程，可谓之道之生生的过程哲学。

道的过程哲学，具有两方面特征：一方面由其气化流行，道是自然社会运动变化的总过程，否定着形而上学本体论哲学；另一方面由其生生，道是世界万物的终极原因或本原，又落入旧哲学的窠臼，仍然追求世界万物现象后面的那个产生万物的所以然者。这就使戴震哲学处于困惑之中。我们的任务是发展戴震哲学的前一方面，建构否定宋明新儒学以至现代新儒学的道德的形上学，以适应现代高科技对哲学的挑战。

## 四、和合学与和合

当代，人自我创造了现代科学技术，改变了人与对象物之间的总体面貌。智能系统、生物工程、空间开发、超导材料等人的自我创造成果的迅猛发展，使得人与所有存在物之间的物质、能量、信息交换越来越扩大，相互作用影响的范围、形式亦越来越复杂和紧密。人在利用物质、能量、信息的过程中，把更多的自然存在纳入人的活动范围中来；同时，人在给予自然存在的过程中，通过科学化的物质生产把物质和能量交还给自然存在，使人化的对象领域更加扩大。人与自然存在之间这种物质、能量、信息交换已介入整个宇宙大循环，而具有宇宙整体的规模。① 人自我创造的现代高科技，创造了前所未有的巨大的财富，给人的生活以空前的享受和满足，改变了人的交往方式和生活方式。人与宇宙、人与世界的联系越来越频繁，空间距离越来越缩小，人与自然世界的命运更紧密地联系在一起。

---

① 参见拙著：《新人学导论——中国传统人学的省察》，35页。

### （一）价值观的转换

现代科学技术文明的特征是智能型，从器官工具系统到智能工具系统，这是一次重大的飞跃，但人类并没有解决现代科学技术文明脱离生物这一严重弊端。这一弊端，越来越使人类蒙受巨大的灾难和不幸。就以人类生存的阳光、空气、水三要素而言：首先，大气中二氧化碳、甲烷、氧化氮、氯氟烃等含量的增加，产生温室效应[1]，21世纪地球平均温度每10年将增加 $0.2℃\sim0.5℃$。[2] 预计2030年海平面将上升20厘米~140厘米[3]，威胁沿海地区及1/3的耕地和10亿人的居住地。[4] 氯氟烃破坏大气中的臭氧层，削弱臭氧层对太阳辐射中的紫外线的吸收，将引致皮肤癌、晒斑、眼病等，危害土壤微生物和海洋上层藻类的生命，中断生态链中关键一环，危及整个地球生命体系。[5]

---

[1] 1992年2月1日，美国49名诺贝尔奖获得者和700名科学家写信给布什总统，呼吁采取行动对付全球变暖问题。他们指出全球气候变暖将对未来的世世代代构成主要威胁［钱志春：《关于全球变暖的论争》，《世界科学》，1990（12）］。

[2] 王明星：《应认真研究全球变暖问题》，载《中国环境报》，1991-06-18。

[3] 陈霆：《沧海桑田近在咫尺》，载《中国环境报》，1991-05-28。

[4] 林自新：《环境危机——人类共同的忧虑》，载《光明日报》，1993-12-18。

[5] 同上。1993年10月南极大陆上空出现当时最大规模的臭氧层空洞；北京在春季臭氧含量的最大值约是平均量的20%，下降惊人。1979年与1991年的比较见下图：

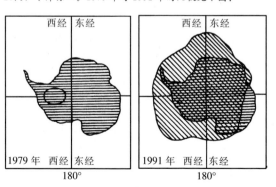

南极臭氧空洞

其次，空气污染加剧，工业废气、二氧化碳排放量急剧增加，导致酸雨面积扩大、频率升高，大面积毁坏森林和淡水鱼类。[①]

再次，淡水严重短缺，并受污染威胁。由于工农业迅猛发展和人口爆炸，用水量快速上升，世界有 1/4 人口生活在缺乏安全饮用水的环境中，淡水短缺和污染成为人类健康的大敌和 21 世纪大问题。[②] 现在每年 1 000 多万人的死亡与饮用污染水有关。中国有 300 个城市缺水，严重缺水城市 108 个。[③] 20 世纪中叶以来，全世界损失了近1/5 耕地表土、1/5 的热带雨林、数以万计的生物物种。据《光明日报》1994 年报道，世界每年耕地表土流失约 240 亿吨，森林消失约 1 700 万公顷，土地沙漠化约 620 万公顷，生物物种每天灭绝 140 种。[④] 这个严峻的事实，正在随人类社会经济活动和技术能力的扩大而加剧。环境污染、资源匮乏，人口爆炸、生态危机，无一不严重威胁着人类自我生存的条件、环境系统，而危害人类自己。

核裂变改变了世界，但没能改变人的思维方式，人们往往习惯于以二分的思维方式去看待和处理人与自然、人与社会的关系。现代人必须转换视角，以和合的思维方式来处理人与自然、社会的关系。生态危机对人类的严峻挑战，无情冲击着人类传统哲学、宗教、伦理、道德、美学、价值的观念，以及人的交往、行为、思维的方式。认知主体与认知客体的形而上学分析，如何转变为生态主体与生态客体的形而上学分析，以及后者如何代替前者？生态主体与生态客体、心与身如何和合？生态哲学如何取代传统哲学？宗教信仰与科学如何协调？如何调整基督教教义与全球人口爆

---

① 1992 年广东省工业废气排放总量达 5 014 亿立方米，比上年增 8％，全省城市平均降尘每月每平方公里 9.67 吨；二氧化碳排放总量达 51.5 万吨，比上年增 7.3％，酸雨频率达 53.4％，每年酸雨所造成损失超过 20 亿元。(参见《光明日报》，1993-10-28)

② 《联合国关于水资源和环境国际大会呼吁合理使用和保护水资源》，载《人民日报》，1992-01-30。

③ 《水：危机与出路》，载《光明日报》，1994-01-12。

④ 林自新：《环境危机——人类共同的忧虑》，载《光明日报》，1993-12-18。

炸和人对自然统治的冲突？生态神学与宗教改革关系如何？传统伦理学如何向生态伦理学扩展？如何转变传统人类中心伦理学？如何实现人类中心伦理学向整个生态系统伦理学转化？生态道德如何取代传统道德？如何把环境保护和生态平衡纳入社会美学范围？如何估计生态价值对传统价值观的冲击？怎样计算环境质量和自然资源的价值？怎样分析生态主体与生态客体的价值？生态主体与客体间生态活动关系如何？这些问题以及生态行为方式、生态思维方式等，都成为人文学科和社会学科研究的迫切的课题。若不能对生态危机对人类严峻的挑战做出回应，人类的生命存在和社会的持续发展都要受到严重威胁。21 世纪是生态学的世纪，一切的自然、社会、人生、心灵、文明问题，都不能不与生态问题相联系，并依此而展开。

人类需要转换价值观念，培育"生态意识"。所谓生态意识，是关于人、社会、自然关系的理论、思维、情感的总和。它要求在人、社会、自然的相互冲突中建立一种互爱的、互敬的、互动的和合关系。人类必须向自我敲响警钟：自然生态系统的支付能力是有限的，地球的各种资源是有限的，自然环境承受能力也是有限的。然而，人类的需要、欲望、索取是无限的，以有限去满足无限，殆矣！当然，人可以发挥自己的主观能动作用，去征服、开发自然，但是自然生态也不是任人宰割的蠢物，它会积存起仇恨，向人类进行疯狂的报复，或洪水泛滥，或持续干旱，或耕地沙漠化，或疾病肆虐，以致毁灭整个人类。因此，我们必须疾呼：人类尊重自然，便是尊重人类自我；人类爱护自然，就是爱护人类自我；人类破坏自然生态，就是破坏人类自我的生存。一切由人类所酿成的毒酒，都要由人类自己来喝掉，而人类正是在品尝着并继续酿制着这样的毒酒。

### （二）人是会自我创造的和合存在

人类究竟怎样摆脱这种困境？怎样控制由人的自我创造而带来的灾

难？怎样取得与自然生态的和谐发展？人不是神灵和上帝的奴婢，世上也没有救世主，人只有依靠自己。人不仅是"理性的动物"，也不仅是"符号的动物"，人从本质上说是"会自我创造的动物"。① 人类只有依靠自我的能动创造，凭借和合学的对称原则、均衡原则和自由原则、互爱原则，改善人、社会、自然、心灵、文明之间的冲突，促进生态的对称、均衡发展，协调由人与自然生态交换范围的扩大化、复杂化而引起的人对自然掠夺广泛化的片面性；克服人对自然生态支配作用的强化而出现的人对生态环境破坏的加剧，净化大气，避免温室效应，顺应水圈运动，根绝水源污染，植树造林，改善土壤，发现新能源，等等，使人与自然生态间的能量、物质、价值交换达到更新、更高、更完善的层次。人类在自我规范的过程中，创造人与自然生态最优化、最和谐发展的环境，创造人与自然生态环境的内在一致、对称平衡的发展，使人、社会、自然关系达到一种新境界。这便是和合。唯有和合才能克服、调整生态危机和自我创造的负效应，才能在新的和合环境中继续新的和合创造。

这种和合境界便进入了一个新的阶段，这就是和合学阶段。和合学要转换那些长期支配着人们的价值观念，思维方式，心理结构，道德行为，风俗习惯，等等。它的特征是人、社会、自然、心灵、文明的冲突融合，是身与心、自然的与超自然的、肉体的与灵魂的、物质的与精神的融合。它是对人、社会、自然、心灵、文明分离的否定，亦是对自然的与超自然的、肉体的与灵魂的、物质的与精神的分离的批判。它在形式上似乎是对人与自然、身心浑沌的回归，事实上是螺旋式的发展，是在分离基础上的和合。这个和合是以人是会自我创造的和合存在为出发点或基点，对于人

① 参见拙著：《新人学导论——中国传统人学的省察》。1992 年 9 月笔者在德国哥廷根大学参加第十三届退溪学国际学术会议期间，会见德国卡西尔学会会员，就卡西尔《人论》中所说的"人是符号的动物"作了讨论。笔者认为卡西尔把主体人异化为客体的符号，使人丧失了其感性的、能动性的、主动性的主体性。

的创造物——高科技的正效应与负效应的思考。这种思考所面临的对象是过去任何时候所未遇到的问题，以求在回应人类所面临的种种困境中，协调人、社会、自然、心灵、文明各种形式的冲突，建构人、社会、自然、心灵、文明的和合体。

在这个和合体中，人从自然王国进入自由王国，自由王国的人按照对称、均衡、互爱原则重建人、社会、自然、心灵、文明的关系，使人、社会、自然、心灵、文明的价值的体现或实现的形式合理化，达到真、善、美相融合的道体和合境。

### (三) 和合学的转向

哲学经历了对超自然力量存在本身的崇拜和敬畏的潜哲学阶段，它以神与人、神与形、心与身的浑沌冲突互渗的那个存在为特征，而由图腾、巫术、神话等子系统构成神人浑沌初分系统；过渡到对于最根本存在是什么的穷究底蕴的形而上学阶段，它虽以人与自然、社会（即身与心、自然的与超自然的、肉体的与灵魂的、物质的与精神的）相分离基点上的心（灵魂的、精神的）自身造作不同观念、幻想的冲突，但相对待的两极不是绝对固定的，而是相互沟通、相互渗透、相互融合。就此而言，中国哲学以人与自然一源，即体用一源；依老子语言，可表述为可道与恒道、可名与恒名、有名与无名等两者同出，同出一源即老子的"众妙之门"。这就是说，即使是极对立的两端，也是有无相生、难易相成、高下相倾的①，两端相对相成，这是从外在看的；就两端对待融合的内在而言，祸兮福之所倚，福兮祸之所伏②，两端相互包容。这是中西形而上学之异。

由对存在是什么的追究，进而对于何以知道存在是什么的认知的根

---

① 《老子》第二章，据河上公本。
② 《老子》第五十八章，据河上公本。

据、能力和限度的追问，属于向认知论转向的传统认识论系统；再到认知实践的反映论（向实践转向的实践系统），认知的可传达性及知识表达意义分析（向语言转向的语言系统）的属人的世界系统；再过渡到人、社会、自然全面完善的和合学阶段，它以人、社会、自然、心灵、文明生态存在应怎样为特征。它是对于中国"天地与我并生，而万物与我为一"①，"民吾同胞，物吾与也"② 和"天地万物与吾一体"思想的分析扬弃，综合创造。这种天人合一、民吾同胞、知行合一、情景合一、心性合一，便超越了身与心、主体与客体、人与自然、人与社会、人与人的对待，不是以吾观物，亦非以物观我，而在和合"观"中。这就是和合学系统。以图式表述如图 8-1。

和合学阶段既是对潜哲学和形而上学的批判与否定，亦是对前两个阶段的继承和变易。任何哲学的创新都只能以先在的哲学为基础或起点，而不能完全推倒先在的哲学思维，从零开始。其实，对先在哲学思维的批判和否定，就意蕴着以先在哲学为基础或起点；从继承和变易看，和合学阶段也即是对前两个阶段的和合。

## 五、和合与生生

所谓形上和合，并非形之上或形之前的和合，亦非万物是什么的追根究底，而是对于万物何以为万物，即万物之所以是万物的追问。从这个意义上说，它也具有探讨终极关怀的学说的底蕴。万物之所以生存，是因为万物是和合，和合而生生不息，和合而日新常新，这便是"和实生物"③，

① 《齐物论》，见《庄子集释》，79 页。

② 《正蒙·乾称篇》，见《张载集》，62 页。

③ 《郑语》，见《国语集解》卷十六，470 页。

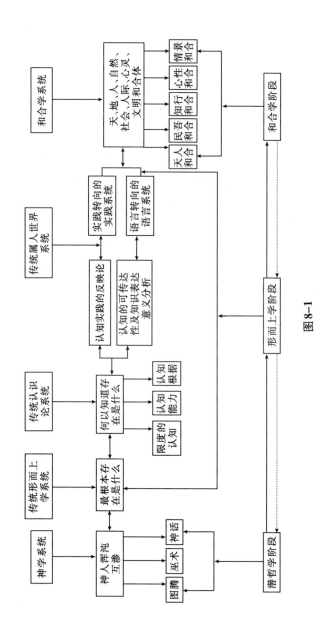

图 8-1

"致中和，天地位焉，万物育焉"（《中庸·第一章》）。万物生生、日新的过程，万物所呈现的存在方式的根据，就是和合。

## （一）和实生生的方式

一切存在都依和合而生，是和合的存在，和合就是存在本身。和合学主张，存在本身不是一个唯一单独的、绝对的存在，而是各个相对的存在，可称为和合存在。由于追求和合的人是有生命、思想、文化的，是变动不居的时空的产物，人的交往活动或理论思维活动对和合本身所作的诠释和理解，是一个与时俱化的过程。

和合的本质，即和合所是，应从和合事实中推知；而和合事实是什么，又只有从和合本质中才能获知。在此循环分析中，可以对此做出解释。"和"的本质是在与"同"的冲突中呈现的。"以他平他谓之和，故能丰长而物归之，若以同裨同，尽乃弃矣。故先王以土与金木水火杂，以成百物。"[1] "他"的意义是别，即别人、别事、别物与此人、此事、此物的差分或冲突。晏婴以音乐为例，其差分与冲突有"清浊、小大、短长、疾徐、哀乐、刚柔、迟速、高下、出入、周疏"[2] 等十对。只有不同性质存在者互相作用、互相冲突，才能激起存在者处于动态的、生气勃勃的变易过程中。在这个变易过程中，差别的对待冲突需要取得一定平衡或均衡。这种冲突与平衡的平衡，即平衡的尺度，就是使各种差别的存在者能相互渗透、相互包容，达到和合。按照史伯和晏婴的意思，所谓和合，是指各种差别的存在在一定平衡的尺度内构成一动态的和合体，和合体自身就是一存有的方式。

和合体是各种差分的存在者的和合，即多元的、多样的、多面的和

---

① 《郑语》，见《国语集解》卷十六，470 页。
② 《昭公二十年》，见《春秋左传注》，1420 页。

合。譬如说"和五味以调口"①，酸、苦、甘、辛、咸五种差分的味道，按一定的程序和比例组合或融合，可以造做出比原来五种味道更优化、更美味的新味道，并具有新的属性和功能，也具有新的本质。和五味是说构成和合的要素是多元的、多样的和多面的，也只有在多元、多样、多面对待冲突中才有和合，因而和合具有相对性和相关性，反对绝对的同，主张无绝对的一，"声一无听，色一无文，味一无果，物一不讲。王将弃是类也，而与剐同"②。从人的生活经验而言，声一不好听，色一不好看，味一不好吃，物一不好比较，事物的存有都是相对相关、相斥相依而在，没有绝对的在，绝对的在只是一种虚设、悬想。"一"就是无差分、无冲突，是静态的、僵死的、枯槁的，而趋向衰落和死亡。

和合强调生，生指新事物、新在者的产生。它蕴涵着动态的、活跃的、生长的因素，而趋向发展和新生。和合而生的生生哲学，追究自然、社会、人的整体世界大化流行、生生不息的根本原因或根据，这就是和合。生是已呈现的现象。从时间的角度而言，是自然、社会、人的新旧交替或新陈代谢现象的展现；从空间的角度来看，划出了新与旧和各和合要素之间关系的界限。生这种已呈现的现象是诸差分的要素按一定结构方式和合的结果。这里所讲的一定结构方式的一定，是指适应于和合需要的秩序，而不是绝对的、固定的秩序。当然，结果与原因，亦是相对相关的。果中有因，因中有果；和合中有生，生中有和合；生者是被生，被生即是生。然生之所以生，便是和合。

## （二）和合拥有的世界

和合的本质所表明的似乎只是和合事实和真的关系，其实不然，它所

---

① 《郑语》，见《国语集解》卷十六，470 页。
② 同上书，472 页。韦昭注："类犹和也。"

表现的是人类生存的根本性的东西，即和合事实在确立真的同时，就是建立一个世界——一个生存世界和意义世界（价值世界）。因为当和合事实以其特有方式敞开了在者的存在时，即是其真。所以和合事实也即和合本质正是在者之真在和合事实中的确立。譬如"济五味，和五声"这一和合事实，作为苦、甘等或商、角等并未显示什么，它只在各种各样的要素中存在着。

这就是说，纯粹的苦、甘等并不拥有世界，然"济五味，和五声"却拥有世界，是因为"济五味，和五声"处于在者的开放之中，它第一次把酸、苦、甘、辛、咸和宫、商、角、徵、羽的关系融合、凝聚起来，以满足人的生存的需要；它揭露了当权者（周幽王）拒斥、排弃敢于提出不同意见、政见的明智有德之臣和贤明之相，而宠爱那些唯王即真理，而不提不同意见的奸邪昏庸、不识德义的人，"去和而取同"① 的专制主义的弊端；它揭示了中国王朝之所以兴衰的历史命运。同时"济五味，和五声"，使酸、苦、甘、辛、咸和宫、商、角、徵、羽第一次各自显示了自身的性质、功能和力量；它们的声和味第一次给人以美的享受，使人感受到愉悦；它们使什么是咸与淡、冷与热、清与浊、短与长、哀与乐等显示出来，而划分了其间的界限。这样其自身及其周围的一切无生命、有生命的东西都凸显出它们的性质、功能和形状、价值，它们呈现出它们的所是，体现了作为一个具有意义域的存在。意义域的运动展开的过程，即是意义世界。这就是说，和合事实的敞开，即其所是，便是和合本质。

和合是"是者"的和合，它有自身的运动、变易、敞开的秩序和过程，但并不排斥主体人的意志的投入。这是因为意义是人在社会交往实践活动中以语言文字为载体所传达的观念、情感和意愿。晏婴与齐景公在辩论和与同的差异时，借《诗经》的"和羹"（《诗经·商颂·烈祖》）而发

---

① 《郑语》，见《国语集解》卷十六，470 页。

挥说：

> 和如羹焉，水、火、醯、醢、盐、梅，以烹鱼肉，燀之以薪，宰
> 夫和之，齐之以味，济其不及，以泄其过。君子食之，以平其心。[①]

使鱼肉成为人所需要的可口美食，就需要主体情感、意愿的投入，"宰夫"（厨师）把鱼肉和各种调味品按一定的比例和程序和合在一起，经炊烧等加工和合，济不及和泄其过的主体投入，使其平衡和谐，达到恰如其分。"宰夫和之"，说明和合并非忽视、排斥主体人的意愿和情感。总的来讲，它仍然是人的对象化，是属人的物化存在。

五味和五声只有在被运用中（这种运用也是一种敞开的方式），才是所是。因为五味、五声的使用，首先依赖于这五味、五声本质因素的确实性，并在运用中呈现了五味、五声所拥有的世界。

## 六、和合与变易

没有永恒不变的绝对的形而上学，也没有永恒不变的绝对的上帝；没有永恒不变的放之四海皆准的绝对真理，也没有永恒不变的普遍的绝对规律。

### （一）天地之大德

和合学主张：形上学和合是一个永恒变易过程。所谓永恒变易过程既指历时性纵向的变易过程，亦指共时性横向的变易过程。这两个变易过程，都是和合所是敞开的过程。前者如万川入海流，后者如绿叶扶红花。

---

① 《昭公二十年》，见《春秋左传注》，1419 页。

在共时性敞开的变易过程中，主体的需要与时代文化的需要，综合为形上学和合，作为时代精神的精华和价值理想（理想人格和理想社会）。这样便构成了形上学和合变易长河中的一个环节或中介，呈现为从《周易》到现代新儒家的种种形上学。由于历时性敞开的变易过程是生生不息的，既不滞留，也不后退，因而共时性构成形上学和合变易长河中的各个环节或中介，随着历时性的形上学和合的流变而慢慢地或急速地退去。但是中国形上学和合的长河，在其敞开的变易过程中，聚合的要素越来越多样，内涵越来越丰富，意蕴越来越深沉，而作为共时性变易过程所构成的形形色色的形上学，仍然或多或少地渗透或散发在中国形上学和合的长河中，而继续随形上学和合的历史长河流变着。

这种变易的、生生的观念，被看作"天地之大德"，即宇宙最基本、最一般的本性或根本的、最高的原理，而否定着永恒不变的绝对。殷末周初的《周易》哲学，所谓"易"，即取变易之意。变易既是超越者易道的变易，亦是此在"在"者的变易。变易以存在为承担者或载体，而变易所追求或所要达到的是生生，故曰："生生之谓易"①。生生是阴阳的转变、新生命的出现，以及对天地间生命的关怀。这种变易与生生的观念被普遍接受和理解，并被运用于人们日常的实践交往活动之中，而积淀为中华民族的精神和思维方式，塑造了有别于西方绝对存有不变的中国变易观念。

中国的变易生生观念认为，宇宙间没有不变易的存有，每一个存有都日新月异地变易。这种变易生生体现在时空中，便是化生万物；呈现在各个存有中，便是各个存有的本质的拓展和完善。

---

① 《系辞上》，见《周易本义》卷三，58 页。

### （二）万物皆流变

变易生生在中国古代被看作"流"，"子在川上曰：逝者如斯夫！不舍昼夜"①。这种"流"是前后相继、永不止息的。孔子在这里所说的川（河流），不是指某一特定的川，如泗水等，而是一般川的概念，指河水在不断地流的川；这里的川也不是绝对，而是变易。从这个意义上，朱熹解释说：

> 天地之化，往者过，来者续，无一息之停，乃道体之本然也。然其可指而易见者，莫如川流。②

"道体"并非天地之化、川流不息的主宰，而是自然"道体"的自然而然的状态。这就是说，变易生生的和合的形上品格，便是"道体"的自然而然状态，简言之即和合的形上状态，而不是主宰性的形上学的和合。

如果说从状态描述的角度来考察古希腊的形上学，与柏拉图理念论的轻扬的形上学、亚里士多德实体论的滞重的形上学不同的是赫拉克利特（Heraclitus，约公元前540—约前480与470之间）流变的形上学。③ 赫氏流变学说最通常的表述是"万物皆流"（panta rhei）④。这与孔子的表述有相似之处。孔子以形象的比喻语言讲川之流，已涵摄着"万物皆流"的意蕴。所以程颐便理解为"天运而不已，日往则月来，寒往则暑来，水流而不息，物生而不穷"⑤，中其基本精神之肯綮。东西方哲人肯定生活的现象世界具有流变不已的时间。

---

① ② 《子罕》，见《论语集注》卷五，38页。

③ 颜一：《流变、理念与实体——希腊本体论的三个方向》，油印稿。

④ 在现存的赫氏残篇不见此表述，只见于辛普里丘对亚里士多德《物理学》1313.11的注释中，但柏拉图、亚里士多德讲赫氏时都使用了流变和相似的表述。

⑤ 《子罕》，见《论语集注》卷五，38页，朱熹引程颐语。

我们可以认为《周易》、孔子和赫氏的变易、流变学说，主要是一种天才的洞见而不是一种理论的论证，但是作为对宇宙间万事万物现象背后一种认知和把握，揭示了存在世界处于永恒变易、流变无常之中，任何事物都是即在即逝。

> 江河之水，今犹古也，而非今水之即古水。灯烛之光，昨犹今也，而非昨火之即今火。水火近而易知，日月远而不察耳。爪发之日生而旧者消也，人所知也。肌肉之日生而旧者消也，人所未知也。人见形之不变而不知其质之已迁，则疑今兹之日月为邃古之日月，今兹之肌肉为初生之肌肉，恶足以语日新之化哉！[1]

水、火、日、月的流变，便呈现既如此又非如此，既存在又非存在，既真实又非真实。不是非此即彼，而是即此即彼。

这种变易、流变学说，在东西方社会文化环境中的机遇截然有异。对赫氏的流变学说，苏格拉底、柏拉图和亚里士多德都采取批判、拒斥的态度。他们认为，若一切都在流变之中，无物得以常驻，就不可能说有知识的存在。知识本身应保持不变，知识的形式一旦改变，知识也不存在，真实的标准也将失效。这对于信仰真实不变的知识的苏氏、柏氏和亚氏来说，无疑是不能接受的，斥之为荒唐的学说。

在东方中国，这种变易、流变学说不仅没有被排斥，而且被普遍地运用，并得到高度的评价，被发挥为"体用一源，显微无间"[2]的理论陈述。《周易》和孔子的变易、流变学说，以万事万物流变为基本事实，并以川流为具体象征，或以"易"为抽象象征。这里面就蕴涵着一个形而上学的肯定；世界永恒在流变着，流变自身是一实实在在的过程，是永恒真实的，不需要在变易、流变之外去寻找某一永恒的观念或东西以支撑哲学

---

[1] 《思问录外篇》，见《船山全书》第十二册，454页。
[2] 《易传序》，见《二程集》，689页。

关于真实世界的信念。变易、流变虽然表现为动态性、相对性、相关性而排斥、批判静态性、绝对性和独断性，但变易、流变本身却是永恒的，变易、流变过程中也存在着某种确定不移的万事万物所共有的尺度。就此而言，便是对变易、流变的形上学的肯定。

如果对柏拉图试图确立知识的永恒真实性的理念论和亚里士多德肯定事物的真实性的实体论的形上学绝对理性所面临的严峻困境有所体认，那么对《周易》、孔子和赫氏的变易、流变学说的重要价值，就不会那样忽视和拒斥了。《周易》等所给出的变易、流变的世界图式，虽有超出人的所能解释的解释能力（因解释者自身也在流变、变易之中），但这是以一种永恒不变的解释为参照系或尺度。假如转变这种参照系或尺度，转换知识的视角，接受或承认世界的变易、流变这样一个事实，人并没有得不到知识或不去追求知识，只不过是一种随变易、流变而得到或发生，以及随变易、流变而过时或消失的知识而已，排斥被称为永恒真理、绝对知识的形上学逻辑本性。

当然变易、流变论并不绝对否定永恒真理、绝对知识，但这是与相对性、相关性相联系的绝对，即变易的绝对知识。笔者称其为"形上和合的变易知识"。这是一个与西方传统的对永恒真实知识或对世界之绝对真实的确信的知识不同的认识领域。

### （三）变易之原理

易之变易，朱熹认为，它包含两种含义或呈现为两种形式，"一是变易，便是流行底；一是交易，便是对待底"（《朱子语类》卷六十五）。何谓"变易"？"变易是阳变阴，阴变阳，老阳变为少阴，老阴变为少阳。此是占筮之法，如昼夜寒暑，屈伸往来者是也。"（同上）《周易》的阴阳是完全以符号来表示的，阴为--，阳为—。阴与阳的互变的䷊（泰）变为䷋（否）。对于这种--、—符号可理解为，凡是可以拿来有意义地代替另一种事物的东西，可称谓为符号。因为任何符号的分析必须假定能指和所指这两个术语的关系，即它们之间不是相等的，而是对等的关系。[①] 人们对于这种关系所需把握的，不是一个要素导致另一个要素的前后相继的序列，而是使它们融合起来的相互关系。朱熹把它理解为前后相继"昼夜寒暑"的序列，实与"阳变阴，阴变阳"不相符，也与在《周易》占筮中 9 数表示老阳（—）、6 数表示老阴（--）为可变之爻，即老阳变为少阴为 8 数，老阴变为少阳为 7 数的关系不相符。这就是说，朱熹所解释的何谓变易，前后是矛盾的。但朱熹指出易的变易是阴阳两种不同质要素的相互冲突而引起，并呈现为流行的形式，这是有意义的。

何谓"交易"？"交易是阳交于阴，阴交于阳，是卦图上底。如'天地定位，山泽通气'云云者是也"（《朱子语类》卷六十五）。"阳中有阴，阴中有阳，便是阳往交易阴，阴来交易阳，两边各各相对"（同上）。交易蕴涵两层含义：一是交易即对待，阴阳构成相互对待关系；二是交易即阴阳相互渗透，相互包含。以白代表阳，黑表示阴，如图 8-2：

图 8-2

为什么变易和流变？赫拉克利特对此没有做出深入的探究，中国的《周易》做出了解释。"易以道阴阳"[②]，天地间每一存有都可看作是由相

①　Barthes，Roland，*Elements of Semiology*（Éléments de sémiologie，Paris：Seuil，1964，p. 7）；*Mythologies*（a selection from Mythologies，Paris：Seuil，1957，pp. 109-150）.

②　《天下》，见《庄子集释》卷十下，1067 页。

互对待、依赖、渗透、转化的阴（--）与阳（—）构成的，阴阳是每一事物本身所具有的性质，而不是外加的。阴阳的互相作用、相感、绢缊，产生阴阳两极的互补、协调和融合。阴阳所具有的这种动态功能，是由阴阳自身所具有既对待又依联的性质决定的，这便是变易之动因，亦是"易道"之所以变易、流变的根据。

易之阴阳变易、流变作为演变着的世界的多样形式，表现为这样几种必然性的趋势：

1. 阴阳互根原理。复杂多样世界现象都寓于冲突的两极之中。当多元的存在物充分展示自身的相异时，在其发展的方向、后果或这两者总体上，会转向其相反的方面，如周敦颐的"太极动而生阳，动极而静，静而生阴，静极复动，一动一静，互为其根"（《太极图说》，见《周子全书》卷一）。同此理，阳极而阴，阴极复阳，一阴一阳，互为其根。这个互根的"根"，可名之为"道"，即"一阴一阳之谓道"①，阴道与阳道自身的冲突均有一定的限度，阴道与阳道自身又都存在着否定的因素、因子。

2. 阴阳均衡原理。每一事物作为具有一定质的规定性和一定形式的存在，一般是置于阴阳两极的协调统一、均衡和谐之中。阴阳两极的冲突，往往是阴阳两极均衡和谐的打破。中医理论认为，健康的身体就是阴阳的平衡、协调，一旦阴阳失衡或失调，就发生疾病。治病就是经调理使阴阳复归平衡。

3. 阴阳互渗原理。天地间任何事物或存在物都不是完全单一的、纯粹又纯粹的绝对物，而是具有多种元素、多样性质的和合体，即阴中有阳，阳中有阴，互相渗透。当称其为阳物时，阳元素或阳性质在某一存在物中占主要、主导因素，反之亦然。阴阳两极间这种冲突互渗，是天地间

---

① 《系辞上》，见《周易本义》卷三，58页。

存在物自协作、自调节、自生生变易的根源。

阴阳三原理构成和合变易的中心价值和根据，而否定着绝对理性、绝对真理或绝对规律等。

## 七、和合与经验

和合是和合变易敞开过程中所呈现的环节或和合体，它既不是一，也不是二，是超越一二、彼此、主客的和合学。和合现象不仅是一个方法问题，而且是理解人生生命存在及其活动的最基本的模式；不仅是主体认识客体的主观意识活动，而且包括了经验世界的一切世界经验，发现一切和合模式共同的东西，是世界共识的现象。

### （一）和合经验世界

和合学需说明一切和合现象的基本条件、因素和环境，这些条件、因素和环境使和合成为一个最终不是由和合主体所决定的，即不纯粹是主观意识的活动。和合学通过研究和分析和合的种种条件、因素、环境，来陈述作为现实人类存在的人在传统、历史和世界中的经验。

和合与经验世界结构不可分。作为人类存有的基本模式的和合，其实也是人的世界经验的基本模式，因而不能仅从认知论和方法论意义上把和合归结为是人的主观意识的活动，而应从人的存有的形上学意义上去理解它。

所谓经验世界，是指包括人处于其中的动态的世界经验，是人的历史性经验和合贯通的总和。经验不是绝对的、僵死的东西，它不仅是定位在已有的认知中，而且更重要的是在其敞开的过程中。经验不断被创造，又不断获得，呈现为一个无限的过程。经验的创造和获得作为人的活动，可看作一种特殊的反思活动，表现为新经验不断代替旧经验的活动形式。但作为个体人来说，是相对于无限经验世界的有限经验世界。

人总是以独特的方式置身形而下的历史世界中，以其特有实践交往活动创造和获得一定的经验。尽管随着实践交往活动方式的变易，经验也在不断地变易，但总不能超越某一有限历史世界的经验，因此，它相对于形而上无限经验世界，只是暂时的、有限的经验世界。然而，形而上无限经验世界不能脱离形而下有限经验世界，而是形而下有限经验世界的提升。人的有限经验世界是与人的知识、认知的有限性相联系的，人的知识、认知的有限性又与人生命的有限性相关。"吾生也有涯，而知也无涯。以有涯随无涯，殆已；已而为知者，殆而已矣"①。有限的历史经验世界也不能脱离无限的形而上经验世界，因为前者只有置身于后者中，才能显示或实现其性质、功能和价值，两者的融突便是形上和合。

### （二）和合认知活动

传统哲学形上学把知识、认知关系归结为主体与客体的交往关系，把知识、认知活动的目的或宗旨说成是达到客体。中国古代哲学家王夫之认为，认知的发生是一个和合的过程，"形也、神也、物也，三相遇而知觉乃发"②。"形"指形体，即人身体所具有的感觉器官，如耳目等；"神"指心、灵明，即思维活动或意识活动；"物"指事物或对象物。此三者相和合而后产生认知，譬如："耳与声合，目与色合，皆心所翕辟之牖也。合，故相知；乃其所以合之故，则岂耳目声色之力哉！"③感觉器官与声色对象物的交合，是心（神）的这个窗户敞开的过程。目所看到东西很

---

① 《养生主》，见《庄子集释》卷二上，115 页。
② 《张子正蒙注·太和篇》，见《船山全书》第十二册，33 页。
③ 《张子正蒙注·大心篇》，见上书，146 页。

多，可谓目不暇接，若不通过思维活动（神）的敞开过程，亦不会发生认知。只有三者的冲突而融合，才使认知呈现出来。神不仅具有分析、概括、抽象的功能，而且具有记忆的功能。"神"在三者和合中具有重要作用。这就是说，所知如何与"形""神"相和合？如何被观念地改造？只有依赖于"形""神"。这便是能知所具备的素质，它包括人的文化、习惯、思维、教育、传统以及生存方式、环境、心理结构等，无此，人的认知活动就无法实践。

在现代，由于所知范围的扩大，所知超越了能知的现有能力，无法形成对所知的感性知识，突破了传统认识论所强调的感性知识的作用，也不能对感性材料进行概括和抽象，主要依靠"神"进行一种形式化的演绎，运用语言为中介间接地能知所知，这就要求能知的符号化，以语言的形式进入"神"的领域。一旦能知被符号化，以语言的形式表现出来，便具有相对的独立形式，这样"神"就可以不受所知的限制，在"神"的领域内把不同时空范围的所知进行自由排列、组合，语言也在时空这两个向度上扩展了能知的领域，即思维空间和时间。能知依此可提出一种语言模型，推测所知对象的状态、特征和本质。语言模型并非一定是感性材料的直接概括和抽象，而只是一种合理的解释。"神"只有超越感性材料才能对所知对象的那些没有以感性形式展现出来的本质、特征进行理性把握。思维方法也实现了由简单性的归纳法向创造性的演绎法的转换。

## （三）语言的"魔圈"

语言作为人类认知活动的中介在认知活动中将被内化到"神"中，成为能知深入地认知、把握所知的条件。能知通过语言而内化的知识结构制约着能知对所知的选择，以及能知的神的方式和能知所建构的现实世界图式。因此，语言既是人类认知活动的有效工具，把人的认知成果展现出来，又是一个可怕的"魔圈"。

当人认为是人支配自己的语言时，往往是人被语言所制约，而语言世界的知识也不一定是正确的。对于语言的"魔圈"现象，庄子有一比喻性的描述：

> 天地与我并生，而万物与我为一。既已为一矣，且得有言乎？既已谓之一矣，且得无言乎？一与言为二，二与一为三。自此以往，巧历不能得，而况其凡乎！[①]

"我"作为能知的主体，天地万物作为所知的客体，原为一体。既为一体，主体我就不能把客体天地万物作为语言的对象，语言作为主体人处理自己与外部世界关系的现实中介及人观念地掌握世界和实践地改造世界的工具便建立不起来。因为一体便化解了能知主体与所知客体，就无所谓人自我与外部世界的关系，也就无所谓语言这个中介。庄子认为，语言所指称的那个天地万物，已非天地万物之本然。既然已经用语言表述了"万物与我为一"的"一"，就不能说没有语言的指称；"一"加上我用语言所表达的，便是"二"；"二"加"一"就成了"三"。以此类推，即使最高明巧善的计算家，也得不到最终的数字。因为我用语言表述的是"一"，则你、他等用语言表述也是"一"，各人有各人的"一"，都是各个人愿望、情感、意志的表现。

对于天地"万物与我为一"语言表达的多样性的追究，只有回到观念地掌握世界和实践地改造世界的人这里来。为什么对于同一个所知对象，各人的认知不一样？是因为各个认知，是各个人自身的展现，是每个人的自我意识、观念、心理的投射。庄子举了一个寓言式的例子："毛嫱、丽姬，人之所美也；鱼见之深入，鸟见之高飞，麋鹿见之决骤。四者孰知天

---

① 《齐物论》，见《庄子集释》卷一下，79页。

下之正色哉?"① 人、鱼、鸟、麋这四种动物各有其"观",各有自己关于美的标准,由其审美标准的差异,对美的认知亦殊。这就是说,人所"观"的是人所观照的世界,不是鱼、鸟、麋所观照的世界,鱼、鸟、麋有其自己所观照的世界。

庄子虽以动物作比较,其实人亦不例外,不同人的审美观念、标准大相径庭;即使基本相同,也由于认知、观察的角度、方面、基点的不同,而有不同的认知。《庄子·秋水》曾记载,河伯提出如何认知万物的贵贱、如何区分万物的大小这样一些问题。北海若回答说:

> 以道观之,物无贵贱;以物观之,自贵而相贱;以俗观之,贵贱不在己。以差观之,因其所大而大之,则万物莫不大;因其所小而小之,则万物莫不小;知天地之为稊米也,知毫末之为丘山也,则差数睹矣。以功观之,因其所有而有之,则万物莫不有;因其所无而无之,则万物莫不无;知东西之相反而不可以相无,则功分定矣。以趣观之,因其所然而然之,则万物莫不然;因其所非而非之,则万物莫不非;知尧桀之自然而相非,则趣操睹矣。②

对于万物贵贱、大小、有无、然不然这样众多对待层面的认知,由于"观"的基点视角不同而异,对贵贱便有道观、物观和俗观,对大小便有差观(大观、小观),对有无便有功观(有观、无观),对然不然便有趣观〔然(是)观、非观〕。万物何止仅这四层面十二观,就一物而言亦何止此!庄子依据对象的差分、观法的不同、层次的深浅等,对"观"作了分疏,对"观"的后果作了描述。庄子的这个分析不仅有其合理性,而且有其现实性。

---

① 《齐物论》,见《庄子集释》卷一下,93 页。
② 《秋水》,见上书卷六下,577～578 页。

　　然而，庄子认为，人若陷入这个认知的"魔圈"，是很难获得真实的认知的。不能不承认中国古人对认知真实性的忧虑，是不无道理的。鉴于此，便需超越此十二观和四层面，超越能知与所知、主观与客观，以及主体与客体。具有此种性质和功能的存有，便是道。道即老子所说的那个超越言说，不能用语言表述的"恒道"，具有形而上的性格。

　　和合，不仅是能知与所知、主观与客观、主体与客体的和合，也是可道与恒道、可名与恒名、有名与无名的和合。和合作为普遍存有方式，亦具有超越主体与客体、可道与恒道等的性格，而具有形而上性。

# 第九章　和合源流的考察

和合是人对生存、意义、可能世界的思考的自我观念、自我创造的活动。和合是中国文化思想的普遍性原理，它纵贯整个中国文化思想发展的全过程，横摄各个时代各家各派的文化思想。无论是天地万物的发生，人与自然、人与社会、人与人、人与自身心灵以及不同文明间的关系，还是社会伦理道德、心理结构、价值观念、行为方式、思维方式、审美情感，都贯通着和合。

## 一、和生同不继

和，金文《史孔盉》作"和"，"史孔乍和"。《陈秮簋》作"和"，《舒壶》作"和"。《说文解字》："和，相应也。"意为声音相应和谐。《说文》以龢为"调也，从龠禾声，读与和同"。段玉裁注："经传多假和为龢"。

龢为协调、和谐之意。甲骨文作"龢"，"贞上甲龢众唐"①。又作"龢"，"勿龢无于及"②。龠是一种用竹管编成的乐器，似笛而稍短小，有三孔、六孔、七孔之分。《广雅·释乐》："龠谓之笛，有七孔"。王念孙疏证："龠或作籥。《邶风·简兮篇》：'左手执籥'。《毛传》：'籥孔'。"《篇海类编·器用类·龠部》："龢，《左传》：'如乐之龢。'又徒吹曰龢。今作和，又谐也，合也"。由于先秦经传多借和为龢，所以，这个字出现很早。和指三孔、七孔的籥发出的声音是和谐的、相应的，亦指诸多要素、成分的调和、和谐、协调、相应、恰到好处等义。

合，甲骨文作"合"③，又作"合"。④金文《召伯簋》作合，《秦公钟》作"合"。《说文》："合，合口也。"合口是包括口的上唇与下唇、上齿与下齿的合拢。这样，和与合都具有两个或两个以上不同要素融合、结合的意思。在这个意义上，和与合的含义相通。《礼记·郊特牲》："阴阳和而万物得"。孔颖达疏："和，犹合也"。白居易《惜落花赠崔二十四》："漠漠纷纷不奈何，狂风急雨两相和。"此和亦是和合的意思，引申为数学上两个以上数相加的结果称和。

## （一）和与合

殷周时期，和与合是单一概念。《易经》和字 2 见⑤，合字无见。"鸣鹤在阴，其子和之"⑥。李鼎祚《周易集解》引虞翻曰"震巽同声者相应，

---

① 罗振玉：《殷墟书契前编》2.45.2，1912 年拓本。

② 刘鹗：《铁云藏龟》25.2，1903 年拓本。

③ 罗振玉：《殷墟书契菁华》7.1，1914 年照片。

④ 参见梅原末治：《河南安阳遗宝》702，1940 年照片。

⑤ 按通行本《周易》统计，帛书《周易》有把"利"字写成"和"字，如帛书《周易·中孚》卦辞"和涉大川"，通行本作"利涉大川"。

⑥ 《中孚·九二爻辞》，见《周易正义》卷六，71 页。

故其子和之"，指声音相应和。"和兑，吉"①，和作和谐、和善。②

《尚书》和字 44 见（《今文尚书》26 见，《古文尚书》18 见），合字 5 见（《今文尚书》4 见，《古文尚书》1 见）。和是对如何处理社会、人际关系诸多冲突现象的认知。"自作不和，尔惟和哉。尔室不睦，尔惟和哉。尔邑克明，尔惟克勤乃事"③。只有自身、家庭都和睦相处，才能治理一邑的政事。蔡沈注曰："心不安静，则身不和顺矣；身不安静，则家不和顺矣。言尔惟和哉者，所以勤勉之也。和其身，睦其家，而后能协于其邑"（《书经集传·多方》）。《多方》是周公代表成王发布的诰令，命令殷人和四方之士消除叛乱之心，指出夏代的灭亡在于不敬天，残害人民，所以商代夏作民主，在于商汤能"明德慎罚"。然商纣王政治黑暗，作恶多端，周兴商灭是上天的意志。"时惟尔初，不克敬于和，则无我怨。"④ 假如不尊重上天的命令，天就要降惩罚给你们。这样，和被作为天的意志而被赋予特殊地位，也是消除殷人不满之心，稳固周王朝统治的政治需要。成王死后遗令康王："率循大卞，燮和天下"⑤。依照国家大法，治理好国家天下，和是多方的和谐融合。

《尚书》合有相合、符合意思，"襄我二人，汝有合哉"⑥。合是指有否与你的品德相符合的人。"罪合于一，多瘠罔诏"⑦。合指会合、聚合。

## （二）和合与和同

春秋时期，和合二字并举，构成和合范畴，是人们对社会生活各个层

---

① 《兑·初九爻辞》，见《周易正义》，69 页。
② 参见拙著：《周易帛书今注今译》，493 页。
③ 《多方》，见《尚书正义》卷十七，229 页。
④ 同上书，230 页。
⑤ 《顾命》，见《尚书正义》卷十八，240 页。
⑥ 《君奭》，见上书卷十六，225 页。
⑦ 《微子》，见上书卷十，178 页。

次、各种冲突现象和谐的认知的提升，也是对自然现象、社会现象后面是什么状态的探索。《左传》继承《周易》《尚书》思想，"臣闻以德和民，不闻以乱"①，注重以德行和协百姓，而不以乱。"高辛氏有才子八人……忠肃共懿，宣慈惠和"②。孔颖达疏："和者，体度宽简，物无乖争也"。和指平和、和顺。"寡人有弟，不能和协"③，是讲和睦协同。

音乐只有大小乐器发出的声音达到和谐，才能使人愉悦。"小者不窕，大者不摦，则和于物，物和则嘉成。故和声入于耳而藏于心，心亿则乐"④。和谐才能成为美好的音乐，和声使人心安快乐，噪声使人难忍生病。泠州鸠在2 000多年前对音乐与声音就有这样深刻的认知，并预见长期听噪声超过心的承受能力而活不长，这已得到现代科学的证明。

和是什么？如何和？这是对于和的追根究底及和的方法论的诘难。《左传》记载晏婴与齐景公的一段对话：

> 公曰："和与同异乎？"对曰："异。和如羹焉，水、火、醯、醢、盐、梅，以烹鱼肉，燀之以薪，宰夫和之，齐之以味，济其不及，以泄其过。君子食之，以平其心。"⑤

和与同是对待概念范畴，和是各种不同材料、调料，经过主体人的加工和合，济其不及，以泄其过的过程，使烹饪的食物味道鲜美。

晏婴进一步指出，所谓各种不同材料，是指相互对待的要素，而不是相同的要素：

> 声亦如味，一气、二体、三类、四物、五声、六律、七音、八

---

① 《隐公四年》，见《春秋左传注》，36页。
② 《文公十八年》，见上书，637页。
③ 《隐公十一年》，见上书，74页。
④ 《昭公二十一年》，见上书，1424页。
⑤ 《昭公二十年》，见上书，1419页。晏婴，字平仲，一说字仲，谥平，卒于公元前500年。

风、九歌，以相成也；清浊、小大、短长、疾徐、哀乐、刚柔、迟速、高下、出入、周疏，以相济也。①

和就是相对相济，相反相成。和虽具有"济不及"与"泄其过"两种不同形式，但"济"与"泄"并不就是和，形式并不等于内容和性质，而是决定对待的要素、材料的自身。所以晏婴认为："若以水济水，谁能食之？若琴瑟之专一，谁能听之？同之不可也如是。"② 同是同一事物的加多或相济，就不能使水有味道和琴瑟声音的变化相协调。

不仅声音、味道是如此，政治也是这样。晏婴列举声、味，就是为了说明政治。"君臣亦然，君所谓可而有否焉，臣献其否以成其可；君所谓否而有可焉，臣献其可以去其否，是以政平而不干，民无争心。故《诗》曰：'亦有和羹，既戒既平。'"③ 君臣作为对待关系，不能"君认为行的，臣也认为行；君认为不行的，臣也认为不行"，这是没有不同意见的同。应该是君认为行的而其中有不行的，臣下指出它的不行的部分而使行的更加完备；君认为不行而其中有行的，臣下指出它的行的部分而去掉它的不行，这样政事便平和，人心便安定。这是说鼓励从各个不同角度、侧面提出各种不同、冲突意见，而后加以融合，这就是和。对于这种行中有不行、不行中有行的辩证思维，2 500 多年前的政治家尚且有这样深刻的认识，而现代政治家却往往不准有不同、冲突意见，而采取"舆论一律"的文化专制主义，岂不值得现代人深省。

和的功能和作用。晏婴认为，君子食用和羹，"以平其心"；听和声，"以平其心。心平，德和"④；"政平而不干，民无争心"。一是能得到心理上的平衡；二是使人的精神获得享受和愉悦；三是培养主体道德行为的和

①② 《昭公二十年》，见《春秋左传注》，1420 页。
③　同上书，1419 页。
④　同上书，1420 页。

谐；四是取得政治平和，人民没有争夺之心。

晏婴在论证其和与同是什么及其区别时，曾征引《诗经·商颂·烈祖》的"和羹"。晏婴的和羹之论是《诗经》的发展。可见从西周到春秋，和同之辩是当时思想界、学术界一个普遍关注的论题。《国语·郑语》记载西周末年史伯论和同，他批评周幽王摒弃明智有德之臣和贤明之相，而宠爱奸邪昏庸、不识德义的人，认为这样做是：

> 去和而取同。夫和实生物，同则不继。以他平他谓之和，故能丰长而物归之，若以同裨同，尽乃弃矣。故先王以土与金木水火杂，以成百物。是以和五味以调口，刚四支以卫体，和六律以聪耳，正七体以役心，平八索以成人，建九纪以立纯德，合十数以训百体……周训而能用之，和乐如一。夫如是，和之至也。①

和是人们对于对象事物、日常生活、社会政治、养生卫体等冲突多样性的融合、和谐在思维形式中的体现，是对冲突差分的多种融合形式的认知，是对于周幽王搞"声一无听，色一无文，味一无果，物一不讲"②的弃和而刬同的文化专制主义的抨击。《国语》屡载不可行"刬同"的专制，而应行和的治政："先王知大事之必以众济也，故被除其心，以和惠民"③。"惠所以和民……教施而宣则遍，惠以和民则阜"④。人民和协，国才能保。在经济上，虢文公对周宣王说："民之大事在农……和协辑睦于是乎兴"⑤。韦昭注："协，合也。"民以食为天，农业是人民生命所系，所以重农便使人民和合、集聚、亲睦。

基于对宇宙自然、社会政治、人际事物诸多冲突融合现象的理性探

---

①② 《郑语》，见《国语集解》卷十六，470～472 页。
③ 《周语上》，见上书卷一，32 页。
④ 《周语中》，见上书卷二，70 页。
⑤ 《周语上》，见上书卷一，15 页。

索，便提出了"和合"的概念。"夏禹能单平水土，以品处庶类者也；商契能和合五教，以保于百姓者也"①，即和合父义、母慈、兄友、弟恭、子孝等伦常和道德规范，使百姓都能保养和实行。"和合"概念，不仅被各家所认同，而且对中国文化产生了深远的影响。

## （三）和贵与和道

孔子基本上继承《左传》《国语》的和同之辩，认为为政，应和。所谓和，是宽和猛两极的相济："政宽则民慢，慢则纠之以猛。猛则民残，残则施之以宽。宽以济猛，猛以济宽，政是以和"②。单纯的猛，猛政酷于虎；单纯的宽，宽政慢而无序。宽与猛冲突融合，才能达到恰到好处的和的境界。孔子弟子有子说："礼之用，和为贵。先王之道斯为美，小大由之。有所不行，知和而和，不以礼节之，亦不可行也"③。治国处事，礼仪制度，以和为价值标准。在处理人与人的关系中，"君子和而不同，小人同而不和"④。君子与小人两种不同处理人际关系的方法，表现了两种不同的人格理想、道德情操和思维方法；同时也表明孔子的态度是赞成君子的和而不同，反对小人的同而不和。

从西周至春秋末，和与同的学说贯穿自然、社会和人际的各个层次、方面，而得到充分、深刻的展现。人们对于和与同内涵的规定，也已确定。⑤

所谓和：其一，是诸多性质不同或对立的要素、事物所构成的和合

---

① 《郑语》，见《国语集解》卷十六，466 页。"契"为商族的始祖、帝喾的儿子，舜时佐禹治水有功，封为司徒。

② 《昭公二十年》，见《春秋左传注》，1421 页。

③ 《学而》，见《论语集注》卷一，3 页。

④ 《子路》，见上书卷七，57 页。

⑤ 参见拙著：《中国哲学逻辑结构论》，21～23 页。

体，即统一体；其二，是相互差异、对立的东西互济互补，以达到平衡、均平、和谐；其三，是平衡、和谐是为了形成新的和合体，即新东西、新事物的产生。

所谓同，其规定是：其一，没有异议或不同意见的同声附和；其二，完全相同事物的相济相加，不产生新事物、新东西；其三，简单的专一、同一，而无比较。

这个时期的和同之辩，虽来自现实的政治、人事、生活交往、养生卫体等具体的社会生活实践，但已舍弃了各要素的具体个性、特征，抽取其和与同的共性而升华为和同概念、范畴。这种抽取事实上是对于味、声、政事、人际关系等现象后面为什么味美、声美、政平、人和的追寻以及如何能味美、声美、政平、人和的探索。这种追寻和探索包含哲学形上学的意蕴。

老子说："道生一，一生二，二生三，三生万物。万物负阴而抱阳，冲气以为和"（《老子》第四十二章）。道之所以能化生万物，是因为道蕴涵着阴阳两个相反方面，宇宙万物亦都包含着阴阳正负两个方面，阴阳互相摇荡、互相作用，而形成和。和是宇宙万物的本质以及天地万物生存的基础，这是老子哲学的形上学的追究。"知和曰常，知常曰明"（同上书第五十五章）。体知和之所以为常，王弼注："物以和为常，故知和则得常也。知常曰明，不曒不昧，不温不凉，此常也"[1]。和作为阴阳本体之道，是一种自然而然的常态，这种常便是老子的形上学之道。

## 二、和合与合和

春秋战国之际，和同之辩据现有所接触到的史料记载，似没有西周到

---

① 《老子道德经注》，见《王弼集校释》，146 页。

春秋时那样被关注和那样热门。和同之辩转向对和合和中和的探讨。

## (一) 和合与离散

和合作为对举或连接概念、范畴，在《管子》和《墨子》两书中继《国语》而提出。虽《管子》的成书时间、作者及所代表思想，学术界尚无定论①，但司马迁确读过《管子》书中某些篇章："吾读管氏《牧民》、《山高》（一名《形势》）、《乘马》、《轻重》、《九府》及《晏子春秋》，详哉其言之也"（《史记·管晏列传》）。笔者以现存《管子》书的《经言》为据，而解释管子和合思想，则较贴近管仲本来学说。他说："畜之以道，养之以德。畜之以道，则民和；养之以德，则民合。和合故能习，习故能偕，偕习以悉，莫之能伤也。"（《管子集校·幼官》）《外言·兵法》中有一段相似的记载："畜之以道，则民和；养之以德，则民合。和合故能谐，谐故能辑，谐辑以悉，莫之能伤。"畜养道德，人民就和合。这里道与德对言，道的含义丰富多样②，既是世界万物存有的形而上的根据、本体、本原，也是人类社会生活的最根本的原理、原则、规范，及人的精神的一种境界。德既指天地万物的本性、属性，也指人的本性、品德。道是可异在于主体身心的外在的原理、原则、规范；德是内在于主体身心的修养，得于道或得于心。道畜民和，德养民合，人民有了道德畜养，便和合，和合所以和谐，和谐所以团聚，和谐团聚，就不能伤害。这里，

---

① 郭沫若认为，"《管子》书是一种杂烩，早就成为学者间的公论了。那不仅不是管仲作的书，而且非作于一人，也非作于一时。它大率是战国年间的一批零碎著作的总集，一部分是齐国的旧档案，一部分是汉时开献书之令时由齐地汇献而来的"（《宋钘尹文遗著考》，见《青铜时代》，213～214页，上海，群益出版社，1947）。现存《管子》书为汉刘向编定，任继愈等认为，"在刘向编定的现存的《管子》书之前，还另有一本《管子》书。这本《管子》书很可能就不曾掺杂稷下先生著作的管仲学派的论文集"（《中国哲学发展史（先秦）》，354页，北京，人民出版社，1983）。但任继愈等所谓的"管仲学派"是指"战国时期齐人继承和发展管仲的思想而形成的一个学派"（同上书，347页），并非管仲本人的学说。

② 参见张立文主编：《道》。

和合是畜养道德的目标和对这种目标的追求，而不是如何畜养道德的方法或工具。

畜养道德是因，人民和合是果，这种因果关系在管子看来是一种必然关系。但和合在这里还不是对人民的终极关怀，而需要郊祀天地神祇。"请命于天地，知气和，则生物从"（同上）。认识和把握气和，生物则顺从。这是从形而上层次说的。

墨子从"兼相爱、交相利"思想出发，认为和合是人与家庭、国家、社会关系的根本原理、原则。"内者父子兄弟作怨恶，离散不能相和合。天下之百姓，皆以水火毒药相亏害"①。家庭内若父子兄弟相互怨恨，互相使坏，推及天下百姓，亦互相亏害，国家就会离散灭亡。和合使家庭、社会群体凝聚在一起，形成不离散的社会整体结构。和合是社会和谐、安定的调节剂。"昔越王勾践，好士之勇，教驯其臣，和合之"②。君臣、诸臣之间都能和合，国家才会富强。和合也是家庭、社会不分裂的聚合剂。"内之父子兄弟作怨仇，皆有离散之心，不能相和合"③，天下就会大乱。虽然父子有怨恶，兄弟有怨仇，但父子仍然是父子，兄弟仍然是兄弟，这种血缘的纽带，可以通过和合而消除怨恶和怨仇。和合作为调节剂和聚合剂的现代转换，无论是在处理世界事务中还是在处理国家事务以及人际关系中，都是一条重要的原则。

### （二）人和与天和

孟子虽没有像《管子》《墨子》那样和合相连并举，但把和作为人的主要特征，而提高到与天时、地利并举的高度。"天时不如地利，地利不

---

① 《尚同上》，见《墨子校注》卷三，109 页。
② 《兼爱中》，见上书卷四，159 页。
③ 《尚同中》，见上书卷三，116 页。

如人和"①。天、地、人三者的时、利、和相比较，人和是最重要的。譬如有座小城，敌人围攻它，虽有合于天时的战役，但不能取胜，这就是天时不如地利；又譬如守城者的城墙是高的，护城河是深的，兵器甲胄坚锐，粮食亦充足，敌人一来，便弃城逃走，这就是"地利不如人和"。战争主要靠人的因素，人民和睦团结或人心所向，便是得道，得道者多助，失道者寡助，寡助到了极点，连亲戚都要反对他。这就是人与人失和，战争没有不失败的。

在战争频繁的战国时期，孟子在战争胜败的三个主要因素中，突出了"人和"这个因素。这是对中国古代战争的深刻认识和总结。这里的人和，是与孟子所主张的仁政相联系的，只有行仁政，才能人和。

合，孟子是指符合、不同质的东西的相合。"夫子言之，于我心有戚戚焉。此心之所以合于王者，何也？"②孟子以齐宣王不忍心宰牛去祭钟一事为例，说明以仁爱之心，可以统一天下。这种不忍的仁爱之心，是与王道相合的。

庄子继续其"有始也者，有未始有始也者，有未始有夫未始有始也者"③的追究。"肃肃出乎天，赫赫发乎地，两者交通成和而物生焉，或为之纪而莫见其形"④。至阴寒冷出于天，至阳炎热出于地，天地、阴阳、冷热互相交通形成和谐，而万物化生。

儒家以天为阳为父，地为阴为母，天阳炎热，地阴寒冷。道家却反其道，以天阴冷，地阳热。然对于天地阴阳和合而化生万物，儒道却相似。"四时迭起，万物循生，一盛一衰，文武伦经；一清一浊，阴阳调和，流

---

① 《公孙丑下》，见《孟子集注》卷四，27页。
② 《梁惠王上》，见上书卷一，6页。
③ 《齐物论》，见《庄子集释》卷一下，79页。
④ 《田子方》，见上书卷七下，712页。

光其声"①。自然元气应合，阴阳调和生物，这是庄子对有始无始的追究的回应。人只要明白了这和的道理，就会获得无穷的快乐。

> 夫明白于天地之德者，此之谓大本大宗，与天和者也；所以均调天下，与人和者也。与人和者，谓之人乐；与天和者，谓之天乐。②

认识天地的本性，这个大本大宗和均调天下，便是天和人和，称为天乐人乐，也可谓天合与人合，"子，天之合也，我，人之合也"③。和合是万物化生的依据，也是天乐人乐的基础，从而可达天人和合的天人同乐境界。

### （三）和平与乐和

《易传》④ 是对《易经》的解释，这种解释构成了自身独立的思想系统，而且不止一家。从春秋到战国，各家各派学说纷纷创建、发展。各家各派依照自身的利益和需求，来建构自身对《易经》的解释系统，通行本《易传》是当时的一种。《易传》认为，乾坤是万物的资始资生。"乾道变化，各正性命，保合太和，乃利贞"（《周易集解·乾·彖》）。这里的合与和，即和合。"太和"朱熹注为"阴阳会合冲和之气也"⑤，亦有合和与和合之意。"嘉会足以合礼，利物足以和义"（《周易集解·乾文言》）。美的会合就合乎礼，使物各得其所利，就与义相应和。

合是相冲突的多元要素的和合，"乾，阳物也；坤，阴物也。阴阳合

---

① 《天运》，见《庄子集释》卷五下，502 页。

② 《天道》，见上书卷五中，458 页。

③ 《天道》，见上书卷五中，476 页。

④ 《易传》包含《十翼》，笔者认为："《易传》的时代上自春秋，下至战国中叶；作者亦非一人。"（《周易思想研究》，206～207 页）现不分篇，放在战国中叶来阐述。

⑤ 《乾·彖》，见《周易本义》卷一，2 页。

德，而刚柔有体，以体天地之撰，以通神明之德"（《周易集解·系辞传下》）。阴阳对待两性的融合、和合，而阴柔阳刚各有本体，用来体认天地的创造万物与会通隐藏的、明显的万物属性。"观变于阴阳而立卦，发挥于刚柔而生爻，和顺于道德而理于义，穷理尽性以至于命"（《周易集解·说卦传》）。从天地万物的阴阳而确立阴卦、阳卦，发挥天地万物的刚柔两种属性而生刚柔两爻，从阴阳刚柔的和合中体认天地万物的规则、属性，制定人类社会的道德义理与天地万物的原理、本性、天命。

和合在天地万物的创造、人类社会的道德的产生中起着联系、沟通阴阳、刚柔、天地的作用，而具有普遍性、一般性。这是因为《易传》把宇宙万物和社会人生看成一个生生不息的和合体，这个和合体是通过人与天地、日月、四时、鬼神融突来建构的。"夫大人者，与天地合其德，与日月合其明，与四时合其序，与鬼神合其吉凶"（《周易集解·乾文言》）。宇宙万物是人与天地日月等阴阳世界的和合体，它不是一种自然现象，而是人参与其中的人文的和合现象，它追求均衡、和谐和流变。"天地感而万物化生，圣人感人心而天下和平"（《周易集解·咸·象》）。宇宙万物的化生是天地阴阳交感的和谐，社会的和平是圣人感化人心，使人心获得和谐、平衡。宇宙自然的和谐与人类社会的和谐是相通的。

荀子和《易传》一样，继承史伯"和实生物"的思想。"列星随旋，日月递照，四时代御，阴阳大化，风雨博施，万物各得其和以生，各得其养以成。"[①]"天地合而万物生，阴阳接而变化起，性伪合而天下治。"[②] 天地之间的万物虽千差万别，却都是各自获得和合而生生不息，假如没有和合，那么列星、日月、阴阳、风雨都不能随旋、递照、大化、博施。从这个意义上说，万物的化生、生存和运动变化，都是和合使然，这种"和"

---

① 《天论》，见《荀子新注》，270 页。
② 《礼论》，见上书，322 页。

的有序性、创生性，可称为"神"，也是礼的体现。"天地以合，日月以明，四时以序，星辰以行，江河以流，万物以昌"①。合就是和合。

万物之所以各得其和以生，是由于有"分"。从水火到草木到禽兽再到人，即有气→有生→有知→有义的过程。人之所以有义，在于能群；之所以能群，在于有分。"故义以分则和，和则一，一则多力，多力则强，强则胜物"②。有分即有冲突、分别、对待，这是和合的前提。若无分，何以和合？若无和合，何以讲分？由水火草木等万物而推及社会礼仪制度、伦理道德，"故先王案为之制礼义以分之，使有贵贱之等，长幼之差，知愚、能不能之分，皆使人载其事而各得其宜，然后使谷禄多少厚薄之称，是夫群居和一之道也"③。社会贵贱、长幼、上下之间之所以和合，就在于有分，即社会的分工。分是为了和合，为和合服务，和合是分所要达到的目标或境界。

和合在人的精神情感方面的展现，譬如"祭者，志意思慕之情也。愊诡唈僾而不能无时至焉。故人之欢欣和合之时，则夫忠臣孝子亦愊诡而有所至矣"④。祭祀作为人的心志和思慕情感的寄托，在人们欢乐和合的时候，使人们受感动而哀悼自己的双亲或君主，若没有祭祀这种形式，人们的哀思就不能表达而只能积集在心中。和合的氛围能唤起人们的思念之情。

荀子认为，音乐与祭祀相似，都是主体人内心情志的发动，以调整人内心各种思想情感的变化。譬如在祖宗的宗庙中听音乐，使君臣上下"和敬"；在家内听音乐，使父子兄弟"和亲"；在族党内听音乐，使少长"和

---

① 《礼论》，见《荀子新注》，313 页。
② 《王制》，见上书，217 页。
③ 《荣辱》，见上书，48 页。
④ 《礼论》，见上书，329 页。

顺"。"故乐者，审一以定和者也，比物以饰节者也，合奏以成文者也"①。对于音乐，要审定一个中音作为乐调和谐、和合的基本音，再配合各种乐器，合奏成一支和谐的乐曲。这种和谐、和合的乐曲，沟通了宗庙、乡里、家庭内人们的情感，唤起了追祀祖先的情思，增强了宗庙、乡里、家庭凝聚、团聚的力度。

这就是说，音乐具有调和人的心情，调整人的情绪，陶冶人的情操，健全人的心性的功能和作用。"乐中平则民和而不流，乐肃庄则民齐而不乱。民和齐则兵劲城固，敌国不敢婴也"②。乐曲表现的不同，能使民和、民齐，而获得不流、不乱的效应，并能抵御敌人的侵犯。礼与乐的区别，就在于"乐合同，礼别异"③。"别异"是社会等级差别的现实需要，"合同"是调和等级差别所产生的种种不满和冲突，使人们达到一致。礼乐的这两种不同的功能，亦是社会延续的需要。"故先王导之以礼乐而民和睦"④。民和睦而国安。

在荀子看来，和合是音乐人文精神的体现。"且乐也者，和之不可变者也；礼也者，理之不可易者也"⑤。音乐形式所表现的是蕴涵于这种形式之中的一种永恒不变的内容，这就是和合。其实，和合既是音乐形式的外在呈现，亦是音乐内涵的内在精蕴。和合贯通于音乐的内外。和合犹如社会中礼所体现的永恒不可易的根本原则一样，这里"和"与"理"相对应，具有形上学的品性。虽然和与礼有区别，但礼亦以和为其自身存在的根据，"审节而不和，不成礼；和而不发，不成乐"⑥。审察礼仪制度而不

---

① 《乐论》，见《荀子新注》，333 页。
② 同上书，335 页。
③ 同上书，338 页。
④ 同上书，336 页。
⑤ 同上书，338 页。
⑥ 《大略》，见上书，444 页。

和谐、和合，就不成其为礼，因而礼这种形式或现象，必须以和谐、和合为标准，来审察一切。这样，和合便具有一种超越性和形上性。

法家韩非从不同角度论和。"大奸唱则小盗和。竽也者，五声之长者也，故竽先则钟瑟皆随，竽唱则诸乐皆和"①。音乐是多种乐器和谐地合奏，这与荀子《乐论》思想相近，但合奏必有一乐器为主，其他乐器的演奏都以与某一乐器相和应，强调主与从、唱与和的关系，这在荀子的《乐论》中并不明显。韩非和的内涵：一是指一种主体人内在的情感或心态，"积德而后神静，神静而后和多，和多而后计得，计得而后能御万物"②。和是指无喜怒、无哀乐的冲和心态，这是从内在说。二是从外在说，和是一种和气，"孔窍虚，则和气日入。故曰：'重积德'。夫能令故德不去，新和气日至者，蚤服者也"③。孔窍可指五官，五官空虚就能与外在的和气交通无碍。

### （四）合和与心和

《吕氏春秋》④ 和《庄子·天下》自觉评价百家之学的短长，与《荀子·非十二子》批判诸子学说之蔽不同。它从百家之学的长处这个角度，主张区分各家优劣，是为了博采众长，综合百家，然后超越百家。

《吕氏春秋》与《荀子》一样，把"合"作为万物产生的根源。"夫物合而成，离而生，知合知成，知离知生，则天地平矣"⑤。这里合是指天地阴阳的和合，如父母的结合，形成婴儿之体；离是指一物脱离另一物而独立，如婴儿脱离母体而生。若无合而成，哪来离而生。这是天地自然变化的常道。"阴阳变化，一上一下，合而成章。浑浑沌沌，离则复合，合

---

① 《解老》，见《韩子浅解》，165～166 页。
②③ 同上书，150 页。
④ 《吕氏春秋》为战国末秦国丞相吕不韦组织门客集体撰写的一部书，成书于先秦末。
⑤ 《有始》，见《吕氏春秋校释》卷十三，657 页。

则复离，是谓天常"①。"合而成章"，汉高诱注："章犹形也"，即合而成物之形。合成离生，离生合成，相互变化，呈一必然性的现象。

《吕氏春秋》所说的合，实乃和合。"天地有始。天微以成，地塞以形。天地合和，生之大经也"②。吕氏天地有初始的说法，与庄子对于天地有无初始的追根究底的诘难异趣，天地阳阴微而生物，塞以成形。生的大道是两个对待事物的和合。这是对生命、生存的关怀，也是对如何生的追根究底。生的穷究，便是和合。有和合，然后有生成。基于这种有对待、有分离、有差异，才有和合的精神，《吕氏春秋》批判无对待、无分离、无差异的生物。"凡生非一气之化也，长非一物之任也，成非一形之功也"③。万物的产生、成长，都是诸多对立因素、要素的和合，并非一气一形之化生。和合是差异性、多样性的融合。

《吕氏春秋》认为对声色之美的追求是人的本性使然。"凡乐，天地之和，阴阳之调也"④。"声出于和，和出于适，和适先王定乐，由此而生"⑤。这是从音乐发生的角度，回答如何发生的问题。音乐是各种不同的乐器奏出的各种不同声音的和合，才构成一曲美妙的、和谐的交响乐。之所以构成和声，是由于各种乐器所演奏的声音的适宜。音乐的功能在于达到心境和平。"心必和平然后乐，心必乐然后耳目鼻口有以欲之，故乐之务在于和心，和心在于行造"⑥。欢乐的获得不取决于对象本身，而是取决于主体自身的心境。

音乐的任务在于调整主体人心，使人心境愉悦，人心愉悦也需要音乐

---

① 《大乐》，见《吕氏春秋校释》卷五，255 页。
② 《有始》，见上书卷十三，657 页。参见拙著《中国哲学范畴发展史（天道篇）》，227 页。
③ 《明理》，见上书卷六，358 页。
④ 《大乐》，见上书卷五，256 页。
⑤ 同上书，255 页。
⑥ 《适音》，见上书卷五，272 页。

的和平，和平又出于公道。主体在和平的心境状态下，才能对美声进行感受而形成美感效应。当然吕氏亦不否定外在因素，心有适，乐亦有适。"衷也者适也，以适听适则和矣。乐无太，平和者是也"①。乐器的音量大不过钧，重不过石，无过于制，这便是适；若过于制，刺激人的生理感官，引起不适，便不是衷音。衷音是不越过制，恰到好处的适，使主客体和合一致。音乐的和声能陶冶道德情操，"故君子反道以修德，正德以出乐，和乐以成顺，乐和而民乡方矣"②。音乐在对人的潜移默化中提升人的道德修养和情操，调整人的心理平衡、和谐。

先秦作为中国文化思想元始阶段，不仅提出了和合概念范畴，并得到各家的认同，而且管子、儒、道、墨、法各家对和合范畴都做出自己的理解。这便是先秦各家"同归而殊途，一致而百虑"③的"一致"和"同归"之所在。

和合不仅是天地万物产生的根据和纷纭复杂事物现象后面的存有，而且是社会主体政治、道德、艺术、日用交往活动的准则、原则、原理和主体人的心理感受、情感愉悦、身心协调的尺度。

管子的和合是作为畜养道与德，即形上学层次和实践道德层次两方面目标的追求，与墨子把和合作为社会和谐安定的调节剂和家庭社会不分裂的聚合剂的工具价值层面来看有异。儒家和合是人格理想和社会理想的价值目标的追求，为达此目标，而经诸多中介环节，以达天人、主客的和合。如果儒家的和合是人为的，那么道家的和合是无为的，天地自然便存有天和与人和、天合与人合的天乐与人乐。这种和合具有形上学的意蕴，而与儒家重和合的实用层面意蕴有别。法家的和合强调有主有从、有唱有

① 《适音》，见《吕氏春秋校释》卷五，273页。
② 《音初》，见上书卷六，335～336页。
③ 《系辞传下》，见《周易正义》卷八，87页。

和的和合，缺乏平等的原则。《吕氏春秋》以"和出于适"，是对于和合的平等的追求，适的衷音是对于注重清浊、大小、轻重任何一方的排斥和调整，以追求和合的境界。对于音乐来说，和合是音乐根本精神的体现，得到众家的认同，这是人们对音乐功能的认识。

## 三、合气与自生

秦末的社会动乱，促使强秦速亡，这与其以打天下之法来治天下的失误有关。陆贾和贾谊在总结强秦速亡的经验时，都认为是"仁义不施故也"。在此价值观、社会观、政治观大变革的时代，学者们都自述其著作为新[①]，而区别于旧，表明一种新思维、新学风开始形成。这就是说，汉代思想与秦代思想大相径庭，以汉为新，秦即为旧。

### （一）中和与和声

当人们以羡慕、敬佩的眼光发现从春秋到战国 500 多年的诸侯争霸战争被秦终止，实现统一时，秦的强大确实威慑了天下人心，但很快人们又发现强秦又被一群始自服劳役的人所摧毁，这给当时社会各种人以巨大的冲击。陆贾、贾谊在这个历史反思的潮流中，指出秦失败的原因在于，"坚甲利兵，深刑刻法"[②] 和"仁义不加于天下"[③]。"仁义不加"亦使社会礼仪制度遭到破坏，礼仪破坏也影响仁义的施行。"秦国失理，天下大败"（贾谊：《新书·时变》），"失理"即"失礼"，亦包括失掉其自身存在的合理性、现实性。

---

[①]　如陆贾撰《新语》，贾谊作《新书》，刘向撰《新序》，桓谭著《新论》。

[②]　陆贾：《新语·至德》。王利器：《新语校注》作"坚甲利兵，深牢刻令"（118 页，北京，中华书局，1986）。

[③]　陆贾：《新语·本行》。《新语校注》作"仁义不加于下也"（146 页）。

仁义作为维系社会人伦关系的基础，贯穿于各种社会关系之中，亦蕴涵于万象的各种现象之中。"乾坤以仁和合，八卦以义相承"（陆贾：《新语·道基》）。天地乾坤，八卦万物以仁义作为和合的原则，只有以仁义为尺度，和合才是合理的。贾谊对正反两面多方分析以后，指出"刚柔得道谓之和，反和为乖，合得密周谓之调，反调为戾"（贾谊：《新书·道术》）。追求刚柔得道、合得密周的和调，反之便乖戾；乖戾便失理、便仁义不施；失理就导致动乱和失败。汉初的和合论，是对于秦政严重失调而引起社会失衡的调整。

汉代为把社会引向安定，除以仁义为社会指导思想的基础与以和合调整社会的失控外，必须确立一套礼乐典章制度，作为人们思想行为所遵守的规范，以安定社会秩序。《礼记》保留了这方面资料和系统的社会哲学和人文哲学。《中庸》为《礼记》中的一篇，但《礼记》思想贯穿了中庸之道，它是当时人待人接物、行事处世的基本原则、价值标准。

由于对这种基本原则、价值标准进行了追根究底，中庸之道被与人性相联系，成为哲学所要探讨的问题。"喜怒哀乐之未发谓之中，发而皆中节谓之和。中也者，天下之大本也；和也者，天下之达道也。致中和，天地位焉，万物育焉。"[1] 喜怒哀乐未发，淡然清明，是人的本性，叫作中；喜怒哀乐已发，都符合一定节度，无所乖戾，叫作和。和就是情欲虽发，而能和合道理，通达流行。这样和就作为性情论未发已发的境界，而推及位天地、育万物哲学存有论的高度。中和是性与情的融合，但并非亚里士多德所谓的理性与非理性的统一[2]，喜怒哀乐的未发是人性的初始阶段，即寂然不动阶段，本身就是美德；已发是喜怒哀乐情感发动阶段，即感而遂通阶段，这一阶段必须无过不及，合乎节度，既体现了美德，也是一种

---

[1] 《中庸》，见《礼记注疏》卷五十二，《十三经注疏》本，1625页。
[2] 参见任继愈主编：《中国哲学发展史（秦汉）》，232、236页，北京，人民出版社，1985。

理性活动，而不是非理性活动。不合乎节度的非理性活动，就不能达到和，这是《中庸》所要批判的。因此，中和哲学总体来说，是一种道德理性哲学。

《乐记》的核心内涵和最高境界是中和，即和合。中国古代礼乐是相互联系的，乐不仅是艺术，而且是教化人民的一种手段："故礼以道其志，乐以和其声，政以一其行，刑以防其奸。礼乐刑政，其极一也，所以同民心而出治道也"①。乐的功能和作用与礼刑政虽有异，但其宗旨都是齐一人民，不使其为非作乱。其实是四者和合，以求社会安定。如果说礼、刑、政是依赖外在的制度、规章、政令以及国家暴力、法律来完成治道，那么，音乐是人内心情感的发动，即"乐由中出，礼自外作"②，礼乐是用来安定社会的。"音之起，由人心生也。人心之动，物使之然也，感于物而动，故形于声"③。人心之动，即情动于中，这与古希腊德谟克里特的外在"摹仿说"异趣。

《乐记》的"缘情说"是对人心内在情感良知的唤起，而表现为声音；反过来音乐以其和声来陶冶、改变人性，提升人的伦理道德情操。"乐也者，圣人之所乐也，而可以善民心，其感人深，其移风易俗，故先王著其教焉"④，"故乐行而伦清，耳目聪明，血气和平，移风易俗，天下皆宁"⑤。指导民心向善，伦类清美，移风易俗。

《乐记》认为，音乐以其和声，使人与社会、人与人的关系进入和合境界。

> 是故乐在宗庙之中，君臣上下同听之，则莫不和敬；在族长乡里之中，长幼同听之，则莫不和顺；在闺门之内，父子兄弟同听之，则

---

①②③ 《乐记》，见《礼记注疏》卷三十七，《十三经注疏》本，1527页。
④ 同上书卷三十八，《十三经注疏》本，1534页。
⑤ 同上书，1536页。

莫不和亲。故乐者，审一以定和，比物以饰节，节奏合以成文，所以合和父子君臣，附亲万民也。①

乐在不同空间氛围中，可以产生不同的情志、情感交流，做出不同的回应。这种情感不是以情绪形式呈现的自然之情，而是一种道德伦理之情。"和敬""和顺""和亲"的伦理道德情感是君臣、长幼、父子等伦在宗庙、乡里、闺门内同听音乐所产生的效应。这种效应与中国古代血亲宗法关系相联系，使人们在愉悦的音乐声中提升精神境界，融为一体，这便是"和合父子君臣"之意。

和合是乐文化的根本精神，它与天地万物之情相贯通。"大乐与天地同和，大礼与天地同节。和故百物不失，节故祀天祭地"②。天地之气，犹阴阳之气，两者"和而生万物"③。不和，则天是天，阳是阳，地是地，阴是阴，怎生万物？和而生物，即和化物。"乐者，天地之和也；礼者，天地之序也。和故百物皆化，序故群物皆别"④。汉郑玄注："化犹生也"⑤。乐作为天地之和合，而推及和为万物化生的原因，和就不是单纯的天与地、阴与阳之气的连接词，亦不是单纯两个不同质的要素媾合的方法，而是具有独立的万物之所以化生的原因和根据的意义，这就赋予和合以形上学的性格。

## （二）和调与交合

和合的这种形上学的性格，在《淮南子》中有所展开。"天地之合和，阴阳之陶化万物，皆乘人气者也"⑥。天地和合阴阳之气，化生万物。天

---

① 《乐记》，见《礼记注疏》卷三十九，《十三经注疏》本，1545 页。
② 同上书卷三十七，《十三经注疏》本，1530 页。
③④⑤ 孔颖达疏：《乐记》，见《礼记注疏》卷三十七，《十三经注疏》本，1530 页。
⑥ 《本经训》，见《淮南鸿烈集解》卷八，249 页。刘文典《淮南鸿烈集解》引庄逵吉云："'乘人气'本作'乘一气'，唯《藏》本作人。"（同上书，249 页）

地阴阳为对待两极，"天地之气，莫大于和。和者，阴阳调，日夜分，而生物。春分而生，秋分而成，生之与成，必得和之精"①。《淮南子》对"和"作明确规定，和就是阴阳冲突的调和、融合。汉高诱注："和，故能生万物"②。和有两方面的含义：一是天地万物的生成，必以和合为根据，这是就和对万物而言；二是和自身及构成和的诸要素之间亦以和合为标准。

就第一方面的含义讲，和合之所以是生成万物的根据，《淮南子》从两个层面加以论证：一个层面说明"一"不能生物，即单一、唯一、同一是不能产生新事物的。"道曰规，始于一，一而不生，故分而为阴阳，阴阳合和而万物生"③。有分才有合，有差异才能和；无分别、无差异就不能生物。阴阳分为对待两极是生物基础，只有和合能使阴阳结合而生万物。这里说明一个重要道理，事物不能自身产生自身，亦不能同性产生同性，只能和合而生。另一个层面进一步证明，阴阳对待两方，任何单方自己不能产生万物。"故阴阳四时，非生万物也；雨露时降，非养草木也；神明接，阴阳和，而万物生矣"④。阴阳任何单一方面，阴就是阴，阳就是阳，依然是不会转化的、运动的，犹如男是男、女是女，不能生物，只有男女和合交接，才能生儿育女。"阴阳相接，乃能成和"⑤，和而生物。即使二女同居交接，亦不能生儿育女。阴阳对待双方，和合而生物。这样，和合是世界万物产生的最终的原因和根据，具有形上学存有的性质。

《淮南子》从天地万物的产生、社会人群和合生息系统以及人体生

---

① 《氾论训》，见《淮南鸿烈集解》卷十三，432页。

② 《氾论训》，见《淮南子注》卷十三，《诸成集成》本第七册，216页，上海，世界书局，1939。

③ 《天文训》，见《淮南鸿烈集解》卷三，112页。

④ 《泰族训》，见上书卷二十，666页。

⑤ 《氾论训》，见上书卷十三，432页。

命运动、心理平衡系统，论述万物生成都以和合为根据或准则。公孙弘在回答汉武帝策问为什么阴阳和，风调雨顺、五谷丰登的天人之道，何所本始等问题时说：

> 今人主和德于上，百姓和合于下，故心和则气和，气和则形和，形和则声和，声和则天地之和应矣。故阴阳和，风雨时，甘露降，五谷登，六畜蕃，嘉禾兴，朱草生，山不童，泽不涸，此和之至也。故形和则无疾，无疾则不夭，故父不丧子，兄不哭弟。德配天地，明并日月，则麟凤至，龟龙在郊，河出图，洛出书，远方之君莫不说义，奉币而来朝，此和之极也。①

上下和合，心、气、形、声和谐，而与天地相和应，便出现"和之至"与"和之极"的各种和合的境域。董仲舒尽管在思想路向上与《淮南子》不同，但在以和合为天地生成的本原和最高道德规范这点上，与《淮南子》有相圆通之处。董氏说：

> 中者，天下之所终始也；而和者，天地之所生成也。夫德莫大于和，而道莫正于中。中者，天地之美达理也，圣人之所保守也。《诗》云："不刚不柔，布政优优"。此非中和之谓欤！是故能以中和理天下者，其德大盛；能以中和养其身者，其寿极命。②

这是对《中庸》中和说的发挥，《中庸》以中和为"天命之性"的内容。

董仲舒认为，无论是天地万物之所以生成的根据，还是最完美的道德，都以和为基础。"和者，天地之正也，阴阳之平也，其气最良，物之

---

① 《公孙弘传》，见《汉书》卷五十八，2616页。
② 《循天之道》第七十七，见《春秋繁露》卷十六，武英殿聚珍版原本。苏舆：《春秋繁露义证》，444页，"天下之所终始也"的"下"字作"地"字。

所生也。诚择其和者，以为大得天地之奉也"①。和作为天地间最普遍、最基本的原则、原理，与天地之道相融。和是天地之道的美妙处，也是天地之所选择迎养。

董仲舒还认为，合也是自然、社会、人伦中最普遍、最基本的原则、原理。

> 凡物必有合。合，必有上，必有下；必有左，必有右；必有前，必有后；必有表，必有里。有美必有恶，有顺必有逆，有喜必有怒，有寒必有暑，有昼必有夜，此皆其合也。②

所谓合，是指对待双方的交合，既不是单方面的结合，也不是同质的相合，而是性质相对、相反要素的融合；合本身就表示有此必有彼，是美与恶、顺与逆、寒与暑、昼与夜同构、同步的呈现。合便是存有呈现的方式。

> 物莫无合，而合各有阴阳。阳兼于阴，阴兼于阳；夫兼于妻，妻兼于夫；父兼于子，子兼于父；君兼于臣，臣兼于君。③

这种呈现的方式，是一没有完成的过程。如父相对于子的合是父，子相对于父的合为子；父相对于子为父，父相对于子之子为爷。和与合一样，也是存有的方式及呈现的过程。

《汉书·董仲舒传》记载："公孙弘治《春秋》不如仲舒，而弘希世用事，位至公卿。"④此说是否从褒董仲舒出发，则不得而知，但公孙弘与董仲舒均主张和合，则是其同，体现了时代的共同主题。公孙弘在上汉武帝的对策中说：

---

① 《循天之道》第七十七，见《春秋繁露》卷十六，武英殿聚珍版原本。
②③ 《基义》第五十三，见《春秋繁露义证》卷十二，350 页。
④ 《董仲舒传》，见《汉书》卷五十六，2525 页。

气同则从，声比则应。今人主和德于上，百姓和合于下，故心和则气和，气和则形和，形和则声和，声和则天地之和应矣。故阴阳和，风雨时，甘露降，五谷登，六畜蕃，嘉禾兴，朱草生，山不童，泽不涸，此和之至也。①

和合之至和之极是一个和谐的社会与和谐的世界，亦是人、社会、自然和顺、祥瑞不断的和美世界。

《白虎通》的思想是以伦常三纲为核心，以阴阳五行为框架，发挥君臣之正义、父子之纪纲的思想，与董仲舒思想理路近。其关于和合思想，虽论述较少，但亦与董仲舒相合。"王者承统理，调和阴阳，阴阳和，万物序，休气充塞，故符瑞并臻，皆应德而至"（《封禅》，见《白虎通德论》卷三）。强调和的序万物的功能，而不突出和而生万物的功能，与《乐记》、董仲舒稍异。《乐记》以万物序为礼的功能和作用，董仲舒以和为最高道德规范，具有序万物的蕴涵，但没有特别突出和的这方面内容。

## （三）和气与细缊

王充思想与董仲舒异趣，但讲和合有近似处，可见汉代讲和合是一种思潮，与汉强调统一相一致。王充认为，和是天地万物产生的根源。"夫治人以人为主，百姓安，而阴阳和；阴阳和，则万物育；万物育，则奇瑞出"②。阴阳亦指阴阳之气。阴阳和合，生育万物，祥瑞就会出现和产生。"瑞物皆起和气而生"③。"和气"就是阴阳之气和合存在的方式。比如"醴泉、朱草，和气所生；然则凤凰麒麟，亦和气所生也"④。"甘露，和

---

① 《公孙弘传》，见《汉书》卷五十八，2616页。
② 《宣汉篇》，见《论衡校释》卷十九，817页。
③ 《讲瑞篇》，见上书卷十六，728页。
④ 同上书，745页。

气所生也。露无故而甘，和气独已至矣"①。和气不仅产生一切祥瑞的事物，而且也产生具有崇高道德情操的圣人，"衰世亦有和气，和气时生圣人"②。这是就和气生人物而言。

政治的清明，人民的安乐，亦以和气为根据。"政平气和，众物变化"，"太平气和，獐为麒麟，鹄为凤凰"③。比如汉光武时，治平气应，"气和人安，物瑞等至"；反之，秦始皇封泰山，遭雷雨之变，"治未平，气未和"④。这就是说气和治平。至于为政的善恶，亦与和气相联系。

> 阴阳之气，天地之气也。遭善而为和，遇恶而为变，岂天地为善恶之政，更生和变之气乎？然则瑞应之出，殆无种类，因善而起，气和而生。⑤

这样从瑞物圣人、治平民安到善恶之变都依和气生起、变化，和气便是事物生起的基础或依据。假如"阴阳不和，灾变发起"⑥，只有灾难和对事物的摧残，而无瑞物治平。王充用和气来解释和理解当时谶纬经学所宣扬的灾异之变、瑞物之生、治平民安是天命、天意、天志，显然是对天命、天意、天志的批判，这种新解释、新理解在理论思维上是对旧的哲学形态的改变。他用天地之气（阴阳之气）的和气，即自然之气代替哲学形上学和道德最高根据——天命。

在王充的哲学逻辑结构中，阴阳和，也就是阴阳合（天地合、夫妇合）。其"阴阳和，则万物育"的另一表述，就是"天地合气，万物自生，

---

① 《讲瑞篇》，见《论衡校释》卷十六，737 页。
② 同上书，745 页。
③ 同上书，730～731 页。
④ 《宣汉篇》，见上书卷十九，821 页。
⑤ 《讲瑞篇》，见上书卷十六，730 页。
⑥ 《感类篇》，见上书卷十八，787 页。

犹夫妇合气，子自生矣"①。天阳地阴，夫阳妇阴，是汉代的共识。所以，阴阳和合，即天地、夫妇和合，而生万物和子女。王充在这里只想说明自然界万物和人类自身的产生，是由天地、夫妇合气，自然而然地产生，而不是有目的、有意志支配的故生物和故生人。故生与和合"自生"是相对待的两条思维路向。

王符继承《周易·系辞》和王充思想。董仲舒和生万物，虽蕴涵着阴阳和的意味，但无明确提"和气"生人生物。王充则讲和气生瑞物。王符接着王充讲："天地纲缊，万物化淳，和气生人，以统理之。是故天本诸阳，地本诸阴，人本中和，三才异务，相待而成，各循其道，和气乃臻，机衡乃平"②。纲缊即天地之气的和合，和气生人，万物亦为天地和合之气而生。天地阴阳中和是自然、社会、人生的根本。天、地、人三才相待相成，和气贯通三才，而达完善境界。"人天情通，气感相和"③。天人感通和合，这种和合，既是情感的，也是和气的。和是自然、社会、人生的最高原则、原理，为天、地、人所遵循。荀悦认为，和对于主体人的食、听、纳、履来说，都不可离。"君子食和羹以平其气，听和声以平其志，纳和言以平其政，履和行以平其德"（《杂言上》，见《申鉴》卷四）。所谓和羹、和声、和言、和行，就是酸咸甘苦、宫商角徵、臧否损益、趋舍动静的不同的味、音、言、行，通过调剂、整合，使主体在和的指导下，达到平气、平志、平政、平德的效果。

汉代是中华民族得以确立的时期，它适应于统一帝国的需要，而对先秦各家学说有所取舍，而建构了新的思想形态，以与旧的相区别，故其书以"新"命名，这不仅是一思潮，而且是当时人的心理需求。比较先秦与

---

① 《自然篇》，见《论衡校释》，775 页。

② 《本训》第三十二，见《潜夫论笺》卷八，365～366 页，北京，中华书局，1979。按："壹都"依王弼改为"纲缊"。

③ 《叙录》第三十六，见上书卷十，480 页。

两汉，就其同而言，史伯、晏婴以和实生物，和具有生物的功能与属性，《淮南子》及董仲舒、王充等亦然；和是各种不同性质即对待性的和合，这为两汉思想家所认同。就其异而言，先秦论和与同相对待，以和同为对待范畴，两者相比较、相对待而存在，说明多样性的统一和抽象的简单同一的区别和联系。两汉以后和与同对偶范畴逐渐消失，而为中和范畴所代替，其转变的标志是《中庸》论中和，董仲舒等人都倡导中和，而影响宋明理学。此其一。

其二，先秦《管子》《墨子》提出和合范畴，汉代沿用，且与气、阴阳等相联系，而理解和气与合气，更具有通向天地生成论和存有论的意味。

其三，两汉发挥先秦合的思想，把合提升为生育万物、人类的依据和自然、社会、人生所遵循的最高原则、原理，与和具有同样的功能和性质。因此，到了王充，和气生物即是合气生物，和合圆融。

## 四、太和乐声和

东汉末年动乱，传统文化结构爆炸，经重新整合而建构玄学这一新的理论形态。大凡新时期新理论形态在出现之前，都要进行两方面的努力：

一是对先在理论形态进行批判，这不仅是建构新理论形态以适应于新时代的需要，也是超越与区别于先在的、旧的理论形态的需要。玄学以其新学风一扫两汉烦琐的经学（包括今文经学、古文经学和谶纬经学）以及先在各家思想的陈腐，以批判的、分析的眼光审视各家思想的优劣：

> 法者尚乎齐同，而刑以检之。名者尚乎定真，而言以正之。儒者尚乎全爱，而誉以进之。墨者尚乎俭啬，而矫以立之。杂者尚乎众

美，而总以行之。①

法、名、儒、墨、杂各家，各有其精华：或在刑法面前一律等同，或尚名实相符，或崇尚泛爱众，或崇尚俭啬生活，或兼收各家学说之美。但各家亦有其偏颇："夫刑以检物，巧伪必生；名以定物，理想必失；誉以进物，争尚必起；矫以立物，乖违必作；杂以行物，秽乱必兴"②。这是五家学说所带来的弊端。王弼就是在此扬弃分析的基础上，而进行了新理论形态的建构。这就是说，任何学说的建构，都是在前辈思想的肩膀上起步的；任何若从零开始，只能是一矮人。

二是对建构新理论形态所依据的经典文本进行重新选择和解释。孔子在"礼坏乐崩"的时代，通过对《易经》《书经》《诗经》《周礼》《春秋》等元典文本的整理，而发挥为适应时代需要的理论形态。秦始皇选择法家《孤愤》《五蠹》③为指导思想的理论基础。汉代董仲舒通过解释《公羊春秋传》，而建构为大一统所需要的天人感应论。魏晋玄学家取《周易》《老子》《庄子》等"三玄"，作为他们解释的经典文本，这个选择是王弼等玄学家在批判分析了法、名、儒、墨、杂等家学说得失优劣后而得出的。他认为，只有采用道家的"崇本以息末，守母以存子"④的思想，并整合上述各家精华，才能适合当时时代的理论需要。

### （一）品和与交和

滥觞于魏晋人物品评的玄学和合论，由人品之和合到天地万物之和合，无所不及。既有实用经验的体验，又有玄想理性的思考。刘劭《人物志》从如何品鉴人物的才能和情性入手，而探求了建立适合于当时社会的

---

①②④ 《老子指略》，见《王弼集校释》，196 页。
③ "秦王见《孤愤》、《五蠹》之书曰：'嗟乎！寡人得见此人，与之游，死不恨矣'."（《史记·老庄申韩列传》）

新秩序。刘劭认为，情性是人的根本。人的情性如何构成？是"禀阴阳以立性"①。有的人禀阴气多，而成为"玄虑之人"；有的人禀阳气多，而成为"明白之士"。只有圣人能"阴阳清和，则中睿、外明"②。这种无偏于阴与阳的和合，有"能兼二美"的效应，是圣人的禀性。"凡人之质量，中和最贵矣。中和之质，必平淡无味，故能调成五材，变化应节。"③ 其以中和为最宝贵、最重要的人性和器量。之所以中和为最贵，是因为中和兼容众材德行，而不与一材同好。它超越了存在偏失的具体人品德行，而塑造了以"五味和五味"或"五味得其和"的中和理想人格，凸显个体聪明才智在人类社会发展过程中的作用和地位。凸显这种中和之质的聪明，是对于个体价值的重视。

但是魏晋时期政治环境恶劣，知识分子在反思本体与现象、理想与现实的激烈冲突中，跳脱向现实追求的困境，转向本体的、理想的追求，即外向的现象追求受阻后转为内向的心灵的玄远。这种心灵的玄远，可称谓为"无"。无作为否定性概念，包容一切有之为有的现象。"有之为有，恃无以生；事而为事，由无以成。夫道之而无语，名之而无名，视之而无形，听之而无声，则道之全焉"④。以无作为"道之全"，是对无的肯定。无是否定性与肯定性的和合。"无"是本，天地万物的现象是末，本体与现象的关系，时人取"弃本崇末"⑤ 方法，这犹如弃其母而用其子，即舍弃根本、母体而崇尚枝末、子用。王弼认为这是错误的方法，正确的方法应该是和合，"守母以存其子，崇本以举其末"⑥。使本与末、母体与子用互补互济，以求稳定与平衡。

---

① 《九征篇》，见《人物志》卷上，12 页，北京，红旗出版社，1996。
②③ 同上书，13 页。
④ 《列子·天端篇》，张湛注引何晏《道论》，见《列子集释》，10 页。
⑤ 《论语释疑·八佾》，见《王弼集校释》，622 页。
⑥ 《老子道德经注》第三十八章，见上书，95 页。

和合不仅是方法,而且是万物存有的方式。"雨者,阴阳交和,不偏亢者也"①,阴阳异质要素的相交,是以和合的方法,通过雨这种和合物,以和合的方式存在。"阴阳既合,长少又交,天地之大义,人伦之终始"②。阴阳长少的交合,这是人伦大义,是自然社会中的合理性的表现,这是就天地人伦而言;从主体心理愉悦而言,"乐主于和"③,音乐以和为核心及其宗旨,不和不仅不能给人以愉悦的享受,而且带来痛苦和烦躁。自然、社会、人生在变化中,和合日新。"体化合变,故曰'日新'"④。日新是由于阴阳转易和合,而化生万象。比如贲卦卦画(䷕)离下艮上,是由泰卦(䷊)乾下坤上变化而来的,泰卦的九二与上六互换爻位,便为贲卦。"坤之上六居二位",即柔坤来到刚乾之中;"乾之九二分居上位",即刚乾来到柔坤之中。阴阳刚柔和合,"处下体之极,居得其位,与二相比,俱履其正,和合相润以成其文者也"⑤。九三爻位居下体离之极,九三为阳爻,为得位;六二为阴爻,亦得位。三与二都为履正,阴阳和合相润泽以成就其文饰,这里和合是存有的方式。

## (二) 至和与太和

王弼、嵇康、阮籍其思维理路、思想风格与儒家异趣,然其以和为音乐的最高标准,则有其同。阮籍作《乐论》,是他早期服膺儒学礼乐的代表作。"夫乐者,天地之体,万物之性也。合其体,得其性则和;离其体,失其性则乖"⑥。乐的和与乖,作为乐的存在的状况或存在的方式,是合

---

① 《周易注·鼎·九三》,见《王弼集校释》,471 页。

② 《周易注·归妹·象》,见上书,487 页。

③ 《论语释疑·阳货》,见上书,633 页。

④ 韩康伯注:《系辞上》,见上书,543 页。

⑤ 《周易注·贲·九三》,见上书,327 页。

⑥ 《乐论》,见《阮籍集》,40 页,上海,上海古籍出版社,1978。

与离天地之体和得与失万物之性的结果。阮籍肯定合得天地万物之体性，而否定离失天地万物之体性，是因为合得能获得和的愉悦及社会和谐安定。圣人作乐，都以"顺天地之体，成万物之性"为原则。"故律吕协则阴阳和，音声适而万物类，男女不易其所，君臣不犯其位"①，使民自安。假如乐离失天地自然的体性，而出现乖乐，便会把人的情感导向放荡淫乱，道德败坏，社会不安。

如果说阮籍以和乐的功能为救社会、政教、道德之弊，那么，嵇康则以和乐为人对于玄远之境、人格理想的追求。音乐的来源是"天地合德，万物贵生。寒暑代往，五行以成。故章为五色，发为五音"②。不同意音乐来源必受政治、哀情、安乐的制约，而是天地阴阳五行变化运动之自然而发。"音声有自然之和，而无系于人情。克谐之音，成于金石；至和之声，得于管弦也。"声音是与人的情感无关的自然，这自然之声虽通过自然的金石、管弦表现出来，但此并非音乐的本质，其本质是自然之物之后的"至和"，至和是超哀乐、超形质的。"声音以平和为体，而感物无常"，"焉得染太和于欢戚，缀虚名于哀乐哉"③。和作为本体，欢戚不能感染，哀乐不能合著。这种欢戚自见、哀乐自执的无名无质，即是形上之和。

嵇康认为，其形而上"至和"与儒家之"中和"异趣。儒家"或修身以明污，显智以惊愚，藉名高于一世，取准的于天下……若比之于内视反听，爱气啬精；明白四达，而无执无为；遗世坐忘，以宝性全真，吾所不能同也"④。他们心神驰逐于荣辱利害之间，身形疲倦于谈议磬折之域，自然不能通达于和。

---

① 《乐论》，见《阮籍集》，40 页，上海，上海古籍出版社，1978。
② 《声无哀乐论》，见《嵇康集校注》卷五，197 页，北京，人民文学出版社，1962。
③ 同上书，217 页。
④ 《答难养生论》，见上书卷四，178~179 页。

嵇康所谓"至和""太和",是对于超尘逸俗、逍遥太和之境的追求。"遗物弃鄙累,逍遥游太和,结友集灵岳,弹琴登清歌"①。外天地,遗万物,无所牵累,自由自在地遨游于太和境界。这种琴诗自乐、清新飘逸的人生和境与受名教束缚的"中和"之境不同。"行逾曾闵,服膺仁义,动由中和,无甚大之累,便谓仁理已毕,以此自臧,而不荡喜怒,平神气,而欲却老延年者,未之闻也"②。曾参、闵损服膺仁义道德,按照喜怒哀乐发与未发的中和而动,虽无大的牵累,但毕竟受礼法的制约,而不能做到"顺天和以自然,以道德为师友,玩阴阳之变化,得长生之永久,任自然以托身,并天地而不朽"③。无论以养生延年的角度而言,还是从心身自由的愉悦来说,其都是为达到摒尘弃累的和的境界。和不是人为的有为而能达到,而要顺应自然,这便是"天和"。人只要进入"天和"或"大和",这便是最大的快乐。

> 以大和为至乐,则荣华不足顾也。以恬澹为至味,则酒色不足钦也。苟得意有地,欲之所乐,皆粪土耳,何足恋哉?④

超越荣华、酒色的俗乐,而追求至乐、至味的精神境界,便提升为大和恬淡的形而上之境。

### (三) 气和与人生

魏晋玄学从王弼到郭象,即从"崇本举末"到"独化于玄冥之境",把"本末""有无"的冲突融合。《列子》及张湛注与这一总趋势相适应。"故生物者不生,化物者不化。自生自化,自形自色,自智自力,自消自

---

① 《答二郭三首》,见《嵇康集校注》卷一,63~64 页。
② 《答难养生论》,见上书卷四,192~193 页。
③ 同上书,191 页。
④ 同上书,190 页。

息，谓之生化形色智力消息者，非也。"① 若谓无能生有，便承认无的先在，先在之无就是有，因为就无的能生而言，无便失去了其所以为无的依据。这里生物者、化物者便是先在的有；其不生、不化，又是无。这便是有即无。生物者自生，化物者自化，并无共同的根据或本原，世界自然和谐。就此而言，《列子》有和合贵无论与独化论的意味，张湛注即沿此理路。

然张湛以物自生自化，自形色，亦是一种和合存在的方式。他在注"冲和气者为人，故天地含精，万物化生"时曰："推此言之，则阴阳气遍交会而气和，气和而为人生"②。气和而为人生，并不是对于普遍性、绝对性、无限性的本体论的追求，而是具体的物现象。张湛"以至虚为宗，万品以终灭为验"③，把"至虚"作为其哲学逻辑要求的最高的、最一般的本体，以解释贵无论与独化论的和合。

魏晋时期在中国文化史上是别具特色的重要时代。和合思想在此时期得以发展，从自然和合到理想人格和合，从音乐和合到心灵境界和合，呈逐渐深入之势。何晏、王弼的和合说的旨趣，是指游于万物之中的精神境界，要求主体心灵静专动直，不失大和，而与和合精神境界相契合，并以"崇本举末"的内圣外王之道，使世界万物、人类社会有序地、和谐地运作。嵇康"声无哀乐论"突破传统的声有哀乐论，并以玄学之和，解释传统之和，建构了其和合的音乐体系。

## 五、道释与和合

汉代经学演变为魏晋玄学，这是历史的选择。在经学为意识形态领域

---

① 《天端篇》，见《列子集释》卷一，4～5页。
② 《天端篇》，见上书卷一，8页。
③ 《列子序》，见上书附录二，279页。

主导地位的同时，道家演变为道教以及印度佛教的传入，为中国思想界增添了异彩。

### （一）三合与成仙

严遵的《老子指归》把道家思想引向更抽象的玄虚。"天地生于太和，太和生于虚冥"，"虚冥"是一个无限的、超时空的虚无，为道家思想的神学化提供了条件，而道家思想的神学化，便逐渐形成早期道教理论，其代表作为《太平经》等。《太平经》在方法论上突破传统"太极生两仪"的二分法。一分为二法往往只看到对待双方，为汉代阳尊阴卑、天尊地卑、君尊臣卑的等级制度提供理论说明。《太平经》虽亦运用阴阳概念，但采取三分法，认为"凡事悉皆三相通，乃道可成也"①。万物三分才能相通，这就是一分为三。

> 元气有三名，太阳、太阴、中和；形体有三名，天、地、人；天有三名，日、月、星，北极为中也；地有三名，为山、川、平土；人有三名，父、母、子；治有三名，君、臣、民，欲太平也。②

从自然、社会、人际都三分，三者同心相合，才能造就事物，达到和谐，"父母子三人同心，共成一家；君臣民三人共成一国"③。此第三者，是对于以往人们所忽视的弱者、卑者、中和、人的重视，凸显弱者、卑者、中和、人的作用与地位，无此弱者、卑者的同心相合，就会家不家、国不国。《太平经》所谓"中和"，是指"主调和万

---

① 《三合相通诀第六十五》，见《太平经合校》卷四十八，149 页，北京，中华书局，1960。
② 《和三气兴帝王法》，见上书卷十八至三十四，19 页。
③ 《三合相通诀第六十五》，见上书卷四十八，149 页。

物者也"①，"阴阳者，要在中和。中和气得，万物滋生"②。这个解释与《中庸》"喜怒哀乐之未发谓之中，发而皆中节谓之和"的性情未发已发的中和异趣。

"中和"，《太平经》称之为"和合"或"合和"。"阴阳者象天地以治事，合和万物，圣人亦当和合万物，成天心，顺阴阳而行。"③ 天地间各个层次的事物，都由阴阳和三要素和合而生成，"无阳不生，无和不成，无阴不杀，此三者相须为一家，共成万二千物"④。阳好生恶杀，没有和不能成万物，不成万物，而无万物。"元气自然乐，则合共生天地，悦则阴阳和合，风雨调。风雨调，则共生万二千物"⑤。和合是一种愉悦、快乐，"乐乃可和合阴阳"⑥。就人而言，"人莫不悦乐喜，阴阳和合同心为一家，传相生"⑦。比如男女双方悦乐便同心共生，生儿育女；不悦乐，男女一方不肯相与欢合，便不会生；怒不乐而强迫欢合，其后都是凶。男女"相嬉相乐，然后合心，共生成，共为理"⑧。和合不是一种痛苦，和合而产生婴儿或新事物，亦不是把一个新生儿、新事物抛入一辈子事事痛苦的深渊之中，而与佛教所持的人生苦谛有所异趣。

《太平经》在运用阴阳理论时，并不完全否定其间的尊卑、寡众关系，这是当时普遍的、流行的观念。但《太平经》没有就此止步，而是加以改造和发展，提出阴、阳、和三个概念，且认为和是阴阳两极的融合或中介，是最重要的。这是因为"一阳不施生，一阴并虚空，

---

① 《和三气兴帝王法》，见《太平经合校》卷十八至三十四，19页。
② 同上书，20页。
③ 《阙题》，见上书卷五十六至六十四，221～222页。
④ 《三者为一家阳火数五诀第二百一十二》，见上书卷一百一十九，676页。
⑤ 《阙题》，见上书卷一百十五至一百十六，647～648页。
⑥ 《以乐却灾法》，见上书卷十八至三十四，13页。
⑦ 《阙题》，见上书卷一百十五至一百十六，648页。
⑧ 同上书，649页。

无可养也；一阴不受化，一阳无可施生统也"①。阴阳、男女、天地的单一方面或同性双方，不会施生。这就是说，有阴阳、男女对待两方，只具备了施生的外在条件。要施生，必须是阴阳、男女相和合，这样外在条件才转化为施生的必要条件，由必要条件呈现为受化、施生的现实。"夫天地之生凡物也，两为一合"②。新生物的出现，就标志着新的融合、和谐的到来，"阴阳和合，无复有战斗者"③。其实新的融合、和谐之中就存在着新的对待和冲突，所以和合是动态的、连续的、不断的一种存有方式。

《老子想尔注》④继承《太平经》和合思想。《太平经》主张三分而合，三合相通，即指阴、阳、和或太阳、太阴、中和三者，中和最贵。《老子想尔注》亦曰："道贵中和，当中和行之"⑤，"不如学生，守中和之道"⑥。此"中和"说，虽承《老子》"万物负阴而抱阳，冲气以为和"的和的思路，但亦不违反儒家中庸之无过不及。中和之道，是反对"忌争激，急弦声，所以者过"⑦。以弹琴喻道，大过即非中道。

寇谦之融合儒佛于道教。"道以冲和为德，以不和相克。是以天地合和，万物萌生，华英熟成；国家合和，天下太平，万姓安宁；室家合和，父慈子孝，天垂福庆。贤者深思念焉，岂可不和！"⑧ 主张天地、国家、

---

① 《阙题》，见《太平经合校》卷五十六至六十四，221 页。

② 《天乐得善人文付火君》，见上书卷二百十七，652 页。

③ 《守一入室知神戒第一百五十二》，见上书卷九十六，411 页。

④ 关于《老子想尔注》的作者，饶宗颐主张："［张］陵初作注，传［张］衡至［张］鲁，而鲁更加厘定。"（《老子想尔注校证·题解》，5 页，上海，上海古籍出版社，1991）任继愈等则认为："说张鲁作《想尔注》，并不意味着必由他一人单独写成。很可能他是集五斗米道祭酒们讲解《老子》之大成。"（《中国哲学发展史（秦汉）》，689 页）

⑤ 《老子想尔注校证》，7 页。

⑥ 同上书，8 页。

⑦ 同上书，7 页。

⑧ 《正一法文天师教戒科经》，见《正统道藏》第 30 册，24254～24255 页，台北，艺文印书馆，1977。

室家合和，以安身立命。

后来陶弘景从和合角度，解释中和：

> 又问："弦急如何？"答曰："声绝而伤悲。"又问："缓急得中如何？"答曰："众者和合，八音妙奏矣。"真人曰："学道亦然，执心调适，亦如弹琴，道可得矣。"（《真诰·甄命授》）

中和即和合，和合而得道，和合即道。"五藏皆和同相生，与道同光尘也"①。"五藏"是指与木火土金水相对应的肝心脾肺肾。五藏和合相生，不和就相克残害，"五藏所以伤者，皆金木水火土气不和也。和则相生，战则相克"②。由五行的相生相克，而推及五藏的相生相克。《老子想尔注》的深刻处，就是不停留在五行五藏相生相克的现象层面，而是追究为什么相生相克的内在层面，这便是和与战。相生的原因或根据是和合，而不是相生本身，相生本身无所谓生。

道教"和合"，是指阴阳和合，神炁凝集。《宝积经》云："和合凝集，决定成就"。和合就是心中之阴气去和肾中阳气，阴气得此阳气，便有安身立命之所，所以称和；合是肾中的阳气承受心中之阴气，阳气受此阴气，便成敛收坚固之体，便是合。和合亦指四象——水、火、金、木经戊己真土媒介③，而和合，凝成真胎。《金丹四百字序》言"以含眼光，凝耳韵，调鼻息，缄舌气，是为和合四象"，就是含眼光为青龙象，调鼻息为白虎象，缄舌气为朱雀象，凝耳韵为玄武象，亦为和合四象。

张伯瑞发挥《参同契》的思想，撰《悟真篇》。他的思想既与传统外丹术有别，又与《钟吕传道集》的内丹术有异，认为修炼成仙要使阴阳、

---

①② 《老子想尔注校证》，7页。

③ "戊己"为土，纳甲之法，坎纳戊，离纳己。戊土主动属阳，己土主静属阴，流戊就己，即心肾相交。盖离宫有己土，即心中之阴气；坎宫有戊土，即肾宫中之阳精。当其寂然不动，是为己土，当其感而遂通，是为戊土，其用虽二，其体则一，总而名之曰真土。

五行、四象相和合，盗取先天真一之气。张氏虽对以三黄四神①与各种草药制外丹有微词，但炼内丹必须有外药和外丹。外药指阴阳二八之气，外丹即二者和合所盗"真一之气"。这里所说"真一之气"，即金丹一粒。"坎电烹轰金水方，火发昆仑阴与阳，二物若还和合了，自然丹熟遍身香"②。阴阳与太阳、太阴、少阳、少阴四象（或乾坤坎离）和合，而成金丹，吞入腹中，点化自身真气，然后经运火（以意运气）十月生成金液还丹（内丹），而能成仙。若无外药成丹，只修炼自身精气，不能修成金液还丹以及成仙。

道教对人生的终极关怀是成仙，佛教对人生的终极关怀是成佛，儒教对人生的终极关怀是成圣。仙、佛、圣是人生修养、修炼的终极目标，这是人生的一极。从另一极说，人如何生起，佛教讲因缘或缘起，即追究人生万物生起的原因或根据。道教认为道生人生或万物，道与生相守、相保。人生起以后，人的生命的存亡、寿命的长短，决定于自我，而非外在的天命。"我命在我不在天，还丹成金亿万年"③。发挥人自身主观能动性，改变人的生命极限，而长生不死。儒教认为人的生命的生起以及祸福、贵贱是苍苍者天赋予的必然性，天无言而冥冥中生起人物，并决定、支配人的命运吉凶、夭寿、贵贱等，人自身是无能为力的，人的能动性受到压抑。儒、道旨趣相异。

## （二）缘起与和合

佛教对于人和万物现象的生起说，与道儒异趣，它既不主张有一个外

---

① "休炼三黄及四神，若寻众草更非真。阴阳得类方交感，二八相当自合亲"（《悟真篇浅解》卷上，15页，北京，中华书局，1990）。三黄指雌黄、雄黄、硫黄，四神指朱砂、水银、铅、硝。此七种，都是炼外丹的主要原料。

② 见上书卷中，49页，北京，中华书局，1990。

③ 《黄白》，见《抱朴子内篇校释》卷十六，262页，北京，中华书局，1980。

在的、超自然的力量实体来生起或主宰人及人的命运，也不倡导由一个外在的必然性来生起或依赖自我的修道养生而长生不老。佛教无论是小乘还是大乘，都把缘起论作为其宗教理论和实践的基础或基本精神；佛教各宗派的理论及其分歧，都可归结为缘起论的展开和对缘起论不同理解所致。缘起（梵文 Pratityasamutpāda）是指世界一切结果所赖以生起的条件。因为世界一切事物都被置于因果关系之中，因是原因，是能生；果是结果，是所生。"谓依此有故彼有，此生故彼生"[1]，此是彼的缘，彼依此而生起，纷纭万象的世界万物都由因缘和合而起。"由此有法至于缘已和合升起，是缘起义"[2]。因缘（梵文 Hetupratyaya）就其差别而言，一切事物的形成所依赖的原因与条件，亲者、强力者为因，疏者、弱力者为缘，如种子为因，雨露农夫为缘，因缘和合而生起事物。和合（梵文 Samigha）是指"众缘聚会"（《大乘百法明门论疏》卷下）。因缘和合是讲世界上一切事物或现象都在相互联系、依持，并互为原因、条件中聚会和合而生起的原理。

　　佛教大乘、小乘各派由于对此原理理解不同，主张亦异。比如业感缘起论认为，世界事物由有情识的生物的业因感召而生起。任何有情识的生命体，在未解脱前，都在无明、行、识、名色、六处（六入）、触、受、爱、取、有、生、老死等十二次序的因果循环的层面上辗转。这种辗转感果，称为因，以之为原因条件，称为缘，合称为"十二因缘"。因缘和合而生起人生。大乘佛教的中观学派主张中道缘起论，它否定有无、生灭等对立两极，以中道来解释万物的缘起，认为小乘佛教执"十二因缘"，并不符合佛意，以"八不缘起"改造"十二因缘"。

　　"八不缘起"是指"不生亦不灭，不常亦不断，不一亦不异，不来亦

---

① 玄奘译：《缘起经》，影印《碛砂藏》本。
② 世亲造，玄奘译：《俱舍论》卷九，支那内学院《藏要》本。

不出。能说是因缘，善灭诸戏论，我稽首礼佛，诸说中第一"（《中论·观因缘品》）。生灭、常断、一异、来出（去）四对范畴，是表示一切存在在时空上的因果相望，《中论》用"不"的否定词说明一切存在现象都是无自性的。生灭、常断、一异、来去是对于世界万有的本原、万有的连续与中断、同一性与差别性以及世界万有转化的探讨。它不是讲世界万有如何生起，而是讲何以生起的根本问题，具有本体论的意义。但是它是用逆向的否定方式来表述何以生起的根本问题的。八不就是对生灭、常断、一异、来去八种偏见、极端的否定。

中观学派批判外道和小乘的种种"戏论"。小乘佛教认为，世界由众因缘和合生起，因缘离散而有灭，把因缘的生灭看作实在的生灭。小乘佛教虽然承认"众生空"，但没有进而讲法空。比如乳是由色、香、味、触等条件因缘和合生起，自身无自性，因而是空。"乳等为因缘有，色等为实法有"（《大乘大义章》），因缘有是无自性的有，色、香、味、触是有自己单一性质，是实有。"以阴入界和合假为众生，无有别实"（同上）。众生由五阴、十二入、十八界①等因缘和合生起，因而是假名，无自性。

大乘中观学派认为，不仅众生空，而且法亦空，即阴、入、界都空。"因缘和合故有，皆是虚妄"（《大智度论》卷三十一）。这是以"无为法"破"有为法"，"无为法"是指自身无独立自性，它通过对"有为法"的否定实现。无自性，即自性空，性空不是虚无、没有、不存在，它肯定假有或幻有是有、是存在，它只是对独立实在性加以否定。自性不依于缘起，缘起就无自性，但世界一切事物与现象无不缘起，即无自性，亦无真实。

---

① "五阴"又译为"五蕴"，是指色、受、想、行、识，是构成人和万物的五种类别。"十二入"又译为"十二处"，是内六处（眼、耳、鼻、舌、身、意，内六处即所谓六根）和外六处（色、声、香、味、触、法，外六处即所谓六境）的总和。十八界是在十二处上增加相应的六识（眼识、耳识、鼻识、舌识、身识、意识），即六根、六境、六识的总和为十八界。

这是因为因缘和合而生起的存在，并不是真正的存在，是假各种条件和合的存在。即使作为和合体的构成的各种元素或单一性，亦是空。比如"五众①和合因缘故名为人"（《大智度论》卷三十一），色、受、想、行、识五众因缘和合而生人，人是缘起的和合体，是假、是空，那么作为构成和合体人的色这个元素，是否是实在？空宗中观学派对此亦是否定的，"是色以香、味、触及四大②和合故有色，可见，除诸香、味、触等更无别色"（同上）。色的和合体的离散亦是空，这种追根究底的自性空是"毕竟空"，亦称为真空。

因缘和合而生起，而无实有自性的生。缘生即无自性的生，无自性的生即无独立自体的生，所以是不生，不生所以亦不灭。"诸法因缘和合生，故无有法；有法无故，名有法空"（同上）。由因缘和合所得的诸法，都非实有，故有法亦是空，生是空，灭亦是空。

从因缘与结果来说，有缘有果，无果无所谓缘，有果才称缘。

> 若众缘和合，而有果生者，和合中已有，何须和合生？若众缘和合，是中无果者，云何从众缘，和合而生果？（《中论·观因果品》）

假如因缘和合中有果，则果已有，就不必要和合；假如因缘和合无果，便何从讲因缘和合而生果。这就是说，不论因中有果还是无果，果都不可能生出。果无因缘亦无，生就不可能。这种因缘无生的理论，是与佛教宗教理论"业必有报"的因果观相冲突的。

中观学派对外道的批判与对小乘佛教的批判一样。其印度典籍《大智度论》《摩诃般若波罗蜜经》《百论》《十二门论》《中论》等，经鸠摩罗什

---

① "五众"即"五蕴"，蕴有积聚、集合体的意思。
② "四大"指地、水、火、风。"色云何？谓诸所有色，一切四大种及四大种所造色"（《阿毗达摩品类足论》卷一）。

的翻译，使龙树中观学派的思想在中国得以传播。鸠摩罗什汉译对外道的批判，主要是胜论派（Vaiśeṣika）和数论派（Sāṃkhya）。胜论派主张"六句义"：句（pāda）指言语或概念，义（artha）指客观实在或事物，句义指与概念言语相对应的实在事物。《胜论经》提出六个范畴（六句义）：一实，是指实体。世界一切现象的本质是实体，实体是性质、运动等的基础，是和合的原因。二德，是指性质。其是依于实体，说明实体的属性、容量、状态、地位等的性质。三业，是指运动。与德一样依实而起，但德是实的静态特性，业是其动态特性。四同，是指普遍性。其是世界万物具有共同点与普遍本质的原因。五异，是指特殊性。其是世界万物具有差异点与特殊本质的原因。六和合，是使实体、性质、运动等结合或不离散的原因。胜论的和合，是指实有诸法的内在联系不离散原理，这原理使诸要素构成世界事物得以实现。因胜论把世界看作实在的实体，而与空宗中观学派对待。中观学派通过名相分析的缘起论，说明一切法空。

大乘空宗的因缘和合论，虽承认缘的因素、条件各各有异，但承认其差异是为了否定这个差异；承认各各有异的因素或条件是为了否定由各条件和合所生起的和合体以及各因素自身都是无自性的，是空的。在这里，和合的功能和作用虽然亦具有把各各有异的因素、条件联系、结合、融会、聚合起来或和合生起一事物之意，而与中国传统的"夫和实生物"的思想有圆通之处，但两者对生起的事物的性质、特点、功能的认知和价值导向却大异其趣。

### （三）世间出世间和合

印度佛教中立异倾向在中国受到融突而和合的影响，并在佛学的中国化过程中得以彰显。《大乘起信论》（简称《起信论》）以思辨的形式，涵摄中国和合精神。"所谓不生不灭与生灭和合，非一非异，名为阿黎耶识"①。"不生"指寂灭湛然，"不灭"指常住不动。之所以不生不灭，即所立一心真如本来无染。《起信论》一心圆融，即和合真如生灭二门，这种"一心二门"的心性模式，是"非一非异""二而不二"思维方式的呈现。"和合"的阿赖耶识的非一非异，实是对性相二宗的融合。

中观讲法性无相，瑜伽讲析相辨性，《起信论》以"一心二门"，即一体二面融合性相，主张"性相不二"，以"二门不相离"②，来和合佛教内部佛性与心识关系，圆融《地论》《摄论》论师们有关阿赖耶识的染净论争，融合阿赖耶识与如来藏法性关系，并推而广之，和合世间法与出世间法，协调儒孔"经世之学"与佛老"超宗极览"的"出世之学"的两极。"是心则摄一切世间出世间法"③。德清解释说：

> 此识（阿赖耶识）体原是真如，亦名本觉，本无生灭。今因无明动彼净心而有生灭，故为业识，以此心本是真如，故摄出世四圣之法。④

其"真如门"指向性体，摄出世间法，"生灭门"指向体、相、用，"故于生灭门中，具显体、相、用三大之义"⑤，并以世间法摄出世间法，圆融了佛教出世文化与中国传统入世文化的冲突，促使佛教中国化。

后来宗密吸收《起信论》和合人文精神，主张"心通性相"⑥，认为第八识阿赖耶"无别自体，但是真心，以不觉故，与诸妄想有和合不和合义"⑦。所谓和合义，便是能合染净，为藏识；不和合义，是指体常不变，目为真如。然性相无碍，都是一心，在所谓"真心"上和合为一，斥禅教党己伐异之误。

---

① ② ③ ④ ⑤　《大乘起信论直解》卷上，金陵刻经处，光绪十六年。阿黎耶识也称阿赖耶识。
⑥ ⑦　《禅源诸诠集都序》卷一，金陵刻经处本。

宗密撰《华严原人论》，陈述儒、释、道三教和会，指出："孔、老、释迦皆是至圣，随时应物，设教殊途，内外相资，共利群庶。"① 譬如"儒教三纲五常，老氏保雌守弱，释教三学六度……为教不同，同归于治也"②。佛教讲"心生万法"，儒、道讲"太极生两仪"，均是会通本末之旨，其和合精神通同。

宗密对偏浅佛教理论进行了批判。比如小乘教基于缘起论和我空法有论，认为人我由身心（或色心）和合而生起，"此身本因色心和合为相"③。我是心身因缘和合的假象，无实体。和合成我身的色是由地、水、火、风四种因素组合的，心是由受、想、行、识四方面组合的，这样我就成"八我"，那么哪个是真实的我？我既是空，又为什么执著空幻的我为真我，而生起贪、嗔、痴有害的欲望和情感，此"三毒"又引起身、语、意三业，造业受报？应"悟此身但是众缘，似和合相，元无我人"④，知我人本空，故毋须执著。斥滞偏浅，使偏至圆，和合各宗。

## （四）和合二神

和合经长期演变，成为民间俗文化的崇拜对象。相传唐有万回僧，俗姓张氏，陕西阌乡人。因其万里寻光，当日往返，故称万回⑤。《西湖游览志》载：宋杭州城以腊月初崇万回哥哥。其像蓬头笑面，身着绿衣，右手执棒，云是和合之神。清人以和合应为二神，故雍正十一年（1733 年）另封唐代诗僧寒山、拾得为和合二圣。然民间所画和合二仙像，皆蓬头笑面，仍取自万回传说，一持荷（和）花，一捧圆盒（合），取其谐音。

---

① 宗密：《华严原人论序》，见圆觉：《华严原人论合解》，扬州藏经院版。
② 圆觉：《华严原人论合解》卷上。
③④ 《斥偏浅》，见《华严原人论》卷上，鸡园刻经处本。
⑤ 万回像为明木刻摹本，叶性立主编：《中国诸神画集》，136 页，台北，南天书店有限公司，1993。

民间流传寒山居丰县（浙江天台）寒岩，喜吟诗饮酒，与天台国清寺僧人拾得为好友。旧时民间婚姻嫁娶，以和合为喜神。新郎新娘坐立须正对喜神方位，取和谐好合之意，以求婚姻美满。[①]

五福和合的图像是盒子里飞出五只蝙蝠，寓意五福（五福是指寿、富、康宁、好德、考终命），蝠与福谐音。有的图像是盒内盛满珠宝，飞出一串蝙蝠，寓意财富无穷无尽。和合意喻和合发财，和合万年，世代和睦等。[②]

莲花山有元极堂，元极堂有和字壁，壁上除有大大小小的和字外，更有铭文曰："性命和则生，人物和则亲，人天和则灵。"[③] 说明生、亲、灵都由于和合。

和合二仙还具有驱邪纳福的功能。四川夹江一带年画[④]以立大斧门神为主体，配和合二仙，成为民间驱邪纳福的保卫神、吉祥神。

## 六、根底与和合

宋明理学实乃在儒、释、道融突中建构，即融突而和合转生、新生。理学对于传统形上学存有论的追根究底的思考，其理、心、气作为形上学存有，是存有者的存有，而非此在的存有。我们现在从"接着宋明理学"讲的现代新儒家的道德的形上学的预设中超越出来，从宋明理学对于根、底的追根究底的理论思考，转向对于根、底自身的理论思考和为什么追、究以及如何追、究的探索。

---

① 李苍彦主编：《中国吉祥图案》，69 页，台北，南天书店有限公司，1988。云南年画有和合喜神像。江苏南通历画有和合二仙像。

② 五福和合图像见李苍彦主编：《中国吉祥图案》，69、109 页。

③ 台湾图书馆收藏：《馆藏年画选粹》，台北，均捷印刷公司承印。

④ 参见戴逸如：《天·人·书》，上海，远东出版社，1995。

宋明理学相对元典儒学而言，可称为新儒学。[①] 作为宋明新儒学形上学的理、心、气，都拥有自己一个特定的世界，并建构了适应于这个特定世界的思维类型、价值取向、道德标准、历史评价等范式。按照这些范式，特定世界及其周围事物都获得了它们的限定、界说和规范。之所以获得这些限定、界说和规范，是因为理、心、气各以其特有的方式敞开或开放了存有世界，是存有世界之所是，这个所是即被认定为所真。这里所说的敞开了的存有世界，即属于理世界、心世界或气世界。

### （一）穷理与和合

传统形上学本体论（存有论）在其追根究底的过程中，古希腊的赫拉克利特从存有与逻各斯，巴门尼德从存有与非存有，德谟克里特从原子与虚空，柏拉图从影像与理念，亚里士多德从质料与形式的冲突相分中，建构了形上学存有论。中国宋明新儒家张载则从气与物，二程从天理与阴阳，朱熹从理与器（气），王守仁从心与物，王夫之从气与理的融突中建构了形上学存有论。

朱熹形上学本体的追根究底，并不是从理开始，而是从具体事物开始。"且如这个扇子，此物也，便有个扇子底道理。扇子是如此做，合当如此用，此便是形而上之理"（《朱子语类》卷六十二）。扇子在被"如此用"中，主体才接触到扇子的器物性，因为扇子的"如此用"，依赖于扇子器物的实在性。但是对当下扇子的描述和解释并不能说明扇子的扇性，即使对扇子的"如此做"做出考察，亦不能对扇子的扇性做出真实的回答。因为这是对于扇子"此物"的描述或解释，属于扇子物象、现象层面的理解，即属于形而下层次。

---

① 宋明新儒学之所以为新，见拙作：《从宋明新儒学到现代新儒学》，载《哲学与文化》月刊（辅仁大学），1994（3）。

扇子的存有之真，并非扇子的物象，而是超越物象的扇子之理。扇子之理并不随制作扇子的材料（竹子、纸张、木材、棕叶等）、形状（长、方、圆、半圆）、字画而改变，而是扇子所必须具备的最基本、最一般的规则、规范、原则的和合，"是如此做，合当如此用"等规则、规范的总和。犹如"这个椅子有四只脚，可以坐，此椅之理也。若除去一只脚，坐不得，便失其椅之理矣"（同上）。四只脚是为了保持椅子的平稳和承受压力的需要，但四只脚并不就是椅子，桌子也是四只脚。四只脚的桌子不是为了坐，四只脚的椅子才可以坐。椅子之理的真实性通过椅子的四只脚和可以坐而呈现出来。[①] 扇子之理、椅子之理通贯扇子、椅子的全过程。扇子、椅子的某一部分，并不能必然构成扇子、椅子。扇子、椅子只有依照扇子"如此做，合当如此用"和椅子的"四只脚，可以坐"的扇子之理与椅子之理，才成为扇子之真和椅子之真。扇子之真和椅子之真由于扇子之理和椅子之理在扇子、椅子中得到实现，所以，扇子之理便拥有了扇子世界，椅子之理亦拥有了椅子世界。这个扇子世界和椅子世界是扇子世界的和合和椅子世界的和合，缺了一方面因素的和合，如四只脚少了一只脚，便坐不得，就不成为椅子，亦无椅子之理和椅子之真。就此而言，扇子之真和椅子之真的要旨，就在于和合。扇子之理与椅子之理的本身就是和合。

扇子、椅子以及人生活于其中的自然、社会的种种事物，都是形而下之器，也称谓为气。"天地中间，上是天，下是地，中间有许多日月星辰，山川草木，人物禽兽，此皆形而下之器也。"（《朱子语类》卷六十二）扇子、椅子是具有如此这般性质的事物，都可以用这个类名来称谓，即"类名"，它是介乎最高的属概念——"达名"（大共名）与单独概念——"私

---

① 参见拙著：《朱熹思想研究》，188～194 页。

名"（别名）之间的普遍概念。被指称为类名的事物固然属形而下之器，但被指称为达名和私名的事物也是形而下之器。这些形而下之器在其被运用或展开的过程中，主体可以遇到其器物性，但不一定是形而下之器的器性的呈现，甚至可以说器物性不是器性。真正形而下之器的器性，是既超越、又内在于形而下之器的理。"然这形而下之器之中，便各自有个道理，此便是形而上之道。"（同上）形而上之道（理）寓于或内在于形而下之器之中；"说这形而下之器之中，便有那形而上之道。若便将形而下之器作形而上之道，则不可"（同上）。形而上与形而下的道器有别，别则而能超越。

形而上之道与形而下之器之间，即朱熹所建构的形而上学本体理与形而下的事物之间，是一和合关系："形而上谓道，形而下谓器，这个在人看始得，指器为道，固不得；离器于道，亦不得。且如此火是器，自有道在里。"（同上书卷七十五）"人身是器，语言动作便是人之理。理只在器上，理与器未尝相离。"（同上书卷七十七）人身作为物质形体存在形式，是器。人身是器并不表示人的根本属性，即人性。人的本性就在于人是区别于其他动物的会语言的、能参与实践交往活动的高级动物。人和动物都有感受系统和反应系统。群居动物之间不仅有交际，而且有与机体相适应的交际工具，这就是信号。动物能对细微的信号变化做出反应，但不能发出有意义的分音节有声音的语言。语言是人交换思想、情感、信息的工具，是人区别于动物的主要标志。因此中西古代哲学家都曾把人规定为"会语言的动物"[1]。

不过朱熹认为除语言之外，应加动作，因为人在争自身生存的实践活动中不断发展、改造、完善自我，语言就是在人与人的交往活动或动作中

---

① 参见拙著：《新人学导论——中国传统人学的省察》，2～18 页。

产生的，并随着交往活动的频繁而不断丰富。这又是朱熹与其他中西哲学家之异。作为标志人之为人的本性的语言动作是人之理，人之理本身是语言和动作的和合，人之理的和合以人身这个器为基础和载体，而不离人身这个器。离了人身这个器，语言便不是人的语言，动作亦不是人的动作。从这个意义上说，人之所以为人，是人之理与人之器的和合。"人之有生，性与气合而已"（《答蔡季通》，见《朱文公文集》卷四十四）。这里所说的性指主于理而无形，即人之理；气主于形而有质，即人之器。就人之器而言，"亦是气血和合做成（先生以手指身）"（《朱子语类》卷七十八）。气血和合做成的人心，即人之器的心，它与天理的道心相和合，才成完满的心。

笔者通过对扇子之理、椅子之理和人之理的追究，对形上学本体理自身是什么做了梳理和回答，这便是和合。和合是形上学本体理自身所蕴涵的，这是笔者对朱熹哲学的理解和诠释。

### （二）良知与和合

朱熹哲学十分强调"穷理"。"穷"可以训释为对形上学本体理的追根究底的追或究。如何追、究？王守仁年轻时曾笃信朱熹"格物穷理"之学，他照着朱熹所说"众物必有表里精粗，一草一木，皆涵至理"的话，与一个姓钱的朋友相约去格王守仁父亲——王华在北京官署里的竹子之理。

> 因指亭前竹子令去格看，钱子早夜去穷格竹子的道理，竭其心思，至于三日，便致劳神成疾。当初说他这是精力不足，某因自去穷格，早夜不得其理，到七日，亦以劳思致疾，遂相与叹圣贤是做不得的，无他大力量去格物了。（《王文成公全书·传习录下》）

草木都涵至理，通过格草木等物的方法，去追究形上学本体理。这就是主体竭其心思，去穷格客体竹子之理。然客体竹子不就是竹子之理。这里所谓"格"，是指视觉感官接触客体竹子，所获得的是关于竹子形状、颜色、长短、粗细等表象，这些都是外在的物象，而不是隐藏在竹子物象后面的竹子之理。照着朱熹的思路，是在主体之外去求异在于主体心的草木事物之理。王守仁追究、穷格形上学本体理的失败，说明朱熹形上学本体理是不可穷格、不可验证的一种虚设。

尽管朱熹相信他的形上学本体理是真实的，但这种真实性在王守仁心目中已失落了。如何穷究得理，仍是一个未解决的难题。于是他转求诸释、老之学。佛教的万象皆幻，唯心为真，"万法唯识"，"一切唯心"和道教的"以无生有"等思想，不能不对"出入于佛、老者久之"① 的王守仁产生影响。王守仁哲学的起点，就在于解决心与理的关系，即如何把竹子之理与主体"竭其心思"的心思贯通起来。"及在夷中三年，颇见得此意思，乃知天下之物，本无可格者，其格物之功，只在身心上做，决然以圣人为人人可到，便自有担当了"（《王文成公全书·传习录下》）。所谓"夷"是指被贬贵州龙场，"忽中夜大悟格物致知之旨"（《王文成公全书·年谱》），史称"龙场悟道"。这次悟道说明他的思想真正与朱熹"求理于事物"的追究途径决裂，而重建"圣人之道，吾性自足"（同上）的"只在身心上做"的思维路径。循着这条思维路径，理元本完全地在我心中，而不在外在事物（竹子）之中。

王守仁批判朱熹哲学之偏，就是外心以求理，"而未免已启学者心理为二之弊"（《王文成公全书·答顾东桥书》）。析心与理为二，是王守仁从格竹子之理失败（1492 年）到龙场悟道（1508 年），长期殚精竭虑思考朱熹"格物穷理"的结果。王守仁的意思是：朱熹从心外去追究形上学本体

---

① 参见拙著：《宋明理学研究》：506～510 页。

理，是穷究错了门道，是得不到理的。这犹如：

> 求孝之理于其亲之谓也。求孝之理于其亲，则孝之理其果于吾之心邪，抑果在于亲之身邪？假而果在于亲之身，则亲没之后，吾心遂无孝之理欤！（同上）

孝作为道德法则，是子对于父母亲应尽的道德规范和行为，道德法则纯粹是内在的，是存在于子心里的，而不存在于子的道德行为所施的对象上。外心以求理，就是于其亲求孝之理，这显然是错误的。由此，王守仁论证了"合心与理而为一"（同上）的哲学命题，此"合"就是心与理的和合。

"心即理"的命题是王守仁沿袭陆九渊而来的。陆九渊所说"心即理"有两层含义[①]：一是心与理并非等同而无差别，心是先天完满自足的本心及其所表现的道德意志，理是先验的道德法则、是非标准和典章制度。两者有异而和合。陆氏弟子袁燮阐发说"此心此理，贯通融会，美在其中，不劳外索"[②]，从心与理的贯通和合中，说明理不离心，心统摄理。二是心从主体意志角度而言是体，称为"心体"，理是心的体现、表现、功能，即是用。然理从社会法则、公理角度而言，亦是体。心与理即体即用，即用即体，体用一源，显微无间。

这在王守仁晚年看来，"心即理"说有失于笼统而未能"洞见全体"，因而王氏把"心即理"改为"良知即天理"。

> 明道云："吾学虽有所受，然天理二字却是自家体认出来。"良知即是天理，体认者，实有诸己之谓耳。（《王文成公全书·与马子莘》）

良知、天理是指社会的普遍道德法则、原理，因其为道德法则，所以靠自己的身心去体认。这样，良知与天理有共同的内涵，但两者毕竟

---

① 参见拙著：《走向心学之路——陆象山思想的足迹》，87～110页。
② 《袁燮序》，见《陆九渊集·附录一》，536页。

有异：

> 良知是天理之昭明灵觉处，故良知即是天理，思是良知之发用，若
> 是良知发用之思，则所思莫非天理矣。（《王文成公全书·答欧阳崇一》）

所谓昭明灵觉，并非指认知意义上的能觉，也不是指天理意义上的灵
觉，而是指道德意义上的本觉。"昭明灵觉处"就是本然明觉的本心处。
所以王守仁说："心之本体即是天理"（《王文成公全书·启周道通书》）。
良知作为本然之知，如见父自然知孝，见兄自然知悌，此知亦是灵觉或
明觉。

虽然王守仁讲"心之本体即是天理"或"良知者，心之本体"（《王文
成公全书·答陆原静书》），但将天理、良知都作为心之本体，这是对不同
情况而言。从严格意义上说，良知不就是天理，灵觉也不就是良知，天理
与灵觉的和合才是良知，无和合就无所谓良知，良知由和合而成，这就是
王守仁由理入而转向心的穷究路径。这个路径是王守仁"心即理"或"良
知即天理"的形上学本体心自身是什么的获得过程。

### （三）气理和合体

王夫之继续对外在事物之理的穷究，而不是承袭王守仁对心（良知）
的追寻。这固然是因为二王哲学理论思维理路的歧异，但也与明亡的"天
崩地裂"悲愤情结纠缠在一起。他对王守仁作激烈批判：

> 姚江王氏阳儒阴释，诬圣之邪说；其究也为刑戮之民，为闯贼之
> 党，皆争附焉，而以充其无善无恶、圆融理事之狂妄流害，以相激而
> 相成。[1]

---

① 《序论》，见《张子正蒙注》卷首，8页，北京，古籍出版社，1956。

对明亡的全面历史反思，是当时知识阶层的义务和责任。但王夫之太重思想哲学层面的追究而忽视政治、经济、制度层面的原因，有其片面性。王夫之在对事物之理的穷究中发现，理并不是终极的形上学存有。"理本非一成可执之物，不可得而见；气之条绪节文，乃理之可见者也。故其始之有理，即于气上见理"①。理不是一事物，而是气的条理。它虽实有，但不可见。它依据气而呈现自己。理就是气的理，气当得如此便是理，气之外没有别的理。这样，理依气而存在，理并非终极的原因或根据。王夫之对形上学本体的穷究，超越、突破了形上学本体理和形上学本体心的局限，建构了形上学本体气的哲学逻辑结构。

形上学本体气自身是什么？"理只是以象二仪之妙，气方是二仪之实。健者，气之健也；顺者，气之顺也。天人之蕴，一气而已"②。理是阴阳二仪变化的妙用，气是阴阳和合的实体。这一阴阳和合的实体，可称谓为"和合之体"。

> 圣人成天下之盛德大业于感通之后，而以合缊缊一气和合之体，修人事即以肖天德，知生即以知死，存神即以养气，惟于二气之实，兼体而以时用之尔。③

"缊缊"是指阴阳二气相激相荡、运动变化，而和合为一气，一气便是和合之体。这个和合之体，亦称为"缊缊太和之真体"④。太和就是阴与阳之和、气与神之和的"和之至"。这就是说，形上学本体气自身，就是一和合体。从这个意义上说，气即和合，和合即气。

王夫之认为，这个和合是一动态过程，动态动之原，"皆阴阳和合之

---

① 《读四书大全说·孟子·离娄上篇》，见《船山全书》第六册，993 页。
② 《读四书大全说·孟子·告子上篇》，见上书，1052 页。
③ 《太和篇》，见《张子正蒙注》卷一，19 页。
④ 同上书，18 页。

气所必有之几"①，"几"就是动之微，即气之初动。动是对待事物的冲突、矛盾或浮沉、升降。事物自身的动静相感的本性，便生起缊缊相荡、胜负屈伸的端始。这就是说"几"必须以承认不同质、不同态多元对待事物的存在为前提，这种承认才能使被多元对待事物的各层面、角度、方位的性质、特征得以深入揭示和呈现。任何事物都在"几"中显现其自身的各种面目，即使是静态中也以其静动态体现其面目。王夫之就是基于事物相感相交是事物本性的认知，认为和合也以承认多元存在、矛盾冲突为前提，因而和合不是单一的、唯一存在的自身的和合，而是多元、多质、多方的和合。作为和合各因素、要素来说是相异相斥；但作为多元体所构成的和合体来说，"阴阳异撰，而其缊缊于太虚之中，合同而不相悖害，浑沦无间，和之至矣"②，不相悖害而和谐，这便是和的极致。达到和的这个境界，就是"太和"。

王夫之认为，"太和"是一个"未有形器之先，本无不和，既有形器之后，其和不失"③的存有，是不被形器所限定、规定，而又不离形器的存有。由于这个存有是一个实理，所以"虽圣人不能有所损益于太和"④，主体人是不能改变的。之所以不能改变，是因为"太和本然之体，未有知也，未有能也，易简而已"⑤。这个未知未能易简的本然而然的本体，就是一个"合缊缊一气和合之体"⑥。和合之体就是王夫之对于根与底是什么的追究。

在朱熹、王守仁、王夫之对所建构的形上学本体理、心、气自身是什么的穷究中，尽管三人哲学类型不同，但都把理、心、气自身是什么落实到和合问题上来。因而可以说，和合整体贯通于中国各种哲学类型，具有

---

①②③ 《太和篇》，见《张子正蒙注》卷一，1页。
④ 同上书，25页。
⑤ 同上书，2页。
⑥ 同上书，19页。

普遍性品格，塑造着中国哲学和文化的本质、特征和性格，使中国文化屹立于世界之林。

## 七、和合诸性相

和合由先秦经秦汉至唐代的发展，内涵已展开。两宋以后，和合不是仅局限于对是什么的追究，而是对作为宋明理学形上学本体理、气、心、性自身是什么的追寻。这个追寻使和合由方法论层次、天地万物生成论层次而提升为本体论层次。探究层次的提升是人类知识在总体积累的基础上，主体对于存有世界、意义世界以及可能世界的认知和体验。和合作为中国文化思想的精髓，浸润着中国文化思想的各个方面，比如人与自然、人与社会、人与人的关系以及人与自身心灵的关系等。

### （一）和合的诸相

1. 就人与天地自然的和合而言：中国古代思想家把宇宙世界的存在，分为三大部类，即天、地、人三才。天指日月星辰、风霜雨雪、四时运行等，地指山河大地、万物生长、繁荣枯槁等，人指有思想、有目的、有道德的主体。天地都是世界的存在及其存在形式，人指主体的存在及其存在方式。对于天地自然与人的关系，西方人总认为人与天地自然是冲突的两极，解决冲突的方法是发扬人的主体的斗争精神，去征服、奴役自然一方。在这里人把自然只作为满足自我欲望的、索取的对象，只要能满足自我欲望，达到工具理性的目标，可不计任何手段，向自然掠夺。这与希腊海洋的、商业的活动方式相适应。

中国的大陆的、农业的活动方式，与天时地利、风霜雨雪的自然节奏息息相关，人们的生活活动方式不是从外部去征服自然，而是探索天地自然的内在活动的规律性、时节性，以便"制天命而用之"。人们的生活活动方式，不是去征服自然，而是认知、把握、适应、利用自然，因而孕育了中国天人合一的文化特质。所谓天人合一，即"夫大人者，与天地合其德，与日月合其明，与四时合其序，与鬼神合其吉凶"（《周易集解·乾文言》）的精神，就是天人和合。天地自然本身的和合，与人自身的和合相互一致、协调，构成天人整体的和合。这便是"仁民爱物""天地万物与吾一体"的人文精神。

2. 从人与社会的和合来看：古希腊在梭伦改革后，国家公民的权利和义务是按人的土地财产的多寡来确定的，旧的血缘亲族关系集团及氏族制度遭到破坏，带来工商业的发展和移民的浪潮。人与人之间亲族温情变成了法律契约，在个人自由发展的同时，也使人与社会处在尖锐冲突之中。中国周代的制礼作乐和邦国的建立，并不是对血缘宗法关系的破坏，而是以礼乐典章制度的形式确立和加强血缘亲族关系。每个人都在温情脉脉的血缘宗族关系中生活，个体只有以群体为依托，个人的地位、价值和人格，只有在社会群体中才能得以确定和实现。因此在人与社会关系中，个人不是以对社会的反抗、叛逆为职责，而是以和合为责任。

3. 就人与人的和合来说：每个人都是社会共同体的一分子，共同组成一社会群体，尽管分工、职业、劳动形式不同，但都是社会有机体的需要并使他人获得满足。一个人一生下来，首先就必须为自己的生存而活动，就像婴儿紧紧抓住吮吸的母乳一样，抓住生存的每一个机遇。其生存所必需的衣食住行，都需要在相互创造性活动中，在相互满足社会需要中获得。每个人在创造、获得的活动中，不能不与他人发生联系。西方人认为个体在取得个体自由发展机缘的同时，必然与社会、他人发生冲突和斗争；而中国古代思想家认为，每个人虽各有各的利益，但又是"仁者爱人"的，"人皆有不忍人之心"。人与人之间可以和合，和合是人与人之间获得安定、团结、友爱的最高准则；天天争斗、时刻尖锐对立，必定破坏人与人之间的安定、团结与友爱。和合是公正的、平等的、均衡的，即无过不及，否则就会破坏和合。

4. 从人与心灵的和合而言：人有喜怒哀乐爱恶欲等七情，七情使人的心灵感受愉悦、愤怒、悲哀、爱护、厌恶等情绪或情感的变化，这种变化都是人与心灵冲突而激发的。荀子的《乐论》和《礼记·乐记》认为，音乐的本质就是和，其功能是使人的心灵得到净化，产生和乐，给人以美的享受。同时，悲怨之音，使人内心和气紊乱，破坏心灵和谐安宁。这种悲怨之音不合中和之德，是心灵阴阳失和的表现。道家以为人与心灵的和合，就是顺其自然，从天和然后人和，由人和而后心和，心和而后乐。人都有欲望，但欲望难能满足。这是因为欲望是无限的，而所得到的总是有限的，这个无限与有限的冲突，往往扰乱心灵的和合。因而儒、道、佛都讲人的心性修养，节制欲望，消除干扰，而达到人与心灵的和合。

### （二）和合的形式

人与自然、社会、文明，以及人与人、心灵的和合，是相互渗透、联系的。天和、政和、文和与人和、心和是一有机的整体系统，不能分离。此五种类型的和合，是世界中最基本、最一般的和合。那么，如何和合？以怎样的形式和合？这又需要进一步探索。

1. 和合是诸多异质因素、要素的冲突融合，即多元和合。和合首先需要承认多元的、多样的事物的存在，它不是一元，一元即是同、单一、唯一，"同则不继"。因为"声一无听，色一无文，味一无果，物一不讲"。这就是说，"若以同裨同，尽乃弃矣"。不同事物的融合，就能达到"和五味以调口""和六律以聪耳"。它不是酸苦甘辛咸五种味道简单相加，也不是黄钟、太簇、姑洗、蕤宾、夷则、无射六种音律相加，而是五味或六律的相互和谐、协调，产生美好的味道和动听的音乐。这种美好的味道和动听的音乐，已不是原来的五味和六律，而是一种新的创造。融合是把异质要素整合成一和合体。

2. 和合是诸多优质因素、要素的融合。这种优质因素、要素的融合是一重新扬弃、选择的过程。融合按照和合体自身的需要，在选择、扬弃诸多因素、要素中，吸收自身所需要的优质成分，而排除其不需要的部分。它不是先确定一个文化的体与用，按照体用的模式来发展；或者先确定文化的精华和糟粕，来进行吸收或扬弃。它甚至破坏诸多因素、要素的自身结构，重新选择、吸收，重新结合、融合。音乐、绘画都是这样，古希腊的赫拉克利特说：

> 自然是由联合对立物造成的和谐，艺术也是这样。如绘画混合着白色和黑色、黄色和红色，音乐混合着不同音调的高音和低音、长音和短音。①

绘画是按照画的需要对不同颜色加以选择，音乐亦一样，画或音乐作品，就是不同颜色、音调的和合。在这点上中西哲学家有相圆通之处。

3. 和合是有机的、有序的融合。和合既不是机械的切割，也不是机械的拼凑，有机是机械的发展与提升；和合是有序的，有序才能和谐、协调，然而有序是无序的发展，所以无序的动乱为有序的发展扫清了障碍、创造了条件。无序是对于有序意识的呼唤，道德沦丧的无序是对于道德有序的呼唤，所以老子说，"大道废，焉有仁义""六亲不和，焉有孝慈"②。

4. 和合是动态分析的理论结构，这种理论结构具有相对论和对称论的方式，也具有综合论和相济论的方式。在和合中，各因素、要素自身都

---

① 北京大学哲学系编：《西方美学家论美和美感》，15页，北京，商务印书馆，1980。
② 《老子》帛书，第十八章。

不是被凝固的、最后被确定的。因为各因素、要素自身也是由各因素、要素所结合的和合体，和合体就是一个连续的、反复的、不断的进程。当某一和合体呈现时，犹如赫拉克利特所说："结合物是既完整又不完整，既协调又不协调，既和谐又不和谐的"①。和合体始终处在完整、协调、和谐的过程之中。

### （三）和合的诸性

这四种和合的方法或途径，使和合按一定的规则进行，也使和合达到其预设的目的。方法既是内涵的呈现，也是内涵之所以如此的原因。和合在其历史发展中，约具有这样几层含义：

1. 和合是新生事物或新质事物产生的原因。天地万物如何产生，或天创论，或神创论，或自创论，或自然论，等等，都属于单一论、唯一论，是由一个唯一绝对的存有来派生世界万物。和合学否定这种理论，而认为"夫和实生物，同则不继"。天下万物都是由冲突融合而和合生，是不同的因素、要素的多元和合而在，正因为其不同，甚至是完全相对待因素、要素，才会产生交感、交合作用，才能产生新质事物。假如是同一因素，自身就不具有相互排斥的性质，即使相交合，也不会产生新质事物，不能构成新质事物之所以生的原因。之所以说"和实生物"，是因为虽有诸多异质因素、要素，若不和合，亦不能产生新质事物，唯有和合，才能产生新质事物，所以和合是产生新质事物的原因。在这里，和合不仅是使诸多异质因素、要素相结合、融合的方法，而且已提升为新质事物之所以产生的原因或根源。这种意蕴的蕴涵，使和合自身升华为方法的原因、方法的根据或原因的方法、根据的方法。方法与原因、根据和合一体。

---

① 《赫拉克利特著作残篇》D. 10，见《西方哲学原著选读》上卷，24 页，北京，商务印书馆，1981。

2. 和合是存有的方式。天地万物存有的环境、存有的条件、存有的内容、存有的结构以及存有的系统等形式，在本质上是一和合体系。日月星辰、四时运行的自然、和谐而有次序，人心身、家庭、社会和睦而有序，礼乐典章制度、伦理道德协调而有序，这种存有的方式，其核心就是融突和合的存有方式。和合在政治方面是各种不同社会交往方式与政见的融突，在经济方面是不同劳动方式、消费方式、生活方式、生活资料占有方式的融突，在意识方面是各种不同学术观点、价值观点、审美观点以及各种思想观点的融突。佛教讲因缘和合，无论是我空法有、我法皆空，还是夺人不夺境、夺境不夺人、人境俱夺、人境俱不夺，都是和合存有的方式。存有作为色或境的方式，作为因缘和合的方式，都是空，空即色，色即空，空亦为和合存有的方式。

3. 和合是形上学本体。道家老子认为"道生一，一生二，二生三，三生万物。万物负阴而抱阳，冲气以为和"。和是阴阳对待融合的和合体，这个和合体即是道体。道作为形上学本体的存有方式，是一种自然而然的常态，这便叫做"知和曰常"。常态作为存有的方式，是没有规定性的。这种无规定性的道体，在魏晋玄学家那里，就是本末的融突和合体无或有。这里和合是作为世界万物最终的根源或根据。虽是最终的根据，但却是一动态的发展。韩康伯认为，《说卦传》"观变于阴阳而立卦，发挥于刚柔而生爻，和顺于道德而理于义"，这里的卦、爻、义都是由对待的阴阳、刚柔、道德的融突而成的和合体。它是在"刚柔发散，变动相和"[1] 中，即在冲突融合的变化运动中形成和合体。

4. 和合是心灵境界。和合是一种心情宁静安详、心绪和平恬淡、心灵充实愉悦的境界。中国古人认为音乐文化的根本精神就是和合，它能调

---

[1] 韩康伯注《说卦》，见《王弼集校释》附，576 页。

整人的情绪冲突，调和人的心情，陶冶情操，净化心灵，使人进入无喜怒、无哀乐的冲和的心境，以及人和而与天和，人合而与天合，人乐而与天乐的天人愉悦的和合境界。这种天人和合是美则共美、善则共善的心灵境界。对于这种心灵境界，笔者曾在五境界说中，称其为"道体自由境"。[①]

5. 和合是一个动态的、开放的过程。和合的难度是很大的，它需要机遇、环境与条件。从纵向来说，是冲突—融合—冲突—融合，循环往复，以至无穷；从横向来说，此彼俱冲突—彼融合彼冲突—彼融合此冲突—彼此俱融合。即由融合不平衡—融合平衡—融合不平衡—融合平衡。宇宙间没有无冲突的自然，没有无冲突的社会，也没有无冲突的人生。在冲突中实现融合，融合是冲突的成果，亦是冲突的表现方式。和合是新事物的诞生，是肯定和创新；冲突本身不能直接造作新事物，它是否定和破坏。融突的和合体是一次提升，使原来的冲突融合进入一个新的领域：冲突也只有在新的和合体中，才能继续发展。冲突是融合的前提和条件，融合是冲突的必然和理势。总的来说，和合是冲突的更高层次，由和合而获得安定和进步。冲突若不走向融合，冲突便毫无所成，亦毫无价值和意义。冲突需要融合来肯定和认可，亦需要融合来提升和继续。融合与冲突相反相成，使和合学变化更新，生生不息。若仅仅执著于某种特定哲学形态，敬之若神明，这只能使这种哲学形态凝固化、封闭化，而与现实社会实践发生冲突，化解和破坏这种哲学形态，与和合新生所追求创造的前提和奠定的基础背道而驰。

---

① 参见拙著：《新人学导论——中国传统人学的省察》：232～233 页。

# 第十章　和合学与 21 世纪人类文化

　　21 世纪人类面临着严峻的挑战和冲突，概而言之，有五个方面，即人与自然、人与社会、人与人、人与自身心灵以及不同文明之间的冲突。此五大冲突，关系着人的生命存在和发展的利益，以至人人均不可逃。有鉴于此，世界上的科学家、社会和人文学家以及宗教家等，都关注着 21 世纪人类的命运问题，追究人类文化的共同出路。

　　为了求索人类所面临的五大冲突的化解之道，东西方学者提出了各种各样的理论、学说和设计。但笔者认为，任何理论、学说和设计的生命力，不在于其言词表述的高深玄妙，而在于能否化解现代人类所面临的冲突和挑战的现实，即是否适应现代人类的利益和需要或时代精神的呼唤。若以此为价值标准，来审视一切文化，则无所谓西方文化与东方文化的绝对界限，也可以跳出传统与现代两极二分的框架。世人便可以转换视角，用一种新的"融突论"的和合观念，即和合而化生新生命、新文化的观念来思考 21 世纪人类文化战略问题，而超越长期以来纠缠不清而又道说不明的东、西（或中、西）和古、今（即传统与现代）文化论争的情结。

## 一、人与自然的融突

和合是 21 世纪人类文化的新世纪精神。人类的"地球村"意识和"太空船"意识，促使和合人文精神全球化发展，成为人类文化发展的共同基础。

### （一）古老与常新

和合作为人类文化发展的共同基础，在化解人类生存与毁灭的冲突，即人与自然的冲突中，究竟有什么功能、作用、价值和意义？

人与自然的冲突，是人作为人生存在这个自然世界以来就存在的古老而又常新的问题。原始人对自然既有破坏性的适应一面，也有柔顺性的适应一面。前者引起人与自然的冲突和紧张，后者引起人与自然的和谐与协调。这在巫术、图腾、神话以及原始宗教中都有所体现，反映了原始人的浑沌思维和直觉思维的特征。他们认为图腾集团的集体、个人、图腾物，都是融合不分的，其间有着某种血缘一样的关系。这样，他们在保护图腾物的形式下，而行保护自然环境之实。原始人与自然的冲突，没有对自然构成全局性或实质性的破坏，而这种破坏往往是为了生存的适应性。人与自然还处于浑沌状态。

从人与自然的浑沌融合中认识对待与冲突，又从人与自然的对待与冲突中认识融合与和谐。古希腊罗马的哲学家对此已有所表述。赫拉克利特认为，自然界一切事物都从对待中产生和谐，和谐是对立物的融合，相同的东西不会产生和谐，"相反的东西结合在一起，不同的音调造成最美的和谐"[①]。音乐融合各种不同的长短音和高低音，而构成和谐的乐曲。画

---

① 《赫拉克利特著作残篇》D.8，见《西方哲学原著选读》上卷，23 页。

面上的白、黑、红、黄各种不同颜色的融合，呈现为一幅逼真的绘画。自然界则是雌与雄的融合。这种既冲突又不冲突，既协调又不协调，既和谐又不和谐的融突论，涵摄了人与自然的关系。

如果说赫拉克利特的"和谐"是一种手段和方法，那么，毕达哥拉斯（Pythagoras，公元前 580 至前 570？—前 500？）的和谐说便是一种目的。他从音乐与数学的关系中，发现了和谐的观念。音乐节奏的和谐，是与声音的长短、高低、轻重等质的差分相联系的；质的差分是发音体（琴弦）在数上差分所决定的。这便是说，音乐节奏的和谐，由长短、高低、轻重不同的声音按一定数量比例构成。毕氏学派认为，宇宙中一切都存在和谐，和谐无时不有，无所不在。这种和谐便是"宇宙秩序"，是绝对的，是善和美。"美德乃是一种和谐，正如健康、全善和神一样。所以一切都是和谐的"[①]。毕氏学派揭示了自然宇宙的和谐关系，亦蕴涵了人与自然的和谐关系。然而，毕氏学派仅关注和谐，而对自然宇宙的冲突现象有所忽视，这是其失。和合学的融突论便弥补了这个不足。

毕达哥拉斯学派以平衡、秩序、和谐为宇宙的三大基调，是关于人与自然关系的古希腊罗马文化精神的体现。然而，到了中世纪，人与自然的亲密而有感情的联系之间，出现了上帝。超自然的上帝取代了洋溢着人文主义精神的、人格化的自然神，这样便从自然崇拜转换为对神的崇拜。一神论把人从自然生命中抽出，又把人和自然在神力下融合起来，这就使人产生了对自然的异己感和不负责任的态度，否定了泛神论的人与自然和谐融合的观念。但中世纪神学家托马斯·阿奎那（Thomas Aquinas，约1225—1274）差分了启示神学与自然神学，认为前者是不能用理性来证明的，它来自上帝的启示，后者能用理性来证明。这样哲学与神学、理性与

---

① 《古希腊罗马哲学》，36 页，北京，三联书店，1957。

信仰是可以融合的。于是他把上帝概念与古典世界观（亚里士多德哲学）关于自然与人的观念调和起来，展现了对人、人性和人的终极命运的关怀。

欧洲的文艺复兴运动，弘扬古代的人文主义理想和自然主义精神，把"以神为中心"的观念转换为"以人为中心"的观念。这个观念的转变，震撼了科学、哲学、艺术、文化各领域的灵魂，将人从宗教神学中解放出来，唤醒了人、人性的创造力精神，以及追求认识自然现象的热情。达·芬奇（Leonardo da Vinci，1452—1519）的杰作《蒙娜丽莎》绷缊着自然纯洁，洋溢着人性美的永恒微笑。他倡导学习自然，"画家如果拿旁人的作品做自己的标准或典范，做画出来的画就没有什么价值；如果努力从自然事物学习，他就会得到很好的结果。"[①] 这体现了人与自然融合的文艺复兴时代的精神，人性的即自然的，自然的即人性的。这便是人与自然的融突和合。

17、18世纪，西方的机械加工技术和时钟设计制造推动了力学的进展，矿井抽水问题要求人们对新的动力装置进行研究。于是，牛顿创建了经典力学。这是一个力学的时代，人们习惯于用力学的观念去解释一切现象，构成了人对自然认识上的机械自然观。这种机械自然观具有明显的机械性、僵死性和停滞性，它割裂了自然界的各个组成部分的有机的整体性，妨碍了对人与自然间普遍联系的建构。这便是人与自然二分模式。

尽管17、18世纪机械自然观占主导地位，人与自然二分模式成为时代思潮，但一些思想家仍对人与自然关系作融突论的理解。孟德斯鸠认为，地理环境，特别是气候是影响人的心理和民族性格的最强有力的力量[②]，并将人与自然、人与环境在地理环境决定论的观念下融合起来，具

---

① 《西方文论选》上卷，183页，上海，译文出版社，1981。
② "气候的影响是一切影响中最强有力的影响"（[法]孟德斯鸠：《论法的精神》上册，311页，北京，商务印书馆，1961）。

有人与自然冲突融合的意蕴。

19 世纪自然科学的发展超越了上个世纪分门别类地搜集材料的科学阶段，而进入理论整合阶段。特别是能量守恒和转化定律、细胞学说和生物进化论的诞生，标志着自然发展观和普遍联系观的确立，人与自然关系亦在辩证思维方式的审视下，获得了和谐。康德讲"人为自然界立法"，人是有秩序的自然界的"最后目的"，没有人类的存在，即使自然生命如何符合目的，亦无意义。事实上他以目的论沟通人与自然，即把人与自然的和谐融合放置于审美的"主观的合目的性"之中。

谢林（Friedrich Wilhelm Joseph von Schelling，1775—1854）认为，自然与人都是绝对的产物。所谓"绝对"，又称"太一"（Zlle ein），或"无差异"，或同一的同一。在绝对中，对待冲突的两极，如主体与客体、人与自然、意识与存在都调和起来。这便是他的"同一哲学"。

黑格尔哲学把人与自然统一于精神不断上升的历史阶梯中，自然是绝对精神的一个发展阶段或环节，是绝对精神的外化或呈现。他在《逻辑学》中，从认识论角度提出了主体与客体统一问题，即把主体（人）、客体（自然）统一于认识活动的基础上，并把认识自然的理论态度同改造自然的实践态度统一起来。这样，黑氏把人与自然的统一看作绝对精神的展现。

费尔巴哈批判黑格尔在绝对精神范围内对人与自然的思辨统一，并以人本学观念解释人与自然的感性统一。费氏认为，人是克服了上帝与理性的抽象而为有血肉的活生生的感性的人。人从自然界发展出来，而为自然的一部分，涵摄了人与自然的统一融合。然而费氏只看到人的感性存在，却忽视了感性活动；只看到自然对人的作用，却忽视了人对自然的改造作用。因此，费氏的人与自然统一和谐是脆弱的。

纵观西方对于人类生存与毁灭的冲突，即对于人与自然关系理论的探索，可得到这样一些认识：其一，以西方人与自然关系为二分思维模式或为完全对立斗争的两端，并非准确和妥当，而是一种片面的观念。依据历史的考察，原始人、古希腊罗马以及文艺复兴时期，人与自然关系是从浑沌自然人论的冲突融合，到先在自然人论的冲突融合，再到理念自然人论的冲突融合的和合演化，其间虽有主张以人与自然二分思维模式来征服自然，视两者为对立冲突，特别是机械自然观割裂两者的关系，导致人对自然平衡的破坏，但不能把对立斗争的二分模式作为西方人与自然关系的唯一观念，其只是一种阶段性、历史性现象。

其二，人与自然关系理论的发展，基本上呈现冲突—融合—冲突—融合这样的形式，有时亦呈现和谐—对待—和谐—对待的演化理路。这种演化理路既贯通整个人类历史，亦存在于每一历史阶段。譬如文艺复兴是对古希腊罗马人与自然和谐论的回复，后来是机械自然观对人与自然关系普遍联系的割裂，之后再回到人与自然关系思辨的和谐论。

其三，在人与自然关系的融合或和谐中，各个时期的状况亦差异分殊：原始人以至古希腊罗马时代，人被融合于自然，自然居于主导地位，人逐渐从自然中觉醒；中世纪，人被融合于超自然的力量——上帝，人臣服于超自然的力量；文艺复兴以后，高扬人、人性，肯定人的能力、禀赋和活动，人的主导地位得到提升，人与自然地位逆转，自然融合于人。

其四，从认识论视野来观察人与自然关系：15、16 世纪具有美学的、人道主义的认识特质；17、18 世纪具有机械论的科学认识意味的特质；19 世纪具有辩证的哲学认识的特质，它已扩展到从科学的、伦理的、审美的角度把握人与自然的关系。

现代西方对人与自然关系更加关注，卢卡奇（Lukács György，1885—1971），法兰克福学派的霍克海默尔（Max Horkheimer，1895—

1973)、阿多诺（Theodor Wiesengrund Adorno，1903—1969）、弗罗姆
(Erich Fromm，1900—1980) 以及萨特（Jean-Paul Sartre，1905—1980）
等，对人与自然关系都有卓著的论述。① 实践中国际自然保护组织、绿色
运动、罗马俱乐部等的人与自然关系协调活动，也受到各国政府和人民的
支持和帮助。可见，融突的和合是西方的思维方式之一。

### （二）礼乐与儒道

有鉴于上述，我们不能简单地把西方思维方式归结为"倾向于形式
的、机械的、冲突的"，与其相对应的"中国传统思维方式则倾向于整体
的、辩证的、和谐的"②。应该说辩证的、和谐的也是西方思维方式，这
是中西之同；其异是这种思维方式的特征、功能、方法等方面的区别。

融突的和合是中国文化的普遍原理。这个普遍原理历经中国文化的
5 000 年演变，直至现代仍有其无限的生命力。和合作为中国文化人文精
神的精髓，它显明地体现在中国的礼乐文化之中。虽然礼乐两者性质、功
能有别，"乐以治内而为同，礼以修外而为异"③，但其终极目标，均是和
合。有异才能同，有分才有合，有冲突才有融合。"同则和亲，异则畏
敬"④，产生不同实践效果、效应，如和亲就无怨，畏敬便不争，以达到
和谐、和合。

和、和合观念源于中国上古的风俗习惯，即仪式。《尚书·尧典》
记载：

> 诗言志，歌永言，声依永，律和声，八音克谐，无相夺伦，神人

---

① 参见拙著：《新人学导论——中国传统人学的省察》，76、78 页。
② 成中英：《世纪之交的抉择——论中西哲学的会通与融合》，173 页，上海，知识出版社，
1991。
③④ 《礼乐志》，见《汉书》卷二十二，1028 页。

以和。夔曰：於！予击石拊石，百兽率舞。

这种敲击石磬、百兽率舞的仪式，融诗、歌、声、律、舞为一，以实现"神人以和"的目标。原始音乐以其强烈的节奏，激发人的情感，不仅改变人的心理状态，而且使人行动整齐。音乐这种神奇的力量，被当时人视为神的附体。人与神的"和"或和谐，是部族内部及人与自然和谐的基础与价值导力。

这种原始的风俗习惯反复多次而成为稳定的仪式，凡是上古的仪式，又与声即音乐相联系，音乐便成为仪式必不可缺的内容，无声（音乐）就不成其为仪式。这便是中国礼乐文化之所以不可分的源头。乐不仅是对人与神和谐的追求的表征，而且是对人与自然和谐的需求的表征。

在上古中国，乐与不同对象相对应，便开出两条不同的理路：一是乐与"风"（气候）相联系，而开出人与自然的和谐、和合；另一是乐与"味"相联系，而开出人与社会，人际等的和谐、和合。就前者而言，乐依风而得以传播，风体现了自然的变化、运动和威力。

> 夫政象乐，乐从和，和从平。声以和乐，律以平声……而行之以遂八风①，于是乎气无滞阴，亦无散阳，阴阳序次，风雨时至，嘉生繁祉，人民龢和利，物备而乐成，上下不罢，故曰乐正。②

原始仪式是舞、乐、诗、饮食的融合。舞所以随乐，乐节制于八音

---

① "八风"，韦昭注："正西曰兑，为金，为间阖；西北曰乾，为石，为不周；正北曰坎，为革，为广莫；东北曰艮，为匏，为融风；正东曰震，为竹，为明庶；东南曰巽，为水，为清明；正南曰离，为丝，为景风；西南曰坤，为瓦，为凉风"（《周语》下，见《国语》卷三）。风名与《说文》同，与《吕氏春秋·有始》《淮南子·地形训》异。《吕氏春秋·有始》作："何谓八风？东北曰炎风，东方曰滔风，东南曰熏风，南方曰巨风，西南曰凄风，西方曰飚风，西北曰厉风，北方曰寒风。"在甲骨文中，凤字被借用为指称风雨之风，作为祭祀对象为风神。风又为上帝的使者，听从上帝指挥，如东方之风曰劦，南方之风曰兑，西方之风曰丰，北方之风曰伇。

② 《周语下》，见《国语集解》卷三，111页。"龢"，《国语集解》作"歈"，今改正。

之器，而播八方之风，"夫舞，所以节八音而行八风"①。乐影响风，风
亦广播乐。"夫乐以开山川之风，以耀德于广远也，风德以广之，风山
川以远之，风物以听之。"② 乐沟通了人与风之间的关系，唤起了人与自
然气候之间的情感。中国农业文明的整个生产活动、社会活动，以至祭
祀和种种仪式活动，都通过乐、舞等方式，凸现人与神、人与自然的和
谐、和合。同时，风作为神的使者，亦具有沟通人与上帝的功能，使天
人融合。

由乐而风或气，以达人与自然的和谐、和合，它是整体性的、融突性
的和谐观。《周易》天、地、人三才的整体有序和谐，是生命生生不息的
创生力的无限展现。这种生命创生力之所以具有无限的魅力，是因为阴与
阳两种相对相关、相反相成、相斥相济因素，构成了生命生生的动能。如
"一气、二体、三类、四物、五声、六律、七音、八风、九歌，以相成
也"③，是不同因素相成而和谐；"清浊、大小、短长、疾徐、哀乐、刚
柔、迟速、高下、出入、周疏，以相济也"④，是对待、相反因素相济而
和谐。在这里，作为不同因素的相成和合与作为对待因素的相济和合，这
两种不同方式，都构成了天、地、人整体和谐的无限（"未济"）动能。

相成相济的诸因素，实是阴阳互动的差分融合，"一阴一阳之谓
道"⑤，道即整体和谐的表征。此道体亦即人与自然和谐的体现。在整体
和谐中，儒家从"万物皆备于我"⑥中，凸现主体精神及主体与天地万物
的融合。这个我与万物的关系，并非天地万物涵摄主体我，而是主体涵摄

---

① 《隐公五年》，见《春秋左传注》，46 页。"八音"是指由金、石、丝、竹、匏、土、革、木八
种不同材料制成的乐器，即钟镈、磬、埙、鼓鼗、琴瑟、柷敔、笙、管箫八种乐器所发出的声音。

② 《晋语八》，见《国语集解》卷十四，427 页。

③④ 《昭公二十年》，见《春秋左传注》，1420 页。

⑤ 《系辞上》，见《周易正义》卷七，78 页。

⑥ 《尽心上》，见《孟子集注》卷十三，101 页。

天地万物，因此我与万物、人与自然的融合方式，是尽心→知性→知天的外推式，而非格物→致知→正心的内修式。到《大学》《中庸》，再到宋明理学，就把这两种方式融合起来了。

儒道两家，都追求人与自然和谐或和合则同，但其进路有异。如果说道家蔽于天而不知人，则儒家有蔽于人而不知天之异。儒家以人道为核心，推己及人，成己成物，尽心知天，是因为儒家出治世而有为，追求由自我到社会到天地自然的和谐，在历史上出现了天人交合形态、相分形态、胜用形态、一体形态①等四种模式，对天（自然）与人的关系做了深刻的探索。如果说儒家是一种正（顺）向思维的话，那么，道家是一种负（逆）向思维。道家以天道为核心，由天道推向人道。人道要效法天道，即效法自然，这是因为道家出乱世而无为，无待有待，心斋坐忘，寄情自然，直接与自然合一，构成道家的圆融形态。

道家由天道体验人与自然的和谐，而不经过社会和谐这一层次，甚至抨击社会道德，绝仁弃义以及维护社会和谐的礼。儒家反之，通过修身养性，提升主体，或道德主体，即道德精神的形上化、本体化的进路，而达人与自然（天与人）的和谐。

> 大其心则能体天下之物，物有未体，则心为有外。世人之心，止于闻见之狭。圣人尽性，不以见闻梏其心，其视天下无一物非我。②

人心为万物之体，只有以心为体，才能视天下万物为我，才能"合天心"。这就是把心、道德主体上升为本体，以提升道德主体的进路，以达主体人与自然的和谐，即天人合一。

道家以提升自然主体的进路，求得人与自然、人与天的和谐、和合，

---

① 参见拙著：《新人学导论——中国传统人学的省察》，79～87 页。
② 《正蒙·大心篇》，见《张载集》，24 页。

而与儒家异趣。老子说:"人法地,地法天,天法道,道法自然"(《老子》第二十五章)。自然为自然而然,即不假人为或不受社会文化束缚的自然状态,"顺物自然而无容私"① 之意。人、地、天、道在自然原理下得以构成为有机整体。道取法自然,天、地、人亦取法自然。这里所说取法自然,并非讲道之外、道之上又有一个自然,而是道自己如此。假如天、地、人、道,都以"自然"为法则,那么人与天地自然界,以及人与天地之所以然之道,都可以获得自然而然的和谐。

儒、道关于人与自然和谐之进路虽异,然亦殊途同归,互补互济,相得益彰。中西文化由于其社会背景的差异,进路亦异。中国文化人文精神强调整体和谐,而涵摄部分和谐,包括人与自然天地的和谐;西方文化精神强调个体和谐,以个体和谐发为整体和谐,包括人与自然的和谐。西方文化虽强调个体和谐,但并不一定损害整体和谐;中国文化在强调整体和谐时,有时往往不太注意个体和谐的实在性。

中国天人合一的思维方式,"亲亲、仁民、爱物"的思维内容,自古以来,为化解人与自然的冲突,提出了许多卓越的、可资现代需要的思想资源。若对之加以很好地开发,定会在解决人类所面临的人与自然冲突中,发挥无限生命力。

### (三) 和谐与协调

在此世纪之交,人与自然关系问题已引起人们普遍关注,与上一个世纪之交大相径庭。人类社会在其自身发展过程中,具有很大的盲目性。如生态环境意识的缺乏,导致生态环境严重恶化。人类生存的最基本需要有两种:一是物质生活资料,二是适宜于生存的环境。这两方面都来源于自

---

① 《应帝王》,见《庄子集释》卷三下,294 页。

然界。人类片面地追求从自然界获取更多的物质生活资料，只看到人类自己生活资料的不可缺少和生活水平的提高，而不顾及对自然环境所造成的破坏，以致环境污染，产生生态危机。

长期以来，人类被一个错误的观念所捉弄，以为自然界储藏着取之不尽、用之不竭的自然资源，等待人类去开发。科学技术的进步又被人类错误地用来掠夺自然资源、满足自己的欲望，造成自然资源的枯竭。同时，由于人类对自然环境承负人类废物能力的误判，与对自然环境对废物的稀释能力和化学分解能力的错误估量，人类无控制地排放废物和污染物，亦造成环境污染和生态破坏。

这种价值观念的误导，致使人与自然的冲突激化，甚至使人类面临生存与毁灭的危机。如何化解人与自然毁灭与生存的冲突？既不能依靠神灵的恩赐来化解，也不能依靠把人规定为抽象化的符号的这种"符号的动物"来解决。只能依靠人是会自我创造的和合动物的理解，凭借人自身创造高科技成果和强大能动力，运用高科技手段，使人与自然之间的能量、物质、价值交换达到更新更高水平，而且能在自我规范（控制、约束）过程中，创造人与自然最优化、最和谐发展的环境，创造人与自然生态的内在一致、协调平衡发展关系。

"人是会自我创造的和合存在"[1]，人类只有依靠自我的创造性，才能消除生态危机、环境污染、资源匮乏、人口爆炸等灾难性挑战。如果说人类曾把自我欲望的无限性转换成向自然索取的无限激情，那么，当今人类应把人的自我欲望的无限性转换为保护自我生存环境和资源的无限激情。人应该与自然作怎样的规范，即人类面对生死抉择应如何应对？

1. 人与自然的一体和谐律，是指人类命运与自然命运息息相关、共

---

[1] 这个规定是针对卡西尔《人论》中以"人为符号的动物"而提出的，是对人的重新规定。

处共存、共衰共灭的关系。人与自然的和谐，必须以爱为基础，无爱心，就不会真正维持和谐。儒家主张"仁民而爱物"①，朱熹注曰："物谓禽兽草木，爱谓取之有时，用之有节"②。人对自然（禽兽草木）的取与用要有时、有节，即按照农时和有节度，不要破坏草木生长的季节和乱砍滥伐。这样才能在人与自然关系的运作上获得和谐，而共处共存。

宋明理学家提出"天地万物与吾一体之仁"，张载则把人与天地自然关系，比作生吾人类、养吾人类的父母，"乾称父，坤称母"，"物吾与也"③，乾为天，坤为地，这种天地自然是人的父母的观念；人与万物是平等的同伴的观念，可转换为人与自然犹如人与自我父母的关系，人与万物犹如人与自我兄弟朋友的关系，这样关系的核心内涵是亲爱的、道德的展现。在这种展现的基础上，建构人与自然的和谐，便可以化解冲突，协调各方面的关系。

一体和谐律，或称一体和合律，虽在广度与深度上大大超越中国古人"天地万物与人原是一体"的观念，但从形式上看，是一种复归；从内容上看，古人实践范围的狭隘性和低水平，与现代建立在人与自然高度分化和发展基础上的一体和谐律大异其趣。这里所说的"一体"，是指人与自然全面的、整体的相互依靠、和谐关系，使自然的外在尺度和人的内在尺度，构成观念上的融合。

2. 人与自然的优化协调律，是指人的活动与自然之间最大的合理与协调，构成人与自然最优化的理性和合。这种理性和合，就其外在准则而言，人认识、把握自然，人与自然相互交换活动和相互作用，以及人把自己作为客体而加以认识的人类发展过程，构成人控制、利用、改造自然的整体外在准则；就其内在准则而言，人必须以道德的而不是非道德的，理

---

①② 《尽心下》，见《孟子集注》卷十四，109 页。

③ 《正蒙·乾称篇》，见《张载集》，62 页。

智的而不是非理智的，审美的而不是丑恶的态度对待自然，与自然发生交融。这就是说，人与自然不仅是一种理性的、审美的关系，而且是一种道德关系。这种关系要求以理性的、道德的、审美的评价和功能来协调人对自然的作用。譬如人类自身再生产，必须在不损害环境和不耗尽可合理利用的不可再生资源的情况下，以及提高人类生活质量和延长有活力的寿命情境下，控制人口指数，使其适应于地球资源供养能力，与自然环境人口容量取得协调发展。经济再生产与自然再生产要协调，自然再生产是按照自然环境、气候等有规律、有序地进行的，如农、林、畜、渔、矿业等，经济再生产的增长，必须与自然再生产的周期补偿相协调。若破坏其间协调，经济再生产亦难以进行。经济系统与生态系统要协调，由人类生产、分配、交换、消费、积累等经济活动所构成的经济系统，必须与生态系统相结合，使两者获得良性循环。

人以自己科学的、道德的、审美的生态观念、意识，指导改造、利用、干预自然的实践活动。中国《吕氏春秋》十二纪纪首所载，实为农业活动的法典，亦是保护自然环境，使经济活动与生态活动协调发展的规定①，这种规定作为政令，亦具有法律的效力，使人与自然的和谐有一种典章制度（礼）的保护。现代的生态观念又超越古代，具有现代性。如生态科学意识，是指以理性方式把握生态系统和规律，并预测未来生态状态。生态道德意识是对人与自然之间道德关系的把握，亦是对生态环境的一种价值意识。某人、某集团、某国为了自己的局部利益而破坏自然环境，就是破坏他人、他集团、他国的生存环境。这就是说，人与自然的道德关系，说到底亦是人与人之间的道德关系的一种表现形式，因此，世界各学科的学者呼吁环境伦理，建构生态伦理学或自然伦理学。生态道德意

---

① 参见《吕氏春秋》的《孟春》《仲春》《季春》《孟夏》《仲夏》《季夏》《孟秋》《仲秋》《季秋》《孟冬》《仲冬》《季冬》等纪中关于阴阳气候、天象、物候、政令、人事的记载。

识在人与自然和谐、和合的过程中呈现出对人类命运和前途的关怀与尊重生命的情感。生态审美意识是对人与自然关系美丑属性的体验。人既有生存的功利需要，亦有自由地表现自己生命的非功利的精神愉悦需要。人与自然的和谐、协调发展，使自然环境成为人类自由表现生命的宜人的空间，促进建构环境美学或生态美学。

生态观念意识结构是促使人与自然和谐、协调发展的重要因素，创造一个消耗最小而收获最大的人与自然最优化关系。人与自然的一体和谐律和优化协调律，是融突论和合的展现。它为人作为类存在创造了安身立命的大环境，若无此真善美融合的安身立命的生态环境，也谈不上安身立命的社会生态环境或个体生态环境。

现代人与自然关系中的生态危机，说到底是道德和精神危机。笔者提出和合学，目的是建构新的和合道德与和合精神观念，以解决人类所面临的这一危机。具体地讲，就是孔子所说的"己所不欲，勿施于人"；老子讲的"我有三宝，持而保之；一曰慈，二曰俭，三曰不敢为天下先"（《老子》第六十七章）。其中蕴涵着仁爱、宽容、简朴、自然的道德精神，这种道德精神深层意蕴和宗旨，便是和合。

## 二、人与社会的融突

人与自然关系的融突和合，是通过人与社会关系这个中介来实现的。当人以共同体的社会力量改造、利用、开发自然时，社会既是个人从自然中获得自由的中介，亦是已在人之中失掉自由的要素，人就在这两难中生活和活动。在社会历史的实践中，人与自然关系的和谐，人与社会关系的和谐，可构成整体结构。人与自然关系既可产生一定社会关系形式，亦可在一定社会关系形式中运行。

## (一) 中西融突的路向

中西文化中和、和谐观念，都与音乐相关。希腊文化揭示音乐的奥秘在于数，数完善音乐的和谐，既是音乐美的本质，亦是一切艺术本质。毕达哥拉斯学派认为"音乐是对立因素的和谐统一，把杂多导致统一，把不协调导致协调"①，提出有限与无限、奇与偶、一与多、右与左、阳与阴、静与动、直与曲、明与暗、善与恶、正方与长方等十个对立面的和谐。这与中国晏婴所说的相成、相济的和谐有相似之处，意蕴着人与自然和人与社会的和谐。

赫拉克利特的和谐是从对立面的"斗争所产生的"②，"在对立物中，引起世界变化的，是所谓战争与冲突"③。由斗争和冲突，而达到和谐，涵摄人与社会的和谐。中国文化中人与社会的和谐，同源于音乐，但却有其独特的韵味。假如说人与自然和谐是乐与风的联结，则人与社会的和谐是乐与味的联系。上古时代的帝王每食必乐，诗、乐、舞、食的仪式，亦来自原始仪式，其表层的功能虽在于帝王的身心和谐和健康，而实关系着社会的方方面面的和谐。"五味实气，五色精心，五声昭德，五义纪宜，饮食可飨，和同可观"④。与饮食有关的味、色、声、义，便可导致实气以行志，昭德而政平乐和，伦常序而纪宜，和同之用行而德义可观。这样便从饮食的味而推及社会政治、伦理等和谐。

由乐→味→政的推演，凸显了乐的政治功能。

> 口内味而耳内声，声味生气。气在口为言，在目为明。言以信

---

① 北京大学哲学系编：《西方美学家论美和美感》，14 页。
② 同上书，15 页。
③ 周辅成编：《西方伦理学名著选辑》上卷，10 页，北京，商务印书馆，1964。
④ 《周语中》，见《国语集解》卷二，60～61 页。

名，明以时动。名以成政，动以殖生。政成生殖，乐之至也。[①]

口食五味，耳乐五声，味声而志气生，气表现为不同的器官为言为明，名便是号令，号令所以成政，政和而生殖，就达到至乐。味与社会政治和谐有着直接关系。"若视听不和，而有震眩，则味入不精，不精则气佚，气佚则不和"[②]。这是从否定方面来肯定味→气 $\left\{\begin{array}{l}言—信名—成政\\明—时动—殖生\end{array}\right\}$ 乐→和谐的逻辑推演的合理性。换言之，便构成味和、气和、言和、明和、名和、动和、政和、生和、乐和。这就是饮食的味和与人体之气的联系，其构成了人与社会和谐的基础。所以孔子主张："食不厌精，脍不厌细。食饐而餲，鱼馁而肉败，不食"[③]。这也就是中国古代把烹饪用的鼎作为国家的象征的原因所在。

以味作为沟通乐与政、礼与政之间关系的中介，是中国文化的特征，而与西方文化以数或斗争来沟通乐与政之间关系相异趣。

### （二）人文生态的危机

人与社会的冲突，在现代社会中，已严峻地摆在人们的面前。人类已面临着财富与人生意义的抉择。人活着为什么，人怎样安身立命，人怎样建造自己生存的社会环境，人怎样创造美好的社会人文生态氛围，都是需要思考的问题。在与群体、社会、国家的交往中，有人丧失了人之所以为人的气味，或损公肥私，吸毒贩毒，纸醉金迷；或制造假酒假药，谋财害命；或贿赂公行，腐败堕落；等等。这是泯灭人性，污染人自己生存的社会环境。

---

① 《周语中》，见《国语集解》卷三，109～110 页。
② 见上书，110 页。
③ 《乡党》，见《论语集注》卷五。

在这种社会环境的污染下，社会人文生态环境也会恶化。人与社会冲突的这种现象，不同国家不同程度地、以不同形式表现出来，是人类所面临的共同课题。治疗人与社会的冲突，和谐人与社会的关系，需要有儒家积极参与社会的精神，即入世的精神。孔子的"泛爱众""博施于民，而能济众"①，是对于社会的关怀和高度责任感，继而便发展为承担责任的博大情怀。这里所谓承担责任的内容，包括两个方面：

1. 自我关怀。孔子说："德之不修，学之不讲，闻义不能徙，不善不能改，是吾忧也。"② 孟子说："君子有终身之忧，无一朝之患也。乃若所忧则有之；舜，人也；我，亦人也。舜为法于天下，可传于后世，我由未免为乡人也，是则可忧也"③。儒家之所忧，是忧社会的每个个体的品德、学问、道义没有得到很好的培养，而导致整个社会人文生态环境的恶化。因此，儒家要求主体自我道德生命的提升。舜与我都是人，舜能做到的，我也能做到。为什么舜为天下人的模范，而我不能呢？这种强调个体内圣的心性修养，是为了社会整体素质的提高，而开出新外王。

2. 群体关怀。"世衰道微，邪说暴行有作，臣弑其君者有之，子弑其父者有之。孔子惧，作《春秋》。《春秋》，天子之事也。是故孔子曰：'知我者其惟《春秋》乎！罪我者其惟《春秋》乎！'"④ 孔子之惧，是惧社会生存环境和社会人文生态环境的败坏，是惧社会基本道德、秩序、伦理、制度、政治等方面的原理、原则、规范的沦丧，而导致社会动乱，人民涂炭。因此，儒家要求群体道德生命的提升，而能"君子安而不忘危，存而

---

① 《雍也》，见《论语集注》卷三，26 页。
② 《述而》，见上书卷四，27 页。
③ 《离娄下》，见《孟子集注》卷八，65 页。
④ 《滕文公下》，见《孟子集注》卷六，48 页。

不忘亡，治而不忘乱，是以身安而国家可保也"①。居安思危，治不忘乱，是一种"君子终日乾乾，夕惕若厉"② 的精神。这种先天下之忧而忧的精神，是对于群体的关怀，是国家兴亡匹夫有责的社会群体责任意识。将这种责任意识推己及人，及至万物，以行救世济民的仁政于天下，而与民同忧乐。"为民上而不与民同乐者，亦非也。乐民之乐者，民亦乐其乐；忧民之忧者，民亦忧其忧"③。这是以民众的忧乐为忧乐的心理情感，只有以民众的忧乐为忧乐，民众才会以社会、国家的忧乐为忧乐。

当今人类不仅要提高自然生态意识，而且要提高社会人文生态意识。如果说，自然生态意识是对人与自然关系一种自觉的把握，是对现实生活中的反主体性效应的一种否定和批判意识，是人对自我在宇宙中的地位和作用的价值意识，那么，社会人文生态意识是指对人与社会关系的有关观点、理论和情感的总的把握，是人要求适宜的生存条件和人文环境的需要的意识，是人的社会道德、责任、义务和忧乐的人文意识。人文生态意识说到底是人生存、为什么生存和怎样生存的意识，其间包含价值和意义意识。

人文生态价值和意义，是基于人的需要的创造，展现人文价值理想，构成一般人文价值尺度、价值原则和多样价值目标、价值取向。帛书《易传》的人文生态精神体现了现实世界（已然）与理想世界（应然）的价值意蕴。人的生存包括生存所需要的自然资源和环境，以及社会环境和人文生态环境的创造。帛书《易传》将其表述为天、地、人的关系，《易之义》④ 讲天道、地道、人道为阴阳、柔刚、仁义。阴阳和柔刚具有自然价

---

① 《系辞下》，见《周易正义》卷八，88 页。
② 《乾·九三爻辞》，见上书卷一，13 页。
③ 《梁惠王下》，见《孟子集注》卷二，11 页。
④ 《易之义》本无篇题，张政烺等学者以为是《系辞》的下篇，愚认为是单独一篇，并定篇题为《易之义》。参见拙作：《〈周易〉帛书浅说》，载《中国文化与中国哲学》（1988 年号），北京，三联书店，1990。

值，而这种自然价值实是人文化了的自然人文，即自然的人化；仁义作为人道原则，蕴涵着内在人文生态价值。帛书《要》篇陈述为：天道之所以立之阴阳，是因为不可以日月生（星）辰尽称之故；地道之所以律之柔刚，是因为不可以水火金土木尽称之故；人道之所以要之上下，是因为不可以父子君臣夫妇先后尽称之故。这就是说，帛书《易传》的人文生态精神要求超越对象自然和主体人自身的自然形态，而赋予自然以人文生态意蕴，赋予人道以人文生态价值。这便是对不可以"尽称"的"尽称"的追究的回应。

帛书《易传》要求超越对象自然和主体人自身的自然形态，而赋予主体人以人文生态。帛书《易传》对人文生态世界所应然和所以然的规则，以及对自然的人化和人的自然化的定位，均导向人文生态世界的文化价值层面。当帛书《易传》对天、地、人三道内在价值意蕴作反思时，其所感受到的是人的主体性确立的力度。

> 损益之道，足以观天地之变，而君者之事已。是以察于损益之总
> （？）者，不可动以忧（惠）。故明君不时不宿，不日不月，不卜不
> ［筮，而知吉与凶，顺于天］地之也，此胃易道。①

主体排除一切异己力量的干扰和支配，独立自观天地的变易，便具有"参天两地"的功能，而赋予天地自然以价值和意义。人在创造天地自然的价值、意义中，获得自身的价值和意义。这便是天、地、人圆融之道，亦是对象自然世界和主体人自身自然状态的超越。这种超越的自觉意识，才不至于使人陷于禽兽之行而不能自拔，利欲熏心而溺于丑恶，是优化人文生态环境的生命力。

---

① 陈松长、廖名春：《要释文》，见《道家文化研究》第三辑，435 页，上海，上海古籍出版社，1993。试补 ［ ］ 之缺字据池田知久：《马王堆汉墓帛书周易要篇的研究》，见《东洋文化研究所纪要》第一百二十三册。

作为超越自然状态的人文生态价值，是对于德义的追寻。帛书《二三子》①《易之义》开章即明德义。"易屡称于龙，龙之德何如？孔子曰：龙大矣。龙荆䂮遟，宾于帝，倪神圣之德也"②。龙不仅是乾卦的象征，也是坤卦的象征，这是因为龙能阳能阴。龙一体二能，统摄乾坤、天地、阴阳，而构成中华民族人文精神的表征。阴阳是龙的德义的超越层面，即人文生态的理性价值。

龙之德义的实践理性层面，即社会人文价值而言，是成德之教。

> 易曰："龙战于野，其血玄黄。"孔子曰：此言大人之广德而施教于民也。夫文之孝，采物毕存者，其唯龙乎？德义广大，鸣物备具者，[其唯]圣人乎？③

这种宝德施教观念，在中国古代具有重要的作用和影响。它在完善社会政治制度，提高人的道德水准，安定社会秩序，改善人文生态环境等方面，都有显著的效果。宝德施教是一种人文的关切，它是人之所以为人的价值自觉，是人超越自身自然状态而承担人的社会本质的一种肯定，是对人的内在人性价值的确认。它不是第一的外律法教，而是内在自律的德教。法教可以把人作牛马看待，而少了一份人文的关怀；德教是把人作人看，是对人的基本的尊重，以爱人为出发点，因而多了一份人文的关怀。"安地厚乎仁，故能既（爱）"④。这种尊重人、爱人的人文原则，是人文生态环境优化的内在生命。

宝德施教的人文关切体现在人化社会关系中，是对于礼文化的重视。

---

① 自 1973 年帛书《易传》出自马王堆后，便定此篇为《二三子问》，笔者认为应以《二三子》为篇题。参见拙作：《帛书〈易传〉的时代和人文精神》，见《国际易学研究》第一辑，71 页，北京，华夏出版社，1995。

②③ 廖名春：《帛书〈二三子〉释文》，见《国际易学研究》第一辑，8 页。

④ 张政烺：《马王堆帛书〈周易·系辞〉校读》，见《道家文化研究》第三辑，29 页。

"是故履，以果行也；嗛，以制礼也……益，以兴礼也"①。礼是主体人在人与社会关系中自己定位自己的、安身自己的设计，它把群己、义利、理欲、经权等基本价值关系统统糅合起来，以便最大限度地发挥其和谐、协调功能，使人与社会有序化。礼在广义上是文明的象征，具有人文生态的价值。即使在现代社会，礼仍然是精神文明的一种表现。

人文（人道）世界所应然和所以然的规则，首先是对人的生命和人生意义的关怀。这种关怀的价值取向，包括人与自然、社会冲突的和谐、协调和平衡，这即是"和"。"和"是人文（人道）世界的价值理想。《易之义》说："天地相衔（率），气味相取，阴阳流刑，刚柔成□，万物莫不欲长生而亚（恶）死，会□者而台作易，和之至也。"② 在这里，原在的天与地、柔与刚、阴与阳的冲突，得到化解，由相反相成而达到和合的理想境界。

和合作为人文（人道）世界的所应然和所以然的规则，是以道德理性为基础的人文关怀。《易之义》曰：

> 作易者，其又患忧与？上卦九者，赞以德而占以义者也。履也者，德之基也。嗛也者，德之柄也。复也者，德之本也。恒也者，德之固也。损也者，德之修也，益[也者]，德之誉也。困也者，德之欲也。井者，德之地也。涣也者，德制也。是故占曰：履，和之至……③

从德之基、柄、本、固、修、誉、欲、地到德制，陈述了人文社会道德形成的过程及道德的自调节功能。道德之所以发生，是基于社会人文生态的恶化或危机。诚如老子所说："大道废，有仁义"（《老子》第十八

---

① 廖名春：《帛书〈易之义〉释文》，见《国际易学研究》第一辑，24 页。
② 陈松长、廖名春：《〈易之义〉释文》，见《道家文化研究》第三辑，429 页。
③ 同上书，433 页。

章）。人文生态环境的混乱、大道的沦丧，才发生道德。道德的自律和人的自我完善，是社会人文生态环境优化的保证。

基于此，人文（人道）世界的所应然和所以然的和合规则，其所建构的人文世界的理想社会，便是一个和谐、协调的社会。无论是道家老子的小国寡民的"甘其食，美其服，安其居，乐其俗"（《老子》第八十章），即甘美安乐的和谐的社会，还是孟子"五亩之宅，树之以桑，五十者可以衣帛矣。鸡豚狗彘之畜，无失其时，七十者可以食肉矣。百亩之田，勿夺其时，八口之家可以无饥矣。谨庠序之教，申之以孝悌之义，颁白者不负戴于道路矣"① 的丰衣足食、老幼有养、学校教育、孝顺父母、敬爱兄长的和谐社会，这两种社会理想，其目标都是世界大同，都是建构在农业文明基础上的社会理想，也是当时人文生态环境最美好的境界。

这种社会理想，后来《礼记·礼运》篇作了概括：

> 大道之行也，天下为公。选贤与能，讲信修睦。故人不独亲其亲，不独子其子，使老有所终，壮有所用，幼有所长，矜寡孤独废疾者，皆有所养。男有分，女有归。货恶其弃于地也，不必藏于己；力恶其不出于身也，不必为己。是故谋闭而不兴，盗窃乱贼而不作，故外户而不闭，是谓大同。②

郑玄注"大同"之"同"，"犹和也"③，故大同世界即大和世界。这种完美的社会生存环境和人文生态环境，蕴涵着道家的自爱、儒家的仁爱和墨家的兼爱的意蕴，只有如此，这种大和或大同的世界的社会理想才有活力或生命力。这对于现代社会的世界新秩序的建构，有积极的借鉴意义

---

① 《梁惠王上》，见《孟子集注》卷一，2～3页。
②③ 《礼运》，见《礼记正义》卷二十一，1414页。

和价值。现代社会要解决社会生存环境和人文生态环境的恶化问题，也有待实现大同或大和的世界的社会理想。

### （三）富裕文明与友爱

如何化解人与社会的冲突？这是 21 世纪人类所面临的课题。人类应如何完善自己的生存环境？如何创造社会人文生态新环境？如何建构理想社会？在人与社会之间的交往活动不是越来越疏离，而是越来越密切，社会的权力和功能愈显突出之时，时人不能不思考为人类自己寻找一个安身立命的处所。笔者曾提出将富裕、文明、友爱[①]，作为现代人与社会关系的原则、原理。

富裕，是指物质的富裕和精神的富裕。高科技为人类带来巨大财富，使人类跨上富裕的骏马。随着冷战的结束，工具理性的市场经济被普遍认同，区域化的经济和合也进展迅速，如"欧洲联盟"（EU）、"北美自由贸易区"（NAFTA）、经合组织和构想中的"亚洲共同市场"等。进步的通信技术使全球经济和合体加速形成，并由区域性经济和合体导致区域性政治和合，而为各不同文化、政治、社会传统的国家，创造一个和合的国际大环境，为各国、各民族的富裕带来福音。

但是，后冷战时期已开发国家与开发中以及转型中国家所面对的共同问题是，分配不均与人民贫穷，社会的财政收入与预算支出无法平衡，以及受到以经济困难为主的新移民潮的冲击，进而都可能爆发争夺生存资源的局部的冲突或动乱，而带动国际世界的变动。

富裕，使人民都具有适当的经济条件与社会财富的适当、合理的分配。现代人尊重每个靠劳动致富的睿智多能之士，而又不在金钱面前丧失

---

① 参见拙著：《传统学引论——中国传统文化的多维反思》，319～320 页。

自尊和人格；每个人都希望通过自己的劳动得到财富，但绝不能忘掉道义和他人的贫困。

> 富与贵，是人之所欲也；不以其道得之，不处也。贫与贱，是人之所恶也，不以其道得之，不去也。①

发大财，做大官，是人人希望得到的，但不能用制造假冒伪劣的产品或贩毒贩黄等犯法的、不道义的手段发财致富，也不能用偷盗抢劫、谋财害命的违法、不道义手段来摆脱自己贫困的处境。

孔子认为，应藏富于民。"百姓足，君孰与不足"②。"丘也闻有国有家者，不患寡而患不均，不患贫而患不安。盖均无贫，和无寡，安无倾"③。"不患贫"，在现代来说有其失。但任人求富，国家在分配方面加以控制和调整，在尽可能的力度内，走共同富裕的道路，有其可取性。这也是老子所主张的效法天道的均衡协调精神。"天之道，损有余而补不足"，而反对现实社会的"损不足以奉有余"（《老子》第七十七章）。在现代，"损有余"，倒不必，但有余者应该自律。中国采取"扶贫工程""希望工程"，以及先富者帮助贫困户等，都是为了消除现代社会贫富不均而可能造成的动乱和不安定因素，达到人与社会的和谐。

一个国家的动乱和不安定，有可能带动国际社会的动乱和不安定。现代富裕国家对贫穷国家的压迫，跨国公司对第三世界的剥削，经济大国对发展中国家的经济殖民，以及减少对其经济援助，这种贫富对立，潜藏着动乱危机。因此，富裕的、发达的国家及跨国公司应该以一种新的国际社会地球村的价值观、伦理观，扶助贫穷国家脱贫致富，不要以种种借口压抑、制裁发展中或转型中国家，或以公平贸易为名，而行贸易保护主义之

---

① 《里仁》，见《论语集注》卷二，14页。
② 《颜渊》，见上书卷六，51页。
③ 《季氏》，见《论语集注》卷八，70页。

实。凡此种种，从长远眼光来看，必然危害自己。国际社会在地球村观念下，亦应建构共同富裕的观念①，实现世界大同的理想。

物质的富裕并不等于精神的富裕，甚至恰恰相反，在物质生活和享受上穷奢极欲，而精神世界极度空虚和孤独。从人与社会的角度而言，要关心、支持、满足人的精神生活的需要。在文学艺术、电影电视等创作中，要高扬生命和合精神。具体讲便是形上、道德、人文、工具、形下、艺术、社会、目标八维和合。要获得精神富裕，不仅要进行道德修养，有遵守职业道德的自觉，升华精神世界的层次，而且要有高度的社会责任意识，而引发出对社会群体关怀，便能得到精神的充实、寄托和慰藉。

文明，是指物质的、精神的、制度的文明，每个人都应该把个人纳入创造这三个方面文明的轨道，改造、转变社会人文生态不文明的、丑恶的现象。物质文明是精神文明的物质基础，诚如管子所说："国多财，则远者来；地辟举，则民留处；仓廪实，则知礼节；衣食足，则知荣辱；上服度，则六亲固。"（《管子·牧民》）礼节观、荣辱观都是在一定物质条件下的社会文明的表征。然而，尽管物质文明达到了一定程度，但精神文明独立于物质文明。况且物质文明需要精神文明的指导，一定阶段的经济形式，需要精神文化的支撑和某种文化力的驱动。虽然市场经济被普遍接受，但其内在所蕴涵的深刻的文化精神、文化指向以及其社会文化背景，各个国家、民族异趣。因而，其实践的形式、方法、过程、效果亦大相径庭。发达国家既不要干预，也不要以单一模式强行，而应顺其自然，追求

---

①　1995 年 3 月 6 日，联合国社会发展世界首脑会议在哥本哈根开幕。会议目的是磋商在后冷战时代对人类构成威胁的贫困和失业问题，争取建立公正而平等的世界环境。首脑宣言草案提出 1996 年是"国际消除贫困年"，发展中国家要求取消外债或减少偿还债务，而日本和美国等发达国家予以抵制（参见《参考消息》，1995-03-08）。法国《解放报》3 月 6 日发表玛丽尔·科尔松的《一颗名为"不平等"的炸弹》的文章，指出："富裕国家已开始认识到，弥补它们与最穷国家之间的鸿沟不仅仅是一种人道主义思想，而且是国际安全的一种迫切需要。"

各民族、国家的特殊发展模式，即同归而殊途，这里所说的"同归"，即大同世界或大和世界。

精神文明的核心是爱，爱自然、爱社会、爱国家、爱人民、爱父母，这是净化社会人文生态环境的生命力之所在。然而，精神文明需要制度文明来保证。譬如民主和法制，在转换中国传统文化中的儒家民本和法家法治思想的同时，吸收西方现代启蒙精神中科学、民主、自由、平等、法制、人权、理性等资源，建构民主法制制度，这是社会文明和优化社会人文生态的重要措施。新加坡社会通过共识而形成五大社会伦理或价值中心①，这不仅可抑制西方化的极端个人主义、残忍竞争和经济滞涨等弊端，而且可协调、和谐社会冲突和对抗，转换发展中国家的人文生态环境。文明是一面镜子，它照出了人类社会的丑恶，也给人类带来希望之光。

友爱，是人类社会生命的内在动力。爱不是智力因素，却是人获得力量的深厚源泉，是人感受生命温暖的伟大情怀。在现代社会，人与人之间、国与国之间、地区与地区之间、种族与种族之间、宗教与宗教之间、东方与西方之间、文明与文明之间，都要友爱。有友爱，人、国、地区、种族、宗教、东西方、文明之间才能彼此友好相处，人们都生活得安宁、愉快、幸福；才能彼此都实现幼有所抚，老有所养，残有所依。人、国、地区、种族、宗教、东西方、文明之间都要相互宽容、和平、友好交往相处，化解对抗、动乱、战争。大国与小国、富国与穷国要尊敬互让、平等互利，不要搞大国主义、霸权主义、殖民主义。爱，给予人类生命的阳光，它使人觉醒，使人超越，迈向融突而和合世界。在当今科学技术高度发达，资讯以各种方式（包括"信息高速公路"）迅速传递，世界愈来愈

---

① 五大社会伦理和价值中心指："一、社会、国家高于个人；二、家庭是社会组织的基础；三、社会、国家对个人的尊重；四、协调而不是抗争才是解决冲突的正常途径；五、种族与种族、宗教与宗教、语言与语言的和谐"（杜维明：《对儒学资源的汲取应有迫切性》，载《光明日报》，1994-10-30）。

小，国际社会犹如一个"村"的情况下，倘有害人之心、之行，最终必将贼害自身。

富裕、文明、友爱是和谐人与社会关系的三宝，其价值导向是实现大和世界，即大同世界。

## 三、人与人的融突

人生既有对社会需要的索取，也有对社会奉献的牺牲，两者既冲突又融合。社会的活动运行，是人的活动运行；社会的生命，其源在于人的生命。"故人者，天地之心也，五行之端也，食味、别声、被色而生者也"①。张载所说的"为天地立心，为生民立命"，其意蕴相近。社会的基本关系是人与人的关系，即人我关系。人我的和谐，是社会和谐的基础。

### （一）人我与安身

人一呱呱落地，便处于人我关系之中。父母、兄弟姐妹、老师同学等，无时无刻不同你发生关系，构成了社会的最基本、最普遍的关系。我即自己，或称己，构成关系的主体方面；他人、别人，构成关系的客体或对象。然而，在我以外的个体人，都有他的自我或主体，以他的自我为中心，又构成一系列人我关系，它是一切人际关系的核心。因此，人我（人己）关系是一个复杂的总体。

所谓复杂，是指"观"的差异。从其自然性而观，人有体魄、年龄、性别、强弱、高矮、姿态、美丑之异；从后天性而观，人有气质、性格、操行、情感、智愚之别；从社会性而观，人有民族、宗亲、尊卑、贵贱、贫富、国家以及受教育、风俗、习惯、信仰等之差分。它们构成了地缘、

---

① 《礼运》，见《礼记正义》卷二十二，《十三经注疏》本，1424页。

人缘、亲缘、业缘、情缘等错综复杂的人我关系系统。

我是人我关系交往活动的中心。虽然在历时性的过程中，这种关系受到血缘的、宗法的、阶级的、宗教的制约，我的自主性、自为性受到了削弱，但我在艰苦的磨炼中，仍然是一个自明、自宰、自动、自觉的主体。这就是说，人在实践中必须把自己对象化于他的创造物中，即物化中，才有可能把自己作为活动者与自己活动的结果区别开来，而有"自我"与"我的"之分，即自我在对象性关系中（我与他人、我与社会、我与自然）、对象化产品中，对自身及其与对象世界关系的意识自觉。这样，便有了自我意识、自尊意识、自重意识、自立意识的觉醒，人与人的关系，才有真实的基础。

### （二）爱人与兼爱

这种自我与他人、我的与他的意识和行为，特别是人我都在追求、索取同一目的和同一事物时，人与我之间的需要和利益的冲突，就是不可避免的。但人与人决不能时时刻刻在冲突中生活。人类社会之所以延续下来，人的生命之所以绵延不绝，都在于人与人的冲突融合的和合。"和实生物"，人类社会、人的生命才不断新生。人与人的冲突、斗争是破坏，甚至是杀生，是你死我活。这种不调和的你死我活的斗争，其结果只能毁灭生命、毁灭社会、毁灭人类。人类现在自觉到保护自然生物资源、保护野生生物，否则就会在人与自然的冲突中灭绝。那么，人反省自己，人也要有保护人类自己生命的自觉，不然的话人类也会在人与人的时刻冲突中消灭。所以要协调、和谐人与人之间关系，使之安定地、幸福地、愉快地生活，即老子所说的甘美安乐的生活。

如何协调、和谐人与人之间关系？中国古代思想家无一例外地设计了种种方案，提出了各种各样的原理、学说，如儒家孔孟的仁爱论、墨家的兼爱论、道家的自爱论、杨朱的贵己论、韩非的自利论、佛家的无我论等，具有进取性与自限性、冲突性与融合性的特点。

爱人，是人与人关系，即人我关系的根本原理。孔子首倡"仁者爱人"，把爱人作为"仁"的主要内涵，它经孟子的发挥，墨子的补充、修正、完善，而成为中国传统文化中处理人我关系的主导理论形态，成为中华民族发展繁荣的深层的动力，以及内在的凝聚力与外在同化力的活水和理论根据。中华民族之所以有这样悠久的文明史，并成为世界文明古国，礼仪之邦，就是这个"爱"字。在中国历史上，谁讲爱而行爱，谁就得到人民的拥护，即得民心，而得天下；谁丢掉爱，谁就失掉人民，即失民心，便失天下。历史上有识之士，对此都有深邃的认识和传世的名言。

爱人是"仁"的内涵。仁是两个人①，二人才构成人我或人与人的关系，仁是二人之间关系的互动原则、规范。仁便是从我出发而爱他人，或他人从他人出发而爱我。由仁的二人的爱而推广为"泛爱众"，众就不是爱个别人、某一集团的人，而是这个族类，也不只爱有血缘关系的人，而包括无血缘关系的小人、野人、庶人，以至奴隶。孔子提倡"爱人"，便是对将人不当人的不仁行为的抗议，是人的地位、价值的觉醒。《乡党》篇曾记载："厩焚，子退朝，曰：'伤人乎？'不问马"②。在五个奴隶加一束丝才够一匹马的价钱的情况下，马棚失火，不问马而问伤着养马人没有③，便体现了人与人之间的爱心。

孔子讲"仁者爱人"，也受到礼的亲亲原则的制约，故说"克己复礼为仁"④。在以往的论著中，都以仁爱与礼相冲突。其实，在人我关系的

①　参见拙著：《中国哲学范畴发展史（人道篇）》中《仁义论》。
②　《乡党》，见《论语集注》卷五，42 页。
③　《左传·昭公七年》记载："人有十等"为王、公、大夫、士、皂、舆、隶、僚、仆、台十等，十等中不及养马的人。当时养马的人称圉。"马有圉，牛有牧"（《春秋左传注》，1284 页），圉为十等以外的奴隶。
④　《颜渊》，见《论语集注》卷六，49 页。

活动中，主体是我，是主动者；客体是人，是受动者。我爱人的时候，一方面是我的智力、情感、财富、气力等的付出，另一方面亦是自我的实现。他所得到的是自我道德、价值、意义的提升，得到"成我"的磨炼。如果不克制、约束自己的自爱、自利、人欲，不依礼而行，就会把他人看作自爱、自利的对立物，而不作自我智力、情感、气力的付出，便不会有爱人之行，成己成人。从这个意义上说，"仁者爱人"与"克己复礼为仁"，蕴涵着深刻和合。

孔子仁爱思想，是当时时代的精神，是被普遍认同的思潮。韩非解释说："仁者，谓其中心欣然爱人也。其喜人之有福而恶人之有祸也，生心之所不能已也，非求其报也。"① 仁爱具体表现为：对他人有福就高兴，有祸就不高兴，这种爱人的欣喜之情，完全生于本心的不能已止，不是希求受爱者的报答，是一种无私的爱心。

孔子的仁爱是讲如何做的所当然的问题，所回答的是仁爱是什么问题；儒家后学深化孔子仁爱论，提出了所以然的问题，即回答之所以仁爱的根据问题。孟子认为，人与人之间关系和谐，爱人的所以然，就是人人都具有一种"不忍人之心"，"所以谓人皆有不忍人之心者，今人乍见孺子将入于井，皆有怵惕恻隐之心，非所以内交于孺子之父母也，非所以要誉于乡党朋友也，非恶其声而然也"②。爱人是一种心理的、情感的内心活动倾向，属于心灵世界。这种对人的恻隐、慈悲的同情心，是人的本心，而非外铄的心，这是所以爱人的生命力和内驱力。它不受世俗的名誉、利益、交情的诱惑。这样孔子的爱人论借孟子而阐发了其内在的根据，并使它具有普遍意义，因为人人都有"不忍人之心"，而无可逃。

假如人人都具有这种同情心、怜恤心，那么，人与人的关系，自然会

---

① 《解老》，见《韩子浅解》，140 页。
② 《公孙丑上》，见《孟子集注》卷三，24～25 页。

和谐。在存在贫富贵贱、等级差分的社会中，"泛爱众"的博爱精神，是每个人必须具有的心理和情感，这是出发点和内心的根据，没有此，就没有了讲爱人的前提，一切爱都无从说起，这是对人的普遍要求；但社会里的每一个人都在一定文化环境、人情圈子中生活，因此在处理人我关系时，又不能也不可能不分对象地，同时去爱一切人，所以孟子讲爱是分层次、深浅和先后缓急的。

先秦时，儒、墨并称为显学。墨子发扬孔子"泛爱众"的博爱精神，主张兼爱。这是对分亲疏、差等、先后的别爱（偏爱）的否定，也是对世俗的自爱自利的偏爱的否定。他批评儒家根据当时社会上大国与小国、大家与小家相攻乱，君臣不惠忠，父子不慈孝等冲突，而有差等、亲疏、先后的爱，是社会中人与人之间"别相恶，交相贼"的根源。这是因为，当我的亲与人的亲、我之家与人之家发生冲突时，我与人的亲与家之间的爱就会受到破坏，而产生一种相贼相害的人我关系。同时，只爱自己、自家、自国，而不爱他人、他家、他国，也是天下祸乱的根源。"子自爱不爱父，故亏父而自利；弟自爱不爱兄，故亏兄而自利；臣自爱不爱君，故亏君而自利，此所谓乱也"①。这种只自爱，而不讲人与人之间的相爱，不仅贼害了一般的人我关系，而且破坏了人与人关系中至亲至近的父母兄弟之间的亲爱关系，便陷入了恶的偏爱。

墨子为实现其"圣王之道"，即大和世界的理想，强烈主张相爱、兼爱，"爱人若爱其身"②。这种爱便不是单方面的爱，而是相互的爱，不是分亲疏、差等的爱，而是普遍的、平等的爱。墨子及其后学称此为"周爱"，即周遍的爱。"故天下兼相爱则治，交相恶则乱"③。这就是说，墨子"兼相爱"的世界，便是大和的理想世界。

---

① ② 吴毓江：《兼爱上》，见《墨子校注》卷四，154 页。
③ 同上书，155 页。

宋明理学（或称宋明新儒学①）发展了儒墨的仁爱、兼爱的博爱精神，把爱物、爱亲、爱人统一起来，作为一体结构的精神境界。张载说："惟大人为能尽其道，是故立必俱立，知必周知，爱必兼爱，成不独成"②。立必立我立人，知必知我知人，爱必爱我爱人，成必成我成物。这种人与人的关系的内涵，蕴涵着博爱的情怀，并推及人与自然物的爱物的情感的确定。这就是"民胞物与"的人与人、人与物的一体心态和精神。

消除现代人与人关系冲突的种种弊端，一言以蔽之，就是诚如墨子所说的"人与人相爱，而不相贼"③。因为，只有"天下之人皆相爱，强不执弱，众不劫寡，富不侮贫，贵不敖贱，诈不欺愚。凡天下祸篡怨恨可使毋起者，以相爱生也"④。假如人与人之间以强、众、富、贵、诈者欺侮弱、寡、贫、贱、愚者，那么，人与人之间的冲突、相贼，就不可避免。"相爱"是人与人关系和谐、和合的生命。

### （三）修身与成人

现代世界人与人关系紧张，个人主义不断发展，人情淡薄，世人多是"各人自扫门前雪"，处处事事有我无他，甚至损人利己，尔虞我诈，借刀杀人，落井下石，致人死地而后快，从而毒害人与人之间的关系，造成人与人关系的尖锐和冲突。

如何协调、和谐人与人之间关系？只有以仁爱、兼爱为出发点和生命力，并具体化为能操作机制，才能在现实的人与人关系中使之得以实现。

1. 严以律己，宽以待人。人与人之间的交往活动，是社会的基本交

---

① 参见拙作：《从宋明新儒学到现代新儒学》，载《哲学与文化》月刊（辅仁大学），1994（3）。
② 《正蒙·诚明篇》，见《张载集》，21页。
③④ 《兼爱中》，见《墨子校注》卷四，159页。

往活动。换言之，任何社会的一切活动，说到底，便是人与人的活动。在人与人的交往活动中，世人往往只注意他人的缺陷、弊病，而忽视自我的不足、偏失，这便破坏了人与人之间的和谐，而引发冲突、争斗。"凡斗者，必自以为是而以人为非也"①，这便有违爱人之心。"与人善言，暖于布帛。伤人以言，深于矛戟"②，若以爱心赞扬他人，则比给人布帛更使人感到温暖，而以恶言伤害他人，比用矛戟伤害人更厉害，只会激化冲突和争斗。现代社会不仅因价值的不同评价，而且由于对政治、经济利益和需要的争夺，而发生人与人之间的斗争。

如何协调人与人之间的冲突斗争？孔子主张："君子求诸己，小人求诸人"③。即严格要求自己，检讨自己的偏失，不计较别人的责任和问题。董仲舒曾规定，仁以爱人，义以正我。"仁之法在爱人，不在爱我。义之法在正我，不在正人"④。仁义的爱人与正我两方面的结合，便能确立正确的对人对我的态度，就能和谐人我关系。正我即要求自我在视、听、言、貌、思、情、行各个方面严以律己，不可违反伦理之道，甚至"君子慎其独"（《中庸章句·第一章》）。这就是要经常地反省自己，即使在人所不知之地、独知之时，亦时刻不违仁义道德。

在和谐人与人关系中，责己要重、严、多、周，责人要轻、宽、简、约。这样做绝不是丧失基本规范、原则，也不以丧失人格尊严和主体的独立自主为代价，亦不是委曲求全，不顾国家民族大义。这就是士可杀，而不可辱的"舍生取义"的精神，以及"匹夫不可夺志"⑤的独立意志的主体精神。

---

① 《荣辱》，见《荀子新注》，38页。
② 同上书，36页。
③ 《卫灵公》，见《论语集注》卷八，67页。
④ 《仁义法》，见《春秋繁露义证》卷八，250页。
⑤ 《子罕》，见《论语集注》卷五，39页。

2. 修身为本，先人后己。人与人关系的协调，一方面是以力服人，通过冲突而获得外部的和谐；另一方面是以德服人，是心悦诚服的内在和谐。这与孔子所说的"道之以政，齐之以刑，民免而无耻；道之以德，齐之以礼，有耻且格"① 相近。前者是以外律的刑政、法律来诱导协调，后者是以内律的道德、礼教来诱导协调。这两种方法尽管都取得了人与人之间的和谐，但其作用和效果大相径庭。

中国传统文化的价值观是轻前者，而重后者，有其片面性。在现代社会，应两者并重，人的自我的道德自律与法治的他律两者不可偏废，也不可相互代替。道德修身心，法治理国家。无法治易导致人治，人与人的和谐就没有制度的保障；无道德易导致无序，人与人的和谐亦失去了有序的基础。

从自我道德修养而言，《大学》八条目中提出修身的德目，并指出："自天子以至于庶人，一是皆以修身为本"。朱熹注："一是，一切也。"格物、致知、诚意、正心四目，都是讲所以修身的。通过自我道德修养，升华自我的人格、情操、气节、伦理道德水准，提升自我素质，在自我力所能及的范围内，以自己人道的精神，带动社会风气的转变。即以君子的德风，使民从而效之。这就是说党、政、军、警、工、商、学、农、医等各方面的领导、公务员，必须有"修身"的自觉性、主动性和责任感，才能"齐家"，"家齐"才能国治。一些人连家都齐不了，如何治国？其言其行如何叫人民相信？因此，凡不能"修身""齐家"的领导（官），都应该撤职，严重者应追究其责任。这样才能廉政，才能取信于民而得民心。因为在中国，以至一些东方国家，领导者（官员）的言行，对于和谐人际关系、提高全民的素质具有价值导向作用和很大的影响力。

利益在前，先人后己，先天下之忧而忧，后天下之乐而乐，国难当

① 《为政》，见《论语集注》卷一，4～5页。

前，当仁不让，前仆后继。当然，利益亦需观其是公利，还是私利。为公利应竭力而争，先己后人；为私利，应谦让，先人后己。这种协调人与人关系的方法，有其现实的意义。

3. 平等待人，推己及人。在中国文化中，恕道是协调人际关系的根本原理。子贡问孔子："有一言而可以终身行之者乎？子曰：'其恕乎！己所不欲，忽施于人'。"① "忠恕违道不远，施诸己而不愿，亦勿施于人。"（《中庸章句·第十三章》）恕道是诉诸自我内在的道德情感，以善意与人相处。简言之，恕便是推己及人，济人济物之德，这是行仁之始和仁之根。

"己所不欲，勿施于人"，这是人与人关系和谐的根本原理，亦是人与自然、社会、人关系的永久原则。人与人的关系只有建构在此基础上，才是真正和谐的、可信赖的。笔者认为，恕的根本意蕴可理解为人与我的机会的均等或平等，人我之间的共存意识。这既是一种自尊自立的意识，又是尊重他人的意识，也就是一种平等的竞争。这就是以己之心度人之心，己之所欲，勿施之于他人。它是一种内在的人与人关系的协调原则，是道德的自律，非礼节规范的他律。

儒家"己所不欲，勿施于人"的恕道，得到佛、道的认同，被作为佛教涅槃、道教长生的修炼的原则。

> 然览诸道戒，无不云欲求长生者，必欲积善立功，慈心于物，恕己及人，仁逮昆虫，乐人之吉，愍人之苦，赒人之急，救人之穷，手不伤生，口不劝祸，见人之得如己之得，见人之失如己之失，不自贵，不自誉，不嫉妒胜己，不佞谄阴贼，如此乃为有德，受福于天，所作必成，求仙可冀也。②

---

① 《卫灵公》，见《论语集注》卷八，67 页。
② 《微旨》，见《抱朴子内篇校释》卷六，114～115 页。

葛洪的这个解释与德国哲学家费尔巴哈在《幸福论》中的理解十分相似。费氏认为，因为这个原理诉诸人心，所以人服从良心的指示。若能如此推己及人，人与人关系便是最和谐，也是最幸福的。葛洪对现实社会中人与人关系上违反"己所不欲，勿施于人"原理的意、言、行进行批判：

> 若乃憎恶好杀，口是心非，背向异辞，反戾直正，虐害其下，欺罔其上，叛其所事，受恩不感，弄法受赂，纵曲枉直，废公为私，刑加无辜，破人之家，收人之宝，害人之身，取人之位，侵克贤者，诛戮降伏，谤讪仙圣，伤残道士，弹射飞鸟，刳胎破卵，春夏燎猎，骂詈神灵，教人为恶，蔽人之善，危人自安，佻人自功，坏人佳事，夺人所爱，离人骨肉，辱人求胜，取人长钱，还人短陌，决放水火，以术害人……①

这件件恶行，与现代社会中违反人与人关系恕道原理的行径，何其相似乃尔！这都是己所不愿而施诸人者，亦是己所不愿他人施诸己者，破坏了人与人之间的和谐。葛洪认为，这种己所不欲而施诸人的人，自以为得计，其实不仅害人，也害自己：损己寿命，不能成仙，殃及子孙，自作自受。这无异于"鸩酒解渴，非不暂饱而死亦及之矣"②。

笔者认为，"己所不欲，勿施于人"，原是作为处理人与人关系的道德原则，在现代被提升为化解人类所面临的人与自然、人与社会、人与人冲突的普遍原理。只有这样，才能创造一个适宜人类子孙后代生存的优化的生态环境、完善的人文生态环境以及和睦的人际环境，以实现大和世界的理想。

---

① 《微旨》，见《抱朴子内篇校释》卷六，115页。
② 同上书，116页。

## 四、心灵世界的融突

人与人之间关系的和谐，取决于人的文明程度，这亦是社会文明发展的主体和核心。所谓人的文明就是人的身心两个方面的完善的发展。人的身体形态、体能虽有可塑性和开发性，但主要是属于人的自然生理层面，有其限度。人的心灵世界的文明化的全面、自由发展，聪明才智的完善和开拓，是一个无限发展、日新日日新的心理过程。

### （一）未发与已发

所谓人的心灵世界，是指内在于人的思维、理智、意识、审美、心理、情感、意志、理想、信仰、价值、情操等精神活动状态和过程的和合体。人的心灵世界，是一精神世界，即是一种"未发"的世界，是一"寂然"的状态；它与外在的实在世界构成对应关系，这种对应关系是通过行为世界这个中介联结的。人的行为世界是"已发"世界，是一"感通"的状态。它是内在心灵世界对象化或现实化的过程，受行为活动主体的心灵世界的制约和协调；人对外在实在世界的认识、把握、评价和改造，也受主体心灵世界的作用和影响。

人的心灵世界是人的形形色色的精神活动的总和，它包括以"解蔽"为对象的思维认知活动，表现为喜怒哀乐情绪的心理活动，这种情绪活动是否合乎"中节"的情感活动，获得心灵愉悦的审美活动，要求修身养性的道德活动，追求净化心灵的理想人格活动，驱动行为的意志活动，追寻人生意义的价值活动，敬畏某种宗教、原理和理想的信仰活动，某种本能冲动和欲望的无意识活动，某种直觉、想象、顿悟、幻觉和梦幻等潜意识活动，等等，构成了心灵世界丰富多彩的内涵。

心灵世界作为人的社会现实生活活动的内化和人对自身内心活动体验的复杂互动的结晶，便与社会现实生活活动、内心体验活动息息相关。因此，社会现实生活活动和内心体验的心理、思维、价值、理想、境界等活动中的冲突状态和融合状态，都会作用于、影响心灵世界的冲突与融合状态，激发心灵世界的冲突和融合。

心灵世界，由于文明发展的阶段性和差异性，其冲突和融合的内涵和性质，亦有差异：既有积极向正、崇高精华方面，亦有消极向邪、低下糟粕方面。这两方面对于人的行为世界都有导向作用。中国宋明理学家把人的心灵世界这两方面的导向作用加以分殊[①]：

$$\text{心灵世界}\begin{cases}\text{道心——天理（善）——性（天命之性）——圣人}\\\text{人心}\begin{cases}\text{天理（善）——性}\\\text{人欲（恶）——情}\end{cases}\text{（气质之性）——凡人}\end{cases}\text{人}$$

心灵世界中道心与人心的冲突，在上古的《尚书·大禹谟》中就有记载："人心惟危，道心惟微，惟精惟一，允执厥中。"[②] 朱熹认为这是上古圣王尧舜禹相传的密旨，或称谓为"十六字心传"。道心、人心的心灵世界的冲突，是基于对天命气质人性来源、天理人欲心理的内涵以及惟危惟微的功能的思考。由于"人心既从形骸上发出来，易得流于恶"（《朱子语类》卷七十八），这是对人心之所以危殆的原因的追寻，这就与精微的道心构成了冲突和争胜。然而道心精微而难见，又需通过人心来呈现和安顿。况且道心杂出于人心之间，蕴涵在人心之中，因此，便不能没有人心，所以道心与人心的冲突和谐，只能是以道心制约、支配人心，譬如道心是舵，人心是船，舵是船达到目标的导向。这是从主体人对自身内心特质的一种能动的体验过程来"观"的。

---

① 参见拙著：《朱熹思想研究》（修订本），356 页。
② 《大禹谟》，见《尚书正义》卷四，136 页。

心灵世界对外在行为具有可塑性、开放性。《中庸》有"喜怒哀乐之未发，谓之中，发而皆中节，谓之和"。对此"未发""已发"的诠释，历来说法不一。两宋道学家在融合儒、释、道中，诠释经典文本的方法和思维理路都有所创新，这就是他们吸取了佛教体认内在清净本性和道家体验返璞归真的本来的自然状态，来弥补现象世界内化力度之不足。道南一系杨时主张"学者当于喜怒哀乐未发之际，以心体之，则中之义自见"（《龟山文集·中庸义》）。以心体验未发之际，就是体验现实情感或思维还原为内心本来状态的前思维、前情感状态，并把这种还原向具体的修养功夫转变。

这种体验未发时气象，便成为杨时-罗从彦-李侗道南一系的重要课题，朱熹老师李侗曾要他"静中看喜怒哀乐未发之谓中，未发时作何气象"（《朱子遗书·延平答问》），体验未发时气象，主体会进入超越一切思维和情感的无意识、潜意识的状态，在无意识状态下会出现一种在自觉意识控制下无法想象的主体能量的发挥，以至突发一种与外部世界融为一体的感受，或产生"天下之大本真有在乎是也"的领悟。这种依靠个体内在无意识的心理直觉，无论在佛教还是道教中，都被运用为宗教境界的经验验证，或人体和精神治疗中的气功境界方法。[①] 道学家是把这种体验作为追求心理境界和升华心性品质的手段，以及调适心灵冲突，获得心灵安静和谐的方法。这是从心灵世界作为社会现实生活的内化过程来说的。

主体人对外在对象的积极内化与人对自身内心特质能动体验过程，可通过各种形式来实现和表现，以调适心灵世界，以获得心理的平衡、心灵的慰藉，以及心情的和谐、情感的愉悦。

---

① 参见拙作：《未发已发论之纵贯——朱子参究未发已发论之挫折、转变和影响》，见《国际朱子学会议论文集》，497～520 页。

### （二）心斋与坐忘

现代人与人关系疏离，家庭解体者众，单亲家庭增加，老幼失养、孤寡无助现象多见；加之竞争激烈，生活紧迫，人们的精神世界常陷入空虚和孤独。个人的焦虑、烦恼、苦闷、痛苦，无穷无尽，无处倾诉。如何调适心灵世界的冲突，亦成为当前人类所面临的共同课题。

融合人的心灵世界冲突，而获得和合、和乐，这只有依靠自我调适。自我调适是自我意识对心理与行为的控制和调适作用，这种作用表现为：驱动与制约人的行为活动的趋向、特征、方式，心理活动的意识、前意识、无意识的本能、本我与现实世界冲突融合，心理过程知、情、意的认知、感受和目的、计划的确立等的调适、和谐。

心灵世界的自我调适，是以自我意识为核心。自我意识是意识发展的最高阶段，是人关于自己的主体地位、主体力量和主体活动的意识，是以自己的生活和活动为对象的意识。自我意识对自己的思想、行为、潜力取自觉的态度，并以自己的需要、本性、本质力量为尺度，运用于对象。由于自我意识有"我"的存有而差异，由差异而产生种种冲突，由种种冲突而产生弊端，因此，中国传统文化中就提出"诚意""正心"的课题，其实就是为解决作为自我调适的核心的自我意识本身的纯洁性问题。

如何调适自我意识以获得心灵世界的和谐、和乐？中国传统文化中有丰富的资源，然道、儒有异。

道家老子主张"见素抱朴""少私寡欲"。人若为私欲所迷惑，不仅祸害社会、人际关系，而且动乱心灵，扭曲人性。"祸莫大于不知足，咎莫大于欲得"（《老子》第四十六章）。"不见可欲，使民心不乱"（同上书第三章）。"心乱"就是心灵世界的冲突，破坏了心灵的宁静、平衡、和谐。

少私寡欲是端正自我意识、不好名利、知足知止的方法，以此才能控制
"心乱"，而保持心灵的清静。"不欲以静，天下将自定"（同上书第三十七
章）。"清静为天下正"（同上书第四十五章）。不欲才能静，不仅自我心灵
清静，而且天下自定自正。这样就能恢复人的自然而然素净淳朴的状态，
也就是心灵无烦恼、无痛苦的清静和乐的境界。

　　这种和乐的境界，也就是庄子所说的"人和人乐"的心灵境界。如何
实现"人和人乐"，庄子主张"心斋""坐忘"。所谓"心斋"，一言以蔽之
曰"虚"。"仲尼曰：'若一志，无听之以耳而听之以心，无听之以心而听
之以气！耳止于听，心止于符。气也者，虚而待物者也。唯道集虚。虚
者，心斋也"[1]。这里所说的"气"，并不是质料，也不是空气，而是指
"心灵活动到达极纯精的境地"，或是指"高度修养境界的空灵明觉之
心"[2]。能虚而待物的"气"，无疑是一种心的状态；此"虚"，便是空明
的心境。心虚而空明，便能不为名位所动心，心境宁静而不"坐驰"。心
和自然而然，便无心灵世界的冲突，无个人的焦虑、烦恼。

　　颜回听了"心斋"的道理，便顿然忘去自我，这便是"坐忘"之意。
《大宗师》假孔子与颜回的答问，说明心灵境界的提升，是由忘掉外在的
礼乐仪式，进而忘掉伦理道德的仁义规范，再进而"坐忘"。孔子问：什
么叫坐忘？颜回曰："堕肢体，黜聪明，离形去知，同于大通，此谓坐
忘。"孔子说："同则无好也，化则无常也。而果其贤乎！丘也请从而后
也。"[3]"坐忘"除忘掉礼乐仁义外，其自身提升心灵境界的进程为：

　　1. 堕肢体。肢体是属有形质的自然物的范围。人的肢体感官有各种
各样的生理欲望和物质需求。人的这种欲望和需求是无限的，就与满足其

---

　　① 《人间世》，见《庄子集释》卷二中，147 页。
　　② 陈鼓应：《庄子今注今译》，117 页。徐复观认为，"气，实际只是心的某种状态的比拟之词"
（徐复观：《庄子的心》，见《中国人性论史》，382 页，台北，学生书局，1968）。
　　③ 《大宗师》，见《庄子集释》卷三上，284～285 页。

欲望和需求的物质对象的有限性发生冲突，导致人与人之间的紧张争夺，人的心灵世界便为物所伤。假如遗忘了自己的肢体，超脱生理欲望和物质需求，就不会被物所伤，那么，人的心灵境界便获得提升，不蔽于物惑，而心和心乐。

2. 黜聪明。聪明是指人的感官的感觉、知觉的认知活动，并非指抛弃聪明才智，而是说不要堕入是非的争辩之中。因为是非本身便是一是非。譬如"狙公赋芧曰：'朝三而暮四'。众狙皆怒。曰：'然则朝四而暮三。'众狙皆悦。名实未亏而喜怒为用，亦因是也"①。由于猴子心理作用的差分，而喜怒情感表现不同，其实三四、四三皆七数，是同一的，猴子被心理作用所迷惑，执著于橡实数目的是非论争，而伤害心理的自然和谐和均衡。

由于人"观"的视角有别，价值观念有异，是非评价亦差分。"是亦彼也，彼亦是也。彼亦一是非，此亦一是非。果且有彼是乎哉？果且无彼是乎哉？彼是莫得其偶，谓之道枢。枢始得其环中，以应无穷。是亦一无穷，非亦一无穷。故曰莫若以明"②。彼此均有其预设的是非和是非标准，以及是非相关都在无穷的流变之中，不如用清静的心境去观照。

超脱这种彼此是非纠缠，无异于黜聪明，恢复自然而然的淳朴、本真的我，亦即婴儿之心的我。此我是不被私欲所迷惑的我。

3. 离形去知，同于大道③。去形去知，便是物我两忘，不受形骸、智巧的制约。这样就和万物同体而无偏私，参与万物变化而无偏执。无偏私、偏执，可破物我两执，时空两界，主客两体，在生命大化流行中，天、地、人道通为一，一体不二，以达到逍遥自由的心灵境界，解除心灵

---

① 《齐物论》，见《庄子集释》卷一下，70 页。
② 《齐物论》，见上书卷一下，66 页。
③ 即"大通"，成玄英疏："大通，犹大道也。道能通生万物，故谓道为大通也。"（《大宗师》，见《庄子集释》卷三上，285 页）

的一切痛苦。

### （三）养心与乐道

儒家在调适自我心灵世界中，积累了大量的可资开发的资源。儒家主张"养心""求放心"。"养心"在于"不动心"，若福贵利禄都动心，心灵如何宁静、和谐？孟子讲，他40岁的时候就达到"不动心"。孟子的学生公孙丑问："不动心有道乎？"[1] 孟子列举北宫黝、曾子培养不动心的方法。孟子认为曾子的方法较优越："子好勇乎？吾尝闻大勇于夫子矣：自反而不缩，虽褐宽博，吾不惴焉；自反而缩，虽千万人，吾往矣。"[2] "不动心"不是一股无所畏惧的盛气，如眼不眨，心不跳，而是一种对正义的把握和体悟，是"集义"所生的至大至刚的"浩然之气"。

孟子认为，从"养心"之始，便是积善集义、与道义相合一的过程。既然一切思维、意识、行为等合乎道义，那么，就无所谓冲突，便保持心灵世界的和谐。

"养心"不仅是对道德理性的培养和体认，而且是"求放心"的过程。"学问之道无他，求其放心而已矣"[3]。"放心"即放其良心，或失其本心。"求放心"就是把那失去的良心（本心）找回来。孟子认为，人心本来就是善的，因而人皆有不忍人的四端之心。但由于世俗外在世界的染污、诱惑，失去了这善良的本心，这亦难免。既然丧失了，就要积极主动地把它找回来。人对于鸡、狗走失了，晓得去寻找，良心丧失了而不知去寻找，那是很可悲的。人的良心（本心）的丧失除外缘外，也有内因，这便是人

---

① 《公孙丑上》，见《孟子集注》卷三，19页。
② 同上书，20页。
③ 《告子上》，见上书卷十一，90页。

的欲望、私欲。"养心莫善于寡欲"①。人内在的欲望多寡，直接影响到善良心性的保存的多寡。因此，培养良心（本心）的最好的方法就在于寡欲。寡欲并非禁欲和绝欲，而是减少和克服不正当的私欲、物欲，保证合理的欲望的满足，使人的身与心灵世界得到健康发展。

儒家认为提升心灵世界的境界，保持心灵和乐，还需要培养乐道精神。当然苦乐是相对相关、互衬互补、互涵互转的。苦与乐是对人生生命两种相反境遇的深刻的情感感受。苦导向悲剧意识，乐导向乐感意识，两者的社会影响各有效益，相得益彰。但就解脱当前人类面临的心灵世界的烦恼、孤独、焦虑、痛苦而言，乐道精神对治疗精神创伤来说，一般效果较显。孔子自述："发愤忘食，乐以忘忧，不知老之将至云尔"②。"乐道"即有明确的生命意义的归属——道，它不仅给人生生命注入活力，而且使人心如虚谷，无所忧愁。人具有这种乐道精神，便如同颜回，即使"一箪食，一瓢饮，在陋巷，人不堪其忧，回也不改其乐"③。这就是说，心灵世界对道德精神的追求，往往视生活上的穷苦为身外，只求精神上的愉悦。但我们同时也不应忽视物质生活的满足是精神愉悦的基础。

乐道精神是对人生生命意义和价值的深刻理解。人在选择乐时，应有所乐，有所不乐。"益者三乐，损者三乐。乐节礼乐，乐道人之善，乐多贤友，益矣。乐骄乐，乐佚游，乐晏乐，损矣"④。得礼乐的调节，称道别人的好处和交贤明的朋友，这都是有益的快乐，即有所乐；以骄傲、游荡、荒淫为快乐，便是有害的快乐，即有所不乐。对于此益、损三乐的价值评价，是基于对人生生命意义的关怀，也与道义相联系。这种评价恰恰凸现孔子之所乐，即是乐道精神。

---

① 《尽心下》，见《孟子集注》卷十四，115 页。
② 《述而》，见《论语集注》卷四，29 页。
③ 《雍也》，见上书卷三，23 页。
④ 《季氏》，见上书卷八，71 页。

孟子也讲"君子有三乐，而王天下不与存焉。父母俱存，兄弟无故，一乐也；仰不愧于天，俯不怍于人，二乐也；得天下英才而教育之，三乐也"①。此乐即以亲爱为核心的道德教化之乐，即其"尊德乐道"② 和伊尹"乐尧舜之道"③。把乐道精神作了人性论与人的精神需要和愉悦的陈述。这便是乐仁义之实，自觉地践履仁义，就能产生精神愉悦，甚至使人手舞足蹈，不能自已。

乐道精神之所以乐，或者说对乐的驱力、原因的追究，是孟子乐道精神的特色。"古之人与民偕乐，故能乐也"④。与民同欢乐、快乐，是得到真正快乐的根据。基于此，孟子把独乐与人乐、少乐与众乐作了比较。齐宣王问："'独乐乐，与人乐乐，孰乐？'〔孟子〕曰：'不若与人。'曰：'与少乐乐，与众乐乐，孰乐？'曰：'不若与众'"。⑤ 独自一个人欣赏音乐而快乐或少数人快乐，不如与别人一起快乐或大家一起快乐更快乐。孟子这种与民同乐的观念，是出于一种仁爱的意识。因此，他主张"乐民之乐者，民亦乐其乐，忧民之忧者，民亦忧其忧"⑥。这种忧乐观是以民之忧乐为忧乐，亦即以天下之忧乐为忧乐。个人的乐融入了大众、天下，哪里还有什么个人心灵世界的孤独和苦闷、焦虑和忧愁！

如何调适现代人的心灵世界的种种冲突，而获得人和人乐。道家的"见素抱朴"、"少私寡欲"与"心斋"、"坐忘"，儒家的"养心"、"求放心"与"乐道"精神，是人类化解自我心灵世界冲突的最佳选择。这就是说，人类自我心灵世界的和谐、平衡、快乐，只有依赖人类自我来调适。异己的权威、力量并不能真正解脱人类自我的心灵世界。其实，这种异己

---

① 《尽心上》，见《孟子集注》卷十三，104 页。
② 《公孙丑下》，见上书卷四，28 页。
③ 《万章上》，见上书卷九，73 页。
④ 《梁惠王上》，见上书卷一，2 页。
⑤⑥ 《梁惠王下》，见上书卷二，9～11 页。

的权威、力量，也是人类自我力量的对象化或异化的结果。人类以这种方式预设一种终极关怀，以获得自己心灵世界的寄托和慰藉。

## 五、21 世纪文化原理

21 世纪，对于人类为回应、求索协调、化解人与自然、人与社会、人与人、人与自身心灵以及文明与文明间的五大冲突，"和合"是最佳化的文化方式的选择和最优化的价值导向。"和合"不仅是儒家文化价值的取向，而且是道家、墨家、阴阳家和《周易》《管子》文化价值的基本取向；同时，亦是东方日本文化①、朝鲜文化、印度文化和西方古希腊罗马文化价值的取向。它既是中华民族多元文化所整合的人文精神的精髓，亦是世界各民族文化的基本精神，可获得共识。

基于这种"和合"观念来"观"人类 21 世纪所面临的五大冲突，以至种种多元冲突，笔者认为人类可通过共识而获得五个中心价值或五大原理，来融突五大冲突。这便是：

### （一）和生原理

人类和一切生物、非生物，都由自然而生。至于生物、非生物的自身的差分，而形成彼此的差异，又与外缘内因相联系。自然制造了人的生命，而又异化了人，在某种程度上使人成为自然的主宰者；人亦制造了人与自然关系的异化，在某种程度上是自然主宰、支配人的生命。在这种互动中，人的生命与自然生命，应建构共生意识。因为任何一方的生命受到

---

① 李甦平：《圣人与武士——中日传统文化与现代化之比较》，257～258 页，北京，中国人民大学出版社，1992。其指出："和"，用日本人的语言来说，就是义理人情，即人与人的关系。新京都学派的梅原猛把以宽宥态度处理人际关系概括为"和"。

威胁或危害，另一方的生命亦会遭到威胁或危害，而不可逃，只有共同生存于这个"地球村"或"太空船"中，各自的生命的延续才能得到保障。人与自然关系可作如是观，则人与社会、人与人、人与自我心灵以及各文明间的关系，亦可作如是观。

和生意识是以"地球村意识"与"太空船意识"为基点和基础的。各民族、种族、国家、社会、文化、他人以及贫富、集团之间，都应在融突中和生，和生才能共荣共富；假如你单向地剥夺自然、他人，要使自然和他民族、种族、国家、社会、文化灭亡，那么，人类及你自己的民族、种族、国家、社会、文化也会灭亡，最终可能造成世界的灭亡。和生必然有竞争、斗争、冲突，如优胜劣汰、适者生存等。但这种竞争、斗争、冲突不是以共灭共亡为价值导向，而是以和谐、融合，即融突而和合为价值导向，它意蕴着新的生命的呈现，而能和荣和富。换言之，要把共生意识提升为"和生"意识，使生态环境、生态社会人文环境、生态人际心灵、生态文明等，皆依和生原理实现。

### （二）和处原理

"共生"意识与"共处"意识相联系。人与自然、社会、他人、心灵和文明，都处在各种各样形式的共处中，并在共处中生活活动。人类一旦离开了与自然、社会、他人、他文明，以至心灵的共处，人类即不存在。人们欲自己生存，亦要让自然、社会、他人、他文明生存；人们相互共处，但由于价值观、思维方式、风俗习惯、文化素质的差异，亦会发生冲突和竞争甚至战争。一些人为了满足自己的野心，或经济利益，或权力需要，而进行战争，置人民死活于不顾，使人民无辜遭杀害，流离失所。人们必须以温、良、恭、俭、让[①]的规范自律。人对于自然、社会、他人、

---

① "子贡曰：'夫子温、良、恭、俭、让以得之。'"《学而》，见《论语集注》卷一，3页）

他文明以及心灵，都应以温和、善良、宽容、恭敬、节俭、谦让的态度相互和平共处。这种共处意识已超越了不自觉的他为的层次，而成为人类自觉的责任，故笔者称其为和处意识或和处原理。

### （三）和立原理

人们囿于优胜劣汰的偏见，总想显示人类无所不胜的力量，征服自然而毁灭性地开发自然，砍伐森林，滥捕动物，以至制造种种大量高效杀人武器（化学武器、生物武器等）。总以冲突对立面另一方的消灭、消亡为自己"立"的实现和证明。其实任何东西都有自己独立的、特殊的存在形式、方式和模式。自然有自然自身生存、发展的独特方式；社会有社会自己选择各种各样、形形色色的生存方式的自由和发展道路；人有每个人自己不同的生活活动方式、方法；文明有各个文明自己不同的价值观念、思维方式、风俗习惯、行为方式、语言文字，以至每个人的心理结构、性格、气质等，大相径庭。对此，必须建立和立意识，绝不能唯我独优、唯我独尊、强加于人，搞霸权主义，以他物、他国、他族、他种、他人的失败、站不住、消亡来使自己成功、站得住、生存。这种和立意识，就是孔子所说的"己欲立而立人"[①]"己所不欲，勿施于人"的精神。

这种"己欲立而立人"的精神，是以开放的、宽容的胸怀，接纳自然、社会、他人、心灵、文明按其适合于自己特性的生存方式、模式而立于世界之林和按其适合于自己实际的发展道路建立自己的制度。不要搞一律、一个模式，不要若不照样搞一个模式、同样的制度，就限制、制裁、禁运等。地球上有上千个民族、上百个国家（地区），有多种多样的文化传统、价值观念、思维方式、风俗习惯，且各民族、各地区、各国家的发

---

① 《雍也》，见《论语集注》卷三，26 页。

展各不相同。在这种情况下，各民族、各国依据自己民族、国家的实际情况，选择符合于本民族、本国国情的社会制度和发展模式，使本民族、本国站立起来，应该受到鼓励和尊重，而不应该受到横加干涉和指责。维持世界的丰富多彩的多样性，才能发展为多样、多元的文化交流、文化互补，并发展为多样、多元的和生、和处、和立，这便是和立意识或和立原理。

### （四）和达原理

和立意识基于和达意识。人与自然、社会、他人、心灵、文明都应共同发达。尽管自然生态环境、自然条件各有优劣，社会制度、社会发展亦有先后、贫富的差异，文明的特征、风格、信仰也相距甚远，就要发生冲突，但既然共同生存于一个"地球村"或"太空船"中，就要允许差异的存在，各国、各族、各人、各文明自己走自己的发达之路，即要有和达的意识。发达国家与不发达国家、发展中国家以及转型中国家，都应具有共同发达的意识。要知道西方发达国家之所以发达，是因为过去曾靠侵略、剥削殖民地或战争赔款来发达自己，曾经把自己的不发达转嫁到不发达国家身上。发达国家应以共达意识指导帮助不发达国家走向发达，而不应采取各种制裁、限制等手段，延误不发达国家的发达。任何人、国家、社会都在关系中生活，离开关系就无法生活。发达国家与不发达国家，以及各自相互之间，都在关系之中生活，谁也离不开谁。既然如此，只有共同发达。但不排斥发达有先后，先发达可援助后发达，以达到共同发达。

假如发达国家与不发达国家或发展中国家冲突愈烈，积怨愈深，贫富差距愈大，"地球村"就会发生动乱，"太空船"也会翻船，发达国家亦不会安宁、太平。我们设想，发达国家制裁、压制中国，制造麻烦，使中国发生动乱、分裂，老百姓不能安身立命，从而造成中国人口大量外流、移民、盲流，只要流出 1/3 人口，可以想象哪一个发达国家也承受不了，世界也会乱套，那种承受不了的滋味是很难受的。因此现代明智的政治家、思想家、战略家应具有长远的观念来观照不发达国家和发展中国家。像中国只有靠 5 000 多年的文化积累和中国人的聪明才智，根据中国特殊性来逐步管理好中国，并逐步走向发达，才能使世界安定、太平，否则，其后果是可想而知的。其实，不仅欲速不达，而且外来的干涉亦无益处。

和达意识是指在当前多元文化、多元发展、多元模式等各种错综复杂融突情境中求得协调、平衡、和谐，以达到共同发达，这便是孔子所说的"己欲达而达人"，这种达人意识，便是和达意识或和达原理。

### (五) 和爱原理

和生、和处、和立、和达意识的基础和核心是共爱，即兼爱意识。如果像墨子那样，对于他人、他家、他国，都要像爱自己的人、自己的家、自己的国那样地去爱，推而广之，对于自然、社会、文明，也要像爱自己一样地去爱。这就是说，人类要懂得爱，学会爱，这是人类生命生存的第一要义。人不能与自然、社会、他人、心灵、他文明仇恨到底。尽管使世界充满爱是不太现实的，但也总不能使世界充满仇恨。彼此仇恨，结果只能是战争和人类的毁灭。第二次世界大战中希特勒要消灭犹太人，日本军国主义在中国制造诸如南京大屠杀等的血腥教训，难道不值得吸取？在高科技的 21 世纪，毁灭人类比建设人类要容易得多！

这样，21 世纪人类所面临的五大冲突，以至种种冲突，均会得到化解。人类再经过几个世纪的努力，可以逐步实现大和理想社会。这便是孔子的"泛爱众"、墨子的"兼相爱"的和爱原理。尽管现实的人、现实的社会，爱有差等、亲疏、阶层、集团之别，但和爱的意识还是需要大大倡导、弘扬的。因为无和爱意识，人与自然、社会、他人、心灵、他文明之间的和生、和处、和立、和达就不可能实现，人类社会就会倒退为非理性的、禽兽的社会。

和生、和处、和立、和达、和爱五大原理，亦即五大中心价值，是21世纪人类最大的原理和最高的价值。

**图书在版编目（CIP）数据**

和合学：21 世纪文化战略的构想 / 张立文著 .
北京：中国人民大学出版社，2025.4. --（中国自主知
识体系研究文库）. -- ISBN 978-7-300-33823-1

Ⅰ. G02

中国国家版本馆 CIP 数据核字第 2025UU3340 号

中国自主知识体系研究文库
**和合学（上卷）**
——21 世纪文化战略的构想
张立文　著
Hehexue

| | | | | |
|---|---|---|---|---|
| **出版发行** | 中国人民大学出版社 | | | |
| **社　　址** | 北京中关村大街 31 号 | | **邮政编码** | 100080 |
| **电　　话** | 010 - 62511242（总编室） | | 010 - 62511770（质管部） | |
| | 010 - 82501766（邮购部） | | 010 - 62514148（门市部） | |
| | 010 - 62511173（发行公司） | | 010 - 62515275（盗版举报） | |
| **网　　址** | http://www.crup.com.cn | | | |
| **经　　销** | 新华书店 | | | |
| **印　　刷** | 涿州市星河印刷有限公司 | | | |
| **开　　本** | 720 mm×1000 mm　1/16 | | **版　　次** | 2025 年 4 月第 1 版 |
| **印　　张** | 34.5 插页 3 | | **印　　次** | 2025 年 4 月第 1 次印刷 |
| **字　　数** | 435 000 | | **定　　价** | 469.00 元（上下卷） |